IM NAMEN DER STADT ARNSTADT

DER STADTMARKETING ARNSTADT GMBH

UND DES THÜRINGER

GESCHICHTSVEREINS ARNSTADT e.V.

HERAUSGEGEBEN VON

ANDREA KIRCHSCHLAGER

ULRICH LAPPE

UND

PETER UNGER

VERÖFFENTLICHUNGEN DES HISTORISCHEN VEREINS FÜR SCHWARZBURG, GLEICHEN UND HOHENLOHE IN THÜRINGEN

3

Gedruckt mit freundlicher Unterstützung der Sparkasse Arnstadt-Ilmenau

CHRONIK

VON ARNSTADT

ZEITTAFEL / LEXIKON

FESTSCHRIFT ZUR 1300-JAHRFEIER DER STADT ARNSTADT

KIRCHSCHLAGER

DIE HERAUSGEBER

Andrea Kirchschlager, M. A.

Ulrich Lappe, M. A.

Peter Unger

DIE AUTORINNEN UND AUTOREN

Heinrich Behr
Prof. Dr. Peter Berghaus
Dr. Eckart Bergmann
Winfried Bollmann
Gunter Braniek
Prof. Dr. Manfred Engshuber
Alwin Friedel
Renate Friedel
Jürgen Friedrich
Heidrun Fröhlich
Hartmut Fuhrmann
Rainer Günzel
Sigrid Häßler
Christa Hirschler
Andrea Kirchschlager
Michael Kirchschlager
Matthias Klein
Ulrich Lappe
Jochen Lengemann
Günter Merbach †
Hans-Ulrich Orban
Annelore Pfeiffer
Gerhard Pfeiffer
Helga Scheidt
Lothar Schmidt
Roland Scholze
Reinhard Specht
Ernst Stahl
Rolf Stangenberger
Wolfgang Teichert
Peter Unger
Manfred Wahl

INHALTSVERZEICHNIS

GRUSSWORTE

VORBEMERKUNGEN DER HERAUSGEBER

ZEITTAFEL

VON DER URKUNDLICHEN ERSTERWÄHNUNG BIS ZUR REFORMATION 704 - 1533
Michael Kirchschlager

VON DER REFORMATION BIS ZUM BEITRITT DER DDR ZUR BRD 1990
Peter Unger

VOM 3. OKTOBER 1990 BIS 2003
Peter Unger / Sigrid Häßler / Roland Scholze

GRUSSWORTE

BUNDESREPUBLIK DEUTSCHLAND
DER BUNDESKANZLER

Zur 1300-Jahrfeier gratuliere ich der Stadt Arnstadt und allen Bürgerinnen und Bürgern sehr herzlich.

Als ältester Ort Thüringens kann Arnstadt mit Stolz auf seine Entwicklung seit der Ersterwähnung im Jahre 704 blicken. Die einstige Residenzstadt und heutige Kreisstadt Arnstadt präsentiert sich als geschichtsbewusste und zugleich zukunftsorientierte Kommune.

Noch heute erinnert vieles in der Stadt an die frühe merkantile Bedeutung Arnstadts am Tor zum Thüringer Wald. Arnstadt ist heute ein moderner Wirtschaftsstandort mit einer guten Verkehrsanbindung, die große ökonomische Chancen für die ganze Region bietet. Auch die Auszeichnung als fahrradfreundlichste Kommune Thüringens zeugt von einer fortschrittlichen Stadtpolitik. Viele Persönlichkeiten verhalfen Ihrer Stadt zu einem hohen Bekanntheitsgrad. Die Spur des jungen Johann Sebastian Bach ist in Arnstadt allerorten zu finden. Die alljährlichen "Thüringer Bachtage" oder der "Thüringer Orgelsommer" erfreuen Musikliebhaber aus ganz Deutschland. Besonders hervorzuheben ist die Gastfreundlichkeit der Arnstädter, die ich selbst während meiner Sommerreise im August 2000 erfahren habe. Ich grüße alle Einwohner von Arnstadt und die Gäste der Jubiläumsfeierlichkeiten ganz herzlich. Den Feierlichkeiten wünsche ich einen guten Verlauf.

Gerhard Schröder

LAND THÜRINGEN
DER THÜRINGER MINISTERPRÄSIDENT

Das Jahr 2004 ist ein besonderes Jahr für alle Arnstädterinnen und Arnstädter: Eine der ältesten Städte in den jungen Ländern feiert ihren 1300. Geburtstag. Meine herzlichen Glückwünsche zu Ihrem Stadtjubiläum!

1300 Jahre Arnstadt - ein solches Jubiläum bietet allen Anlass zurückzuschauen. "Wer die Vergangenheit nicht kennt, wird die Zukunft nicht in den Griff bekommen", sagt Golo Mann. Es ist daher eine dankeswerte Initiative der Stadtmarketing Arnstadt GmbH, des Thüringer Geschichtsvereins Arnstadt e. V. und des Verlags Kirchschlager, in dieser Festschrift viele Aspekte der Stadtgeschichte aufzuarbeiten und einer breiten Öffentlichkeit zugänglich zu machen. Sie ist ein wertvoller Beitrag dazu, dass Arnstadt und die Bürgerinnen und Bürger ihre Zukunft weiterhin "im Griff" behalten. Geschichte verdichtet die Erfahrungen vieler Generationen. Gerade in Arnstadt sind es reiche Erfahrungen - nicht allein, weil diese Stadt auf dreizehn Jahrhunderte zurückblicken kann. Die Geschichte der Stadt kann eine Bedeutung für sich beanspruchen, die weit über Thüringen hinausgeht. Die Musikgeschichte ist dafür nur ein Beispiel: Der junge Johann Sebastian Bach hatte in der Arnstädter "Neuen Kirche" seine erste Organistenstelle. Nicht nur deshalb kommen bis heute Musikliebhaber aus aller Welt hierher. Arnstadt verbindet große Tradition mit Moderne. Vor mehr als 70 Jahren war die Automobilfirma "Ley" der größte Arbeitgeber der Stadt. Arnstadt ist auf dem besten Wege, wieder zu einem wichtigen Wirtschaftsstandort für die Metall- und Elektrotechnik und insbesondere für die Automobil- und Autozulieferindustrie zu werden. Erst vor kurzem habe ich an der Eröffnung des Montagewerkes von BorgWarner teilgenommen. Arnstadt entwickelt sich gut. Und seit der Rennsteigtunnel befahrbar ist, gilt erst recht: Arnstadt ist das "Tor zum Thüringer Wald". Die Arnstädterinnen und Arnstädter haben sich in den letzten Jahren eine gute Grundlage geschaffen. Es besteht aller Anlass zu hoffen, dass die heutigen Generationen die Festschrift zum 1400. Geburtstag dieser Stadt um einige positive Kapitel bereichern können.

Allen Bürgerinnen und Bürgern meinen Dank dafür, dass Sie an den guten Entwicklungen dieser Stadt mitgearbeitet haben. Nehmen Sie das 1300. Jubiläum zum Ansporn, in Ihrem Engagement für die Stadt und unser Land nicht nachzulassen!

Dieter Althaus

ILM-KREIS LANDRATSAMT
DER LANDRAT

Jubiläen sind wie im privaten Leben auch in der Geschichte von Städten und Gemeinden ein besonderer Anlass zum Innehalten, gilt es doch, Rückschau zu halten, sich bewusster als sonst mit der Gegenwart auseinander zusetzen und einen vagen Blick in die Zukunft zu werfen.

Die Rückschau auf 1300 Jahre seit der urkundlichen Ersterwähnung Arnstadt`s bietet dazu eine gute Möglichkeit. Nicht nur das runde Jubiläum an sich, sondern auch die Tatsache, dass unser Jubilar der urkundlich älteste Ort im Osten Deutschlands ist, geben Anlass zu einer ausführlichen Würdigung. Innerhalb eines Festjahres sind neben den unterschiedlichsten Ereignissen natürlich geschichtliche Rückblicke gefragt.

Mit dieser Festschrift liegt Ihnen eine Chronik als Einführung in die Geschichte der Stadt Arnstadt vor. Die Zeittafel hilft die Geschichte Arnstadt`s im Kleinen in die Politik über Grenzen hinaus im Großen einzuordnen. Die Geschichte war sehr bewegt, wurde von vielen aktiven Bürgerinnen und Bürgern wesentlich geprägt, die somit das Gemeinwesen beförderten. Wie im privaten Leben wechseln auch hier Regen und Sonnenschein, haben doch Naturkatastrophen, Kriege und mancher Streit, der sowohl früher als auch heute mitunter überflüssig war, Spuren hinterlassen.

Ich bin mir sicher, dass die Stadt Arnstadt Dank Ihrer engagierten Bürgerinnen und Bürger auch weiterhin eine gedeihliche Entwicklung nehmen wird.

Dr. Senglaub

STADT ARNSTADT
DER BÜRGERMEISTER

1300 Jahre Arnstadt - Arnstadt von 704 bis 2004 - stattlich und ehrerbietig. 1300 Jahre auf 480 Seiten in dieser Festschrift dargestellt und dokumentiert, das heißt viel Arbeit und Zeit der 32 Autoren. Doch in Anbetracht der gewaltigen geschichtlichen

Zeitspanne und der Faszination der Geschichte des ältesten Ortes Thüringens und der Neuen Bundesländer werden die vielen Stunden der Recherchen und Aufarbeitung schon gar nicht mehr gezählt. Die fleißige Arbeit hat sich gelohnt! Wir haben ein Werk in den Händen, dessen Lohn unser Lob und unsere vorzügliche Anerkennung verdient. Die Autoren haben ein Nachschlagewerk für die heutige und für die kommenden Generationen erstellt. Es ist eine Reflexion der Vergangenheit und zugleich eine Inspiration für die tiefgründigere Erforschung von Epochen der Arnstädter Geschichte. Und ich bin mir sicher, Sie werden so wie ich begeistert sein. Denn viel zu oft gerät in Vergessenheit, was geschaffen wurde. Jede Generation hat das Bild unserer Heimatstadt geprägt, nicht nur schön und hell, sondern auch dunkel und furchtbar - ein reizvolles historisches Wechsel-"Spiel" in einem Ort von 1300 Jahren.

Mir ist es an dieser Stelle ein besonderes Bedürfnis allen Beteiligten, die an der Festschrift zu unserem Jubiläum im Jahre 2004 mitgewirkt haben, recht herzlich zu danken und meiner Hochachtung zu versichern. Ebenso danke ich der Sparkasse Arnstadt-Ilmenau für die finanzielle Unterstützung wie auch dem Beförderer und Sponsor dieser Festschrift, dem Thüringer Geschichtsverein Arnstadt e. V. für seine herausragenden Leistungen.

Nun wünsche ich uns allen, den Jubilaren und unseren Gästen ein außergewöhnliches und schönes Festjahr 2004 und alles Gute

Hans-Christian Köllmer

STADTMARKETING ARNSTADT GMBH
GESCHÄFTSFÜHRER

Die Stadtmarketing Arnstadt GmbH und der Kulturbetrieb der Stadt Arnstadt haben im Vorfeld zur 1300-Jahr-Feier viele organisatorische Dinge auf den Weg gebracht, um im Jahre 2004 ein Festjahr zu gestalten, welches unserem Jubiläum würdig ist. Das vorliegende neue Standardwerk zur Geschichte unserer Stadt ist ein Gemeinschaftsprodukt des Thüringer Geschichtsvereins Arnstadt, der Stadt Arnstadt und der Stadtmarketing Arnstadt GmbH.

Viele Stunden wurden vom Verlag und den Autoren in dieses Werk gesteckt und ich darf Ihnen versichern, es bildet wie kein anderes die historischen Anlässe und Daten unserer Stadt ab. Wenn Sie in die Festschrift zum 1300-jährigen Bestehen Arnstadts hineinschauen, sind Sie vielleicht erstaunt, was sich in und um Arnstadt im Laufe der Geschichte bereits ereignet hat. Nicht nur Besucher auch alteingesessene Bürger Arnstadts werden erstaunt sein, was die findigen und kenntnisreichen Autoren der folgenden Texte zusammengetragen haben. Wie an jedem hohen Geburts- und Feiertag, an dem sich Gratulanten und Gäste einfinden, um das Ereignis feierlich zu begehen und dabei Erinnerungen auszutauschen, werden auch in dieser Festschrift große und kleine, ernste und heitere Begebenheiten geschildert.

Diese Festschrift konnte nur durch die tatkräftige und uneigennützige Hilfe vieler engagierter Bürger, aber auch vieler Vereine und Spender entstehen. Ihnen sei hiermit herzlichst gedankt. Bedanken möchte ich mich auch bei allen, die durch ihre überwältigende Bereitschaft zur Mithilfe dazu beigetragen haben, dass die Feierlichkeiten und Veranstaltungen im Jubiläumsjahr einen außergewöhnlichen Charakter besitzen werden.

Ich wünsche Ihnen viel Spaß und Freude beim Lesen dieses Buches und hoffe, dass es auch beim Nachschlagen zu bestimmten Themen ein Wegbegleiter für jeden Einzelnen sein wird.

Christoph Gösel

VORBEMERKUNGEN DER HERAUSGEBER

Die Mitglieder des Thüringer Geschichtsvereins Arnstadt e. V. beschlossen im Dezember 2000 anläßlich der 1300-Jahrfeier der Stadt Arnstadt im Jahr 2004 eine dem Jubiläum angemessene Publikation herauszugeben. Drei mögliche Varianten wurden diskutiert: Eine Zeittafel, die in chronologischer Form die Stadtgeschichte darstellt, ein Stadtgeschichtslexikon, das in lexikalischer Art und Weise diese Aufgabe erfüllt und eine "klassische" Stadtgeschichte in monographischer Form. Letztere wurde aufgrund des unzureichenden Forschungsstandes verworfen. Zwar konnte man auf zahlreiche Arbeiten, Untersuchungen zur Geschichte des 19. Jhs., Quellensammlungen zur Zeitgeschichte sowie zahlreiche archäologische, kultur- und kunsthistorische Beiträge zurückgreifen, eine neuere wissenschaftliche Bearbeitung der Stadtrechtsverfassung, der Kirchen- und Wirtschaftsgeschichte im Mittelalter und früher Neuzeit, der Zeit zwischen 1918-49 und der Geschichte der DDR fehlen allerdings oder sind bruchstückhaft. Die zahlreiche heimatgeschichtliche Literatur der letzten 15 Jahre konnte die Lücken nicht schließen, wohl aber die Sensibilität der Arnstädter für ihre Stadt, ihre Traditionen und ihre Stadtgeschichte wecken. Ziel der Herausgeber ist es, weitere Forschungen zur Arnstädter Stadtgeschichte anzuregen, sie zu erleichtern und die "weißen Flecken" aufzuzeigen. Um dennoch den aktuellen Forschungsstand in übersichtlicher Form zusammenzufassen, entschloß man sich, Zeittafel und Lexikon zu kombinieren. Es wurde ein Handbuch geschaffen, welches dem an der Geschichte Arnstadts Interessierten nur von Nutzen sein kann. Darüber hinaus ermöglicht es durch Quellen- und Literaturhinweise weitere Forschungen zur Stadtgeschichte. Die Länge einer Kurzbiographie einer Persönlichkeit sagt nichts über deren Bedeutung aus (dies ist z. T. auch der Quellenlage geschuldet). Auch werden neben historischen Persönlichkeiten Personen, die kritisch betrachtet werden müssen, die aber für die Arnstädter Stadtgeschichte von Bedeutung sind, vorgestellt. Zum technischen Apparat sei folgendes gesagt: Quellen- und Literaturhinweise finden sich sowohl in der Zeittafel als auch am Schluß der Lexikonartikel.

Die Auflösungen der Abkürzungen, finden sich im Siglenverzeichnis. Der oder die Autoren der einzelnen Lexikonartikel stehen am Ende eines jeweiligen Artikels und sind für den Inhalt ihrer Beiträge selbst verantwortlich. Zeittafel und Lexikon sind aufeinander abgestimmt. Schlagwörter wurden in der Zeittafel ebenfalls mit → als Hinweis auf weiterführende Erläuterungen im Lexikonteil gekennzeichnet. Weitere Benutzerhinweise finden sich vor dem Abschnitt Lexikon. Die Abbildungen dokumentieren einen Querschnitt aus der Fülle des vorhandenen Materials.

Die Abbildungsnachweise stehen am Ende des Buches. Dieses Nachschlagewerk kann keinen Anspruch auf Vollständigkeit erheben. Für wichtige Hinweise und konstruktive Kritik sind wir dankbar. Allen Autoren gebührt großer Dank. An dieser Stelle gedenken wir unseres Mitautors Herrn Günther Merbach, Vorsitzender der IG Marlitt e. V., der das Erscheinen dieses Buches durch seinen plötzlichen Tod nicht mehr miterleben konnte. Die Redaktion lag bei Andrea und Michael Kirchschlager. Weiterhin danken wir dem Bürgermeister der Stadt Arnstadt, Hans-Christian Köllmer, dem Arnstädter Stadtrat, der Sparkasse Arnstadt-Ilmenau, dem Verlag Kirchschlager mit seinem Inhaber Michael Kirchschlager, ohne dessen Engagement diese Festschrift nicht zustande gekommen wäre, Eva Becker, Arndt R. Jorns, Andreas Abendroth, Heinz Walther, Helga Grunert, Hans-Joachim König, alle Arnstadt, Steffen Grosser, Leipzig, Rose-Marie Huck (geb. Peters), Stuttgart, Frank Bublitz, Einbeck, Hans-Heinz Vogel, Seesen (DWV), den Kolleginnen und Kollegen der Stadtmarketing Arnstadt GmbH, Geschäftsführer Christoph Gösel, Petra Dietzsch und Sabine Gottschling, den Kolleginnen und Kollegen folgender Archive, Bibliotheken und Behörden: Thüringisches Staatsarchiv Rudolstadt, besonders Katrin Beger und Uwe Grandke, Thüringisches Hauptstaatsarchiv Weimar (Restaurierungswerkstatt), Thüringisches Staatsarchiv Gotha, besonders Lutz Schilling, Thüringisches Landesamt für Archäologische Denkmalpflege, Gertrud Schade, Forschungsbibliothek Gotha, Stadtarchiv Erfurt, Stadtarchiv Zwickau, Untere Denkmalschutzbehörde Arnstadt, besonders Evelyn Huber und Heike Hansemann, Schloßmuseum Arnstadt, Stadtgeschichtsmuseum Arnstadt, besonders Ina-Marina Dressel und Janny Dittrich, Standesamt Arnstadt, besonders Barbara Hülle und Friedrich Hoffmann und Kreisarchiv Arnstadt. Abschließend sei an dieser Stelle noch den vielen Subskribenten gedankt.

ZEITTAFEL

VON DER URKUNDLICHEN ERSTERWÄHNUNG BIS ZUR REFORMATION 704 - 1533

Michael Kirchschlager

Arnstadt im Frühmittelalter

Die Zeit vom ausgehenden 2. bis zum Ende des 4. Jahrhunderts ist, soweit es schriftliche Quellen betrifft, die am wenigsten bekannte Geschichte des Mittelelbe- und Saalegebietes. Im Verlaufe der Markomannenkriege (166-180) werden die Hermunduren, die Vorfahren der Thüringer, letztmalig sicher erwähnt. Man kann nicht mehr ermitteln, wann die *Hermunduri* ihren Namen ablegten und ab wann sie sich als *Toringi, Thuringi* oder *Thoringi* bezeichneten. Es muß aber zwischen 200 und 400 nach Christus geschehen sein. In der Mehrzahl gehen die Germanisten davon aus, daß *Thuringi* eine Ableitung von *Hermunduri* darstellt. Die These, daß sie sich von dem germanischen Gott Thor ableiten, grassierte vornehmlich in Chroniken des 17./18. Jahrhunderts und muß verworfen werden. In den schriftlichen Quellen tauchen die Thüringer (Toringi) erstmals um 400 bei dem römischen Veterinär P. Vegetius Renatus auf. Nach der Ersterwähnung um 400 finden wir die Thüringer an der Seite des Hunnenkönigs Attila bei der großen Schlacht auf den Katalaunischen Feldern bei Troyes an der Seine im Jahre 451. Nach der Zerschlagung des hunnischen Reiches wurden die Thüringer selbständig, plünderten um 480 Passau und bedrohten das ebenfalls römisch beherrschte Lorch. Diese Überfälle dienten der Vergrößerung des Herrschaftsgebietes der Thüringer. Am Ende des 5. Jahrhunderts berichtet Venautius Fortunatus in seiner *Vita Radegundis*, daß König Bisinus über die Thüringer herrschte. Er versuchte die politischen Verbindungen zu anderen Germanenstämmen durch familiäre Beziehungen fester zu knüpfen. So entstammte seine Gattin Menia einem langobardischen Adelsgeschlecht. Zweimal heirateten langobardische Könige dann thüringische Königstöchter. Das wichtigste Bündnis aber schloß König Herminafried wahrscheinlich im Jahre 510, als er Amalaberga, die Nichte des Ostgotenkönigs Theoderich des Großen, zur Frau nahm. Theoderich sollte noch als Dietrich von Bern im germanischen Kreis der Heldendichtung Berühmtheit erlangen. Dieses Bündnis war vor allem als Schutz gegen den Expansionsdrang der Franken gedacht. Neben Herminafried herrschten seine Brüder Berthachar und Baderich als Teilkönige über die Thüringer. Baderich starb aber bald und Berthachar kam vermutlich bei den Kämpfen mit den Franken am Ende der zwanziger Jahre des 6. Jahrhunderts ums Leben. Seine Tochter Radegunde lebte wahrscheinlich danach am Hof ihres Onkels Herminafried. Das Gebiet der Thüringer zur Zeit ihrer Könige war umfangreicher als der heutige Freistaat. Nach Auswertung aller Quellen kann das Gebiet der Thüringer folgendermaßen umrissen werden: Im Süden begann es an der Donau. Im Maingebiet, zwischen Thüringer Wald und Würzburg, grenzte es an das der Alamannen. Im Nordosten reichte es mindestens bis zur Elbe und im Norden bis zur Ohre und Kolbitz-Letzlinger Heide. Nach Westen und Nordwesten ist keine Grenze schriftlich bezeugt. Bei den in den zehn Büchern fränkischer Geschichte des Bischofs Gregor von Tours (niedergeschrieben zwischen 573-575) erwähnten Streitigkeiten zwischen den Thüringern wie auch die angebliche Ermordung Berthachars durch Herminafried und die Einladung an den Frankenkönig Theuderich zum gemeinsamen Kampf gegen Herminafried durch seinen zweiten Bruder handelt es sich mit hoher Wahrscheinlichkeit um fränkische Propaganda, die zur moralischen Legitimation des fränkischen Angriffs in Umlauf gesetzt wurde. Nach dem Tode des Ostgotenkönigs Theoderich im Jahre 526 hielten die Franken den Augenblick für gekommen, sich das Königreich der Thüringer einzuverleiben. Im Jahre 531 unterlagen die Thüringer in einer blutigen Schlacht an der Unstrut. An zwei Orten bzw. Burgen bei *runibergun* und bei *Scithingi* (nach Widukind von Corvey) stellten sich die Thüringer zum Kampf. Woher Widukind diese Informationen nahm, bleibt unklar. Die zeitgenössische schriftliche Überlieferung des 5./6. Jahrhunderts nennt keine Burgen. Vielmehr geht aus den Klageliedern der Radegunde, die nur von Hof und Palast spricht, und aus dem archäologischen Befund hervor, daß auch der thüringische Adel nicht in Burganlagen wohnte. Es bestand für die Thüringer des 6. Jahrhunderts auch keine Notwendigkeit zum Burgenbau. Außenpolitisch starke Bündnisse und das germanische Gefolgschaftswesen machten dies unnötig. Wo der Hof und der Palast des Herminafried stand, bleibt bis heute ungeklärt. Zahlreiche Heimatforscher geben zwar Hinweise und stellen kühne Vermutungen an, allein die Archäologie vermag das Rätsel zu lösen und bleibt uns eine Antwort schuldig.

König Herminafried entkam mit seiner Familie und sammelte neue Kräfte. Die Franken zerstörten seinen Königshof samt Palast und entführten seinen Neffen und seine Nichte Radegunde, um die ein Streit der fränkischen Könige Theuderich und Chlotachar entbrannte. Radegunde wurde durch ihr segenreiches Wirken bei den Franken später heiliggesprochen und ist neben der hl. Elisabeth die zweite bedeutende Heilige aus Thüringen. Radegunde wird heute noch in Poitiers/Frankreich verehrt. König Herminafried wurde im Jahre 534 unter Zusage seiner Sicherheit von den Frankenkönigen nach Zülpich gelockt und dort heimtückisch ermordet. Die Königin Amalaberga floh mit ihren Kindern nach Italien und geriet hier in die Wirren des Untergangs der Ostgoten. Es ist bezeichnend für die hohe Stellung des thüringischen Königshauses, daß die fränkischen Könige den Bruder der Radegunde töten und sie selbst als letzten Sproß der Königsfamilie zur Ehe zwingen mußten. Die Heirat sollte beim Stamm der Thüringer den Schein der Legalität wecken. Berühmt waren die Thüringer durch ihre Pferdezucht, die in einem Brief Theoderichs des Großen angedeutet und durch zahlreiche Reiter- und Pferdegräber archäologisch bestätigt wird. Neben zahlreichen Siedlungen lag ein umzäunter Adelshof mit zugehörigem Körpergräberfeld in Dienstedt. Nachdem das Reich der Thüringer, welches im 6. Jahrhundert eine bedeutende Macht in Mitteleuropa einnahm, 531 unterging, kam es nach wiederholten Aufständen gegen die Franken zur Deportation einzelner Stammesteile in das alamannisch-fränkische Gebiet. Thüringen bildete fortan einen Teil des fränkischen Staates, wobei der Schwerpunkt im Gebiet südlich der Unstrut lag. Im 7. Jahrhundert wurde die Integration Thüringens in den fränkischen Staatsverband verstärkt betrieben. Die Ostgrenze dieses Frankenreiches bildeten Elbe und Saale. Fränkische Befestigungen, wie z. B. die Hasenburg bei Großbodungen (Worbis) und die Sachsenburg bei Artern schützten die Grenzen des fränkischen Staates. Weitere Befestigungen, archäologisch aber unergiebig, kamen hinzu. Die ersten schriftlichen Erwähnungen fallen in das Jahr 704. Die Anlagen werden als vorhanden bezeichnet, so daß man davon ausgehen kann, daß sie schon im 7. Jh. existiert haben. Am 1. Mai schenkten Herzog Hedan und seine Gemahlin Theodrada dem Bischof Willibrord von Utrecht ihren Hof in Arnstadt *(locus)* am Fluß Weiße mit allen seinen Zugehörungen. Daneben wird ein fränkisches Kastell in Würzburg, die Burg Mühlberg und eine *curtis* in *Monhore* (höchstwahrscheinlich Großmonra) verschenkt. Herzog Hedan der Jüngere war Franke und seine Gemahlin entstammte vermutlich dem fränkischen Hochadel um die Karolinger, könnte aber auch eine thüringische Adlige gewesen sein. Willibrord von Utrecht gab 726 die ihm von Hedan geschenkten Güter an das von ihm gestiftete Kloster Echternach weiter. Arnstadt wird hier als *villa* bezeichnet. Die Hedenurkunde von 704 vermittelt ein eindrucksvolles Bild einer Großgrundherrschaft mit Arnstadt als Mittelpunkt. Damit steht das fränkische Kastell Mühlburg in Verbindung, in dessen Nähe die in der Schenkung erwähnten drei Höfe mit Monzipien und 100 Tagewerk Ackerland liegen. Bonifatius kam im Jahre 719 erstmals nach Thüringen und errichtete 741 in Erfurt ein Bistum. Schriftliche Quellen und Bodenfunde zeigen somit die fortschreitende Eingliederung des Gebietes westlich der Saale in den fränkischen Staatsverband an, die durch die Anlage von Burgen durch die Franken gefestigt wurde. Arnstadt war zu dieser Zeit und wohl auch schon davor ein bedeutungsvoller Ort für die fränkischen Herrscher. Nach dem Tod Hedans, der als tyrannischer Herrscher bezeichnet wurde, führten die fränkischen Könige die Grafschaftsverfassung ein. Seitdem besaß Thüringen keine Herzöge mehr, wobei bemerkt werden muß, daß sich Hedan niemals als Herzog der Thüringer oder Herzog von Thüringen bezeichnete. Die Eingliederung in den fränkischen Staat fand ihren verwaltungstechnischen Abschluß. Die kirchliche Integration erfolgte erst durch Bonifatius mit der Errichtung der Bistümer Erfurt, Büraberg und Würzburg. Willibrords Aktivitäten verliefen vermutlich im Sand und fanden bei dem einheimischen Adel, der sich Bonifatius anschloß, keinen Widerhall. Vermutlich geriet Arnstadt in der Folgezeit durch Tausch von der Abtei Echternach an die Abtei Hersfeld, die schon im 8. Jahrhundert in der Umgebung von Arnstadt begütert war. Die hersfeldischen Besitzungen wurden im Laufe des folgenden Jahrhunderts noch erheblich erweitert. Problematisch bleibt die Lokalisierung des Hedanschen Hofes in Arnstadt. Archäologische Untersuchungen im Stadtgebiet erbrachten bislang keine Befunde. Die *curtis* unter oder neben der Liebfrauenkirche bzw. der Schloßruine Neideck zu vermuten, bleibt hypothetisch.

704, 1. Mai: Herzog →Hedan (auch Heden) schenkt mit Bestätigung seiner Gemahlin Theodrada und seines Sohnes Thuring dem Bischof Willibrord von Utrecht ihren Hof in Arnstadt am Fluß Weiße mit allen seinen Zugehörungen, wie Gehöften, Vorwerken, Feldern, Wiesen, Weiden, Waldungen, Wassern und Wasserläufen, Beweglichem und Unbeweglichem, Hörigen und Vieh, Kuhhirten und Schweinehütern und alles was dazu gehört (*Id est curtem nostram in loco nuncupante Arnestati, super fluvio Huitteo cum omni integratia sua, id est casis, curticilis, campis, pratis, pascuis, silvis, aquis, aquarumque decursibus, mobili et immobili, mancipiis, iumentis, vaccariis, pastoribus, porcariis et quicquid ad ipsam pertinere videtur ...*).
Desweiteren werden in der Burg Mühlburg (bzw. im Bereich der Burg - *in castello Mulenberge*) drei Hofstellen nebst den Leibeigenen und ihrer ganzen Habe sowie 100 Morgen Acker Artland zum Heranschaffen von Wasser und Holz geschenkt. Weiter schenken sie ihm auf ihrem Hof namens Monhore (vermutlich Großmonra, in der Forschung umstritten) 7 Hufen und 7 Hofstellen und 400 Morgen Land und von der Waldung den dritten Teil, der an diesen Gutshof stößt, auch Wiesen für 50 Fuder und 2 Schweinehütern mit je 50 Schweinen und 2 Kuhhirten mit je 12 Kühen. Diese daselbst wohnenden Knechte übergibt er ihm mit all ihrer Habe und Ernte, Besitz oder Besitzanspruch, ganz und ungeteilt. Es heißt weiter: All diese oben aufgeführten Gegenstände geben wir dir, unserem Herrn und Vater in Christus, und wollen es für alle Zeiten geschenkt wissen, daß du es haben und den deinigen als Habe hinterlassen, oder was du auch immer fortan damit machen willst, in allem freie und völlig unbeschränkte Vollmacht haben magst. Wenn aber jemand, was hoffentlich nicht der Fall sein wird, wir selbst, was ferne sei, oder einer von unseren Erben oder Erbnehmern gegen diesen unseren Schenkungsbrief anzugehen wagen sollte und ihn anfechten will und dir kraft angeblichen Erbrechts etwas von diesen genannten Dingen zu nehmen versuchen sollte, so soll er zunächst dem Zorn Gottes, des Allmächtigen, verfallen und der heiligen Engel und von der Schwelle der Kirche Gottes oder der Gemeinschaft der Heiligen ausgeschlossen werden und den Aussatz des Gehasi oder den Schlagfluß des Ananias und der Saphyra erleiden und das Schicksal des Judas Ischariot teilen, der den Herrn verriet, und obendrein soll er dir entrichten gemeinsam mit dem (die Steuern) einziehenden Fiskus 5 Pfund Gold, 15 Pfund Silber, aber auch nicht sein Ziel erreichen, sondern seine Anmaßung soll enttäuscht und dieser Brief auf Grund der Beglaubigung für ewige Zeiten fest und unerschütterlich bleiben (Übersetzung von Wolfgang Kahl). Ausgestellt wird die Urkunde auf der Burg Würzburg am 1. Mai im 10. Jahre der Regierung unseres Herrn, des ruhmreichen Königs Childebert. Der unwerte Priester Laurentius schrieb diesen Brief. Herzog Hedan, der farbenprächtige Mann, bestätigt und unterschreibt nebst seiner Gemahlin den ihm vorgelesenen Schenkungsbrief selbst. Thuring, Hedans Sohn, bestätigt die Schenkung des Vaters. Die Urkunde wurde Gegenstand zahlreicher Untersuchungen und hat sich als Abschrift des 12./frühen 13. Jhs. im *Liber aureus Epternacensis* (Goldenes Buch des Klosters Echternach) erhalten. Es befindet sich heute im Besitz der Forschungs- und Landesbibliothek Gotha. Q Forschungs- und Landesbibliothek Gotha. Liber aureus Epternacensis. Memb. I 71 Bl. 35r u. 35v. L Kahl, Wolfgang: Ersterwähnung Thüringer Städte und Dörfer bis 1300. Ein Handbuch. Erfurt 1996, S. 104-107.

726: Bischof Willibrord von Utrecht vermacht in seinem Testament seinen Eigentumsanspruch an den thüringischen Besitzungen dem Kloster Echternach. Arnstadt wird als villa (hier: zentraler Hof mit politischer und wirtschaftlicher Bedeutung) über dem Fluß Weiße im Gau Thüringen (*Armistadi, super fluvio Witheo in pago Thuringasnes*) des Fürsten Hedan bezeichnet. Q UB Arnstadt, Nr. 2.

Um 800: Das Hersfelder Kloster ist in der Arnstädter Umgebung reich begütert, so in Ohrdruf, Sülzenbrücken, Holzhausen, Bittstädt, Haarhausen, Lengefeld (eine Wüstung bei Marlishausen), Gommerstedt, eine Wüstung bei Bösleben, Mutesfeld, wahrscheinlich eine Wüstung bei Arnstadt, Rehestädt, Rudisleben, Molsdorf, Werningsleben, Elxleben, Dornheim, Bösleben, Wüllersleben und Marlishausen. Arnstadt wird nicht erwähnt. Q Dob I, Nr. 70.

954, 17. Dezember: König Otto I. hält in Arnestat *(in placito regali, quod in Arnestat habitum fuit)* einen Reichstag ab. Der sogenannte *„Liudolfingische Aufstand"*, ein eineinhalbjähriger Hauskrieg zwischen dem König und seinem Sohn Liudolf sowie seinem Schwiegersohn Konrad dem Roten, der später in der Schlacht auf dem Lechfeld (955) fällt, wird durch die förmliche Unterwerfung Liudolfs in Arnstadt beendet. Wilhelm, der Sohn des Königs, wird zum Erzbischof von Mainz ernannt. Auf diesem Reichstag werden die innenpolitischen Voraussetzungen für die siegreiche Schlacht gegen die Ungarn auf dem Lechfeld bei Augsburg geschaffen. Q UB Arnstadt, Nr. 3 u. 4; Dob. I, Nr. 389.

Um 1050: Kaiser Heinrich III. (1046-1056) läßt in Arnstadt Denare prägen. Diese Prägungen sind im Zusammenhang mit seiner Münztätigkeit in Erfurt zu betrachten. Auf Grund der Erfurter Denare, die im Namen Heinrichs III. und des von 1051-1059 regierenden Erzbischofs Lupold geprägt wurden und vom gleichen Typ wie die Arnstädter sind, kann man annehmen, daß sie von 1051-1056 entstanden sind. Ein kaiserlicher Pfennig trägt die von Numismatikern ergänzte Umschrift ARNISTATD, ein weiterer wird ergänzt zu ARNISTADE. L Röblitz, S. 15-19.

Die Grafen von Käfernburg-Schwarzburg - Arnstadt im hohen Mittelalter

1095/1101 (Datierung unklar): Erste urkundliche Erwähnung des Grafen Sizzo (Sizo). Gemeint ist Sizzo III., der erstmals 1137 Graf von Schwarzburg und 1141 Graf von Käfernburg genannt wird. Begründer des legendären, bis in das 8. Jahrhundert zurückreichenden Geschlechtes der Grafen von Käfernburg-Schwarzburg. Er war mit Gisela vermählt und gründet am 20. März 1143 das Kloster Georgenthal mit Zustimmung seiner Söhne Günther (II.) und Heinrich (I.). Graf Sizzo stirbt am 19. Juni 1160. Günther wird der Stifter der Grafschaft Käfernburg und Heinrich der der Grafschaft Schwarzburg. Nach dem kinderlosen Tod seines Bruders Heinrich im Jahre 1184 vereint er die Grafschaft Schwarzburg mit der seinigen, die er dann an seinen ältesten Sohn Heinrich abtritt. Q Dob. I, Nr. 997, 1348, 1432 u. 1459. L Wittmann, Helge: Zur Frühgeschichte der Grafen von Käfernburg-Schwarzburg. In: ZVTG 51 (1997), S. 9-59.

1130: Nennung eines *Waltherus de Arnstede*. L Dob. Berichtigungen, S. 352.

1133: Abt Berchtoh von Fulda übergibt tauschweise durch seinen Vogt dem Kloster Paulinzella auf Bitte des Abtes Udalrich das Dörfchen Gösselborn und erhält dafür durch den Klostervogt Graf Sizzo andere zinsende Güter, womit er die Herren belehnt zu haben bekennt, die mit Gösselborn seitens des Fuldaer Klosters zu Lehen gingen und befreit so Paulinzella von lästiger Nachbarschaft. Ein Sizo von Arnstadt wird urkundlich als Zeuge erwähnt (ebenfalls für das Jahr 1153). Q Dob. I, Nr. 1286. ThStAR, S. U., 1140 vor Sept., Regest 11 u. 1153 Sept. 24, Regest 15.

1141, 8. November: Graf Sizzo nennt sich von →Käfernburg. Die gleichnamige Burganlage dürfte zu dieser Zeit schon bestanden haben. Dob. I, Nr. 1432.

1152: Ein *Gerbodo* von Arnstadt ist Zeuge in einer Urkunde Graf Ludwigs von Lohra für das Kloster Georgenthal. L Dob. Berichtigungen, S. 140.

1168: Der Ministeriale Adelher von Arnstadt ist Zeuge in einer Urkunde Burchards, Abt von Hersfeld. L Dob. Berichtigungen, S. 141.

1176: Ekkebertus, *parochianus* (Geistlicher) *de Arnstete, Heinricus Advocatus* (Vogt) und sein Bruder *Edelherus von Arnstete*, beides wahrscheinlich Ritter, bezeugen neben Anderen die Stiftung eines Seelgerätes des Albert von Grumbach im Kloster Ichtershausen. Der Vogt war im weiteren Sinn der Stellvertreter eines geistlichen oder weltlichen Herren in juristischen Angelegenheiten. In der Regel war er Verwaltungsbeamter und Richter in einer Person. Er wurde vom Stadtherrn mit der hohen →Gerichtsbarkeit betraut und durfte Steuern einziehen. Heinrich könnte im Gegensatz zu Berenger, dem Schultheißen, das Vogteiamt im Auftrag der Grafen von Käfernburg ausüben. Unter Seelgeräte verstand man unterschiedliche Stiftungen zum Heil der Seele, die testamentarisch der Kirche vermacht wurden. Häufig wurde die Stiftung in der Kirche vorgenommen oder erst am Tag des Begräbnisses des Stifters. Als Seelgerät konnte z. B. auch ein Zins, der einem Grundstück auferlegt wurde, gestiftet werden. Die Familie von Arnstadt, deren Miglieder Burgmannen und Vögte in Arnstadt waren, verliert sich im 14. Jahrhundert. Das Familienwappen bildete ein dem →Stadtsiegel entlehnter einköpfiger Adler bis 1373, wo die Brüder Lutolf und Otto von Arnstadt einen Doppeladler annahmen, um sich von ihrem Onkel Lutolf zu unterscheiden. Q ThStAG, Bestand: Geheimes Archiv, Sign.: R R I, Nr. 16a, S. 58 f. (Copialbuch des Klosters Ichtershausen). L Thuringia Sacra I., S. 55 f., Anm. 14

Siegel des Heinrich von Arnstadt, 1369

1180: Bau der Oberndorfer Kirche als Basilika der Grafen von Käfernburg.

1182, 5. April: Der Abt Siegfried von Hersfeld bekundet in einer zu *Arnestete* ausgestellten Urkunde die Schenkung einiger Hufen (Ackermaß, 1 Hufe=30 Morgen) Landes an das Kloster Memleben, dessen Vogt Graf Heinrich von Buch diese bisher vom Hersfelder Abt zu Lehen getragen hatte. Dergleiche bekennt, daß er zwei Hufen, die das Kloster Hersfeld in Memleben zwischen den Äckern der Pförtner in Osforde gehabt hat, dem Abt Adelold in Pforta und dessen Kloster für 27 Mark verkauft habe. Neben anderen Zeugen bekräftigen dies Beringer, Schultheiß von Arnstadt und sein Sohn Gottfried. Der Schultheiß (scultetus oder villicus) war ein Beamter eines geistlichen oder weltlichen Herren mit administrativen und richterlichen Befugnissen. Wahrscheinlich war er der hersfeldische "Gegenspieler" zu Vogt Heinrich. Q UB Arnstadt, Nr. 6 u. 7.

1184: Heinrich, *advocatus* (Vogt) *de Arnstete* und sein Bruder *Edelherus*, bezeugen neben Anderen die vom Mainzer Erzbischof Konrad vollzogene Bestätigung der Privilegien, Güter, Rechte des Klosters Ichtershausen und einer Seelgerätsstiftung des Albert von Grumbach. Q ThStAG, Bestand: Geheimes Archiv, Sign.: R R I, Nr. 16a, S. 59 ff.

1186: Ein Berenger von Arnstadt (wahrscheinlich identisch mit dem Schultheißen von 1182) und seine zwei Söhne werden urkundlich erwähnt. L Dob. Berichtigungen, S. 141.

1196, 17. Oktober: *Gebehardus Praepos. de monte Walbert.* (Vorsteher des →Walpurgisklosters), bezeugt neben anderen, daß Erzbischof Konrad von Mainz das Kloster Ichtershausen mit einer Wiese und der Zollfreiheit zu Erfurt beschenkt habe. Q ThStAG, Bestand: Geheimes Archiv, Sign.: R R I, Nr. 16a, S. 92.

1204, September: Der in Weißensee von König Philipp von Schwaben belagerte Landgraf Hermann von Thüringen hofft auf das Entsatzheer des Königs Ottokar von Böhmen. Anfang September kommt dieser mit einem starken Heer nach Thüringen und schlägt südlich von Arnstadt und im Thüringer Wald sein Lager auf. Während dieses Zuges wird Thüringen von den Böhmen schwer verwüstet. Die Grafen Günther und Heinrich von Käfernburg stehen auf der Seite König Philipps. Zu einer Schlacht zwischen beiden Heeren kommt es allerdings nicht.
Kaum hat der Böhme von der Stärke des königlichen Kontingentes, welches unter der Führung des Marschalls Heinrich von Kalden steht und ihm von Weißensee her entgegenzieht, genauere Nachrichten erhalten, tritt er im Schutze der Nacht und unter Anwendung einer Kriegslist den Rückzug an. L Kirchschlager, Michael u. a., Die Geschichte der Stadt Weißensee von den Anfängen bis zur Gegenwart. Erfurt 1998, S. 100.

1209, 28. Juni: In Arnstadt beenden die Äbte Johann von Hersfeld und Gottfried von Georgenthal ihre Streitigkeiten über die Grenzen ihrer Gebiete. L Dob. Berichtigungen, S. 141.

Käfernburg und Dorotheental auf einem Stich des 19. Jhs.

1220: Graf Günther von Käfernburg stimmt einem von den beiden Brüdern und Rittern Heinrich und Gunther von Arnstadt eingegangenen Kaufvertrag mit dem Probst Theoderich zu Ichtershausen über ein bei Martinrode gelegenes Holzgrundstück zu. In diesem Zusammenhang wird auch ein *Edelhero civitatis advocato* (Stadtvogt) erwähnt.
Dies führt dazu, hierin die erste Erwähnung Arnstadts als civitas (Stadt) zu sehen. Streng genommen wird aber nur ein Stadtvogt urkundlich genannt und dies ohne nähere Ortsbezeichnung. Als Zeugen fungieren u. a. Hugo, *Praepositus Sanctae Walpurgae Virg.* (Vorsteher des Walpurgisklosters) und *Herdenus sacerdos* (Priester) *in Arnstete.* Der Stadtvogt Edelherus könnte der Bruder Heinrichs von 1176 oder ein Sohn desselben sein. Q ThStAG, Bestand: Geheimes Archiv, Sign.: R R I, Nr. 16, Fol. 3 RS u. 4 (Abschrift des 15. Jh.).

1221: Lupold von Arnstadt ist Zeuge in einer Urkunde des Probstes Arnold von Tulbe. L Dob. Berichtigungen, S. 141. **9. September:** Hugo, Vorsteher des Klosters St. Walpurgis, bezeugt neben Anderen eine Schenkung des Landgrafen Ludwig von Thüringen, dessen Mutter Sophie, seiner Gemahlin Elisabeth (der späteren Heiligen) und der Brüder Heinrich Raspe und Konrad, welche in einem Wald besteht und die dem Kloster St. Georg zu Ichtershausen gemacht wurde. Q UB Arnstadt, Nr. 12.

1223, 7. Juli: Hugo *de monte Sanctae Walpurg.* (Vorsteher des Walpurgisklosters) bezeugt den Verzichtbrief eines Ritters von Weida gegenüber der Kirche in Ichtershausen. Q ThStAG, Bestand: Geheimes Archiv, Sign.: R R I, Nr. 16, Fol. 4.

1224: Eine drei Jahre währende Teuerung in Thüringen beginnt. Q Rothe, S. 146.

1228, 16. Mai: *Hugo, prepositus de monte sanctae Walpurgis* (Vorsteher des Walpurgisklosters) bezeugt die vom Landgrafen Heinrich Raspe IV. von Thüringen bestätigte Schenkung (1221) eines Waldes an das St. Georgenkloster zu Ichtershausen. Q ThStAG, Bestand: Geheimes Archiv, Sign.: R R I, Nr. 16, Fol. 5.

1237, 15. Juli: Mehr als Tausend Erfurter Kinder ziehen tanzend und spielend nach Arnstadt und bleiben eine Nacht. Am anderen Tag, als die Eltern durch die Arnstädter davon erfahren, kommen sie nach Arnstadt und holen ihre Kinder mit Wagen wieder ab. Niemand konnte sagen, wer sie geführt hätte. Hierbei soll es sich um den sogenannten „St. Veitstanz" handeln. Man schrieb dieses Wunder allerdings auch den Eingebungen des Himmels zu. Wähler hält ihn für den *Ausdruck einer seelischen Erkrankung der Kinder, die unter dem Eindruck geistlicher Reden mit ihren Tanzbewegungen suggestiv auf andere Kinder wirkten. Die Auslösung ist kirchlich-religiös bedingt und im festlichen Brauch der Zeit bedingt.* Q Rothe, S. 397. L Wähler, Martin: Der Kindertanzzug von Erfurt nach Arnstadt im Jahre 1237. In: ZVTGA, NF 34 (1940), S. 65-76.

1240, 15. August: Arnstadt wird als Einlagerort genannt. Graf Heinrich von Schwarzburg verkauft mit Bewilligung seines Bruders, Graf Günthers von Blankenburg, 7 dem Stift Hersfeld lehnbahre Hufen zu Kirchheim für 80 Mark Silber an das Kloster Georgenthal. Bedingung ist, daß der Konsens zu dem Kauf vom Stift Hersfeld erwirkt werde, wobei festgesetzt wird, daß Ludolf von Stotternheim, *Lupold* von *Arnstete* u. a. genannte Ritter in Arnstadt einreiten und da bleiben sollen, wenn der Konsens bis Martini nicht eingeholt oder nicht andere Kaufobjekte vom Grafen von Schwarzburg in Seebergen, Elxleben und Liebringen angewiesen werden. Das Einreiten oder die Verpflichtung zum sogenannten Einlager verpflichtete die Bürgen zu einer Art Geiselschaft, bei der der Schuldner sich nach Erschöpfung bestimmter Verfahren gewöhnlich unter Begleitung mit einem oder mehreren Dienern und Knappen und sämtlich beritten in einem Gasthof auf seine Kosten so lange aufzuhalten hatte, bis der Gläubiger befriedigt war. Einlagerorte genossen ein erhöhtes öffentliches Ansehen. Q UB Arnstadt, Nr. 16 L Dob. Berichtigungen, S. 142.

1241: Weinanbau um Arnstadt. Der Abt zu Hersfeld schenkt dem Kloster Ichtershausen einen Weinberg bei Arnstadt gegen eine jährliche Abgabe von zwei Pfund Wachs. Q UB Arnstadt, Nr. 17.

1242: Lupold von Arnstadt ist Zeuge in einer Urkunde (ausgestellt auf der Wartburg) des Landgrafen Heinrich Raspe IV. von Thüringen für das Kloster Georgenthal. L Dob. Berichtigungen, S. 142.

1246: Die Franziskaner *(fratres minores)* verlegen ihren Konvent *(conventus),* ihre Glaubensgemeinschaft, von Gotha nach Arnstadt. L Dob. Berichtigungen, S. 352.

1246: Der ehemalige Vogt Rüdiger von Arnstadt *(Rudegerus quondam advocatus in Arnstet)* fungiert als Zeuge in einer Urkunde bezüglich Rechtsstreitigkeiten zwischen dem Abt Werner zu Hersfeld und dem Grafen Ernst von Gleichen, wobei Graf Hermann von Orlamünde als Schiedsrichter auftritt.

Vogt Rüdiger verkauft 1248 unter gewissen Bedingungen dem Abt Theoderich von Oldisleben das Vogteirecht über die Güter zu Gosserstedt. Q UB Arnstadt, Nr. 18 u. 19.

1249, 23. März: Rüdiger von Arnstadt, jetzt nicht mehr als Vogt fungierend, gibt den beiden Richtern Hartmann von Göllingen und Hermann von Ichstedt und ihren Dienern Friedrich von Odersleben und Bern von Bendeleben die Verwaltung der Vogteirechte über die Güter in Gosserstedt nach Lehnrecht. Als Zeuge erscheint, wie auch schon 1248, *Guntherus dictus Stipht de Arnstete*. 1251 wird Rüdiger allerdings wieder als Vogt genannt. Q UB Arnstadt, Nr. 20. L Dob. Berichtigungen, S. 352.

Siegel Graf Günthers IV. von Käfernburg, 1249   *Siegel Graf Günthers VI. von Käfernburg, 1282*

1250: Die Franziskaner von Arnstadt errichten ein Kloster *(coenobium)*. Die Minoriten oder Barfüßer, wie sie auch genannt wurden, widmen sich, ohne Hospitäler zu gründen, der freien und offenen Kranken- und Siechenpflege.

Der Stadt zugewandt, verkörpert der Bettelorden einen neuen Typus von Seelsorge und Spiritualität, fern jeglicher kirchlicher, institutioneller Strukturen. Ihre Besitzlosigkeit und der von ihnen ausgehende Nutzen macht den Orden für die Stadt attraktiv. Der →Rat der gastgebenden Stadt, bürgerliche Freunde und Sympatisanten schenken den Bettelmönchen Grundstücke, Häuser oder spenden Gelder oder Baumaterialien und sorgen für ihren Lebensunterhalt. Wie in anderen Städten errichten die Franziskaner auch in Arnstadt in der Nähe der beiden stark frequentierten Tore im Süden der Stadt, oberhalb des Marktes, ihre Niederlassung. Im deutschen Bauernkrieg werden Franziskanerklöster meistenteils geschont. Übergriffe in Arnstadt sind nicht bekannt. L Dob. Berichtigungen, S. 352.

1251: Das Kloster Ichtershausen besitzt Güter in Arnstadt. Q UB Arnstadt, Nr. 21.

1253: *Rudegerus dictus advocatus*, wahrscheinlich identisch mit Vogt Rüdiger von Arnstadt (sein Sohn ?) verkauft drei Hufen Land u. a. in Haarhausen an den Konvent zu Ichtershausen. Als Zeugen erscheinen: *Dominus Hugo, montis S. Walpurgis Praepositus, conradus Plebanus in Arnestete, Guntherus dictus Stipht, milites* (Ritter) und *Sigfridus dictus Phallenzgreve, advocatus* (Vogt) *in Arneste*. Q ThStAG, Bestand: Geheimes Archiv, Sign.: R R I, Nr. 16a, S. 106 f. **30. Juni:** Der Abt Hugo des Walpurgisklosters erscheint urkundlich als ein vom Kloster Wechterswinkel bestellter Schiedsmann in einem Streit mit dem Kloster Pforta. Q UB Arnstadt, Nr. 23.

1254, 10. Dezember: Graf Günther von Käfernburg urkundet im Kloster Walpurgisberg. Er verkauft dem Kloster Georgenthal 14 Hufen zu Vippach. L Dob. Berichtigungen, S. 142.

1257: Dominus *Hugo, Praepositus montis S. Walpurgis*, Pfarrer Conrad zu Arnstadt, Lupold von Arnstadt und Siegfried Pfalzgraf, Vogt zu Arnstadt, erscheinen als Zeugen. Q ThStAG, Bestand Geheimes Archiv, Sign.: R R I, Nr. 16a, S. 109f.

1258, 5. Juni: Günther und sein Sohn Günther, Grafen von Käfernburg, urkunden in Arnstadt. Sie eignen dem Kloster Georgenthal einen Weinberg bei Siegelbach zu. L Dob. Berichtigungen, S. 142.

1263, 11. Januar: Erste Erwähnung der Arnstädter Münze. Der Konvent des Klosters Georgenthal gestattet der Abtei Hersfeld unter Abt Heinrich zur Bezahlung einer ihm schuldigen Summe von 100 Mark mehrere Fristen, wogegen die Abtei jährlich 13 Mark Arnstädter Währung von der Münze in Arnstadt *(moneta sua in Arnstete)* zum Unterpfand einsetzt. Am gleichen Tag schließt Ludwig von Frankenstein mit dem Abt Heinrich von Fulda als Provisor zu Hersfeld in Hersfeld einen Vertrag wegen eines Burglehens ab, für das er eventuell mit Vermögen und Gütern in Arnstadt pfandweise zu entschädigen sei. Die Errichtung einer Münzstätte dient der Versorgung des lokalen Marktes mit Zahlungs- und Zirkulationsmitteln und wird durch ökonomische Erfordernisse bestimmt. Es liegt im Interesse der Reichsabtei Hersfeld, diesen Werdegang nachhaltig zu unterstützen, denn ein weiteres Wachstum der Wirtschaft ist nur durch die Bereitstellung dazu benötigter, allgemeiner Äquivalente in Form von Münzgeld möglich. In dieser Urkunde wird Arnstadt erstmalig als *opidum* (Stadt) bezeichnet. Q UB Arnstadt, Nr. 25 u. 26. L Röblitz, S. 20-23.

1264: Die Äbtissin des Heiligen Kreuzklosters zu Gotha bezeugt, daß die Witwe des Ulrich Engelberg und ihre Erben von einem dem Kloster zu Lehen gehenden Haus in *Arnstete* jährlich ein Pfund Wachs entrichten. Als Zeugen erscheinen: *Cunradus monetarius* (Münzmeister), *Sifridus palatinus* und sein Sohn *Guntherus Ronimannus* u. a. Q UB Arnstadt, Nr. 27 L Dob. Berichtigungen, S. 142. Bruder *Albertus Gardianus Arnesteten* (ein Guardian ist ein Vorsteher eines Franziskanerklosters) und Bruder *Ulricus* bezeugen neben Anderen eine Urkunde des Grafen Günther von Käfernburg, die Klostergüter zu Ichtershausen betreffend. Q ThStAG, Bestand: Geheimes Archiv, Sign.: R R I, Nr. 16, Fol. 12. Curt Munzmeister zu Arnstadt eignet dem St. Georgenkloster zu Ichtershausen einen Weinberg in dem Arnthale zu. 1420 wird in dem *arntal* ein Weingarten und ein Baumgarten oberhalb der Stadt Arnstadt erwähnt. Q UB Arnstadt, Nr. 29. L Hesse, S. 48, Anm. 9.

Stadtrecht und Bürgertum - Arnstadt im späten Mittelalter

1266, 21. April: Stadtrechtsverleihung. Nach dem Text der Urkunde schicken Rat *(consules)* und Bürgerschaft *(cives universi)* ihre Boten nach Hersfeld und ersuchen den Abt um Erteilung eines festen und klaren Rechtes in persönlicher und sachlicher Beziehung und als sichere Entscheidungsnorm in den nach beiden Beziehungen vorkommenden Streitfällen. Der Abt Heinrich, nach reiflicher Beratung mit den Boten, seinen Getreuen und anderen tüchtigen Männern, hält es für das geratenste, der Stadt Arnstadt das Recht von Hersfeld zu erteilen. Es erfolgt demnach am 21. April die urkundliche Bewidmung Arnstadts mit Hersfeldischem Stadtrecht. Der Text der Urkunde in Übersetzung lautet: Heinrich, von Gottes Gnade Abt der Kirche in Hersfeld, Dietmar, Dekan, und der ganze Konvent daselbst entbieten ihren Lieben Getreuen Rat und gesamter Bürgerschaft in Arnstadt ihre Huld und den Wunsch alles Guten. Ihr habt uns um Verleihung einer bestimmten Rechtsform ersucht, nach der ihr euch bei allen euren Maßnahmen in jedem Personen und Eigentum betreffenden Falle und in klarer Urteilsform dauernd richten könntet. Aber da wir nach dem Rat eurer Abgeordneten und anderer uns befreundeten biederen Männer euch nicht passender willfahren konnten als dadurch, daß wir euch das Recht und ehrenvolle Freisein fest zu verleihen geruhten, welches Kaiser Karl der Leitung unserer Kirche bei ihrer ersten Gründung fest verliehen und alle unsere Abtsvorgänger, besonders die Äbte Siegfried, Johannes und Ludwig, die noch heute in der Erinnerung leben, bis auf uns fortgepflanzt haben, nämlich die Rechte, Satzungen, löblichen und guten Gewohnheiten und Ehren, welcher besagter Kaiser Karl unserer Kirche in Hersfeld und Umgebung fest verliehen hat. Demgemäß verleihen wir euch wohlwollend durch vorliegenden Brief dauernd kraft des allmächtigen göttlichen Vaters und dank unserer Schutzheiligen, der Apostel Simon und Judas und des heiligen Wigbert, die Rechte, Satzungen und löblichen guten Gewohnheiten, welche die Stadt Hersfeld, wie gesagt, bis auf unsere Zeit in festem Besitz gehabt hat, mit Ausnahme dessen, was wir nach klarem Vogteirecht einfach als nichtigerklärens- und abschaffenswert nicht zulassen werden. Und weil ihr euch der Freiheit, Rechte, Satzungen und Ehren unserer Hersfelder Bürger erfreuen wollt, wollen auch wir, wie sich`s gebührt, daß ihr uns und unseren Nachfolgern in diesen und den Punkten, wozu ihr von Rechts wegen verbunden seid, so gehorcht, wie unsere Hersfelder Bürger. Gegeben in Hersfeld im Jahr des Herrn 1266 am 21. April. Zeugen sind hierbei Konrad, Propst zu St. Johannes, Werner, Propst zu St. Peter, unsere Prälaten bei Hersfeld, Magister Erkinbert, Günther von Arnstadt, Erkinbert, Vogt von Buchenau, Mundschenk Reinbolt von Lengsfeld, Gebrüder Konrad und Gerlach von Ufhausen, Ritter Volpert Helbini und unsere Ministerialen Heinrich Angelus und Heinrich von Hatchenbach, Heinrich von Suhl und sein Bruder Reinolt, Kraftho, Münzmeister Berthold, Ludwig von Kapellen und Münzmeister Theoderich Friese, unsere Hersfelder Bürger, und andere Vertrauenswerte mehr (Übersetzung nach B. Grosse, 1936). Q ThStAR, A. C., 1266 April 21, Nr. 8.

1267, 11. Februar: Abt Heinrich von Hersfeld bekennt, daß er einen Hof in Breitenbach und eine Besitzung Gerthingers dem Kloster in Blankenheim zugeeignet habe, nachdem Ritter Theoderich von Gotha bei ihm in Arnstadt erschienen und die Belehnung mit diesen Gütern sowie weitere Termine, in denen er seine Rechtsansprüche habe geltend machen wollen, nicht besucht habe. Q UB Arnstadt, Nr. 31. **3. Oktober:** Der Priester Heinrich, Cunradus Monetarius (Münzmeister), Henricus Geh., Sifridus Palatinus (Pfalzgraf) und sein Sohn Albertus, Guntherus und Hermannus Ronmannus, Ulricus, Sohn der Meichtild und die Brüder Henricus und Ekehardus *burgenses in Arinstet* (Bürger zu Arnstadt) beurkunden, daß Conrad Schüler ein Haus, das der Engelbergis, welches für 28 Mark von deren Erben verkauft war, in Arnstadt zu Lehen erhalten habe, wofür er jährlich 1 Pfund Wachs abgebe. Leider ist das Original nicht mehr erhalten. Hier stellen die ersten Bürger Arnstadts eine Urkunde aus. Mit großer Wahrscheinlichkeit dürften sie den ersten Rat gebildet haben, der bei dem Abt zu Hersfeld um Stadtrecht ersuchte. Die politische und soziale Stellung wird bei Sifridus Palatinus besonders deutlich – er war 1253 Vogt in Arnstadt. Q UB Arnstadt, Nr. 32.

1268, 5. März: *Hugo prepositus montis sancte Walpurgis* (Hugo, Vorsteher des Walpurgisklosters) urkundlich erwähnt. Q UB Arnstadt, Nr. 33. **10. Oktober:** Der Ritter Eilher und die Brüder Rüdiger und Albert, Söhne des Vogtes Rüdiger, überlassen zur Beseitigung von Streitigkeiten dem Abt Christian von Oldisleben und seinem Konvent das Vogteirecht zu Gosserstedt. Q UB Arnstadt, Nr. 34.

1269, 6. März: Günther, Abt des Walpurgisklosters, urkundlich genannt. Q UB Arnstadt, Nr. 35.

1270: Günther und Günther, Gebrüder und Grafen von Käfernburg, schenken dem Peterskloster zu Erfurt die Güter des verstorbenen Lupolds von Arnstadt zu Alach, welche von ihnen Hugo der Lange von Erfurt zu Lehen getragen hat. Als Zeugen erscheinen u. a. Eilger und Rüdiger, Söhne Rüdigers, des verstorbenen Vogts von Arnstadt. L Dob. Berichtigungen, S. 143.

1272, 16. Februar: *Guntherus praepositus* und *Gerlindis priorissa*, die Priorin, sowie die Nonnen des Konventes des Walpurgisklosters *(montis s. Walpurgis)* bekennen, daß Eckehard Vastburger, Bürger in Arnstadt *(civis in Arnstete)*, mit Einwilligung seiner Brüder Wilhelm und Heinrich einen Weinberg bei der Mühle in Siegelbach *(molendinum in Sygelbach)* aufgelassen und jener Konvent diesen der dortigen Georgenkirche käuflich überlassen habe. In diesem Zusammenhang werden *solidos denariorum* (Denare/Pfennige) aus der Arnstädter Münze *(moneta)* genannt. Als Zeugen erscheinen Conradus *plebanus* de Arnstete, *dominus* Ludovicus et *dominus* Iacobus, *capellanus ecclesiae nostrae,* Theodericus de Busleiben *dapifer* (Truchseß), Hermannus de Schwabehusen, *scultetus domini abbatis Hersfeldensis,* die *milites* (Ritter) Theodoricus de Willerleybin und Bertholdus de Sibeleybin und die Arnstädter Bürger Guntherus de Fanere, *Sigfridus Palatinus* (Pfalzgraf) und Hermann Ronemann *(cives in Arnstete)*. Am gleichen Tag beurkunden Dietrich genannt Teuriche, Vogt, Ulrich von Siebleben und

die Ratsleute von Arnstadt den Kaufvertrag. Q UB Arnstadt, Nr. 36. L Dob. Berichtigungen, S. 143.
Juli: Graf Günther von Käfernburg beurkundet in Arnstadt Verhandlungen zwischen dem Winzer und dem Müller von Siegelbach und seinen beiden Brüdern über zwei Äcker und das Recht, zu Siegelbach zu keltern. L Dob. Berichtigungen, S. 143.

Der Streit der Stadtherren

1273, 1. Februar: Arnstadt wird als oppidum (Stadt) bezeichnet. Die gräflichen Brüder Günther und Günther von Käfernburg schließen unter Vermittlung des Grafen Günther von Schwarzburg mit Abt Heinrich von Hersfeld in Gegenwart vieler Edlen und Ritter in Arnstadt einen Vergleich. Vorangegangen waren zahlreiche heftige Streitigkeiten. Der Vertrag gibt in anschaulicher Weise über die Verfassung und Rechtsverhältnisse in Arnstadt Auskunft. Zuerst erkennen als Grundlage für die Feststellung der beiderseitigen Verhältnisse die Kontrahenten in Arnstadt an, daß in der Stadt und den zugehörigen Dörfern die Abtei die Grundherrlichkeit habe und von jeher gehabt habe, während den Käfernburgern das Vogteirecht zustehe. Der Abt hatte daher den Schultheißen *(villicus)*, der dem Schultheißengericht vorstand, zu ernennen, aber nicht den Vogt, der an der Spitze des höheren Vogtgedinges steht und ein gräflicher Beamter ist. Auch existiert ein gewisser Bezirk in der Stadt, der unmittelbar dem gräflichen Vogt oder Amtmann untersteht und wo wahrscheinlich die Grafen die Grundherrlichkeit von Alters her besaßen. Dieser Bezirk könnte sich um die Burg (heute Ritterstraße/Schloßplatz) herumgezogen haben. In Folge der übrigen anerkannten Grundherrlichkeit der Abtei sollen ihr alle Zinsen, Weinberge, Hausstätten, Mühlen, Höfe und das sogenannte Marktrecht sowie alles andere, was überhaupt bisher als ihr freies Eigentum angesehen wurde, auch künftig verbleiben. Die Grafen sollen zufolge ihres Vogteirechtes alle ihre Rechte und Leistungen mit voller Berechtigung behalten. Um den Frieden zu befestigen, und die Grafen dem Stifte zum treuen Beistand in der Zukunft zu verpflichten, belehnt der Abt die Grafen von Käfernburg mit der Burg in Arnstadt *(castrum in Arnstete)*. Im Gegenzug verzichten die Grafen zu Gunsten des Stiftes auf die Hälfte der Revenüen von einem Kaufhaus, das ihnen in der Stadt gehört, worin unten Hering und oben Leinwand verkauft wird und die Brotbänke der Bäcker stehen, die verlegt werden sollen. In Ansehung des hohen Gerichtsbannes wird festgesetzt, daß die Bürgerschaft zur Verfolgung der Friedensbrecher (Kriminalkosten) jährlich die Summe von vier Mark beisteuert, falls diese Summe aber einmal nicht aufgebraucht werden würde, soll sie von den stiftischen und gräflichen Beamten geteilt werden. Weiterhin versprechen die Grafen alle Münzstätten in ihren Ortschaften bis auf die in Ilmenau (Stadtilm?), zur Emporbringung der Arnstädtischen eingehen zu lassen. Das Zoll (Steuer)- und Münzamt, deren halbe Revenüen der Abt den Grafen zusicherte, wollen beide Teile gemeinsam verpachten. Hinsichtlich der Ämter des Schultheißen und das des Vogtes wird verabredet, daß wenn man beide Stellen nur einer einzigen Person übertragen würde, sollte jener dann beiden Teilen gleich zu Diensten stehen oder wenn jeder Teil seinen Beamten unter Zustimmung des anderen einsetzt, sollen in beiden Fällen alle Einkünfte beiden Teilen gleichmäßig verrechnet werden. Betrügerische Beamten sollen mit der verdienten Strafe belegt werden. Bezüglich der Besetzung der Pfarrkirchen und Kapellen, der Propstei des Walpurgisklosters und der zugehörigen Kirchen und Kapellen sowie der weltlichen Lehen und des Rechts auf die stiftischen Ministerialen und Leute, verzichten die Grafen auf alle Ansprüche, außer auf den gemeinschaftlichen Genuß der daraus erwachsenen Dienste und Leistungen. Ebenso sollen alle Beden, Gefälle, Geldstrafen und sonstige Hebungen und Einkünfte, sei es aus dem Schultheißen- oder aus dem Vogtgericht, aus anderen Quellen, sowohl von Christen als von Juden, neu ankommenden, durchreisenden und in- oder außerhalb der Stadt ansässigen, zur gleichen Verteilung unter den Kontrahenten kommen. Es wurde versprochen, keine der nach diesem Vertrag gemeinschaftlichen Besitzungen zum Schaden oder Nachteil des Anderen zu verkaufen, zu verpfänden oder anderweitig zu veräußern, und wenn es doch geschehe, einander binnen Jahr und Tag Ersatz zu leisten. Auch sollte, wenn überhaupt der Eine in den vereinbarten Stücken dem Andern künftig zu nahe treten und deshalb beschuldigt würde, derselbe von glaubwürdigen Männern überführt zur vollen Schadloshaltung verbunden sein oder durch einen Eid sich von der Anschuldigung reinigen. Endlich wurden zur

Erhaltung des gemeinen Friedens in Arnstadt verschiedene Punkte vereinbart. Der Abt verpflichtet sich und seine Nachfolger innerhalb der Stadt auf die Errichtung von Burgen zu verzichten. Auch sollen bei Irrungen und Zwietrachten zwischen ihnen und den Ihrigen, die inner- oder außerhalb der Stadt wohnen, weder an Person noch Eigentum beschädigt und verletzt werden. Niemand von den Leuten des Abtes oder von seiner oder der Grafen und ihrer Leute Seite noch sonst irgendjemand solle ungestraft die Bewohner Arnstadt`s in ihren Höfen und ihren Wohnungen, an Person oder Eigentum kränken oder sie mit Worten oder Werken schimpflich behandeln dürfen. Wenn aber von den hörigen Leuten der Abtei oder der Grafen sich jemand in Arnstadt als Bürger niederließe und dort ohne Widerspruch seiner Herrschaft Jahr und Tag gewohnt habe, so sollte er anschließend, das Bürgerrecht genießen (Stadtluft macht frei). Dieser inhaltsreiche Vertrag wird in einer großen Versammlung von Geistlichen (Erzbischof Werner von Mainz), Landgraf Albrecht von Thüringen, Grafen (Günther von Schwarzburg, Friedrich von Beichlingen, Heinrich von Honstein, Albert von Gleichen u. a.) und Rittern (Ottho de Arnstede u. a.) durch einen auf die Reliquien geschworenen Eid der Vertragsschließenden bekräftigt und feierlichst verbrieft. Q UB Arnstadt, Nr. 37. L Michelsen, S. 5-9.

1277, 9. November: *Conradus dictus de sibileiben* (genannt von Siebeleben) und sein Sohn *Gunther Vrowin, civis in Arnstete* (Bürger in Arnstadt) nehmen unter gewissen Bedingungen vom Kloster Ichtershausen auf 6 Jahre die vor Arnstadt gelegene Mühle in Pacht. Q ThStAG, Bestand: Geheimes Archiv, Sign.: R R I, Nr. 16, Fol. 10 (RS).

1278: Zwei Bürger pachten zwei Mühlen vor Arnstadt vom Kloster Ichtershausen. Q Thuringia Sacra I., S. 92.

1280, 6. April: Graf Günther von Käfernburg gibt dem Heinrich von Mihla 5 Mark von der Münze *(moneta)* und dem Zoll *(theloneo)* zu Arnstadt. Q ThStAG, QQ I c Sct. II J Nr. 3. UB Arnstadt, Nr. 40.

Um 1280: Nach einer Landesteilung zwischen den gräflichen Brüdern Günther VII. und Günther VIII. von Käfernburg erhält der Letztgenannte die käfernburgischen Grafenrechte und Einkünfte in Arnstadt. Günther VIII. bezieht daraufhin wahrscheinlich die Burg in Arnstadt als Residenz. Die in den nächsten Jahren folgenden Streitigkeiten zwischen den Käfernburgern und dem Hersfelder Stift könnten hierin ihren Ursprung haben. Es bricht heftiger Zwist wegen des Umfangs des Vogteirechtes und der Gerichtsbarkeit über die Juden aus, den namentlich die Grafen von Schwarzburg zu schlichten versuchen. L Michelsen, S. 9.

1282, 16. April: Graf Günther und Heinrich von Schwarzburg bescheinigen in einem Vertrag, daß Graf Günther von Käfernburg den Abt Heinrich von Hersfeld in den Rechten in und um Arnstadt ungestört lassen will. Als Zeuge erscheint neben anderen ein Ritter *Otto de Arnistide.* Knapp zehn Jahre nach dem Vertrag von Arnstadt scheint es wieder Ungereimtheiten gegeben zu haben. Abt Heinrich von Hersfeld will sich erneut vor Übergriffen seitens der Käfernburger absichern, wiewohl ohne großen Erfolg, wie sich bald herausstellen soll. In den folgenden Jahren brechen die Grafen von Käfernburg auch diese Zusage. Q UB Arnstadt, Nr. 41 u. 42. **20. Juni:** Eilher und Albert, Söhne des verstorbenen Vogtes Rüdiger von Arnstadt, geben dem Abt des Klosters Oldisleben und seinem Konvent das Vogteirecht über Güter in Gosserstedt. Q UB Arnstadt, Nr. 43. **2. September:** Graf Günther von Käfernburg der Ältere bestätigt auf der Käfernburg dem Bruder Heinrich, Mühlenmeister zu Siegelbach, eine Hufe zu Siegelbach, die derselbe von Herboto König, Bürger von Arnstadt, gekauft hat. L Dob. Berichtigungen, S. 143.

1283, 6. Januar: Erste Erwähnung des Arnstädter Rates. Graf Günther der Jüngere von Käfernburg und die Ratsleute *(universi consules)* Guntherus de Sybeleibin, Henricus de Walisleibin, Conradus de Sibeleibin, Henricus Schade, Ulricus Schilebot, Conradus de Gota, Conradus Ulrici, Henricus Ronemannus, Conradus Saxo, Gotfridus Menteler, Conradus Koufmannus und Henricus Ovener und alle Bürger Arnstadts *(et universi cives Arnstetenses)* schließen mit der Stadt Erfurt einen Vergleich, daß kein dasiger Bürger wegen einer fremden Schuld in Arnstadt oder in anderen Gebieten der Stadt aufgehalten werden solle. Ratsmeister werden noch nicht genannt. Q UB Arnstadt, Nr. 44.

*Der Turmschaft des Neideckturmes unterhalb von Helm, Haube und Oktogonal stammt noch aus der Zeit,
als die Stadtherren miteinander stritten, 19. Jh.*

1284: In Thüringen und den umliegenden Ländern herrscht eine große Hungersnot. Gleichzeitig überzieht ein großes Donnerwetter mit Hagel und Regen das Land und viele Menschen ertrinken. Q Stolle, S. 173.

1285, 6. Juli: Gräfin Mechthild von Käfernburg eignet ihren Hof zu Arnstadt *(curia in Arnstete)* dem St. Georgskloster in Georgenthal mit Zustimmung ihrer Söhne Günther den Älteren und Günther den Jüngeren zu und bestimmt das Kloster zu ihrer Begräbnisstätte. Bereits am 8. Mai gab ihr Sohn Günther der Jüngere dazu seine Einwilligung. Q ThStAG, Bestand: Geheimes Archiv, Sign.: R R I, Nr. 3, Fol. 27 (Schwarzes Copialbuch des Klosters Georgenthal).

1286, Juli: In einer Käfernburgischen Urkunde wird der Schulrektor Berthold von Eisenach *(Bertoldo dicto de Isnacho, rectori scolarium de Arnstate)* genannt. Q UB Arnstadt, Nr. 47. **25. August:** Abt Heinrich von Hersfeld verspricht dem Ritter Heinrich von Mellingen für zu leistende Dienste jährlich 5 Mark Silbers aus einer Münze zu Arnstadt. Unter Mark verstand man ein Gewichtsmaß von etwa 250 g. Q UB Arnstadt, Nr. 48.

1289, 24. Juni: Vorsteher Günther und Priorin Jutta des Walpurgisklosters werden urkundlich erwähnt. Q UB Arnstadt, Nr. 49.

Vor 1290: Die Streitigkeiten zwischen Abt Heinrich von Hersfeld und Graf Günther den Älteren von Käfernburg nehmen kein Ende. Wiederum wirft der Abt dem Grafen Vertragsbruch vor. Der Graf hat 50 Mark Silbers von den Bürgern zu Arnstadt genommen, die eigentlich ihm zustehen, er hält zwei Mühlen bei Arnstadt mit unrechter Gewalt, er nimmt dem Herren von Hersfeld sein Recht, seine Buße, sein Gefälle an dem Gericht zu Arnstadt und auf dem Land, auch nimmt er ihm sein Recht an seinen Krämern und an seinen Juden zu Arnstadt, entgegen seinem Eid und seinem Gelübde. Er hat Günther von Kerspleben und Günther von Hausen mit 36 Pfund sehr hoch besteuert und ihnen ihre Höfe und ihr Gut genommen, er hat auch die Gemeinde und die Juden zu Arnstadt mit allzugroßer Steuer *(notbehte)* belegt. Weiterhin hat er auch die Landleute sehr übernommen, so daß die Dörfer Reinsfeld, Eichenfeld, Quittendorf, Dosdorf, Plaue und Espenfeld wüst liegen und damit sind seinem Gotteshaus die Leute, ihr Gut, ihre Zinsen und ihr Recht verloren gegangen. Der Graf nimmt dem Abt auch sein Marktrecht. Wenn der Graf einen Vogt zu Arnstadt einsetzt, so soll der Vogt dem Abt von Hersfeld schwören, sein Recht zu halten und einzufordern. Die Klagepunkte des Abtes zu Hersfeld beziehen sich auf den Vertrag vom 1. Februar 1273. Q UB Arnstadt, Nr. 38.

1290, 25. Januar: Der Abt Heinrich von Hersfeld übergibt wahrscheinlich o. g. Klagepunkte an König Rudolf von Habsburg. Dieser lädt den Grafen von Käfernburg nach Erfurt, wo der König eine große Versammlung abhält und entscheidet wie folgt: Die Grafen von Schwarzburg müssen zur Verhütung künftiger Beeinträchtigungen dem Stift Hersfeld ihre Burg Schwarzwald mit Waldungen und dem Dorf Gräfenroda und allen Rechten zum Unterpfand setzen und sich auf große Versprechungen einlassen, nämlich zur Zahlung von 200 Mark Silbers binnen vier Jahren aus den von der Bürgerschaft zu Arnstadt zu erhebenden Steuern, und zwar jährlich fünfzig Mark. Der König selbst bestätigt den Vertrag von 1273. Die Rechte des Käfernburger Vogtes werden nicht beschnitten. Die Rechtsprechung des Königs muß im Zusammenhang mit seinem über zehn Monate seit 1289 währenden Aufenthalt in Erfurt, wo er im Peterskloster logiert, gesehen werden. So unterstützt er die Erfurter Bürger gegen den thüringischen Kleinadel und soll sogar 66 Burgen derselben zerstört haben. In einem aufsehenerregenden Gerichtsverfahren läßt er unter seinem persönlichen Vorsitz sogenannte Raubritter verurteilen und hinrichten. Die Chronik des Peterskloster bestätigt, daß der auf Ausgleich und Kompromisse bedachte Rudolf bei seinem Weggang aus Erfurt das in mörderischen Fehden und Kämpfen zerrissene Land in festem Frieden zurückläßt. Doch der Tod des Königs am 15. Juli 1291 eröffnet für den Adel frühzeitig erneut die Möglichkeit des unkontrollierbaren Handelns, so auch für die Grafen von Käfernburg. Q UB Arnstadt, Nr. 50. L Deutsche Könige und Kaiser des Mittelalters. Engel, Evamaria / Holtz, Eberhard (Hg.), Leipzig, Jena, Berlin 1990, S. 240-250.

1291, 26. April: Neben Günther, dem Vorsteher des Walpurgisklosters wird auch *Cunradus plebanus* (Pfarrer) *in Arnstete* urkundlich erwähnt. Q Thuringia Sacra I., S. 95, Nr. 89.

1292, 2. Januar: Graf Günther, genannt von Käfernburg, der Ältere verkauft in Arnstadt mit Zustimmung seiner Gemahlin Adelheid und seiner Töchter Adelheid und Irmgard dem Kloster Georgenthal 18 Acker Weinwachs bei der Mühle zu Siegelbach. L Dob. Berichtigungen, S. 144.

1293, 5. Januar: Graf Günther VIII. der Ältere von Käfernburg (1269-1302) überläßt dem Abt des Klosters Paulinzella unter gewissen Bedingungen zwei Silbermark jährlichen Zinses von den Brotbänken bzw. dem Brothaus *(in domo panis)* in Arnstadt. Unter den Zeugen dieser Urkunde findet sich auch ein Ritter *Lutolphus de Arnstete*. Q ThStAR, S. U., 1293 Jan. 5, Regest 20. **7. Juni:** Graf Günther von Käfernburg eignet dem Kloster Ichtershausen einen Garten, Erle genannt, unter der Bedingung zu, daß der Garten 15 Denare Arnstädter oder Erfurter Münze abgibt. Als Zeugen erscheinen ein Ritter *Lutolfus de Arnstete* und ein Bürger *Heinricus de Arnstete*. Q ThStAG, Bestand: Geheimes Archiv, Sign.: R R I, Nr. 16, Fol. 12 (RS)f.

1294, 23. Juli: Probst Günther, Priorin Osanna und der Konvent des Walpurgisklosters verkaufen Landbesitz und einen Hof zu Großfahner dem Stift St. Mariae in Erfurt für 27 Pfund Erfurter Denare. Als Zeuge wird ein *Heinricus scultetus* (Schultheiß) *de monte sancte Walpurgis* erwähnt. Q UB Arnstadt, Nr. 54. **19. August:** Ein *Heinrici de Arnstete* u. a. verkaufen dem Kloster Heusdorf 1 Hufe Land in Zotenstädt und 4 Höfe für 14 Freiberger Mark. Q Thuringia Sacra. II., S.183, Nr. 169.

1296, 31. Juli: Die Priorin und der Konvent des Jungfrauenklosters auf dem Walpurgisberg bekennen, daß den Äbten von Hersfeld von Alters her das Besetzungsrecht der obersten Propsteistelle (der Bestallung des Propstes) zugestanden habe. Wahrscheinlich wollte man einen eigenen Kandidaten einsetzen, was aber am Widerstand Hersfelds scheitert. Q UB Arnstadt, Nr. 55.

1297, Sonntag nach Pfingsten: Als Bürger von Mühlhausen wird ein *Theodericus* von *Arnstete* und seine Frau *Jutta* erwähnt. Q ThStAG, Bestand: Geheimes Archiv, Sign.: R R I, Nr. 16, Fol. 14 (RS).

1299: Ein Bürger zu Arnstadt verkauft dem Kloster Ichtershausen 1/2 Hufe zu Rehestädt. Q Thuringia Sacra I., S. 103, Nr. 110. **6. Januar:** *Hermannus Praepos. Mont. S. Walpurgis* bezeugt neben anderen, daß der Propst zu Ichtershausen eine Hufe zu Rudisleben, die von Theoderich genannt Vanre, Bürger zu Arnstadt bebaut wird, dem Kloster St. Johannis in Erfurt zur Frühmesse gegeben hat. Q ThStAG, Bestand: Geheimes Archiv, Sign.: R R I, Nr. 16a.

1300: *Dominus Albertus Plebanus* (Pfarrer) *de Dornheim* wird als Zeuge in einer Urkunde genannt. Q ThStAG, Bestand: Geheimes Archiv, Sign.: R R I, Nr. 16a, S. 154. **12. September:** Ein Cunradus de Arnstete wird als Bürger von Erfurt urkundlich genannt. Q Thuringia Sacra. II., S. 255, Nr. 4.

1301, 16. Juni: Abt Berthold, Dekan Giseler und Propst Henricus Maior sowie der Konvent des Klosters Hersfeld schenken dem Frauenkloster auf dem Walpurgisberg unter Propst Hermann und Priorin Osanne eine Vikarie (stellvertretende Pfarrstelle) im Dorf Gebesee gegen eine jährliche Getreideabgabe. Q UB Arnstadt, Nr. 61.

Neue Stadtherren - Die Käfernburger sterben aus

1302: Graf Günther VIII. von Käfernburg stirbt. Ein Wandel in der Stadtherrschaft wird eingeleitet. Der Käfernburger hinterläßt nur die beiden Töchter Irmgard und Adelheid. Irmgard ist mit Graf Heinrich von Honstein und Adelheid mit Graf Otto von Orlamünde verheiratet. Man kann annehmen, daß die beiden Töchter des Käfernburgers Landgraf Albrecht von Thüringen ihre Anteile an Arnstadt und andere Gebiete zu Lehen aufgetragen haben, denn dieser belehnt nach dem Tode Günthers VIII. den Hohnsteiner Grafen damit und bezieht den Grafen von Orlamünde mit ein. Der andere Teil verbleibt bei den Äbten von Hersfeld.

1304, 10. August: Die Gebrüder Graf Heinrich und Graf Dietrich von Hohnstein verkaufen 10 Hufen Landes und die Gerichte zu Ichtershausen an Friedrich von Witzleben. Als Zeuge erscheint u. a. *Conradus Clar, Cives Arnstetenses.* Q ThStAG, Bestand: Geheimes Archiv, Sign.: R R I, Nr. 16a, S. 157f.

1305, 1. Januar: Landgraf Albrecht von Thüringen verschreibt dem Grafen Otto von Orlamünde auf dem Haus Wartburg alle Lehen, die Graf Günther von Käfernburg, *der da voyt waz zcu Arnstete,* inne hatte. Bereits ein Jahr später verkauft auch er seinen Anteil an Arnstadt. Q ThStAR, A. C., 1305 Jan. 1, Nr. 20.

1306, 20. Februar: Graf Otto von Orlamünde verkauft mit Zustimmung und Rat seines Bruders Hermann die ihm durch seine Hausfrau Adelheid, einer Tochter des Grafen Günther von Käfernburg, zugefallene Burg und Stadt Arnstadt *(das hus unn di stat Arnstete)* zusammen mit der Vogtei und alles, was in der Stadt und auf dem Land dazu gehört, an die Grafen Heinrich und Günther von Schwarzburg.
Darüberhinaus verkauft er die Wachsenburg und *Ilmena* mit allem, was an Leuten, Land, Gerichten, Wassern und Weiden, Wald, Fischerei, Jagd und mit allem Recht, was dazu gehört. Dafür erhalten sie 1.300 Mark lötigen Silbers. Für 850 Mark geben ihnen die Schwarzburger Grafen Rudolstadt, das Niedere Haus (eine Burg) und alles, was dazu gehört. Die restlichen 450 Mark lötigen Silbers zahlen sie bar.
Sie übertragen auch alle Vogteirechte zu Arnstadt und erkennen den Abt von Hersfeld und den Landgrafen von Thüringen als Lehnsherren an. Vier Tage später kaufen die Schwarzburger von Graf Heinrich von Hohnstein, der die andere Hälfte des Käfernburgischen Teils von Arnstadt, die Wachsenburg und Schwarzwald aber ganz besaß, für 1.300 Mark lötigen Silbers dazu. In einer späteren Urkunde bestätigt Adelheid, die Witwe des Grafen Günther von Käfernburg den zwischen ihr, ihrem Gemahl und dem Abt Symon zu Hersfeld über Arnstadt abgeschlossenen Vertrag durch Anhängung ihres Siegels. Q ThStAR, A. C., 1306 Feb. 15, Nr. 21; UB Arnstadt, Nr. 70-72. L Dob. Berichtigungen, S. 144. **20. März:** Graf Heinrich von Honstein verkauft den Grafen von Schwarzburg seine ererbten Besitzungen, nämlich die Hälfte des Käfernburgischen Teiles von Arnstadt, Wachsenburg und Schwarzwald aber ganz für 1.300 Mark lötigen Silbers. L Dob. Berichtigungen, S. 144.

1307, 24. September: Eilher von Rockhausen und seine Ehefrau Luckardis bekennen, daß sie den durch den Tod des Pfarrers Gerlach von Goeleybin erledigten Hof in Arnstadt *(curiam in oppido)* bei dem Marienkloster für 24 Talente Arnstädter Denare (Pfennige) auf ihrer beider Lebenszeit von dem Abt Symon zu Hersfeld gekauft haben. Q UB Arnstadt, Nr. 73. **5. November:** Abt Simon von Hersfeld urkundet für das Kloster Georgenthal in Arnstadt. L Dob. Berichtigungen, S. 144. **19. November:** Die Ratsmeister *(magistri consulum)* Henricus Ulrici und Ulricus Strabo sowie die Ratsherren *(consules istius anni oppidi Arnstete)* Heyno de Walisleibin, Henricus Korn, Syffridus Lapicida, Hermannus Roneman, Henricus Hertwici, Ludewicus Luczeman, Albertus Franco, Gunthero de Uchtrigrishusen und Conradus de Hersfeld beurkunden einen Ackerkauf seitens des Arnstädter Bürgers Conrad Clar und seines Verwandten Günther Kirstan zu Erfurt, bei dem Abt Symon zu Hersfeld. Q UB Arnstadt, Nr. 74.

Ansicht der Liebfrauenkirche von Norden. Die barocke Haube auf dem Glockenturm erhielt sie 1751.

Blick zur Liebfrauenkirche von Süden. Die um 1888 auf dem Glockenturm errichtete neogotische Haube erwies sich als zu schwer und wurde um 1958 entfernt.

1308, 25. April: Adelheid, verwitwete Gräfin von Käfernburg, verkauft 4 Pfund Erfurter Groschen jährlichen Zinses von ihren Kramläden zu Arnstadt *(de kramis nostris in Arnstete)* an Graf Günther XIV. von Schwarzburg. ThStAR, S. U., 1308 April 25, Regest 296.

1309, 16. August: Landgraf Friedrich von Thüringen erkennt in einer auf der Runneburg in Weißensee ausgestellten Urkunde die Rechte des Abtes Symon zu Hersfeld an dem in die Stadt verlegten Walpurgiskloster an und verspricht diese auf keine Weise zu beeinträchtigen. Die Urkunde wird bezeugt von Herzog Heinrich von Braunschweig, den edlen Herren Heinrich und Günther, Herren von Blankenberg, den Grafen Günther von Käfernburg und Friedrich und Heinrich von Beichlingen, Otto von Bergowe, Günther von Salza und vielen anderen Lehnsmannen. Q UB Arnstadt, Nr. 76.

1310, 29. Mai: Der Rat der Stadt Erfurt schließt in Naumburg mit Landgraf Friedrich (dem Freidigen 1307-1321) von Thüringen ein Abkommen, nach welchem zur weiteren Verhandlung Graf Günther von Käfernburg und sieben andere Adlige am 6. September zu Arnstadt einreiten sollen. Im Fall, der Landgraf würde dem Ausspruch der Acht nicht nachkommen, sollen seine 20 Bürgen, darunter die Grafen Günther und Heinrich von Schwarzburg und Heinrich von *Arnstete* zu Arnstadt einreiten und nicht eher vondannen gehen, bis der Landgraf der Entscheidung der Acht nachkomme. Den Hintergrund der Verhandlungen bilden die Kämpfe zwischen den Parteien, in denen es dem Landgrafen gelingt, aufgrund der inneren Zerrissenheit der Stadt, gewisse Hoheitsrechte über dieselbige zu erlangen. Q UB Arnstadt, Nr. 77. L Dob. Berichtigungen, S. 145. **17. Juli:** Heinrich von Arnstadt ist in Gotha Bürge des Friedensschlusses Landgraf Friedrichs mit Erfurt. L Dob. Berichtigungen, S. 145.

1315, 14. Juli: Ritter Heinrich von Arnstadt ist Zeuge des Friedensschlusses Landgraf Friedrichs mit Erfurt in Gotha. L Dob. Berichtigungen, S. 145.

1316, 2. Juli: Otto von Arnstadt wird Bürge des Grafen Hermann von Gleichen. L Dob. Berichtigungen, S. 145.

König Ludwig von Bayern in Arnstadt

1323, 5.-21. August: König Ludwig weilt neben zahlreichen geistlichen und weltlichen Herren und Bürgern in Arnstadt. Zahlreiche Privilegien, Rechte, Freiheiten, Belehnungen u. a. werden erteilt. Die Nennungen der Personen und ihre getätigten Rechtsgeschäfte vermitteln ein illustres Bild von dieser Versammlung. So nimmt der König die Stadt Magdeburg unter seinen Schutz, bestätigt der Stadt Goslar ihre Rechte und Freiheiten, schenkt dem Rat der Altstadt Brandenburg eine Mühle, bekennt von den Bürgern zu Nordhausen wegen seiner Forderungen befriedigt zu sein, verordnet, daß kein Bürger von Mühlhausen vor einen auswärtigen Richter gezogen werden dürfe, erlaubt dem Abt Heinrich von Fulda, das Dorf Hausen in eine Stadt zu verwandeln, zu befestigen und gibt dieser Frankfurter Stadtrecht, erteilt dem gleichen Abt Bergwerksregal, bestätigt dem Kloster Walkenried Privilegien, erteilt der Äbtissin Jutta von Quedlinburg, die wegen Krankheit nicht zu ihm kommen kann, die Regalien und nimmt das Kloster Ichtershausen unter seinen Schutz. Dem Stift zu Stadtilm bezeugt er am 20. August, daß die Landgräfin Elisabeth und Landgraf Friedrich kein Recht an Seebergen haben und dies dem Stift zustehen soll. Desweiteren verpfändet er den Grafen Conrad, Gebhard und Friedrich von Wernigerode den Zoll zu Virnenburg um 300 Mark Silber. Der König nimmt zahlreiche Belehnungen vor. Er verleiht dem Kraft von Hohenlohe die Lehen, die der verstorbene Graf Ruprecht von Durne vom Reich zu Lehen trug. Die Tochter seiner verwitweten Schwester Agnes, Sophia, die gleichzeitig Gemahlin des verstorbenen Markgrafen Heinrich von Brandenburg war, belehnt er auf ihre Lebenszeit mit allen Lehen, die ihr Vater vom Reiche trug. Schließlich bezeugt Landgraf Friedrich von Thüringen, daß er kein Recht an Seebergen habe und dies dem Stift Stadtilm zustehen soll. Q UB Arnstadt, Nr. 89-110.

1324, 31. Mai: Probst und Konvent des Klosters Ichtershausen genehmigen die Schenkung der Witwe *Jutte Korns zu Arnstet* an deren Tochter Trute und deren Schwestern Kunigunde und Mechtild, Klosterschwestern in Ichtershausen, bestehend aus 16 Arnstädter Metzen *(mezzen)* Getreide auf Gütern in Rehestedt. Q ThStAG, Bestand: Geheimes Archiv, Sign.: R R I, Nr. 16, Fol. 20 (RS) u. 21.

1325, 3. Dezember: Propst, Priorin und der ganze *conventus der closter vrowin* geben das Wasserrecht ihrer Mühle vor der Stadt *(daz recht des wazzers an unsir mullin vor der stat)* den Grafen Heinrich und Günther von Schwarzburg. Als Zeugen dieser Urkunde treten u. a. auf: Die Ritter Fritz von Witzleben zu der Elgersburg und Conrad Weyger, die Priester Konrad von Ordorf, Ulrich von Siebeleben und Günther Schade sowie die Bürger *(burgere)* Jacoph von Ilmene, Heinrich Schriber auf dem Ried *(ufeme riete)*, Heyno Knorre und *steinmeister* Heinrich Herborten. Q ThStAR, S. U., 1325 Dez. 3, Regest 417.

1326: Graf Heinrich VII. von Schwarzburg wird bei der Belagerung einer Burg im meißnischen Gebiet von einer Kugel tödlich getroffen und stirbt. Q Rothe, S. 552.

1328, 3. Januar: Theoderich, Probst des Benediktiner Nonnenklosters zu Arnstadt, bekundet, daß *Heinrich Knorre* und *Heinrich von Gugeleyben*, Bürger zu Arnstadt, zwei Mark reinen Silbers Rente von zwei Hufen Artland bei Arnstadt auf Wiederkauf dem Stift St. Mariae in Erfurt verkauft haben. Q UB Arnstadt, Nr. 113. **5. März:** Protokollarische Vernehmung des Offizials der Marienkirche zu Erfurt gegen die Witwe *Rindesbuchen* (Rindsbauch), wohnhaft in Arnstadt, Frau des Heinrich Rindsbauch, wegen verweigerter Lieferung des teuersten Hauptes an das Kloster Ichtershausen. Q UB Arnstadt, Nr. 114.

1329, 28. September: Landgraf Friedrich von Thüringen weilt in Arnstadt. Er gewährt dem Kloster Reinhardsbrunn Abgabenfreiheit für seine liegenden Güter, besonders für die zu Ködderitzsch. L Dob. Berichtigungen, S. 146.

Die Stadt unter der Herrschaft der Grafen von Schwarzburg

1332, 14. Februar: Die Grafen von Schwarzburg erwerben Arnstadt vollständig. Graf Heinrich von Honstein, Herr zu Sondershausen verabredet zwischen dem Abt Ludwig von Hersfeld und den Grafen Heinrich und Günther von Schwarzburg (beide hatten je einen Teil von Arnstadt inne) den Verkauf hersfeldischen Teils an der Stadt, den Dörfern, der Vogtei und dem Schultheißenamt für 2.000 Mark lötigen Silbers. Die Schwarzburger und ihre Nachkommen sollen es als Lehen übernehmen. Das Geld soll in der Stadt Eisenach den Pröpsten Johann von Elbene und Heinrich Voyte in unterschiedlichen Raten gezahlt werden. Der Abt von Hersfeld soll aber seine geistlichen Gaben an dem Kloster zu Arnstadt behalten. Gleiches gilt für 50 Pfund Wachs, egal ob es aus der Stadt oder der Vogtei stamme. Auch soll das Hospital *(spital)* sein Geld und die Herren vom Konvent ihr Seelgerät behalten. Falls die Grafen das Kaufgeld nicht pünktlich zahlen, sollen die Bürgen, Graf Günther der Ältere von Schwarzburg, Graf Heinrich von Hohnstein, Graf Hermann von Gleichen, Graf Heinrich von Honstein und die Gestrengen Otto von Fahner, Friedrich von Wangenheim, Hartung von Erfa, Wetzel vom Steine, Kunemund von Stotternheim und Heinrich von Herbsleben zu Eisenach einreiten. Am gleichen Tag verkaufen Abt Ludwig, Dechant Meinhardt und der Konvent des Stiftes zu Hersfeld den hersfeldischen Teil von Arnstadt an die Grafen Heinrich und Günther von Schwarzburg. Gleichzeitig sagen sie in einer Urkunde vom 23. Februar die Bürger von Arnstadt ihrer Pflicht gegenüber dem Stift Hersfeld los und weisen sie an die Grafen von Schwarzburg. Schon wenige Wochen später, am 9. März, bestätigt König Ludwig in Nürnberg den geschlossenen Kauf. Nunmehr wird Arnstadt eine schwarzburgische Stadt. Q ThStAR, A. C., 1332 Feb. 14, Nr. 45; UB Arnstadt, Nr. 118-121.

Der vollständige Erwerb der Stadt Arnstadt im Februar 1332 fällt in die Zeit, in der die Grafen von Schwarzburg vornehmlich durch Kauf und Tausch dazu übergehen, ihr Territorium auszubauen und zu einer Landesherrschaft zu erweitern. Arnstadt stellt ein beachtlicher Zugewinn dar, wird umgehend weiter befestigt und zu einem zentralen Ort mit der bereits bestehenden Burg ausgebaut. Das Streben der Schwarzburger nach Ausweitung ihres Territoriums muß allerdings den Widerstand der Landgrafen von Thüringen, die gleichzeitig Markgrafen zu Meißen waren, heraufbeschwören.

1333: Heinrich von Arnstadt, Vogt des Grafen Hermann von Gleichen, ist Zeuge in einer Urkunde des Grafen. L Dob. Berichtigungen, S. 146. **7. März:** Der Rat zu Arnstadt bestätigt den Besitz über drei Hufen Landes zu Dornheim, den ihre Mitbürger *Wycelo de Tanheim* und *Symeon de Wylferichhausen* von der Kirche St. Georg in Ichtershausen gegen Abführung eines Getreidezinses von 16 Maltern besitzen. *Jacobus de Ilmene, Hermannus de Boneman, Conradus de Miltelheim, Conradus Hayne, Heinricus Schade, Bertoldus Swartz, Heinricus de Crewinckel, Conradus Babist, Heinricus Kannenbuch, Ludwig Landgreve, Ludwig Messerschmid, Conradus Marckgreve, consules in Arnstete* bilden den Rat der Stadt Arnstadt. In der Urkunde, die der Rat selbständig ausstellt und besiegelt, werden keine Ratsmeister genannt. Q ThStAG, Bestand Geheimes Archiv, Sign.: R R I, Nr. 16a, S. 210f. **30. Juli:** Das zur Vikarie des Altars des hl. Aegidius und der hl. Margarethe in der →Bonifatiuskirche zu Arnstadt gehörige und von dem Presbyter (Ältester) und Vikar Konrad von Ohrdruf bewohnte Haus in der Kohlgasse *(colgasse)* brennt ab. Daraufhin sieht sich dieser zum Aufbau genötigt und verkauft dem ehemaligen Propst Friedrich der Weißen Frauen zu Erfurt für 10 Pfund Pfennige Zinsen zu Elleben. Am 29. Oktober willigt der Erzbischof von Mainz dem Zinsverkauf zu Elleben zum Aufbau des in der Kohlgasse abgebrannten Hauses zu. Q ThStAR, S. U., 1333 Juli 30, Regest 502.

1334, 18. Januar: Ein Konrad von Apfelstädt *(Cunrad de Aphilstete oppidanus Arnstet)*, ein Städter aus Arnstadt, wird urkundlich genannt. Er könnte mit dem 1337 erwähnten Conrad Weine von Apfelstädt identisch sein. Q Thuringia Sacra I., S. 126, Nr. 173 u. S. 127, Nr. 175. **23. Juni:** Der Vorsteher Theodericus, Priorin Helmborga, Kellermeisterin Hildegundis *(celleraria)*, Kämmerin Conegundis *(cameraria)*, Krankenmeisterin Gerdrudis *(infirmarie magistra)*, Küsterin Elizabeth *(custos)* sowie der ganze Konvent des Frauenklosters in *Arnstete* willigen in die von seinem ehemaligen Probst Johannes, Sohn des Hernbortho, in der →Bonifatiuskirche in der Stadt Arnstadt daselbst gemachte Stifung einer Vikarei ein. Q KAA, Bestand Stadt Arnstadt, Urkunden, Nr. 3. **17. November:** Die Grafen Heinrich und Günther von Schwarzburg schließen mit Erzbischof Heinrich von Mainz einen Vertrag. Sie verpflichten sich, nach Rückkehr der Stadt Erfurt zum Gehorsam, gegen eine ihnen zu zahlende Summe von 200 Mark Silbers, alle dem Erzbischof treugebliebenen Pfaffen aus ihren oder anderen Gerichten in ihren Burgen aufzunehmen, zu beherbergen und zu beschirmen. Auch wollen sie eines seiner geistlichen Gerichte in ihrer Burg zu Arnstadt halten und geistliche Gebote und Briefe in ihren sonstigen Burgen nach vorausgegangener Bewilligung und mit ihrem Rat verkündigen. Sie wollen die Hälfte der Gerichtsgebühren von dem Arnstädter Gericht in Anspruch nehmen und die Dienste dem in Arnstadt wohnenden Richter einen Monat zuvor kündigen. Hintergrund des Erfurter Ungehorsams ist das seit 1328 bestehende Mainzer Schisma (Doppelwahl des Erzbischofs: Balduin von Trier und Heinrich von Virneburg). Q UB Arnstadt, Nr. 133.

1335, 30. Juni: Heinrich Reichenbach, Probst zu Memleben und Mönch zu Hersfeld, legt auf der Wartburg, wo sich Kaiser Ludwig aufhält, Widerspruch gegen den Kauf des alten Eigen zu Arnstadt, welches der Stift zu Hersfeld innehatte, durch die Grafen von Schwarzburg ein. Als Begründung gibt er an, daß dieser Kauf gegen seinen Willen und sein Wissen geschah. Q UB Arnstadt, Nr. 134.

1336, 10. Februar: Das Jungfrauenkloster St. Walpurgis bekennt erneut, daß dem Stift Hersfeld das Patronatsrecht über dasselbe zustehe und das Kloster ohne Erlaubnis des Konvents zu Hersfeld keinen Vorsteher wählen dürfe. In einer zweiten Fassung dieser Urkunde wird das Walpurgiskloster als in der Nähe von Arnstadt *(apud Arnstete)* bezeichnet. Q UB Arnstadt, Nr. 135 u. 136.

Die Thüringer Grafenfehde 1342-1346

1342: Große Regenwasser verderben Thüringen. Im gleichen Jahr beginnt die sogenannte Thüringer Grafenfehde, ausgelöst durch scharfe Interessengegensätze zwischen den Grafen Hermann von Weimar, Günther von Schwarzburg und anderen Territorialfürsten auf der einen Seite und dem wettinischen Landgrafen Friedrich von Thüringen und der Stadt Erfurt auf der anderen Seite. Erstere wollen als alteingesessene Grafengeschlechter ihren zunehmenden Verlust an Einfluß und Würde gegenüber dem aufstrebenden Wettiner ausgleichen, letztere dagegen die kleineren Territorialfürsten, die sich gegen die Landesherrschaft stellen und deren territoriale Zersplitterung für den Handel Erfurts von großem Nachteil, in ihrer Bedeutung einschränken und im Fall der Stadt Arnstadt sogar vernichten. Erfurt stellt für die kleineren gräflichen Städte eine nicht zu unterschätzende Konkurrenz dar und nur die Intervention des Landgrafen mit Hinweis auf seine Besitzansprüche können eine Zerstörung Arnstadts durch die Erfurter verhindern. Eine sehr schöne Anekdote, die uns ebenfalls Johann Rothe überliefert, nennt als Grund für diesen Krieg persönliche Resentissements zwischen Friedrich dem Ernsthaften und den Grafen von Weimar und Schwarzburg. So soll Graf Günther von Schwarzburg gesagt haben, er würde sich zu dem Landgrafen von Thüringen und den seinen nicht einmal umdrehen. Den ersten Hinweis auf eine "Verschwörung" gegen den Landgrafen liefert ein am 1. September 1342 zu Arnstadt von den Grafen Günther und seinem Neffen Heinrich von Schwarzburg-Arnstadt, Friedrich und Hermann von Orlamünde-Weimar, Heinrich von Honstein-Klettenberg, Heinrich II. Reuß, Vogt von Plauen u. a. geschlossener Pakt, worin sie sich gegen jedermann auf drei Jahre verbünden, der sie zu Unrecht ächtete oder verderben wollte. Unterstützung erhalten die Grafen, wenn auch nicht gleich offiziell, vom Mainzer Erzbischof. Da sich die Stadt Erfurt in ständigen Auseinandersetzungen mit Mainz befindet, gehen die Erfurter zur Partei des Landgrafen über. Es kommt zum Krieg und zu erheblichen Verheerungen in Thüringen. Landgraf Friedrich, von diesem schnellen Beginn von Feindseligkeiten überrascht, versucht am 13. Oktober 1342 in Arnstadt zu vermitteln. Er geht in die Höhle des Löwen, da die Schwarzburger als Initiatoren der Fehde anzusehen sind und Arnstadt zum militärischen Ausgangspunkt ihrer Unternehmungen machten. Doch die Friedensbemühungen scheitern. Da Graf Günther von Schwarzburg die Gebiete des Landgrafen und die Dörfer der Erfurter verheert und den armen Leuten viel Schaden zufügt, ziehen die Landgräflichen und Erfurter bereits Mitte September 1342 vor Arnstadt und fügen ihrerseits der Stadt an Früchten und Weingärten großen Schaden zu, versuchen die Stadt zu stürmen und bewerfen die Türme und Mauern mit Bliden (großen Steinschleudern - *traten der stat zu mit storme unde zu worffen die torme unde die muwirn mit bliden unde liessen do wergk machin*) und bauen andere Belagerungsmaschinen, um die Stadt zu gewinnen. Die Bliden kommen 1346 noch einmal gegen Langensalza zum Einsatz, daß noch auf mainzischer Seite stand. Die Türme und Mauern der Arnstädter Stadtbefestigung müssen zu dieser Zeit von einer gewissen Mauerstärke gewesen sein, denn bei den Bliden handelt es sich um schwere mittelalterliche Wurfmaschinen mit großer Durchschlagskraft und Zielgenauigkeit. Die Stadt Erfurt lagert diese Maschinen im Blidenhof, nördlich des Andreasviertels und dürfte auch den Blidenmeister und die Schleuderer gestellt haben. Die Erfurter wollen bei einer Eroberung Arnstadts die Stadt brechen und zerstören. Das lehnt der Landgraf ab, da Arnstadt als Lehen zu seiner Herrschaft gehört. Die Belagerung verläuft erfolglos, da beide Kriegsparteien abziehen. Die Blidensteine, die die Erfurter gegen Arnstadts Mauern geworfen haben, kamen bei Bauarbeiten zu Beginn des 20. Jhs. zum Vorschein.

Im Gegenzug kommt es am 27. Oktober 1342 vor Arnstadt bei Egstedt zu einer Schlacht, deren Hergang uns ebenfalls Johann Rothe schildert. Da Landgraf Friedrich aus Erfurt in Richtung Meißen abzieht, nehmen die Kriegsgegner die Chance wahr und berennen Erfurt. Die Erfurter schicken ihm sofort nach und bitten um Rückkehr und Hilfe. Da sie seine Rückkehr vernehmen, brechen sie aus und drängen die Schwarzburgischen bis gegen Egstedt. Dort kommt es zu einem harten Gefecht in dessen Verlauf zwei Grafen von Schwarzburg nebst vielen guten Rittern und Knechten gefangengenommen und gen Erfurt geführt werden. Die Schwarzburgischen flüchten und werden von dem Landgrafen und den Erfurtern bis vor die Stadt Arnstadt verfolgt. Zahlreiche Schwarzburgische werden gefangengenommen und während der Landgraf vor den Toren der Stadt die jungen ehrbaren Leute zu Rittern schlägt, ist ein großes Geschrei über die Niederlage ihrer Herren in der Stadt. Allerdings liegt der Graf von Virneburg, des Bischofs von Mainz Bruder in Arnstadt und rückt mit 200 gerüsteten Mannen gegen den Landgrafen und die Erfurter. Da die Landgräflichen und die Erfurter verwundet und müde sind, verlieren sie den Kampf und viele von ihnen werden erschlagen. Während vor Egstedt gekämpft wird, werden die gefangenen Grafen Günther und Heinrich der Jüngere von Schwarzburg nach Erfurt gebracht. Fast schon amüsant ist der weitere Verlauf der Geschichte. Die Grafen berichten dem Abt des Petersklosters von zahlreichen Verwundeten und Toten. Dieser schickt daraufhin Wagen mit Mönchen aus, die Toten und Verwundeten in die Stadt zu holen. Ihnen folgen zahlreiche Menschen zu Fuß, die ebenfalls ihre Freunde heimholen wollen. Als der Zug gegen Arnstadt anlangt, sehen sie die Schlacht noch in vollem Gange und zwei Pfeifer, die mit auf den Wagen sitzen, beginnen zu pfeifen. Da der Graf von Virneburg dieses vernahm, glaubte er, dort käme eine Entsatztruppe und ließ ab und hielt sich der Stadt zu. Als solches die Leute auf den Wagen sehen, werden sie ermutigt und schreien: *Thüringer Land und Rusteberg!* Der Virnburger Graf aber flieht in die Stadt und gibt damit den Sieg aus der Hand. Die Landgräflichen und die Erfurter ziehen sich nach Erfurt zurück und wären nicht diese Wagen gekommen, wäre der Landgraf erschlagen oder gefangen wurden. Er mußte noch vier Wochen in Erfurt bleiben und konnte weder sitzen noch liegen, so zerschlagen war er. Dieses dramatische und wechselvolle Gefecht blieb die einzige Feldschlacht in dieser Fehde, deren Ausgang von der Grafenkoalition nicht ausgenutzt werden konnte. Bereits am 19. November wird in Arnstadt ein Vermittlungsversuch des Kaisers zwischen dem Erzbischof Heinrich III. von Virneburg und Friedrich den Ernsthaften durch Graf Rupert von Virneburg, dem Hauptmann des Erzbischofs, unternommen. Hierin wird ein Waffenstillstand bis zum 6. Januar 1343 ausgehandelt. Da man dem Erzbischof und den Grafen am 1. Dezember 1342 vor dem Kaiser in Würzburg Rechtsbruch beweisen konnte, sie auch zu einem extrem hohen Strafgeld verurteilt, scheitern die Bemühungen des Schiedsgerichts um einen Frieden. Die Rechtsbrecher ziehen ab. Am 17. März 1343 schließen die drei Schwarzburger Grafen, Günther, Heinrich und Günther, unter Berücksichtigung der Stadt Arnstadt mit den Grafen von Orlamünde einen Vertrag wegen Zusammenlegung ihrer Herrschaften. Sie fordern *voit* und *voite*, *ratsmeistere* und *ratlute*, die jetzt gerade amtieren oder noch kommen, auf dem Haus oder in der Stadt zu Arnstadt, ihre *man*, *burgman* und *buorgere*, die da sitzen und zu der vorgenannten *borg und stat Arnstete* gehören, zum Gehorsam auf. Hier wird erstmalig der Rat *(rate)* genannt. Es existieren zwei Räte, die wechseln, der jetzige und der zukünftige. (Q KAA, Bestand Stadt Arnstadt, Urkunden, Nr. 4.) Am 6. März 1345 schließt Erzbischof Heinrich von Mainz mit den Grafen von Schwarzburg, Orlamünde und Hohnstein ein militärisches Bündnis, das sich hauptsächlich gegen Erfurt richtet. Darin werden die Verbündeten aufgefordert, sobald jemand *werke, katzen, bliden oder ander gereitschaft* zur Erstürmung einer Burg benötige, solches herbeizuschaffen. (Q ThStAR, A. C., 1345 März 6, Nr. 76.) Von März bis Juni liefern sich die Kriegsparteien erbitterte Kämpfe. Allerdings beschränken sie sich auf Belagerungen von Burgen, Städten oder den mittelalterlich typischen Verheerungen der Dörfer und Felder, Raub von Vieh usw. Das Kriegsglück wandelt sich jedoch, da der Landgraf planmäßiger gegen seine zersplitterten Feinde vorgeht. Es gelingt ihm, die Thüringer Grafen zu unterwerfen und fortan tragen die einst so stolzen Schwarzburger ihre wichtigsten Lehen vom Landgrafen (28. Juli 1345 - Frieden von Weißenfels). Allerdings gelingt es ihnen, ihre Positionen weiterhin zu behaupten. Q Rothe, S. 575ff.

Die Teilung der Stadt 1347

1347, 11. Mai: Die Grafen Günther, Heinrich und Günther von Schwarzburg und Herren in Arnstadt teilen die Stadt in der Stadtmauer *(muren)*, vor den Toren und das, was vor der Stadt liegt, nach den Rechten und der Zustimmung der Räte in folgender Weise: Die erste Markierung der Teilung innerhalb der Stadt soll man an der Mauer bei Unser Lieben Frauenkirche, wo die Weiße eingeht, setzen und danach an der Weiße, wo sie an den Steinsteg bei Meister Ludwig Smides Haus stößt. Danach soll man folgende Markierung setzen, von dem Stein der vor Meister Ludwig Smides Haus gesetzt wurde, nachfolgend alle den Malstein (Grenzstein) über den Markt den Steinweg *(steyn-weg)* hinunter vor Hermans Mulners Haus und dann bis auf den letzten Stein gegen die Burg. Die Setzung der Malsteine soll wie folgt geschehen: Alle Steine werden in die Mitte des Marktes und der vorgenannten Gasse gesetzt, vom Anbeginn des ersten Steines bis an den letzten Stein an der Burg. Danach vor der Stadt: Die erste Markierung soll an dem Steinsteg vor dem Arntal bei dem Damm, wo die Weiße in den Mühlgraben einfließt bis an die Stadtmauer *(stad muren)* und dann dort hernieder, auswendig am Zaun entlang, wo dasselbe äußerste Wasser geht, bis an die Kickerlingegasse gegen das Gäßchen, welches gegen Herdens Haus geht, bis an die Markierung der Herren. Die andere Markierung soll in der Mitte der Mittelmühle *(miteln muoel)* nahe am Türmchen *(tuormichen)* beginnen, welches dem Vorwerk am allernächsten gegenüber steht, bis an die Gera, so ist alles gleiches Maß, und da die Gera zum Berg hinauf vor das Langensteintor *(Langenstein tore)*, was die Zäune eingeschlossen haben, dann an die Steinbrücke und da herwieder von derselben Steinbrücke über das, was die Zäune umschlossen haben, vor den *Ofenburn* bis hinter die Stadt an die Weiße. Außerhalb der Stadt werden Weingärten und Hopfgärten (Hinweis auf Bierbrauerei vor 1404) genannt. In der Stadt *brotbencke*, der Salzmarkt, die Münze, das *rat hus*. Vier (Ritter und Knechte) sitzen in der Vorburg und gehören zum *grozen tuorme*. Im Vorwerk sitzen zehn. Es wird ein kleiner Turm genannt. Auch werden Gesetze aufgestellt. Wer Unfug anrichtet, jemanden totschlägt, verwundet usw., der soll die Stadt nach alters her räumen, d. h. er wird für eine bestimmte Zeit verbannt. Kommt ein auswärtiger Mann und schadet einem Bürger oder einem anderen Mann, soll er in dem zuständigen Gericht aufgehalten und verurteilt werden. In diesem Zusammenhang wird vom Stadtrecht als Weichbild *(wic-pilde)* gesprochen. Q ThStAR, A. C., 1347 Mai 11, Nr. 80.

1349: Scharen von Geißlern *(bussern)* durchziehen Thüringen. Q Rothe, S. 594f. **Februar:** Aufgrund des Gerüchtes, sie hätten die Brunnen vergiftet, werden die Juden in den Städten, Burgen und Dörfern Thüringens, vornehmlich aber in Gotha, Eisenach, Arnstadt, Ilmene, Nebra, Wiehe, Tennstedt, Herbsleben, Thammsbrück, Frankenhausen und Weißensee verfolgt und erschlagen. Q UB Arnstadt, Nr. 150.

1350, 5. Februar: In einer Urkunde, Pfründe des Klosters Ichtershausen betreffend, erscheinen neben den Grafen von Schwarzburg auch die Ratsmeister *(magistri consulum)* und die Ratsleute der Stadt Arnstadt *(civitatis nostre Arnstete)*. Q Thuringia Sacra I., S. 130, Nr. 188. **11. April:** Das Handwerk der Fleischhauer zu Arnstadt bittet den Rat der Stadt um die Aufsetzung und Bestätigung einer Innung, die gemeinsam mit dem Rat erarbeitet wird. Daraufhin wird der *Fleischewer Innungsbrieff*, der als Abschrift des 16. Jhs. erhalten ist, öffentlich bekannt gemacht und rechtskräftig, höchstwahrscheinlich mit Zustimmung des Stadtherrn. Folgende Artikel werden festgehalten: Derjenige Fleischer, sei er auswärtig oder inwärtig, der Mitglied der Innung werden möchte, soll unserm Herrn (dem Stadtherrn) ein halb Viertel eines Zentners Unschlitt (Fett/Talg) jedes Jahr geben, der Stadt und den Räten (allen drei) zehn Schillinge guter Pfennige und dem Handwerk fünf Schillinge. Auch soll ein Knecht, der das Handwerk ausüben und zu der Innung kommen will, sein Handwerk beherrschen, zwanzig Jahre alt und Bürger der Stadt sein. Käme ein auswärtiger Mann oder ein Knecht muß er gegenüber den Räten den Nachweis erbringen, daß er seine Treue und Ehre gehalten habe, und dies mit Briefen seitens der Stadt oder dem Dorf in dem er gewohnt hat. Kann er dies beweisen, soll man ihn in das Handwerk aufnehmen wie es vorgeschrieben steht. Kann sich aber innerhalb von 14 Tagen das Handwerk auf die Aufnahme derer nicht einigen, bleibt die Aufnahme den Räten überlassen. Kommt das Handwerk in der genannten Zeit aber überein, so soll das Handwerk in dieser Zeit den

*Stadtmauerturm oberhalb der Brunnenkunst,
Ende 19. Jh. abgebrochen*

Riedtor und Jacobsturm

*Stadtmauerturm an der Marlittstraße/Hohe Mauer,
Ende 19. Jh. abgebrochen*

*Stadtmauerturm am Westende der Kleinen Rosengasse,
zum Wohnhaus umgebaut*

Knecht oder den Mann, auswärtig oder inwärtig, vor die Räte bringen und für seine Aufnahme bitten, daß die Räte ihm die Innung geben. Niemand soll in der Woche eine Sau oder ein finnicht Ferkel wissentlich machen. So soll man es bei seinem Zeichen hauen, am Sonnabend kann man wandelbares Fleisch hauen, auch bei seinem Zeichen. Das trockene Fleisch kann man verkaufen. Auch kann man am Sonnabend, nach Mittag warmes Fleisch hauen, wenn es notdürftig ist auch in der Woche. Das Fleisch, welches zwischen Walpurgis (1. Mai) und Michaelis (29. September) gemacht wurde, darf man nur zwei Tage lang verkaufen, länger nicht. Die Räte sollen jedes Jahr zwei Meister und ein Ungeld (Verbrauchssteuer) über das Handwerk setzen. Diesen sollen die Fleischer bei ihrem Eide gehorchen, die Innungsordnung durchzusetzen und niemand soll widerreden. Bringt jemand Fleisch unter die Bänke und die Meister halten es für nicht statthaft zu verkaufen, so sollen es ihm die Meister verbieten. Hält man dieses Gebot nicht ein, zahlt jedermann eine Buße von fünf Schillingen Pfennige an die Stadt und die Räte. Auf dem Markt soll niemand einen Tisch oder einen Korb setzen, wo er Fleisch anbietet und verkauft. Wäre es aber einem armen Manne von seinem Herrn gegeben, wo er gearbeitet hatte, eine Schulter oder andere Stücken, das kann er ohne Schaden verkaufen. Die Innung gebietet weiter, das am Sonnabend zwei ein Rind, zwei ein Ferkel und zwei vier Schöpse (Hammel) hauen dürfen. In der folgenden Woche sollen sie am Tage so viel machen, wie sie verkaufen können. Können sie es aber nicht verkaufen, soll man sie nicht dazu drängen. Ein Schwein soll man ohne Klauen unter die Fleischbänke tragen. Eine Klaue soll vier Pfennige teurer sein. Jeder Mann oder Knecht, der Fleisch verkauft, soll seinen Pfennig, der silbern sein soll, unverzüglich am Sonnabend zum Ungeld geben. Niemand soll auf des anderen Bank stehen, es sei denn sie wäre nicht vermietet. Geschähe es aber, daß alle Bänke vermietet wären, so mögen zwei ohne Schaden beieinander stehen. Welcher Mann oder Knecht dem Handwerksmeister nicht gehorsam ist, den sollen die Meister für sechs Pfennige pfänden. Die Buße soll dem Handwerk zufallen. Wäre es aber so, daß er die Buße nicht zahlen und dem Meister weiterhin nicht gehorsam sein will, sollen die Meister ihn beim Rat anzeigen. Und so soll er seine Strafe an die Stadt und die Räte zahlen, gleich, als wenn er wandelbares Fleisch gehauen hätte (fünf Schillinge Pfennige). Das Handwerk soll den Räten gehorsam sein und alle vorgeschriebenen Artikel sollen ewiglich von beiden Seiten eingehalten werden. Q KAA, Bestand: Stadt Arnstadt, Rotes Buch, Fol. 145ff. **27. Juli:** Erzbischof Gerlach von Mainz gestattet dem Abt zu Georgenthal, daß er auf dem in seinem Hof in der Stadt Arnstadt *(in opido Arnstete)* befindlichen geweihten Altar Messen und andere Gottesfeiern zelebrieren dürfe. Q ThStAG, Georgenthaler Urkunden, QQ Id, Nr. 219. **25. November:** Der oft erwähnte Bürger *Henricus steynmeyster* in Arnstete und Adelheid, seine eheliche Wirtin, geben dem Kloster Georgenthal ihren *Hoff zu Arnstet bie deme Wassinburger tore* zu einem Seelgerät und zu ihrem und ihrer Eltern Gedächtnis. Sie behalten sich vor, den Hof auf ihrer beider Lebzeiten mit zu bewohnen. Nach ihrem Tod kann der Abt den Hof verkaufen oder anders zweckmäßig nutzen. Auch soll man sie dann in die Bruderschaft der Mönche aufnehmen und bestatten. Probst Günther des Klosters zu Arnstadt besiegelt dieses Bekenntnis. Als Zeugen erscheinen die Bürger Gunther von Tostorff, Heinrich Gertener, Tilman Bottner und Conrad Heller. Q ThStAG, Georgenthaler Urkunden, QQ Id, Nr. 214. **13. Dezember:** Der Erfurter Bürger Conrad von Mittelhausen und seine Frau Gisela besitzen einen Hof in Arnstadt, dessen Einkünfte sie als Seelgerät dem Kloster Georgenthal stiften. Q ThStAG, Georgenthaler Urkunden, QQ Id, Nr. 216.

1352, 26. Februar: Der Rat gibt den Mitbürgern des Schmiedehandwerks auf ihre Bitte und zum besonderen Nutzen der Stadt eine Innungsordnung. Die Ratsmeister *(ratismeistere)* Hermann Ronman und Peter Mollestorff, die Kämmerer *(kamerer)* Apile Franke und Apile Molhusen und die Ratsleute *(ratlute)* Conrad Babist, Ian von Sulczenbrucken, Enczel Ernst, Conrad Hefener, Gunther Harhuszen, Gunther Echinfeld, Fridrich Mildener und Gunther Schroter legen in Einträchtigkeit folgende Innung (Zunft oder gesetzlich geregelte Handwerkervereinigung): Der jeweils regierende Rat bestätigt zwei Handwerker für ein Jahr zu des Handwerks Meistern. Diese sollen auf den Rat und die Innungsordnung per Eid schwören, dem Handwerk und der Innung rechtlich, getreulich und redlich vorzustehen und gehorsam zu sein, wie in andern Innungen der andern Handwerke. Die Mitglieder sollen ihren Meistern gehorsam sein. Wer dagegen verstößt, wird von den Meistern mit 6 Pfennigen Buße belegt. Auch wird geregelt, wenn ein auswärtiger Handwerker kommt und in diesem Handwerk hier arbeiten wollte. Dieser muß erst Bürger und Mitglied der Innung werden, fünf Schillinge dem

Rat zahlen und 1,5 Pfund Wachs dem Handwerk übereignen. Desweiteren werden die Verkaufstage geregelt (Ablaßabend, Ablaßtag, Jahrmarktabend und Jahrmarkttag sowie die Montage nach den Ablaßtagen vormittags und an den Markttagen Sonnabend und Mittwoch Vormittag), die mit dem neunten Glockenschlag enden. Dann muß der Verkaufsstand aufgehoben werden. Wer das nicht täte, der soll mit den Meistern und den Stadtknechten dazu gezwungen werden. Weigert er sich, soll der Stadtknecht die Strafe verhängen. Als Buße sollen Alen, Sattelnägel und Nalden *(Nadeln)* gegeben werden. Das Herstellen von geschliffenen Werkstücken wird gestattet. Sollte jemand beschädigte Waren verkaufen oder zu Markte bringen wollen, so sollten die Handwerksmeister sie besehen und zur Strafe einziehen. Die Handwerker sollen ebenfalls dem Rat gehorsam sein und keine eigenen Gesetze aufstellen. Schließlich sollen die alten Meister dem Rat die neuen Meister vorschlagen, die dann, wie beschrieben steht, wiederum vom Rat vereidigt werden. Q UB Arnstadt, Nr. 156.

1354, 20. Mai: Aufgrund der Zwietracht um Frankenhausen zwischen Graf Heinrich von Schwarzburg und Elisabeth, der Witwe des verstorbenen römischen Königs Günther, auf der einen Seite und den Grafen von Hohnstein auf der anderen Seite, wird u. a. Schloß *(slosz)* Arnstadt von den Schwarzburgern zurückgefordert. Q ThStAR, A. C., 1354 Mai 20, Nr. 108.

1356, 4. Oktober: Graf Heinrich der Jüngere von Schwarzburg und seine Mutter Elisabeth schließen mit der Stadt Erfurt ein Bündnis. Sie geloben den Erfurtern mit 20 behelmten Mann für 8 Jahre gegen jedermann, mit Ausnahme des Reiches zu helfen, wobei die Hälfte des Hauses und der Stadt Arnstadt sowie die übrigen Schlösser und Städte während dieser Zeit den Erfurtern offenstehen sollen (Militär- und Nachschubbasen). Sie versprechen, falls Graf Heinrich der Ältere und Günther sich mit den Erfurtern entzweien, neutral zu bleiben. Bereits am 3. April 1357 gebieten die Grafen Heinrich und Günther von Schwarzburg den Bürgern und der Stadtgemeinde von Arnstadt den Räten und der Stadt Erfurt eine rechte Huld (Huldigung oder Treueid) zu geloben und zu schwören. Q UB Arnstadt, Nr. 158 u. 159.

1358: Nach dem Tod des Grafen Günther von Schwarzburg, des erwählten Königs Sohn ohne Erben, dem Frankenhausen ganz und Arnstadt halb gehörte, kommt es zum Streit mit dem Landgrafen. Dieser glaubt, daß die Lehen, die dieser inne hatte, an ihn zurückgefallen sind. Letztlich kommt man zu einem Vergleich. Die Grafen von Schwarzburg zahlen dem Landgrafen 3000 Mark lötigen Silbers und geben ihm drei, für sie entlegene Schlösser, nämlich Dornberg, Windberg und Greifenberg. Q Rothe, S. 604f. **17. Juli:** Wegen großer Streitigkeiten innerhalb des Schwarzburgischen Hauses und zwischen den schwarzburgischen Untertanen vergleichen sich die Brüder Hans und Günther von Schwarzburg, Herren zu Wachsenburg mit ihren Vettern, den Grafen Heinrich und Günther von Schwarzburg, Letzterer Herr von Arnstadt. Alle Gebrechen zwischen ihnen und ihren Untertanen sollen zukünftig von ihren beiderseitigen Vögten zu Arnstadt und Wachsenburg entschieden werden. Im Falle aber, daß sie das nicht vermögen, soll Fritz von Witzleben volle Macht der Entscheidung besitzen und im Falle seines Abgangs ein anderer an seine Stelle gewählt werden. Q ThStAR, S. U., 1358 Juli 17, Regest 769.

1361, 22. September: Die Grafen Heinrich und Günther von Schwarzburg schließen einen Vertrag über Besitzverhältnisse, gerichtliche Zuständigkeit und wirtschaftliche Ausbeute der im Betrieb befindlichen und neu hinzukommenden Bergwerke in der Herrschaft Schwarzburg. Dabei wird diese als die *alde herschaft* bezeichnet. Dazu zählen: Pößnick, Ranis, Saalfeld, Blankenburg, Arnstein, Arnstadt, Arnburg, Leutenberg, Schwarzburg, Königssee, Remda, Schwarzenwald, Wachsenburg, Liebenstein, Ilmene, Kranichfeld und Georgenthal. Q ThStAR, S. U., 1361 Sept. 22, Regest 806.

1362, 6. April: Hermann von Notleben, Gardian der Barfüßer zu Arnstadt, und der Konvent beurkunden, daß die edle Frau Elisabeth von Schwarzburg, die Mutter Graf Heinrichs und Graf Günthers, zwei Pfund Heller jährlichen Zinses am *korn kasten* aus dem Schäфereihaus *(Scheffereyn huse)* der Brüder für ein Seelgerät der edlen Frau Jutta von Mansfeld, ihrer Tochter, der Gott gnädig sei und

Graf Albrecht von Mansfeld, gestiftet hat. Q ThStAR, S. U., 1362 April 6, Regest 812. **19. Mai:** Abt Johannes von Hersfeld bestätigt auf Ansuchen des Frauenklosters zu Arnstadt nach vorhergehender freiwilliger Resignation (Überlassung, Räumung) des Gunther von Rudolfesleyben, Heinrich von Wylbrode (Willerode) als Vorsteher. Q UB Arnstadt, Nr. 164. **22. Juli:** Johannes von Franken, Vikar des Altars St. Georg in der Marienkirche zu Arnstadt, überträgt die Rechte eines Hofes dem Kloster Georgenthal mit dem Vorbehalt des Wohnrechtes auf Lebenszeit. Q UB Arnstadt, Nr. 165.

1366, 1. Oktober: Abt Johannes von Hersfeld bestätigt auf Ansuchen des Frauenklosters zu Arnstadt Albert von Tanheim zum Vorsteher. Q UB Arnstadt, Nr. 166.

1367: Graf Günther von Schwarzburg, Herr zu Arnstadt und Sondershausen, verabredet mit Graf Günther, Herrn zu Schwarzburg, einen Ehebund zwischen dessen Tochter Helene und seinem Sohn Günther, der am 29. September über 8 Jahre abgeschlossen werden soll. Er verspricht, seiner Schwiegertochter 80 Mark lötigen Silbers jährlichen Zinses und einen Siedelhof (Sattelhof) zu Arnstadt zur Leibzucht (Nutznießung auf Lebenszeit) zu übergeben. L Dob. Berichtigungen, S. 146.

1368, 4. Juli: Der Streit zwischen dem Probst Albrecht, der Priorin Mechthild und dem Konvent der Klosterfrauen einerseits und dem Abt Berthold von Hersfeld andererseits bezüglich der Kosten, Zinsen u.ä. an der Pfarre zu Gebesee werden beigelegt. Q UB Arnstadt, Nr. 167.

1369, 6. Januar: Die Grafen Heinrich der Ältere, Heinrich und Günther von Schwarzburg stellen einen Brief über Seelgeräte für sich, ihre Frauen, Vorfahren und Nachkommen aus. Man soll u. a. den Klosterfrauen alle Zeit drei Tage in der Woche *(Sonntags, Dienstags und Donnerstags)* Fleisch für fünfzehn Schillinge guter Arnstädter Pfennige geben. In diesem Zusammenhang werden folgende Altäre genannt: St. Alexander, St. Nikolai, St. Gangolf, St. Seligi und Gemer, St. Johannes, Unsere Liebe Frauen, St. Georg, St. Anna, St. Elisabeth, St. Andreas und der Altar des hl. Leichnames. In diesem Seelgerätsbrief werden desweiteren die Pfarrer zu St. Bonifatius und St. Jakob und der Chor *(Kor)*, eine Kapelle und die große Glocke *(di grossin glockin, di czu unsir frowin ist)* in der Liebfrauenkirche erwähnt. Dieser Brief wird besiegelt vom Konvent der Klosterfrauen, den Grafen von Schwarzburg und den Ratsmeistern, Ratsleuten und den Räten der Stadt Arnstadt. In einer zweiten Urkunde vom 7. Januar werden u. a. ein *schroter gadem*, der *Riterstevne*, das *Wazzenburger thore*, das *Ritertore*, das *Erforter tore*, eine *kuchen*, wahrscheinlich eine Garküche, die *St. Nycolay gazze* und die *fleysbenken* (Fleischbänke) genannt. Desweiteren werden sechs *gewant gademe* erwähnt und Gesetze für die Gewandschneider (→Tuchmacher) festgelegt. Unter Gadem versteht man ein Haus mit nur einem Raum (hier eine Art Tuchmacherhalle). Wer Gewand schneiden will, der soll dies dort tun, auch nicht auf dem Markt, es sei denn, alle Gewandgadem sind besetzt. Die Bürger sollen einem oder zweien, der Gewand schneiden will und die eine Gesellschaft an den Tüchern und Schnitten miteinander haben, die Gadem nicht höher als 22 Schillinge vermieten. Auch sollen wir, die Grafen von Schwarzburg, noch unsere Dienstmannen und Vögte, keinen Schnitt erlauben, wenn die Gadem besetzt sind. Außerhalb der Gadem soll niemand schöne Gewand schneiden, es sei denn, die Gadem sind mit schönem Gewand besetzt. Falls außerhalb der Gadem Gewand geschnitten werden soll, daß sollen sie auf dem Markt auswendig gegen den Gewandgadem tun und wenn sie zu Markte stehen, so sollen sie ihr Antlitz gegen den Gadem kehren und ihr Gewand vor sich haben und nicht gegen den Markt. Wenn Schwestern gewand schneiden wollen, müssen sie die Erlaubnis des Vogtes einholen. Sollte der Gadem unvermietet sein, so haben die Bürger und das Seelgerät das Recht, alles Gewandschneiden außerhalb zu verbieten. Q ThStAR, A. C., 1369 Jan. 6, o. Nr. u. 1369 Jan. 7, Nr. 138; UB Arnstadt, Nr. 168. L Kroschel, Samuel: Die Seelgeräthsbriefe des Grafen Heinrich XVII. von Schwarzburg vom 6. und 7. Januar 1369. In: Programm des Fürstlichen Gymnasiums zu Arnstadt, Arnstadt 1872. **14. Februar:** Patronatswechsel zwischen dem St. Andreas Altar in der Marienkirche und dem Altar St. Sigismund in Ehrenburg. Q ThStAR, S. U., 1369 Febr. 14, Regest 895. **1. November:** Erzbischof Gerlach von Mainz beauftragt die Ratsmeister und den Rat der Stadt Arnstadt mit der Aufsicht und Verwaltung des Hospitals St. Katharina, welches außerhalb der Stadtmauern liegt. Zum Leiter wird Heinrico Schultzze bestimmt. Q ThStAR, S. U., 1369 Nov. 1, Regest 906.

1376, 14. März: Heinrich Hennenberg, Ratsmeister, vermacht fünf Mark lötigen Silbers zu einer ewigen Vikarie (Priesterstelle) *des altaris der heyligen vier ewangelisten in der kerchen unszer frouwen czu Arnstede* und fünf Mark lötigen Silbers zu einer ewigen Vikarie und Messe *des altars sancti Nycolai in deme Kore der cappeln sancti Nycolai by dem Wassenburger thore.* Beide Priesterstellen sollen von zwei unterschiedlichen Personen besetzt werden. Q ThStAR, S. U., 1376 März 14, Regest 966. **13. November:** Die Capitel der Marien- und Severiekirche zu Erfurt weilen in Arnstadt und erteilen den Geistlichen Verhaltensmaßregeln, die wegen Streitigkeiten, Irrungen und Verhandlungen zwischen dem Mainzer Erzbischof und dem Erfurter Rat aus der Stadt gewichen sind. Q UB Arnstadt, Nr. 177.

1377, 5. April: Graf Heinrich von Schwarzburg verkauft dem Peter Putener, genannt von Alch, einen Acker und ein Viertel Weinwachs beim *Ofenborn.* Q KAA, Bestand Stadt Arnstadt, Urkunden, Nr. 7.

1378, 14. Juli: Arnstadt wird in einem Vertrag zwischen den Landgrafen Friedrich, Balthasar und Wilhelm von Thüringen und der Stadt Jena bei Zahlungsschwierigkeiten seitens der Stadt zum Ort des sogenannten Einreitens *(Einlager)* bestimmt. Das geschah häufiger und diente dem Gläubigerschutz. Adelige oder sonstige hochrangige Personen wurden zum Einreiten verpflichtet, d. h. zu einer Art Geiselschaft verurteilt, bei der der Schuldner sich nach Erschöpfung bestimmter Verfahren gewöhnlich unter Begleitung mit einem oder mehreren Dienern und alle beritten in einem Gasthof auf seine Kosten so lange aufzuhalten hatte, bis der Gläubiger befriedigt war. Q UB Arnstadt, Nr. 179.

1379, 26. Mai: Erzbischof Ludwig von Mainz bestätigt in Weißensee die von Günther und Theoderich Schenk ausgeführte Stiftung einer Priesterstelle des Altars in der Kapelle des Hospitals St. Georg und Elisabeth in Arnstadt unter dem Vorbehalt, daß taugliche Personen präsentiert und das Recht, Kandidaten für dieses Amt vorzuschlagen (Präsentationsrecht), bei den Stiftern verbleibe. Q UB Arnstadt, Nr. 180. **30. August:** Erzbischof Ludwig von Mainz weilt in Arnstadt. Q UB Arnstadt, Nr. 181.

1380, 12. April: Abt Berthold von Hersfeld belehnt Fürst Wilhelm, Landgrafen in Thüringen und Markgrafen zu Meißen, mit Haus und Stadt Arnstadt mit allen Rechten, Gerichten, Ehren, Würden, Freiheiten, Mannschaften, geistlichen und weltlichen Lehen und allen Zugehörungen, die Graf Heinrich und Graf Günther von Schwarzburg vom Hersfelder Stift zu Lehen hatten und die durch den Tod Graf Heinrichs von Schwarzburg, den man den Königssohn nannte, an das Stift zurückfielen. Der Landgraf verpflichtet sich zur Zahlung von 4.000 Mark lötigen Silbers und verpflichtet sich beim Nichteinhalten der Zahlung zum Einreiten nach Gebesee und Breitenbach. Weiterhin verspricht er, das Stift und seine Besitzungen zu schützen und zu verteidigen. Q UB Arnstadt Nr. 182 u. 183. L Dob. Berichtigungen, S. 354.

1381, 19./20. Dezember: Nachdem die Grafen Heinrich und Günther von Schwarzburg vom November an bei unterschiedlichen Bürgern zu Erfurt und Juden Kredit aufnahmen, kaufen sie von den Grafen von Schwarzburg-Blankenburg für 12.500 Mark lötigen Silbers Erfurter Zeichens Schloß und Stadt Arnstadt, Schloß Ehrenburg und die Stadt Plaue. 10.000 Mark werden sofort gezahlt, für den Rest wird den Verkäufern Schloß und Stadt Arnstadt verpfändet. In den folgenden vier Jahren nehmen die Grafen von Schwarzburg weitere Kredite auf und beginnen ihr Territorium durch Kauf zu erweitern. Q ThStAR, A. C., 1381 Dez. 20, Nr. 161; UB Arnstadt, Nr. 193-202, 204 u. 205. L Dob. Berichtigungen, S. 147.

1385, 5. November: Eyler vom Steyne stiftet am Altar St. Materni in dem Siechenhaus *(sichhus)* des Spitals St. Georg zu seinem Seelenheil eine ewige Messe. Q ThStAR, S. U., 1385 Nov. 5, Regest 1063. **Dezember-Juni 1386:** Die Grafen Heinrich und Günther von Schwarzburg nutzen den Rat der Stadt Arnstadt als Vermittler bei weiteren Kreditaufnahmen. Q UB Arnstadt Nr. 207-210 u. 213-215.

1386, 23. Juni: Die Ratsmeister *(ratismeistere)*, Ratsleute *(ratislute)*, die andern Räte und die ganze Gemeinde der Stadt Arnstadt verkaufen dem Bürger Günther Schenke dem Älteren zu Erfurt ein Seelbad *(selebat)*. Wahrscheinlich ist er mit dem Ratsmeister Günther Schenke von 1372 identisch, womit sich sein Engagement für das Geistesleben in Arnstadt erklärt. In diesem Zusammenhang werden die Badestuben an der Weiße genannt *(unszer badestoben gelegin an der Wyssa nebin Hansze Langen)*. Diese Urkunde wird besiegelt von vier Bürgern und der Stadt. Am 24. August stiftet er ein Seelgerät in der Pfarre St. Bonifatii und am 15. Juni 1387 ein Seelgerät in der Liebfrauenkirche. Bedacht werden bei letzterer Stiftung: ein Probst, ein Kaplan, ein frumeszir *(Frumentarius, Kästner, Stiftskastenverwalter)*, zwei terminariis *(Almosensammler)* vom Augustiner- und Predigerorden, zwei Vikare zu St. Alexii Altar, der Vikar zu St. Nikolaus Altar, die zwei Vikare zum Altar der Vier Evangelisten, der Vikar in der Kluft Unser Lieben Frauen, der Vikar am St. Georgen Altar, der Vikar am St. Johannes Altar, St. Seeligen und Gemeren, St. Anna, der Heiligen Drei Könige, St. Peter und Paul, der Vikar des Altars des heiligen Leichnams unseres Herren, St. Elisabeth und St. Andreas Altar. Q ThStAR, S. U., 1387 Juni 15, Regest 1076; KAA, Bestand Stadt Arnstadt, Urkunden, Nr. 32; UB Arnstadt, Nr. 211, 212 u. 217.

1387, 15. Mai: Hildebrand Leoman, Kaplan der St. Nikolaikapelle erwähnt. Q UB Arnstadt, Nr. 216.

1388, 20. Februar: Heinrich Brunnen und Günther Schenke der Ältere werden in einer Urkunde der Grafen von Schwarzburg als Vormünder und Baumeister bezeichnet. Q UB Arnstadt, Nr. 219. **19. November:** Dietrich Herold zu Arnstadt verkauft Wetil von Tanheim 1 Pfund Geldes nach der Stadtwährung an einem Garten auf der Gasse *uf dem Tamme bei dem gespize*. Q UB Arnstadt, Nr. 227.

1389, 14. August: Ein Weingarten am Dannheimer Weg erwähnt. Q UB Arnstadt, Nr. 230.

1391, 3. Juni: Der bereits erwähnte Günther Schenke von Erfurt präsentiert dem Officiale *(Domkapitel)* der Erfurter Marienkirche nach Ableben des Vikars Conrad Kempff den Nicolaus Entzil auf die Vikarei des neuen Hospitals St. Georg und Elisabeth in Arnstadt. Q UB Arnstadt, Nr. 233.

1392, 11. Januar: In einem Notariatsinstrument über eine Appellation des Klosters Ichtershausen an den apostolischen Stuhl werden Margarethe Scharffinberge und Elizabeth Kulan *(monialium in Arnstede)* urkundlich genannt. Q Thuringia Sacra I., S. 144, Nr. 227. **21. März:** *Claus Buseleybin* ist Spitalmeister der St. Georgenkirche. Q UB Arnstadt, Nr. 234.

1393, 8. Januar: Gunther Rustebuch und seine Frau Katharina verkaufen ein Pfund Geld dem Kloster Ichtershausen auf ihrem *Sedelhoffe an dem Marte* (Markt) gelegen für 10 Pfund guter Pfennige mit Genehmigung ihres Erbherrn Friedrich von Ruckersleben, Probst der heiligen Klosterfrauen zu Arnstadt. Eine wichtige Form der Kapitalanlage und des Kredits war das Rentengeschäft. Dabei überläßt der Rentenkäufer dem Rentenschuldner auf Dauer ein Geldkapital und erhält dafür eine feste jährliche Rente. Das eingezahlte Kapital ist der Kaufpreis für die Rente, die auf eine Immobilie gelegt werden kann. Der Rentenkauf ist frühzeitig schon im innerkirchlichen Bereich anzutreffen und wird ab dem frühen 14. Jh. schon zur Geldanlage oder Altersabsicherung der Bürger. Q Thuringia Sacra I., S. 146, Nr. 228. **30. Januar:** Die Ratsmeister Heinrich Ungerade und Lodewig Foit, die beiden Kämmerer Heinrich Sorink und Heinrich Dornheim sowie die Ratsleute Clawes Partscheval *(auch Parczefal)*, Heinrich Karl, Herman Oeler, Conrad Erwyn, Hans Seman, Andres Sperwer und Ciriacus Steynmeister verkaufen mit Gunst der Grafen von Schwarzburg dem Priester Ulrich von Hildensheim 8,5 Pfund Erfurter Landwähr Zins für 102 Pfund guter Pfennige auf der Stadt Arnstadt auf 6 Jahre wiederkäuflich. Q UB Arnstadt, Nr. 236. **6. Februar:** Der Arnstädter Bürger Bertold Hayne und seine Frau Cunne verkaufen den Vikarien der Liebfrauenkirche zehn Schillinge Zins für fünf Pfund guter Pfennige, die auf dem Siedelhaus in der *Weynergasse auf dem Ryt* verschrieben sind. Q ThStAR, S. U., 1393 Febr. 6, Regest 1148.

1394, 6. Juli: Landgraf Balthasar von Thüringen verpfändet an Konemund von Witzleben, die Brüder Yring und Fritz von Witzleben sowie Gernod von Kobinstet für 377 Mark lötigen Silbers das Schloß Liebenstein samt Zubehör, namentlich das dazugehörige Dorf Elleben und Zinsen zu Marlishausen, Dannheim, Siegelbach, Wenigen-Dornheim *(seit 1520 Wüstung bei Dornheim)*, zwei Pfund Pfennige zu Arnstadt und Branchewinda. Eine Ausnahme bilden die geistlichen und weltlichen Lehen und Bergwerke. Eine vierteljährige Aufkündigung zu Erfurt oder Arnstadt wird vereinbart. Q UB Arnstadt, Nr. 238. **24. Juli:** Nachdem der Arnstädter Dietrich Goldsmyden (ein Goldschmied?) von Heinrich und Hans von Lengefeld und Andreas Jans beraubt wurde, sprechen der Vogt Siegfried von Marlishausen und die Richter des weltlichen Gerichtes zu Erfurt gegen die Räuber das Todesurteil aus. Q UB Arnstadt, Nr. 239.

1395: Otto von Arnstet und Gattin Adelheid verkaufen neben anderen dem Kloster Heusdorf 2 Hufen Land. Q Thuringia Sacra II., S. 229, Nr. 321. **9. Februar:** Der Bürger Bertolt von Alkirsleybin zu Arnstadt und seine eheliche Wirtin, Kunne Meydels, bekennen nach dem Tod Hans Meydels, daß sie den Hof Hans Meydels zu sich genommen haben und verpflichten sich, die vier Kinder Meydels bis zum zwölften Jahr aufzuziehen und ihnen ab dann ein Pfund zu geben. Sollte einer der beiden sterben, verpflichtet sich der andere, die Zahlungen und die Erziehung fortzusetzen. Auch für Kleider und Schuhe der Kinder wird gesorgt. Q KAA, Bestand Stadt Arnstadt, Urkunden, Nr. 49.

1397, 6. März: Probst Hans von Siebleben, Priorin Barbara von Ulstete und der ganze Convent des Jungfrauenklosters Unser Lieben Frauen zu Arnstadt verpflichten sich nach Empfang von 30 Schock guter Meißner Groschen zur Abhaltung von Seelenmessen für Dietrich von Ilefeld, für den Dechant Dietrich von Margarethen, für Friedrich Hopfgarten, einem Domherrn Unser Lieben Frauen Kirche zu Erfurt und für den Laien Hermann von Bessingen, der im Jungfrauenkloster begraben liegt. Q ThStAR, S. U., 1397 März 6, Regest 1189. **3. Dezember:** Theoderich Schenke erhält nach dem Ableben des Nicolaus Entzil auf Präsentation Günther Schenkes des Älteren die Vikarei des neuen Hospitals St. Georg und Elisabeth. Q UB Arnstadt, Nr. 244.

1398, 24. Juni: Der Rat zu Arnstadt bekennt, daß die Grafen Hans und Günther von Schwarzburg, welche vor 22 Jahren 2.213 Mark lötigen Silbers Erfurtischen Zeichens und 8.522 Pfund Erfurter und Landpfennige dem Rat zur Abzahlung überwiesen, dieser aber dem Vertrag *von gebrechins wegen* nicht nachkommen konnte, fragliche Schuldposten und andere der Stadt verschriebene Gerechtsame wieder übernommen haben. Q ThStAR, S. U., 1398 Juni 24, Regest 1203.

1399, 30. Januar: Graf Heinrich und Graf Günther von Schwarzburg belehnen auf fleißige Bitte die Meister und das Handwerk der Wollenweber *(wollenweber)* mit ihren zwei Walkmühlen, die hintereinander an der Gera liegen, und mit den Weiden, die zwischen den Mühlen wachsen, ihre Wehre und Dämme damit zu reparieren.
Desgleichen soll niemand andere Mühlen oder Räder betreiben, die diesen beiden Mühlen konkurrieren könnten. Dafür erhalten sie vierzehn Schock guter Meißnischer Groschen, auf St. Walpurgistag (1. 5.) sieben Schock Groschen und auf St. Michaelis (29. 9.) weitere sieben Schock Groschen. Q UB Arnstadt, Nr. 246.

1400, 19. Dezember: Gunther Nayl und seine Frau Margarethe, eine Bürgerin zu Arnstadt, verkaufen dem Capitel und besonders dem Johann Haken, Vikar des Altars St. Eustachius der Frauenkirche zwei Pfund guter Landpfennige zu Erfurt auf einem Weingarten *an dem Rytersteyne* bei Arnstadt für 20 Pfund auf Wiederkauf. Q UB Arnstadt, Nr. 248.

1401, 10. Juni: Lodewig Foit und Claus Oler, Ratsmeister der Stadt Arnstadt, nehmen das Testament ihrer Mitbürger Conrad Ernst und seiner Frau bezüglich ihrer Güter zu Haarhausen auf, die im Todesfalle des Testators dessen Mutter, danach Nickel von Gern, dann Frau Else beerben sollen, während diese testiert, daß, wenn sie eher stirbt, die Güter ihrer Tochter Alke, und wenn diese eher als die Mutter stürbe, wieder an Frau Else fallen sollen. Die Weingärten am Steinberge sollen an Heinrich Schulzen.
Nach seinem Tod an Alke, die Tochter der Else fallen oder auf deren Erben. Wie wichtig Testamente schon in spätmittelalterlicher Zeit waren, zeigt auch der Streit vom 8. April 1462. Q KAA, Bestand Stadt Arnstadt, Urkunden, Nr. 51.

1402: Vor Fastnacht sieht man einen Kometen am Himmel, *das ist eyn stern mit eyme langen zagil* (Schweif). Q Rothe, S. 650. **9. April:** Die Grafen Heinrich und Günther von Schwarzburg erkennen den Markgrafen Wilhelm den Älteren in Meißen und Landgrafen zu Thüringen als ihren rechten Lehensherrn über Haus und Stadt Arnstadt mit allen Freiheiten an, die der Landgraf vom Abt, Stift und Konvent zu Hersfeld abgekauft hat. Q UB Arnstadt, Nr. 253. **20. April:** In einer Urkunde wird ein *Weyngarten gelegen vor der Stad Arnstete* genannt. Heinrich Borggreven ist *Burger czu Arnstete*. Q Thuringia Sacra I., S. 147f., Nr. 235.

1403, 11. März: Erzbischof Albrecht von Magdeburg bekennt, daß er sich mit den Grafen Heinrich und Günther von Schwarzburg dahin geeinigt habe, daß er den Sohn Günthers, den Domprobst Günther von Schwarzburg zum Vorsteher und Gehilfen angenommen und beim Papst für seine Wahl zum Erzbischof Sorge tragen werde. Dafür wird dem Erzbischof von Seiten der Schwarzburger auf ihre Schlösser und Städte Arnstadt und Frankenhausen 500 Mark Silber Erfurter Währung, Getreide etc. verschrieben, was die Bürger der Städte verbriefen. Die von den Schwarzburgern in diesen Schlössern und Städten einzusetzenden Vögte und Zöllner *(Steuereinnehmer)* sollen darüberhinaus Huldigung und Gelübde im Sinne dieses Vertrages leisten. Q UB Arnstadt, Nr. 258. **3. Juli:** Abt und Convent des Jungfrauenklosters bekennen, daß die Klosterschwester Katharina Müller aus Gotha 1 Pfund Pfennige jährlichen Zinses auf einem Weingarten unter dem *Rytelsteine* zu Arnstadt auf Wiederkauf für 10 Pfund erkauft hat, der dem Kloster zinspflichtig ist. Q UB Arnstadt, Nr. 259.

1404, 20. Januar: In einer Rechnung des Arnstädter Jungfrauenklosters werden erstmalig Därme für Bratwürste *(brotwurstin)* genannt. Kurios: Arnstadt erhebt damit Thüringen zum Stammland der Bratwurst. Weißensee, die Stadt des Reinheitsgebotes von 1434 zum Bierbrauen, folgt Arnstadt einige Jahrzehnte später mit einer fast modernen Fleischhauerordnung, die die Fleischart, Würze und Reinheit der Brat-, Leber- und anderen Würste bestimmt. In den Statuten der deutschen Städte finden sich seit dem 14. Jh. zahlreiche hygienische Bestimmungen zum Schutz des Verbrauchers. Bei Verstoß drohten hohe finanzielle Strafen. Q ThStAR, Rechnungsbestand, Probsteirechnung des Arnstädter Jungfrauenklosters 1404, ohne Signatur, S. 27. **14. August:** Erste Erwähnung des Arnstädter Bieres. Die Probsteirechnung des Jungfrauenklosters führt unter der Ausgabe für den Keller *Covent* (Kofent), *frischbier* und *knechtebier* auf, die der Propst brauen ließ. Als Bestandteile werden nur Malz und Hopfen genannt. Wahrscheinlich wurde schon sehr viel früher in Arnstadt Bier gebraut. So wird die Bierbannmeile in den Stadtrechten von Altenburg 1256, Eisenach 1283 und Weißensee 1285 erwähnt. Frühe Brauerregeln wurden 1351 in Erfurt aufgestellt. L Stahl, Ernst: Arnstädter Bier seit 1404. Arnstadt 1999.

1407: Dietrich von Witzleben verkauft dem Arnstädter Bürger Cristan Müller 10 Metzen Kornzins Arnstädter Maßes für 24 rheinische Gulden auf Wiederkauf. Q KAA, Bestand Stadt Arnstadt, Urkunden, Nr. 65.

1408, an dem dritten Tage vor dem owiste (August): In einer Nacht und Tag überkommen Thüringen 24 Sturmwetter, jede Stunde ein neues, mit Donner, Blitzen und großem Regen. An so ein Wetter kann sich kein Mensch mehr erinnern. Q Rothe, S. 652f. **25. Mai:** Fricze Bruheym und seine Frau Kunne sowie Conrad Toppher und seine Frau Thele, beide Männer sind Bürger zu Arnstadt, verkaufen einen halben Gulden Zins den gemeinschaftlichen Vikarien zu Arnstadt für 5 gute rheinische Gulden. Diese sind durch einen in der Kohlgasse gelegenen Siedelhof versichert.
Q ThStAR, S. U., 1408 Mai 25, Regest 1326. **September-Oktober 1410:** Die Grafen Heinrich und Günther von Schwarzburg ersuchen den Rat der Stadt Arnstadt als Vermittler bei Kreditaufnahmen aufzutreten. Ein Ersuchen stammt auch von Graf Friedrich von Beichlingen. Q UB Arnstadt Nr. 275, 276, 278, 279 u. 281.

1410, 25. August: Der Vorsteher Friedrich, Priorin Barbara und der Convent des Benediktinerordens in Arnstadt bekennen, daß der Geistliche Ludwig und dessen jüngerer Bruder Cristan (Söhne des Arnstädter Bürgers Peter Molitor) und Heinrich Kühne, Sohn des Martin und der Ermeltrud

(Schwester Ludwigs und Cristans) zu ihrer, ihrer Vorfahren und Nachkommen Seelenheil einen Altar oder eine ewige Vikarei zur Abhaltung einer ewigen Messe in der Bonifatiuskirche zur Ehre der Jungfrau, der Apostel Peter und Paul etc. gestiftet haben. Q UB Arnstadt, Nr. 280.

1411, 6. Januar: Heinrich Hartung, Priester und Vikar des Altars der Frühmesse in der Liebfrauenkirche bekennt, daß der Arnstädter Bürger Apel Junge und seine Frau Katharine vier Schillinge Pfennige und zwei Hühner dem Priester Ulrich Meynhard, früher Vikar des Heiligen Kreuz Altars in der Jacobskirche, für 5 Pfund auf Wiederkauf verkauft haben. Die Zinsen liegen auf dem Haus der Verkäufer bei der Mauer, wenn man zum Wachsenburger Tor vom Münster geht, zur linken Hand. Q UB Arnstadt, Nr. 282. **9. Februar:** Der Arnstädter Bürger Mattheus Tungdorf verkauft mit Wissen Friedrich Eylers, Probst zu Arnstadt und Vikar zu St. Katharina außerhalb des Riedtores, einen Gulden jährlichen Zinses an Conrad, den Frühmesser in der Pfarrkirche zu St. Jacob auf dem Riethe und seinen Nachfolgern auf einem Acker Weingarten am Weinberge für 10 gute rheinische Gulden auf Wiederkauf. Q UB Arnstadt, Nr. 283. **30. Juli:** Die Brüder und Grafen Heinrich und Günther von Schwarzburg teilen ihre Herrschaft. Schloß und Stadt Arnstadt verbleiben bei Graf Heinrich. In den folgenden Monaten nimmt der Graf weitere Kredite auf. Q ThStAR, A. C., 1411 Juli 30, Nr. 216; UB Arnstadt, Nr. 284-289.

1412: Eine große Hungersnot überzieht Thüringen. Ein Malter Korn kostet 6 Gulden (massive Preisanstiege). Q Rothe, S. 654. **29. April:** Die Ratsmeister Heinrich von Ettisleibin und Hans von Allich, die Kämmerer Hermann von der Tanne und Albrecht Udinstete sowie die Ratsleute Heinrich Suring, Heinrich Koch, Hans Knorre, Hans Stossel, Heinrich Ylme, Hans Meydel, Heinrich Stuttirnheim und Gunther Pucker verkaufen auf Wiederkauf und auf Geheiß der Grafen von Schwarzburg 12 Mark lötigen Silbers Erfurter Währung an Zinsen für 145 Mark derselben Währung an den Erfurter Bürger Sifferde Czigeler. Als Zeugen treten auf: Graf Friedrich von Beichlingen, Graf Ernst von Gleichen, Ludwig (Herr von Blankenhain), Otto von Ebeleben, Berld Vitzthum (Vogt zu Vippach), Lutz von Entzenberg, Diezel von Witzleben zu Witzleben, Ritter Hans von Kutzel, Dietrich von Witzleben (Amtmann zu Wachsenburg). Sie fungieren mit dem Recht des Einlagers. Q UB Arnstadt, Nr. 292. **1. Mai:** Graf Günther von Schwarzburg stattet einen Altar zu Arnstadt in Unser Lieben Frauen Münster in der St. Nikolauskapelle *under dem alden chore* der Klosterjungfrauen und den Marschall Heinrich von Witzleben und der ehrbare Priester Ludwig von Meldingen, Pfarrherr zu dessen Zeiten zu Blankenberg, von neuem zur Ehre der Jungfrau Maria, St. Agathe und des Märtyrers und Bischofs St. Levini gebaut, gewidmet und mit Zinsen begabt haben, mit weiteren Einkünften aus. Die Güter Heinrichs von Witzleben, die der Stiftung zugeschrieben sind, werden von Landgraf Friedrich dem Jüngeren von Thüringen aufgrund seiner treuen Dienste von Steuern und Abgaben befreit. Gleichzeitig bestätigt er am 5. Mai die Stiftung der Zinsen, die sein Marschall dem Albrecht von Greußen abgekauft und dann dem Altar zugewandt hatte. Q ThStAR, S. U., 1412 Mai 1, Regest 1368; UB Arnstadt, Nr. 293, 295 u. 296. **17. Mai:** Graf Heinrich von Schwarzburg verkauft 8 Mark lötigen Silbers Zinsen vom Rathaus zu Arnstadt für 102 Mark an zwei Erfurter Bürger. Die Ratsmeister, Kämmerer und Ratsleute der Stadt Arnstadt bekennen, daß sie der Graf zur Zinsreichung angewiesen habe. Q UB Arnstadt, Nr. 299. **26. Juli:** Das *Liber censuum civitatis Arnstete, scriptus sub anno domini MCCCCXII (Zinsbuch der Stadt Arnstadt von 1412)*, von der Hand des →Stadtschreibers Johann von Jena, gibt Hinweise auf die äußere und innere Verwaltung der Stadt und die Grund- und Gebäudesteuern. Zum ersten Mal werden die Vierteilung der Stadt in Riedviertel *(Primo Quartale Carecti)*, Wachsenburgviertel *(Quartale Waszinburgense)*, Erfurter Viertel *(Quartale Erffurdense)* und Längwitzer/Langenstegner Viertel *(Quartale Langestegense)* genannt und die steuerlichen Abgaben der Bürger aufgelistet.

Desweiteren werden die auswärtigen Zinsen in Espenfeld, die Zinsen des Herrn Gunther Schenck und die Zinsen der Tuchhallen, auch Gademzins *(gademtzins)* vermerkt. Ihnen folgen die Zinsabgaben der Wollweber *(lanifices)*, der Fleischhauer *(carnifices)*, der Bäcker *(pistores)*, der Schuhwürker oder Schuhmacher *(sutores)* und der Löber oder Lohgerber *(cerdones)*. An gewerblichen Gebäuden finden wir: das Kauf- oder Zunfthaus der Löber *(domus cerdonum, lederhus 1412)*, die Fleischhalle *(macellum)*, das Brothaus *(brothus)* und das Haus der Flickschuster *(domus sutorum inferiorum)*. Erwähnungen der Wagnergasse *(vicus carpentariorum)* und der Zimmergasse weisen auf weitere Handwerker hin. Dazu kommen noch die Schmiede an den Toren, die Böttcher, Bierbrauer (wenn auch in keiner eigenen Zunft, sondern von den Bürgern selbst ausgeübtes Gewerbe), Weinschröter und auch Schinder. Neben den steuerlichen Einnahmen durch das sogenannte Ungeld vom Salzmarkt *(salczmargte)*, der von Frankenhausen versorgt wird, den eingeführten rheinischen und Frankenwein werden hohe Steuereinnahmen durch das Bierbrauen erzielt. An weiteren Gebäuden werden genannt: *tzigelofen, wagehus* (Gebäude der Waage), Haus und Garten bei dem *Tichgarten boden den Schoenfrouwen* (gemeint ist ein Bordell) u. a. Zahlreiche Straßennamen geben Aufschluß über den Aufbau der Stadt. Q KAA, Bestand Stadt Arnstadt, Urkunden, Nr. 80. L Walther, Rolf: Das älteste Zinsregister der Stadt Arnstadt von 1412. In: AVAU (10) Arnstadt 2000, S. 7-34.

1413: Der Vogt zu Arnstadt, die Stadt und das Kloster müssen 7 Wagen für zukünftige Heerfahrten der Grafen von Schwarzburg stellen. In diesem Jahr verbünden sich die Grafen Heinrich und Günther mit den Hohnsteinern gegen die Herzöge von Braunschweig. L Hesse, S. 114f. **8. Oktober:** Die Grafen Günther und Heinrich von Schwarzburg belehnen Günther von Bünau mit zwei Fuder guten Weines, der auf den zum Schloß Arnstadt gehörigen Bergen zu wachsen pflegt. Q UB Arnstadt, Nr. 307.

1414, 12. Juli: Graf Günther von Schwarzburg präsentiert in der Stube der Notare in der Burg zu Arnstadt Klerikern und Rittern sechs unverletzte Urkunden des römischen Königs Wenzel von 1397, in welchen ihm die Hauptmannschaft und verschiedene Rechte im Vogtlande übertragen werden, zur notariellen Anerkennung. Q UB Arnstadt, Nr. 311.

1416, 26. Juni: Graf Günther von Schwarzburg gibt seiner ehelichen Hausfrau Anna, Landgräfin von Leutenberg, Frau zu Arnstadt und Sondershausen 50 Mark lötigen Silbers jährlichen Zinses an den Steuern *(sture)* und Renten, die er an seiner Stadt und den Bürgern zu Arnstadt innehat, zum rechten Leibgedinge *(Leibrente)*. Ihr Sohn Graf Heinrich ist damit einverstanden. Unter Leibgedinge verstand man jedes zur Nutznießung auf Lebenszeit übergebene Gut oder Renten sowie die vom Ehegatten seiner Frau ausgesetzten Vermögensteile, insbesondere das Wittum, das lebenslängliche Eigentum von Witwen. Leibrenten dienten der Sicherung des Lebensunterhaltes und der Altersvorsorge. Q UB Arnstadt, Nr. 322.
14. Juli: Probst Friedrich Eyler, Priorin Barbara von Ulstete und die ganze Gemeinschaft der Klosterfrauen verkaufen ihren Hof auf der Kohlgasse *(Kolgasse)* mit Haus und Hof, Scheunen und Garten und allen Zugehörungen für 60 gute rheinische Gulden an Heinrich von Thüringenhausen, Kantor zu Unser Lieben Frauen zu Erfurt und an Ludwig von Mellingen, Pfarrer zu Blankenberg. Q UB Arnstadt, Nr. 323.

1417, 4. Februar: Die Priorin des Frauenklosters Barabara von Ulstedt entschuldigt sich bei dem Abt zu Hersfeld wegen unterlassener Abordnung eines Bevollmächtigten zum Konstanzer Konzil. Als Gründe gibt sie Gebrechlichkeit (schlechte Situation des Klosters) und weil *wir zu arm dar zu sind* an. Q UB Arnstadt, Nr. 326. **11. März:** Bruder Heinrich, *gardian,* Bruder Philippus, *lesemeister (Theologielehrer),* Bruder Conrad, *vicegardian,* und der ganze Convent des Klosters zu Arnstadt *sancti Francisci ordinis* beurkunden die Stiftung eines Testamentes und Seelgerätes seitens der Landgräfin Anna. Die Messen sollen dem Trost und der Seligkeit der Seele des Grafen Günther, ihrer Kinder und Eltern, Brüder und Schwestern sowie allen Verwandten, die noch sterben werden, dienen. Sie zahlt dem Franziskanerorden 30 gute rheinische Gulden, die die Franziskaner zum Nutzen für ihr Gotteshaus verwenden. Q UB Arnstadt, Nr. 327.

1418, 23. Februar: In einer Urkunde des Grafen Heinrich von Schwarzburg werden *vir acker lang wingarten gelegen czu Arnstet vor den Waszenborger thore* genant in dem flure und *dry ackere hinder der stadt Arnstete vor dem nuwen thore* genant. Q UB Arnstadt, Nr. 332. **4. Oktober:** Gräfin Anna von Schwarzburg ersucht den Rat der Stadt Arnstadt, die ihr jährlich zum Leibgedinge zu zahlenden 50 Mark Silber an ihren Sohn Heinrich zu zahlen. Q KAA, Bestand Stadt Arnstadt, Urkunden, Nr. 96.

1419, 12. März: Graf Heinrich von Schwarzburg belehnt ewig die Liebfrauenkirche u. a. mit sieben Schillinge von einem Garten vor dem Wachsenburger Tor, einem Schilling von einem Weingarten am Bittstädter *(Bisteter)* Wege, einem Schilling von einem Weingarten *poben dem garthuesze in der masze*, dreieinhalb Schillinge von einer halben Hufe *in der thung*, 18 Pfennige von einem Weingarten *by dem Gespringe* und 13 Schillinge von einem Garten *an der Gera*. Q UB Arnstadt, Nr. 338. **Oktober-Dezember 1420:** Graf Heinrich von Schwarzburg ersucht den Rat der Stadt Arnstadt als Vermittler bei Kreditaufnahmen aufzutreten bzw. nimmt gemeinsam mit diesem Kredite auf. Q UB Arnstadt, Nr. 341-352.

1420, 25. Mai: Ein *Lutolff* von *Arnstete* wird als Gestrenger des Klosters Ettersburg urkundlich genannt. Q Thuringia Sacra. II., S. 85, Nr. 16. Conrad Sander, Bürger zu Arnstadt und Else, seine Wirtin, verkaufen einen Gulden jährlichen Zinses an die Klosterfrauen Elsen Hottirmann und Thelen Dobelin zu Ichtershausen, versichert auf *2 Ackern Wingartin u. Boumgartin in deme Arntal* oberhalb *der Stad Arnsted*. Q Thuringia Sacra I., S. 158, Nr. 256.

1422, 10. März-21. April: Graf Heinrich von Schwarzburg und die Stadt Arnstadt nehmen bei den Juden Fridel zu Erfurt, Abraham seinem Sohn, Zcipparan seiner Frau, Katzman von Gotha und der Jüdin Sara, Amtors Witwe einen Kredit auf und setzten eine silberne weiße, perlene Fassung und fünf silberne zweifeldige Köpfe als Pfand. Ein Teil der Schulden soll bis Pfingsten beglichen sein, wobei die Summe wöchentlich mit einem alten Meißner Groschen verzinst wird. Q UB Arnstadt, Nr. 362-364. **23. Dezember:** Graf Ernst von Gleichen und seine Gemahlin Margarethe stiften bei den Barfüßermönchen zu Arnstadt zum Gedächtnis Graf Ernsts von Gleichen und seiner Frau Agnes, Graf Heinrichs von Henneberg und Frau Mechthilds, einer geborenen Markgräfin von Baden, ein Seelgerät. Die Mönche verpflichten sich alle Weihfasten (vierteljährlich) Vigilien (Totenfeiern) und Seelmessen an zwei aufeinanderfolgenden Tagen, am Donnerstag und Freitag, zu halten. Q UB Arnstadt, Nr. 371.

1425, 27. August: Else Koch und Else, ihre Schnur *(Schwiegertochter)* sowie Curt Reyn zu Arnstadt verkaufen auf ¼ Artland vor der Stadt Arnstadt, drei Acker *in deme Altfelde hinder dem Gerichte*, 3½ Acker *vor deme Arnsberge* und drei Acker *uff deme Melme*, die dem Domherrn Curt Roland auf dem Frauenberg zu Erfurt zinspflichtig sind, zwei gute rheinische Gulden jährlichen Zinses der Thele Horn und Margarethe Weyners und nach deren Tode ihrem Kloster zu Ichtershausen für 20 rheinische Gulden. Q Thuringia Sacra I., S. 159, Nr. 261.

1427, 6. November: Der Rat der Stadt Arnstadt verkauft 92 Gulden jährlichen Zinses an den Hersfelder Bürger Conrad Brothecker und seine Frau Clara. Als Zeugen erscheinen u. a. Ratsmeister Hans Francke und der Bürger Bertold Sperling. Q KAA, Bestand Stadt Arnstadt, Urkunden, Nr. 122.

1428, 19. März: Landgraf Friedrich von Thüringen belehnt auf Ansuchen des Grafen Heinrich von Schwarzburg dessen leibliche Tochter Anna mit dem halben Teil des Schlosses und der Stadt Arnstadt zu einem Knechtslehen. Darunter versteht man ein rechtes Mannlehen, das in Ermangelung eines männlichen Nachfahren auch auf die Tochter übertragen werden kann (von Knecht-männlicher Erbe, Sohn). Q UB Arnstadt, Nr. 412. L Hesse, S. 164, Anm. 113.

Hussitengefahr

1428: Im Zuge der Hussitengefahr wird ein Verzeichnis über die Geschütze, Waffen und Harnische *(geschutze, geczug unde harnasch)* auf der Burg Arnstadt erstellt. Die Burg hält an Waffen: eine kupferne (bronzene) Steinbüchse in einer Lade (Kiste), eine eiserne Steinbüchse (als Geschosse dienen Steinkugeln/Büchsensteine, bei den Steinbüchsen handelt es sich um frühe Formen von Kanonen), drei Tarrasbüchsen in Laden (kleinere Geschütze von dem spanischen terasca-Schlange genannt), 18 Hakenbüchsen (große Handfeuerwaffen), zwei Zentner Blei, zwei Zentner Eisen für Geschosse, in einer Kiste 6 Ladeeisen, 4 Hämmer, 2 Gießkellen und ein Amboß, ebenfalls in einer Kiste 102 geschlagene Blei, 6 Büchsenhaken, 70 Büchsensteine, 17 neue Armbrüste, 50 alte Armbrüste, 2 alte Bögen, ein Stiel, eine Armbrust *(hat Winter kelner)*, die dem Herrn gehört, 9 Gürtel, davon sechs mit und drei ohne Haken, 6 Reiseköcher voll Pfeile, 3 alte Winden (Armbrustwinden), 12 Laden mit gestickten Pfeilen (Pfeile wurden in Kisten aufbewahrt und transportiert), 8 Laden mit Pfeilschäften, 2 ½ mit Pfeileisen (Pfeilspitzen), 700 Pfeileisen in einem Fäßchen, ein Wendekrieg (Bestandteil der Armbrustausrüstung), 4 Spannsehnen, 5 Schock (300) *schiben* (eine Art Lunten?) *mynder eine schiben flämischem Garn,* 4 Bärenspieße, 26 Platten (sog. Plattenharnische, hier sind vielleicht nur Brust- und Rückenharnische gemeint), 19 Hauben (eine Form von Helmen), 5 Helme, ein Topf mit Füßen, eine Feuerpfanne. Im Gewölbe stehen 3 ½ Faß mit Salpeter, die eimerig sind (1 Eimer = ca. 79 Liter), 1 halbeimeriges Faß mit (schußfähigem) Pulver, 1 Sack mit (schußfähigem) Pulver, eine Gelte (Kübel) gemahlener Schwefel, 1 Tonne mit Schwefel und ein sechseimeriges Faß mit gemahlenen Kohlen. Die Herkunft der Waffen ist nicht bekannt. Neben den Armbrüsten finden sich auch Feuerwaffen (Geschütze und Handfeuerwaffen) unter den Fernwaffen. Neben der Bewaffnung der Burg dürfte auch die Stadt und die Bürgerschaft über ein umfangreiches Waffenarsenal verfügt haben. Im Spätmittelalter mußten die Bürger als Bestandteil der Bürgerpflicht, die die Verteidigung der Stadt und den Kriegsdienst für den Stadtherrn einschloß, vielerorts über vollständige Harnische, bestehend aus Helm, Brust- und Rückenharnisch, Arm- und Beinschienen, teilweise Eisenhandschuhen usw. verfügen. Spieße, Hellebarden, Armbrüste und Hakenbüchsen, Beile und sogar Schwerter bildeten die Angriffswaffen. Die Ämter stellten für den überregionalen Kriegsfall ebenfalls sogenannte „Heerwagen", die von Bürgern und Bauern ausgerüstet und bemannt werden mußten. Jährliche „Waffenschauen", wobei sich die Bürger mit ihren Waffen zumeist auf den Marktplätzen aufstellten und diese vorzuzeigen hatten, dienten der Wehrfähigkeit der Kommunen und sind archivalisch für Thüringen mindestens seit dem 16. Jh. verbürgt. Die sogenannte Ketzergeldliste von 1429, die die Zahlung einer Sondersteuer durch die Bürger beinhaltet, wurde ebenfalls im Zuge der Hussitengefahr angelegt. Tatsächlich wird Altenburg 1430 von den Hussiten geplündert. Obwohl Thüringen nicht weiter verheert wird, beginnen zahlreiche Städte ihre Befestigungen zu verstärken. So werden 1431 in Arnstadt u. a. an der Zwingermauer vom Erfurter Tor bis an den Burggraben von den Gebrüdern Hentzelmann 926 Fuder Steine vermauert. L Schmidt, Hermann: Verzeichnis des Geschützes auf der Burg zu Arnstadt. In: ZVTGA, 17. Band (NF 9. Band), Jena 1895, S. 680; Boeheim, Wendelin: Handbuch der Waffenkunde. Leipzig 1890. **27. Dezember:** Andres Turbarn, Bürger zu Arnstadt und seine Frau Kethe verkaufen einen halben Gulden jährlichen Zinses der Vikarei St. Materni im neuen Spital St. Georg zu Arnstadt in dem Siechhaus, die Günther Schlegel jetzt besitzt, für 5 gute rheinische Gulden, welcher Zins auf einem Acker Weinwachs in dem Arnthale, genannt *auf der Grysz,* versichert ist. Q UB Arnstadt, Nr. 417.

1429, 28. Juli: Um Zwietracht und Erregnisse zwischen den Grafen von Schwarzburg, Graf Günther und Graf Heinrich, Herr zu Arnstadt und Sondershausen, den Bürgern und Bauern der Grafen bezüglich des Wechsels von einer Herrschaft in die andere (Freizügigkeit) zu vermeiden, schließen beide ein Abkommen. Q UB Arnstadt, Nr. 429. **5. Dezember:** Die Klosterjungfrauen Elsen Truten und Hesen Truten kaufen einen halben jährlichen Zins für 5 Gulden. Q UB Arnstadt, Nr. 421.

1430, 3. Oktober: Claus Sonneborn, Bürger zu Arnstadt und seine Frau Adelheid verkaufen 1 ½ Gulden jährlichen Zinses von 1 ½ Acker Weingarten an dem Weinberg vor Arnstadt, zinsbar dem Domherrn Jost zu Gotha, der Nikolauskapelle bei dem Wachsenburger Tor. Q UB Arnstadt, Nr. 425.

1431, 14. Februar: Die Arnstädter Bürgerin Elze Kochin *(Burgersse zcu Arnstete)* setzt 1 ½ Acker Weingarten an dem Weinberg in der Flur Arnstadt als Pfand ein und gibt den *erbaren Frouwen der Kirchen uff dem Rythe* zum rechten Erbzins zwei Michelshühner (die Hühner wurden immer am 29. September abgegeben). Q Thuringia Sacra I., S. 161, Nr. 269.

1432, 14. April: Claus von Redwitz, Bevollmächtigter des Königs Sigismund in Judenangelegenheiten, spricht die Judenschaft *(iudisheit)* des Grafen Heinrich von Schwarzburg, ohne Nachteile für seine Privilegien, für eine Reihe von Jahren von der Reichssteuer frei. Vorher verständigte sich sein Kanzler Thomas Schonebruke, Gesandter des Reichs, in seinem Auftrag mit den Juden des Grafen namentlich *Abraham von Iene.* Q UB Arnstadt, Nr. 430. L Dob. Berichtigungen, S. 148. 7. **Dezember:** Graf Heinrich von Schwarzburg nimmt Hans Pfeilschmidt aus Zwickau als besoldeten Pfeilschmied an. Er soll in Arnstadt seine Wohnung nehmen und gegen Besoldung und unter Benutzung des Schleifwerks jährlich zu Weihnachten dem Grafen 1.000 Pfeile liefern. Q UB Arnstadt, Nr. 434.

1434, 10. August: Graf Günther von Schwarzburg verkauft mit Zustimmung der Leutenberger Linie an Graf Heinrich von Schwarzburg, Herrn zu Arnstadt und Sondershausen, die Stadt Ilm samt den Rechten über das dortige Kloster sowie den Zoll zu Marlishausen, Arnstadt und Ilm. L Dob. Berichtigungen, S. 148. 7. **September:** Der Arnstädter Bürger Berthold Sperling bekennt bei dem Eide, den er dem Grafen von Schwarzburg und der Stadt Arnstadt ablegte, daß er die 928 Gulden und drei ½ Schillinge Heller Reichssteuer der Stadt Frankfurt auf Quittung des Kaisers in Empfang genommen und an Graf Heinrich abgeliefert habe. Berthold Sperling zählt zu den angesehensten Bürgern der Stadt. Am 10. März 1422 (als Ratsmann) und am 6. November 1427 (als Bürger) bezeugt er Urkunden, die Finanzgeschäfte zum Gegenstand haben. Q UB Arnstadt, Nr. 441 u. 409.

1436, 15. April: Georius vom Sande, Probst zu Arnstadt des Gotteshauses Unser Lieben Frauen und unsere Vormünder Nikolaus Bissingen und Johann von Jena beurkunden die Stiftung eines Seelgerätes des verstorbenen Peter Morder *(Mordir, Marder)* und Kunne, seiner ehelichen Wirtin. In diesem Zusammenhang werden drei Acker Weinwachs am *Ritersteyn* (Ritterstein) und zwei Acker Weinwachs gelegen am *Ulenberge* (Eulenberg) genannt. Dieses Testament wird u. a. so festgesetzt, daß zu der jährlichen Seelenmesse die große Glocke *(grose glucken)* der Liebfrauenkirche läuten soll. Peter Morder war 1417 Ratsmann, 1421 u. 1427 Kämmerer der Stadt. Q UB Arnstadt, Nr. 456. 7. **August:** Graf Heinrich von Schwarzburg beurkundet gemeinsam mit seinen Räten in Sondershausen einen Vertrag zwischen Hans von Alich wegen seiner Tochter Adelheid von Alich und Frau Sophia von der Thann und ihre beiden Söhne Hans und Heinrich. Grund war der Tod des Friedrich von der Thann, des Gemahls der Adelheid von Alich. Als Zeugen werden auf Adelheids Seite genannt: ihr Bruder Johann von Alich, Priester, ihr Vater, der Ratsmeister Hans von Alich, Ratsmeister Hans Kilhaw und der Arnstädter Bürger Andreas Smed. Auf Seite der Frau Sophia von der Thann: Conrad Enczil und ihr Bruder Hans Marlishausen, beide Ratsmeister, die Ratsleute Strube und Hans Slegil sowie Hans Ungerade *ir gebornen frund und mog.* In dieser Urkunde wird auch ein *sedilhoff gelegin uff dem Hoenwege zcu Arnset* erwähnt. Q UB Arnstadt, Nr. 457.

1437, 9. September: Landgraf Friedrich von Thüringen befreit und eignet auf Ansuchen der Ritter Heinrich und Dietrich von Witzleben zwei aufgelassene Acker Weinwachs *an dem Fockenberge* bei Arnstadt zu Gunsten des St. Livini Altars in der Liebfrauenkirche. Q UB Arnstadt, Nr. 466.

1438, 6. Mai: Peter Landgrav der Jüngere zu Siegelbach und seine Frau Jutte verkaufen ein Schock alter Meißner Groschen der Klosterjungfrau Kethen Promysz im Kloster der Frauenkirche für 10 rheinische Gulden. Q UB Arnstadt, Nr. 468.

1440, 2. Januar: Der Arnstädter Bürger Ciliax Moeller und seine Frau Jutta verkaufen auf Wiederkauf ein Schock alter Groschen an Günther Schlegel, den Besitzer der Vikarei St. Materni im neuen Spital zu St. Georg in Arnstadt für 10 Schock gleicher Währung. Als Pfand werden drei Acker Artland in dem alten Felde zwischen dem Ratsmeister Johann Meidel und dem Fleischhauer Curt Breitenbach gelegen, eingesetzt. Dies besiegelt der Stadtschreiber Johann von Jena mit seinem Siegel. Q UB Arnstadt, Nr. 476. **7. März:** In Gotha wird auf Bitte Graf Heinrichs von Schwarzburg des Älteren, Herr zu Arnstadt und Sondershausen, sein Sohn Heinrich der Jüngere von Landgraf Friedrich von Thüringen mit den Schlössern und Städten Frankenhausen, Greußen, Klingen, Arnsberg mit allen Zugehörungen ganz, halb Arnstadt u. a. Städte, Dörfer, Güter, Gerichte, Gehölze, geistliche und weltliche Lehen, die die Schwarzburger in seinem Fürstentum zu Lehen haben, belehnt. Ausgenommen sind die Lehen, die der junge Schwarzburger von Herzog Wilhelm von Sachsen empfangen muß, mit denen er am 11. Februar 1443 belehnt wird. Q UB Arnstadt, Nr. 479. L Dob. Berichtigungen, S. 148.

1441, 7. Juni: Der Ritter Johann von Schlotheim und Hermann Dyte entscheiden die Irrungen zwischen Graf Heinrich von Schwarzburg einerseits und dem Juden Simon, dessen Sohn David und dessen Eidam Fischlin andererseits. Die Juden sollen nach Bezahlung von 300 rheinischen Goldgulden und der schuldigen Zinsen, den ihnen abgenommenen Hausrat, Plunder und Geräte, außer vier Betten und Zugehör wiederbekommen. Sie dürfen in der Grafschaft ein ganzes Jahr frei, unter sicherem Geleit und gerichtlicher Hilfe und Handbietung ihre Schulden fordern, mahnen und einbringen. Allerdings wird ihnen untersagt, während dieser Zeit den Untertanen Geld ohne besondere Bewilligung auf Wucher zu leihen. Olearius sah hierin fälschlicherweise eine Vertreibung der Juden aus Arnstadt. Die sogenannten Wucherzinsen waren im Spätmittelalter zeitweilig so hoch (manchmal 50 % und mehr), daß große Teile des Adels und der Bürgerschaft sich ruinierten. Eine Schuldverschreibung über 51 Schock Groschen von Hans Hermanns zu Schmyra, Hans Müllers zu Haarhausen, Hermann Toreys zu Molsdorf und Claus Blochs zu Hochem vom 6. Juli 1441 geht an Moschen von Northüsz (Nordhausen), Juden zu Arnstadt. In Erfurt sitzt zu dieser Zeit der Jude Michel von Arnstadt und seine Frau Jutten. Q UB Arnstadt, Nr. 485-487.

1443, 6. Januar: Die Pfarrer in der Stadt und im Gerichte Arnstadt verpflichten sich jährlich vier Mal zu Arnstadt zusammenzukommen und Vigilien und Seelenmessen in der Frauenkirche zu halten, nachdem die Grafen Heinrich der Ältere und Heinrich der Jüngere, sie regieren nun beide als Herren zu Arnstadt und Sondershausen, diese bezüglich ihres Erbrechtes begnadet haben. Sie erhalten das Recht, ihre Güter willkürlich zu vererben. Genannt werden: Bertoldus Zcapphe, *bichtiger*, Fredericus Eyler, Johannes von Alich, Nicolaus Bissing, Kerstanus Beyger, Johannes Kouffmann, Guntherus Slegel, Hartungus Cruczeburg, Johannes Gebese, Johannes Wulfer, Vikare und Offizianten sowie Johannes Jena, Pfarrer zu Rudisleben, Johannes Kruter, Pfarrer zu Plaue, Conradus Johannis, Pfarrer zu Rinsfelt und Conradus Merze, Pfarrer zu Espinfeld. In einer Urkunde vom 31. Januar vergleichen die Grafen von Schwarzburg die Geistlichkeit *(pfafheit)* wegen der Freiheit und Verschossung ihrer Güter und ihres Erbes mit der Bürgerschaft zu Arnstadt. Q UB Arnstadt, Nr. 493-495. **11. Februar:** Friedrich und Wilhelm von Sachsen belehnen in Meißen Graf Heinrich den Jüngeren auf Bitte seines Vaters mit den Schlössern Ichstedt, Arnstadt, Stadtilm, Plaue, Heringen und Kelbra. Hier wird auch festgelegt, daß diese Lehngüter nach dem Tod des Mitbelehnten Grafen Botho von Stolberg auf den Grafen Heinrich übergehen sollen. Q UB Arnstadt, Nr. 496. **29. August:** In Arnstadt finden Verhandlungen zwischen den sächsischen Räten und den Räten des Erzbischofs Dietrich von Mainz wegen ihrer geistlichen und weltlichen Unstimmigkeiten statt. Q UB Arnstadt, Nr. 500 u. 503.

1444, 8. Januar: Ein Streit zwischen den Grafen Wilhelm von Henneberg und Günther von Schwarzburg wird von Heinrich von Stein zum Liebenstein, Hans vom Berge, Dietrich Stange und Johann von Ilmen vor den Schiedsrichterstuhl des Grafen Heinrich von Schwarzburg, Herrn zu Arnstadt und Sondershausen verwiesen. Q UB Arnstadt, Nr. 512. **6. Februar:** Hans Strube und seine Frau Gisela, sein Bruder Conrad Strube, Mutter Else und Peter Ulworm und seine Frau Martha, alle zu Siegelbach, verkaufen auf Wiederkauf 1 ½ Schock Meißner Groschen den Klosterjungfrauen Marthen und Elsen Murer zu Arnstadt im Jungfrauenkloster für 15 Schock Groschen verschrieben auf Liegenschaften zu Siegelbach. Q UB Arnstadt, Nr. 513. **7. März:** Der Arnstädter Bürger Cord Pochel läßt mit Bewilligung des Rates vier Acker Artlandes, zwei bei dem *Egelsehe* und zwei in dem *Holczhuser felde*, die auf die Burg zu Arnstadt ein Viertel Korn und drei Viertel Hafer zinsen (abgabepflichtig sind), zu Gunsten des Spitals und Gotteshauses St. Georg und Elisabeth und seines Spitalmeisters *(spetalmeister)* auf. Das

Fasanenhäuschen am Mühlgraben mit dem Neideckturm im Hintergrund

Geld soll zum Nutzen des Gotteshauses angelegt werden. In diesem Auflassungsbrief wird die St. Bonifatiuskirche als *uff dem marckte* gelegen beschrieben. Q KAA, Bestand Stadt Arnstadt, Urkunden, Nr. 169. **22. März:** Heinrich Snebach, Hans Bachmann und Hans Keiser zu Bittstedt unterhalten Güter *(gud)* und fahrende Habe *(varnehabe*-bewegliches Besitz) in der Stadt Arnstadt. Q KAA, Bestand Stadt Arnstadt, Urkunden, Nr. 170.

1446, 8. Januar: Herzog Wilhelm der Tapfere von Sachsen belehnt auf der Runneburg in Weißensee Graf Heinrich von Schwarzburg nach dem Tode seines Vaters mit den Schlössern und Städten Frankenhausen, Greußen, Klingen, Arnsberg, Arnstadt, Stadtilm, Plaue usw. Q UB Arnstadt, Nr. 527. **12. Januar:** Der Arnstädter Bürger Peter Engelhart und seine Frau Clara verkaufen zwei gute rheinische Gulden jährlichen Zinses an Conrad Enczel und seinen Sohn Diezel für 20 rheinische Gulden, die versichert sind auf 5 Acker Land hinter dem Arnsberge und die der Vikarei St. Agnes in der Gruft der Liebfrauenkirche zinsen. Familie Enczel waren die wohlhabensten und einflußreichsten Bürger Arnstadts in der Mitte des 15. Jhs. Auf den Wachstafeln von 1457 tauchen die Gebrüder Curt und Dietrich Entzel auf, die im Riedviertel wohnen und die meisten Steuern zahlen müssen. Q UB Arnstadt, Nr. 528. **29. Juli:** Heinrich Burggrave der Ältere und seine Frau Else stiften ein Seelgerät zugunsten der Arnstädter Priesterschaft und den Barfüßerbrüdern des Franziskanerordens in der Höhe von 200 guten rheinischen Gulden, gut gewogen und am Golde schwer genug am Gewicht. Heinrich Burggrave, auch Burcgrefen oder Borggraffe, ist zu diesem Zeitpunkt Bürger zu Arnstadt. Er zählt zu den vornehmsten, wohlhabendsten und einflußreichsten Männern der Stadt. Im Mai desselben Jahres leiht er gemeinsam mit dem Namensgleichen Erfurter Bürger Heinrich Burcgrefen, vielleicht einem Sohn oder Bruder, dem Grafen Heinrich von Schwarzburg eine größere Summe Geldes. Beide Burcgrefen könnten in engem wirtschaftlichen Kontakt gestanden haben. 1412 erscheint er als Ratsmann, wiewohl er wahrscheinlich kein Bürger der Stadt ist, denn das Liber censuum führt ihn nicht auf. 1417 wird er bereits Ratsmeister neben Heinrich Slegel und 1432 gemeinsam mit Berld Hegener, dem langjährigen Kämmerer der Stadt. Q UB Arnstadt, Nr. 550.

Der Schwarzburgische Hauskrieg 1447-1451

1450, 29. Juni: Im Zuge des Schwarzburgischen Hauskrieges (1447-1451), einer Einzelfehde innerhalb des Sächsischen Bruderkrieges (1446-1451), lagert ein großes Heer, bestehend aus den Truppen Herzog Wilhelms von Sachsen und denen der Grafen Heinrich XXX. und Heinrich XXXI. von Schwarzburg in Arnstadt *(So lag der junge herre zu arnste by deme von swarczborg unnd hatten gross volk dar inne).* Das gräflich schwarzburgische Haus hat sich mittlerweile durch zahlreiche Teilungen in mehrere Linien gespalten, die allerdings immer durch Erbverträge und Heiraten miteinander verbunden geblieben sind. 1448 steht aber die Linie Wachsenburg vor dem Aussterben. Graf Günther XXXII. hatte nur drei Töchter, von denen Ursula mit Graf Ludwig von Gleichen verheiratet war. Da auch der ältere Bruder Günthers XXXII., Heinrich XXVI., nur eine Tochter hinterließ, starb die Wachsenburger Linie mit Günther XXXII. aus. Der nächstberechtigte Zweig ist die Linie Leutenberg, mit denen 1412 ein Vertrag geschlossen wurde, wonach bei dem kinderlosen Tod des Wachsenburgers dessen gesamter Besitz unter den Linien Schwarzburg-Leutenberg und Schwarzburg-Arnstadt-Ranis geteilt werden sollte. Graf Heinrich XXVII. von Schwarzburg-Leutenberg stirbt jung und sein unmündiger Sohn Heinrich XXX. regiert unter der Vormundschaft seines Onkels Günthers XXXIV. bis zu dessen Tod 1440. So hat er schon frühzeitig den Schwiegersohn Günthers XXXII., Graf Ludwig von Gleichen, zum Feind, der auch eine Spannung mit Günther XXXII. hervorruft. Heinrich XXX. versucht im Bunde mit Heinrich XXXI. von der Arnstädter Linie den Grafen Günther von Wachsenburg zu einer gütlichen Einigung zu bringen, aber alle Versuche schlagen fehl. Heinrich XXX. verwüstet daraufhin Teile des gegnerischen Gebietes. Daraufhin zitiert Kurfürst Friedrich der Sanftmütige Heinrich XXX. vor sein Hofgericht. Gleichzeitig erklärt er, er habe Schwarzburg von Günther XXXII. gekauft. Heinrich lehnt alles ab und erklärt Herzog Wilhelm den Tapferen, den Bruder des Kurfürsten und Regenten in Thüringen, zu seinem Anwalt. Dieser schließt am 10. August 1448 mit Heinrich XXX. und Heinrich XXXI. einen Bund gegen Günther XXXII. Daraus ergibt sich mit Notwendigkeit, daß sich die Anhänger Herzog

Wilhelms an Heinrich XXX. anschließen. Im Gegenzug verbinden sich die Anhänger des Kurfürsten mit Günther XXXII. Die Kriege enden am 27. Januar 1451 mit dem zu Pforta bei Naumburg geschlossenen Frieden. Q Stolle, S. 258 L Koch, Herbert: Der sächsische Bruderkrieg (1446-1451), Jena 1910, S. 125-146 u. S. 242. **6. Dezember:** Weinwachs bei dem *Wydenborne* erwähnt. Q UB Arnstadt, Nr. 571.

Alter Schafhof, Ecke Rosenstraße/Pfortenstraße, 1893

1451, 1. Juli: Die Bürger zu Arnstadt Hans und Heinrich Koeler (Gebrüder) verkaufen einen rheinischen Gulden Zins dem Rat der Stadt für 10 rheinische Gulden auf Wiederkauf. Diese sind versichert auf einem Acker Weinwachs vor dem *Rythore na by deme garthuse genant dy Seddele* und der dem Probst des Jungfrauenklosters jährlich 6 Pfennige zinst. Q KAA, Bestand Stadt Arnstadt, Urkunden, Nr. 204.

1452, 5. März: Weinwachs unter dem Katzenfelde bei Arnstadt erwähnt. Q UB Arnstadt, Nr. 579.

Johannes de Capistrano

1452, 27. August: Johannes von Capistrano, der *andechtige vater*, ein charismatischer Franziskanermönch, predigt in Arnstadt auf dem Marktplatz. Ein Zeitgenosse beschreibt ihn wie folgt: *65 Jahr alt, kleins, magers, dürres, ausgeschöpftes Leibs, allein von Haut, Geäder und Gebein zusammengesetzt.* Die Wagenknechte bringen ihn in die Stadt. Als Speise sind Fische überliefert. Getrunken wird *reval* (istrischer Süßwein). Eigens für die Predigt wird ein Predigtstuhl *(predigestule)* gezimmert. Da Capistrano auch als Heiler galt, dürfte das Interesse groß gewesen sein. Seine Predigten, stets in Latein gehalten und anschließend übersetzt, richteten sich gegen allerlei Laster, Hochmut, Eitelkeit, Völlerei usw. In anderen Städten verbrennt er Schnabelschuhe, Karten und Spielbretter. Zahlreiche Wunderheilungen an Lahmen und Siechen sind überliefert. Bereits am 28. August zieht er mit seinen 12 Brüdern nach

Erfurt. L Bühring, Johannes: Urkunden und Auszüge zur Geschichte Capistranos und des Barfüßerklosters zu Arnstadt. ders.: Johanns von Capistrano, des andächtigen Vaters Aufenthalt in Arnstadt 1452. In: Alt-Arnstadt 3 (1906), S. 71-82 u. S. 83-95. **17. Oktober:** Graf Heinrich von Schwarzburg gibt aufgrund von mancherlei Versäumnissen der Priesterschaft zu Arnstadt eine Ordnung zur besseren Aufrechterhaltung des Gottesdienstes. Q UB Arnstadt, Nr. 580.

1453, 20. März: Der Abt Christian von St. Peter zu Erfurt, Präses und Commissar des Frauenklosters in Arnstadt, ersucht den Abt Ludwig von Hersfeld bei der bevorstehenden Visitation und Reformation in dem Frauenkloster sich einzufinden. Q UB Arnstadt, Nr. 583.

1454, 16. Mai: Der Abt Ludwig von Hersfeld bestätigt den von dem Nonnenkloster St. Walpurgis neuerwählten Probst Heinrich, Sohn des Lupus, und setzt ihn in sein Amt ein. Q UB Arnstadt, Nr. 587.
1455, 6. Januar: Reinhard, Abt des Stiftes zu Fulda, beglaubigt die Urkunde, mittels der Landgraf Wilhelm von Thüringen bezeugt, daß der Abt Berlt des Stiftes zu Hersfeld ihn, den Landgrafen, mit dem Haus und der Stadt Arnstadt beliehen habe. Q UB Arnstadt, Nr. 588. **24. Januar:** 1 ½ Acker Weingarten an dem *Snuechsil* erwähnt. Q UB Arnstadt, Nr. 589. **8. Juni:** Weinwachs bei dem *Kesselborne* erwähnt. Otmar Kemmerer ist Amtmann zu Arnstadt. Q UB Arnstadt, Nr. 590.

1456, 23. Februar: 1 ½ Acker Weinwachs *am roten Bule* erwähnt. Q UB Arnstadt, Nr. 597. **9. März:** Heymbrod von Rengelderode, Vogt, Hermann Lauwe, Richter und Schöppen des Gerichts zu Arnstadt sowie der Rat der Stadt bekennen, daß Curd Enczel, Bürger zu Arnstadt, 16 Wagen Waid seinem Sohn Ditterich für eine Schuld von 550 Gulden überlassen und nach dem Recht wie fahrende Habe behandelt wird, gegeben habe. Q UB Arnstadt, Nr. 598. **23. Juli:** Conradus Resze, Vikar der Vikarei Maria Magdalena auf der Burg zu Arnstadt, verkauft mit Gunst des Grafen Heinrich von Schwarzburg drei Schock jährlicher Erbzinsen von einigen Hufen im Flure zu Osterryden dem Grafen Ludwig von Gleichen zu Blankenhain für 33 Schock Meißner Groschen auf Wiederkauf. Q UB Arnstadt, Nr. 599. **18. Dezember:** Graf Heinrich von Schwarzburg verleiht auf Ansuchen und mit Hinweis auf die Verdienste seines Vaters Conrad Enczel, dem Diezel Enczel, das Recht, mit Habichten und Sperbern nach wilden Hühnern und Wachteln sowie nach Hasen zu jagen. Sein Jagdgebiet soll bis an das des Vogtes Heise von Rottleben reichen. Sollte er gebrechlich sein, sich aber nach Wildpret gelüsten, könnte er auch einen seiner Knechte zur Jagd schicken. Q UB Arnstadt, Nr. 602.

1457: Die Arnstädter →Wachstafeln (Geschoßtafeln) nennen 610 steuerzahlende Bürger. Innerhalb der Stadt sind das Wachsenburger Viertel am zahlreichsten bevölkert, dann folgt das Riedviertel und annähernd gleich das Erfurter und das Längwitzer Viertel. Von den Vorstädten ist die Riedvorstadt am bedeutendsten, es folgen wieder annähernd gleich die Erfurter und Längwitzer Vorstadt. Vor dem Wachsenburger Tor befinden sich nur wenige Siedlungen. Zu den reichsten Bürgern der Stadt zählen die Gebrüder Entzel, Heinrich Meidel, Hanns Wale, Hanns Trute, Hartung Begke, Claus Hering, Hans Sybote, Peter Andesleubin. Etwa ein Fünftel der Bürger ist mit den Steuern im Verzug. Der am meisten vergebene männliche Taufname ist Hans, dann Klaus, Kurt, Titzel, Günther, Hermann. Bei den weiblichen Namen dominieren Marta, Tele, Anna, Käte, Lucia, Jutta und Hildegund. L Bühring, Johannes: Die Bedeutung der Wachstafeln. In: Alt-Arnstadt 1 (1901), S. 82-89.

1458, 25. Juli: 2 ½ Acker Weingarten am *Ulnberge* und auf einem Gelände hinter den Siechen erwähnt. Q UB Arnstadt, Nr. 611. **29. Oktober:** Graf Heinrich von Schwarzburg und sein Sohn Günther versprechen der Stadt Arnstadt, nachdem diese der Frau Margarethe von Henneberg, Gräfin von Schwarzburg, auf ihre Lebzeit nach dem Tod ihres Mannes jährlich 500 gute rheinische Gulden als Leibgedinge von ihren Jahrrenten zu geben sich verpflichtet, daß diese von den 300 Mark, die die Stadt Arnstadt zu geben pflegt, abgerechnet werden sollen, und zwar nach dem Wert, den die Mark alljährlich zu Erfurt haben wird. Q KAA, Bestand Stadt Arnstadt, Urkunden, Nr. 217.

1459: Ein Feuer brennt auf dem Markt das →Rathaus ganz aus. Das Steinhaus, der Steinweg bis an das Längwitzer Tor, die Fleischgasse und die Wagnergasse *(Weinergasse)* werden ebenfalls *ausgebrannt*.

Q KAA, Bestand Stadt Arnstadt, Sign. 032-01, Rotes Buch, S. 359b. Heymbrot von Remgelderode Amtmann zu Arnstadt erwähnt. Q UB Arnstadt, Nr. 617.

1460, 21. März: 3 Acker Artland in dem *Thunge* vor Arnstadt erwähnt. Q UB Arnstadt, Nr. 622.
21. April: Hannes Dornefelt, *Töpfer vor dem Lengisterthor*, und seine Frau Else verkaufen dem Tagmesser der Bonifatiuskirche ein Schock guter Meißner Groschen Zins für 10 alte Schock derselben Währung, der versichert ist auf einen Weingarten in der Flur um Arnstadt vor der Stadt bei der Steinbrücke, *genannt am Katzenstege*, der der Bonifatiuskirche zinst. Q UB Arnstadt, Nr. 626. **27. Dezember:** ½ Acker Artland *bei dem Egelsee* erwähnt. Conrad Rese ist Vikar von St. Maria Magdalena in der Kapelle auf der Burg zu Arnstadt. Q UB Arnstadt, Nr. 629.

1461, 4. Juli: 2 ½ Acker Artland *in dem Hymmelrich* erwähnt. Q UB Arnstadt, Nr. 633.

1462, 8. April: Als alteingesessene Bewohner Arnstadts werden der Priester Johann von Jehne, der lange Zeit der Stadt Arnstadt Schreiber war, Hansen von Wal, Hermann Lindener, Claus Künen, Henczen Walbeyt, Henczen Westring, Hansen Reynhard, Petern Sebern, Dythmarn Voit, Curden Gernegrosz, Hansen Breytenbach, Hansen Voit und Ulrich Ryszener sowie die Frauen Clare Welen, Katherine Frenckin, Iutte Gantzen, Katharine Ryszener und Emele Mertzin genannt. Q KAA, Bestand Stadt Arnstadt, Urkunden, Nr. 221. **15. September:** Die Ratsmeister und Ratsleute (*proconsules et consules*) der Stadt Arnstadt suchen bei Papst Pius II. um Kanonisation des Johannes de Capistrano nach. Q UB Arnstadt, Nr. 636.

1463, 24. September: Der Erfurter Rat lädt den Arnstädter Rat zur Verhandlung nach Erfurt ein, weil die Preise *des weites zu Spira* Probleme bereiten, was dem Erfurter Rat und den Seinen, die ihren Waid dort selbst hinfahren lassen, zu Schaden komme. Q KAA, Bestand Stadt Arnstadt, Urkunden, Nr. 222.

1465, 28. September: Ein Weingarten, genannt der *Eler*, erwähnt. Q UB Arnstadt, Nr. 653. **7. Dezember:** Hans von Gich, Amtmann zu Arnstadt, überläßt dem Heinz Helmbold, wohnhaft zum Jesuborn, einen Harzwald, der vom *forstwege uf bisz an den Rinnesteg, von grabin wege dem Rinnestege nach bisz uf den bruch weg, dem bruch wege nach bisz hin uf die Schartin* (Schorze) reicht. Urkundliche Erwähnung des Rennsteigs. Q UB Arnstadt, Nr. 655.
1466, 11. Januar: Weinwachs am *Rustiberge* genannt. Q UB Arnstadt, Nr. 656. **15. März:** Der Erfurter Bürger Heinrich Schreiber mahnt den Rat zu Arnstadt bezüglich 30 Gulden Zinsen. Q KAA, Bestand Stadt Arnstadt, Urkunden, Nr. 230.

1468, 23. Februar: Hans Rempe und seine Frau Martha, sitzend in der Rosengasse, verkaufen ein Schock neue Groschen Landwährung dem Frauenkloster für 12 Schock Groschen, versichert auf der Ölmühle vor dem Riedtor. Q UB Arnstadt, Nr. 666.

1469, 30. Mai: Die Ratsmeister und der Rat der Stadt Arnstadt bekennen, daß Graf Heinrich von Schwarzburg sich mit ihnen bei ihrem Mitbürger Peter Andisleben wegen 500 Gulden, die dieser der Stadt vorstreckte, verschrieben hat. Q UB Arnstadt, Nr. 674. **10. Juni:** Hans Goldener und seine Frau Margarethe, wohnhaft zu Mühlberg, verkaufen dem Vikar Albrecht von Wiehe des St. Margarethen Altars in der Bonifatiuskirche zu Arnstadt zwei Schock Zins von 7 Ackern Wiesen, gelegen an *unsers herrn herzogen wiesen in dem Fegefuer*, für 26 Schock, die dem Albrecht und Heinrich Sneberge, zur Zeit Probst zu Arnstadt, versichert sind auf 40 Acker Holz *am Molberge*, welches nach Wachsenburg zinst. Dieser Verpfändung stimmt der Schosser Volkmar Guttern zu Wachsenburg zu. Infolge einer Münzveränderung wird dieser Vertrag bereits am 25. Juni 1470 modifiziert. Q UB Arnstadt, Nr. 675 u. 677.

1470, 16. März: Graf Heinrich von Schwarzburg erledigt die Beschwerden der Priesterschaft in der Herrschaft Käfernburg. Im Gegenzug verpflichten sich die Priester für die Landgrafen von Thüringen, seine verstorbenen Eltern und ihn in der Kirche zu Marlishausen vier Mal im Jahr Vigilien und Seelenmessen abzuhalten. Welcher Priester mit Vorsatz aber nicht käme, der soll den Vormündern der Priesterschaft ein Pfund Wachs zu den Lichtern und Kerzen geben. Q UB Arnstadt, Nr. 676.

1471: Graf Heinrich von Schwarzburg belehnt die Nürnberger Bürger Hans Gertener und Peter Missener mit der Hälfte der Hütte (→Seigerhütte) vor Arnstadt, welche sie Thomas Mergkile abgekauft haben. Q UB Arnstadt, Nr. 691. **10. April:** Der Priester Hermann Dangward bedenkt in einem notariell aufgesetzten Testament über eine Summe von 13 Mark u. a. die Vikareien von dem St. Johannis Altar in der Bonifatiuskirche, den dritten Altar auf der Burg, der nicht begabt ist, die Klosterjungfrauen und das Spital zu St. Georg in Arnstadt mit Legaten (Vermächtnisse für fromme Zwecke). Als Prokuratoren und Zeugen setzt er ein: Probst Heinrich Sneberg, Vogt Heise von Rottleben, Ratsmeister Heinrich Breitenbach, den ältesten Ratsmeister eines jeglichen Jahres, Ulrich Schertelingen, den Ratsmeister von Saalfeld u. a. Der Rat der Stadt Arnstadt verpflichtet sich zur Handhabung. Q UB Arnstadt, Nr. 679 u. 680.

1472, 18. März: Graf Heinrich von Schwarzburg gibt dem →Bäckerhandwerk eine Innung und Ordnung *(ynnunge unde ordenunge)* auf fleißige Bitte der *begke unsir stad*, um gemeinen Nutzen willen und um Zwietracht und Irrungen zu vermeiden und beilegen zu können. Sie umfaßt folgende Punkte, Stücke und Artikel: Wer in die Innung aufgenommen zu werden begehrt, der soll bei seinem Lehrmeister ausgelernt haben und sich dies von ihm bestätigen lassen. Auch soll derselbe fromm und ehrlich geboren sein, er und seine Ehefrau von ihren vier Ahnen an. So kann er durch drei Bekenntnisse zum Handwerk gelangen. Das erste ist ein Stobichen vom besten Wein oder Bier, der in der Stadt angeboten wird. Das zweite und dritte Bekenntnis soll er in seinem Haus oder seiner Miete haben, wieder mit einem Stobichen zu jedem Mal, dazu Brot und Fleisch oder was ihm Gott beschert. Dazu soll er noch dem Handwerk zwei Pfund Wachs geben. Dann sollen die Obermeister mit ihm zu unserem Amtmann gehen und ihn bitten, denselben in diese Innung aufzunehmen. Bäcker, die ohne Bestätigung des Amtmanns backen, sollen eine Mark lötigen Silbers zahlen. Das Bußgeld fällt dem Grafen zu. Auch soll ein jeglicher Bäcker zwei Gebäcke in der Woche backen, zwei auf Dienstag und zwei auf den Freitag und nicht mehr bei einer Strafe von zwei Pfund Wachs, doch so, daß kein Mangel an Brotverkauf in der Stadt herrscht. Sie sollen alle Jahre zwei Obermeister haben, dies zu kontrollieren. Geschehe es aber durch Ungewitter oder im Fall einer bösen Macht, daß diese Gebäcke nicht verkauft werden, so sollen die Obermeister sie gut besehen und am nächsten Markttag können sie sie mit Rat oder Lob der Obermeister verkaufen, doch so, daß an den anderen Gebäcken keine Konkurrenz entstehe. Auch mag ein jeglicher, Bürger oder Bauer, Gebäcke oder Brot am Mittwoch verkaufen. Auch wenn das Handwerk von den Obermeistern für eine bestimmte Zeit verboten wird, welcher alsdann nicht kommt und ausbleibt, der soll dem Handwerk sechs Pfennige zur Strafe verfallen sein, es sei denn, er hätte von den Obermeistern dazu die Erlaubnis. Die Bäcker geben uns auf unser Schloß jedes Jahr in der Sommerzeit 8 Maß Korn, ein Pfund Pfennige und jeder Bäcker auf seinem Backofen 22 Groschen als Zins, ausgeschlossen ihr Knecht. Auch gebührt den zwei neu Aufgenommenen in der Innung an Festen die Kerzen in der Prozession zu tragen. Welcher Bäcker einen Lehrknecht aufnimmt, der soll dem Handwerk zwei Pfund Wachs geben, wenn er eine Nacht bei ihm war. Q UB Arnstadt, Nr. 687. **12. April:** In einer zu Arnstadt ausgestellten Urkunde verheißt der Bischof Johannes von Syronensis allen Ablaß, die zur Konsekration (Weihe) der in der Marienkapelle der Burg zu Arnstadt befindlichen, namentlich aufgeführten Altäre kommen. Q UB Arnstadt, Nr. 688. **22. Juli:** Kaiser Friedrich ermahnt den Rat der Stadt Arnstadt, dem Dr. der Rechte Harttung von Cappell 150 Gulden in sechs Wochen und drei Tagen nach Urteil des Kammergerichts zu zahlen. Q UB Arnstadt, Nr. 690.

1474, 9. August: Graf Heinrich von Schwarzburg entscheidet die Streitigkeiten zwischen den Nürnberger Bürgern Hans Gärtner und Peter Missener auf der einen Seite und Merten Merkel, Bürger zu Erfurt, und Hans Meygen wegen der Hälfte der Hütte (Seigerhütte) vor Arnstadt. Die Nürnberger Bürger hatten die Hälfte der Hütte 1471 gekauft. Die Hälfte der Hütte soll den Käufern erblich folgen, die andere dem Verkäufer bleiben. Im Verkaufsfall soll die Hütte aber dem Mitinhaber angeboten werden. Jeder wird dazu verpflichtet, einen tauglichen Knecht, der schreiben kann, auf der Hütte zu halten und der zu Eisleben, Stolberg und Nürnberg Kupfer und Silber einkaufen und Rechnung legen kann. Im Fall der Zwietracht sollen sich die Teilhaber an den Schiedsmann wenden. Q UB Arnstadt, Nr. 701.

1475: In Arnstadt leben 570 Bürger. 1388 waren es noch 630 Bürger. L Bühring, Johannes: Die Bedeutung der Wachstafeln. In: Alt-Arnstadt 1 (1901), S. 85. **25. März:** *Bartholdus episcopus Panadensis* gewährt denjenigen, die die Kapelle der Maria Magdalena in der Burg zu Arnstadt bußfertig besuchen oder in ihr Gottesdienst abhalten, Ablaß. Q UB Arnstadt, Nr. 706. **30. Mai:** Der Bürger Peter Kulbe und seine Frau Katherina verkaufen ein Schock Landsberger Währung an die Klosterjungfrauen Kunnen und Elsen Truten für 10 Schock, versichert auf Haus und Hof in der *Wenigen Rosingasse bei der Mauer*, zinsbar dem Rat. Q UB Arnstadt, Nr. 708. **Anfang Juli:** Das „heilige Blut" von Wilsnack im Brandenburgischen zieht tausende Kinder an. Die Kinder verlassen die Eltern, die es nicht vermochten, sie zu halten. Sperren sie sie ein, überkommen ihnen Krankheiten. Sie sagen, ihnen ginge ein rotes Kreuz voran. Aus Arnstadt laufen 323 Kinder, Schüler, Mädchen und Knechte hinzu. An ihrer Spitze geht der Schulmeister mit den Schülern, danach die Knaben und zuletzt die Mädchen. Einige sind noch so klein, daß man sich nicht getraut, eine Meile (ca. 7,5 km) zu laufen *(Uss der stad arnstete lieffen driehundert unnd XXIIII kindere, schulere, meydichen unnd knechtchen, unnd der schulmeister ging mit den schulern, unnd darnach die knaben, zu letzt die meydichen, unde warn enteil also cleine, das man nicht getruwete eine mile weges zu gehene.)*. Die Arnstädter führen ein Banner mit Adler an der Spitze mit *(die von arnstete hatten einen adiler in orem banir)*. Man hält das Laufen zum heiligen Blut für ein Wunder Gottes und betrachtet es als Wallfahrt.
Kritische Stimmen machen die Gestirne bzw. Krankheiten dafür verantwortlich, andere halten es für das Werk des bösen Geistes. In Wilsnack ereignet sich 1383 ein Hostienwunder (eine Hostie begann zu bluten). Tausende pilgern zum Wunderblut von Wilsnack, um dort Heilung von allen möglichen Leiden zu finden oder den Dank für eine wunderbare Errettung aus großer Gefahr abzustatten. Als eifriger Bekämpfer der Wundersucht gerät der Erfurter Magister und Magdeburger Prämonstratenser Eberhard Woltmann auch in Konflikt mit Johannes de Capistrano, der bei seinem Auftreten in thüringischen Städten selbst zahlreiche Heilungswunder vollbringt. Q Stolle, S. 376ff. L Geschichte Thüringens, 2. Bd., 2. Teil, S. 119. **26. Dezember:** Anna von Witzleben, Priorin, Anna Meydeln, Kellnerin, Elisabeth Hornung, Kämmerin, Martha Weyner, Küsterin und die Samnung (Convent) des Jungfrauenklosters bitten den Grafen von Schwarzburg, dem Schwestersohn ihres Probstes Heinrich Sneberg, Johann Koch, die Vikarei St. Materni im Georgenspital und die Vikarei St. Laurentii in der Jacobskirche zu Arnstadt leihen zu wollen. Q UB Arnstadt, Nr. 711.

1478, 6. März: Claus Sperber, Bürger zu Arnstadt, verkauft der Klosterjungfrau Katharina Czichman zu Arnstadt 12 Schock Landwähr für ein Schock Zins, versichert auf drei Acker Artland in der *Leymengrube*, lehnbar dem Grafen von Schwarzburg. Q UB Arnstadt, Nr. 722.

1481, 2. Juli: Der Rat der Stadt Arnstadt verkauft mit Gunst des Grafen Heinrich von Schwarzburg 5 vollwichtige rheinische Gulden jährlichen Zinses dem Bischof Johannes von Syronensis auf dessen Lebenszeit und nach dessen Tod dem Siechenhof vor dem Erfurter Tor hier vor Arnstadt für 100 rheinische Gulden. Dies geschieht unter der Bedingung, daß, wenn der Siechenhof zerstört werde, der Zins einem anderen Siechenhof im Gebiet des Grafen von Schwarzburg zu reichen sei. Q UB Arnstadt, Nr. 743. **30. Juli:** Graf Heinrich von Schwarzburg stiftet und dotiert in der Kapelle auf dem Schloß zu Arnstadt eine Anzahl Messen. In dieser Urkunde wird auch das *frie steynhusz in der Zcymergasse, da vormals die Iodden inne gewonet habin*, genannt. Q UB Arnstadt, Nr. 744.

1484, 24. April: Der Arnstädter Bürger Jörg Breitenbach und seine Frau Magdalene verkaufen ein Schock und 40 Groschen thüringischer Währung an Johann Vocken, Vikar des St. Johanns Altars der Frauenkirche, für 20 Schock Groschen, versichert auf 5 Acker Artland über *dem Gerichte vor Arnstadt*, zinsbar dem Spitalmeister, der jetzt Hans Smed ist. Q UB Arnstadt, Nr. 768. **4. Mai:** Hans Bader, Bürger zu Arnstadt, und Katharine, seine Frau, verkaufen zwei Schock thüringischer Landwähr der Bercht Bachmann, Klosterjungfrau zu Arnstadt, und nach ihrem Tod ihrem Convent für 20 rheinische Gulden, versichert auf die Badestube zu Arnstadt, genannt die *Borgerstube, dy obirste an der Wissza gelegen*, zinsbar dem Rat zu Arnstadt. Q UB Arnstadt, Nr. 769. **20. Dezember:** Graf Heinrich von Schwarzburg, die Grafen Ernst und Hans von Honstein, die Ratsmeister der Stadt Arnstadt Hans Tile und Hans Buchener, die Kämmerer, Ratsleute sowie die von Frankenhausen, Greußen und Sondershausen, bekennen dem Grafen Waldemar, Rudolf, Siegmund, Ernst, Magnus Adolf und Philipp von Anhalt der Reihenfolge nach 5.000 vollwichtige rheinische Gulden wegen der Ehe zwischen Heinrichs Enkelin und Graf Waldemar als Ehegeld schuldig zu sein. Das Geld ist 1486 zu Eisleben zu bezahlen. Zahlreiche nahmhafte Ritter werden mit dem Recht des Beilagers im Falle säumiger Bezahlung als Bürgen eingesetzt. Q UB Arnstadt, Nr. 772.

1485, 12. Januar: Die Mainzer Richter in Thüringen gebieten den Geistlichen in Arnstadt zahlreiche Arnstädter Einwohner zur Bezahlung aller rückständigen Zinsen an die Kirche St. Benedicti zu Erfurt anzuhalten. Q UB Arnstadt, Nr. 773. **2. Mai:** Der Arnstädter Bürger Hans Karl und seine Frau Katharine verkaufen dem Heinrich Heller, Vikar des St. Severistiftes zu Erfurt, einen rheinischen Gulden Zins von seinem Siedelhof an der Weiße auf dem Roßmarkt zu Arnstadt für 12 rheinische Gulden. Q UB Arnstadt, Nr. 774. **4. Oktober:** Bürgermeister Peter Andisleben und der Rat der Stadt Arnstadt verkaufen wegen Schulden ihrer Stadt dem Arnstädter Bürger Claus Weyner und seiner Frau Barbara 7 Gulden jährlicher Gülde Frankfurter Währung, die im Lande Thüringen gang und genehm ist, für 100 rheinische Gulden auf Wiederkauf. Q UB Arnstadt, Nr. 781. **18. Dezember:** Drei Acker Weingärten *an der hohen Lyten* vor der Stadt genannt. Q UB Arnstadt, Nr. 787.

1486, 18. Januar: Der Arnstädter Bürger Hans Steynbach und seine Frau Katharine verkaufen an Iohann Schiffel zu Marlishausen ein Schock Groschen Landwährung, verschrieben auf einer Wiese im *Garthusz unter dem Walpurge*, für 10 rheinische Gulden zinsbar der Propstei. Q UB Arnstadt, Nr. 788. **11. März:** Der Arnstädter Bürger Contze Tringkusz und seine Frau Else verkaufen 12 ½ neue Groschen Geschoß der Vikarei St. Materni im Spital St. Georg und Elisabeth und jedem Vikar derselben, jetzt Johann Koch, für 7 ½ Schock alter Groschen. Sie sind versichert auf einem Acker Weinwachs am *Ulnberge*, abgabepflichtig der Vikarei St. Nikolai im Chor der Liebfrauenkirche, wo man auf das Beichthaus geht, welche jetzt der Kleriker Johannes Breytenbach besitzt und wobei festgesetzt ist, daß der danebenliegende Weingarten des Hentze Schuler dem Bürger Tringkusz im Falle eines Verkaufs zuerst angeboten werden und der Verkauf auf Wiederkauf stehen solle, den der Großvater des Ausstellers der Urkunde durch Anhängung seines Siegels bestätigt. Q UB Arnstadt, Nr. 790. **14. Juni:** Die geistlichen Mainzer Richter in Thüringen gebieten den Geistlichen in Arnstadt zahlreiche, namentlich genannte Einwohner und deren Erben zur Bezahlung rückständiger Zinsen an die Kirche St. Benedicti zu Erfurt innerhalb von 6 Tagen anzuhalten. Q UB Arnstadt, Nr. 792.

1487, 23. Januar: Hans Scheffer und seine Frau Kunne zu Mühlberg verkaufen ein Schock Groschen Zins dem Heinrich von Rottleben, Vikar von St. Margarethen in der Bonifatiuskirche zu Arnstadt, für 13 Schock, die versichert werden auf ihrem Haus und Hof vor dem Niedertor bei Claus Ferwer und zinsen an die Burg zu *Molburg*. Q UB Arnstadt, Nr. 807. **9. Juli:** Graf Heinrich von Schwarzburg gibt den Wollenwebern (Tuchmacher) zu Arnstadt die Freiheit, daß sie allein inländisches Tuch nach der Elle verkaufen dürfen. Grund für die Beschwerden der Wollenweber war, daß Bürger, die keine Wollenweber sind, viel fremdes Gewand schneiden und verkaufen und damit ihrem Tuchverkauf schaden. Der Graf verfügt, daß ein jeglicher seiner Bürger, der kein Wollenweber ist, Tuch verkaufen und in Ellen verschneiden kann und zwar: Brügger, Londoner, Mechelnisches, Welsches, Leidener, Amsterdammer, Brüggisch bestard pp. Darunter und geringer aber sollen sie, die Gewandschneider, nicht schneiden, ausgeschlossen auf freien Märkten und Jahrmärkten. Sodann sollen sie in den Gewandkammern stehen und daselbst allerlei Tuch schneiden und verkaufen, wie alle anderen, doch dürfen sie es nicht in den Häusern verkaufen. Wer aber verbotenerweise außerhalb der Gewandkammern Tuch verschneide und verkaufe und kein Wollenweber ist, der soll, so oft es geschieht, uns drei Gulden und dem Handwerk der Wollenweber einen halben Gulden zur Buße oder Strafe geben. Das Jahr über mögen die Gewandschneider täglich in ihren Häusern Tuch verkaufen, doch kein geringeres Tuch, wie oben geschrieben steht, schneiden oder verkaufen. Wer dies nicht befolgt, soll uns und dem Handwerk mit der genannten Strafe verfallen sein. Hätte aber jemand unserer Bürger fremde Tücher, die kann er im Ganzen verkaufen, wem er will, doch daß er solche Tücher nicht ellenweise verschneide oder verkaufe. Q UB Arnstadt, Nr. 810. **16. August:** Der Rat der Stadt Arnstadt erneuert und erweitert dem Böttcherhandwerk die Innungsartikel. Q UB Arnstadt, Nr. 812. **7. Oktober:** Der Ratsmeister Peter Andisleben, *wonhafftig uff dem Rithe yn der groszen dorntzen kegen sente Iacoff kirchoff,* und sein Weib Gisel stiften in der Jacobskirche eine ewige Messe zur Ehre St. Laurentii für die Seelen der Stifter und die der Verstorbenen. Die leiblichen Kinder Hanszen und Michel Andisleben (Kämmerer) stimmen dem zu. Q UB Arnstadt, Nr. 813. **3. Dezember:** Zahlreiche Arnstädter Einwohner, die namentlich genannt werden, haben Schulden gegenüber der Kirche St. Benedicti zu Erfurt. Die geistlichen Mainzer Richter in Thüringen gebieten daraufhin den Pfarrern in Arnstadt, diese Einwohner zur Zahlung der rückständigen Zinsen innerhalb von 6 Tagen anzuhalten. Q UB Arnstadt, Nr. 816.

1488, 9. April: Claus Sperwer, Bürger zu Arnstadt, und seine Frau Margaretha verkaufen dem Iorg Smede, Vikar der neu gestifteten Vikarei in der Jacobskirche auf dem Altar des heiligen Wahrleichnams in der Kirche daselbst einen rheinischen Gulden für 12 rheinische Gulden. Die Zinsen sind auf Land im *Altfilde* bei dem Probst der Frauenkirche und im Holzhäuser Felde vor Arnstadt versichert. Q UB Arnstadt, Nr. 819.

1489: Kapelle der Leprosen vor Arnstadt erwähnt. Q UB Arnstadt, Nr. 843, Datierung unklar, reicht bis 1515. **31. Juli:** In Torgau belehnen Kurfürst Friedrich und Herzog Johann von Sachsen die Grafen Günther den Älteren, Günther den Jüngeren (Gebrüder) und deren Vetter Heinrich mit den Schlössern und Städten Arnstadt, Stadtilm und Plaue. Q UB Arnstadt, Nr. 829. **11. Dezember:** Der Arnstädter Bürger Hans Witzeller und seine Frau Gisela verkaufen ein Schock Meißner Groschen an die Vikarei St. Margarethen in der Bonifatiuskirche, die Heinrich von Rottleben besitzt, für 12 Schock. Sie sind versichert auf Haus und Hof an der Weiße *genant unter der badstube* und zinsbar auf das Schloß zu Arnstadt. Q UB Arnstadt, Nr. 831.

1491, 27. Juli: Ratsmeister, Kämmerer und *Ratiscumpen* (Ratsleute=Ratskumpane) der Stadt verkaufen wegen Schulden der Stadt dem Kloster Ichtershausen 32 Gulden jährlicher Zinsen für 500 Gulden auf Wiederkauf mit Konsens des Grafen Günther. Q Thuringia Sacra I., S. 175, Nr. 327. **6. Oktober:** Die Grafen Günther und Heinrich belehnen Curt und Jörg von Witzleben u. a. mit einer Hofstatt bei Unser Lieben Frauenkirche zu Arnstadt mit den dazugehörigen Zinsen. Q UB Arnstadt, Nr. 874.

1493, 6. August: Der Rat zu Arnstadt beurkundet das Vermächtnis des Hans Apel und seiner ehelichen Wirtin Barbara für das St. Georgen- und Elisabeth Hospital bei dem *Erffurtisschen thore* und ihre Bestellung als Spitalmeister und Verweser des Gotteshauses. Sie versprechen kranken Menschen und denen, die zum Herbergen kommen, zu helfen, das Geld einzunehmen und getreulich auszugeben usw. Q UB Arnstadt, Nr. 877. **5. Oktober:** Der Rat zu Nordhausen benachrichtigt den Rat der Stadt Arnstadt über die Klage des Erfurter Bürgers Clawes Kanngisser gegen Hans Buechsenmeister zu Arnstadt wegen Nichtbezahlung des Hauses und Hofes. Q UB Arnstadt, Nr. 878.
1494, 28. September: In einer zu Sondershausen ausgestellten Urkunde teilen die Grafen Heinrich und Günther dem Rat der Stadt Arnstadt die Namen der für das künftige Jahr gewählten Räte mit. Q UB Arnstadt, Nr. 882.

1495, 1. November: Die beiden Ratsmeister Iorge Breittenbach und Michel Andiszleub sowie die Kämmerer und Ratskumpane verkaufen aus Notdurft der Stadt dem Kloster zu Ichtershausen sechs rheinische Gulden für 100 rheinische Gulden mit dem Pfandrecht an städtischem Eigentum im Nichtzahlungsfalle. Das geschieht mit der Zustimmung der Grafen Günther und Heinrich von Schwarzburg. Q UB Arnstadt, Nr. 884.

Die Schwarzburgische Erbteilung

1496, 1. Oktober: Graf Günther XXXIX. der Jüngere von Schwarzburg teilt nach Bewilligung des Grafen Günther des Älteren mit seinem Vetter, Graf Heinrich XXXI. dem Jüngeren die Herrschaft Schwarzburg in einen Arnstädter (Oberherrschaft) und einen Sondershäuser Teil (Unterherrschaft). Der Arnstädter Teil, den Günther XXXIX. erhält, umfaßt Schloß und Stadt Arnstadt mit allen zugehörigen Dörfern und Gerechtigkeiten, die davor liegenden Schmelzhütten, Schloß Schwarzburg, die Stadt Königssee zur Hälfte, Hütten und Hammerschmieden, das Schloß Käfernburg mit allen Dorfschaften, Schloß und Stadt Blankenberg, die Stadt Ilmen, Schloß und Stadt Rudolstadt, der Hof zu Gehren sowie das davorliegende Dorf, das Dorf Langewiesen, Clingen, Schloß und Stadt Greußen usw. Das Zentrum der Oberherrschaft bildet Arnstadt. Sondershausen wird zum Zentrum der Unterherrschaft. Für die Besitzverhältnisse in Arnstadt nach der Teilung gibt das Canzlei-Handelsbuch von 1437-98, Fol. 196a Auskunft. Danach besitzt Iring von Witzleben einen freien Hof in der Rittergasse, 8 Acker Weinwachs, genannt der *Konngesseher*, und einen Weingarten vor dem Erfurter Tor. Hans von Lichtenberg einen freien Hof auf der Kohlgasse und 14 Acker Weingärten zu Arnstadt. Fritz von Mulferstedt eine Kemenate *uff dem Rite* und einen Siedelhof vor der Burg. Iorg von Mulverstadt einen Baumgarten vor dem Moltthore. Wittig von Gleichen einen Hof. Heinrich vom Hofe einen Krautgarten hinter Unser Lieben Frauen, *uswendig der* stadt, einen Acker Weinwachs unter dem Rittersteine, zwei Acker Leden *an der alden borg poben dem Zcotemantel*. Ditterich von Hertingesborg Zinsen zu Arnstadt. Hermann von Rastenberg ein freies Haus und einen Hof *uff der Kolgasse*. Friedrich, Claus und Curt von Witzleben drei Acker Weingarten. Reinhart, Eberhart und Caspar von Griesheim desgleichen. Heisse und Curdt von Rottleben einen freien Siedelhof in der *Rittergasse* und vier Acker Weinwachs im Feld zu Arnstadt. Kerstan Ranis und Heinrich Borggreve verschiedene Geldzinsen und Heinrich, Friedrich, Dietrich und Hans von Rastenberg einen freien Hof zu Arnstadt. Q UB Arnstadt, Nr. 889.

Arnstadt im Zeitalter von Humanismus, Bauernkrieg und Reformation

1501, 19. Mai: Grundsteinlegung für den Neubau eines Rathauses. L Donhof, Manfred: Arnstadt. Rathaus. In: Denkmale im Kreis Arnstadt. Veröffentlichungen der Museen der Stadt Arnstadt. 12 (1988), S. 46.

Zwischen 1505-1508: Martin Luther weilt als Augustinermönch vermutlich erstmals im Franziskanerkloster. Seines Aufenthaltes gedenkt er mit folgenden Worten: *Ich war einmahl zu Arnstadt im Barfüsser=Kloster/ da saß über Tische D. Henr. Kühne ein Barfüsser, den sie für einen besondern Mann hielten/ und preiset uns daher/ wie ein köstlich Ding der Ordensstand wäre für andern Ständen/ darum/ daß dieser Tauffe halben ein solch Vortheil darinnen wäre/ wenns einem schon gereuet hätte/ daß er ein Mönch wäre geworden und damit alle seine vorige gute Wercke und Leben verlohren/ so hätte er noch das zuvor/ wo er umkehrte und von neuen an einen Fürsatz nähme/ er wolte/ wo er nicht ein Mönch wäre/ noch ein Mönch werden/ so wäre dieser neue Fürsatz eben so gut/ als der erste Eingang gewesen/ und wäre von neuen abermahl so rein/ als käme er aus der Tauffe/ und mögte solchen Fürsatz/ so offt er wolte/ verneuen/ so hätte er immer wieder eine neue Tauffe und Unschuld bekommen. Wir junge Mönche sassen und sperreten das Maul und Nasen auff/ schmatzten auch für Andacht gegen solcher tröstlichen rede von unser heil. Möncherey.* L Olearius, S. 83; Hesse, S. 129f.

1507: Hinter der Schule entsteht ein Großfeuer, welches ein Bettler angezündet haben soll. L Olearius, S. 269.

1518, 10. September: Bestätigung der aus dem Mittelalter stammenden "Viergrafen-Würde" der Schwarzburger durch Kaiser Maximilian. Sie weist ihnen eine herausragende, reichsunmittelbare Stellung unter den Grafen des Reiches zu. Bestätigungen von 1566 und 1576 richten sich nicht zuletzt gegen die von den Wettinern beanspruchte Lehnsherrschaft gegenüber den Grafen von Schwarzburg. L John / Jonscher 1995, S. 97.

1521: Der Arnstädter Wolf Essiger, wohnhaft in der Wagnergasse, führt Luthers Wagen auf der Reise zum Wormser Reichstag. L Bühring, S. 125. Trotz des Beschlusses der Grafen Günther XXXIX. und Heinrich XXXI. vom 1. Oktober 1496, wonach u. a. keine Juden in ihrer Herrschaft geduldet werden sollen, scheinen dieselben zurückgekehrt zu sein. Sie verfügen über ihre Synagoge in der Erfurter Straße (Hinterhaus von Nr. 17, wahrscheinlich mit dem freien Steinhaus vom 30. Juli 1481 in der Zimmergasse identisch) sowie über ihren Kirchhof (wahrscheinlich gelegen an der Ichtershäuser Straße oder in Richtung Holzhausen, also westlich der Stadt). L Olearius, S. 37; Bühring, S. 122; Wiegand / Krebs 1941, S. 271.

1522, September: Kaspar Guethell, ein geborener Nordbayer aus Roetz bei Waldmünchen in der Oberpfalz, seit 1518 Prior des Augustinerklosters zu Eisleben und mit Martin Luther seit 1518 eng befreundet, spricht in sieben Predigten, die ersten protestantischen Inhalts, auf dem Marktplatz von Arnstadt gegen die kirchlichen Mißstände. Er sagt u. a., *das manch arme verworfen mensch mehr guter wercke thut, denn alle kirchenbauer, stifter, laufer, renner im Lande hin und wieder. Do gilt so viel und mehr die tegliche arbeit eines armen, ja ein schlag in der scheunen eines dreschers, eines holzhauers, denn alles das singen und klingen, leuchten, verwahren, beten fasten, unter pischöfen, pfaffen, münchen, nonnen und cartheußern etc.* Guethell ließ die Predigten in Wittenberg drucken und widmete sie Graf Günther XXXIX. dem Bremer, einem reformunwilligen Katholiken. L Einicke, S. 187.

1525: Nach Ostern kommt es in großen Teilen Thüringens, wie schon davor in weiten Teilen Deutschlands, zum Aufstand der Bauern als Bestandteil des deutschen Bauernkrieges. Diese Aufstände richten sich vornehmlich gegen geistliche Grundherren in den Klöstern und gegen die Beseitigung althergebrachter Rechte der dörflichen Selbstverwaltung und der Nutzungsrechte an Wald, Wiesen und Gewässern. Ihnen schließen sich auch zahlreiche Städte an, die aufgrund ihrer wirtschaftlichen Strukturen, die meisten von ihnen waren Ackerbürgerstädte, gleiche Interessen wie die aufständischen Bauern hatten.
Graf Günther XXXIX. erkennt die ihm drohende Gefahr. Durch einen Handstreich entzieht er den Aufständischen am 23. April den Silberschatz des Stadtilmer Klosters und läßt ihn auf die Burg nach Arnstadt bringen. Die Anführer Hans Bauer aus Ilmenau und Jakob Scherff aus Stadtilm sowie ihre Anhänger erfahren davon und beschließen den Grafen gefangenzunehmen. Diesem gelingt aber die Flucht. In Arnstadt formieren sich bereits am 25. April oppositionelle Kräfte, die den Rat der Stadt veranlassen, ihre Forderungen an den Landesherrn abzufassen. Darüber wird noch am gleichen Tag mit Graf Günther XXXIX. und dessen Sohn, dem späteren Heinrich XXXII. verhandelt. Dabei werden ihnen 27 Beschwerdeartikel mit der Bitte um Genehmigung überreicht. Sie geben ein beredtes Zeugnis für die politischen, wirtschaftlichen und rechtlichen Zustände in der Stadt und den umliegenden Ortschaften. Darin heißt es u. a.: Daß ein Rat und die Gemeinde sich selbst einen Priester wählen und wieder entlassen dürfen, daß zahlreiche Steuern gemindert werden, daß Adel und Geistliche ebenfalls auf ihre Grundstücke, Wiesen, Weingärten, Häuser usw. Steuern zahlen, nachdem der Propst mit seinem Vieh die Mauern zwischen dem neuen Tor und dem Riedtor verdorben und ellentief unter den Füllmund ausgetreten hat, solches wieder von Klostergeld zu reparieren, daß adlige Häuser in der Stadt ebenfalls besteuert werden, mancher arme Mann kann seine Schulden und Zinsen wegen der immensen Höhe nicht mehr zahlen. Daß die Schäferei des Propstes vor der Stadt der Gemeinde großen Schaden zufügt, daß die Diener des Grafen mit Pferden und Hunden im Feld sind und mutwillig spürbare Schäden in den Weingärten und am Getreide anrichten. Der Rat fordert weiter, den Spitalmeister ein- und entsetzen zu dürfen, da dieser den armen Leuten nicht gleich vorsteht und verkauft, was er zu Geld machen kann, nimmt es von den Armen, läßt seine Äcker über Winter unbesät usw. Es beschwert sich die Gemeinde und etliche arme Leute samt dem Rat, daß die Seigerhütten mit ihrer Schlacke denen der armen Gemeinde großen Schaden zufügen und etlichen ihr Wasser nimmt, desgleichen die Viehtrift verdirbt (Umweltverschmutzung). Es ist ein Unleidliches, daß sich der Graf täglich mit so viel großen Räten belädt (zu viele, zu hoch bezahlte Beamte), diese

mit ihrem Gesinde zweimal im Jahr kleidet, ihnen über das große Jahrsold noch Mannlehen verschreibt, wozu wir unser Blut und Schweiß geben müssen und uns Armen darum eine Schatzung über die andere aufgelegt wird, welches der gemeine Mann schwer oder zukünftig nicht leiden noch tragen kann usw. Die im Gegensatz von anderen Bauern und Bürgern in anderen Städten vorgelegten Artikel tragen jedoch keine für den Grafen existenziell bedrohlichen Forderungen. Günther XXXIX. hält die Aufständischen hin. Am 29. April werden die eingereichten Forderungen der aufständischen Bauern abgelehnt, worauf sie den Entschluß fassen, dem Grafen energisch entgegenzutreten und umgehend vor die Residenz nach Arnstadt zu ziehen und wenn nötig, Burg und Stadt zu stürmen. Spätestens am 30. April zieht der kampfbereite, militärisch organisierte Bauernhaufen unter der Führung von Jakob Scherff nach Arnstadt. Günther XXXIX. hatte diesem Kräftepotenzial nichts entgegenzusetzen, zumal seine Truppen geschwächt sind und Hilfe von anderen Adligen nicht zu erhoffen ist. Angesichts dieser Gefahr begibt er sich am 30. April oder 1. Mai mit seinem Sohn erneut auf das Arnstädter Rathaus, um die Artikel des Rates und der Dorfschaften schriftlich anzuerkennen. Allerdings taktiert er erneut und unterschreibt nur mit der Einschränkung, daß zur Erfüllung der Forderungen der sächsische Oberlehnsherr Herzog Johann seine Zustimmung erteilt. Die Masse der Aufständischen vertraut leichtgläubig und weltfremd dem gräflichen Wort. Während sie sich ihres vermeintlichen leicht errungenen Sieges erfreuen, formiert sich west- und nördlich der Adel. Natürlich durchschauen einige Männer der innerstädtischen Opposition die Machenschaften des Grafen. Ihr Verbindungsmann zur Führung des vor den Toren Arnstadts lagernden Bauernhaufens, Hans Emerling, beschwört die führenden Bauern, sie sollten den Herren nicht trauen, diese würden nur heucheln. Die revolutionären Kräfte, die dem Landesfürsten entgegentreten und den Landadel entmachten wollen, finden jedoch kein Gehör. Vom vermeintlichen Augenblickserfolg getäuscht, in der Illusion des Sieges befangen, räumt der Bauernhaufen schon am 2. Mai das Lager vor Arnstadt. In Stadtilm kann bereits am 7. Mai der alte Rat wieder die Macht übernehmen. Die Anführer des Aufstandes werden in der zweiten Maihälfte an Graf Günther ausgeliefert und eingekerkert. Dieser hat nach der Schlacht bei Bad Frankenhausen und der Hinrichtung Müntzers seinen politischen Handlungsspielraum wiedergewonnen. Das blutige Strafgericht beginnt am 16. Juni mit dem Einzug des Kurfürsten Johann von Sachsen (1468-1532). Am folgenden Tag läßt er durch den Scharfrichter *9 arm Menschen*, unter ihnen Jacob Scherff hinrichten. Als Lohn erhält der Scharfrichtermeister Hansen von Jhene 28 Schock an 20 Gulden. Anfang August werden nochmals fünf von ihnen enthauptet. Am 18. Juni verkündet Friedrich von Thüna den zusammenberufenen Bürgern zu Arnstadt den Befehl des Kurfürsten: Dem Grafen Günther alle früher empfangenen Privilegien und besonders die bewilligten Artikel zu überantworten, ihm seine obrigkeitlichen Rechte und Regalien wieder einzuräumen, ihm und seinen Erben ewig hold, getreu und gewärtig zu sein, auch den Adel und die Priester in ihren althergebrachten Freiheiten nicht zu beeinträchtigen, 3000 Gulden, das eine Tausend in den nächsten vierzehn Tagen, das zweite zu Weihnachten und das dritte zu Ostern, als Buße zu erlegen und in Zukunft sich bei Todesstrafe keiner anderen Waffe zu bedienen als eines Brotmessers, einer Axt oder mit einem kurzen Stiel versehener Barte. Das mußte mit einem leiblichen Eid bekräftigt werden. Dann wurde noch bestimmt, daß der Graf hinfort ein besonderes Tor der Stadt einnehmen und die Schlüssel dazu jede Nacht auf dem Schloß verwahren soll. L Macherauch, Walther: Die Grafschaft Schwarzburg-Blankenburg-Arnstadt im deutschen Bauernkrieg 1524/25. In: RHH 9 (1975), S. 181-194. **9. Mai:** Die Äbtissin Catharine Frencklen schreibt in einem Bittgesuch an Graf Günther von Schwarzburg, daß sie mit ihren Nonnen aus Ichtershausen vertrieben seien und bittet um die Erlaubnis für sich und die Anderen in Arnstadt wohnen zu dürfen, wo sie sich vom Spinnen, Nähen und Wirken nähren wollten. Q Thuringia Sacra I., S. 185, Nr. 374.

1526: Fassung von Quellen am Schönbrunn. L Olearius, S. 141. **1. August:** In der Nacht gegen 11 Uhr überzieht ein starkes Hagelwetter Arnstadt und die Rudislebener und Dornheimer Flur, wovon das Getreide (Korn, Gerste und Hafer) gänzlich ruiniert wird. L Olearius, S. 278.

1529, 29. Februar: Graf Günther XLI. von Schwarzburg *nachmahliger Arnstädtischer Landes=Herr/ zu Sondershausen* wurde *zwischen 11. und 12. Uhr Mittags gebohren. Er wird anitzo genennet BELLICOSUS, weil er in Krieges=Händeln sich ungemein klug u. tapffer/ als Röm. Kays. Majest. Rath und der*

Niederländischen Stände Kriegs=Obrister jedesmahl erwiesen/ worzu er auch gleichsam gebohren worden/ in dem er bey seiner Geburth ein blutiges Creutz in der rechten Hand/ mit auff die Welt gebracht. L Olearius, S. 278.

1530: Der Arnstädter Rat erläßt eine Feuerordnung. Sie legt u. a. fest: *so ein feur in der stadt auff keme Es were am tage oder bey nacht, sol man nach sanct Bonifati*(us) *thurme sehen, wue Zu Kegen das feur fenlein Am tage, oder die feur latern bey der nacht ausgestagt* (herausgesteckt) *wirt, der ort sol man Zulauffen so man an der glock*(en) *schlecht, dem wechter, so er das feur am ersten beleut sol man Im 24 d* (Pfennig) *geben.* Die Einwohner werden außerdem durch das Blasen des Feuerhorns alarmiert. Leistet jemand keine Hilfe, ist ungehorsam oder nur als Zuschauer am Brandort, erfolgt strengste Bestrafung durch den Rat. Für jedes Stadtviertel bestimmt man jährlich zwei Feuerherren. Ihnen wird *macht vnd gewalt in feurs notten anzuschaffen vnd Zu gebitten vnd Zuuorbietten* (zu verbieten) *gegeben.* Die zwei Baumeister der Stadt müssen die Geräte, wie Ledereimer, Leitern und Hacken heranschaffen lassen. *Vnd was sie gebitten heissen vnd befelen* hat man ebenso zu befolgen *in solchen noten* (Nöten). Außerdem obliegt ihnen drei bis vier Mal jährlich die Prüfung der genannten Gerätschaften. Die Bierträger haben in ihren Zubern Wasser zum Feuer zu tragen. Zimmerleute, Steinmetzen, Ziegeldecker, Maurer, Tüncher und *Kleyber sollen Zum feur lauffen vnd sich gebrauchen lassen nach an weysunge der feur Herrn.* Weitere Festlegungen betreffen u. a. Torschließer, *Die vff denn thörmen* (wohnenden), Stadtwächter, Markt- und Bornmeister sowie den Wasserzulauf von der *weyssa im thall.* Q KAA, Bestand Stadt Arnstadt, Sign. 032-01, Rotes Buch, S. 82-84.

1531, 8. August: Graf Günther XXXIX. von Schwarzburg, ein strenger Katholik, stirbt und wird in der Liebfrauenkirche beigesetzt. L Einicke, S. 3.

1533: Auf Antrag des Stadtrates entscheidet Graf Heinrich XXXII., daß die Arnstädter Fleischhauer kein Vieh von Juden kaufen sollen. Q KAA, Bestand Stadt Arnstadt, Sign. 032-01, Rotes Buch, S. 6.

Frühjahr: Der 1527 auf Befehl des Vaters in Rudolstadt residierende Graf Heinrich XXXII. (der Reformator) kehrt nach Arnstadt zurück und beginnt mit der endgültigen Durchführung der Reformation in der oberen Grafschaft Schwarzburg. Bei der ersten Visitation Einführung des evangelischen Gottesdienstes in aller Form. Säkularisierung des Benediktiner-Jungfrauenklosters an der Liebfrauenkirche. Danach Anlage von Ober-, Mittel- und Untergasse im einstigen Klostergelände. Wer aus dem Jungfrauenkloster nicht austritt, empfängt bis an sein Lebensende Gnadenbrot. Die letzte Nonne, Magdalena von Heßberg, stirbt 1566 und wird in der Liebfrauenkirche begraben. Aller klösterlicher Besitz fällt in die Hände des Schwarzburger Grafen, der Teile davon der Stadt überläßt. L Thalmann, S. 9; Patze, S. 24.

VON DER REFORMATION BIS ZUM BEITRITT DER DDR ZUR BRD 1990

Peter Unger

Von der Reformation bis zum Dreißigjährigen Krieg 1535-1617

1535: Gutes Weinjahr. In Arnstadt werden etwa 12.000 Eimer (1 Eimer=ca. 79 Liter) geerntet. Q KAA, Bestand Stadt Arnstadt, Sign. 032-01, Rotes Buch, S. 40. **6. August:** Der Stadtrat beschließt, daß fremde Fleischer, wie von Alters her, ihre Waren an der Bonifatiuskirche am Ölberg feilhalten sollen. L Olearius, S. 279.

1537: Errichtung eines steinernen Brunnens im Hof des Arnstädter Schlosses (Neideck). *Hatt vnsr g(nädiger) h(err)/ Graff Heinrich der Elt(ere) den steinern born/ Inwendig im schloß machen lassen/.* Q KAA, Bestand Stadt Arnstadt, Sign. 032-01, Rotes Buch, S. 41 b. Bau einer steinernen Brücke über die Stadtweiße in der Erfurter Straße beim Hospital St. Georg. L Olearius, S. 279. **5. Februar:** Martin Luther nächtigt während einer Reise nach Schmalkalden wahrscheinlich im Schloß Neideck. Unger, Peter: Martin Luther und seine Beziehungen zu Arnstadt. In: AVAU 6 (1996), S. 25. **9. Dezember:** Einweihung des Gottesackers vor dem Erfurter Tor (Alter Friedhof) mit einer *Schennen, Cristlichen, Euangelische Predigytte* des Pfarrers der Bonifatiuskirche und Kastenherrn Caspar Rudolff. Schließung der an den drei innerstädtischen Pfarrkirchen gelegenen Friedhöfe. **12. Dezember:** Beisetzung der ersten Leiche auf dem Friedhof vor dem Erfurter Tor: Das Eheweib von Meister Hanßen Foylisch-perger (Vogelsberger). Q KAA, Bestand Stadt Arnstadt, Sign. 032-01, Rotes Buch, S. 47 b.

1538, 12. Juli: Nach dem Tod Graf Heinrichs XXXII. von Schwarzburg- Arnstadt (verehelicht mit Katharina von Henneberg, der „Heldenmütigen") vereinigt Graf Günther XL. (der Reiche, auch „mit dem fetten Maule" genannt) nochmals den schwarzburgischen Besitz, außer der Grafschaft Leuten-berg, die erst 1564 anfällt, in einer Hand. Er führt um 1540 die Reformation in der unteren Herr-schaft um Sondershausen ein. L John / Jonscher, S. 104f. **23. Oktober:** Vertreibung der Mönche aus dem Arnstädter Barfüßerkloster. (*ist den Barfüßer Munchen Iren abschied aus dem Closter ZeZiehen geben wurden durch den gestrengen Georg von Dienstett, Amptman zu Salfelt auf Churfurstlichen befelich auch durch den vehsten Jorg von Witzleben vnd Lutz von Wellersleben auff befelich vnßr g(nädigen) f(rau) und in beisein des Rats ist in (ihnen) fehr (vor) gehalten wurden, ob sie das wort gotes wolte anehmen oder nicht vnd In(en) Bedengk Zeyt geben bys Auff Martini (11. Nov.) Aber sye sein in Irem Orden vnd leben ver harret vnd verstogkt blieben wie der pharo und auf Donirstag nach Martini (14. Nov.) vmb 8 vr (Uhr) sein sye alle aus gezogen myt alle Irer habe vnd Reumbten das negst (Nest) nit alzugern*). Q KAA, Bestand Stadt Arnstadt, Sign. 032-01, Rotes Buch, S. 50 b.

1539: Hans Seßler hat folgende Bäume gepfropft (veredelt): 42 *stacke* auf dem Erfurter Graben, 49 *stacke oder beum* auf dem Schafgraben und 40 *stacke* vor dem Graben am NeuenTor. Q KAA, Be-stand Stadt Arnstadt, Sign. 032-01, Rotes Buch, S. 53. Im städtischen Waidregister sind 788 Kübel verzeichnet. L Hebeler, S. 58. **11. März:** Im Ergebnis der zweiten Kirchenvisitation überlassen der Kurfürst von Sachsen bzw. Graf Günther XL. der Stadt das Barfüßerkloster für Kirchen- und Schul-zwecke. L Olearius, S. 281f. **19. November-16. Dezember:** Tagung des Schmalkaldischen Bundes in Arnstadt. Von den Fürsten ist zwar keiner anwesend; auch fehlen die Theologen. Geschickt hat man die Gesandten; als solche des Kurfürsten Johann Dolce und Franz Burckhardt. Nach dem Treffen lobt der brandenburgische Hofrat Georg Lauterbeck die Arnstädter als *freundliche, behülfliche, fromme und ehrliche Leute*. L Olearius, S. 282-284; Schmidt, H.: Luthers nähere Beziehungen zu Arnstadt. In: Arnstädter Tageblatt, 12. Jg., Nr. 172 v. 26. 7. 1883.

1540, 2. Februar-1561: Die gräfliche Erziehungsanstalt im ehemaligen Barfüßerkloster ist bestimmt für die Söhne Graf Günthers XL. und für *andere Knaben aus dem Adel und aus der Bürgerschaft*. L Prautzsch, S. 14. **26. September:** D. Joachim Mörlin, ein Schüler Martin Luthers, wird auf Anraten Phillip Melanchthons erster *Superattendent* in Arnstadt. Schonungslos geißelt der 26jährige tief verwurzelte Vorurteile und kritisiert mit scharfen Worten das eigennützige Benehmen wohlhabender Bürger. L Klette, J.: Superintendent Mörlin in Arnstadt 1540-1544. In: Alt-Arnstadt 6 (1923), S. 55-81.

1542: Folgende Bäume werden gepfropft: 39 auf dem *Lengister graben*, 72 *steme* auf dem Graben vor dem Neutor, 9 auf dem Schafgraben und 20 auf dem Erfurter Graben, vom Stamm zwci Pfennig. Q KAA, Bestand Stadt Arnstadt, Sign. 032-01, Rotes Buch, S. 53.

1543: Einführung neuer städtischer Statuten durch Graf Günther XL. auf Bitten des Rates und der Gemeinde. Der größte Teil der Vorschriften regelt die öffentlichen Bereiche städtischen Lebens, darunter auch Bestimmungen über die städtische Wirtschaft, wie z. B. über das Recht des Eigenbrauens und des Reihenschanks. Festgelegt wird u. a. auch, daß neugebaute Häuser, Stallungen o. ä. nicht mehr mit Schindeln, sondern nur noch mit Ziegeln zu decken sind. Ein weiterer Teil betrifft das Verfahrensrecht, das Privat- und das Erbrecht. L Michelsen, S. 41-100.

1544: Superintendent D. Joachim Mörlin entschließt sich wegen der Zerwürfnisse mit der Stadtgemeinde, insbesondere nach der Predigt vom 11. Mai 1543, zur Aufgabe seines Amtes. Man hat ihm, wahrscheinlich auf Veranlassung des Rates, ein paar Schuhe vor seine Wohnung gestellt mit der Aufforderung: *Surge et ambula!* (Stehe auf und wandere!) Er schreibt darunter: *Hic mos est horum Undank in fine laborunt!* (So handeln die, welche nach geendigter Arbeit mit Undank lohnen!) Nachdem auch der Graf an der Seite des Stadtrates steht und nach einem Gutachten Martin Luthers (vom 11. November 1543) siedelt er nach Göttingen über. Daran ändern auch Petitionen ihm wohlgesonnener Bürger, wie der Anhänger der verächtlich so bezeichneten *schwarzen Rotte*, nichts. L Bühring, Johannes: Mörlins Schwarze Rotte. In: Alt-Arnstadt 3 (1906), S. 68-70.

1546, 3. Juli: Beratung zwischen den Häuptern des „Schmalkaldischen Bundes", Kurfürst Johann Friedrich von Sachsen und Landgraf Philipp von Hessen, im nahen Ichtershausen über den Feldzugsplan im bevorstehenden „Schmalkaldischen Krieg". Auf seinem Zug nach Franken kommt der Kurfürst am 16. Juli durch Arnstadt. Am 20. Juli verhängt Kaiser Karl V. die Reichsacht über Johann Friedrich und Philipp. Die Protestanten verzeichnen in Süddeutschland anfängliche Erfolge. 1546/47 verlagert sich der Krieg in den mitteldeutschen Raum; die Truppen des „Schmalkaldischen Bundes" unterliegen am 24. April 1547 in der Schlacht bei Mühlberg den kaiserlichen Truppen. Der schwarzburgische Graf Günther XL hat sich neutral verhalten. L John / Jonscher, 106f.

1551: In Arnstadt (mit Vorstädten) leben etwas mehr als 3.500 Menschen. 380 von 530 Bürgern der Innenstadt (71, 4 %) und 35 von 63 Bewohnern (55, 5 %) in den Vorstädten verfügen über meist kleinen Landbesitz, der eine wichtige Grundlage für die Existenz- und Ernährungssicherung darstellt. L Held, Wieland: Die Bürgerschaft Arnstadts in Thüringen in der Mitte des 16. Jahrhunderts. In: Jahrbuch für Wirtschaftsgeschichte 1, Berlin 1982, S. 118-120. **28. September:** Frühzeitiger Schnee, welcher eine viertel Elle (ca. 15 cm) hoch fällt und zwei Tage liegen bleibt. L Olearius, S. 285.

1552, 10. November: Graf Günther XL. in Gehren gestorben. Seine vier Söhne regieren bis 1571 gemeinsam. Danach kommt Arnstadt an Graf →Günther XLI. (1529-1583; genannt der Streitbare). L Thalmann, S. 11.

1553 - ca. 1565: Ausbau der Burg zu Arnstadt zum Renaissance-Wasserschloß unter Graf Günther

XLI., wahrscheinlich nach Plänen des niederländischen Baumeisters Erard van Mere und vielleicht unter Verwendung von Steinen des einstigen Walpurgisklosters und der mittlerweile aufgelassenen Käfernburg. Als weithin sichtbares Relikt der mittelalterlichen Anlage bleibt der Bergfried, der heutige Schloßturm, im unteren Bereich erhalten. Er wird 1554 mit zwei polygonalen Geschossen und einer Renaissancehaube nach oben hin abgeschlossen und mit einer Turmuhr versehen. Die sich über drei Stockwerke erhebenden Schloßgebäude ziert reicher Fassadenschmuck. Sie gruppieren sich um einen fast 800 Quadratmeter großen Innenhof. Vier Treppentürme in den Hofecken ermöglichen den Zugang zu den Stockwerken. Ein bis zu 19 m breiter Wassergraben umgibt die Schloßanlage, welche mit dem angrenzenden, etwa zeitgleich entstandenen →Schloßgarten zu den prächtigsten in Thüringen gehört. Am 17. November 1560 ehelicht Graf Günther XLI. Katharina von Nassau-Dillenburg (1543-1624), die Schwester des niederländischen Freiheitshelden Wilhelm von Oranien. 3.500 Mann reiten ein und gewaltige Mengen an Speisen und Getränken werden verzehrt. Der Graf steht bei Wilhelm von Oranien im Militärdienst und ob seiner Erfolge in hohem Ansehen. L Donhof, Manfred: Ruine des Schlosses Neideck. In: Denkmale im Kreis Arnstadt. Arnstadt 1988, S. 48f.

1556: Weitere Veredelung von Bäumen *durch Großhenern:* sind *bei Asmus Kilian vnd Maths Schuler 58 stemlein zwischenn dem Neuen thor vnd Volckmar Kircheimes greblein gepfropfft worden.* Q KAA, Bestand Stadt Arnstadt, Sign. 032-01, Rotes Buch, S. 53.

1557, Herbst: Etliche Bäume beginnen wieder zu blühen, *wie auch die Frühlings=Blumen in Gärten/ man hat um* Michalis *(29. September)* wieder Erdbeeren und um Lucas=Tag *(18. Oktober)* schöne Rosen. L Olearius, S. 278.

1559, 22. Juni: Nach Einführung der Reformation 1533 wird die St. Jacobs- Kirche geschlossen und geht in den weltlichen Besitz des Grafen über. Dieser übereignet das Kirchenschiff dem Arnstädter Stadtrat zur Nutzung als Brauhaus mit der Maßgabe, daß der Rat den Turm in Bau und Besserung erhalten solle. L Olearius, S. 75f. **24. Juni:** Die gräfliche Herrschaft überläßt dem Stadtrat die Wasserkunst (oder Bornhaus genannt) an der Liebfrauenkirche (heute An der Brunnenkunst 3) anstelle eines früheren *Sprachhauses* (Abortanlage, Abfallgruben) der Nonnen des Benediktiner-Jungfrauenklosters zum ewigen Gebrauch. Q KAA, Bestand Stadt Arnstadt, Sign. 032-01, Rotes Buch, S. 272. In der Brunnenkunst wird *das aus dem Hospitalgarten kommende in die sogenannte Kelle gefaßte Wasser mittelst eines unterschläctigen Wasserrads getrieben, durch ein Saugwerk bis auf 30 Fuß gehoben, von da durch einen Kessel in Röhren geleitet, und so der obere Theil der Stadt mit Brunnenwasser reichlich versehen.* L von Hellbach, Johann Christian: Nachricht von der sehr alten Lieben Frauen=Kirche und von dem dabei gestandenen Jungfrauen=Kloster zu Arnstadt. Arnstadt 1821, S. 92, Anm. 4.

1560, 28. Dezember: Man sieht früh zwischen 5 und 6 Uhr ein *erschreckliches Feuer=Zeichen am Himmel, dabey auch Strahlen wie Blut=Flüsse sind.* L Olearius, S. 287. **Um 1560:** Gleichzeitig mit dem Schloßneubau erfolgt die Neugestaltung des wohl Anfang des 16. Jhs. entstandenen Schloßgartens. Mit seinen Lindengängen und Gitterlauben, Teppichgärten und Blumenbeeten, Springbrunnen und Lusthäusern gehört er zu den prächtigsten Gärten in Thüringen. Beteiligt sind niederländische Gartengestalter, die durch Vermittlung Graf Günthers XLI. nach Arnstadt kommen. Häufig genannt wird der niederländische Gärtner Adrian Becker. L Lappe, Ulrich: Der Schloßgarten zu Arnstadt. In: Geschichte des Gartenbaus und der Gartenkunst. Erfurt 1994, S. 105-112.

1561, 8. Dezember: Schwarzburgischer Gesamtlandtag in Sondershausen. Protest der Wettiner vor allem gegen die beschlossenen Steuererhöhungen durch die Schwarzburger Grafen. Verschärfung der Auseinandersetzungen zwischen beiden Parteien. L John / Jonscher, S. 110.

1563-1607: Graf Günther XLI. prozessiert gegen den Arnstädter Geldverleiher, Waid- und Hopfenhändler Hans Schöner oder Wurst, nachdem dieser gegen den Grafen „ehrenrührige Äußerungen" vorgebracht hatte und verhaftet worden war. Schöner findet Unterstützung bei Kurfürst Johann Friedrich den Mittleren, der am 19. Febr. 1564 mit 65 gothaischen Reitern in Arnstadt einfällt und Schöner aus dem Gefängnis befreit. Diese Überfälle sächsischer Reiter wiederholen sich am 25. März und 16. Mai gleichen Jahres. Graf Günther XLI. sieht seine Ehre verletzt und beteiligt sich im Frühjahr 1567 an der Belagerung der nur ungenügend gesicherten Festung Grimmenstein in Gotha (im Rahmen der Streitigkeiten zwischen Kaiser Maximilian II. einerseits und Kurfürst Johann Friedrich dem Mittleren und dem Reichsritter Wilhelm von Grumbach andererseits). Nach der Kapitulation am 13. April 1567 lebenslange Haft für den Kurfürsten, Hinrichtung von Grumbachs und Auslieferung Hans Schöners an den Schwarzburger Grafen. Nach langen Prozessen Freilassung desselben. Ende des Streites 1607 durch Vergleich zwischen den Erben beider Parteien. Machtpoker innerhalb der Lehensbeziehungen zwischen Wettinern und Schwarzburgern. L Bühring, Johannes: Hans Schöner, Wurst genannt, wider die Grafen von Schwarzburg. Ein Privat- und Staatsprozeß aus der Zeit der Grumbachschen Händel. In: ZVThGA NF 12, Jena 1902, S. 247-273.

1566, 9. November: Bauarbeiten an einem *gebueb* (Gebäude) *ihm pfarhoff/ an der muentz.* Q ThStAR, Bestand Amt Arnstadt, Sign. 731, Neue Münze 1566.

1567: Erweiterung des Gottesackers *wegen des eingefallenen Sterbens* (Pest?) durch Ankauf der Hälfte zweier Gärten für 92 Gulden. L Olearius, S. 288.

1570, 5. Dezember: Speyrer Vertrag. Vorbereitung der Teilung der schwarzburgischen Lande unter den Söhnen des Grafen Günther XL. Es entstehen die obere Grafschaft (1574 in die Grafschaften Arnstadt und Rudolstadt geteilt) und die Grafschaften Sondershausen und Frankenhausen in der Unterherrschaft. L John / Jonscher, S. 111.

1571: Abhaltung des Gottesdienstes in der Oberkirche wie in den anderen Kirchen. L Olearius, S. 288. **5. September–1575:** Bau der →Günthersmühle vor dem Riedtor. Sie entsteht unter der Meisterhand des schwarzburgischen Herrschaftsbaumeisters Christoph Junghans und des Baumeisters Hans Hörcher, des Zimmermanns, ist mit Backhaus und Schneidemühle verbunden und hat 16 Mahlgänge. (1710 werden genannt: *1. Curdmühle. 2. Eselsmühle. 3. Hirschmühle. 4. Elephantenmühle. 5. Einhornsmühle. 6. Wolfsmühle. 7. Löwenmühle. 8. Fuchsmühle. 9. Roßmühle. 10. Affenmühle. 11. Ziegenbocksmühle. 12. Bärenmühle. 13. Hasenmühle. 14. Kamelmühle. 15. Saumühle. 16. Ochsenmühle).* Die letzten vier Gänge sind für die Bäcker reserviert. L Curdt, Otto: Geschichte der Günthersmühle in Arnstadt. Arnstadt 1909, S. 4f.

1573-1581: Nach einem *Verzeichniß der fhurnehmen Bürger, brawer vnd Hendler* in Arnstadt sind dieser Kategorie bei einer Gesamtanzahl von ca. 700 Häusern 429 (ohne Vorstädte) zuzuordnen. Das heißt, mehr als 61, 2 % der gebäudebesitzenden Bürger sind wohlhabend. Nach Stadtvierteln gliedert sich die Anzahl dieser Häuser wie folgt auf: Ried-Viertel: 95 Häuser; Längwitzer Viertel: 85 Häuser; Erfurter Viertel: 77 Häuser und Wachsenburger Viertel: 172 Häuser. Vertreter des noch blühenden Waidhandels sind Caspar Spoerl (im *Güldenen Greif*), Paul Mühlpfordt (in der *Mühlhaue*) oder die Witwe des Bürgermeisters Erasmus Kilian (im *Schwarzen Löwen*). Q ThStAR, Schwarzburgica, Sign. A VIII 2 c Nr. 51, S. 133-144.

1574: Hat *sich ein Comet durch ein gantzes Jahr unverrückt sehen lassen/ darauf grosser Krieg erfolget.* L Olearius, S. 288.

1576, 24. Juni: Beschwerde der Bauern in 14 käfernburgischen Dörfern um Arnstadt wegen der übermäßigen Frondienste für den Grafen. Man wendet sich nicht nur gegen die neuerlichen Fronen zum Vorwerk Käfernburg, sondern auch gegen die *zu allen denselbigen heupt gebeuthen an schloss forwerk garten und zu der muhlen zu Arnstadt* (wohl die Günthersmühle). Besonders wehrt man sich gegen die für die Bauern geradezu die Existenz vernichtende Waldfron. L Einicke, S. 233ff. Auch eine Beschwerde bei Kurfürst August von Sachsen als Obervormund der jungen Landes- und Lehensfürsten, d. h. der Söhne des 1567 gefangenen Johann Friedrich des Mittleren, bleibt ohne Erfolg. Im Gegenteil, der Kampf gegen die ungerechten Fronen, die die Bauern in den Amtsdörfern zur Verzweiflung bringen, bleibt ohne Erfolg. Um Michaelis (29. September) müssen *die Rädelsführer nach Verkauf ihrer Güter mit Weib und Kind die Grafschaft räumen*. L Bühring, S. 142.

1576, 1586, 1598, 1776: Erstmals Erwähnung von gefärbten Ostereiern in Arnstadt und Umgebung. Ihre Farbe erhalten sie durch die Verwendung von Alaun und Petersilie: 1 ½ Pfund Alaun und Petersilie *Rothe Eier Zumachen*. 1586 hat man 3 Groschen *Georg Schlechttern Zu Persilgen* (Petersilie) *geben, damit er die Ostereyer Hatt ferben wollen*. Ostern 1598 erhält der Hofmaler Caspar Hörcher Lohn für *drey rothen eyernn/ Zumahlennn..* Die farbigen Eier sind möglicherweise für die bedürftigen Insassen des „*Lazaretts*" im Bereich des Siechhofes vor dem Erfurter Tor bestimmt, denn zum Gründonnerstag 1776 erhalten diese erstmals Geld anstatt der bisher üblichen *rothen Eyer*. Q ThStAR, Amtsrechnungen v. Arnstadt, 1576, 1586, 1598, Rentereirechnung 1776.

1577: Erwähnung von zwei Quellen im sogenannten Hospitals-Garten nahe der Schönbrunn-Quellen als *Verwahrte Wasserqvellen*. In Röhren wird das Wasser der einen um die Stadt herum zum Schloß geleitet, die andere versorgt die Stadt. L Olearius, S. 143.

1578: In Arnstadt, Erfurt, Jena und an anderen Orten sterben viele Menschen an der Pestilenz. Q Binhard, 3. Buch, S. 189.

1581: Das städtische Waidregister verzeichnet 428 Kübel. L Hebeler, S. 58. **7. August:** Ein Großbrand, ausgebrochen nachmittags zwischen 14 und 15 Uhr durch Verschulden des Bürgermeisters Hans Nebel in dessen Haus an der Südseite des Marktplatzes, vernichtet innerhalb von drei Stunden den größten Teil der mittelalterlichen Stadt innerhalb des Mauerringes. 378 (nach anderer Angabe 387) Häuser, 64 (nach anderer Angabe 94) Scheunen, das Rathaus, die Bonifatiuskirche *mit dero schönen Thurm/ daselbst befindlichen 5 Glocken und 2 Seigern*, Schulen, Predigerhäuser sowie die Apotheke und das gräfliche Vorwerk werden zerstört oder beschädigt. Dieses Feuer hat, wie oben bemerkt, *Joh. Nebel (andere nennen ihn Hanß Bohnen) in seinem Hause muthwillig verursachet; denn er aus Geitz keine neue Dach= Rinne wollte legen/ sondern die alte auspichen lassen/ welches er/ als es bey so heisser Zeit ihm wiederrathen wurde/ ins Teufels Nahmen zu thun angetrieben/ darauff alsofort das brennende Bech um sich gegriffen/ ein groß Feuer angezündet/ welches an viele Oerter der Stadt zugleich herum gefahren/ über die Gassen gehüpffet/ gesprungen/ wie die Katzen gelauffen/ als grosse Fässer gewältzet/ daß sich niemand fast hat retten können/ sondern musten nur alles brennen lassen/ auch in Kellern und Gewölben ist wegen so grosser Hitze und Gluth nichts sicher blieben/ kaum konte das Gräffl. Schloß/ durch fleißiges Arbeiten der Bauren gerettet werden. Bey diesem Feuer seind zwey alte Leute ein Mann und Weib ersticket ... Gedachter Hanß Nebel war seines Handwercks ein Schuster/ war keinem Gelehrten günstig/ wurde andern per favorem vorgezogen und zum Bürgemeister gemachet/ muste aber bey dem Brande entlauffen*. Aussendung von Brandboten, die in ganz Deutschland milde Gaben für die Brandgeschädigten erbitten. L Olearius, S. 289f.; Einert, Großer Brand, S. 1-113.
12. September: Bitte des Stadtrates an den Besitzer der Gebäude des einstigen Barfüßerklosters am Pfarrhof, Oberst Leo von Pacmor (früher im Dienst Graf Günther XLI.), um Überlassung von Räumlichkeiten für die abgebrannte Stadtschule bis zur Errichtung eines neuen Schulgebäudes. L Thalmann, S. 11; Prautzsch, S. 14f.

1582: Nach Vernichtung des Turmes der Bonifatiuskirche Verlegung der ständigen Feuerwache auf den Turm der Barfüßerkirche. Q KAA, Bestand Stadt Arnstadt, Sign. 931-20, Stadtrechnung 1582. Im städtischen Waidregister sind 186 Kübel verzeichnet. L Hebeler, S. 58. **20. März:** Eine Bauordnung der Grafen Johann Günther I. und Albrecht VII. von Schwarzburg regelt die Bedingungen für den Wiederaufbau der brandgeschädigten Stadt Arnstadt. Q ThStAR, Bestand Kanzlei Arnstadt, Sign. 2 250. **Pfingsten-Winter:** Die Pest fordert 1.762 Menschenleben.
Juli: Schwere Unwetter mit Hagel und Sturm in Arnstadt und Umgebung, insbesondere im Amt Käfernburg. Das Dorf Rockhausen wird durch eine Windhose fast gänzlich vernichtet. L Olearius, S. 306.

Hopfenbrunnen in der Erfurter Straße

1582-1586: Wiedererrichtung des durch den Brand am 7. August 1581 beschädigten Renaissance-Rathauses unter Einbeziehung wesentlicher Teile des Vorgängerbaues. Einbau einer mechanischen Kunstuhr am östlichen Südgiebel und Anbringung einer Sonnenuhr am westlichen Südgiebel. Q KAA, Bestand Stadt Arnstadt, Sign. 931-20, Stadtrechnungen 1582-1586.

1583: Das städtische Waidregister verzeichnet 153 Kübel. L Hebeler, S. 58. **23. Febr.:** Zwei Falschmünzer, die Brüder Ventur und Claus Francke, werden verbrannt; zugleich zwei weitere ausgestäupt. L Olearius, S. 307. **23. Mai:** Graf Günther XLI., *der Streitbare,* stirbt in Antorf (Antwerpen). Nur unter großen Schwierigkeiten gelingt seiner Gattin Katharina die Heimführung der Leiche. L Thalmann, S. 12. **30. September:** Leo von Pacmor bestimmt kurz vor seinem Tod, das ehemalige Barfüßerkloster für Kirchen- und Schulzwecke zu nutzen. L Prautzsch, S. 15.

1584: Gutes Weinjahr. Der Arnstädter wird dem Frankenwein vorgezogen. Olearius, S. 307.

1585-1586: Auf Befehl des Grafen Johann Günther wird die bisherige Mahlmühle des einstigen Jungfrauenklosters an der Liebfrauenkirche in eine Papiermühle umgewandelt. Als erste Pächter erscheinen ein Isaak Seldener aus Annaberg, 26. Mai 1586, ein Schneider (oder Sparlein genannt) und ein Jonas Schafhirt (31. Okt. 1586). Der schnelle Wechsel der Pächter offenbart die Anlaufschwierigkeiten. L Thalmann, Paul: Aus der Geschichte der alten Papiermühle an der Liebfrauenkirche. In: AA, 29. Jg., Nr. 4 v. 5. 1. 1930 (Beilage).

1585: Schlechter Wein gewachsen, *wenig und sauer.* L Olearius, S. 309. **7. November:** Beisetzung der unter großen Schwierigkeiten nach Arnstadt gebrachten Leiche Graf Günthers XLI. in der Liebfrauenkirche. Aus diesem Anlaß wird die am Vortag von 14 Pferden aus Erfurt zurückgebrachte große Glocke erstmals wieder geläutet. Im Oktober 1584 zersprungen, hat sie Melchior Möhring in Erfurt am 8. Oktober 1585 umgegossen. L Olearius, S. 307f.; Thalmann, S. 12.

1586: Gutes Weinjahr. L Olearius, S. 309. Beim Regiment der Bürgermeister Hironymus Richter und Christoff Junghans und bei den Kämmerern Lorentz Stieff und Sigmund Schullers *alle stemme so viel derer In Allen Hecken vmb die Stadt vngepfropfft befunden worden, gepfropfft worden. Daneben Auch die alte obst beume Außgeschnitelt vnd Gereiniget worden.* Q KAA, Bestand Stadt Arnstadt, Sign. 032-01, Rotes Buch, S. 53.

1587: In Arnstadt ist kein Wein gewachsen. Die 10 Zentner schwere Glocke für den Turm der Barfüßerkirche mit dem Ton *fl* wird in Erfurt geholt. L Olearius, S. 309.

1588-1589: Einrichtung der Kirchenbibliothek in der Oberkirche. Finanzierung aus den Zinsen des Legats, welches der 1583 verstorbene Oberst Leo von Pacmor gestiftet hat. L Prautzsch, S. 48-55.

1589, 7. August: Erste Brandpredigt zur Erinnerung an den Brand 1581. Bis zum Jahr 1888 wird diese Predigt jährlich am Montag nach dem 7. August ohne Unterbrechung gehalten. L Olearius, S. 310. **29. September:** Die *Stadt- und Landschule* bezieht nach Umbau Räumlichkeiten im ehemaligen Barfüßerkloster. L Thalmann, S. 11. **6. November:** Sieht *man die ganze Nacht über ein feüriges Gewölcke am Himmel.* **22. Dezember:** Man begräbt ein Kind des Baders an der Weiße, *welches den Tag vorher todt und ohne einiges Gebein im Leibe gebohren worden.*

1590, 20. Januar: Nottaufe eines Kindes, *welches an der Stirn ein Kinn/ Nase und ein Auge gehabt.* L Olearius, S. 310. **11. Februar:** In der Großen Rosengasse stürzt sich ein Tuchmacher *aus dem dritten Geschoß seines Hauses herab auff das Pflaster/ daß er gleich todt blieben/ darauff ihn der Schinder auffm Karren geholet und vor das Längwitzer=Thor bey die Gera verscharret hat. Er lebte mit seinem Weibe in Uneinigkeit und Verdacht/ daß sie eine Ehebrecherin were.* **16. Februar:** Ist ein Schuster *Val. Winter von J. P. seinem Gaste in seinem eigenen Hause Abends 9 Uhr erstochen/ da er 66 Jahr alt war/ darauff der Mörder den 25. Febr. auf dem Marckte geköpfft worden/ zugleich auch A. S. wegen seines vielfältigen Meineydes auff dem Siechhofe enthauptet.*

1591, Oktober: In der Ziegelhütte vor dem Erfurter Tor sind *zwey böse Buben* erstickt, *deren einer von Harhausen/ der andere von Königsee gewesen.* **14. Oktober:** *Ein Feuer=Zeichen* wird *über der Stadt gesehen.* L Olearius, S. 311. **14. Dezember:** Balthasar Fischer, *ein diebischer* Bothe *von Salfeld, hat sich mit einem Messer im Gefängnis unterm Rathhause ermordet/ welcher Tag drauf unterm Galgen verbrant worden.* L Olearius, S. 312.

1592, 21. April: Hochwasser der Wilden →Weiße. Große Schäden an Weinbergen, bestellten Äckern, Wiesen und Gärten, aber auch in den Wein- und Bierkellern des Schlosses. Das Wasser wächst so sehr, *daß es den Gottes=Acker überschwemmet und die Creutze von Gräbern gerissen hat.* Der Schaden wird auf die gewaltige Summe von 15.000 Gulden geschätzt. Q ThStAR, Amtsrechnung Arnstadt-Käfernburg 1591-1592. L Olearius, S. 313. **18. Mai:** Früh *zwischen 5 und 6 Uhr hat sich C. W. vorm Rieth=Thore in seinem Weinberge an einem Birn=Baum selbst erhencket/ im 73. Jahr seines Alters. Darauff wurde er unter dem Fisch=Galgen bey der Steinbrücken begraben; Man sagte/ sein Weib hätte ihn so sehr geplaget im Hause.* **21. Juni:** Den Falschmünzer Caspar Sittich aus Geusenheim bei Schleusingen gebürtig, köpft man auf dem Siechhof. Gleichzeitig wird eine Frau namens *Catharina/ Claus Vollmanns Tochter von Karsbach bey Winsburg gelegen/* unter dem Wehre an dem Herrschaftlichen Garten in einem Sacke ersauffet/ weil sie ihre zwey vorige Männer erstochen/ und mit genannten Sittichen ins 7. Jahr unehelich gelebet hatte.* Beide begräbt man auf dem Siechhof. L Olearius, S.313f.

1593, 24. Januar: Hans Andreas, eines Sattlers Sohn, ist *in einem Sau=Stalle gestorben/ er kunte nichts beten/ hatte Gott und sein Wort verachtet/ daher ohne ceremonien sein Leib auff den Siechhof verscharret worden/ im 28. Jahr seines Alters.* L Olearius, S. 314. **21. Dezember:** Wolff Essigern aus der Strumpf

Blick zur Galerie und zum Güldenen Greif, im Hintergrund der Turm der Oberkirche

(heute Wagner)gasse wird im Alter von 93 Jahren begraben. Er soll *Doctor Martin Luther Christ/ seliger gedechtnis gein Wormbs/ uf den Reichstag gefurt haben.* L Luther in Arnstadt (H. C. Schmiedicke Kunstverlag). Leipzig 1983, Abb. 5.

1594: Tiefer Schnee und Frost um Himmelfahrt. Schäden am Wein. L Olearius, S. 314.

1595, 19. März: Für die gräfliche Hof- und Haushaltung verausgabt man u. a. 5 Groschen für *Rindesdarm Zue Bratwursten.* Q ThStAR, Amtsrechnung Arnstadt-Käfernburg 1594-1595, S. 38.

1595-1597: 518 Einwohner sterben an der Ruhr. L Hatham 1842, S. 38.

1596, Mai: *Johannes, der Gräfin Catharina Mahler* hat sich *im Brandtewein zu todte gesoffen/ daher er ohne Ceremonien begraben* wird. L Olearius, S. 314.

1597, 3. Mai: *Ist Catharina Saurin von Siegelbach im Gefängniß allhier auffm Schlosse gestorben/ nachdem sie vorhero zum Prediger gesagt: Sie wollte auff ihren Buhlen und Unglauben sterben. Das Vater Unser hat sie zwar einmahl nach gebetet/ doch aber bey ferner Zurede geantwortet/ sie wolte auff den Schind= Anger/ were auff Bonifacius getaufft/ der Teuffel sässe in ihren Hertzen/ der gebe ihr solche Reden ein/ wüntschte/ daß der Schinder käme und schnitte ihr das Hertz aus dem Leibe/ damit sie solcher Marter loß würde/ bald drauff ist sie mit Zittern und Beben hingefahren. Da sich denn eine grosse Ratte sehen lassen/ welche mit dem Weibe ins Gefängniß kommen war.* L Olearius, S. 315.

1598: Die Pest wütet in Arnstadt und Umgebung. Für den Amtsschösser und das Gesinde am Hof bestellt man beim Apotheker Paull Anschützenn *Rauchwergk vnnd Andern Specereien* in *der geferlichen sterbens Zeit.* 643 Personen sterben. Q ThStAR, Amtsrechnung Arnstadt-Käfernburg 1597-1598, S. 27 b. L Hatham 1842, S. 38. **20. August:** Mittags 2 Uhr wird *ein Kind vor der Pforten bey M. E. H. Weinberge unter dem Baume nackend auff einer Windel gefunden/ darauff durch den Stadtknecht und Wehe=Mutter in die Stadt getragen u. getaufft/ Adam Kallenberg muste Pathe seyn/ weil er zuerst das Kind gefunden und angezeiget hat.* L Olearius, S. 316.

1599, 21. November: Stadtilmer Vertrag. Neuaufteilung der schwarzburgischen Territorien, die bis 1918 im wesentlichen fortbesteht. Möglich wird der Vertrag nach dem erbenlosen Aussterben der Linien Arnstadt (1583) und Frankenhausen (1598). Bildung der Linien Rudolstadt und Sondershausen. Zur Rudolstädter Linie gehören Rudolstadt, Stadtilm, Blankenburg, Schwarzburg und Leutenberg in der Oberherrschaft sowie Frankenhausen und Kelbra am Kyffhäuser in der Unterherrschaft. Hauptorte der Sondershäuser Linie sind Sondershausen, Greußen, Keula und Clingen in der Unterherrschaft; Arnstadt und Gehren in der Oberherrschaft. L John / Jonscher, S. 114.

1600-1601: Größere Reparaturen im Chorbereich und am Dach der Liebfrauenkirche. So zahlt man u. a. Christoffen Raschen 5 Gulden *vorein Kupfern vnd vberzienten Knopff auf Vnser Lieben Frawen Kirchen Zue Arnstadt*, der 20 Pfund wiegt. Q ThStAR, Amtsrechnung Arnstadt-Käfernburg 1600-1601, S. 16 b.

1602, 4. Juli: Ein heftiges Unwetter mit Hagel richtet am Arnsberg und an anderen Orten große Schäden, u. a. in Wein und Gerste, an. L Olearius, S. 318.
1605: Gutes Weinjahr. L Olearius, S. 319.

1606, 17. März: Heftiger *Sturmwind* richtet in Arnstadt und Umgebung beträchtlichen Schaden an. So stürzen die Schafställe in den Vorwerken Käfernburg und Marlishausen um. Zahlreiche Bäume werden in den herrschaftlichen Waldungen entwurzelt. Den Schaden hier schätzt man auf *eine Tonne Goldes*. Q ThStAR, Amtsrechnung Arnstadt-Käfernburg 1605-1606. L Olearius, S. 319.

1607, 30. Januar: Ist *H. L. wegen der Blutschande/ so er mit seines Eheweibes leiblichen Mutter geübet/ für dem Siechhoffe mit dem Schwerd gerichtet worden/ und auff Befehl der Gnädigen Herrschafft auff dem Gottes=Acker mit denen Schülern und Gesang: Mit Fried und Freud ich fahre biß ans Thor begleitet worden.* **24. Juni:** Hans Meurers des Unterbaders Weib hat *eine Mißgeburt im Mittage zur Welt gebohren/ ein Mägdlein/ das hatte auffm Haupte ein roth Gewächs/ gleich einer aufgestolpten Mütze/ ein Auge/ ein Ohr/ ein Naseloch/ alles nur auff der lincken Seiten/ ein krummes Maul gegen der rechten schartigt/ und ein Stich im Rücken mittels. Folgende Nacht ist sie noch einer todten Frucht/ um 11 Uhr auch eines Mägdlein ledig geworden.* L Olearius, S. 320.

1609, 7. Mai: Hochwasser von Gera und Weiße nach einem Gewitter. **25. Juni-24. Oktober 1610:** Umfangreiche Reparatur der Decke in der Franziskaner (Ober) kirche. L Olearius, S. 322.

1611, 16. Juli: Neues Orgelwerk in der Barfüßer(Ober)kirche. L Olearius, S. 323.

1612, 18. Dezember: Stürme beschädigen Häuser und Dächer *und viel grosse Bäume auffm Felde aus der Erden ausgehoben und umgeworffen worden.*

1613, Anfang Januar: Wieder Stürme. L Olearius, S. 324. **2. Februar:** Früh gegen 6 Uhr ist *ein groß Geprassel und Fallen bey dem Gräfl. Begräbniß in der L. Fr. Kirchen gehöret worden/ als wenn es eingehen wollte. Man hat aber mit Lichtern darnach gesehen/ und nichts gefunden. Gegen 12 Uhr im Mittage hat sich dergleichen hören lassen.* **31. Mai:** Schäden durch Unwetter, u. a. am Wein in den Holzhäuser Feldern. **Mai-Juni:** Käferplage in den Weinbergen, *so bey Menschen Gedencken nicht gesehen worden.* L Olearius, S. 325. **28. Oktober:** Späte Weinlese; *dergleichen bey damahligen Menschen Gedencken nicht gewesen/ so weit hinaus. Der Wein* ist *sehr sauer/ welches ohne Zweifel wegen der Sünde und schändlichen Mißbrauches herzukommen pfleget.* L Olearius, S. 326.

1614, 12. Februar: Bei Bauarbeiten an der *grossen Hofstuben* im gräflichen Schloß verunglücken der Zimmermann Hans Schilling, alias Ölschläger, und der Maurer Georg Reuschel tödlich, *als sie die Decke abgebrochen in der Höhe/ herunter gefallen/ Arm/ Bein und Halß/ jämmerlich zerbrochen/ also daß man sie in zwey Säcken stecken können und todt heraus getragen.* **14. November:** Hochwasser der Gera. Große Schäden am Mühlgraben. L Olearius, S. 327.

1615, Januar-Februar: Großer Wassermangel und große Kälte. Zwei Personen treiben das Wasserrad im Bornhaus (heute Brunnenkunst) Tag und Nacht an. Q KAA, Bestand Stadt Arnstadt, Sign. 931-20, Stadtrechnung 1615. **22. März:** *Mittwochs um 10 Uhr sind zwey Sonnen gesehen worden/ eine gegen Mittag/ die andere gegen Mitternacht/ beyde hatten einen grossen Hoff.* **Juli:** Trockener und heißer Sommer. Man beliefert u. a. das höher gelegene Gossel mit Wasser aus Arnstadt. Der Gera-Mühlgraben der Günthersmühle kann kaum zwei Mahlgänge antreiben. Trotzdem gutes Weinjahr. **17. Sept.:** Nach 28 Jahren erstmals wieder allgemeine Kirchenvisitation. L Olearius, S. 328.

1616: Pestopfer wohl wegen des milden Winters. L Olearius, S. 330. **6. Juni:** Am Himmelfahrtstag ist aller Wein erfroren; *aber bald drauff durch warmen Regen und gute Witterung wieder so herrlich herfür von neuen gewachsen/ daß noch in eben demselben Jahre viel mehr Trauben zu sehen und zu geniessen gewesen/ als etwa die vorigen hätten bringen können.* Reiche Weinlese im September. **11. November:** *Ignatius Heßling/ des Stadtschreibers Qvirini Sohn von 10 Jahren/ ist von einer Schuckel* (Schaukel) *aus Strohseilen gemacht/ zu todte gefallen.* **22. November:** Katharina von Nassau (Witwe des Grafen Günther des XLI., des *Streitbaren*) errichtet ein Legat in Höhe von 2.000 Gulden für die Schuljugend. Die Zinsen sollen jährlich an acht Schüler der oberen Klassen und an die Kurrende-Schüler in Form von Tuch verteilt werden. L Olearius, S. 329. Thalmann, S. 12.

1617: Der Habsburger Kaiser Matthias (1612-1619), einst auf einer Reise in die Niederlande als Gast Graf Günthers des Streitbaren acht Tage in Arnstadt weilend, schickt wegen des Waidhandels einen Gesandten nach Arnstadt mit der Maßgabe, daß kein *Indich* (Indigo) gefärbt werden soll. L Einert 1, S. 31. In Arnstadt wird das erste →Weizenbier durch den Bürgermeister Nicol Fischer gebraut. Der →Stadtschreiber Quirinus Heßling hat dieses Ereignis in Gedichtform festgehalten:

In Anno Jubiläo 1617.
Zu der Zeit/ als Gottes Wort war/
Gepredigt gleich hundert Jahr/
Da ist das erste Weitzen=Bier/
Gebrauet worden zu Arnstadt hier.
Ein ehrlicher Patricius
Der gemeine Stadt dienet ohn verdrus/
Herr Niclas Fischer unverzagt
Bürge=Meister, der hats gewagt/
Und ist ihm gar wohl gerathten/
Daß andre Bürger ihm nachthaten.
Gott sey gedanckt/ der dieser Stadt/
Erzeiget hat solche Gnad/
Der wolle ferner seinen reichen Seegen
Der Brandbeschädigten Stadt zulegen/
Daß dieses Werck möchte wohl gelingen/
Und männiglich viel Nutzen bringen.

Solche Art Bier kan nirgends so gut nach gemachet werden/ ist sehr kräfftig und nahrhafft; allein es schadet auch der Mißbrauch. L Olearius, S. 137. **März:** Die Bäcker und Fleischhauer erhalten *ihren Fastnachts=Tantz nachdem es aber der Gnädigen Herrschaft als eine Haupt=Sünde remonstriret* (eingewendet) *wurde/ ist derselbige/ wie vor 20 Jahren/ abermahls abgeschaffet worden.* **8. Juli:** Blitzschlag in die Ruine der 1581 abgebrannten Bonifatiuskirche (heute Bachkirche). **31. Oktober:** Hundertjahrfeier der Reformation. L Olearius, S. 330f.

Während des Dreißigjährigen Krieges 1618-1648/50

1618: Beginn des 30jährigen Krieges. Anlaß ist der Widerstand der überwiegend protestantischen böhmischen Stände gegen die katholische Dynastie Habsburgs. L Ploetz, S. 128. **13. Juni:** *Sonnabends ist Joh. Anschütz/ der Apothecker/ in seinen Brunnen gefallen/ grossen Schaden erlitten/ und mit Stricken wieder heraus gezogen worden.* L Olearius, S. 332.

1619: Pletzergeld, also minderwertige Kleinmünzen, wird in Umlauf gebracht, *welches auch in Arnstadt grosse Verwirrung gemachet.* **4. und 5. Mai:** Der ausgeschlagene Wein erfriert fast ganz. **25. Juli:** Hat *R. M. eine Comoedie von Jubilaeo Lutherano auf dem Marckte gehalten. Bey dieser Comoedie hat sich Martin Zangens/ des Pflasterers Eheweib versehen/ und den 30. Jul. ein todtes Töchterlein gebohren/ welches im Gesichte eine schwartzgelbe Larve/ für denen Augen zwey grosse Blasen wie eine Brille/ und auffgespertes Maul gehabt.* **8. Dezember:** *M. B.* wird *als eine Geschwängerte ans Halßeisen gestellet/ und von dar ausgepauckt und verwiesen.* L Olearius, S. 333f.

1620, 25. Januar: Abends nach 6 Uhr brennt die Lohmühle vor dem Riedtor ab. **29. September:** Nachts erfriert der Wein, der Rest wird am 2. Oktober gelesen. **18. Dezember:** Nachts *hat sich der Gefangene H. T. ein Jahrkoch* (Garkoch?) *in der Thorstube mit einem zerbrochenen Messer die Gurgel abgeschnitten/ welcher drauff unter den Galgen an der Erffurtischen Strasse begraben worden.* L Olearius, S. 335.

Zwischen 1620 und 1648: Arnstadt hat 1620 in 647 Häusern 3.187 Einwohner. Diese Einwohnerzahl ist die höchste im Zeitraum zwischen 1388-1648. Im Verlauf des 30jährigen Krieges nimmt die Einwohnerzahl ab, u. a. auch durch die Pest. L Elbracht 1960, S. 67.

1621: Es gibt etwa 20 registrierte Stadtarme, allerdings teilweise mit Kindern, die ihre Almosen vom Ratsschenk, der Brot und Geld austeilen muß, erhalten. *Hans Pfaff, der ins Branntweinhaus geht, soll nichts empfangen.* L Einert 1, S. 41. Neubau einer Münze im Schloßgarten bei den *Wasser/ Rhadenn* (Wasserrädern). Q ThStAR, Bestand Kammer Arnstadt, Nr. 454, S. 9. **26. Januar:** Haben *zwo Sonnen am Himmel gestanden.* L Olearius, S. 335. **10. Oktober:** Es erfriert viel Wein. L Olearius, S. 336.

1622: In Arnstadt gibt es 21 Fleischer. L Einert 1, S. 64. **13. Mai:** Nachmittags 4 Uhr sieht man drei Sonnen und die folgende Nacht drei Monde, *darauff viel Regen erfolget.* L Olearius, S. 337. **15. Juli:** Die Getreidepreise steigen auf fast das Dreifache, z. B. für ein Maß (ca. 150 Liter) Weizen von 8 auf 20 Gulden. **Herbst:** Um dem Geldwirrwarr Herr zu werden, läßt der Graf Dreier und Groschen nach Reichs- und Kreisverfassung prägen. L Thalmann, S. 12.

1623, 6. März: Johann Jacob von Oppenheim hat den fast blinden, 68 Jahre alten Bäcker Nicol Schmidten in Gegenwart des Superintendenten Schuckel und des Arztes Frobenius wieder sehend gemacht. **23. August:** Weihe der von Gräfin Katharina errichteten Kanzel auf dem Gottesacker vor dem Erfurter Tor. L Olearius, S. 337. **6. September:** Bericht des Arnstädter Rates an den zu Rudolstadt über die schlechten Münzverhältnisse. **11. Oktober und 1. Dezember:** Münzedikte des Schwarzburger Grafen, um dem Unwesen der Kipper- und Wipper (betrügerische Münzer und Wechsler) ein Ende zu setzen. L Thalmann, S. 12.

1624, 23. Juni: Kurfürst Johann Georg von Sachsen mit 500 Pferden in Arnstadt, *sint die gemeinen diener auf dem rahthause bei 30 tischen gespeiset worden.* Q Chronik aus den Kirchenbüchern von Dornheim 1617 bis 1624. Dornheim 1998, S. 7. L Thalmann, S. 12. **13. August:** Nachmittags 16 Uhr *ungestümmer* Platzregen *mit grossen Schlossen (Hagel) wie die Haselnüsse.* Großer Schaden um Espenfeld. **30. September:** Sehr gute Weinlese, wie seit Jahren nicht mehr. Auch Getreide und Obst sind wohl gediehen. L Olearius, S. 339. **25. Dezember:** 81jährig stirbt Gräfin Katharina, geborene von Nassau, die Gattin des 1583 in Antorf (Antwerpen) verstorbenen Grafen Günther XLI. (des

Streitbaren) im *Gräfinhaus* (heute →Prinzenhof). Als Schwester des niederländischen Freiheitshelden Wilhelm von Oranien war sie ob ihrer Güte besonders bei den unteren Volksschichten beliebt. L Einert 1, S. 67.

1625, 4. Februar: Beisetzung von Gräfin Katharina an der Seite ihres Gatten in der Liebfrauenkirche. **26. März:** Vor dem Siechhof werden drei Freireiter hingerichtet. L Olearius, S. 340. **17. April:** Einweihung der neuen Kanzel in der Oberkirche. L Olearius, S. 341. **Ende Juni:** Beginn der Pest. Einert 1, S. 67. *Solche schlimme Seuche soll aus der Papiermühle von Lumpen herkommen seyn.* L Olearius, S. 341. **Juli:** Wegen der großen Zahl der Pesttoten fordert die Bürgerschaft, *daß der alte Gottesacker vor dem Wachsenburger Thore wieder aufgemacht werde.* L Einert 1, S. 75. **2. Hälfte August:** Täglich werden 20, manchmal bis 27 Pesttote auf dem Friedhof beigesetzt. L Einert 1, S. 74. Im August sterben 433 Menschen. L Olearius, S. 341. **Ende Oktober:** Das *Große Sterben* läßt nach. Einem zeitgenössischen Verzeichnis zufolge *wüthete die Pest unter Weib und Kind in viel höherem Grade, als unter den Männern.* Sie fordert in Arnstadt insgesamt 1236 Todesopfer, *wohl den vierten Teil seiner gesamten Einwohnerzahl.* L Einert 1, S. 77.

1626: Nach der Pest verheiraten sich mehr Pärchen, als in Zeiten davor. *Neuer Lebensmut durchdrang die schwer heimgesuchte Bürgerschaft.* L Einert 1, S. 86. **15. Februar:** Früh sieht man sieben Sonnen. L Olearius, S. 342. **5. August:** Unwetter früh zwischen 4 und 5 Uhr mit Hagelkörnern, groß *wie die Welschen=Nüsse / darvon die Weinstöcke sehr beschädiget worden.* L Olearius, S. 343.

1627: Auf das Jahr der Hochzeiten nach der Pest folgt ein Jahr der Kindtaufen. Das Jahr bringt einen Kindersegen ohne Gleichen. 139 Geburten weist das Kirchenbuch nach, eine Zahl, die im Verlauf des (17. Jh.) nicht wieder erreicht wird. L Einert 1, S. 88.
Zum Amt Arnstadt/Käfernburg gehören 27 Orte. L Einert 2, S. 15. Das Gesamtvermögen der Arnstädter Bürger wird nach den Rechtszetteln mit 232.275 Gulden Kapital veranschlagt. L Einert 2, S. 16. **8. Januar:** Die Herzöge von Weimar, Oberlehnsherren der Grafen von Schwarzburg, legen Soldaten in deren Grafschaft, um die eigenen Lande zu schonen. L Thalmann, S. 13. **6. August:** Eine Magd namens Anna wird *bey Rudisleben vom Donner erschlagen.* L Olearius, S. 345. **11. November:** Robertus Bornival, *ein Schuft aus dem Stift Lüttich*, Oberstleutnant der berüchtigten *Merodebrüder*, in Rudisleben; vom 18. November bis 20. Dezember in Dornheim. **21. Dezember:** Bornival zieht, trotz großer Bedenken der Räte, die ihn lieber weiter in Dornheim versorgt hätten, in Arnstadt ein und nimmt Quartier in der *Goldenen Henne* am Ried. Ob der Bedrängnisse durch die Soldateska des verhaßten Obristen, regt sich zunehmend Unmut in der Bürgerschaft. Sein Wesen ist geprägt von Hohn und Spott, menschenverachtend, wie bei Seinesgleichen. Als die Glocke (wohl auf dem Rathaus) den neuen Zahlungstermin für die Kriegssteuer verkündet, ruft er: *Itz münzen die Arnstädter Geld, itz münzen sie Geld!* Der Haß steigt, als er noch ein Silberbecken verlangt. L Einert 2, S. 26 u. S. 32. Thalmann, S. 13.

1628, Frühjahr: Um den steigenden finanziellen Belastungen durch die Einquartierung von Bornivals Truppen Herr zu werden, ermöglicht Graf Günther den bedrängten Arnstädtern die Aufnahme einer Kapitalanleihe durch den Einsatz der Jahreswolle aus seinen Schäfereien Arnstadt, Käfernburg, Niederwillingen, Reinsfeld und Thalebra. L Einert 2, S. 30f. **24. und 26. März:** Früh 7 Uhr sieht man zwei Nebensonnen. **26. April:** Aufsetzen des Knopfes auf den Turm der Oberkirche. L Olearius, S. 345. **19. Juni:** Beratung im Rathaus mit der gesamten Bürgerschaft wegen neuer Forderungen der *Merodebrüder* unter Oberst Bornival. L Thalmann, S. 13.
25. Juni: Ist *ein Zeichen 2 Stunden lang am Himmel gesehen worden/ nehmlich ein langer weisser Strahl von Mitternacht gegen Nordwest/ und von Norden ein Creutze/ in Gestalt eines Degens/ dessen Ende wie eine Ruthe gewesen.* **28. Juni:** Bornival läßt auf dem Markt zwei Soldaten hängen. L Olearius, S. 346. 1628 verläßt der verhaßte Bornival mit seinen Truppen Arnstadt. Frau Bürgermeister Kirchheim aber mußte Tischler, Maurer, Zimmermann, Glaser, kurz alle Gewerke in Tätigkeit setzen, bevor die Güldne Henne (wo Bornival hauste) wieder zu einem saubern Wirtshaus werden konnte. L Einert 2, S. 44.

1629: Die wachsende Not treibt immer öfter einheimische Bürger zum Diebstahl, so, wie sie es bei den marodierenden Truppen sehen, die straffrei bleiben. Von Seiten des Grafen werden die Strafen daraufhin verschärft. Vor Schloß Neideck läßt er einen Esel und einen neuen Galgen errichten. *Ein Jungbürger, der unter die in den Dorfschaften eingelagerten Soldaten gegangen, um jeden Frevel üben zu können und Jagd und Fischerei des Grafen schädigt, schmückt zuerst diesen 'Fischgalgen'. Wie der Stehler, muß auch der Hehler seinen Lohn haben. Peter Eisenberg aus Mühlberg, der viel gestohlene Pferde von den Soldaten aufgekauft und verhandelt, ziert bald darauf denselben Galgen.* Plakate am Rathaus und an den Toren warnen vor dem Aufkauf aller von Soldaten geraubten Habe. **Juni:** Altringer, Generalmusterungs-, -zahlungs- und –quartierkommissar Wallensteins, zieht durch Arnstadt und verlangt 24 Pferde nach Erfurt. Der Graf selbst muß ihm die Pferde geben, da die *Anspänner* verschwunden sind, weil sie kaum noch Futter für ihre Pferde haben. **23. August:** Altringer kommt auf dem Weg nach Erfurt nochmals durch Arnstadt. **Herbst:** Graf Piccolomini liegt mit seinen Truppen bei Ichtershausen und läßt sich von den Arnstädter Anspännern über den Thüringer Wald fahren. **24. Dezember:** Truppen des Oberst Tiefenbach, ruchlose Gesellen, quartieren sich in Arnstadt und umliegenden Ortschaften ein, obwohl das Grafenhaus ihre Einlagerung abzuwenden versucht. L Einert 2, S. 48-52.

1630, Mai: Noch liegen die Tiefenbacher im Land, da kündigt sich von Erfurt aus der Kanzler Herzog Friedlands und Geheimer Rat Johann Eberhard von der Elz an, *vielleicht der anspruchsvollste von allen. Selbst die benachbarten Städte Gotha, Ohrdruf, Stadtilm müssen für ihn und seine 'Trabanten' vom Besten schicken. Einmal speist er bei Hof und einmal hält er selbst offene Tafel. Geflügel allerlei Art, selbst schon junge Gänse, Spanferkel und gemästete Kälber, Wild und Fischwerk allerlei Art müssen beschafft werden. Der Apotheker liefert zum Nachtisch überzogenen Zimmet, Fenchel- und Korianderkonfekt, Johannisbrod und Feigen, Ambrosiamandeln und Nürnberger Kuchen. Keine Augenlust mochte es für die Arnstädter sein, als die Hauptpferde insgesamt mit Weizenbier abgewaschen wurden.* Wegen weiterer Einquartierungen müssen die 20 Bäcker der Stadt von den vier Bäckergängen in der Günthersmühle, *denen sie monatlich gegen 200 Maß (rund 30.000 Liter) Getreide zuführen,* erhöhte Mahlsteuer zahlen. Höhere Steuer auch für Schlachtvieh. **18. Juni:** Aufbruch der Tiefenbacher Truppen. *So mancher Bauer tauscht Pflugschar mit Schwert und zieht mit; aus Dornheim sechs, deren einer auch seine Schwester mit hinweg nimmt.* **25.- 27. Juni:** Das Jubelfest der Augsburger Konfession wird *mit allerlei löblichen Ceremonien celebrirt.* Alle Glocken läuten. In einem Festzug ziehen die Zünfte zur Kirche. Verteilung von Almosen an Hausarme, Hospital und Lazarett. Jeden Tag werden Festpredigten gehalten. Die Stadt verehrt Lehrern und Geistlichen reichliche Spenden besten Frankenweins. **12. September:** Nach langen Jahren wieder Jahrmarktsfest. Es kommt zu einem Zwischenfall. In der Nacht will der Junker von Witzleben aus Neuroda mit den Seinigen heim ziehen, als er mit den Brüdern Adelung, allesamt Weißgerber und bekannt als verruchte Gesellen, zusammenstößt. Sie schlagen ihm die linke Hand ab, worauf er zu Boden sinkt. L Einert 2, S. 53-58f. Aus Rache über die verübte Gewalt stürmt der Witzlebener am 1. November das Haus der Adelungs vor dem Riedtor. L Thalmann, S. 13. Der Schriftsteller Hjalmar Kutzleb hat das Geschehen literarisch verarbeitet und 1925 den Roman *Die Söhne der Weißgerberin* veröffentlicht.

1631: Vorkehrungen in der Stadt deuten daraufhin, daß die mit dem Schwedenkönig verbundene Grafschaft Schwarzburg fortan zu den kriegführenden Ständen gehört. Tore und Torwacht werden verstärkt. *Auch der Pulverthurm in der Jakobsgasse (heute Riedmauer 14) erhält stehende Wacht. Der Erfurter Thorthurm wird neugebaut, das Rietthor wird mit neuen Bohlen überzogen, auf das es 'doppelt' werde, in das Neue Thor hinein wird ein auf Walzen ruhendes, mit Erde gefülltes Gefährt gebracht, um den Durchgang besser verteidigen zu können. Wachsenburger und Längwitzer Thor bleiben überhaupt geschlossen; nur die kleinen durch die Thorflügel führenden Pförtchen werden an Markttagen und auch wohl sonst geöffnet. Doch liegen wieder Schlagbäume vor, und die schwangeren Weiber beschweren sich des schwierigen Weges.* Häufig durchziehende Soldateska erfordert besondere Feuerschutzmaßnahmen. Der Rat erinnert in diesem Zusammenhang an *den bedenklichen Zustand der vier städtischen Badestuben* und bemängelt vor allem das Treiben in zahlreichen Badestuben in den Bürgerhäusern, wo durch die Bürger ihren Badegästen Speis und Trank geboten, ja auch Hausbier angeboten wird.

7. September: General Tillys Truppen werden bei Breitenfeld nahe Leipzig vom protestantischen Schwedenkönig Gustav II. Adolf besiegt. Die Kriegslage ändert sich schlagartig und dem König fallen die protestantischen Stände zu. Ein rascher Siegeszug führt den Schwedenkönig südwärts. **26. September:** Auf diesem Weg kommt Gustav II. Adolf erstmals nach Arnstadt und übernachtet im alten Schloß (Neideck), hier wohl im südöstlichen Eckzimmer. L Thalmann, S. 13. Am 27. September beginnt der Marsch über den Thüringer Wald *auf der alten Straße nach dem Frauenwald empor.* L Einert 2, S. 69-72.

1632, 19. Oktober: Pappenheims Wachtmeister, Oberst Böninghausen, steht *frue zwischen 7 und 8 Uhr* mit 24 Standarten vor der Stadt. Er tafelt mit seinen Offizieren im *Güldenen Schwan* (heute Rankestr. 18). Nachmittags erhalten die Bürgermeister Fröschel und Kaufmann hier die Mitteilung, daß von seiten der Stadt binnen ¾ Stunden 6.000 Reichstaler aufzubringen, ansonsten Plünderung und damit oft verbunden auch Brandschatzung folgen. Durch Verhandlung, an welcher der bekannte Superintendent Magister Nicodemus Lappe maßgeblich teilnimmt, verlangt Böninghausen noch 4.000 Taler; 2.000 in bar, 2.000 in sicherer *Obligation.* Die Barzahlung ist innerhalb zweier Stunden aufzubringen. Lappe bewegt den Weimarer Hofprediger Lippach, *der vor dem drohenden Ansturm der Papisten entflohen, in Arnstadt Sicherheit gesucht* (hat), *sein Barvermögen von 950 Thalern der Bürgerschaft zu ihrer Rettung gegen Sicherstellung anzuvertrauen, Lappe selbst* (kann) *aus seinem Eignen noch einige Hundert hinzufügen.* Böninghausen flieht vor den vom Süden heranziehenden schwedischen Truppen unter dem Sachsen-Weimarer Herzog Bernhard und vergißt in der Eile, obengenannte *Obligation* mitzunehmen. Herzog Bernhard trifft am 21. Oktober, von Frauenwald kommend, in Arnstadt ein. L Einert 2, S. 75-77; Thalmann, S. 13. **23. Oktober:** Schwedenkönig Gustav Adolf trifft in Arnstadt ein. L Thalmann, S. 13. Einert 2 S. 77f.; Bühring, Johannes: Des Schwedenkönigs Labetrunk. In: Alt-Arnstadt 1 (1901), S. 35. Die mit ihm einziehenden Mannschaften sollen zwischen 15.000 und 21.000 Mann umfaßt haben und müssen in Arnstadt und Umgebung mit schwierigstem Aufwand verpflegt werden. Der König bewohnt in Schloß Neideck wahrscheinlich wieder das südöstliche Eckzimmer, welches seitdem der *Königssaal* heißt. **28. Oktober:** Der Schwedenkönig verläßt Arnstadt in Richtung Erfurt. **6. November:** Schwedenkönig Gustav Adolf fällt in der Schlacht bei Lützen nahe Weißenfels. L Einert 2, S. 78-85. **30. November:** Der schwedische Kanzler Oxenstierna, der in Ulm Nachricht vom Tode Gustav Adolfs erhält, kommt durch Arnstadt, um am folgenden Tag in Erfurt die offizielle Mitteilung an die befreundeten Mächte zu geben. Im November kommt Oberstleutnant Stabalowsky mit Offizieren und Soldaten nach Arnstadt, um hier für seine arg strapazierten Truppen neue Kräfte zu werben. Zunächst verweigern die Stadtoberen ihm den Aufenthalt. Schließlich kann er, wie Bornival von den Merodebrüdern fünf Jahre zuvor, in der Goldenen Henne am Ried sein Hauptquartier nehmen. Mit dem Durchzug bzw. dem Aufenthalt der Schweden gelangen Handel und Wandel in Arnstadt immer mehr ins Stocken. So bleibt der Herbstmarkt von Krämern und Händlern unbesucht. Herzog Wilhelm von Sachsen verordnet als Oberlehnsherr und schwedischer Verbündeter, daß sich aus der Grafschaft Schwarzburg, arnstädtischen Anteils, 200 Mann u. a. mit *Kraut und Lot und den Spielen* unverzüglich in Erfurt einstellen sollen. L Einert 2, S. 85-87.

1633: Der *Thurm auff dem Riethe* (wohl das Riedtor) wird durch den Schieferdecker Nicol Fasold bestiegen, ausgebessert und *in den Knopf eine Schrifft von damahligen Krieges=Zeiten eingeleget.* L Olearius. S. 350. **16. Juli:** Die Glocken der Liebfrauenkirche stimmen in das Trauergeläut ein, als die Leiche des bei Lützen gefallenen Schwedenkönigs Gustav II. Adolf von Wolgast aus nach Schweden überführt wird. L Thalmann, S. 13. **August:** Das am 28. Januar 1614 abgebrannte Obergeschoß auf dem Erfurter Tor wird wieder aufgebaut. **September:** Wieder Aufsetzen des Turmes (wohl Turmknopfes) mit eingelegten Münzen und *Beyschrifft* auf die Liebfrauenkirche. L Olearius, S. 350.

1634: Auf gräflichen Befehl ermitteln Bürgermeister und Vierleute die Arnstädter Bevölkerung und die *Feuerstätten* (Wohnhäuser). Danach wohnen hier 441 *Mannspersonen* und 122 pflichtbare, also Steuer zahlende *Witfrauen.* Insgesamt zählt man in der Stadt und in den Vorstädten 587 *bürgerliche Feuerstätten.* Über einhundert von ihnen, besonders die vor den Toren gelegenen, sind *von Soldaten ganz verwüstet und zerrissen* oder stehen in der Stadt *unbewohnt und öde, theils auch mit Schulden be-*

schwert (*mehr als sie werth sind*) den *Creditoribus* übergeben worden. **Sommer:** Durchzüge und Einquartierungen von Militär haben der Bevölkerung bisher meist nur große Belastungen gebracht. Da bildet z. B. der zehnwöchige Aufenthalt des Rittmeisters Schweickhart von Nierodt, der mit einer Kompanie zu Pferde in Arnstadt liegt, eine wohltuende Ausnahme. Er läßt sich vom Stadtrat beim Aufbruch bescheinigen, daß nicht allein er selbst *still, friedlich und eingezogen in seinem Quartier gewesen, sondern auch unter seinen Soldaten solche Kriegsdisciplin gehalten, daß weder Stadt noch Bürgerschaft einig Ungemach, Drangsal oder Wiederwärtigkeit zugezogen worden.* L Einert 2, S. 93-97.

1635: Graf Günther beruft den Archidiakon Nikodemus Lappe, der sich während der Kriegszeit Verdienste um Arnstadt erworben hat, zum Superintendenten und Pfarrherrn in Arnstadt. L Einert 2, S. 90. Erneut *großes Sterben* in Arnstadt. Doch scheint es sich diesmal nicht um die gefürchtete Pest, sondern um eine Art Hungertyphus zu handeln, der sich bis in das folgende Jahr hineinzieht und eine vergleichsweise geringe Opferzahl fordert. L Einert 3, S. 6. **15. Juni:** Der Prager Frieden wird auch in Arnstadt und Umgebung von den Kanzeln verkündet. L Thalmann, S. 13.

1636: Feststellung größerer Bauschäden am Residenzschloß (Neideck). Q ThStAR, Kanzlei Arnstadt, Nr. 1245, Reparatur Schloß Neideck 1636. Neue Feuerordnung für Arnstadt, die im wesentlichen der von 1586 entspricht. Q KAA, Bestand Stadt Arnstadt, Sign. 255-05, Brand- und Feuer-Akta (Revisionen, Feuerordnung).

1637, 25. September: Im Verlauf des Krieges bezahlt man Schutztruppen, beispielsweise Schweden, die Obhut haben über bestimmte Objekte. Diese jedoch mißbrauchen ihre obrigkeitliche, vertraglich festgelegte Funktion desöfteren und *marodieren*, wie es im damaligen Sprachgebrauch heißt, plündern, foltern, vergewaltigen und brandschatzen auf roheste Weise. So überfällt eine Truppe derartiger *Beschützer* das Vorwerk Käfernburg in Oberndorf. Den Wachmannschaften dort gelingt es, sie zu vertreiben, doch kehren sie am 27. September 500 Mann stark zurück, erstürmen das Vorwerk und treiben 3.000 Stück Vieh davon. L Einert 3, S. 18.

1639: Graf Günther XLII. (1570-1643, Neffe Günther XLI., des Streitbaren) beabsichtigt, ein Waisenhaus in Arnstadt zu gründen. Der Erfurter *Großindustrielle* Grumbrecht, mit dem der Graf in Verbindung steht, würde nach Arnstadt ziehen, um hier vier- bis fünfhundert Knaben in nützlicher Arbeit zu erhalten, wenn ihm die Stadt zur Hand gehe. *Hier würde er bei einiger Unterstützung mit Holz und Wohnung viel arme Kinder Sommer und Winter beschäftigen und sie alle gut und christlich erziehen. Dann könne die Wolle der gräflichen Schäferei im Lande bleiben und tausend Kinder und mehr könnten zudem auch durch Waidfärben ihr täglich Brot verdienen.* Wohl wegen der ungünstigen Zeit und dem hohen Alter des Grafen wird der Plan nicht verwirklicht. L Einert 3, S. 34f. **4. Februar:** Graf Günther entsendet eine Anzahl Reiter nach Ettischleben, um die *Fürstin von Kranichfeld* sicher nach Schloß Neideck zu geleiten. Bei Bösleben überfallen sie in Dornheim liegende kaiserliche Scharen. Zwei Arnstädter fallen, andere werden gefangen und ausgeplündert. **24. März:** Die Rittmeister Pfuel und Surösel fallen in Arnstadt ein. L Thalmann, S. 13.

1640, 21. April: Die Arnstädter Bürger werden durch schwedische Truppen ausgeplündert. In einem Verzeichnis über geraubte Gegenstände lautet häufig ihre Antwort: *Gänzlich ausgeplündert und ausspoliirt.* 275 Stück Rindvieh, 87 Pferde und 1.680 Maß Getreide rauben die Truppen. Nur wenige Tage später, am 25. April, plündern schwedische Soldaten erneut, und zwar 100 Pferde, 500 Maß Korn, 1.000 Maß Hafer, 150 Rinder und 10 Stück Salz. Zum täglichen Unterhalt dreier in Arnstadt liegender Regimenter verausgabt man 1.000 Pfund Brot, fünf Faß Bier zu vier Tonnen, 72 Maß Hafer, 10 Stück Rindvieh und viel Salz. L Einert 3, S. 38f. **Mai:** Da Thüringen mehr und mehr, besonders auch *wegen der Festung Erfurt, einem Hauptstützpunkt der schwedischen Macht,* in die Wirren des endlosen Krieges einbezogen wird, weist der regierende Graf aus Sicherheitsgründen abgesehen von einigen Ausnahmen den Abbruch der Häuser in den Arnstädter Vorstädten an. Vor dem Erfurter, Längwitzer und Wachsenburger Tor stehen noch einige Häuser in kläglichem Zustand. Nach Süden hin erstreckt sich die Ried-Vorstadt mit etwa 30 Häusern. Hier finden sich, in den Gärten zerstreut, noch einige

Töpferhütten, in denen die Blautöpfer ihr Handwerk ausüben. Den Weinschank vor den Toren verbietet der Graf schon Jahre vorher. Durch die Liquidierung der Vorstädte auf Befehl des Grafen, unter massivem Protest der Bewohner, wird eine weitere Einquartierung von Soldaten verhindert. Noch im Sommer 1640 beginnt man mit dem Abbruch der vorstädtischen Häuser. L Einert 3, S. 46f.

1641, Herbst: Feldmarschall Hatzfeld nimmt sein Quartier in Ichtershausen und belastet mit seinen Forderungen Arnstadt und die umliegenden Orte in gemeinster Art und Weise. L Einert 3, S. 48f.

1642, 10. Januar: Gräfin Anna, geboren 1574, Tochter des Grafen Johann Günther I. (1532-1586), läßt sich nach ihrem Tod am 3. November 1641 als erste nicht mehr in der Liebfrauenkirche, die seit dem Mittelalter als Begräbnisort der Schwarzburger Grafen gedient hat, sondern in der *neuen gräflichen Gruft* in der Barfüßer(Ober)kirche beisetzen. L Thalmann, S. 13; Prautzsch, S. 23.
13. April: Weihe des größten Werkes von Burchard Röhl (gest. 1643), als *kunstreich* bezeichneter *Kalck-Posierer und gräflich Schwartzb. Baumeister*, des Barock-Altars in der Oberkirche. L Prautzsch, S. 21f.

1644, 18. Februar: Graf Christian Günther heiratet in Arnstadt Sophie Dorothea, die hinterlassene Erbtochter des Freiherren Georg von Mörs und Bedfort zu Blankenhain und seiner Gemahlin Dorothea Susanna, geborene Gräfin von Gleichen. Der Einzug in Arnstadt wird würdevoll begangen. So bläst der Hausmann *vom Thurm* (der Neideck)*, und von der Gallerie desselben erscholl der Willkommensgruß.* L Einert 3, S. 78.

1645, Weihnachten: Große Kälte und tiefer Schnee läßt die Wölfe aus den Tannenforsten kommen. Sie scharen sich zu Haufen zusammen oder suchen sich einzeln Futter. Auf Warten und Türmen werden Wächter aufgestellt. L Einert 3, S. 79.

1646, 7. April: Von seinem Hauptquartier in Stadtilm zieht Feldmarschall Wrangel nach Arnstadt, wo ihn Graf Christian Günther feierlich empfängt. Im Beisein Herzog Wilhelms von Sachsen sowie vieler Oberste und Offiziere wird von Mitternacht bis 2 Uhr morgens *im Schloßgarten der Neideck und auf der `langen Wiese`* ein großartiges Feuerwerk abgehalten. L Einert 3, S. 81.
Wrangel läßt bei seinem Aufbruch nach Eisfeld am Folgetag *jene drei Geschütze zurück, die er mit andern in Süddeutschland erbeutet und seinem Artilleriepark einverleibt* (hat). *Zweihunderfünzig Jahre lang haben sie dann als Lärmkanonen* (in Arnstadt) *in Feuersgefahr, als Böllergeschütze bei vaterländischen Feiern und beim Wollmarktsbeginn ihre eherne Stimme in unserer Stadt erschallen lassen.* L Bühring, S. 159. *Ganz in der Nähe des Schloßthurmes standen bis ganz vor Kurzem* (1825) *noch unter einem Bretterdache die Lärmkanonen, welche bei einer sowohl in der Stadt wie auf dem Lande ausgebrochenen Feuersbrunst von der Wachmannschaft auf der Hauptwache abgefeuert wurden. Da jedoch der Neuthorwächter erst Meldung auf der Hauptwache machen mußte, auch die Lärmschüsse wegen des tiefen Standes der Kanonen nicht überall in der Stadt gehört wurden, so wurde nach dem Brande im Wachholderbaum am 1. Febr. 1825 ein Kanonenschuppen auf der Alteburg gebaut und die Kanonen dorthin geschafft, wo sie nun vom Neuthorwächter bedient werden.* L Baumberg, S. 47. Sie dienen hier bis 1886 als die sogenannten *Lärmkanonen*, von denen sich 1929 zwei im Berliner Zeughaus und eine in der Fürstlichen Waffenhalle in Sigmaringen befinden. L Thalmann, S. 15.

1650, 10. April: Der Stadtleutnant Machold hat *seinem Fendrich Qvirin Heßlingen beyde Hände abgehauen/ da dieser die Thorschlüssel seinem Lieutenant in das Gesicht geschlagen und sich wehren wollen. Der Thäter hat lange Zeit gefangen gesessen/ und wegen des andern Hiebes müssen Strafe geben. Der Beschädigte hingegen ist den 22. dieses verschieden/ von welchem auffm Gottes=Acker ein gemahltes Epitaphium auff einem eisernen Creutze zu sehen/ daran die zwey Hände blutend abgebildet sind.* L Olearius, S. 352.
13. Juli: *Pfalzgraf Karol Gustav bei Rhein, der Königl. Majestät und des Reichs Schweden über die Armee und Kriegsstaat in Deutschland verordneter Generalissimus* kommt mit Feldmarschall Wrangel von Süddeutschland aus nach Arnstadt. Beide sind Gäste des Grafen Christian Günther auf Schloß Neideck. **18. August:** Friedensfest in der Grafschaft Schwarzburg. L Einert 3, S. 90.

In der Zeit des Absolutismus 1651-1755

1651, 15. Mai: Endgültige Entscheidung über die Erbteilung zwischen den Grafen Christian Günther II. (1616-1666/ Teillinie Arnstadt), Anton Günther I. (1620-1666/ Teillinie Sondershausen) und Ludwig Günther (1621-1681/ Teillinie Ebeleben) nach zähen Verhandlungen, die nicht ohne Streit verlaufen, auf Schloß Neideck durch das Los. Die Grafen versammeln sich hier im *Königsgemach*, wo jeder an einem besonderen Tisch Platz nimmt. *Ein Knäbchen von 5 Jahren legte dann einem jeden der erlauchten Herren ein Los. Und wunderbar, das Los fiel jedem der drei Grafen also, daß er an dem Orte blieb, wo er bis jetzt Residenz gehalten.* Graf Christian Günther II., Begründer der Nebenlinie Schwarzburg-Arnstadt, regiert bis zu seinem Tod 1666 auf Schloß Neideck. L Einert 3, S. 90f.

1652, Juli: Sind *allhier sehr viele erschreckliche und schädliche Gewitter/ mit Donner/ Hagel/ Blitzen und grossen Wasserfluthen.* L Olearius, S. 352. **11. November:** Der Bäcker und Ratskämmerer Johann Christoph Möhring erhält die Gastgerechtigkeit *Zum Wachholderbaum* vor dem Längwitzer Tor (heute Längwitzer Str. 13). Q KAA, Bestand Stadt Arnstadt, Sign. 953-03, Rechtszettelbuch 1660, S. 186 b. L Thalmann, S. 15 nennt statt dessen den Färber Frömel.

1653, 31. August: Abends zwischen 7 und 8 Uhr brennen in der Jacobsgasse sechs Häuser nieder. L Olearius, S. 354.

1654, 8. Januar: Der Lehrling des Buchdruckers Peter Schmidt legt im Haus seines Meisters, im *Großen Christoph* (heute Ried 9), Feuer. Auf dem vor der Stadt gelegenen Kübelberg erfreut er sich an dem *Schauspiel*. Er wird ergriffen und am 27. Januar 1654 aus Gnade wegen seiner Jugend vor dem Lazarett (Siechhof) mit dem Schwert gerichtet. L Thalmann, S. 15.

1655, 5. März: Haben *die gesammten Schul=Collegen allhier bey der Cantzeley angehalten/ daß es nicht mögte gestattet werden/ daß der Kupferschmidt in Nic. Riemanns des benachbarten Seilers Hauß an die Schule ziehen dörffte/ wegen seines pochens und klipperns/ haben es auch erhalten.* L Olearius, S. 355.

1658: *Zu Arnstadt werden aus Weissem Thon allerley Geschirr bereitet/ mit Blawer Farbe gar lieblich gezieret.* (Andreas Toppius). Zwischen 1680 und 1720 erreicht die Herstellung der Arnstädter Fayence durch die sogenannten *Blautöpfer* den größten Produktionsanstieg und ist eine wichtige wirtschaftliche Quelle. Arnstädter Fayence findet im west- und norddeutschen Raum bis hin nach Skandinavien weite Verbreitung. L Toppius, Andreas: Beschreibung der Stadt Arnstadt. Erfurt 1658. In: Olearius (Vorrede). Lappe, Ulrich: Arnstädter Fayence. In: Arnstädter Fayencen des 17. Jahrhunderts. Arnstadt/Eisenach 1997, S. 7-16.

1659: Wieder Reparaturen am *Rieththurm.* **6. Oktober:** Vormittags 10 Uhr brennt es *in Gottfried Langens Hause am Längwitzer=Thore/ da man mit einem Strohwische die Spinnen im Keller wolte ausbrennen. Das Feuer fuhr zum Keller=Loche hinaus in die Scheune/ daher selbige samt dem Hinterhause wegbrandte.* L Olearius, S. 355f.

1660, 10. Mai: Errichtung eines neuen Galgens am Dornheimer Wege (wohl am östlichen Abzweig des heutigen Elxlebener Weges in Richtung Dornheim). **11. Mai:** Einen Tag darauf wird Hans Joachim von Königsberg, gebürtig aus Preußen, daran erhängt. Bei Errichtung des Galgens hat sich ein schmerzlicher Vorfall ereignet. Der 11jährige Knabe Joh. Casp. Keul, der mit hinausgeht, wird von einem *tollen Hunde gebissen*, woran er stirbt. *Der Hund soll eine Hexe gewesen seyn.* **1. Oktober:** *Ist Meister Nicol Fasolt/ der Schieferdecker/ von der Günthers=Mühle gefallen und bald Abends gestorben.* L Olearius, S. 356f.

1661, 3. Januar: Weihe der auf Veranlassung von Graf Christian Günther II. neu erbauten Kapelle im Schloß Neideck. L Olearius, S. 357. **Ende Februar–Mitte März:** Fortsetzung des Abbruchs der Käfernburg oberhalb von Oberndorf, ca. 1,5 Kilometer östlich vor Arnstadt. Abgerissen werden die drei noch vorhandenen, viereckigen Türme: am 20. Februar der erste bei der ehemaligen Schloßkirche, am 28. Februar wird der andere in der 2. Nachmittagsstunde bei der Hofküche zwischen dem Schloßtor *eingeworffen, welchen ich unterwegens im gehen, am Marlitzhäuser Steige am Bergwege selbs mit Augen habe sehen einfallen, wie man einen Baum oder Stange ümbwirfft.* Den dritten, nach dem Hain zu stehenden Turm zum Einsturz zu bringen, kostet viel Mühe und Arbeit, *weil er zwischen denen Mawren gestanden und mit gefahr hat müssen gearbeitet werden, sie habens gewagt und Gott vertrawt und untergraben, Den 15. Martii* (März) *trägt sichs zu, das zu Abends bey der Nacht* (abends 8 Uhr), *da niemands da ist, der Turn* (Turm) *in Graben fellt, mit einer großen stücken Mawren, ohne schaden.* Tor, Kirche und Küche der Käfernburg hat man schon früher niedergerissen und wahrscheinlich zum Bau der Neideck in Arnstadt ab 1553 verwendet. L Thalmann, S. 15. Das jetzt hier gewonnene Baumaterial ist für Reparatur-Arbeiten an *dem fördersten Schlos zu Arnstadt* vorgesehen. Nach den überlieferten Rechnungen des Amtes Arnstadt-Käfernburg, aus deren Ertrag alle Bauarbeiten an den herrschaftlichen Bauten, also auch am Schloß Arnstadt, bestritten werden, haben nach 1661 keine größeren Reparaturen hier stattgefunden. Möglicherweise verwendet man das Material von der Käfernburg erst einige Jahre später für bauliche Veränderungen in der Vorburg 1664-1666. Für das Frühjahr 1665 ist belegt, daß der Maurer Michel Regenspergern mit *Consorten* aus Dannheim 11 Gulden 10 Groschen und 11 Denare (Pfennige) erhält, weil er zwischen dem 8. und 19. März Steine auf der *Kefernburg* gebrochen hat, die für den *Küchenbau* im Schloß Arnstadt, wohl einem Neubau, benötigt werden. Weitere Reparaturen 1665-1666 hier sind nachgewiesen. Q ThStAR, Amtsrechnung Arnstadt-Käfernburg, 1664-1666. Chronik aus den Kirchenbüchern von Dornheim von 1661 bis 1665. Dornheim 1999, S. 17f.

1662: Bei dem Buchdrucker Caspar Freyschmied in Arnstadt (wohnt Markt 12- Unter der Galerie- und hat wohl auch seine Werkstatt hier) erscheint erstmals eine Sammlung aller Sagen und Geschichten über den böhmisch-schlesischen Berggeist *Rübezahl.* Verfasser ist der in Zethlingen bei Kalbe/ Milde in der Altmark geborene, spätere Magister in Leipzig, Johann Praetorius (1630-1680). Q Sammlung P. Unger. Mappe Persönlichkeiten.

1663, 8. November: Superintendent Nicodemus Lappe, nicht nur bekannt durch sein beherztes Verhalten während des 30jährigen Krieges, stirbt nach einem Schlaganfall. L Olearius, S. 358.

1664: Erbauung der Schneidemühle an der Günthersmühle. **22. September:** *Andr. Koch/ ein Bortenwürcker/* ist *bey Casp. Keulen auffm Rathhause in der Zehndner=Stube zur Kindtaufe gewesen auffm Abend/ wie er heim gehen will/ hat er den Halß die treppe herabgestürtzet und in wenig Stunden drauff den Geist auffgegeben.* L Olearius, S. 358f. **Oktober:** Johann Philipp von Schönborn, Erzbischof von Mainz, kommt auf der Reise nach Erfurt durch Arnstadt. Erfurt kapituliert am 5. Oktober vor der mainzischen Exekutionsarmee. Vorangegangen ist ein Konflikt zwischen Erfurt und Mainz wegen der Unabhängigkeitsbestrebungen des Erfurter Rates. Am 12. Oktober reitet der Erzbischof in die unterworfene Stadt ein. Am 15. Dezember kehrt er über Arnstadt heim und wird hier auf Ratskosten bewirtet. L Thalmann, S. 15; John / Jonscher, S. 124. **Dezember:** Am Himmel hat sich ein Komet *in asterismo Cancri sehen lassen/ bald drauff wieder einer; einige zwar haben solchen vor einerley ausgegeben.* L Olearius, S. 359.

1668, 24. Mai: Blitzschlag in die Ziegelhütte vor dem Riedtor. L Olearius, S. 360.

1669, 30. März: Die als Hexe bezichtigte Maria Klettbach, Georg Schnitzhuts Weib, wird *unter der Walkmühle, zwischen dem Wasser hinter der Walkmühle und dem Hammer auf dem Rasen verbrannt, weil sie sich in ihrem Garten vor dem Riedtor dem Teufel ergeben, Schande mit ihm getrieben und sonst viel Böses begangen.* Ihr folgen nach grausamer Tortur drei weitere Frauen in den Tod. **6. April:** *Ein altes Weib von Dannheim, die Hirschköpfin genannt, stirbt in der Tortur.* **25. Mai:** Man verbrennt eine Frau aus Rockhausen, die Witwe Elisabeth Keul, vor dem Erfurter Tor. **8. Juni:** Eine dritte Frau, Catharina Hettstedt, eine alte Witwe aus Rockhausen, wird vor dem *Latzareth* enthauptet und am selben Ort auf dem Scheiterhausen verbrannt. **12. Juli:** Als vierter Frau ereilt Barbara Catharina (Elisabeth), Nicol

Schultze, Futterschneiders Weib, das gleiche Schicksal. Genannt *die Futterschneiderin*, wird sie der Hexerei wegen erst vor dem Siechhof geköpft, dann am selben Orte verbrannt. L Thalmann, S. 15.

1670, 3. April: Ein Großbrand vernichtet Teile der Innenstadt. *Am heyligen Ostertage abends gegen 11 Vhr* (Uhr), *ist eine/ schreckliche fewersbrunst alhier in Arnstadt in Joachim Töpfers/ Hause am Holzmarckt* (Haus *Zur Güldenen Krone*, Ledermarkt 7) *entstanden, wodurch hundert vndt/ sieben und sechtzig wohnhäuser ohne Hinter gebaw* (Gebäude)*, ställe/ vnd scheünen jämmerlich eingeäschert, und ist, wie nicht anders/ Kundt worden, Zu solchen unglück die vornehmste ursache gewe-/ sen, daß Joachim töpfer die heylige Zeit und eben am Ostertage ein bier gefäset, und durch Verwahrlosung seiner töchter, / welche des nachts mit dem Bier ümbgangen, und darauf in/ einer Kam(m)er über dem thor eingeschlaffen, und das liecht/ brennen laßen, welches den das geströü und strohschütten/ so darinnen gewesen, benebenst der daran gewesenen/ Speck Kamer ergriffen, alß den, weil sie auch ihre Thür/ nicht bald öfnen wollen, in einer vollen glut ufgangen,/ und den gantzen Holtzmarkt, biß an das lengwitzer Thor,/ die Gallerii uf dem marckte, die helfte der Kirchgaßen, die/ halbe Erfurtische straße, auch unter dem berge* (Marktstraße) *biß an den breiten/ stein* (Haus *Zum Breiten Stein*, Marktstraße 23) *in die aschen geleget hat. Bey solchen plötzlichen und er/ schrecklichen fewer ist alßbald alles in confusion gerathen, ein/ ieder nach den seinigen gelaufen, daß das fewer biß gegen/ morgen gebrennet, welches endlich durch sonderbahre Hülfe Gottes/ und der benachtbahrten Dorfschafften großen Fleiß ist geleschet, und dadurch Vnser Kirche Zum Barfüßern, auch das Försterische Hauß/ Zum Greiff genand an der Kirchgaßen errettet worden.* Aus Angst und Schrecken vergißt man, die große *fewerkunst*, also eine Feuerspritze, die im Spritzenhaus an der Bonifatiuskirche steht, zum Einsatz zu bringen. Menschen kommen nicht zu Schaden. Q KAA, Bestand Stadt Arnstadt, Sign. 032-01, Das Rothe Buch, S. 361 b.

1672, 21. September: Abnahme und Wiederaufsetzung des Turmknopfes der Liebfrauenkirche. Neben Münzen wird ein detaillierter Bericht über den Brand von 3. April 1670 eingelegt. L Olearius, S. 360-362.

1673, 12. September: Die Gräfin Sophia Dorothea von Schwarzburg, Witwe des Grafen Christian Günther II., verspricht für den Wiederaufbau der am 7. August 1581 niedergebrannten Bonifatius-kirche am Markt 1.000 Gulden zu stiften, wenn ihr dafür ein Kirchenstand und ein Begräbnis in der Kirche geschaffen werden. L Donhof, Bachkirche, S. 11.

1675, 23. Februar: Vermehrung der Stiftung für den Wiederaufbau der Bonifatiuskirche um weitere 1.000 Gulden durch die Gräfin Sophia Dorothea von Schwarzburg mit der Maßgabe, den Bau *Sophienkirche* zu nennen. Den Auftrag zum Entwurf der Kirche erhält der sachsen-gothaische Bau-meister Andreas Rudolph. Am 18. Oktober 1675 übersendet er der Gräfin ein Modell des neuen Kirchengebäudes sowie drei weitere davon abweichende Entwürfe. L Donhof, Bachkirche, S. 12. **Ende Mai:** Das Gefolge des Großen Kurfürsten Friedrich Wilhelm von Brandenburg wird auf dem Eilmarsch von Franken zur Mark (Schlacht gegen die Schweden bei Fehrbellin Ende Juni 1675) in Arnstadt gastlich aufgenommen, während Friedrich Wilhelm in Marlishausen bis zum 3. Juni krank an der Gicht liegt. L Thalmann, S. 15. **3. August:** *Barbara von Stadt Ilmen ist mit dem Schwerdt vor dem Lazareth gerichtet worden/ weil sie ihr Kind umgebracht und es im hiesigen Gasthofe zum Schwane ins heimliche Gemach* (Abort) *geworffen.* L Olearius, S. 363.

1676, 24. April: Grundsteinlegung für die wieder aufzubauende Bonifatiuskirche. 1678 *scheint das Mauerwerk bis zur Traufe ausgeführt worden zu sein. Als Baumaterial dienten die Steine des Vorgänger-baues sowie die des zu diesem Zwecke abgebrochenen*, seit 1559 in städtischem Besitz befindlichen und als Brauhaus genutzten Kirchenschiffes der St. Jacobs-Kirche am Riedplatz *Auch Gesimse, Fenster-gewände und andere Formsteine verwendete man wieder. Neues Material für Werksteine holte man aus den Schmerfelder Steinbrüchen.* Die Ausführung der Zimmermannsarbeiten zwischen 1677 und 1679 gestaltet sich äußerst schwierig und gefährlich. Hinzu kommen Setzungserscheinungen im Bereich der Ostwand des Chores, weshalb hier vermutlich die Strebepfeiler an den Ecken des Chores entste-hen, und einsetzender Geldmangel. Endlich ist das Dach eingedeckt und am 24. April 1680 wird der Knopf aufgesetzt. Gleichzeitig errichtet man den steinernen Ostgiebel. Das Maßwerk der zweibahnigen Vierpaßfenster wird 1681 fertiggestellt. Im Oktober 1682 sind die Arbeiten im wesentlichen abgeschlossen. Die Bausumme beläuft sich mittlerweile auf 4.054 Gulden 3 Groschen, also auf mehr als das Doppelte. L Donhof, Bachkirche, S. 16.; Olearius, S. 55f. **28. April:** Der 20 Jahre alte Jude Ludwig Christian wird von Superintendent Tentzel getauft. Taufpate ist Graf Ludwig Günther II. (1621-1681) von Schwarzburg-Ebeleben. L Olearius, S. 363f.

1680, 14. November: Der Komet Halley, *ein erschrecklicher Comet mit einem überaus grossen Schwantze,* erscheint und ist noch den Monat Dezember hindurch am Himmel zu sehen. Er hat *ohne Zweiffel die Pest in benachbarten und andern Oertern angezeiget.* L Olearius, S. 364f.

1681: Das Territorium des Hauses Schwarzburg-Sondershausen wird geteilt. Graf Christian Wilhelm erhält die Grafschaft Schwarzburg-Sondershausen und Graf →Anton Günther II. die Teil-Grafschaft Schwarzburg-Arnstadt. Zur letzteren gehört die sogenannte Oberherrschaft, bestehend aus den Ämtern Arnstadt, Käfernburg und Teilen des Amtes Gehren sowie den in der Unterherrschaft gelegenen Ämtern Keula und Schernberg. L Donhof / Scheidt, Bachzeit, S. 5; John / Jonscher, S. 126.

1682, 21. April: E*ine Magd* wird *vor dem Lazarthe geköpffet/ welche ihr Hurkind in einer Wasser=Kanne ersticket und solches ins Holtz bey Reinsfeld geworffen habe.* L Olearius, S. 365.

1683, 9. März: Einweihung der Neuen Kirche am Markt anstelle der 1581 abgebrannten Bonifatius-kirche. L Donhof / Scheidt, Bachzeit, S. 5.

1684: Frühzeitiger Beginn der Weinlese bei warmen Wetter. Der Wein ist hervorragend gediehen. L Olearius, S. 366. **18. August:** Nach ihrer Hochzeit in Wolfenbüttel am 7. August 1684 beziehen Anton Günther II. und seine Gemahlin →Auguste Dorothea von Braunschweig-Wolfenbüttel Schloß Neideck als Residenz. Anton Günther II. ist seit seinem 13. Lebensjahr am Hofe des Herzogs Anton Ulrich von Braunschweig-Wolfenbüttel erzogen worden, dessen Tochter er dann ehelicht. L Donhof / Scheidt, Bachzeit, S. 5; Olearius, S. 365f.

1684-1716: Während der Herrschaft des Grafen Anton Günter II. werden die Stadtrechte von Arnstadt beständig ausgehebelt: *die Verwaltung der Stadt, die Gesundheitspflege, die Polizei, die Zünfte* werden von der Regierung des absoluten Herrschers scharf beaufsichtigt, *u. a. 1681, 1684, 1709 Pest-patente, 1684 Landeskonstitution über das Steuerwesen, 1687 Erlaß gegen die Fortdauer der Wüstungen (Wiederanbau der Weinberge), 1693 Marktpatent, 1700 Bettlerpatent, 1710 Sabbatsedikt, 1713 Zigeunerpatent.* L Thalmann, S. 17.

1687, 29. Dezember: Taufe einer Türkin auf den Namen Christina. L Olearius, S. 368.

1688: Reparatur an den Quellen *des Schönborn, welcher vor diesem und noch 1609 der Jungfer=Brunn genennet worden/ lieget vor dem Wachsenburg. Pförtgen in dem Thale* (Jonastal) *mit Weinbergen/ Gärten und Teichen umgeben/ sehr lustig.* Aushauen eines Kellers und Errichtung eines *Lust-Hauses* dabei. L Olearius, S. 140f., S. 368.

1689, 10. Januar: Mittags zwischen 11 und 12 Uhr ist *auff den Markte, zwischen Herrn Bürg*(ermeis-ter) *Hünnerwolffen und den Grünen Löwen* (Markt 6*), ein großes Fewr, bey ziemlichen Winde auffge-gangen, und dadurch leider in wenig Stunden* drei Gebäude *nebst der schönen, weit berühmten Apotheken* (die Bürgermeister Hünnerwolffen gehört Markt 8) *mit großen Schaden, wie auch alle Hintergebäude, im Rauch auffgegangen, Sind viele lederne Eimer zu Grunde gerichtet worden.* Q KAA, Bestand Stadt Arnstadt, Sign. 032-01, Das Rothe Buch, S. 81.

1692: Hatte der Hofstaat Graf Anton Günthers II. ohne die Beamten, schon in Keula, wo er bis 1683 saß, 40 bis 50 Personen umfaßt, so vergrößert sich dieser nach der Verlegung nach Arnstadt rasch und

zählt jetzt bereits über 100 Personen; *darunter auch einige Künstler und Handwerker, wie den Hofbildhauer, den Hofdrechsler, den Hofmaler, den Hofgoldarbeiter, den Hoftischler und andere.* Zum Hofstaat gehören auch Musiker und Mitglieder der etwa 20 Musiker umfassenden Hofkapelle, die seit 1683 von dem erfahrenen Musiker Adam →Drese als Nachfolger von Johann Christoph Bach geleitet wird. L Donhof / Scheidt, Bachzeit, S. 6. Schiffner, Markus: Die Arnstädter Hofkapelle - ein regionales Zentrum der Musikpflege im historischen und zeitgenössischen Umfeld des jungen (Johann Sebastian) Bach. In: Beiträge zur Bach-Forschung 6. Leipzig 1988, S. 37-53. Die Unterhaltung der zahlreichen Dienerschaft, ausgedehnte Reisen des Grafen, u. a. nach Frankfurt, Nürnberg, Bayern oder Holland, die Anschaffung von Möbeln und Kutschen, ständige Gäste, die Ausgaben für ökonomisch unrentable Unternehmen (darunter drei Laboratorien zur Goldmacherei: im Prinzenhof *unter dem Edlen Förderer von Richtenfels,* eines weiteren in Dornheim unter Dr. Gaulke und eines in Lehmannsbrück, Zuschüsse für Bergwerke, die meist nichts einbrachten und für den Arnstädter Messinghammer) oder die Ausübung des Münzrechtes, des Ankaufs von Medaillen und vieles anderes mehr führen zu einer Finanzkrise des Staatshaushaltes im kleinen Fürstentum.
L Bühring, S. 172. Donhof / Scheidt, Bachzeit, S. 6-7.

1693, 12. April: Mittwochs vor Gründonnerstag läuten vormittags die Sturm- und Feuerglocken, weil *unter dem Berge* (Marktstraße)/ *auff dem Holzmarckte und Riethe rings um ein grosses Feuer auffgieng/ dadurch fast 30. Häuser mit Scheuren und Ställen verbrandten/ als das Meditullium, Mitte und Marck der* Stadt. **12. Juli:** Nachmittags gegen 16 Uhr schlägt der Blitz in den Hexenturm. **August:** Sturmwinde und Gewitter schaden dem Getreide. **26. Dezember:** Superintendent Olearius tauft einen *gewesenen* Türken auf den Namen George Christian. L Olearius, S. 370f.

Arnstadt von Osten, rechts im Bild Schloß Neideck, um 1700

1694: Verkauf der *wüsten Stätte,* auf welcher bis zum Abbruch für den Neubau der Neuen Kirche 1676 das Schiff der Jacobskirche gestanden hat. Hier entstehen in den Folgejahren die Wohnhäuser an der Südseite der Jacobsgasse (im westlichen Teil). Beim Einebnen findet man *Abendwärts,* also zum Ried hin, den ziemlich tief gelegenen Grundstein, *auff welchen in der Mitten/ ein mit Glaß und Schiefer bedecktes Loch und diese Schrifft herum zu finden war.* L Olearius, S. 76. Zahlreiche Menschen sterben an der *hitzigen Krankheit* oder *geschwinden Seuche.* Gemeint ist wohl die Schwindsucht. Hinzu kommt die Verteuerung von Nahrungsmitteln. 7. **August:** Hagelschlag in vielen Fluren bei Arnstadt. L Olearius, S. 371.

1694-1695 Die Finanzkrise in der Grafschaft Schwarzburg-Arnstadt dauert an. Zwar sind einige Künstler und Handwerker *wie Hofbildhauer, Hoftischler, Hofdrechsler und Hofmaler* aus dem Soldverhältnis ausgeschieden, doch treten andere an ihre Stelle, *wie der Antiquario und Münzwart Andreas Morelli, der erstmals 1693/94 mit der stattlichen Besoldung von 228 Gulden 12 Groschen nachweisbar ist.* Spätestens hier beginnen Umbauarbeiten am Schloß Neideck unter dem weimarischen Baumeister Johann Moritz Richter. Sie konzentrieren sich auf den Bau einer neuen Schloßkapelle, obwohl eine solche erst 1661 errichtet worden war. L Donhof / Scheidt, Bachzeit, S. 6-7.

1695, 11. Juli: Wiederaufsetzen des Knopfes auf den Turm der Liebfrauenkirche. Eingelegt ist ein Bericht über zeitgeschichtliche Ereignisse. L Olearius, S. 372-376.

1696, 10. September: E*in Weib von Dornheim/* ist *wegen beschuldigter Hexerey nach der Tortur, im Gefängnis todt gefunden worden.* L Olearius, S. 377.

1696-1697: Die Jahresbesoldung für den Münzwart Andreas Morelli steigt auf die gewaltige Summe von 571 Gulden 9 Groschen. Er ist der mit Abstand höchstbezahlte Hofbediente. Dieser Betrag dokumentiert die hohe Wertschätzung, die Anton Günther II. der Betreuung und Erweiterung seiner bedeutenden Münzsammlung entgegenbringt. Im Vergleich dazu erhält um 1710 der nach Morelli am besten Besoldete, der Stallmeister von Hoym, ganze 148 Gulden 12 Groschen. Um die Wertschätzung für Morellis Dienste noch zu verdeutlichen: Der Jahressold für den Reitknecht Döring beträgt 15 Gulden, ein Waschmädchen erhält 8 Gulden im Jahr. Die aus der gräflichen Privatkasse gezahlten Handgelder erreichen mit 4.389 Gulden 6 Groschen ihren höchsten Betrag. Im Vergleich dazu betragen die Einnahmen aus dem Amt Gehren im gleichen Zeitraum 4.081 Gulden. Die Ausgaben Anton Günthers II. und Auguste Dorotheas übersteigen auch in den Folgejahren bei weitem die Einnahmen. L Donhof / Scheidt, Bachzeit, S. 6.

1697: Auf der Leipziger Ostermesse erwirbt Auguste Dorothea für 24 Reichstaler *Poppen Zeüg* und nochmals für 6 Groschen *1/4 Loth Poppenzeüg*, was auf Anfänge für die Schaffung der Puppensammlung →*Mon plaisir* noch auf Schloß Neideck hindeutet. L Klein/ Müller, S. 4. **3. September:** Graf Anton Günther II. und sein in Sondershausen residierender Bruder Christian Wilhelm werden durch Kaiser Leopold I. in den Reichsfürstenstand erhoben. Die Grafschaften wandelt man in Reichsfürstentümer um. *Die Ernestiner, die in den Schwarzburgern ihre Vasallen sehen, protestieren aufs heftigste, während Kursachsen seine Ansprüche gegenüber den Schwarzburgern 1716 aufgibt und deren Reichsfürstenwürde anerkennt.* L Donhof / Scheidt, Bachzeit, S. 7; John / Jonscher, S. 129.

1698, 11. Februar: Ein *Tabulettträger* ist *an der Schloßgartenmauer beym rothen Thore nach dem blauen Thürmgen zu/ todt gefunden worden.* **14. Juni:** Am 3. Pfingstabend *hat eine Melancholische Wittbe/ Catharina von Hausen bürtig/ in einem Hause an der Erffurtischen Mauer sich selbsten gehenckt.* **12. Dezember:** *Hans Erhardt Schön/ ein Meurer aus Erffurt bürtig/* ist *wegen vielfältigen Diebstahls gehencket un hernach im Lazareth von Hn. D. Sommern anatomiret worden.* L Olearius, S. 377f.

1699: Nach einem Gutachten der Theologischen Fakultät der Universität Gießen sei den Juden der Aufenthalt im Land zu gestatten. L Wiegand / Krebs, S. 271. **Juli:** Die hitzige Krankheit grassiert. Viele Menschen sterben. **4. Juli:** Sogenannter *Honigtau* fällt in die Getreidefelder um Arnstadt, der die als *Mutterkorn* bezeichneten großen, schwarzen Körner hervorbringt. L Olearius, S. 380. **4. August:** Zur Errichtung eines Lustschlosses schenkt Anton Günther II. seiner Gemahlin Auguste Dorothea *unser also genanntes Pfasan (Fasanen) Haus unter der/ Käfernburg gelegen.* Nach der Donation (gerichtlich beurkundete Schenkung) vom 23. Juni 1700 läßt die Fürstin unter Erwerb weiterer Ländereien hier bis 1710 die →Augustenburg, ein vorwiegend zweistöckiges, vermutlich leicht gebautes Schloß mit angrenzendem Lustgarten, Wirtschaftsgebäuden, Kirche, Reithaus, →Theater u. a. errichten, welches im südlichen Seitenflügel die Puppenstadt →*Mon plaisir* beherbergt. L Klein Müller, S. 3. **21. August:** *Des Gärtners/ Herrn Joh. Timmens Söhnlein von 5 Jahren* hat *Nachtschatten=Beere gegessen/ wovon das böse Wesen erreget/ daß es Nachts um 1 Uhr verstorben.* L Olearius, S. 380. **September:** Der Bau der neuen Orgel für die Neue Kirche wird auf Empfehlung des aus Arnstadt stammenden Diakonus Fischer von St. Blasii in Mühlhausen, an den sich der Rat schriftlich wendet, an den Mühlhäuser Orgelbauer Johann Friedrich Wender (1650-1729) übertragen. L Schiffner, Markus: Johann Sebastian Bach in Arnstadt. In: BHSKA 4 (1985), Anm. 4. **13. September:** Morgens zwischen 9 - 11 Uhr herrscht *eine grosse Sonnenfinsterniß/ wovon es mercklich dunckel ist.* L Olearius, S. 380.

1700, 1. März Kalenderreform. Einführung des Gregorianischen Kalenders derart, daß auf den 18. Februar alten Stils der 1. März neuen Stils folgt. L Thalmann, S. 17. **29. August:** Mit einer Predigt des Superintendenten Johann Gottfried →Olearius wird die neuerbaute Kapelle im Residenzschloß Neideck eingeweiht. L Olearius, S. 381. **Nach 1700:** In Arnstadt gibt es bis zur Ablösung der Braugerechtigkeiten 1862 immer 130 Brauhöfe. L Stahl, Ernst: Arnstädter Biertradition seit 1404. Arnstadt 1999, S. 7.

1701: *Allein sie* (die Juden) *sind Gottlob ausgetilgt.* L Olearius, S. 37. **5. April:** *Ma*n findet *ohnweit Rudisleben eine große/ und kleine Urne oder Begräbniß Topf von Heiden, worin/ die Asche der verbrann-ten Leichen/ und Knochen verwahrt wurden/ dieses ist ein Sclavonisch* (slawisch)/ *Begräbnis geweßen von den/ Herrn Antiquario (Christoph Oleario) damals in/ das 7te Seculum* (Jahrhundert), *weilen 641/ Schlavonier* (Slawen) *in dieser Gegend sich/ gesetzt.* Q Starkloff, S. 44.

1703: Der Münzsachverständige des Fürsten, Andreas →Morelli, seit 1694 in dessen Diensten, verstirbt plötzlich. Bereits 1699 erleidet Morelli durch einen Sturz vom Wagen Einbuße *an der Fähigkeit zum Schreiben*, so daß ihm seit 1700 als Assistent sein späterer Nachfolger Magister Christian →Schlegel zur Seite steht. L Bühring, S. 169. Die Grafen von Schwarzburg müssen als Gegenleistung für die Aufnahme in den Reichsfürstenstand gemeinsam mit den Grafen von Reuß ein Söldnerkontingent von insgesamt 1.000 Mann für Kaiser Leopold I. stellen; 167 davon aus Arnstadt. Sie müssen im Spanischen Erb-folgekrieg in Franken und am Rhein für die Erbansprüche der österreichischen Habsburger kämpfen. L Müller, Karl: Arnstadt als Garnision. In: Alt-Arnstadt 12 (1939), S. 60f. **14. August-29. Juni 1707:** Nachdem Johann Sebastian Bach, trotz seiner Jugend bereits ein erfahrener Orgelspieler und -sachverstän-diger, wohl im Juli 1703 und sicher gemeinsam mit dem Stadt- und Hoforganisten Christoph →Herthum die von Wender in der Neuen Kirche gebaute Orgel für gut befindet, erhält er am 14. August gleichen Jahres die Bestallungsurkunde als Organist an der Neuen Kirche. Es ist dies seine erste richtige Anstellung, die sicher auch die verzweigten Bachschen Familienbande in Arnstadt mit ermöglicht haben. Johann Sebastian erhält eine überaus ansehnliche Besoldung in Höhe von 84 Gulden 6 Groschen (je 25 Gulden kommen aus dem Gotteskasten bzw. aus den Biergeldern, 30 Gulden vom Hospital St. Georg, dessen Oberaufsicht der Bürgermeister Martin Feldhaus innehat. Er ist mit einer Tante von Johann Sebastians erster Frau Maria Barbara Bach verheiratet und ihm von Beginn seines Aufenthaltes in Arnstadt an sehr zugetan). Der Betrag, der für Kost und Wohnung zur Verfügung steht, ist hoch und *auf nicht ganz legale Art* zustande gekommen. Bachs relativ leichter Dienst beschränkt sich auf das Orgelspiel im Hauptgottes-dienst am Sonntag, in der Betstunde am Montag und in der Frühpredigt am Donnerstag. Nachweisbar über keine weiteren Nebenämter verfügend, findet *er ausreichend Zeit für seine eigene musikalische Weiterbildung, die zu diesem Zeitpunkt noch vorrangig eine Virtuosenlaufbahn als Organist* verfolgt. Bach wird wegen mannigfacher Probleme nicht Kantor, sondern beharrt dem Konsistorium gegenüber konse-quent auf die Einsetzung eines solchen. Wichtig für Entfaltungsmöglichkeit und Wirksamkeit Johann Sebastian Bachs in Arnstadt sind zwei Musikerpersönlichkeiten - der Stadtkantor Ernst Dietrich →Heindorff und der Hofkapellmeister Paul →Gleitsmann. Bachs Mitwirken in der Hofkapelle ist nicht nachzuweisen, aber sehr wahrscheinlich. Zahlreiche Differenzen des jungen Organisten mit dem Konsistorium, insbesondere hinsichtlich der Arbeit *oder genauer `Nichtarbeit´* mit den Chorschülern, aber auch seine eigenmächtige Verlängerung des Aufenthaltes bei Buxtehude in Lübeck führen schließlich zum Bruch. Ausschlaggebend für seinen Weggang aus Arnstadt ist aber sicher die fortschreitende Profilierung seiner Kunst, auch unter besseren äußeren Vorzeichen. L Schiffner, Markus: Johann Sebastian Bach in Arnstadt. In: BHSKA, 4 (1984), S. 12-19. **19. Oktober:** Nachts 23 Uhr kommt nahe dem Holzmarkt eine *schnelle* Feuersbrunst auf, die acht Häuser auf dem Töpfenmarkt bei der Neuen Kirche einäschert. L Gregorius, Johann Gottfried: Das jetzt florirende Thüringen. Erfurt 1711, S. 179.

1704, 8. September: In einem Schreiben an Bürgermeister und Rat fordern die Arnstädter Krämer und Handelsleute, das Hausieren der Juden nicht zu dulden, da diese *in der that der Handelschaft einen mercklichen abbruch und schaden in Ihrer nahrung versuchen.* Weiter heißt es: *die täglich alhier hausiren gehende(n) Juden, obschon offenbar und bekandt (ist), daß Sie es mit keinen Gristen* (Christen) *treulich meinen, finden doch, und zwar meistens aus neugierigkeit ziehmlichen zugang,* (sie) *sind auch so ungescheuet, daß sie denen Leuten in die Häußer lauffen, um Ihre wahren gleichsam* (aufzudrängen), *dar-bey aber allerhand, auch wohl gar Verbothene oder gestohlene Sachen wieder annehmen, heimlich ver-*

tauschen, und dadurch das gesinde und andere leute zu Diebstahl und allen unfug anreizen. **1. Dezember:** In einem Beschluß des Fürsten Anton Günther II. wird u.a. festgelegt: *keinen Juden das Hausiren, noch vielweniger aber das offensichtliche feil halten ingleichen auch kein Nacht Lager in dieser unserer Residenz Stadt* (Arnstadt*) zu gestatten;* Juden sofort *nach eingenommener Zehrung* wieder fortzuweisen sowie *da sie* (die Juden) *deßen ungeachtet einigen Handel zu treiben sich unterstünden, ihnen die Wahren weg genommen und auf unsere Regierung geliefert werden sollen.* Die Bürgerschaft wird angewiesen, auf die Einhaltung des Befehls zu achten und der Regierung nötigenfalls Bericht zu erstatten. Q KAA, Bestand Stadt Arnstadt, Sign. 236-01, Hausieren durch jüdische Händler 1704-1719.

1705, 19. März: Gesuch des Hofjuden Tobias Meyer von Harzgerode (auch Hartz David genannt) um Erlaubnis zum Hausieren mit Waren. Ihm wird dazu die Konzession für wöchentlich zwei Tage erteilt mit der Bedingung, seine Waren nur in den Häusern *angesehener* Bürger feilzubieten. Q KAA, Bestand Stadt Arnstadt, Sign. 236-01, Hausieren durch jüdische Händler 1704-1719. **28. Mai:** Uraufführung der Operette *Die Klugheit der Obrigkeit in Anordnung des Bierbrauens,* im Volks-mund kurz *Bieroper* genannt, auf dem Tanzboden im Rathaussaal. Das bei Meurer gedruckte Werk umfaßt 56 Seiten und vermittelt *in vier Akten bis in die kleinsten Einzelheiten ein eindrucksvolles Bild vom Leben und Treiben in Arnstadt.* Verfasser ist der Rektor der Stadt- und Landschule in Arnstadt, Johann Friedrich →Treiber. L Stahl, Ernst: Die Arnstädtische *Bieroper* aus dem Jahre 1705. Arnstadt, 1993.

1706: Die Arnstädter Bürger haben darum gebeten, *daß keine Juden herein gelaßen oder ihnen in der Stadt zu handeln und zu wandeln möchte verstattet werden, welches auch verwilliget und angeordnet, bald aber dergestalt verändert wurde, daß die herschaft gewiße Hoff Juden angenommen, welche sowohl bey hoff alß auch in der Stadt gehandelt, und der Bürgerschaft mehr Schaden gethan alß zuvor.* Q KAA, Bestand Stadt Arnstadt, Sign. 032-01, Das Rothe Buch, S. 6. **7. Juli:** Früh 2 Uhr schlägt ein *Donnerwetter* in die Wetterauische Badestube an der Ecke der Badergasse, *da es auch gezündet, mit/ den Gebeth buche der Frau/ selbst gelöscht.* Q Starkloff, S. 60.

1707, 17. Oktober: Johann Sebastian Bach, mittlerweile angesehener Organist an der Kirche St. Blasii in Mühlhausen, heiratet. Er ist mit dem Pfarrer Johann Lorenz Stauber befreundet und wählt wohl deshalb die Kirche in Dornheim als Stätte der feierlichen Eheschließung mit seiner Base Maria Barbara Bach, der Tochter des Gehrener Organisten Johann Michael Bach. L Neumann, Siegfried: Als der Johann Sebastian mit der Maria Barbara. In: Dornheim einst und heute. Dornheim 1996, S. 16f.

1708: Die Quellen am Schönbrunn sind so weit ausgetrocknet, daß man drin gehen kann. Neuer Stein an der Offenborn-Quelle gesetzt. Q Starkloff, S. 63. **6. Februar:** Auf der Grundlage des fürstlichen Befehls vom 1. Dezember 1704 beschweren sich die Bürger über den Hofjuden Hartz David, weil dieser *schon 3 Jahre in der Stadt hausiert, sich im Gasthof zum güldenen Greif eingemiethet hat, öfter andere viele Juden mitgebracht* (hat) *und sowohl Sonn- und Werktags den Leuten ohne Unterschied Waren feil bot.* Dies betrachtet man als Verstoß gegen die Konzession vom 19. März 1705. Der Rat hebt daraufhin die Konzession auf. Dem Greifenwirt untersagt man, Hartz David ein Nachtlager zu geben, worauf dieser sich eine Kammer bei der Witwe des Johann Christian Heyn mietet. Offensichtlich hat der regierende Fürst bisher keine Veranlassung gesehen, gegen die Hofjuden, die sicher erstklassige Ware bieten, vorzugehen. Q KAA, Bestand Stadt Arnstadt, Sign. 236-01, Hausieren durch jüdische Händler, 1704-1719.

1709: Fürst Anton Günther II. macht erstmals von seinen, von Kaiser Leopold I. verliehenen Rechten als Hofpfalzgraf Gebrauch. L Die Fürsten von Schwarzburg–Rudolstadt. Rudolstadt 1998, S. 25. Man nimmt Hartz David wegen Hinterziehung des Leibzolls in Erfurt gefangen. Für seine Freilassung verwendet sich kein Geringerer als Fürst Anton Günther II. persönlich, woraufhin nach Erlegen der geforderten Summe Hartz David das Gefängnis verlassen darf. L Wiegand / Krebs, S. 271. **5. Januar:** Große Kälte, so daß die Frühkirche nicht gehalten werden kann. Mit Temparaturen von teilweise bis minus 30 °C dauert sie drei Wochen. *Menschen und Vieh hat viel leiden müßen, die/ Vögel crepirten in* *der Luft.* Q Starkloff, S. 64. **1. Mai:** Über Arnstadt haben sich *3 schwere Donnerwetter* zusammengezogen, bei denen *das Wetter in das Pfarrhauß geschlagen, und die Stadt darauf in Brand gekomen dadurch seynd 21 bewohnde Gebäude samt 10 arme Kinder elendiglich verbrandt.* Q KAA, Bestand Stadt Arnstadt, Sign. 251-03, Die Mannschaften der Feuerwehr und die Feuerordnung 1709-1772.

1710, 6. Februar: Wiederaufsetzen des *renovierten* Turmknopfes auf das Neutor. **12. Juli:** Die mittlere Glocke der Liebfrauenkirche kommt wieder in den Turm, wo sie am 19. November 1709 zersprungen, am 24. Mai 1710 abgenommen, in Gotha von Paul Seegern noch Pfingsten umgegossen und danach mit sechs Pferden wieder nach Arnstadt geführt worden war. Q Starkloff, S. 67-69.

1711: Die fertiggestellte Augustenburg unterhalb der Käfernburg bei Oberndorf schildert ein Zeitgenosse wie folgt: *Es ist dieses schöne Gebäude auff die Art wie das Hochfürstl. Wolffenbüttelische Lust= Hauß Saltzdalen/ angeleget/ und insonderheit wegen des vortrefflichen Gartens/ welcher in kurtzer Zeit aufs herrlichste an einem wüsten Orte angerichtet worden/ zu bewundern. In dem Garten sind etliche kleine Lust=Häuser/ auch zwey andere kleine Häuser/ worinne allerhand Vögel zu sehen. Die vielen Gemächer sind alle aufs kostbarste Fürstlich meubliert/ und mit raren und curieusen Schildereyen/ auch pretieusen Spiegeln gezieret. Insonderheit sind sehens=würdig/ die Porcellain-Cabineta, in welchen viel Chinesische/ Japanische und Persianische Porcellain-Geschirr/ zu sehen. Der grosse Saal/ mit zweyen Caminen dessen Boden mit allerhand Holtz ausgeleget ist/ und die Decke in fresco, mit Wapen und kostbaren Gemählden gezieret/ ist das weitläuffigste Gemach. Das Audienz Gemach/ und Frantzösische Zimmer sind wegen der schönen Portraiten und Meublen (Möbel) zu bewundern. Von dem Übrigen kann der Augenschein am besten Unterricht geben.* L Gregorius, Johann Gottfried: Das jetzt florirende Thüringen. Erfurt 1711, S. 183f. **Mai:** Neubau der steinernen Brücke über die Stadtweiße in der Erfurter Straße beim St. Georgs-Hospital. Q Starkloff, S. 70. **9.-15. Juli:** *Weimarische Woche.* Herzog Wilhelm Ernst von Sachsen-Weimar fühlt sich als Oberlehnsherr durch die Erhebung der Schwarzburger Grafen in den Reichsfürstenstand bedroht. Am 9. Juli, vor 3 Uhr morgens, erscheinen unerwartet 1.500 Mann weimarische Truppen zu Fuß und zu Roß mit acht Geschützen und einigen Sturmleitern vor der Stadt. Durch den Garten des *weimarschen Küchenmeisters* Schröpfer brechen sie in die Längwitzer Vorstadt ein, rennen mit etwa 40 Mann das Längwitzer Tor gewaltsam ein und postieren ihre Geschütze auf dem Markt. Dann besetzen sie die Schloßwache und die Vorburg (heute Landratsamt) von Schloß Neideck. Fürst Anton Günther II. befindet sich im Belagerungszustand. Tags darauf erscheint eine *Kommission* weimarischer Beamter, die im *Güldenen Greif* (heute Markt 11) Quartier nimmt. Sie nötigt den Rat, *ihr eine besondere Stube auf dem Rathaus einzuräumen* und gebärdet sich einige Tage lang als rechtmäßige Landesregierung. Dem Rat nimmt man *Das Rothe Buch*, ein Stadtbuch mit wichtigen Eintragungen ab, den gräflichen Beamten, soweit man sie nicht nach Weimar mitnimmt (wie Kanzler Zange und Landschaftskassierer Francke) die Siegel. Außerdem ergeht das Verbot, von den Kanzeln Fürst Anton Günther nicht als *Landesherren* zu bezeichnen usw. Schließlich ziehen die Kommissare am 14. und die Truppen am 15. Juli aus Arnstadt ab, ohne Nennenswertes für den ernestinischen Oberlehnsherren erreicht zu haben Das von Anton Günther angerufene Reichskammergericht nötigt eine Zeit später den Herzog, alle Maßregeln zurückzunehmen. L Bühring, S. 173-175. Trefftz, J., Der Überfall Arnstadts im Jahre 1711. In: ZVThGA. NF 20, 2. H. Jena 1911, S. 380-400. Thalmann, S. 17; John / Jonscher, S. 131.

1712: In der Stadt stehen vier Feuerspritzen zur Brandbekämpfung bereit. Zu jeder Spritze gehören 20 bis 25 Mann Bedienung, dazu zwei Feuerherren. Q KAA, Bestand Stadt Arnstadt, Sign. 250-03, Revidierung der Feuerordnung und Einsetzung der Mannschaften 1712-1713. Um die drohende finanzielle Katastrophe in seinem Fürstentum zu verhindern, muß Fürst Anton Günther II. seine etwa 20.000 Stück umfassende Münzsammlung zum Preis von 100.000 Talern an den Herzog Friedrich II. von Sachsen-Gotha verkaufen. L Donhof / Scheidt, Bachzeit, S. 7. **April-Mai:** Rathausreparatur. Die Südseite zieren fortan Porträts römischer Kaiser des 1. Jh. nach Christi Geburt. In der oberen Reihe: Julius, Augustus, Tiberius, Caligula, Claudius, Nero und Galba; in der unteren Reihe: Otto, Vitellius, Vespasianus, Titus und Domitianus. Auf der Ostseite, zur Neuen Kirche hin, werden vier große Sinnbilder angebracht: Justitia (Gerechtigkeit; mit der Waage in der linken und dem Schwert in der rechten Hand), Salus publica (Wohlfahrt; in der linken Hand ein aufgeschlagenes Buch, worin geschrieben stand: *In legibus Salus jubet et prohibet* und in der rechten Hand ein Zepter), Prudentia (Weisheit) und Conscientia (Gewissen). Ausführender der Malerarbeiten nach Angaben von Kanzler Zange ist der in Holzhausen geborene, spätere Arnstädter Hofmaler Johann Michael →Thielemann (1669-1735). Q Starkloff, S. 77. L Hatham 1842, S. 241. Donhof / Scheidt, Bachzeit, S. 46. **20. Mai:** Beim Riedturm wird eine alte Gruft ausgegraben, *darin viel nutzbare Steine gefunden.* **24. Mai:** Aufsetzen der erneuerten Knöpfe und Fahnen auf die Rathaustürme. **23. Juli:** Nachmittags 3 Uhr kommen über 300 Störche hierher geflogen, setzen sich auf die Liebfrauenkirche, ziehen dann *bey der goldenen Gans rum und fort.* **22. August:** Erneuerter Knopf wird auf den Oberkirchturm gesetzt. Q Starkloff, S. 77-79.

1713: Im Gesamthaus Schwarzburg wird die Primogenitur eingeführt. Mit der Übernahme der Macht durch den jeweils Erstgeborenen soll *der fortwährenden Zersplitterung des Landes durch Teilung Einhalt* geboten werden. L Apfelstedt, Heinrich Friedrich Theodor: Das Haus Käfernburg-Schwarzburg von seinem Ursprunge bis auf unsere Zeit. Sondershausen 1890, S. 14. **9. Juni:** Jacob Klinghammer, ein Müllerbursche aus Görbitzhausen wird wegen des in der Kirche in Roda begangenen Raubes auf dem Marktplatz enthauptet. Q Starkloff, S. 79.

1714, 5. März: Das Hausierungsverbot für jüdische Händler wird mit Ausnahme des Hofjuden Meyer von Harzgerode (Hartz David) durch die fürstliche Regierung bekräftigt Q KAA, Bestand Stadt Arnstadt, Sign. 236-01, Hausiren durch jüdische Händler 1704-1719.

1715: Fürstin Auguste Dorothea, Gemahlin Fürst Anton Günthers II., gründet in unmittelbarer Nähe des Gasthofes *Zum weißen Roß* nahe Oberndorf (später Gasthaus *Rößchen*) die Fayencemanufaktur Dorotheenthal, nachdem man einige Jahre zuvor in einem Betrieb neben der Oberndorfer Kirche entsprechende Versuche durchgeführt hat.
Mit Hilfe qualifizierter Fachkräfte aus der 1709 gegründeten väterlichen Fabrik (Joh. Philipp, Joh. Theobald und Joh. Tobias Frantz, Joh. Martin Frantz und Drehermeister Wilhelm Kanja) entwickelt sich von Beginn an eine hochstehende Produktion. Die Glasurmühle steht vor dem Längwitzer Tor in Arnstadt, zwischen der Steinernen Brücke *(Brücke des Friedens)* und der *Schumpelbrücke* am *Lindeneck* am Westufer der Gera. Die Tongruben liegen im an die Fabrik angrenzenden Waldgebiet *Hain.* Der Betrieb wird zwischen 1803 und 1806 stillgelegt. L Neuburger, A.: Die Dorotheenthaler Fayencefabrik. In: KS 11 (1961), S. 2 -5. **31. Dezember:** Auguste Dorothea konvertiert zum katholischen Glauben. Das Erfurter Ursulinenkloster leiht 1707 der *Herzogin zur Augustenburg* 600 Reichstaler, um Schulden im Zusammenhang mit der Schaffung der Puppenstadt *Mon plaisir* zu begleichen.
So entsteht in der Folgezeit eine Beziehung zum Orden der Ursulinen, die wohl Anlaß zur Gestaltung mehrerer Klosterszenen in der Puppensammlung ist. Kurze Zeit später, am 31. Januar 1716 gestattet Anton Günther seiner Gemahlin und ihren Bediensteten auf der Augustenburg katholische Gottesdienste zu zelebrieren. L Bühring, S. 184. Klein, Matthias: Die Sammlung *Mon plaisir* im Schloßmuseum zu Arnstadt. In: AVAU 9 (1999) S. 9; Wiegand, Fritz: Die Puppensammlung *Mon plaisir* im Besitz des braunschweigischen Herzoghauses. In: AA Unsere Heimat, Nr. 5 (1934) nennt als Tag der Konvertierung den 31. Januar 1716.

1716, 19. Januar: Strenge Kälte. Q Starkloff, S. 89. **2. Mai:** Wiederbegründung der Schönbrunn-Schützengesellschaft. L Thalmann, S. 17. **20. Dezember:** Fürst Anton Günther II. von Schwarzburg-Arnstadt stirbt, ohne Erben zu hinterlassen. Regierungsnachfolger wird sein in Sondershausen residierender Bruder Christian Wilhelm, welchem 1720, noch zu Lebzeiten des Vaters, sein Sohn Fürst →Günther I. von Schwarzburg-Sondershausen folgt. Arnstadt hört für immer auf, ständiger Sitz eines regierenden Grafen oder Fürsten zu sein. L Donhof / Scheidt, Bachzeit, S. 7.

1717: Eine neue Feuerordnung legt u. a. fest: *Die Schlothe und Feuerstätte sollen hinführo gantz steinern gemacht werden.* L Köhler, Erich: 100 Jahre Freiwillige Feuerwehr der Stadt Arnstadt 1864-

1964. Arnstadt 1964, S. 4. **31. März:** Auf Befehl des Fürsten Christian Wilhelm erfolgt die Bekanntgabe der Privilegierung des sogenannten Schutzjuden Alexander Salomo. Schutzjuden sind diejenigen jüdischen Bewohner, die *aus besonderen gnaden* (mehr wohl aus rein wirtschaftlichen Erwägungen heraus) *von der hohen Landesobrigkeit* (gegen Bezahlung einer bestimmten Summe Geldes) *auf- und in schutz genommen worden* sind. Salomo erhält die Erlaubnis zum freien Handel und Wandel, frei von Zoll, Accis und Geleit. Q KAA, Bestand Stadt Arnstadt, Sign. 236-01, Hausiren jüdischer Händler 1704-1719.

1. Mai: Beginn der Auflösung des Hofstaates des 1716 verstorbenen Fürsten Anton Günther II. Von den 56 noch besoldeten Personen werden 19 entlassen, andere erhalten ein Wartegeld oder reduzierte Besoldung. Bestehen bleiben die Hofhaltung seiner Witwe Auguste Dorothea auf der Augustenburg wie auch die Behörden zur Verwaltung der Oberherrschaft (Regierung Arnstadt, Kammerverwaltung, Konsistorium). L Donhof / Scheidt, Bachzeit, S. 7.

30. August-1. September: Vogelschießen mit Einweihung eines neuen Schießhauses und Schießgeländes am →Schönbrunn im →Jonastal in Anwesenheit des Fürsten, der dafür die Erlaubnis erteilt. L Fuhrmann, Hartmut: Zur Geschichte der Schönbrunn-Schützengesellschaft Arnstadt von 1717 bis 1945. In: Schönbrunn Schützengesellschaft von 1717 zu Arnstadt. Arnstadt 1997, S. 16.

1719: Neubau des Hospitals St. Jacob vor dem Erfurter Tor anstelle des alten Siechhofes und Lazarettes (Bahnhofstr. 21). L Unger 1979, S. 19.

1720: Günther I. wird regierender Fürst. Seine Gemahlin Elisabeth Albertine aus dem Haus Anhalt-Bernburg wählt Arnstadt als damals größte Stadt des Fürstentums (ca. 3.800 Einwohner) zum Witwensitz. L Donhof 1988, S. 2. Einweihung der Kirche des St. Jacobs-Hospitals vor dem Erfurter Tor (Bahnhofstr. 21). **1. Mai:** Herr Liborius Wex aus Arnstadt, 70 Jahre alt, ist *in der Siegelbacher Flur ohnweit des Arnstädter Weges/ in einem Weinberg todt gefunden/ war schon ziemlich verweist, wegen/ schrecklichen Gestanck, wo er lag eingescharrt.* Q Starkloff, S. 93.

1722: Abbruch der alten Kanzleigebäude unmittelbar südwestlich von Schloß Neideck. Die Fläche dient dem Neubau des Neuen Palais, dem künftigen Witwensitz von Fürstin Elisabeth Albertine. Bis 1724 werden Werksteine herangeschafft. Wegen finanzieller Schwierigkeiten ruht der Bau dann, da man seit 1720/1721 gleichzeitig am Schloß Sondershausen arbeitet. Außerdem müssen für die nicht-regierenden Brüder des Fürsten zwischen 1721 und 1729 standesgemäße Wohnsitze in Ebeleben und Keula geschaffen werden. L Donhof 1988, S. 2.

1724: Das Dachgebälk der Hofkapelle im Schloß Neideck weist größere Schäden auf und in der *Hoffküche ist das gewölbe eingefallen.* Q ThStAR, Kammer Arnstadt, Sign. 753, Notwendige Reparaturen am Schloß 1724.

1725: Fertigstellung des völlig neuerbauten Wachsenburger Tores. Q Starkloff, S. 97. Die Barfüßeroder Oberkirche erhält einen neuen *Kirchenhimmel*, d. h. Zimmermeister Lange errichtet die hölzerne Tonne im Schiff mit den Mansardenfenstern, wodurch sich das Gesamtbild des neuen Dachstuhles verändert Q KAA, Bestand Stadt Arnstadt, Sign. 636-03-6, Acta die in den Thurmknöpfen (Neutor, Jacobsturm) niedergelegten Nachrichten 1827, 1830, S. 51. L Prautzsch, S. 31.

1728: Wiederaufnahme der Arbeit am Neuen Palais. Die Fürstin hat zur Erweiterung des Bauplatzes zwei angrenzende Gärten in der Ritterstraße erworben. Zur Vergrößerung des Lustgartens kauft sie 1734 und 1741 noch zwei Häuser in der Zimmerstraße, die abgebrochen werden. L Donhof 1988, S. 3. Die Etagen-Linde am alten Schloßgraben, dem Neuen Palais gegenüber, wird gefällt. L Starkloff, S. 99.

1729, 25. Mai: Grundsteinlegung für das →Neue Palais. Die Arbeiten stehen zwischen 1731 und 1739 unter der Leitung eines Baumeisters Hoffmann, der möglicherweise mit dem anhaltischen Landbaumeister Johann Heinrich Hoffmann identisch ist. L Donhof 1988, S. 3.

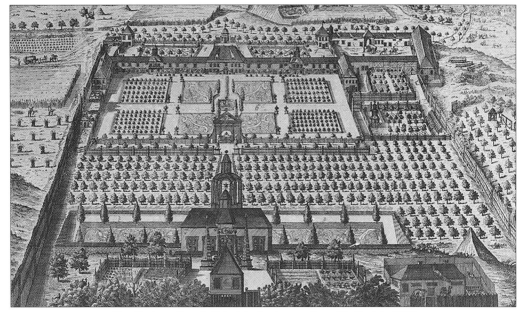

Pius Rösel von Rosenhof, Ansicht der Augustenburg, Kupferstich, 1708

1731: Das Haus Sachsen-Weimar als Oberlehnsherr erkennt gegen 3.500 Taler zu zahlende Rezeß-gelder erst jetzt die Reichsfürstenwürde der Schwarzburger Grafen an. Veröffentlichung einer Verordnung Kaiser Karls VI. auch in Arnstadt gegen das *Degentragen* der Handwerker und den *blauen Montag.* L Thalmann, S. 17.

1732, 26.-28. Juli: Von Plaue kommend, ziehen etwa 550 Salzburger Emigranten mit 53 Wagen nach Arnstadt. Am Offenborn vor dem Riedtor werden sie herzlich empfangen und in der Stadt versorgt. Zwei Tage später ziehen sie weiter nach Preußen, um hier eine neue Bleibe zu finden. **7. August:** Die Arnstädter empfangen eine zweite Gruppe Salzburger Emigranten *als recht liebe Gäste.* Sie kommen von Ilmenau über Reinsfeld und Dannheim mit 125 Wagen und Karren, meist bespannt mit den eigenen Pferden. Vor *dem Lengewitzer=Thore* (werden sie) *von dem Ministerio, Rath und Schule, unter Läutung aller Glocken, und, gleichwie die vorigen, unter Zulauff einer unbeschreiblichen Menge einheimischen und fremden Volckes* empfangen. L Der Durchzug der Salzburger Emigranten durch Arnstadt. In: Alt-Arnstadt 3 (1906), S. 24-36.

1735: Errichtung der sogenannten Neptungrotte durch den Bildhauer Heinrich Christoph →Meil (1701-1738) im Zusammenhang mit dem Bau des Neuen Palais in dessen zentraler Achse, dem Haupteingang unmittelbar östlich gegenüber. Außer der Zentralgestalt des Meeres- und Flußgottes gehören zur Grottenarchitektur zwei groteske Masken und ein das Ganze bekrönender Adler. L Donhof / Scheidt, Bachzeit, S. 23f. **10. November:** Einweihung des Neuen Palais. Umfangreiche Bauarbeiten ziehen sich bis 1738 hin; einzelne bis 1740. L Donhof 1988, S. 3. Als Bauherr und regierender Fürst hält sich Günther I. während der Bauarbeiten *öfter alhier* (in Arnstadt)/ *auf und hatte Seine Residenz in dem/ alten Schloße* (Neideck)*, nach dessen/ Ableben nahm/ seine Frau Wittwe Ihren Wittwensitz in dem, von Ihrem/ Gemahl allhier erbauten Fürstlichen/ Palais ein.* Q KAA, Bestand Stadt Arnstadt, Sign. 636-03-6, Acta die in den Turmknöpfen (Neutor/Jacobsturm) niedergelegten Nachrichten 1827, 1830, S. 37.

1737: In der Stadt gibt es neun Leiterhäuser für Feuerlöschzwecke: am Rathaus, an der Klausgasse, am Erfurter Tor, am Wachsenburger Tor, bei der Superintendentur, am Riedtor, am Längwitzer Tor, am Schwan und an der Goldenen Gans. An 16 Brunnen stehen 51 Wasserkufen bereit. Q KAA, Bestand Stadt Arnstadt, Sign. 253-01, Die Feuerwehrrüstung 1737-1796.

1738, 29. Juli: Grundsteinlegung für den Neubau der *Gottesackerkirche* im später so genannten *Alten Friedhof* vor dem Erfurter Tor. Steine für den Achteckbau bricht man auf der Alteburg, Fenster fertigen die Innungen auf ihre Kosten an. Aufsetzen des Dachstuhls am 3. November 1742. Q KAA, Bestand Stadt Arnstadt, Sign. 636-03-6, Acta die in den Thurmknöpfen (Neutor, Jacobsturm) niedergelegten Nachrichten 1827, 1830, S. 50.

1740-1741: Sehr kalter Winter, der Martini (11. November) beginnt und etwa 20 Wochen dauert. Temperaturen bis *30 ½ barom*. Viele Tiere erfrieren in Feld und Flur. Fruchtpreissteigerung. L Starkloff, S. 143.

1741, 17. Juni: Durch *mittagiges Gewitter Morgens ¾ / Acht Uhr* wird durch Blitzschlag in den Neideckturm der oberste Knopf zerschmettert und die *Thurm=Spindel in Entzündung gebracht*. **6. Juli:** Wiederaufsetzen des Knopfes auf den Neideckturm. Q ThStAR, 822, S. 6.

1743, 23. Mai: Am Himmelfahrtstag feierliche Einweihung der neuerbauten Gottesackerkirche. **11. November:** Fertigstellung der aus *fünf Schwibbögen* bestehenden steinernen Brücke über die Gera vor dem Längwitzer Tor (Brücke des Friedens). L Starkloff, S. 120-125.

1746: Abtragung des spitzen, gotischen Helmes auf dem Turm der Oberkirche und Errichtung der noch heute vorhandenen barocken Turmabdeckung. Q KAA, Bestand Stadt Arnstadt, Sign. 636-03-6, Acta die in den Thurmknöpfen (Neutor, Jacobsturm) niedergelegten Nachrichten 1827, 1830, S. 51.

1748, Juni: Schäden durch Hochwasser. Danach Neuerbauung des (Großen Gera?) Wehres, *da ein Wolckenbruch sich/ auf der alte Burg ausgeschüttet,/ dadurch so ein großes Wasser entstandt; daß das Wehr mit fortgerissen wurde; und noch vielen Schaden an den Mühlen Damm veruhrsachte, die kleine Weiße in/ Jonasthale lief zu der Zeit so zu, daß Gerinne, Brüken, Roehren/ mit fortgenommen, und das Wasser/ bis ins Wachsenburger Viertel trat*. Q Starkloff, S. 127. ThStAR, 822, S. 11b. **Juli:** Der Bauinspektor Christian Schmidt stellt fest, daß sowohl das Archivgewölbe im alten Schloß (Neideck) als auch die anderen Gewölbe daselbst *mehrentheils* (so) *zerrißen* (sind), *daß Mann eine Hand Darzwischen stecken* (kann). Ähnlich schlimm ist der Zustand des Schloßturmes im Bereich des oberen und unteren Umganges. Eindringendes Wasser hat hier die Balken schwer beschädigt. Auch der *Königssaal* mit *der schönen Decke* ist stark vom Einsturz bedroht. Q ThStAR, Kammer Arnstadt, Sign. 759, Anzeigen über Schäden im Schlosse 1748.

1749, Oktober: Das Fürstlich-Schwarzburgische Regiment kehrt aus Holland zurück. Es ist den Generalstaaten 1748 von beiden Schwarzburger Fürsten überlassen worden. Jeder von ihnen kassiert dafür eine jährliche Subvention in Höhe von 5.000 Talern. Stab und sechs Kompanien werden in Arnstadt einquartiert. Ab 9. März 1755 dienen sie dem Preußenkönig Friedrich den Großen. Q ThStAR, 822, S. 8 b. L Müller, Karl: Arnstadt als Garnison. In: Alt- Arnstadt, 12 (1939), S.64-69. Thalmann, S. 18.

1751: Der Glockenturm der Liebfrauenkirche wird anstelle der gotischen Spitze mit einem neuen Dachstuhl versehen (barocker Helm) und mit Schiefer gedeckt. Q KAA, Bestand Stadt Arnstadt, Sign. 636-03-6, Acta die in den Thurmknöpfen (Neutor, Jacobsturm) niedergelegten Nachrichten 1827, 1830, S. 52. **11. Juli:** Fürstin Auguste Dorothea stirbt auf der Augustenburg nahe Oberndorf, die ihr spätestens seit 1716 als ständiger Wohnsitz dient. Hier entstehen wesentliche Teile der berühmten Puppenstadt *Mon plaisir*. L Wiegand, Fritz: Zur Geschichte der Augustenburg. In: Alt-Arnstadt 12 (1939), S. 47-50.

1753: Bauarbeiten am Rathaus. Die marktseitige Freitreppe zum Tuchboden wird entfernt und stattdessen ein *ganz neuer/ Palcon anerbaut, und/ mit ganz neuen Fenstern gezieret*. Die Wandgemälde von 1712 *sahen von Wetter sehr unschünner/ aus*, weshalb man beschließt, keine wieder anzubringen.

Auch ist sonst hin ein Durchgang/ unter den Rathhause hin weg gewesen, diesen war ein Theil davon/ zur großen Stube genommen, ein theil zur Bau Cammer benutzt./ Durch diesen Bau ist der Stein nicht mehr zu sehn von 1501/ des Alten Rathauses. Q Starkloff, S. 132. KAA, Bestand Stadt Arnstadt, Sign. 636-03-6, Acta die in den Thurmknöpfen (Neutor, Jacobsturm) niedergelegten Nachrichten 1827, 1830, S. 48.

1754, 30. Mai: Die Fürsten Heinrich I. von Schwarzburg-Sondershausen und Johann Friedrich von Schwarzburg-Rudolstadt werden mit Sitz und Stimme in den Reichsfürstenrat aufgenommen. Damit findet die 1697 bzw. 1710 erfolgte Erhebung der Häuser in den Reichsfürstenstand ihren Abschluß. L John / Jonscher, S. 136.

1755, 9. März: Ein aus niederländischen Diensten heimgekehrtes schwarzburgisches Regiment wird Friedrich dem Großen überlassen. L Thalmann, S. 18.

Im Siebenjährigen Krieg 1756-1763

1756: Beginn des Siebenjährigen Krieges, in dem *unser gutes Arnstadt nicht wenig gelitten hat.* Schäden durch Hochwasser. Q ThStAR, 822, S. 8 b, S. 9. **27. November:** Pflanzung von Linden um die Neue Kirche herum. L Starkloff, S. 137.

1757, 16. August: In Arnstadt treffen 1.500 Mann des kaiserlich-würzburgischen Infantrieregiments und 10.000 Mann Reichsexekutionstruppen ein. Aus ihrem Aufenthalt, der bis Oktober dauert, erwachsen der Stadt Kosten in Höhe von 1.108 Reichstalern. L Stille, S. 1; Thalmann, S. 18. **25. September:** Generalmajor Laudon mit 4.500 Kroaten in Arnstadt. L Stille, S. 4.

1758: Nach dem Tod des Fürsten Heinrich I. übernimmt Christian Günther III. die Herrschaft. Er ist der letzte regierende Fürst von Schwarzburg-Sondershausen, der *sich noch zuweilen allhier* (in Arnstadt) *aufgehalten und das alte, nachher/ verfallene Schloß* (Neideck) *annoch bewohnt* (hat). Q KAA, Bestand Stadt Arnstadt, Sign. 636-03-6, Acta die in den Thurmknöpfen (Neutor, Jacobsturm) niedergelegten Nachrichten 1827, 1830, S. 38.
2. April: 2.400 kurmainzische Soldaten in Arnstadt. L Stille, S. 4. **8.-17. Oktober:** Lager der Reichsarmee in und um Arnstadt, besonders schwäbischer und kurkölnischer Regimenter unter General von Wildenstein. L Thalmann, S. 18.

1759, 18.-25. Juli*: 16 Tausend (Mann) Reichstruppen sind durchmarschiert, welche haben 30 große und mittel Gestücke bey sich geführt, alsdann haben sie auch viele Cavallerie bey sich gehabt, und haben sich vor das Erfurter Thor gelagert; alsdann hat das Lager von dem Lazeret* (heute Bahnhofstr. 21) *an gereichet bis an die oelmühle* (vor dem Erfurter Tor*) und von der Oelmühle bis nach Rischstätt* (Rehestädt) *und hernach den* **24. Julii** *sind 3 Regimenter, auch die Package weiter gemarschiert nach Erfurt, und den* **25. Julii** *sind sie alle miteinander abgemarschiert nach Erfurt.* L Stille, S. 5. **29. September:** Einquartierung von 6.000 Soldaten; *wilde Kriegsvölker von Croaten, Panduren, Slavonier pp./ welche hier Rasttag hielten und/ wobey mancher Bürger 20-30 und mehrere/ dieser Soldaten ins Quartier nehmen und beköstigen mußte.* Q ThStAR, 822, S. 9.

1761, 14. Dezember-2. Mai 1762: Der Aufenthalt des vergnügungssüchtigen Prinzen von Stolberg kostet der Stadt 25.000 Taler. *Den* **14.** *Dezember 1761 ist der Prinz von Stolberg hier in die Stadt gerückt, und sein Volk war auf die Dorfschaften gelegt, aber man wußte nicht wie viel daß ihrer waren, und weil er (der Prinz) hereinkam, da war ihm kein Haus dem Markte groß satt, da legte er sich auf das Rieth in den großen Christopfel, da mußte der Rat ihm laßen eine Küche bauen, und weil er 14 Tage hier war, da mußte der rat die Ratsstuben leer machen, da fing der Prinz an und spielte Ball von den* **ersten Februar** *bis auf den* **10. März.** L Stille, S. 6.

1762, 22. Dezember: Der kaiserliche Hauptmann (Major ?) Otto überfällt mit seinem vier- bis fünfhundert Mann starken Jäger- und Husarenkorps die hier unter dem Kommando des Rittmeister Sicker stehenden preußischen Kürassiere vom Regiment Schmettau. Erschießung der preußischen Wache im Wachsenburger Tor. Die ottoischen Jäger schießen in verschiedenen Gasthöfen und Häusern durch die Fenster, was Tote und Verwundete auf beiden Seiten fordert. So erhält der 70jährige Gastwirt Fleischhack in der *Goldenen Sonne* am Ried *durch einen Flintenschuß eine Bleßur.* Das ottoische Korps erbeutet 50 Pferde und verschleppt den Rittmeister mit etwa 50 Gefangenen, was zur Folge hat, daß ein preußisches Freikorps unter Oberst Jenny hier Winterquartier nimmt. Gelderpressungen und *Ausschweifungen* bringen den Arnstädtern gerade in der Weihnachtszeit Not und Kummer. Q ThStAR, 822, S. 9f. Friedrich II. von Preußen belegt Arnstadt wegen des Vorfalls mit einer Kontribution von 80.000 Talern. L Thalmann, S. 18.

1763, 10. April: Die Arnstädter feiern den Hubertusburger Frieden, das Ende des Siebenjährigen Krieges. Q ThStAR, 822, S. 10 b.

Bis zur Napoleonischen Zeit 1764-1793

1764: Der Arnstädter Bürger und Landwirt Johann Jacob Wuckel besät den ihm gehörigen *bey der rothen Hütte* (im Bereich des Eichfeldes) *gelegenen Berg* mit Tannen- und Fichtensamen. L Wiegand 1936, S. 24. **16. Juli-6. Oktober:** Erstmals nachweisbare Abbrucharbeiten *am alten Schloße* (Neideck), die auch 1765 fortgesetzt werden. Das Material verwendet man für den Neubau des fürstlichen Waisenhauses (heute Plan 2). Q KAA, Bestand Stadt Arnstadt, Sign. 932- 40, Waisenhaus-Rechnung 1764/ 65.

1765, 29. April: Grundsteinlegung für das fürstliche →Waisenhaus an der Ecke Neutorgasse (heute Plan 2). **8. Juli:** Richtfest für das heute noch vorhandene Hauptgebäude. **2. Oktober:** Die *Richtung des Seitengebäudes auf der Neuthorgasse/ oder des sogenannten Stifts* erfolgt. Q KAA, Bestand Stadt Arnstadt, Sign. 636-03-6, Acta die in den Thurmknöpfen niedergelegten Nachrichten 1827, 1830, S. 50. **7. Oktober:** Die Arnstädter Mitglieder des sogenannten Bürgerbataillons und der Miliz *des Landes* sollen vor dem Längwitzer Tor auf fürstlichen Befehl einen Eid ablegen und auf die Fahne schwören, was sie beides verweigern. L Starkloff, S. 202. **9. Oktober:** Die Mitglieder des Bürgerbataillons müssen erneut vor das Längwitzer Tor zum *Fischhauß* ziehen, um die am 7. Oktober befohlenen *Articul* zu beeiden und zu beschwören. *Waren / trotzig und thaten es nicht und bliebe(n) einstimig/ legten den Eid nicht ab. Es wurde starck/ bedroht man sahe sie für Rebellen an/ da legten sie zwar ihren Eyd ab unter/ solcher Bedingung da sie keine reguläre Soldaten wären und könten den/ Eyd nicht halten.* Daraufhin wird das Bürgerbataillon verpflichtet, zweimal jährlich mit Fahne und klingendem Spiel vor die Stadt zu ziehen, wo seinen Mitgliedern die Kriegsartikel Wort für Wort verlesen werden und sie *mit aufgerichteter Hand den Eid unter freiem Himel ablegen* müssen. Q Starkloff, S. 202f. **November:** Abbruch der Augustenburg, *die Statuen und Springwerk alles eingerissen/ und demolirt, die Alleen abgehauen,/ daß also weiter nichts blieben ist, als die/ Ringmauer.* Das hier befindliche Naturalienkabinett, *welches aus 14 mit Glasthüren/ verwahrten Schränken* einschließlich der Puppensammlung *Mon plaisir* besteht, wird dem neuerrichteten Waisenhaus für Ausstellungszwecke überlassen. Q Starkloff, S. 207f. **8. November:** Ein Dornheimer namens Bokel, der ein dreiviertel Jahr im Hexenturm (Längwitzer Tor) wegen zweimaligem Ehebruch gefangengehalten wurde, ist, *da ihn das Ungeziefer lebendig gefressen/ in elenden Umständen jämerlich gestorben.* Q Starkloff, S. 203. **18. November:** Nachmittags 2 Uhr beziehen die Waisenkinder das neue Waisenhaus am Plan. L Starkloff, S. 198.

1766: Wassermangel. Q ThStAR, 822, S. 11 b. **28. Januar-26. Mai:** Fürst Christian Günther richtet eine aus zwei Klassen mit insgesamt 6.000 Losen bestehende *Lotterie* ein, deren Gewinn nach der Ausspielung dem Waisenhaus zugute kommt. Q Starkloff, S. 207. **25. Dezember:** Feuergeschrei in der Badergasse. Bei Schuhmachermeister Möhring ist ein *Zucker=Baum* (Weihnachtsbaum) *über und über* *in Brand gerathen.* L Wiegand 1936, S. 33. **25. Dezember-7. Januar 1767:** Klirrende Kälte läßt zahlreiche Tiere erfrieren. Einige Brunnen zerspringen und in der Günthersmühle können wegen Wassermangels nur zwei Mahlgänge angetrieben werden. Q Starkloff, S. 209.

1768: Wird *in dem Obergehege bey Rudisleben ein großer Adler erleget; der hernach in das Fürstl. Waysenhaus in das sogenannte naturalien Cabinet zum Angedenken verehret wurde.* L Wiegand 1936, S. 34. **15. Oktober:** Die *Arnstädtische wöchentliche Anzeigen und Nachrichten* sind mit ihrem *I. Stück* die erste in regelmäßiger Folge erscheinende Zeitung in Arnstadt. L Thalmann, S. 19.

1770, 18. Januar: Bis Mitternacht *sehr starke Nord=Erscheinungen* mit blutrot gefärbtem Himmel. **20. März:** Starker Schneefall, etwa 1 Meter hoch. L Wiegand 1936, S. 35. **4. August:** Im nahegelegenen Dornheim stirbt der bekannte Pfarrer Johann Gottfried Gregorii. L Unger, Peter: Johann Gottfried Gregorii *Melissantes* (1685-1770). In: Dornheimer Geschichte und Geschichten. Dornheim 2001, S. 25-30.
9. Oktober: Am kleinen Gera-Wehr bei der Schumpelbrücke wird ein 1,50 m langer *Lachs=Fisch* mit einem Gewicht von 24 Pfund gefangen und von diesem Exemplar ein Ölbild angefertigt. **27. Oktober:** Nochmals Lachsfang in der Gera zwischen Längwitzer Brücke und Schumpelbrücke (1,12 m lang und 19 Pfund schwer), von dem man ebenfalls ein Ölbild fertigt. L Wiegand 1936, S. 36.

1771, Mai: Teilweise Abnahme des Schieferdaches von Schloß Neideck. Q ThStAR, Rentkammerrechnung 1770-1771. Errichtung einer Krapp-Fabrik in einem Garten vor dem Wachsenburger Tor durch den Kauf- und Handelsmann Böhm. 1781 Verkauf an Hofrat Nagler, der das Haus umbaut und die Gartenländereien erweitert. L Hatham 1842, S. 307. Wiegand 1936, S. 37. **Juni:** Getreide-Teuerung und Brotmangel. **7. Juni:** Blitzschlag in Glockenturm und Begräbnisgewölbe der Liebfrauenkirche. L Wiegand 1936, S. 37f.

1771-1772: Mißernte durch Hagelschlag. Fruchtsperre durch benachbarte Fürsten. Verschlechterung der Ernährungslage der Bevölkerung. Überhöhte Fruchtpreise, Hungersnot und Krankheiten sind die Folge. Vor allem im Thüringer Wald müssen sich die Armen *mit schwarzen Beeren, gekochten Feldkräutern und BrennEßeln* ernähren. Q ThStAR, 822, S. 10f. L Wiegand 1936, S. 36f. Wegen der Hungersnot geht die Einwohnerzahl von Arnstadt gegenüber 1769 um ca. 470 Personen zurück und beträgt 4.407. L Hebeler 1942, S. 72.

1773: Reparatur des Neideckturmes, bei der er *mit Kalk bemändelt worden* ist. L Wiegand 1936, S. 40.

1775, Februar: Schäden durch Gera-Hochwasser. **20. April:** Früh halb 8 Uhr fällt *der Bürger und Brau=Knecht Gustav Schencke in den großen Brau=Hause an der Weise, in den Brau=Bodtig, worinnen kochendes Bier nicht längst hineingethan war worden; man zoch ihn zwar in aller Geschwindigkeit heraus, er ging auch nachhero nach Hauße, allein ehe noch 24 Stunden vergangen waren,* stirbt er. L Wiegand 1936, S. 41.

1776, 24. Mai: Nachts Schneefall. **Mai-Juli:** Reparatur der ehemaligen Hofverwalter-Wohnung im Südflügel der Vorburg (heute Landratsamt) und Unterbringung des vorher in der Neideck befindlichen Regierungsarchivs. **September:** Geburt von Drillingen (zwei Knaben, ein Mädchen) durch die Witwe Martha Elisabeth Schuller, die kurz darauf sterben. **10. November:** Weihe der neuen Kanzel über der Sakristei in der Neuen Kirche. L Wiegand 1936, S. 42-43f.

1777, August: Verkürzung der Spitze des Jacobsturmes auf dem Ried um 10 Schuh (ca. 3 m). L Wiegand 1936, S. 45.

1778: Schäden durch Hochwasser. Q ThStAR, 822, S. 11 b. **Juni:** Reparaturarbeiten am stark beschädigten *Längwitzer Thor=Thurm.* L Wiegand 1936, S. 46.

1779: Am Arnsberg und im Rehestädter Feld erfriert das gesamte Winterfeld. Q ThStAR, 822, S. 11. **19. Januar:** Enthauptung des Raubmörders Remus aus Hausen auf dem Marktplatz. Danach wird sein Körper zur Stadt hinausgebracht und *bei den Dornheimer Berg allwo das Arnstädtische Hoch= Gerichte auf das Rad geflochten, dieses war in 63 Jahren allhier nicht geschehen.* Sein Gehilfe Trautmann stirbt noch vor der Exekution am 21. September 1778 im Gefängnis im Längwitzer Tor-Turm. Durch die Einnahme von Kalk, den man beim Sezieren in seinem Magen findet, hat *er krepiren müssen* und wird auf dem *Schindanger/ eingescharret.* Beide hatten im sogenannten *Tippthal* unweit von Stadtilm den jüdischen Handelsmann David Simson aus Merzbach in Franken ermordet und beraubt. Q ThStAR, 822, S. 12. **August:** Mehrfach starke Gewitter. **10. November:** Sogenannte Homesse-Glocke der Liebfrauenkirche wird in Rudolstadt umgegossen und wieder zurückgebracht. **4. Dezember:** Starker Sturm reißt die Sonnenuhr am Rathaus herunter. L Wiegand 1936, S. 46-49.

1780, Juli: Renovierungsarbeiten in der Neuen Kirche. L Wiegand 1936, S. 50.

1781: Renovierung und Erweiterung des St. Georgs-Hospitals. **März:** Mit Genehmigung des Fürsten Durchführung eines weiteren Jahrmarktes jeweils am Dienstag nach Oculi (3. Fastensonntag). L Wiegand 1936, S. 50f.

1782: Reparatur des Neuen Palais. An der Ostseite wird das bisher hölzerne untere Stockwerk bis zu den Fenstern aus Quadersteinen gefertigt. L Wiegand 1936, S. 52.

1783, Dezember-Februar 1784: Strenger Winter. L Wiegand 1936, S. 53.

1784, Juni: Abbruch der durch Senkung schadhaft gewordenen steinernen Brücke über die Gera vorm Längwitzer Tor und (Holz)Roste für den Neubau gelegt. L Wiegand 1936, S. 53.

1785, 22. November: Hat *sich eine arme Frau* (Johanne Dorothee) *Cazin in dem Teich vor der Pforte wo die Zug=Brücke aus der Stadt hinüber gehet, in ihrer Tollheit ersäufet.* L Wiegand 1936, S. 55.

1786: Wegen des feuchten Sommers bleiben viele Feldfrüchte länger als gewohnt im Boden, darunter auch Kartoffeln (bisher früheste bekannte Erwähnung in Arnstadt). L Wiegand 1936, S. 56.

1787, März: Hat *man die große Linde bei der Liebfrauenkirche gegenüber den großen Chor Eingang abgehauen und ausgerottet die da wohl an die 300 Jahr da gestandten hatte. Der Stamm war über 4 Ellen dicke in Diameter gemeßen* (also über 2 m dick) *und die Höhe den Kirchdach Forste ziemlich gleich, nahm in der Breite den ganzen Platz* (zwischen Chor Liebfrauenkirche und Papiermühle) *ein und war ein ganz außerordentliches Gewächse man machte 8 Claftern Holtz davon aber da doch selbige hohl war ohne die Wellen berechnet.* L Wiegand 1936, S. 57.

1787-1789: Aufforstung der oberen Spitze der Alteburg durch den Kaufmann Balthasar Ludwig. L Wiegand 1936, S. 57.

1788, 18. Januar: Nebengebäude der Günthersmühle, wie Backhaus, Öl-, Graupen- und Schneidemühle brennen ab. L Curdt, Otto: Geschichte der Günthersmühle in Arnstadt. Arnstadt 1909, S. 32. **August:** Erweiterung der Mädchenschule hinter dem Rathaus. L Wiegand 1936, S. 59. **September-Oktober:** Zur Sicherung öffentlicher Gebäude in der Stadt werden auf Veranlassung der fürstlichen Regierung durch den Hofmechanikus Schmidt (Jena) und den Schieferdeckermeister Johann Ernst Neumeister (Arnstadt) erstmals sechs Blitzableiter angebracht. Einen solchen erhalten: Schloßturm, Neutor, Turm der Liebfrauenkirche, Neue Kirche, Gottesackerkirche und Rathaus. Q ThStAR, 822, S. 12

1789, Januar: Strenger Frost. L Wiegand 1936, S. 60. **4. Juli:** Errichtung einer ersten *Leichen Societät* (Sterbegeldkasse) mit 532 Personen durch Johann Gottlieb Bachstein. Q KAA, Bestand Stadt Arnstadt, Sign. 561-01, Artickel der gnädigst confirmirten ersten Leichen-Societät, 1789. **20. September:** Aus der Sakristei in der Liebfrauenkirche entwendet man u. a. zwei silberne, vergoldete Kelche, zwei silberne Kredenzteller und schneidet zwei Klingelbeutel von den Stangen. L Wiegand 1936, S. 60f.

1790: Beschwerdeschrift des Rates über die Abhaltung der Feuer- und Nachtwachen: *Auf den hiesigen Nachtwachen findet man statt junger starker Bürger alte abgelebte Greise, welche sich kaum selbst fortbringen können, und halbblinde Bürger. Allein hier findet man, daß alte gebrechliche und unvermögende Personen, welche öfters auf der Nachtwache gestanden werden, diese Wachen vor Mitternacht einige Stunden* (ausführen)*, und überlaßen sich nachher entkräftet dem Schlaf.* Q KAA, Bestand Stadt Arnstadt, Sign. 256-01, Feuer- und Stillwachen, 1739-1812. Milder Winter. Abermals für Arnstadt nachteilige Fruchtsperre, *wodurch das/ sonst so blühende Frucht Commercium einen ziemlichen Stoß* erhält. Q ThStAR, 822, S. 11. L Wiegand 1936, S. 61 nennt 1789. **Dezember:** Heftige Stürme. L Wiegand 1936, S. 62.

1791, Februar: Heftige Stürme. L Wiegand 1936, S. 63. **2.-6. Mai:** Starker Frost mit kalter Witterung und *Schneepflocken.* **August:** Sturm entwurzelt zahlreiche Obstbäume und *so gar das Getraydte, welches auf dem Felde noch standt, wurde durch diesen sehr starken Sturmwind, alles abgeklenkert und abgeschmissen, vorzüglich betraf es noch der Gerste und Hafer.* L Wiegand 1936, S. 63.

1792- 1794: Umfangreiche Reparatur des Schloßturmes. Q ThStAR, 822, S. 11.

1793: Großer Wassermangel, *daß auf der hiesigen Günthersmühle beinahe/ nicht gemahlen werden können, sondern das/ Mühlgut nach Ichtershausen und auf die Trieglis mühle geschaffet werden müssen.* Q ThStAR, 822, S. 11 b.

In Napoleonischer Zeit 1794-1815

1794, 22. März: Gründung des *Vereins der Litteraturfreunde zu Arnstadt* durch Johann Friedrich Ludwig Volkmann. L Boese, Franz: Die Arnstädtische Gesellschaft der Litteraturfreunde vom Jahre 1794 und ihr Gründer Johann Friedrich Ludwig Volkmann. In: Vor 100 Jahren und heute. Arnstadt 1896, S. 1-20. **31. März:** Wiederaufsetzung des Knopfes auf den renovierten Schloßturm. Q ThStAR, 822, S. 8. **7. August:** Abends brennt eine Scheune in der Rosengasse neben dem Gasthof *Zum Hirsch* durch Blitzschlag ab. Q ThStAR, 822, S. 40 b.
14. Oktober: Fürst Christian Günther stirbt (geb. 24. Juni 1736). Er regierte nach dem Tod seines Onkels Fürst Heinrich XXXV. (6. November 1756). Nachfolger in der Regierung wird der seitherige Erbprinz Fürst Günther Friedrich Carl I., geboren zu Ebeleben am 5. Dezember 1760. Q ThStAR, 822, S. 40 b f.

1797: Der stadtbekannte Hennewirt Benjamin Maempel wird vor das Stadtgericht geladen. Auf die Anzeige des *Garde-Mousquetiers Mönch*, der zu den wachhabenden Soldaten des Riedtores gehört, wirft man ihm vor, sich gegen die Stadtordnung vergangen zu haben. Er sei mit einer brennenden Tabakspfeife durch das Riedtor gegangen und habe *Toback* geraucht. Er muß 1 Gulden Strafe zahlen, die Gerichtskosten (Schreibgebühren) ersetzen und 1 Groschen ins fürstliche Waisenhaus geben. Q KAA, Bestand Stadt Arnstadt, Sign. 092-46-8, Anzeige gegen den Johann Benjamin Maempel wegen Tabakrauchens im Riedtor, 1797.

1798, 3. März: Weitere *Leichen-Societät*, errichtet von Friedrich Christoph Henneberg, mit 692 Mitgliedern. Jedes Mitglied zahlt 6 Pfennig Sterbegeld, wenn eine Person stirbt. Q KAA, Bestand Stadt Arnstadt, Sign. 561-01, Articuli der gnädigst confirmirten Leichen-Societät 1798.

1801, 1. Januar: Feierlicher Eintritt in ein neues Jahrhundert. Q ThStAR, 822, S. 41. **24. September:** Geburt von Erbprinz Fürst Günther Friedrich Carl II. Q ThStAR, 822, S. 41 b.

1803, 31. März: Feuersbrunst beim Hufschmied Möller am Längwitzer Tor neben der Torschreiberwohnung (Dachstuhl). Q ThStAR, 822, S. 41 b.

1804, 22. März: Bau eines neuen Tanzsaales durch die Schönbrunn-Schützengesellschaft gegenüber dem alten Schießhaus.

1805: Große Teuerung. Q ThStAR, 822, S. 42 b.

1806, 15.-16. Oktober: Erste Durchzüge und Einquartierungen. Nach der Schlacht bei Jena und Auerstedt zieht Herzog Carl August von Weimar vom Thüringer Wald her durch Arnstadt. Q ThStAR, 822, S. 42-43.

1807: Die Stadt ist mit fünf Feuerspritzen ausgestattet. Eine herrschaftliche Spritze steht im Schloß. Weißgerber, Schuhmacher, Fleischhauer und das Hospital St. Georg haben kleinere Spritzen. L Ziegenhardt, Andrea: Zur Geschichte des Feuerlöschwesens und der Feuerwehr in Arnstadt. In: 125 Jahre Freiwillige Feuerwehr Arnstadt 1864-1989. Arnstadt 1989, S. 11. **18. April:** Schwarzburg-Sondershausen tritt dem Rheinbund bei. Rettung der *Unmittelbarkeit/ des Landes.* Q ThStAR, 822, S. 61 b. Dem Rheinbund müssen 325 Soldaten, besonders für den Einsatz in Tirol und Spanien, gestellt werden. L Thalmann, S. 21. **22. Juni:** Nachmittags 4 Uhr brennen in der Untergasse drei Häuser ab, deren Grund und Boden danach zum Garten des Prinzenhofes kommen. *Der zum Feuer gehende/ Bürgermeister Heiland wurde,/ als er das Feuer sah am Waisenhausbrunnen, vom Schlag gerührt/ und starb im Waisenhause.* Q ThStAR, 822, S. 43.

1808: Durch die neue Feuerordnung werden die Innungen verpflichtet, die Bedienungsmannschaften für die Feuerspritzen zu stellen. L Ziegenhardt, Andrea: Zur Geschichte des Feuerlöschwesens und der Feuerwehr in Arnstadt. In: 125 Jahre Freiwillige Feuerwehr in Arnstadt 1864-1989. Arnstadt 1989, S. 12. **8. Mai:** Johann Michael Kähler gründet die Eremitage unterhalb des Walpurgisklosters, weil ihm 1807 einquartierte Soldaten sein Stammlokal *Zum Kranich* vor dem Riedtor verleidet hatten. L Meiland, Ernst: 150 Jahre Geschichte der Eremitage 1808-1958. Arnstadt o. J. (um 1990).

1809/1812: Einquartierung und Durchzug französischer Truppen und ihrer Verbündeten. Q ThStAR, 822, S. 42-43.

1810: Gründung der Armenkasse durch Geheimrat von Kauffberg sen., welche durch Beiträge, Sammlungen in der Bürgerschaft, durch Verwilligung vom Stadtrat und dem Hospital St. Georg und durch 12 verschiedene Legate ihre jährlichen Einkünfte erhält (bis 1843: 4.260 Rtl.). Q ThStAR, 822, S. 43 b. Das Rheinbund-Kontingent von Schwarzburg-Sondershausen kehrt aus Spanien zurück. Von 551 Soldaten sehen nur 45 die Heimat wieder. Q Hebeler 1942, S. 85f.

1811, 7. Juli: Brand fünf weiterer Häuser in der Untergasse. Die Brandplätze kommen ebenfalls zum Prinzenhof. L Thalmann, S. 21. **4. Oktober:** Öffentliche Enthauptung des Mörders Taubert aus Dosdorf, der seine Frau mit Arsenik vergiftet haben soll, auf dem Marktplatz. Danach wird sein Körper auf das Rad geflochten, welches in der Gegend des sogenannten neuen Gerichts, nach Dornheim zu, aufgerichtet ist. Letzte Hinrichtung in Arnstadt.

1812: Öffentlicher Verkauf der bisher den Bürgermeistern und Ratskämmerern als Besoldungsstück überlassenen Stadtgräben und Zwinger an den Meistbietenden. Grund hierfür ist die neue Organisation des Stadtrates, der fortan noch aus zwei Bürgermeistern, zwei Kämmerern, dem Stadtsyndikus, Stadtschreiber und Aktuar besteht. Q ThStAR, 822, S. 44.

1813, nach 6. September: Nach der Schlacht bei Dennewitz zieht sich das zersprengte französische Korps Angerau in die Arnstädter Gegend zurück und bringt den Lazarett-Typhus mit. Durch die russischen Lazarette nach der Schlacht bei Leipzig findet die Seuche im Oktober neue Nahrung. L Thalmann, S. 21. **30. September:** Der Befehlshaber der in Arnstadt liegenden Franzosen läßt das

Neutor, die Pforte und die Eingänge der Günthersmühle zumauern, weil er Überfälle der einzelnen umherziehenden Trupps der Verbündeten auf seine schwache Mannschaft befürchtet, wie sie schon bei Dornheim vorgekommen sind. L Thalmann, S. 21. **23. Oktober:** *vormittags/ kamen in Folge des gegen/ den Kaiser Napoleon von den/ unterdrückten Herrschern und/ ihren Völkern geführten Krieges/ die ersten Kosaken hier an, welche/ sich, nachdem sie das noch hier befindliche französische Lazareth geräumt hatten, nach einigen Stunden/ wieder entfernten./ Die französischen Reconvalescenten/ und deren Bedeckung, deren/ viele lange Zeit hier einquartiert/ gewesen waren, hatten sich Abends/ vorher in aller Eile und Stille/ von hier entfernt./ Am folgenden Tage, d*(em) *24. October/ kam eine kleine Abtheilung der/ Garde=Kosacken hier an, welche/ von der Stadt unter der Gallerie/ bewirthet wurden, und sodann/ wieder zurückging. Am 27. October vormittags kam/ sodann das Hauptquartier des/ im Fürstl*(ichen) *Schloße abgetretenen/ Kaiser Alexander von Rußland/ und des rußischen Oberbefehlshabers Barclai de Tolly (im/ steinernen Hause auf der Kohlgasse einquartiert) und mit diesem/ ein bedeutender Theil der großen/ verbündeten Armeen, welche nebst/ den übrigen verbündeten Armeen/ am 18ten October die große/ Völkerschlacht bei Leipzig gegen/ Napoleon gewonnen hatten. Diese/ Truppen wurden theils in der Stadt/ einquartiert, theils bivauakirten/ sie um die Stadt. In Dornheim/ auf dem Schierholzischen Gute war/ das Hauptquartier des Kaisers/ von Oestreich, Franz I., der/ kaiserlich östreichische Feldmarschall und Commandirender der/ großen alliirten Armee, Fürst/ von Schwarzenberg, hatte sein/ Hauptquartier zu Elleben in/ dasiger Pfarrwohnung und in den/ Dörfern der Längwitz lag* (in) / *den Bivauaks der übrige Theil der/ großen/ Armee, soweit er nicht, wie/ gedacht, in und um unsere Stadt lag oder bereits am 27ten/ durch sie weiter nach Ohrdruff* (?) *gezogen war./ Am folgenden Tage verließ jenes/ Kaiserlich rußische Hauptquartier/ mit der Armee unsere Stadt/ wieder, welche über Ohrdruff/ und Oberhof pp.* (?) *nach Frankfurt/ marschirte; jedoch wurde von/ Durchmärschen und Einquartirungen,/ obwohl in geringerer Zahl, unsere/ Stadt seitdem lange und bis zur/ Uebergabe von Erfurt im Januar 1814 heimgesucht./ Es blieb ein rußischer Commandant/ bis nach den ersten Pariser Frieden,/ ein östreichischer bis zum Februar/ 1814 und ein preußischer bis zum/ Januar 1814 mit Besatzung von/ jeder dieser 3 Mächte hier, welche/ nebst den nun auch eingerichteten/ Lazarethen der gemeinen Stadt/ und den Einwohnern sehr viel/ Kosten verursachten./ Es wurde nämlich bald ein rußisches/ ein östreichisches und ein preußisches/ Lazareth in verschiedenen Gebäuden/ hiesiger Stadt z. B. dem Hospital/ St. Georgii, St. Jacobi, in der/ Gottesackerkirche, im Schönbrunnengebäude, im alten Schießhause, im Waisenhause usw. angelegt,/ durch welche Lazarethe das sogenannte Lazarethfieber* (Typhus)/ *auch über die hiesigen und der/ benachbarten Orte Einwohner/ sich verbreitete, und viele/ Opfer hinwegnahm bis zum Jahre/ 1814./ In Folge der für ganz Deutschland/ zum Schutz der kaum errungenen/ Freiheit vom französischen Joche getroffenen Anordnungen wurde/ auch in unserem Lande ein Landsturm/ d. h. ein Volksaufgebot in Waffe,/ das bey dem Erscheinen des Feindes/ im Lande selbst in Thätigkeit gesetzt wird, und auch eine zur Unterstützung der stehenden Armeen dienende Landwehr, beide in mehreren Compagnien, nach den darüber/ damals ergangenen allgemeinen/ Bestimmungen errichtet. Beide/ Institute sind aber, sowie in andern Ländern, später wieder/ aufgelöst worden.* Q ThStAR, 822, S. 44-46. **24. November:** Schwarzburg-Sondershausen tritt aus dem Rheinbund aus und muß den Verbündeten 650 Mann stellen. L Thalmann, S. 23.

1814: Einrichtung einer Agentur *der von den Alliirten/ nach der Leipziger Völkerschlacht/ unter Oberleitung des Freiherrn/ von Stein eingesetzten Centralverwaltung für Deutschland hier/ in Arnstadt für die thüringischen/ Länder* wegen der gemeinschaftlichen Aufbringung und Übertragung der Kriegskosten usw. Sie arbeitet hier 11 Monate und hat manchem Einwohner sein Einkommen gesichert. Q ThStAR, 822, S. 46. Beginn des Baues der Chaussee von Arnstadt durch den Plaueschen Grund in Richtung Ilmenau, der ersten und wichtigsten Chaussee in der Arnstädter Herrschaft. Bauende 1824. Q ThStAR, 822, S. 52. Feier des ersten Pariser Friedens. **Oktober:** Herzog Adolph Friedrich von Cambridge, Vizekönig von Hannover, bei Prinz Carl in Arnstadt zu Besuch. Q ThStAR, 822, S. 46 b.

1815, 3. Juli: Schwarzburg-Sondershausen tritt dem Deutschen Bund bei. Q ThStAR, 822, S. 61 b.

In der Zeit der deutschen Einigung 1816-1848

1816, 1. Februar: Die Stadtbevölkerung ist von 4.407 (1771) auf 4.169 Einwohner gesunken. L Thalmann, S. 23. **4. und 8. Februar:** Friedensfeste. L Thalmann, S. 23. **10. Mai:** Fürstin →Karoline, Gemahlin Fürst Günther Friedrich Karls I. siedelt von Rudolstadt, wo sie sich seit 1806 aufhält, mit Tochter (Prinzessin Emilie) und Sohn (Erbprinz Günther Friedrich Karl) ins Neue Palais nach Arnstadt über. L Thalmann, S. 23. **15. Juni:** Abschluß des Berliner Vertrages mit Preußen nach dem Beitritt zum Deutschen Bund *und durch die Wiener Bundesacte/ (wodurch) die Receßansprüche des Königreichs/ Sachsen hinsichtlich der Unterherrschaft an Preußen gelangt waren.* Schwarzburg-Sondershausen ist souveräner Bundesstaat. Q ThStAR, 822, S. 62. **Juli:** Beginn des Abbruchs der beiden Türme des Erfurter Tores. Es wird *hierauf ein geschmackvolleres Thor mit einer neuen/ Thorschreiberwohnung und Wachstube,/ ein chaussirter Weg durch M(ei)ster/ Emmerlings Garten in gerader/ Richtung nach und bis zu dem/ Hospital St. Jacobi, jetzt Kaserne und der von da nach Erfurt führende Straße, statt des/ seitherigen Weges im Winkel an/ der Schloßgartenmauer hin, und/ eine schöne steinerne Brücke mit/ eisernem Geländer über die Weiße/ in der Richtung dieses Weges angelegt.* Q ThStAR, 822, S. 48. **1. Oktober:** Beginn des Abbruchs des Turms am Wachsenburger Tor, *um die Steine davon/ und von den in der Nähe dieses/ und des Erfurter Thores bis auf/ etwa die halbe Höhe abgebrochenen/ Stadtmauern zu Herstellung des Weges, und eines/ vom Wachsenburger Thore bis/ an das Feld gehenden ähnlichen/ chaußirten Weges zu verwenden.* Q ThStR, 822, S. 49.

1817, Januar: Abbruch des Turmes an der Stadtmauer bei der Klausgasse bis auf Stadtmauerhöhe und Verwendung der Steine für oben genannten Weg. **Frühjahr:** Auf Aktienbasis beginnt der Bau des größeren Gebäudes (Gesellschaftshaus) im Bereich der Eremitage auf dem Grund und Boden des Hospitalsholzes am Siegelbacher Marktweg. **7. September:** Einweihung des neuen Eremitagengebäudes in Anwesenheit des Erbprinzen Günther Friedrich Carl (Günthershöhe). **August:** Teuerung bei Lebensmitteln. Q ThStAR, 822, S. 49-50. **30. August:** Hundertjähriges Jubiläum der Schönbrunn-Schützengesellschaft, *über welche die Nachrichten bis zum Jahre 1475 hinaufreichen,* gefeiert; *denn am 30. Aug./1717 wurde das vom Stadtrathe 1715/ zu bauen angefangene, jetzt sogenannte alte Schießhaus eingeweihet, nachdem unterm 2. Mai 1716/ Fürst Anthon Günther II. einen zugleich / die neue Schützenordnung enthaltenen/ Gnadenbrief und im Jahre 1717./ ein freies Weizenbierloos, als/ Hauptgewinn, bewilligt hatte. Siehe die bei dieser Jubelfeier erschienenen Annalen der Arnstädter Schützengesellschaft von/ Hellbach.* Q ThStAR, 822, S. 50. **1. September:** Einführung der fürstlichen Gendarmerie auch in Arnstadt. L Thalmann, S. 23. **30. Oktober-2. November:** Feiern zum 300. Jahrestag der Reformation. Q ThStAR, 822, S. 50.

1818, Frühjahr: Neubau des Schützenhauses durch die Schützenkompanie. Einrichtung des alten Schützenhauses als Wirtschaftslokal für den Schützenwirt. Q ThStAR, 822, S. 50 b.

1818-1824: Ludwig →Bechstein, Sagensammler und Märchendichter, ist Lehrling und Gehilfe in der Kühnschen Apotheke unter der Galerie. L Stangenberger, Rolf: Literarisches um eine liebenswerte Stadt. Arnstadt, o. J. (2002), S. 24.

1819, 1. April: Ratifizierung des Vertrags mit dem Haus Sachsen-Gotha vom 18./28. Februar 1811, *nach welchem die seitherige/ Grafschaft Untergleichen nebst dem/ diesseitigen Antheile an Gräfenroda/ gegen Entsagung auf die seither/ von S(achsen) Gotha behaupteten Ansprüche/ auf die Landeshoheit über die/ Trieglismühle und Abtretung der/ im Fürstenthum seither erhobenen/ Erbzinsen an S(achsen) Gotha abgetreten/ wurde, welches Gouvernement nach comißarischer/ Constatirung der wechselseitig abgetretenen Revenüen noch/ 6.562 Thaler an fstl. Cammer/ herauszuzahlen hatte (?).* Q ThStAR, 822, S. 50 b.

1820: An der Gründung der Feuerversicherungsbank, die auf Gegenseitigkeit beruht, durch Arnoldi in Gotha nimmt neben dem Handelsstand von Eisenach, Erfurt, Gotha und Langensalza auch der Arnstädter teil. Q ThStAR, 822, S. 51 b. **10. Juli:** Die im März 1816 zersprungene Mittelglocke der Liebfrauenkirche, die 42 Zentner wiegt und in Rudolstadt für 1.100 Taler umgegossen worden war, wird wieder aufgehängt. Q ThStAR, 822, S. 51. **Ende:** Es wird mit dem Bau des Irrenhauses *im hiesi-*

gen Waisenhause und Gleichischen Stifte einzurichten angefangen und Neujahr/ darauf die ersten Seelenkranken/ aufgenommen, 7 an der Zahl. Q ThStAR, 822, S. 51.

1822, Juni: Ankauf des sog. Kleinen Klosters (Unterkloster) durch die fürstl. Landschaftskasse. Einrichtung eines Landes-Zwangsarbeitshauses. Q ThStAR, 822, S. 51 b.

1823: Vereinigung von St. Georgs- und St. Jacobs-Hospital. L Thalmann, S. 24. **Januar:** *Arnstädtisches Regierungs=und Intelligenz=Blatt* erscheint. L Ziegenhardt, Andrea: Das Arnstädter Zeitungswesen in Vergangenheit und Gegenwart. In: AVAU 7 (1997), S. 157.

1824: Ankauf des ersten, vom Gürtler Henneberg hier gefertigten Wasserzubringers durch den Stadtrat, *und es hat sich diese Maschine bei entstandenem Feuerunglück so bewährt,/ daß seitdem noch 3 solche Zubringer/ vom hiesigen Stadtrathe angeschafft worden sind.* Q ThStAR, 822, S. 52.

1825, 1. Februar: Früh 4 Uhr Großfeuer im Gasthof *Zum Wachholderbaum.* Scheunen, Ställe und Branntweinbrennerei werden vernichtet. Q ThStAR, 822, S. 52. Aus 32 Orten treffen Spritzen zur Hilfeleistung ein. **3. Mai:** Gründung einer →Sparkasse in Arnstadt zur Linderung der Not in der Bürgerschaft. L Unger, Peter / Ziegenhardt, Andrea: 175 Jahre Sparkasse in Arnstadt. Ilmenau 2000, S. 12.

1826, 3. März: Der Ökonom Wilhelm Schmidt eröffnet im Kohlenmarkt 20 die Gastwirtschaft *Zum →Ritter* (im 17. Jh. Erbgastgerechtigkeit *Zum Roten Hirschen*).

1827, 15. Juni: Einweihung des neuerbauten Gebäudes am Schönbrunn. L Thalmann, S. 24.

1828: Ende der Umbauarbeiten am Rathaus. Im mittleren Stock entsteht statt bisherigem Tuchboden, Schultheater und Kontributionskasse ein schöner, großer Saal mit vier Stuben. Q ThStAR, 822, S. 53.

1829: Bildung einer sogenannten Rettungskompanie *nach besonderen Statuten/ deren Zweck ist, bei entstandenem Feuer die Mobilien/ aus den bedrohten Häusern/ sicher retten zu helfen und/ welche sich bei den seither entstandenen Feuersbrünsten sehr/ wohl bewährt hat.* Q ThStAR, 822, S. 54 b. **Februar:** Beginn der Bauarbeiten an der Chaussee von Arnstadt über Marlishausen nach Stadtilm. Bei Planierarbeiten werden drei Arbeiter am 30. Juni durch Einsturz eines hohen Randes verschüttet und sterben. Q ThStAR, 822, S. 53 b. L Thalmann, S. 24. **28. April:** Lateinschule wird zum humanistischen →Gymnasium erhoben und als solches eingeweiht. L Thalmann, S. 24. **5. Juli:** Gegen 22 Uhr brennt der Holzhof von Louis Maempel am Ende der Wagnergasse ab. Neun Scheunen an der Riedmauer, drei Häuser in der Jacobsgasse und durch Flugfeuer die Ratsdienerwohnung über dem Längwitzer Tor werden außerdem vernichtet. **6. August:** Baubeginn am neuen, zur Kleinkinderbewahranstalt bestimmten Gebäude an der Pforte (An der Brunnenkunst 1) auf Kosten des Prinzenpaares. Q ThStAR, 822, S. 54. **November.:** Der hiesige Bürger Martin Friedrich Schierach ermordet seine Ehefrau, wird aber *durch ein Erkenntniß der/ Juristenfacultät in Würzburg/ von der Strafe der Tödtung und/ von der Entrichtung der Untersuchungs Kosten freigesprochen,/ weil seine psychische Krankheit,/ wegen deren er in sichere Verwahrung kommen sollte, die Imputation (?)/ der That nicht zuließ.* Q ThStAR, 822, S. 54 b. **7. November:** Emilie von →Linsky, angeblich *kugelsichere* Frau eines Taschenspielers, wird beim Auftritt im Rathaussaal versehentlich angeschossen. Sie stirbt zwei Tage später. Die Marlitt verarbeitet das Ereignis in ihrem Buch *Das Geheimnis der alten Mamsell.* L Thalmann, S. 24f.

1830, 14. Mai: Einweihung der Kleinkinderbewahranstalt an der Pforte (heute An der Brunnenkunst 1) Q ThStAR, 822, S. 54. **September:** In Auswirkung der Juli-Revolution in Frankreich stellen auch die Arnstädter Bürger neue Forderungen nach kommunaler Mitbestimmung, auch wenn dies den hier herrschenden Behörden sehr mißfällt. Um *der Nachahmung unangenehmer Vorfälle/ vorzubeugen,* wie es heißt, bildet man am 24. September eine sogenannte Kommunalgarde mit dem Erbprinzen an der Spitze, nachdem am 22. September 40 Stadtverordnete als Vertreter der Bürgerschaft gewählt wurden.

Der Garde treten eine größere Anzahl Bürger bei, so *daß in dieser Zeit, wo/ in mehreren Städten Deutschlands/ Blut floß und Häuser und Palläste/ demolirt wurden, in unserer/ Stadt Alles ohne ähnliches Unheil/ abging.* Q ThStAR, 822, S. 56.

1831: Der während der Befreiungskriege gebildete Frauenverein richtet unter seiner Vorsitzenden, der Gemahlin des Erbprinzen, seine Arbeit auf *Wohltätigkeit*. Danach tritt Fürstin Mutter an dessen Spitze und gründet die *Carolinenschule* für junge unbemittelte Mädchen. **9. März:** Nachts 1 Uhr brennen an der Südseite des Kohlenmarktes innerhalb weniger Stunden sieben Häuser mit den Hintergebäuden ab. Da, wie schon beim Brand der Hintergebäude des Kaufmanns Wilhelm Möller auf dem Ried am 21. August 1830, auch hier Brandstiftung vermutet wird, aber nicht nachgewiesen werden kann, bildet man trotzdem Ende 1831 eine aus 12 Personen bestehende Nachtwache, die aus einer besonderen Steuer der Einwohner bezahlt wird. Q ThStAR, 822, S. 54-56. **1. April:** Neue Wachtordnung: Hornblasen und Singen der Wächter abgeschafft, acht Wächter und ein Oberwächter zeigen die Stunden durch Pfeifen an. L Thalmann, S. 25.

1832, 18. Januar: Veröffentlichung einer provisorischen Stadtordnung für Arnstadt. 18 Bürgervorsteher und neun Ersatzleute als Vertreter der Bürgerschaft. Q ThStAR, 822, S. 57. L Thalmann, S. 25 nennt 1. April. **18. Februar:** Schlossermeister August Broemel beginnt Brückenwaagen herzustellen. L Thalmann, S. 25.

1834: Der Stadtrat kauft den sogenannten Schieferhof und errichtet darin ein →Krankenhaus. Die Finanzierung erfolgt durch die Schenkung *mit Vorbehalt/ der jährlichen Verzinsung* von 8.160 Reichstaler des Hauptmanns Quensel in Ilmenau. Aus diesem Grunde auch Bezeichnung als *Quenselsche Krankenanstalt*. Aus den von Quensel gespendeten Geldern wird auch der *Gottesacker* (heute *Alter Friedhof*) erweitert und verschönert. Q ThStAR, 822, S. 59 b. **1. Januar:** Beitritt des Fürstentums, besonders Oberherrschaft, zum Deutschen Zoll- und Handelsverein. Hoffnung auf weiteres Blühen der städtischen Wirtschaft, besonders durch *die neuen, den/ Verkehr fördernden Post=, Chaussee=/ und hoffentlichen Eisenbahn=Einrichtungen,* (die) *gewiß in nicht zu/ langer Zeit dahin gedeihen werden,/ daß da, wo früher nur Ackerbau und Bierbrauerei blühte,/ andere Gewerbe aber noch zurück/ waren, auch/ diese so schwunghaft betrieben/ werden, wie es sich in einer Stadt geziemt, die sich vor einer / Landstadt auszeichnen soll und/ so viele Elemente des gewerblichen Lebens in sich hat./ Zum nähern Beleg dieser Fortschritte und zu Vergleichung/ der künftigen, wird es nicht/ uninteressant seyn, die Zahl der Meister in denjenigen hiesigen/ Innungen hier anzuführen, welche/ am stärksten und besten hier/ betrieben werden. Es befinden/ sich nämlich jetzt in hiesiger Stadt/ 17 Bäcker/ 43 Fleischer/ 8 Seifensieder/ 64 Gerber/ 114 Schuhmacher/ 20 Handschuhmacher und Beutler/ 11 Sattler/ 46 Schneider/ 9 Posamentierer/ 22 Tischler/ 11 Wagner/ 21 Böttcher/ 19 Maurer u(nd) Tünchermeister/ 8 Schmiede/ 15 Schloßer etc./ 7 Gürtler/ 3 Klempner/ 5 Kupferschmiede/ 4 Gold- und Silberarbeiter/ 5 Buchbinder/.* Q ThStAR, 822, S. 58-59. **2. Februar:** Zwei Glasmalereien aus der Gruftkapelle der Liebfrauenkirche werden gestohlen. **28. Mai:** Feuer auf dem Eichfeld. 100 Schafe des Besitzers Fischer kommen um. L Thalmann, S. 25.

1835, 27. Mai: Verkauf der Torschreiberwohnung an der Längwitzer Straße an den Schmiedemeister Jacobi. Dieser läßt das Haus abreißen und vergrößert durch einen Neubau seinen seit 1825 bestehenden Betrieb. L Thalmann, S. 25. **19. August:** Der Erbprinz tritt als Fürst Günther Friedrich Karl II. die Regierungsnachfolge seines 75jährigen Vaters nach 41 Regierungsjahren an. **1. Oktober:** Die fürstliche Kammer stellt 3.000 Reichstaler für die Restaurierung des Inneren der Liebfrauenkirche zur Verfügung. **14. Dezember:** Beginn der Straßenbeleuchtung durch Öllaternen. Q ThStAR, 822, S. 60f.

1836, 8. März: Gründung des →Gewerbevereins. L Unger 2002, S. 45. **16. April:** Durch fürstliches Reskript wird genehmigt, *daß der sogenannte Hexenthurm/ am Längewitzer Tor abgebrochen/ werden solle sammt dem daneben/ befindlichen Amtsdiener=Hauße; die seither in jenem Turm befindlichen Gefängniße aber mit/ der Dienstwohnung des Amtsdieners in das Archiv mit kommen/ sollten. Es wurde sodann auf / die Stelle des Amtsdiener Hauses/ und auf einen vom herrschaftlichen Fasanengarten dazu abgegebenen/ Raum, auf den zum Theil seither/ das sogenannte Fasanenhaus/ stand, ein neues schönes*

Haus/ vom Seilermeister Gräser hier/ erbaut, wodurch/ dieser Theil unserer Stadt ein schöneres den Anforderungen der Zeit entsprechend,/ Ansehn gewonnen hat. **4. August:** Grundsteinlegung für das neue, steinerne Wehr an der →Günthersmühle, nachdem das seither bestandene, 1709 erbaute, 1748 und 1816 nach größeren Wasserschäden reparierte hölzerne Wehr sehr schadhaft geworden ist. Q ThStAR, 822, S. 60-61.

1837, 20. April: Abbruch des Hexenturmes. L Thalmann, S. 25. **22. April:** Fürst Günther Friedrich Karl I. (geb. 5. Dezember 1760) stirbt. Q ThStAR, 822, S. 61-62. **Mai:** Hochwasser der Gera, Tal weithin überschwemmt. Wasser bis an *Wacholderbaum.* L Thalmann, S. 25. **Sommer:** Beginn des Baues der Kunststraße von Arnstadt nach Ichtershausen. **24. September:** Einweihung der größtenteils durch Kollekten aus dem Ausland erbauten St. Günthers-Kapelle der hiesigen katholischen Gemeinde in der Wagnergasse durch ein Hochamt. **11. Oktober:** Übergabe einer kostbaren silbernen Monstranz als Geschenk des Fürsten.

1838: *Nachdem das seither als Siechhaus benutzte Nebengebäude des/ Stiftes St. Jacobi vor dem Erfurterthore, sowie das Hauptgebäude/ selbst an Fstl. Landschaftscasse zu/ Einrichtung einer Kaserne verkauft war, wurde/ das neue Siechhaus in der Nähe/ des Quenselschen Krankenhauses/ vom Stadtrath erbaut, in dem/ eine Anzahl arme und sieche Personen freie Wohnung, Heizung und/ Pflege genießen und aus der/ Armencasse baare Unterstützung/ erhalten.* **7. Juni:** Großes Gesangsfest der hiesigen und der Liedertafeln benachbarter Städte in der Neuen Kirche. Q ThStAR, 822, S. 62-63.

Ried, 19. Jh.

1839: Statt der unbrauchbar gewordenen alten *Schloßspritze* wird eine neue doppelte Schlauchspritze und ein Zubringer angeschafft, welche Gürtler Henneberg hier für 850 Reichstaler gefertigt hat.

1840: Bau einer hölzernen Brücke unterhalb der Stadt, *da, wo/ die (Wilde) Weiße in die Gera fällt./ Veranlassung gabe dazu zunächst/ der im Jahre 1837 ebenfalls auf gemeinschaftliche Kosten/ obiger beiden Behörden (Fstl. Kammer u. Stadtrat) begonnene/ und im Jahre 1841 beendigte Durchstich durch/ welchen der seitherige unregelmäßige, keine bestimmten Ufer/ haltende und daher oft übertretende Lauf der Gera von der/ steinernen Brücke vor dem Längewitzerthor bis zur Rudisleber/ Flurgrenze in ein gerades, durch/ doppelte feste Ufer gesichertes/ Flußbette geleitet wurde.*

1841: Errichtung des Leichenhauses mit Mitteln der Quenselschen Stiftung (600 Reichstaler). **22. April:** Beginn des von der fürstlichen Kammer *für nöthig, zeitgemäß und zweckmäßig* erachteten Baues von sechs englisch-amerikanischen Mühlgängen in der Günthersmühle anstelle der vier ersten deutschen Gänge dieser Mühle. Fertigstellung am 1. Oktober. Seitdem schnellere und bessere Mehlbereitung und größerer Mehlgewinn. Q ThStAR, 822, S. 64. **24. September:** Landesgrundgesetz: Schwarzburg-Sondershausen ist ein konstitutionell regierter Staat. L Thalmann, S. 27.

1842, 1. April: Das Landesjustiz-Kollegium nimmt auf der Grundlage eines Landesgesetzes vom 24. September 1841 in Arnstadt seine Tätigkeit auf. **Mai:** Beginn des Umbaus der im hiesigen Schloßgarten befindlichen, vor etwa 10 Jahren erbauten Reitbahn in ein fürstliches Hoftheater, *damit/ die Fürstl(iche) Hofschauspielergesellschaft jährlich einige Monate hier Vorstellungen geben/ kann: Dieser Bau ist im Monat/ Mai 1843 beendigt worden.* **18. Mai:** Einweihung der Bürgerschule an der Kohlgasse im Beisein des Fürstenpaares. Q ThStAR, 822, S. 63. **August:** Baubeginn einer neuen Mahlmühle mit vier deutschen Gängen auf der Hammerwiese gegenüber der Ziegelhütte auf Befehl fürstlicher Kammer. Bauende September 1843. Q ThStAR, 822, S. 64b-65.

1843, 7. September-28. November: Erster Landtag in Sondershausen, auf dem die Arnstädter Abgeordneten Arnstadts Rechte gegenüber der bevorzugten Residenz nachdrücklich geltend machen. L Thalmann, S. 27.

1844: Eine Gewerbeordnung wird erlassen.

1845, 13. April: Ein Feuer vernichtet die Ostseite der Kirchgasse (14 Häuser) und sechs Häuser Unterm Berge (Marktstraße). **15. Mai:** Aufhebung der alten Brauordnung (Verbot des Reihenbrauens und des Reihenschanks).

1847, 1. Mai: Erste Probefahrt der Thüringer Eisenbahn von Erfurt nach Gotha. *Interessenten* aus Arnstadt wenden sich gegen eine Führung über ihre Stadt. **1. Oktober:** Bei Ferdinand →Meinhardt in Arnstadt erscheint die von dem Demokraten und Buchhändler Hermann Alexander Berlepsch redigierte *Thüringer Zeitung.* Sie findet in mehr als 250 Orten Verbreitung und wird von mehr als 10.000 Thüringern gelesen. L Ziegenhardt 1848, S. 64. **10. November:** Deckeneinsturz im Rathaus: *Das Sessionszimmer des Hochweisen Rathes vermochte sein von so manchem aufsteigenden Seufzer schwer belastetes Haupt nicht länger mehr zu tragen und stürzte mit voller Wucht auf die unter ihm ruhenden Aktenstöße und zertrümmerte nebenbei die aus dem 30jährigen Kriege noch herrührenden Sessel und Tische. Gut, daß nicht eben Gerichtssitzung war, sonst wären Richter und Klient wie unter Karthagos Trümmern begraben worden.* Q Thüringer Zeitung Nr. 20 vom 14. November 1847.

1848: Gründung der Handschuhfabrik von →Liebmann & Kiesewetter.

Briefkopf der Fa. Liebmann & Kiesewetter

Während der revolutionären Ereignisse 1848/49

1848, 9. März: Bürgerversammlung im Rathaus, auf der eine Petition an den Fürsten mit Wünschen der Bürger beraten wird. **10. März:** Generalversammlung im Rathaus mit ca. 600 Teilnehmern zur Anhörung der Petition mit folgendem Inhalt: Einberufung des Landtages, Erlaß einer Städte- und Gemeindeordnung, Umwandlung des Kammergutes in Staatseigentum, Pressefreiheit, Berufung eines neuen Chefs des Geheimratskollegiums, der das Vertrauen des Volkes besitzt u. a. Wahl von 6 Deputierten. **14. März:** Unter dem Druck des Volkes macht der Fürst in Sondershausen u. a. folgende Zugeständnisse: Allgemeine Volksbewaffnung, Unterstützung bei der Errichtung eines deutschen Nationalparlamentes, Aufhebung der Zensur und Erarbeitung eines Pressegesetzes, gleichmäßigere Verteilung von Staats- und Gemeindelasten, Verpachtung der Domänen an die Gemeinden, Verminderung der Besoldungen und Pensionen für Beamte usw. **24. März:** Bildung einer Bürgerwehr, bestehend aus 3 Korps (Bürgermilitär, Rettungsverein, Spritzenmannschaft). **26. März:** Beginn der Unruhen in Arnstadt, weil sich das Gerücht verbreitet, daß der Fürst die Zusagen vom 14. März nicht einhalten will. Einigen Staats- und Stadtbeamten werden sog. *Katzenmusiken* gebracht, d. h. Fensterscheiben zerschlagen und Wohnungseinrichtungen verwüstet. **27. März:** Fürstin Karoline fordert in einem Schreiben *An meine lieben Arnstädter* die Bürger zu *Ruhe und Ordnung* auf. Bildung einer Kommunalgarde. **28. März:** Mehrere fürstliche Gesetze und Verodnungen treten in Kraft, u. a. zu den Lieferungen für Hof und Staat, wonach diese zuerst von inländischen Industriellen und Handwerkern ausgeführt werden sollen oder das Gesetz über die Ablösung der Fronden und Dienstgelder. **30. März:** Höchste Verordnung über das freie Versammlungs- und Petitionsrecht. **1. April:** Oberlehrer Hoschke schlägt vor, das Hutabnehmen als Grußformel, als *veraltete sinnlose Form aus der Zopfzeit,* die nur *Kopfweh und Rheuma* verursacht, abzuschaffen und dafür den militärischen Gruß einzuführen. Ebenso fordert er bei *der gegenwärtigen Lage der Dinge* eine schnelle Volksbewaffnung und sieht es als notwendig an, daß die geschlossenen Gesellschaften aufhören, da sie dem Volk wesentliche Bildungselemente rauben. **7. April:** Die Bürgergarde besteht aus 7 Kompanien mit 809 Mann. **26. April:** Bürger aus Arnstadt versuchen, den *wegen grober Ausschreitungen* festgenommenen Seiler Richter aus der Fronveste (Gefängnis) zu befreien. **28. April:** In der *Thüringer Zeitung* wird u. a. der Erlaß der Fronden, die Verstaatlichung des fürstlichen Kammergutes und die Vorlage eines neuen Wahlgesetzes nach freisinnigen Grundsätzen gefordert. **18. Mai:** Eröffnung der deutschen Nationalversammlung in der Paulskirche in Frankfurt a. M. In Arnstadt feierlicher Aufzug der Bürgerwehr und Singen des *prophetischen* Liedes von E. M. Arndt. **22.-23. Mai:** Neuwahl des Bürgervorstandes mit 18 Bürgervorstehern und neun Ersatzmännern. **20. Juli:** Ankündigung des am 23. Juli zu veranstaltenden Volkstages in Arnstadt durch den Erfurter Demokraten Hermann Alexander Berlepsch. **22. Juli:** Am Sonnabend, dem Vortag zum Volkstag, entwickelt sich auf der bei der Käfernburg gelegenen Jägerwiese schon ein reges Treiben. Auf dem Schloßberg wird eine riesige schwarz-rot-goldene Fahne an einem eigens dazu gesetzten Baum (*es war die höchste Tanne, die man im ganzen Hainwalde aufgetrieben hatte*) durch den Demokraten →Ramann entfaltet. **23. Juli:** Dritter Thüringer Volkstag in Arnstadt und auf der Käfernburg bei Oberndorf mit 10.000 Teilnehmern unter der Führung von Berlepsch. Im Verlauf des Volkstages wird ein Antrag an die Nationalversammlung formuliert, *der die Revidierung aller in den letzten 33 Jahren erlassenen Gesetze zum Inhalt hat.* **2. November:** Das 2. Bataillon des Königlich-Sächsischen Leibregiments aus Dresden zieht in Arnstadt ein. **24. November:** Bei Kämpfen zwischen Bevölkerung und Militär in Erfurt wird der Arnstädter Gerbergeselle Wilhelm Hermann Müller getötet. **26. November:** Vergebliche Suche nach Berlepsch bei Tuchhändler Fritz Eberhardt in der Großen Johannisgasse. **28. November:** Durchsuchung im Dorotheenthal bei dem Demokraten und Naturforscher Gustav Ramann. Er hat den Demokraten Hecker in einem Keller eingemauert und Berlepsch in einer Hundehütte vor dem Militär versteckt, um sie danach in einem Strohwagen über den Wald nach Bayern zu bringen.

1849, 18. Januar: Reorganisation der Bürgerwehr. Provisorisches Statut des Fürsten. Formierung in vier Kompanien (nach →Stadtvierteln) mit je zwei Abteilungen. Eintritt mit 21, Austritt mit 60 Jahren. Sofortige Auflösung der bisherigen Abteilungen sowie der Bürgermilizkompanie, des Hilfs-, Jäger- und Schützenkorps. **22. Februar:** Zwei Monate Gefängnis für Ferdinand Meinhardt, Arnstädter Buchhändler und Herausgeber der *Thüringer Reform* (vormals *Thüringer Zeitung*) wegen Beleidigung der Frankfurter Nationalversammlung. **15. März:** Abzug des 2. Bataillons des Königlich-Sächsischen Leibinfanterieregimentes aus Arnstadt. *Stadtrat und Bürgervorstand bedanken sich für deren musterhaftes Betragen.* **22. Juni:** Gesetz zur Aufhebung der Patrimonialgerichtsbarkeit. **29. Juni:** Gesetz über die Aufhebung von Frondiensten und Abgaben. **16. September:** Fahnenweihe der Bürgerwehr. **8. Oktober:** Meinhardt wird zu zwei Monaten Gefängnis wegen Beleidigung verurteilt. Er druckte den Artikel *Offener Brief an Seine Majestät den deutschen Michel* ab, worin alle deutschen Staatsoberhäupter *blutige(r) Greuelthaten unter ihren Brüdern, Bundesgenossen und eigenen Untertanen* beschuldigt werden. **16. Oktober:** Fürst genehmigt Wahl des Ratsaktuars Müller zum Bürgermeister. **12. Dezember:** Neue Verfassung für Fürstentum Schwarzburg-Sondershausen, darin ist *die demokratisch-monarchische Regierungsform* fixiert. Verfassung ab 1. Juli 1850 in Kraft. L Ziegenhardt 1848.

Von der Industrialisierung bis zur Reichsgründung 1850-1871

1850: Industrieller Aufschwung. In Arnstadt entstehen neue Fabriken, wie Handschuh-, Schuh-, Feuerspritzen- und Schlauchfabriken. Hinzu kommen Dampfbrauereien, Wurstfabrikation, Herstellung von Schuhnagel-, Näh- und Fleischverarbeitungsmaschinen sowie Lack-, Horn-, Bürsten- und Papierfabrikation, Loh- und Weißgerbereien mit Dampfbetrieb. Im Verlauf des Jahres Bildung des Landratsamtes, des Justizamtes und in Gemeinschaft mit Sachsen-Weimar und Schwarzburg-Rudolstadt das Kreisgericht in Arnstadt. Trennung von Verwaltung und Justiz. Getreide mit fast 46.000 Zentnern ist nach wie vor Haupthandelsware; weiterhin Holz mit 72.000 Kubikmetern und Leder mit ca. 1.000 Zentnern. Hinzu kommen Webwaren, Tuche, Blumen- und Gemüsesamen sowie Erzeugnisse weiterer Betriebe. **17. Juni:** Erster →Wollmarkt in Arnstadt.

1851: Das →Solbad Arnstadt wird begründet durch Erbohrung der Solequelle *Arnshall* bei Rudisleben.

1852: Zusammenstellung einer Rettungsmannschaft von zehn Bauhandwerkern, die sich im Brandfalle mit Ihren Holzäxten am Stellplatz zu versammeln haben.

1853: Der Schriftsteller Willibald →Alexis (eigentlich Dr. Georg Wilhelm Heinrich Häring; 1798-1871) aus Berlin läßt sich sein Haus →*Lindeneck* (später *Kurhaus,* heute *Lindeneck,* Alexisweg 2) erbauen und zieht nach Arnstadt.

1854: Die Feuerwehr besteht aus Spritzenmannschaft, Wasserträgerabteilung, Pionier- und Schutzmannschaft und dem Rettungsverein. **11. Januar:** Fürstin Karoline stirbt in Arnstadt und wird am 14. Januar auf dem →Alten Friedhof begraben. **23. Februar:** Die Bäckerinnung Arnstadt kauft die *Bäckermühle* (Neumühle, Hammerecke 2). **Sommer:** Thüringer Sängerfest. Massenchor am *Sängerplatz* im Walpurgisholz.

Um 1855: Durchführung der Separation (Flurbereinigung). **1855:** Arnstadt hat 5.987 Einwohner.

1856, 3. Januar: Brand in der Rosengasse, drei Häuser brennen nieder. **26. Dezember:** Unterm Markt brennen fünf Häuser und in der Gräfingasse (heute Berggasse) drei Wohngebäude ab.

1857: Eröffnung der Realschule. **8. Juli:** Neues Landesgrundgesetz für das Fürstentum Schwarzburg-Sondershausen. **10. Juli:** Neue Städteordnung. Stadtrat (zwei Bürgermeister) und Stadtverordnetenversammlung mit 18 Mitgliedern.

1859, 15. September: Verkauf der Günthersmühle an den Maschinenfabrikanten Hugo →Woltersdorf aus Sudenburg bei Magdeburg. Beseitigung des Mahlzwangs der ihr neben Arnstadt zugewiesenen Ortschaften Angelhausen, Dornheim, Oberndorf und Rudisleben.

1862, 15. August: Erste Telegraphenstation in Arnstadt. **August/September:** Aufenthalt von Jacob Grimm im Gasthof *Henne*. **6. September:** Grimm schreibt: *Arnstadt hat auf allen seiten reizende spaziergänge, ich traf auch da den guten Fritz Reuter.*

1863, 5.-8. Juli: 1. Thüringer Schützenfest auf dem Wollmarktsplatz mit 396 Teilnehmern. Aus diesem Anlaß Erbauung und Eröffnung der Fest- und Turnhalle (bis 1926; heute Stadtbad). **1. Oktober:** Eröffnung der ersten Gasanstalt beim heutigen Südbahnhof durch die *Thüringer Gasgesellschaft* in Leipzig.

1864: Gründung einer *Freiwilligen Turner-Feuerwehr* mit 86 Männern. Die Kleidung besteht aus einem baumwollenen Kittel und einer Mütze, welche selbst zu beschaffen sind. Seitdem gibt es in Arnstadt zwei Feuerwehren, die städtische und die Freiwillige Turner-Feuerwehr.

1865, 19. November: Gründung eines Arbeiterbildungsvereins. Vorsitzender ist Gärtnereiarbeiter Wilhelm Leid. Politisch bedeutendste Ziele sind: *Allgemeine Bildung, Hebung des geistigen und materiellen Wohles sowie gegenseitige Unterstützung der Mitglieder durch Kranken-, Unterstützungs- und Sterbekasse.*

1867: Arnstadt hat 8.067 Einwohner. Abbruch des Gasthofes *Güldene Gans* am Holzmarkt/Ecke Post (heute Ranke)straße. Die Freiwillige Turner-Feuerwehr erhält von der *Aachener und Münchener Feuerversicherungsgesellschaft* eine zweirädrige Abprotzspritze. Errichtung einer Steigerwand zwischen Turnhalle und Froschteich (Wollmarktsteich) für Turnerfeuerwehr. **16. Mai:** Eröffnung der Stichbahn Neudietendorf-Arnstadt. Eine Direktverbindung nach Erfurt lehnt man ab. **20. September:** Enthüllung des Gedenksteines für den Dichter Valerius Wilhelm →Neubeck am Weg zur →Eremitage.

1868, 27. August: Gründung der Gewerkschaft der Handschuhmacher in der heutigen Riedschänke. **28. August:** Ein Großfeuer vernichtet in der Rosenstraße und An der Weiße 18 Häuser. 51 Spritzen mit 711 Feuerwehrmännern aus der Umgebung leisten Brandhilfe.

1869: Der Turnerfeuerwehr wird in Anerkennung verdienstvoller Tätigkeit die Turnhalle auf dem Wollmarkt zur Benutzung überlassen.

1870-71: Deutsch-Französischer Krieg. Teilnahme des Schwarzburger Linienbataillons.

Blick zum Neideckturm mit Domäne und Neptungrotte, um 1910

Von der Reichsgründung bis zum 1. Weltkrieg 1871-1914

1871: Arnstadt hat 8.603 Einwohner. **18. Januar.:** Proklamation König Wilhelms I. von Preußen zum deutschen Kaiser im Schloß Versailles als eigentlicher Akt der Reichsgründung. Danach Aufschwung der Industrie auch in Arnstadt. Weitere Verdrängung des bisher vorherrschenden Handwerks. **19. Juni:** Ein Hochwasser reißt die steinerne Gerabrücke (Brücke des Friedens) in der Längwitzer Straße weg.

1872: Gründung der Arnstädter →Malzfabrik durch Heinrich Adolf Mendius aus Gotha und Karl Röthcher aus Erfurt. **1. Januar-24. März 1888:** Fürstlicher Rat Julius →Hülsemann (1824-1888) wird Oberbürgermeister in Arnstadt. **6. März:** In Arnstadt wie auch in anderen Städten Thüringens wird eine Erderschütterung wahrgenommen. **18. März:** Die alte Günthersmühle brennt nieder.

1873, Januar: →*Arnstädtisches Nachrichts- und Intelligenzblatt* erscheint. **1. Januar:** Einführung der Reichswährung.

1874: Wechsel von der Talerrechnung zur Markrechnung.

1875: Arnstadt hat 9.243 Einwohner. **1. Januar:** Reichsmünzen in Arnstadt.

1877: In Arnstadt sind 1.906 Arbeiter in 38 Fabriken beschäftigt, das sind ca. 20,6 % der Bevölkerung. Davon arbeiten 1.653 in der fabrikmäßigen Lederherstellung und –verarbeitung, davon wiederum 1.325 in der Handschuhfabrik. **16. August:** Weihe der neuerbauten katholischen Kirche an der heutigen Wachsenburg-Allee.

1878, 30. August: Verlegung des Gymnasiums aus dem Waisenhaus am Schulplan in den Prinzenhof.

1878-1890: Auswirkungen des Gesetzes *gegen die gemeingefährlichen Bestrebungen der Sozialdemokratie (Sozialistengesetz)* auch in Arnstadt, Auflösung entstandener Gewerkschaften, Bespitzelung und Verfolgung von Sozialdemokraten.

1879: Eisenbahn Arnstadt-Ilmenau. Neue Satzung der Turnerfeuerwehr. **5. August:** Franz Liszt wohnt im Theater einer Aufführung seiner *Faust-Sinfonie* bei.

1880: Arnstadt hat 10.611 Einwohner. An der Bürgerschule werden 751 Knaben und 712 Mädchen unterrichtet. **17. Juli:** Fürst Karl Günther wird neuer Regent von Schwarzburg-Sondershausen.

1880-1888: Umfangreiche Reparaturarbeiten an der Liebfrauenkirche, besonders am Mittelturm.

1881: Gründung der Freimaurer-Loge in Arnstadt. Bei den Reichstagswahlen stimmen in Arnstadt 263 Wähler für die Sozialisten und 1.390 für die Bürgerlichen.

1882, 24. September: Franz Liszt besucht ein geistliches Konzert in der Neuen Kirche.

1884: Eröffnung der Eisenbahnstrecke Plaue-Ritschenhausen (dazu Durchstich im Brandleitetunnel am 13. Februar 1883). **16. August:** Der →Neue Friedhof wird in Benutzung genommen.

1885: Arnstadt hat 11.537 Einwohner. In der Bürgerschule werden 898 Knaben und 917 Mädchen unterrichtet. Durch die Erfindung der Holznagelmaschine in der Werkstatt von Rudolf →Ley können täglich 80 bis 150 Paar Schuhe hergestellt und 12 bis 15 geübte Nagler ersetzt werden.
1. Dezember: Arnstadt besitzt 1.006 bewohnte und 8 unbewohnte Häuser, 2.656 Haushaltungen sowie 5.599 männliche und 5.954 weibliche *ortsanwesende Personen*.
13. Dezember: Nebenbahn von Arnstadt nach Ichtershausen. Im ersten Jahr werden 41.660 Personen und 44.789 Tonnen Güter befördert.

1888: In Arnstadt werden 7.983 Schweine geschlachtet. **18. März-30. September 1893:** Dr. Georg →Trautvetter (1859-1923) ist Oberbürgermeister.

1889, 7. Dezember: Eröffnung der Druckerei von Otto →Böttner (Marktstr. 23).

1890: Arnstadt hat 12.818 Einwohner. **20. Januar:** Sanitätsrat Dr. Niebergall stirbt. Er erwarb sich große Verdienste um die Anerkennung von Arnstadt als Solbade- und Luftkurort und verfaßte mehrere balneologische und medizinische Schriften. **25. Januar:** Aufhebung des *Sozialistengesetzes* durch den Reichstag. In Arnstadt gibt es eine kleine, aber festgefügte Ortsgruppe der SAP. **17. Februar:** Erster Spatenstich für den Krankenhausneubau am Fuß des Arnsberges. **20. Februar:** Die SAP erhält bei den Reichstagswahlen 1.127 Stimmen, für die bürgerlichen Parteien stimmen 1.124 Wähler. **21. März:** Aufstellung einer *Annoncen-Uhr* der Hamburger Annoncen-Uhr-Gesellschaft durch den Uhrmacher Tiersch an der Galerie am Markt. **29. März:** Auf Veranlassung des Gastwirtes Oscar Maempel werden in den hiesigen Teichen, die mit der Gera in Verbindung stehen, 10.000 Stück Aalbrut und 20.000 Stück Forellenbrut ausgesetzt. **1. Mai:** Erste Maifeier in Arnstadt. Arbeiter, die Kammacher an der Spitze, ziehen im Gänsemarsch auf den Bürgersteigen durch die Stadt. Berittene aus Erfurt haben so keine Möglichkeit, den Umzug zu attackieren. **19. August:** Umbenennung eines Abschnitts der *Hohe Bleiche* in *Marlittstraße*. **1890-1891:** Umbau des Ratskellers im Rathaus. Ausmalung der Gewölbe.

1891: Gründung des →*Arnstädter Anzeiger* (Tageszeitung) durch Otto Böttner sen. Erster größerer Streik in Arnstadt, der fünf Wochen dauert. Die Handschuhmacher erhalten eine Lohnerhöhung, die Heimarbeit nach der Arbeit im Betrieb wird abgeschafft. Anlage der Tiefkanalisation am Friedhof, in der Gothaer und Schwarzburger Straße. Verbreiterung der *Schelgebrücke* über den Mühlgraben am *Wacholderbaum*. **6. April:** Grundsteinlegung für den Neubau der →Mädchenbürgerschule (heute Rosenstr. 45). Die Kleinkinderbewahranstalt wird städtisches Eigentum. **1891/92:** Zusammenschluß der Zahlstellen zum Ortskartell der Freien Gewerkschaften.

1892: Regulierung der Wilden Weiße und Anlage der Uferstraße (heute Lessingstraße). Abriß des Begräbnishäuschens im →Alten Friedhof. **1. Januar:** Eröffnung des neuen Krankenhauses (Bärwinkelstr. 33) unter der Leitung von Dr. →Deahna. **11. Oktober:** Einweihung der Mädchenschule (heute Rosenstr. 45).

1893: Kanalisierung im Bereich Krappgartenstraße, Riedmauer und Riedtor bis Wagnergasse. **15. Juni:** Bei den Reichstagswahlen erhalten die sozialdemokratischen Abgeordneten 1.216, die bürgerlichen Abgeordneten 1.094 Stimmen. **5. November:** Eröffnung des Fernsprechnetzes in Arnstadt. **10. November:** Gründung eines Arbeitersportvereins. **1893/94:** Gründung des Stadtarchivs Arnstadt.

1894: Zuschüttung des Eisteiches hinterm Park am Neuen Friedhof zur Vergrößerung des Geraparkes. In den Alteburganlagen und im Gerapark entstehen Kinderspielplätze. **2. Januar:** Gasanstalt wird städtisches Eigentum. Neuaufbau der Polizei. **3. Januar:** Eröffnung des städtischen →Schlachthofes (Dammweg 8). **8. Januar:** Einweihung des Erweiterungsbaues der Realschule (hinter dem ehemaligen Waisenhaus) an der Neutorgasse (Plan 2). **15. März-31. März 1928:** Dr. Harald →Bielfeld ist Oberbürgermeister. **18. April:** Gründung des Vereins *Freie Turner* nach polizeilicher Beanstandung des Arbeiterturnvereins. **18. Juni:** Eröffnung der Bahnstrecke Arnstadt-Stadtilm. **28. Juni:** Silberhochzeit des Fürstenpaares (Umbenennung der Straße *An der Erfurter Mauer* in *Karl-Marien-Straße*). **16. August:** Schließung des Alten Friedhofes für Bestattungen. **29. August:** Gründung der →Museumsgesellschaft.

1895: Arnstadt hat 13.595 Einwohner. Im Stadtgebiet zählt man 4.467 Obstbäume. Zuschüttung des Froschteiches hinter der Turnhalle am Wollmarktsplatz zur Schaffung eines Übungsplatzes für die Feuerwehr. Bau eines Steigerturmes für 2.577 Mark. Neubau einer Brücke anstelle der *Schumpelbrücke* über die Gera am *Kurhaus* (heute *Lindeneck*). Verbreiterung der Weißebrücke an der Wachsen-

Einweihung des Kinderheims am 29. August 1898

Empfang des Fürstenpaares am Arnstädter Hauptbahnhof anläßlich der 1200-Jahrfeier, 1904

burg-Allee/Gothaer Straße. Kanalisation in der Friedrichstraße, Hohe Mauer und Ohrdrufer Straße. Umstellung sämtlicher Gaslaternen in der Stadt auf *Auer'sches Glühlicht*. Arnstadt ist eine der ersten Städte Deutschlands, welche mit Gasglühlicht ausgestattet ist. **3. April:** Eröffnung des Museums im Obergeschoß des →Alten Rektorats in der Kohlgasse. **2. Mai:** Gründung eines Vereins für den Bau eines Gedenkturmes 1870/71 (Alteburgturmbauverein). **6. Mai:** Weihe des Hülsemann-Denkmals in den Alteburganlagen. **30. Oktober:** Hallenschwimmbad am Wollmarkt eröffnet.

1896: Bau des →Elektrizitätswerkes in der Fleischgasse durch Fa. Rud. →Ley Maschinenfabrik. **9. Juni:** Die Feuerwehr erhält eine mechanische Schiebeleiter. **1896/97:** Zuschüttung der Pferdeschwemme beim Wachsenburger Tor.

1897: In Arnstadt haben 1.182 Wohnhäuser nur 175 Lauf- und 284 Pumpbrunnen. 723 Wohnhäuser sind ohne eigene Wasserversorgung. Entgegen der Bestrebungen des Bürgervereins auf Abbruch bleibt das Riedtor durch Spenden erhalten. Verlegung des Güterbahnhofs an den Rehestädter Weg. Freiwillige Turner-Feuerwehr hat 119 Mitglieder.

1898: Im *Kellergrunde des ehemaligen Wachsenburger Thorturms, jetzt Härcherchen Schmiede* (heute Wachsenburgstr. 44) findet man 8 steinerne Blidenkugeln, die von der Belagerung Arnstadt's im Jahre 1342 durch die Erfurter herrühren. Streik der Handschuhmacher, Maler, Tüncher und Anstreicher. Streik polnischer Landarbeiter auf der Domäne Arnstadt. **August:** Beim Gewerkschaftsfest der Arnstädter Arbeiter auf dem *Bergschlößchen* (heute Weg zur Fasanerie) spricht Wilhelm Liebknecht. **29. August:** Weihe des Kinderheims auf dem Gelände des ehemaligen fürstlichen Schafhofes zwischen Rosenstraße und Pfortenstraße (Rosenstr. 50). **September:** Verlegung des Museums in den Ostflügel des Rathauses.
21. November: Bei Brand in der Kleinen Rosengasse ersticken drei Kinder. **21. Dezember:** Fertigstellung der Eisenbahnüberführung Ichtershäuser Straße. **1898-1901:** Erweiterungsbauten am Personen- und Güterbahnhof.

1899: In Arnstadt streiken Tischler, Zimmerer, Lederarbeiter, Holzarbeiter, Weißgerber und Handschuhmacher. **11. Juni:** In der Marktstraße vernichtet ein Großfeuer fünf Wohnhäuser und ein Hintergebäude. **26. Juli:** Bildung freier Innungen aufgrund eines Reichsgesetzes. **30. Juli:** Bildung einer Handelskammer für Schwarzburg-Sondershausen mit Sitz in Arnstadt. **5. August:** Trotz Widerstands beginnt der Bau einer Hochdruckwasserleitung. **27. Dezember:** Bei Brand in Fleischwarengeschäft Conrad an der Weiße werden noch 5 weitere Häuser auf der Badergasse erfaßt, 15 Familien werden obdachlos.

1900: Arnstadt hat 14.000 Einwohner. Beginn des Geländeausbaues zwischen Bahnhof und Arnsberg; des Möhringschen Gartens an der Lindenallee und Fortsetzung der Wagnergasse als J.-S.-Bach-Straße. **15. August:** Fertigstellung des →Wasserwerks am Schönbrunn. Hochdruckwasserleitung in Arnstadt. Inbetriebnahme von Hydranten, dadurch werden die Feuerspritzen außer Dienst gestellt und acht Hydrantenwagen, drei Schlauchwagen und ein Leiterwagen angeschafft. **14. September:** Aufstellung des ersten Kinematografen.

1901: Verlegung der Gasanstalt in das Industriegebiet nördlich der Stadt (Auf dem Anger 8). Im Wasserwerk werden 212.104 Kubikmeter Wasser gefördert. Bildung einer Handwerkskammer für Schwarzburg-Sondershausen in Arnstadt. Verlegung der Schuhfabrik von Hüllemann & Geck von Ohrdruf nach Arnstadt. **Pfingsten:** Weihe der neuen Orgel (Fa. Sauer, Frankfurt/Main) in der Oberkirche.

1902: Instandsetzungsarbeiten an der Neuen Kirche. **Sommer:** Einsatz zweier Schulärzte für die Bürgerschulen. **10. August:** Weihe des *Kaiserturms* (→Alteburgturm) als Denkmalturm (Erinnerung an 1870/71). **1902-1928:** Kommerzienrat Benjamin →Kiesewetter Vorsitzender des Gemeinderats, seit 1922 Stadtrat.

1903: Versetzung des Torschreiberhauses vom Erfurter Tor in die Baumschule als Wohnung des Stadtgärtners. Vor dem *Kurhaus* entsteht eine Grünanlage mit Teich, in dem sich ein Springbrunnen mit acht Meter hoher Fontäne befindet. **16. Juni:** Bei den Reichstagswahlen erhalten die Sozialdemokraten 1.489, die bürgerlichen Abgeordneten 1.214 Stimmen. **24. Juli:** Notarieller Vertrag über Ankauf des Elektrizitätswerkes der Fa. Rud. Ley Maschinenfabrik in der Fleischgasse durch die Stadt. **15. Oktober:** Eröffnung der Gewerbeakademie durch Dipl.-Ing. Tobias Glatz (Kirchgasse 10). **Herbst:** Verbindung des Theaters Arnstadt mit dem in Sondershausen.

1904: Gründung der Zigarrenfabrik von L. Wolff. **1. Mai:** Einweihung des Willibald-Alexis-Denkmals in den Anlagen vor dem *Kurhaus* (Alexisweg 2). **24.-25. Mai:** Arnstadt begeht 1200-Jahrfeier der urkundlichen Ersterwähnung im Beisein des Fürstenpaares. Stiftung einer goldenen →Amtskette für den jeweiligen Oberbürgermeister durch den Fürsten. **18. Oktober:** Gründung der *Freien Turnerschaft*. **1904-1905:** Bau des Turmwärterhauses am Alteburgturm (mit Ausschank).

1905: Beginn von Aufforstungen durch die Stadt über dem Jonastal, an der Ebanotte, im Tieftal und am →Kreuzchen. In der Anlage des Obstbauvereins oberhalb des Wasserwerks befinden sich 1.100 Beerensträucher und 800 Obstbäume. Außerdem wird hinter dem Wasserwerk eine Saatschule angelegt. **1. April:** Öffentlicher Arbeitsnachweis in Arnstadt (später Arbeitsamt). **4. April:** Einweihung des →Marienstifts (Wachsenburg-Allee 12). Direktor wird Konsistorialrat Dr. →Emil Petri. **25. Mai:** Dem Fleischermeister Riede verbrennt der Vorrat der Räucherkammer. **19. Juli:** Umorganisation der Feuerwehr. **5. September-15. Oktober 1906:** Neubau der →Höheren Töchterschule unter Franz Thyriot (heute Lindenallee 10). **23. September:** Karl Liebknecht spricht im *Schwarzburger Hof* (*Güldener Greif)* über die Bedeutung der russischen Revolution.

1906: In Arnstadt gibt es 456 Handwerksbetriebe mit 791 Gesellen und 306 Lehrlingen. Beendigung der Regulierung der Wilden Weiße bis zur Mündung in die Gera an der Hammerecke. Beginn der Fabrikation des Ley-Automobils *Loreley* in der Fabrik Fleisch-/Wagnergasse. **1. April:** Gründung des Arnstädter Rabattsparvereins. **5. April:** Einstellung des Betriebes der Brunnenkunst. **1. Mai:** Gemeinderat beschließt Einrichtung einer ständigen Nahrungsmittelkontrolle. **1. Juni:** Gründung der Sparmarken-Vereinigung zu Arnstadt. **2. Juni:** Beschädigung des →Alteburgturmes durch Blitzschlag. **26. August:** Missionsfest auf dem Walpurgiskirchhof. **31. Oktober:** Gründung einer Ortsgruppe des *Reichsverbandes gegen die Sozialdemokratie*. **1. Dezember:** Beginn der städtischen Müllabfuhr.

1907: Verlegung der Abdeckerei an den Dornheimer Berg. Entstehung der ersten Kleingartenanlage mit 39 *Arbeitergärten* am Fuß des Rittersteins (→*Agnes-Winckler-Stiftung*). **1. Januar:** Einrichtung eines Gewerbegerichts in Arnstadt. **7. Januar:** Großfeuer in der Erfurter Straße. Anstelle der infolge des Feuers abgebrochenen Häuser entsteht der Gebäudekomplex unter den sogenannten *Kolonaden*. **25. Februar:** Generalversammlung der Ortskrankenkasse beschließt Neubau eines eigenen Verwaltungsgebäudes in der Krappgartenstraße. **27. Februar:** Fertigstellung Bach-Gedenktafel für die Neue Kirche. **2. Juni:** Thüringer Archivtag in Arnstadt. **3. Juni:** Beginn des Umbaus des Westflügels des →Landratsamtes (Behördenneubau). **1. November:** Fertigstellung der elektrischen Feuermelde- und Alarmanlage.

1908, 3. Januar: Strenge Kälte bis minus 23 °C. **4. Februar:** Der Stadtrat beschließt einen Zuschuß in Höhe von 30.000 Mark für den Bau der Eisenbahnüberführung an der Stadtilmer Straße. **7. April:** Gemeinderat genehmigt Anlegung des Berggartenweges. **24. April:** Abnahme des Turmknopfes mit interessanten Urkunden bei Neueindeckung des Rathausturmes. **1. Mai:** Arnstadt hat 17.054 Einwohner. **3. Mai:** *Bei einem Scheunenbrand kam der darin nächtigende Schuhmacher Ebert um.* **2. Juni:** Gemeinderat beschließt Bau einer dritten Bürgerschule am Arnsberg. **16. Juni:** Beschluß des Bauausschusses zur *probeweisen* Aufstellung *einer Plakatsäule nach Gockenbachs Angaben an der Uferstraße* (heute Lessingstraße). **24. Juni:** Gründung einer Krankenunterstützungskasse für selbständige Handwerker. **8. Dezember:** Gemeinderat bewilligt Entleerung von Düngergruben mit einer pneumatischen Pumpe bei freiwilliger Beteiligung der Hausbesitzer. **25.-26. Dezember:** In der Nacht brennt die letzte Scheune in der Wachsenburg-Allee nieder.

1909: Verbindung des Theaters Arnstadt mit dem in Rudolstadt. Die Firma Rud. Ley wird Aktiengesellschaft. **24. Januar:** Wohltätigkeitskonzert der Gesangvereine *Harmonie, Liedertafel* und *Männerchor* im Fürstlichen Theater zugunsten der in Süditalien durch Erdbeben Geschädigten. **28. März:** Der kinderlose Fürst Karl Günther von Schwarzburg-Sondershausen stirbt nach einem Jagdunfall. Daraufhin regiert Fürst Günther Viktor von Schwarzburg-Rudolstadt die beiden Fürstentümer Schwarzburg in Personalunion. **15. April-1. Mai:** Errichtung von 20 städtischen Plakatsäulen (*Litfaßsäulen*) durch die Arnstädter Firma Paul →Gockenbach, nachdem *die Plakatsäule an der Bahnhofstraße Beifall gefunden hat*. Die Litfaßsäulen werden auf je 6 Jahre verpachtet. Der Gemeinderat will damit das *unleidige Ankleben von Bekanntmachungen, Anpreisungen etc. an den Häusern in Wegfall* bringen. **4. Mai:** *Karl-Günther-Fonds* mit 150.000 Mark für landschaftliche und bauliche Verschönerung von Arnstadt gestiftet. **29. Mai:** Masernepidemie mit 98 Erkrankungen in der Woche erreicht ihren Höhepunkt. **1. Juni:** Arnstädter Bank wird als Filiale der Gothaer Bank weitergeführt. **Juni-September:** Mehrmals erfolgreicher Aufstieg des Ballons *Erfurt* von der Gasanstalt aus. **28. August:** Graf Zeppelin passiert Arnstadt auf der Fahrt von Stuttgart nach Bitterfeld. **1. September:** Weihe des →Bismarckbrunnens am Markt im Beisein des Schöpfers, Prof. Wrba, Eröffnung einer Kaffeehalle des Frauenvereins.

1910: Im Marienstift sind 71 Kinder. Neubau der Autofabrik Ley in der Ichtershäuser Straße. **15. September:** Vereinigung des *Arnstädter Anzeiger* mit dem →*Arnstädter Tageblatt*. **1. November:** Fürsorgestelle für Lungenkranke eröffnet.

1910-1913: Erneuerung der Westfront der Liebfrauenkirche.

1911, 11. April: Einweihung der →Arnsbergschule. **3. Juli:** Brand im Mineralmahlwerk in der Friedrichstraße. Eine einstürzende Mauer erschlägt den Bücherrevisor Rocktäschel. **20. August:** Nachts fährt der erste Zug über die hochgelegte Strecke am Bahnhof Arnstadt-Süd. **Sommer:** Unheilvolle Dürre. **20. September:** Arnstadt hat 17.937 Einwohner und zählt 123 Straßen.

1912: Arnstadt hat 18.180 Einwohner. Es werden 54 neue Wohnhäuser und 37 neue Fabrik- und Wirtschaftsgebäude gebaut. Die Rud. Ley AG ist mit 1.200 Mitarbeitern größter Industriebetrieb. **5. Januar:** Wahlveranstaltung mit Rosa Luxemburg im *Kurhaus*. **18. Februar:** Nachmittags wird ein großer Meteor beobachtet. **März:** Einführung der Gasdruckfernzündung für die Straßenbeleuchtung. **8. April:** Böttcher Apel erschießt den Leistenmacher Stötzer in der Langen Gasse. **20. Mai:** *Aviatiker* Alwin Horn überfliegt Arnstadt in einem Zweidecker in 600 m Höhe. **26. Mai:** 10. Verbandstag des Arnstädter Verbandes mathematisch-naturwissenschaftlicher Vereine. 1. Waldgottesdienst auf der Alteburg. **26. Juni:** Gemeinderat beschließt Ankauf und Abbruch der alten Ölmühle an der Weiße zwecks Straßenverbreiterung in Richtung Krappgartenstraße (heutige Turnvater-Jahn-Straße). **31. August:** Beschluß über Beseitigung der Stadtweiße von der alten Ölmühle an der Weiße bis zum Schloßbezirk. **16. September:** Ende einer fünfwöchigen Regenperiode. **1. Oktober:** Arnstadt wird kreisfreie Stadt. Verlegung des Landratsamtes nach Gehren. Einführung des Taxameter-Droschkenverkehrs. **19. Oktober:** Erstmals Verkauf von holländischem Fleisch. **22. Oktober:** Es wird mit dem Abriß von Häusern in der Erfurter Straße (Westseite) begonnen. **16. November:** Streik der organisierten Schuhfabrikarbeiter. **18. November:** Baubeginn Jonastalstraße.

1912-1925: Umfangreiche Bauarbeiten am Rathaus.

1913, 3. März: Ersteigerung des Postgebäudes Markt 1 durch die Stadt. Ab 13. August sitzt hier die städtische Sparkasse. **1. April:** Benjamin Kiesewetter wird Vorsitzender des Gemeinderates. Stadt übernimmt Reinigung der gepflasterten Straßen. **4. Mai:** Leichtathletik-Wettkämpfe des Fußballklubs *Teutonia*. **30. Mai:** Beginn des Abbruchs der Domäne am Schloßplatz und wahrscheinlich schon um 1910/11 Umsetzung der Neptungrotte in leicht veränderter Gestalt vor den Südflügel des heutigen

Landratsamtes. **1. Juni:** Einrichtung einer Schulzahnklinik im Alten Rektorat (Kohlgasse 17). **3. Juni:** Zeppelin-Militärluftschiff überfliegt Arnstadt. **17. Juni:** Ankauf des Stadtgrabens östlich Neutor. **19. Juli:** Erstes Flugzeug überfliegt Arnstadt. **20. Juli:** Ein kurzes Erdbeben ist spürbar. **7. September:** Weihe der Liebfrauenkirche nach Wiederaufbau der Westtürme. **27. September:** Weihe der jüdischen →Synagoge in der Krappgartenstraße. **5. Oktober:** Einweihung des Marlitt-Denkmals. **19. Oktober:** Enthüllung des Gedenksteins an die *Drei-Monarchen-Zusammenkunft* in Dornheim. **7. November:** Konkurs Fa. Eisengießerei →Winter & Oppermann. **30. November:** Wiedereröffnung der Neuen Kirche. **1. Dezember:** Arnstadt hat 19.054 Einwohner. **Dezember:** In Arnstadt gibt es 128 Fabriken und Betriebe. Darin sind 3.241 Arbeiter beschäftigt, davon im Alter bis zu 16 Jahren 191 männliche und 110 weibliche Personen.

1914: Schließung des Museums wegen Bauarbeiten. **16. Januar:** Minus 20 °C Kälte. **Februar:** Versuchsfahrten auf der Strecke Erfurt-Arnstadt-Saalfeld mit benzol-elektrischen Triebwagen, die auf Hauptstrecken 70 km/h und im Gebirge 20 km/h zurücklegen. **4. Februar:** Beginn des Neubaus der Staatsschule (Schloßplatz). **21. März:** In Arnstadt wohnen acht Millionäre. **15. April:** Fertigstellung der Jonastalstraße. **21. Juli:** Antikriegskundgebung im Kurhaussaal in Arnstadt.

Im 1. Weltkrieg 1914-1918

1914, 1. August: Beginn des 1. Weltkriegs. Mobilmachung. Ernste Stimmung. **2.-3. August:** Überstürzte Einkäufe. Aushebung der Pferde auf dem Wollmarkt. Bahnschutz von Haarhausen bis Siegelbach durch Polizei und Zivil. Einführung der Kriegsindustrie auch in Arnstadt mit Tag- und Nachtschichten und Überstunden. **15. August:** Kartoffelversorgung unter Zwangswirtschaft. **19. Oktober:** Erste Verwundete in Arnstadt. **Ende 1914:** *Kriegs-Brot.*

1915: Kauf des Prinzenhofes durch die Stadt. **10. Februar:** Brotkarten in Arnstadt. Pro Person werden monatlich 8 kg Brot verteilt. **30. März:** Die Schulden der Stadt betragen etwas über 4 Millionen Mark, darunter 450.000 Mark für Kriegszwecke. **12. Juli:** Beschlagnahme von 20.565,8 kg Kupfer, Messing und Nickel. **15. Oktober.:** Weihe des Staatsschulneubaus *Fürst-Günther-Schule* (heute Neideck-Gymnasium, Schloßplatz 2). **8. Dezember:** Einführung der Buttermarken.

1916: Februar: Extremer Mangel an Fleisch- und Wurstwaren in Arnstadt. **1. Mai:** Einführung der Sommerzeit. **28. Mai:** Fleischkarten und Kundenlisten bei den Fleischern. **Sommer:** Es treten verstärkt Felddiebstähle auf. **16. August:** Bezugsscheine für Kleidung und Wäsche. **1. Oktober:** Beschlagnahme von Zinn.

1917: Verlegung des Museums in den Prinzenhof. **Januar:** Beschlagnahme der Orgelpfeifen. **10. Januar:** Städtische Bücherei zieht in den Prinzenhof. **25. Januar:** Beschlagnahme von Fahrradreifen und Gummi. **5. Februar:** Eröffnung einer Altkleiderstelle in Arnstadt. Einstellung der Straßenbeleuchtung. **6.–19. Februar:** Starke Kälte bis minus 27 °C. **9. Februar:** Erstmals Sperrung des Gases, wiederholt hilft die Eisenbahn mit Kohlen aus. **1. März:** Beschlagnahme der Kirchenglocken. Vorerst bleibt Geläut der Liebfrauenkirche erhalten. **9. März:** Beschlagnahme der Blitzableiter. **20. März:** Erstes Notgeld (50-Pfennig-Scheine). **Mai:** Forderung der Gewerkschaften nach verbesserter Lebensmittelversorgung. **2. September:** Von 36 Bäckereien werden 18 wegen Mangel an Heizmaterial geschlossen; fünf werden später wieder geöffnet. **November-März 1921:** Unterbringung der städtischen Molkerei in der *Brunnenkunst*. **1917-1920:** *Dörrgemüse*, Kohlrüben und *Ersatzmittel* sind alltägliche Nahrungsmittel.

1918: Monatliche Zuteilung von Lebensmitteln beträgt pro Person: 8 kg Brot, 1 kg Fleisch, 550 g Zucker, 160 g Butter. **Februar:** Außerdem werden noch zugeteilt: 1 Ei, 250 g Quark, Soßenpulver, 500 g Marmelade, 200 g Kaffeesatz, 500 g Kaffeezusatz, 125 g Gries, 125 g Graupen, 1 Paket Süßstoff, 250 g Sauerkraut, 1 Kuhkäse, 250 g Teigwaren, 250 g Kunsthonig, 1 Dose Knochenbrühextrakt, 200 g Rübensaft, Zwieback für Kinder und Kranke, 250 g Sago für Kinder bis zu 2 Jahren. Sonderarbeiter erhalten: 5,5 kg Brot, 200 g Fleisch und 200 g Fett, Schwerstarbeiter erhalten zusätzlich: 5,5 kg Brot, 400 g Fleisch und 200 g Fett. **15. März:** Friedhofskapelle brennt bis auf Umfassungsmauern nieder. **1. Mai:** Verteilung von Flugblättern *Krieg dem Kriege*. **13. Mai, 27. Juli, 12. August:** Kein Brot wegen Mehlmangels. **19. August:** Erste fleischlose Woche. **2. September:** Eine Glocke des Geläutes der Liebfrauenkirche muß abgegeben werden. **18. September:** *Hungerrevolte* vor dem Rathaus als Zeichen der Unzufriedenheit. Militär stellt *Ruhe und Ordnung* her.

Notspeisung der Kinder, 1917

Weiße-Hochwasser vom 17. Mai 1922

Vom Ende des Kaiserreiches bis zum Ende der Weimarer Republik 1918-1933

1918, 9. November: Abdankung des Kaisers und Ausrufung der Republik. Zustimmung in Arnstadt. Bildung eines aus 16 Personen bestehenden Arbeiter- und Soldatenrates. **10. November:** Erste Sitzung desselben. Seine Hauptaufgaben sind Kontrolle der Verwaltung, Linderung der Not durch gerechte Verteilung. Eine Rote Fahne weht auf dem Rathaus. **25. November:** Fürst Günther Viktor dankt, als letzter deutscher Monarch, ab. An die Stelle der fürstlichen Regierung tritt ein Ministerium und ein Landesrat mit einem Landtagspräsidenten (Oberbürgermeister Bielfeld aus Arnstadt) an der Spitze. **Dezember:** In Arnstadt gibt es ca. 700 Arbeitslose.

1919: Mehrmaliger Eisenbahnerstreik. **19. Januar:** Wahlen zur Nationalversammlung. Die USPD erhält in Arnstadt 5.783 Stimmen, die SPD 266. **März:** Gründung der *Freien Sozialistischen Jugend*, Ortsgruppe Arnstadt im *Schwarzburger Hof* (heute *Güldener Greif*). **12. März:** Gründung einer →Museumsstiftung in Arnstadt als Verwaltungsbehörde des früheren Fürstlichen Palais. **1. April:** Schwarzburg-Sondershausen wird *Freistaat*. Schloßgarten und Fürstenberg werden städtisch. **2. April:** Neue Gemeindeordnung mit neuem Wahlrecht in Schwarzburg-Sondershausen. **10. April:** Auflösung des Arbeiter- und Soldatenrates. **Mai:** Neugründung einer Stadtkapelle als städtisch subventionierte *Teilungskapelle* mit 10 Musikern. **19. Mai:** Eröffnung einer Volkshochschule. **12. Juli:** Erste Mitgliederversammlung der KPD-Ortsgruppe Arnstadt in der *Erholung* (ca. 30-40 Mitglieder). **4./8. November:** Massenversammlungen gegen Lebensmittelnot und Arbeitslosigkeit im *Kurhaus*. **13. November:** Wiedereröffnung des Museums im 1. Stock des Schlosses. **Ende 1919:** Gründung einer Gruppe des *Deutsch-völkischen Schutz- und Trutzbundes* durch einige ehemalige *Frontsoldaten* des 1. Weltkrieges. Zu ihr gehören spätere NSDAP-Mitglieder. Ihre Aufgabe ist es, durch *Verteilung von Flugschriften über deutsche Art, über die Judenfrage, andere politische Fragen und durch Versammlungen so manchen Träumer und Schläfer für den völkischen Gedanken* zu gewinnen.

1920: Einrichtung eines städtischen Arbeitsamtes. **11. Februar:** Inkrafttreten der neuen Kirchenverfassung für Schwarzburg-Sondershausen. Trennung von Staat und Kirche. **1. März:** Gründung des *Arbeiter-Samariter-Bundes* in Arnstadt. **15. März:** Generalstreik gegen die Militärdiktatur von Kapp und Lüttwitz. **22. März:** Vollversammlung der Betriebsräte beschließt Abbruch des Generalstreiks. **27.-29. März:** Reichswehr in Arnstadt. **16. April:** →Hopfengrund wird städtisch (Walderholungsstätte). **1. Mai:** Bildung des Landes Thüringen. **26. Mai:** Vertrag mit *Kraftwerk Thüringen AG Gispersleben* über Stromlieferung nach Arnstadt. **Seit 1920:** Städtische Siedlungsbauten an der Rudolstädter Straße (1920), Baumschule (1922), am Fasanengarten (1922-23) und Gothaer Straße (1923-25).

1921, 11. März: Verfassung des Landes Thüringen. **21. März:** Die *Sport- und Spielvereinigung 1907* pachtet den nördlichen Teil des Rudislebener Rasens (1924 Kantine und Ankleideräume). **7. Juni:** Die jüdische Gemeinde Arnstadt kann ihre Angehörigen auf einem eigenständigen, vom Neuen Friedhof abgetrennten Platz bestatten. **4. August:** Gründung des *Stahlhelms*, Ortsgruppe Arnstadt. **September:** Hilfsaktionen für die Sowjetunion. **1921- 1922:** Bau des Sportplatzes in der Rudolstädter Straße (Friedrich-Ludwig-Jahn-Stadion).

1922: Der *Arbeiter-Turn- und Sportverein* pachtet den südlichen Teil des Rudislebener Rasens, der *Turnverein von 1849* das mittlere Stück. **4.-9. März:** Gassperre infolge Kohlemangels. **18. März:** Weihe des Grabmals für die in Gotha im März 1920 gefallenen drei Arnstädter Arbeiter auf dem Friedhof. **5. Mai:** Himmelfahrt im Schnee. **17. Mai:** Weiße-Hochwasser. **11. Juni:** Weihe des Kriegerdenkmals für die Gefallenen des 1. Weltkrieges auf dem Friedhof. **22. Juni:** Quäkerspeisungen. **27. Juni:** Buchdruckereibesitzer Paul Frotscher stirbt. **30. Juni:** Anläßlich eines Streits wird ein Studierender des Polytechnikums erschossen (am 28. Oktober ein zweiter). **Juli:** Beginn der Stromlieferung für Arnstadt durch *Kraftwerk Thüringen A.-G. Gispersleben*. Eröffnung eines städtischen Wohlfahrtsamtes. **1. Oktober:** Eingemeindung von Dornheim und Angelhausen-Oberndorf. Bildung einer Kreisdirektion für den Landkreis Arnstadt. **14. Oktober:** Stadt kauft →*Goldene Henne*. **3. Dezember:** Wiedereröffnung des Museums nach Umzug in 2. Etage des Schlosses.

1923: Einführung des orthopädischen Turnens in den Schulen, da eine große Anzahl Kinder infolge Unterernährung an Rückgratverbiegung leidet. **2. Februar:** Großfeuer in den Thüringischen Braunsteinwerken (heute Friedrichstr. 2). **6. Februar:** Notstandsküche in der *Goldenen Henne*. **1. April:** Hallenschwimmbad wird städtisches Eigentum. In Arnstadt gibt es fortan nur noch Geschäftsstellen der Handwerks- sowie der Industrie- und Handelskammer, Hauptstellen sind in Weimar. **12. Mai:** Nach dem Verbot der NSDAP in Thüringen erfolgt in Arnstadt die Fortsetzung ihrer Aktivitäten durch Gründung eines *Stammtisches Drei Gleichen*. Nach außen hin geben dessen Mitglieder vor, *Interessengemeinschaft für Wanderungen, Baugeschichte usw.* zu sein. **23. Juni-22. Oktober:** Kinder aus dem besetzten Ruhrgebiet finden in Arnstadt Aufnahme. **2. August:** Ein Brot (1 900 g) kostet 90.000 Mark (Inflation). **11.-12. August:** Zusammenstöße zwischen der nazistischen Thüringer Knappschaft und Kommunisten, wobei ein Gothaer der Knappschaft (Alfred Garscha) tödlich verletzt wird. **19. August:** Einweihung des Sportplatzes in der Rudolstädter Straße. **30. September:** Im Ergebnis der neuen Thür. Kreiseinteilung beziehen Landkreisbehörden den Neubau im Schloßbezirk (heute Landratsamt). **1. Oktober:** Eingemeindung von Rudisleben. Justizreform: Amtsgericht Arnstadt wird an Landesgericht Gotha angeschlossen. **Oktober/November:** Höhepunkt der Inflation. 1 Pfund Brot kostet 260 Milliarden Mark, 1 Pfund Fleisch 3,2 Billionen Mark, 1 Glas Bier 150 Milliarden Mark. **15. November:** Durch Einführung der Rentenmark erfolgt eine Stabilisierung von Währung und Wirtschaft.

1923-1929: Infolge der Inflation stellen 24 Unternehmen mit 1.876 Arbeitern ihre Produktion ein. Fast die gesamte Schuhindustrie geht zugrunde, ferner Zigarrenfabriken und metallverarbeitende Betriebe.

1924: Abdeckerei wird städtisches Eigentum. In Arnstadt gibt es 100 Fabriken und 140 Handelsbetriebe mit 5.200 Beschäftigten. In 465 Handwerksbetrieben arbeiten 1.700 Beschäftigte. Festumzug zum 60. Gründungsjubiläum der Arnstädter Freiwilligen Turner-Feuerwehr, derzeit 60 Mitglieder. **Anfang März:** Nach dem deutschlandweiten Verbot der NSDAP wird in Arnstadt durch NSDAP-Mitglieder die *Nationalsozialistische Freiheitsbewegung* gegründet. **26. April:** Beginn der Umgestaltung Alter Friedhof zum Park. Umsetzung historischer Grabsteine in Himmelfahrtskirche. Neue Weißebrücke zur Uferstraße (heute Lessingstraße). **16. Juni:** Dornheim wieder ausgemeindet. **26. Juli:** Gründung einer Ortsgruppe des *Reichsbanners Schwarz-Rot-Gold*. **16. August:** Gründung des *Rot Frontkämpferbundes* in Arnstadt. **17. August:** Erste Tagung der *Nationalsozialistischen Freiheitsbewegung* in Weimar. Weihe der Fahne der Ortsgruppe Arnstadt durch General Ludendorff. **1. Oktober:** Inbetriebnahme des städtischen Krematoriums.

1925: Die Nebenbahn von Arnstadt nach Ichtershausen befördert 128.000 Personen und 136.000 t Güter. **5. Februar:** Rudisleben wird wieder ausgemeindet. **22. Februar:** Bei den Stadtratswahlen erhalten die *Vereinigten Bürgerlichen* 5.409, die Sozialdemokratische Partei 3.778 und die KPD 1.521 Stimmen. **3. April:** Explosion in Autofabrik Ley. **6. April:** Neugründung einer Ortsgruppe der NSDAP im Restaurant *Zur Wolfsschlucht* (Ried 15) mit 6 Mitgliedern. Ihre Anzahl erhöht sich bis zum 1. Januar 1933 auf 446. Am 1. Januar 1934 sind es 1.046 Mitglieder und 900 Anwärter. **30. April:** Eröffnung des Gewerkschaftshauses (Gothaer Str. 5). **1. August:** Einweihung des städtischen Versorgungshauses (Jonastal 4). **29. November:** *Christbaum für alle* vor der Neuen Kirche. **22. Dezember:** Einweihung der neuerbaute Klinik des Marienstifts. Leitender Arzt wird Dr. Leopold →Frosch.

1926, 10. Februar: Schweres Unglück bei Gleisarbeiten im Brandleitetunnel, ein Arnstädter Arbeiter kommt dabei ums Leben. **15. Februar–5. August:** Abriß der Turnhalle auf dem Wollmarkt und Bau eines Freibades. **31. März:** Abschied von der Postkutsche. Paketbestellung und Landpostbeförderung erfolgt fortan mit Kraftwagen. **12. Mai:** Eröffnung des Freibades. **18. Mai:** Weihe des Kriegerdenkmals auf dem Alten Friedhof. **25. Mai:** Weihe des Gefallenendenkmals des *Arnstädter Verbandes naturwissenschaftlicher und mathematischer Vereine* auf der Alteburg. **10. Juni/8. Juli:** Landesverwaltungs- sowie neue Kreis- und Gemeindeordnung. Einschränkung der kommunalen Selbstverwaltung. Einführung der Bezeichnungen *Kreisamt* und *Oberbürgermeister*. **20. Juni:** Von

Eröffnung des Freibades am 12. Mai 1926

13.600 Wahlberechtigten tragen sich 7.134 für das Volksbegehren gegen Fürstenabfindung ein. Am entsprechenden Volksentscheid beteiligen sich 51,6 % der Wahlberechtigten und stimmen mit über 85 % gegen die Fürstenabfindung. **7. Juli:** Schweres Gewitter, ein Blitz entzündet die Villa in der Plaueschen Str. 7. **29. November:** Fertigstellung des Wasserturmes auf dem Arnsberg als wichtige Löschwasserreserve.

1927: Arnstadt hat 21.569 Einwohner in 5.656 Wohnungen. Der russische Geigenvirtuose Sörmus, genannt der *rote Geiger*, gastiert in Arnstadt. Ein großer Teil der Einnahmen kommt der *Roten Hilfe* zugute **27. März:** Einweihung des Betsaales im Marienstift. **1. April:** Verlegung des Polytechnikums nach Bad Sulza. **9. September:** Kommerzienrat Benjamin Kiesewetter wird →Ehrenbürger. Er ist 25 Jahre ununterbrochen Vorsitzender der Stadtvertretung, seit 1886 deren Mitglied, eine neue Straße am Arnsberg erhält seinen Namen. **28. Oktober:** Eröffnung der Ima-Lichtspiele (Bahnhofstr. 32). **6. November:** Eröffnung Keglerheim vor dem Riedtor (*Riedschänke*). **19. November:** Brand in der →Krumhoffsmühle. **1927/28:** Motorisierung der Arnstädter Feuerwehr.

1928, 5. Januar: Neubau von Arbeitsamt und Feuerwehrhaus (Oberbaurat-Acker-Straße) eingeweiht. **22. Februar-Dezember:** Stadtomnibusverkehr Riedschänke–Hauptbahnhof. **28. Februar:** Vereinigung von Städtischer und Freiwilliger Turnerfeuerwehr. **27. März:** Ortsgruppe Arnstadt im ADAC. **1. April:** Oberbürgermeister Dr. Harald Bielfeld tritt zurück. Nachfolger wird Rudolf →Peters. **4. Juni:** Brand des Kurhaussaales. **6. Juli:** Schwere Unwetter. **11. Juli:** Fast plus 40 °C in der Sonne. **7. September:** Eröffnung der Merkur-Lichtspiele (Bahnhofstr. 32). **4. Dezember:** Eröffnung des →Milchhofs Arnstadt.

1929, 1. Januar: Selbstmord eines Brautpaares nahe der Eremitage in der Silvesternacht. **11. Februar:** Kältester Tag mit minus 34 °C im freien Gelände. **28. Februar:** Eröffnung des neuerbauten Kurhaussaales. **Juli:** Schwerer Autounfall auf der Dornheimer Straße, ein Geistlicher aus Meura wird dabei getötet. **August:** Zur SA in Arnstadt gehören 15 Mann. **30. Oktober:** Pfarrer Friedrich →Behr wird Anstaltsgeistlicher des Marienstiftes. **1. November:** Schadensfeuer im Theatergebäude. **17. November:** 100 Jahre Musikverein Arnstadt.

1930, 1. Januar: Arnstadt hat 22.215 Einwohner. **14. Januar-25 April:** Schmuckanlage am Nordwest-Eingang zum Schloßgarten. **Anfang Februar:** Grabsteine des Alten Friedhofs werden in die Himmelfahrtskirche gebracht. **23. Februar:** Glockenweihe im Marienstift. **1. April:** Finanzamt im Neubau (Längwitzer Str. 26). Pfarrer Friedrich Behr wird Leiter vom Marienstift. **4. April:** Erstmalige Aufführung eines Tonfilms (*Atlantik*) in den Merkur-Lichtspielen. **13. April:** Am Palmsonntag werden 243 Kinder konfirmiert. **30. April:** Abriß der *altersschwachen Häuschen* Fleischgasse 11 und 13. **12. Juni:** Eröffnung des Neubaus der Kreissparkasse (Erfurter Str. 26). **15. Juni:** Im Bereich des Arbeitsamtes Arnstadt gibt es 7.432 Arbeitssuchende. **19. Juli:** Großfeuer im Sägewerk Greßler in der Kauffbergstraße. **August:** Ausbau von Setze und Schönbrunnstraße **September:** Heimstättensiedlung für Kriegsbeschädigte in der Damaschkestraße eröffnet **14. September:** Die Wahlbeteiligung bei der Reichstagswahl liegt bei 92,4 %. Die meisten Stimmen erhielten: SPD mit 4.217, NSDAP mit 3.622, KPD mit 1.975 Stimmen. **22. September:** *Kalkwerk Dosdorf,* das 1923/24 die Reinsberge und den Schweinsberg abbauen wollte, in Liquidation. **25. Oktober:** Überführung der Puppenstadt *Mon plaisir* von Schloß Gehren nach Arnstadt. **1. Dezember:** In Arnstadt (mit Angelhausen-Oberndorf) existieren 757 viehbesitzende Haushaltungen.

1931, 1. Januar: 22.391 Einwohner in Arnstadt. **15. Februar:** Der Bereich des Arbeitsamtes Arnstadt (umfaßt Stadt- und Landkreis Arnstadt sowie vom Landkreis Rudolstadt die Amtsgerichtsbezirke Königsee und Oberweißbach) zählt ca. 14.000 Arbeitssuchende. **19.-21. Mai:** Großzirkus *Krone* gastiert in Arnstadt. **24. Mai:** Die Puppensammlung *Mon plaisir* wird im Neuen Palais zur Besichtigung freigegeben. **6./7. Juni:** Erster großer SA-Aufmarsch mit 2.000 Teilnehmern in Arnstadt. **17. Juli:** Kreisrat beschließt erste Kreisumlage und Biersteuer. **1. Oktober:** Auflösung der Stadtkapelle wegen Subventionsstreichung. **21. Dezember:** Ernennung von Dr. Leopold Frosch (leitender Arzt Marienstift) zum Professor.

1932: In Arnstadt sind 665 Kraftfahrzeuge (Lkw, Pkw und Motorräder) und 120 Kleinkrafträder angemeldet. **1. Januar:** 22.540 Einwohner leben in Arnstadt. **13. März:** Beginn der Arbeiten an der Stadtrandsiedlung Elxlebener Weg. **29. Mai:** *Großer Flugtag für Arnstadt und Umgebung* auf dem Eichfeld. **30. Mai:** Arnstadt als Hörbild im Programm der Mirag (Mitteldeutsche Rundfunk-AG Leipzig). **1. Juni:** Gründung einer *Spielgemeinschaft Arnstädter Berufsmusiker.* **5. Juni:** Einweihung der Kiesewetterhütte an der Wasserleite. **11. Juni:** Studienrat und Stadtarchivar Paul →Thalmann stirbt. **25. Juni:** Hermann Göring, preußischer Ministerpräsident und NSDAP-Funktionär, spricht in einem Zelt am Wollmarktsplatz vor etwa 3.000 Menschen. **29. Juni:** Schweres Gewitter mit Überschwemmungen. **November:** Eröffnung der Kraftpostlinie Erfurt–Kirchheim-Arnstadt. **2. November:** Arbeitslosendemonstration. **4. Dezember:** Bei den Stadtratswahlen erringt die NSDAP die meisten Sitze (13). SPD und KPD erhalten je 6 Sitze, *Bürgerliche Liste* 5 Sitze und *Gemeinwohl* einen Sitz im Stadtrat. **15. Dezember:** Erste Pasteurisierungsanlage im Milchhof.

Nazi-Diktatur und 2. Weltkrieg 1933-1945

1933, 30. Januar: Machtübertragung an Hitler. Nazi-Diktatur in Deutschland. **31. Januar:** Eine Demonstration von Kommunisten gegen die Machtergreifung Hitlers auf dem Markt wird aufgelöst. **31. Januar-2. Februar:** *Kommunistisch initiierte Protest- und Flugblattaktionen* auch in Arnstadt. **2. Februar:** Entdeckung einer kommunistischen Geheimdruckerei in Arnstadt. **3. Februar:** SPD-Kundgebung im Schloßgarten. **28. Februar:** Reichstagsbrandprovokation. **Bis 1. März:** Verhaftung von sieben Personen. **4. März:** Hissen von Hakenkreuz-, Stahlhelm- und Schwarz-Weiß-Roter Fahne am Rathaus. **5. März:** Reichstagswahl mit 93,5 % Wahlbeteiligung. NSDAP und andere bürgerliche Parteien erhalten 9.298 Stimmen, KPD 2.386 u. SPD 2.706 Stimmen. **8. März:** Festnahme dreier KPD-Funktionäre. **10. März:** Durchsuchung des SPD-Hauses (Rankestr. 1). **21. März:** Entzug der KPD-Mandate im Stadtrat. **1. April:** Boykott jüdischer Geschäfte. **9. April:** Einweihung der Unfallwache des Roten Kreuzes. **20. April:** Gleichschaltung des Stadtrates. **1. Mai:** Pflanzen einer Hitler-Eiche an der Adolf-Hitler-Allee (Linden-Allee) **2. Mai:** Besetzung der Büroräume der Gewerkschaften (Poststr. 1) durch SA. **10. Mai:** Polizeiaktion gegen marxistische Parteifunktionäre, durchsucht wird u. a. die Schrebergartenanlage Kesselbrunn. **26. Mai:** Bücherverbrennung durch SA auf dem Markt. **Juni:** Unter Zwang müssen Arnstädter Kommunisten und Sozialdemokraten Losungen gegen das Naziregime abwaschen. **Juli:** Beginn der Herausgabe der *Arnstädter Schach-Zeitung*. **August:** Festnahme von 8 Kommunisten und Beschlagnahme von Druckschriften. Auflösung des Arbeiter-Samariter-Bundes. **15. November:** Hochverratsprozeß gegen den Kommunisten Fritz Schörnig und Genossen vor dem Reichsgericht in Leipzig.

1933-1939: Auch in Arnstadt ist ein wirtschaftlicher Aufschwung zu verzeichnen. Im Rahmen von Arbeitsbeschaffungen werden u. a. die Plauesche Straße gepflastert und Anlagen in der Wachsenburg-Allee gestaltet. Das Baugewerbe erhält Aufträge, wie z. B. die Wohnungsneubauten am Willibrordplatz (Friedrich-Ebert-Platz) oder an der Bachschleife, wo bis Ende 1937 die ersten fünf *Volkswohnhäuser* errichtet werden. Verschiedene neue Betriebe entstehen, wie die Elektrotechnische Fabrik Schmidt & Co. (Stadtilmer Str. 39), die Kofferfabrik Arnstadt (Förster & Opitz, Friedrichstr. 22), die Neue Arnstädter Schuhfabrik (Schönbrunnstr. 16) oder die Uniformgroßschneiderei →Ohrenschall & Andreß (Schönbrunnstr. 16). In den neu entstandenen Fabriken →Polte-Werk (St. Georg-Straße) und →Siemens & Halske (Bierweg) werden Rüstungsgüter produziert. Durch all diese Maßnahmen nimmt die Zahl der Arbeitslosen ab.

1933-1945: Hochverratsprozesse gegen 58 Arnstädter Antifaschisten.

1934: Arnstadt hat 22.200 Einwohner. Fa. Rud. Ley Maschinenfabrik verkauft die Autofabrik in der Ichtershäuser Straße an den Polte-Konzern, Magdeburg. Pfarrer Friedrich Behr, Direktor des Marienstifts, kündigt auf einer Konferenz des Verbandes der Deutschen Evangelischen Anstalten für Krüppelfürsorge in Beuthen über *Krüppelfürsorge aus evangelischem Ethos* an, daß zwischen Kirche und Staat allerschärfste Kämpfe entbrennen würden, *wenn es zur Vernichtung 'lebensunwerten' Lebens kommen sollte.* Die bei Behr´s Vortrag anwesenden Vertreter des Nazistaates versuchen, ihn an der Zuendeführung seines Vortrages zu hindern und drohen mit der Gestapo. Die Veröffentlichung seines Referates wird im untersagt. **2. Januar:** Errichtung eines Erbgesundheitsgerichts für den Kreis Arnstadt. **6. Januar:** Auflösung des Gewerbevereins. **30. Januar:** In Arnstadt entsteht ein Konfektionsbetrieb für Uniformen. **13. Februar:** Verhandlung gegen 13 Arnstädter Kommunisten vor dem Oberlandesgericht Jena. **15. Februar:** NSDAP-Stadtratsfraktion lehnt weitere Zusammenarbeit mit Oberbürgermeister Peters ab. **22. Februar:** Oberbürgermeister Peters wird auf eigenes Ersuchen beurlaubt. **30. März:** Oberbürgermeister Peters wird aus dem Dienst der Stadt entlassen. **14. Mai:** Amtsübernahme des NSDAP-Kreisleiters Albin Barth in Anwesenheit des Reichsstatthalters Sauckel. **18. Mai:** 50 Arnstädter fahren mit dem ersten Sonderzug *Kraft durch Freude* (KdF) nach Oberbayern. **29. Mai:** Hans →Huhn (NSDAP) wird Oberbürgermeister. **31. Mai:** Übergabe von 10 fertigen Siedlungshäusern. **19. Juni:** Einrichtung von Trinkkurmöglichkeiten im Schloßgarten. **1. September:** Übergabe von 80 Siedlerstellen hinter dem Neuen Friedhof. **20. Dezember:** Fertigstellung der neuen Eisenbahnbrücke an der Ichtershäuser Straße.

1935, 8. Januar: Die Mitglieder der Freimaurerloge *Zu den Drei Gleichen* beschließen, ihr Gebäude (Gerastr. 4) der Stadt zu übereignen. **9. März:** Wagners *Nibelungen* werden im Landestheater Arnstadt aufgeführt. **20. März:** Das Bachzimmer im Rektorat (Kohlgasse 17) wird städtisch. **7.-9. April:** Feierlichkeiten anläßlich des 250. Geburtstag von J. S. Bach. **8. April:** Im Rahmen eines Festgottesdienstes wird die Neue Kirche in →Johann-Sebastian-Bach-Kirche umbenannt. **14. Mai:** Erste Luftschutz- und Verdunklungsübungen in Arnstadt. **12. Juli:** Ein Fernlastzug fährt in das Hotel *Arnstädter Hof*, zertrümmert den Eingang und die Gaststube. **Ende August:** Die Arnstädter Lichtspieltheater *Merkur-Lichtspiele* und *Filmpalast* verbieten jüdischen Bürgern den Zutritt zu ihren Veranstaltungen. **9. September:** Hohe Fürsorgelasten. Auf 1.000 Einwohner sind 43,5 Personen zu unterstützen. Jüdische Bürger dürfen nur bei einem Bäcker (Straßburg), bei einem Fleischer (Vogt) und einem Lebensmittel-

Oberbürgermeister Huhn mit Amtskette, 4. v. li.

Aufmarsch am Wollmarkt, 1938 (?)

geschäft (gegenüber Bäcker Nagel) einkaufen. Besondere Waren wie z.B. Südfrüchte erhalten sie überhaupt nicht. **10. September:** Vorführung des Filmes *Vielleicht war's nur ein Traum,* in dem Arnstadt als Kulisse dient. **1. Oktober:** Eröffnung der Glashalle in der Waldgaststätte *Eremitage*. Prof. Dr. →Pabst geht in den Ruhestand. Leitender Arzt des Städtischen Krankenhauses wird Dr. Buchholz. Dr. →Jorns wird Oberarzt der Chirurgie. **Ende:** Arnstadt hat 21.997 Einwohner.

1936, 2. Januar: Es erscheint ein Führer (Broschüre) *Das schöne Arnstadt* in einer Auflage von 10.000 Stück. **12. Januar:** Mit dem Paddelboot von Plaue nach Arnstadt. Erste derartige Bootsfahrt. **24. März:** In Arnstadt sind sieben Erbhöfe registriert. **29. April:** Hochverratsprozeß vor dem Strafsenat des Oberlandesgerichts: Der Kommunist Fritz →Schörnig wird zu 15 Jahren Zuchthaus und zu 10 Jahren Ehrverlust, der Jude Werner Gottfeld zu vier Jahren Zuchthaus verurteilt. **2. Mai:** Eröffnung einer NSKK-Schule der Standarte M 43 auf der Marienhöhe. **9. Juli:** Ausstellung von Bildern des *Führers* im Schloß. **15. August:** Gründung eines Familienverbandes der Bache. **21. September:** Große Verdunklungsübung. **23. Oktober:** Ausstellung alter (über 400jähriger) Druckwerke im Schloßmuseum. **19. November:** Heeresbauamt zieht nach Arnstadt. **20. Dezember:** Gauleiter Sauckel führt den neuen Kreisleiter Wilhelm Mütze aus Weimar in sein Amt ein.

1937: Arnstadt hat 22.900 Einwohner. **6./7. Januar:** Sturm, Hochwasser der Wilden Weiße. **9. März:** Das *Ernährungshilfswerk* beginnt mit der Schweinemast. **10. März:** Die Kastanien vor dem Riedtor werden gefällt, in der Karolinenstraße erfolgt dies einige Tage zuvor. **15. März:** Abbruch des alten Gasthauses auf der Alteburg. **16. März:** *Der erste Arnstädter Kraftfahrer,* Kommerzienrat Claus →Voigt, stirbt. **7. April:** Schulanfang für 269 *ABC-Schützen.* **19. April:** Großfeuer im Vorwerk Oberndorf. **29. April:** Verurteilung von sieben *Bibelforschern* aus Arnstadt, Görbitzhausen und Marlishausen zu Gefängnisstrafen nach zweitägiger Verhandlung durch das *Thüringische Sondergericht für den Oberlandesgerichtsbezirk Jena.* **30. April:** Einholung des Maibaumes und Aufrichtung auf dem Wollmarkt. Ausrufung der Maikönigin und des Maigrafen. **3. Mai:** Neues Adreßbuch. **21. Mai:** 30 °C im Schatten. **25. Mai:** Erstes Wandelkonzert im Schloßgarten. **31. Mai:** Ostpreußenkinder weilen auf Vermittlung der NSV zur Erholung im Kreis Arnstadt. **1. Juni:** Bildung eines Theater-Zweckverbandes Arnstadt-Rudolstadt. **30. Juni:** Eröffnung des Neubaues Berggasthaus Alteburg. **3. Juli:** Verkehrskontrolle der Arnstädter Polizei. 75 von 100 Radfahrern verstoßen gegen die Verkehrsvorschriften. **10. Juli:** Rekordbesuch im Arnstädter Freibad, 25.000 Besucher in eineinhalb Monaten gezählt. **19. Juli:** Verhandlungen im Luftgaukommando 8 Weimar wegen Aufbau eines Zweigwerkes der Siemens & Halske A.-G. Berlin - Siemensstadt in Arnstadt. **22 Juli:** Grundmauern des Wachsenburger Tores und 17 Steinkugeln von der Belagerung Arnstadts im 14. Jh. werden bei Abbrucharbeiten Rosenstraße/Ecke Wachsenburgstraße entdeckt. **1. August:** Baubeginn von drei neuen Brücken zur Erschließung des Industriegeländes Bierweg/Siedlung. **2. Oktober:** Das Rudolstädter-Arnstädter Theater tritt zum ersten Mal in Arnstadt auf. **8. Oktober:** Bisher 333 Ehestandsdarlehen ausgegeben. **14. Oktober:** Eröffnung des neuen Säuglingsheimes auf dem Krankenhausgelände. **19. Oktober:** Umgestaltung des Alten Rektorats (Kohlgasse 17). Bau des Torbogens über die Bratspießgasse.

1938: 1.136 Kraftfahrzeuge sind in Arnstadt zugelassen. **1. Januar:** Arnstadt hat 22.201 Einwohner, die sich auf ca. 7.600 Haushaltungen verteilen, meistvertretener Name: Schmidt. **27. Januar:** Oberbürgermeister Huhn gibt die Zahl der Arbeitslosen mit 165 an, gegenüber *Tausenden vor 1933.* **3. Februar:** Studienrat A. Franke (Geologe) erhält für seine Forschungsarbeit die Eiserne Senkenberg-Münze. **24. März:** In einem Rechenschaftsbericht stellt Oberbürgermeister Huhn fest: Steigerung der Steuereinnahmen von 505.670,95 Mark (1932) auf 1.253.000 Mark; Anwachsen des Gesamteinlagenbestands der Städtischen Sparkasse von 5.559.000 Mark (1933) auf 8.165.000 Mark; Zunahme der Baugenehmigungen von 77 (1932) auf 175 (1937). **22. April:** Weihe des NSKK-Heimes vor dem Schönbrunn. **25. Mai:** Übergabe der neuen Brücke an der Lohmühle. **2. Juni:** Aufstellung der restaurierten Brunnenfigur (1565) vom 1899 abgebrochenen *Kohlborn* am Marktplatz auf den Brunnen vor der Oberkirche. **16. Juli:** Volksgasmasken-Aktion. **19. Juli:** Seit Eröffnung (1935) zählen die Bachgedenkstätten insgesamt 3.000 Besucher. *Amerikaner unter den ausländischen Besuchern an der Spitze.* **August:** Der Kreis Arnstadt zählt 3.650 sudetendeutsche Flüchtlinge. **9. August:** Inbetriebnahme eines elektrischen Läutewerkes für die Glocken der Liebfrauenkirche. **22. Oktober:** Einrichtung eines Marlitt-Gedenkzimmers im Heimatmuseum. **9. November:** *Kristallnacht:* Die Synagoge in der Krappgartenstraße wird niedergebrannt. Die Feuerwehr befindet sich am Brandort und darf nicht löschen. In der Nacht erfolgt die Zusammentreibung aller männlichen Juden durch die SA. Sie werden in das Rathaus gebracht und hier derart mißhandelt, daß ihre Schreie auf der Straße zu hören sind. Nach diesen Vorfällen werden sie in das KZ Buchenwald verschleppt. **24. November:** Max Kotzan kauft das Gelände der Chemischen Fabrik in Rudisleben und errichtet hier die →MAKO-Werke (später →Chema Rudisleben) sowie Wohnblocks (*Ernst-Udet-Siedlung*) für das Fabrikpersonal. Hergestellt werden Sauerstoff-Umfüllgeräte, Sauerstoff-Tanks und Abwurfbehälter für die Luftwaffe.

1939: Arnstadt hat 22.928 Einwohner, davon 10.568 männliche und 12.360 weibliche Einwohner. **1. Januar:** Einführung von Zwangsvornamen (Sara und Israel) für weibliche und männliche Juden auch in Arnstadt. **12. Januar:** Eröffnung einer Postsparkasse in Arnstadt. **28. Februar:** →*Falknerknabe* des Arnstädter Bildhauers Ernst-Paul Hinckeldey (1893-1953) am Schloßgarteneingang Straßburg-Kreuzung errichtet. **14. Mai:** 15.000 Besucher beim Flugtag auf dem Eichfeld. **Juni:** Arbeitskräftemangel in Polte- und Siemens-Werken, deshalb Zuführung von Frauen bis zum 50. Lebensjahr, wenn sie kinderlos sind oder keine schulpflichtigen Kinder unter 15 Jahren haben. **23. Juni:** Richtfest für 67 neue Wohnungen am Willibrordplatz. **15. August:** Täglich 955 Radfahrer auf den Straßen in Arnstadt. **1. Juli:** Die Müllabfuhr in Arnstadt wird motorisiert. **1. September:** Überfall deutscher Truppen auf Polen. Beginn des 2. Weltkrieges. Volle Verdunkelung in Arnstadt. **8. September:** Mädchenschule wird zum Hilfslazarett. **13. September:** Höchstpreise für Kartoffeln. **Ab 20. September:** In Gaststätten wird eine einheitliche Tischzeit eingeführt, Dienstag und Freitag jeder Woche werden *fleischlos*. **Oktober:** 11 Anlagen mit 800 Kleingärten in Arnstadt. **6. Oktober:** Gedenken an erste Gefallene. **17. Oktober:** Die ersten 150 polnischen Kriegsgefangenen treffen in Arnstadt ein. Sie werden als Zwangsarbeiter eingesetzt. **28. Oktober:** Ausgabe der ersten Kohlenkarten. **November:** Seit Fleischmarken eingeführt sind, erhält jeder genug Fleisch und Wurst. Geflügel ist markenfrei. Auf den Wochenmärkten gibt es weder Gänse, Tauben, Enten noch Hühner zu kaufen. **16. November:** Einführung von Reichskleiderkarten.

1940, Januar: Infolge einer Diphterie-Epidemie sterben mehrere Kinder. Es herrschen große Kälte und Kohlennot. **Ab 23. Januar:** Fisch gibt es nur noch auf Zuteilung (Fischkarten). **11. April:** Erna Sack, die *deutsche Nachtigall*, gastiert in Arnstadt. **Ende April:** Sammlung von Metall zur Einschmelzung für Kriegszwecke (Kronleuchter, Uhren, Teekessel, Backformen, Mörser, Zinnkrüge und -teller, Zinnsoldaten und -lampen, Vasen, Offiziersdegen, Bürsten, alte Gewichte, Nickelmünzen). Auch die drei Böller der Schönbrunnschützen, die zum Teil über 200 Jahre die jährlichen Vogelschießen einleiteten, werden eingesammelt. **8. Juni:** Beginn der Verwundetentransporte in Arnstadt. **13. Juni:** Arnsbergschule wird Hilfslazarett. **16. August:** Errichtung einer *Franke-Bank* auf der Alteburg (anläßlich des 80. Geburtstages von Dr. Adolf →Franke). **25. August:** Angebot von dänischem Schweinefleisch in Arnstadt. **13. Dezember:** *Heinkel* stürzt *um 1 Uhr 30 nachts* brennend auf das Kesselhaus der Blaudruck-Fabrik (Mühlweg).

1940-1945: In Arnstadt sterben und werden hier beigesetzt: 38 sowjetische, 15 polnische, vier kroatische, drei tschechische und slowakische, vier holländische, ein ungarischer, 24 französische und zwei belgische Staatsangehörige.

1941: Verstärkter Einsatz von Zwangsarbeitern auch in Arnstadt. Sie kommen aus Belgien, Frankreich, Holland, Italien, Kroatien, Litauen, Lettland, Norwegen, Polen, Portugal, aus dem Protektorat Böhmen und Mähren, aus der Slowakei, Rumänien, Schweden, Schweiz, Spanien, Marokko, Ukraine und Weißrußland. In zwei Schweinemästereien, Mühlhof (Längwitzer Str. 11) und Dorotheenthal (Nr. 38), werden ca. 250 Schweine gehalten. **1. Januar:** Arnstadt zählt 23.875 Einwohner. **19. Februar:** Zwei französische Zwangsarbeiter entfliehen. **21. Februar:** Aufführung des Films *Der ewige Jude*. **April-November:** In Arnstadt wird 18 mal Fliegeralarm von 30 bis 180 Minuten Dauer während der Tagstunden ausgelöst. Es kommt aber zu keinen Bombenabwürfen. **11. Mai:** Am Morgen schneit es. **13. Mai:** Nachts 23.30 Uhr brennt die Lohmühle im Lohmühlenweg ab. **8. Juni:** Fahrrad-Rennen *Rund um das Wachsenburger Tor.* **26. Juni–25. August:** Sommerferien der Schulen. **25. August:** Erstmals beginnt das Schuljahr nach den Sommerferien anstatt zu Ostern. **Juli–Dezember:** Rascher Anstieg der Zahl der Kriegstoten: Im Juli sind es 8, im August 6, im September 80, im Oktober 83, im November 99 und im Dezember 105 Gefallene. **Dezember:** Arnstadt zählt 24.412 Einwohner.

1942, 3. März: Zwei Glocken der Liebfrauenkirche (von 1516 und 1651) werden für Kriegszwecke abgeliefert. Die große Glocke verbleibt im Glockenturm. **Mai und Herbst:** Weitere Deportationen Arnstädter jüdischer Bürger in Vernichtungslager der Nazis. **17. Juli:** Der erste deutsche *Farbengroß-film* wird in Arnstadt gezeigt. **25. August:** Hauptschule Arnstadt wird eröffnet. **10. September:** Die Sonnenfinsternis ist gut zu beobachten.

1943, 14. Mai: Fliegeralarm und Abwurf von Brandbomben. **15. Mai:** 14 Frauen mit dem *Mütter-Ehrenkreuz* ausgezeichnet. **27. Mai:** Um 9 Uhr fliegen zehn englische Flugzeuge ganz tief über die Stadt. **30. Juli:** Bombengeschädigte treffen mit Sonderzügen ein. **18. September:** Reichsbüchersammlung für die Wehrmacht.

1944: Die Glocke des Neutorturmes wird für Kriegszwecke abgenommen. Auslagerung wertvoller Teile des Stadtarchivs nach Siegelbach und Griesheim. In diese beiden Orte sowie nach Kettmannshausen werden auch die wertvollsten Kunstgegenstände aus dem Arnstädter Schloßmuseum gebracht. **13. April:** Wanderschau *Der Lufterror* eröffnet. **6. Mai:** Die Ausflugsgaststätte *Eremitage* wird Kreisschulungsburg der NSDAP. **Juni:** Weitere Deportationen Arnstädter jüdischer Bürger in Vernichtungslager der Nazis. **Anfang September:** Beginn der Bauvorhaben im →Jonastal (S III). Erste Häftlinge treffen ein. Den unmenschlichen Arbeitsbedingungen unter SS-Aufsicht fallen Tausende Menschen unterschiedlichster Nationalität zum Opfer. **7. September:** Ministerpräsident Marschler besichtigt einen Betrieb und die von diesem erstellten *Behelfsheime.* **21. Oktober:** Proklamierung des *Volkssturms* auf dem Marktplatz. **Ende Dezember:** Die für das Vorhaben S III eingesetzte Häftlingszahl überschreitet 10.000.

1945, 6. Februar: Ein Bombenangriff auf Arnstadt fordert 85 Menschenleben. Allein in der Baumannstr. 23 werden 21 Gebäude mit 100 Wohnungen total zerstört, ebenso das Hauptgebäude des Marienstifts, 59 Personen verletzt. **3. April:** Die Bauarbeiten am Projekt S III werden eingestellt, die dabei eingesetzten Häftlinge in Gewaltmärschen nach Buchenwald zurückgeführt. 10.249 Häftlinge nennt eine letzte Meldung vom 30.3.1945. Das XX. US-Korps gibt eine Liste mit Ausweichquartieren von Ministerien und hochrangigen militärischen Stäben in 22 Städten und Orten in Thüringen heraus, die auf den Aussagen eines als glaubhaft eingestuften deutschen Kriegsgefangenen beruhen. Danach soll Weimar als provisorische deutsche Hauptstadt vorgesehen und unmittelbar westlich von Arnstadt Hitlers noch unvollendetes Hauptquartier gelegen sein. Es soll sich dabei um ein aus fünf Stollen bestehendes (über fünf Schächte zugängliches?) unterirdisches Quartier handeln. **4. April:** Erstmaliger Beschuß durch amerikanische Artillerie. **6.-7. April:** Weiterer Artilleriebeschuß durch Amerikaner. **9. April:** Letzte Ausgabe des *Arnstädter Anzeigers.* **9.-10. April:** Erneuter amerikanischer Beschuß.

Durch Bombenangriff zerstörtes Haus in der Thomas-Mann-Straße, Februar 1945

Vom Ende des 2. Weltkrieges bis zur Gründung der DDR 1945-1949

1945, 10. April: Übergabe von Arnstadt an amerikanische Truppen. **12. April:** Erschießung von sechs Angestellten des Siemenswerkes durch amerikanische Soldaten. **3. Mai:** Oberbürgermeister Huhn (NSDAP) wird vom amerikanischen Kommandanten abgesetzt und dafür Frau Dr. →Meisterernst als Oberbürgermeisterin eingesetzt. **6. Mai:** Fa. F. Hermann →Zetzsche (heute VEB Möbelwerk) beginnt mit 12 Mann die Produktion. **8. Mai:** Bedingungslose Kapitulation Deutschlands. **22. Mai:** Produktionsbeginn bei Fa. →Renger mit 40 Arbeitskräften. **20. Juni:** Frau Dr. Meisterernst fährt nach Kassel und kehrt nicht zurück. Rechtsanwalt Rudolf Peters, bis 22. Februar 1934 Oberbürgermeister, übernimmt dieses Amt. **25. Juni:** Die Nebenbahn Arnstadt-Ichterhausen nimmt den Personenverkehr wieder auf. **Juli:** Auch Post wird wieder befördert. Produktionsbeginn bei Daimon (heute Artas) mit 63 Beschäftigten. **1. Juli-1. Juli 1946:** Vermittlung von Arbeit an 6.103 männliche und 4.841 weibliche Personen. **1. Juli:** Eingliederung Thüringens in die sowjetische Besatzungszone (SBZ). **2. Juli:** Einmarsch sowjetischer Truppen in Arnstadt. Die Kommandantur befindet sich im Rathaus. Die erste Ausgabe der *Thüringer Volkszeitung* erscheint. **13. Juli:** Erste KPD-Kundgebung auf dem Markt. **28. Juli:** Oberbürgermeister Peters tritt zurück. Nachfolger ist Hermann →Steudner. **August:** Der FDGB hat in Arnstadt ca. 2.600 Mitglieder. **10. September:** Gesetz über die Bodenreform. **25. September:** Ehemaliger Kreisleiter der NSDAP Mütze im Kreis Rudolstadt verhaftet. **29. September:** Wiedereröffnung des Bahnhofs-Cafe's. **1. Oktober:** Wiederaufnahme des Schulunterrichts. **11.-20. Oktober:** *Normalverbraucher* erhalten die folgenden Lebensmittel: 1.500 g Brot, 100 g Fett, 300 g Nährmittel, 400 g Kaffee-Ersatz, 125 g Magerkäse oder 250 g Quark und 300 g Fleisch oder Wurst. **20. Oktober:** Abschluß der Bodenreform: In Arnstadt erhalten 7 landarme Bauern insgesamt 27,77 ha Land. Weiterhin erhalten 18 Neusiedler je 6 ha, 2 Gärtnereien zusammen 1,5 ha und 39 Arbeiter im Ortsteil Angelhausen-Oberndorf je 1,4 ha Land. Zur Sicherung der städtischen Bullenhaltung werden der Stadt Arnstadt 2 ha Land zugewiesen. **24. Oktober:** Die Mitteldeutschen Metallwerke, Ohrdrufer Straße, produzieren keine Flugzeugteile mehr (wie im Krieg), sondern mit 27 Arbeitern Haushaltsgegenstände (Alukochtöpfe) und Sensen. **November:** Im Siemens-Werk arbeiten 600 Männer, 300 Frauen und 75 Lehrlinge. **10. November:** Wiedereröffnung der Volkshochschule in den Merkur-Lichtspielen. **15. Dezember:** Erster *Freier Markt* in Arnstadt.

1945-1950: In das sowjetische Speziallager 2 Buchenwald auf dem Ettersberg bei Weimar werden nach vorläufigen Erkenntnissen 160 Männer und 22 Frauen aus Arnstadt gebracht. 54 Männer und drei Frauen sterben dort.

1946: Arnstadt zählt 27.846 Einwohner. Demontage der Rud. Ley Maschinenfabrik A.-G. wegen Rüstungsproduktion während des 2. Weltkrieges. **Januar:** Gemeinsame Kundgebung von KPD und SPD im *Kurhaus* zum Thema *Was lehrt uns der Nürnberger Prozeß.* **Februar:** Der CDU-Ortsverband Arnstadt zählt 267 Mitglieder. **11. Februar:** Die Fa. →Winter-GUS-Eisenwerk am Bierweg wird mit 27 Arbeitern wieder produktionsfähig. **20. Februar:** Pädagogische Fachschule eröffnet. **März:** Beginn der *Heimfernsehgeräte-Entwicklung* in der *Sowjetisch-Staatlichen-Aktien-Gesellschaft Isolator Arnstadt* (später →Fernmeldewerk) **10. März:** Gründung der Konsumgenossenschaft *Volkskraft.* **11. März:** Kreiskonferenz der *Neubürger* (Umsiedler) im Gasthaus *Flora* (Floraweg 1). **21./22. April:** SED-Gründung. **30. April:** Ehemalige Freimaurerloge wird *Haus der Jugend* (Gerastr. 4). **Mai:** Wiedereröffnung des Heimatmuseums. **1. Mai:** 12.000 Teilnehmer demonstrieren bei der Maikundgebung auf dem Marktplatz. **24. Juni:** Erster Nachkriegs-Wollmarkt. **August:** In Arnstadt sind 8.000 Umsiedler untergebracht. Bildung einer Genossenschaft zur Glasveredlung. **18. August:** Die Firmen Winter (→Eisenwerk) und →Daimon (→ARTAS) werden landeseigene Betriebe. **8. September:** Kommunalwahlen mit 90,16 % Wahlbeteiligung. Dabei erhält die SED 18, die LDP 14, die CDU 8 Sitze im Stadtparlament. **November:** LDP-Ortsgruppe Arnstadt zählt 655 Mitglieder.

1946-1951: Die *Arnschter Mietzel-Worscht* wird von Fleischermeister Otto Heerda (Rosenstraße) zusammen mit einem erfahrenen Chemiker nach vielen Experimenten entwickelt. Die mitarbeitenden Fleischer werden zu Schlossern und bauen die erforderlichen Maschinen selbst. Die Wurst gilt als sogenanntes Ersatzprodukt. Magerquark, mit zugesetztem Pilz, wird über mehrere Stunden erhitzt, dann in einen *Kunstdarm* (pergamentartiges, kochfestes Papier) gefüllt und zu *Därmen* vernäht. Die Wurst gibt es in verschiedenen Rezepturen, so daß sie aussieht wie Leber,- Mett- oder Rotwurst. Die *Arnschter Mietzel-Worscht* ist bei der Bevölkerung sehr beliebt, *ohne Lebensmittelkarte zu haben, sättigt und schmeckt gar nicht so übel.*

1947, Januar: Einrichtung eines Suchdienstes für Kriegsvermißte im Rathaus. **1. Februar:** Gründung der Ortsgruppe des demokratischen Frauenbundes. **30. März:** Arnstadt hat 29.567 Einwohner, davon 33 % Umsiedler. Es gibt 7.758 Wohnungen. **1. April:** Eröffnung des Kaufhauses der Konsumgenossenschaft *Volkskraft* (Rosenstr. 1). **20. April:** Die SED im Stadtkreis Arnstadt zählt 3.982 Mitglieder. **Juli:** Großrazzia gegen Schieber und Schwarzhändler, 1.500 Lkw, Pkw und Pferdegespanne werden dabei von 150 Polizisten durchsucht, 1.200 kg Lebensmittel beschlagnahmt. **Oktober:** Erste Sitzung der Entnazifizierungskommission. **November:** Kriegsschäden an Oberkirche ausgebessert. Landesbischof Dr. Moritz Mitzenheim hält Eröffnungspredigt. Puppenstadt *Mon plaisir* wieder im Schloßmuseum aufgestellt. **Ende 1947:** Der erste in Arnstadt gefertigte *Fernsehempfänger* (*Efu T1,* später T2 *Leningrad*) wurde zusammen mit den Entwicklungsunterlagen der sowjetischen Werkleitung übergeben. Bis Anfang 1948 wurden ungefähr 1.000 Fernsehgeräte gefertigt

1948: Arnstadt zählt 27.846 Einwohner und hat bisher 7.000 Umsiedler aufgenommen. Umsetzung des Signierklöckchens (*Klengel*) wegen der besseren Hörbarkeit von der Liebfrauenkirche in den Turm der Oberkirche. **Januar:** Verbot aller Karnevalsveranstaltungen wegen der Not in der Bevölkerung. **2. Januar:** Bildung einer Stadtkapelle mit 24 Musikern. **April:** Einschränkung der Schulspeisung wegen der angespannten Ernährungslage von 500 auf 200 Kinder. **April-Juli:** Zweite Demontage und Räumung des Werkes *Isolator Arnstadt.* **1. April:** Eröffnung einer Poliklinik (Bärwinkelstr. 7). **4. April:** Eröffnung der Ausstellung *1848.* **Mai:** Patenschaft der Stadtverwaltung über zwei Neubauernhöfe. **24.-26. Juni:** Währungsreform in der Sowjetischen Besatzungszone (SBZ). Im Stadtgebiet Arnstadt gibt es 11 Umtauschstellen. **Juli:** Das Werk *Siemens-Radio* (vorher Siemens & Halske, Bierweg) wird nur teilweise demontiert. Bis Jahresende sollen 1.000 Radiogeräte produziert werden. **August:** Umbildung des städtischen Orchesters in Stadt- und Kreisorchester, Besetzung auf 32 Musiker erhöht. **September-Oktober:** Einwohner von Arnstadt werden beim Holzeinschlag im Thüringer Wald (*Borkenkäfer-Aktion*) eingesetzt. **19. Oktober:** Übergabe des Betriebes *Siemens-Radio* in Volkseigentum (später Fernmeldewerk). **15. November:** Eröffnung des Kindergartens Hammerecke. **Dezember:** Die Volksküche im Prinzenhof speist täglich 1.000 Kleinkinder.

1949: Arnstadt zählt 30.093 Einwohner. **2. Januar.:** Einrichtung einer psychiatrischen Beratungsstelle in Arnstadt. **1. März:** Erhöhung der Zuckerrationen. **4. März:** Erste HO-Anzeige im *Thüringer Volk.* **30. Mai:** Eröffnung des ersten HO-Kaufhauses (Längwitzer Str. 1) **Juni:** *Haus des Volkes* (erst *Fabers Restaurant*, dann Saalgaststätte und *Adolf-Hitler-Haus*) in der Lindenallee 5 wird FDGB-Eigentum. **August:** Neumühle (Hammerecke 2) wird erste pneumatische Mahlmühle Thüringens. **27. August:** Gegen 20 Uhr brennt die Günthersmühle nieder. **5. September:** Stadtgut Kesselbrunn schließt sich der Vereinigung Volkseigener Güter (VVG) Erfurt an.

Von der Gründung der DDR bis zum Beitritt zur BRD 1949-1990

1949, 7. Oktober: Gründung der DDR. **22. Oktober:** *Haus der Deutsch-Sowjetischen-Freundschaft* im früheren *Concordia-Gesellschaftshaus*, Karolinenstr. 1, eröffnet. **15. November:** Politische Auseinandersetzungen zwischen LDP und CDU und der *Nationalen Front*. **25. November:** *Hopfengrund* wird TBC-Waldkrankenhaus.

1950, 2. Januar: Eröffnung der (ab 1952 staatlich verwalteten) *Arnsberg-Apotheke* in der Bärwinkelstr. 7. **12. Januar:** Bildung des Kreisausschusses der Nationalen Front. **14. März:** Umbenennung der Ritterstraße in Straße der Jungen Pioniere (hier eines der ersten Pionierhäuser der DDR, heute Kindergarten Ritterstr. 10). **18. März:** Die Gemüseflächen in den Anlagen werden wieder Blumenbeete. **21. März:** Eröffnung der Bachgedenkstätte Kohlgasse. **17. Juni:** 133 FDJler nehmen am Einsatz in Bruchstedt zur Beseitigung der Unwetterschäden teil. **26. Juni:** Prozeßbeginn gegen den früheren NSDAP-Kreisleiter Mütze. **27. Juni:** Mütze wird zu lebenslänglichem Zuchthaus verurteilt. **1. Juli:** Arnstadt verliert kreisfreien Status. **19. Juli:** Eröffnung des Bahnhofcafe´s als HO-Gaststätte. **24. Juli:** Übergabe des Großspeichers der VEAB am Mühlweg.

1951, 2. Januar: In den Morgenstunden ertönen Fabriksirenen zum Beginn des ersten Fünfjahrplanes. **5. Juni:** Volksabstimmung gegen die Remilitarisierung in Westdeutschland. **4. August:** Verabschiedung der ersten 700 Mädchen und Jungen auf dem Markt, die zu den Weltfestspielen nach Berlin fahren. **1. September:** Erster freier Bauernmarkt. **15. September:** Eröffnung der ersten →Dahlienschau in Arnstadt. **13. Dezember:** Pionierhaus *Ernst Thälmann* (Gerastr. 4) eröffnet.

1952, Januar: Die landwirtschaftliche Nutzfläche in Arnstadt beträgt 1.120 ha. 117 Betriebe zwischen 1-35 ha sind ablieferungspflichtig. **1. Februar:** Eröffnung des Kinderheims *Hanno Günther* (Hohe Bleiche 7). **6. April:** Der Arnstädter Kurt Zentgraf schwimmt neuen DDR-Rekord im 100 m Freistil. **7. April:** Eröffnung der Poliklinik am Holzmarkt 20. **25. Juli:** Thüringer Landtag beschließt Neugliederung des Landes Thüringen in 32 Land- und vier Stadtkreise sowie die Bezirke Erfurt, Gera und Suhl. Der Altkreis Arnstadt wird geteilt in die Kreise Arnstadt und Ilmenau. Arnstadt wird Kreisstadt. **21. Dezember:** In der LPG *XIX. Parteitag der KPdSU* Arnstadt wird die erste elektrische Melkmaschine in der DDR in Betrieb genommen.

1953, 5. März: Trauerbekundungen zu J. W. Stalins Tod. **28. Mai:** Erhöhung der Arbeitsnormen um 10 %. **17. Juni:** *Aufstand* in der DDR. Zwischenfälle in der Erfurter Straße/Ecke Straße der Jungen Pioniere (heute Ritterstraße) und im VEB Chema Rudisleben. Abbruch des Wollmarktfestes. Ausnahmezustand auch in Arnstadt. Auf Anweisung einer höheren Dienststelle (Sowjets) wurde vom Chef der Bezirksdirektion der VP Erfurt an das Polizei-Kreisamt Arnstadt folgender Befehl erlassen: *1. Alle Provokateure, Saboteure, die sich im Laufe der Nacht und am morgigen Tage (18. 6.) eines Angriffes auf Angehörige der Deutschen Volkspolizei, Staatsfunktionäre oder Herunterreißen von Emblemen der Deutschen Demokratischen Republik ... schuldig machen, werden im Beisein der Massen erschossen, ohne Urteil. 2. Es ist streng darauf zu achten, daß nicht wahllos in die Massen geschossen wird, daß keine unschuldigen Kinder oder Frauen dabei getroffen werden, sondern die Täter sind durch einen kräftigen Stoß aus der Menge herauszuholen und auf der Stelle zu erschießen. 3. Die im Laufe des heutigen Tages und des gestrigen Tages festgenommenen Personen, die als Hauptträdelsführer erkannt sind, werden heute sofort nach Erfurt überführt und morgen früh erschossen. 4. Wer sich einer Festnahme durch die Volkspolizei tätlich oder in einer anderen Form widersetzt, wird ohne Urteil erschossen.* **26. Juni:** Eine Preissenkung führt zu großem Andrang in den Geschäften. **August:** Erster Einsatz eines Mähdreschers (*Stalinez 4*) in der LPG Arnstadt. **2. August:** Erster Spatenstich für Neubauten hinter dem Friedrich-Ebert-Platz. **11. Dezember:** Prof. Dr. Frosch wird *Verdienter Arzt des Volkes*.

1954, 1. Januar: Der SAG-Betrieb *Transmasch* (früher MAKO, später Chema) Rudisleben wird volkseigen. **5. Januar:** Im ehemaligen →Finanzamt (Längwitzer Str. 26) eröffnet die *Innere Abteilung* des Kreiskrankenhauses als *Süd-Krankenhaus*. **2. Februar:** Hermann Stange wird Bürgermeister. **12. Juni:**

Auftakt der 1.250-Jahrfeier von Arnstadt. **20. Juni:** Großer Festumzug mit über 2.000 Teilnehmern. **15. Juli:** Eröffnung der Jugendherberge *Werner Gottfeld* (Am alten Gericht, heute Bierweg 1a). **7. August:** Hagelunwetter. **23. Oktober:** Uraufführung des Filmes *Das 1.250-jährige Arnstadt.* **November:** Jugendzahnklinik in der Oberbaurat-Acker-Straße eröffnet.

1955, 22. März: Baubeginn für erste Arbeiterwohnungen durch Chema-Baugenossenschaft an der Ohrdrufer Straße. **Juni:** Während des Wollmarktsfestes verkauft die Konsumgenossenschaft 17.663 Bratwürste, 10.000 Bockwürste und 15.000 Fischbrötchen. **5. Juni:** Eröffnung des Freibades an der Hammerecke. **12. Juni:** Aus Anlaß des ersten Kreis-Turn- und Sportfestes treffen im Friedrich-Ludwig-Jahn-Stadion die Fußballmannschaften ZSV Nürnberg und BSG Einheit Arnstadt aufeinander. **21. Juni:** TBC-Schutzimpfung für Kleinkinder. **8. Juli:** Erstes Konzert der neugegründeten →Arbeitsgemeinschaft für Bachpflege im Kulturbund. **12. August:** Die Förderleistung im Wasserwerk beträgt jährlich 1,7 Millionen Kubikmeter. **20. August:** Dem DRK stehen neun Krankenwagen zur Verfügung. **8. September:** Zentrale Berufsschule für Goldschmiede der DDR wird im →*Hopfengrund* eröffnet.

1956, Februar: Bittere Kälte bis minus 20 °C. **5. März:** Die Stadt- und Kreisbibliothek verfügt über einen Buchbestand von 10.600 Bänden. **3. Juni:** Fronleichnams-Prozession der katholischen Mitbürger von der Wachsenburg-Allee zur Krappgartenstraße. Hier sind drei Altäre aufgestellt. **10. Juli:** VEB Kunstglas mit Erzeugnissen auf Messen in Lyon, Bombay, in den USA und Griechenland vertreten. **7. Oktober:** Eröffnung des Heimattierparkes *Fasanerie.* **26. Oktober:** 800 Wohnungssuchende werden in Arnstadt gezählt. **31. Dezember:** Arnstadt hat 26.789 Einwohner.

1957: 38.660 Besucher im Schloßmuseum. **1. Januar:** Erweiterung der Geschäftsstelle der Deutschen Versicherungsanstalt zur Kreisdirektion. **Februar:** Die Chema liefert 235 Kessel in die VR China. **Mai:** Der in Arnstadt geborene Roland Hennig gehört zur siegreichen Friedensfahrtmannschaft.

1958: Bildung mehrerer PGH. **17. Februar:** Die erste Teilselbstbedienungs-Verkaufsstelle im HO-Kaufhaus Längwitzer Str. 1 wird eröffnet. **10. März:** In der Nacht sind 17 cm Schnee gefallen. **14. März:** Auf der Leipziger Frühjahrsmesse erweitert der VEB Kunstglas die Verbindungen nach Dänemark und Norwegen. **29. Mai:** Erster Einkaufstag ohne Lebensmittelkarten. **12. Juni:** Radrennen Setze-Schönbrunnstraße-Pfortenstraße mit 5.000 Zuschauern. Die Friedensfahrtteilnehmer Bernhard Eckstein, Roland Hennig und Täve Schur belegen die ersten Plätze. **14. Juli:** Eröffnung der ersten Konsum-Selbstbedienungsverkaufsstelle *Tempo* (Erfurter Str. 15). **8. August:** Großbrand vernichtet das Großhandelskontor für Haushaltswaren am Bahnhof (Kasseler Straße). **7. September:** Denkmal für die KZ-Häftlinge (S III) im Jonastal geweiht.

1959: In den städtischen Museen werden 32.917, im Tierpark *Fasanerie* 30.374 Besucher gezählt, in der Stadt- und Kreisbibliothek 1.422 Leser mit 36.716 Buchentleihungen. Schlechte Obsternte durch heißen, regenlosen Sommer. **14. März:** Gesamtdeutsche Arbeiterkonferenz im RFT-Kulturhaus mit Teilnehmern von SPD und DGB. **1. April:** Zehnjähriges Bestehen des Postzeitungsvertriebes. **17. Mai:** Weihe der drei neuen Stahlgußglocken in der Liebfrauenkirche. **21. Mai:** Großhandelskontor für Lebensmittel organisiert erstmalig Weinverkaufsschau. **7. Juli:** Starke Hitze 35 °C im Schatten, in Mittagssonne 50-55 °C. **29. Juli:** Eröffnung des ersten Teilselbstbedienungsladens für Elektro- und Haushaltwaren, Holzmarkt 19. **6. September:** Die über die Gera führende Fußgängerbrücke am Stadtbad bricht infolge Überbelastung zusammen, es gibt nur Leichtverletzte. **6. Oktober:** Neue TBC-Beratungsstelle in der Karolinenstr. 9 eingerichtet.

1960, Anfang Januar: Gerhard Brendel (1920-1995) wird neuer Bürgermeister, er ist damit Nachfolger von Hermann Stange. **Mitte Januar:** Schneestürme bis Windstärke 11 sorgen für Chaos. **31. Januar:** *Zirkel schreibender Arbeiter* gegründet. **29. März:** Abschluß der LPG-Gründungen im Kreis Arnstadt. **21. Juni:** Im *Burgkeller* (Erfurter Str. 12) entsteht die erste Selbstbedienungsgaststätte. **5. August:** Deutsche Meisterschaften im Tauchsport im Stadtbad und in der Kiesgrube bei Ichtershausen. **8. Sep-**

tember: Trauerfeier für Wilhelm Pieck im Chema-Kulturhaus. **30. Dezember:** Das Standesamt registriert die 1.000. Geburt des Jahres.

1961, März: Das ARTAS-Taschenlampenwerk schließt Lieferverträge mit Dänemark, Finnland, Griechenland, den Niederlanden, der Schweiz und dem Sudan. **Ostern:** Mandolinenorchester aus Kopenhagen und Hamburg geben gutbesuchte Konzerte. **12. April:** Begeisterung über Juri Gagarins Weltraumflug. **19. Mai:** Infolge eines schweren Umweltvergehens im Weiße-Flußbett Jonastal wird zur Stabilisierung der Trinkwasserversorgung die Pumpstation Weg zur Fasanerie ausgebaut. **Juni:** Schwere Unwetter. **5. Dezember:** In Arnstadt gibt es 334 Geschäfte verschiedener Branchen, darunter 155 Lebensmittelgeschäfte, 49 Gaststätten und Kantinen.

1962, 10. März: Unterbringung der Fachgruppe Ornithologie des Kulturbundes im Neutorturm. **15. März:** Inbetriebnahme des Umspannwerkes Bachschleife. **29. April:** Eröffnung der Gaststätte *Fasanerie.* **21. Mai:** Granitpflaster für die Straßenkurve zwischen Schloß und Kreisamt verlegt. **Juli:** Die Hopfenernte im VEG Kesselbrunn wird maschinell durchgeführt. **15. September:** Eröffnung des Jugendklubhauses Karolinenstr. 1. **10. November:** 25 Zentner Setzkarpfen werden im Angelhäuser Teich gefangen. **1. Dezember:** Eröffnung des Neubaus VEB Konditorei und Backwaren (heute Frischback GmbH) am Mühlweg.

1963, Januar: Anhaltend kalter Winter. Einrichtung von Wärmestuben für betagte Bürger. **31. Januar:** Arnstadt beteiligt sich am Städtewettbewerb mit Apolda, Erfurt und Gotha bei der Einsparung von Strom und Gas. **Februar:** Filmtheater Merkur und Chema-Kulturhaus schließen wegen Kälte. **Ab März:** Zwei Großbaustellen in Arnstadt: Erweiterung des Fernmeldewerkes am Bierweg und Baubeginn für Neubaugebiet Arnstadt-Ost. **Juni:** Nach 30 Jahren wieder eine Achterbahn auf dem Wollmarkt. **August:** Täglich werden 26.000 Flaschen Milch im Milchhof abgefüllt.

1964: Beginn der Verlegung der Ohra-Wasserleitung bei Arnstadt. **14. Februar:** In den Morgenstunden wird Katastrophenalarm wegen Blitzeis ausgelöst. **9. März:** Eröffnung des neuen Busbahnhofs auf dem Vorplatz zum Hauptbahnhof. **April:** Die Waffelfabrik Renger KG liefert 17 verschiedene Waffelsorten bis an die Ostseeküste. **16. Mai:** Friedensfahrt durch Arnstadt. **1. Juli:** 50 Jahre Fa. Volk & Barthel, Buchdruckerei (Feldstraße). **25. Juli:** Inbetriebnahme des VEAB-Speichers in der Woltersdorf-Mühle (Vor dem Riedtor). **15. August:** Beginn der Festwoche *100 Jahre Freiwillige Feuerwehr.* **6. September:** Internationale Sechstagefahrt (Motorradgeländefahrt) in Erfurt mit Fahrern aus Polen, der CSSR, Großbritannien, Schweden, der Sowjetunion u. a. eröffnet. Sie führt auch durch Arnstadt. Teilnehmer ist der US-Schauspieler Steve Mc Queen (*Die glorreichen Sieben*). **4. Oktober:** Einweihung der Bachgedenkstätte Alter Friedhof. **31. Dezember:** Arnstadt zählt 27.368 Einwohner.

1965, Anfang März: Starker Schneefall. **8. Mai:** Enthüllung der Bronzestatue *Der Rufer* im Alten Friedhof. **Mai:** Die Fa. Hans →Reimer (Ichtershäuser Straße) stellt ihre Produktion von Lederbekleidung auf Dederonerzeugnisse um. **Juli:** Eine Sportler-Delegation der französischen Partnerstadt Haubourdin besucht Arnstadt. **August:** Kabinett für den polytechnischen Unterricht eröffnet (Schönbrunnstr. 16). **20. Oktober:** Manöver *Oktobersturm.* **1. Dezember:** Sauna im Stadtbad eröffnet.

1966, 22. Januar: Johannes König, in Arnstadt geborener Botschafter der DDR in der CSSR, stirbt. **16. März:** Protestkundgebung gegen den Vietnamkrieg im Chema-Kulturhaus mit Volkskammerabgeordneten Dr. Wiedemann. **26. April:** Der Thomanerchor Leipzig gastiert in Arnstadt. **Mai:** Mammutbackenzahn in der Greßler-Kiesgrube Ichtershäuser Straße gefunden. **21. Mai:** Dr. Stelzig leitet die Innere Abteilung der Poliklinik. **Dezember:** Aus Eigenmitteln finanzieren Pioniere den Ernst-Thälmann-Gedenkstein im Gerapark am Pionierhaus.

1967, 15. April: Der Film *Schlager einer kleinen Stadt - Arnstadt* mit Heinz Florian Oertel wird 20 Uhr im Fernsehen gesendet. **20. April:** An der Autobahn-Auffahrt Erfurt-West begrüßen Hunderte Arnstädter den Generalsekretär des ZK der KPdSU, Leonid Breshnew, auf der Fahrt nach Jena. **24. Mai:** Spezialverkaufsstelle für Fisch, Feinkost und Salate (Zimmerstr. 2) eröffnet. **Juni:** Praktikum für 45 Viet-

Einweihung des Denkmals für die KZ-Häftlinge (S III) im Jonastal am 7. September 1958

Durchfahrt von Schützenpanzern durch Arnstadt während des Manövers Oktobersturm am 20. Oktober 1965

namesen im VEB Chemieanlagenbau Erfurt-Rudisleben. **28. August:** Beginn der 5-Tage-Arbeitswoche. **November:** Umstellung von Gleich- auf Wechselstrom im Stadtgebiet von Arnstadt. In Plastetüten abgefüllte Milch erfreut sich immer größerer Beliebtheit.

1968: Gründung einer Frauengruppe der Feuerwehr und einer AG *Junge Brandschutzhelfer*. **Februar:** Diskussionen zu neuem Verfassungsentwurf der DDR. **19. März:** Brand im VEB Felsenkellerbrauerei. **8. April:** Neue Verfassung der DDR tritt in Kraft. **30. April:** Eröffnung des völlig sanierten RFT-Kulturhauses (Alexisweg 2). **Mai:** Eröffnung einer Kfz-Waschanlage im DLK Elektric (Nordstraße). Die Gynäkologische Abteilung der Poliklinik wird unter Leitung von Dr. Pleißner am Wollmarkt 1 eingerichtet. **16. Juni:** Schweres Unwetter. **August:** Verkehrsampeln an der Straßburg-Kreuzung gehen in Betrieb. **29. September:** 5.000 Zuschauer besuchen den 3. Arnstädter Moto-Cross auf dem Eichfeld mit dem dreifachen Weltmeister Paul Friedrichs. **14. Dezember:** Weihnachtsmarkt auf dem Marktplatz mit Riesenrad.

1969: Werterhaltungsmaßnahmen an Wohnhäusern in der Erfurter Straße, Bahnhofstraße und am Rathaus. **21. Januar:** Hermann Gibson (1924-2001) wird neuer Bürgermeister von Arnstadt. **14.-15. Februar:** Starker Schneefall. **März:** Entfernung des Pflasters zwischen Rathaus und Bachkirche. **Ab 12. April:** Asphaltierung Erfurter Straße bis Ecke Straße der Jungen Pioniere (Ritterstraße). Das entnommene Pflaster erhalten umliegende Gemeinden. **Juli:** Reparatur der Neideckturmuhr, die Zifferblätter werden neu bemalt. **3. August:** Gegen 16.30 Uhr kommt es in Höhe der Blockstelle Lohmühle zu einem Güterzugunfall. Dabei werden *von einem aus Richtung Grimmenthal kommenden Güterzug elf Wagen aus den Gleisen geworfen. Es entsteht erheblicher Sachschaden, Personen werden nicht verletzt. Der Personenverkehr muß mehrere Stunden zwischen Arnstadt und Plaue mit Kraftomnibussen aufrecht erhalten werden.* **7. Oktober:** Eröffnung der umgestalteten *Riedschänke* (Vor dem Riedtor). **5. November:** Ein Teil des Dachstuhls der Orthopädischen Klinik des Marienstiftes brennt. **12. November:** Verkehrsunfall mit einem Spezialtransporter für Rennpferde am Felsen in der Plaueschen Straße, dabei kommen drei der 12 Rennpferde um. Bei den Bergearbeiten wird ein Feuerwehrmann lebensgefährlich verletzt. **24. November:** Grundsteinlegung für den Neubau eines modernen Heimes im Marienstift. **20. Dezember:** Dachstuhlbrand in der Erfurter Straße 4 bei minus 18 °C.

1970, Mai: Prof. Dr. Paschold wird neuer Direktor der Kreiskrankenanstalten, Prof. Dr. Jorns feierlich verabschiedet. **Juni:** Abschluß umfangreicher Bauarbeiten an der F 4/Ritterstein nach einem Erdrutsch. **21. Juli:** Militärpolitisches Kabinett in der Aula der Berufsschule am Schulplan 2. **3. August:** Eröffnung der Selbstbedienungsverkaufsstelle *Center* unter den Kolonaden Erfurter Straße. **17. Oktober:** Einweihung der POS VII (heute Herder-Gymnasium) in der Käfernburger Straße und der ersten Kinderkombination im Neubaugebiet Arnstadt-Ost.

1971, 1. Januar: Arnstadt zählt 29.153 Einwohner. Zum neugegründeten Kombinat VEB Fernmeldewerk Arnstadt gehören das Fernmeldewerk Arnstadt und Stern-Radio Rochlitz. **Februar:** Zur Gärtnerei des DLK Stadt- und Gemeindewirtschaft nördlich des Friedhofs gehören sechs Gewächshäuser mit einer Fläche von 1.750 Quadratmetern. **Juli:** Müllfahrer finden beim Entleeren des Fahrzeugs ein totes Neugeborenes. **1. Juli:** Eröffnung des Stadtpark-Cafe´s *Deutsch-Sowjetische-Freundschaft*. **August:** Ausstellung des Malers Otto Knöpfer im Schloßmuseum. Der Arnstädter Volkskammerabgeordnete Dr. Wiedemann weilt mit einer Delegation in Indien und wird von Ministerpräsidentin Indira Ghandi empfangen. **25. September:** Erstes *Arnstädter Marktfest*.

1972, Januar: Einweihung des neu erbauten Pflegeheimes im Marienstift. **Februar:** Einrichtung einer Sportärztlichen Beratungsstelle (Dr. Anders). **7. Februar:** Beginn des Abbruchs der Häuser Erfurter Str. 35 und Straße der Jungen Pioniere (heute Ritterstraße) 2, 4 und 6 zur Straßenverbreiterung. **9. Mai:** Die 25. Friedensfahrt führt durch Arnstadt. **Juni:** Der Parkplatz Krappgartenstraße/Ecke Turnvater-Jahn-Straße entsteht. **19. Juli:** Ein Zugunglück zwischen Arnstadt und Haarhausen fordert drei Tote. **24. Oktober:** Übergabe der HO-Kaufhalle Arnstadt-Ost. **10. November:** Übergabe der Turnhalle in Arnstadt-Ost.

1973, 8. Januar: Übergabe der POS VIII in Arnstadt-Ost. **6. März:** Gasthof *Zum →Halben Mond* (An der Neuen Kirche) wird zum *Haus der Dienste*. **10. Juli:** Einstellung der städtischen Gasproduktion, seitdem Versorgung von Arnstadt mit Ferngas. **August:** Im Neubaugebiet Arnstadt-West ist der erste Wohnblock im Rohbau fertig. **September:** Proteste gegen den faschistischen Militärputsch in Chile. **9. November:** Das Kesselhaus im VEB ARTAS (Stadtilmer Straße) explodiert, der Schornstein stürzt teilweise ein. **19. Dezember:** Großfeuer in der Verkaufsstelle für Kinderbekleidung Marktstraße. Dabei sterben zwei Kameraden der Feuerwehr Arnstadt (Georg Beck und Horst Hopf) sowie ein Hausbewohner.

1974, 15. März: Eröffnung der *Arnstadt-Information* (Erfurter Str. 39). **17. März:** Das Kunstkabinett in der Geschwister-Scholl-Schule zeigt Werke von Prof. Otto Niemeyer-Holstein. **August:** 77 Kameraden und 17 Kameradinnen sind Mitglieder der Freiwilligen Feuerwehr. Im Feierabendheim Jonastal/Marienhöhe leben 122 betagte Bürger. **November:** Grundsteinlegung für neues →Wellpappenwerk (Bierweg 1). **15. Dezember:** Hochwasser durch Schneeschmelze. Gera und Mühlgraben treten über die Ufer, viele Keller werden überschwemmt.

1975: Im Milchhof werden 36.000 Liter Magermilch täglich zu 25.000 Bechern Quark verarbeitet. Das Schloßmuseum zählt 116.000 Besucher, darunter Reisegruppen aus Frankreich, den Niederlanden und der Schweiz. **März:** Vorstellung der im Fernmeldewerk produzierten automatischen Telefonzentralen (ATZ) auf der Leipziger Frühjahrsmesse. **Mai:** Die DEFA dreht in Arnstadt einen Kinderfilm. Als Filmkulisse dient ein Bachdenkmal auf dem Markt aus Pappmaschee. **9. Oktober:** Eröffnung der *Phonothek* (Musikabteilung der Stadt- und Kreisbibliothek) Erfurter Str. 39. Kostenlos können 1.500 Schallplatten ausgeliehen werden.

1976: Inbetriebnahme eines Ölheizwerkes im Krankenhaus. **2.-3. Januar:** Nach heftigen Stürmen werden umgestürzte Bäume beräumt. **Februar:** Gäste aus der Partnerstadt Haubourdin informieren sich über Leben und Wirken J. S. Bachs. In Arnstadt-West wohnen 1.262 Menschen in 10 neuen Wohnblocks. **Sommer:** Entdeckung erster Mauerreste des →Walpurgisklosters im Bereich der Wohn- und Wirtschaftsgebäude südlich der Klosterkirche. **Juli:** Der DEFA-Kinderfilm *Phillip der Kleine* wird im Merkur gezeigt, Arnstadt war dafür im Mai 1975 Filmkulisse. Am ersten Tag werden 1.272 Besucher gezählt. **7. Oktober:** Übergabe des rekonstruierten Jahn-Stadions. **15.:** Eröffnung der POS IX (heute Bielfeld-Schule).

1977, 3. Januar: Einführung des Dauerbetriebes im Wellpappenwerk (Bierweg 1) mit 290 Beschäftigten. **Februar:** Die Konsum-Fleischerei (Parkweg) liefert täglich 25 bis 30 Tonnen Fleisch und Wurst in Verkaufsstellen und Gaststätten der Bezirke Erfurt und Suhl. **11. Februar:** Eröffnung der Wohngebietsgaststätte *Völkerfreundschaft* (Arnstadt-Ost). **6. Mai:** Übergabe der Leitstelle der Schnellen Medizinischen Hilfe (Bahnhofstraße). **20. Juni:** Gedenkstätte KZ Buchenwald/S III in Espenfeld wird eröffnet. **21. August:** Wolkenbruchartige Regengüsse, Weiße-Hochwasser. **1. September:** Einweihung einer neuen Kommunalen Berufsschule (Karl-Liebknecht-Str. 27). **28. November:** Eröffnung Kinderkaufhaus *Steppke* (Neideckstr. 1a).

1978: Instandsetzung und bauliche Gestaltung der denkmalgeschützten Häuser am Markt, einschließlich des Rathauses. Bis 1978 entstehen im Wohngebiet Arnstadt-West 1.314 Wohnungen. **Januar:** Ehrenurkunde *Hervorragendes Spartenkollektiv des VKSK* für die Kleingartenanlagen *Alteburg, Kesselbrunn, Zur Eintracht, Weintrete, Bahlsen, Winckler, Sonnenblick.* **1. Januar:** Zuordnung des VEB Arnstädter Taschenlampenwerk zum VEB Kombinat NARVA Berlin. Bildung der Krippenvereinigung aus 27 Kindereinrichtungen im Kreis Arnstadt. **11. Januar:** Beginn von Abrißarbeiten in der Rankestraße (erst Nr. 5, später Nr. 7 bis 19) und An der Weiße/Ecke Klausstraße mit den Häusern Nr. 1, 3 und 5. **16. Januar:** Eröffnung einer Konsumverkaufsstelle für Textilwaren (ehemalige Spielwarenverkaufsstelle) in der Erfurter Straße. **Februar:** VEB Metallbau kauft das Haus *Zur Tanne* (Holzmarkt 17) als Schulungs- und Freizeitzentrum. Sonderausstellung im Museum *Ausgrabungen in der Ruine Neideck.* **21. Februar:** ELG des metallverarbeitenden Handwerks zieht in die Kauffbergstr. 12

(Geschäfts- und Lagerräume). **16. März:** Übergabe des Appartementhauses (Altenwohnheim mit 184 Ein- und Zweiraumwohnungen) in der Triniusstraße. **April:** Erstmals Sperrmüllabfuhr mit Containern. **8. April:** Auftritt des Dresdener Solotrompeters Ludwig Güttler. **Mai:** Neugründung des Arnstädter Karnevalsclub, der sich ein Jahr zuvor aufgelöst hatte. Gestaltung des Platzes zwischen Kaufhalle und Wohngebietsgaststätte *Völkerfreundschaft* in Arnstadt-Ost einschließlich Errichtung eines modernen Brunnens. **1. Mai:** Eröffnung des Naherholungszentrums Alteburg (Abenteuerspielplatz, Bänke, Hütten usw.). **10.-24. Mai:** An der 31. Friedensfahrt Berlin-Prag-Warschau nimmt der Arnstädter Peter Koch teil. Er trägt die Startnummer 58 und belegt in der Gesamteinzelwertung den 27. Platz. **18. Mai:** Schriftstellerlesung mit Hans Cibulka (*Das Buch Ruth*) im RFT-Kulturhaus. **4. Juni:** Beim Baden in der Kiesgrube Rudisleben gerät ein 11jähriger in Lebensgefahr und wird von einem sowjetischen Soldaten vor dem Ertrinken gerettet. **Juli:** Pflasterung des Fuhrmannsweges. Herausgabe des Bildbandes *Arnstadt*. **24. Juli:** Eröffnung der Konsum-Schreibwarenverkaufsstelle am Holzmarkt. **August:** Heftige Regenfälle, auch Hagelschauer. Bäume werden entwurzelt und Äste abgerissen. Die Unterführung Bahnhofstraße muß zeitweise gesperrt werden. **5. September:** VEB Metallbau setzt erstmals elektronische Bauelemente ein. **22.-23. September:** Durchführung der wissenschaftlichen Konferenz *Der Bürger und seine Heimatstadt*. **Oktober:** Rekultivierung der Müllhalde Eulenberg nach Neueröffnung der Deponie Rehestädt. **November:** Keramikfunde aus dem 16. bis 18. Jh. auf dem Gelände des Grundstücks Wollmarkt 1 beim Bau der Fernwärmeleitung für das Südkrankenhaus. **14. Dezember:** Inbetriebnahme der Ampelanlage Holzmarkt/Rankestraße.

1979: Der Arnstädter Sportschütze Faust Steinbrück wird in Andorra mit der DDR-Mannschaft Europameister im Luftgewehrschießen. **Januar:** Baufreimachung für den Wohnungsbau Schönbrunnstraße/Tambuchstraße. **18. Januar:** Helmut Saalfeld wird neuer Vorsitzender des Rates des Kreises Arnstadt. **Februar:** In der Handschuhfabrik werden Handschuhe und Damenmäntel für die Olympiateilnehmer 1980 in Moskau hergestellt. **2. März:** Im Filmtheater Merkur läuft der Film *Addio, piccola mia* von Regisseur Lothar Warnecke. Drehort dieses Filmes über Georg Büchner war auch Arnstadt (Schulplan, Mittel-, Ober- und Untergasse und Liebfrauenkirche). **6. März:** Entstehung zweier Kleingartenanlagen am Dornheimer Berg für 100 Familien (*Völkerfreundschaft II und III*). **16. März:** Jeder dritte Arnstädter wohnt im Neubau. **20. März:** Radio DDR I überträgt die Sendung *Alte Liebe rostet nicht* aus Arnstadt. **1. Mai:** Arnstadt begeht seine 1275-Jahrfeier mit einem historischen Festumzug im Rahmen der Maidemonstration. **8. Mai:** Übergabe der neu gestalteten Gedenkstätte für das KZ Buchenwald-Außenlager S III im Jonastal. **20. Mai:** Die Wahlbeteiligung zur Kommunalwahl liegt bei 98,28 %, für den Wahlvorschlag stimmen 99,82 % der Wähler. **17. Juli:** Eröffnung des Bürgerberatungszentrums *An der Weiße*. **3.-5. August:** Die 23. DDR-Meisterschaften im Turnierangelsport finden im Arnstädter Friedrich-Jahn-Stadion und auf dem Flugplatz in Alkersleben statt. **7.-9. September:** Zirkus BEROLINA gastiert in Arnstadt. **18. September:** Verlegung einer Trasse zur besseren Stromversorgung im Stadtzentrum und im Neubaugebiet Arnstadt-West. **6. Oktober:** Herausgabe der *Zeittafel zur Geschichte der Stadt Arnstadt, 704-1977*. POS IX erhält den Namen *Karl Marx*. **7. Oktober:** Einweihung der Werner-Seelenbinder-Gedenkstätte auf dem Sportplatz der BSG Motor Arnstadt. Die Bronzetafel ist ein Werk des Erfurter Glockengießermeisters Manfred Wittrien. **15. Oktober:** Eröffnung der stadtgeschichtlichen Ausstellung im Haus *Zum Palmbaum*. **23. November:** Übergabe von 120 Neubauwohnungen. **27. November:** Einführung des Fotosatzes in der Druckerei *Fortschritt*, Erfurter Str. 20/22. **1. Dezember:** Eröffnung der HO-Gaststätte *Ratsklause*. **5. Dezember:** Übergabe der HO-Kaufhalle Goethestraße im Wohngebiet Arnstadt-West.

1980, Januar: Beginn des Umbaues und der Renovierung der Himmelfahrtskirche durch die katholische Kirchgemeinde und Zwischenlagerung von Grabsteinen im Garten des Schloßmuseums. **April:** Anbringung der neuen Sonnenuhr am Rathaus. **6. April:** Einführung der Sommerzeit (erstmals wieder seit 1949) in beiden deutschen Staaten. **8. April:** Übergabe eines neuen Ambulanzgebäudes im VEB Eisenwerk Arnstadt. **Mai:** Abriß der Häuser Schulgasse 2, 4, 6, 8, 10 und 3-13 sowie Marktstr. 6. **Juni:** Übergabe einer neuen Produktionshalle für den zentralen Blechzuschnitt im VEB Anhängerbau.

14.-16. Juli: Zirkus AEROS gastiert auf der Hammerwiese. **16. Juli:** Dachstuhlbrand im Lederwerk. **Oktober:** Aufstellung der Grabsteine, die nach Schließung des Alten Friedhofes am 16. 8. 1894 in der Himmelfahrtskirche eingelagert waren, im Museumsgarten (Lapidarium). **7. Oktober:** Übergabe des rekonstruierten Jugendklubhauses in der Karolinenstraße. **8. Oktober:** Zum Abschluß umfangreicher Restaurierungsarbeiten erhält das Neutor einen neuen Turmknopf mit Wetterfahne. **Dezember:** Fertigstellung und Freigabe der Fußgängerbrücke über die Weiße, zwischen Arnstadt-West und Setze. **12. Dezember:** Übergabe des Feierabend- und Pflegeheimes am Dornheimer Berg mit 126 Feierabend- und 84 Pflegeplätzen nach zweijähriger Bauzeit. **31. Dezember:** In der Silvesternacht herrscht stürmisches Wetter und es gibt ein Wintergewitter.

1981: Im Zeitraum 1981-1985 werden in Arnstadt 1.172 Wohnungen neu gebaut und in der Innenstadt in *komplexen Fließstrecken* (straßenweise) 1.988 Wohnungen rekonstruiert, modernisiert und instandgesetzt. Freigabe des ersten Abschnitts des Parkweges für den Verkehr. Fertigstellung der Richard-Wagner-Straße und der Straße am Rößchen im Neubaugebiet Rabenhold/Kübelberg. **Januar:** Abriß der Häuser in der Linsengasse 3-9 und An der Weiße 13 und 15. **1. Januar:** Pilzsammler finden frische Pilze im Wald, Schnecklinge und Trompetenpfifferlinge. **März:** Beginn der Abbruch- und Erschließungsarbeiten zur Erweiterung des Verkehrsknotenpunktes am Südbahnhof für die Entlastung der Innenstadt und die verkehrsmäßige Erschließung im zukünftigen Wohngebiet Rabenhold (auf 31 ha sollen fünf- und sechsgeschossige Neubauten entstehen). Abriß der Häuser Stadtilmer Str. 4a, 4b und 6 samt Nebengebäude sowie Nr. 1, 3 und Nebengebäude von Nr. 8. **Mai:** Räumungs- und Sanierungsarbeiten im Unterkloster, Untergasse 1, für die Nutzung durch kulturelle Einrichtungen (z. B. Chema-Malzirkel). **17. Mai:** Ausstellung mit Gemälden von Prof. Siegfried Ratzlaff, Leipzig, und Arno Frentz, Arnstadt, im Schloßmuseum. **Juni:** Abschluß der Reparatur der Neptungrotte gegenüber dem Schloßmuseum. Das Brunnenbecken wurde um 30 cm angehoben. **10. Juni:** Marktbereich wird *verkehrsarme Zone*. **14. Juni:** Wahlbeteiligung zu den Volkskammer- und Bezirkstagswahlen liegt bei 99,40 %, für den Wahlvorschlag stimmen 99,89 % der Wähler. **20. Juni:** 50 Jahre Schloßmuseum. **25. Juni:** Inbetriebnahme von *mikrorechnergesteuerten Schalterdruckern* in der Fahrkartenausgabe des Arnstädter Bahnhofes. **Juli:** An der POS VI (jetzt Bosch-Schule) erfolgt ein Erweiterungsbau zur vollen Durchsetzung des Fachunterrichtssystems. **3.-6. Juli:** Zirkus BEROLINA gastiert auf der Hammerwiese. *Das freitragende, 2.200 Personen fassende Zelt mit hydraulischer Hebebühne, eingebauter Wasserorgel und vielen Lichteffekten sorgt von allen Plätzen für gute Sicht.* **10. August:** Schweres Hochwasser (*Hochwasser des Jahrhunderts*) und starker Regen lassen die Gera über Ufer treten und im Stadtgebiet Keller voll Wasser laufen (65 Einsätze in drei Tagen). **Oktober:** Abbruch von Häusern an der Riedmauer Nr. 15 und 17 in Vorbereitung der Umleitung der Fernverkehrsstraße F 4. 25 Jahre Tierpark Arnstadt. **November:** Fortsetzung der Abrißarbeiten Schulgasse (rechte Seite) und gesamte Linsengasse für Wohnungsneubau. **Dezember:** Fortführung der Abbrucharbeiten An der Weiße. **9. November:** Übergabe eines modernen Mehrzweckgebäudes in Arnstadt-West, u. a. mit Poliklinik, Post und DLB-Annahmestelle.

1982, Januar: Beginn umfangreicher Werterhaltungsarbeiten in der Erfurter Straße, bei der 21 Häuser und 72 Wohnungen zu modernisieren bzw. grundhaft zu sanieren sind. **6. Januar:** Abriß der Häuser Marktstr. 4 und 6 (*Zum welschen Huhn*), wodurch eine empfindliche Baulücke entsteht. **Februar:** Abriß des Hauses Straße der Jungen Pioniere (jetzt Ritterstraße) Nr. 11 im Zuge der Verlegung der F 4. **April:** *Testfahrt* auf der künftigen Trasse der F 4 (Erfurter Straße–Straße der Jungen Pioniere–August-Bebel-Straße (jetzt Schloßstraße)–Holzmarkt–Rankestraße–Ried; nach Abschluß der Bauarbeiten an der Straße Riedmauer über Kohlenmarkt–Riedmauer–Ried). Umgestaltung des Verkehrsknotenpunktes am Südkrankenhaus für die Gegenrichtung der F 4 (Plauesche Straße–Karolinenstraße–Lindenallee–Wollmarkt–Neideckstraße–Straße der Jungen Pioniere). Die Neugestaltung des Verkehrsknotenpunktes Lindenallee/Längwitzer Straße beginnt. **5. April:** Eröffnung des *Eisbärs* in der Erfurter Straße. **25. April:** Sperrung Kreuzung Südbahnhof für den Umbau der Straßenführung Stadtilmer Straße/Gehrener Straße. **27. April:** Einstellung des Durchgangsverkehrs über die Erfurter Straße und Verkehrsverlauf über die neuen Trassen der F 4. **23. Mai:** Babrak Karmal, afghanisches Staatsoberhaupt, weilt mit einer Regierungsdelegation auf der Wachsenburg. **24. Mai:** Beginn der Restaurierungsarbeiten am Hopfenbrunnen durch die Firma Hildebrandt, *nachdem sich die Brunnenfigur bereits seit Februar in der Kur befindet.* **6. Juni:** Großes Anglerglück hat ein Mitglied der Ortsgruppe Arnstadt des Deutschen Anglerverbandes der DDR beim Fang eines 1,05 m langen und etwa 15 Jahre alten Hechtes im Torfteich bei Mühlberg. **20. Juni:** Sonderausstellung *Europäisches Porzellan des 18.- 20. Jhs.* im Schloßmuseum. **26. Juni:** Abriß der Gerabrücke in der Längwitzer Straße. **August:** Frau Hedwig Gräser feiert ihren 103. Geburtstag. **9. September:** Dachstuhlbrand in der Druckerei Erfurter Straße. **22. September:** Der Straßenverkehr rollt über die neue Gerabrücke an der Hammerecke. **7. Oktober:** Übergabe der rekonstruierten Erfurter Straße als neugestaltete Fußgängerzone. **15. Oktober:** Aufstellung des Bildstocks →*Riesenlöffel* im Museumsgarten. **November:** Fortsetzung der komplexen Rekonstruktion auf dem Holzmarkt (50 Wohnungen und Poliklinik), einschließlich Dachflächen und Fassaden. Parallel dazu erfolgt die Rekonstruktion eines zweiten Komplexes Ohrdrufer, Gothaer und Karl-Marx-Straße (Kasseler Straße).

1983, März: Übergabe eines neuen Wohnblockes in der Schillerstraße. **Mai:** Rekonstruktion des Holzmarktes als Jugendobjekt. **5. Mai:** Enthüllung einer Karl-Marx-Büste des Dresdener Bildhauers Dr. Rogge in den neugestalteten Grünanlagen zwischen Geschwister-Scholl-Schule und Karl-Marx-Straße. **Juli:** Rekonstruktion des Holzmarktbrunnens durch die Steinmetzfirma Hildebrand nach Zerstörung des alten Sandsteinbeckens. Entdeckung einer Tapete von der Augustenburg in der Ledermarktgasse 7. **Juli:** Wiedereröffnung des Konsum-Cafe´s (ehemaliges Cafe Henniger), Längwitzer Str. 17. Edith Weingart, Mitglied des ZK der SED und 1. Sekretär der SED-Kreisleitung Arnstadt, *gibt mit dem ersten Spatenstich auf Bahnsteig 1 des Arnstädter Hauptbahnhofes den Auftakt für die Elektrifizierung der 10 km langen, zweigleisigen Eisenbahnstrecke Neudietendorf-Arnstadt.* **August:** Durch Fließstrecken erfolgt die komplexe Werterhaltung in der Gothaer und Ohrdrufer Straße. Bau eines Wohnblocks mit 48 Wohnungen und eines achtgeschossigen Appartementhauses mit 122 Wohnungen in der Saalfelder Sraße. 50. Ausstellung im Arnstädter Kunstkabinett (*Kamera und Kunst* von Klaus G. Beyer). **1. August:** Übergabe der neuen Gerabrücke in der Längwitzer Straße (*Brücke des Friedens*). **21. August:** Eine 12jährige Arnstädterin rettet in Werder/Havel einem anderen Kind das Leben. **30. August:** Grundsteinlegung für Bebauung der Baulücke Ranke-/Marktstraße. Zirkus HUMBERTO, eines der größten Zirkusunternehmen der CSSR, gastiert in Arnstadt. **6. Oktober:** Übergabe des rekonstruierten Baukomplexes Holzmarkt, 24 Gebäude mit 51 Wohnungen. **8.-9. November:** Bei strahlendem Sonnenschein werden Tageshöchsttemperaturen von plus 21 °C gemessen. **11. November:** Starker Temperatursturz, die Tagestemperaturen erreichen nur noch plus 5 °C. **13.-14. November:** In der Nacht gehen die Temperaturen auf minus 18 °C zurück. **23. November:** Zimmerbrand im Feierabend- und Pflegeheim Dorotheenthal (zwei Tote, 20 Verletzte). **26.-27. November:** Eine Warmluftzufuhr setzt sich durch. Die Tagestemperaturen steigen auf plus 12 °C an. **16. Dezember:** Im VEB Cottona, Betriebsteil Stoffdruckerei Arnstadt (ehem. Blaudruck), kommt es um 15.25 Uhr zu einer Explosion mit anschließendem Brand, hoher Sachschaden, kein Personenschaden.

1984: Bis 1989 werden 423 Kleingärten geschaffen. **Januar:** Abrißarbeiten An der Weiße und an der Längwitzer Mauer. **17. Februar:** In der Marktstraße wird der erste Neubaublock bezogen. **März:** Beginn der Bauarbeiten am Verkehrsknotenpunkt Lindenallee/Längwitzer Straße (Südkrankenhaus), Entfernung des Karolinendenkmals und des Toilettengebäudes (mit Schusterei Anacker). Restaurierung der Stadtmauer an der Längwitzer Mauer. Fortführung der Abbrucharbeiten An der Weiße, der *Jägerhof* muß weichen. **7. März:** Übergabe eines Rohbraunkohle-Heizhauses im Krankenhaus. **17. April:** Beginn der Montagearbeiten im Wohngebiet Rabenhold. **10. Mai:** Erste Erinnerungsstele an den Todesmarsch vom Jonastal (S III) zum KZ Buchenwald in der Wachsenburg-Allee geweiht. **15. Mai:** Eröffnung der 10,1 km langen elektrifizierten Bahnstrecke zwischen Arnstadt und Neudietendorf. **23. Juni:** Die Stadt erhält für die gelungene Lückenbebauung Markt-/Rankestraße und für die Rekonstruktion des Stadtkerns den Architekturpreis des Bezirkes Erfurt. **August:** Übergabe des Appartementhauses Parkweg 8. Beginn des Abrisses des Hintergebäudes des Hauses *Zum Palmbaum*. **September:** Elektrifizierung des Arnstädter Bahnhofes durch Inbetriebnahme des für den Lokwechsel bestimmten Abstellgleises. Zum 100jährigen Bestehen der durchgehenden Bahnstrecke Neudietendorf–Suhl–Grimmenthal fährt ein Traditionszug von Arnstadt nach Oberhof. **7. September:** Unter dem Motto *Lieder sind ein Stück Leben* tritt Gisela May mit ihrer Gruppe im Stadttheater auf. **9. September:** Einweihung einer zweiten Gedenkstele für den Todesmarsch vom Jonastal (S III) zum KZ Buchenwald in der Stadtilmer Straße. **Oktober:** Übergabe des Jugendklubs Arnstadt-West in der Schillerstraße. Aus einem historischen Mühlstein, kombiniert mit modernen Elementen, entsteht auf dem Holzmarkt ein Trinkbrunnen. Einrichtung einer Taxizentrale Am Bahnhof 6/Rankestraße. **3. Oktober:** Eröffnung der Phonothek, Bahnhofstr. 2 a (ehemalige Bachgedenkstätte). **5. Oktober:** Übergabe des neugestalteten Verkehrsknotenpunktes am Südkrankenhaus. **7. Oktober:** Freigabe der neuen Straßenführung der F 4 mit Einweihung der *Brücke des Friedens* in der Längwitzer Straße. Eröffnung der HO-Verkaufsstelle für Damen- und Herrenschuhe sowie der RFT-Verkaufsstelle in der Rankestraße. **19. Oktober:** In Arnstadt findet zum zweiten Mal (1976) die Herbsttagung der Thüringischen Gesellschaft für Chirurgie mit 250 Teilnehmern statt. **November:** *Nach zehnwöchiger Rekonstruktion lädt das Konsumhotel Zum Ritter wieder zum Verweilen ein.* Komplexe Werterhaltung auch in der Mozartstraße. **5. Dezember:** Eine Gasrohr-Havarie an der Kreuzung Ohrdrufer/Gothaer Straße verursacht Vergiftungserscheinungen bei mehreren Bürgern und fordert ein Todesopfer. **18. Dezember:** Brand im Feierabendheim Jonastal, bei dem fünf Heimbewohner Rauchvergiftungen erleiden, größerer Schaden kann verhindert werden. **22. Dezember:** Im Neubaugebiet Rabenhold erhalten die ersten 60 Familien neue Wohnungen.

1985, Januar: Abrißarbeiten in der Klausstraße/Karl-Marien-Straße. **6. Januar:** Im Feierabendheim *Am Dornheimer Berg* feiert Frau Henriette Bratousoff ihren 104. Geburtstag. **Februar:** Restaurierung des Notenschrankes und des Orgelspieltisches J. S. Bachs. **März:** Zum Auftakt der Feierlichkeiten zum 300. Geburtstag von J. S. Bach findet ein Festkonzert mit dem Kammerorchester der Staatskapelle Weimar statt. **20. März:** Enthüllung des Denkmals *Der junge Bach* (Bronzeplastik) von Prof. Bernd Göbel (Halle) auf dem Marktplatz. **21. März:** Übergabe der neuen Bachgedenkstätte im Haus *Zum Palmbaum*. **12. April:** 25 Jahre *Collegium musicum*. **30. April:** Eröffnung der Verkaufsstelle *Keramik-Schmuck* in der Boutique im Spittel. **Mai:** Grundsteinlegung für eine neue Produktionshalle des VEB Metallbau im Bereich Wagner-/Jakobsgasse nach umfangreichen Abrißarbeiten in beiden Straßen. **10. Mai:** Eröffnung der Kinderkombination im Neubaugebiet Rabenhold. **20. Mai:** In Arnstadt findet die 2. Regionale Briefmarkenausstellung statt. Die Post gibt dazu einen Sonderstempel und der Philatelistenverband einen Sonderbriefumschlag heraus, beide stehen ganz im Zeichen von J. S. Bach. **Juni:** Die Arbeitsgemeinschaft für Bachpflege begeht ihr 30jähriges Bestehen. Komplexrekonstruktion im Bereich Zimmerstraße–August-Bebel-Straße–Kohlenmarkt. **25. Juni:** Im Rahmen der Bach-Händel-Schütz-Ehrung gastiert der Thomanerchor Leipzig unter Leitung des Thomaskantors Prof. Rotzsch in der Bachkirche. **Juli:** Schlossermeister Werner Cazin trägt sich ins Ehrenbuch der Stadt Arnstadt ein. **17. Juli:** Übergabe der 3.500. AWG-Wohnung im Neubaugebiet Rabenhold. **24.-30. Juli:** *1. Arnstädter Orgelsommer*, Eröffnung in der Liebfrauenkirche. *Zum Abschluß können die Arnstädter erstmals Werke für zwei Orgeln hören, die an einer Schönefeld-Kleinorgel und der Schuke-Orgel gespielt werden.* **August:** Die Arnstädterin Kornelia Greßler wird in Sofia zweifache Europameisterin im Schwimmen. **1. August:** Bernd Markert wird Nachfolger des bisherigen Bürgermeisters Hermann Gibson. **8. August:** Übergabe des Kindergartens am Mühlweg. **9. August:** Ein Vollcontainerschiff des VEB Deutfracht/Seereederei Rostock erhält den Namen *MS Arnstadt*. **30. August:** Entdeckung von Resten der alten Holzwasserleitung bei Schachtarbeiten im Altbaugebiet An der Weiße. **September:** Glaskünstler Albin →Schaedel wird 80 Jahre. **Oktober:** Übergabe des neuen Schwesternwohnheimes in der Feldstraße. **1. November:** Nach Abriß der Häuser Nr. 6 und 8 in der August-Bebel-Straße Grundsteinlegung für Lückenbebauung. **15. November:** Übergabe des Militärpolitischen Kabinettes des Rates des Kreises Arnstadt durch Heinz Keßler, Chef der Politischen Hauptverwaltung der NVA (später Minister für Nationale Verteidigung der DDR). **16. November:** Die neueinberufenen Soldaten des Erfurter Truppenteils *Hermann Danz* der NVA werden auf dem Theaterplatz vereidigt, auf der Hammerwiese kann Militärtechnik besichtigt werden. *Ein Schlag Erbsen mit Speck aus der Gulaschkanone ist kostenlos zu haben.* **Dezember:** Mittelalterliche Bodenfunde bei Gründungsarbeiten An der Weiße. Die Volkshochschule begeht ihr 40jähriges Bestehen. Bildung einer *Stadtaufsicht* aus zwei Personen, *dabei geht es nicht nur (aber auch) um Parksünder.*

1986, Januar: Abschluß Rekonstruktion der Theodor-Neubauer-Schule (ehemals Fürst-Günther-Schule). Bodenfunde bei Schachtarbeiten im Bereich Linsen-/Badergasse. Die mittelalterlichen Gefäßscherben, auch ein vollständiges Standbodengefäß mit Henkel, lassen Rückschlüsse auf eine Besiedlung seit dem 12./13. Jh. zu. **13. Januar:** Schuhmacher der PGH *Fortschritt* Arnstadt eröffnen am Holzmarkt eine *Absatzbar*. **22. Januar:** Zum 10. Mal findet die Veranstaltung *Hochsprung mit Musik* statt. **1. Februar:** Dienstleistungsbetrieb *Elektric* Arnstadt begeht sein 20jähriges Jubiläum. **12. März:** Die *Arnstadt-Information* befindet sich seit einem Jahr im Haus *Zum Palmbaum*. **April:** Eröffnung *Cafe' Anders*, Gehrener Str. 22. Die Zeitschrift *kultur im heim* stellt Arnstadt auf 11 Seiten vor. **1. April:** Abriß der Schlachthofbrücke. **8. April:** Übergabe von Block I mit 32 Wohnungen im innerstädtischen Neubaugebiet An der Weiße. **15. April:** Einweihung des neu gestalteten *Ernst-Thälmann-Ehrenhains* im Gerapark. **25. April:** Eröffnung der Abteilung Ur- und Frühgeschichte im Haus *Zum Palmbaum*. **28. April-15. Mai.:** Abriß der Häuser Johannisgasse, Kleine Johannisgasse, Obere Weiße und Einrichtung eines Parkplatzes. **Mai:** Abbrucharbeiten im Bereich Unterm Markt/Rosenstraße und vorläufige Flächengestaltung. Der ZV-Stab des Fernmeldewerkes sichert Ruine und Turm von Schloß Neideck. **7. Mai:** POS I erhält den Namen *Erich Correns*. **11. Mai:** Das Fernsehen der DDR zeigt in der Reihe *Die Ansichtkarte* Bilder aus dem Schloßmuseum. **13. Mai:** 14 Jugendweiheteilnehmer der POS I pflanzen Bäume in der Stadt. **28. Mai:** Klaus Gysi, Volkskammerabgeordneter des Kulturbundes und Staatssekretär für Kirchenfragen, spricht im RFT-Kulturhaus. **29. Mai:** KMD Alwin Friedel begeht sein 25jähriges Dienstjubiläum als Kantor in Arnstadt. **31. Mai:** Weitere Bodenfunde zwischen Bader- und Linsengasse. Eröffnung des 5. Tierparkfestes unter dem Motto *30 Jahre Fasanerie*. **8. Juni:** Die Wahlbeteiligung bei den Wahlen zur Volkskammer und zum Bezirkstag liegt bei 99,74 %, die Zustimmung zum Wahlvorschlag bei 99,9 %. **13. Juni:** Eröffnung des ersten Computer-Kabinetts des Kreises in der Berufsschule des VEB Fernmeldewerk. **18.-19. Juni:** Lesungen des Schriftstellers Uwe Berger, Nationalpreisträger und Vizepräsident des Kulturbundes, in Arnstadt. **24. Juni:** Ein Sportangler aus Arnstadt fängt in der Gera zwei Regenbogenforellen (50 cm lang und 1.570 g schwer bzw. 45 cm lang und 1.280 g schwer). **Juli:** Bezug der ersten 72 Wohnungen An der Weiße. **1.-2. Juli:** Zwei Dampfloks, die als Provisorien zur Heizung des Neubaugebietes Rabenhold dienten, werden auf Tiefladern zum Bahnhof zurückgebracht. Eine Kesselanlage sichert zukünftig die Warmwasser- und Heizversorgung. **11. Juli:** Einrichtung einer Abt. *Babychic* im Kinderkaufhaus *Steppke*, Markstraße. **August:** Beginn der Erschließungsarbeiten für Ersatzbebauung Klausstraße/Karl-Marien-Straße. Eröffnung der *Speisebar im Spittel*. **7. August:** Erster *Filmmarkt* in Arnstadt. **15. August:** Übergabe der neuen Schlachthofbrücke über die Weiße. **22. August:** Erstes Konzert der Veranstaltungsreihe *Abend unter Arkaden* im Hof des Rates des Kreises (heute Landratsamt). **24. August:** Die Arnstädterin Kornelia Greßler vom SC Turbine Erfurt erringt den Weltmeistertitel über 100 m Schmetterling in der Lagenstaffel und Silber über 200 m Schmetterling. **3. September:** MR Dr. Dieter Rose wird zum Nachfolger von OMR Prof. Dr. Kurt Paschold als Ärztlicher Direktor der Kreiskrankenanstalten Arnstadt und Chefarzt der Chirurgischen Abteilung berufen. **8.-27. September:** Abrißarbeiten Ecke Holzmarkt/Kohlenmarkt. **6. Oktober:** Eröffnung der Kontakt-Ring-Verkaufsstelle *Wohnkultur* im Neubaugebiet An der Weiße, mit einem im Bezirk Erfurt bislang einmaligen Beratungszentrum für junge Eheleute. Übergabe des Lehrlingswohnheims der Kommunalen Berufsschule in der Karl-Liebknecht-Straße. **10. Oktober:** Umbenennung des Fernmeldewerkes in VEB Nachrichtenelektronik *Ernst Thälmann* Arnstadt im Beisein von Rosa Thälmann und Felix Maier, Minister für Elektrotechnik/Elektronik. **14. Oktober:** Übergabe einer Rehabilitierungseinrichtung für *förderungsfähige und schulbildungsunfähige* Kinder und Jugendliche im Jonastal. Einrichtung eines Umzugsservices für ältere und hilfsbedürftige Bürger (vom Transport bis zur Anbringung der Gardinen). **16. Oktober:** Victor Grossmann, amerikanischer Publizist, spricht im RFT-Kulturhaus. **28. Oktober:** Übergabe einer neuen Produktionshalle im Werk Metallbau Arnstadt in der Wagnergasse. **4.-5. November:** *VI. Angebotsmesse Kultur* im Chema-Kulturhaus. **21. November:** Umgestaltung des Riedplatzes in eine verkehrsberuhigte Zone. Sanierung des Riedbrunnens. **26. November:** Gedenkkonzert zum 175. Geburts- und 100. Todestages von Franz Liszt in der Bachkirche. **28. November:** Übergabe der neuen Schalterhalle nach umfangreicher Rekonstruktion des Postgebäudes. **Dezember:** Fertigstellung der Brunnenschale des Riedbrunnens durch Steinmetzen des VEB Denkmalpflege Erfurt. Eröffnung des Industrieladens des VEB Bleikristall Arnstadt. **15. Dezember:** Die Körperbehindertenschule am Arn-

Neubaugebiet Arnstadt-West im Bau

städter Marienstift erhält einen modernen Bus im Wert von 300.000 M. **31. Dezember:** Grabschändungen auf dem Angelhäuser Friedhof.

1987, Januar: Inbetriebnahme des ersten Fahrkartenautomaten im Kreis Arnstadt am Südbahnhof. **Februar:** Der Kammerchor Arnstadt unter Leitung von KMD Alwin Friedel begeht sein 20jähriges Jubiläum. **30. April:** Grundsteinlegung am künftigen Block I in der Karl-Marien-Straße. **Mai-August:** Bergung mittelalterlicher Gräber und Tonscherben bei Ausschachtungsarbeiten im Bereich der einstigen Nicolaikapelle, Karl-Marien-/Klaußstraße. Übergabe der Turnhalle am Rabenhold. **6. Mai:** 10 Jahre SMH (Schnelle Medizinische Hilfe). **10. Mai:** Weihe der rekonstruierten Himmelfahrtskirche am Alten Friedhof als katholische Pfarrkirche *Christi Himmelfahrt* durch den Erfurter Weihbischof, Orgeleinbau durch Stadtilmer Fa. Karl-Heinz Schönefeld. **30. Mai:** Neideck-Turmuhr schlägt wieder nach Restaurierung durch Fa. Engelmann (Schlosser) und Uhrmachermeister Bernd Lehmann sowie dem Einsatz *Technischer Bergsteiger*. **2. Juni:** Doppeljubiläum im Pfarrhof Nr. 14: 120 Jahre Kindergarten und 40 Jahre städtischer Kindergarten. **5. Juni:** Erstmals Diskussionsrunde des Kulturbundes über Leben und Wirken der →Marlitt anläßlich ihres bevorstehenden 100. Todestages. **14. Juni:** Beim Endlauf der 14. DDR-Meisterschaften im Motorradmehrkampf in der Klasse der Jugend erkämpft der 20jährige Arnstädter Thomas Fritzen den 1. Platz und wird DDR-Meister. **Juli:** Übergabe des Neubaues August-Bebel-Straße (früher Wohnhaus Christian Samuel von →Beck). **5. Juli:** Eröffnung der Sonderausstellung mit Werken von Otto Knöpfer im Schloßmuseum. **11. Juli:** Eröffnung der Gaststätte *Haus Rokischkis* und des Kindercafe's *Hase und Wolf*, Markt 12/13 (früher *Zum Goldenen Adler*). **20. Juli:** Grundsteinlegung für Lückenbebauung Holz-/Kohlenmarkt. **21. Juli:** Eröffnung HO-Kaufhalle *Rabenhold* auf 767 qm. Wiedereröffnung der ehemaligen Buchhandlung Waldemar Jost als Handelseinrichtung *Wort und Werk* der Vereinigung Organisationseigener Betriebe der CDU. **30. Juli:** Übergabe der ersten 40 Wohnungen im Block I Karl-Marien-Straße/Klaußstraße. **15. August-13. November:** Sperrung Gehrener Straße wegen des Baues eines Fußgänger- und Radfahrertunnels zwischen Schwarzburger Straße und Weg zum Rabenhold/Friedensstraße. **September:** Übergabe eines Computerkabinetts in der EOS *Dr.-Theodor-Neubauer* für fakultative Kursc in Informatik. **5. September:** Umzug der Schüler der Käthe-Kollwitz-Schule, Lindenallee, in die Neubaugebietsschule Rabenhold. Die bisherige Schule wird *Hilfsschule* (Pestalozzi-Schule). **30.-31. Oktober:** *Herbstmarkt* auf dem Marktplatz. **10. November:** Wiedereröffnung des Modehauses *Henne* (1920 gegründet). **Dezember:** Übergabe des modernisierten Busbahnhofes am Bahnhofsvorplatz. Spielzeugausstellung im Haus *Zum Palmbaum*. Die *Genossen der Stadtaufsicht* tragen nun auch Uniform. **2. Dezember:** Patenschaft zwischen Stadt und Motorschiff *Arnstadt* besiegelt. **7. Dezember:** Übergabe der rekonstruierten und modernisierten Schlachthalle des VEB Schlacht- und Verarbeitungsbetriebes Arnstadt. **25. Dezember:** Ein Zimmerbrand im Appartementhaus, Parkweg 8, fordert ein Todesopfer.

1988, Januar: Schnee- und frostarmer Winter, wärmster Januar seit mehr als 100 Jahren. Instandsetzung der Naherholungsziele *Am Jungfernsprung, Kiesewetterhütte, Alteburgturm* und *Königsstuhl*. Eröffnung einer Stadtambulanz auf dem Rabenhold. **Februar:** DDR-Olympiateilnehmer für Calgary werden von der Arnstädter Handschuhfabrik, wie schon seit 1968, mit Spezialhandschuhen ausgestattet. Einführung der Ultraschalldiagnostik im Kreiskrankenhaus Arnstadt. Eröffnung eines Klubkellers in der EOS (Schloßplatz 2). **10. Februar:** Im Haus *Rokischkis* (Unter der Galerie am Markt) Eröffnung des Restaurants *Bernstein* mit Barbetrieb. **29. Februar:** Eröffnung Dauerausstellung zur Regionalgeschichte 1848 bis 1945 im Haus *Zum Palmbaum*. **März:** Abschluß des städtebaulichen Ideenwettbewerbs *Wiederbebauung des Bereiches Johannisgasse/Obere Weiße*. Sonderausstellung *Historische Formmodeln und Backformen für Feingebäck und Zuckerwerk* im Schloßmuseum. **21. März:** *Thüringer Hof*, Zimmerstraße, präsentiert sich als *Gaststätte der gesunden Ernährung*. **April:** Vorbereitungsarbeiten für eine Heiztrasse vom Heizwerk Dornheimer Berg bis zu den Neubauten Karl-Marien-/Klaußstraße, dazu Abbruch Karl-Marien-Str. 17. **1. April:** Erster Landschaftstag Alteburg unter Schirmherrschaft der Gesellschaft für Natur und Umwelt und des Rates der Stadt, Erarbeitung eines Landschaftspflegeplanes. **18. April:** Eröffnung *Klub des Kulturbundes* im *Rokischkis*, Markt 12. **23. April:** 275jähriges Firmenjubiläum der Bäckerei Fischer, Holzmarkt. **Mai:** Eröffnung der Freiluft-Gaststätte in der Baulücke Ledermarktgasse/Marktstraße. **Juni:** Anbringung von Namensschildern an 40 Bäumen im Schloßpark und auf dem Alten Friedhof durch die Interessengemeinschaft *Stadtökologie* im Kulturbund. Die Kindereinrichtung in der Pfortenstraße begeht das 20jährige Jubiläum ihres Ehrennamens *Friedrich Fröbel*. **Juni 1988-Juli 1991:** Anlage von Suchschnitten zum Auffinden der einstigen Klosterkirche auf dem Walpurgisberg. **1. Juli:** Auch im Postamt werden Computer eingesetzt. **4. Juli:** Eröffnung Hotel *Zum Ritter* nach neunmonatiger Rekonstruktion als 2-Sterne-Hotel. **August:** Erneuerung der Stützmauer am Ritterstein. **19. August:** Zwei Basketballer von *Lok Arnstadt* starten per Fahrrad zu ihrem Urlaubsziel Varna, ca. 2.500 km (Rückkehr per Flugzeug). **Oktober:** Handschuhfabrik feiert ihr 140jähriges Bestehen, ein Traditionskabinett wird eingerichtet. Umgestaltung des Bahnhofsvorplatzes. **14.-16. Oktober:** Die XII. Bezirksbriefmarkenausstellung findet im Chema-Kulturhaus statt. Hierzu gibt die Post einen Sonderstempel und der Philatelistenverband eine Sonderpostkarte mit Motiven der *Drei Gleichen* heraus. **23. Oktober:** Erster *Landschaftstag* für das Landschaftsschutzgebiet *Drei Gleichen.* **26. Oktober:** Weihe des Gedenksteins zum 50. Jahrestag der nazistischen Pogromnacht unweit des Standortes der damals abgebrannten jüdischen Synagoge, Krappgartenstraße. Raphael Scharf-Katz, Vorsitzender der jüdischen Landesgemeinde Thüringen, spricht das Totengebet. **31. Oktober:** Gastspiel des Prager Ensembles des Theaters *Spejbl und Hurvinek* im Chema-Kulturhaus. **8. November:** Eröffnung des Kindergartens in der Karl-Liebknecht-Straße. **11. November:** Die Molkerei Arnstadt begeht ihr 60jähriges Jubiläum. **Dezember:** Sonderausstellung *Historische Uhren* im Haus *Zum Palmbaum*. Übergabe des Jugendklubs in der Schillerstraße. Umgestaltung und Modernisierung des Busbahnhofes vor dem Hauptbahnhof.

1989, Januar: *10. Arnstädter Silvesterlauf*. Ausstellung (Gouachen und Zeichnungen) des Weimarer Malers und Graphikers Horst Jähring in der Wohngebietsgaststätte *Völkerfreundschaft* (Jähring war maßgebend an der farblichen Gestaltung der Fassaden in der Innenstadt beteiligt). Pflanzung von 114 Großbäumen auf dem Rabenhold. Sanierungsarbeiten an der 90jährigen Schwimmhalle. **Januar-Juni:** *Babyboom*. Es werden 428 Kinder geboren. **27. Januar:** Erste Frühlingsblüher sind zu sehen: Schneeglöckchen, Seidelbast, Veilchen, Echter Jasmin. **30. Januar:** Durchführung zusätzlicher Sprechstunden beim Rat des Kreises nach dem Grundsatz *Alles mit dem Volk, alles durch das Volk, alles für das Volk.* **Februar:** Schließung des Theaters wegen umfangreicher Baumaßnahmen. **5.-6. Februar:** *Vietnamesische Werktätige feiern Tet-Fest* im Chema-Kulturhaus. **März:** Wiedereröffnung der Schwimmhalle. **1. März:** Übergabe einer neuen Stadtambulanz im Neubaugebiet Rabenhold. Bis dahin sind bereits vorhanden: Kinderkrippe, Kindergarten, Schule, Kaufhalle, DLB-Annahme, Post. **6. März:** Eröffnung der renovierten Stadt- und Kreisbibliothek. Eröffnung der Gaststätte *Riedschenke* nach Übernahme und Rekonstruktion durch den Kreisbaubetrieb. **7. März:** Übergabe Jugendklub Rabenhold als dritter hauptamtlich geleiteter Jugendklub der Stadt. **8. März:** Aufnahmen des DDR-Fernsehens in Arnstadt (*Beiträge zur Wahl 1989*). **14. März:** Der Arnstädter Dietmar Kellner wird DDR-Meister im Kraftsportvierkampf bis 1,75 m Körpergröße. **19. März:** Eröffnung einer Sonderausstellung mit

Werken (Malerei, Zeichnungen, Graphik) des Arnstädter Künstlers Gerhard Dittrich im Schloßmuseum, anläßlich seines 70. Geburtstages. **25. März:** *Nationale Front* - Kreisausschuß bestätigt in öffentlicher Sitzung 147 Kandidaten für den Kreistag. **27.-31. März:** *Theatertage der Jugend.* **April:** Montage der Fernwärmeleitung im Stadtpark (auch Neideck). Buchpremiere *Die Schrippenfee* im Schloßmuseum, Direktor K. Kästner schrieb das Nachwort zum Buch. **7. April:** Kommunalpolitische Konferenz im Rathaus zu den Themen: Bereicherung des Warenangebotes, Werterhaltung, Ordnung und Sicherheit, Reparaturen und Dienstleistungen. **17. April:** Übergabe eines neuen Kindergartens in der Karl-Liebknecht-Straße. **19. April:** Telefonforum des Rates der Stadt zu Fragen und Problemen der Bürger. **20. April:** Wiedereröffnung des umfassend rekonstruierten HO-Bahnhofscafé´s nach über zweijähriger Bauzeit. **30. April:** Maibaumsetzen auf dem Theatervorplatz. **Mai:** VEB Chemieanlagenbau Erfurt-Rudisleben verfügt über 72 *CAD/CAM-Arbeitsstationen* für 262 Werktätige, erster 32-Bit-Rechner wird eingesetzt. Freigabe der Fußgängerbrücke am Lohmühlenweg nach umfangreicher Sanierung. **1. Mai:** Maidemonstration. Schleedorn blüht. **7. Mai:** Die Wahlbeteiligung zu den Kommunalwahlen liegt bei 98,78 %, gültige Ja-Stimmen mit 98,85 %. **12. Mai:** Einsatz von Nährobotern in der Handschuhfabrik. **13. Mai:** Die ersten Schwalben fliegen ein. **14. Mai:** Der erste Kuckucksruf im Jahr ist zu hören. **16. Mai:** Schriftstellerlesung mit Hanns Cibulka (*Nachtwache*) im Klub des Kulturbundes. **19. Mai:** Neugründung der *Elternakademie.* **24. Mai:** 35. Betriebssportfest des RFT-Werkes. **27. Mai:** Paraphierung einer Vereinbarung zur Städtepartnerschaft zwischen Arnstadt und Kassel durch Bürgermeister Bernd Markert und Kassels Oberbürgermeister Hans Eichel. **31. Mai:** Fackelumzug anläßlich des *Internationalen Kindertages.* **3. Juni:** *Stammtisch* im Jugendklubhaus mit Prof. Dr. R. Bormann (Akademie der pädagogischen Wissenschaften), Dr. Hans Joachim Baumert (Autor, Liedermacher, Komponist) und Gernot Baldessari (Spielbuchautor und Programmgestalter). **6. Juni:** Bei einem Dachstuhlbrand in der Pfortenstr. 17 werden zwei Familien evakuiert. **23. Juni:** 17. Ausstellung der Kulturbundgalerie in der *Völkerfreundschaft* (Arbeiten von J. Müller und U. Tarlatt). **27. Juni:** Eröffnung der Ausstellungen *Kunst der DDR aus den Beständen des Schloßmuseums* und *Bildnerisches Volksschaffen aus dem Kreis Arnstadt* im Schloßmuseum. **Juli:** Eröffnung der Konsumdrogerie Rosenstraße nach umfangreicher Rekonstruktion. ABI-Kontrollen in Gaststätten. **2.-7. Juli:** *5. Arnstädter Orgelsommer* mit Solisten aus der DDR, England und den USA. **5.-26. Juli:** Kinder aus der Partnerstadt Haubourdin (Frankreich) sind zu Gast in Arnstadt. **7.-9. Juli:** 32. Parkfest. **12. Juli:** Ratifizierung der Vereinbarung über die Städtepartnerschaft Arnstadt - Kassel im Rathaus in Anwesenheit einer Abordnung des Kasseler Stadtparlaments unter Leitung von OB Hans Eichel (Ratifizierung in Kassel bereits am 26. Juni). **August:** HO-Verkaufsstelle *Orienta*, Erfurter Straße, führt *Ladengastronomie* ein (Kaffee). Übergabe des DFD-Beratungszentrums (Turnvater-Jahn-Str. 11). **3. August:** Frau Lehmann (VEB Nachrichtenelektronik) erringt den 6. Platz bei der Stenographie-Weltmeisterschaft. **7. August:** Große Hitze, plus 36 °C. **20.-21. August:** Nur noch plus 1 °C. **23. August:** Die Bachgedenkstätte zählt den 50.000. Besucher seit ihrer Eröffnung 1979. **5. September:** Gründung eines Kreisverbandes der Freidenker im Rathaus, Vorsitzender wird Herr Wiebach. **17. September:** Festumzug zum 125. Jahrestag der Freiwilligen Feuerwehr mit Schauübung und Präsentation alter und neuer Feuerwehrtechnik. **21. September:** *Überprüfung der politischen und Einsatzbereitschaft* der Kampfgruppen im Territorium. **27. September:** Festliche Sitzung der Stadtverordnetenversammlung anläßlich des Republikgeburtstages. **30. September:** Mit einer Demonstration (14.00 Uhr ab Holzmarkt) gehören Arnstädter zu den ersten DDR-Bürgern, die gegen die SED-Herrschaft auf die Straße gehen. Ausstellung *Der Kulturbund im Überblick* im Chema-Kulturhaus. **3. Oktober:** Sprengung des Aussichtspunktes *Kreuzchen* durch Unbekannte. Einweihung *Haus der Dienste* in Arnstadt-Ost. **5. Oktober:** Manifestation der Angehörigen der Intelligenz für Frieden und Abrüstung im Rathaus. **7. Oktober:** Während einer friedlich begonnenen Demonstration (Schweigemarsch) des *Neuen Forums* gegen die herrschenden Zustände in der DDR suchen ca. 300 Teilnehmer Zuflucht in der Bachkirche vor brutalen Übergriffen von Polizei und Staatssicherheit. Es gibt zahlreiche Verletzungen und Verhaftungen. *Arnstädter Marktfest* auf dem Marktplatz. **14. Oktober:** Teilnahme von zwei Arnstädtern an der 1. (illegalen) Landessprecherkonferenz des *Neuen Forums* in Berlin. Zur ersten *Marktplatzdemo* stellt sich Bürgermeister Markert den Fragen der Bürger. Dr. Effenberger bekennt sich öffentlich zum *Neuen Forum.* Erstes Friedensgebet in der Liebfrauenkirche. **16.-17. Oktober:** Gespräche aller gesellschaftlichen Kräfte mit Bürgermeister

Markert, Bildung von Arbeitsgruppen. **21. Oktober:** Demonstration von ca. 1.000 Bürgern auf dem Markt. Herr Erdmann stellt Führungsanspruch der SED in Frage. Bekanntgabe der Arbeitsgruppen und freiwillige Mitarbeit der Bürger. **23. Oktober:** Gespräch in Kreisgeschäftsstelle der Handwerkskammer mit N. Kornhardt (1. Sekretär der SED-Kreisleitung), P. Papst (NDPD-Kreisvorsitzender), F. Prox (LDPD-Kreisvorsitzender) und G. Loesche (Kreisausschuß Nationale Front) zu Wirtschaftsfragen. **24. Oktober:** Leiter des VPKA hält Bürgersprechstunde ab: keine Anzeige, aber Beschwerde gegen Verhalten der VP am 7. Oktober. **25. Oktober:** Beginn von Gesprächen im Gemeindehaus Arnstadt zur Demokratisierung des Lebens, Ereignisse um 7. 10. 1989, gewaltloser Widerstand u. a. Bürgermeister Markert schlägt der Stadtverordnetenversammlung die Bildung zeitweiliger Arbeitsgruppen (AG) vor, in denen auch nichtgewählte Bürger mitarbeiten sollen (Dialoge sollen nicht auf der Straße, sondern in den Arbeitsgruppen stattfinden). Gebildet werden die AG Recht, Rechtspflege, Reise- und Ausreisemöglichkeiten (G. Pein), die AG Gesellschaftskonzeption, ökonomische und Stadtentwicklung (K.-H. Schmidt), die AG Ökologie (J. Ludwig), die AG Kommunales, Handel und Versorgung, Dienstleistungen, Wohnungspolitik (H. Grund) und die AG Medienpolitik (K.-H. Wiebach). **27. Oktober:** Erste Zusammenkunft des Neuen Forums in der Oberndorfer Kirche, seitdem wöchentlich. **28. Oktober:** Demo auf dem Markt: Bürgermeister Bernd Markert und Nanette Kornhardt, SED-Kreisleitung, diskutieren vor dem Rathaus mit Bürgern über Mißstände in der Wirtschaft. **31. Oktober:** Die AG Bildung/Kultur (F. Slametschka) wird gebildet. **4. November:** Erste ungestörte friedliche und genehmigte Demonstration der Bürgerbewegung Neues Forum zum Thema *Meinungs-, Versammlungs- und Pressefreiheit* mit Versammlung auf dem Theaterplatz und erneute Gesprächsrunde mit Vertretern der Staatsmacht. **6. November:** Festveranstaltung zum 72. Jahrestag der Oktoberrevolution durch SED-Kreisleitung, Rat des Kreises und DSF-Kreisvorstand. **7. November:** Rücktritt der Regierung der DDR. **8. November:** Erfurter Mitglieder von SPD und *Demokratischem Aufbruch* stellen sich in der Himmelfahrtskirche vor. **9. November:** Öffnung der Staatsgrenze zur BRD. **11. November:** Etwa 12.000 Arnstädter beteiligen sich an der Demonstration *Freie Wahlen.* **14. November:** *Menschenschlangen vor Arnstädter Notenbank* (Eintrag Visa 15 DM). Erstmals erscheinen ARD- und ZDF-Programm in der Zeitung. **15. November:** *Kaderveränderung* in der FDJ-Kreisleitung. **16. November:** *Donnerstags-Demo* durch SED zur *Bekundung einer erneuerten*

Friedliche Demonstration vor dem Rathaus von ca 1.000 Bürgern am 21. Oktober 1989

SED (ca. 900 Teilnehmer). **17. November:** Abberufung des Vorsitzenden des Rates des Kreises Arnstadt, Helmut Saalfeld, *wegen seiner selbstherrlichen, von Überheblichkeit und Arroganz getragenen Verhaltensweise* und Wahl von Dr. Rita Bader als neue Vorsitzende. **18. November:** Sonderöffnung des VPKA für Visa-Erteilung. Demonstration mit Neuem Forum unter dem Motto *Reisen darf nicht alles sein.* **19. November:** Dr. Hans Modrow, Vorsitzender des Ministerrates der DDR, weilt privat in Arnstadt und trifft sich mit Bürgermeister Markert und Dr. Bader zu Bau- und Versorgungsfragen. **21. November:** Dreifacher Umsatz im Rundfunkladen, Rankestraße. **22. November:** Eine Kasseler Delegation unter Leitung des Oberbürgermeisters Hans Eichel weilt in Arnstadt, um über die Weiterführung der zeitweilig unterbrochenen Städtepartnerschaft zu verhandeln. **25. November:** Demonstration mit Neuem Forum unter Motto *Verfassungsänderung durch Volksentscheid.* **Dezember:** Eröffnung der Spezialitätengaststätte *Piroschka* im ehemaligen Stadtcafe, Rankestraße. Die Kreisdelegiertenkonferenz der SED stellt den Austritt von 1.849 Mitgliedern fest. **2. Dezember:** Demonstration zum Thema: *Wer regiert in Arnstadt?* **3. Dezember:** Traditionelles Adventsblasen auf dem Markt. **4. Dezember:** Auflösung der Kreisdienststelle des MfS, Kauffbergstraße. *Schriftstücke unterschiedlichster Art transportiert die Volkspolizei in versiegelten Transportkisten unter Kontrolle Arnstädter Bürger nach Erfurt ab, wo Erfurter Bürger die weitere Kontrolle übernehmen.* **5. Dezember:** Erster *Runder Tisch* mit Neuem Forum, SPD, Freidenkern und kirchlichen Kreisen. **7. Dezember:** Haftbefehl gegen den ehemaligen Vorsitzenden des Rates des Kreises, Helmut Saalfeld, *wegen des Verdachts der verbrecherischen Untreue zum Nachteil des sozialistischen Eigentums.* Die Druckerei *Fortschritt* (ehemals Otto Böttner, Erfurter Straße 20/22) begeht ihr 100jähriges Jubiläum. **9. Dezember:** Demonstration zum Thema: *UNO-Menschenrechte.* Das Info-Blatt des Neuen Forum *afa* (*Arnstädter Forum aktuell*) erscheint erstmals. Der NDPD-Kreisvorstand erwägt eine Namensänderung in *Partei Deutscher Demokraten* (PDD). Havarie im Heizwerk Arnstadt-Ost. **12. Dezember:** *Runder Tisch.* **14. Dezember:** Erstmals *Runder Tisch* zwischen Arnstadt und Kassel im Rathaus. Anschließend spricht Hans Eichel auf Einladung des Neuen Forums auf dem Theaterplatz zu den Demonstranten. Demonstration zum Thema: *Korruption und Amtsmißbrauch.* Gründung des *SDP*-Kreisverbandes Arnstadt (Sozialdemokratische Partei). **19. Dezember:** 3. Sitzung des Runden Tisches. **20. Dezember:** 250 Arnstädter Bürger weilen zum ersten Mal zu Gast in der Partnerstadt Kassel. **24. Dezember:** DRK Kassel übergibt Weihnachtsüberraschungen für Arnstädter Kinderheime. **29. Dezember:** Bildung der Krebshilfegesellschaft Arnstadt. **31. Dezember:** Bürger aus Arnstadt und Kassel feiern große Silvesterparty auf dem Marktplatz.

1990, Januar: Auflösung der Pionier- und FDJ-Organisationen an den Schulen. **10. Januar:** Runder Tisch: schwierige Arbeitskräftesituation, Stasi-Gebäude an Gesundheitswesen, SED-Kreisleitungs-Gebäude auch für andere Parteien und Organisationen. **11. Januar:** PDS-Podiumsdiskussion zu aktuellen Fragen, zu Tendenzen von Rechtsradikalismus und Neofaschismus. **13. Januar:** Demonstration zum Thema: *SED – PDS – Wolf im Schafspelz* mit ca. 9.000 Teilnehmern, Forderung nach Offenlegung des Parteivermögens. Ein BRD-Bürger erzeugte dabei Mißstimmung mit seinem Gewaltaufruf. 80 Jahre Kleingartenanlage *Erholung.* **15. Januar:** Tageszeitung *DAS VOLK* heißt fortan *Thüringer Allgemeine.* **17. Januar:** Konstituierung der Kreisverbände von CSU und Junger Union. Im RFT-Kulturhaus findet der 27. Schwesternkongreß zu Dialysebehandlung, AIDS u. a. statt (180 Teilnehmer). **20. Januar:** Demonstration zum Thema: *Wahlen 1990.* **22. Januar:** Forum *Bürgersicherheit ohne Staatssicherheit* im Chema-Kulturhaus. **25. Januar:** Umbenennung Haus *Rokischkis* in *Marlitt-Haus* (Markt 12). **27. Januar:** Demonstration zum Thema: *Demokratie in den Betrieben.* Übergabe der Büroräume Gothaer Str. 5 an neue demokratische Parteien und Gruppierungen. Eröffnung des Parkplatzes in der Schulgasse. **29. Januar:** Eröffnung einer Reisebüro-Annahmestelle am Hauptbahnhof. **31. Januar:** Runder Tisch beschließt u. a. Abriß der Häuser Obere Weiße 3 und 4. Mit einem Kurzstreik (und *Mindestwärme*) fordern Kesselwärter und Heizer im VEB Gebäudewirtschaft eine 50 %ige Nettolohnerhöhung. **Februar:** Die Partnerstadt Kassel stellt für Handwerk und Gewerbe einen Unterstützungs-Fonds in Höhe von 250.000 DM zur Verfügung. **3. Februar:** Demonstration zum Thema: *Gegen Extremismus von rechts und links.* Provisorische Abdichtung am Jacobsturmdach durch Technosportler. **5. Februar:** Androhung eines Warnstreiks der Stadtreinigung. Neue Vorsitzende des PDS-Kreisvorstandes wird Heike Lauterbach. **6. Februar:** Runder Tisch: Kontrolle Mülldeponie Rehestädt, Kläranlagenprojekt. **7. Februar:** Das Wappenschild (Schwarzer Adler) mit Aufschrift *Arnstadt* ziert fortan die Kopfseite des Kreisteils der *Thüringer Allgemeine*. Aufruf zur *Bauerndemo* am 9. 2. **8. Februar:** Feuerwehren übernehmen Kampfgruppenausrüstung und MfS-Bestände. **9. Februar:** Totale Mondfinsternis. **11. Februar:** Gründung eines Bürgerkomitees Arnstadt aus Vertretern von: Neuem Forum, *Initiative für Frieden und Menschenrechte,* evangelischer und katholischer Kirche, LDP, CDU, DBD, DSU, SPD und parteilosen Bürgern. **13. Februar:** 1. Kreisparteitag der CDU, Vorsitzender wird L.-R. Senglaub. **14. Februar:** Gründung eines vorläufigen Kreisverbandes der Grünen Partei. **15. Februar:** *1. Wasserfasching* der BSG Motor Arnstadt im Stadtbad. *Verschwisterung im Frohsinnsektor:* AKC und GKK (Kassel) feiern zusammen Karneval. **17. Februar:** Schriftstellerin Gisela Steineckert spricht auf der Demonstration zum Thema: *Parteien stellen sich zur Wahl.* **19. Februar:** Gründung der *IG Eugenie John-Marlitt* im Kulturbund. **20. Februar:** Durchführung eines weiteren Runden Tisches Kassel/ Arnstadt: 250 TDM Hilfe (ab März dafür Kehrmaschine und 2 Müllwagen). **24. Februar:** Karnevalumzug. **26. Februar:** Konstituierung der Bürgerinitiative *Vom Truppenübungsplatz Ohrdruf zum Naturpark.* **27. Februar:** Entlassung von Helmut Saalfeld aus der Untersuchungshaft, weil der Haftgrund nicht mehr als *Verbrechen* sondern nur noch als *Vergehen* angegeben wird. **28. Februar:** 1 kg Tomaten kostet 18 Mark. **1. März:** Das Amt für Arbeit heißt nun *Arbeitsamt,* Direktorin wird Martina Lang. 52 Bürger sind arbeitslos, davon 30 Frauen. **2. März:** Unter dem Motto *Die Wende in unserem Land ist vollzogen* erklärt das Neue Forum die Demonstrationen (seit 30. Sept. 1989 insgesamt 19 Samstag-Demos) für beendet. **7. März:** Runder Tisch zur Volkskammerwahl. **8. März:** Hessens Finanzminister Kanther besucht das Marienstift und übergibt Miele-Wäschereimaschinen, Ultraschallgerät und Infarotstrahler im Wert von 50 TDM. **10. März:** Erste *Rad-Demo* der Grünen Liga gegen zunehmende Umweltbelastung im Straßenverkehr. **12. März:** Eröffnung der Ausstellung *40 Jahre und vier Monate* (Plakate, Transparente, Fotos) im Haus *Zum Palmbaum*. **14. März:** Gründung des Arbeiterwohlfahrtsvereins (AWO) Arnstadt im Klub der Volkssolidarität. **16. März:** Eröffnung einer Videothek (Sodenstraße). **17. März:** Volkslauf des DTSB unter dem Motto *Stadt in den Frühling* (270 Läufer). **18. März:** Bei der Volkskammerwahl erreicht die CDU 57,37 %, die SPD 16,76% und die PDS 9,18 % in Arnstadt. **19.-30. März:** Erstmalig *Arnstädter Bachtage* zum 305. Geburtstag von J. S. Bach. **24. März:** Erster Schönheitswettbewerb *Miß Arnstadt* im Chema-Kulturhaus durchgeführt. **28. März:** Runder Tisch: Kulturkonzeption. **April:** Zwei Arnstädter begleiten eine Solidaritäts-Fracht nach Rumänien. **1. April:** Gründung des *Landesverbandes Thüringen der Geflügelzüchter* in Arnstadt. **1.-7. April:** Festwoche *85 Jahre Marienstift.* **4. April:** 20. Demonstration und zugleich letzte, vor dem Rat des Kreises, um dort gegen unzureichende Bewältigung der Stasivergangenheit zu protestieren, Forderung nach Überprüfung aller Kandidaten auf Stasi-Mitarbeit. **6. April:** Im Kreis werden 32 Reprivatisierungs-Anträge gestellt, u. a. Arnstädter Mützenfabrik und Mühle *Drei Gleichen*. **10. April:** Nach 70 Jahren gibt es wieder einen Arbeiter-Samariter-Bund (ASB) in Arnstadt. **11. April:** Runder Tisch fordert staatliche Regelung für Grundstücksfragen, Umschuldung, Kredite. **12. April:** Erste *Pommes-Bude* öffnet (Krappgartenstraße/Turnvater-Jahn-Straße). **17. April:** Eröffnung des *Klubs der abstinent lebenden Alkoholiker* (Kohlgasse 11). **18. April:** Runder Tisch: VPKA-Bericht zur Lage im Kreis. **25. April:** Runder Tisch: Wahlvorbereitung, Wohnungsproblem (2004 Anträge, davon 931 sozial dringend, aber nur 737 über Wohnungs-Vergabeplan gelöst). **28. April:** 1. Volksfest des Jugendzentrums mit Trödelmarkt. **1. Mai:** Neues Forum und Gewerkschaften rufen zu Kundgebung *100 Jahre 1. Mai* im Stadtpark auf. Zunahme der Arbeitslosen auf 270, davon 134 Frauen. Umfangreiche Straßenbaumaßnahmen. Der Posaunenchor der ev.-luth. Gemeinde begeht sein 85jähriges Jubiläum. **2. Mai:** Letzter Runder Tisch. **4. Mai:** Kreisbaubetrieb wird in Universalbau Arnstadt umgewandelt. **6. Mai:** Bei den Kommunalwahlen erhält die CDU in Stadt und Kreis die meisten Stimmen. **8. Mai:** Kranzniederlegung zum *Tag der Befreiung* durch DSF. **11. Mai:** Es kommt zu zahlreichen kurzzeitigen Arbeitsniederlegungen, u.a. in der Handschuhfabrik, Lederwerk, Modetreff, da dort Arbeitsplatzverlust droht. Am 10. Alteburglauf beteiligen sich 82 Personen. **12. Mai:** Live-Sendung des *Deutschlandfunks* vom Markt. **20. Mai:** Grabschändungen auf dem Hauptfriedhof. **25. Mai:** 40 Jahre Chema-Chor. **30. Mai:** Konstituierung des Kreistages. H.-J. Schaaf (SPD) wird Kreistagspräsident, Dr. L.-R. Senglaub (CDU) Landrat. **31. Mai:** Konstituierung des Stadtparlamentes. Klaus Müller (CDU) wird Stadtverordnetenpräsident, Helmut Hüttner (CDU) Bürgermeister. **Juni:** Bildung eines Stadtjugendringes aus dem *Runden Tisch der Jugend*. Eröffnung einer

Quelle-Agentur in Arnstadt-West. **7. Juni:** 1. Kreisbauernverbandstag (Nachfolger der VdgB). **9. Juni:** 2. Radfahrer-Demo für eine gesündere Umwelt mit 150 Teilnehmern. **10. Juni:** Sonderausstellung mit Werken von Rolf Huber im Schloßmuseum. **14. Juni:** 1. Treff der *AHA* (Arnstädter Homosexuellen Aktion) im Haus *Zum Palmbaum.* **16. Juni:** Eröffnung des *Schnäppchen-Marktes* am Ried. **20. Juni:** Umbenennung der BHG in *Raiffeisenbank und Warengenossenschaft AeG.* Umbildung der Stadtverwaltung in 4 Dezernate. **22. Juni:** 1. Kreisparteitag der SPD, Kreisvorsitzender wird Dr. Gundermann. **1. Juli:** Währungsumstellung auf DM. *Schlange-Stehen* vor der Sparkasse zum Geldabheben in DM. Übernahme des VEB RFT Nachrichtenelektronik durch Standard Elektrik Lorenz AG Stuttgart und Namensänderung in RFT SEL Nachrichtenelektronik Arnstadt. VEB Sero gehört nun zur Recycling Erfurt GmbH. Umwandlung des VEB Gebäudewirtschaft in Gemeinnützige Wohnungsbaugesellschaft mbH. Schließung der Handschuhfabrik. **5. Juli:** Gründung einer Karate-Schule. **7. Juli:** Auflösung der Bauernpartei. **10. Juli:** Bürgerkomitee nimmt seine Tätigkeit wieder auf wegen Auflösung der Stasi, Zuarbeit für Klärung von Bürgeranliegen, Aufarbeitung der Ereignisse vom 7. 10. 1989 in Arnstadt. **11. Juli:** 15 Jahre Kleingartenanlage *Sonnenblick.* **12. Juli:** Gründung des Ortsverbandes der Haus- und Grundstückseigentümer. **13. Juli:** Demonstration der Gewerkschaft Handel, Banken, Versicherungen gegen die Zerschlagung der Handelsbetriebe. **17. Juli:** 1.019 Arbeitslose, davon 54,5 % Frauen, zählt der Arbeitsamtsbezirk Arnstadt. **19. Juli:** Verkauf der Arnstadt Verpackung GmbH (früher Wellpappenwerk) an Fa. Verpackung und Display Stabernack jr. und Partner GmbH und Co. in Fulda. **21. Juli:** Eröffnung des *Hagebau*-Markts, Ichtershäuser Straße (Gelände des Universalbaues Arnstadt). **30. Juli:** Milchhof Arnstadt stellt die Milchproduktion ein. **1. August:** Neue Marktordnung. Dachstuhlbrand in der Friedensstr. 4. Haus wird unbewohnbar und später abgerissen. **15. August:** Bauern des Kreises demonstrieren mit Trauerflor an Traktoren und Hängern gegen Preisverfall, Eigentumsunsicherheit und negative Einkommensentwicklung. **22. August:** Übergabe von 80 Wohnungen auf dem Rabenhold, damit sind es insgesamt 310. Vorerst gibt es keine weitere Schlüsselübergabe, da hohe Miet-Außenstände zu beklagen sind. **9. September:** SPD-Kreisvorstände Arnstadt und Gotha rufen zu Protestwanderung von Mühlberg bis zum sowjetischen Truppenübungsplatz Ohrdruf auf, an der sich über 500 Bürger beteiligen. Ziel des Protestes: Nach Abzug der Sowjettruppen soll das Gelände Teil des zukünftigen Nationalparks *Thüringer Hügelland* werden. Kranzniederlegung am Ehrenhain auf dem Friedhof durch Kreiskomitee der antifaschistischen Widerstandskämpfer. **10. September:** Schließung aller ABV-Dienstzimmer (Karl-Marien-, Zimmer-, Goethe-, Dr.-Mager-Straße, Floraweg). 1. Kreisparteitag der FDP. **11. September:** Gründung des Vereins für Briefmarkenkunde Arnstadt. **21. September:** Ein Sex-Shop in der Schwarzburger Straße wird eingerichtet. **23. September:** Dr. Otto von Habsburg, Präsident der *Paneuropa-Union,* spricht im RFT-Kulturhaus. **30. September:** Gedenk-Demonstration zum 1. Jahrestag der ersten Demo in Arnstadt gegen SED-Herrschaft. *Knopffest* nach Instandsetzung des Daches der Oberkirche. **Oktober:** Stadt Euskirchen schenkt Arnstadt einen VW Polo für eine Sozialstation (ASB). Bildung der *Rettungshundestaffel Thüringen e. V.* mit Sitz in Arnstadt.

VOM 3. OKTOBER 1990 BIS 2003

Peter Unger / Sigrid Häßler / Roland Scholze

Die ersten Jahre nach der Wende

3. Oktober: *Tag der Einheit* mit Ansprachen, ökumenischem Gottesdienst mit Friedens- und Dankgebet und Veranstaltungen auf dem Marktplatz. Umzug des Finanzamtes in das ehemalige Gebäude der Stasi, Kauffbergstraße. **6. Oktober:** Gregor Gysi, PDS-Vorsitzender, spricht auf dem Theatervorplatz. **12. Oktober:** Dr. sc. med. Jürgen Wolff wird neuer Chefarzt des Kreiskrankenhauses. Vorbereitung für das Gewerbegebiet Arnstadt-Nord. **13. Oktober:** *Haus zum schwarzen Löwen* am Markt wird Domizil der Musikschule. *Auspack-Demo* der Grünen gegen Müllberge. **14. Oktober:** Gründung des Bundeslandes Thüringen und Landtagswahl. **15. Oktober:** EOS feiert Einweihung der *Fürst-Günther-Schule* vor 75 Jahren. **26. Oktober:** Tagung der *Thüringischen Gesellschaft für Chirurgie.* **30. Oktober:** Gründung der Ortsvereinigung *Lebenshilfe für Menschen mit geistiger Behinderung.* Die Arbeitslosigkeit liegt bei 7 %, 2.472 Menschen sind arbeitslos. **11. November:** Eröffnung des *Marlitt-Stübchens* im ehem. Kindercafe (Geburtshaus der Marlitt, Markt 12). **26. November:** Redaktion der *Thüringer Allgemeine* zieht in neue Räume (Holzmarkt 22). **Dezember:** Gründung des *Klubs der Arnstädter Kultur- und Heimatfreunde,* 1. Vorsitzender wird Reinhard Specht. **2. Dezember:** Erste gemeinsame Bundestagswahl. Auch in Arnstadt stimmt die Mehrheit der Wähler für die CDU (42,26 %). Die SPD erreicht 22,20 %, FDP 14,44 %, PDS 8,94 %, Bündnis ´90/Grüne erreichen 8,93 % und DSU 0,84 %. **17. Dezember:** Abschlußbericht der Kommission zur Umbenennung von Arnstädter Straßen und Plätzen. **18. Dezember:** Die POS VII ändert ihren Namen in *Johann-Gottfried-Herder-Schule* (bisher *Schule der DSF*). **19. Dezember:** Eröffnung des Discountmarktes *Herkules* auf der Hammerwiese (Traglufthalle).

1991, Januar: 30 Jahre Fachgruppe Ornithologie und Vogelschutz. **17. Januar:** Stadtverordneten-Beschluß zur Rück- bzw. Umbenennung von 18 Straßen. Eröffnung des Lidl-Marktes, Schönbrunnstraße. **21. Januar:** Übernahme der HO-Kaufhalle auf dem Rabenhold durch EDEKA. **31. Januar:** Aufstellung eines Bebauungsplanes für Flur Nr. 6 *Am alten Gericht* zur Ausweisung eines Gewerbegebietes. **Januar-Juni:** Auflösung der (bisher staatlichen) Poliklinik und Umstrukturierung zum Ärztehaus (privat *niedergelassene* Ärzte). **Februar:** Eröffnung einer Sozialstation im Appartementhaus Parkweg. **1. Februar:** Wiedereröffnung von →*Schellhorn´s Weinstube.* **13. Februar:** Personalausstellung mit Arbeiten des Arnstädter Malers Mathias Sehrt im Haus *Zum Palmbaum.* **22. Februar:** 15. *Hochsprung mit Musik* in der Turnhalle Goethestraße. **28. Februar:** 1. Ausgabe des Amtsblattes des Kreises Arnstadt. **März:** Aufnahme von 50 Asylbewerbern aus 17 Ländern in Arnstadt (ehemalige Jugendherberge, Ichtershäuser Straße). Personalausstellung mit Arbeiten von Angela und Jörg Wolf (Textil, Foto) und Reinhard Specht (Keramik) im Haus *Zum Palmbaum* **1. März:** Premiere des Frauen- und Familienzentrums (FFZ). **23. März:** Sängerfest mit 8 Chören und 320 Mitwirkenden im ehemaligen RFT-Kulturhaus. **9. April:** Beim Dachstuhlbrand im Pfarrhof wird das Pfarramt unbewohnbar. Erhalt der Nebengebäude durch Einsatz der Feuerwehren Arnstadt, Stadtilm, Ichterhausen und Plaue. **12. April:** Übergabe der neugestalteten Fußgängerzone Lindenallee. **16. April:** Erster Arnstädter mit neuem, eingepflanztem Herzen. **21. April:** Festveranstaltung *725 Jahre Stadtrecht für Arnstadt* im Rathaussaal. **24. April:** 80 Jahre *Geschwister-Scholl-Schule.* **27. April:** 1. Arnstädter City-Lauf. **Mai:** Aufstellung erster Parkscheinautomaten in der Innenstadt. Rekonstruktion der Prinzenhofmauer an der Berggasse. **13. Mai:** Übernahme des RFT-Kulturhauses durch den Kreis und Umbenennung in *Bürgerhaus Lin-*

Dachstuhlbrand in der Superintendentur

deneck. **16. Mai:** Kinderkaufhaus *Steppke*, Wollmarkt, öffnet als *Compact-Kauf.* **29. Mai:** Gründung des *Fördervereins Schloßmuseum Arnstadt.* **Juni:** Neuverlegung von 4.700 Telefonanschlüssen in Arnstadt. **1. Juni:** Einbruch im Schloßmuseum und Raub von 36 ostasiatischen Porzellantellern. Die Polizei kann die Täter nach einem Schußwechsel stellen. Erste Ausstellung in *Spechts Hof* (Kohlenmarkt 8) zum Thema *Kombination aus Blumen und Keramik.* **3. Juni:** Wiedereröffnung der rekonstruierten Gaststätte *Burgkeller.* **6. Juni:** Aussichtspunkt *Schneckchen* ist restauriert. Wiedergründung der Stadtwerke Arnstadt (Beschluß der Stadtverordnetenversammlung). **14. Juni:** Übergabe restaurierter Saal und Literaturkabinett für Schriftsteller L. Bechstein, E. Marlitt, W. Alexis und W. Hey im Haus *Zum Palmbaum.* **29. Juni:** Neue Zweigstelle der Kreissparkasse am Markt 1 eröffnet. **3. Juli:** Einrichtung einer Beratungsstelle für Arbeitslose (Gothaer Straße 5). **5. Juli:** Grundsteinlegung für Thüringisches Fleischzentrum in Dornheim, Kosten: ca. 24,1 Millionen Mark, ca. 150 Arbeitsplätze, Herstellung von 5.000 t Wurst pro Jahr. **14. Juli:** Einweihung des durch ABM-Kräfte wieder aufgebauten Aussichtsturmes *Kreuzchen.* **15. Juli:** Eröffnung einer Filiale der Deutschen Bank. **16. Juli:** Übergabe der Altenheime Dornheimer Berg, Dorotheental und Marienhöhe an die *Gesellschaft für Sozialdienste* aus Wuppertal. **August:** Stadt erwirbt ein Ley-Automobil vom Typ M8/36, Baujahr 1925. Kundgebungen gegen die Weiterführung des Truppenübungsplatzes Ohrdruf. **2. August:** Beginn der Ausgrabungen am Walpurgiskloster im Rahmen einer ABM: Flächengrabungen im Nordteil der Klosteranlage und Freilegung von Fundamentresten eines Westgebäudes, einer seltenen Filterzisterne (Rundbau) und der Klosterkirche im Osten. **10. August:** Arnstadts Feuerwehr erhält eine moderne Drehleiter mit einer Arbeitshöhe von 30 m. **31. August:** Eröffnung des Bürgerhauses *Lindeneck.* **2. September:** Eröffnung des Baumarktes *Hellweg* (Ichtershäuser Straße). **7. September:** Einweihung des Berufsbildungszentrums für Gold- und Silberschmiede. **9. September:** Eröffnung einer Sparkassenzweigstelle im Neubaugebiet Arnstadt-West. **14. September:** Eröffnung der Galerie *Heimbürge* (Marktstr. 13-15). **14.-15. September:** 1. Stadtfest unter dem Motto *725 Jahre Stadtrecht.* **15. September:** Feierlicher Gottesdienst in der Liebfrauenkirche mit Amtseinführung von Pfarrer Jürgen Friedrich als Anstaltsleiter und Direktor des Marienstiftes. **28. September:** Eröffnung der *Buchhandlung am Markt* im sanierten Haus Marktstr. 10. **Herbst-Frühjahr 1992:** 322 Bäume werden in der Stadt gepflanzt. **Oktober:** In Arnstadt gibt es die ersten Obdachlosen. Kauf des Großbetriebes *Chemieanlagenbau*

Erfurt-Rudisleben durch die Balcke-Dürr-AG rückwirkend zum 1. Januar. Für die Rekonstruktion wird die 55 t schwere Dachhaube des Jacobsturmes mit einem Spezialkran abgehoben, vorherige Turmknopfabnahme. **4. Oktober:** Übergabe des neuangelegten Rad- und Fußweges an der Ichtershäuser Straße. **5. Oktober:** Eröffnungskonzert der neu entstandenen Kreismusikschule Arnstadt im Bürgerhaus *Lindeneck*. **17. Oktober:** Erster Spatenstich zur Erschließung des Gewerbegebietes Arnstadt-Nord (Erster Bauabschnitt mit ca. 50 ha). **November:** Eröffnung des Thüringer Instituts für Lehrerfortbildung, Lehrplanentwicklung und Medien (ThILLM) im Hopfengrund 1. **8. November:** Übergabe einer Sparkassen-Zweigstelle im Wohngebiet Arnstadt-Ost. **15. November:** Regelschule 3, Kasseler Straße 10, erhält den Namen *Robert Bosch*. **Dezember:** Arnstadt erhält von der Treuhandanstalt 96 ha städtischen Grundbesitz zurück. Gründung der Initiative *Junge Arnstädter Kino-Offensive (JAKO)*. Narva-Glimmstarterwerk wird Schulungszentrum für Berufsakademie. Bereitstellung der ehemaligen Pestalozzischule für Förderverein *Berufsakademie Arnstadt*. **4. Dezember:** Beginn der Suche nach dem legendären Bernsteinzimmer im Jonastal (Stollensystem S III). Erster Spatenstich für *Hotel Anders* auf dem Kübelberg.

1992: Zulassung für 33 Handelsbetriebe mit insgesamt 212 Arbeitsplätzen. Chema-Verfahrenstechnik (Balcke-Dürr) reduziert Arbeitskräfte, von einst 2.100 Beschäftigten auf 800. **Januar:** Musikschule erhält vom Wissenschaftsministerium einen Konzertflügel. **19. Januar:** 16. *Hochsprung mit Musik*. Weltmeisterin Heike Henkel zu Gast, sie trägt sich in das *Goldene Buch* der Stadt ein. **22. Januar:** Wohnungsbaugesellschaft ist als kommunales Unternehmen größter Vermieter in der Stadt mit ca. 5.800 Wohnungen. Auf Wohnungssuche sind noch ca. 1.400 Bürger. **28. Januar:** 320 Bürger beziehen Sozialhilfe. **31. Januar:** Bombendrohung bei der Sparkasse. **Februar:** Eröffnung der Commerzbank-Filiale, Erfurter Str. 25. **6. Februar:** 40 Jahre Kinderheim *Hanno Günther*, derzeit sind dort 22 Kinder und Jugendliche untergebracht. **9. Februar:** Bildung der *Bezirksgruppe der Vereinigung der Opfer des Stalinismus Arnstadt*. **22. Februar:** Gründung des Vereins *Thüringer Orgelsommer* mit Sitz in Arnstadt, Präsident wird KMD Gottfried Preller. **29. Februar:** Eröffnung der *1. Mitte-Thüringen-Schau* mit 200 Ausstellern an der B 4 (Nähe Rudisleben). Übergabe der neuen Hauptgeschäftsstelle der Raiffeisenbank e. G. (Lindenallee 8). **6. März:** Erster Orchesterball im Bürgerhaus *Lindeneck* unter dem Motto *150 Jahre Theater Arnstadt*. **8. März:** Eröffnung der *Thüringer Bach-Wochen 1992* in der Bachkirche Arnstadt. **12. März:** Wahl von Hans-Ulrich Cazin (SPD) zum Stadtverordnetenvorsteher, Erwin Erdmann zum 1. Beigeordneten und Horst Höhne (CDU) zum hauptamtlichen Beigeordneten. **19. März:** Razzia bei der Arnstädter Bau-Union GmbH wegen des Verdachts auf *Unregelmäßigkeiten in Millionenhöhe* bei Privatisierung des Wohnungsbaukombinates. **20.-22. März:** Erstmalig finden *Marktschreiertage* auf dem Holzmarkt statt. **28. März:** Anbringen einer Gedenktafel am Geburtshaus des Grafikers A. Paul →Weber (Lessingstr. 30). **30. März:** Älteste Arnstädterin, Anna Krause, feiert ihren 102. Geburtstag. **3. April:** Abnahme des Rathaus-Turmknopfes im Zuge der Dachsanierung. **4. April:** Eröffnung eines Teilabschnittes des Wanderweges *Alte Kupferstraße*. **14. April:** Beginn der Umstellung der Gasversorgung der Stadt auf Erdgas. **25. April:** Festveranstaltung anläßlich des 90jährigen Bestehens des *Schwimmvereins Arnstadt 1902 e. V.* **28. April:** Ein Jahr ABM *Denkmalschutz* mit achtbaren Ergebnissen: Instandsetzung *Günthershöhe*, Aussichtspunkt *Bastei*, Geländeberäumung Kiesewetterhütte, Wanderwege auf der Alteburg. **1. Mai:** An der Grabungsstätte *Walpurgiskloster* findet *probeweise* das 1. Walpurgisfest im engsten Kreis der Mitglieder des *Thüringer Geschichtsvereins Arnstadt e. V.* statt. **7. Mai:** Stadtverordnetenbeschluß zur Gründung der *Stadtwerke Arnstadt GmbH*. **8. Mai:** Eröffnung des ersten Betriebes im Gewerbegebiet Arnstadt-Nord: Niederlassung des Speiseeisherstellers *Schöller*. **9. Mai:** Eröffnung des Rundwanderweges *Walperholz*. **13. Mai:** Vorstellung der zwei Stadtgemälde, die Arnstadt vor dem großen Brand 1581 zeigen, nach zweijähriger Restaurierung. **16. Mai:** 150 Jahre Schule am Plan. **19. Mai:** Öffnung des wegen Dachreparatur abgenommenen Turmknopfes von einem der Rathaustürme. Er enthält Schriftstücke aus den Jahren 1712, 1752, 1788, 1828, 1872 und 1908 sowie Münzen und Medaillen. Der Inhalt verbleibt darin und wird ergänzt durch aktuelle Dokumente. **28. Mai:** Eröffnung Sanitätshaus (Zimmerstr. 18). **29. Mai:** Eröffnung der rekonstruierten Tennisanlage im Friedrich-Ludwig-Jahn-Stadion durch *Tennissportverein 09 Arnstadt e. V.* **30. Mai:** *Knopffest* am Jacobsturm. Die restaurierte 39,5 t schwere Turmhaube und der 60 kg schwere neuvergoldete Turmknopf mit alten und neuen Dokumenten werden von einem 200-t-Kran wieder aufgesetzt. **Juni:** Aufstellung historisch nachgestalteter Vasen auf der Mauer des Neuen Palais. **5. Juni:** Besuch von Bundespostminister Schwarz-Schilling (CDU), Ministerpräsident Bernhard Vogel und Lothar Späth in Arnstadt (Gespräche bei RFT-SEL und Orgelkonzert in der Bachkirche). **12. Juni:** Weitgehender Abschluß der Erdgasumstellung in der Stadt, 2.900 Gasgeräte waren auszutauschen. **12.-13. Juni:** Abzug der letzten Kampftechnik aus der sowjetischen Garnison Rudisleben, vorher Kranzniederlegung am sowjetischen Ehrenmal auf dem Neuen Friedhof. **24. Juni:** Wiedergründung des Karnevalsvereins *Narrhalla*. **Juli:** Bildung des *Arnstädter Wirtschaftsförderkreises e. V.* **1. Juli:** Kündigung von 44 Erzieherinnen im Kindertagesstättenbereich. **7. Juli:** *Broadway Company New York* gastiert im Bürgerhaus *Lindeneck*. **11. Juli:** Beginn der Konzertreihe *Thüringer Orgelsommer* (als Nachfolger des bisherigen *Arnstädter Orgelsommers*). Jubiläumsausstellung im Schloßmuseum *175 Jahre Schierholz'sche Porzellanmanufaktur Plaue*. **12. Juli:** Umzug der Werkstatt für Behinderte in das ehemalige Stadtgut am Kesselbrunn. **23. Juli:** Besuch des ehemaligen Außenministers, Hans Dietrich Genscher (FDP), in Arnstadt. Er weiht das neue Mechanikzentrum im RFT-SEL ein. **August:** Gründung des Vereins *Menschen in Not*. **15. August:** Gründung des Kuratoriums zur Wiederbelebung der *Vereinigten St. Georgs- und St. Jacobs-Stiftung*. **21. August:** Erste Zwangsräumungen bei Mietschuldnern. **28. August:** Sprengung des Schornsteins am Heizhaus Dornheimer Berg. **29. August:** Zunahme von Randalen und Schmierereien durch sogenannte rechte Szene sowie Zunahme gewalttätiger Auseinandersetzungen. Erstes Todesopfer bei Messerstecherei. **September:** Vorläufige Stillegung der Brauerei *Felsenkeller*. **2. September:** Eröffnung des Stadthotels *Mon plaisir* (Lessingstraße). **14. September:** Eröffnung eines Instituts für Sauerstoff-Therapie und Klinische Hyperthermie (Schönbrunn 32). **17.-20. September:** Erstes Treffen der *Arnstadt-Freunde* in ihrer Heimatstadt. **26. September:** Wiedereinweihung der 60jährigen *Kiesewetterhütte* nach erfolgter Renovierung. **28. September:** Neues Domizil für Thüringer Landesanstalt für privaten Rundfunk (TLR) in der Plaueschen Straße. **Oktober:** Rückkehr des vor einem Jahr geraubten sprechenden Kolkrabens, *Jacob Schröder*, in den Arnstädter Tierpark. **1. Oktober:** Stadtverordnetenversammlung beschließt neue Satzung zur Gestaltung des historischen Stadtkerns und lehnt 30 Abrißanträge ab. **3. Oktober:** Die NPD hält *Deutschlandtag* in Arnstadt ab. Auf dem Ried treffen sich ca. 1.000 Teilnehmer aus ganz Deutschland. Parallel dazu Veranstaltung gegen Ausländerhaß und Gewalt auf dem Rathausvorplatz auf Initiative des *Neuen Forums*. **9. Oktober:** 100jähriges Jubiläum der Schule in der Rosenstraße 45. **10.-11. Oktober:** Massenschlägerei im Jugendklubhaus. **17. Oktober:** Demonstration von ca. 500 Arnstädtern durch die Innenstadt mit anschließender Kundgebung im Schloßpark *Gegen Intoleranz und Extremismus*. **19.-20. Oktober:** Letztmalige Leerung der Metallring-Mülltonnen. Die neuen Kunststoffbehälter teilt die *Arnstadt Entsorgungs GmbH* kostenlos aus. **24. Oktober:** Anläßlich seines 25jährigen Bestehens gibt der Arnstädter Kammerchor unter Leitung von KMD Friedel ein Benefizkonzert zugunsten eines rumänischen Kinderheimes. **27. Oktober:** Sonderprägung der Münze *Wiederaufbau Marlittdenkmal* vorgestellt. **28. Oktober:** Erster Spatenstich zum Bau der Kläranlage Ichtershausen (Anschluß von Arnstadt vorgesehen). Geschätzte Gesamtkosten 39,5 Millionen DM. 60jähriges Bestehen des Juweliergeschäftes Brepohl. **29. Oktober:** Freigabe des neuen Fuß- und Radweges in der Wachsenburg-Allee. **31. Oktober:** Eröffnung Radstraße zwischen Arnstadt und Plaue. Pflanzung einer Luther-Linde auf dem Jonasberg anläßlich des 475. Reformationstages und Wiedereinweihung eines restaurierten Luther-Steines auf der Marienhöhe. **6. November:** Die Fleischwarenfabrik *Die Thüringer* in Dornheim nimmt ihren Betrieb auf. Präsentation des Buches *Arnstadt wie es früher war* durch die beiden Autoren Ulrich Lappe und Peter Unger. **12. November:** Richtfest am *Haus zum schwarzen Löwen*, dem zukünftigen Domizil der Kreismusikschule. **21. November:** Eröffnung des Marstalls im Neuen Palais nach zweijähriger Rekonstruktion mit ständiger Ausstellung *Bauplastik des 16. Jahrhunderts - Barocke Grabmale des 18. Jahrhunderts* (Lapidarium). **26. November:** Namensgebung für Straßen im Gewerbegebiet. **4. Dezember:** Gründung des Fördervereins *Freunde der Schloßruine Neideck* im Rathaussaal, Vorsitzender wird Heinz Walther. **5. Dezember:** Einweihung des Marlitt-Denkmals in der Bahnhofstraße. **16. Dezember:** Fertigstellung eines Behindertenwanderweges mit Orientierungstafeln um die Alteburg. **17. Dezember:** Übergabe der *Brauhof-Passage*. **22. Dezember:** Übergabe der neugestalteten Badergasse. **28. Dezember:** Großbrand in Lagerhalle des ARTAS-Werkes. **31. Dezember:** *Spontan ein Zeichen setzen gegen Gewalt* - Hunderte von Kerzen brennen am Hopfenbrunnen, Erfurter Straße.

1993, Januar: Arnstadt hat 28.075 Einwohner. Wohnung suchen ca. 1.100 Bürger. **5. Januar:** Übergabe einer modernen Chirurgischen- und Notfall-Ambulanz. **6. Januar:** Hungerstreik von 60 Asylbewerbern im Heim Ichtershäuser Straße wegen Änderungen in der Versorgungspraxis. **12. Januar:** Hochwasser infolge starken Dauerregens, die Ilmenauer Straße verwandelt sich zu einem reißenden Sturzbach. **15. Januar:** Fünf Jugendliche aus der *Schloßparkszene* überfallen einen 45jährigen Parkarbeiter in der Bahnhofstraße. Er stirbt anschließend im Krankenhaus. **22. Januar:** *Gedenkstunde für Opfer von Gewalt* in der Bahnhofstraße wegen der Gewalttat vom 15. Januar, Vorwürfe gegen Polizei und Stadtverwaltung werden erhoben. **23. Januar:** Demonstration gegen Ausländerfeindlichkeit, Rassismus und Faschismus auf dem Markt. Ein Großbrand im Obdachlosenheim Angelhausen (Baracke) fordert drei Todesopfer. **25. Januar:** Gründung des Arnstädter Rotary-Clubs im Hotel *Mon plaisir*. **28. Januar:** Grundsteinlegung für 15 Sozialwohnungen in der Triniusstraße. **Februar:** In der Stadt gibt es 239 Handwerksbetriebe. Übergabe der neuen Brücke am Stadtpark (beim Theater). Konstituierung des bisherigen Altstadtkreises als Verein *Altstadtkreis Arnstadt e. V.* **9. Februar:** Abnahme der Kupferkugel des Riedturmes bei Restaurierungsarbeiten. Die Kugel enthält nichts, hat zudem noch einige Einschußlöcher. **25. Februar:** Bildung der Bürgerinitiative *Unser Arnstadt – Kreissitz.* **März:** Ein Vorschlag der Landesregierung zur Gebietsreform sieht Ilmenau als Kreissitz vor. Die endgültige Entscheidung liegt beim Landtag. Beginn einer Unterschriftenaktion für Arnstadt als Kreissitz. Fund von Gebeinen (vermutlich ehemalige Franziskanermönche) bei Tiefbauarbeiten an der Oberkirche. Wiedereröffnung des ehemaligen Kaufhauses, Rosenstr. 1 (vormals Konsum-Kaufhaus). **11. März:** Herausgabe einer Sonderbriefmarke zum 100. Geburtstag von A. Paul Weber als Teil der Serie *Deutsche Malerei des 20. Jahrhunderts.* **12. März:** Rund 1.200 Metallarbeiter führen wegen Kündigung des Stufentarifvertrages einen Protestmarsch vom Chema-Parkplatz zum Marktplatz durch. **25. März:** Übertragung der ZDF-Sendung *Lustige Musikanten* aus dem *Lindeneck.* **1. April:** Beginn der Sicherungsarbeiten im Gelände der Schloßruine Neideck. Warnstreiks bei *Chema-Balcke-Dürr GmbH* und RFT-SEL für Anpassung der Löhne an *Westtarife.* **2. April:** Ausstellung *100 Jahre Stadtarchiv Arnstadt* im Haus *Zum Palmbaum.* **7. April:** Freigabe zweier Fußgängerbrücken über die Weiße. Eröffnung einer BP-Tankstelle an der B 4. **15. April:** Durchfahrt von 150 Radfahrern der *Tour de Natur* von Erfurt nach Bad Neustadt/ Saale gegen die Thüringer-Wald-Autobahn. **17. April:** Besichtigung und Sonderfahrten zum 125jährigen Bestehen des Bahnbetriebswerkes. **22. April:** Die Stadtverordnetenversammlung erhebt erneut Einspruch gegen Ilmenau als Kreissitz. Im Gewerbegebiet existieren inzwischen drei Firmen. **30. April:** Übergabe von 21.000 Unterschriften für Arnstadt als Kreissitz an die Thüringer Landesregierung. **1. Mai:** Eröffnung der *Kulisse – eine Kneipe mit Kultur.* **3. Mai:** Inbetriebnahme des neuen Umspannwerkes Arnstadt-West (30/10-kV-Anlage). **6. Mai:** Anläßlich der Sonderausstellung *Wasser als Lebenselement* im Haus *Zum Palmbaum* werden Bodenreliefs von Bremer Künstlerinnen als Geschenk der Stadt Bremen vor sieben Arnstädter Brunnen eingelassen. Eröffnung des Autohauses Krause auf dem Rabenhold. **7. Mai:** Auch ein zweiter Kabinettsentwurf favorisiert Ilmenau als Kreissitz. **20. Mai:** 50. Verbandstag des →Deutschen Wissenschafter-Verbandes *wieder* in Arnstadt. **23. Mai:** Ökumenischer Gottesdienst zum 250jährigen Bestehen der Himmelfahrtskirche und anläßlich des 60. Jahrestages der Bücherverbrennung in Arnstadt. **27. Mai:** Eröffnung der Großtankstelle ARAL (Ichtershäuser Straße). In Arnstadt sind 4.904 Bürger arbeitslos. **2. Juni:** Bereitstellung von 2,45 Millionen DM im Jahr 1993 für die Sanierung der historischen Altstadt. **3. Juni:** Demonstration für Kreisstadt Arnstadt vor dem Landtagsgebäude Erfurt durch Arnstädter Bürger. **4.-6. Juni:** Erstmals *Thüringer-Amateurtheater-Tage* in Arnstadt. **12. Juni:** Demonstration von 2.000 Bürgern auf Theatervorplatz *Pro-Kreissitz Arnstadt.* Schließung der privaten Galerie Heimbürge in der Marktstraße. **24. Juni:** Erste Gespräche zu Städtepartnerschaft mit einer Delegation aus Dubi (Tschechische Republik). **1. Juli:** Einführung neuer Postleitzahlen in ganz Deutschland. Arnstadt und umliegende Dörfer erhalten die 99310. **15. Juli:** Landtag beschließt neue Gliederung Thüringens. Ab 1994 werden die Kreise Arnstadt und Ilmenau zusammengelegt, hinzu kommen noch die Orte Gehlberg (ehemals Kreis Suhl) und Rockhausen (ehemals Kreis Erfurt). Arnstadt bleibt Kreissitz. Der Riedturm erhält sanierten Kupferknopf und Wetterfahne. **12. September:** Zum ersten *Tag des offenen Denkmals* beschreibt die Untere Denkmalschutzbehörde in einer Broschüre die zu besichtigenden Baudenkmale im Landkreis. **17.-19. September:** Erstes *Arnstädter Jazz-Weekend.* **20. September:** Stadt spendet 80.000 DM für Sicherungsarbeiten an der Liebfrauenkirche. **25. Oktober:** Verabschiedung der Verfassung des Freistaates Thüringen.

27. November: Freigabe der Rosenstraße nach längerer Bauzeit. **1. Dezember-30. November 1995:** Weitere Untersuchungen innerhalb des Grabungsareals *Walpurgiskloster* und Abschluß der Sicherungsarbeiten an den Fundamentresten.

1994, 10. Januar: Bernhard Vogel, Ministerpräsident Thüringens, besucht die Stadt und trägt sich in das Goldene Buch ein. **12. Januar:** Eingemeindung von Siegelbach mit den Ortsteilen Siegelbach, Espenfeld und Dosdorf nach Arnstadt. **1. Februar:** Übernahme der Schloßruine Neideck durch die Stadt. **12. Februar:** Die große Glocke des Neideckturmes schlägt nach Reparatur wieder. **23. Februar:** Sprengung des 1872 errichteten Gebäudes der Malzfabrik (Ichtershäuser Straße). **3. März:** Einzug der Kreissparkasse in modernisiertes Verwaltungsgebäude (Lindenallee 4). **17. März:** Bundeskanzler Helmut Kohl besucht den Betrieb RFT-SEL. **1. April:** Fusion der Kreissparkassen Arnstadt und Ilmenau mit Sitz in Ilmenau. **10. April:** Eröffnung einer *Altenbegegnungsstätte* im Pfarrhof Nr. 5 durch evangelische Kirchgemeinde. **12. Mai:** Aufstellung des Bildstockes *Riesenlöffel* an seinem ursprünglichen Standort (Alte Haarhäuser Straße). **13. Mai:** Katastrophenalarm Stufe 4 wegen anhaltender Regenfälle. Gera und Weiße führen Hochwasser, welches erst am nächsten Tag wieder fällt. **12. Juni:** Europa- und Kommunalwahlen, die Wahlbeteiligung liegt bei 63,33 %. Bei Stadtratswahl erreicht die Freie Wählergemeinschaft *Pro Arnstadt* (H.-Chr. Köllmer) die meisten Stimmen (5.128 = 36,06 %). Die CDU (mit dem bisherigen Bürgermeister Helmut Hüttner) bekommt 3.487 Stimmen (24,52 %). Neue Sitzverteilung im Stadtrat: Pro Arnstadt erhält 8 Sitze, CDU 7, SPD 6, PDS 5, Bürgerforum 4 Sitze. **26. Juni:** Stichwahl zwischen den Bürgermeisterkandidaten Helmut Hüttner und Hans-Christian Köllmer, letzterer wird Bürgermeister. Ebenfalls Stichwahl zwischen den Landratskandidaten Lutz-Rainer Senglaub und Roland Erdmann, bei der L.-R. Senglaub die meisten Stimmen erhält. **29. Juni:** Erster Spatenstich für Bau eines Mercedes-Autohauses auf dem Standort der ehemaligen Malzfabrik. **1. Juli:** Inkrafttreten der Gebietsreform. Lutz-Rainer Senglaub tritt sein Amt als Landrat des Ilmkreises an. Die bisherigen Kraftfahrzeugkennzeichen ARN und IL bleiben vorläufig weiter bestehen. Hans-Christian Köllmer zieht als neuer Bürgermeister ins Rathaus ein. Die gewählte *Stadtverordnetenversammlung* nennt sich zukünftig *Stadtrat*. **10. Juli:** Eröffnung der Stadt- und Kreisbibliothek im Prinzenhof. **3. September:** Großbrand einer Lagerhalle in der Kauffbergstraße. **7. September:** Zweite Kreistagssitzung im Bürgerhaus *Lindeneck* beschließt über endgültige Namensgebung des neuen Kreises, dabei setzt sich die Bezeichnung *Ilmkreis* nach dem zweiten Wahlgang durch. **24. Oktober:** Herausgabe des Buches *Arnstadt - gestern und heute* durch die Autoren Peter Unger, Andrea Ziegenhardt und Rolf Wagner. **11. November:** Enthüllung einer *kupfernen Chronik* auf dem Ried. **19. November:** Unterzeichnung des Partnerschaftsvertrages zwischen Arnstadt und Le Bouscat. **15. Dezember:** Abschluß des Brückenneubaues und der Straßenerneuerung einschließlich Stützmauer und Abwasserkanal an der Hammerecke.

1995, 1. Januar: DDR-Ausweise verlieren ihre Gültigkeit. **1. Februar:** Inkrafttreten neuer Autokennzeichen. Ilmkreis erhält das Kennzeichen *ARN*. Daraufhin gibt es wütende Proteste aus Ilmenau, durch die eine Änderung in *IL* oder *IK* erreicht werden soll. **14. Februar:** Konstituierung des Theatervereins Arnstadt. **3. März:** Grundsteinlegung für neues Kreiskrankenhaus. **8. März:** Kreistag entscheidet sich für Autokennzeichen *IK* und leitet diese Empfehlung nach Erfurt. **18. März:** Letzte Filmveranstaltung im *Merkur*. **27. März:** Bestätigtes Kfz-Kennzeichen *IK* wird erstmals bei Neuzulassungen vergeben. Die alten Kennzeichen *ARN* und *IL* behalten weiterhin Gültigkeit. **14. April:** Namensänderung für Theater beschlossen: *Theater im Schloßgarten*. **31. Mai:** Verabschiedung von Herbert Schlegl, der als Aufbauhelfer von der Gemeinde Neustraubling bei Regensburg ins Arnstädter Rathaus kam. **1. Juni:** Namensgebung für die Kinderkrippe in der Sondershäuser Straße: *Villa Lustig*. **6. Juni:** Beginn einer großen Arbeitsbeschaffungsmaßnahme der Stadt mit dem Namen *Goliath* in Siegelbach. Über 100 Frauen und Männer finden dabei befristet eine Arbeit. **6. September:** Vereidigung der gewählten Ortsteilbürgermeister Cornelia Ploner (Dosdorf), Matthias Kleinert (Siegelbach), Hans-Werner Trefflich (Angelhausen-Oberndorf). **10. September:** Eröffnung des ASB-Seniorenerzählcafé's. **2. Oktober:** Brand in Rankestr. 3 (ehemals Stadt-Café'), Treppenhaus und Dachstuhl werden dabei vernichtet. **13. Oktober:** Übergabe der einzigen Kegelbahn Arnstadts im Hotelrestaurant *Riedschenke*. **9. November:** Besuch des Ministers für Justiz und Europaangelegenheiten, Otto Kretzschmer

(SPD), bei Arnstädter Schülern, die sich mit der Geschichte jüdischer Einwohner beschäftigen. Kretzschmer trägt sich ins Goldene Buch der Stadt ein. **23. Dezember:** Ausstrahlung eines in der Himmelfahrtskirche aufgeführten Krippenspiels des Marienstifts im *Thüringen-Journal* des mdr-Fernsehens.

1996, Januar: Umzug der Kindertagesstätte Mühlweg in die Käfernburger Straße. **10. Januar:** Bildung des *Freundschaftsvereins Arnstadt – Le Bouscat*. **März:** Die Arbeitslosenquote für das Gebiet des Altkreises Arnstadt liegt bei 20,9 %, das sind 5.721 Bürger, davon 3.249 Frauen. In der Stadt gibt es 46 obdachlose Bürger. **29. März:** Freigabe der Weißebrücke an der Feldstraße. **2. April:** Inbetriebnahme der neuen Rettungsleitstelle für den Ilmkreis. Hier laufen alle Notrufe der Region über die *112* zusammen. **19. April:** Aufführung des Lustspiels *Der Millionär* im Theater im Schloßgarten. Dabei gastieren bekannte DDR-Schauspieler wie Herbert Köfer, Helga Piur, Günter Schubert, Ingeborg Krabbe, Inka Bause in der Stadt. Die Vorstellung wird vom mdr-Fernsehen aufgezeichnet. **22. April:** Ein Arbeitsunfall mit tödlichem Ausgang ereignet sich auf der Baustelle des Kreiskrankenhauses. Ein 38jähriger bosnischer Bauarbeiter stürzt bei Verputzarbeiten in einen zehn Meter tiefen Schacht. **22.-27. April:** Arnstädter Taschenlampenwerk ARTAS präsentiert sich mit neuer Produktpalette auf der Hannover-Messe. **30 April:** Bei Alcatel SEL Arnstadt protestieren ca. 800 Beschäftigte gegen die Vernichtung von Arbeitsplätzen. **1. Mai:** *5. Walpurgisfest* steht im Zeichen der urkundlichen Ersterwähnung des Walpurgisklosters vor 800 Jahren. Anläßlich dieses Jubiläums geben Sparkasse, Thüringer Geschichtsverein Arnstadt e. V. und die Stadt eine Erinnerungsmedaille aus Feinsilber in limitierter Auflage von 300 Stück heraus. **5. Mai:** Bildung einer Bürgerinitiative im Wohngebiet Rabenhold gegen das dortige Abschleppen von Fahrzeugen, die sich nicht auf vorgeschriebenen Parkflächen befinden. **7. Mai:** Protestdemonstration dieser Bürgerinitiative mit Autos vor dem Rathaus. **6. Juni:** Richtfest für Erweiterungsbau des Krankenhauses Arnstadt in der Bärwinkelstraße. **12. Juni:** Enthüllung der Luther-Gedenktafel am evangelisch-lutherischen Gemeindehaus. **14. Juni:** Erster Spatenstich zur Erschließung des Wohngebietes *Rabenhold II* (ca. 9 ha). **23. Juni:** Ein 40jähriger Arnstädter wird mit Kopfschuß aufgefunden, an dessen Folgen er zwei Tage darauf stirbt. **18. August:** Ausstellung *Meißner Porzellan* zum 300. Geburtstag von Johann Gregorius Höroldt im Schloßmuseum. **1. September:** Personalausstellung des Arnstädter Künstlers Rolf Huber (Lithographien, Gemälde) in der Galerie im Theater. **2. September:** Wiedereröffnung der Filiale der Deutschen Bank nach dreijähriger Bauzeit (Lindenallee 3a). **3. September:** Installation von 13 Glocken für Glockenspiel im Jacobsturm. **4. September:** Umzug der Obdachlosen in umgebautes Gebäude des ehemaligen Kindergartens am Mühlweg. **6. September:** Übergabe des Glockenspiels im Jacobsturm durch den *Altstadtkreis* an die Stadt. **6.-8. September:** 6. Stadtfest mit Herausgabe einer Sondermünze, die den Hopfenbrunnen mit Bachkirche und das Stadtsiegel zeigt. **8. September:** Der Massenchor-Dirigent Gotthilf Fischer gastiert in Arnstadt. **3. Oktober:** Übergabe des zentralen Bustreffs An der Weiße. Gleichzeitige Inbetriebnahme einer Gas-Tankstelle für Busse mit Erdgasbetrieb. **14. Oktober:** Eröffnung einer Ausstellung in der Musikschule im Rahmen der Kampagne *Gewalt gegen Frauen* durch Bundesfrauenministerin Claudia Nolte (CDU).

1997, 16. Januar: Eröffnung einer Vernissage mit Werken des Arnstädter Malers Mathias Sehrt im Gebäude *Studienkreis Barthel* (Feldstraße). **8. Februar:** Premiere der ersten hauseigenen Inszenierung (Kammeroper *Pimpinone*) im Theater im Schloßgarten. **22. März:** Ausstellungseröffnung *Arnstadt angeschlagen* im Haus *Zum Palmbaum*. Gezeigt werden Plakate aus dem 20. Jh. **28. März:** Sturm richtet erhebliche Schäden an. **29. März:** Einweihungsfeier des um 13 Glocken erweiterten Glockenspiels im Jacobsturm. Herausgabe eines Sonderstempels der Post auf Veranlassung des *Vereins für Briefmarkenkunde Arnstadt* und des *Vereins Altstadtkreis e. V.* Dieser zeigt *auf der linken Seite in stilistischer Form die Haube des Jacobsturmes mit Glocke als Sinnbild für die Einweihung des Glockenspiels. Rechts ist ein Jacobspilger abgebildet.* **1. April:** Übernahme des Bürgerhauses *Lindeneck* durch die Stadt für eine Mark (symbolischer Preis) vom Landkreis. **7. April:** In einem Stollen im Jonastal wird eine Person aus 15 m Tiefe von der FFw Arnstadt gerettet. **13. April:** Hans-Joachim Kulenkampff liest Texte von Kurt Tucholsky im Theater im Schloßgarten. **17. Mai:** Namensgebung *Otto-Knöpfer-Weg* für den Wanderweg von den Arnstädter Weinbergen bis zur Wachsenburg oberhalb Holzhausens. **30. Mai:** Grundsteinlegung für 20 Reihenhäuser auf dem Rabenhold. **20. Juni:** Eröffnung des 148. Arnstädter Wollmarkts mit drei Neuheiten: größtes Riesenrad der neuen Bundesländer, Doppelstockgeisterbahn, Simulationsfahrgeschäft. **12. Juli:** Die Ausstellung *Schönbrunn Schützengesellschaft von 1717* im Schloßmuseum zeigt historisch wertvolle Schützenscheiben. **28. August:** Eröffnung des Freizeit- und Informationszentrums (FRIZ) im *Haus des Spielens und des Lernens* (Ecke Rehestädter Weg/Ichtershäuser Straße). **September:** Straßenbenennungen im Bereich Rabenhold. **26. September:** Symbolische Grundsteinlegung für das Verwaltungsgebäude der Stadtwerke am Elxleber Weg. **30. September:** Erster Spatenstich zum Umbau des Jahnstadions. **3. Oktober:** Erstes Arnstädter Bockbierfest mit Präsentation der vierten in der Stadtbrauerei erzeugten Biersorte *Arnstädter Bock* (nach einem Rezept des langjährigen Braumeisters Gerd Schmidt). **17. Oktober:** Eröffnung der Ausstellung *Mit blauer Farbe gar lieblich gezieret / Arnstädter Fayencen des 17. Jahrhunderts* im Schloßmuseum. **21. November:** Grundsteinlegung für die Stadthalle durch Bundeswirtschaftsminister Günter Rexrodt (FDP). **28. November:** Verkehrsfreigabe für Weißebrücke Ohrdrufer Straße/Wachsenburg-Allee. **13. Dezember:** Sonderausstellung über Ausgrabungsfunde im Gelände der Neideck im Schloßmuseum. **17. Dezember:** Grundsteinlegung für den Anbau des Feuerwehrgerätehauses.

1998, Januar: Die Arbeitslosenquote im Bereich Altkreis Arnstadt liegt bei 21,9 %. In der Stadt gibt es 20 Obdachlose. **12. Januar:** Wiedereröffnung des Literaturkabinetts im Haus *Zum Palmbaum.* **2.-3. März:** Nächtlicher Transport der 15 t schweren, 22,70 m langen und 3,88 m breiten Fußgängerbrücke, die zwischen Lohmühlenweg und Kupferrasen die Gera überspannen soll, von der Dosdorfer Zimmerei Bamberger nach Arnstadt. **4. März:** Grundsteinlegung für Ersatzneubau der Staatlichen Berufsbildenden Schule in der Karl-Liebknecht-Straße. **3. April:** Einweihung der neuen Fußgängerbrücke über die Gera. **23. April:** Arnstadt ist Etappenort der *Thüringenrundfahrt.* **9. Mai:** Richtfest für Parkdeck Rabenhold. **17. Mai:** Wiederaufstellung des restaurierten Flurgrenzsteins von 1794, gefertigt aus Seeberger Sandstein und acht Zentner schwer, vor der Wohnanlage *Am Sonnenhang.* **22. Mai:** Eröffnung der Fotoausstellung *Zwielicht,* Landschafts- und Gesellschaftsfotografien der Arnstädter Künstler Kathrin und Dieter Horn. **13. Juni:** Namensgebung für die Regelschule 1 und die Grundschule 5 in der Goethestraße. Beide erhalten den Namen des ehemaligen Oberbürgermeisters *Dr. Harald →Bielfeld.* **23. Juni:** Die Stadthalle bekommt eine 3,3 t schwere Glaskuppel. **1. Juli:** Richtfest an der Stadthalle. **2. Juli:** Ausstellung zu Leben und Werk von Willibald →Alexis in der Kundenhalle der Sparkasse (Erfurter Straße). **3. Juli:** Einweihung der neuen Sporthalle am Jahn-Sportpark. **4. Juli:** *Hoffest* im Landratsamt. **18. Juli:** Bundestagspräsidentin Rita Süßmuth (CDU) und Bundesfamilienministerin Claudia Nolte (CDU) besuchen die Stadt. **18. August:** Verkehrsfreigabe am Kreisel an der B 4. **28. August:** Besuch von Hessens Ministerpräsident Hans Eichel (SPD). **4. September:** Sonderausstellung *Fotografie* von Uwe Steinbrück im Haus *Zum Palmbaum.* **4.-6. September:** Unterzeichnung des Partnerschaftsvertrages mit der Gemeinde Gurk in Kärnten. **8. September:** Besuch von Johannes Rau (SPD) und Eintrag ins Goldene Buch der Stadt. **11. September:** Eröffnung des thüringenweit vierten *Geburtshauses* in Arnstadt (Hersfelder Str. 3). **12. September:** Abnahme des Turmhelmes und der beiden Glocken des Neideckturmes wegen Baufälligkeit. **23. September:** Entdeckung einer Thorarolle der ehemaligen jüdischen Gemeinde Arnstadt bei Bauarbeiten im Schloßmuseum und Übergabe an den Vorsitzenden der Jüdischen Landesgemeinschaft Thüringen, Wolfgang Nossen. **24. September:** Abheben der Haube des Neideckturmes zur Sanierung. **27. September:** Bundestagswahl mit 88,15 % Wahlbeteiligung der Arnstädter Bürger. Dabei erhält die SPD mit 35,18 % die meisten Stimmen, vor der CDU mit 26,634 % und der PDS mit 22,052 %. Im Wahlkreis Gotha-Arnstadt setzt sich damit Gerhard Neumann (SPD) gegen seinen stärksten Konkurrenten Gerhard Päselt (CDU) durch. **30. September:** Einweihung des *modernsten Krankenhauses in der ältesten thüringischen Stadt,* so Bernhard Vogel (CDU), Ministerpräsident Thüringens, bei der Schlüsselübergabe. **2. Oktober:** Namensgebung für die Regelschule 2 und die Grundschule 3 auf dem Rabenhold. Beide erhalten den Namen *Ludwig Bechstein.* **6. November:** Übergabe der neuen Stadthalle. **7. November:** Großbrand in der Biodieselanlage in Rudisleben. Es entsteht Totalschaden. **9. November:** Gemeinschaftsausstellung *Gegen das Vergessen – Arnstädter Jugend auf den Spuren der jüdischen Geschichte* im Rathaus anläßlich der Niederbrennung der Arnstädter →Synagoge vor 60 Jahren. **28. November:** Wahl der *Queen of Ostdeutschland 1998/99* in der Stadthalle Arnstadt. **Dezember:** Entdeckung von 6 bisher unbekannten Theaterstücken des Dichters Willibald Alexis durch den Arnstädter Rolf Stangenberger. **12. Dezember:** Verkehrsfreigabe des ersten Autobahnabschnitts der A 71 zwischen Traßdorf und Erfurter Kreuz. **16. Dezember:** Umzug des Arbeitsamtes in das Gebäude am Bierweg

(SEL). **29. Dezember:** Enthüllung des über 100jährigen Hülsemanndenkmals nach seiner Wiederherstellung. Überfall auf Postfiliale durch einen etwa 30jährigen Mann, der mit 2.000 Mark unentdeckt entkommt.

1999: In Arnstadt werden 459 Babys geboren, darunter sieben Zwillingspärchen. **1. Januar:** Der *Euro* tritt als sogenanntes *Buchgeld* in Kraft. Übernahme der *FLORA* durch Marienstift. **4. Januar:** *Betriebsbeginn* im Neubau des Kreiskrankenhauses. **5. Januar:** Mit plus 14 °C wird dieser Tag zum *wärmsten Januartag des Jahrhunderts.* **15. Januar:** Gründung der *IG Jazz Arnstadt e. V.* in der Musikschule. **19. Januar:** Die älteste Bürgerin im Ilmkreis, Berta Zappe, feiert ihren 104. Geburtstag. **21. Januar:** Grundsteinlegung für den Neubau im Förderzentrum des Marienstifts. **27. Januar:** Präsentation seines Buches *Geschichte des Theaters Arnstadt* durch Rolf Stangenberger und Übergabe an den Bürgermeister. Auch die Autoren Ulrich Heinz und Wolfgang Biester stellen ihr Werk *Arnstadts Straßen von A bis Z* vor. **28. Januar:** Der Stadtrat beschließt die Gründung eines Kulturbetriebes (rückwirkend ab 1. Januar). Dieser Eigenbetrieb umfaßt Schloßmuseum, Bibliothek, Stadtgeschichtsmuseum und Heimattierpark *Fasanerie.* **29. Januar:** Übergabe der für 1,65 Millionen Mark neuerbauten Turnhalle des Neideck-Gymnasiums im Schulteil Rosenstraße. **Februar:** Insolvenzantrag der Firma *Rohleitungs- und Anlagenbau* mit über 65 Arbeitskräften. Umbau der alten Ölmühle im Lohmühlenweg zum Wohn- und Geschäftshaus. **1. Februar:** Konstituierung eines neuen Beirates im Bachchor. Leiter des Beirates wird Dr. Rulemann Jahn. **3. Februar:** Gründung des Vereins *IG Marlitt e. V.,* Vorsitzender wird Günter Merbach. **16. Februar:** Eröffnung einer Ausstellung des Kultur- und Heimatvereins e. V. *Denkmale, Denktafeln, Denksteine* in der Kundenhalle der Sparkasse (Erfurter Straße). **18. Februar:** Wiedereröffnung des sanierten Bahnhofs-Cafe´s. **21. Februar:** *Live-Gottesdienst* aus dem Marienstift auf *mdr-kultur.* Thüringer Geschichtsverein Arnstadt e. V. gibt *Festschrift zum 150. Arnstädter Wollmarkt 1850-1999* heraus. Andacht am *Riesenlöffel* unter freiem Himmel zur Eröffnung der Passionszeit durch beide Arnstädter Kirchgemeinden. **März:** Besuch holländischer Schüler aus Wageningen mit Hinweis auf 10jährige Partnerschaft zwischen deutschen und holländischen Schülern. **6. März:** Sonderausstellung mit Fotografien von Karl-Heinz Albertus, einstiger Werkfotograf der Chema, im Haus *Zum Palmbaum.* **9. März:** Abheben von Wetterfahne und Turmknopf der Oberkirche wegen Absturzgefahr. **15. März:** Verkehrsfreigabe für weiteren Kreisel (Ichtershäuser Straße). **18. März:** Händler und Gewerbetreibende protestieren gegen weitere Bebauung *auf der grünen Wiese* (Einkaufszentrum auf dem Gelände des einstigen Baubetriebes ABU mit 900 qm). Eröffnung der *10. Arnstädter Bach-Tage* und der *Thüringer Bach-Wochen 1999* mit einem festlichen Konzert in der Stadthalle. **19. März:** Grundsteinlegung für die neue Orthopädische Klinik des Marienstifts mit dem Segen des Landesbischofs Roland Hoffmann. Vortrag des Schriftstellers Martin Stade in der völlig überfüllten Musikschule zu: *Hitlers letztes Hauptquartier im Jonastal.* **20.-25. März:** Besuch von 29 Gymnasiasten aus Norwegen im Neideckgymnasium. **26. März:** Einweihung des neuen Feuerwehrgerätehauses (Bärwinkelstraße). **27. März:** Gründung der IG *Lützower Freicorps 1813* Dornheim zur Pflege wehrhistorischer Traditionen. **30. März:** Ernst Stahl, Vorsitzender des Thüringer Geschichtsvereins Arnstadt e. V., stellt sein neues Buch *Arnstädter Bier seit 1404* vor. **April:** Eine Kriminalstatistik für die Stadt Arnstadt wird veröffentlicht: Für 1997 sind 2.902, für 1998 sind 3.299 Straftaten erfaßt, davon 63 % Diebstähle. Zirka 400 Wohnungen der Wohnungsbaugesellschaft stehen leer. **14. April:** Im überfüllten Theater im Schloßpark wird der 1954 gedrehte Film *Das 1250-jährige Arnstadt* gezeigt. **15. April:** Richtfest am Förderzentrum des Marienstifts (Rudolstädter Straße). **16-17. April:** Deutsche Bahn AG und Freizeitgruppe des Bahnsozialwerkes *Thüringer Eisenbahnmuseum* laden zur Eröffnung der *Dampfloksaison* ins (historische) Bahnbetriebswerk ein. **23. April:** Übergabe des sanierten Friedrich-Ludwig-Jahn-Stadions. Ausstellungser-öffnung *75 Jahre Magazin* mit einer Buchlesung von Stephan Krawczyk im Haus *Zum Palmbaum.* **27. April:** Rückkehr der restaurierten Wender-Orgel in die Bachkirche. **30. April:** Benefizkonzert des Heeresmusikkorps 13 der Bundeswehr für die Bachkirche. Schließung der traditionsreichen Gaststätte *Hedan* (Ohrdrufer Straße). **1. Mai:** Eröffnung eines großzügigen Erlebnisbades mit Sport- und Lehrschwimmbecken im Stadtbad. Übergabe des restaurierten *Philosophensteins* im Walperholz durch den Arnstädter Kultur- und Heimatverein e. V. **6. Mai:** Gründung der *Arnstädter Bürgerinitiative gegen den Krieg – für Menschlichkeit* im Hotel *Sonne.* **9. Mai:** Eröffnung einer neuen Tankstelle am Ilmkreis-Center

(Stadtilmer Straße). **15. Mai:** Arnstadts Partnergemeinde Gurk in Kärnten spendet 5.000 Schilling für die Sanierung des Karolinendenkmals. **22. Mai:** Arnstädter Brunnenfest. Übergabe der 250 m langen Mountainbike-Trainigsstrecke hinter der Alteburg, nahe Espenfeld. **27. Mai:** Stadtratssitzung: Erstmalige Auszeichnung mit dem *Goldenen Ehrenring des Bürgermeisters*, einem Siegelring aus 585er Gelbgold, geziert vom Arnstädter Adler. Den Ehrenring erhält der fraktionslose Stadtrat Heinz Walther, der sich besonders um die Erhaltung der Baudenkmale, vor allem der Schloßruine Neideck, verdient macht. Verabschiedung des Alterspräsidenten Herbert Jahnke (PDS) in den Ruhestand. **28. Mai:** Abweisung der Klage Rudislebens gegen Eingemeindung nach Arnstadt durch den Thüringer Verfassungsgerichtshof. **29. Mai:** Wegen Bauarbeiten muß der Angelhäuser Teich abgelassen werden. Arnstadts Sportangler fischen deshalb über acht Stunden lang 237 Karpfen, Schleien und Kartuschen heraus und setzen diese in die Kiesgrube an der B 4 um. **4. Juni:** Benefizabend für die Restaurierung des Karolinendenkmals. Insolvenzantrag der Grundbund GmbH (Stadtbrauerei). **6. Juni:** Älteste Einwohnerin Arnstadts, Theresia Loos, wird 101 Jahre. **7. Juni:** Präsentation Arnstadts nun auch im Internet unter *www.arnstadt.de*. Brandstiftung auf der ICE-Baustelle bei Rudisleben. Unbekannte brennen zwei Schaufelbagger an, der Schaden beträgt 270.000 DM. **9. Juni:** Fahrt von 50 Arnstädtern nach Paris zum Mutterkonzern der *Alcatel-SEL*, um gegen geplante Entlassungen zu protestieren. **13. Juni:** Kommunalwahl ergibt neue Sitzverteilung im Stadtrat. CDU erhält 10, PDS sechs, Pro Arnstadt und SPD je fünf sowie Bürgerforum vier Sitze. Eröffnung des *Marlitt-Cafe's* (Markt 12). **18. Juni:** Aufzeichnung des mdr-Fernsehens in Arnstadt für Sendung *Markt der Raritäten* (Ausstrahlung am 13. Juli). **19. Juni:** Start des wiederaufgebauten Oldtimers *Ikarus 55* zu seiner ersten Viertagesfahrt. Der Bus wurde durch Sponsoren und die Erfurter Verkehrsbetriebe für 300.000 DM wieder aufgebaut und aufs Modernste ausgerüstet. Er kann mit Fahrer gemietet werden für 1.300 DM/Tag. **19.-26. Juni:** 150 Jahre Arnstädter Wollmarkt mit großem Umzug. **30. Juni:** Vorstellung einer Dokumentation über die Arbeit des Neideckvereins *Eine Bilanz des Wirkens für Arnstadt* durch die Autoren Reinhard Pahl und Peter Unger. **1. Juli:** Eingemeindung von Rudisleben nach Arnstadt. Damit hat Arnstadt 26.796 Einwohner. Die Autofirma Brey feiert 80jähriges Bestehen. **15. Juli:** Einweihung des Ergänzungsbaues für die Förderschule des Marienstiftes (Rudolstädter Straße). Brandenburger Sozialministerin Regine Hildebrandt (SPD) spricht im vollen Saal der Arnstädter Stadtbrauerei. **16. Juli:** 50 Jahre SG Motor Arnstadt. **1. August:** Übernahme des Eisenwerkes durch die *SILBITZ Guß GmbH*. **7. August:** 90. Jubiläum der Gartenanlage *Lange Else*. **11. August:** Sonnenfinsternis. **September:** Inbetriebnahme einer hochmodernen Wellpappenerzeugungsanlage in der Wellpappenfirma *Arnstadt-Verpackung*. **2. September:** Knopffest mit Aufsetzen der 30 t schweren Haube des Neideckturmes. Alle Holzbalken und der gesamte Balkenstern werden erneuert, die Haube mit 150 qm Kupferblech beschlagen, zwei mm stark und künstlich gealtert. **3. September:** Turmknopf samt Wetterfahne wird auf Neideckturm gesetzt. **9. September:** Hochzeitsboom auch in Arnstadt (9. 9. 99). An diesem Tag geben sich 11 Paare das *Ja-Wort*. **20. September:** Eröffnung der Gaststätte *Alexis* im *Lindeneck* sowie des Ladens *Arnschter Fäßchen* (Ledermarktgasse). **30. September:** Tresorknacker in der Sparkassenfiliale Lindenallee ziehen unverrichteter Dinge wieder ab, nachdem das Stahlseil riß, mit dem sie den Tresor aus der Verankerung ziehen wollten. Es entstand beträchtlicher Sachschaden. **Oktober:** Abriß der Fronveste am Landratsamt und der im Wallgraben des Schloßgartens liegenden Fernwärmetrasse. **1. Oktober:** 80 Jahre Kleingartenanlage *Parkfrieden*. **2. Oktober:** Das Turmknopffest an der Oberkirche begeht die ev.-luth. Gemeinde mit einer Andacht. 100jähriges Jubiläum der Burschenschaft *Thuringia*. **4. Oktober:** Der Arnstädter Tierschutzverein sammelt Unterschriften gegen qualvolle Tiertransporte. **5. Oktober:** Gründung des Vereins *ARNSTADT marketing e. V.*, Vorsitzender wird Olaf Kosinsky. **6. Oktober:** ZDF-Team beim Bürgermeister zu ersten Absprachen wegen einer Fernsehsendung aus der Bachkirche *Weihnacht mit dem Bundespräsidenten*. **8. Oktober:** Verkehrsfreigabe des zweiten Bauabschnitts der Lessingstraße. **12. Oktober:** 50jähriges Jubiläum der Firma *Schwager*. **14. Oktober:** *Herbsterinnerungen*. Gedenk-Demo auf dem Marktplatz an die Ereignisse im Herbst 1989 mit anschließendem Friedensgebet in der Liebfrauenkirche. Stadtrat gibt Zustimmung zur geplanten Fusion des Wasser-/Abwasserzweckverbandes mit dem Zweckverband Abwasser *Südliches Ilmtal*. **15. Oktober:** Einweihung der Friedhofsgasse. **16.-17. Oktober:** Bundesweites Prüfwochenende bei der in Arnstadt beheimateten *Rettungshundestaffel Thüringen* e. V. **22. Oktober:** Vorstellung des restaurierten Ley-Oldtimers auf dem Marktplatz vor Hunderten Oldtimerfreunden durch den Ley-Förderverein. **24. Oktober:** Sechster Jens-Uwe-Schellhorn-Gedächtnislauf. **27. Oktober:** Abgabe der seit 1945 verschollenen Goldenen →Amtskette der Stadt Arnstadt beim Bürgermeister. **30. Oktober:** Erstmals *Helloween* in der Innenstadt gefeiert. 100jähriges Geschäftsjubiläum der Firma *Ofen-Zehrt.* **November:** Insolvenzverfahren bei der *Volkssolidarität.* **3. November:** Übergabe eines *Grünen Klassenzimmers* im Prinzenhof an die Grundschule 2. **8. November:** Vorstellung des Buches *Arnstadt von 1989 bis 1999 – Die ersten zehn Jahre nach der Wende – Eine Dokumentation* durch den Herausgeber Prof. Dr. Dieter Elbracht. Ausstellung von Mathias Sehrt im Landratsamt *Grenzbilder zum zehnten Jahrestag des Mauerfalls.* **9. November:** Beginn der gemeinsamen Aktion *Gastfreundschaft* durch evangelische und katholische Kirchengemeinden unter Beteiligung von Sponsoren. Dabei wird jeden Dienstag zwischen 11.30 und 13.00 Uhr im Pfarrhof kostenlos ein warmes Mittagessen für Bedürftige und sozial Schwache ausgegeben. **11. November:** Stadtrat beschließt die Gründung weiterer Eigenbetriebe ab 1. 5. 2000 mit Aufgaben aus dem bisherigen Bauhof und Gartenamt, Hoch- und Tiefbau, Grünanlagen, Bestattungswesen, Straßenreinigung. **13. November:** Andre Brie, Europaabgeordneter (PDS), spricht über Europa im Arnstädter Theatercafe. **22. November:** Abriß des ehemaligen HO-Kaufhauses (Längwitzer Straße). **1. Dezember:** Stadtrat beschließt die Gründung einer *Stadtmarketing GmbH,* deren alleiniger Gesellschafter die Stadt ist. Kündigung für 130 Mitarbeiter von *Alcatel-SEL.* **4. Dezember:** 50jähriges Jubiläum des Friseur-Salons Mohring. **4.-5. Dezember:** Erstmalige Vorstellung der größten Bleikristallvase der Welt anläßlich der zweiten *Gläsernen Weihnacht.* Sie steht in der Arnstädter Bleikristall GmbH. *Die Vase aus handgeschliffenem blauen Überfangkristall ist 2,16 m hoch, ihr größter Durchmesser beträgt 30 cm. Sie besteht aus sechs Segmenten und kostet 9.985 DM.* **11. Dezember:** Bundespräsident Johannes Rau (SPD), Gattin Christine und Thüringens Ministerpräsident Bernhard Vogel (CDU) tragen sich anläßlich eines Besuches ins Goldene Buch der Stadt ein. **13. Dezember:** Eröffnung einer Ausstellung im Landratsamt mit Bildern der beiden Arnstädter Freizeitmaler Ursula und Manfred Conradt. **17. Dezember:** Verkehrsfreigabe in der Schönbrunnstraße. **23. Dezember:** Besuch von Bürgermeister Köllmer im Obdachlosenheim *Soziales Wohnen/ Nachtasyl* am Mühlweg. Die dort untergebrachten 12 Kinder erhalten *dringend notwendige Kleidung und einige Spielsachen* im Wert von je 100 DM als Weihnachtsgeschenk der Stadt. **29. Dezember:** Erste Lebensmittelausgabe an Bedürftige durch den Verein *Arnstädter Tafel e. V.*

Arnstadt im 3. Jahrtausend

2000, 1. Januar: Baupolizeiliche Sperrung der Liebfrauenkirche. **15. Januar:** 90 Jahre Kleingartenanlage *Bahlsen.* **21. Januar:** Planetoid erhält Namen *Arnstadt.* Entdeckt vom Jenaer Freimut Börngen, kreist er *zwischen Mars und Jupiter um die Sonne in 5,62 Jahren.* **25. Januar:** Die Neideckturmuhr zeigt nach Restaurierung wieder richtige Zeit an. **Februar:** Umzug von *Antec-Solar* und Chema-Anlagenbau in das neue Solarhaus (Ichtershäuser Straße). Interesse einer italienisch/schweizerischen Hotelgruppe am →*Güldenen Greif.* Der Gewerbeverein gibt Einkaufsführer heraus. **13. Februar:** Ein Blitz erschlägt einen 40jährigen Radfahrer auf dem Radweg nach Ichtershausen. **18. Februar:** Zehnjähriges Jubiläum des Arnstädter Behindertenverbandes. **März:** Stadt schreibt das Berggasthaus *Alteburg* zum Verkauf aus. **10. März:** Neuer Nahverkehrszug *REGIO-SWINGER* fährt auf Testfahrt auch durch Arnstadt. **21. März:** KMD und Bachpreisträger Gottfried Preller spielt auf dem Markt anläßlich des 315. Geburtstages von J. S. Bach auf der fahrbaren Hoffmann-Orgel. **25. März:** Einweihung des *Bach-Wanderweges* von Arnstadt nach Gehren. **1.-2. April:** 10. Thüringer Landesmeisterschaften im Rettungsschwimmen im Arnstädter Stadtbad. **2. April:** Präsentation des *Ley-Films* über das bekannteste Arnstädter Auto durch Joachim Stelzner im Theater im Schloßgarten. **7. April:** Gründung der *IG Bahnbetriebswerk.* **8. April:** In der Bachkirche findet die erste *Orgelnacht* statt. **23. April:** Einen Besucherrekord verzeichnet am Ostersonntag der Tierpark *Fasanerie* mit fast 800 Besuchern. **25. April:** Ausstellungseröffnung zum 175jährigen Bestehen der Kreissparkasse Arnstadt-Ilmenau. Zu diesem Jubiläum erscheint die Festschrift *175 Jahre Sparkasse in Arnstadt* von Peter Unger und Andrea Ziegenhardt. **29. April:** Aufstellung des restaurierten Karolinendenkmals am Schloßplatz. *10. Arnstädter City-Lauf.* **18. Juli:** Die *Thüringer Allgemeine* berichtet über die *älteste Bratwurstrechnung der Welt.*

Bei Recherchen im Thüringischen Staatsarchiv Rudolstadt findet der Arnstädter Peter Unger, Archivar und Heimathistoriker, die früheste, bisher bekannte Erwähnung der Bratwurst in einer Abrechnung des Arnstädter Jungfrauenklosters aus dem Jahr 1404, die neben Brot und Salbei auch *darme czu brotwurstin* umfaßt. **3. September:** Erstmals Nachstellung der Bach´schen Hochzeit in Dornheim. **9. September:** 50jähriges Jubiläum des Familienbetriebes *Reifen-Kuhlmeier*. **29. September:** Erstmaliger Verkauf einer *Traditionsbratwurst, welche sich auf die Bratwurstrechnung von 1404 bezieht und nach den ältesten Rezeptüberlieferungen hergestellt wird*, durch Fleischerei *Die Thüringer*. **1. Oktober:** Übergabe des Ärztehauses (Rosenstr. 50). **6. Oktober:** Einweihung der neuen Orthopädischen Klinik des Marienstiftes. **18. Oktober:** Zehnjähriges Jubiläum des Fördervereins *Hochsprung mit Musik*. **21. Oktober:** Enthüllung einer Bach-Stele auf dem Alten Friedhof. **November:** Übernahme des Seniorenheimes *Am Dornheimer Berg* durch den neuen Träger *Pro Seniore*. **4. November:** Gründung eines *Kuratoriums zur Erhaltung der Liebfrauenkirche*, Vorsitzender wird Superintendent Michael Hundertmark. **8. November:** Schüler, Eltern und Lehrern der Bosch-Schule demonstrieren gegen die in der Schulentwicklungskonzeption beabsichtigte Schließung der Schule. **10. November:** Die Geschwister-Scholl-Schule trägt wieder ihren Namen. **11. November:** 120jähriges Jubiläum des *Arnstädter Verein der Rassegeflügelzüchter 1880 e. V.* **17. November:** Eröffnung einer Ausstellung mit Bildern des Arnstädter Malers und Kunsterziehers Karl Hoffmann zu seinem 75. Geburtstag. **30. November:** Volkssolidarität feiert ihr 55jähriges Bestehen. **Dezember:** Wandbild von Otto Knöpfer im ehemaligen Küchentrakt der Chema wird vor Abriß des Gebäudes vom Museum fotografiert und damit als Erinnerung festgehalten. Hilfsaktion für Kosovo durch Arnstädter Frank Noe organisiert. Ehrung des Karikaturisten Hans-Jürgen Starke mit einer *Arnstadt-Münze*. **2. Dezember:** 50jähriges Jubiläum der SG Einheit Arnstadt. **22. Dezember:** Freigabe der Ritterstraße nach Beendigung der Bauarbeiten.

2001, 19. Januar: Einweihung der neuen Bushalle im hinteren Teil des Areals der Regionalbus Arnstadt GmbH an der Quenselstraße durch Landrat Dr. Senglaub und Regionalbus-Geschäftsführer Gräbedünkel. **5. Februar:** Antec Solar in Rudisleben nimmt offiziell seine kommerzielle Produktion von Solarzellen auf. **15. Februar:** Die DRK-Sozialstation besteht zehn Jahre, ihr Hauptanliegen ist die häusliche Krankenpflege und die ambulante Pflege. **17. Februar:** Zur Förderung denkmalgeschützter und kulturhistorisch wertvoller Häuser ist auf Initiative des CDU-Politikers Thomas Bauer eine Stiftung ins Leben gerufen worden. In der Jahn-Sporthalle findet der 25. Hochsprung mit Musik statt. Meetingdirektor Hubertus Triebel erhält für seine großen Verdienste beim *Hochsprung mit Musik* seit einem viertel Jahrhundert u. a. den erstmals verliehenen *Silbernen Hochsprungspike*. **23. Februar:** Im Schloßmuseum wird eine Ausstellung zu Ehren des bedeutenden Heimatmalers Otto Knöpfer eröffnet. **24. Februar:** Dem Arnstädter Handwerk widmet sich eine neue Sonderausstellung im Stadtgeschichtsmuseum unter dem Motto: *auch sollen keine Störer und Pfuscher geduldet werden*. **28. Februar:** Das Arnstädter Frauen- und Familienzentrum feiert sein 10jähriges Bestehen mit mehreren Veranstaltungen. **7. März:** Arnstadt gedenkt des 200. Geburtstages von Ludwig →Bechstein, der hier von 1818 bis 1824 seine Lehrjahre zum Apotheker absolvierte. Ein Abwahlverfahren gegen Bürgermeister Köllmer, beantragt von den Fraktionen des Bürgerforums Arnstadt, PDS u. SPD, wird abgelehnt. **9. März:** Der Verein *Schloßruine Neideck zu Arnstadt e. V.* hat sein neues Domizil, das sanierte Gärtnerhaus im Schloßgarten, bezogen. **13. März:** Im Appartementhaus an der Ilmenauer Straße eröffnet die Arbeiterwohlfahrt (AWO) eine Begegnungsstätte. **17. März:** In der Bachkirche zu Arnstadt werden die 10. Thüringer Bach-Wochen mit einem Konzert des Orchestes *The Kings Consort* aus Großbritannien eröffnet. Zuvor tagte in Arnstadt die Gesellschaft Thüringer Bach-Wochen. **21. März:** Im Foyer des Rathauses wird eine Ausstellung über die 10jährige Arbeit der Vereinigung der Opfer des Stalinismus (VOS) eröffnet. **31. März:** Vor der Bachkirche hat sich die Arbeitsgruppe *Demokratie braucht Zivilcourage* mit einer Kundgebung an die Öffentlichkeit gewandt und zur Mitarbeit aufgerufen. Im Anschluß an die Kundgebung nehmen die Anwesenden an einem Friedensgebet auf dem Marktplatz teil, das von den Pfarrern Jürgen Friedrich, Hans-Gerhard Sekes, Michael Damm und Wolfram Griebenow gestaltet wird. **19. April:** Neben der Bachkirche beginnen die Dreharbeiten für den Film *Ninas Geschichte* – ein modernes Märchen, das im Frühjahr 2002 in die Kinos kommen soll. **4. Mai:** Vor dem Rathaus wird die Europawoche durch den Vorsitzenden der Europäischen Akademie Arnstadt (EAA) H. J. Schaaf, feierlich eröffnet. **11. Mai:** Im Stadtgeschichtsmuseum wird die Ausstellung zum 200. Geburtstag Ludwig Bechsteins eröffnet. **12. Mai:** Das Traditionsunternehmen Arnstadt–Kristall GmbH veranstaltet den ersten *Kristall-Frühling* mit Ausstellung Kristallener Kostbarkeiten und Handwerkermarkt. **14. Mai:** Spatenstich für Baugebiet am Rabenhold für 23 Häuser, davon sechs Doppelhaushälften und 17 Reihenhäuser. **19. Mai:** 1. Kulturnacht in der Kreisstadt mit vielen Veranstaltungen in öffentlichen, auch kirchlichen Gebäuden und in den Straßen der Innenstadt, u. a. Eröffnung der Ausstellung mit Zeichnungen und Gemälden von Arthur →Rose im Schloßmuseum. **22. Mai:** Die Prager Schule, eine Einrichtung zur Erwachsenenbildung, feiert ihr 10jähriges Bestehen und bezieht zugleich ihre neuen Räumlichkeiten in der Karl-Liebknecht-Straße. **31. Mai:** Sturmschäden auch in der Kreisstadt, so fällt u. a. auch die Lärche auf dem Gelände der Ruine Neideck einer heftigen Windböe zum Opfer, wei-tere beträchtliche Schäden u. a. an den Bäumen in der Marlittstraße, im Schloßgarten, im Gerapark am Südbahnhof. **15. Juni:** Durch Landrat Senglaub wird die mit 1,6 Millionen Mark sanierte Turnhalle am Schulplan eingeweiht. **16. Juni:** In der *Goldenen Henne* konstituiert sich die *Geschichts- und Technologiegesellschaft Großraum Jonastal e. V.* Der Zweck des Vereins besteht in der Aufarbeitung und Dokumentation geschichtlicher Vorgänge in Bezug auf das während des 2. Weltkrieges im Raum Ohrdruf/Arnstadt/Jonastal und dessen Umfeld betriebene Sonderbauvorhaben *S III.* Ziel des Vereins ist es u. a. eine Gedenkstätte zur Mahnung und Ehrung der NS-Opfer in Arnstadt zu errichten. An der Pflege des Mahnmales im Jonastal beteiligt sich der Verein gemeinsam mit der Stadt Arnstadt und dem Landratsamt. **22. Juni:** Im Schloßgarten wird das historische Gärtnerhäuschen nach umfangreicher Sanierung als Domizil des Neideckvereins eröffnet. **2. Juli:** Der grundhafte Ausbau der Erfurter Straße zwischen Holzmarkt und Ritterstraße beginnt. **9. Juli:** Nun auch Sperrung der Wachsenburgallee wegen umfangreicher Baumaßnahmen, zunächst zwischen Feldstraße und Straßburgkreuzung. **18. Juli:** Richtfest für die neue Rettungswache des ASB hinter der Sparkasse in der Lindenallee. Nach Fertigstellung zieht hier auch die Verwaltung des ASB ein. **19. Juli:** Am Haus Kohlgasse 2 wird eine Gedenktafel für den ehemaligen verdienstvollen Oberbürgermeister Julius →Hülsemann, der hier am 18. Oktober 1824 geboren ist, feierlich enthüllt. **3. August:** Perthes-Preis 2001 ging an das Marienstift Arnstadt – Auszeichnung für Oberärztin Gansen und Chefarzt Irlenbusch. **16. August:** Nach Abschluß der Erschließungsarbeiten im Industrie- und Gewerbegebiet Rudisleben wird das Areal aus der Verantwortung der LEG in die Hände der Stadt Arnstadt übergeben. **31. August:** Richtfest am Rohbau des in der grundhaften Sanierung befindlichen Kindergartens *Pusteblume* in der Ritterstraße. **7. September:** Nach der Deutschen Bank schließt nun die Hypo-Vereinsbank ihre Filiale in Arnstadt. **12. September:** Glockengeläut ruft zum Friedensgebet nach dem folgenschweren Anschlag auf das WTC in New York am 11. September 2001, vor dem Rathaus Flaggen auf halbmast. **15. September:** Moderator Dieter Thomas Heck schreibt sich als 100. Mitglied des Kuratoriums zur Erhaltung der Liebfrauenkirche e. V. ein. **18. September:** Protest des Kultur- und Heimatvereins Arnstadt gegen den Bau der neuen Schloßgartenmauer. **19. September:** Abnahme Turmkopf und Wetterhahn vom Turm der Liebfrauenkirche, am 21. September Öffnung des Turmknopfes im Stadtkirchenamt. **4. Oktober:** Die Bürgerinitiative zur Erhaltung der Arnstädter Polizeiinspektion übergibt 3.600 Unterschriften an den Innenminister Köckert (CDU). **12. Oktober:** Im Schloßmuseum wird die Sonderausstellung *Die Liebfrauenkirche zu Arnstadt in historischen Ansichten* eröffnet. **23. Oktober:** 100. Geburtstag des in Arnstadt geborenen Komponisten Walter →Jäger, aus diesem Anlaß wird an seinem Geburtshaus in der Lindenallee 2 eine Gedenktafel enthüllt. **27. Oktober:** Das historische →Fischtor geht in das Eigentum der Kreishandwerkerschaft (Innung der Tischler und Zimmerer) über. **29. Oktober:** Thüringens Innenminister Köckert erklärt, daß die gemeinsame Polizeiinspektion (PI) Arnstadt-Ilmenau ab 2002 vom Standort Ilmenau aus geführt wird. **2. November:** Die Arnstädter Musikschule im *Schwarzen Löwen* feiert ihr 10jähriges Bestehen. **13. November:** In der Stadthalle erhält die Stadt Arnstadt die *Goldene Pedale*, die höchste Auszeichnung für die *fahrradfreundliche Kommune 2001* aus den Händen des Thüringer Sozialministers F.-M. Pietsch (CDU). **27. November:** In der →*Goldenen Henne* wird im Hinblick auf den Wiederaufbau des →Bismarckbrunnens ein neuer Verein, der *Brunnen-Verein,* gegründet. **8. Dezember:** Im Schloßmuseum wird aus Anlaß des 100. Geburtstages des Malers und Zeichners Friedrich Wilhelm →Lappe eine Ausstellung mit Motiven der Stadt Arnstadt und ihrer Umgebung eröffnet. **12. Dezember:** Im Landratsamt wird der restaurierte Konferenzsaal und die mit Gemälden von Karl Hoffmann neu gestaltete Galerie eröffnet.

19. Dezember: Der Förderverein *BW Arnstadt hist. e. V.* ist ab sofort Eigentümer des historischen Bahnbetriebswerkes Arnstadt, einschließlich 11 Lokomotiven und eines Traditionszuges. **20. Dezember:** In einer zweiten Gesprächsrunde des Bürgermeisters im Sitzungssaal der Stadthalle zur umstrittenen Schloßparkmauer wird abschließend die Beibehaltung der Mauer festgeschrieben.

2002, 1. Januar: Mit Feuerwerk und Silvester-Raketen wird die europäische Währung auch in Arnstadt begrüßt, schon kurz nach Mitternacht stehen die ersten Bürger bereits an den Automaten der Geldinstitute. **5. Januar:** Brand im Arnstädter Obdachlosenheim, 19 Personen werden evakuiert, 25.000 Euro Schaden. **13. Januar:** Die Reihe der Kantaten-Gottesdienste, in der in jeden Monat des Jahres in der Bachkirche eine Kantate von J. S. Bach aufgeführt werden soll, wird eröffnet. **17. Januar:** In der Lindenallee wird der Neubau des ASB eingeweiht. Der Neideckverein stellt das →*Stadtmodell Arnstadt* im Gärtnerhäuschen vor. 723 Häuser und 816 Nebengebäude wurden detailgetreu im Maßstab 1:200 nachgebaut. **19. Januar:** Arnstadt's älteste Bürgerin, Berta Zappe, feiert im Seniorenheim Dornheimer Berg ihren 107. Geburtstag. Damit ist sie zugleich die älteste Bürgerin des Ilmkreises. **22. Januar:** Der Bauausschuß votiert trotz 2.000 Unterschriften gegen die neue Schloßparkmauer für deren Fertigstellung. **27. Januar:** Auf dem jüdischen Friedhof wird ein Gedenkstein für Paula und David Ambach, zwei Juden aus Arnstadt, die 1943 ermordet wurden, eingeweiht. Die Enkelin, Margot Webb (USA), ist unter den Anwesenden. **30. Januar:** Stromversorgung in Arnstadt erfolgt nur noch zu acht Prozent über Freileitungen, d. h. nur noch 25 km Freileitungen findet man in der Stadt, dafür durchziehen sie inzwischen 284 km Stromkabel. In der Heinrich-Heine Straße erschießt ein 55jähriger seine Frau, seinen Hund und dann sich selbst. **31. Januar:** Erneutes Tötungsdrama: In der kleinen Gehrener Straße 7 wird ein 44jähriger Arnstädter Opfer eines Gewaltverbrechens. **9. Februar:** Nach langer Pause wird eine Arnstädter Tradition wiederbelebt – der erste Kunstglasfasching nach der Wende. **16. Februar:** Der Schwimmverein Arnstadt 02 e. V. feiert im Saal des Bürgerhauses Lindeneck sein 100jähriges Bestehen. **21. Februar:** Das amerikanische Unternehmen Borg Warner Transmissions System GmbH wird im Arnstädter Gewerbegebiet Nord ein Werk für Kupplungssysteme errichten. In der 34. Stadtratssitzung werden unter anderem zwei Bauvorhaben vorgestellt: der Neubau eines Kinderheims für das Marienstift in der Gerastraße, zum anderen der Umbau und die Sanierung des Rathauses in Arnstadt, letzteres wird mit einem Finanzumfang von 10,9 Millionen Euro beziffert. **23. Februar:** Festkonzert in der Bachkirche anläßlich des zehnjährigen Bestehens des *Thüringer Orgelsommer e. V.* **27. Februar:** Der vor sieben Jahren gegründete Ley-Förderverein hat mit der Restaurierung des Ley-Oldtimers *M8/36 Doppelphaeton* seine Bestimmung erfüllt, am 15. Februar 2002 wird der Verein aufgelöst. **28. Februar:** Die Wilde Weiße macht ihrem Namen alle Ehre, im Jonastal rauscht, nach langen und ergiebigen Niederschlägen, das Wasser wieder oberirdisch talwärts. Vom Chef der Gothaer Polizeidirektion wird – im Zusammenhang mit der Vorstellung der Kriminalitätsstatistik – offengelegt, daß in den beiden vorangegangenen Jahren die Zahlen extrem geschönt wurden, ca. 800 ungelöste Fälle wurden vor sich her geschoben, die nun die Statistik erheblich verschlechtern und vor allem nachbehandelt werden müssen. Gegen die betroffenen Beamten wurden Disziplinarverfahren eingeleitet. **2. März:** In den umgebauten Fabrikräumen der ARTAS eröffnet der Arnstädter Künstler Dorsten Klauke nach einer Idee des Arnstädter Kunstvereins e. V. die *Kunsthalle Arnstadt* mit der Ausstellung *Lange Schatten* des Berliner Künstlers Trak Wendisch. **4. März:** Auf Einladung der Stadtmarketing Arnstadt GmbH besuchen 35 Bürger aus ganz Deutschland, die den Namen Arnstadt tragen, die Kreisstadt. **8. März:** Die hoffnungsvollen Kaufverhandlungen zum *Güldenen Greif* sind endgültig gescheitert. Der italienische Investor erklärt nach Querelen mit dem Besitzer eines zusätzlich benötigten Grundstückes seinen Rücktritt. **23. März:** Das Schloßmuseum präsentiert wieder sein barockes Bilderkabinett. **29. März:** Im Stadtgeschichtsmuseum *Palmbaum* wird eine Wanderausstellung zum 300. Geburtstag von Anna Magdalena Bach, der zweiten Frau Johann Sebastians, eröffnet. In der Kunsthalle Arnstadt, der größten Galerie Thüringens, findet der erste Galerie-Abend mit musikalischer Umrahmung statt. **6. April:** 95jähriges Bestehen der Alexander-Winckler-Garten-Anlage **10. April:** Spatenstich für den Fußweg von der Angelhäuser Straße zum Ilmkreis-Center. **15. April:** Mit einer spektakulären Rettungsaktion, an der Feuerwehr und Höhenrettungsdienst beteiligt sind, wird ein Schäferhundmischling aus den Felsen des Jungfernsprungs befreit, in die er sich verirrt hatte. **19. April:** Die Thüringer Gleichstellungsbeauftragte, Staatssekretärin Dr. Renate

Meier erklärt sich bereit, die Schirmherrschaft über das internationale Symposium *Die Marlitt im Spiegel des 19. und 20. Jahrhunderts* im Juni 2002 zu übernehmen. **20./21. April:** Traditionelles BW-Fest des Fördervereins *Bahnbetriebswerk Arnstadt hist. e. V.* mit Lokschau und nächtlichem Fototermin. **21. April:** *Tag der offenen Tür* auf der Alteburg, nach Abschluß der Sanierungsarbeiten am Turm. In der Bachkirche erhalten im Rahmen eines ökumenischen Gottesdienstes drei neue Mitglieder des Deutschen Ordens St. Georg im Beisein von 30 Ordensleuten den Ritterschlag.

26. April: Arnstadt trauert mit den Angehörigen der Opfer des Massakers am Erfurter Gutenberg-Gymnasium. 2. Bauabschnitt der Marienstiftklinik (Richtfest). Dabei kommt es spontan zu einer Gedenkminute für die Opfer des Erfurter Anschlages. **2. Mai:** Die blinde Zerstörungswut in Arnstadt hält an – in der Nacht wurde der Maibaum auf dem Marktplatz gefällt. **13. Mai:** Drei Arnstädter Vereine, SV Arnstadt Rudisleben, der ESV Lokomotive Arnstadt und der BC 07 Arnstadt, gründen eine Spielgemeinschaft für Nachwuchs-Fußballer. **15. Mai:** Die Sparkasse Arnstadt-Ilmenau eröffnet im Haus Markt 4 ihre neue Geschäftsstelle. **19. Mai:** Die Regionalbus Arnstadt GmbH lädt zum Tag der offenen Tür mit einem attrakti-ven Programm, einschließlich einer Parade von Oldtimer-Bussen durch die Innenstadt. **23. Mai:** Dr. L. Steinich vom Brunnenverein stellt in einer Gesprächsrunde im Gärtnerhäuschen das Ergebnis für die Standortwahl für den Bismarckbrunnen vor. Dazu wurden im Vorfeld zwölf Standorte geprüft, bis die Wahl auf den westlichen Marktplatz fiel. **24. Mai:** Der Schwimmverein Arnstadt 02 e. V. erhält in Leipzig die Sportplakette des Bundespräsidenten, die höchste staatliche Auszeichnung für Sportvereine. **25. Mai:** „Blitzbesuch" von Bundeskanzler Schröder beim SPD-Landesparteitag in der Arnstädter Stadthalle. Erstmalig findet das Burgenspektakel *Drei(n) Schlag* auf den Drei Gleichen statt. **6. Juni:** Extremer Regen setzt u. a. auch die Stadt Arnstadt, vor allem im Bereich Dammweg und Angelhausen, unter Wasser. **8. Juni:** Die Arnstädter Grundschule 2 am Schulplan begeht ihren 160. Jahrestag. **14. Juni:** In der *Goldenen Henne* wird die Eröffnung der neuen Arnstädter Geschäftsstelle des Regionalverbandes Mittelthüringen der Volkssolidarität, die sich seit dem 1. des Monats hier befindet, gefeiert. **21. Juni:** Im Stadtgeschichts-museum *Palmbaum* wird eine Sonderausstellung über die Marlitt und ihre Familie eröffnet. **22. Juni:** Zum Auftakt des Marlitt-Symposiums findet im Theater Arnstadt die Premiere von *Schulmeisters Marie* nach einer Erzählung der Marlitt statt, aufgeführt von Laienschauspielern. **24. Juni:** Der MDR beginnt mit Dreharbeiten für eine Reportage über die Kreisstadt, die als Neuauflage der vor 35 Jahren erschienen Sendung in der Reihe *Schlager einer Stadt* nun unter dem Namen *Leute, wie die Zeit verge-ht* am 7. Juli 2002 ausgestrahlt werden soll. **5. Juli:** Der in Arnstadt gedrehte Film *Ninas Geschichte* wird das erste Mal in der Stadthalle vorgestellt. **12. Juli:** Die Werkstatt für Behinderte am Kessel-brunn, eine Einrichtung des Marienstiftes, begeht ihren 40. Geburtstag. **30. Juli:** Die Arnstadt Ver-packung GmbH wechselt den Besitzer und gehört nun zu SCA Packaging, einem schwedischen Unternehmen. **8. August:** Die Firma Asi (Arnstädter Solarindustrie) Intertechnology GmbH feiert Richtfest, wegen starkem Regen erstmalig unter Dach. **10. August:** 100. Geburtstag des →Alteburg-turms. Eingeladen haben der Altstadtkreis Arnstadt e. V. und der Thüringer Geschichtsverein Arnstadt e. V. Am Hopfenbrunnen findet eine Aktion für *Glocken der Liebfrauenkirche* mit Unterstützung des MDR-Hörfunks statt, zu einem Fototermin stellt sich Dieter Thomas Heck zur Verfügung. **10. August:** Mit der 10. Allgemeinen Jungtierschau begeht der Rassekaninchen-Zucht-verein T11 Arnstadt sein 100jähriges Bestehen. **22. August:** Die Stadtratssitzung beschließt u. a., daß der Bismarckbrunnen auf dem Marktplatz wieder auf der Westseite des Marktes aufgestellt wird.

25. August: Der katholische Dechant Wolfgang Teichert feiert sein 25jähriges Ortsjubiläum. Die Katholiken der Kreisstadt feiern das 125jährige Bestehen der St. Elisabeth-Kirche. **30. August-1. September:** Tausende Gäste feiern das traditionelle Stadtfest. Überschattet wird das Fest durch das Auftreten der rechten Szene, gegen die die Polizei mit Waffengewalt vorgehen muß. **5. September:** Ein Waffenlobby-Aufkleber am Dienstwagen des Arnstädter Bürgermeisters sorgt für Verärgerung in der Kreisstadt. Bürgermeister Köllmer (Pro Arnstadt) ist nicht bereit, diesen zu entfernen. Zahlreiche Protestbekundungen gehen bei den Zeitungen ein. Auch im Stadtrat regt sich Widerstand. Der Landrat leitet später ein Disziplinarverfahren ein. **7. September:** Am Vorabend des *Tages des offenen Denkmals* werden Bürger und Besucher durch das Projekt *Kirchen im Licht* einge-stimmt. Studenten der TU Ilmenau schaffen im Zusammenwirken mit der katholischen Gemeinde durch Scheinwerfer, Kerzen und Fackeln einen ganz besonderen Lichtzauber zwischen Himmelfahrtskirche und St. Elisabeth-Kirche. **11. September:** Nach grundhaftem Ausbau wird die Straße Hohe Bleiche wieder freigegeben. **14. September:** Spatenstich für das neue Sozialgebäude des Baubetriebshofes. Für die Sanierung der Liebfrauenkirche geben die Mainzer Hofsänger auf Einladung der Sparkasse Arnstadt-Ilmenau ein Benefizkonzert in der Bachkirche. **17. September:** Gerüchteküche brodelt zur Palmbaum-Schließung. Geldsorgen zwingen in Arnstadt zu neuer Museums-Konzeption. **19. September:** In der Siegelbacher Flur wird ein Gedenkstein für den zu früh verstorbenen ehemaligen Oberforstmeister Konrad Linke von Dr. Horst Sproßmann, den seit 1. 9. 2002 in Arnstadt tätigen Forstamtsleiter, eingeweiht. **29. September:** Die Arnstädter Stadtwerke werden 10 Jahre alt, die große Geburtstagsfeier findet am 12. und 13. Oktober statt. **1. Oktober:** Produktionsstart in der Solarfirma ASi Intertechnology, zunächst in einem Teilbereich der Produktion mit 30 Mitarbeitern. **2. Oktober:** Im Stadtgeschichtsmuseum wird die Ausstellung *Brunnen in Arnstadt* eröffnet. Im Mittelpunkt steht die geplante Wiederaufstellung des Bismarckbrunnens. **5. Oktober:** Nach dem Aus für Antec Solar folgt das Aus für den Chema Anlagenbau. **6. Oktober:** Im Rahmen des Erntedankgottesdienstes im Foyer des Marienstifts wurde zugleich das 90jährige Bestehen des Posaunenchores unter Leitung des ebenfalls 90jährigen Willi Stroh gefeiert. Er leitet den Posaunenchor erfolgreich seit 1946. **14. Oktober:** Das historische Bahnbetriebswerk bietet zu seinem 10. Jubiläum im Rahmen einer Festwoche vom 10. bis 15. Oktober ein umfangreiches Programm. **23. Oktober:** Das neue Umspannwerk der Thüringer Energie AG (TEAG) wird in Betrieb genommen. **27. Oktober:** Das Orkan-Tief *Jeanette* durchquert den Ilmkreis und richtet auch in Arnstadt Sachschäden an. Über 50 mal muß die Feuerwehr ausrücken, um für Ordnung und Sicherheit zu sorgen. **2. November:** Die Schule in der Rosenstraße, heute ein Teil des Neideckgymnasiums, feiert ihren 110. Geburtstag. **14. November:** Nach der Silberplakette beim bundesweiten Wettbewerb der Deutschen Stiftung Denkmalschutz punktet Arnstadt auch im Landeswettbewerb *IQ–Innenstädte mit Qualität* mit der *Galerie unter blauem Himmel*. In der Landeshauptstadt nimmt Bürgermeister Köllmer im Wirtschaftsministerium die Auszeichnung entgegen. **15. November:** Spatenstich für die Erweiterung und Modernisierung des Wasserwerkes Schönbrunn. **17. November:** Nach dem Gottesdienst zum Volkstrauertag legen Landrat Senglaub und Bürgermeister Köllmer zusammen mit Bundes-, Landes- und Lokalpolitikern einen Kranz am neuen Gedenkstein für die Opfer von Kriegen, Gewalt und Verfolgung am →Neuen Friedhof nieder. **19. November:** In den Stadtwerken Arnstadt wird die Ausstellung von Schülerzeichnungen zum Thema *Die Kirche unserer lieben Frauen zu Arnstadt* eröffnet. **25. November:** Eklat im Rathaus. Die Arbeitsgruppe (AG) *Demokratie braucht Zivilcourage* tagt, trotz Hausverbotes für die AG nach deren Kritik am Waffenlobby-Aufkleber, im Rathaus. Gekommen waren außer den Mitgliedern der AG auch viele Sportschützen, Jäger und andere Waffeninhaber. Mit ihrer Mehrheit läßt sich Bürgermeister Köllmer zum neuen Chef der AG wählen. **28. November:** Landrat Senglaub leitet Disziplinarverfahren gegen Bürgermeister Köllmer wegen Nichteinhaltung der gestellten Frist zur Abgabe seiner Stellungnahme, den Waffenlobby-Aufkleber betreffend, ein. **4. Dezember:** Ein später Aufschrei über den Verfall der Oberndorfer St. Nicolai-Kirche ergeht von Pfarrer Kopitzsch. Seit acht Jahren ist der Sakralbau vom Holzwurm befallen, gerechnet wird mit einem Schaden von 100.000 Euro. **5. Dezember:** Der katholische Kindergarten feiert sein 70jähriges Bestehen. **18. Dezember:** Nach 16monatiger umfassender Rekonstruktion hat das Amtsgericht Arnstadt sein Domizil im Gebäude des ehemaligen Südkrankenhauses gefunden. **19. Dezember:** In ihrer 44. Sitzung beschließen die Stadträte (mit Ausnahme der PDS-Franktion) die Schließung des Stadtgeschichtsmuseums im *Palmbaum.*

2003, 8. Januar: Der Gebäudekomplex am Plan mit dem ehemaligen Waisenhaus und dem Klinkerbau ist im 1. Bauabschnitt denkmalgerecht saniert worden. **9. Januar:** Das Arnstädter Bachjahr beginnt auf seine ganz besondere Weise – am 15. Januar schließt das Stadtgeschichtsmuseum *Palmbaum* einschließlich der Bachgedenkstätte. Im Rathaus stellt der Arnstädter Künstler Christoph Hodgson seine Entwürfe für Fassadenmalereien vor, für die Arnstadt beim Wettbewerb *IQ-Innenstädte mit Qualität* den zweiten Preis erhielt. Zum Neujahrsempfang des Bürgermeisters in der Stadthalle hält Bürgermeister Köllmer eine zum Teil umstrittene Rede, die dazu führt, daß die Vertreter von SPD und PDS nach dem offiziellen Teil den Saal verlassen. **13. Januar:** Um Baufreiheit für die ersten Sanierungsschritte beim Rathausumbau zu schaffen, beginnt der Umzug einiger Abteilungen in die vorbereiteten Gebäude am Plan. **22. Januar:** Durch den Thüringer Justizminister, K.-H. Gasser, und die Thüringer Finanzministerin, B. Diezel, wird das neue Amtsgerichtsgebäude im ehemaligen Südkrankenhaus eingeweiht. **28. Januar:** Im Gewerbe- und Industriegebiet Nord wird im Beisein des Ministerpräsidenten Vogel und des Generalkonsuls der USA Burton der Grundstein für ein Montagewerk der Firma Borg Warner Transmission Systems GmbH gelegt. **31. Januar:** In der Bachkirche finden – von nun an jeden Freitag – Friedensgebete statt. **1. Februar:** Als Nachfolger von Frau Dr. A. Göhler tritt Christoph Gösel offiziell sein Amt als Stadtmarketing-Geschäftsführer an. **20. Februar:** Bürgermeister Köllmer tritt von seinem Amt als Chef der Arbeitsgruppe *Demokratie braucht Zivilcourage* im Stadtrat zurück. **21. Februar:** Bürgermeister Köllmer ehrt, anläßlich des Weltgästeführer- bzw. Weltstadtführertages, 16 engagierte Stadtführer auf einem Empfang im Rathaus mit gelben Rosen. **28. Februar:** Die Thüringer Landesmedienanstalt (TLM) verläßt Arnstadt, um den Medienstandort Erfurt zu stärken! Für Arnstadt eine *zumindest moralisch weitere Schwächung* ihres Status als Kreisstadt. **3. März:** Am Ledermarkt beginnt die dritte Etappe des grundhaften Ausbauprogramms in der Innenstadt, die außerdem den gesamten Holzmarkt bis zur Schloß- und Rankestraße umfaßt. **10. März:** Im Foyer der Arnstädter Stadtwerke wird eine Ausstellung mit historischen Fotos von Arnstadt aus den Jahren zwischen 1870 und 1980 unter dem Titel *Arnstadt zwischen Wandel und Stetigkeit* eröffnet. **14. März:** Der Wasser- und Abwasserzweckverband Arnstadt feiert im Beisein des Thüringer Innenministers Trautvetter (CDU) in der Stadthalle Arnstadt sein 10jähriges Bestehen. **16. März:** Zu einer gemeinsamen Beratung über die Vorbereitung der 1300-Jahrfeier treffen die Vertreter der Partnerstädte Arnstadts (Dubi, Gurk und Kassel) mit Bürgermeister Köllmer und dessen Stellvertreter Reuß zusammen. Die Partner aus Le Bouscat bekunden ihre Teilnahme schriftlich. **17. März:** Der fast 100jährige japanische Schnurbaum in der Neptungrotte vor dem Landratsamt wird gefällt. Der Brunnen der Grotte und die Fassade des Landratsamtes sollen bis zum Stadtjubiläum saniert werden. **18. März:** Der Altstadtkreis Arnstadt e. V. begeht in feierlicher Form in der historischen Gaststätte *Goldene Henne* sein 10jähriges Bestehen. **19. März:** Am Haus Schloßstraße 8 wird nach Renovierung desselben eine neue Tafel zur Erinnerung an das ursprünglich an dieser Stelle befindliche Geburtshaus des späteren *Geheimen Russischen Staatsrats* Christian Samuel von Beck (1768-1853) angebracht, Initiator war der Arnstädter Heimatfreund Gerhard Pfeiffer. **20. März:** Der Kriegsbeginn im Irak sorgt auch im Ilmkreis für Diskussionen. In Arnstadt wird am frühen Abend zum Friedensgebet aufgerufen, im Anschluß daran findet eine Kundgebung mit ca. 200 Kriegsgegnern vor dem Rathaus statt. **1. April:** Auf der B4 beginnt die umfassende Sanierung des Straßenabschnittes zwischen Sodenstraße und Rehestädter Weg. Der 1. Herz- und Reha-Sportverein Arnstadt feiert in der Musikschule sein fünfjähriges Bestehen. **2. April:** Der verdienstvolle Kirchenmusiker und langjährige Chorleiter, KMD Alwin Friedel, erhält aus den Händen der Thüringer Ministerin für Wissenschaft, Forschung und Kunst, Prof. Dr. D. Schipanski im Namen des Bundespräsidenten das Bundesverdienstkreuz am Band. **5. April:** Im historischen Bahnbetriebswerk wird ein Triebwagen der Erfurter Industriebahn auf den Namen *Stadt Arnstadt* getauft. Mit dem Jubiläums-Logo wirbt er zugleich für die 1300jährige Stadt. **7. April:** Mit dem Abbruch von vier Gebäuden beginnt die umfangreiche Sanierung des Rathauses. **8. April:** Nach einem Rundgang durch den Schloßgarten entscheidet der Bauausschuß der Stadt über den künftigen Standort des Falkner-Knaben hinter der neuen Schloßgartenmauer. **10. April:** Im Rahmen einer bundesweiten Einspar-Aktion baut die Deutsche Post AG auch in Arnstadt 21 Briefkästen ab. **12. April:** Am Mahnmal im Jonastal gedenken Kreistagsmitglieder, Stadträte, Landrat und Vizebürgermeister sowie die Technologiegesellschaft Großraum Jonastal der Häftlinge, die im S III-Sonderlager des KZ Buchenwald unter unmenschlichen Bedingungen verstarben. **15. April:** Anläßlich des 150. Geburtstages der Zeitschrift *Gartenlaube* dreht ein Film-Team der Format Film GmbH in Arnstadt einen Film, in dem u. a. auch die Lebensstationen der Schriftstellerin Eugenie John-Marlitt aufgezeigt werden. **17. April:** Die neue Vereinsfahne der Arnstädter Feuerwehr, die 2004 ihr 140jähriges Bestehen feiert, wird dem Vorsitzenden des Vereins übergeben. **19. April:** Das Mechanikzentrum von Alcatel (Standort Arnstadt) wird an die Podratz & Partner GmbH aus Horb-Mühringen verkauft, damit sind auch die 130 Arbeitsplätze gesichert. **29. April:** Am Holzmarkt wird eine Außenstelle der Kaufmännischen Krankenkasse (KKH) Erfurt eröffnet. Die Wolf Süßwaren GmbH, Zweigniederlassung Thüringen, plant in diesem Jahr eine Produktionserweiterung, die 70 neue Arbeitsplätze schaffen soll. **30. April:** Nach zehn Jahren schließt die

Jugendwohngemeinschaft (JWG) in der Pfortenstraße 43, die einzige stationäre Einrichtung des Trägerwerkes Soziale Dienste in Thüringen e. V., die in Arnstadt arbeitet. **3. Mai:** Die Zimmerstraße wird nach umfangreicher Sanierung durch den Bürgermeister übergeben, zugleich findet im Stadtzentrum der 1. Pflanzen-Markt statt. **4. Mai:** Im Arbeitsamt Arnstadt wird eine Sozial-Servicestelle eingerichtet, das neueste gemeinsame Projekt von Arbeits- und Sozialamt. Beim 25. Alteburglauf gehen 144 Läuferinnen und Läufer auf die Strecken über 1, 3,5 und 10 km. Der Alteburglauf ist die älteste der Arnstädter Laufveranstaltungen. **6. Mai:** Die Stadt Arnstadt erhält eine Einladung nach Straßburg, wo sie mit dem Europadiplom ausgezeichnet wird. **16. Mai:** Im Schloßgartentheater findet das letzte Sinfoniekonzert statt. Grund: mangelndes Publikumsinteresse. **21. Mai:** Im *Thüringen-Journal* des mdr-Fernsehens wird ein Bericht über spektakuläre Funde bei Erschließungsarbeiten auf dem Gelände der Firma Kies und Transportbeton Arnstadt gesendet. Archäologen vom Landesamt für archäologische Denkmalpflege finden ein Totenhaus und einen Grabhügel. **27. Mai:** Entlassungen drohen nun auch im Arnstädter Büromöbelwerk (→Möbelwerk). Teile der Produktion sollen zur Mutterfirma nach Alsfeld verlagert werden. **31. Mai:** Die Stadtverwaltung setzt ihre Ideen für den bundesweit ausgetragenen Blumenschmuckwettbewerb *Entente florale – unsere Stadt blüht auf* Stück für Stück um. **2. Juni:** Ihren Auftakt erlebt die von der katholischen und evangelischen Kirche sowie der Stadt- und Kreisbibliothek erste gemeinsam veranstaltete Reihe *Eine Stadt liest die Bibel*. Im Rehestädter Weg wird Arnstadts erste Personal-Service-Agentur, die PSA Maatwerk, eröffnet. **6. Juni:** Zu einem Brand eines ehemaligen LPG-Gebäudes am Bierweg rückt am frühen Morgen die Arnstädter Feuerwehr komplett aus, erst gegen 9.45 Uhr war der Brand gelöscht. **10. Juni:** Das Kinderheim *Friedrich Fröbel*, es befindet sich in der Trägerschaft des DRK, steht zur Disposition. *Es ist finanziell nicht mehr rentabel*, so die DRK-Geschäftsführerin Roswitha Jäkel. **11. Juni:** Der Arnstädter Ausrufer lädt zur Benefizveranstaltung für die Glocken der Liebfrauenkirche ein. Ab 15.30 bis 18.00 Uhr sind die Bob-Weltmeister um André Lange auf dem Markt. Der Vorsitzende der Bezirksgruppe Arnstadt/Gotha der Vereinigung der Opfer des Stalinismus e. V. (VOS) Werner Nöckel läd zu einer Gedenkveranstaltung anläßlich des 50. Jahrestages des Volksaufstandes vom 17. Juni 1953 in das Arnstädter Mobilitätszentrum ein. **14. Juni:** Der 7. Erlebnis- und Umweltmarkt auf dem Marktplatz bis einschließlich Zimmerstraße lockt die Besucher mit attraktiven Angeboten. Mit dem traditionellen Kneipen-Jazz erreicht das 11. Jazz-Weekend seinen Höhepunkt. **14./15. Juni:** Anhaltendem Vandalismus fallen auch die letzten beiden, neu aufgestellten Parkbänke gegenüber dem Gärtnerhaus im Schloßgarten zum Opfer, Schaden fast 1.000 Euro. **20. Juni:** In dieser Woche beginnen die Sanierungsarbeiten an den 18 Sandsteinsäulen Unter der →Galerie am Markt. Die Baumaßnahme wird mit Mitteln des städtebaulichen Denkmalschutzes gefördert. **24. Juni:** Der Anfang ist gemacht. Der lange Dienstag in Arnstadt, eine Initiative von Händlern, Industrie- und Handelskammer Südthüringen, Stadtmarketing Arnstadt GmbH und Thüringer Allgemeine, hat seine Premiere. Viele Innenstadthändler halten ihre Türen bis 19 Uhr offen. Ein neuer Fall von Vandalismus läßt aufschrecken: Eine der ältesten Erlen im Ilmkreis, geschätztes Alter zwischen 120 und 140 Jahre, muß gefällt werden, nach dem die Feuerwehr in den Arnstädter Schloßpark ausrücken mußte, um einen im Baum gelegten Schwelbrand zu löschen. Der Baum ist so stark beschädigt, daß die Fällung unumgänglich ist. **27. Juni:** Im Arnstädter Schloßmuseum laufen die Vorbereitungen zur Johann Alexander Thiele-Ausstellung, die unter dem Titel *Wie über die Natur die Kunst des Pinsels steigt / Thüringer Prospekte und Landschafts-Inventionen* vom 5. Juli bis zum 17. August 2003 gezeigt wird. Frisch gereinigt erstrahlen die ersten 9 der 18 Säulen der Galerie am Arnstädter Marktplatz. **28. Juni:** Im Jahn-Stadion treffen acht Mannschaften zum Kreisausscheid des Ilmkreises in Bundeswettbewerb für die Jungfeuerwehren aufeinander. In der Bachkirche wird der diesjährige Thüringer Orgelsommer von Thüringens neuem Ministerpräsidenten Dieter Althaus (CDU), der zugleich Schirmherr des Orgelsommers ist, feierlich eröffnet. Das Rosenstraßenfest findet großen Anklang.

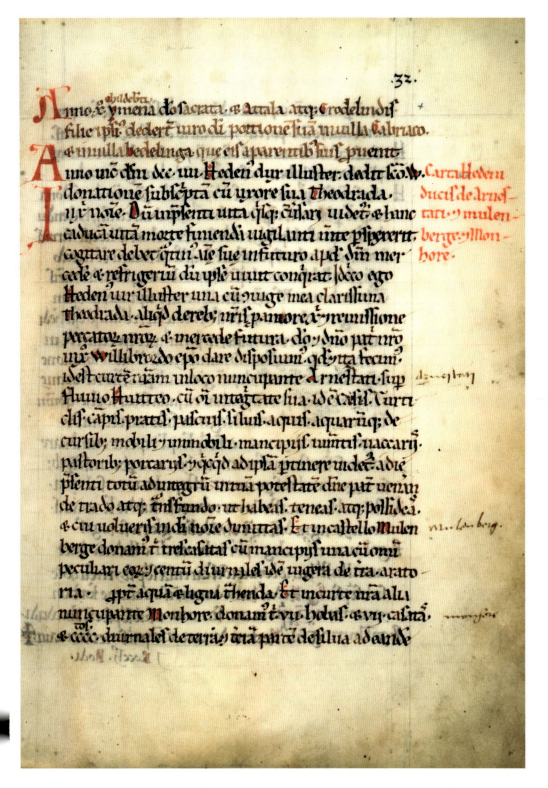

Anno ... ymena do sacrata. et Attala atq; Crodelindis
filie ipsi? dedert uiro di portione sua muilla Saltraco.
et muilla bedelinga que eis apereintib, suis, puenit.

Anno uno dni dcc. iiii. Heden dux illuster. dat K.o.W.
donatione sublepta cu uxore sua theodrada.
iir nole. Du implenti uita q;sq; curare uidet. et hinc
caduca uita morte siniendi uigilanti iure psperint,
cogitare debet q;tui ue sue infuturo apd dm mercede et refrigeriu diu ipse uiuit conqrat. Ideo ego
Heden uir illuster una cu ... mea clarissima
theodrada. aliq;d dereb, nris, pamore et remissione
peccator, nror, et mercede futura. do, dno pri nro
uir Willibrordo epo dare dispositum. q;d; ita fecim.
idest curte nram inloco nuncupante Arnestati sup
fluuio Gunttco. cu oi integritate sua. ide cassis. Curti-
elis. capis. pratis. pascuis. siluis. aquis. aquariuq; de-
cursib; mobili, immobili, mancipiis, iuintis, uaccariis,
pastorib; porcariis, ... adipsa ptinere uidet. adie
psenti totu aduntegru intua potestate die pri uenru
de trado atq; tusfundo. ut habeas. teneas. atq; possidea,
et cui uolueris indi nole dimittas. Et incastello Mulenberge donam, t, trescassitas cu mancipiis una cu omi
peculiari eor, ... centu diurnales. ide iugera de tra. arato-
ria. ... apt aqua et ligni thenda. et incurte nra alia
nuncupante Monbore. donam, t vii. hobas. et vii. caslas,
et cccc. diurnales deterra, et tra pnte desilua adeade

Stadtrechtsurkunde vom 21. April 1266

Großes Siegel der Stadt Arnstadt an einer Urkunde von 1386, auf dem sich eine symbolische Darstellung der Türme der Liebfrauenkirche sowie der Stadtbefestigung befindet.

Käfernburger Gemälde

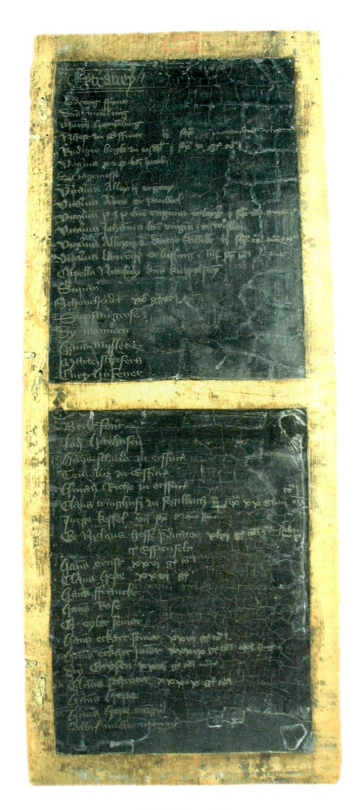

Wachstafel von 1457

Bildteppich "Affen beim Schmaus im Walde", um 1560

Günther XLI., der Streitbare,
Öl auf Leinwand, 1583

Katharina von Nassau,
Öl auf Leinwand, 1583

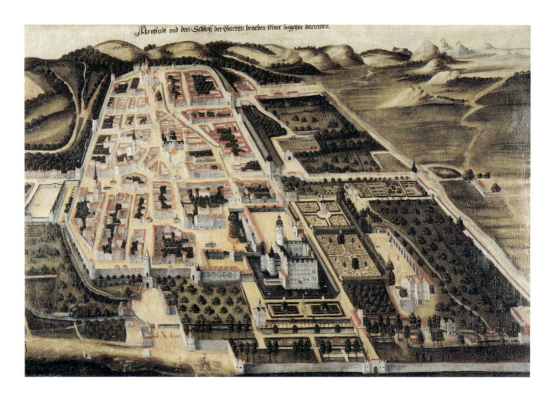

Stadtansicht von W. Kelner, "Arnstadt und das Schloß der Garten beneben seiner Zugehör darinnen", Öl auf Leinwand, 1597

Adlerpokal, 1592

Ringflasche, Arnstädter Fayence, 17. Jh.

Grabstein des Archidiakons Quirinus Hedenus von Christoph Meil,
Sandstein, 1712

Auguste Dorothea von Schwarzburg-Arnstadt,
Öl auf Leinwand, nach 1700

Anton Günther II. von Schwarzburg-Arnstadt,
Öl auf Leinwand, 1701 (?)

Johann Wolfgang Caroli,
Öl auf Leinwand, nach 1711

Johann Gottfried Olearius,
Öl auf Leinwand, 1711

Hofküche aus der Puppenstadt "Mon plaisir", 1. Hälfte 18. Jh.

"Das Fürstliche Schloß",
Chromolithographie, um 1860

Die Eremitage,
Graphik, 19. Jh.

Die Harmonie,
Graphik, 19. Jh.

Der Schönbrunn,
Graphik, 19. Jh.

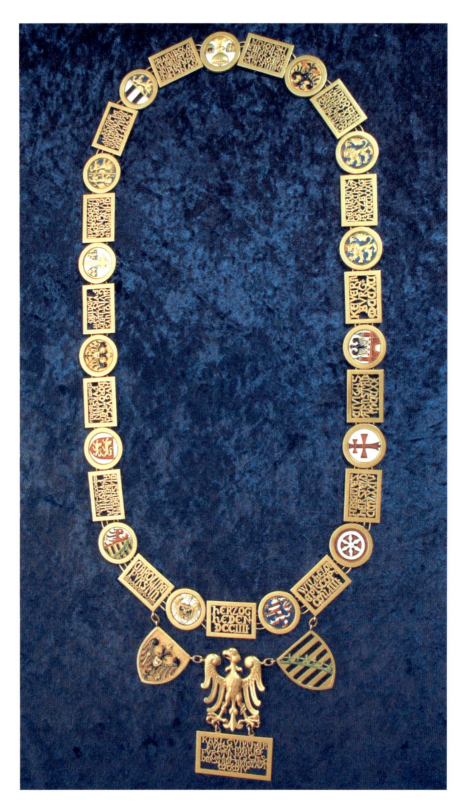

Amtskette von 1904

Hof des Oberklosters von Arthur Rose,
aquarellierte Federzeichnung, 1912

Längwitzer Mauer, um 1910

173

Notgeldscheine, gestaltet von A. Paul Weber, 1921

Schützenscheibe mit Ansicht der Hauptwache, 1857

Ansicht von Arnstadt,
Graphik, 19. Jh.

Ansicht von Arnstadt,
Graphik, 19. Jh.

LEXIKON A – Z

Das Lexikon enthält Artikel über Personen, Bauwerke, Firmen und allgemeine Begriffe. Die aus einem oder mehreren Wörtern bestehenden fettgedruckten Stichwörter geben die alphabetische Reihenfolge vor. Die Umlaute ä, ö, ü werden wie ae, oe, ue geordnet. Das ß wird wie ss behandelt. Fürstennamen sind unter dem Vornamen der betreffenden Person zu finden, z. B. Fürstin Auguste Dorothea von Schwarzburg-Sondershausen unter Auguste Dorothea. Künstler sind unter ihrem bekannten Künstlernamen (z. B. Alexis, Willibald) geordnet. Jeder Artikel beginnt mit dem fettgedruckten Stichwort. Bei Biographien schließen sich Beruf/Tätigkeit, Lebensdaten (* für geboren, † für gestorben), Angaben zur Person und eine Werkeauswahl (mit W abgekürzt) sowie der Hinweis auf ein Porträt an. Die Länge einer Biographie sagt nichts über die Bedeutung der Person aus. Das gleiche gilt für Bauwerke und Firmen. Jeder Artikel endet mit Quellen (Q) und/oder Literatur (L) und ermöglicht weitere Forschungen. Die Quellen- und Literaturangaben wurden zum Teil gekürzt. Wie bei der Zeittafel findet man die Abkürzungen im Siglenverzeichnis. *Zitate aus Quellen und Literatur sowie besonders erwähnenswerte Eigennamen von Institutionen wurden kursiv gesetzt und meistens gekürzt oder zusammengezogen, teilweise auch in Klammern gesetzt.* Sie entsprechen in diesem Fall keinen modernen Editionsregeln (Verzicht auf eckige Klammern und Auslassungspunkte). Ebenfalls wurden zur Heraushebung Anführungsstriche ("...") verwendet. Erläuterungen stehen ebenfalls in Klammern. Die Herkunft der Abbildungen wird im Abbildungsnachweis genannt. Am Ende des Artikels stehen Vor- und Zuname des oder der Autoren. Die zahlreichen Verweispfeile (→) sollen die Benutzung des Lexikons erleichtern.

A

Acker, Anton: Stadtbaumeister, Architekt, *3. 3. 1887 Landau/Pfalz, †30. 4. 1933 Arnstadt, Besuch der Realschule, technische Ausbildung u. a. auf der Industrieschule in Kaiserslautern, danach Studium an der Technischen Hochschule München, 1910-14 Tätigkeiten in verschiedenen Stadtbauämtern, ab April 1914 im Stadtbauamt Wiesbaden, danach Tätigkeit als bayerischer Regierungsbaumeister in Fürth, 1919 Einstellung als Stadtbaumeister in Arnstadt und Wahl zum Stadtbaurat, später Stadtoberbaurat und Bürgermeister, Leiter des Stadtbauamtes bis 1933, stand den Sozialdemokraten nahe, beging nach Machtergreifung der Nationalsozialisten Selbstmord, sein 14jähriges Wirken hinterließ viele Spuren im Stadtbild, 1946 Umbenennung der Katharinenstraße in Oberbaurat-Acker-Straße.
W Nach seinen Plänen entstanden u. a.: städtische Siedlungsbauten Rudolstädter Straße (1920-22), Baumschule (1921-22), →Fasanengarten (1922-23), Bielfeldstraße und Nordfront der Gothaer Straße (1923-25), Wohnanlage mit Feuerwehrgerätehaus und Arbeitsamt, Bärwinkelstraße 4-10, Oberbaurat-Acker-Straße 5, 7-16 u. 18 (1927-28), Siedlung am nordöstlichen Stadtrand (1932).

Q KAA, Bestand Stadt Arnstadt, Sign. 025-02, 031-13. L Fuhrmann, Hartmut: Bereich Fasanengarten. In: Denkmale im Kreis Arnstadt. Veröffentlichungen der Museen der Stadt Arnstadt 12 (1988), S. 39f. Architekturführer Thüringen. Vom Bauhaus bis zum Jahr 2000. Weimar 2000, S. 298f. *Andrea Kirchschlager*

Adreßbücher: Einwohner- und Geschäftsverzeichnisse mit Angaben zu Name, Beruf und Wohn- bzw. Geschäftsanschrift, erschienen von 1841-1948 meist in unregelmäßigem Abstand, teils jährlich, seit 1997/98 erscheint wieder ein Adreßbuch. Das erste Arnstädter Adreßbuch erschien 1841 in Sondershausen, herausgegeben von A. H. A. →Hatham unter dem Titel *Arnstadt nach seinen gegenwärtigen Verhältnissen und unter Beifügung vieler geschichtlicher Notizen, sowie einer kurzen, getreuen Schilderung seiner Umgebung dargestellt. Ein Hand- und Addressbuch für Einheimische und Fremde* (versehen mit einem Stahlstich, dem Porträt des regierenden Fürsten Günther Friedrich Carl II. von Schwarzburg-Sondershausen sowie zwei Lithographien mit Ansicht der Stadt und der Bürgerschule). 1842 erschien in Arnstadt das *Adreß=Buch der verschiedenen Behörden, Straßen und Nummern,* *nebst Angabe der Hausbesitzer und deren Gewerbe in der Stadt Arnstadt. Für Einheimische und Fremde* (Druck u. Verlag Friedrich Faust, Hofbuchdrucker). 1853 erschien in Erfurt das ebenfalls von Hatham herausgegebene Adreßbuch *Arnstadt in seinem gegenwärtigen Zustande. Ein treuer Führer zu den Bewohnern und Merkwürdigkeiten Arnstadts und dessen nächster Umgebung mit kurzen topo- und geographischen, so wie historischen Bemerkungen für Einheimische und Fremde.* 1858 *Adreßbuch von Arnstadt oder Verzeichniss der Hauseigenthümer Arnstadts nach Straßen und Hausnummern* (Druck u. Verlag Ohlenroth`sche Hofbuchdruckerei), 1864 *Treuer Führer durch Arnstadt, oder Topographische Beschreibung Arnstadts nach seinen vier Stadttheilen, Straßen, laufenden Hausnummern, Hausbesitzern, Firmeninhabern* (Hatham im Selbstverlag), 1867 *Adreßbuch von Arnstadt oder Verzeichnis der Hauseigenthümer Arnstadts nach Straßen und Hausnummern* (Druck u. Verlag Ohlenroth`sche Hofbuchdruckerei), Druck und Verlag der Adreßbücher von 1871-1921 durch die Fürstl. Hofbuchdruckerei von Emil →Frotscher, ab 1871 enthielten die Adreßbücher auch einen Stadtplan, 1871 *Adreßbuch von Arnstadt. Verzeichniß der Hauseigenthümer und Miethbewohner Arnstadts nach Straßen und Hausnummern*, 1873, 1878, 1881 und 1884 *Adreßbuch der Stadt Arnstadt* (Adreßbücher 1878, 1881 und 1884 bearbeitet von C. Glöckner), 1891 und 1894 *Adreß- und Geschäfts-Handbuch der Stadt Arnstadt* (1891 bearbeitet von Bürgermeister Fr. Hopf), 1897, 1900, 1902, 1905 und 1907 *Wohnungs- und Geschäfts-Anzeiger der Stadt Arnstadt* (Adreßbücher 1894, 1897, 1900 und 1902 bearbeitet von Magistratssekretär C. Mönch, von 1905 bis 1931/32 bearbeitet vom Polizeibeamten G. Ganz und Meldeamtsbeamten P. Vogelsberg), 1908, 1909, 1911, 1912 und 1914 *Adreß-und Geschäfts-Handbuch der Stadt Arnstadt und ihrer Umgebung* (mit umliegenden Ortschaften), 1919 *Einwohnerverzeichnis der Stadt Arnstadt (Notausgabe)*, 1921 *Einwohner= u. Geschäfts=Handbuch der Stadt Arnstadt und ihrer Umgebung,* (Adreßbücher von 1924/25-1940 Druck u. Verlag von Otto →Böttner), 1924/25 und 1928 *Einwohner-Verzeichnis und Geschäftshandbuch der Stadt Arnstadt und Umgebung,* 1931/32 und 1937 *Arnstadt mit 74 Ortschaften*

des Landkreises Arnstadt. Einwohnerverzeichnis und Geschäftshandbuch, 1940 *Einwohnerverzeichnis der Stadt Arnstadt mit Verzeichnis der Behörden (Kriegsausgabe),* 1948 *Arnstadt mit 64 Ortschaften des Landkreises Arnstadt. Einwohner-Verzeichnis und Geschäfts-Handbuch* (Druck u. Verlag Thüringer Volksverlag Weimar GmbH, Zweigniederlassung Arnstadt), 1997/98, 1998/99, 2000/01 und 2002/03 *Das Blaue Adress,-Behörden-und Firmenhandbuch* (Herausgeber u. Verlag Heinz Heise GmbH & Co KG Erfurt). Q KAA, Bestand Stadt Arnstadt, Adreßbücher 1841-2003, Sign. 223.　　　　*Andrea Kirchschlager*

Agnes-Winckler-Stiftung: Am 4. 4. 1907 zum Zweck der Anlegung von Arbeitergärten errichtet, bereits am 9. 4. 1907 nahm der Stadtrat die Schenkung an und bestätigte die Satzung, 39 Gärten und ein Spielplatz, 1 ha, 75 m², fiduziarische Stiftung, treuhänderisch von der Stadt verwaltet, Pachtpreis heute wie 1907, anerkannte Kleingartenanlage.
L Specht, Reinhard: Stiftungen und stiftungsähnliche Vermögensmassen. In: AVAU 4 (1994) S. 60f.
　　　　Reinhard Specht

Ahrendts, Heinrich Wilhelm *Franz*: Dr. med., Heimatgeschichtsforscher, *28. 11. 1841 Dessau, †10. 8. 1919 Arnstadt, Sohn des Lehrers Friedrich Ahrendts, ließ sich Anfang der 1870er Jahre als Arzt in Arnstadt nieder, Mitwirkung bei der Gründung und Weiterentwicklung der Volksbibliothek, auf seine Anregung Einrichtung der Lesehalle, Mitglied des Wissenschaftlichen Vereins, Teilnehmer am historischen Kneipabend im Burgkeller (Altertumskränzchen), Mitbegründer der →Museumsgesellschaft, dort Mitglied des Altertums- und des geschäftlichen Ausschusses, wohnte Ritterstr. 11.
W *Die bauliche Entwicklung Arnstadts bis in das 15. Jahrhundert.* In: Alt-Arnstadt 5 (1917), S. 59-102; *Siedlungen und Verkehr der Vorzeit.* In: Korrespondenzblatt d. deutschen Gesellschaft für Anthropolgie, Ethnologie und Urgeschichte Nr. 8-12 (1914).
Q ANIB v. 12. 8. 1919, Nr. 185 (Nachruf u. Todesanzeige).
L Boese, Franz: Wie ich zur Museumsgesellschaft kam, und wie sie wurde. In: Alt-Arnstadt 12 (1939), S. 103f.　　　　*Andrea Kirchschlager*

Albrecht, Paul *Hans*: Museumsleiter, Stadtarchivar, Heimatgeschichtsforscher, *27. 7. 1894 Frankfurt/Main, †22. 7. 1955 Arnstadt, Mitglied der →Museumsgesellschaft, Mithilfe bei der Neuordnung der Bestände der Museumsbibliothek und der Erhaltung der wertvollen Sammlungen des Schloßmuseums, 1937 Eintritt in städtische Dienste, ab 1949 Leiter des →Heimatmuseums, 1945-49 Tätigkeit im Stadtarchiv, langjährige Tätigkeit im Natur- und Heimatschutz, in der Denkmalpflege und als Wander- und Fahrtenleiter, widmete sich der Bachforschung, Betreuer der →Bachgedenkstätte, Verfasser zahlreicher heimatgeschichtlicher Zeitungsartikel im Arnstädter Anzeiger, wohnte Am Kupferrasen 2.

W *Die Bürgeraufnahmen von 1565 bis 1582.* In: Alt-Arnstadt 12 (1939), S. 39-45; *Nachruf: Dr. Bernhard Grosse.* ebd. S. 125-127, *Die Bachhäuser und die Bachgedächtnisstätte in Arnstadt.* In: Johann Sebastian Bach und seine Verwandten in Arnstadt. Ein Arnstädter Bachbuch. Arnstadt 1950, S. 124-133, *Arnstädter Komponisten des 18. und 19. Jahrhunderts.* In: AKB, H. April (1954), S. 9f.

L Hans Albrecht (Nachruf). In: AKB H. Sept. 1955, S. 7. *Andrea Kirchschlager*

Alexis, Willibald: Pseudonym, mit bürgerlichem Namen Georg Wilhelm Heinrich Häring, Schriftsteller, Publizist, Übersetzer und Herausgeber literarischer Zeitschriften, *29. 6. 1798 Breslau, †16. 12. 1871 Arnstadt. Seine Vorfahren stammten aus der Bretagne. Er besuchte das Wersche Gymnasium in Berlin, studierte in Berlin und Breslau Jura und war dann als Auskultator (Jurist im Vorbereitungsdienst) und Kammergerichtsreferendar tätig. 1820 veröffentlichte er als 22jähriger das Epos *Die Treibjagd.* Von da an widmete er sich ausschließlich der schriftstellerischen Tätigkeit, gab in den folgenden Jahren u. a. mehrere Novellensammlungen heraus und tat sich als Reiseschriftsteller hervor. Zwischen 1823 und 1827 kamen seine ersten Romane heraus (u. a. *Walladmor*, Berlin 1823/24), die er für Werke Walter Scotts ausgab, was ihm den Titel *märkischer Scott* eintrug. Alexis gilt als Begründer des deutschen realistischen historischen Romans. Hintergrund seiner Romandichtungen ist die märkisch-preußische Geschichte. Alexis kam im

Willibald Alexis

Juli 1851 zusammen mit seiner Frau erstmalig nach Arnstadt. Es war mehr Zufall als Absicht. Sie wurden unter den Nummern 19 und 20 in die Badeliste des entstehenden →Solbades Arnstadt eingetragen. Im gleichen Jahr erschien im Verlag Ferdinand →Meinhardt, Arnstadt seine Schrift *Arnstadt - ein Bild aus Thüringen.* Im August 1852 stellte er an die Stadt Arnstadt einen Kaufantrag zum Erwerb eines Grundstückes mit der Absicht, sich hier einen Sommerwohnsitz zu bauen. Im März 1853 erteilte der Fürst durch eine Ausnahmebestimmung die Bauerlaubnis (Alexis besaß keine Staatsangehörigkeit des Fürstentums Schwarzburg-Sondershausen). Im Sommer 1854 war das Haus →Lindeneck fertiggestellt, die Familie pendelte jedoch noch zwischen Berlin und Arnstadt hin und her. Die endgültige Übersiedlung nach Arnstadt erfolgte vermutlich im Mai 1858. Hier begann Alexis an einem unvollendet gebliebenen Zeitroman zu arbeiten. Ein Bruchstück daraus ist die Novelle *Ja in Neapel.* Zwei Schlaganfälle (1856 u. 1860) zwangen ihn schrittweise zur Aufgabe seiner literarischen Tätigkeit und fesselten ihn an den Rollstuhl. Alexis starb im Dezember 1871 und wurde auf dem →Alten Friedhof beigesetzt. Wiederholte Anträge des Touristenklubs für die Mark Brandenburg an die Stadt Arnstadt erwirkten schließlich 1911 die Erlaubnis, auf der Grabstätte als Zeichen des Gedenkens einen Granitfindling mit einer Plakette zu errichten, deren Inschrift lautet: *Zur Seite seiner edlen Gattin Laetitia schläft hier WILLIBALD ALEXIS In treuem Gedenken setzten dies heimatliche Mal ihrem Dichter die Märker.* (Restauriert i. A. der Arnstadtfreunde 1992). Am 1. 5. 1904 wurde in der Anlage gegenüber seinem Haus Lindeneck (kleine Gedenktafel dort) ein Denkmal eingeweiht, ein ca. zwei Meter hoher, fast quadratischer Muschelkalksockel, darauf eine Bronzebüste des Dichters, geschaffen vom Münchener Bildhauer Peter. Im Olms-Verlag Hildesheim/Zürich/New York ist seit 1996 ein Nachdruck seiner Romane und Erzählungen in Arbeit, um 1890 Benennung des Weges (Alexisweg) an seinem Haus, 1991 Umbenennung der Hermann-Matern-Straße in Willibald-Alexis-Straße.

L Dittrich, Janny: Willibald Alexis in Arnstadt, Geschichts- und literaturwissenschaftliche Untersuchungen über ein Dichterleben in der zweiten Hälfte des 19. Jahrhunderts. In: Bremer Beiträge zur Literatur- und Ideengeschichte, Bremen 2001.   *Rolf Stangenberger*

Altbergbau: Bedingt durch die geologische Situation am Südrand des Thüringer Beckens (Trias) gab es in Arnstadt keine abbauwürdigen Erzvorkommen, so daß die Rohstoffgewinnung in den Schichten des Muschelkalk oder Keuper überwiegend im Tagebau erfolgte. Lediglich für die Soleförderung in der →Saline Arnshall nahe Rudisleben nutzte man seit 1845 Steinsalz führende Schichten des Oberen Bundsandsteins (Röt) in über 300 Meter Tiefe. In der Literatur genannte Erzvorkommen gehören mit hoher Wahrscheinlichkeit ins Reich der Legende. Relikte des Altbergbaus begegnen uns im Gelände zumeist als aufgelassene Restlöcher von Steinbrüchen unterschiedlichster Größe. Pingen und Hinweise auf verfallene Stollen finden sich im Bereich des Walpurgisberges. Zwischen 1703 und 1713 sind Ausgaben für ein Bergwerk *auff dem guthen glücke übern Hopffengrunde Zu Arnstadt* überliefert. Welche Bodenschätze hier gewonnen werden sollten, ist nicht bekannt. Vom guten Glück im Hopfengrund blieb ein ca. 45 m tiefer Schacht. Als Pinge sichtbar, wurde er während der Ausgrabungen auf dem →Walpurgiskloster 1992 wieder

entdeckt. Er steht als Bodendenkmal unter Schutz.

L Unger, Peter: Altbergbau am Walpurgisberg bei Arnstadt. In: AVAU 4 (1994), S. 98-102.   *Peter Unger*

Alteburg: Die auf einem nach drei Seiten steil abfallenden Bergsporn gelegene Alteburg am Südrand von Arnstadt zählt mit etwa 25 ha zu den bedeutendsten urgeschichtlichen Befestigungsanlagen in Thüringen. Der heute noch ungefähr 350 m lange Hauptwall, die Schwedenschanze, sowie ein etwa 50 m südwestlich vorgelagerter stark abgetragener Wall schließen eine Fläche von 700 x 400 m ab, die einen auffallenden Fundreichtum aufweist. Ca. 150 m südlich vor dieser Anlage lag an engster Stelle des Plateaus ein dritter Wall, der heute völlig eingeackert ist. Wasser fehlte auf dem Berg und konnte nur aus dem Tal, entweder auf der Gera-Seite vom sogenannten Offenborn, oder auf der Weiße-Seite vom heutigen →Schönbrunn geholt werden. Bis ins 18. Jh. wurden große Teile der Alteburg als Viehtrift genutzt. Etwa seit 1830 ist für die Wallanlage auch die Bezeichnung Schwedenschanze im Gebrauch. Erste Funde wurden im Zuge der Separation 1862-65 gemacht. Neben kleineren Untersuchungen seit 1886 erfolgten auch erste Grabungen innerhalb der Schwedenschanze. In den 90er Jahren kam es zu vielfachen Durchwühlungen der Schanze durch Aushebung von Baumgruben und Entnahme von Steinen zur Wegebesserung. 1893 wurde ein Schnitt in der Osthälfte des Hauptwalles angelegt (Zusammensetzung der Wälle aus Erde und Steinen). 1898 Aufmessung der Alteburg und Erstellung eines Planes. Im Laufe der Zeit wurden kleinere und größere Sammlungen von Alteburgfunden zusammengetragen, die in die Museen von Arnstadt, Weimar, Jena, Halle und Berlin gelangten. Ob die zahlreichen Feuersteinkleingeräte schon auf mehr als nur eine Begehung im Mesolithikum (8000-4500 v. u. Z.) deuten, ist im Augenblick noch nicht zu klären. Die erste faßbare Besiedlung begann bereits im Frühneolithikum (4600-1700 v. u. Z.) und setzte sich ohne Bruch kontinuierlich bis in die Hügelgräberbronzezeit (1600-1200 v. u. Z.) fort. Die Bandkeramik (4600-3600 v. u. Z.) und die Schnurkeramik (2300-1800 v. u. Z.) sind mit wenigen Scherben und zahlreichen Felsgesteinwerkzeugen vertreten. Pfeilspitzen mit Schaftzunge und Widerhaken, im inneren Thüringer Becken selten, werden im wesentlichen für die Glockenbecherkultur (2200-1700 v. u. Z.) in Anspruch genommen. Funde der Hügelgräberbronzezeit belegen kulturelle Verbindungen mit dem Süden und Südwesten während der mittleren Bronzezeit. Zwischen der Frühbronzezeit (1800-1500 v. u. Z.) und der Spätlaténezeit (500 v. u. Z.-Beginn u. Z.) scheint die Alteburg nur wenig besiedelt gewesen zu sein. Eine zweite große Besiedlung setzte erst wieder kurz vor der Spätlaténezeit ein, wovon Fibeln in größerer Anzahl zeugen. Das Ende der Alteburgbesiedlung liegt wohl in den ersten Jahrzehnten vor der Zeitwende, wobei eine Besiedlung in der römischen Kaiserzeit (1.-4. Jh.) auf Grund von Münz- und Fibelfunden nicht auszuschließen ist. Die Spornanlage der Alteburg hatte es zu allen Zeiten durch ihre strategisch günstige Lage den Bewohnern ermöglicht, sowohl das Vorland zu beherrschen, als auch einen Fernhandelsweg über den Thüringer Wald nach Franken zu überwachen.

L Caemmerer, Erich: Vor- und Frühgeschichte Arnstadts und seiner weiteren Umgebung. Jena 1956; Behrend, Rosemarie: Die bronze- und spätlaténezeitliche Besiedlung der Alteburg bei Arnstadt. In: Alt-Thüringen 10 (1968/ 69), S. 97-142; Lappe, Ulrich: 120 Jahre Forschung auf der Alteburg bei Arnstadt. In: Ausgrabungen und Funde 33 (1988), S. 221-226.   *Ulrich Lappe*

Alteburgturm: 1445 errichtete man auf der →Alteburg und auf dem Pfennigsberg in Richtung Holzhausen hölzerne Warttürme. 1455 erfolgte ein steinerner Neubau der Warte auf der Alteburg (mit Ziegeln gedeckt). In der Mitte des 18. Jhs. war von dieser Warte lediglich noch der Füllmund eines runden Turmes zu erkennen. Mit der Urbarmachung der oberen Spitze der Alteburg zwischen 1787 und 1789, spätestens jedoch bei der Anlage des sog. Pappelkreises vor 1822 dürften die letzten Reste des Wartturmes verschwunden sein. Bis Ende des 19. Jh. wuchs der Pappelkreis zu einem Wahrzeichen von Arnstadt empor. Die Bäume hatten hier ihr Lebensalter erreicht und waren teilweise abgestorben. So reifte der Gedanke nach Errichtung eines Bismarck- oder Kaiser-Turmes in Erinnerung an den Deutsch-Französischen Krieg 1870/71. Zu diesem Zweck gründeten am 28. 8. 1895 ent-

Alteburgturm

schlossene Bürger den Alteburgturm-Bauverein, 22. 3. 1897 Grundsteinlegung für den Turm (Entwurf Prof. Hugo Hartung, Berlin; bevorzugte wegen der Nähe zur →Liebfrauenkirche romanische Architekturformen). Baubeginn am 10. 1. 1902, feierliche Einweihung am 10. 8. 1902. Seit März 1922 besitzt die Stadt Arnstadt den Turm sowie das 1904 errichtete Wärterhaus und ab 1937 das neu erbaute Berggasthaus Alteburg. Am 19. 12. 2001 wurde eine umfassende Sanierung des Turmes (30 m hoch) abgeschlossen.

L Unger, Peter / Heger, Klaus-Dieter: 100 Jahre Alteburgturm Arnstadt 1902-2002, Arnstadt 2002, S. 7-9.   *Peter Unger*

Alter Friedhof: Nach Schließung der innerstädtischen Friedhöfe, die um die Kirchen lagen (ihre Namen haben sich z. T. bis in das 19. Jh. erhalten), wurde 1537 vor dem Erfurter Tor der heutige Alte Friedhof neu angelegt, 1567, besonders aber 1582, wo wegen der Pest 1762 Tote zu beklagen waren, sowie 1832 mußte der Friedhof erweitert werden, 1738-43 Bau der Gottesacker- oder →Himmelfahrtskirche, 1894 schloß der Friedhof mit ca. 8.000 Grabstellen und wurde 1924 in eine Parkanlage umgestaltet, etwa 57.000

Alter Friedhof

Personen fanden hier ihre letzte Ruhe. Entlang der Friedhofsmauer standen die sogenannten Beinhäuschen, in denen höhergestellte und adlige Personen beigesetzt wurden. Zur Verbreiterung der Krappgartenstraße wurden sie 1923 abgebrochen. Auf dem Friedhof fanden u. a. auch 25 Angehörige der Musikerfamilie Bach ihre letzte Ruhe (Gedenkstein, ein Obelisk, 2002 errichtet). Einzig erhaltene Grabstellen sind: Willibald →Alexis, Eugenie John →Marlitt, ihr Vater Ernst →John, Emilie von →Linsky, →Fürstengruft. In der Nähe von Letzterem befindet sich das eiserne Tor der →Augustenburg, welches nach deren Abbruch 1765 als Haupteingang des Friedhofs diente und 1923 an diese Stelle gesetzt wurde. Einige Grabsteine sind heute im Lapidarium und im Garten des →Neuen Palais aufgestellt, 1965 wurde die Bronzeplastik *Der Rufer* aus der Gruppe des Buchenwald-Denkmals von Fritz Cremer aufgestellt. An der Bahnhofstraße steht das 1992 wiedererrichtete Marlittdenkmal, 1988 Aufstellung des Gedenksteins zum 50. Jahrestag der Kristallnacht unweit der niedergebrannten →Synagoge. Das kleine Häuschen aus dem Jahre 1841 neben der Himmelfahrtskirche war die Wohnung des Friedhofgärtners.
L Abendroth, Helmut-Karl: 450 Jahre Alter Friedhof in Arnstadt. In: BHSKA 7 (1988), S. 14-16.; Der alte Gottesacker in Arnstadt. In: Rehbein, Arthur: Grün-Weiß. Braunschweig 1922, S. 117-137. *Ulrich Lappe*

Altersheim/Armenhaus: Als Vorgänger der Altersheime in Arnstadt können das Hospital St. Jacob und das Hospital St. Georg bezeichnet werden, vereinigt wurden beide 1875 in Verei-

nigtes St. Georg-und St. Jacob-Stift, die Pfründner (durch Einkauf) wohnten in der Erfurter Str. 39 und auch außerhalb des Stifts. Daneben gab es noch die „geschlossene" Armenpflege, wozu das städtische Armenhaus gehörte, das sich bis Ende des 19. Jhs. im Haus Riedmauer 1 befand, danach im ehemaligen Schieferhof, dem bisherigen →Krankenhaus, Fleischgasse 25. Es erfolgte der Umzug in das städtische Versorgungshaus Jonastal 4, das am 1. 8. 1925 eingeweiht wurde. Ab 1928 nannte es sich Städtisches Versorgungsheim und war für alte, arbeitsunfähige Männer und Frauen Heimstatt, daneben auch vorübergehend für Obdachlose zuständig. 1945 wurde das Jonastal 4 Altersheim. 1948 wohnten dort 49 Frauen und Männer. Im Jahr 1945 erfolgte die Einrichtung eines zweiten Altersheimes für Umsiedler im Dachgeschoß des Hauses Karl-Liebknecht-Str. 10 (heute Bosch-Schule). 1947 wurde dieses in den Eichfelder Weg 16, 1874 als Restauration gebaute →Marienhöhe, verlegt. Nach jahrelangem Leerstand erfolgte 2003 der Abriß. Vorhandene Kapazität 1945: 22, 1947: 57 Plätze. 1950 nannte sich das Haus Jonastal 4 Feierabendheim. 1949 erfolgte der Zukauf des Hauses Jonastal 6. Plätze 1925: 12, 1936: 30 1948: 48, 1950: 65. Im Jahr 1974 wohnten im Feierabendheim Jonastal/ Marienhöhe 122 ältere Bürger. Am 12. 12. 1980 erfolgte die Übergabe des neuen Feierabend- und Pflegeheimes am Dornheimer Berg, nach 2-jähriger Bauzeit mit 126 Feierabend- und 84 Pflegeplätzen. Nach Umbaumaßnahmen ab 1984 im Jonastal 4 wurde 1986 eine Rehabilitationspädagogische Fördereinrichtung ihrer Bestimmung übergeben. Abriß des Hauses 1997, heute steht dort ein Wohnheim für behinderte Menschen in Trägerschaft des →Marienstiftes Arnstadt. 1991 gingen mit Kreistagsbeschluß die Altersheime aus der Trägerschaft des Landkreises auf die Gesellschaft für Sozialdienste Wuppertal über: Dornheimer Berg, Dorotheental, Marienhöhe. Heute in Trägerschaft von pro seniore, Residenz Dornheimer Berg, Alexander-Winckler-Str. 2. Es gibt noch die private Seniorenresidenz in der Lessingstr. 21 und das Seniorenzentrum Arnstadt GmbH, Pflegeheim, Dorotheental 37. Daneben existieren heute die verschiedensten betreuten Wohnangebote für ältere Menschen. Die damaligen Aufgaben des Armenhauses, auch als „Wanderstation" für Obdachlose zuständig zu sein, hat heute die Obdachlosenunterkunft am Mühlweg zu erfüllen (Aufgabenbereich der Stadtverwaltung).

L Specht, Reinhard: Jonastal 4 – Ein Beitrag zur Geschichte eines Hauses und auch ein Stück Weg von 70 Jahren Arnstädter Sozialgeschichte. In: Friedrich, Jürgen (Hg.): Marienstift Arnstadt, 6. Berichtsband, (1999), S. 82-88.   *Reinhard Specht*

Altes Rektorat: Kohlgasse 17, an Stelle des heutigen Hauses schon 1412 ein Freihaus der Familie Lichtenberg erwähnt, 1542-1720 war das Haus ein Brauhof. Fachwerkgeschoß mit sog. "Thüringer Leiter" in der Brüstungszone, über massivem Erdgeschoß 1600 neu errichtet, bis Anfang 19. Jh. als Wohnhaus genutzt, ab 1838 Rektorat, ab 1894 Museum und Stadtarchiv, 1928 →Jugendherberge, ab 1933 Schulmeisterwohnung, 1935 Umgestaltung zur →Bachgedenkstätte, Freilegung des Fachwerkes und Bemalung mit historisierendem Dekor der Ausfachung, 1950-98 diente das Gebäude Schulzwecken und als Hausmeisterwohnung. Nach Sanierung 1999 u. a. Entfernung des Verputzes von 1935, seit 2000 in Privatbesitz.

L Stadtführer durch Arnstadt, S. 16.   *Ulrich Lappe*

Altstadtkreis Arnstadt e. V.: Gegründet 9. 2. 1993, Zielstellung: Erhalt und Pflege des baulich-kulturellen Erbes in der Altstadt Arnstadt, z. Z. 33 Mitglieder, bisherige Aktivitäten: Installation eines Glockenspiels auf dem →Jacobsturm, Kennzeichnung von zunächst 34 historischen Gebäuden mit blauen Schildern (blaue Route), ideelle und materielle Förderung der Sanierung des Bachhauses Kohlgasse 7 in Zusammenarbeit mit der Wohnungsbaugesellschaft Arnstadt GmbH und der Stadtverwaltung.   *Renate Friedel*

Amtskette: Anläßlich der 1200-Jahrfeier Arnstadts 1904 stiftete das regierende Fürstenpaar Karl Günther und Marie von Schwarzburg-Sondershausen der Stadt eine Gnadenkette und überreichte diese während eines Empfangs im Schloß am 24. 5. 1904 Oberbürgermeister Dr. Harald →Bielfeld, welche er zur anschließenden Festsitzung des Gemeinderates im Rathaussaal erstmals trug. Der Zusammensetzung der Kette liegt der Gedanke zugrunde, die Beziehungen Arnstadts zu seinen Landesherren, insbesondere aus

dem Hause Schwarzburg darzustellen. Nach einem Entwurf des Landrats von →Bloedau wurde die Kette von Hofjuwelier Moritz Schlegelmilch angefertigt. Sie ist 1,20 m lang, bestehend aus 15 Gruppen und einem Schlußstück. Jede Gruppe besteht aus einem Medaillon mit einem mit Schmelz gemalten farbigen heraldischen Bild und einer dazugehörigen viereckigen Schrifttafel mit ausgesägten Buchstaben in schlichtem Rahmen. Die einzelnen Glieder wurden aus reinem Gold gefertigt. Inschriften der Tafeln und Bilder der Medaillons: Gruppe I: *HERZOG HEDEN DCCIIII* und Thüringer Löwe; Gruppe II: *WILHELM EPISCOP*(US) *CMLIIII* und Mainzer Rad; Gruppe III: *ABBATES HERSFELD* (ENSES) *CMLXXIV* und Doppelkreuz der Äbte von Hersfeld; Gruppe IV: *CIVITAS ARNSTAD* (IENSIS) *MCCXX* und Rotes Stadttor mit zwei Türmen zwischen denen der schwarze Adler schwebt; Gruppe V: *KEVERNBVRG MCCXC* und Käfernburger Löwe; Gruppe VI: *HEINRICUS GR*(AF) *V*(ON) *SCHWARZBVRG MCCCXXXII* und Schwarzburger Löwe; Gruppe VII: *GVNTHER G*(RAF) *V*(ON) *SCHW*(ARZBURG) *H*(ERR) *Z*(U) *ARNS*(TADT) *REX GERM*(MANORUM) *A*(NN)o *MCCCIL* und Doppeladler des Heiligen Römischen Reichs; Gruppe VIII: *HEINRICUS REFORMAT*(OR) *CATHARINA HEROICA* und Abendmahlskelch flankiert von den Wappen von Schwarzburg und Henneberg; Gruppe IX: *GVNTHER DER REICHE ELISABETH D*(E) *YSENBVRG* und Wappenbild von Schwarzburg und Ysenburg; Gruppe X: *GVNTHER BELLICOS*(US) *CATHARINA DE NASSAV MDLXX* und Wappenbilder von Schwarzburg und Nassau; Gruppe XI: *CHRISTIAN*(US) *GVNTHER(US) PROBUS SOPHIA DOROTHEA* und Lateinisches Kreuz mit Wappen von Schwarzburg und Moersburg; Gruppe XII: *ANTONIVS GVNTHER*(US) *FVRST Z*(U) *S*(CHW)*A*(RZBURG) *A*(RNSTADT) *MDCIIIC* und Fürstlich Schwarzburgischer Doppeladler; Gruppe XIII: *AVGVSTA DOROTHEA FVRSTIN MDCCIX-MDCCLI* und Braunschweigisches Wappen; Gruppe XIV: *ELISABETH ALBERTINA FVRSTIN MDCCXL-LXXIV* und Wappen von Anhalt; Gruppe XV: *CAROLINE FVRSTIN MDCCCXXXV-LIIII* und Engel mit Wappen von Schwarzburg-Rudolstadt; Schlußstück: Arnstädter Adler, links flankiert vom Schwarzburgischen Wappen und rechts vom Sächsischen Wappen, der in seinen Fängen eine Schrifttafel mit der Inschrift *KARL GVNTHER FVRST MARIE FVRSTIN V(ON) SCH(WARZBURG) S(ONDERSHAUSEN) DER STADT ARNSTADT MCMIV* hält. Den mit Schnitzereien versehenen mahagonifarbenen Eichenschrein, in welchem die Kette aufbewahrt wird, fertigte der Holzbildhauer Wilhelm Reisig aus Arnstadt. Im Schrein befinden sich die Stiftungsurkunde auf Pergament mit den Unterschriften des Fürstenpaares und zwei anhängenden Siegeln in silbernen Kapseln sowie die Beschreibung der Kette. In der Urkunde, die auf den 24. 5. 1904 datiert ist, heißt es, daß die *Gnadenkette bei festlichen Anlässen von dem jeweiligen Ersten Bürgermeister der Stadt Arnstadt getragen werden soll als ein Wahrzeichen ruhmvoller Vergangenheit, ein Denkmal landesherrlicher Gnade in der Gegenwart und ein Ansporn für zukünftige Treue.* Ab 27. 5. 1904 wurde die Kette für die Bevölkerung im Schaufenster des Hofjuweliers Moritz Schlegelmilch ausgestellt, der anläßlich des Jubiläums die goldene Medaille für gewerbliches Verdienst am blauen Bande vom Fürsten verliehen bekam. 1945 verschwand die Amtskette. Viele Spekulationen um deren Verbleib; der damalige Oberbürgermeister Rudolf →Peters versteckte sie im Dachgebälk des →Rathauses.

Die Suche in einem Arnstädter Keller aufgrund eines Hinweises sowie im Schloß 1998 verliefen ergebnislos. Im Oktober 1999 konnte sie unversehrt in einem Keller in einer verlöteten Blechdose wiedergefunden werden. Ein Dachdeckermeister, der 1945 am Rathausdach arbeitete, hatte die Kette wegen der unsicheren Zeit an sich genommen.

Am 27. 10. 1999 erfolgte die Übergabe der Amtskette im Rathaus, der Überbringer der Kette wollte ungenannt bleiben. Bürgermeister Hans-Christian Köllmer trug die Amtskette erstmals am 11. 12. 1999 aus Anlaß des Besuches des Bundespräsidenten Johannes Rau in der Bachkirche.

Q AA v. 26. 5. 1904, Nr. 121 u. 27. 5. 1904, Nr. 122, TA v. 22. 10., 28. 10., 4. 11., 17. 11., 31. 12. 1999. L Die Amtskette der Stadt Arnstadt. In: Alt-Arnstadt 3 (1906), S. 96-99; Schmidt, Rolf: Die Amtskette des Bürgermeisters. In: AVAU 10 (2000), S. 133-140.

Andrea Kirchschlager

Anhängerbau: VEB, Ichtershäuser Str. 2, gegründet am 24. 4. 1972, ehemals Fa. Wilh. →Renger, rund 100 Beschäftigte, produziert wurden Anhänger für Multicar und Schwerlast-Niederplattformanhänger mit Traglasten von 5-20 Tonnen, am 1. 1. 1977 wurden die Betriebe Hans →Lehnard KG, VEB Stahlbau (Gebr. →Fiedler), VEB Arnstädter Waagenfabrik August →Brömel und VEB Schaltgerätewerk (→Krückeberg & Schmidt) in Arnstadt sowie VEB Flurfördergeräte Blankenhain an den VEB Anhängerbau angeschlossen, am 1. 10. 1981 erfolgte die Bildung des Kombinats Maschinenbau Arnstadt mit insgesamt 16 Betrieben und 243 Betriebsteilen und rund 1.400 Beschäftigten, der VEB Anhängerbau war Leitbetrieb des Kombinats, am 30. 7. 1990 erfolgte die Auflösung des Kombinats und die Reprivatisierung der einzelnen Betriebe, der ehemalige VEB Anhängerbau wurde die Kapitalgesellschaft AFA Arnstädter Fahrzeugbau GmbH & Co. (Gesellschaftsvertrag v. 27. 6. 1991), Sitz und Produktionsstätten Am Alten Gericht, um diese Zeit wurde noch ein Kleintraktor mit verschiedenen Anbaugeräten produziert, der HOFTRAC, das Ausbleiben von Krediten trotz guter Auftragslage führte 1998 zur Schließung des Betriebes.

Q DV 1972-90. L Arnstädter Fahrzeugbau mit positiven Umsatzzielen. In: AHB 35 (1996), S. 37f.

Heidrun Fröhlich

Anton Günther II.: Graf, seit 1709 Fürst von Schwarzburg-Arnstadt, *10. 10. 1653 Sondershausen, †20. 12. 1716 Arnstadt, Eltern Graf Anton Günther I. von Schwarzburg und Maria Magdalena, Tochter des Pfalzgrafen Georg Wilhelm von Zweibrücken zu Birkenfeld, Erziehung am Hof des Herzogs Rudolf August von Braunschweig-Wolfenbüttel, 1671 Kavaliersreise nach Norddeutschland, Frankreich (u. a. Paris), Süddeutschland, 1674 entlang der Donau (u. a. Wien) über Böhmen zurück nach Thüringen, 1674 mündig, interimistische Teilung des Schwarzburg-Sondershäuser Besitzes mit seinem Bruder Christian Wilhelm, 1682 entscheidende Landesteilung, Umzug von Keula in die oberherrschaftliche Residenz Arnstadt, ab 1683 Hofhaltung auf Schloß →Neideck, 1684 Heirat mit →Auguste Dorothea, Tochter des Herzogs Anton Ulrich von Braunschweig-Wolfenbüttel, Hofstaat 1692 mit über 100 Personen (später 120), →Hofkapelle mit 22 Musikern, Überforderung des Staatshaushaltes, 1692 Finanzkrise, 1697 Erhebung in den Reichsfürstenstand, 1703-14 zusammen mit den Grafen von Reuß Stellung eines Regimentes von 1.000 Mann zu Fuß im Spanischen Erbfolgekrieg, 1703 Bestallung Johann Sebastian Bachs zum Organisten an der Neuen Kirche in Arnstadt, 1709 öffentliche Annahme der Erhebung in den Reichsfürstenstand, auch deshalb Auseinandersetzungen mit den Wettinern, da Anton Günther im Amt Arnstadt-Käfernburg lehnsrechtlich von Sachsen-Weimar abhängig war, 1711 Weimarische Woche (9.-15. 8., Besetzung Arnstadts durch weimarische Truppen), Bautätigkeit, 1694/95 Umbauarbeiten an Schloß Neideck (Baumeister Johann Moritz Richter), 1700 Weihe einer neuen Schloßkapelle, 1700-1710 Errichtung der →Augustenburg bei Oberndorf südöstlich von Arnstadt (Lustschloß seiner Gemahlin Auguste Dorothea, Baumeister Johann Moritz Richter , Johann Mützel, Christian Richter), dadurch Schaffung einer weiteren Hofhaltung in der Nähe Arnstadts, darüber hinaus Förderer von Wissenschaft und Kunst, selbst Numismatiker, bedeutende Münzsammlung (2.781 Goldmünzen, darunter 919 antike, über 1.000 griechische, nahezu 7.000 römische Münzen, mehr als 6.000 Brakteaten, fast 2.000 deutsche und europäische Taler und 4.500 Medaillen, 1712 Verkauf der Sammlung nach Gotha für 100.000 Taler), Anwerbung bekannter Gelehrter (u. a. Andreas →Morell, Christian Schlegel), umfangreiche Bibliothek (3.291 Werke, 1748 durch Erbfall vorab nach Bernburg verbracht), Gemäldesammlung (zeitweilig mindestens 212 Gemälde), gilt jüngsthin als Initiator der 1715 erfolgten Gründung der →Dorotheenthaler Fayence-Manufaktur.

L Leichenpredigt 1716 auf Anton Günther II. in der Sammlung Stolberg in der Herzog August Bibliothek Wolfenbüttel; Bach 2000 (Porträt S. 137).

Matthias Klein

Apotheken: *Apotheke unter der Galerie:* Markt 15, ursprünglich im Nebenhaus, Markt 14, von Jeremias Raethius 1636 gegründet, beim Brand 1670 mit beschädigt, neuer Schlußstein (H K 1670), im Renaissanceportal, zahlreiche Apotheker wie Matthäus Peckmann, Joh. Caspar Fischer

(1719-34), Joh. Gottfr. Heinr. Grabe (1752-95), unter Apotheker Kühn (1799-1824) war der Märchensammler und -schreiber Ludwig →Bechstein von 1818-24 erst als Lehrling, später als Gehilfe tätig, von 1824-61 im Besitz von C. W. Brockmann, nach mehrmaligem Wechsel 1907-49 von Carl Lederer, dann verstaatlicht, umfangreiche Baumaßnahmen von 1972-74, Umzug der Apotheke 1974 in das Haus Markt 15, 1990 wurde die Apotheke wieder privatisiert. *Arnsberg-Apotheke:* 1955 im Haus Dr.-Robert-Koch-Str. 1 als staatliche Apotheke eröffnet, 1990 privatisiert. *Marien-Apotheke:* Triniusstr. 27, Oktober 1993 gegründet. *Oßwald' sche Apotheke:* Erfurter Straße 15, Namensgeber ist der Apotheker Fried. Aug. Oßwald (1799-1881), ursprünglich an der Südseite des Marktes vom Apotheker Joachim Rempart 1618 gegründet, zahlreiche Apotheker in kurzzeitigen Abständen, 1689 brannte die Apotheke nebst zwei Nebenhäusern ab, zu Anfang des 19. Jhs. auch Blaue Apotheke genannt, bis zur Verstaatlichung 1970 ständig in Privatbesitz, u. a. die Apotheker Hünerwolff, Zach. Bernh. Zeidler, Joh. Adam Stöpel, 1835-90 in Oßwald'schem Besitz, 1906-70 Familie Abel, 1990 wieder privatisiert, wurde die Apotheke von ihrer neuen Besitzerin 1994 an ihren jetzigen Standort verlegt. *Rosen-Apotheke:* Stadtilmer Str. 5, gegründet 1990. *Verschwundene Apotheken:* *Apotheke* im Haus *Zum Cristoff*, erstmals 1542 erwähnt, wurde beim Brand von 1581 zerstört, sie stand an der Stelle des heutigen Hauses Ledermarkt 1. *Engel-Apotheke:* Holzmarkt 4, 1715 errichtete Joh. Heinr. Sommer im Haus *Zum Drachen* die Engelapotheke. Nach seinem Tod 1728 wurde die Apotheke von der Witwe 1740 erst vermietet, 1742 an den Hofapotheker Wilh. Fried. Neubeck verkauft. Sein Sohn Valerius Wilhelm →Neubeck war der Dichter der Gesundbrunnen. 1787 Verkauf an den Apotheker Chr. Jac. Lucas. Der Neffe Heinr. Jac. →Lucas, der die Apotheke 1820 erhalten hatte, verkaufte diese 1856 an die Apotheker Brockmann und Oßwald. *Apotheke in der Schloßgasse:* Von 1582-85 wurde eine Apotheke erwähnt, die zwischen dem letzten Haus der Zimmerstraße und dem →Neuen Palais, heute Garten, lag. *Apotheke am alten Fleischmarkt:* Im Haus der heutigen Gaststätte Ratsklause, Ledermarkt 3, richtete sich 1584 der Apotheker Paul Anschütz eine Apotheke ein, die er 1619 an den Zuckerbäcker und Krämer Hans Schmidt wieder verkaufte. *Apotheke unter dem Berge:* Von 1627-36 war der Apotheker Jeremias Raethius mit einer Apotheke unter dem Berge, heute das Haus Nr. 7 in der Marktstraße nachweisbar. *Schloßapotheke:* Um 1560 im neuen Schloß →Neideck von der Gräfin →Katharina, Gemahlin →Günthers XLI. von Schwarzburg errichtet und betreut. Mit dem Auszug der Gräfin aus dem Schloß 1585 hatte die Apotheke wohl auch ihr Ende gehabt.

Im Haus *Zum Einhorn* oder auch Zum *Eichhorn* neben dem →Rathaus auf dem Markt führte der Hofapotheker Joh. Friedr. Scherff von 1720 bis kurz nach 1740 eine Apotheke. Im Haus Erfurter Straße 6 bestand von 1731-52 eine Apotheke, die der Apotheker Jacob Eisenführer führte.

L Lappe, Ulrich: Die ersten Apotheken in Arnstadt. In: BHSKA 9 (1990), S. 38-41. *Ulrich Lappe*

Arbeitsgemeinschaft für Bachpflege: Gegründet 1955, dem damaligen Kulturbund zur demokratischen Erneuerung Deutschlands Kreisverband Arnstadt angeschlossen, Leitung: Dr. Annemarie →Niemeyer, ab 1970 zur AG für Musik und Bachpflege erweitert, Leitung: KMD Alwin Friedel. Ursprüngliche Zielstellung: das Gedenken an die Arnstädter Bache und an Johann Sebastian pflegen, die Arnstädter Bachforschung fördern, Musik der Bachzeit, insbesondere Johann Sebastians Kammermusik zur Aufführung bringen, das Verständnis für Bachsche Musik vertiefen. 1990 wurde die Arbeitsgemeinschaft aufgelöst.

L Mitteilungen der Arbeitsgemeinschaft für Bachpflege. In: AKB, H. Okt. (1955); Friedel, Alwin: Zur Geschichte der Bachpflege in Arnstadt. In: Bach 2000, S. 180f. *Alwin Friedel*

Arbeitshaus (Korrektionshaus): Das Arbeitshaus befand sich in einem ehemals zum Jungfrauenkloster gehörenden Gebäude, dem Unterkloster, Untergasse Nr. 1. 1822 wurde es auf Staatskosten gekauft und als Arbeitshaus für Personen eingerichtet, die durch einen unordentlichen Lebenswandel oder durch Arbeitsscheu ihren Familien und Gemeinden zur Last fielen. Die Eingewiesenen wurden mit Holzsammeln, Straßenarbeiten, Federnschleißen, Feldarbeit, Spinnen, Weben u. a. beschäftigt. Betreute Personen in den Jahren 1822: 12, 1841: 30, 1852: 52. Um 1860 wurden die Räumlichkeiten des Arbeitshauses zu Mietwohnungen umfunktioniert.

L Apfelstedt, S. 55. *Reinhard Specht*

Archidiakonat: Dienstwohnung des Archidiakons bis 1836, heute Pfarrhof 2 (ehemaliges Gebäude des →Barfüßer-Klosters). Der Archidiakon war der zweithöchste Geistliche in der bis 1919 bestehenden Arnstädter Pfarrer-Hierarchie und Vertreter des Superintendenten mit Kirchen- und Schulaufsicht sowie in der Regel Assessor im Konsistorium und Inspektor der Grafschaft Unter-Gleichen. *Hans-Ulrich Orban*

Archiv: In Arnstadt gab es zwei Archive, das Fürstlich Schwarzburgische Regierungsarchiv und das Stadtarchiv. Regierungsarchiv mit den ab dem 16. Jh. beginnenden Akten der Gräflichen bzw. Fürstlichen Regierung Arnstadt 1868 nach Sondershausen und 1929 nach Rudolstadt überführt. Stadtarchiv: 1711 Erwähnung eines *Raths Archiv*, 1752 Bezeichnung eines fensterlosen Raumes im →Rathaus als Archiv (links vom Haupteingang), seit den 1880er Jahren systematischer Aufbau des Archivs, 1881 Anfrage auf Vorhandensein mittelalterlicher Urkunden durch Dr. Carl August Hugo Burkhardt, Großherzogl. Sächs. Oberarchivar und Archivrat in Weimar zur Erstellung eines Arnstädter Urkundenbuches im Auftrag des Vereins für Thüringische Geschichte und Altertumskunde in Jena (1883 erschienen), Oberbürgermeister Julius →Hülsemann beauftragte daraufhin Emil →Einert und Hermann →Schmidt mit der Recherche, die im Obergeschoß des Rathauses teils lose und verstreut liegenden oder in Stoffsäcken verpackten Akten wurden gesichtet und über 300 Urkunden gefunden, der schlechte Zustand der städtischen Archivalien veranlaßte die Stadtverwaltung, Einert und Schmidt mit der Sichtung und Ordnung zu betrauen, infolge schlechter Unterbringung mehrere Archivumzüge, 1893/94 Umzug in Räume der →Mädchenbürgerschule, die sich aber als zu feucht erwiesen, 1894 Unterbringung in einem nicht beheizbaren Raum (unten links) des als Museum genutzten →Alten Rektorats, Kohlgasse 17, 1920 Umzug in Räume im 2. Stock des Schlosses, 1930 Verlegung des Stadtarchivs in Kellerräume des →Gymnasiums, 1944 kriegsbedingte Schließung des Archivs und Auslagerung der wertvollsten Akten nach Siegelbach und Griesheim, Teile verblieben im Gymnasium, Verlust von Repertorien und Teilen der Archivbibliothek, 1945 Rückführung der Akten in den Keller der Theodor-Neubauer-Schule, 1949 Beschluß des Wiederaufbaus des Archivs auf Veranlassung des Oberbürgermeisters Hermann →Steudner und Beginn der Neuordnung, Umzug in Räume im Erdgeschoß des Schlosses (Magazinräume nicht beheizbar, dadurch Probleme mit Feuchtigkeit), wo das Archiv bis zum August 2003 verblieb, Bestände dokumentieren das gesamtgesellschaftliche Leben der Stadt und ihrer Einwohner, wertvollste Archivalien ca. 350 Urkunden ab 1302 (Abschrift 16. Jh.), Zinsregister von 1412, Stadtrechnungen ab 1426, Bürgerbücher, Erbbücher, Rechtszettelbücher, das Rote Buch, die Bachiana (u. a. mit 9 Autographen Joh. Seb. Bachs), Ratsprotokolle u. a., dazu Sammlungen (Zeitungen, Gesetze, Fotos, Postkarten, Plakate, Karten, Mikrofilme, Videos, CD`s u. a.), Nachlässe, Archivbibliothek mit Schwerpunkt Heimatgeschichte, bis 1949 nebenamtliche Betreuung des Archivs meist durch Lehrer höherer Schulen, Archivare: Hermann Schmidt (1893-1900), Max Rauschenbach (1903-04), Otto →Curdt (1904-20), Paul →Thalmann (1920-30), Hermann Krebs (1932-44), Fritz →Wiegand (1928-32, 1949-51), Hans →Albrecht (1945-49), Karl →Müller (1950-64), Erich →Köhler (1963-74), Christina Achsnig (1968-83), Peter Unger (1976-91). Durch Ratsbeschluß 1975 Integrierung des Stadtarchivs in das ab 1951 gebildete Kreisarchiv, welches die Archivalien der Städte und Gemeinden des Kreises Arnstadt sowie den Bestand Kreistag/Rat des Kreises umfaßte, im Zuge der Kreisgebietsreform 1994 Vereinigung der Kreisarchive Arnstadt und Ilmenau (Außenstelle) zum Kreisarchiv des Ilm-Kreises, August/September 2003 Umzug des Kreisarchivs Arnstadt mit ca. 1.700 laufenden Metern Akten, Archivbibliothek und Sammlungen in rekonstruierte und archivspezifisch eingerichtete Räumlichkeiten (Klinkergebäude hinter ehem. →Waisenhaus) Am Plan 2 (Nutzung der ehem. Turnhalle als Magazintrakt mit Verbindungsbau für Lesesaal und Bibliothek sowie Räume für Karten, Mikrofilme, Fotos u. a. im Klinkerbau). In Arnstadt fanden drei Thüringer Archivtage statt, der 3. (1899), der 11. (1907) und der 16. (1912). Für 2004 ist

die Durchführung des 53. Thüringischen Archivtages in Arnstadt anläßlich der 1300-Jahrfeier geplant.
L Ziegenhardt, Andrea: 100 Jahre Stadtarchiv Arnstadt. In: AVAU 3 (1993), S. 5-9; Ziegenhardt, Andrea: Vor 100 Jahren: 3. Thüringer Archivtag 1899 in Arnstadt. In: AVAU 9 (1999), S. 122.   *Andrea Kirchschlager*

Arlt, Heinrich: Hohlglasveredelung, gegründet 1947, am 5. 7. 1951 in das HR eingetragen, Vor dem Riedtor 11, Räumlichkeiten waren gepachtet, veredelte Hohlglas zu Vasen, Römern, Schalen und Toilettengarnituren, 16 Personen (14 Produktionsarbeiter) waren beschäftigt, 1961 Aufnahme staatlicher Beteiligung zur Ablösung eines langfristigen Darlehns und zur Stärkung der Umlaufmittel, Heinrich Arlt u. Gerda Heller waren Komplementäre des Betriebes Heinrich Arlt KG, 1965 ausschließlich Bleikristall- und Flächenschliffartikel, mehr als 40% für den Export nach Italien, Frankreich, Belgien, England, Schweden, in die USA und nach Kanada, regelmäßige Teilnahme an Messen, inzwischen 50 Beschäftigte, ab 1. 1. 1972 VEB →Kristall, gleichzeitig Zusammenschluß mit einem Gräfenrodaer Betrieb.
Q KAA, Bestand Kreistag u. Rat des Kreises Arnstadt, Nr. 463, 592, 689, 691, 1072; AE v. 14. 7. 1965 u. 14. 9. 1966.   *Heidrun Fröhlich*

Arnsberg: Der langgestreckte Keupergraben zwischen Arnstadt und Gotha ist Teilstück der Saalfeld–Gotha–Eichenberger Störungszone (Gesamtlänge ca. 130 km) und ist eingefaßt von zwei Hügelketten, im Süden durch Schloßleite, Heckenberg, Heiligenberg, Eulenberg und Pfenningsberg (mit Vogelsberg), im Norden durch Längel, Katzenberg, Kalkberg, Weinberg und Arnsberg. Die meisten dieser Hügel trugen bis in die Neuzeit Weinberge bzw. Weingärten. Als der Weinbau zurückging, regenerierten die Flächen zu Steppenheiden. Muschelkalkberg (312,6 m NN) in der Ortslage der Stadt. Bereits 1404 wird in einer Probsteirechnung Weinwachs am Arnsberg erwähnt, 1412 als *retro montem Arnsberg*. Die letzten Weinberge befanden sich noch 1841 auf dem Gelände des heutigen →Krankenhauses. Seit 1926 trägt der Berg den →Wasserturm, der ein Wahrzeichen der Stadt darstellt.
L Schmidt, Hermann: Über Arnstädter Flurnamen. In: Alt-Arnstadt 12 (1939), S. 29.   *Manfred Wahl*

Arnsbergschule: Richard-Wagner-Str. 6, bereits 1907 Anregungen zum Bau einer dritten Bürgerschule für Jungen und Mädchen, bei der Auswahl des Bauplatzes zog man Architekten der →Höheren Mädchenbürgerschule (Lyzeum) Franz Thyriot aus Frankfurt/M. zu Rate, Auswahl des Platzes am →Arnsberg in der Sedanstraße, 1908 genehmigte der Stadtrat den Bau einer Bezirksschule für das stark expandierte Bahnhofsviertel, deutschlandweite Ausschreibung des Bauvorhabens und Einreichung von Entwürfen von 284 Architekten, den 1. Preis erhielten die Architekten Schilling und Gräbener, Dresden, erster Spatenstich am 30. 11. 1909, Abschälung von 1.125 m² Rasen-und Ackerboden, Ausschachtung von 2.870 m² gewachsenen Boden, den Zuschlag für die Erd-und Maurerarbeiten erhielt Baugewerksmeister Ottomar →Greßler, im Februar 1910 Beginn der Maurerarbeiten am Hauptgebäude, an der Turnhalle im April 1910, weitere an der Bauausführung beteiligte Firmen waren u. a. die Fa. Paul →Gockenbach (Eisenbeton-und Monierarbeiten), Firma Heinrich →Boll & Sohn (Dachdeckerarbeiten), Unterbringung einer Haushaltungsschule im Keller, Baukosten inkl. Grunderwerb 300.000 Mark, Einweihung am 24. 4. 1911 mit Festessen im →Bahnhofshotel und Richtschmaus im Restaurant Faber, Ausführung des imposanten zweiflügeligen Gebäudes aus Backsteinen mit Terranovaputz, der linke Flügel für Jungen, der rechte Flügel für Mädchen, Turnhalle mit prächtiger Deckengestaltung nach dem Entwurf des Dresdner Kunstmalers Berks, Freitreppen links und rechts zur Überwindung des Höhenunterschieds zum Arnsberg, die Hauptfassade des Dachgeschosses ziert von Prof. Groß, Dresden entworfener figürlicher Schmuck (Kindergestalten, die vier Jahreszeiten darstellen), über

Arnsbergschule

den Portalen Anbringung von steinernen Mädchen und Jungen beim Spielen und Lernen, 25. 4. 1911 Beginn des Unterrichts mit 14 Klassen, 604 Schülern und 15 Lehrern, 1913 Vergrößerung der Mädchenabteilung durch den Einzug der Fortbildungsschule, ab 1914 fanden die Freien Turner in der Turnhalle Aufnahme, 1940-45 Nutzung als Lazarett, Auflösung des Lazaretts durch die amerikanische Besatzungsmacht, danach Unterbringung von Soldaten der Roten Armee, im Oktober 1945 Wiederaufnahme des Schulbetriebs, 1946 Namensgebung *Geschwister-Scholl-Oberschule* (POS II), ab 1990 Grundschule I, seit 2001 wieder Namensgebung *Geschwister-Scholl-Schule*.

Q AA v. 23. 4. 1911, Nr. 95 u. 25. 4. 1911, Nr. 96. L 1911-1961. Festschrift zur 50-Jahr-Feier der Geschwister-Scholl-Oberschule Arnstadt. Arnstadt 1961.   *Andrea Kirchschlager*

Arnstädter Anzeiger: Im November 1891 rief der Buchdrucker Otto →Böttner den *Arnstädter Anzeiger* als unparteiische Zeitung ins Leben. 1910 Erwerb der →Bußjäger'schen Hofbuchdruckerei mit dem Verlag des →Arnstädter Tageblattes, Gründung einer Zweigstelle in Stadtilm, Verschmelzung der Nebenausgaben Schwarzburger Nachrichten, Stadtilmer Tageblatt, der Langewiesener, Großbreitenbacher und Gräfenrodaer Zeitung mit dem Arnstädter Anzeiger, 1934-39 erschien im *Arnstädter Anzeiger* zweimonatlich die Beilage *Unsere Heimat* mit Beiträgen zur Heimatgeschichte. Ab 1. 4. 1943 wurde die Heimatzeitung *Arnstädter Anzeiger* Mitteilungsblatt des Kreises Arnstadt der NSDAP. Die letzte Ausgabe des *Arnstädter Anzeigers* erschien am 9. 4. 1945, durch Verfügung des Präsidenten des Landes Thüringen vom 4. 10. 1945 Durchführung der Liquidation der Arnstädter Anzeiger KG.

Q Thüringer Volk v. 8. 12. 1945, Nr. 100. L Ziegenhardt, Andrea: Das Arnstädter Zeitungswesen in Vergangenheit und Gegenwart. In: AVAU 7 (1997), S. 161.   *Andrea Kirchschlager*

Arnstädter Bach-Tage: Hatten bereits in den Jubiläumsjahren 1935 und 1950 Arnstädter Bachfeste sowie vom Kulturbund zur demokratischen Erneuerung Deutschlands veranstaltete Arnstädter Bach-Tage 1946 stattgefunden, so wurden diese seit 1965 im Rahmen der jährlich durchgeführten Thüringer Bach-Tage zu einer ständigen Einrichtung, wobei die über das ganze Jahr verteilten Konzert- und andere Veranstaltungen des Bach–Jubiläums 1985 besonders hervorzuheben sind. Mit neuer Zählung ab 1990 fanden 2003 die 14. Arnstädter Bach-Tage statt. Seit 1992 sind sie in die von der *Gesellschaft Thüringer Bach-Wochen e. V.* (Sitz Eisenach) veranstalteten Thüringer Bach-Wochen integriert. Zahlreiche und vielfältige Konzerthöhepunkte bot das Bach-Jubiläumsjahr 2000.

L Friedel, Alwin: Zur Geschichte der Bachpflege in Arnstadt. In: Bach 2000, S. 177-179, 181f.

Alwin Friedel

Arnstädter Bachvereinigung: Gegründet im Winterhalbjahr 1895/96. Sie setzte sich unter Vorsitz des Schriftstellers Arthur →Rehbein für die Veranstaltung künftiger Konzerte sowie für die erneut notwendig gewordene Rettung der Bachorgel ein und ließ 1907 eine Gedenktafel für J. S. Bach an der Neuen Kirche anbringen. Der Vereinigung gehörten die Vorstände und Dirigenten aller Arnstädter Gesangvereine an.

L Lappè, Friedrich Wilhelm: Arnstädter Bach-Vereinigung um die Jahrhundertwende. In: KS Juni u. Juli/August (1957). *Alwin Friedel*

Arnstädter Cellulosepapierfabrik: GmbH, gegründet am 28. 2. 1907, betrieb die Fa. der Gebr. →Woge (Papier- u. Briefumschlagfabrik) weiter, Mitgesellschafter blieb Emil Wagner; 1910-12 Neubauten, auch ein 66 m hoher Schornstein zum neuen Kesselhaus sowie Aufstellung neuer Maschinen, ab 1915 neue Gesellschafter, 1917 ging die Arnstädter Cellulosepapierfabrik GmbH durch Ankauf fast sämtlicher Anteile in den Besitz der Deutschen Textilose–GmbH in Berlin über, Großfeuer am 30. 3. 1919 vernichtete einen Teil der Fabrikgebäude sowie das Wohnhaus für Angestellte, Mai 1920: Umbenennung der bisherigen GmbH in Patria–Papier–GmbH, Sitz wurde nach Berlin verlegt, Natronzellstoff und Papierfabriken Aktiengesellschaft Berlin, Zweigniederlassung Arnstadt wurde am 19. 10. 1919 in das HR eingetragen, Gesellschaft bestand bereits seit 11. 3. 1905 in Berlin, Fortführung der bisherigen Produktion der Arnstädter Cellulosepapierfabrik GmbH, Einstellung des Betriebes am 17. 7. 1931, am 24. 11. 1932 wurde die Niederlassung Arnstadt aufgehoben. Ein Teil der Produktionsstätten wurden beim Bau des →Siemens & Halske-Werkes abgerissen. Q ANIB 1868-1922; AA 1922-39. *Heidrun Fröhlich*

Arnstädter Fayence: Geeignete Tone in der näheren Umgebung Arnstadts und Kobalterz als Grundlage für die blaue Farbe waren Voraussetzung, daß gegen Ende des 16. Jhs. eine Töpferware hergestellt wurde, die sich nicht nur regional großer Beliebtheit erfreute, 1658 schrieb Andreas Toppius: *Zu Arnstadt* werden *aus Weissem Thon allerley Geschirr bereitet, mit Blawer Farbe gar lieblich gezieret*, zwischen 1620-1750 werden Bezeichnungen wie *Arnstädtische* oder *blaue Ware, Blawe Döpfengezeuge, blaue Arbeitswahre* oder *Blau* und *Weiß* für keramische Erzeugnisse genannt. Die Hersteller, mit ca. 30 Werkstätten nachgewiesen, nannten sich Blautöpfer, eine Berufsbezeichnung, die bisher einmalig im gesamten deutschsprachigen Raum ist. Da die Bezeichnung Blautöpferware den Charakter dieser Keramik nicht treffend beschreibt, wurde der Name Arnstädter Fayence vorgeschlagen. Bei den Erzeugnissen ist ein weißlicher bis gelblich-weißer Scherben mit einer Zinn-Blei-Glasur mehr oder weniger dünn, teils fleckig überzogen. Die Färbung der Glasur spielt zwischen grauen, bläulichen oder gelblichen, ganz selten weißlichen Tönen. Der Dekor wurde stets mit dem Pinsel aufgetragen. Zu unterscheiden ist eine sehr grobe und eine sehr feine Bemalung. Gesamte Bemalung geschah in Kobaltblau, die von hellblauen bis zu dunkelblauen Tönungen variierte. Das Erz dazu wurde etwa 12 km von Arnstadt entfernt abgebaut. Typische Verzierungen sind stark stilisierte Blumensträuße mit tulpenzwiebelartigen und türkenbundähnlichen Blüten, verbunden mit spiraligen Ranken. Daneben fortlaufendes Rankenwerk, horizontale und vertikale Linien, Blattkränze, naive Darstellungen von Architekturen, Tier- und Wappendarstellungen sowie geschwämmelte Bäumchen. Neben Aufschriften, besonders an Apothekengefäßen und Monogrammen, tragen einige Gefäße auch Jahreszahlen, die sich zwischen 1591-1693 bewegen. In etwa diesem Zeithorizont müssen wir zur Zeit noch alle Gefäße aus Arnstädter Fayence einordnen, da nach dem Dekor allein keine genaue zeitliche Angabe zu treffen ist. Die Erzeugnisse sind überwiegend Flachgeschirr wie Teller und Schüsseln, letztere mit und ohne Henkel bzw. palmettenförmig ausgebildeter Handhabe. Dazu gesellen sich Henkeltöpfe, Grapen und Deckeldosen, Tüllenkannen, Apothekengefäße, Fußbecher und Salznäpfchen. Kleine Miniaturgefäßchen fanden wohl als Spielzeug oder Puppengeschirr Verwendung. Einzelstücke und Unikate sind bisher Schreibzeuge, Ringflaschen, Waschgefäße und Gefäße in Gestalt von Taube, Huhn und Eule. Berechnungen erbrachten Mittelwerte, die nach Anzahl der Werkstätten schwanken. So wurden z. B. 1650 66.000, 1680 48.000, 1710 90.000 und 1740 18.000 Fayencen unterschiedlichster Größe und Gestalt erzeugt. Diese Produktionshöhe lag bei durchschnittlich 3.000 Einwohnern in der Stadt weit über dem örtlichen Bedarf. Bodenfunde geben uns ein genaues Bild der Verbreitung. Südlich des Thüringer Waldes sind Fundstücke u. a. aus Frankfurt/M., Mainz und Coburg bekannt. Westlich ist man bis Mecheln/Belgien und Vreden an der holländischen Grenze gekommen. Nach Norden bilden Husum und Kopenhagen die weitesten Orte. Dazwischen liegen an den alten Handelsstraßen Mühlhausen, Göttingen, Lüneburg und Lübeck. Über Erfurt, Halberstadt und Braunschweig wurden Fayencen von den Arnstädter Frachtfuhrleuten bis nach Bremen gebracht. Die am weitesten östlich geborgenen Funde stammen aus Freiberg/Sachsen und aus Grabungen im Schloß Szczecin (Stettin/Polen). Die Verbreitung weit über den Thüringer Raum hinaus bis nach Skandinavien zeigt, daß die Arnstädter Fayence im 17. Jh. bei weiten Bevölkerungskreisen als begehrter, dekorativer Gebrauchsartikel galt. Sicher sind Erschöpfung der Tonlager des weißbrennenden Tones und die Gründung der Fayencemanufaktur Dorotheental 1715 in unmittelbarer Nähe Arnstadts Ursache für das plötzliche Verschwinden der Arnstädter Fayence etwa Mitte des 18. Jh. L Lappe, Ulrich: Arnstädter Fayencen und anderes Töpfergeschirr. In: Veröffentlichungen der Museen der Stadt Arnstadt 10 (1984); Katalog Arnstädter Fayencen des 17. Jahrhunderts. 1997.   *Ulrich Lappe*

Arnstädter Handschuhfabrik: VEB, gegründet am 1. 1. 1977 durch die Zusammenlegung der VEB →Modehandschuh, →Bekleidungs- und Lederhandschuhfabrik und →Lederwaren- und Handschuhfabrik, zur Leipziger Messe 1978 wurden u. a. Abfahrtshandschuhe und Damenkleidung ausgestellt, für eine Damenjacke mit Webpelz wurde eine Goldmedaille errungen, Betrieb war Partner für Exquisit (nur kleine Stückzahlen je Artikel wurden gefertigt), 41 verschiedene Handschuhmodelle, für die Teilnehmer an der Olympiade 1980 in Moskau lieferte die Fa. Damenmäntel sowie Damen- und Herrenhandschuhe, 1981 Ausrüstung mit verschiedenen neuen Maschinen aus der CSSR, 450 Belegschaftsmitglieder waren 1983 beschäftigt. Durch die Treuhand wurde die Fa. am 1. 7. 1990 in Arnstädter Handschuhfabrik GmbH im Aufbau umgewandelt. Ab 1. 7. 1991 wurde der Betrieb geschlossen, der Betriebsteil Pfarrhof arbeitete schon länger nicht mehr, über 400 Beschäftigte wurden arbeitslos. Joachim Hampel war um diese Zeit amtierender Geschäftsführer der Arnstädter Handschuhfabrik und verwirklichte die Idee eines Gewerbe- oder Technologieparks in der Rosenstraße. Beim früheren Besitzer, Prof. Liebmann, fand er einen Mitstreiter. Es wurden Mieter gesucht, die Arbeitsplätze schafften. Anwälte, Notare, Versicherungsvertreter, Computerfirmen und Handwerksbetriebe wie Elektriker, Druckerei oder Metallverarbeitung zogen ein, insgesamt 20 Firmen waren es bereits im März 1991. 240 Arbeitsplätze wurden bis dahin neu geschaffen. Die ausgesprochene Enteignung der Fa. →Liebmann & Kiesewetter von 1955 wurde am 13. 8. 1991 rechtskräftig aufgehoben. Am 31. 3. 1992 erfolgte die Änderung im HR in WZA Wirtschafts-Zentrum Arnstadt GmbH mit gleichzeitiger Änderung des Gegenstandes. Q DV 1977-83; TA 1991/92   *Heidrun Fröhlich*

Arnstädter Tageblatt: Seit 1872 erschien das *Arnstädter Tageblatt*. Bis 1879 oblagen Druck und Verlag August Schneider. Am 1. 10. 1879 ging seine Buch-und Steindruckerei (Ried) mit dem Verlag des *Arnstädter Tageblattes* und des *Ilmenauer Tageblattes* an Alfred →Bußjäger aus Erfurt über. Der Schriftsteller Arthur →Rehbein war mehrere Jahre verantwortlicher Redakteur der Zeitung. 1906 erfolgte der Verkauf von Druckerei und Verlag an Leopold Franke. 1910 kaufte Otto →Böttner die Bußjäger'sche Hofbuchdruckerei, das *Arnstädter Tageblatt* sowie die Nebenausgaben *Stadtilmer Tageblatt*, *Schwarzburger Nachri-*

chten, *Langewiesener, Großbreitenbacher* und *Gräfenrodaer Zeitung* wurden mit dem →*Arnstädter Anzeiger* verschmolzen, das bedeutete das Ende für das *Arnstädter Tageblatt.*

L Ziegenhardt, Andrea: Das Arnstädter Zeitungswesen in Vergangenheit und Gegenwart. In: AVAU 7 (1997), S. 160. *Andrea Kirchschlager*

Arnstädtische Gesellschaft der Litteraturfreunde vom Jahre 1794 (Verein der Litteraturfreunde zu Arnstadt): Wissenschaftlich-musikalische Gesellschaft, gegründet im März 1794 von Johann Friedrich Ludwig →Volkmann gemeinsam mit 22 Mitgliedern (vorwiegend Landpfarrer und Beamte). Neben den Mitgliedern, die bis auf drei Ausnahmen aus dem Arnstädter Lyzeum (→Gymnasium) hervorgegangen waren, zählten auch Hospitanten wie Valerius W. →Neubeck und Lina →Reinhardt zeitweilig zum Verein der Litteraturfreunde, Treffpunkt des Vereins war im Sommer wöchentlich das →Rößchen im Dorotheental. Wahlspruch: *doce-disce-tace* (lehre-lerne-schweige, d. h. mit Nutzen lehren und mit Vergnügen lernen).

L Boese, Franz: Die Arnstädtische Gesellschaft der Litteraturfreunde vom Jahre 1794 und ihr Gründer Johann Friedrich Ludwig Volkmann. In: Vor 100 Jahren und heute. Localhistorische Forschungen. Arnstadt 1896. *Rolf Stangenberger*

Arnstädtisches Nachrichts- und Intelligenzblatt: Älteste Zeitung Arnstadts. Die erste Ausgabe erschien am 15. 10. 1768 unter dem Titel *Arnstädtische wöchentliche Anzeigen und Nachrichten* und enthielt Fürstliche Verordnungen, behördliche Bekanntmachungen, Mitteilungen über Geburten, Eheschließungen, Todesfälle, Beförderungen, Käufe und Verkäufe, Geldausleihen, Verpachtungen, Suchanzeigen verlorener oder gestohlener Sachen, Dienstgesuche sowie merkwürdige Begebenheiten aus neuesten Zeitungen. Sie erschien einmal wöchentlich sonnabends und wurde im Verlag der Fürstlichen Waisenhausdruckerei (Am Plan 2) gedruckt. Ab 1783 wurde sie von Hofbuchdrucker J. H. Trommsdorf herausgegeben, 1823 Änderung des Titels in *Arnstädtisches Regierungs- und Intelligenzblatt*, 1826 herausgegeben von E. Mirus, später Hofbuchdruckerei (Pfarrhof 8), 1836 gingen Druck und Verlag in den Besitz des Buchdruckers Friedrich

Ohlenroth aus Erfurt über (ab 1837 Zimmerstraße 12), ab Oktober 1836 erschien sie unter dem Titel *Privilegirtes Arnstädtisches Regierungs- und Intelligenz-Blatt*, 1860 Änderung des Titels in *Privilegirtes Nachrichts- und Intelligenz-Blatt* und zweimal wöchentliches Erscheinen (Mittwoch und Sonnabend), ab April 1869 dreimal wöchentliches Erscheinen (Dienstag, Donnerstag und Sonnabend), im März 1871 ging die Ohlenroth`sche Buchdruckerei nebst Zeitungsverlag in den Besitz von Emil →Frotscher über, 1873 Änderung des Titels in *Arnstädtisches Nachrichts- und Intelligenz-Blatt* (Druckerei ab 1877 Zimmerstraße 21, später kam noch Nr. 19 hinzu) bis Dezember 1918, ab Januar 1919 Umbenennung in den moderneren Titel *Arnstädter Nachrichten,* am 1. Oktober 1922 mußten die Arnstädter Nachrichten ihr Erscheinen aus wirtschaftlichen Gründen einstellen.

L Ziegenhardt, Andrea: Das Arnstädter Zeitungswesen in Vergangenheit und Gegenwart. In: AVAU 7 (1997), S. 155-159. *Andrea Kirchschlager*

ARTAS: Taschenlampenwerk, Vorgängerbetrieb war →Daimon Schmidt & Co., elektrotechnische Fabrik, bis 1969 in staatlicher Verwaltung, ab 1970 VEB, Stadtilmer Straße 39, um 1962 ca. 320 Beschäftigte, 19 Typen an Taschenlampenhülsen für die verschiedensten Gebrauchszwecke wurden gefertigt, unterteilt wurden die Typen nach Oberflächenwünschen der in- und ausländischen Abnehmer, guter Absatz auch bei Campinglampen, Exportaufgaben wurden erfüllt (in 20 Länder), Inlandmarkt konnte nur zu 70% abgedeckt werden, 1964 Neuentwicklung eines Verkehrsleuchtstabes, eines Batterie-Gasanzünders und einer Autobahn–Warnleuchte, Betrieb war in die Erzeugnisgruppe Zweckleuchten beim VEB Leuchtenbau Leipzig angegliedert, besondere Stellung des Betriebes ergab Probleme bei der Einführung neuer Technik, Maschinen waren z. T. 20-30 Jahre alt, dadurch kaum Produktionssteigerungen möglich, 1965 Weiterentwicklung einer Farben-Leuchte, Plaste spielte ab 1974 bei der Herstellung von Taschenlampen eine immer größere Rolle, dadurch Einsparung von Bandstahl und Arbeitszeit, zur Leipziger Frühjahrsmesse 1978 wurde eine Unterwasserleuchte vorgestellt, 1981 im Zuge der Kombinatsbildung Umbenennung in VEB NARVA

Rosa Luxemburg, Taschenlampenwerk ARTAS Arnstadt, Neuheit auf der Leipziger Messe 1983: Montageschwenkkopfleuchte, befestigt mit Magnethaftung, 1. 7. 1990 Umwandlung in Taschenlampenwerk ARTAS GmbH, produziert wurden nun Metall- und Plaststableuchten in pink, violett, mint, leuchtgelb sowie eine neu entwickelte Strahlerleuchte; Betrieb belieferte nicht nur die Geschäfte ganz Thüringens, sondern auch Baumärkte, das Versandhaus Quelle und die Warenhauskette Kaufhof, Teilnahme an den Hannover-Messen 1996/97 mit weiteren Neuentwicklungen, u. a. Wohnraumleuchte in Kombination von Edelstahl und Porzellan, neue Kunden konnten gewonnen werden. In den ehemaligen Produktionshallen der ARTAS (hinter der ARTAS GmbH) wurde seit 2001 durch den Arnstädter Kunstverein e. V. eine 700 m² große Fläche zu einem Ausstellungsbereich gestaltet (Kunsthalle).

Q KAA Bestand Kreistag u. Rat des Kreises Arnstadt, Nr. 539, 675, 689; DV 1960-83; TA 1990-2001.

Heidrun Fröhlich

Auguste Dorothea Eleonora von Schwarzburg-Arnstadt: *16. 12. 1666 Wolfenbüttel, †11. 7. 1751 Augustenburg bei Arnstadt, aus dem Hause Braunschweig-Wolfenbüttel, Tochter des hochgebildeten herzoglichen Kunstsammlers und Romandichters Anton Ulrich und dessen Gemahlin Elisabeth Juliane, geborene Prinzessin von Holstein-Norburg, 1684 Heirat mit dem Grafen, seit 1697 Fürsten →Anton Günther II. von Schwarzburg-Arnstadt (1653-1674-1716), Hofhaltung auf dem Arnstädter Residenzschloß →Neideck, nachdem die Hochzeit des Paares im alten Schloß Salzdahlum bei Wolfenbüttel gefeiert worden war, 1700-10 Errichtung des Lustschlosses →Augustenburg bei Oberndorf südöstlich von Arnstadt mit Barockgarten, Kirche, Reithaus, Theater u. a., im südlichen Seitenflügel Aufbau der bekannten barocken Puppenstadt →Mon plaisir (Bestandteil der Kunst- und Wunderkammer der Fürstin), Sammlerin weiterer kunsthandwerklicher und Kunstgegenstände, so z.B. Einrichtung eines oder mehrerer Porzellankabinette, seit 1707 Beziehungen zum Erfurter Ursulinenkloster nachweisbar, 1715 Konversion zum Katholizismus, nach dem Tode ihres Gemahls 1716 Weiterführung der →Dorotheenthaler Fayence-Manufaktur, Entwicklung eines beträchtlichen Schuldenwesens, (folgenloser) Brandanschlag auf ihre Person auf der Augustenburg in der Nacht vom 16. zum 17. 6. 1727 (Täter blieben unerkannt), am 25. 7. 1751 in der Klosterkirche des Erfurter Ursulinenklosters bestattet (Grabplatte verschollen).

L Klein, Matthias / Müller, Carola: Die Puppenstadt im Schloßmuseum zu Arnstadt. Königstein 1992 (Porträt), Rudolstadt u. Jena 2000, S.49-61. *Matthias Klein*

Augustenburg: Mehr als der Name und ein paar Abbildungen sind vom einstigen Schloß Augustenburg nicht übriggeblieben. Ca. 2 km von Arnstadt, nördlich der Straße Arnstadt-Dannheim lag am Fuße der →Käfernburg das einstige Lustschloß Augustenburg, benannt nach →Auguste Dorothea von Braunschweig-Wolfenbüttel, Gemahlin des Fürsten →Anton Günther II. von Schwarzburg-Arnstadt. An Stelle eines Fasanenhauses wurde in den Jahren zwischen 1700-10 das Schloß Augustenburg erbaut. Für seine Ausstattung wurden beträchtliche Mittel aufgewendet. Nach dem Tode Anton Günthers im Jahre 1716 verließ die Fürstin Schloß →Neideck und nahm ihren Witwensitz auf der Augustenburg. Unter ihrer Mitwirkung entstand hier die berühmte Puppensammlung →Mon plaisir. Nach dem Tode Auguste Dorotheas standen die Gebäude vorübergehend leer, Verkäufe scheiterten. 1752 mietete sich Prinz Wilhelm von Schwarzburg auf Lebenszeiten ein (das Schloß war im Erbgang an das Haus Braunschweig-Wolfenbüttel gefallen). 1762 starb er. Da sich wiederum kein Käufer für das Schloß fand, wurden Teile des Inventars, u. a. Möbel, Spiegel, Porzellane, Bilder u. wertvolle Tapeten, nach Braunschweig gebracht, andere Gegenstände im Einzelverkauf versteigert. 1765 wurde das Schloß an zwei Privatpersonen verkauft, die es noch im gleichen Jahr abreißen ließen. 1767 wurde die Augustenburg mit einem Aufwand von 300 Talern in einen nutzbaren Garten verwandelt.

L Scheidt, Helga: Das Stadtbild Arnstadts um 1700 und die Augustenburg. In: Bach 2000, S. 49-61. *Ulrich Lappe*

Axt, Johann Konrad: Arzt, Bürgermeister, Stadtphysikus, *10. 5. 1638 Arnstadt, †26. 7. 1714 Arnstadt, Studium der Medizin, 1670 Dissertation, ließ sich in Arnstadt als Arzt nieder, wo man ihn 1692 zum Bürgermeister wählte, 1695 wurde er Stadtphysikus. Neben seiner ärztlichen Tätigkeit und medizinischen Studien beschäftigte er sich auch mit Botanik.

Seine erste naturwissenschaftliche Arbeit wurde 1679 unter dem Titel *Florula Arnstadiensis* zusammengefasst und 1701 bei Johann Christoph →Olearius in seiner *Historia Arnstadiensis* veröffentlicht. Es ist die älteste botanische Aufzeichnung über Arnstadt (nach Leimbach). Neu herausgegeben wurde die *Florula Arnstadiensis* von G. →Leimbach 1894 als Beilage zum Schulprogramm der Fürstlichen Realschule Arnstadt.

L Thalmann, Paul: Johann Konrad Axt. In: Alt–Arnstadt 8 (1929), S. 28–30.   *Manfred Wahl*

B

Bachchor Arnstadt: Gegründet 1934 von Fritz →Huhn in Vorbereitung des Bach-Händel-Schütz-Gedenkjahres 1935 durch Umstrukturierung des 1925 von Edmund →Köditz gegründeten Kirchengesangvereins.

Der Bachchor Arnstadt ist ein kirchlicher Oratorienchor (Laienchor), u. a. mit Schwerpunkt der Aufführung Bachscher Werke. Er nimmt auch gottesdienstliche Aufgaben wahr. Leitung: 1934-37 Fritz Huhn, 1938-41 Herbert Günther, dann Unterbrechung der Chorarbeit durch den Krieg, 1946-60 KMD Otto →Rudnick, 1961-98 KMD Alwin Friedel, seit Oktober 1998 KMD Gottfried Preller.

L Dechert, Heinz: Geschichte der Arnstädter Kirchenchöre nach 1925. (verfaßt 1998/99 - Archiv der Arnstädter Kantorei).   *Alwin Friedel*

Bachdenkmal: Bronzeplastik, geschaffen von Prof. Bernd Göbel (Halle), gegossen in Lauchhammer, eingeweiht am 20. 3. im Bach-Händel-Schütz-Gedenkjahr 1985.

Obwohl kein authentisches Jugendbildnis J. S. Bachs existiert, stellt die Plastik auf dem Arnstädter Markt den jungen Musiker so dar, wie man sich ihn in seinen Arnstädter Jahren 1703-07 vorstellen könnte.   *Alwin Friedel*

Bach-Familie: Bach, Caspar (1): *um 1578 Wechmar(?), †um 1642/43, Musiker, *Hausmann* in Gotha, ab 1620 auf dem Neideckturm in Arnstadt. Als Hofmusiker blies er Dulzian (Frühform des Fagottes). 1633 Arnstädter Bürgerrecht, ab 1635 Wohnhaus in der Jakobsgasse (Gedenktafel). Erster Bach in Arnstadt. Vier Söhne waren ebenfalls Musiker und vermutlich zeitweise in der Arnstädter →Hofkapelle tätig. Bach, Christoph (2): *19. 4. 1613 Wechmar, †12. 9. 1661 Arnstadt, Musiker, Bruder von (3), Großvater von J. S. Bach (10), nach der Lehre fürstlicher Bediener in Weimar, dann Ratsmusiker in Erfurt, ab 1654 Hof- und Stadtmusiker in Arnstadt. Bach, Heinrich (3): *16. 9. 1615 Wechmar, †10. 7. 1692 Arnstadt, Organist, Komponist, Bruder von (2), 1635 Ratsmusiker in Erfurt, ab 1641 (51 Jahre lang) Stadtorganist an der →Ober- und →Liebfrauenkirche in Arnstadt (*der Arnstädter Bach*). Von seinen Werken blieb wenig erhalten (2 Choralvorspiele, 2 Kantaten). Bach, Johann Ambrosius (4): get. 22. 2. 1645 Erfurt, †24. 2. 1695 Eisenach, Musiker, Sohn von (2), Zwillingsbruder von (5), Vater von J. S. Bach (10), ab 1654 Jugendjahre in Arnstadt, 1667 Stadtmusiker in Erfurt, ab 1671 Stadtmusiker und Hoftrompeter in Eisenach. Bach, Johann Christoph (5): get. 22. 2. 1645 Erfurt, begr. 28. 8. 1693 Arnstadt, Musiker, Sohn von (2), Zwillingsbruder von (4), Vater von (7), ab 1654 in Arnstadt, 1671 Hof- und Stadtmusiker (*Violist*), seit 1687 Wohnung Kohlgasse 7 (Gedenktafel). Bach, Johann Christoph (6): get. 8. 12. 1642 Arnstadt, †31. 3. 1703 Eisenach, Organist, Komponist, Sohn von (3), Bruder von (8) und (9), 1663 Organist an der Schloßkapelle in Arnstadt, ab 1665 Stadtorganist und Kammermusiker (Cembalist) in Eisenach, einer der bedeutendsten Komponisten der Bach-Familie, *der große und ausdrückende Componist* (Carl Philipp Emanuel Bach). Bach, Johann Ernst (7): *8. 8. 1683 Arnstadt, †21. 3. 1739 Arnstadt, Organist, Sohn von (5), nach Schuljahren gemeinsam mit seinem Vetter J. S. Bach (10) in Ohrdruf und Aufenthalten in Hamburg und Frankfurt ab 1705 endgültig in Arnstadt, Vertreter von J. S. Bach während dessen Lübeck-Reise 1705/06, sein Nachfolger als Organist an der Neuen Kirche 1707 (Bestallungsurkunde erst 14. 5. 1708), ab 1728 als Nachfolger von Andreas

→Börner Stadtorganist an der Ober- und Liebfrauenkirche, Wohnung in der Kohlgasse 7 (Gedenktafel), ab 1732 Haus *Auf dem Friedhof* (Friedhofsgasse). Er war der letzte männliche Angehörige der Bach-Familie in Arnstadt. Bach, Johann Günter (8): *1653 Arnstadt, †8. 4. 1683 Arnstadt, Organist, Sohn von (3), Bruder von (6) und (9), Substitut (Stellvertreter) seines oft kranken Vaters Heinrich Bach. Bach, Johann Michael (9): get. 9. 8. 1648 Arnstadt, †17. 5. 1694 Gehren, Organist, Komponist, Instrumentenbauer, Sohn von (3), Bruder von (6) und (8), Vater von J. S. Bachs erster Frau Maria Barbara, bis 1673 in Arnstadt, dann Organist und Stadtschreiber in Gehren. Erhalten sind Kantaten, Motetten und Orgelchoräle.

Bach, Johann Sebastian (10): *21. 3. 1685 Eisenach, †28. 7. 1750 Leipzig, Violinist, Organist und Cembalist, Kantor, bedeutendster Komponist der Bach-Familie und seiner Zeit, Sohn von (4), nach dem Tod der Eltern 1695 Schulbesuch in Ohrdruf und 1700 in Lüneburg, 1703 Violinist in der Privatkapelle Johann Ernsts III. in Weimar, nach der Prüfung der Wender-Orgel am 14. 7. ab August 1703 erste Organistenstelle an der Neuen Kirche in Arnstadt, 1707/08 Organist in Mühlhausen, 17. 10. 1707 Hochzeit mit Maria Barbara Bach in Dornheim, 1708-17 Hoforganist, Violinist und ab 1714 Hofkapellmeister in Weimar, 1717/23 Hofkapellmeister in Köthen, ab 1723 Thomaskantor und *Director musices* in Leipzig. In Arnstadt wohnte Joh. Seb. Bach möglicherweise im Haus seiner Verwandtschaft Kohlgasse 7. Frühe Orgel- und Cembalowerke entstanden bereits in seiner Arnstädter Zeit.

L Arnstädter Bachbuch – Johann Sebastian Bach und seine Verwandten in Arnstadt. Hg. v. Müller, Karl / Wiegand, Fritz, Arnstadt 1957; Wolff, Christoph: Johann Sebastian Bach. Frankfurt am Main 2000.

Renate Friedel

Bachgedenkstätte: Zunächst im →Alten Rektorat, Kohlgasse 17, eingeweiht am 21. 3. im Bach-Händel-Schütz-Gedenkjahr 1935, umgestaltet u. 1964 in die Bahnhofstraße (am →Alten Friedhof) verlegt, im Bach-Jubiläumsjahr 1985 im →*Haus zum Palmbaum* am Markt neu eingerichtet. Wichtigste Ausstellungsstücke: Kopien der Arnstädter Bach-Dokumente sowie das 1985 restaurierte originale Spieltisch der Wender-Orgel von 1703 aus der Neuen Kirche (→Johann-Sebastian-Bach-Kirche), die J. S. Bach dort geprüft und von 1703-07 gespielt hatte.

Alwin Friedel

Bachkirche: →Johann-Sebastian-Bach-Kirche.

Bachmann's Wwe., H. W.: Mützen- und Stoffhutfabrik, gegründet 1836 durch H. Bachmann (Beutler- und Handschuhmachermeister) in der Feldstr. 9, hergestellt wurden u. a. Filzhüte, Stoffhüte, Strohhüte für Herren und Knaben vorwiegend in Handarbeit, auch Pelzwaren, 1897 Fertigstellung des neuen Produktionsgebäudes Feldstr. 11, Produktionsbeginn dort am 20. 9. 1897, 1868-1901 Ladengeschäft in der Marktstraße, 1910 Erweiterung des Fabrikgebäudes bis zur Arnsbergstaße, in den Folgejahren kam der Maschinenarbeit größere Bedeutung zu, inzwischen auch Herstellung von Kopfbedeckungen für Autofahrer und Sportler, beschäftigt wurden bis zu 230 Mitarbeiter, während des 2. Weltkrieges Herstellung von Uniformteilen (nach dem Krieg deshalb als Rüstungsbetrieb eingestuft, blieb jedoch ohne Folgen für Betrieb und Inhaber), Rückgang der Beschäftigten auf 115, nach dem Krieg unter 100, durch Kriegseinflüsse brannte das Firmengebäude 1945 fast komplett ab (1952 wurde auf dem Grundstück neues Wohnhaus errichtet und bezogen), Produktionsstätten wurden zunächst in der Gehrener Str. 11 und Marlittstr. 9 (blieb bis 1960/61 unter Fa. Hans Bachmann, bis 1971 unter Fa. Bachmann-Kämpfe bestehen) eingerichtet, 1954 Umzug in die Nordstr. 18, ab 1. 1. 1959 staatliche Beteiligung, bis dahin immer im Besitz der Fam. Bachmann, nur noch 55-60 Beschäftigte, Leiterin des Betriebes war Ursula Kämpfe, Tochter des früheren Inhabers und späteren Komplementärs Hans Bachmann (†1. 1. 1961), 1972 Verstaatlichung zum VEB Mützenfabrik unter Einbeziehung der Fa. Bachmann-Kämpfe, Herstellung von Sportmützen (Reiter), Freizeitmützen (z. B. Mützen für die Jugendtouristik zu den Olympischen Spielen in Moskau), Uniformmützen für die Deutsche Reichsbahn, das Deutsche Rote Kreuz, Bergleute, die Freiwillige Feuerwehr und für verschiedene Clubs, ab 1983 im Zuge der Kombinatsbildung den Hutwerken Guben zugeordnet, nach der Wende 1990 reprivatisiert zur Mützen und Stoffhüte Arnstadt GmbH, im August 1995 Vergleich angemeldet und die Fa. später gelöscht.

Q KAA Bestand Kreistag u. Rat des Kreises Arnstadt, Nr. 689; ANIB 1868-1921; AA 1922-44; DV v. 14. 11. 1979. *Heidrun Fröhlich*

Bachstein, Johann Gottlieb: Kupferschmiedemeister, Chronist, *13. 4. 1747 Arnstadt, †31. 12. 1797 Arnstadt, Sohn des Kupferschmieds Christian Gottfried Bachstein, 1778 1. Eheschließung mit Eva Maria, geb. Henneberg (Scheidung bereits 1779), 2. Eheschließung mit Susanne Albertine, geb. Henneberg, hatte das Amt eines Viermannes inne, gründete am 4. 7. 1789 die erste Sterbegeldkasse (*Leichen-Societät*) in Arnstadt, schrieb ein 88 Seiten umfassendes Tagebuch über wichtige und außergewöhnliche Ereignisse in Arnstadt in den Jahren 1763-92 sowie eine Sammlung von Angaben über in Arnstadt tätig gewesene Lehrer und Pfarrer mit dem Titel *Das Geistliche Ministerium und im allhiesigen Arnstädt. Lyceo die Schullehrer, wie selbige von den 1700ten Jahren an bis 1800 zu diesen Aemtern gefolget.*

L Wiegand, Fritz: Arnstadt von 1763-1792. Tagebuch von Johann Gottlieb Bachstein. In: Alt-Arnstadt 11 (1936), S. 22-64. *Andrea Kirchschlager*

Backwaren, VEB: Gegründet am 1. 10. 1952 durch formelle Übernahme der Backwarenabteilung der HO, am 6. 3. 1953 endgültige Festlegung der Zugehörigkeit zur örtlichen Industrie, Produktion zunächst in der Sodenstr. 15, am 2. 3. 1953 verlegt in die bestehende Konditorei und Bäckerei am Ried 18, wesentliche Verbesserung der Produktionsbedingungen und damit der Qualität, 28 Beschäftigte stellten Konditorwaren, Kleingebäck, Brot, ab Mai 1953 auch Speiseeis her, 1961 Beginn eines Neubaues für den VEB Backwaren am Mühlweg 1 mit modernster Technik (nur noch wenig manuelle Arbeit), erstes Brot wurde dort am 4. 12. 1962 gebacken, ab 1964 mit Konditorei 56 Beschäftigte, am 1. 7. 1967 Übernahme der Konsum-Bäckerei, damit stieg die Anzahl der Beschäftigten auf 156, Arbeit in Schichten, 1974 z. B. 55 Tonnen Stollen in drei Sorten, 5 Tonnen Dominosteine, 1 Tonne Kokoslebkuchen und 1,5 Tonnen Haselnußlebkuchen in der Vorweihnachtszeit, 1975

Bau einer neuen Produktionshalle (zweistöckig, 60 x 24 m), ab 1972 Betriebsteil in der Bahnhofstraße, produzierte Waffelbecher und Waffeln (ehemalige Waffelfabrik Renger, gegründet am 1. 5. 1951 in der Klausstr. 19, Wilhelm Renger übernahm 1958 das im Rohbau befindliche Gebäude der Fa. →Pötschke, welches als Samensortieranlage vorgesehen war), bis zu 220 Mitarbeiter im gesamten Betrieb, 1990 Privatisierung zur Arnstädter Backwaren GmbH (frischBack), nur noch 75 Beschäftigte, inzwischen jedoch drei Bäckereien (Arnstadt, Berlin und Schmalkalden) und mehr als 270 Verkaufsfilialen in Thüringen, Sachsen, Sachsen-Anhalt, Berlin und Brandenburg, allein in Arnstadt rund 100 Beschäftigte.

Q KAA, Bestand Kreistag u. Rat des Kreises Arnstadt, Nr. 132, 228, 319, 445, 689; DV 1951-80; TA v. 10. 11. 1999. *Heidrun Fröhlich*

Badeanstalten: 1849 Einrichtung des ersten Schwimmbades im Mühlgraben bei der Ölmühle (Lohmühlenweg) durch den Herrenbadeverein. Das 27 x 8 m große und 1,50 m tiefe Bassin war durch Bretterwände vor *unsittlichen* Beobachtern geschützt, 1853 hinter der Lohmühle in der Gera Einrichtung eines Wellenbades für Damen, nach dem Bau der Schwimmhalle am →Wollmarkt 1895 gingen diese Bäder ein, 1886 Bildung des Schwimmbade-Vereins durch Stiftverwalter Carl Glöckner mit dem Ziel, durch Geldsammlungen allen Einwohnern der Stadt eine zu jeder Jahreszeit zu benutzende billige Badegelegenheit zu schaffen, 1893 Übergabe des Bauplatzes am Wollmarkt durch die Stadtverwaltung. Der Entwurf für den Schwimmhallenbau stammte von Stadtbaumeister →Roggenkamp. Am 30. 10. 1895 wurde das Hallenbad eröffnet (Schwimmbassin, drei Wannen und vier Brausen, Größe des Bassins: 160 m², Tiefe: 2,25 m). 1906 Verbesserung der Wasserqualität durch Anschluß an die Fürstenbergquelle, 1913 neue Wannenbäder und Massageraum, 1923 mußte der Schwimmbade-Verein aus finanziellen Gründen (bedingt durch die Inflation) die Schwimmhalle an die Stadtverwaltung abgeben. 1926 erfolgte auf Vorschlag des Stadtbaurates →Acker der Bau des lange gewünschten Freibades neben der Schwimmhalle. 1965 Eröffnung einer Sauna, 1975/77 Einbau einer Wasserumwälzanlage, 1988/91 Rekonstruktion der Schwimmhalle und Anbau eines Verwaltungsgebäudes mit

Versammlungsräumen, 1995 Schließung der Physiotherapie-Abteilung, 1997 Schließung des Stadtbades und Teilabriß, bis Juni 1999 Neubau einer Schwimmhalle (Anbau) mit Sportbecken (25 m-Bahnen), Ausbau der alten Halle als Lehrschwimmbecken und Einbau neuer Saunen und eines Solariums.

L Fuhrmann, Hartmut: 100 Jahre Hallenschwimmbad - 70 Jahre Freibad Arnstadt. In: AVAU 6 (1996), S. 36-44. *Hartmut Fuhrmann*

Badestuben: Arnstadt hatte im Mittelalter drei Badestuben, eine auf dem Ried, die beiden anderen an der Stadtweiße. Die 1414 u. 1428 genannte Badestube auf dem Ried, die wohl nur kurze Zeit bestand, läßt sich nicht näher lokalisieren. 1386 wird erstmals die dem Rat der Stadt unterstehende obere Badestube an der Weiße (*unßer badestobin gelegin an der Wyßa*) erwähnt. Wegen Baufälligkeit wurde sie 1637 abgerissen, das Grundstück nicht wieder bebaut (An der Weiße 20). An ihre Stelle trat 1642 eine, am unteren Ende der Badergasse (An der Weiße 33) errichtete Badestube, die bis etwa 1710 in Betrieb war. Eine untere Badestube, die der Herrschaft lehnte, wurde erstmals 1411 als *dy Roren badestobin* genannt. Sie bestand bis etwa 1770 und lag an der Stelle des Hauses Turnvater-Jahn-Straße 2. Mit der Neubebauung des Gebietes An der Weiße 1984/87 wurden auch die Standorte der alten Badestuben beseitigt, so daß heute nur noch ihre ungefähre Lage angegeben werden kann. Mit den Badestuben sind auch die ehemaligen Badergassen in Verbindung zu bringen. In ihnen wohnten nicht etwa die Bader, sondern die Gassen bildeten den Weg vom Markt aus zu den Badestuben hin. So führte die heute nicht mehr bestehende Oberbadergasse (nach 1640 Schulgasse) zur Oberbadestube und die eigentliche Badergasse, auch Unterbadergasse oder kleine Badergasse, zur Unterbadestube hin.

L Elbracht, Karl / Elbracht, Dieter: Straßen- und Flurnamen Arnstadts 1. Teil. Duisburg 1999, S. 30-32. *Ulrich Lappe*

Bäckereimaschinen: VEB seit 1. 1. 1972, ehemals Gebr. →Hundt, An der Weiße 14, alleiniger Hersteller von Schlag- und Rührmaschinen für Bäckereien, Konditoreien, Großküchen, auch für Apotheken und Laboratorien, entwickelt wurde eine 190 kg schwere Ständermaschine mit einem Fassungsver-

mögen von 20-40 Litern, 370-450 Stück pro Jahr wurden produziert, Exporte über VEB Wärmegerätewerk Dresden, auch Getriebehäuser für Kräne gehörten zum Produktionsprogramm, Betrieb war dem VEB Kombinat ASCOBLOC Nahrungsmaschinen und GASTRO-TECHNIK Dresden untergeordnet, ab 1. 1. 1976 Umstrukturierungen und Zusammenschluß mit dem VEB →Fleischereimaschinen.

Q DV 1974-75. *Heidrun Fröhlich*

Bäckerhandwerk: Brotbänke (*bancorum panis*) sind für Arnstadt erstmalig 1273 urkundlich bezeugt. Das *Liber censuum* von 1412 nennt einen Bäcker im Riedviertel, der für eine Brotbank zu Walpurgis (1. 5.) und Michaelis (29. 9.) je 4 Schock zahlen muß. Neben den Fleischhauern, Schumachern und Lohgerbern waren sie zur Abgabe von Ungeld verpflichtet, von jedem Backen einen Pfennig. Hier könnte schon ein innungsartiger Zusammenschluß bestanden haben. Nach dem Erbbuch des Amtes Arnstadt von 1428 mußte der Bäcker Hans Konig 7 Schock *von eynem brotbanke* geben. Die *beckermeyster* waren zur jährlichen Abgabe von 1 Talent 10 Schock 3 Denare an Geld in das Amt verpflichtet. Am 18. 3. 1472 wurde durch Graf Heinrich von Schwarzburg dem Arnstädter Bäckerhandwerk eine Innungsordnung gegeben. Nach den Statuten von 1543 stand dem Rat zu, die Bäcker zu regieren und ihnen den Brotpreis je nach Höhe des Kornpreises zu diktieren (den Armen zum Nutzen). Dergleichen sollten die beiden Marktmeister und Verordneten, so oft es ihnen gefiel, das Brot besichtigen. Welcher Bäcker in solcher Besichtigung untreu befunden wurde, der sollte sein gesamtes Brot verlieren und später an arme Leute verteilen. Darüber hinaus sollte er den Räten zehn Fuder Steine zur Buße geben. Ein heimbackenes Brot sollte jederzeit ein Viertel Pfund mehr als das *weisse broth* wiegen. Fremde Bäcker durften nur am Mittwoch Brot zum Markte bringen. Ihre Sechs-Pfennig- und Ein-Groschen-Brote sollten ein Viertel eines Pfundes mehr wiegen, als die Brote der eingesessenen Bäcker. Welches Brot am Gewicht aber zu klein befunden wurde, sollte ihm genommen und anschließend an die armen Leute verteilt werden. Die Gesamtproduktionskapazität wurde erstmals in der Innungsordnung vom 14. 11. 1636 auf zwanzig Backhäuser festgelegt. Jedes Backhaus war mit einer Backgerechtigkeit verbunden, die nur von einem zünftigen Meister ausgeübt werden durfte. Zu Beginn des 19. Jhs. versuchten immer wieder Einzelne, sich besonders dem Zwang des Reihen- oder Wechselbackens zu entziehen, indem sie täglich frisch buken. Erst im März 1856 trat ein neues Ortstatut in Kraft, welches den Preis und den Verkauf der Bäckerwaren neu regelte. In ihm wurde auch das fast 400 Jahre alte Reihenbacken abgeschafft. Die Brotlauben mit den Brotbänken befanden sich 1585-1870 im Erdgeschoß an der Südostecke des →Rathauses, in denen durch *besondere Frauenzimmer* der Verkauf der Backwaren getätigt wurde. Die Anzahl der Bäckereien betrug 1928 35, 1937 38, 1948 28. Heute existieren noch sechs Meisterbetriebe und ein Großbetrieb, die die Bevölkerung mit dem Grundnahrungsmittel versorgen. Seit über 300 Jahren wird in der Familie Fischer gebacken. Der 1666 geborene Georg Conrad Fischer erlernte das Bäckerhandwerk und legte 1694 die Meisterprüfung ab. Bereits 1705 gehörte er zu den beiden verordneten Obermeistern des Weißbäckerhandwerks zu Arnstadt. Am 31. 7. erwarb er das Backhaus am Holzmarkt 6, welches erstmals 1628 als Backhaus erwähnt wurde. Zehn Generationen der Familie Fischer, bis zum heutigen Bäckermeister Andreas Fischer, betrieben ihr Handwerk in Arnstadt. Noch heute kommt ein altdeutscher Backofen mit Brustfeuerung von 1913 zum Einsatz. Ein seltener hölzerner Modelschatz von rund 80 Modeln wurde von Familie Fischer bewahrt und gepflegt, bevor er in die Sammlungen des Thüringer Freilichtmuseums Hohenfelden und in das Stadtgeschichtsmuseum Arnstadt gelangte.

Q UB Arnstadt, Nr. 687.

L Stahl, Ernst: 725 Bäckerhandwerk in Arnstadt. Arnstadt 1997.; ders.: 300 Jahre Bäckerei Fischer in Arnstadt. In: AVAU 4 (1994), S. 7-18 u. Nachtrag dazu. In: AVAU 9 (1999), S. 159ff.; ders.: Holzmodeln. In: Die Schatzkammer. Bd. 41. Leipzig 1990.

Ernst Stahl / Michael Kirchschlager

Bärwinkel, *Reinhold* Oscar: Rechtsanwalt, führender Liberaler, Kommunalpolitiker, Landtagsabgeordneter, Landtagspräsident, *21. 3. 1834 Arnstadt, †29. 11. 1898 Arnstadt, Sohn von Dr. phil. Johann Jacob Wilhelm Bärwinkel, Professor am Arnstädter →Gymnasium, und von Sophia

Harmodie, geb. Volkmann. Nach dem frühen Tod der Eltern in der Obhut des Onkels, des Dornheimer Pfarrers Christian Bärwinkel, Gymnasium in Arnstadt, ab 1853 Studium der Rechtswissenschaften in Jena und Göttingen, Mitglied des Corps Saxonia, Sammeln praktischer juristischer Erfahrung im Schwarzburgischen Justizdienst, juristische Prüfungen. 1860-98 Rechtsanwalt in Arnstadt, ab 1872 auch Notar. Mitglied in der Schönbrunn-Schützengesellschaft, Mitgründer des Turnvereins, Mitglied und Vorsitzender im Aufsichtsrat der Arnstädter Bank v. Külmer, Czarnikow & Co. Ende 1865/Anfang 1866 mit dem Eintritt in den Schwarzburg-Sondershäuser Landtag und in den Arnstädter Gemeinderat, dem er bis zu seinem Tode 1898 angehörte und den er von 1872-98 präsidierte, Beginn der politischen Karriere als *Radikaler Liberaler*, ab 1866/71 *Nationalliberaler*, bis ans Lebensende aktive Unterstützung der liberalen Reichstagskandidaten im Wahlkreis Schwarzburg-Sondershausen, die versprachen, sich der nationalliberalen Fraktion anzuschließen, nur 1890 Ablehnung der Fortsetzung des „Kartells" aus Nationalliberalen, Freikonservativen (DRP) und

Reinhold Bärwinkel

Deutschkonservativen, 1865-79 und 1888-98 Mitglied des Schwarzburg-Sondershäuser Landtags, 1868-71 Landtagsvizepräsident, 1873-79 Landtagspräsident, 1888-96 Landtagssyndikus (Chefjurist des Landtags), 1896-98 erneut Landtagspräsident, 1879 Justizrat, 1894 Fürstliches Ehrenkreuz III. Kl. (für Parlamentarier höchste Stufe des Schwarzburg-Sondershäuser Ordens), 14. 9. 1863 Heirat in Arnstadt mit Cäcilie, geb. Maempel; der Sohn Dr. Felix Bärwinkel war 1897-1922 Landrat in Sondershausen u. 1903-18, als Angehöriger der nationalliberalen Fraktion, Reichstagsabgeordneter des Wahlkreises Fürstentum Schwarzburg-Sondershausen, 1900 Straßenbenennung (Bärwinkelstraße).

L Lengemann, Jochen: Reinhold Oscar Bärwinkel 1834-1898. Rechtsanwalt und führender Nationalliberaler in Arnstadt und langjähriger Landtagspräsident im Fürstentum Schwarzburg-Sondershausen. In: AVAU 8 (1998), S. 186-189.

Jochen Lengemann

Bäseler, Arthur: *30. 7. 1853 Jülich, †8. 5. 1943 Erfurt, Königlicher Regierungsbaumeister und Oberbaurat an der Königlichen Eisenbahndirektion (KED) Erfurt, als solcher in den Ruhestand getreten am 1. 10. 1918. Als Abteilungsbaumeister leitete er von 1893-95 die Bauabteilung für den Bau der Eisenbahnstrecke Arnstadt-Stadtilm-Saalfeld, einschließlich des Viaduktes in Stadtilm. Er wohnte mit seiner Familie seit Frühjahr 1887 zunächst Vor dem Riedtor 15, später – bis zum Abschluß der Baumaßnahme – in der Friedensstr. 6, wo sich auch der Sitz der o. g. Bauabteilung befand.

L Hahn, Clemens: Ein Leben für die Eisenbahn: Wolfgang Bäseler (1888-1984). In: BHSKA 7 (1988), S. 79f. *Roland Scholze*

Bäseler, *Wolfgang* Alfons Melchior Franz: Ingenieur, *29. 11. 1888 Arnstadt, †14. 8. 1984 Gauting bei München, Sohn von Arthur →Bäseler und dessen Frau Louise, geb. Diepenbrock. Sein Geburtshaus befand sich Vor dem Riedtor 15. Nach Abschluß der allgemeinen Schulbildung Studium an den Technischen Hochschulen Aachen und München, Ausbildung zum Eisenbahningenieur, am 9. 4. 1913 Promotion zum Dr.- Ing. Zunächst tätig als Regierungs-Bauführer bei der KED Erfurt, wurde Wolfgang Bäseler nach seinem Feldeisenbahndienst im 1. Weltkrieg wurde er mit dem Entwurf und Bau der Oberweißbacher Bergbahn betraut, die am 15. 3. 1923 ihren Betrieb aufnahm, danach wieder Rückkehr zur Staatsbahn, die inzwischen *Deutsche Reichsbahn* hieß, nach Beförderung zum Regierungs- und Baurat *auf Lebenszeit für freigewählte Planungen bei der DR* freigestellt. Er übernahm ein Forschungsbüro, hielt Vorlesungen zur Eisenbahntechnik an verschiedenen Hochschulen und publizierte in Fachzeitschriften, 1991 Straßenbenennung (Umbenennung der Werner-Gottfeld-Straße in Dr.-Bäseler-Straße).

L Hahn, Clemens: Ein Leben für die Eisenbahn: Wolfgang Bäseler (1888-1984). In: BHSKA 7 (1988), S. 79-88. *Roland Scholze*

Bahlsen, Otto: Brauerei, gegründet am 21. 9. 1877 von Julius Wilhelm *Otto* Bahlsen, der die Unbehaun'sche Brauerei Vor dem Riedtor 9/11 übernommen hatte, einziges Industriegebäude in Arnstadt, welches im Jugendstil errichtet wurde, ab August 1887 Hofbrauhaus, 1892 Eröffnung eines Flaschenbiergeschäftes am Holzmarkt 5, im Juli 1894 wurde durch den Elektrotechniker Richard Hegelmann aus Erfurt elektrisches Licht in der Brauerei Bahlsen installiert (fünf große Bogenlampen, etwa 160 Glühlampen u. Betrieb v. elektrischen Motoren), ein 21,5 m tiefer Brunnen für die eigene Wasserversorgung wurde errichtet, Otto Bahlsen verstarb am 23. 6. 1899, seine Witwe Helene Bahlsen, geb. Unbehaun, übernahm die Leitung der Fa., 1904 wurden eine Drehstrommaschine von 85 PS und eine Gleichstrommaschine von 25 PS, beide von der Fa. Rud. →Ley gebaut, aufgestellt, im gleichen Jahr Kauf der Schwanbrauerei in der Rankestraße, deren bisheriger Leiter Prokurist bei Bahlsen wurde, 1909 Beginn des Aufbaus einer Schrebergartenanlage, das von der Ichtershäuser Straße bis zum Mühlweg reichende Grundstück wurde von der Brauerei Bahlsen zur Verfügung gestellt, am 2. 10. 1911 Gründung der Hofbrauhaus Otto Bahlsen AG mit dem Sitz in Arnstadt; diese AG übernahm die Weiterführung der bisherigen Hofbrauerei Bahlsen, am 30. 4. 1921 Gründung einer Mergell-Bahlsen GmbH aus wirtschaftlichen Gründen, beide Betriebe behielten jedoch ihre wirtschaftliche Selbständigkeit, gemeinsamer Vertrieb der Produkte, Geschäftsführer wurden August

→Mergell und Friedrich Bahlsen, diese GmbH hatte nur bis etwa 1930 Bestand, 1922 wurde in einigen Fabrikräumen für die GmbH Wäscherei Edelweiß eine Dampfwäscherei eingerichtet, am 23. 7. 1937 wurde das Vermögen einschließlich der Schulden unter Ausschluß der Liquidation auf die Firma Leipziger Bierbrauerei Reudnitz Riebeck & Co. AG in Leipzig als Hauptgesellschafterin übertragen, damit erloschen die AG und Fa. Otto Bahlsen. Die Brauerei produzierte noch bis etwa 1940. Nach dem Krieg befanden sich in den Räumlichkeiten u. a. die Fa. Heinrich →Arlt u. die Vulkanisieranstalt Max Kuhlmeyer.

Q ANIB 1877-1921; AA 1923-37. *Heidrun Fröhlich*

Bahnhofshotel: Heute Hotel *Krone*, repräsentatives Gebäude gegenüber dem Hauptbahnhof, 1901/02 vom Arnstädter Bauunternehmer Robert Trautmann erbaut, am 1. 6. 1902 eröffnet, eines der bedeutendsten Hotels, Besitzer Carl Hahn, bis zu Beginn des 1. Weltkrieges erfolgreiches Touristenhotel, welches auch von vielen Geschäftsreisenden genutzt wurde, 1924/25 Renovierung und Ausbau der Keller und einer Weinstube, 1929/33 finanzielle Probleme infolge der Wirtschaftskrise, September 1934 Versteigerung durch die städtische →Sparkasse, Willy Hahn, Sohn des Gründers, ersteigerte das Hotel, 1937 Übernahme durch den Meisterkoch Wilhelm Schimpf, ab 1950 HO-Hotel, während dieser Zeit waren vornehmlich Geschäftsreisende und Monteure Gäste, 10. 9. 1991 Übernahme des Hotels durch Fam. Schmidt, Neuausbau von 40 Zimmern.

L Brand, Horst: Das „Bahnhofshotel" – ein Haus mit Tradition. In: AHB April (1997), S. 31.

Hartmut Fuhrmann

Banken: Ältestes Geldinstitut in Arnstadt ist die →Sparkasse. Durch den →Gewerbeverein 1855 Gründung einer *Spar- und Vorschußkasse*, daraus entstand der 1862 gegründete *Spar-und Vorschußverein*, welcher den Zweck hatte, *den Vereinsmitgliedern gegenseitig durch gemeinschaftlichen Kredit die zu ihrem Gewerbs-und Geschäftsbetriebe erforderlichen baaren Geldmittel zu verschaffen* (1921 noch erwähnt).
Banken bis 1945: Ab ca. 1864 Filiale der *Thüringischen Bank*, geleitet von Banksekretär Wilhelm von Külmer (1878 Vorstand W. v. Külmer u.

Numa Czarnikow, ab 1897 Oskar von Külmer), Karolinenstr. 11, ab ca. 1881 *Arnstädter Bank* von Külmer, Czarnikow & Co., 1908 Umzug in die Lindenallee 3a (ab 1911 nicht mehr erwähnt) sowie ab ca. 1881 Bankgeschäft Siegmund *Hirschmann &* Ferdinand *Franke*, Unterm Markt 4, ab ca. 1884 Filiale der *Schwarzburgischen Landesbank zu Sondershausen*, Zimmerstr. 10, ab 1907 Einrichtung einer *Reichsbanknebenstelle*, Joh.-Seb.-Bach-Str. 1 (ab 1924 Lindenallee 8), ab ca. 1911 Filiale der *Privatbank zu Gotha* (Vorstand Oskar von Külmer), 1912 Eröffnung des *Bank-und Wechselgeschäfts* von Johannes Robert *Thalheim*, Marktstr. 11 (1921 nicht mehr erwähnt), ab ca. 1921 Filiale der *Bank für Thüringen* (1911 gegründet, hervorgegangen aus dem von der Deutschen Bank beherrschten Regionalkonzern Bankhaus Strupp - A. G. in Meiningen, später Deutsche Bank und Diskontogesellschaft), Holzmarkt 20, ebenfalls ab 1921 erwähnt: *Deutsche Bank*, Lindenallee 3a, ab ca. 1931 *Deutsche Bank und Diskonto-Gesellschaft* sowie Abt. Arnstadt der *Thüringischen Landesbank A. G.* (1908 gebildet, ging in der 1920 zur Commerz- und Privatbank vereinigten Mitteldeutschen Privatbank und Commerz- und Diskonto-Bank Hamburg auf), Marktstr. 11, ab ca. 1924 *Commerz-und Privat-Bank A. G.*, Marktstr. 11 (1937 nicht mehr erwähnt), *Gewerbe- und Landwirtschaftsbank Arnstadt-Ichtershausen e.G.m.b.H.*, Erfurter Str. 32 (1931 nicht mehr erwähnt) sowie das *Hofbankhaus Max Müller*, Holzmarkt 19 (1931 nicht mehr erwähnt), ab ca. 1928 Filiale der *Thüringischen Staatsbank* (1920 gegründet als Landessparkasse), Zimmerstr. 10, ab ca. 1931 *Hausbesitzer-Bank G.m.b.H.* (1937 nicht mehr erwähnt).

Q Adreßbücher 1858-1937. *Andrea Kirschlager*

Barfüßerkloster: Kloster des Franziskanerordens (Bettelorden), Baubeginn vor 1260, Konvent von etwa 40 Mönchen, 1445 Anschluß an Observanten, 1506 weilte Martin Luther als Gast, 1538 Ablehnung der evangelischen Lehre und Räumung des Klosters. Zunächst gräfliche Erziehungsanstalt, 1583 Umbau zur Arnstädter Stadt- und Landschule mit 6 Klassenräumen, 1671 Lyzeum, 1829 64 →Gymnasium, 1885 Mädchenschule, Treppenhaus aus dem 19 Jh., seit 1911 evangelisches Gemeindehaus, 1994 restauriert,

Reste des Kreuzganges mit dreiteiligen Spitzbogenfenstern (z. T. durch spätere Anbauten überbaut). Die in der äußeren Gebäudewand ersichtlichen Zellenfenster, ein Raum mit Stichkappengewölbe und gotischer Tür (Refektorium) und Kellergewölbe mit ursprünglicher Eingangszone erinnern an die Klosterzeit. Die →Oberkirche war die Klosterkirche.

L Prautzsch, Hans: Die Oberkirche in Arnstadt. Jena 1962; Orban, Hans-Ulrich: Das Evangelische Gemeindehaus am Pfarrhof in Arnstadt. Arnstadt 1998.

Hans-Ulrich Orban

Barth, Hugo: Schuhleisten- und Stanzmesserfabrik, Friedrichstr. 4, gegründet am 15. 1. 1876 an der →Liebfrauenkirche, am 26. 8. 1880 als Schuhleistenfabrik in das Handelsregister eingetragen, Stanzmesser kamen erst 1895 dazu, die Schlossermeister Heinrich →Fahdt im Jahre 1893 bei der Fa. Friedr. Hermann →Zetzsche in Arnstadt erstmals herstellte, 1888 Errichtung einer neuen Fabrik in der Friedrichstraße, im gleichen Jahr begann dort die Produktion, Hugo Barth übergab am 1. 4. 1919 die Fa. an seine Neffen Otto Wagner, Rudolf Barth und Moritz Hoy, eine OHG unter dem bisherigen Namen wurde gegründet, Hugo Barth verstarb 1923, Moritz Hoy schied 1927, Otto Wagner durch Tod am 27. 3. 1940 und Rudolf Barth 1940 aus der OHG aus, diese wurde durch die Söhne Otto Wagners, Kurt und Rudolf weiter geführt, beide wurden nach dem Einzug der sowjetischen Truppen verhaftet, der Betrieb unter Sequestration gestellt und später in treuhänderische Verwaltung übergeben, ab 1. 12. 1952 VEB →Stanzmesserfabrik Arnstadt, unter der Adresse Friedrichstr. 4 entstand per 26. 4. 1991 die GERMAH Stanzmesser GmbH Arnstadt (herausgelöster und verkaufter Teil des ehemaligen VEB →Metallbau).

Q KAA, Bestand Stadt Arnstadt, Sign. 157-01-6, 157-02-1, 008-24, 008-31. *Heidrun Fröhlich*

Baumberg, Emil: Heimatgeschichtsforscher, *14. 12. 1817 Arnstadt, †3. 1. 1898 Arnstadt, Sohn des Schneidermeisters Gottlieb Baumberg und dessen Ehefrau Henriette, geb. Bechtholdt, Eheschließung mit Karoline Mathilde Friederike, geb. Jüngling, Besuch der Lateinschule, Schneiderlehre, bis 1873 Kommissionär, ab

1878 städtischer Armenpfleger, Teilnehmer des historischen Kneipabends im Burgkeller (Altertumskränzchen) und Gründungsmitglied der →Museumsgesellschaft, 1897 Verleihung der Schwarzburgischen Ehrenmedaille durch den Fürsten, Würdigung seiner Schriften in der Zeitschrift des Vereins für Thüringische Geschichte und Altertumskunde Jena durch Prof. Dr. Otto Dobenecker, wohnte Lessingstraße 25.

W *Alt Arnstadt. Eine Wanderung durch die Stadt vor siebzig Jahren* (Arnstadt 1894) u. *Arnstädter Leben vor siebenzig Jahren* (Arnstadt 1897), *Erlebtes aus dem Jahre 1848. I*n: AVAU 8 (1998), S. 52-61.

L Ziegenhardt, Andrea: Zum 100. Todestag von Emil Baumberg. In: AVAU 8 (1998), S. 48-51.

Andrea Kirchschlager

Baumann, Christian Gottfried: Fürstl. Schwarzburg-Sondershäusischer Kammerkommissar, Ratskämmerer, *11. 4. 1713 (?), †22. 2. 1793 Arnstadt, stiftetete testamentarisch 1792 und 1794 zusammen mit seiner zweiten Frau Martha Catharina, geb. Emmerling, verw. Franke u. a. 3.000 Taler für Studierende, 1.000 Taler für Lehrer des Lyzeums und 2.000 Taler für Arme, 1904 Benennung einer Straße (Baumannstraße).

Q ANIB v. 10. 9. 1895, Nr. 212 u. 13. 9. 1895, Nr. 215 (Die Baumann`schen Stiftungen).

L Gymnasialprogramm 1848, S. 31f.

Andrea Kirchschlager

Bechstein, Ludwig: Sammler und Erzähler von Märchen und Sagen, Reiseschriftsteller, Dichter sowie Altertums-, Geschichts- und Literaturforscher, *24. 11. 1801 Weimar, †4. 5. 1860 Meiningen, unehelich geboren (Geburtsname nach Weimarer Taufeintrag: Louis Clairant Hubert Dupontreau), 1810 von seinem Onkel, dem bekannten Naturwissenschaftler Johann Matthäus Bechstein aus Dreißigacker bei Meiningen adoptiert, 1811 erhielt er den Namen Ludwig Bechstein. Gymnasium in Meiningen, 1818-24 Lehre und anschließend Tätigkeit als Provisor in der Kühnschen →Apotheke auf dem Arnstädter Markt, Ende 1824 - Anfang 1826 als Gehilfe in der Meininger Hofapotheke beschäftigt, dann bis 1828 als Provisor in der Schwan-Apotheke Bad Salzungen tätig. 1828 nach dem Erscheinen der Sonettenkränze von Herzog Bernhard Erich

Freund von Sachsen-Meiningen mit einem Stipendium für ein Studium in Leipzig und München ausgezeichnet, ab 1831 bis zu seinem Tode in Meiningen lebend, zunächst Herzoglicher Cabinets-Bibliothckar und 2. Bibliothekar der Herzoglich-Öffentlichen Bibliothek zu Meiningen, Gründungsmitglied des Hennebergischen Altertumsforschenden Vereins 1832, Dezember 1840 Ernennung zum Hofrat, 1842 in die Freimaurerloge *Charlotte zu den drei Nelken* aufgenommen, verschiedene Reisen (u. a. mit dem Erbprinzen, dem späteren Theaterherzog Georg II., nach Italien), Teilnahme am Sängertreffen der Thüringer Gesangvereine 1846 in Arnstadt, war vielseitig interessiert und schrieb u. a. über Astrologie, mittelalterliche deutsche Literatur, geschichtliche Ereignisse, Stubenvögel, Musikinstrumente u. a., hinterließ rund 20.000 Manuskriptseiten. Die Arnstädter Zeit war für ihn eine Zeit des Erkundens, des Suchens und Sich-Versuchens auf verschiedenen literarischen Gebieten (Märchen, Sagen, Gedichte, Romanentwürfe).

Sein bekanntestes Arnstadt - Gedicht *O Arnstadt, trautes Arnstadt* erschien erstmalig unter der Überschrift *Im Schloßgarten zu Arnstadt* am 29. 7. 1840 in der *Thuringia - Zeitschrift zur Kunde des Vaterlandes*, herausgegeben von einem Verein vaterländischer Dichter und Schriftsteller bei F. →Meinhardt (Arnstadt 1841) Nr. 5. Eine Gesamtausgabe seiner Werke ist auf der Grundlage von Nachdrucken im Verlag Olms und Weidmann (Hildesheim, Zürich, New York) in Arbeit.

W *Thüringer Volksmärchen* (Sondershausen 1823), *Sonettenkränze* (Arnstadt 1828), *Deutsches Märchenbuch* (Leipzig 1846, ab 1853 mit 175 Holzschnitten nach Zeichnungen von Ludwig Richter ausgestattet), *Neues Deutsches Märchenbuch* (Leipzig 1856, 11. Auflage Wien 1868), *Deutsches Sagenbuch* (Leipzig 1853), *Thüringer Sagenbuch* (Coburg 1858), *Das tolle Jahr von Erfurt* (Stuttgart 1833), *Wanderungen durch Thüringen* (Leipzig 1838), *Thüringen in der Gegenwart* (Gotha 1843), *Unterwegs im Reisewagen - Bilder aus Thüringen* (Rudolstadt 1988).

L Stangenberger, Rolf: Versuch einer Annäherung an Ludwig Bechstein. In: AVAU 11 (2001) S. 43-63 (Porträt); Marwinski, Konrad: Ludwig Bechstein. In: THBL. Lebenswege in Thüringen. Zweite Sammlung. Weimar 2002, S. 20-24. *Rolf Stangenberger*

Beck von, Alexander: Kaiserlich Russischer Staatsrat, *1811 St. Petersburg, †11. 11. 1878 St. Petersburg, Sohn von Heinrich Christian Samuel von →Beck, 1832 Eintritt in den Kaiserlich Russischen Staatsdienst, 1838 Berufung zum Kammerjunker des Kaiserlichen Hofes, war eine Zeitlang 1. Sekretär bei der Russischen Gesandschaft in Haag, 1853 Ernennung zum Wirklichen Staatsrat und Kammerherrn, 1854 Direktor des Departements der inneren Beziehungen des Ministeriums der auswärtigen Angelegenheiten, 1856 Ernennung zum Geheimrat im selben Ministerium und einige Jahre später zum älteren Rat im Conseil des Reichskanzlers, 1878 Ernennung zum Direktor des Kaiserlich Russischen Reichsarchivs sowie des Petersburger Archivs im Ministerium der auswärtigen Angelegenheiten. Er hatte sich schon in Haag mit archivalischen Forschungen beschäftigt und übergab die für die Geschichte Rußlands wichtigen Urkunden mit russischer Übersetzung der Russischen Historischen Gesellschaft, Verleihung des St. Annen- und St. Stanislaus-Ordens 1. Klasse und des Ehrenzeichens des heiligen Wladimir II. Klasse mit Stern, er erhöhte die von seinem Vater errichtete *Alexander-Stiftung* testamentarisch um 15.000 Rubel, zum Andenken daran, daß sein Vater im Arnstädter →Gymnasium seine Bildung erhalten hatte. Nach seinem Tod erhielt das Gymnasium 1881 ein in Öl gemaltes Porträt, welches Aufstellung in der Aula neben dem Bildnis seines Vaters fand.

L Klose, Hans-Joachim: Leben und Werk berühmter Arnstädter Bürger in Rußland. In: AVAU 2 (1992), S. 77-79. *Andrea Kirchschlager*

Beck von, Heinrich Christian Samuel: Diplomat, Kaiserlich Russischer Staatsrat, *10. 3. 1768 Arnstadt, †24. 10. 1853 St. Petersburg, Sohn des Schneidermeisters Ernst Beck, Besuch des Lyzeums 1778-88, danach Studium der Theologie in Jena, anschließend Auswanderung nach Rußland und Tätigkeit als Hauslehrer in Livland, 1795 Eintritt in den russischen Staatsdienst, unter der Regierung Zar Alexanders I. einflußreiche Stellung als Staatsrat im Ministerium des Auswärtigen, Kaiserlich Russischer Wirklicher Geheimer Rat, hervorragender Experte in der russischen Außenpolitik, spielte vor allem in der Geheimdiplomatie eine entscheidende Rolle, enge Verbindung mit bekannten deutschen Patrioten wie Arndt, Klinger, Seume, Stein und mit der *Deutsch-Russischen Legion*, er war ständiger politischer und persönlicher Berater und Freund des Zaren Alexander I. Als Beck 1801 Thüringen besuchte, wurde er von Goethe eingeladen, für den er ein sehr wichtiger Informant über die russische Politik war, Teilnahme an Weimarer Abendgesellschaften, wo er auch Schiller kennenlernte, beim →Drei-Monarchen-Treffen am 26. 10. 1813 bei Dornheim war er im Gefolge des Zaren, Übernachtung des Zaren im →Neuen Palais in Arnstadt (Gedenktafel) und gemeinsamer Besuch von Becks Eltern in deren Wohnhaus Schloßstr. 8, Anbringung einer Gedenktafel (erneuert 2003) am Neubau. Beck stiftete dem Arnstädter Gymnasium ein Legat von 2.000 Silberrubeln (*Alexanderstiftung*), später kamen noch 300 Rubel hinzu, um ärmeren Schülern eine höhere Schulbildung zu ermöglichen, zur Verwendung für die Gymnasialbibliothek und zur Anschaffung physikalischer Instrumente, zur Ausstellung der Stiftungsurkunde am 5. 10. 1843 weilte er in Arnstadt, Ritter des St. Wladimir-Ordens 2. Klasse und des St. Annen-Ordens 1. Klasse.

L Gymnasialprogramm (1848), S. 33f, (1854), S. 29 u. (1880), S. 5f.; Klose, Hans-Joachim.: Ein Arnstädter Bürger als Informator Goethes. In: BHSKA 1 (1982), S. 10-17; ders.: Leben und Werk berühmter Arnstädter Bürger in Rußland. In: AVAU 2 (1992), S. 69-71 (Porträt). *Hartmut Fuhrmann*

Behr, *Friedrich* **Richard:** Direktor des →Marienstifts, *15. 7. 1898 Lobenstein, †4. 8. 1958 Arnstadt, Studium der Theologie in Rostock, Jena und Erlangen, 1924 Pfarrer in Frössen, 1. 4. 1930 Amtseinführung als Direktor und Pfarrer des Marienstifts Arnstadt, wurde zum *Vater der Körperbehinderten* (sprach nicht vom Krüppel, sondern sah den Behinderten als Menschen). Trotz Predigtverbot ab 1937 Seelsorger und tätiger Helfer für viele Menschen, bei der Seelsorge galt sein Grundsatz: Gott wirken lassen. Bekenntnispfarrer. In Zeiten der Not und der Bedrohung sicherte er auf vielfältige Weise das Bestehen und das Wirken des Marienstiftes, besonders verdienstvoll war sein selbstloser Schutz der Behinderten vor dem Zugriff der Euthanasie. Das Marienstift blieb als einzige Anstalt in Deutschland von der Euthanasie verschont. Um-

Friedrich Behr

fangreicher Briefwechsel bereits 1933 mit ethisch-theologischer Stellung gegen Lebensvernichtung, Sprecher der Inneren Mission auf dem Kongreß für Deutsche Krüppelfürsorge 1934 in Beuthen, sicherte die Selbständigkeit des Marienstiftes, kein Kompromiß bei Bestrebungen zur Verstaatlichung wie 1937, Finanzierung über Winterhilfe statt Spenden, engagierte Tätigkeit und Verbundenheit mit dem Stift auch nach 1945, lehnte Angebote zur Leitung von Einrichtungen in der BRD ab, Kirchenrat 1953, Eheschließung mit Johanne Helene Margarete, geb. Müller.

L Behr, Heinrich: Väter der Anstalt. In: Marienstift Arnstadt. Berlin 1965. S. 53-80; Behr, Heinrich: Lebenshilfe aus dem Glauben. Aus dem Nachlaß v. Friedrich Behr zusammengestellt. Berlin 1966. *Hans-Ulrich Orban*

Beitz, Theodor *Christian***:** Fotograf, *1. 1. 1831 Arnstadt, †27. 12. 1912 Arnstadt, Sohn des Gartenarbeiters Johann Georg Christian Beitz und dessen Ehefrau Johanne Christiane Karoline, geb. Teubert, verehelicht mit Louise Friederike Rosalie, geb. Oehrling, gründete 1859 ein photographisches Geschäft, welches im Laufe der Jahre durch sein Können hohes Ansehen erlangte, erstmals erschien *Photograph Beitz* im Adreßbuch v. 1864 als Mietmann mit seiner Firma im

→Prinzenhof (An der Liebfrauenkirche 2), später als Hofphotograph in der Rankestr. 16, hinterließ zahlreiche Photographien, die das Geschehen in der Stadt um 1900 in einmaliger Art und Weise dokumentieren und von denen ein Teil, außer in Privatbesitz, im Museum und im Archiv aufbewahrt werden, Mitbegründer des Spar- und Vorschußvereins, Ehrenmitglied des →Gewerbevereins und Vorstands- und Ehrenmitglied der Schönbrunn-Schützengesellschaft.

Q AA v. 28. 12. 1912, Nr. 303 u. ANIB v. 28. 12. 1912, Nr. 303 (Nachruf).

L Lappe, Ulrich / Unger, Peter: Arnstadt wie es früher war. Gudensberg-Gleichen 1992, S. 3.

Andrea Kirchschlager / Peter Unger

Bekleidungs- u. Lederhandschuhfabrik: VEB, Pfarrhof 1, gegründet am 1. 1. 1972 durch Verstaatlichung der Julius →Möller KG, Bekleidungs- und Handschuhfabrik, 1976 Herstellung der Olympiabekleidung: Damen-Reisemäntel in schilfgrün und Sporthandschuhe (außer Boxhandschuhen), Jacken für das Jugendblasorchester Gräfenroda wurden gefertigt, auch Exquisit-Verkaufsstellen wurden beliefert, Ehrenurkunde für Fechthandschuhe auf der Leipziger Frühjahrsmesse 1977.

Betrieb war Alleinhersteller von Spezial-Sporthandschuhen, u. a. Handschuhe für Mattenspringer in der DDR, am 1. 1. 1977 Vereinigung mit dem VEB →Modehandschuh, VEB →Lederwaren und Lederhandschuhfabrik zum VEB Arnstädter →Handschuhfabrik.

Q DV 1973-76. *Heidrun Fröhlich*

Beobachter: *Der Beobachter. Eine Zeitschrift ökonomischen, statistischen, geographischen, belletristischen, politischen u. Inhalts.* Vorgänger war die seit 1795 als Wochenblatt erscheinende, von Trommsdorff gegründete *Gnädigst Privilegirte Arnstädtische Zeitung.*

Die erste Ausgabe dieser Zeitung erschien am 29. 9. 1828 in Arnstadt, gedruckt in der Hofbuchdruckerei von Emil Mirus. Erscheinungsweise wöchentlich zweimal, montags und donnerstags, um vor allem politischen Nachrichten mehr Platz zu geben. Erscheinungsdauer nicht bekannt.

Q Arnstädtisches Regierungs- und Intelligenzblatt v. 19. 7. 1828, Nr. 29. *Andrea Kirchschlager*

Bergmann, *Arno* **William:** Pädagoge, Naturwissenschaftler, *16. 12. 1882 Cursdorf, †5. 11. 1960 Arnstadt, Sohn des Glaswarenfabrikanten Gustav *Albert* Bergmann u. dessen Ehefrau Ida Luise Hulda, geb. Girbardt, Eheschließung mit *Hedwig* Frieda, geb. Kalb, nach Absolvierung der Dorfschule Cursdorf, eines Privatinstitutes in Oberweißbach, des Realgymnasium in Rudolstadt und Saalfeld 1903 Abitur, Studium der Mathematik, Physik, Chemie und Mineralogie in Leipzig, Göttingen und Jena, Lehramtsprüfung für höhere Schulen, 1907 Promotion in Jena (Dissertation: *Beiträge zur Kenntnis der Ultraroten Emissionsspektren der Alkalien*), Bergmann-Serien nach ihm benannt, 1908-52 Lehrer für Mathematik und Naturwissenschaften am →Gymnasium Arnstadt, 1910 Oberlehrer, 1921 Studienrat, um 1915 begann er Käfer und Schmetterlinge zu sammeln, Mitglied des Thüringischen Entomologischen Vereins (ab 1926 Vorsitzender), befaßte sich ausschließlich mit der Faunistik der Thüringer Großschmetterlinge, bis 1944 erschienen 32 Aufsätze in Fachzeitschriften, Höhepunkt seiner entomologischen Forschung: das mehrbändige Standardwerk *Die Großschmetterlinge Mitteldeutschlands – Unter besonderer Berücksichtigung der Formenbildung, der Vegetation und der Lebensgemeinschaft in Thüringen sowie der Verflechtung mit der Fauna Europas* (1951-55), bis zu seinem Lebensende arbeitete er an einem

Arno Bergmann

Werk über die Großschmetterlinge Deutschlands und der angrenzenden Alpenländer (unveröffentlicht), seine umfangreiche Schmetterlingssammlung (über 40.000 gesammelte und gezüchtete Exemplare in 350 Kästen) kam in die Naturkundliche Abteilung des Heimatmuseums und wurde später dem Museum für Naturkunde in Berlin übergeben, wohnte Hohe Bleiche 16, 2001 Straßenbenennung (Dr.-Arno-Bergmann-Straße) im Wohngebiet Rabenhold II.
L Unger, Peter: Dr. Arno Bergmann (1882-1960). In: AVAU 3 (1993), S. 114f.; Heinicke, Wolfgang: Leben und Werk von Dr. Arno Bergmann, Arnstadt. In: Abhandlungen und Berichte, Museum der Natur Gotha 22 (2002), S. 169-174 (2 Porträts). *Manfred Wahl*

Beton- und Rohrleitungsbau: VEB (K), gegründet am 1. 10. 1952 durch Übernahme der Fa. Paul →Gockenbach, Ichtershäuser Str. 90, 177 Beschäftigte auf über 30 Baustellen, u. a. Herstellung von Betonrohren, ab Januar 1962 wurde die Abteilung Behälterbau der Fa. Christian →Grünewald an den VEB angeschlossen, ab 1964 Zuordnung zum VEB Straßen- und Tiefbau-Union Erfurt als Betriebsteil Rohrleitungsbau, 1972 Kombinatsbildung, neue Firmenbezeichnung: Straßen- und Tiefbaukombinat Erfurt, BT Rohrleitungsbau Arnstadt, 1990/91 Auflösung des Kombinates, Gründung einer Rohrleitungsbau GmbH, durch Marktlage, Konkurse von Vertragspartnern, schlechte Zahlungsmoral von Auftraggebern wurde der Betrieb im Januar 1999 zahlungsunfähig, 65 Mitarbeitern wurde gekündigt, 30. 6. 1999 Schließung des Betriebes, Gründung einer neuen Rohrleitungs- und Anlagenbau Arnstadt GmbH (15 Beschäftigte) in der Alfred-Ley-Straße.
Q KAA, Bestand Kreistag u. Rat des Kreises Arnstadt, Nr. 616, 651; DV v. 8. 7. 1960, 3. 1. 1962; TA v. 26. 6. 1999 u. 29. 6. 1999. *Heidrun Fröhlich*

Betonwerk: 1948 wurde das Betonsteinwerk Plaue gegründet (Hohlblocksteine, Dachziegel, Radialsteine für Klärgruben), die →Metge-Mühle am Mühlweg 4 war am 14. 2. 1955 abgebrannt, an dieser Stelle entstand eine Produktionsstätte des Wasserleitungsbaues für kleinere Betonelemente, welche später vom Rohrleitungsbau im Tiefbaukombinat Erfurt übernommen wurde, Anfang 1957 Ausbau zum VEB (K) Betonbau, das Betonsteinwerk Plaue wurde angegliedert und 1962 aufgelöst, Herstellung von Hohlblocksteinen, Kellerschalsteinen, Silosteinen, Zaunsäulen u. a., 1962 Übernahme der Betonrohrfertigung der Fa. Chr. →Grünewald, 1963 Lieferung von Betonfertigteilen für das Baumwollkombinat Leinefelde, das Gummiwerk Waltershausen, das Fernmeldewerk und die Chema, auch für den Wohnungsbau, ab 30. 6. 1964 umstrukturiert: VEB Betonwerke Heringen, Produktionsabschnitt Arnstadt, 1971 im Rahmen der Kombinatsbildung neue Bezeichnung des Betriebes: VEB Betonleichtbaukombinat, Betrieb Heringen, Werkteil Arnstadt, weitere Werkteile in Heringen, Rudolstadt und Roßla, im Arnstädter Betrieb wurden ca. 100 Mitarbeiter beschäftigt, ab Juli 1990 Universalbeton GmbH Heringen, Niederlassung Arnstadt, dann Herauslösung und Gründung einer eigenständigen GmbH mit Hilfe zweier westdeutscher Betonfertigteilfirmen, Abriß des alten Werkes und Neubau von drei Produktionshallen, 60 Beschäftigte des alten Werkes wurden übernommen (90%), Betonfertigteile für Wohnungs- und Industriebau nach den Wünschen der Kunden, 30 m^3 Beton pro Stunde, im August 1991 Neugründung der Betonwerk GmbH.
Q KAA, Bestand Kreistag u. Rat des Kreises Arnstadt, Nr. 454, 651; DV 1960-79; TA 1990/91. *Heidrun Fröhlich*

Beyreiß, Robert: Arnstädter Aluminiumwarenfabrik, gegründet am 25. 11. 1911 durch Übernahme der Fa. Arnstädter Aluminiumwarenfabrik von Heinrich Hofmann, zunächst Baumannstr. 5, dann für einige Jahre in der Lindenallee 4, während des 2. Weltkrieges Umzug in die Pfortenstr. 28, Inhaber Robert Beyreiß verstarb am 1. 11. 1930, seine Witwe Martha führte die Fa. weiter, Verarbeitung von Aluminiumblechen zu Töpfen, Eimern, Schüsseln etc., Waren wurden direkt an Produktionsbetriebe geliefert, 5-8 Beschäftigte, nach dem Tod von Martha Beyreiß am 15. 7. 1973 führte Sohn Gerhard die Fa. fort, ab 1990 fielen die meisten bisherigen Kunden weg, obwohl Aluminiumerzeugnisse leicht, hygienisch einwandfrei und sehr stabil sind, werden sie kaum noch genutzt.
Q KAA, Bestand Stadt Arnstadt, Sign. 008-24, 008-33, 008-47; ANIB v. 1. 12. 1911; AA 1924-37; TA v. 17. 4. 1991. *Heidrun Fröhlich*

Bielfeld, Ernst Peter Heinrich *Harald*: Oberbürgermeister, Landtagsabgeordneter, Landtagspräsident, *14. 6. 1863 Sprottau/Schlesien,
†15. 9. 1933 Arnstadt, Sohn von Heinrich Ludwig *Ernst* Bielfeld, Königlicher Regierungs-Kon-
duktor, Feldmesser und Steuerrat und dessen Ehefrau Eliza Johanne Hermine, geb. Christensen,
Eheschließung mit Elsbeth Dorothea Agnes
Tosca, geb. Janke, Besuch der französischen
Schule und des Victoria-Gymnasiums in Potsdam, 1883 Abitur, 1883-88 Studium der Geschichte, später Volkswirtschaft und Rechtswissenschaften in Kiel, Berlin und Leipzig mit besonderem Interesse für Verwaltungsrecht- und
geschichte sowie Finanzwesen und Statistik, 1887
Promotion zum Dr. phil. in Leipzig (*Geschichte des
magdeburgischen Steuerwesens von der Reformationszeit bis ins 18. Jahrhundert.* Leipzig 1888),
1888 1. juristische Staatsprüfung in Berlin,
1889-93 Referendar im Bezirk des Oberlandesgerichts Schleswig, 1893 2. juristische Staatsprüfung in Berlin, 1893 Gerichtsassessor beim
Magistrat in Schleswig, 23. 1. 1894 Wahl zum
1. Bürgermeister der Stadt Arnstadt.
Ab 1895 mit dem Charakter Oberbürgermeister,
31. 3. 1928 Abschied als Oberbürgermeister und
Eintritt in den Ruhestand, Gründungsmitglied

Harald Bielfeld

der →Museumsgesellschaft Arnstadt, deren Vorsitzender 1930-33, Vorstandsmitglied der →Mu-
seumsstiftung, Mitglied des Arnstädter Kirchenvorstandes 1929, Vorstandsmitglied des Thüringer Städteverbandes 1897-1928, Vorsitzender
des Kuratoriums der Karl-Günther-Stiftung in
Sondershausen, Mitglied der Nationalliberalen
Partei, ab 1919 der DDP, 1912 thüringischer
Landesvorsitzender der Nationalliberalen Partei,
Mitglied des Landeskirchentages der Evangelischen Kirche in Thüringen 1927-33, Geheimer
Regierungsrat 1913, Mitglied des Ministeriums
des Freistaates Schwarzburg-Sondershausen bzw.
der Gebietsvertretung Sondershausen 1919-22,
Staatsrat bei der Thüringischen Landesregierung
1920-21 und 1929-30, Mitglied des Volksrates
von Thüringen als Abgeordneter des Freistaates
Schwarzburg-Sondershausen 1919-20, Mitglied
des Landtags von Schwarzburg-Sondershausen
1905-23, Landtagssyndikus 1907-11, Landtagspräsident 1911-19, Landtagsvizepräsident 1919,
anläßlich der 1200-Jahrfeier der Stadt Arnstadt
im Mai 1904 Überreichung einer goldenen
→Amtskette durch das regierende Fürstenpaar
von Schwarzburg-Sondershausen, unter seiner
Führung erlebte Arnstadt einen großen Aufschwung in wirtschaftlicher, infrastruktureller,
baulicher, kultureller und sozialer Hinsicht,
Zeugnisse seiner von Sachverstand, Weitsicht und
überdurchschnittlichem Engagement geprägten
Amtszeit waren u. a. die Einrichtung des Stadtarchivs 1893/94 und des →Heimatmuseums
1895, Bau einer Hochdruckwasserleitung 1900,
Bewahrung des Riedtores vor dem Abbruch,
1901 Errichtung des →Gaswerkes am Anger,
1903 Übernahme des Ley`schen →Elekrizitäts-
werkes in den Besitz der Stadt, Erweiterung der
Stadt nach Norden, Süden und Westen, vor
allem ab 1897 besondere Entwicklung des
Bahnhofsviertels, verkehrstechnische Verbesserungen durch den Umbau der Bahnanlagen am
Hauptbahnhof und der Haltestelle Arnstadt-Süd
1898-1900 bzw. 1908-10, Ausbau der Gastwirtschaft →*Hopfengrund* zur Walderholungsstätte für unterernährte Kinder 1922, durch Umbau entstand 1925 ein städtisches Versorgungshaus, Bau des →Wasserturms auf dem Arnsberg
1926, Feuerwehrgerätehaus in der Bärwinkelstr.
1928, Bau von zahlreichen Sozialwohnungen
unter Regie seines Stadtbaurats Anton →Acker u.

a. in der Rudolstädter Straße, Baumschule, →Fasanengarten in den zwanziger Jahren, Bau der →Höheren Töchterschule in der Lindenallee 1906, der →Arnsbergschule 1911 und des →Gymnasiums am Schloßplatz 1915, Aufforstungsarbeiten im Bereich →Alteburg, →Jonastal und Ebanotte, 1928 Umbenennung der Käfernburger Allee in Bielfeldstraße in Würdigung seiner Verdienste um die Stadt, wohnte Hohe Bleiche 2.

W *Verwaltungsberichte der Stadt Arnstadt 1895-1925, Die Thüringer Frage* (1918), *Die Thüringische Verfassung* (1920), *Stammbaum-Chronik der Familie Bielfeld* (Arnstadt 1930).

Q KAA, Bestand Stadt Arnstadt, Sign. 030-04.

L Unger, Peter: Zum 60. Todestag von Dr. Harald Bielfeld. In: AVAU 2 (1992), S. 35-37; Lengemann, S. 148f. (Porträt). *Andrea Kirchschlager*

Bieroper: Im Jahr 1705 kamen zwei Operetten (kleine Opern) in Arnstadt zur Uraufführung. *Das Carneval als ein Verräter des Eckels vor der heiligen Fastenzeit* u. *Die Klugheit der Obrigkeit in Anordnung des Bierbrauens.* Über das erste Singspiel ist vom Inhalt her kaum etwas bekannt, obwohl der Text 1705 bei Nicolaus Bachmann in Arnstadt im Druck erschien. Von der Bieroper, wie das zweite Singspiel heute kurz im Volksmund genannt wird, existiert ein Textexemplar im Museum. In der Bieroper wurden dagegen Probleme aus dem täglichen Leben einer Stadt aufgegriffen und auf die Bühne gestellt, um Kritik an schlechten Verhaltensweisen der Mitbewohner zu üben und gute zu loben. Sie war ein ausgesprochener Protest gegen jede Verfälschung des beim Volk allgemein beliebten Weizen- und Stadtbieres und besang gleichzeitig kleinbürgerliche Tugenden. Mit Recht verdient die Bieroper in kulturhistorischer wie in sprachlicher Hinsicht besondere Aufmerksamkeit. Verschiedene Arien und Rezitative sind in der Mundart abgefaßt, wie sie im frühen 18. Jh. im zentralthüringischen Raum vom Volk gesprochen wurde. Am 26. 8. 1811 erschien im Allgemeinen Anzeiger der Deutschen unter der Rubrik "Berühmte Sachen" ein Aufsatz über die Bieroper. Als Verfasser ist der Rektor der Arnstädter Stadt- und Landschule Johann Friedrich →Treiber anzusehen. Von beiden Operetten haben sich keine Notenzeilen erhalten. Johann Sebastian Bach, obwohl er einige komische Singstücke komponiert hatte, konnte als Komponist nicht nachgewiesen werden. Eugenie John →Marlitt stellte in dem Roman *Das Geheimnis der alten Mamsell* die Annahme, Bach sei der Komponist, als Tatsache hin und sorgte für weite Verbreitung dieser Annahme. Viel wahrscheinlicher ist, daß Treiber oder sein Sohn Johann Philipp zu beiden Operetten die Musik komponiert haben. 1705 wurde eine bleibende Schaubühne auf dem Tanzboden des Arnstädter →Rathauses gebaut (Donnerstag vor Pfingsten 1705 Uraufführung). Dreißig singende Personen sind als Darsteller namentlich überliefert. Das einzige Textexemplar umfaßt 56 Seiten in Quartformat und wurde 1705 von Heinrich Meurer in Arnstadt gedruckt. Der erste Akt handelt vom *Looßen*, der zweite vom *Mältzen*, der dritte vom *Brauen* und der vierte vom *Schencken*. 1993 gab der Thüringer Geschichtsverein Arnstadt e. V. ein Reprint unter dem Titel *Die arnstädtische Bieroper aus dem Jahre 1705* heraus. Eine überarbeitete Fassung von Alexander Reddig erschien 2000.

L Stahl, Ernst: Arnstädter Bier seit 1404. Arnstadt 1999, S. 57-94. *Ernst Stahl*

Bierrufer: Schon ab 1468 kann man den Bierrufer nachweisen. Seine Aufgabe war es, die verschiedenen Weine, fremde und einheimische Biere "auszurufen", d. h. verbal öffentlich bekannt zu machen. Als man den Reihenschank einführte, gehörte es zu seiner Tätigkeit, das Bierzeichen (Bierwisch, vormals ein Strohbesen, später eine an einer langen Stange angebrachte Holz- oder Blechfahne, auf der das jeweilige Zeichen des Brauhofes dargestellt wurde) an dem durch das Los bestimmten Brauhof aufzustecken. Im 18. Jh. mußte dem Stadtrat erst ein Probefäßchen vom Bierrufer überreicht werden, ehe er es mit lautem Rufen an den Brunnen und anderen Stellen der Stadt jeden Mittwoch, Sonnabend und Sonntag kund tat. Im 18./19. Jh. bestand seine Kleidung aus einem silberbetreßten blauen Mantel und einem dreieckigen Hut, der ebenfalls mit silbernen Tressen besetzt war (Verdienst gering). Zumeist bekleideten Böttchermeister dieses Amt. Der letzte Arnstädter Bierrufer, Johann Matthias Köhler, übernahm dieses Amt 1825 und starb 1871.

L Stahl, Ernst: Arnstädter Bier seit 1404. Arnstadt 1999, S. 19f. *Ernst Stahl*

Biesenthal, Gustav: Schuhfabrik, Kaufmann Gustav Biesenthal kam 1897 aus Westfalen, um hier eine Schuhfabrik aufzubauen. Dazu kaufte er das Heyder'sche Grundstück in der Gehrener Str. 11. Wegen ungünstiger Stellung des Fabrikgebäudes zur Straßenflucht wurde die Bauerlaubnis durch die Gemeinde zunächst nicht erteilt. Erst nach Einreichung eines neuen Bauantrages, wonach an der Straße ein Wohnhaus errichtet und das Fabrikgebäude weiter in den Garten gesetzt werden sollte, erhielt Biesenthal die Baugenehmigung. Im Jahre 1898 begann im neuen Gebäude die Fabrikation von Herrenschuhen, 1901 erfolgte ein Zwangsvergleich, um die Fa. fortführen zu können. Bereits im Oktober 1904 wurde die Fa. im HR gelöscht. Der Briefumschlagfabrikant Paul →Winkler hatte unter gleicher Adresse ab etwa 1910 Wohnung sowie seine Papier- und Briefumschlagfabrik angemeldet.
Q ANIB 1897-1904. *Heidrun Fröhlich*

Bismarckbrunnen: Stand an der Nordost-Ecke des →Marktplatzes, Errichtung ging auf anonyme Spende in Höhe von 5.000 Mark im Jahre 1901 zurück, denen weitere folgten. Erste Entwürfe bereits 1902 durch die Berliner Bildhauer Arnold Künne und Willibald Böttcher. Ihnen folgten weitere von Architekt Rudolf Ludloff (München), Kunstbildhauer Emil Wünsche (Rottach-Egern), Architekt Hans Söhlemann (Erfurt) und Bildhauer Richard Bauroth (München).
Seit 9. 10. 1906 begutachtete ein Brunnen-Ausschuß (neben Landrat von →Bloedau, Oberbürgermeister →Bielfeld und Gemeindevorsteher →Kiesewetter, auch Kunstmaler Borgmann, Rechtsanwalt Hartrodt, Stadtbaumeister →Roggenkamp, Fabrikant Voigt und Bauinspektor Wentrup) die eingegangenen Entwürfe, die alle keine Zustimmung fanden. Daraufhin Vorschlag, mit einem namhaften Künstler Verbindung aufzunehmen.
Oberbürgermeister Bielfeld wandte sich am 10. 1. 1908 mit einem Brief an Prof. Georg Wrba in Dresden und machte ihn darin mit seinen und den Vorstellungen der Ausschußmitglieder bekannt. Die begeisterte Rückantwort des Künstlers folgte prompt: *Ich mache Ihrer Stadt einen Bismarckbrunnen, so schön ich ihn nur machen kann.* Am 25. 1. 1908 besuchte Wrba Arnstadt, um mit dem Brunnenausschuß einen

Bismarckbrunnen

Standort festzulegen. Man entschied sich für die Nordostecke des Marktplatzes und beauftragte den Künstler mit der Anfertigung eines Modells. Er bemerkte am 30. 5. 1908: *Jetzt arbeite ich eben wieder einen Brunnen aus, den es nicht nur noch nirgends gibt, sondern der eine absolut neue Idee eines Bismarck-Brunnens darstellt.* Über das Mitte Juli eingegangene Modell wurde in erweiterter Ausschußsitzung am 20. 7. 1908 anfangs kontrovers diskutiert. Schließlich Einigung über Annahme des Modellentwurfs. Vertragsabschluß am 18. 10. 1908 zwischen der Stadt und Wrba über die Anfertigung und Aufstellung. Herstellung der Bronzeteile durch Kunstgießerei Adalbert Milde & Co. Dresden. Fundamentierungsarbeiten bis August 1909 beendet. Am 1. 9. 1909, dem Jahrestag des Abschlusses des Staatsvertrages zwischen den 22 deutschen Fürstentümern und 3 Hansestädten, auf dem das Deutsche Reich der Kaiserzeit beruhte, fand die Einweihung in Anwesenheit des Künstlers statt. Nach Wrba symbolisierte er einen Reichsbaum. Aus einem Kalksteinbecken (mit Vorbecken) erhob sich ein bronzener Schaft mit 24 Ästen, die je zu 8 in 3 sich verjüngenden Ästen angeordnet waren.

Jeder Ast umschloß das Wappen eines deutschen Bundesstaates, und zwar die unterste Reihe die Wappen von: Preußen, Bayern, Sachsen, Württemberg, Baden, Hessen, Oldenburg, Mecklenburg-Schwerin, die mittlere Reihe: Sachsen-Weimar, Sachsen-Altenburg, Sachsen-Meiningen, Sachsen-Coburg-Gotha, Mecklenburg-Strelitz, Anhalt, Schwarzburg-Rudolstadt, die obere Reihe: Reuß ältere und jüngere Linie, die beiden Lippe, Waldeck, Hamburg, Lübeck, Bremen. Der Gipfel des Brunnens ist flankiert von 4 größeren Wappen; vorn Deutsches Reich, hinten Schwarzburg-Sondershausen, links Elsaß-Lothringen, rechts Arnstadt. Abzweigende Äste umklammern dann ein Relief mit dem Medaillon Bismarcks, das den ganzen Brunnen krönt. Die Zusammenstellung der vier Wappen mit dem Medaillon deutete auf die Beziehungen der schwarzburgischen Stadt Arnstadt zum Deutschen Reich und Bismarck, der dem Reich die Länder Elsaß-Lothringen wieder anfügte. Aus jedem der 16 oberen Äste entspringen je 6 feine Wasserstrahlen in das Hauptbecken, während je 4 aus den Ästen der unteren Reihe sich in das Vorbecken ergießen. Diese und ihre Wappen werden getragen von 8 lebensgroßen Kindergestalten. Während des 1. Weltkrieges konnte der Bismarckbrunnen vor dem Einschmelzen gerettet werden. Vermutlich 1942, während des 2. Weltkrieges, baute man den Bismarckbrunnen ab und lagerte ihn in einer Scheune, später dann längere Zeit im Schloßmuseum. Das Brunnenbecken wurde vermutlich erst in den 50er Jahren des 20. Jhs. entfernt. Für seine Wiederaufstellung setzt sich der am 27. 11. 2001 gegründete *Arnstädter Brunnenverein e. V.* ein. Grundlage hierfür ist der Stadtratsbeschluß Nr. 2001/0687 vom 27. 9. 2001.

Georg Wrba: *1872 München, †1939 Dresden, schon als Kind künstlerisch begabt, absolvierte 1885-91 die Holzbildhauerlehre, 1891-97 Absolvierung Kunstakademie München, ab 1897 freier Bildhauer in München, daneben Fachlehrer an der dortigen Gewerbeschule, 1905 Professor, 1907 Berufung als Lehrer und Vorstand eines Meisterateliers für Bildhauerkunst an die Akademie für Bildende Künste nach Dresden (bis 1931), Mitglied des Akademischen Rates, vielseitiges Gesamtwerk von über dreitausend plastischen Arbeiten.

Q KAA, Bestand Stadt Arnstadt, Errichtung eines Monumentalbrunnens auf dem Markte zum Andenken an Otto von Bismarck 1902-19, Sign. 644-01-30, ANIB v. 2. 9. 1909, Nr. 205.
L Steinich, Lothar / Helmboldt, Rüdiger: Der Arnstädter Bismarck-Brunnen anläßlich seines geplanten Wiederaufbaus. In: AVAU 12 (2002), S. 178-196.   *Peter Unger*

Bleikristall: VEB, gebildet am 1. 1. 1976 aus den drei VEB →Edelglas, →Kunstglas und →Kristall, Exportpartner der ehemals drei Betriebe wurden weiterhin beliefert, Produktionsstätten am Rehestädter Weg zusammengelegt, dazu entstand ein neues Produktionsgebäude, ab September 1977 lief dort der volle Betrieb an, modernste Maschinen aus der CSSR ermöglichten höhere Produktivität und noch bessere Qualität, manuelle Arbeit noch immer wichtig, z . B. Tiefschliff und Stein- oder Kupferschliff auf hellem oder farbigem Material, Produktionsstätte am Ried wurde stillgelegt, ab 1. 1. 1982 gehörte der Betrieb zum VEB Kombinat Lausitzer Glas Weißwasser, am 7. 3. 1986 wurde in der Erfurter Straße ein Industrieladen Bleikristall Arnstadt mit Angeboten aus dem gesamten Kombinat eröffnet, 1990 Reprivatisierung des VEB und Rückübertragung an die alten Eigentümer, Umwandlung des Betriebes in die Arnstadt Kristall GmbH, zu Kunden des jetzigen Unternehmens gehören u. a. der Sultan von Brunai bis hin zu vielen Importeuren, Kaufhäusern und Boutiquen in der ganzen Welt.
Q DV 1973-86.   *Heidrun Fröhlich*

Bloedau von, Carl *Curt* Gustav: Jurist, Landrat, Landtagsabgeordneter, *30. 11. 1864 Sondershausen, †16. 4. 1924 Sondershausen, Sohn des preußischen Takonde-Leutnants Günther Ferdinand Carl von Bloedau und dessen Ehefrau Sophie Emilie Elisa, geb. Schneidewind, unverheiratet, Besuch des Gymnasiums in Erfurt, danach Studium der Rechtswissenschaften in Leipzig, Freiburg, Berlin und Göttingen von 1885-88, 1890 1. juristische Staatsprüfung beim Oberlandesgericht Celle, 1891-96 Tätigkeiten als Referendar in Osterode am Harz, Lüneburg, Herzberg am Harz und Celle, anschließend Absolvierung der 2. juristischen Staatsprüfung in Celle, danach 1897 Gerichtsassessor in Herzberg am Harz, ab 1. 11. 1897 Eintritt in den

Schwarzburg-Sondershäusischen Staatsdienst, 1898 Tätigkeiten als Gerichtsassessor am Amtsgericht Sondershausen, 1899 am Amtsgericht Gehren und beim Landrat in Sondershausen, Anstellung als Regierungsassessor in Sondershausen und Beauftragung mit der zeitweisen Vertretung des dortigen Landrates, 1902 Regierungsassessor, betraut mit der kommissarischen Verwaltung des →Landratsamtes Arnstadt, 27. 6. 1903 - 30. 9. 1912 Landrat in Arnstadt, ab 1. 12. 1912 vortragender Rat mit dem Prädikat Geheimer Regierungsrat im Fürst-

Curt von Bloedau

lichen Ministerium in Sondershausen, Abt. des Inneren, 1920 Versetzung in den Wartestand und 1922 in den Ruhestand, Vorsitzender im Landesausschuß für das Fürstentum Schwarzburg-Sondershausen des Deutschen Flottenvereins, Mitglied des Aufsichtsrates der Schwarzburgischen Landesbank zu Sondershausen, Mitglied der →Museumsgesellschaft Arnstadt, 1919 Vorstandsmitglied der →Museumsstiftung Arnstadt, Mitglied des Vereins für deutsche Geschichts-und Altertumskunde in Sondershausen, dessen Vorsitzender von 1913-20, Vorsitzender des Vereins Jung-Deutschland, Ortsgruppe Sondershausen sowie Schriftführer des Familienverbandes Bloedau, 1900 Ehrenritter der Balley Brandenburg des Johanniterordens, 1904 Verleihung des Fürstlichen Ehrenkreuzes III. Klasse, 1909 Rechtsritter des Johanniterordens, Komturkreuz II. Klasse des Herzoglich Sachsen-Ernestinischen Hausordens, 1909 Ernennung zum Kammerherrn, 1904-12 Mitglied des Schwarzburg-Sondershäuser Landtags.

Verfasser einer Vielzahl von Beiträgen zur Schwarzburgischen Geschichte und Heraldik, u. a. *Schwarzburgische Kanzler in Arnstadt und Sondershausen* (Vortrag beim Verein Herold in Berlin am 3. 11. 1903) und *Vor sechshundert Jahren. Vortrag zum Gedächtnis der 600jährigen Zugehörigkeit der Herrschaft Arnstadt zum Hause Schwarzburg*, gehalten im Wissenschaftlichen Verein zu Arnstadt am 4. April 1906 (im Druck erschienen), war an der Ausschmückung der Musikempore des Rathaussaales zur Festsitzung des Gemeinderates anläßlich der 1200-Jahrfeier der Stadt Arnstadt 1904 beteiligt, malte die dort angebrachten Wappen von 20 herausragenden Arnstädter Familien (Hedenus, Roth, Lappe, Franke, Brodkorb, Schulthes, Wilhelmi, Beyer, Hellbach, Axt, Hülsemann, Maempel, Hartung, Krieger, Hartmann, Schierholz, von Külmer, Probandt, Wellendorf, Möhring) im spätgotischen Stil nach urkundlichen Quellen, ebenso stammt der Entwurf der →Amtskette sowie die Festlegung der historischen Speisenfolge für das Festessen im Hotel *Zur →Goldenen Henne* im Jubiläumsjahr 1904 von ihm, während seiner Amtszeit als Landrat Errichtung des Behördenneubaues (Westflügel) des Landratsamtes in den Jahren 1907-09.

Q AA v. 27. 5. 1904, Nr. 122, 28. 5. 1904, Nr. 123 u. 20. 4. 1924, Nr. 94 (Nachruf).
L Lengemann, S. 151f. (Porträt).

Andrea Kirchschlager

Böhler: Flurbezeichnung für den nordöstlichen Vorsprung des Sonnenberges, zwischen Eichfeld und Lämmergraben gelegen. 1414 *11 Acker Weinwachs am Böler* und 1612 eine *Viehtrifft am Böhler* genannt (abgeleitet von Bühl). Ein Teil des Böhlers führt im Volksmund die Bezeichnung *Schöpsenkeule. Böhlersloch:* Die Höhle befindet sich am Wüsten Berg, einem Prallhang der Wilden →Weiße mit einer Gesamtlänge von ca. 40 m. Die Höhle zählt zu den Kleinhöhlen, die Ganghöhe differiert zwischen 0,30 und 1,30 m. Wie weitere Kleinhöhlen im →Jonastal wurde die Höhle an einem Kluftsystem korrosiv erweitert. Da das Wasser wechselnden Klüften folgte, entstand der mäandrierende Verlauf des Ganges. Die Sohle wird von Lehm und Geröllen gebildet. Eine archäologische Grabung 1872 brachte keine Anhaltspunkte einer früheren Besiedlung der Höhle. In den Höhlensedimenten sind noch heute versteinerte Seeliliengleider zu finden (sog. Böhlerspfennige). *Böhlerspfennige:* Mundartliche Bezeichnung für die versteinerten Stielglieder der im Muschelkalkmeer lebenden Seelilie (*Encrinus liliiformis*), auch Bonifaciuspfennige genannt. Gleich einem Kornfeld müssen die bis zu 1 m hohen Stiele mit ihren schwankenden Kronen auf dem Grund des Muschelkalkmeeres gestanden haben, da die zerfallenen Teile gesteinsbildend auftreten. *Böhlersmännchen:* Sagenhaftes Zwergenvolk, welches das Böhlersloch bewohnte und armen Menschen bei der Arbeit half, aber Schabernack trieb; gutartig, aber auch boshaft, war.

L Seebach, Uwe Peter: Das Böhlersloch (5131/1) im Jonastal bei Arnstadt, In: Höhlenforschung in Thüringen 8 (1994), S. 11–13. *Manfred Wahl*

Böhler, Johann Friedrich: Bildschnitzer, *21. 11. 1713 Arnstadt, †16. 5. 1784 Arnstadt, Sohn eines Müllers u. Zimmermanns, nahm bei Christoph Heinrich →Meil Unterricht. Durch die Bekanntschaft mit einem Jäger wurde sein Interesse auf Hunde, Wild u. Jagdszenen gelenkt, ging 1730 für zwei Jahre auf Wanderschaft u. trat in die Leibkompanie des Fürsten →Günther I. v.

Schwarzburg-Sondershausen ein. Fürst Günther wurde auf ihn aufmerksam u. förderte ihn, 1737/38 für ein Vierteljahr Zeichenunterricht bei Johann Alexander →Thiele. Nach dem Tod des Fürsten Günther I. ließ das Interesse des Nachfolgers an Böhlers Werken nach, was den Künstler sehr kränkte. Böhler erhielt 1742 von seinem ehemaligen Gothaer Landesherrn, Herzog Friedrich, den Titel eines Hofbildhauers, 1743 heiratete er die Arnstädterin Johanna Barbara, geb. Hager (1721-79), als Wohnung u. Werkstatt wird *Friedhofsgasse / Gegen der Neuen Kirche* angegeben. Dr. Brodkorb, seinen Arzt, setzte er als Erben ein. Über dessen Nachlaß kamen einige Werke in den Bestand des Schloßmuseums (41 Holzschnitzereien u. 10 Terrakotten). Die Arbeiten aus Lindenholz zeigen Hirsche, einige Allegorien, Harlekine u. Ensembles, meist Schäferszenen mit bizarren Rokoko-Umrahmungen, Pflanzen u. Baumwuchs symbolisierend. Die Terrakotten stellen fast ausschließlich Jagdszenen dar, die Allegorien (Sinnbilder) sind anscheinend Reste ehemals vorhandener Gruppen (vier Elemente, vier Jahreszeiten, Tageszeiten u. menschliche Eigenschaften, Gestalten der griechischen Sagenwelt). Seine unbestrittene Meisterschaft zeigte er in der gekonnten Gestaltung der Tiere in einer für die Situation typischen Haltung (Jagdszenen), daneben schuf er auch Epitaphien u. Grabsteine in der näheren Umgebung, einen Taufdeckel in der →Liebfrauenkirche u. einen Entwurf für ein Orgelprospekt.

L Scheidt, Helga: Der Bildschnitzer Johann Friedrich Böhler. In: AVAU 1 (1991), S. 60-62.

Michael Kirchschlager

Boese, Otto *Franz*: Kaufmann, *7. 4. 1867 Arnstadt, †17. 7. 1938 Arnstadt, Sohn des Kaufmanns Rudolf Boese und dessen Ehefrau Fanny, geb. Lange, 1875-83 Besuch der Realschule, danach kaufmännische Lehre in der Fa. Gebr. Kallmeyer Erfurt, 1886-88 Buchhalter und Korrespondent im Erfurter Bankhaus Adolf Stürcke, Erweiterung der Berufsausbildung bei der Deutschen Bank und Reichsbankhauptstelle in Hamburg, 1889 Eintritt in das 1866 gegründete väterliche Materialwarengeschäft Fa. Rudolf Boese & Co. als kaufmännischer Angestellter und Reisender, 1894 Prokurist, übernahm 1902 zusammen mit seinem Bruder Max das Geschäft,

1913 Austritt aus der Firma und Übernahme der Fa. Arno Hill, die er bis zu seinem Tode, zuletzt unter eigenem Namen führte, Mitglied des Wissenschaftlichen Vereins und des historischen Kneipabends (Altertumskränzchen) im Burgkeller, Mitbegründer der →Museumsgesellschaft, 1896-97 und 1923-38 deren Kassierer, 1938 Ernennung zum Ehrenmitglied, Mitbegründer und Vorstandsmitglied der →Litterarischen Vereinigung Arnstadt, Vorsitzender des Vereins für fakultative Feuerbestattung Arnstadt, sein Vater war 1905-12 Landtagsabgeordneter von Schwarzburg-Sondershausen, 1903 Vorsitzender des Aufsichtsrates der Arnstädter Bank, Gemeinderatsmitglied bis 1895.

W *Die Arnstädtische Gesellschaft der Litteraturfreunde vom Jahre 1794 und ihr Gründer Johann Friedrich Ludwig Volkmann.* In: Vor 100 Jahren und heute. Localhistorische Forschungen. Arnstadt 1896, Inhaltsverzeichnis der Alt-Arnstadt-Hefte 1-10. In: Alt-Arnstadt 11 (1936) S. 85-87, *Wie ich zur Museumsgesellschaft kam, und wie sie wurde.* (Geschichte der Museumsgesellschaft Arnstadt von 1894-1938). In: Alt-Arnstadt 12 (1939), S. 103-119.

L Wiegand, Fritz: Franz Boese. (Nachruf). In: Alt-Arnstadt 12 (1939), S. 124f.; Lengemann, S. 154f.

Andrea Kirchschlager

Franz Boese

Boll, Heinrich & Sohn: Teer- und Dachpappenfabrik, Chemische Fabrik, gegründet 1876 am Kupferrasen durch Schieferdeckermeister Johann Heinrich Boll (*21. 12. 1851 Wichdorf/Krs. Fritzlar, †16. 10. 1929 Arnstadt, Sohn von Johann Boll und Agnes, geb. Sonnenschein, Eheschließung mit Friederike Thekla, geb. Schröck), nach der Übersiedlung nach Arnstadt Eröffnung eines Dachdeckergeschäftes, Engagement für die Arnstädter Feuerwehr, ab 1877 Steiger der Freiwilligen Turnerfeuerwehr, 1897-1909 deren Hauptmann, für seine Verdienste Ernennung zum Ehrenhauptmann, 1897-1909 Gemeinderatsmitglied, Grabmal →Neuer Friedhof), am 1. 1. 1877 im HR eingetragen, zunächst Dachdeckerarbeiten mit Schiefer, Ziegeln, Dachpappe und Asphalt, Ausführung von Blitzableiteranlagen, um 1889 Verlegung des Betriebes an die Riedmauer 6, erst Ende 1900 zum Mühlweg 2a, am 1. 3. 1901 Gründung einer OHG mit Sohn Heinrich (Techniker), von dieser Zeit an eigene Anfertigung von Teer- und Bitumenerzeugnissen, außerdem Steinkohlenteer-Großdestillation, ab 1. 1. 1913 trat auch der zweite Sohn, der Kaufmann *Alfred* Artur Boll (*11. 9. 1882 Arnstadt, †1. 4. 1947 Arnstadt) in die Fa. ein, nach dem Tod des Vaters führten die Söhne die OHG weiter, beschäftigt waren 10-20 Arbeiter, Produktionseinschränkungen während des Krieges und danach wegen Materialmangel, Betrieb wurde 1946 zu Reparationsleistungen herangezogen und mußte 15.000 m² Dachpappe für die Rote Armee liefern, ab 1953 Erweiterung der Produktion: Schädlingsbekämpfungsmittel, Holzschutzmittel, Wachs- und Paraffinerzeugnisse, Lacke und Anstrichstoffe und wie bisher Teer, Pech und Bitumen, 1963 umfangreiche Erneuerungs- und Erweiterungsarbeiten, steigende Zahl von Arbeitskräften auf über 50, bis zur Verstaatlichung zum VEB Bitumen im Jahre 1972 blieb der Betrieb privat (staatliche Beteiligung wurde trotz mehrfacher Gespräche mit führenden Funktionären durch die Inhaber stets abgelehnt), Entwicklung von Materialien für die Herstellung von Spanplatten und einer Spachtelmasse ohne gesundheitsschädigende Stoffe, Leitung des Betriebes lag bei Joachim Boll (Urenkel des Firmengründers), bedingt durch die Arbeit mit giftigen Stoffen und häufige Brände wurde der Boden verunreinigt (Giftstoffe gelangten jedoch nicht ins Grundwasser), 1990 Antrag auf Reprivatisierung des Betriebes durch die Geschwister Boll (Herstellung von Bautenschutzstoffen), Beseitigung der Altlasten war vor der weiteren Nutzung des Grundstückes zwingend notwendig und sollte laut Gutachtern mehr als fünf Jahre dauern.

Q KAA Bestand Kreistag u. Rat des Kreises Arnstadt, Nr. 199, 400, 584, 689, 1331; Bestand Stadt Arnstadt, Sign. 008-24, 008-33; ANIB 1878-1916, AA 1927-34, AA v. 22. 10. 1929; Nr. 248 (Nachruf und Todesanzeige); DV 1973-81; TA v. 14. 11. 1990 u. 2. 1. 1991. *Heidrun Fröhlich*

Bondy, Hugo: Handschuhproduktion, Lederfärberei, Schönbrunnstr. 16, Eintragung in das HR am 24. 4. 1897, Inhaber: Handschuhfabrikant Hugo Bondy aus New York, Louis →Reichardt wurde am 14. 6. 1897 Prokurist und um 1900 Gesellschafter in der Fa., im Dezember 1906 kündigten über 100 Handschuhmacher wegen Lohndifferenzen, nahmen Kündigung jedoch bedingungslos zurück, 1909 trat Louis Reichardt aus der Fa. aus, Ende November 1909 bis Anfang Januar 1910 Streik um Lohnerhöhungen, den Forderungen der Arbeiter wurde seitens der Firmenleitung stattgegeben, bis 1922 Wohltätigkeitsstiftungen für die Angehörigen der Fabrik, eine Stiftung für gemeinnützige Zwecke in der Stadt (u. a. →Krankenhaus, →Waisenhaus, Vaterländischer Frauenverein für Krippe und Kinderhort), Produktionseinstellung 1926, am 27. 6. 1928 wurde die Fa. im HR gelöscht.

Die Gebäude (2 Wohnhäuser, 1 Hinterhaus, 2 Fabrikgebäude), Eigentum der Familie Bondy, wurden in den Folgejahren an verschiedene Firmen verpachtet bzw. vermietet: ab 1933 Fa. →Ohrenschall & Andreß, ab 1953 Fa. →Krückeberg & Schmidt, ab 1950 Fa. Max Vogel, PGH für Blindenhandwerk, Polytechnisches Kabinett, Abriß der Fabrikgebäude 2001.

Q KAA, Bestand Stadt Arnstadt, Sign. 157-03-13; ANIB 1900-22; AA 1922-28. *Heidrun Fröhlich*

Börner, Andreas: Organist, *1673 Rudisleben, †9. 5. 1728 Arnstadt, nach teilweiser Fertigstellung der Wender-Orgel interimistische Anstellung an der Neuen Kirche ab 1. 1. 1702 (→Johann-Sebastian-Bach-Kirche), Bestallung als Organist der Frühkirche (→Liebfrauenkirche) am 14. 8. 1703 gleichzeitig mit Joh. Seb. Bachs Anstellung an der Neuen Kirche, Vertreter seines Schwiegervaters Christoph Herthum an der →Oberkirche, auch Mitwirkung in der →Hofkapelle bezeugt, nach Herthums Tod 1710 dessen Nachfolger als Stadtorganist an der Ober- und Liebfrauenkirche.

L Schiffner, Markus: Johann Sebastian Bach in Arnstadt. In: BHSKA 4 (1985), S. 9f. *Alwin Friedel*

Böttcherhandwerk: Die ältesten Innungsartikel der Böttcher stammen vom 16. 8. 1487. Am 26. 8. 1545 wurde der Innungsbrief vom Arnstädter Rat neu aufgerichtet und befestigt. Zum dritten Mal, nun bereits 38 Artikel, wurde die →Innung am 11. 5. 1607 bestätigt. Die Böttcher fanden ihren Verdienst hauptsächlich bei den Kaufleuten der Stadt und den wohlhabenden Bürgern, die gleichzeitig den Weinbau bzw. das Braugewerbe betrieben. Die übrigen Waren verkauften sie zum Teil auf dem Markt oder überließen sie den Handelsleuten, die sie in die Gegenden ausführten, in denen Fichten- und Kiefernholz zur Anfertigung hölzerner Gefäße fehlte. Oft suchten sich die Böttcher eine Nebenbeschäftigung, wie z. B. als Wein- oder →Bierrufer oder betrieben das Braugewerbe selbst. Die älteste erhaltene Handwerkslade stammt aus dem Jahr 1673 und befindet sich in Privatbesitz der ehemaligen Böttcherfamilie Schellhorn. Zu Fastnacht durchzogen die Böttchergesellen in ihren Sonntagskleidern mit Hüten auf den Köpfen und den Stock in den Händen die Straßen der Stadt und sprachen in den →Freihäusern, →Brauhöfen und bei Kaufleuten vor, um dort die ihnen seit Jahrhunderten gewährten Fastnachtsbratwürste einzufordern. In den meisten Häusern wurden sie durch eine Gabe an barem Gelde beglichen. Die Ansprache, die dabei der Altgeselle hielt, konnte für ein Muster des Unsinns gelten und es galt als eine Hauptbelustigung, die Fastnachtspredigten der Bänderknechte mit anzuhören. Durch die Industrialisierung und die damit verbundene Technisierung trat das Böttcherhandwerk immer mehr in den Hintergrund. Blechgefäße verdrängten in vielen Fällen die althergebrachten Holzgefäße. Einige wenige, besondere Industriezweige konnten nicht auf sie verzichten. Nach dem 1. Weltkrieg bildeten 1918 die noch verbliebenen Böttchermeister der Städte Arnstadt, Gotha und Sondershausen eine freiwillige Innung, die 1920 zur Zwangsinnung erhoben wurde. Diese bestand bis 1945. Geböttcherte Kleingefäße wie Eimer, Kübel, Wannen und Zubehör wurden durch industriell gefertigte Zinkblech- oder Emailwaren verdrängt. 1958 existierten im Kreis Arnstadt noch vier Böttchermeister. Der Letzte war Hans Weißbach, der seinem Beruf in der Kleinen Rosengasse bis 1988/89 nachging.

L Stahl, Ernst: Arnstädter Bier seit 1404. Arnstadt 1999, S. 46-55.   *Ernst Stahl*

Böttner, *Otto* **Herbert:** Buchdruckereibesitzer, Gründer des →*Arnstädter Anzeiger*, *3. 10. 1869 Görbitzhausen, †24. 8. 1930 Crawinkel (Friedrichsanfang), Sohn eines Landwirts, mit 14 Jahren Schriftsetzerlehre in Arnstadt in der Hofbuchdruckerei von Emil →Frotscher, gründete 1889 in Arnstadt (Marktstr. 23) eine Buchdruckerei, 1891 rief er den Arnstädter Anzeiger ins Leben, Eheschließung mit Lina, geb. Voigt, er war 24 Jahre Mitglied des Stadtrats, Vorstandsmitglied der Stadtsparbank, seit 1926 Mitglied des Kirchenvorstandes der evang.-luther. Kirchengemeinde, Mitglied der →Museumsgesellschaft, langjähriger stellv. Hauptmann der Feuerwehr, Mitglied im Haus- und Grundbesitzer-Schutzverein e. V., Ehren-Gauvertreter und Turnerführer der Mittelthüringer Gauvereinigung der Deutschen Turnerschaft, Kreisblattschriftführer und Vorsitzender des Kreisheimausschusses, Ehren-Vorsitzer des Turn-Vereins von 1849 zu Arnstadt und bis zu beider Verschmelzung Vorsitzender des Turner-Bundes von 1877, über 40 Jahre Mitglied und langjähriges Gesamtvorstandsmitglied der Liedertafel, 39 Jahre Mitglied und langjähriges Vorstandsmitglied der Schönbrunn-Schützengesellschaft von 1717 zu Arnstadt, 1. Vorsitzender des Mitteldeutschen Handwerkerbundes, Ortsgruppe Arnstadt, Gesamtvorstandsmitglied und Obmann im Verein deutscher Zeitungsverleger (Kreis Mitteldeutschland) in Jena, Vorsitzender des Gesellenprüfungsausschusses im Buchdruckergewerbe für den Bezirk Arnstadt, der Tod überraschte ihn im Kreisheim des 13. Kreises (Thüringen) der Deutschen Turnerschaft in Friedrichsanfang, Grabmal →Neuer Friedhof.

Druckerei und Verlag: gegründet am 7. 12. 1889 in der Marktstr. 23 als Fa. Böttner & Dietz, Buchdruckerei und Buchbinderei, am 25. 2. 1890 schied Hugo Dietz aus der Fa. aus, am 20. 3. 1890 wurde die Fa. Otto Böttner in das HR eingetragen, Inhaber Druckereibesitzer Otto Böttner, am 10. 10. 1895 Änderung der Firmenbezeichnung in Otto Böttner, Lithographische Anstalt, Buch-,

Briefkopf der Fa. Otto Böttner

Stein- und Lichtdruckerei, Verlag des Arnstädter Anzeiger und des Stadtilmer Tageblatt in Arnstadt, erwarb 1898 Gebäude Erfurter Str. 22 u. verlegte 1899 Buchdruckerei dorthin, im Vorderhaus befanden sich Laden mit Papier- u. Bürobedarfshandlung u. Kontor, das Hinterhaus wurde zu einem zweistöckigen Druckereigebäude ausgebaut, der Verbreiterung der Erfurter Straße fiel das alte zweistöckige Haus Nr. 22 zum Opfer, es entstand 1912/13 ein modernes Geschäftshaus Erfurter Str. 20/22, Abriß des alten Hintergebäudes, an dessen Stelle Bau eines zweistöckigen Druckereigebäudes (im Erdgeschoß Maschinensaal u. Steindruckerei, im oberen Stockwerk Setzersaal u. Buchbinderei), Ausstattung mit modernster Drucktechnik, 1926 Bau eines weiteren Stockwerkes auf das Druckereigebäude, 1904 Aufstellung einer Doppelschnellpresse mit Falzapparat zu den acht bereits vorhandenen Druckmaschinen (davon vier Schnellpressen), 28. 9. 1910 Kauf der Bußjägerschen Hofbuchbinderei mit dem Verlag des →Arnstädter Tageblatts, im Februar 1915 Einsatz einer Rotationsdruckmaschine mit ca. 24facher Produktivität, im Dezember 1918 erneute Änderung der Firmenbezeichnung in: Otto Böttner, Buch- und Steindruckerei, Buchbinderei, Verlag des Arnstädter Anzeiger (Generalanzeiger und Tageblatt), des Stadtilmer Tageblattes, der Langewiesener Zeitung, der Schwarzburger Nachrichten und der Allgemeinen Kaninchenzeitung, Sohn Rudolf war Betriebsleiter und Prokurist, weitere Zeitungen und Zeitschriften kamen hinzu, 1923 traten die Söhne und Töchter als Inhaber in die Fa. ein, Rudolf u. Otto Böttner jun. erhielten ihre Ausbildung auf dem Technikum für Buchdrucker in Leipzig, seit 1. 1. 1924 OHG, Hauptniederlassung in Arnstadt, Zweigniederlassung in Stadtilm, persönlich haftende Gesellschafter: Otto Böttner, Lina Böttner, geb. Voigt, Rudolf Böttner, Otto Böttner jr., Marie Böttner, alle in Arnstadt und Martha Schröder, geb. Böttner in Stadtilm, am 11. 7. 1925 Eröffnung eines Spezialgeschäfts für Kontorutensilien, Schreibmaschinen und Geldschränke in der Erfurter Str. 22, 1929 40jähriges Bestehen (Redaktions-, kaufmännisches-, technisches- und Expeditionspersonal ca. 90), u. a. auch Druck und Verlag der →Adreßbücher v. Arnstadt 1924/25, 1928, 1931/32, 1937 u. 1940, nach dem Tod Otto

Böttners und dem Ausscheiden von Marie und Martha Böttner im Jahr 1935 wurden Druckerei und Verlag durch die anderen Gesellschafter fortgesetzt, im März 1943 wurde der Arnstädter Anzeiger aus der Fa. Otto Böttner herausgelöst und vom Verlag Schmitz & Co. KG Arnstadt unter Leitung des Gauverlagsleiters aus Weimar fortgeführt, ab 1. 4. 1943 als Arnstädter Anzeiger-Mitteilungsblatt des Kreises Arnstadt der NSDAP, Verkündungsblatt sämtlicher Behörden, am 23. 10. 1945 erfolgte die Liquidation des Verlags Schmitz & Co. KG des Arnstädter Anzeigers, Buchdruckerei und Verlag Otto Böttner wurden unter Sequester gestellt, die Brüder Otto und Rudolf Böttner, die Besitzer, wurden ohne Anklage über Nacht verschleppt und kamen im KZ Buchenwald 1946 bzw. im Zuchthaus Waldheim 1950 ums Leben. Am 12. 11. 1947 wurde die Fa. Otto Böttner, Verlagsanstalt, Buch- und Steindruckerei Arnstadt im HR gelöscht. Thüringer Volksverlag GmbH Weimar, Außenstelle Arnstadt, wurde Nachfolger der bisherigen Fa. Otto Böttner, Verstaatlichung der Druckerei Otto Böttner endgültig ab 22. 1. 1952 in →Druckerei August Bebel.

Q KAA, Bestand Stadt Arnstadt, Sign. 008-31, 008-47, 157-01-6; AA v. 7. 12. 1929, Nr. 287 (40 Jahre Verlagsanstalt Otto Böttner!), AA v. 26. 8., Nr. 199, 27. 8., Nr. 200 und 29. 8. 1930, Nr. 202 (Nachruf, Todesanzeigen, Trauerfeierlichkeiten); ThVZ v. 8. 12. 1945, 29. 1. 1946 u. 23. 3. 1946; ThV v. 17. 11. 1947. L Die Verlagsanstalt Otto Böttner und der „Arnstädter Anzeiger". In: Thalmann (Anhang).

Andrea Kirchschlager / Heidrun Fröhlich

Brauhäuser: Die ersten Brauhäuser in Arnstadt stammten aus dem 15. Jh. Ab 1460 existierten neben dem Klosterbrauhaus zwei städtische Brauhäuser. Das Ältere lag an der oberen Weiße, das Neue in der Fleischgasse. 1559 wurde die →Jacobskirche am Ried, die seit der Reformation nicht mehr als Gotteshaus genutzt wurde, zu einem Brauhaus umfunktioniert. Alle Biere mußten in den städtischen Brauhäusern unter Aufsicht eines vereidigten Braumeisters gebraut werden. Der Braumeister mußte eine Sicherheit von 500 Talern in bar oder Grundbesitz nachweisen. Nur in den Brauhäusern war eine strenge Kontrolle möglich, um ein Überbrauen und Unterschlagungen zu verhindern. Neben den technischen Voraussetzungen waren nur hier die Gefäße und Pfannen vorhanden, um ein großes Bier brauen zu können. 1657 wurde ein weiteres Brauhaus in der Fleischgasse gekauft (Abriß 1858 wegen Baufälligkeit). In der Jakobsgasse standen noch zwei kleinere Brauhäuser, die unter einem Dach vereint waren. Sie wurden vom Besitzer des Gasthauses *Zur →Goldenen Henne* gekauft und 1824 abgerissen. 1841 existierten drei städtische Brauhäuser: Das alte Klosterbrauhaus an der →Liebfrauenkirche, das alte Brauhaus an der oberen Weiße 3 und 7 und das Brauhaus in der Fleischgasse 8. Im Januar 1845 kam das erste private Brauhaus am Ried hinzu. Bereits 1849 standen die Brauhäuser an der oberen Weiße und in der Fleischgasse zum Verkauf. 1883 bestanden sechs private Brauereien: 1. Die *Brauerei Heinemann* wurde im Burgkeller betrieben und braute nur Weizenbier. Sie wurde in den 90er Jahren des 19. Jhs. von der →Bahlsen-Brauerei aufgekauft. 2. Die *Brauerei Dietz* im Gasthof *Zum goldenen Schwan*, die ebenfalls von der Bahlsen-Brauerei aufgekauft wurde (1904). 3. *Oskar Gräser* mälzte und braute Bier im Wacholderbaum (Längwitzerstr. 13) bis 1916 und verkaufte dann an die Brauerei →Mergell. 4. Die *Brauerei Unbehaun* bestand am Holzmarkt 5. Bis 1907 wurde am Ried 15 Bier gebraut. Anschließend in der neuerbauten Brauerei →Kürsten. 6. Die *Brauerei Felsenkeller* wurde 1866 erbaut. Die ersten Besitzer waren Kumpenhans und Lungershausen, H. Kürsten, Oskar Mämpel, Zangenmeister Trutschel und die Aktienbrauerei Erfurt, die das Unternehmen 1876 an den Brauereibesitzer Mergell aus Westheim verkaufte. Im selben Jahr ließ Mergell ein neues Sudhaus bauen, Dampfbetrieb einrichten und die Keller überholen. 1905 wurde die Brauerei vollständig neu erbaut. Diese Brauerei überstand von allen anderen die beiden Weltkriege und die Weltwirtschaftskrise am besten. 1954 wurde die Brauerei Mergell AG im Ergebnis eines rechtsstaatswidrigen Urteils vollständig enteignet und in Volkseigentum überführt. Man warf dem Hauptgesellschafter Straftaten vor, die nicht bewiesen werden konnten. August Mergell wurde noch seinerzeit freigesprochen. Bis 1989 gehörte der VEB →Brauhaus Felsenkeller Arnstadt zum VEB Getränkekombinat Erfurt. Im März 1990 stellten die Nachfahren Antrag auf Rückführung des Vermögens der Brauerei Mer-

gell. Im Januar 1991 wurde vor dem Bezirksgericht Gera ein Kassationsverfahren zu dem Urteil vom 5. 4. 1954 durchgeführt, in dessen Ergebnis auf Aufhebung des Urteils und Freispruch für die Angeklagten entschieden wurde. Damit ging die Felsenkeller Brauerei wieder in den Besitz der Familie Mergell über. Allerdings wurde nur ein Teil des Vermögens zurückgeführt. In der Folge traten deshalb wirtschaftliche Schwierigkeiten auf, die im April 1992 zur Einstellung der Produktion führten. Um einen Konkurs abzuwenden, wurde die Brauerei an die Gesellschafter der Brauerei Gotha veräußert. Im Frühjahr 1994 kaufte die Grundbund Immobilien Handels GmbH Berlin das Betriebsgelände der ehemaligen Felsenkeller-Brauerei-Arnstadt. Der neue Eigentümer entsorgte die alte Technik, sanierte die Gebäude, baute das alte Sudhaus um und installierte in den beiden ersten Etagen und im Keller eine Kleinbrauerei. Am 1. 3. 1997 wurde die Wiederaufnahme der fast 600jährigen Bierbrautradition in Arnstadt gefeiert.

L Stahl, Ernst: Arnstädter Bier seit 1404. Arnstadt 1999, S. 32-43.   *Ernst Stahl*

Brauhaus Felsenkeller: VEB, 1954 kam die →Mergell-Brauerei nach einem Gerichtsverfahren in Treuhandverwaltung, 1955 VEB und gleichzeitig Zusammenschluß mit dem VEB Brauhaus, ehemals →Kürsten, durchschnittlich 170 Mitarbeiter, davon 125 direkt in der Produktion, Niederlassungen in Erfurt, Schmalkalden und Suhl, Bier aller Sorten und alkoholfreie Getränke wie Orangen-Limonade und Vita Cola wurden hergestellt. 1971 wurde der Betrieb im Zuge der Kombinatsbildung umbenannt in VEB Getränkekombinat Erfurt, Werk Brauhaus Felsenkeller Arnstadt, Betriebsteile waren Burg-Bräu Plaue und Mineralquelle Plaue, letztere wurde 1982/83 rekonstruiert und lieferte danach täglich 219 Hektoliter Karl-Marien-Quelle, Carena und Cola. Nach 1990 kam die Auflösung des Kombinates, die Felsenkellerbrauerei wurde reprivatisiert, die Mineralquelle Plaue herausgelöst. Nach Aufhebung des Gerichtsurteils von 1954 erhielt die Familie ihr Eigentum 1991 zurück, wozu auch das ehemalige Klubhaus der Chema gehörte.

Q KAA, Bestand Kreistag u. Rat des Kreises Arnstadt, Nr. 400, 645; DV 1953-83; TA v. 4. 2. 1992; AHB 25, (1991).   *Heidrun Fröhlich*

Brauhöfe: Als Brauhöfe werden Häuser bezeichnet, deren Besitzer im Mittelalter und in der frühen Neuzeit das Recht hatten, Bier zu brauen und auszuschenken.

Im heutigen Stadtbild erkennt man die einstigen Brauhöfe, ihr Status wurde 1862 abgeschafft, an ihrer Größe und z. T. aufwendigen Gestaltung ihres Äußeren. Zudem trugen diese Häuser oft einen Namen mit entsprechendem Hauszeichen, dessen bildliche Darstellung sich als Malerei (u. a. *Zum großen Christoph auf dem Ried*) oder plastisch (u. a. *Zum Palmbaum auf dem Markt*) erhalten hat.

Nach dem Stadtrecht von 1543 mußte ein Brauherr mindestens 6 Marken Geschoß von seinem Brauhof und 20 Marken von seinem Erbe geben. (Marken/Geschoßmarken sind ein heute nicht mehr näher zu bestimmender Ausdruck für die Form der Veranlagung von Gebäuden und Liegenschaften im Spätmittelalter und früher Neuzeit). Selbstverständlich mußte der Brauhof auch geräumige Keller haben, um das in einem städtischen Brauhaus gebraute Bier bis zum Ausschank im eigenen Brauhof lagern zu können.

Die Braugerechtigkeit konnte verkauft bzw. von anderen Häusern käuflich erworben werden. Dabei wurde meist ein Teil der Geschoßmarken und auch der Name mit übernommen. Dadurch gibt es Häuser, die nicht ständig, sondern nur zeitweise Brauhof waren.

Die Zahl der Brauhöfe lag im letzten Drittel des 15. Jhs. bis um 1500 etwa bei 80 und stieg bis 1650 auf 126 an. Von 1700 an bis zum Ende der Braugerechtigkeit 1862 waren es mit einigen Schwankungen ständig 130 Brauhöfe.

Q KAA, Bestand Stadt Arnstadt, Rechtzettelbücher 1470-1828, Sign. 953-03; Erbbücher des Rates und des Amtes.

L Thalmann, Paul / Schmidt, Hermann: Die Häusernamen Arnstadts. Arnstadt 1927.   *Ulrich Lappe*

Brauwesen: Die erste urkundliche Nennung von Arnstädter Bier stammt aus den Propsteirechnungen des Jungfrauenklosters 1404. Die ersten Bürger brauten nachweislich 1412 Bier und wurden als *birschroeter* bezeichnet. 1438 erstes städtisches Brauhaus. Bis 1543 wurden als Brauer bei einem Bier immer zwei Bürger genannt. Nach den Statuten von 1543 war das gemeinschaftliche Brauen

verboten. Von 1430-1540 wurden in Arnstadt mehr fremde als einheimische Biere getrunken (Einbecker, Naumburger, Ilmenauer, Hettstedter, Pößnecker). Wie in anderen Städten wurde der vom Rat erzielte Gewinn zu einer Haupteinnahmequelle der Stadt und damit des Stadtherrn. Die älteste Brauordnung ist in den Statuten von 1543 (Art. 100-106) enthalten: Sie besagt u. a. folgendes: Der brauende Bürger soll vier Pferde in seinem Stall halten, dazu mit einem Harnisch als Rücken, einem Krebs (Brustpanzer), einer Pickelhaube und einer Armschiene, einer kleineren Hakenbüchse und zwei ledernen Eimern (zum Feuerlöschen) ausgerüstet sein. Im Laufe der Jahrhunderte wurde sie erweitert und verändert. Die Braugerechtigkeit konnten nur Bürger ausüben, die in einem Brauhof wohnten, der sechs Mark Steuern abgab. Man mußte über ausreichend Land verfügen, um seine eigene Braugerste anbauen zu können. Brauhöfe gab es in Arnstadt 1650 126, 1669 121 und nach 1700 immer 130. Jeder Brauhof hatte das Recht, im Jahr ein Stadtbier und nach Erfindung des →Weizenbieres 1617 ein Weizen- und ein Stadtbier zu brauen. Durch das Losverfahren wurde einmal jährlich die Reihenfolge festgelegt, in der die brauberechtigten Bürger ihre Biere abbrauen mußten. Ein großes Stadt- oder Weizenbier durfte nicht mehr als 90 Eimer messen (1 Eimer = ca. 79 l = 18 Stübchen). Die Reihenfolge des Ausschanks wurde durch das Los festgelegt und durch den →Bierrufer ausgerufen. Das Bier wurde von einer vereidigten Bierzäpferin zu einem vorgeschriebenen Preis im Keller des Brauherrn ausgeschenkt. Der eigentliche Brauprozeß fand in einem städtischen Brauhaus statt, alle Vor- und Nacharbeiten im Brauhof des Brauherren. Für ein Stadtbier waren 46 Maß Gerste und 10 Maß Weizen vorgeschrieben. Arnstadt zählte im 16. Jh. zu den thüringischen Bierstädten. Der Arnstädter Ratskeller durfte jährlich vier große Biere brauen. Er war der Einzige, der neben den an der Reihe befindlichen Brauherren Weizen- und Stadtbier ständig an seine Gäste und über die Straße verkaufen durfte. Mit einem Gesetz vom 15. 4. 1845 wurde das Reihenbrauen und der Reihenschank aufgehoben. Jeder Brauberechtigte durfte nun zu jeder ihm beliebigen Zeit Bier brauen und dieses ausschenken. Dem Brauenden blieb es überlassen, ob er Stadt- oder Weizenbier und welche

Menge er brauen wollte. Für sein Fabrikat durfte er selbst den Preis bestimmen. Zur selben Zeit wurde das erste private Brauhaus auf dem Ried 15 von Christoph König eröffnet. Die endgültige Ablösung der Braugerechtigkeiten in Arnstadt erfolgte 1862.

L Stahl, Ernst: Arnstädter Bier seit 1404. Arnstadt 1999, S. 5-30. *Ernst Stahl*

Brehme & Siegel: Lederhandschuhfabrik, am 2. 1. 1875 in das HR eingetragen, 1878 am Markt 3, 1894 in der Klausstr. 3, ab 1937 Bismarckstr. 10 (Gebäude wurde 1915 erbaut, bis 1927 →Polytechnisches Institut), Gründer: Kaufmann Franz Brehme aus Hildesheim und Kaufmann Ludwig Siegel aus Halle/S., 9. 2. 1899: Kaufmann Paul Helbig wurde Prokurist und erwarb die Firma im April 1913, Anzahl der Beschäftigten: 1933 48, 1939 192, 1943 164, 1948 92, davon jeweils 30-50% Heimarbeiterinnen, ab 1932 Inhaber Wilhelm Heimbürge, Herstellung von Lederhandschuhen für Damen und Herren, während des Krieges auch Militärhandschuhe sowie verschiedene Arbeiten für Fa. →Siemens & Halske AG, Hausgrundstück wurde durch Alliierte im April 1945 beschlagnahmt (Radiogeräte der Fa. Siemens & Halske wurden dort sichergestellt), im Juni 1945 durfte die Produktion von Handschuhen wieder aufgenommen werden, zusätzlich auch Herstellung von Arbeitsschutzhandschuhen, Uhrenarmbändern u. Keilriemen, bis 1958 Rückgang der Aufträge, insbesondere bei Handschuhen, große Probleme bei der Materialbeschaffung, Plan des Rates des Kreises: Überführung der gesamten Produktion der Fa. Brehme & Siegel in die VEB →Lederbekleidung und Lederhandschuhe, →Bekleidungs- und Handschuhfabrik und →Modehandschuh, deren Kapazität bisher ebenfalls nicht ausgelastet wurde, ab August 1958 übernahm der Sohn von W. Heimbürge die Leitung des Betriebes, der die Fa. wieder stabilisieren konnte, ab 1. 1. 1959 staatliche Beteiligung, außer Leder- und Arbeitshandschuhen wurden mit nur noch 30 Beschäftigten Ledergliederkeilriemen, Campingbeutel, Kollegtaschen, Stadttaschen und Luftkoffer hergestellt, ab Mitte 1962 (Heimbürge jun. hatte die DDR verlassen) erfolgte die Umstellung der Produktion auf Erzeugnisse für den VEB Fernmeldewerk, der Ge-

schäftsführer trat mit dem Zusammenschluß der Firmen →Busch & Toelle und Brehme & Siegel zur Fa. Toelle & Siegel am 1. 1. 1963 aus der Fa. aus. Die bisherige Produktion wurde durch andere Betriebe übernommen. Die ehemalige Fabrik wurde umgebaut, bevor 1962 die POS VI (jetzt Robert-Bosch-Schule) dort einzog.

Q KAA, Bestand Stadt Arnstadt, Sign. 008-24; Bestand Kreistag u. Rat des Kreises Arnstadt, Nr. 131, 257, 463, 592, 648. *Heidrun Fröhlich*

Brömel (Broemel), August: Brückenwaagenfabrikant, Arnstädter Waagenfabrik, am 20. 9. 1831 in der Schloßstr. 11 gegründet durch Schlossermeister August Brömel, begann am 18. 2. 1832 mit der Herstellung von Brückenwaagen, Geld- und Dokumentenschränken, tausende Dezimal-, Laufgewichts- und Viehwaagen in hölzerner und eiserner Ausführung, auch Fuhrwerks- und Lastautowaagen bis 20.000 kg Tragkraft wurden im Laufe der Jahre gefertigt, viele als Sonderanfertigungen, in höchster Qualität und Genauigkeit, nach dem Tod des Firmengründers (1867) übernahm der Sohn Kommissionsrat Gustav Brömel die Fa. und danach im Einverständnis mit den Miterben die Witwe Auguste Brömel, geb. Kieser, bereits 1905 Exporte nach Holland, England,

Waagenfabrik August Brömel

Rußland, Chile u. Brasilien, 1904 verkaufte Auguste Brömel die Fa. unter Beibehaltung des Firmennamens an Paul Stoltze, 1. 1. 1905 Gründung einer OHG mit den Gesellschaftern Paul Stoltze u. Max Albrecht (nur kurzzeitig), nach dem Tod von Paul Stoltze (31. 5. 1918) übernahm dessen Bruder Georg Stoltze die Fa., produzierte Waagen wurden häufig auf Ausstellungen gezeigt u. mit Medaillen ausgezeichnet (z. B. 1925 eine Goldmedaille in Naumburg), ab 1926 wurde in der Güntherstr. 6 eine Bautischler- und Möbelwerkstatt betrieben, 15. 3. 1938: Übernahme der seit 32 Jahren bestehenden Waagenfabrik Wilhelm Bürger, Arnsbergstr. 28.

Georg Stoltze verstarb am 2. 11. 1938, seine Witwe Angelika Stoltze, geb. Hesse, führte die Fa. weiter, ab 1939 Inhaber Georg Goerzen (1900-85), während des Krieges wurden nur kleinere Heeresaufträge ausgeführt, Produktionseinschränkungen wegen Materialmangels, nach dem Krieg Reparationsleistungen – 500 Dezimalwaagen für die Rote Armee, nur noch 16 Beschäftigte (sonst bis zu 50), am 1. 7. 1947 Umwandlung in eine KG, Gesellschafter waren Georg Goerzen (Betriebsleiter) und Wilhelmine Goerzen, geb. Stoltze, ab 1. 1. 1959 staatliche Beteiligung, Georg Goerzen blieb Betriebsleiter und war gleichzeitig persönlich haftender Gesellschafter, Beschäftigtenzahl wuchs auf 25-26, ab 1. 1. 1972 verstaatlicht unter dem Namen VEB Arnstädter Waagenfabrik.

Ab 1. 1. 1977 vom VEB →Anhängerbau und ab 1. 10. 1981 in das Kombinat Maschinenbau Arnstadt übernommen, bei der Reprivatisierung 1990 wurde diese bekannte Fa. nicht mehr berücksichtigt, ehemaliges Fabrikgebäude (*Haus zur Güldenen Schere*) wurde im Sommer 1987 durch die Kampfgruppen abgerissen. 1992 Straßenbenennung (August-Broemel-Straße) im Gewerbegebiet Arnstadt-Rudisleben.

Q KAA, Bestand Kreistag u. Rat des Kreises Arnstadt, Nr. 257, 537, 1072.   *Heidrun Fröhlich*

Bruderschaften: Sie entstanden in Arnstadt wohl erst in den letzten Jahrzehnten des 15. Jhs. als freie religiöse Vereinigungen, meist von Zunftgenossen gebildet, die sich zu religiösen Übungen um einen Altar vereinigten und sich nach ihm benannten (halb kirchliche, halb weltliche Genossenschaft). Für Arnstadt werden folgende

Bruderschaften erwähnt: St. Urbani (1477), St. Mertens (1519/20) und St. Michaelis (1539), weiterer Bruderschaften St. Jacob (→Jacobskirche), Unserer Lieben Frauen und St. Annen (Bonifatiuskirche), Corporis Christi (→Liebfrauenkirche) und Unserer Lieben Frauen und Bonifacii (an welcher Kirche, ist nicht bekannt). Die Bruderschaft Unserer Lieben Frauen und St. Annen verfügte über die größte Mitgliederzahl, Corporis Christi hingegen bildete die zahlenmäßig geringste. Die erstere verfügte 1512 u. a. über einen Kelch, zwei Pacificale (liturgische Kußtäfelchen), vier Meßgewänder, eine vergoldete silberne Krone, zwei Perlenbänder und sechs Fingerreifen. Die Bruderschaft Unserer Lieben Frauen besaß 1518 u. a. ebenfalls eine vergoldete silberne Krone, vier Korallen-Paternoster (Rosenkränze), drei Meßgewänder. Die Einnahmen bestanden aus Zinsen, freiwilligen Gaben und aus dem Eintrittsgeld der Neuaufgenommenen. Einkaufen konnten sich Männer und Frauen, das Eintrittsgeld betrug zwischen 15-30 Groschen. 1496 zahlte Hans Fleischhacke ½ Schock, also 30 Groschen: *Had er/ syn vater Gunthern syn/ tochter Agnesen vnnd das/ gantze geschlecht in die bruder/ schafft gekouwfft.* Grundbesitz, wie Wiesen oder Weinberge, war nur in geringem Umfang vorhanden. Die Ausgabeposten setzten sich zusammen aus Unkosten bei den nicht seltenen Festen, bei Prozessionen und öffentlichen Aufzügen (auf St. Marcus-Tag, auf Unserer Lieben Frauen- Ablaß, Freitag nach Pfingsten usw.). Ferner zur Präsenz an Pfarrer, Kirchner und Schulmeister, für das Singen für verstorbene Brüder und Schwestern, auch für Licht und Kerzen oder Bildschmuck. Nach den Bauernkriegsereignissen 1525 Auflösung.

L Einicke, Guido: Zwanzig Jahre Schwarzburgische Reformationsgeschichte 1521-1541. Bd. 1, Nordhausen 1904. S. 126-129 u. 395.   *Peter Unger*

Brunnen: Aus dem 16./17. Jh. haben sich eine Reihe von Brunnen erhalten, die alle auf einen Typ - Trog mit Mittelständer und Säulenfigur - zurückgehen.

Hopfenbrunnen: Auf dem ehemaligen Hopfenmarkt unterhalb der Bachkirche mit reichem Renaissanceschmuck, erstmalig 1428 genannt. In der Mitte des achteckigen Troges Ständer mit der Figur eines geharnischten Ritters mit Lanze und Wappenschild, 1573 von den Steinmetzen Christoph Junghans und Caspar Hölzlein erbaut. 1902 unter Verwendung alter Teile vollständig neu errichtet.

Holzmarktbrunnen: Am östlichen Ende des Holzmarktes wurde 1545 ein Brunnen errichtet, der nach 1560 wieder abgerissen wurde. Neuer Brunnen 1565 von dem Steinmetz Georg Kirchoff errichtet, 1956 die zertrümmerte Brunnenfigur durch den Bildhauer Friedrich →Popp neu geschaffen, 1984 nach Abriß des alten Brunnens den heutigen Betonbrunnen errichtet.

Zimmerstraßen-Brunnen: An der Straßenmündung Zimmerstraße-Schloßstraße wurde 1562 ein sechseckiger Brunnen mit Mittelständer errichtet, auf dem an Stelle des verlorengegangenen Adlers heute eine Kugel sitzt. Der Brunnen war farbig gefaßt. Um 1925 nach altem Vorbild völlig neu erbaut.

Brunnen an der Oberkirche: 1539 erbaut, nach seinem Standort, dem ehemaligen Barfüßerkirchhof auch Barfüßer- oder Kirchgassenborn genannt, nach mehreren Reparaturen 1719 vollständig erneuert. Auf dem Brunnenständer an der Kirchenseite stand ehemals eine Neptun-Figur von Bildhauer Christoph →Meil verfertigt. Die heutige Figur stellt die wilde Frau dar, die 1561 für den Kohl- oder Marktbrunnen angefertigt, bei dessen Abriß 1899 an die →Oberkirche versetzt wurde.

Neumarktbrunnen: Brunnen zwischen →Rathaus und →Johann-Sebastian-Bach-Kirche erstmals 1603 erwähnt, der heutige Brunnen 1708 errichtet, die Brunnenfigur (ein Meerweibchen) auf einer Mittelsäule von Bildhauer Heinrich Christoph →Meil 1737 geschaffen. Der Brunnen war farbig gefaßt.

Riedbrunnen: 1428 erste namentliche Nennung, auch Brunnen vor der Sonne (Gasthof) genannt, ehemals ein Brunnen mit Mittelständer und kleiner Statue. Das weitere Aussehen ist nicht bekannt, um 1870 noch ein hoher steinerner Seitenständer nachgewiesen, um 1879 gußeiserner Seitenständer.

Fasanengarten-Brunnen: Ursprünglich 1594 im →Prinzenhof errichtet. Zu Anfang der zwanziger Jahre an seinen heutigen Standort versetzt.

Neptungrotte: Südlich vor dem →Landratsamt in der Ritterstraße 1736 gegenüber dem →Neuen Palais vor der fürstl. Domäne, heute Neideck-Gymnasium, errichtet. Zentrale Gestalt der Grotte die lebensgroße Plastik eines Flußgottes von Heinrich Christoph Meil aus Seeberger Sandstein geschaffen. 1910 Umsetzung an heutigen Standort, dabei Grottenarchitektur und Wasserführung unter Beibehaltung wesentlicher Elemente reduziert.

Verschwundene Brunnen: *Marktbrunnen:* stand am westlichen Ende des Marktes, unterhalb der Kohlgasse, auch als *Colborn* oder Kohlbrunnen im Jahre 1500 genannt, achteckiger Brunnen mit Mittelständer, darauf eine wilde Frau, Brunnen war farbig gefaßt, 1899 Abbruch des Brunnens, den Ständer an den Oberkirchenbrunnen gesetzt.

Waisenhausbrunnen: Vor dem Gebäude Am Plan 2, stand der Waisenhausbrunnen, auch Oberkohlgassenbrunnen genannt, 1536 errichtet, an seiner Stelle 1564 ein neuer Brunnen, sechseckiger Brunnen mit Seitenständer, 1900 Brunnen abgebrochen.

Oberer Holzmarktbrunnen: Am westlichen Ende des Holzmarktes - Einmündung untere Marktstraße, stand der 1561 erbaute Brunnen. Achteckiger Brunnen mit einem Löwen auf dem Ständer, gegen Ende des 19. Jhs. abgebrochen.

Brunnen unter dem Berge: In der Gabelung Markstraße-Untere Marktstraße kleinerer Brunnen 1523 erwähnt, Ende 19. Jh. abgebrochen.

Benckenborn: Zwischen →Galerie und Bachkirche, 1540 erstmals genannt. 1559 Neubau mit wildem Mann auf einem Ständer, soll Ende 19. Jh. abgebrochen worden sein.

→*Bismarck-Brunnen.*

An kleineren Brunnen werden noch der Brunnen bei der →Superindentur auf dem Pfarrhof 1666 u. 1700 sowie 1608 der Brunnen an der Weiße mit Ausgaben für Reparaturen erwähnt.

L Lappe, Ulrich: Arnstädter Brunnen. In: BHSKA 6 (1980), 5. 43-55.   *Ulrich Lappe*

Brunnenkunst: Steinernes Gebäude westlich neben der →Liebfrauenkirche im Zuge der ehemaligen Stadtmauer, auch als Sprachhaus (Latrine oder Abortanlage) der Nonnen bekannt. Das im Zinsbuch von 1412 erwähnte *necessarium claustralium* wurde zuletzt mit klösterliche Abfallgruben übersetzt. Mit den Örtlichkeiten des Sprachhauses der Nonnen lassen sich u. a. auch das *gemach der Jungkfrauen* (1430) oder die *Heymlichkeit bey beate virginen* bei den Jungfrauen (1442) in Verbindung bringen, welches beschönigende

Beschreibungen eines Abortes bzw. Abtritts sind. 1540 erstmals ein Wasserrad im Bornhaus erwähnt, 1554 Abriß des alten Bornhauses und Erbauung eines Neuen. Da Nachrichten aus der Mitte des 16. Jhs. fehlen, ist die Situation vom Übergang Sprachhaus in Bornhaus völlig unklar. 1559 geht das Sprachhaus/Bornhaus aus säkularisiertem Klosterbesitz in städtischen Besitz über. Mittels eines unterschlächtigen Wasserrades wurde das Wasser der Kelle angehoben und durch ein Saugwerk etwa 10 m hoch in einen Kessel gepumpt. Von da aus in Röhren geleitet, konnten so der höher gelegene Teil der Stadt mit Wasser versorgt werden. 1876 Gebäude aufgestockt und in historisierenden Formen umgebaut. 1900 wurde die Brunnenkunst durch das neue Wasserwerk abgelöst. Nach einer kurzzeitigen Nutzung als Eichamt (1904) diente das Gebäude dann bis 1964 als Milchhandlung, nach erfolgter Renovierung ab 1980 als Wohnhaus.
L Stadtführer durch Arnstadt, S. 14 (1990); Lappe, Ulrich: Die Arnstädter Stadtmauer. In: AVAU 12 (2002), S. 9-11. *Ulrich Lappe*

Brusch(ius), (K) Caspar: 1544 Rektor der Lateinschule in Arnstadt, Humanist und Historiograph, *19. 8. 1518 Schlackenwalde/Böhmen, †20. 11. 1557 bei Rothenburg ob der Tauber, Schulbesuch in Eger und Hof, Studium in Tübingen, Rektor in Straubing u. a., unentwegt literarisch produktiv, 1541 gekrönter Dichter durch König Ferdinand, Aufsehen durch kritische Dichtungen (Epigramme) während des Reichstags in Regensburg und des Religionsgesprächs in Worms, erschien 1542 in Wittenberg als Freund der Reformatoren, 1543 Leipzig, Vorlesungen über antike Literatur, widmete seine Gedichtsammlung *Sylvae* Graf Günther von Schwarzburg, 1544 Rektor in Arnstadt, als Nachfolger von Stygerus an der Lateinschule, die mit der →Liebfrauenkirche verbunden war, widmete ein Gedicht der *Ode an das Gregoriusfest* dem ehemaligen Arnstädter Superintendenten →Mörlin. Als Lehrer wollte er nicht nur weltliche, sondern auch ewige Weisheit vermitteln. Nach einer Denunziation wegen angeblicher katholischer Gesinnung 1544 plötzliche Entlassung, unternahm dann Reisen, 1555 Pfarrer in Pettendorf (Oberpfalz), Tod nach erlittenem Überfall während eines Rittes.

W *Sammlung Sylviae, Gedichte* (1543), *Ode an Mörlin* (1544), *Chloris, ein Nachruf auf eine Tochter des schwarzburgischen Grafen* (1544), *Vita Domini Nostri Ihesu Christi, ein Schulbuch* (Erfurt 1544).
L Klette, Johannes: Kaspar Brusch als Rektor in Arnstadt 1544. Alt-Arnstadt 6 (1923), S. 87-111. *Winfried Bollmann*

Buchdruckereien: Meist mit Verlagen, Buchhandlungen und Buchbindereien verbunden. 1590 Druck von Büchern in Arnstadt in einem Katalog der Frankfurter Buchmesse erwähnt, 1646 Überlieferung einer Leichenpredigt aus der Druckerei von *Peter Schmidt*, der 1644 von Gotha nach Arnstadt gezogen, nur wenige Jahre hier ansässig war, seine Druckerei im Haus zum Christophorus fiel einem Brand zum Opfer, verzog nach Schmalkalden, druckte vor allem Leichenpredigten und theologische Schriften, *Caspar Freyschmidt* kam 1660 aus Jena nach Arnstadt (1661 Bürgeraufnahme), bereits 1662 verzog er nach Rudolstadt, druckte naturwissenschaftliche Werke, seit 1665 *Nicolaus Singe* in Arnstadt, wahrscheinlich aus Gotha, druckte Werke religiösen Inhalts wie Liederbücher, Katechismen, Leichenpredigten sowie 1673 eine Bibel, dessen Werkstatt übernahm 1673 Buchdrucker *Heinrich Meurer* aus Blankenburg, druckte neben theologischen Schriften viele Arnstädter Schulschriften, er starb 1706 und sein Sohn *Heinrich Andreas Meurer* übernahm die Druckerei, 1692 ließ sich der Buchdrucker *Nicolaus Bachmann* in Arnstadt nieder (1693 Bürgeraufnahme, †1728), erhielt 1700 Fürstliches Privileg zum Druck von Kalendern, Schul- und Gesangbüchern, druckte 1701 die *Historia Arnstadiensis. Historie der alt-berühmten Schwarzburgischen Residenz Arnstadt* von Johann Christoph →Olearius, dessen Druckerei übernahm sein Schwiegersohn *Johann Andreas Schill* (†1765), 1725 Fürstliches Übernahmeprivileg (Fürstlich Schwarzburgischer Hofbuchdrucker), kurzzeitig Übernahme der Druckerei durch *Sohn Wilhelm Gustav Schill* (Oktober 1765 Fürstliches Übernahmeprivileg, 1772 Bürgeraufnahme als Buchdrucker), im Dezember 1765 Übertragung des Schill`schen Buchdruckereiprivilegs auf das Fürstliche →Waisenhaus in Arnstadt und im Januar 1766 Genehmigung zum Kauf der Druckerei durch die Waisenhauskommission, dort vor allem Druck von Schulschriften und Lehrbüchern, in der *Fürstl. Waisenhausdruckerei* wurde am 15. 10. 1768 die erste Arnstädter Zeitung unter dem Titel *Arnstädtische wöchentliche Anzeigen und Nachrichten* gedruckt, 1782 übernahm der privilegierte Buchhändler und Fürstlich Schwarzburgische Hofbuchdrucker *Hieronymus Jacob Trommsdorff* (†1798) aus Erfurt die Waisenhausdruckerei nebst Verlag und Buchhandel (gründete 1794 die *Arnstädtische Zeitung*), 1818/19 Übernahme des Buchdrucker- und Buchhändlerprivilegs durch den Sohn *Johann Michael Trommsdorff*. Weitere Buchdrucker: 1714 Fürstliches Privileg zur Betreibung einer Buchhandlung für *Ernst Ludwig Niedt* (†1732), der sich mit seinen Druckschriften historischen und naturwissenschaftlichen Inhalts aus eigener Werkstatt regelmäßig an der Frankfurter Buchmesse beteiligte, Niedt druckte häufig die Schriften des Geschichtsforschers →Melissantes, 1735 *Johann Jacob Beumelburg*, druckte historische und naturwissenschaftliche Schriften wie das 1751 in 4. Auflage gedruckte Blumen- und Kräuterbuch von Valentin Kräutermann, welches 1716 erstmals bei Niedt gedruckt wurde, übernahm möglicherweise die Niedt`sche Druckerei, 1781 verschenkte Pfarrer Beumelburg in Angstedt und Gräfinau die Druckerei an das Fürstliche Waisenhaus, 1826 Bürgeraufnahme des Buchhändlers *Gustav David Kluge* aus Leipzig, der 1827 das Privileg zur Fortsetzung der von Rat Hildebrand erkauften Buchhandlung erhielt, die er wiederum 1837 an Ferdinand Meinhardt veräußerte, Hofbuchdrucker *Emil Mirus* kaufte die Trommsdorff`sche Buchdruckerei samt Zeitungsverlag 1827 und druckte ab 1828 die Zeitschrift →*Der Beobachter*, 1841 *Fr. Faust*, Hofbuchdrucker und Hofbuchhändler, *Friedrich Ohlenroth*, 1837 Bürgeraufnahme, Buchhandlungs- und Buchdruckereibesitzer, druckte Haus- und Historienkalender, *Privilegirtes Arnstädtisches Regierungs- und Intelligenzblatt, Der Beobachter* (später *Gnädigst privilegirte Arnstädtische Zeitung*), *Thüringer Zeitung, Thüringer Volks-Halle, Thüringer Reform* und *Unterhaltende und belehrende Blätter für den Handelsstand*), Ferdinand →Meinhardt, Emil →Frotscher, Paul Frotscher, Alfred →Bußjäger, Otto →Böttner, Karl Sommer, Volk & Barthel, Gutenberg-

Druckerei, Otto Weise, Adolf Aschenbach, Edgar Rost, →Busch & Toelle sowie Paul Toelle u. Co., Robert Prager.

L Schmalfuß, Dietlinde: Zur Geschichte des Buchdrucks in Arnstadt im 17. und 18. Jahrhundert. In: Palmbaum 1 (1997), S. 73-76.   *Andrea Kirchschlager*

Bühring, *Johannes* Karl Ludwig: Gymnasialprofessor, Geschichtsforscher, Verfasser der Geschichte der Stadt Arnstadt, Mitbegründer des Rennsteigvereins, *20. 9. 1858 Neuwied, †18. 9. 1937 Wuppertal-Elberfeld, Sohn des Seminarleiters und Superintendenten Wilhelm August Bühring und dessen Ehefrau Minna, geb. Pampel, 1. Eheschließung 1890 mit Henriette Emilie Elisabeth, geb. Cornelius (†1907) und 2. Eheschließung 1910 mit Agnes, geb. Sprockhoff, bis 1877 Besuch der Latina in Halle, danach bis 1880 Studium der Fächer Deutsch, Geschichte, Latein und Griechisch in Halle und Greifswald, anschließend 1 ½ Jahre Hauslehrer in Venedig, dort widmete er sich weitere 1 ½ Jahre archivalischen Studien für seine Disseration, 1884 Promotion in Halle (*Venedig, Gustav Adolf und Rohan. Ein Beitrag zur allgemeinen Geschich-*

Johannes Bühring

te im Zeitalter des 30jährigen Krieges aus venezianischen Quellen. Halle 1885), 1886 Staatsexamen, Probejahr an der lateinischen Hauptschule in Halle, dort bis 1889 Hilfslehrer, ab 1889 wissenschaftlicher Hilfslehrer am Arnstädter →Gymnasium, 1892 Ernennung zum Oberlehrer u. 1899 zum Professor, 1901 Berufung an das Realgymnasium in Elberfeld, 1923 Eintritt in den Ruhestand, Gründungsmitglied der →Museumsgesellschaft, 1894-1901 deren Vorsitzender, 1903 Ernennung zum Ehrenmitglied, 1894-1901 ehrenamtliche Tätigkeit im Fürstlichen Regierungsarchiv Arnstadt, zusammen mit Hermann →Schmidt Neuordnung des Stadtarchivs, blieb auch nach seinem Weggang Arnstadt und Thüringen verbunden, gründete 1896 zusammen mit Prof. Dr. Ludwig Hertel den Rennsteigverein, durch den 1896 von beiden verfaßten Wanderführer *Der Rennsteig des Thüringer Waldes* wurde der Rennsteig zum besterforschten Wanderpfad Deutschlands, 1910 Wahl zum 1. Fürsteher des Rennsteigvereins, erstellte Routen- und Wegekarte des Thüringer Waldes, unternahm 14 vollständige Rennsteigwanderungen, um Rennsteigführer und Karten ständig zu aktualisieren, Verfasser zahlreicher heimatgeschichtlicher Publikationen im →Arnstädtischen Nachrichts- und Intelligenzblatt, in Alt-Arnstadt, in der Zeitschrift des Vereins für Thüringische Geschichte und Altertumskunde und der Mareile (Bote des Rennsteigvereins).

W *Die Alteburg bei Arnstadt, eine Wallburg der Vorzeit.* In: Gymnasialprogramm 1892, *Das Walpurgiskloster vor Arnstadt in Geschichte und Sage.* In: ANIB v. 13. 5. 1894, *Die Arnstädter Wachstafeln* (zusammen mit Hermann Schmidt). In: Alt-Arnstadt 1 (1901), S. 36-73; *Geschichte der Stadt Arnstadt 704-1904* (Arnstadt 1904).
L Kirchschlager, Andrea: Zum 65. Todestag von Prof. Dr. Johannes Bühring-Verfasser der Geschichte der Stadt Arnstadt 704-1904 anläßlich ihrer 1200-Jahrfeier. In: AVAU 12 (2002), S. 204-211 (Porträt und Publikationsverzeichnis). *Andrea Kirchschlager*

Bürger: Der Bürgerbegriff des späten Mittelalters ist ein klar definierter Begriff. Bürger war, wer den Bürgereid der versammelten Bürgergemeinde, also der Bürgerschaft anläßlich der Ratsumsetzung und dem Stadtherrn mitleistete. Die Bezeichnung Bürger, in mittellateinischen Urkunden als *civis* oder *burgensis* bezeichnet, war anfänglich dem Kreis der Weisesten und Besten vorbehalten. Der Grundbesitz begründete ursprünglich allein das Bürgerrecht. Die Bürgergemeinde, oft nur kurz Gemeinde genannt, war eine Grundbesitzergemeinde und beruhte auf der Hausgesessenheit. Der Hausgesessene oder Hausgenosse war vollberechtigter Besitzer eines Hofes. Nur wer eigenes Feuer und eigenen Rauch hielt, d. h. einen eigenen Hausstand führte, konnte Bürger werden. Dazu mußte man den Nachweis freier und ehelicher Geburt erbringen, ohne anhängige Klagen sein und ein Mindestvermögen nachweisen. Durch Leistung des Bürgereides und Zahlung des Bürgergeldes wurde man Bürger. Bereits am 3. 10. 1267, kurz nach Verleihung des →Stadtrechtes, traten in Arnstadt Bürger (*burgenses*) selbständig urkundend in Erscheinung. Ein Bürgergeschlecht nannte sich seit 1293 von Arnstadt (*Heinricus de Arnstete*). Es unterschied sich in der sozialen Stellung deutlich von dem gleichnamigen Rittergeschlecht. So wird in der betreffenden Urkunde der Ritter zuerst genannt. Die Bürger waren in der Regel Kaufleute (Patrizier), Handwerker, mit Ausnahmen auch Kleriker, betrieben Ackerbau (Ackerbürger) und Viehwirtschaft, ab der 2. Hälfte d. 15. Jhs. frühkapitalistische Unternehmungen und andere Gewerbe. Die Bürgerschaft wählte einen →Rat, der wiederum zwei Ratsmeister ernannte. Die Bedingungen für die Aufnahme als Bürger finden sich in den Stadtrechten und →Stadtstatuten. Um eine verwaltungstechnische Übersicht über die gesamte Bürgerschaft zu erhalten, wurden Bürgerbücher (von 1565-1912 erhalten) angelegt. Im Stadtrecht von 1543 werden den →Einwohnern und den Fremden, die keine Bürger sind, bürgerliche Handlungen verboten (Art. 123). 1918 Aufhebung des Bürgerrechts. Heute steht der Einwohner rechtlich gleichbedeutend mit Bürger.
L Isenmann. *Michael Kirchschlager*

Bürgermeister: An der Spitze des Stadtrates stehend, außer dem Vorsitz im Stadtrat hatten die Bürgermeister ursprünglich nur den Vollzug von dessen Beschlüssen und die Verwaltung der laufenden Geschäfte zur Aufgabe, erhielten allmählich die gesamte Stadtverwaltung, u. a. auch die Gerichtsbarkeit in Bagatellsachen, die ursprüngliche Unterordnung unter Vogt oder Schultheiß

wich früh einem Nebeneinander, die Bürgermeister wurden besonders in älterer Zeit vom Stadtherrn ernannt oder vom Stadtrat gewählt, 1307 Ersterwähnung der Bürger *burgenses* Heinricus Ulrici und Ulricus Strabo als *proconsules in Arnstet*, 1307 und 1320 *magistri consulum*, 1322 *Ratismeystere*, 1440-53 *proconsules*, 1454/55 *Ratismeister*, turnusmäßiger Ratswechsel (bis 1732 dreijähriger Turnus, bis 1811 zweijähriger Turnus, 1812 Ende des turnusmäßigen Wechsels), vom 14. Jh. bis 1838 waren zwei Bürgermeister gleichzeitig im Amt, ab 1839 ein Bürgermeister.
1872-1952 Titel Oberbürgermeister, Bürgermeister bzw. Oberbürgermeister im 19./20. Jh. waren: Christian Heinrich →Meinhardt (1810-48), Heinrich Ludwig →Müller (1848-56), Friedrich →Emmerling (1857-71), Julius →Hülsemann (1872-88), Georg →Trautvetter (1889-93), Friedrich Hopf (1893/94), Harald →Bielfeld (1894-1928), Rudolf →Peters (1928-34 u. Juni-Sept. 1945), Hans →Huhn (1934-45), Ursula →Meisterernst (Mai/Juni 1945), Hermann →Steudner (1945-50), Paul Wiegand (1950-51), Erich Beyer (1951-54), Hermann Stange (1954-58), Kurt Hopf (1959-60), Gerhard Brendel (1960-69), Hermann Gibson (1969-85), Bernd Markert (1985-90), Helmut Hüttner (1990-94), seit 1994 Hans-Christian Köllmer.
Q KAA, Bestand Stadt Arnstadt, Sign. 030-01 (Verzeichnis der Arnstädter Bürgermeister 1282ff.); UB Arnstadt, Nr. 72 u. 74.
L Bühring, Johannes: Die Ratsmeister und Kämmerer von 1440 bis 1459. In: Alt-Arnstadt 3 (1906), S. 43-46; ders.: Über den Termin des Arnstädter Ratswechsels. ebd., S. 47-54. *Andrea Kirchschlager*

Bürgerschule: Am Plan 1 (vorher Am Schulplan), Ankauf des Oehrling`schen Gartengrundstücks in der Kohlgasse zum Zweck eines Schulneubaus, in der Vorbereitungsphase bestanden moralische Bedenken gegen eine Vereinigung von Knaben-und Mädchenschule in einem Gebäude, aus rationellen Aspekten entschloß man sich zur Errichtung einer Doppelschule, da beide Einrichtungen innerhalb des Neubaus eine strenge Trennung erfuhren, am 2. 6. 1840 Grundsteinlegung, nach Plänen des Architekten und Schinkelschülers Karl Friedrich Scheppig, Baurat in Sondershausen errichtet, zur Ausführung kam eine

Bürgerschule, Lithographie 19. Jh.

gestreckter Baukörper über rechteckigem Grundriß, die gewölbten Kellerräume aus Bruchstein, die beiden Obergeschosse aus Ziegelmauerwerk, bedeckt durch ein Walmdach, die Gebäudelängsseiten wurden durch je zwei Risalite zu drei Achsen, von Dreiecksgiebeln bekrönt, gegliedert, im Erdgeschoß öffneten sich die über Freitreppen zugänglichen Portale, je zwei große Eingangstüren an jeder Längsseite, die Risalite waren durch geschoßweise angeordnete Wandpfeiler mit Basen und Kapitellen verziert, die anderen Wandflächen hatten nur je ein flaches Gesims zwischen den beiden Geschossen und in der Brüstungszone des 2. Geschosses erhalten, das gesamte Gebäude war verputzt und steinfarben bemalt, an der Südfront war das Wort *BUERGERSCHULE* angebracht, feierliche Eröffnung am 18. 5. 1842, es entstand ein modernes und zweckmäßiges Schulgebäude, dessen klargegliederter Bau zu den wenigen bedeutenden Klassizismusbauten in Arnstadt zählt, Baukosten 23.750 Taler, 1857 fand die Realschule vorübergehend Aufnahme, die 1860 ins gegenüberliegende →Waisenhaus umzog, 1871 machte sich wegen steigender Schülerzahlen eine Erweiterung notwendig und statt eines weiteren Neubaus, wurde ein 3. Geschoß aufgesetzt, für die Aufstockung übernahm man die Fassadengliederung der vorhandenen beiden Geschosse, ab 1892 nur noch Knabenbürgerschule, da die Mädchenschule in den Neubau in der Rosenstraße zog, 1905 Bau einer Turnhalle gegenüber dem Schulgebäude, 1949 Namensgebung *Dr. Wilhelm-Külz-Oberschule* (POS III), 1962 Einrichtung als erste Tagesschule im Kreis Arnstadt, seit 1990 Staatliche Grundschule.
Q Müller, Karl: Zur 100-Jahrfeier der Bürgerschule. In: AA v. 8. 5., Nr. 106 u. 9. 5. 1942, Nr. 107.
L Hatham 1841, S. 126-129 u. 235f.; 125 Jahre Dr.-Wilhelm-Külz-Oberschule Arnstadt Am Schulplan

1842-1967 (Festschrift). Arnstadt 1967, S. 8-10; Donhof, Manfred: Die Errichtung der Bürgerschule am Schulplan zu Arnstadt, 1840-42. In: AVAU 8 (1998), S. 114-116.   *Andrea Kirchschlager*

Busch, Ferdinand *Benjamin*: Jurist, Mitglied des Geheimratskollegiums in Sondershausen, Vizepräsident des Appellationsgerichts in Eisenach, *19. 8. 1797 Arnstadt, †14. 8. 1876 Sondershausen, einziger Sohn v. Gabriel Christoph Benjamin →Busch u. Johanne Friedericke Antonie, geb. Henkel, Studium der Rechtswissenschaften, Dr. jur., 1823 Amtskommissar in Arnstadt, bis 1826 als 3. Beamter, dann als 2. Beamter des Justizamts, ab 1830 mit dem Titel Rat, 1831-39 als Regierungsrat Mitglied der Regierung in Arnstadt, 1839-42 Mitglied des Geheimratskollegiums und der Regierung in Sondershausen mit dem Titel Kabinettsrat, 1842-50 Präsident des Landesjustizkollegiums in Arnstadt, 1850-60 Vizepräsident des (gemeinschaftlichen) Appellationsgerichts in Eisenach, 1848 Gründung eines Bürgervereins in Arnstadt auf seine Initiative (Vorstandsmitglied), 22. 6. 1823 Heirat mit Amalie, geb. Lazer. Zuletzt Kreisgerichtsdirektor in Sondershausen, 1851-54 Mitglied des Schwarzburg-Sondershäuser Landtags, 1853-54 Landtagsvizepräsident, 1867-70 Mitglied des Reichstags des Norddeutschen Bundes für den Wahlkreis Schwarzburg-Sondershausen (altliberal bzw. Freie Konservative Vereinigung). Die Schriftstellerin und Dichterin Stefanie →Keyser ist das einzige Kind aus der Verbindung seiner Tochter Friederike mit dem Landtagsabgeordneten Günther Keyser.
Q KB Arnstadt; Stammbaum Familie Busch, Arnstadt (Handschrift aus dem Nachlaß Stefanie Keysers im Archiv des Schloßmuseums Sondershausen); ThStAR Best. Hauptlandschaftskassenrechnungen Schwarzburg-Sondershausen 1820-50.
L Lebenswege in Thüringen 1 (2000), S. 109-111, 114-116; Lengemann, S. 19 Anm. 39, S. 202-204, 310; Thüringer Pfarrerbuch, S. 108f., 216. (Porträt im Schloßmuseum)   *Jochen Lengemann*

Busch, Gabriel Christoph Benjamin: Superintendent, *19. 10. 1759 Arnstadt, †18. 3. 1823 Arnstadt, Sohn von Johann Benjamin →Busch, Studium der Theologie in Jena bis 1779, danach Hauslehrer in Crimmitschau und Eisenach,

1792 ordiniert in Arnstadt als Pfarrer in der Neuen Kirche, 1802 Diakon und Konsistorial-Assistent, 1806 Superintendent, 1811 Konsistorialrat, 1822 Kirchenrat, gab neues Gesangbuch (1811) und neue Agende (1818) für Arnstadt heraus, Predigt zur kirchlichen Feier des Friedensfestes im Februar 1816, hohes naturwissenschaftlich-technisches Interesse.
W *Handbuch der Erfindungen in Alphabetischer Ordnung* (8 Bände, 1790-1798), *Almanach der Fortschritte und neuesten Erfindungen* (16 Jahrgänge ab 1797), *Drey Predigten zum dritten Jubelfest der Reformation* (Arnstadt 1817), *Kirchenagende für die Herrschaft Arnstadt* (Arnstadt 1818).
L Thüringer Pfarrerbuch, S. 109.   *Hans-Ulrich Orban*

Busch, Johann Benjamin: Superintendent, *29. 8. 1727 Arnstadt, †23. 10. 1802 Arnstadt, 1750 cand. Theol. in Arnstadt, 1752 Pfarrer in der Neuen Kirche, 1773 Diakon und 1776 Archidiakon, 1792 Superintendent, drei seiner Kinder wurden bzw. heirateten Pfarrer in Arnstadt.
L Thüringer Pfarrerbuch, S. 109.   *Hans-Ulrich Orban*

Busch & Toelle: Gegründet um 1900 durch Johannes Busch und Max →Toelle in der Güntherstr. 6, Fabrik für Bürobedarf und Druckerei, bereits im Dezember 1897 Gründung einer Geschäftsbücherfabrik durch Johannes Busch, Herstellung von Geschäfts- und Kopierbüchern, Falzmappen, Laden- und Versandkästen, auch Buchbindereiarbeiten, 1907 Patent auf Formularkästen *Heureka* (wurden bis 1960 in dem Betrieb hergestellt u. mit der Umprofilierung in Bad Liebenwerda weiter produziert), weitere Patente im Laufe der Jahre (Briefumschläge mit durchscheinender Adresse), Inhaber Johannes Busch sen. verstarb 1907, ab 1. 7. 1909 war Hermann Adam persönlich haftender Gesellschafter, Johannes Busch jun. trat mit seinen Miterben aus der OHG aus, 1911 Neubau eines Firmengebäudes in der Karl-Liebknecht-Straße, nach dem Tod Hermann Adams 1918 Auflösung der OHG, Max Toelle alleiniger Inhaber, ab 1. 7. 1921 wieder OHG mit dem Eintritt von Harry Toelle (bisher Prokurist) in die Fa., durchschnittlich 48 Beschäftigte, hergestellte Waren in drei Abteilungen des Betriebes: Buch- und Formular-

Briefkopf der Fa. Busch & Toelle

druckerei, Fertigung von Kartei- und Organisationsmöbeln, Büromöbeln, Möbeln aller Art, Geschäftsbücherfabrikation, Linieranstalt, Organisationsmittel – Zubehör wie Schreibkarten, Leitkarten und Register, ab 1. 5. 1958 staatliche Beteiligung, 1959 wurde aufgrund eines Auftrages des Ministeriums für Post- und Fernmeldewesen zur Fertigung von Notruf–Warnanlagen für den VEB →Fernmeldewerk die Fa. Busch & Toelle mit ihren Produktionsanlagen und Maschinen für Tischlerarbeiten sowie Räumlichkeiten einbezogen, Herstellung von Kabelbäumen, später auch Relais, Produktion von Büroartikeln wurde langsam eingestellt bzw. anderen Firmen übertragen, lediglich die Tischlerei und Druckerei blieben, per 1. 1. 1960 wurde das Fernmeldewerk geschäftsführender Komplementär der Fa. Busch & Toelle, Zahl der Arbeitskräfte wurde von 40 auf 185 erhöht, Holzverarbeitung wurde 1962 komplett ausgelagert, Fa. →Brehme & Siegel übernahm in dem freiwerdenden Arbeitssaal die Automatendreherei für den VEB RFT. Am 1. 1. 1963 hatten sich die Betriebe Fa. Busch & Toelle KG, Arnstadt und Fa. Brehme & Siegel KG, Arnstadt zur Fa. Toelle & Siegel KG, Arnstadt zusammengeschlossen.

Q KAA, Bestand Stadt Arnstadt, Sign. 008-24 u. 008-47; Bestand Kreistag u. Rat des Kreises Arnstadt, Nr. 126, 537, 592. *Heidrun Fröhlich*

Bußjäger, Eduard Hugo *Alfred*: Hofbuchdruckereibesitzer, *1. 9. 1846 Erfurt, †11. 9. 1928 Arnstadt, ältester Sohn des Erfurter Buch- und Steindruckereibesitzers Christian August Bußjäger und dessen Ehefrau Maria Judith, geb. Voigt, Eheschließung mit Antonie Molly Eugenie, geb. Enders, Besuch der Realschule in Erfurt, danach Lehre im väterlichen Geschäft, zur weiteren Ausbildung Tätigkeiten in verschiedenen auswärtigen Firmen, bis ihm sein Vater die Leitung der Druckerei übertrug, 1879 übernahm ein jüngerer Bruder den Erfurter Betrieb und er erwarb die auf dem Ried 6 in Arnstadt befindliche Buchdruckerei mit dem Verlag des →Arnstädter Tageblattes und Ilmenauer Tageblattes von August Schneider, Gründung der Bußjäger'schen Buchdruckerei am 25. 10. 1879, 29. 8. 1888 Ernennung zum Hofbuchdrucker.

Ab 4. 4. 1898 war Arthur →Rehbein Prokurist und einige Jahre auch verantwortlicher Redakteur, im August 1906 Verkauf der Hofbuchdruckerei an Leopold Franke unter Beibehaltung des Namens, im März 1908 Konkursverfahren, Konkursverwalter Ernst Lilian führte die Druckerei und die Herausgabe des Arnstädter Tageblattes zunächst weiter, gleichzeitig jedoch Ausschreibung zum Verkauf der gesamten Druckerei oder auch von Teilen, nach Vergleichsverfahren Aufhebung des Konkursverfahrens, am 28. 10. 1910 Erwerb der Druckerei durch Otto →Böttner, unveränderte Weiterführung, die Bußjäger'sche Hofbuchdruckerei wurde erst am 17. 6. 1937 im HR gelöscht. Bußjäger war u. a. Mitglied der →Museumsgesellschaft, wohnte Schwarzburgerstr. 9, Grab Neuer →Friedhof.

Q AA v. 13. 9. 1928, Nr. 216 (Nachruf u. Todesanzcige).

L Ziegenhardt, Andrea: Das Arnstädter Zeitungswesen in Vergangenheit und Gegenwart. In: AVAU 7 (1997), S. 160.

Andrea Kirchschlager / Heidrun Fröhlich

C

Caemmerer, Eduard *Bruno* Theodor Friedrich: Philologe, Pädagoge und Geschichtsforscher, *18. 12. 1848 Holzsußra, †2. 4. 1919 Arnstadt, Sohn des Pfarrers Bernhard Friedrich August Caemmerer und dessen Ehefrau Pauline Marie Henriette, geb. Winter, Eheschließung mit Antonie *Marie*, geb. Rabenau, Besuch des Gymnasiums in Sondershausen, 1868-72 Studium der Philologie in Göttingen, Promotion zum Dr. phil., danach 1 ½ Jahre Hauslehrer in Kurland, 1874 Hilfslehrer an der höheren Bürgerschule in Hannover, 1875 Berufung an das →Gymnasium in Arnstadt, ab 1877 Lehrtätigkeit an der Realschule in Arnstadt, Ernennung zum Professor, 1912 Eintritt in den Ruhestand, Mitglied der →Museumsgesellschaft, wohnte Gerastr. 16, Grab →Neuer Friedhof.
W *Erklärung der in den Wachstafeln vorkommenden Familiennamen.* In: Alt-Arnstadt 1 (1901), S. 90-118, *Thüringische Familiennamen, mit besonderer Berücksichtigung des Fürstentums Schwarzburg-Sondershausen.* In: Programm der Fürstlichen Realschule zu Arnstadt. 1. Teil (1885) u. 2. Teil (1886), *Arnstädter Tauf- und Familiennamen.* In: Deutsche Geschichtsblätter, Heft 10-12 (1904), *Die Arnstädter Wachstafeln.* In: Thüringer Kalender 1916.
Q KAA, Bestand Stadt Arnstadt, Sign. 311-05-5; AA v. 5. 4. 1919 (Nachruf).
L Gymnasialprogramm Arnstadt 1876, S. 30; Schulnachrichten der Fürstlichen Realschule zu Arnstadt 1878. S. 11; Unser Arnstädter Gymnasium von 1829-1929. Arnstadt 1931, S. 25. *Andrea Kirchschlager*

Caemmerer, Wilhelm Otto *Erich* Johannes: Gymnasiallehrer, Vor- und Frühgeschichtsforscher, *27. 7. 1884 Arnstadt, †17. 7. 1956 Erfurt, Sohn von Prof. Dr. Bruno →Caemmerer, Besuch des →Gymnasiums in Arnstadt, 1904 Abitur, danach Studium der Geschichte, Germanistik und des Latein in Jena und Göttingen, 1908 Promotion zum Dr. phil. (*Konrad, Landgraf von Thüringen, Hochmeister des Deutschen Ordens.* Jena 1909), 1910 Prüfung pro facultate docendi und Anstellung als Hilfslehrer am Arnstädter Gymnasium, 1912 Versetzung an das Gymnasium in Sondershausen, Studienrat, 1945 Ausscheiden aus dem Schuldienst, Mitglied der →Museums-gesellschaft Arnstadt. Nach dem Tod Edmund Dörings übernahm er den Vorsitz des Vereins für deutsche Geschichts- und Altertumskunde in Sondershausen, Gedenktafel am Wohnhaus Possenallee 4 in Sondershausen.
W *Die Alteburg bei Arnstadt.* In: Mannus-Bibliothek 37 (1924), *Bandkeramisches Grab bei Rudisleben.* In: Nachrichtenblatt für deutsche Vorzeit (1926), *Ein germanisches Kriegergrab bei Görbitzhausen bei Arnstadt.* In: Jahresschrift für deutsche Vorgeschichte der sächs.-thür. Länder (1927), *Bemerkungen zu den Örtlichkeiten der Hedanurkunde des Jahres 704.* In: Alt-Arnstadt 11 (1936), S. 7-21, *Vor- und Frühgeschichte der Stadt Arnstadt und ihrer Umgebung* (Arnstadt 1930), *Vor- und Frühgeschichte Arnstadts und seiner weiteren Umgebung bis zur Mitte des 10. Jahrhunderts* (Jena 1956).
L Unser Arnstädter Gymnasium von 1829-1929. Arnstadt 1931, S. 28; Gymnasialprogramm Arnstadt 1911, S. 10; Lange, Siegfried: Persönlichkeiten in Sondershausen. Dr. Erich Caemmerer (1884-1956). Sondershausen 1996 (Porträt). *Andrea Kirchschlager*

Caroli, Johann Wolfgang: Superintendent, *11. 10. 1660 (Groß)Breitenbach, †20. 1. 1736 Arnstadt, 1673 Besuch der Lateinschule in Arnstadt, Kost und Wohnung bei Rektor Johann Friedrich →Treiber, 1684 Studium der Theologie in Jena durch Stipendium Graf Günthers v. Schwarzburg, 1687 Magister, danach unruhiges Leben als Feldprediger und Feldzugteilnehmer, zunächst beim Herzog von Waldeck, dann bei württembergischen Regimentern und zuletzt Feldprediger, ab 1692 Hofprediger Herzog Ernsts von Sachsen-Hildburghausen, 1695 Pfarrer an der Neuen Kirche in Arnstadt, 1711 Superintendent in Arnstadt und Gehren, fromm und vorbildlich im Leben, betrachtete er seine Aufgabe als Gottes Fügung, lehnte höhere Berufungen als Hofprediger in Gera oder Superintendent in Sondershausen ab. 1733 neues *Arnstädtisches Gesang=Buch*, seine zwei Töchter heirateten die Arnstädter Pfarrer Johann Andreas Weber und Johann Christian →Olearius, Weihnachten 1735 erlitt er nach der Predigt einen Schlaganfall. Der Leichenpredigt sind viele Nachrufe beigefügt, die Caroli als segensreichen Seelsorger und Lehrer würdigen, begraben in der →Oberkirche, lebensgroßes Bildnis ist erhalten.

W *Gedruckte Leichenpredigten*, Oberkirchenbibliothek, *I. W. C. S. A.: Kurze Anzeigen der öffentlichen Andachtsübungen* (Arnstadt 1730).
L Thüringer Pfarrerbuch, S. 113; Lappé, Friedrich Wilhelm: Was unsere Kirchenbücher erzählen. In: Heimatglocken, Arnstadt 3 (1936); Heden, Johann Christian: Leichenpredigt für J. W. Caroli †1736, Kirchenbibliothek Arnstadt, Sign. 828.12.

Hans-Ulrich Orban

Chema-Kulturhaus: Ehemals *Harmonie*, Restaurant *Faber, Adolf-Hitler-Haus, Haus des Volkes.* Auf dem Gelände in der Lindenallee befand sich ehemals ein Gartenlokal der 1808 gegründeten *Harmonie-Gesellschaft*, welches 1834 eingeweiht worden war, nach späteren An- und Umbauten ab 1879 Restaurant Faber, ein gern besuchter Ort der Geselligkeit mit vielen Tanzveranstaltungen und Konzerten, auch Kurgäste des →Solbades erschienen (bis etwa 1895) als Gäste, 1886 Ankauf eines Teiles des Möhringschen Gartens, 1887 Anbau eines größeren Tanzsaales, 1917 Kriegsausstellung, 1918/19 Reservelazarett,1933/45 Adolf-Hitler-Haus mit NSDAP-Kreisleitung und *Saalgaststätte*, 1938 Kauf durch Brauerei →Mergell (1954 Enteignung), etwa 1946 Umbenennung in Haus des Volkes, 1949/56 Sitz des FDGB-Kreisvorstandes, nach 1. 12. 1954 *Kulturhaus des VEB Chemieanlagenbau Erfurt-Rudisleben*, 1956 Umbau und Einzug des Kulturbundes (ab Mai), Tagungsstätte und Durchführung von zahlreichen politischen und kulturellen Großveranstaltungen, Sitz der Betriebskulturgruppen (Chema-Chor, Blasorchester, Mandolinenorchester u. a.) und Betriebssportgruppen (Gymnastik u. a.), nach der Wende (1991) erhielt die Vorbesitzerfamilie Mergell das Gebäude zurück, 1992 Schließung und anschließender Leerstand, ab Oktober 1999 bis Januar 2000 Abriß der Gebäude, danach Neubau eines Bürogebäudes und zweier Stadtvillen (mit Tiefgarage).
L Köhler, Erich: Zur Geschichte des Kulturhauses der Chemischen Maschinenbauwerke Rudisleben. In: KS H. Juni (1958), S. 17-22. *Hartmut Fuhrmann*

Chemische Fabrik Rudisleben: Gegründet um 1900 von Georg Hennig u. Artur Krahl aus Berlin sowie Ignatz Alembik aus Nizza, Produktion von Kochsalz, Heiß- und Kaltleim, Viehsalz, Holzkohle und Schießpulver, am 10. 9. 1908

Gründung einer GmbH, Gesellschafter Dr. med. Sizzo →Pabst stellte als seine Stammeinlage Fabrikgebäude, Nebengebäude und Hofstelle sowie die zur Fabrikation von Wolframstahl dienenden Maschinen, Geräte und sonstigen Utensilien zur Verfügung.
Herstellung von Wolframmetall, Heil- und Nährsalzen, Kohlepräparaten (Filterkohle), Entfärbungspulver und anderen chemischen Produkten, per Gesellschafterbeschluß vom 22. 12. 1917 wurde die GmbH aufgelöst, am 19. 9. 1919 im HR gelöscht, Verkauf an Dr. Otto Meyer aus Arnstadt, am 16. 5. 1918 wurde die Chemische Fabrik Rudisleben-Arnstadt Dr. Otto Meyer in Rudisleben, Inhaber der Chemiker Otto Meyer, in das HR eingetragen, bis etwa 1931 wurde dort produziert, dann lag der Betrieb still, Gelände und die darauf errichteten Gebäude erwarb 1938 Max Kotzan und errichtete dort die Firma →MAKO. 2001 Straßenbenennung (Krahl-Alembik-Weg) im Gewerbegebiet Arnstadt-Rudisleben.
Q ANIB 1908-19. *Heidrun Fröhlich*

Chemische Maschinenbau-Werke: VEB, seit 1. 1. 1954 in Rudisleben, ehemals →MAKO, neben Chemie- u. anderen Anlagen auch Herstellung von Waschmaschinen, Kühlschränken, Garderobenständern und verzinktem Eisengeschirr, zahlreiche Interessenten auf der Leipziger Frühjahrsmesse 1961 für die Vakuum-Eindampfanlage, 1.000 Liter Flüssigkeit konnten damit in einer Stunde eingedampft werden, 1964 Errichtung eines Umspannwerkes auf dem Betriebsgelände mit einer Leistung von 30/10 kV, einer Anfahrtstraße, des Heizwerkes mit dem Kohlenlagerplatz, einer Trafostation, einer Gasreglerstation, einer Halle für die Werklokomotive, 1.200 Beschäftigte, Herstellung von Ausrüstungen für die Petrolchemie, 1965 Teilnahme an Messen auf allen Kontinenten, u. a. mit einem Modell einer PVC-Anlage (Herstellung von Polyvinylchlorid für die Chemieindustrie, Ausgangsprodukt auch für Chemiefasern) sowie Eindampfanlagen, Monteure des Werkes waren während dieser Zeit auf 15 Großbaustellen der DDR im Einsatz, ab 1965 umfangreiche Neu- und Erweiterungsbauten, wichtigste Bauvorhaben waren eine neue Produktionshalle, ein Sozialbau (Kantine), Wirtschaftsgebäude, Mehrzweckgebäude und

ein Technikum, 1965-67 Bau eines Bürogebäudes in Stahlbeton-Skelettbauweise u. durchgehender Glasvorhangfassade, Entwurf VEB Industriebauprojektierung Erfurt, über Untergeschoß mit Eingangshalle, Archiv und Gebäudetechnik vier Großraumbüros, Ausstattung zweier Großräume durch die Hochschule für industrielle Formgestaltung Burg Giebichenstein, 2000 Abriß. Ab 1966 neue Firmenbezeichnung: VEB Chemieanlagenbau Erfurt-Rudisleben, Kombinats-betrieb des VEB Chemieanlagenbaukombinat Leipzig-Grimma, Betrieb wurde führend auf den Gebieten Rührtechnik (für die chemische, die pharmazeutische und die Lebensmittelindustrie sowie für die Grundstoffaufbereitung in der Metallurgie und die Wasseraufbereitung), Verdampfungstechnik (u. a. Seewassereindampfanlagen für Schiffe zur Gewinnung von Trink- und Brauchwasser), Dünnschichttechnik, Brauereianlagen sowie chemische Verfahrenstechnik, Exporte in 25 Länder, mehrfache Auszeichnungen als Betrieb der ausgezeichneten Qualitätsarbeit, 1990 Umwandlung in Chema Verfahrenstechnik GmbH Rudisleben, umfangreiche Umstrukturierungsmaßnahmen in den folgenden Jahren, im August 1990 Angebot freier Kapazitäten für Seilspleißen, auf Wunsch Seile aus Hanf, Draht oder Dederon, im Oktober 1990 Bildung der Chema-Flaga-Gasvertriebsgesellschaft mbH durch Verbindung der Chema mit der österreichischen Flaga Handels-GmbH (Flüssiggaslieferant), in dieser Gesellschaft wurden 50-60 Arbeitsplätze geschaffen bzw. für die Chema erhalten, am 15. 5. 1991 in das HR eingetragen, das Labor der Chema-Verfahrenstechnik GmbH bot chemische Analysen von Stählen und Leichtmetall-Legierungen, Wasseruntersuchungen (Industrieabwässer, Heizhauswässer), IR-spektroskopische Untersuchungen (Nachweis von Ölen und Fetten) an. 1991 weitere Angebote der Chema: Vervielfältigungs- und Kopier-Service, Lichtpausen und Kopien aller Art, Zweitoriginale auf technischem Film oder Transparentpapier, Sicherheitsverfilmung mit Rückvergrößerungen bis Format DIN A 1, im Geschäftsbereich chemische Oberflächen: Korrosionsschutz, chemisch gereinigte Oberflächen, dekorative Optik der Metalloberflächen, im Bereich Sonderanlagen: Spezielle Umwelttechnik, von analytischen Untersuchungen bis zur Inbetriebnahme, Bereich Außenmontage: Montage von Qualitätsrohrleitungen, Rohrleitungen für Tieftemperaturtechnik, in Lebensmittelqualität, in C-Stahl und Chromnickelstahl, Kupfer und Aluminium, Rohrleitungssysteme für alle Medien nach dem Wasserhaushaltsgesetz, Montage und Demontage von Industrieanlagen, Montageüberwachung, Umbau, Teilmontage, Wartung, Reparaturen und Revisionsarbeiten, Verhandlungen mit der Balcke-Dürr AG Ratingen. Das →Chema-Kulturhaus in der Lindenallee wurde 1954 übernommen und 1991 an den früheren Eigentümer Mergell zurückgegeben. 1992 waren in der Chema von ehemals 2.100 Beschäftigten noch 800 in Arbeit, 11 kleinere Unternehmen hatten sich auf dem Werksgelände angesiedelt, per 1. 1. 1991 kaufte die Balcke-Dürr AG die Chema Verfahrenstechnik GmbH Rudisleben, die Fa. wurde per Gesellschafterbeschluß vom 2. 12. 1991 umbenannt in Chema Balcke-Dürr Verfahrenstechnik GmbH Rudisleben, 1999 hatte sich die Chema Balcke-Dürr auch in Asien etabliert. Im August 2001 waren die Erschließungs- und Umgestaltungsarbeiten unter Leitung der LEG (Landesentwicklungsgesellschaft) auf dem ehemaligen Chema-Gelände abgeschlossen. Ein Drittel der geschaffenen Gewerbefläche war zu diesem Zeitpunkt veräußert, ein Teil vermietet. Rund 20 Firmen hatten sich bis dahin bereits angesiedelt. Zu den bereits etablierten Firmen zählten u. a. die Anlagenbau und Verfahrenstechnik Arnstadt GmbH, Antec-solar Technology GmbH, ASi Intertechnology GmbH Arnstadt, Wölk & Partner GmbH Arnstadt und das Entwicklungszentrum für Umwelttechnik der Grüßing GmbH & Co. KG. Q KAA, Bestand Kreistag u. Rat des Kreises Arnstadt, Nr. 126; DV 1951-83; TA 1990-2002.
L Architekturführer Thüringen. Vom Bauhaus bis zum Jahr 2000. Weimar 2000, S. 301.

Heidrun Fröhlich

Chöre: In Arnstadt wurden 1831 der *Singverein* und 1833 die *Liedertafel* von Johann Christian Gottlob →Stade gegründet. Anläßlich eines Sängerfestes auf Burg Gleichen 1842 wurde der *Thüringer Sängerbund* gegründet, der bis 1847 jährlich Liederfeste organisierte und durchführte. Ihre Mitglieder kamen zum größten Teil aus der mittelständischen Bevölkerung (aus-

schließlich Männergesangsvereine). Ein großer Teil der thüringischen Sängerbewegung verfolgte gleiche Ziele wie die deutsche Einheits- und Freiheitsbewegung. Ihr Gedichte und Lieder verbreiteten oft liberales und nationales Ideengut. Ihr Leitgedanke: *Deutsches Lied verkünde deutschen Sinn.* 1846 war die Mitgliederzahl des *Thüringer Sängerbundes* auf etwa 1.000 Sänger angestiegen, die sich aus den zahlreichen Liedertafeln zusammensetzten. Das vierte Liederfest fand am 12. 8. 1846 im Arnstädter →Schloßgarten statt. Ebenso fand dort am 5. 8. 1850 ein großes Liederfest statt, wobei die Sängerhalle unter den Füßen von etwa 100 Sängern einbrach. Zu den Sängerfesten, die vorwiegend in Arnstadt, Gotha und Eisenach stattfanden, bevorzugten die teilnehmenden Liedertafeln in ihren Chor- und Einzelvorträgen eine vaterländische Richtung. In vielen Liedern spiegelte sich die Sehnsucht nach einem geeinten deutschen Vaterland wieder. 1854 fand wieder ein Sängerfest in Arnstadt statt. In den Hohen Buchen, im Walperholz, wurde eine terrassenartige Anlage mit Ruhebänken angelegt. Ein einfacher Stein, der heute noch zu finden ist, trägt die Inschrift: *Den Sängern Thüringens gewidmeter Platz/1854.*
12. 8. 1856 Liederfest der Liedertafel mit 20 benachbarten Männergesangsvereinen und etwa 500 Sängern. Am 6. 8. 1860 sah Arnstadt ein Sängerfest mit 32 Männergesangsvereinen und etwa 900 Sängern. 1868 gab es außer der *Liedertafel* noch fünf Gesangsvereine: den *Concordia Gesangsverein* der Concordiagesellschaft, den *Männerchor*, den *Männergesangsverein Teutonia*, den *Sängerhain* des Arbeitsvereins und den *Singverein*, ein gemischter Chor, vorwiegend für Kirchenkonzerte. Um 1914 gab es dann *Freie Sänger Arnstadt*, nachdem 1933 alle Vereine aufgelöst worden waren, schlossen sie sich zur *Arnstädter Chorvereinigung 1846* zusammen. 1948 wurden die beiden Chöre der Arnstädter Großbetriebe, der *Chema–Chor* und der *RFT-Chor* gegründet. Sie bestanden etwa bis 1969/70. Seit 1946 gab es den *Arnstädter Volkschor*, später in *Volkschor des staatlichen und genossenschaftlichen Handels* umbenannt. Seit 1968 gab es den Frauenchor *Chor der Volkssolidarität,* seit 1967 den *Kammerchor* des Kulturbundes der DDR und seit 1972 den *Studiochor* des RFT. Daneben existierten zahlreiche Schulchöre.

Q KAA, Bestand Stadt Arnstadt, Sign. 353-24 (Programme der Liederfeste 1843-46).
L Stahl, Ernst: Thüringische Gesangsvereine im 19. Jahrhundert. In: Arnstädter Alltagsgeschichten aus fünf Jahrhunderten. Arnstadt 1997, S. 50-52. *Ernst Stahl*

Corsep, Walter: Offizier, Maler und Grafiker, *20. 11. 1862 Wittenberg, †19. 5. 1944 Erfurt, Kindheit und Jugend in Düben, Erfurt, Wittenberg, Königsberg und Berlin, 1882 Beginn der preußischen Militärlaufbahn in Erfurt, danach mehrmals in Sondershausen stationiert, 1895 an das Kriegsministerium in Berlin kommandiert, dort gleichzeitig Besuch der Malerakademie unter den Lehrern Paul Meyerheim (1842-1915), Anton von Werner (1843-1915) u. a. auf Kosten der Privatschatulle des Kaisers, auf dessen Anordnung ab Oktober 1896 als Erzieher und Zeichenlehrer des Kronprinzen in das Kadettenhaus nach Plön versetzt, ab 1898 wieder Sondershausen und Erfurt, während seiner Thüringer Zeit mehrfach in Arnstadt, 10 Gemälde im Schloßmuseum Arnstadt zwischen 1901-32 mit Arnstadt-Ansichten (u. a. Haus zur Güldenen Krone, Neue Kirche mit Staffagefiguren zur Bachzeit), der Ehrenburg und dem Spring Plaue, weitere Gemälde in Privatbesitz, in Erfurt im Stadtarchiv und in den Museen, in Sondershausen im Rathaus und im Schloßmuseum, 1911 Anfertigung eines Wandgemäldes für die Kommandanten-Kajüte des S. M. Linienschiffs Thüringen (drei Stadtansichten: Sondershausen und Gehren mit Schloß, Arnstadt von Westen mit →Liebfrauenkirche, im 1. Weltkrieg verschollen), diese Motive wurden auch einzeln als Postkarten gedruckt.
L May, Wilhelm: Persönlichkeiten in Sondershausen. Walter Corsep. Sondershausen1998. *Helga Scheidt*

Curdt, Ludwig Wilhelm Otto: Theologe, Pädagoge, Direktor der →Höheren Töchterschule (Lyzeum), Stadtarchivar, Heimatgeschichtsforscher, *26. 9. 1870 Wolfshagen a. H., †30. 3. 1952 Arnstadt, Besuch des Gymnasiums in Göttingen, 1889 Reifeprüfung, bis 1893 Studium der Theologie in Göttingen, danach 1. theologische Prüfung, es folgten Tätigkeiten als Hauslehrer in Goslar und Brunshausen bei Stade, nach bestandener 2. theologischer Prüfung, Berufung an das Herzogliche Predigerseminar in Wolfenbüttel,

Ordination zum geistlichen Amt, Zuwendung zum Lehrberuf, nach dreijähriger Tätigkeit an der ersten Bürgerschule in Wolfenbüttel folgte Bestellung zum Schuldirigent und Hilfsprediger in Königslutter, 1901 Examen pro rectoratu, übernahm 1902 Leitung der Höheren Knabenschule in Wesselburen (Dithmarschen) und 1903 in der gleichen Anstalt in Jastrow (Westpreußen), Schuljahr 1904/05 Beginn der Tätigkeit am Lyzeum in Arnstadt als Lehrer für Religion, Geographie, Deutsch und Geschichte, 1906 Ernennung zum Oberlehrer, 1914 Ernennung zum Professor, bis 1915 Leiter der Städtischen Kaufmännischen Fortbildungsschule, zeitweilige Tätigkeit im Stadtarchiv, ab 1917 Direktor des Lyzeums und Ernennung zum Studiendirektor, Stadtschulrat, 1934 Eintritt in den Ruhestand.

W *Geschichte der Günthersmühle in Arnstadt* (Arnstadt 1909).

Q 50 Jahre Lyzeum Arnstadt. In: AA v. 27. 6. 1935, Nr. 147.

L Vierter Jahresbericht der städtischen höheren Töchterschule in Arnstadt (1905).   *Andrea Kirchschlager*

D

Dahlienschau: Von 1951-62 fand in Arnstadt jährlich eine Dahlienschau statt. Erste Dahlienschau 15.-17. 9. 1951 als Beitrag zum Fünfjahrplan, Veranstalter war die Stadt Arnstadt in Zusammenarbeit mit der Fachgruppe Gärtner (VdgB) und der Kleingartenhilfe (FDGB), die Dahlienschau war mit einer Kreisleistungsschau (Topf- und Zierpflanzen sowie Obst und Gemüse) verbunden. Ca. 30.000 blühende Dahlien und 100.000 Sommer- und Herbstblumen konnten im Schloßgarten bestaunt werden (*Wahre Menschenströme wälzten sich dahin. Wie staunten die Besucher ob der Blütenfülle, die sich ihnen bot, ein solch heiter frohbeschwingtes Leben war seit Jahren hier nicht mehr zu verzeichnen. Es war im wahrsten Sinne ein Volksfest.*) Kulturelle Veranstaltungen begleiteten die Dahlienschau, u. a. Konzerte, Feuerwerk, Start von Luftballons mit Friedensbotschaften, Blumenkorso. Der VEB Elektrobau überraschte mit Lichteffekten, wie

der Beleuchtung der →Neideck und der Blumenbeete, *wodurch sich die Besucher wie im Märchenland fühlten.* 1952 blühten 40.000 Dahlien, Veranstaltung von Turmblasen und Auffliegen von 300 Friedenstauben, 1953 Dahlienschau unter dem Motto *Wer schaffen soll, muß fröhlich sein.* 275 Sorten blühender Dahlien und tausende Sommerblumen waren zu sehen. 1954 fand wegen der 1250-Jahrfeier Arnstadts keine Dahlienschau statt. Höhepunkte 1955 waren die Aufstellung des →Falknerknaben am Eingang des Stadtparks und die Aufführung des Films zur 1250-Jahrfeier im →Theater. 1956 Veranstaltung der Dahlienschau im Rahmen des Nationalen Aufbauwerks (NAW), sie stand im Zeichen der gesamtdeutschen Verständigung und es wurde ein Kreissängertreffen mit 1.000 Sängern aus dem Kreis Arnstadt und 160 Sängern aus der Rheinpfalz veranstaltet, 1957 fand die Dahlienschau mit Festumzug unter dem Motto *Deutschland soll blühen - nicht bluten* statt, die AG Philatelie des Kulturbundes präsentierte eine Briefmarkenschau mit Blumen- und Blütenmotiven, 1958 fand aus Anlaß des 50jährigen Jubiläums der Arbeiter-Sänger-Bewegung ein großes Sänger-Chor-Konzert mit 1.000 Sängern statt, für Spannung sorgte der VEB Zahlenlotto, der die 38. Ziehung im Stadtpark durchführte, 1959 trat der Rundfunk-Kinderchor Leipzig unter Leitung von Dr. Hans Sandig auf, Radio DDR installierte eine Sendeanlage im Stadtpark, um die erste öffentliche Originalsendung *Ran an den Speck - Für ein Hähnchen einen Fernsehapparat* zu übertragen, das kulturelle Programm der Dahlienschau 1960 befaßte sich mit dem Thema Mode, das Deutsche

Dahlienschau

Modeinstitut Berlin führte die Herbst- und Winterkollektion 1960/61 vor, Aufführung einer großen Revue *Tanz im Wandel der Zeiten*, 1961 Feier des 10jährigen Bestehens der Dahlienschau mit einem Tagesfeuerwerk, für musikalische Unterhaltung sorgte u. a. Herbert Roth mit seiner Instrumentalgruppe, die Gewinner der Wettspielart 6 aus 49 wurden in einer öffentlichen Ziehung des VEB Sport-Toto ermittelt, 1962 fand die Dahlienschau unter dem Leitgedanken *Das deutsche Volk braucht Frieden wie das tägliche Brot, wie die Luft zum Atmen* statt, aufgrund einer komplizierten Situation bei der Einbringung der Ernte 1962 beschloß die SED-Kreisleitung, die Wochenendveranstaltungen zur Dahlienschau abzusagen, was geringe Besucherzahlen und ein finanzielles Minus zur Folge hatte, daraufhin schlug man vor, von einer Weiterführung der Dahlienschau abzusehen und stattdessen ab 1963 *Kulturfesttage der Werktätigen* durchzuführen.

L Ziegenhardt, Andrea: Die Welt kann nur im Frieden blühen (Dahlienschau 1951-62). In: BHSKA 9 (1990), S. 1-3. *Andrea Kirchschlager*

Daimon-Werk Schmidt & Co.: Elektrotechnische Fabrik Berlin, Begründer der Firma in Berlin war der erste Hersteller von Trockenbatterien, Fa. Schmidt & Co. hatte im April 1936 das komplette Betriebsgelände der ehemaligen →Stapelfaserfabrik/Viskose AG Stadtilmer Str. 39 erworben, ca. 150 Arbeitsplätze sollten geschaffen werden, im April 1937 umbenannt in Daimon-Werk, ein Teil der Gebäude wurde abgebrochen und ab 1937 neu gebaut, bereits Anfang Dezember 1936 wurden die ersten 150 Leute beschäftigt, hergestellt wurden Taschenlampen, Taschenlampenhülsen sowie Glühlampen für Taschenlampen, Fahrradlampen und Lampen für Rundfunkgeräte, 1938 wurden bereits 440 Frauen und 100 Männer im Betrieb beschäftigt, bis Kriegsende fast gleichbleibend, während des Krieges auch Bcschäftigung von Zwangsarbeitern (Russen, Polen und Italiener), 149 von ihnen wurden im vom Betrieb eingerichteten Lager untergebracht, auch Heimarbeiterinnen im Umkreis von 12 km wurden gesucht, Direktor Wienecke zum Standort Arnstadt: prächtige Lage Arnstadts und die Gewißheit, daß gerade die Hände der Thüringer höchst geschickt seien für die Fabrikationsmethoden des Werkes, bis 1945 unselbstän-

dige Produktionsstätte der gleichnamigen Firma in Berlin, keine eigene Rechnungsstelle, während des Krieges Herstellung von Stanzteilen für Zünder, nach Einmarsch der Amerikaner vorübergehende Stillegung, bis Juni 1945 wurde das Werk renoviert und wichtige Maschinenreparaturen ausgeführt, Neubeginn am 2. 7. 1945 mit 63 Arbeitskräften, zum Jahresende bereits 350, Herstellung von Taschenlampen, aus Reststücken der Metallabteilung Deckel für Marmeladengläser, Feuerzeugkappen u. a., am 5. 10. 1945 begann auch die Glühlampenproduktion (Voraussetzungen für die Gaslieferung mußten wieder geschaffen werden). Am 16. 8. 1946 wurde das Daimon-Werk in die Verwaltung des Landes Thüringen übergeben (Eigentümer: THE EVER READY CO, GREATBRITAIN, Ltd. London N 7 HERCULES PLACE), mehrere Monate mußten Reparationsleistungen erbracht werden, teilweise 90% der gesamten Produktion. Wegen schwerer "Wirtschaftsverbrechen und Sabotage" wurden bei einem Prozeß 1952 Führungskräfte zu 1½ bis 6 Jahren Zuchthaus verurteilt. Ab 1960 wurde der Betrieb umbenannt in ARTAS Taschenlampenwerke in Verwaltung. Aufgrund der komplizierten Eigentumsverhältnisse wurde der Betrieb erst 1972 verstaatlicht und nannte sich VEB →ARTAS Taschenlampenwerk.

Q KAA, Bestand Stadt Arnstadt, Sign. 008-24, 008-31, 008-33, 157-01-6; Bestand Kreistag u. Rat des Kreises Arnstadt, Nr. 982, 1051; AA 1936-42; ThVZ v. 14. 11. 1945. *Heidrun Fröhlich*

Deahna, Carl: Dr. med., Chefarzt des Arnstädter →Krankenhauses, Reichstagsabgeordneter, *3. 12. 1847 Meiningen, †9. 9. 1906 Arnstadt, Sohn des Rechtsanwalts Georg Christian Friedrich Deahna und dessen Ehefrau Henriette, geb. Bracker, Eheschließung mit Natalie, geb. Schmidt aus Stadtilm, 1870 freiwilliger Krankenpfleger, ließ sich 1874 als praktischer Arzt in Arnstadt nieder, 1882-1906 Gemeinderatsmitglied, 1887-90 nationalliberaler Reichstagsabgeordneter für das Fürstentum Schwarzburg-Sondershausen, 1888 Sanitätsrat, Chefarzt des Krankenhauses vom 1. 1. 1892 - 30. 6. 1905, 1904 anläßlich der 1200-Jahrfeier Arnstadts Verleihung des Prädikats *Geheimer Sanitätsrat,* Mitglied der →Museumsgesellschaft, Mitbegründer und Vorsitzender des Feuerbestattungsvereins Arnstadt.

Carl Deahna

Q AA v. 27. 5. 1904, Nr. 122 u. ANIB v. 11. 9. 1906, Nr. 212 (Nachruf).
L Festschrift zum 75jährigen Bestehen des Arnstädter Krankenhauses am 2. Januar 1967. Arnstadt 1967, S. 11-13 (Porträt).   *Andrea Kirchschlager*

Demme, Louis: Spedition, Transporte, Ritterstr. 1, Kaufmann Louis Demme kam um 1877 aus Mühlhausen nach Arnstadt, übernahm ab 14. 1. 1878 das Posamentengeschäft von C. B. Mämpel, begründete dann 1881 die Hosenträgerfabrik →Ehrhardt & Demme, deren Leitung er infolge Krankheit später wieder aufgab, erwarb 1886 käuflich die Kohlen-, Holz- und Baumaterialienhandlung und Holzschneiderei von Carl Wenige in der Ritterstraße (Schneiden, Hobeln und Fräsen von Nutzhölzern, Anfertigung von Mühlenkämmen und Fleischhack-klötzen), eröffnete dazu 1887 eine Spedition (größere Möbeltransporte nach auswärts per Bahn ohne Umladung oder per Landweg nach allen Plätzen), wurde 1890 Mitglied in der Deutschen Möbeltrans-

port-Gesellschaft, 1897 verkaufte er das Geschäft an seinen Schwiegersohn Ernst Ruge, Ludwig (Louis) Demme starb 1927, gehörte mehrere Jahre dem Gemeinderat an, Armenpfleger, Ernst Ruge betrieb die Fa. unter der Bezeichnung Louis Demme, Inhaber Ernst Ruge, weiter, 1908 erhielt Kaufmann Ernst Ruge das Prädikat Hofspediteur, nach dessen Tod 1929 wurden die Witwe Martha Ruge und der Sohn Fritz Ruge Inhaber des Geschäftes, um 1930 wurden Transporte mit Lastkraftwagen der Fa. Rud. →Ley durchgeführt, beschäftigt waren fast durchgängig etwa 20 Mitarbeiter, während des Krieges auch mehrere Zwangsarbeiter (Franzosen und Russen), Fa. bestand bis ca. 1954.
Q KAA, Bestand Kreistag u. Rat des Kreises Arnstadt, Nr. 982, 1351; ANIB 1878-1911; AA 1926-42.
Heidrun Fröhlich

Denkmäler: →Alexis, Willibald; Arnstädter Bache-Obelisk, →Alter Friedhof, 1. Seite: „Angehörige der Musikerfamilie Bach, die auf diesem Gottesacker ruhen", 2. Seite: „Caspar Bach, Hofmusicus und Türmer (†vermutlich 1644), Catharina B. (*1569, †1651) und 5 Kinder, davon 3 Musiker, Melchior (* 1603, †1634), Johann (*1612, †1632), Nicol (*1618, †1637), Christoph Bach, Hof- und Stadtmusikus (*1613, †1661), Maria Magdalena B. (*1614, †1661) - Großeltern von Joh. Seb. Bach, 3. Seite: Heinrich Bach, Organist, Bruder von Christoph (*1615, †1692), Eva B. (*1616, †1679), zwei Kinder, eine Enkelin - Catharina Barbara, Schwester von Maria Barbara, Johann Christoph Bach, Stadtpfeifer, Onkel von Joh. Seb. Bach (*1645, †1693), Martha Elisabeth B. (*1654, †1719), und vier Kinder, 4. Seite: Johann Günther Bach, Organist, Sohn von Heinrich B. (*1653, †1683), Johann Ernst Bach, Organist, Sohn von Joh. Christoph B. (*1683, †1739), Magdalena Christiane B. (*1706, †1785) sowie drei Kinder; →Döbling, Gottlieb; →Hülsemann, Julius; Wilhelmine Friederike →Karoline von Schwarzburg-Sondershausen; →Marlitt; →Neubeck, Valerius Wilhelm; →Schierholz, Christian Gottfried: Säulenstück in den Alteburg-Anlagen, Spruchstein Inschrift: *Wo findet man wohl ein Plätzchen so schön als hier, seit meiner Kindheit wünscht ich im Stillen es mir. Links die Stadt mit ihrem emsigen Wirken und Streben, rechts der* *grüne Teppich, das Sinnbild eines heiteren Lebens. Und vorn welch lieblich romantischer Blick, er rufe vielen wie mir liebe Erinnerung der Jugend zurück.*; Progromnacht-Gedenkstein: Inschrift: *UNWEIT DIESER STELLE BEFAND SICH DIE SYNAGOGE DER JÜDISCHEN GEMEINDE ARNSTADT, die am 27. 9. 1913 geweiht wurde. IN DER PROGROMNACHT AM 9. NOV. 1938 wurde sie von den Faschisten zerstört. VERGESST ES NIE.*

Nicht mehr vorhandene Denkmäler:
Kriegerdenkmal 1870/71, Gerastraße; Ernst-Thälmann-Büste, Gerastraße; Wilhelm-Augusta-Stein: Anläßlich der Goldenen Hochzeit des Kaiserpaares gestiftet, im Gerapark nahe der Eisenbahnbrücke in Richtung Saalfeld, nach dem 1. Weltkrieg abgerissen; Gefallenen-Denkmale: Fuhrmannsweg-Ehrenmal des Arnstädter Verbandes naturwissenschaftlicher und mathematischer Vereine (→Deutscher Wissenschafter Verband), Sportplatz Jahn-Stadion (Rudolstädter Straße), Obelisk für die im Krieg gefallenen Sportler: *Unseren gefallenen Kameraden 1914 – 1918*, Ehrenmal für die Gefallenen des 1. Weltkrieges von 1926 auf dem →Alten Friedhof (1947 beseitigt); →Neuer Friedhof: Gräberfeld mit Gedenkstein für die Toten des 2. Weltkrieges und die Bombenopfer; Märzgefallenen-Denkmal; Denkmal für hier verstorbene sowjetische Soldaten und Fremdarbeiter verschiedener Nationalitäten; Denkmal für die verstorbenen Sozialisten, Gedenkstein für die hier begrabenen jüdischen Bürger; Gefallenen-Denkmale in den OT Espenfeld und Dosdorf: →Jonastal, am Kilometerstein 7, Gedenkstein für die getöteten KZ-Häftlinge des Sonderlagers S III, Huntal (zwischen Espenfeld und Siegelbach): Sowjetisches Ehrenmal; Todesmarsch-Stelen: am Südbahnhof und in der Wachsenburg-Allee sowie in den OT Siegelbach und Espenfeld.

Gedenksteine aus der Solbadczcit: im Walpurgerholz eingenordeter Polstein, der die Höhen in preußischen Fuß angibt; *Wasserleite 1.523 Pr.F. (491 m) Walpurgiskirchhof 1.129 Pr.R. Eremitage 1.040 Pr.F. Arnstadt 879 Pr.F.*, Philosophenplatz mit Stein: *Genieße das Heute – Denke an das Morgen – Und vergiß das Gestern nicht.* Sängerplatz-Stein: *Den Sängern Thüringens gewidmeter Platz – 1854.* Willibald-Alexis-Stein

mit Bank: *Alexis-Ruhe 1798 – 1871*, in Dornheim: Denkmal zum →Drei-Monarchen-Treffen. *Skulpturen:* Der Rufer auf dem Alten Friedhof, Nachguß aus der Buchenwald-Gruppe von Prof. Cremer, Inschrift auf dem Sockel: *Die Opfer des Faschismus mahnen – Festigt den Frieden*, davor eine schwarze Marmortafel, Inschrift: *Le Komitee d. Amitie de Haubordin en Homag aux Allemans Victimes / Duna Zisme*; Bronzestatue auf dem Neuen Friedhof, von Prof. Wrba geschaffen, sie verkörpert einen sterbenden Jüngling *Thanatos* (auch *Hypnos* genannt), der seine Fackel auslöscht, Sockelinschrift: *Über allen Gipfeln ist Ruh . . .* ; →Falknerknabe; Bronzestatue mit drei *Tratschtanten* in der Erfurter Straße von Bildhauer Volker Beier, Chemnitz (1971); zwei weibliche Steinfiguren im Hof des →Landratsamtes, →Bach-Denkmal.

L Pfeiffer, Gerhard: Denkmale, Gedenksteine, Tafeln und Skulpturen in und um Arnstadt. Arnstadt 2002.

Annelore u. Gerhard Pfeiffer

Deutscher Wissenschafter–Verband: Aus wissenschaftlichen Kränzchen entstanden in den dreißiger Jahren des 19. Jhs. fachwissenschaftliche Vereine der Studenten u. *Alten Herren*. Es folgten in den sechziger und siebziger Jahren die mathematischen und naturwissenschaftlichen Vereine. Sie erfüllten die Funktion der heutigen Seminare und verfügten zum Teil über sehr umfangreiche fachwissenschaftliche Bibliotheken. Schließlich bildete sich 1868 aus mehreren dieser Vereine der *Verband mathematischer und naturwissenschafticher Vereine deutscher Universitäten*, ab 1909 der Arnstädter Verband, zu welchem später 19 Vereine gehörten. Zu Beginn des 20. Jhs. gab es in Deutschland 7 solcher Verbände, darunter den o. g., die sich am 14. 5. 1910 in Kassel zum *Deutscher Wissenschafter Verband* (DWV) mit insgesamt 82 Vereinen zusammenschlossen. Bereits 1907 hatte in Arnstadt der 6. Verbandstag (VT) *des Verbandes mathematischer–naturwissenschafticher Vereine an deutschen Hochschulen* stattgefunden mit dem Beschluß: Arnstadt ist ständiger Tagungsort. Auf dem 7. VT 1909 in Arnstadt offizielle Umbenennung in *Arnstädter Verband* (AV), danach jährliche Verbandstage mit Beratungen (Conventen) zur Förderung der Wissenschaften und fröhlichem studentischen Treiben. Die jährlichen Kommerse, Festzüge und

Festessen sowie die Festbälle wurden in Arnstadt zu gesellschaftlichen Ereignissen, in die die Bevölkerung, besonders die Schülerinnen des Lyzeums, einbezogen wurden.

Zwischen dem AV, später auch dem DWV, und den Bürgern bestand ein sehr gutes Verhältnis. Durch den 1. Weltkrieg wurden die Treffen unterbrochen. Von den 1.424 gefallenen DWV-Verbandsbrüdern hatten 350 dem *Arnstädter Verband* (AV) angehört. Ihnen ist das 1926 eingeweihte Denkmal unterhalb der Alteburg gewidmet. Pfingsten 1929 nahm der AV die Stadtfarben von Arnstadt (schwarz–gold) als seine Verbandsfarben an. Auf dem 26. VT des AV bzw. dem 9. VT des DWV wurde Arnstadt auch als ständiger Tagungsort des DWV bestimmt.

Da sich die meisten Mitglieder des DWV nicht den nationalsozialistischen „Studentenführern" unterordnen wollten, erfolgte am 12. 10. 1935 die Auflösung des DWV. Einige Fahnen und andere Couleurartikel wurden damals dem →Heimatmuseum zur Aufbewahrung übergeben, wo sie bis heute erhalten blieben.

Nach 1945 bis zur Wiedervereinigung im Oktober 1990 waren keine Verbandstage des 1953 in den alten Bundesländern wiedergegründeten DWV in Arnstadt möglich. Erst im Mai 1991 konnte der DWV, der u. a. aus dem *Arnstädter Verband* entstand, nach Arnstadt zurückkehren und hier seinen 48. VT durchführen. Arnstadt wurde wieder zum ständigen Tagungsort bestimmt.

L Fuhrmann Hartmut: Traditionelle Verbindung des Deutschen Wissenschafter-Verbandes in Arnstadt. In: AVAU 2 (1992), S. 80-88.   *Hartmut Fuhrmann*

Diakonat: Dienstwohnung des Diakons (Pfarrers), heute Pfarrhof 3, Doppelgebäude mit Pfarrhof 5 →Kantorat. Der Diakon stand an dritter Stelle in der Arnstädter Pfarrerhierarchie bis 1919 und war in der Regel Verwalter der Kirchenbibliothek. Das Verzeichnis der Oberkirchbibliothek v. 1908 v. Diakon E. Weise ist noch heute gültig.   *Hans-Ulrich Orban*

Dietze, Max: Musikpädagoge, Ensembleleiter, *10. 3. 1906 Chemnitz, übernahm 1926 die musikalische Leitung des Zupfmusikvereins *Tourenfreunde*, 1933 Verbot des Vereins, nach 1933

Vereinigung mit einer Gesangsgruppe unter dem Namen *Concordia*, 1946 übernahm er die Leitung der zu einem Orchester aufgebauten ehemaligen Mandolinengruppen bis 1954, beim Republikausscheid 1953/54 wurde das Arnstädter Mandolinenorchester als 1. Republiksieger mit dem Titel *Bestes Zupforchester der DDR* ausgezeichnet, 1954 schloß sich das Mandolinenorchester dem Volkskunstensemble des VEB Chema Rudisleben als dessen Träger an, aktiv in der gesamtdeutschen Arbeit, z. B. Teilnahme an den gesamtdeutschen Volksmusiktagen 1954 in Weimar und am Bundesmusikfest des Deutschen Allgemeinen Mandolinistenbundes 1956 in Hannover, Archivaufnahmen für den Sender Weimar, nach einer Unterbrechung übernahm Max Dietze die Orchesterleitung wieder 1957-59, Sohn Herbert Dietze wurde sein Nachfolger.

L 35 Jahre im Dienste der Volksmusik (Mandolinenorchester des VEB Chema Rudisleben). In: KS H. Dez. (1961), S. 22; Stahl, Ernst: Erinnerungen an das Volkskunstschaffen in Arnstadt in den 50er und 60er Jahren des 20. Jahrhunderts. Arnstadt 2003, S. 25f.   *Andrea Kirchschlager*

Dittrich, *Gerhard* **Hermann:** Lithograph, Kunsterzieher, *18. 9. 1919 Arnstadt, †15. 12. 1993 Arnstadt, Besuch der Knabenschule, Förderung seiner künstlerischen Begabung, Lithographenlehre in der Buch- und Steindruckerei von Otto →Böttner, danach Tätigkeit als Lithograph in der Erfurter Großdruckerei, 1946/47 Ausbildung zum Neulehrer an der Pädagogischen Fachschule in Wilhelmsthal bei Eisenach, 1948 Antritt einer Lehrerstelle in Stadtilm, 1950 Wechsel an die Geschwister-Scholl-Oberschule in Arnstadt, 1951 Staatsexamen, 1954 Lehrgang am Pädagogischen Institut Erfurt und 1955/56 Ausbildung zum Fachlehrer für Kunsterziehung, Vorsitzender der Fachkommission Kunsterziehung des Kreises, Mitarbeiter beim Pädagogischen Bezirkskabinett für das Fach Kunsterziehung, 1964 Eheschließung mit Ernestine, geb. Wagner, eröffnete mit seiner Frau eine *Galerie* in der Geschwister-Scholl-Oberschule mit etwa jährlich fünf Ausstellungen, deren erste 1968 Arbeiten von Otto →Knöpfer zeigte, er gründete die Sommerkurse für Kunsterzieher des Bezirkes Erfurt, die von 1962-89 durchgeführt wurden, Initiator des Arnstädter Mal- und Zeichenzirkels des VEB

Chema Rudisleben, erst unter der Leitung von Albert Habermann, danach unter Otto Knöpfer, Mitinitiator der Ausstellungen *Lehren und Gestalten*, künstlerisch tätig auf den Gebieten Naturfotografie, Stilleben, Architektur, Landschaft, in naturalistisch-realistischer Auffassung, aquarelierte, malte in Öl, mehrere Personalausstellungen in Arnstadt und Thüringen.

W Titelbild des Kulturspiegels (Jg. 1962), Schabeblätter mit Motiven Arnstadts und Umgebung aus den 1980er Jahren, Gemälde und Grafiken im Schloßmuseum Arnstadt.

L Wir stellen vor: Gerhard Dittrich Kunsterzieher. In: KS H. 4 (1962), S. 10-12 (Porträt); Huber, Rolf: Gerhard Dittrich, 1919-93 - eine Würdigung. In: AVAU 4 (1994), S. 174-176 (Porträt). *Andrea Kirchschlager*

Döbling, Johann Heinrich *Gottlieb*: Pädagoge, Naturwissenschaftler, *27. 5. 1797 Arnstadt, †9. 8. 1858 Arnstadt, Sohn des Regierungsadvokaten Johann Christian Döbling, nach dem Studium der Theologie und Philologie in Jena erteilte er 1835-40 den in Arnstadt lebenden Prinzen Karl Günther (dem späteren Fürsten) und Leopold Elementarunterricht.

1840 Ernennung zum Professor, Anstellung als Lehrer der Naturwissenschaften, vor allem der Biologie und Physik am Arnstädter →Gymnasium von 1844-58, desweiteren Lehrtätigkeit an der Realschule, Fortbildungsschule sowie am Landeslehrerseminar in Arnstadt, Studienreisen in den Süden bis Italien, brachte zahlreiche Tier- und Pflanzenfunde mit, B. Krahmer vermutete, daß Döbling den gelben Enzian bei Dosdorf und die Blütenesche auf dem Sondhart angepflanzt hatte, keine schriftlichen Hinterlassenschaften, 1851-53 Vorsitzender des →Gewerbevereins, wohnte Kirchgasse 1, ein Gedenkstein wurde an Stelle seines Gartenhäuschens auf dem Fürstenberg mit der Aufschrift *Dem Freunde der Natur Gottlieb Döbling seine Freunde 1862 errichtet*.

L AA v. 7. 5. 1932, Nr. 107; Unser Arnstädter Gymnasium von 1829-1929. Arnstadt 1931, S. 23.

Andrea Kirchschlager

Dönnicke-Schenke, *Anneliese* Marie Augusta: Kunstgewerblerin, Malerin, *4. 8. 1916 Arnstadt, †1. 2. 1958 Arnstadt, Tochter eines Dekorations- und Kunstmalers, Studium an den Kunstgewerbeschulen in Erfurt, Nürnberg und Berlin, Beschäftigung mit Textilkunst, vorwiegend Batik und Applikation, wandte sich nach 1945 der Aquarellmalerei zu, 1952/53 im Auftrag des Uraniaverlags Zeichnung eines großen Teils der Vorlagen für den ersten und zweiten Band des populärwissenschaftlichen Buches *Taschenbuch der heimischen Blumen* (Sommerblumen) von Fritz Koch, die Vorlagen für die Neuauflage des zweiten Bandes stammen fast alle von ihrer Hand, durch exaktes Naturstudium schärfte sich ihr Blick für die botanischen Feinheiten und Besonderheiten der Pflanzen, bekannt durch ihre Blumenaquarelle, malte vor allem Herbstblumen, wilde Früchte, Gräser und Blätter, die zu dekorativen Sträußen zusammengefaßt waren, 1958 Bilder in der Ausstellung im Schloßmuseum *Deutsche Bildnis- und Landschaftsmalerei aus 3 Jahrhunderten*.

W Pflanzenaquarelle, Entwurf Museumsplakat *Mon Plaisir*.

L Roselt, Annemarie: Anneliese Dönnicke-Schenke zum Gedächtnis. In: KS H. Mai (1958), S. 9.; Vollmer, Hans: Allgemeines Lexikon der Bildenden Künstler des XX. Jahrhunderts. Bd. 5 (V-Z u. Nachträge A-G). Leipzig (o. J.), S. 432. *Andrea Kirchschlager*

Donhof, *Manfred* Heinz: Kunsthistoriker, *19. 6. 1951 Wasungen, †17. 11. 1998 Arnstadt, erlernte den Beruf eines Elektrikers. Seit seiner Jugend beschäftigte er sich mit Geschichte und Denkmalen in seiner Südthüringer Heimat. 1976 kam er nach Arnstadt. In der Abt. Kultur des Rates des Kreises oblag ihm u. a. die Inventarisierung der Denkmale. Er studierte Kulturwissenschaften (Fachschulfernstudium). 1978 wechselte er ins Schloßmuseum und war hier bis 1988 als Abteilungsleiter Kunst tätig. Nach Abschluß des Hochschulfernstudiums der Kunstgeschichte machte er sich selbständig. 1989/90 war er vorübergehend als Mitarbeiter für Denkmalpflege im neugebildeten Kulturamt der Kreisverwaltung tätig, um schließlich mit seinem Büro für Bauforschung als freiberuflicher Kunsthistoriker vielfältige denkmalpflegerische Probleme in Arnstadt und Thüringen zu lösen. Seine akribische Arbeit spiegelt sich in seinen gedruckten Werken wider. Als Verleger (Verlag G. & M. Donhof) gab er sowohl eigene Publikationen als auch wichtige Bücher zur Geschichte von Arn-

stadt und Thüringen als Reprint heraus, u. a. 1991 Apfelstedt, Friedrich: *Beschreibende Darstellung der älteren Bau- und Kunstdenkmäler des Fürstenthums Schwarzburg-Sondershausen.* Sondershausen 1887; 1992 Baumberg, Emil: *Alt Arnstadt. Eine Wanderung durch die Stadt vor siebzig Jahren.* Arnstadt 1894, 1998 Olearius, Johann Christoph: *Historia Arnstadiensis.* Arnstadt 1701. Gründungsmitglied des Thüringer Geschichtsverein Arnstadt e. V., Mitglied der Deutschen Burgenvereinigung, zahlreiche Publikationen zur Regional- und Kunstgeschichte.
L. Unger, Peter: Zum Gedenken an den Kunsthistoriker Manfred Donhof. In: AVAU 9 (1999), S. 167f. (Porträt). *Peter Unger*

Dorotheenthaler Fayence: Knapp 2,5 km südöstlich von Arnstadt lag die einstige Fayencemanufaktur Dorotheenthal. Benannt nach ihrer Gründerin, der Fürstin →Auguste Dorothea von Schwarzburg-Arnstadt. Der Betrieb bestand aus einem großen Fabrikgebäude, heute Feierabend- und Pflegeheim, einigen Nebengebäuden (den Wohnungen der in der Fabrik Beschäftigten), einem Gasthaus (→Rösschen) und einer Brauerei. Die Tongruben, heute Wassertümpel, lagen am Hain in der Nähe der Manufaktur. Die Glasurmühle stand an der Gera vor dem Längwitzer Tor in Arnstadt. Um 1715 wurde auf Betreiben der Fürstin die Manufaktur im Dorotheenthal errichtet, nachdem einige Jahre zuvor neben der Oberndorfer Kirche schon ein Versuchsbetrieb unterhalten wurde. Aus der Braunschweiger Fayencemanufaktur (1707 vom Vater Auguste Dorotheas gegründet) wurden Dreher und Maler geholt und so konnte sich gleich zu Beginn eine hochstehende Produktion entwickeln. Bis 1717 wurde die Fabrik durch Dan. Chr. Fleischhauer betrieben, danach an G. Friedrich verpachtet. Von 1718-24 leitete die Manufaktur der Zinngießer J. P. Stieglitz aus Erfurt. Unter seiner Leitung erreichte die Manufaktur ihren künstlerischen Höhepunkt. 1724 kauften J. N. Wellendorff, Chr. B. v. Poseck und J. A. Bergmann den Betrieb mit allem Zubehör von der Fürstin ab, 1735 waren Ph. A. Willmar und J. Chr. Bergmann gemeinsame Besitznachfolger, 1788 ging die Fabrik an den Sohn Fr. Chr. Bergmann über. Dieser verkaufte 1804 das Anwesen an die Kauf-

leute J. Fr. Triebel und J. B. Hoffmann. 1808 wurde die Fayencefabrik letztmalig erwähnt. In der Anfangszeit, in der der Betrieb hauptsächlich für den fürstlichen Bedarf arbeitete, entstanden qualitätvolle Erzeugnisse, Tafelgeschirr und Vasen. Daneben wurden Gebrauchsgeschirr, Enghals- und Walzenkrüge, Schreibzeuge, Figuren und Wandfliesen gefertigt. Miniaturstücke fanden vor allem in der Puppensammlung Verwendung.

Neben der für Dorotheenthal typischen Kaltmalerei in der Anfangszeit wurde ein großer Teil der Erzeugnisse nur in Blau, das meiste aber mit bunten Scharffeuerfarben dekoriert, wobei ostasiatische bzw. exotische Motive überwogen. Charakteristisch für Dorotheenthal ist auch das mit Blumenkörben und anderem Beiwerk verbundene Laub- und Bandelwerkornament. Nach Mitte des 18. Jhs. war die künstlerische Blüte der Fayencefabrik zu Ende. Aus der langen Reihe der Fayencemaler sind die bedeutendsten: Joh. Teob. Frantz (1715-25), der Hauptmeister des bunten exotischen Blütendekors, Joh. Chr. Alex (1717-36), von ihm zahlreiche Fayencen in Blaumalerei signiert und datiert, Joh. Wilh. Dietmar (1715-31), ein Hauptmaler von Motiven ostasiatischer Art, Joh. Chr. M. Meiselbach (1737-58), verfertigte Chinesenszenen mit Palmen und Joh. Nic. Wellendorff (1716-37). Groß war die Anzahl der Fayenchersteller (Dreher, Maler und Faktore), bisher ließen sich ca. 115 Personen ermitteln, die in der Dorotheenthaler Manufaktur tätig gewesen waren, die als die älteste Thüringens auch am längsten von allen bestanden hat. Eine Fabrikmarke hat Dorotheenthal wohl nur eine zeitlang geführt. Mindestens seit 1719 erscheint ein aus A und B in Ligatur gebildetes Zeichen, dem stets ein Malerinitial, u. a. A, F, D oder W, beigestellt ist. Später scheint man von der Führung einer Fabrikmarke abgekommen zu sein und sich nur mit den Anfangsbuchstaben der Malernamen begnügt zu haben. Die Mehrzahl aber ist unbezeichnet geblieben.
L Scheidt, Helga: Die Dorotheenthaler Fayencemanufaktur. In: Bach 2000, S. 108-114. *Ulrich Lappe*

Drechsler, Alwin Alexander Otto: Jurist, Landrat, Landtagsabgeordneter, Landtagspräsident, Mitglied des Fürstlichen Ministeriums in Sondershausen, *14. 7. 1837 Ebeleben,

†24. 12. 1902 Sondershausen, Sohn von Ernst Drechsler (1799-1883), Pfarrer, später Superintendent in Ebeleben, und Auguste, geb. Gerber. Studium der Rechtswissenschaften, 1871 Bezirkskommissair und zeitweiliger Vertreter des Landrats in Arnstadt, ab 1874 mit dem Prädikat Assessor, 1. 7. 1878 - 31. 3. 1889 zunächst kommissarisch, ab August 1878 definitiv Landrat in Arnstadt. 1. 4. 1889 - 31. 7. 1899 Mitglied des Fürstlichen Ministeriums in Sondershausen, Vorstand der II. Abteilung (Inneres) und bis 21. 11. 1894 auch der III. Abteilung (Finanzen), 1. 8. 1899 Eintritt in den Ruhestand. 1882-1902 Mitglied des Aufsichtsrats der Schwarzburgischen Landesbank zu Sondershausen, lange Jahre dessen Vorsitzender, Ehrenmitglied des →Gewerbevereins Arnstadt. Geheimer Regierungsrat (1888), Staatsrat (1889), Geheimer Staatsrat (1896). 1873-78 und 1880-89 Mitglied des Schwarzburg-Sondershäuser Landtags 1880-89 Landtagspräsident.

L Lengemann, S. 165f. u. 319.   *Jochen Lengemann*

Dreger, *Marie* Luise Wilhelmine: Malerin, Zeichenlehrerin, *31. 8. 1881 Danzig, †16. 2. 1975 Arnstadt, Tochter eines Försters, unverheiratet, verbrachte ihre Kindheit und Jugend in Rüdersdorf/Mark, künstlerische Ausbildung in Weimar, Zeichenlehrerexamen in Breslau, zog 1915 nach Arnstadt, Zeichenlehrerin am Lyzeum (später Käthe-Kollwitz-Oberschule), malte Landschaftsbilder, viele Waldbilder (*Malerin des Waldes*), fertigte Ölbilder, Aquarelle, Linolschnitte, Zeichnungen und Radierungen an, Studienreisen nach Italien und durch Deutschland, ging in hohem Alter noch mit Skizzenblock und Stift in die Natur, Gemälde und Linolschnitte im Schloßmuseum.

L Pilz, Hilde: Die Malerin des Waldes. Zum 80. Geburtstag von Marie Dreger. In: KS H. Aug. (1961), S. 9f.
Andrea Kirchschlager

Drei-Monarchen-Treffen: 26. 10. 1813, Treffen des russischen Zaren Alexander I., des preußischen Königs Friedrich Wilhelm III. und des österreichischen Kaisers Franz I. (als röm.-dt. Kaiser bis 1806 Franz II.) unter einer Linde an der alten Wegkreuzung am östlichen Ausgang Dornheims bei Arnstadt, um sich nach der Völkerschlacht bei Leipzig über den weiteren Verlauf der Kampfhandlungen gegen Napoleon zu verständigen. Der König von Preußen übernachtete daraufhin in Ohrdruf, der österreichische Kaiser auf dem Schierholzschen Gut in Dornheim und der russische Zar im →Neuen Palais in Arnstadt, am Ort des Treffens in Dornheim 1863 Errichtung eines Denkmals, 1913 ergänzt, nach Verwahrlosung 1991 wiederhergestellt.

L Scheidt, Helga: Die Wiederherstellung des Drei-Monarchen-Denkmals in Dornheim. In: Dornheim einst und heute. Dornheim 1996, S. 28-30.
Matthias Klein

Drenkmann, *Theodor* Gustav: Superintendent, *28. 10. 1818 Magdeburg, †27. 6. 1890 Arnstadt, Studium in Halle, 1843 Erzieher, 1848 Pfarrer in Bündorf bei Lauchstädt, 1856 Superintendent in Elsterwerda, 1858-88 Superintendent in Arnstadt, 1866 Kirchenrat, 1866 Gründung und Leitung des Kirchen- und Schulvorstandes, übernahm 1858 Vorsitz im *Verein zur Wiederherstellung der Liebfrauenkirche* bis zu den Bauarbeiten ab 1880, der Verein ermächtigte Kommerzienrat Hugo →Woltersdorf mit der Bauüberwachung, befürwortet 1863 Verkauf des mittelalterlichen Kunstgutes der →Liebfrauenkirche, durch Minister Bley, Sondershausen, untersagt, bei der Einweihung 1888 bereits erkrankt und im Ruhestand, 1887 Einführung

Theodor Drenkmann

237

neuer Agende und Gesangbuch für Fürstentum Schwarzburg-Sondershausen.

Q Kirchenarchiv Arnstadt, Akte A IV 1d, betr. Verein zur Wiederherstellung der Liebfrauenkirche.

L Thüringer Pfarrerbuch, S. 126; Orban, Hans-Ulrich: Die Liebfrauenkirche in historischen Ansichten. In: AVAU 12 (2002), S. 108-112.

Hans-Ulrich Orban

Drese, Adam: Kapellmeister, Komponist, Textdichter, *Dezember 1620 in Thüringen, wahrscheinlich Weimar, †15. 2. 1701 Arnstadt, eine der bedeutendsten Musikerpersönlichkeiten Thüringens im 17. Jh., 1637-49 Mitglied der Domkapelle in Merseburg, 1649-52 Studium bei Marco Scacchi in Warschau, 1652-67 Hofkapellmeister in Weimar, lebte nach 1662 in Jena, 1667-83 Kapellmeister und Kammersekretär in Weimar, ab 1683 in Arnstadt im Dienst des Grafen Günther II. von Schwarzburg in gleichen Funktionen, er spielte Viola da gamba, befreundet mit Heinrich Schütz und der →Bach-Familie, nur wenige (von ca. 50) Kompositionen sind erhalten. In Arnstadt entstand 1698 die Melodie *Seelenbräutigam* (noch heute bekannt mit dem Text *Jesu, geh voran*). Viele Werke entstanden in Weimar in enger Verbindung mit dem Dichter Georg Neumark.

L Möller, Eberhard: Adam Drese – ein zu Unrecht vergessener Arnstädter Komponist des 17. Jahrhunderts. In: KS Okt. (1960); Weimar. Lexikon zur Stadtgeschichte. Weimar 1998, S. 94. *Alwin Friedel*

Druckerei August Bebel: Erfurter Straße 20/22, die 1. Auflage der *Thüringer Volkszeitung* am 13. 7. 1945 hatte 1.000 Stück, Druck erfolgte in Weimar, da sämtliche Druckereien in Arnstadt zunächst durch Beschluß der sowjetischen Militäradministration geschlossen waren und einer strengen Kontrolle unterzogen wurden, ab 20. 9. 1945 dann in der Druckerei der Otto →Böttner OHG Arnstadt, Auflagenhöhe im Laufe der Zeit wesentlich erhöht auf 32.000 Stück, 13. 3. 1946 Neueintragung in das HR: Thüringer Volksverlag GmbH, Zweigstelle Arnstadt, sowie Druckerei des Thüringer Volksverlages Erfurter Straße 22/24, Hauptsitz Weimar, (ab Juli 1945-*Thüringer Volkszeitung*, ab 9.4.1946 - *Thüringer Volk*, ab 6. 4. 1950 - *Das Volk*, ab 16. 1. 1990 - *Thüringer Allgemeine*). Ab 6. 3. 1947 war Fritz →Schörnig

verantwortlicher Redakteur, infolge Papiermangels erschien die Zeitung in dieser Zeit nicht regelmäßig, bisherige Druckerei des Thüringer Volksverlages wurde ab 22. 1. 1952 in Betriebsteil der Druckerei August Bebel Gotha umbenannt, ab 1968 Druckerei *Fortschritt* Erfurt, Werk V, Arnstadt, 1954: *Das Volk*, Verlag Kreisgeschäftsstelle Erfurter Straße 20/22, von 1961 bis Anfang 1967 auch Redaktion des *Arnstädter Land-Echos*, später *Arnstädter Kreis-Echo* bzw. *Arnstädter Echo* unter dieser Adresse, ab 1976 Rekonstruktion in der Druckerei zum Ausbau des Offsetdrucks, Einsatz einer Zweifarben-Offsetmaschine, 220 Tonnen Papier wurden jährlich bedruckt, Kataloge, Prospekte, Fahrpläne und Etiketten, Broschüren, Druckarbeiten für Großbetriebe und Institutionen, 1990 Umwandlung in Druck GmbH, BT Arnstadt, fertigte Werbeprospekte, Broschüren, Rechnungs- und Lieferscheinsätze, Etiketten u. a., ab 16. 1. 1990 *Thüringer Allgemeine*, Thüringer Allgemeine Verlag GmbH & Co. KG Erfurt, ebenso TA-Druckhaus GmbH & Co. KG in Erfurt, im November 1990 Umzug der Lokalredaktion (Holzmarkt 22), nach der Rekonstruktion des Gebäudes 2002 zurück in die Erfurter Straße.

Q DV 1952-79; TA v. 30. 5. 1990 u. v. 26. 11. 1990.

Heidrun Fröhlich

E

Edelglas: PGH, gegründet am 1. 10. 1959, Glasveredelung, Produktionsstätten am Schönbrunn 17, Riedmauer 10, Arnsbergstr. 23 u. a., zunächst 13 Mitglieder, 1961 waren es bereits 18, zu 50% wurde Bleikristall geschliffen oder bemalt, Vasen, Schalen, Bowlen, Kuchenteller usw. entstanden, Bier-, Wein- und Schnapsgläser, Glaszylinder für Grubenlampen, Teegläser und Einsätze aus Jenaer Glas wurden zusätzlich hergestellt, Rohmaterial erhielt die Genossenschaft von den Thüringer Hütten, aus der Niederlausitz und vom Glaswerk Derenburg im Harz, 1968 Zusammenschluß zur Kooperationsgemeinschaft der glasveredelnden Betriebe des Bezirkes Erfurt, juristische Selbständigkeit blieb jedoch erhalten, per 1. 1. 1973 wurde die PGH zum VEB Edel-

glas umgewandelt, am 1. 1. 1976 Zusammenschluß mit den VEB →Kristall und dem VEB →Kunstglas zum VEB →Bleikristall.
Q DV 1961-76.   *Heidrun Fröhlich*

Ehrenbürger: Verleihung des Ehrenbürgerrechts durch die Stadt in Anerkennung besonderer Verdienste an: Kgl. Preuß. Geheimen Regierungs- und Baurat Hermann →Wurffbain 4. 5. 1877, Reichskanzler Fürst Otto von Bismarck (8. 3. 1895 anläßlich seines 80. Geburtstages), Schwarzburg-Sondershäusischer Staatsminister Hermann →Petersen (17. 5. 1904), Generalfeldmarschall Paul von Hindenburg (31. 7. 1917 auf Vorschlag des Thüringer Städtetages anläßlich seines 70. Geburtstages), Kommerzienrat Benjamin →Kiesewetter (10. 8. 1927), Reichskanzler Adolf Hitler (21. 3. 1933 auf Antrag der NSDAP-Stadtratsfraktion, 19. 11. 1946 Widerruf des Ehrenbürgerrechtes auf Beschluß des Stadtrates und der Gemeindevertretung), Reichsinnenminister Dr. Wilhelm Frick (4. 5. 1933 auf Anregung des Thüringer Städteverbandes, 19. 11. 1946 Widerruf der Ehrenbürgerrechtes), Superintendent a. D. Kirchenrat Wolfgang →Tittelbach-Helmrich (23. 9. 1993) und Glaskünstler Albin →Schaedel (23. 9. 1993).
Q Adreßbuch 1937, S. VI.; Verwaltungsbericht der Stadt Arnstadt 1891-95, S. 7f; Amtsblatt der Stadt Arnstadt v. 1. 11. 1993 (Nr. 8); KAA, Bestand Stadt Arnstadt, Ehrenbürger, Sign. 070-02-1, 4 u. 5; 070-05-3 u. 4; Niederschriften d. Sitzungen d. Gemeindevertretung 1932-50, Sign. 025-02.   *Andrea Kirchschlager*

Einert, Franz Wilhelm *Emil*: Gymnasiallehrer, Geschichtsforscher, *5. 6. 1826 Keula, †13. 2. 1896 Arnstadt, Sohn des Amtmannes und Justizrates Georg Albrecht Karl Einert und dessen Ehefrau Friederike Auguste, geb. Helmkampf, 1880 Eheschließung mit Marie, geb. Ziegler, Besuch des Gymnasiums in Sondershausen bis 1846, danach Studium der Theologie und Philologie in Jena und Tübingen, 1850 Lehrer am Sondershäuser Gymnasium und Aufnahme als Predigtamtskandidat, dann Hauslehrer, ab 1851 Lehrer für Geschichte, Geographie, Deutsch und Religion am Arnstädter →Gymnasium, 1860 Oberlehrer, 1868 Ernennung zum Professor, 1881 Eintritt in den Ruhestand wegen eines Gehörleidens, im selben Jahr Beginn der Durchsicht der städtischen Akten im →Rathaus im Auftrag des Ober-

bürgermeisters Julius →Hülsemann zusammen mit Hermann →Schmidt wegen Erstellung eines Arnstädter Urkundenbuches durch Archivrat Dr. Carl August Burkhardt aus Weimar, widmete sich dem Aufbau des Arnstädter Stadtarchivs, Gründungsmitglied der →Museumsgesellschaft Arnstadt, verfaßte zwischen 1884 und 1895 zahlreiche kulturhistorische Aufsätze vor allem zur Arnstädter Geschichte in der Zeitschrift des Vereins für Thüringische Geschichte und Altertumskunde Jena sowie im Arnstädtischen Nachrichts- und Intelligenzblatt, wohnte Marlittstr. 1, Grabmal →Neuer Friedhof.
W *Johann Jäger aus Dornheim, ein Jugendfreund Luthers* (Jena 1883), *Der große Brand zu Arnstadt 1581* (Jena 1884), *Arnstadt in den Zeiten des Dreißigjährigen Krieges* (Jena 1887, 1889 und 1891), *Aus den Papieren eines Rathauses* (Arnstadt 1892), *Ein Thüringer Landpfarrer im 30jährigen Kriege. Mitteilungen aus einer Kirchenchronik.* (Arnstadt 1893), *Aus Schloß Neidecks Vergangenheit.* In: Alt-Arnstadt 1 (1901), S. 23-34.
L Ziegenhardt, Andrea: Zum 100. Todestag des Heimathistorikers Emil Einert. In: AVAU 6 (1996), S. 167-169, (Porträt); Kirchschlager, Andrea: Emil Einerts heimatgeschichtliche Aufsätze im Arnstädtischen Nachrichts- und Intelligenzblatt. In: AVAU 12 (2002), S. 212-217.   *Andrea Kirchschlager*

Emil Einert

Einwohner: Die Einwohner bildeten in der spätmittelalterlichen Stadt die Einwohnergemeinde. Sie stellte die Gesamtheit der an einem Ort ansässigen Bewohner ohne Rücksicht auf ihre politischen Rechte dar. Neben den Bürgern, Klerikern, Fremden und Juden zählten zu den Einwohnern die sogenannten Beisassen, zu denen vor allem die Handwerksgesellen, Knechte und Mägde sowie Tagelöhner aller Art gehörten. Häufig zählten auch studierte Personen, wie z. B. Ärzte und Künstler zu den Beisassen. Sie hatten weder die Rechte noch die Pflichten der Bürger. Sie besaßen kein Wahlrecht und standen nur innerhalb der Stadtmauern unter dem Schutz des Stadtrechts. Sie waren zur Steuerleistung, zum Wachdienst und zur Einhaltung anderer statuarer Gesetze verpflichtet. Ein bürgerrechtsähnliches Verhältnis zur Stadt gingen die meist wohlhabenden Bewohner des umliegenden Landes ein (Pfahlbürger). Zu den Einwohnern ohne größere Rechte zählten auch soziale Randgruppen, wie z. B. Siechen, Prostituierte, Scharfrichter, Scharfrichterknechte, Abdecker und Totengräber. Heute ist die Einwohnergemeinde identisch mit der politischen Gemeinde. *Michael Kirchschlager*

Einwohnerzahlen: 1388: 630 Bürger; 1457: 610 Bürger; 1475: 570 Bürger; 1524: ca. 2.831 Einwohner; 1579: ca. 3.055 E.; 1584: ca. 2.435 E.; 1620: ca. 3.187 E.; 1648: ca. 2.282 E.; 1771: 4.507 E.; 1790: 4.313 E.; 1816: 4.169 E.; 1834: 5.424 E.; 1846: 5.841 E.; 1855: 5.987 E.; 1861: 6.695 E.; 1864: 7.258 E.; 1867: 8.067 E.; 1871: 8.603 E.; 1875: 9.243 E.; 1880: 10.611 E.; 1885: 11.537 E.; 1890: 12.818 E.; 1895: 13.595 E.; 1900: 14.413 E.; 1905: 16.270 E.; 1910: 17.841 E.; 1915: 18.750 E.; 1916: 17.102 E.; 1917: 16.932 E.; 1918: 16.657 E.; 1919: 19.684 E.; 1920: 19.836 E.; 1925: 21.759 E.; 1930: 22.215 E.; 1933 (16. 6.) 22.014 E.; 1935: 21.997 E.; 1939 (17. 5.) 22.619 E.; 1940: 23.899 E.; 1943: 24.840 E.; 1946: 27.846 E.; 1947: 29.000 E.; 1948 (1. 4.) 30.394 E.; 1949 (30. 6.): 29.692 E. (davon 8.531 Neubürger); 1950 (1. 1.): 30.093 E.; 1956: 26.789 E.; 1960: 26.444 E.; 1964: 27.368 E.; 1967: 27.763 E.; 1971: 28.990 E.; 1975: 29.311 E.; 1981: 30.129 E.; 1991: 28.117 E.; 1992: 28.053 E.; 1993: 27.838 E.; 1994: 27.258 E. (mit eingemeindeten OT Siegelbach, Dosdorf, Espenfeld 28.011 E.);

1995: 25.685 E. (mit OT Si, Do, Esp 26.422 E.); 1996: 24.245 E. (mit OT Angelhausen-Oberndorf, Si, Do, Esp. 25.826 E.); 1997: 23.784 E. (mit OT 25.452 E.); 1998: 23.499 E. (mit OT Si, Do, Esp u. Rudisleben 25.207 E.); 1999: 23.360 E. (mit OT 26.605 E.); 2000: 23.439 E. (mit OT 26.565 E.); 2001: 23.160 E. (mit OT 26.212 E.); 2002: 22.950 E. (mit OT 25.965 E.).

Q KAA, Adreßbücher von Arnstadt, Verwaltungsberichte der Stadt Arnstadt 1891-1925, Jahresberichte des Einwohnermeldeamtes Arnstadt 1939-41, Volks- u. Berufszählung v. 26.10.1946 in der SBZ (Berlin 1948), Statistische Jahrbücher Kreis Arnstadt und Bezirk Erfurt 1956-81, Statistik des Einwohnermeldeamtes Arnstadt 1991-2002.

L Bühring, Johannes: Die Bedeutung der Wachstafeln. In: Alt-Arnstadt 1 (1901), S. 85; Elbracht, Karl: Die Einwohnerzahl Arnstadts vom ausgehenden Mittelalter bis zum Ende des Dreißigjährigen Krieges. In: Beiträge zur Heimatkunde des Kreises Arnstadt 1 (1960), S. 62-68. *Andrea Kirchschlager*

Eisenbahn: Arnstadt erhielt am 16. 5. 1867 Anschluß an das deutsche Eisenbahnnetz mittels einer Stichbahn von Dietendorf (heute Neudietendorf) an der 1847 eröffneten Thüringer Stammbahn. Erste Gedanken zu einem Anschluß gab es bereits 1847 im →Gewerbeverein. Von Arnstadt aus fand der Bahnbau ab 1877 über Plaue nach Ilmenau seine Fortsetzung (Inbetriebnahme 6. 8. 1879). Es folgte der Bau einer überwiegend der Zunahme industrieller Ansiedlungen zu verdankender Strecke von Arnstadt-Ost nach Ichtershausen, die von der Süddeutschen Eisenbahn-Gesellschaft gebaut und am 13. 12. 1885 eröffnet wurde. Der eigenständige Bahnhof Arnstadt-Ost wurde durch ein Verbindungsgleis an den Bahnhof Arnstadt angeschlossen. Abgeschlossen wurde der Bahnbau in und um Arnstadt schließlich mit der Eröffnung der Strecke nach Stadtilm am 18. 6. 1894, die 1895 nach Saalfeld weitergeführt wurde. In den Jahren 1898-1901 erhielt der Bahnhof Arnstadt durch umfangreiche Erweiterungsarbeiten auf dem Personen- und Güterbahnhof, zu denen auch der Bau der Unterführung der Ichtershäuser Straße gehörte, im wesentlichen seine heutige Gestalt. Erwähnt sei noch die Höherlegung der Strecke nach Plaue, die inzwischen als zweigleisi-

Haltestelle Längwitz - Arnstadt Süd, um 1900

ge Hauptbahn ausgebaut und von dort über Suhl nach Ritschenhausen/Meiningen weitergeführt wurde, im Bereich der Haltestelle Längwitz, jetzt Haltepunkt Arnstadt-Süd, in den Jahren 1907-11. Bis auf die Strecke Arnstadt-Ost–Ichtershausen, die, nachdem bereits im September 1962 der Personenverkehr eingestellt und die Bedienung der Werksanschlüsse zunehmend reduziert wurde, z. Zt. nur noch zur Bedienung des Anschlusses →Eisenwerk genutzt wird, hat sich das Streckennetz um Arnstadt unverändert erhalten. Als touristischer Magnet wirbt seit 1992 das historische Bahnbetriebswerk mit seinen originalen Einrichtungen und einem beachtlichen Bestand an Lokomotiven (Traditionsverein).

L Scholze, Roland: Eisenbahnjubiläen im Altkreis Arnstadt. In: AVAU 2 (1992), S.16-25; 4 (1994), S. 106-113; 5 (1995), S. 57-63 und 9 (1999), S.65-72.; Stöhr, Thomas: Die Geschichte der Nebenbahn Arnstadt-Ichtershausen. Bad Langensalza 2000; Dähn/Dürlich/Gattermann: Das Bw Arnstadt. Freiburg 1996; Kirchschlager, Andrea: Vor 155 Jahren: Das Projekt einer Zweigeisenbahn von Arnstadt zur Thüringischen Eisenbahn im Jahre 1847. In: AVAU 12 (2002), S. 125-128.   *Roland Scholze*

Eisenwerk: VEB, im April und Mai 1945 wurden die Betriebe →Winter durch 500 Ostarbeiter besetzt, Zerstörungen konnten jedoch weitgehend verhindert werden. Am 1. 7. 1945 wurde die Arbeit im Säge- und Hobelwerk Edmund →Winter wieder aufgenommen, zur Ausbesserung von Wohnungsschäden Fenster und Türen gefertigt, 1945 Vermögen der Firmen Fritz und Edmund Winter beschlagnahmt. Mitte Oktober 1945 wurde eine Abteilung Waggonbau ins Le-

ben gerufen. 50 Arbeiter waren dort beschäftigt und reparierten beschädigte Waggons der Reichsbahn, am 27. 2. 1946 verließ der 100. reparierte Waggon nach dem Krieg die Werkstatt, ab 14. 11. 1946 landeseigener Betrieb, die ehemaligen Einzelbetriebe Fritz →Winter und Edmund Winter wurden in einem Betrieb zusammengefaßt, 1948 Industriewerk Arnstadt, vormals Fritz und Edmund Winter, ab April 1949 VEB GUS Eisenwerk Arnstadt, Industriebetrieb, Gießerei, Sägewerk, Waggonbau. Am 5. 8. 1949 wurde die Betriebsberufsschule eingeweiht, Räume dazu wurden im ehemaligen landwirtschaftlichen Gebäude ausgebaut, 1949/50 waren bereits wieder 415 Arbeiter beschäftigt, am 1. 1. 1953 wurde der Zweigbetrieb in Plaue (Bremsscheiben und –trommeln) an das Eisenwerk angegliedert. Produktion 1954: Ruhebänke, Bügeleisensohlen, Bohnerbesen, Handwagenbuchsen, Gußteile für Sportgeräte, Roste, Ofenbeschlagguß, 1956 Inbetriebnahme neuer Schmelzöfen, Spezialität des Betriebes: Bremsklötze und Sohlen für alle Arten von Schienenfahrzeugen, ab 1961 Herstellung von Gußschrott, wurde benötigt zur Reinigung mit Strahlgebläsen und anderen Strahleinrichtungen (Reinigung mit Quarzsand sehr gesundheitsschädigend, bei Gußschrott nicht), 1973 neu entwickelte Bremssohle mit längerer Lebensdauer und höherer Bremsleistung, auch vereinfachter Ein- und Ausbau, 1974 rund 440 Beschäftigte einschließlich des Betriebsteiles in Erfurt. Zu den Winter'schen Betrieben gehörte auch eine landwirtschaftliche Produktion (Fa. Fritz Winter). Diese wurde weder während des Krieges noch danach eingestellt. 1947 standen keine Maschinen, kein Saatgut und keine Zugtiere mehr zur Verfügung, das gepachtete Land wurde nicht mehr bewirtschaftet. 1990 Gründung DR Eisenwerk Arnstadt, wichtigste Aufgaben für diesen Betrieb waren die Neuprofilierung der Produktion und die wesentliche Verringerung der Umweltverschmutzung. Das Eisenwerk Arnstadt gehört seit 1. 8. 1999 zur SILBITZ GUß GmbH.

Q KAA, Bestand Kreistag u. Rat des Kreises Arnstadt, Nr. 126, 653, 1354; DV 1953-83.   *Heidrun Fröhlich*

Elbracht, *Karl* **Konrad August:** Jurist, Heimatgeschichtsforscher, *13. 5. 1900 Hildesheim, †26. 10. 1963 Arnstadt, Sohn des Lokomotiv-

führers Karl Elbracht und dessen Ehefrau Karoline, geb. Ritter, 1927 Eheschließung mit Edith
Margarete Hildegard, geb. Neuse, 1911 Umzug
der Familie von Bad Tennstedt nach Arnstadt,
1911-18 Besuch des Arnstädter →Gymnasiums,
1919 Abitur, nach einem Semester Philologie und
Geschichte Studium der Rechtswissenschaft und
Volkswirtschaft in Jena und Leipzig, 1924 Promotion zum Dr. jur., Assessor bei einem Rechtsanwalt und Notar in Gotha, 1927 Eröffnung einer
eigenen Anwaltskanzlei in der Zimmerstraße, bis
1936 bzw. 1939 Anwalt der Arnstädter Synagogengemeinde und der jüdischen Mitbürger, 1932
Ernennung zum Notar, 1943-45 Tätigkeit bei
der Stadtverwaltung Arnstadt als Verwaltungsju-
rist, als Baudezernent war er u. a. Ansprechpartner
für die Bauvorhaben im →Jonastal, auf seinen Vorschlag 1944/45 Bau der Behelfsheime für Flüchtlinge am Hainfeld in Angelhausen-Oberndorf,
Juni/Juli 1945 1. Beigeordneter in der Stadtverwaltung, 1946 Wiederzulassung als Rechtsanwalt und Notar in Arnstadt, 1948 Wideruf der
Zulassung durch das Thüringische Ministerium
der Justiz, 1955 erneute Zulassung als Rechtsanwalt und Aufnahme in das Kollegium der Rechts-
anwälte des Bezirks Erfurt, ab 1950 u. a. Forschungen zur Heimat- u. Siedlungsgeschichte im
Mittelalter, u. a. in Vorbereitung der 1250-Jahr-
feier Arnstadts 1954, Mitarbeit bei der Neugestaltung der Abt. Mittelalter im →Heimat-
museum, zahlreiche Veröffentlichungen im *Arnstädter Kulturboten* und *Kulturspiegel*, Vortragstätigkeit, 1954 wissenschaftlicher Mitarbeiter für
Ortsnamenforschung und Siedlungsgeschichte für
Südthüringen in der namenkundlichen Arbeitsgruppe der Universität Leipzig, wohnte Berggartenweg 11, im Jahr 2000 anläßlich seines 100. Geburtstages Ausstellung im Stadtgeschichtsmuseum
unter dem Titel *Zwischen deutschem Kaiserreich und
Stalinismus. Ein Lebensschicksal des 20. Jahrhunderts in und für Arnstadt* und Herausgabe *Gesammelte Beiträge zur Früh- und Zeitgeschichte* von
Karl Elbracht durch Sohn Dieter Elbracht.
W *Deutsche und slawische Siedlungen an der oberen Ilm im frühen Mittelalter.* In: Leipziger Studien (Halle) 1957, S. 108-132; Elbracht, Karl /
Elbracht, Dieter: *Straßen-und Flurnamen Arnstadts. Ein Beitrag zur Stadt- und Siedlungsgeschichte vom frühen 8. Jahrhundert bis zur Gegenwart.* (Teil 1: Die Straßennamen der historischen

Altstadt Arnstadts. Duisburg 1999 und Teil 2:
Die Flurnamen Arnstadts und seiner näheren
Umgebung. Duisburg 2002).
L Elbracht, Dieter: Dr. jur. Karl Elbracht zum 100. Ge-
burtstag. In: AVAU 10 (2000), S. 155-159.
Andrea Kirchschlager

Elektrobau: Gegründet 1952 als VEB Elektro-
geräte- und Leuchtenbau, Friedrichstr. 22, ehemals Fa. Hans Ellrich, seit 1948 Herstellung von
verschiedenen Leuchten, von elektrischen Gerä-
ten wie Kochplatten, Kleinstmotoren u. ä. und
Durchführung von Installationen und Reparaturen, beschäftigt wurden insgesamt 63 Mitarbeiter (Elektrobau 44), bereits 1954 Forderung
nach Veränderung der Struktur des Betriebes,
ab 1. 1. 1955 Trennung des Betriebes in VEB
→Leuchtenbau und VEB Elektrobau, VEB
Leuchtenbau verblieb zunächst am alten Standort, VEB Elektrobau verlegte die Produktion zunächst Weg zur Fasanerie 3 und wenig später
Parkweg 2, entwickelte sich zum ausgesproche-
nen Montagebetrieb, hauptsächlich Stationsbau,
für die Chema Rudisleben wurden Meß- und
Steuerschränke für Großzerlegungsanlagen, Spinn-
badanlagen, Sauerstoffanlagen gefertigt sowie
Schaltpulte für Molkereien und Industrieanlagen, 40 Beschäftigte, später 72, Montagetätigkei-
ten auch außerhalb des Kreises Arnstadt, Schalt-
anlagen bis 30 kV, Installationen für die Mecha-
nisierung und Automatisierung von Industrieanlagen, ab 1990 Elektrobau GmbH, 1998 Ge-
samtvollstreckung.
Q KAA, Bestand Kreistag u. Rat des Kreises Arnstadt,
Nr. 126, 577, 667, 682; DV 1960-66 u. v. 26. 10. 1983.
Heidrun Fröhlich

Emmerling, Johann Christian *Friedrich*: Bürgermeister, Landtagsabgeordneter, *3. 7. 1801
Arnstadt, †18. 12. 1879 Arnstadt, Sohn des
Fleischhauers Johann Christian Heinrich Emmerling und dessen Ehefrau Johanne Elisabethe
Christiane, geb. Hempel, 1833 Eheschließung
mit Friederike Amalie, geb. Schönherr, verw.
Hartmann, 1845 Mitglied des Komitees der Aktiengesellschaft für die bei Arnstadt zu errichtenden Salzwerke und Soda-Fabriken, Mitglied des
1849 gewählten Salinenrates des Salinenvereins,
auf seine Initiative geht die Bildung eines Hilfs-
vereins im Notjahr 1847 zurück, bei Neuwahlen

des Bürgervorstandes im Mai 1848 erhielt der Gold- und Silberarbeiter Emmerling die meisten Stimmen (269), Mitglied des Schwarzburg-Sondershäuser Landtags 1847/48, 1851-56 2. Bürgermeister und 1857-71 Bürgermeister von Arnstadt, 1863 Ernennung zum Fürstlichen Rat.
L Lengemann, S. 169f. (Porträt). *Andrea Kirchschlager*

Friedrich Emmerling

Enders, Bernhard: Schuhfabrik, bestand bereits 1867, zwischen 1871 und 1881 war Ernst Enders Inhaber, 1. 1. 1947 im HR neu eingetragen, zunächst Unterm Markt 10 bzw. August-Bebel-Str. 2, ab 1948 Plauesche Str. 20, 8-14 Beschäftigte stellten Keilschuhe, Holzschuhe, Hausschuhe und Sandaletten für Damen her, auch Kinderschuhe, Schließung der Fabrik bis 1950/51.
Q KAA, Bestand Stadt Arnstadt, Sign. 157-03-1; ThV v. 10. 7. 1947 u. 2. 4. 1948. *Heidrun Fröhlich*

Enders, O. & P.: Handschuhfabrik, Riedmauer 10, eigenes Gebäude, gegründet am 1. 10. 1903 von Osmar und Sohn Paul Enders, Herstellung und Vertrieb von Militärhandschuhen, speziell die damals bei Armee und Marine eingeführten rotbraunen Offiziersdiensthandschuhe in Nappa

oder Nappachromleder, auch guter Absatz von Militärstoffhandschuhen, nach dem Krieg Umstellung der Produktion auf Lederhandschuhe für den zivilen Bereich, wie Nappaleder-Handschuhe mit Woll- oder Pelzfutter, Autohandschuhe, Reit- und Fahrhandschuhe Marke *London*, Glace–Handschuhe, farbig und schwarz, am 1. 1. 1919 schied Friedrich Adolf Christian *Osmar* Enders aus der Fa. aus (†1926) und sein Sohn Erwin (1884-1949), Kaufmann, trat dafür ein, um 1928 ca. 140 Beschäftigte, davon ein großer Teil Heimarbeiterinnen, *Paul* Willi Oskar Franz Enders, *27. 12. 1878 Arnstadt, †28. 6. 1934 Bad Kissingen, verstarb dort während eines Kuraufenthaltes, Grabmahl →Neuer Friedhof, Osmar Enders jun. trat in die Fa. ein, vor dem 2. Weltkrieg über 145 Beschäftigte, bis 1950 Rückgang auf 25-30, von der Gewerbepolizei 1945 wegen der Herstellung von Handschuhen für die Wehrmacht als *Rüstungsbetrieb* eingestuft, keine Konsequenzen für die Inhaber Erwin und Osmar Enders, Osmar Enders blieb auch bei Aufnahme der staatlichen Beteiligung in der Fa. beschäftigt, staatlicher Gesellschafter wurde der VEB →Lederwaren- u. Handschuhfabrik Arnstadt, Herstellung v. Lederhandschuhen aller Art, Krimmerhandschuhe, Fausthandschuhe u. Imkerhandschuhe, ab 1. 1. 1972 verstaatlicht zu VEB →Modehandschuh Arnstadt.
Q KAA, Bestand Stadt Arnstadt, Sign. 008-33; Bestand Kreistag u. Rat des Kreises Arnstadt, Nr. 982, 1165, 1353; AA 1923-42; DV 1953-71. *Heidrun Fröhlich*

Erdmann, Julius C.: Kunst- und Handelsgärtnerei, Ohrdrufer Str. 7, 1880 eröffnet im alten Hülsemannschen Garten (→Mädchenbürgerschule), erst am 27. 11. 1900 in das HR eingetragen, Inhaber Hoflieferant Julius Erdmann, war Mitbegründer des Deutschen Gärtnereiverbandes, auf der großen Gartenbauausstellung in Dresden 1883 erhielt Erdmann je eine Silbermedaille für Topfnelken u. Stiefmütterchen (viola tricolor), war durch seine Nelken- und Staudenzucht auch im Ausland bekannt, stellte 1893 auf der Weltausstellung in Chicago Blumensamen verschiedener Art aus, die Errichtung der Einzelhäuserkolonie am nördlichen →Arnsberg (Benjamin-Kiesewetter-Straße) entstand auf seine Initiative, 1945 auf Anordnung Tabakanbau, später wurden wieder Gemüse- und Blumenjungpflanzen angeboten,

1947 wurde Tochter Else Erdmann Inhaberin, unter gleicher Adresse nach wie vor bekannt, auch in Verbindung mit dem Blumenhaus Beeck.

Q ANIB 1883-1900; AA 1930-40; DV v. 15. 11. 1980

Heidrun Fröhlich

Eremitage: Ausflugslokal, 1808 von Johann Michael Kähler (vorher Wirt im *Krannich*) und Mitgliedern eines Handwerkerstammtisches gegründet (Einsiedelei, später auch zeitweilig Günthershöhe genannt), danach im Besitz einer Aktiengesellschaft (seit 1901 Eremitagengesellschaft), 1939 Übergang in den Besitz der Felsenkellerbrauerei, im 19. Jh. Hauptziel der jüngeren unverheirateten Leute (jeden Sonntag Tanz, Konzerte), 1815-85 Sitz der Eremitagen-Schützengesellschaft, welche sonntags Scheibenschießen, Schützenfeste und im Herbst ein Vogelschießen abhielt, Ende der 1890er Jahre Einrichtung von Fremdenzimmern zur Aufnahme von Sommergästen, ab Oktober 1939 bis November 1940 geschlossen, danach Nutzung als NSDAP-Schulungsburg u. 1945 Wiedereröffnung als Gaststätte, 1956 Ankauf durch die Handwerkskammer des Bezirkes Erfurt als Handwerkererholungsheim (mit öffentlicher Gaststätte), später Nutzung durch VEB →Eisenwerk Arnstadt, 1977 Schließung, im Januar 1980 Abriß der Gebäude.

L Meiland, Ernst: 150 Jahre Geschichte der Eremitage (1808-1958). Arnstadt (o. J.). *Hartmut Fuhrmann*

Ermer, Theodor *Karl*: Lehrer, Organist und Kantor, *1835 Weimar, †23. 3. 1897 Arnstadt, Sohn des Kupferstechers Theodor Ermer und dessen Ehefrau Karoline, geb. Schmidt, Eheschließung mit Auguste Pauline, geb. Rudloff, 1883 Nachfolger von Heinrich Bernhard →Stade im Amt des Stadtkantors, Organist der Kirchen in Arnstadt, Fürstlicher Kirchenmusikdirektor, Bürgerschullehrer und Dirigent des Gesangvereins Liedertafel.

L Friedel, Alwin: Musik in der Neuen Kirche zu Arnstadt. In: Festschrift zur Wiedereinweihung der Johann-Sebastian-Bach-Kirche zu Arnstadt - Kuratorium Bachkirche Arnstadt 2000, S. 76. *Alwin Friedel*

Ernesti, Johann Friedrich Christoph: Superintendent, *23. 2. 1705 Tennstedt, †24. 2. 1758 Arnstadt, stammt aus einem alten Thüringer Geschlecht mit zahlreichen Gelehrten und Wissenschaftlern, die Mutter war eine Tochter des Archidiakons Heden in Arnstadt, Studium in Wittenberg und Leipzig, 1730 Aufsicht über die Bibliothek des Prinzen Wilhelm von Schwarzburg, 1735 Pfarrer in Gehren, 1742 als Archidiakon nach Arnstadt berufen, 1747 Superintendent, Verfasser von Predigten und Bibelerklärungen, 1751 wurde der Turm der →Liebfrauenkirche erneuert, Ernesti verfaßte das Turmknopfdokument, begraben in der Neuen Kirche im Nordanbau, von seinen Töchtern heiratete eine den späteren Superintendenten Franke, eine zweite den späteren Superintendenten →Mosche. Ein Sohn wurde Professor der Beredsamkeit in Leipzig.

L Thüringer Pfarrerbuch, S. 138; Orban, Hans-Ulrich: Zusammenfassung der Turmknopfdokumente der Liebfrauenkirche zur Wiedereinlage 2002 (Kirchenarchiv). *Hans-Ulrich Orban*

Eselsteich: Name nur mündlich überliefert. Ellipsenförmiges Wasserloch am Fuß der Wasserleite, einem südlich des Walpurgisberges gelegenen Muschelkalkmassivs, an dessen Übergangszone zwischen Muschelkalk und Oberem Buntsandstein (Röt) sich der Quellhorizont befindet, Ausdehnung 8,00 m x 5,50 m. Die Sohle besteht aus sicher künstlich eingebrachter, dünner, bläulichgrauer Tonschicht, die ein Wegsickern des Wassers verhindern sollte, ihre Existenz bei manuellen Reinigungsarbeiten Anfang 1993 festgestellt, Speisung des Eselsteiches durch bergseitige Spaltquelle mit geringer, aber stetiger Schüttung, auf künstliche Anlage deutet wohl auch die Erhöhung zum Aufstauen des Wassers an der Westseite, Nutzung vielleicht schon in ur- und frühgeschichtlicher Zeit und während der Erbauung des Walpurgisklosters. Der 1650 erwähnte Jakobsborn ist möglicherweise identisch mit dem Eselsteich.

L Blumenstein, Albert: Die Orts- und Flurnamen Siegelbachs. In: KS H. 1 (1960), S. 16. *Peter Unger*

Elektrizitätswerk, Städtisches: Fleischgasse/ Riedmauer 1, durch Kauf (Vertrag v. 24. 4. 1903) der Elektrischen Zentrale der Fa. Rud. →Ley am 1. 10. 1903 in städtisches Eigentum übergegangen, damit wurden die Städtischen Werke erweitert, die Direktion der Gas-, Wasser- und Elektrizitätswerke befand sich am Mühlweg, bei Übernahme 250 Stromabnehmer mit insgesamt

336,5 PS Elektromotoren, 25 Bogenlampen und 8.558 Glühlampen zu 50 Watt, ab 21. 3. 1904 erfolgte die elektrische Beleuchtung des Hauptbahnhofes, 1909 erfolgten laut Beschluß des Gemeinderates vom 18. 5. 1909 der Umbau und die Erweiterung des E-Werkes, technische Anlagen wurden durch die Fa. Trenck aus Erfurt (Tandemmaschine) und die Fa. Siemens & Schuckert aus Nürnberg (Schalttafel, Dynamomaschine) geliefert, bis 1920 konnte der Bedarf an Elektroenergie vollkommen gedeckt werden, auch infolge der Auswirkungen des 1. Weltkrieges, neuer großer Betrieb (Erste →Stapelfaserfabrik für Volksbekleidung AG Eisenach, Werk Arnstadt) meldete sich zwecks Lieferung eines Jahresbedarfes an Strom von 1-1½ Millionen kWh, Stromproduktion in solcher Größenordnung war nicht möglich, Bezug aus Überlandzentrale wurde geprüft und mit dem Kraftwerk Thüringen AG Gispersleben ein Liefervertrag über 25 Jahre abgeschlossen, noch 1920 wurde die Stapelfaserfabrik mit „Fernstrom" versorgt, ebenso einige Fabriken im Gewerbegebiet-Nord, bisheriges Werk wurde in eine Umformanlage (Drehstrom–Gleichstrom) umgewandelt, im Juli 1922 wurde die eigene Stromerzeugung vollständig eingestellt, Errichtung eines Umspannwerkes am →Neuen Friedhof, 1924 wurden die Ortsteile Angelhausen–Oberndorf an das Netz angeschlossen (Transformatorenstation, Verteilungsnetze, Hausanschlüsse, Zähler), weitere Transformatorenstationen: Ichtershäuser Straße, Quenselstraße, Am Anger, Mühlweg, Stadtilmer Straße, Kasseler Straße, 1928: neues Umformwerk am →Alten Friedhof, 1948/49 im Kommunalen Wirtschaftsunternehmen (KWU) verankert, 1950 wurde das E-Werk Volkseigentum, 1952 begann die Umstellung von Gleich- auf Wechselstrom, nach der Wende Neugründung der Stadtwerke, zunächst Gasstadtwerke (6. 6. 1991), 26. 6. 1992 Unterzeichnung der Verträge zur Gründung der Stadtwerke GmbH (Gas-, Strom- und Wärmeversorgung), Unterzeichner waren CONTIGAS AG München, ENAG und der Bürgermeister der Stadt Arnstadt. Die Stadt besitzt 51 % der Anteile, andere Beteiligte je 24,5 %. Eintrag ins HR am 1. 10. 1992.

Q ThV v. 9., 13. u. 16. 11. 1946.

L Verwaltungsbericht der Stadt Arnstadt 1910/11-1924/25. *Heidrun Fröhlich*

F

Fachwerkbauten: Thermofotografische Aufnahmen von Arnstädter Gebäuden zeigen, daß die meisten Häuser der Innenstadt unter ihrem Verputz ein mehr oder weniger ausgebildetes Schmuckfachwerk besitzen. Um massive Steinbauten vorzutäuschen wurde das Fachwerk zu Anfang des 18. Jhs. verputzt. Im Zuge von Sanierungsarbeiten wurde bei verschiedenen Häusern ab Anfang des 20. Jhs. das Fachwerk wieder freigelegt. Von den heutigen Fachwerkhäusern sind erwähnenswert: *Markt 11* (Haus zum →Güldenen Greif), *An der Liebfrauenkirche 4* (→Papiermühle), *Untergasse 1* (Unterkloster), *Kohlgasse 17* (→Altes Rektorat), *Pfarrhof 3/5* (→Diakonat/→Kantorat), langgestrecktes zweigeschossiges Fachwerkgebäude 1653 in schlichten Schmuckformen über älterem Grundriß errichtet, Untergeschoß heute verputzt, *Pfarrhof 1* (ehemalige Schule), traufseitig zum Pfarrhof stehender zweigeschossiger Fachwerkbau auf massivem Erdgeschoß, in den Brüstungszonen geschweifte Andreaskreuze. Der nördliche Gebäudeteil 1582 errichtet, der südliche aus dem 18. Jh., Fachwerk beider Teile im 19. Jh. angeglichen, *Pfarrhof 10* (→Superintendentur), traufseitig zum Platz stehender Fachwerkbau auf hohem massiven Erdgeschoß aus der 1. H. d. 16. Jhs., Fachwerk der Fassade wohl 1689 stark verändert, dabei einen Teil der Andreaskreuze aus den Brüstungsfeldern entfernt, *Ried 1* (Haus zum Hut), Name volksmundlich, archivalisch bisher nicht nachgewiesen, zweigeschossiges Fachwerk auf massivem Erdgeschoß, Brüstungszone der beiden Obergeschosse mit geschweiften Andreaskreuzen, wohl nach dem Stadtbrand von 1693 errichtet, im 19. Jh. Ladeneinbau, *Ried 11* (Haus zum Römer), traufseitig zum Ried stehendes dreigeschossiges Gebäude, über massivem Erdgeschoß zwei leicht vorragende Obergeschosse, wohl nach dem Brand von 1693 errichtet, in den Brüstungszonen die sog. "Thüringer Leiter", *Ledermarkt 3* (Gaststätte *Ratsklause*), über massivem Untergeschoß zwei Fachwerkgeschosse, wohl nach dem Brand von 1670 errichtet, verzierte Figuren der Brüstungsfelder, Andreaskreuze und Rauten mit kleinen farbigen Herzchen besetzt, *Kohlenmarkt 20* (Haus zum Ritter), bis 1826 Brauhof *Zum roten Hirsch*, breitgelagertes zweigeschossiges Fachwerkgebäude, Brüstungszone des Obergeschosses mit durchkreuzten Rauten gefüllt, wohl nach dem Brand von 1670 errichtet, von 1728-38 lebte hier der Landschaftsmaler Johann Alexander →Thiele, Wollmarkt (→*Fischtor*), Fachwerkobergeschoß vermutlich um 1700, Brüstungsfelder des Fachwerkes mit Rauten und Fußstreben (Fächerrosetten) geziert. *Ulrich Lappe*

Fahdt, Heinrich: Schlossermeister, Gründer der Thüringer Stanzmesserfabrik (15. 3. 1910 in das HR eingetragen) in der Arnsbergstr. 23, war vorher bei der Fa. Friedr. Hermann →Zetzsche beschäftigt und entwickelte 1893 dort die ersten Stanzmesser, viele Patente und Gebrauchsmustereinträge auf seinen Namen, u. a. auf eine selbsttätige Eisenbahnwagenkupplung mit gleichzeitiger Verbindung der Luftleitung, mit der Dampfleitung kombiniert (in fünf Ländern patentiert) und eine Maschine zum Herstellen von Bausteinen, Fa. wurde 1920 GmbH, Mitinhaber war A. Cazin bis 1922, Fa. am 5. 10. 1928 im HR gelöscht.
Q ANIB 1910-22; AA 1925-28 *Heidrun Fröhlich*

Falckner, Friedrich Gottlob *Albert*: Theologe, Landtagsabgeordneter, *4. 2. 1815 Oberspier, †17. 2. 1892 Möhrenbach, Sohn des Pfarrers Johann August Gottfried Falckner, Besuch der Stiftsschule Ebeleben und des Gymnasiums in Sondershausen, 1833 Abitur, Studium der Theologie in Jena, danach Tätigkeiten als Hauslehrer bei Oberstleutnant von Stolzenberg auf Lüttmensen bei Neustadt am Rübenberge, bei Graf von der Schulenburg-Hehlen zur Erziehung des ältesten Sohnes und bei Kriegsminister und General von Bardeleben in Kurhessen, welcher das 1. Husarenregiment in Hofgeismar kommandierte, 1847 bestand er das Examen pro Ministerio und für das Schulamt, 1848 Anstellung als Hilfslehrer am →Gymnasium in Arnstadt, 1849 Vocation in Witzleben, Ordination in Sondershausen und Amtsantritt als Pfarrsubstitut in Witzleben, 1857 dort Pfarrer, 1887 Eintritt in den Ruhestand, lebte danach in Arnstadt und ab 1890 in Möhrenbach, Vorsitzender des 1848 gegründeten Arnstädter Volksvereins, Redakteur der →*Thüringer Zeitung*, Abgeordneter des Schwarzburg-Sondershäuser Landtags 1849/50.
L Lengemann, S. 170f. (Porträt). *Andrea Kirschlager*

Falknerknabe: Eine 1,35 m hohe und 48 kg schwere Bronzefigur, die der Bildhauer Ernst Paul Hinckeldey am 10. 2. 1939 seiner Heimatstadt zur Verschönerung des Stadtbildes verkaufte. Aufstellung des Falknerknaben am 15. 7. 1939 am Nordeingang des →Schloßgartens auf Muschelkalkblock von der Ebanotte bei Gossel, kurz vor Kriegsende (1944?) Wegnahme der Plastik zum Einschmelzen für Kriegszwecke. Aufgefunden 1954 in der Norddeutschen Affinerie in der Hamburger Alsterstraße und Wiederaufstellung am alten Standort am 17. 9. 1955 zur →Dahlienschau, 2001 erneute Entfernung im Zusammenhang mit verkehrstechnischen Veränderungen (Kreisverkehr), neuer Standort im Schloßgarten geplant, Ernst Paul Hinckeldey: *12. 4. 1893 Arnstadt, †11. 11. 1953 Herford/Westf., verlebte Kindheit im Haus Mittelgasse 11, nach Besuch der Knabenbürgerschule am Schulplan, vierjährige Lehrzeit als Bildhauer, danach Kunstgewerbeschule Berlin, wo er die Chance hatte, ohne an der Hochschule für Bildende Künste zu studieren, als Meisterschüler der Kunstakademie beizutreten, erhielt für seine ausgezeichneten Leistungen 1919 beim Verlassen der Kunstakademie den Rompreis und 1920, von insgesamt 56 Bewer-

Ernst Paul Hinckeldey

bern, den Großen Staatspreis, gestaltete vorwiegend religiöse Motive und fand mit seinen Werken auf den großen Kunstausstellungen in Berlin (1922), München (1924) und Weimar (1925) Beachtung, Umzug in die Künstlermetropole Berlin, wo er zahlreiche Porträts, Plastiken und Reliefs schuf.

L Unger, Peter: Der Falknerknabe in Arnstadt. In: BHSKA 9 (1990), S. 89.   *Peter Unger*

Fasanengarten: Vom 16. bis 18. Jh. ein Teil des →Schloßgartens und bis 1918 Teil des fürstlichen Domänengartens. Als Folge der Novemberrevolution 1918 ging das Grundstück am 1. 4. 1919 in den Besitz der Stadt Arnstadt über und wurde zunächst als Gärtnerei verpachtet. Im gleichen Jahr schlug der neueingestellte Stadtbaumeister Anton →Acker diese Fläche zur Bebauung vor und leitete später auch die Baumaßnahmen. 1922/23 entstand die Wohnanlage *Fasanengarten* in axialsymmetrischer U-Form, die durch die Einziehung der Seitenflügel zur Straße hin eine Aufweitung erfuhr, bestehend aus neun Häusern mit 56 Wohnungen und 35 Mietergärten. Weiträumigkeit, gute Lichtverhältnisse und Begrünung fanden bei der Bauausführung Berücksichtigung. Zur Belebung der Mittelfläche Umsetzung eines historischen Brunnens (1594) aus dem →Prinzenhof. Das Renaissance-Portal an der Westseite stammt vom ehemaligen Gasthaus *Deutscher Kaiser* (Erfurter Str. 12). Von 2000 bis Frühjahr 2002 denkmalgerechte Instandsetzung der Wohnanlage durch den Eigentümer (Wohnungsbaugesellschaft der Stadt Arnstadt). Die Anlage hat jetzt 51 Wohnungen, 22 Mietergärten und eine moderne Dachsolarheizung. Der Fasanengarten ist beispielgebend für die Architektur der 1920er Jahre und steht seit 1978 unter Denkmalschutz.

L Bielfeld, Harald: Verwaltungsbericht der Stadt Arnstadt 1910/11-1924/25. Arnstadt 1926, S. 93; Fuhrmann, Hartmut: Bereich Fasanengarten. In: Denkmale im Kreis Arnstadt. Arnstadt 1988, S. 39f.; Architekturführer Thüringen. Vom Bauhaus bis zum Jahr 2000. Weimar 2000, S. 298.   *Hartmut Fuhrmann*

Feigenspan, Christian: Kunst- und Handelsgärtnerei, Längwitzer Str. 19, Blumenladen, auch in der Rosenstr. 24, gegr. 12. 02. 1907, nach 44 Jahren gab er aus Altersgründen Gärtnerei und Laden am 25. 10. 1951 an Frau Martha Richter (später

Dietrich) ab, die sie 1971 an Marlis Hirche übergab, zu Beginn der 90er Jahre (nur noch Verkauf) Verlegung des Geschäftes in An der Weiße 50, Gärtnereimeister Feigenspan verstarb am 30. 1. 1965.

Q AA 1932-36; DV v. 25. 10. 1951 u. 2. 2. 1965.
                                        Heidrun Fröhlich

Fernmeldewerk: VEB RFT ab 9. 4. 1951 laut HR-Eintrag, Bierweg, aus dem ehemaligen Betrieb →Siemens & Halske hervorgegangen, 1949 Eröffnung des ersten Arnstädter Betriebskindergartens durch diesen Betrieb, Radioproduktion wurde komplett nach Rochlitz verlegt, Arnstädter Betrieb stellte sich um auf Vermittlungstechnik, 1954 wurden zusätzlich Kühlschränke, Kreuzhacken und Zigarrenabschneider für den Massenbedarf produziert, Kurhaus wurde im gleichen Jahr übernommen und zum Klubhaus des Betriebs umgestaltet, 1967/68 erfolgten weitere Umbauten, 1959 Auftrag des Ministeriums für Post- und Fernmeldewesen zur Fertigung von 3.400 Notruf–Warnanlagen zum Aufbau des Luftschutzes in der DDR, dafür Einbeziehung der Fa. →Busch & Toelle, Produktionsprofil 1960: automatische Fernsprechvermittlungseinrichtungen für den öffentlichen Orts- und Fernverkehr, automatische Fernsprechvermittlungseinrichtungen der Nebenstellentechnik für Industriebetriebe und Verwaltungen, Drehkondensatoren für Rundfunk und Meßzwecke, Bauelemente und Spezialzubehör für Fernsprech- und Fernschreib-Wähleinrichtungen, Lötpistolen, Zusammenarbeit mit anderen sozialistischen Ländern bei der Entwicklung neuer Produkte und der Herstellung der dazu benötigten Werkzeugmaschinen, u. a. mit der Sowjetunion und Ungarn, ab 1. 3. 1960 Ausführung von Dienstleistungen für die Belegschaft und für die Bevölkerung: durch Schuhmacher- und Schneiderwerkstatt alle vorkommenden Schuhreparaturen, Änderung und Instandsetzung von Damen-, Herren- und Kinderbekleidung, durch die Elektrowerkstatt Reparaturen von elektrischen Haushaltgeräten, 1962 waren 1.300 Arbeitskräfte beschäftigt, Export von Vermittlungsanlagen u. a. nach Ungarn, VR Polen, VR Rumänien, Brasilien, Griechenland, in die CSSR und die Vereinigte Arabische Republik, VR Bulgarien, nach Korea, Kuba, Kuwait, der Türkei, Jemen und

Vietnam - insgesamt bis 85% der Produktion, jährlich wurden Neu- oder Weiterentwicklungen zur Leipziger Messe vorgestellt, Kommission für staatliche Beteiligung beschloß am 21. 9. 1962 den Zusammenschluß des RFT mit der Firma →Brehme & Siegel (Umprofilierung der Produktion) per 1. 1. 1963, in den 60er Jahren war auch die Fa. →Krückeberg & Schmidt Zulieferer für das Fernmeldewerk, 1963 Neubau eines Bürogebäudes, in welches im Dezember 1998 das Arbeitsamt Arnstadt einzog, Berufsschule des RFT, bisher Gehrener Straße, dort Einzug der Fa. →Ohrenschall & Andreß, wurde 1965 in die Plauesche Str. 20 (ehemalige Schuhfabrik Bernhard →Enders) verlegt, inzwischen 3.000 Beschäftigte, 1. 1. 1971: VEB Kombinat Fernmeldewerk zusammen mit VEB Stern-Radio Rochlitz und Funkmechanik Neustadt-Glewe, Arnstadt wurde Stammbetrieb, 1973 Inbetriebnahme des neuen Mehrzweckgebäudes, außerdem Einrichtung eines Betriebsambulatoriums und eines Betriebsrestaurants, 1975 Fertigung eines Autokassettengerätes AK 75 zum festen Einbau in Pkws, ab 1981 Fertigungsbereich III in der Karl-Liebknecht-Str. 20-22 (ehemalige Produktionsstätten der Bekleidungsfabrik →Krebs & Co.), Betriebsteil auch in der Schönbrunnstr. 16 (ehemals Handschuhfabrik →Bondy), 1. 1. 1990 Übernahme durch SEL AG Stuttgart, Umbenennung in →RFT SEL Nachrichtenelektronik GmbH.
Q KAA, Bestand Kreistag u. Rat des Kreises Arnstadt, Nr. 126, 400, 651, 1354; DV 1953-83; TA v. 1. 7. 1990. *Heidrun Fröhlich*

Feuerlöschwesen: 1530 Erlaß der ersten Feuerordnung, welche einen Feuerwächter auf dem Turm der Bonifatiuskirche vorsah, der durch Blasen des Feuerhorns die Bewohner der Stadt auf ein Feuer aufmerksam zu machen hatte und bei Tage eine Fahne und bei Nacht eine Laterne in Richtung des Feuers hängen mußte. In den →Stadtstatuten von 1543 wurde auch das Feuerwesen (§116-120) geregelt. Nach der Vernichtung der Bonifatiuskirche beim großen Brand 1581 saß der Feuerwächter bis zur Fertigstellung des Neutorturms auf dem Turm der →Oberkirche. 1646 ließ der schwedische Feldherr Wrangel drei Kanonen als Gastgeschenk in Arnstadt, die dann als →Lärmkanonen eingesetzt wurden.

1712 besaß die Stadt vier Feuerspritzen. 1717 neue *Arnstädtische Feuer-Ordnung*, 1808 neue Feuerordnung. Im September 1829 Gründung des →Rettungsvereins bei Feuersgefahr, Satzung 1842 erneuert. 1852 *Verein zur Rettung bei Feuersunglück* auf dem Lande gegründet, bestehend aus zehn Bauhandwerkern unter Leitung eines Zimmermeisters. Ab 1854 wurden alle Bürger in den Feuerlöschdienst einbezogen, bisher hatten die Innungen die Mannschaften zur Bedienung der Spritzen und zur Löschung des Feuers zu stellen. Am 18. 10. 1864 feierliche Übergabe der Turnhalle am →Wollmarkt. Am 28. 10. 1864 wurde die Freiwillige Turner–Feuerwehr gegründet. 1865 wurde das Steiger-Corps aus dem Rettungsverein ausgegliedert und der Turner-Feuerwehr angeschlossen. Im *Statut der Stadt Arnstadt über die städtische Feuerwehr* 1867 Neuregelung der Organisation der Feuerwehr. Danach bestand die städtische Feuerwehr aus der Bürger-Feuerwehr und der freiwilligen Turner-Feuerwehr unter dem Oberbefehl des Branddirektors oder seines Stellvertreters. Die Bürger-Feuerwehr bestand aus der Pionier-Abteilung, der Löschmannschaft, der Rettungsmannschaft und der Wachmannschaft. In die Bürger-Feuerwehr waren *alle persönlich tüchtigen Einwohner der Stadt mit dem Eintritt des 21. Lebensjahres bis zum Ablauf des 50. Lebensjahres* verpflichtet einzutreten. 1867 Bau einer Steigerwand in der Turnhalle, 1869 Aufstellung einer *freiwilligen Sektion der Löschmannschaft behufs Aufstellung fremder Löschmaschinen bei hier ausgebrochenem Brandes*, bestehend aus vier Gliedern zu je drei Mann, mit der Aufgabe, an dem jeweils angewiesenen der vier Stadttore die fremden Spritzen zu empfangen und zum Brandplatz zu begleiten, 6. Abgeordnetentag des Thüringer Feuerwehrverbandes am 30. 8. 1874 in Arnstadt, 1875 Neuregelung der Organisation der städtischen Feuerwehr, Trennung der freiwilligen Turner-Feuerwehr vom Turnverein am 29. 4. 1876, 1883 Gesetz über das Feuerlöschwesen und die Höchste Verordnung zur Ausführung des Gesetzes im Fürstentum Schwarzburg-Sondershausen (§ 1: *Jede Gemeinde des Fürstenthums ist verpflichtet, 1. eine gehörig ausgerüstete und ausgebildete Feuerwehr, sowie 2. tüchtige Geräthe und Anstalten zum Löschen und Retten in Brandfällen zu beschaffen und zu unterhalten.*), 17. Abgeordnetentag des Thüringer Feuerwehr-Verbandes vom 1. - 3. 8. 1885 in Arnstadt. Zur Verbesserung des Feuermeldewesens wurde der Neutorturm im April 1890 versuchsweise mit der Polizeiwache verbunden, nach einjähriger Probezeit Übernahme der Anlage von der Stadt, 1894 Wechsel in der Leitung der städtischen Feuerwehr, Kommerzienrat Weyher trat zurück, Ernennung von Stadtbaumeister →Roggenkamp zum neuen Branddirektor, 1895 wurden die Schutzleute mit Feuerhupen für den Nachtdienst ausgerüstet, 1895 vorläufige Reorganisation der städtischen Feuerwehr (Wachmannschaft von 150 auf 100 Mann, Rettungsmannschaft von 150 auf 50 Mann und Druckmannschaft von 48 auf 36 Mann je Spritze verringert), 1896 Anschaffung einer 15 m langen Schiebeleiter, 1897 Neufassung des Ortsgesetzes und der Dienstanweisung für die städtische Feuerwehr, Inbetriebnahme des →Wasserwerkes und der Hochdruckwasserleitung mit 168 Hydranten am 15. 8. 1900, Außerdienststellung der Handdruckspritzen, Anschaffung von 8 Hydrantenwagen, 3 Schlauchwagen und einem Leiterwagen mit 2 Leitern, 35. Abgeordnetentag des Thüringer Feuerwehr-Verbandes vom 15. - 17. 8. 1903 in Arnstadt, 1904 Neuwahl des Branddirektors, neuer Stadtbranddirektor Baugewerksmeister Constant Schröder, Gemeinderatsbeschluß vom

6. 6. 1905 zur Verringerung der Wach- und Rettungsmannschaft, gleichzeitig trat neue Dienstanweisung für die städtische Feuerwehr in Kraft, bisherige Aufgaben der Wachmannschaft übernahmen die Druckmannschaft der Freiw. Turner-Feuerwehr, der 2. Zug der städtischen Pflichtfeuerwehr übernahm die Aufgaben der Rettungsmannschaft, von welcher nur eine Sektion mit 10 Mann für die Rettung von Vieh bestehen blieb. Nach § 2 der Dienstanweisung für die städtische Feuerwehr vom 21. 6. 1905 erfolgte der Feueralarm bei gewöhnlichen Bränden durch Läuten der Sturmglocke, Hornsignale und Feuerhupen der Schutzmannschaft, diese Signale riefen die Freiwillige Turner-Feuerwehr, die aktive Löschmannschaft, die Pionier- und die Rettungsmannschaft zu den Alarmplätzen. Bei größeren Bränden werden durch drei oder mehr Alarmschüsse die Druck- und die Wachmannschaft alarmiert. Seit Fertigstellung der elektr. Feuermeldeeinrichtung im November 1907 fand eine Alarmierung nach § 2 nicht mehr statt. Die Alarmanlage hatte zwei Schleifen, an Schleife 1 waren 9, an Schleife 2 28 Mann angeschlossen, 15 öffentliche Feuermelder wurden über das Stadtgebiet verteilt angebracht. Die elektrische Feuermelde- und Alarmanlage hatte sich bis 1910 ohne größere Störungen bewährt. 1910 waren

Feuerwehr 1914

197, im Jahr 1920 225 Hydranten installiert worden. 1917 waren bei der Bürgerfeuerwehr noch zwei vierrädrige Handdruckspritzen mit Saug- und Druckwerk, bei der Freiwilligen Turner-Feuerwehr eine vierrädrige Spritze mit Saug- und Druckwerk und eine Spritze ohne Saugwerk im Einsatz. 51. Abgeordnetentag des Thüringer Feuerwehr-Verbandes vom 11. - 12. 10. 1919 in Arnstadt, 1926 Fertigstellung des →Wasserturmes auf dem →Arnsberg und Abriß der Turnhalle zum Neubau des Freibades, 1927/28 wurden eine Auto-Drehleiter, ein Mannschafts- und Gerätewagen und eine Benzin-Motor-Spritze angeschafft. Damit war es möglich, mit weniger Personal Brände schnell zu bekämpfen. Die Alarm- und Meldeanlage wurde auf ein weiteres Stadtviertel erweitert. Am 5. 1. 1928 Einweihung des neu gebauten Feuerwehr–Gerätehauses in der Bärwinkelstraße. 1928 vereinigten sich die Bürger-Feuerwehr und die Freiwillige Turner-Feuerwehr zur Feuerwehr Arnstadt, Neues Ortsgesetz vom 28. 1. 1928 und neue *Satzungen der amtlich anerkannten Feuerwehr Arnstadt* vom 13. 3. 1928, Branddirektor Schröder starb am 26. 2. 1936, Stelle nicht wieder besetzt. 1938 wurde in der Kristallnacht die jüdische →Synagoge niedergebrannt, die anwesende Feuerwehr durfte nicht eingreifen. 1938 Neuregelung der Organisation und Unterstellung der Feuerwehr durch das *Gesetz über das Feuerlöschwesen*. 1938 gab es in Arnstadt eine Feuerlöschpolizei. 1944 war noch eine Handdruckspritze bei der Feuerwehr im Einsatz. Im Rahmen der Fernlöschhilfe wurde die Arnstädter Feuerwehr nach Bombenangriffen in Kassel eingesetzt. 1947 trat das Thüringer *Gesetz über das Feuerlöschwesen und den Katastrophenschutz* in Kraft, welches 1948 durch das *Gesetz über das Feuerlöschwesen* außer Kraft gesetzt wurde, daraufhin Gründung einer kommunalen Berufsfeuerwehr, 1949 weitere Neuordnung durch das *Vorläufige Statut für die Feuerwehren der SBZ*, 1952 Übernahme der Berufsfeuerwehr durch die Deutsche Volkspolizei als Kommando Feuerwehr. Die Freiwillige Feuerwehr übernahm bei Einsätzen des Kommandos die weitere Sicherstellung bzw. Mitfahrt zum Einsatz und die Aufgaben des vorbeugenden Brandschutzes. 1956 *Gesetz zum Schutze vor Brandgefahren* (Brandschutzgesetz), Auflösung des Kommandos Feuerwehr beim Volkspolizei-Kreisamt, es blieb nur

noch eine Abteilung Feuerwehr als staatliches Kontrollorgan bestehen. Die Freiwillige Feuerwehr übernahm ab 1. 1. 1957 wieder die Brandbekämpfung, 1963 Auszug der Abteilung Feuerwehr des VPKA aus dem Gerätehaus und Besetzung der Zentrale durch die Freiwillige Feuerwehr, 1967 Baubeginn des neuen Gerätehauses gegenüber dem alten, Gründung der Frauenlöschgruppe und der Arbeitsgemeinschaft *Junge Brandschutzhelfer*. 1973 verunglückten bei einem Großbrand in der Marktstraße zwei Kameraden tödlich. 1986 Übergabe des neu erbauten Gerätehauses. 1989 gehörten der Wehr 17 Frauen und 84 Männer an, 1990 mußte die Wehr zu 128 Einsätzen ausrücken. Wiedergründung des Vereins *Freiwillige Feuerwehr Arnstadt e. V.* am 12. 11. 1990, 1992 trat das neue Thüringer Brand- und Katastrophenschutzgesetz in Kraft. Anfang 1993 erhielt die Wehr den Status einer Stützpunktfeuerwehr. 1995 240 Einsätze. Die Ortswehren der eingemeindeten Orte Siegelbach, Espenfeld und Dosdorf blieben als selbständige Wehren bestehen. Im November 1997 begann der 1. Bauabschnitt der Erweiterung des Gerätehauses, 1999 Fertigstellung des 1. Bauabschnittes, 2002 bestand die Wehr aus der Einsatzabteilung mit 71 Einsatzkräften, davon 13 Frauen, der Jugendfeuerwehr mit 30 Mitgliedern und der Alters- und Ehrenabteilung mit 22 Mitgliedern.

L Ziegenhardt, Andrea: 125 Jahre Freiwillige Feuerwehr Arnstadt 1864-1989. Arnstadt 1989; Aus der Geschichte der Feuerwehr Arnstadt. Arnstadt 1999 (Hg. FFW Arnstadt).   *Lothar Schmidt*

Feuerspritzenfabriken:. Gottlieb Bachstein, Kupferschmiedemeister, 1841 erwähnt als *guter Feuerlöschspritzen- und Wasserzubringer-Fabrikant*, lieferte 1825 eine Schlauchspritze an die Stadt Arnstadt, 1853 nach Amerika ausgewandert. Friedrich Henneberg, Gürtlermeister, Meisterprüfung 1815, 1825/26 eine Schlauchspritze und einen Wasserzubringer an die Stadt geliefert, erste Werkstatt nicht nachweisbar, ab 1840 Werkstatt Hohe Mauer 6. 1836 Mitbegründer des →Gewerbevereins, ab 1837 Feuerspritzenrevisor, 1841 Veröffentlichung einer Schrift *Anleitung zum Gebrauch und zur Pflege der Feuerspritzen, Wasserzubringer und der übrigen Löschwerkzeuge* (1842 zweite, 1847 dritte erweiterte Auflage), 1847 Stand auf der Leipziger Messe, ab 1847 wurde Sohn Christian Kompagnon in der Fa. Henneberg & Sohn, ab 1847 Änderung des Firmennamens, Lieferungen nach Thüringen, Hessen und Sachsen-Anhalt, 1849 Antrag auf Bau eines Wohnhauses und eines Fabrikgebäudes vor dem *Längwitzer Thore* (Lindenallee 2), 1852 Umzug dorthin, ab 1849/50 auch Herstellung von Spritzenschläuchen, für langjährige Tätigkeit als Feuerspritzen-Revisor 1861 Ehrung Christian Hennebergs mit dem Prädikat *Commissions–Inspektor*, 1862 Teilnahme an der 2. Allgemeinen Thüringischen Gewerbeausstellung in Weimar (2. Ehrenpreis) mit Hinweis auf jährliche Produktion von 8.000-9.000 Ellen Schläuchen, 400-500 Feuereimern, 18-20 fahrbaren und 40-50 tragbaren Löschmaschinen, 1865 50jähriges Betriebsjubiläum, 1867 verstarb Friedrich Henneberg, Sohn Christian führte die Firma bis zu seinem Tod 1871 weiter. Der ehemalige Mitarbeiter Christian Stetefeldt übernahm die Firma unter seinem Namen. 1849-54 Lehre in der Fa. Friedrich Henneberg & Sohn, blieb bis 1855, ab September 1855 zusätzlich Lehre als Glockengießer bei Benjamin Sorge in Erfurt, arbeitete dort bis 1866, kehrte nach Arnstadt zurück und eröffnete seine eigene Firma, 1872 Neubau der Werkstatt und der Gießerei in der Gehrener Str. 12, 1874 Neubau des Wohnhauses und 1875 der Schmiede und der Formerei, nach dem Tod Hennebergs Übernahme der

Funktion als *Revisor sämmtlicher Löschgeräthe im Fürstenthum Schwarzburg-Sondershausen*, gab eine Schrift *Praktisches Handbuch über Gebrauch, Instandhaltung und Controlle der Feuerlöschmaschinen und der dazu gehörigen Geräthschaften* heraus, Sohn Julius Stetefeldt lernte 1874-77 in der väterlichen Fabrik, 1877-79 Wanderjahre, wurde ab 1. 1. 1910 Teilhaber in der väterlichen Firma, am 13. 10. 1917 starb Christian Stetefeldt, Sohn Julius führte die Firma unter dem Namen *Christian Stetefeldt* bis zum 31. 12. 1937 weiter.

L Fuhrmann, Hartmut: Zur Geschichte der Arnstädter Feuerlöschspritzenfabrik von Friedrich Henneberg und Sohn und Nachfolger Christian und Julius Stetefeldt. In: AVAU 12 (2002), S. 129-139.

Hartmut Fuhrmann / Lothar Schmidt

Fiedler, Gebr.: Kunstschmiede und Stahlbau, Gehrener Straße 14, am 2. 9. 1868 durch Schmiedemeister Eduard Fiedler gegründet, nach dessen Tod führte ab 1894 die Witwe Eduard Fiedlers die Fa. weiter, bevor ab 1898 die Söhne Fritz und Paul Fiedler den Betrieb unter der Bezeichnung Gebr. Fiedler, Kunstschmiede und Bauschlosserei übernahmen, ab 17. 10. 1905 als OHG im HR eingetragen, nach dem Tode von Fritz Fiedler OHG am 6. 9. 1921 aufgelöst, durch Paul Fiedler unter gleicher Firmenbezeichnung weitergeführt, am 9. 8. 1944 übernahm dessen Sohn Rudolf das Geschäft (13-25 Beschäftigte), bis 1958 als Handwerksbetrieb, ab 1. 1. 1959 als Industriebe-

Briefkopf der Feuerspritzen- u. Schlauchwaaren-Fabrik Friedrich Henneberg & Sohn

trieb eingetragen, ab 1958 wurde versucht, den Staat an dem Betrieb zu beteiligen, aber erst 1972 wurde der Betrieb verstaatlicht zum VEB Stahlbau, ab 1. 1. 1977 dem VEB →Anhängerbau und ab 1. 10. 1981 zum Kombinat Maschinenbau Arnstadt zugeordnet, 1990 reprivatisiert, besteht noch immer unter gleicher Adresse, letzter Inhaber Ekkehard Fiedler.

Q KAA, Bestand Kreistag u. Rat des Kreises Arnstadt, Nr 199, 592, 1326, 1354; Bestand Stadt Arnstadt, Sign. 008-31.   *Heidrun Fröhlich*

Filbrich-Weber, *Li(e)sbeth* **Wilhelmine:** Klavier- u. Gesangspädagogin, *16. 5. 1892 Magdeburg, †11. 9. 1975 Arnstadt, Tochter des Bürochefs August Weber, Besuch der höheren Mädchenschule in Magdeburg und ab 1901 in Nürnberg, Klavierunterricht, 1907-12 Studium am Städtischen Konservatorium in Hannover, 1912 Diplomprüfung des Musikpädagogischen Verbandes in Berlin, 1910-17 Lehrtätigkeit am Konservatorium in Hannover, 1912-17 Gesangsstudium in Hannover, 1917-18 in Weimar und 1921 in Berlin, ließ sich 1917 als freischaffende Musikzieherin für Klavier und Gesang in Arnstadt nieder, ab 1939 Organistin bei der evange-

Liesbeth Filbrich-Weber

lischen Kirche, gestaltete Lieder- und Kammermusik sowie über 50 Schülervortragsabende, Auftritte als Gesangs,- Klavier- und Orgelsolistin, übernahm 1961-65 die musikalische Leitung des vom Leiter des Kreiskulturorchesters Werner →Sonntag gegründeten Laienopernstudios, des späteren Arbeiter-Opernstudios Arnstadt, wohnte Zimmerstr. 7, Grab Friedhof Holzhausen.

L Wir stellen vor: Lisbeth Filbrich-Weber Klavier- und Gesangspädagogin. In: KS H. 3 (1962), S. 8f.; Stahl, Ernst: Erinnerungen an das Volkskunstschaffen in Arnstadt in den 50er und 60er Jahren des 20. Jahrhunderts. Arnstadt 2003, S. 41, 44-46 (Porträts).
                          Andrea Kirchschlager

Finanzamt (ehem.): Ehemaliges Südkrankenhaus, jetzt Amtsgericht, Längwitzer Str. 26, Baubeginn des Verwaltungsgebäudes im Dezember 1928, Übergabe des Neubaus am 1. 4. 1930, kostenlose Überlassung des Bauplatzes am →Wollmarkt von Seiten der Stadt für den Bau eines Finanzamtes auf Anfrage des Reichsfinanzministeriums, der Wollmarktsplatz verlor dadurch erheblich an Größe, der Bauentwurf stammte vom Reichsfinanzministerium, das Gebäude diente zur Unterbringung des Finanzamtes und des Zollamtes, dreigeschossiger verputzter Massivbau mit Rusikasockel mit einem ziegeldeckten Walmdach, Grundriß in Form eines rechten Winkels, über den Eingängen befand sich je ein Reichsadler und eine Beschriftung aus Tombak (hochwertige Kupfer-Zink-Legierung), die Außenflächen wurden in rauhem Putz ausgeführt, nach Süden ein zweigeschossiger Erker mit spitzer Zinkhaube, die Fenster- und Türeinfassungen in rot-weiß geflammtem Miltenberger Sandstein, im Innern großzügiges Foyer und Treppenhaus, ausgestattet mit einem Sockel aus hellem polierten Jurakalk, die Treppenhalle wurde mit halbgeschliffenen Solnhofer Fliesen belegt, Baukosten ca. 310.000 Mark, die Bauleitung lag bei Regierungsbaurat Moser, Rudolstadt, die örtliche Leitung bei Architekt Hässelmann, die Arbeiten wurden vorwiegend an heimische Handwerksmeister und Firmen vergeben, so z. B. Erd- und Maurerarbeiten von Fa. Bauß & Sohn und die Eisen-und Betonarbeiten an die Fa. →Lotz & Gerhardt, 1953-2000 Teil der Kreiskrankenanstalten (Südkrankenhaus), 2001/2002 Kom-

plettsanierung für das Amtsgericht, welches sich bis dahin in Räumlichkeiten des →Landratsamtes befand, Architekt Stefan Nitschke, Baukosten ca. 2,9 Millionen Euro, Gebäude 2001 als Kulturdenkmal in das Denkmalbuch des Thüringischen Landesamtes für Denkmalpflege aufgenommen, als ein wichtiger Vertreter der qualitätvollen, sachlichen Architektur der 1920er Jahre und typisches Beispiel eines öffentlichen Baues dieser Zeit, besitzt besonderen Zeugniswert, da die äußeren und inneren Bauteile fast unverändert erhalten geblieben sind, städtebauliche Bedeutung wegen seiner exponierten Lage an der Kreuzung Längwitzer Straße/Lindenallee, am 22. 1. 2003 Übergabe des Amtsgerichtsgebäudes.
Q AA v. 1. 4. 1930, Nr. 77.   *Andrea Kirchschlager*

Fischer, *Rudolf* Georg: Slawist, Universitätsprofessor, Ortsnamen-und Siedlungsforscher, *18. 12. 1910 Königsberg a. d. Eger, †2. 8. 1971 Erfurt, Besuch der Volksschule in Königsberg 1916-21 u. der Realschule in Eger 1921-28, 1929 Reifeprüfung am Gymnasium in Eger, 1929-35 Studium der slawischen und deutschen Philologie in Prag, 1936 Promotion zum Dr. phil. (*Zur Namenkunde des Egerlandes, Die slawischen Ortsnamen des Egerlandes und ihre Auswertung für die Lautlehre und Siedlungsgeschichte.* Reichenberg u. Leipzig 1940), 1935-45 Tätigkeit als Lehrer für Deutsch, Tschechisch, Russisch und Geschichte an höheren Schulen in Böhmen, seit 1941 Studienrat, 1946 Übersiedlung nach Thüringen, Lehrer an der Oberschule Arnstadt, 1950 Lehrauftrag für Altbulgarisch und Tschechisch an der Philosophischen Fakultät der Universität Jena, Habilitation (*Probleme der Namenforschung an Orts- und Flurnamen im westlichen Böhmen und in seiner Nachbarschaft.* Leipzig 1952), seit 1951 Direktor des Slawischen Instituts der Universität Jena, 1952 Berufung zum Professor, 1953 Berufung auf den slawistischen Lehrstuhl der Universität Leipzig, Leiter der namenkundlichen Arbeitsgruppe an der Universität Leipzig, 1954 übertrug man ihm zusammen mit Theodor Frings die Leitung der Deutsch-Slawischen Forschungen zur Namenkunde und Siedlungsgeschichte bei der Historischen Kommission der Sächsischen Akademie der Wissenschaften zu Leipzig, 1956 begannen beide mit der Herausgabe der gleichnamigen Schriftenreihe (Nr. 1: *Ortsnamen der Kreise Arnstadt und Ilmenau*), 1961 wählte man Fischer in das Internationale Komitee für Namenforschung (CISO), 1965 begründete er das deutsch-polnische Gemeinschaftsunternehmen *Onomastica Slavogermanica*, verfaßte Studienbücher zur Bohemistik, gehörte zu den ersten Herausgebern der *Zeitschrift für Slawistik*, ordentliches Mitglied der Sächsischen Akademie der Wissenschaften, Vorsitzender der Onomastischen Kommission der DDR, wohnte Berggartenweg 21, Grab →Neuer Friedhof.
W *Ortsnamen in Thüringen.* In: Wissenschaftliche Zeitschrift 2 (1952/53), *Ortsnamen an der Gera.* ebd. 3 (1952/53), *Slawisches Sprachgut westlich der Saale. Der Name Längwitz.* In: Wissenschaftliche Annalen 2 (1953), *Ortsnamen der Kreise Arnstadt und Ilmenau* (Halle 1956), *Die Ortsnamen des Kreises Rudolstadt* (Halle 1959, zus. mit Karl Elbracht).
L Eichler, Ernst / Walther, Hans: Rudolf Fischer in memoriam. In: Namenkundliche Informationen (Nr. 19). Leipzig 1971, S. 1-3.   *Andrea Kirchschlager*

Fischtor: Wollmarkt 14, im 16. Jh. bei der Errichtung des gräflichen →Schloßgartens erbaut, von zwei Rundtürmen flankierte rundbogige Toranlage, Teil der alten Schloßgartenummauerung, bildete den östlichen Zugang zum Schloßgarten, vermutlich um 1700 Aufsetzung des Fachwerkobergeschosses als Wohnung des Hoffischers, der u. a. die im Schloßgarten befindlichen Fischteiche zu betreuen hatte, 1937 verstarb Fischereipächter Fritz Heinemann, danach Verpachtung der Staatlichen Fischerei mit dem Staatlichen Fischhaus an Fischmeister Paul Reißland, 1938 Neubau eines Fischverkaufs- und Fischbrutraumes im Hof, nach dem Tod Reißlands 1945 wurde Robert Ruttmann neuer Pächter, der überlieferte Fischereipachtvertrag mit dem Staatsfiskus von 1939 beinhaltete u. a. *die staatliche Fischereiberechtigung in der Gera von der Angelrodaer und Liebensteiner Flurgrenze bis zu dem bei Rudisleben stehenden Fischsteine, ferner in dem Gespring bei Plaue vom Quellenursprung bis zum Einfluß in die Gera einschließlich aller Abzweigungen und Seitengräben und ... der Fischereiberechtigung der Firma von Schierholz'sche Porzellanmanufaktur Plaue G.m.b.H., sowie in allen*

Mühlgräben, welche aus der Gera auf obiger Strecke ihr Wasser erhalten, nicht aber im Kaufmanns-brunnen und im Bachgraben der Flur Plaue ... das untere Stockwerk des Starenhauses im Fasanengarten zu Arnstadt, in welchem ein großer Fischbehälter mit mehreren Abteilungen sich befindet, mit Was-serzufluß aus dem Mühlgraben ... drei Fischbehälter am Fischhause in Arnstadt ... das dem Thüringi-schen Staatsfiskus gehörige Fischhaus im Schloß-garten zu Arnstadt nebst einem Verkaufstand und einem Stall ... einem Keller im Schloßgarten (Eis-keller am Theater). Der Fischereipächter hatte auch die Aufgabe, jährlich Tausende Stück Forel-lenbrut sowie andere edle Fische in das gepach-tete Fischwasser zu setzen sowie Dämme, Ufer und Fischbehälter zu unterhalten, 1955 Entfer-nung des Kalkputzes und Freilegung des mit Thüringer Rauten und Fußstreben verzierten Fachwerkes, am 1. 1. 1965 ging das Fischtor in die Verwaltung der VEB Kommunale Wohnungs-verwaltung Arnstadt über, bis in die 1980er Jahre Nutzung als Wohnung, dann leerstehend, 2001 Übernahme des Fischtores durch die Tischler-innung des Ilm-Kreises.

Q KAA, Bestand Kreistag und Rat des Kreises Arn-stadt-Bauamt, Nr. 145 u. 368.

L Stadtführer durch Arnstadt, S. 28; Unger, Peter / Ziegenhardt, Andrea / Wagner, Rolf: Arnstadt. Foto-grafien von gestern und heute. Gudensberg-Gleichen 1994, S. 20f.   *Andrea Kirchschlager*

Fischtor, Lithographie 19. Jh.

Fleischerhandwerk: Das Fleischerhandwerk zählte zu den großen Gewerben in der Stadt. Die erste Innungsordnung gab der →Rat der Stadt Arnstadt dem Fleischerhandwerk am 11. 4. 1350. Im *Liber censuum* von 1412 wird ein *carnifex* (Fleischhauer) namens Berlt Steinbach genannt. Das *Ungeilt* der Fleischhauer mußte jährlich ge-zahlt werden. 1415 durften auswärtige Fleischer nur am Mittwoch ihre Fleischwaren feilbieten. Die Statuten von 1543 beinhalten ebenfalls eine *Fleyschhauer ordenunge*. Sie umfaßt folgende Artikel (in Übertragung): Die Räte haben die Macht, die Fleischhauer zu regieren, ihnen eine Ordnung aufzustellen und zu geben, ihnen auch ihr ganzes geschlachtetes und ausgetragenes Fleisch durch ihren verordneten Fleischschätzer nach Gelegenheit der Zeit und der Jahrläufe schätzen und wie teuer sie ein jedes geben sollen, ihnen zum Gemeinnutz setzen zu lassen. Wel-ches Rind, Schwein, Schöps, Schaf und Kalb in die Fleischbänke ausgetragen wurde und durch die verordneten Fleischschätzer geschätzt wurde, soll ein jeglicher Fleischhauer aufhauen und nicht wieder heimtragen, auch dasselbe nicht höher, wie es geschätzt wurde, versteigern oder teurer verkaufen oder hinter sich legen. Wer solches vorsätzlich übergeht, der büßt dem Rat zwanzig Fuder Steine (Steinbuße). Derjenige Fleisch-hauer, der während der Fleischschätzung oder da-nach die Fleischschätzer übel behandelt und mit bösen Worten beleidigt, der soll dem Rat zehn Fuder Steine zur Strafe verfallen sein (Art. 110). Auch sollen die Fleischhauer ihr geschlachtetes Fleisch nicht streichen, färben, erheben, noch auf-blasen, bei Strafe von drei Fudern Steine an den Rat. Wenn sie unreines oder finnichtes Schwei-nefleisch geschlachtet haben, so soll ein jeder Fleischhauer, der solches geschlachtet hat, den verordneten Fleischschätzern solches offenbaren und dieses Fleisch an dem Ort, der durch den Rat dazu bestimmt wurde und nirgends anders, anbieten und verkaufen. Wird aber solches Fleisch in den Bänken angeboten, soll man es dem Flei-scher wegnehmen und es den Armen geben oder es auf andere Wege fortschaffen. Auch soll er darüber dem Rat einen Gulden zur Buße verfal-len sein (Art. 111). Die fremden Fleischhauer können jeden Mittwoch und auf den freien Jahr-markt hier hereinziehen und Fleisch anbieten, doch dergestalt, daß sie immer auf den Dienstag zur Nacht und auf den Abend vor dem freien Markt ihr Vieh hier hineintreiben. Sie müssen es lebend durch die verordneten Obermeister der Fleischhauer, ob es zum Schlachten tüchtig ist, zuvor besichtigen lassen. Dasjenige Vieh oder Schwein, welches durch die Obermeister als tüchtig erkannt wurde, dürfen sie schlachten und danach auf dem Markt verkaufen, austragen, die verordneten Schätzer solches schätzen und setzen lassen und nicht anders, wie bereits vermeldet, verkaufen (Art. 112). Diese Ordnung wurde 1588, 1608, 1624, 1626 und 1672 ergänzt und verbessert. Wie aus den Ordnungen ersichtlich, belieferten die Fleischer ihre Kunden vorrangig mit getrocknetem und frischem Fleisch. Wurst kam erst im 15. Jh. auf. Man bot das Fleisch in den Fleischbänken an und berief Fleischschätzer, die das Recht hatten, das Fleisch auf seine Qualität zu prüfen und den Preis zu bestimmen. Zur Frischhaltung des Fleisches dienten Keller. Das dazu benötigte Eis brach man im Winter aus den Teichen und lagerte es bis zu seiner Nutzung in großen Eiskellern. Nach der Fleischerordnung von 1793 war es jedem Fleischer gestattet, ein halbes Rind oder sechs Kälber oder zwei Schweine oder zwölf Lämmer wöchentlich zu schlachten. 1750 gab es in Arnstadt 46 Fleischermeister bei ungefähr 4.300 Einwohnern. Im 19. und 20. Jh. stand die Arnstädter Zervelatwurst in gutem Ruf. Besonders die Wurst der Fleischerei Schuchardt vom Markt wurde an Kunden in ganz Deutschland, in die USA und in die damaligen deutschen Kolonien geliefert. Wurstwaren, die nach Übersee gingen, wurden in Kisten aus Zinkblech verpackt, von einem Klempner verlötet und mit Brettern umhüllt. Schuchardts besaßen bis 1945 ein Dankschreiben der englischen Königin Victoria I. aus den 70er Jahren des 19. Jhs. Majestät bedankte sich für eine Lieferung hervorragender Zervelatwurst aus Arnstadt. In der 2. H. des 19. Jhs. entstanden in Thüringen moderne Schlachthöfe, in Arnstadt 1894. Die Arnstädter Fleischer haben ihr Vieh selbst aufgekauft und geschlachtet. Für sie bestand Schlachthauszwang, für die Fleischer im Landkreis nicht. Jeder Fleischer besaß im Kühlhaus des →Schlachthofes eine eigene Kühlzelle. Seit Mitte der fünfziger Jahre des 20. Jh. brauchten die Fleischer nicht mehr selbst zu schlachten. Das Fleisch wurde ihnen über die Ge-

nossenschaft des Fleischerhandwerks zugeteilt. Nach 1989 wurden viele thüringische Schlachthäuser, darunter auch das Arnstädter, aus Rentabilitätsgründen geschlossen.

Q KAA, Bestand Stadt Arnstadt, Rotes Buch, S. 145ff.; Bestand Urkunden, Stadtstatuten von 1543, Nr. 299.

L Reineck, Carl: Fleischerinteressen und Fleischnot in alter Zeit. In: Alt-Arnstadt 3 (1906), S. 55-63; Stahl, Ernst: Thüringer kennen nicht nur die Bratwurst. Arnstadt 1995.   *Ernst Stahl / Michael Kirchschlager*

Fleischereimaschinenfabrik: VEB seit 1. 1. 1972, Rosenstr. 12-18, Fortsetzung des Produktionsprofils des halbstaatlichen Betriebes Chr. →Kortmann, 1975 ca. 66 Beschäftigte, fertigten nebenbei Metallzäune für verschiedene Gehege in der Fasanerie an, ab 1. 1. 1976 dem VEB Kombinat NAGEMA-Maschinen für die fleischverarbeitende Industrie und Backwarenindustrie zugeordnet, gleichzeitig Zusammenschluß mit dem VEB →Bäckereimaschinen mit nun insgesamt 100 Mitarbeitern, 1979 Umzug in die Friedrichstr. 24 (ehemalige →Thüringer Braunsteinwerke), wesentliche Arbeitserleichterungen wurden geschaffen, in der Rosenstr. 12 entstand eine Ausbildungsstätte des VEB →Metallbau für 100 Lehrlinge, weitere Produktionsräume wurden dem VEB Rationalisierungsmittelbau zur Verfügung gestellt, 1981 Besuch von Messen in Amsterdam, Bukarest, Guayaquil, Plowdiv und Tokio, Wurstfüllautomaten WFA 80 wurden in 80 Fleischkombinaten der Unionsrepubliken der Sowjetunion eingesetzt, Exporte auch nach Bulgarien und Ungarn, Entwicklung eines neuen Motor-Fleischwolfes, der 1.200 kg Fleisch pro Stunde verarbeiten konnte, 1990 Umwandlung in eine GmbH, jetzt Thüringer Fleischereimaschinen GmbH, Thuringia Food Tech, Maschinen- und Anlagenbau für die Nahrungsmittelindustrie.

Q DV 1972-83.   *Heidrun Fröhlich*

Fleischkombinat: Wilhelm Hennicke aus Gotha führte ab 1953 zwei unrentabel arbeitende Fleischereien aus der Ohrdrufer und Längwitzer Straße zusammen, 1955 erfolgten Umbauten in der Brauerei →Kürsten, Stadtilmer Straße, u. a. wurde aus dem Bierkeller ein Kühlraum, um die Fleischproduktion dort zu zentralisieren, beliefert wurden das Kreisgebiet, der Bezirk Suhl, die

Oberhofer Ferienheime, die Stadt Apolda und die NVA in Erfurt, bis 1970 Konsum-Großfleischerei, ab 1971 Fleischverarbeitungskombinat Erfurt, Betriebsteil Arnstadt, neue Wurstspezialitäten aus der Großfleischerei: Arnstädter Preßkopf, Fleischblutwurst, Bierwurst, Landjäger, hausschlachtene Leberwurst, Arnstädter Blutwurst, warme Wurst und Thüringer Zervelatwurst, ab 1970 wurde Wurst in Vakuumverpackung angeboten (5 Sorten, 10 Jahre später 15 Sorten), 1976 183 Beschäftigte, 1979 stellten 240 Mitarbeiter täglich 30 Tonnen Fleisch- und Wurstwaren her, 1990 umgewandelt in Thüringer Fleischzentrum Arnstadt GmbH, ab 1991 Die Thüringer, Betrieb der Wagner GmbH, Verkaufsgeschäft am Parkweg, 1992 Verlagerung der Produktion nach Dornheim (155 Mitarbeiter).
Q DV 1966-80. *Heidrun Fröhlich*

Fleischmann, Adolf: Pfarrer der katholischen Gemeinde in Arnstadt von 1942-77, *19. 5. 1909 Fulda, †17. 7. 1992 Fulda, 1934 Priesterweihe, 1935 Kaplan in Somborn, 1939 Kaplan in Fritzlar, 1942 Pfarrer und Dechant in Arnstadt, 1977 Pfarrer in Ruhe in Fulda. Er kam während des 2. Weltkrieges nach Arnstadt. Sein und seiner Mitarbeiter Verdienst war es, den Menschen in der Kriegsnot beigestanden zu haben und die vielen katholischen Vertriebenen aus dem Osten in Arnstadt zu beheimaten. In der Kirche fanden diese das Bindeglied zu ihrer Heimat in Ostpreußen, Schlesien und im Sudetenland. Arnstadt gehörte damals zum Bistum Fulda. Als 1961 die Mauer gebaut und die Grenzen befestigt wurden, war Fleischmann selbst zum Vertriebenen geworden. Ein Besuch seiner Geburtsstadt Fulda war ihm wie vielen DDR Bürgern nicht mehr möglich. Erst mit seiner Pensionierung 1977 konnte er nach Fulda zurückkehren. In seiner Amtszeit kam es zum ersten ökumenischen Gottesdienst seit der Reformation (1967 in der →Oberkirche). *Wolfgang Teichert*

Flurnamen: Bezeichnungen für unbewohnte Orte (Stellenbezeichnung), wozu auch Berg-, Gewässer-, Weg- und Straßennamen zählen können. Boten Orientierung in der Gemeindeflur vor der Zeit der Flurkarten und Katasterämter und tun dies hier und da heute noch. In Grundstücksverzeichnissen (Flur-, Geschoß-, Amts-

und Erbzinsbüchern oder Kirchen- und Klosterrechnungen) vergangener Jahrhunderte sind sie sehr zahlreich verzeichnet. Im Gegensatz zu vielen Ortsnamen bleiben Flurnamen enger mit der unmittelbaren Naturlandschaft verhaftet. Sie geben Auskunft über die Beschaffenheit des Bodens, über den Kultur- und Waldbestand, die Tier- und Pflanzenwelt und über geologische Merkmale in alter Zeit. Die ursprüngliche Flur- und Agrarverfassung kann durch die alten Flurnamen weitgehend erschlossen werden (Gebreite, Gelänge, Sotteln, Striegel usw.). Auch für die feudalen Besitzverhältnisse geben sie Hinweise (Gebind, Herrenäcker, Burgweg, Klosteräcker, Mönchswiese usw.). Die erste zusammenfassende Darstellung über Flurnamen in Arnstadt und Umgebung stammt von Hermann →Schmidt (1895). Diese verwandte →Bühring in seiner Stadtgeschichte im Abschnitt *Durch Stadt und Flur im Mittelalter* (1904). Druck des Manuskriptes von Schmidt in Alt-Arnstadt 12 (1939). Neuere Ergebnisse der Flurnamenforschung liegen seit 2002 vor.
L Schloßmuseum Arnstadt, Schmidtiana (Nachlaß Hermann Schmidt), Bd. 29,2: Über Arnstädter Flurnamen (hdschr. Vortragsmskr. 1895); Elbracht, Karl / Elbracht, Dieter: Straßen- und Flurnamen Arnstadts, T. 2: Die Flurnamen Arnstadts und seiner näheren Umgebung. Duisburg 2002. *Peter Unger*

Flurumzüge: Vor Einführung der Reformation im Frühjahr abgehaltene kirchliche Flurprozessionen als Bittgang und zur Klarhaltung der Grenzen. Die späteren Flurbegehungen oder Flurzüge verfolgten nur noch den weltlich-rechtlichen Zweck der Kontrolle des Grenzverlaufs zwischen den Gemeinden. Ältere nachweisbare Flurumzüge fanden 1492 in die Marci (St. Marcustag - 25. 4.) *do man vmb den floer ging* und *vff den Fritag nach penthecosten* (15. 6.) *do man vmb dy stat ging* statt. Der Ursprung der St. Marcus-Prozession reicht zurück in die Jahre zwischen 1446 und spätestens 1456. Ihre Stiftung erfolgte bei den Altarleuten der →Liebfrauenkirche. 1507 Neustiftung, da das Testament durch Vergessenheit und Säumigkeit der längst verstorbenen Altarleute der Bekräftigung bedurfte. Dem Beginn der St. Marcus-Prozession in sehr früher Morgenstunde in der Liebfrauenkirche war das Hochamt vorausgegangen. Die Spitze des Zuges bildeten die Innungen; ihnen folgten die Schulmeister mit den Schülern, dann die Pfarrherren der drei Pfarrkirchen, die Vikarien, die Klosterinsassen und der Propst, das heilige Sakrament in reichgeschmückter Monstranz tragend. Nun folgte die Masse des Volkes, von den Stadtknechten in Ordnung gehalten. An festgelegten Punkten der Flur, durch ein hochragendes Kreuz, eine Mariensäule oder einen Bildstock, wie den →Riesenlöffel, wurde der Umgang unterbrochen. Evangelienabschnitte wurden verlesen, Fürbitten und Bitten um eine gnädige Ernte Gott dargebracht. Der Umkreis des Arnstädter Weichbildes betrug 25,2 km nach dem Meßtischblatt. Flurzüge aus der Zeit nach der Reformation 1533 sind für 1579, 1674, 1703 und 1755 nachweisbar. Sie waren ein außergewöhnliches Ereignis, vereinten zahlreiche Teilnehmer und wurden vom Stadtmusikus mit seinen Leuten angeführt. Im weiteren Verlauf traf man sich mit den Vertretern der jeweils angrenzenden Gemeinde, um die im gemeinsamen Flurabschnitt befindlichen Grenzsteine zu kontrollieren. Gegen Abend endete der Umgang.

L Müller, Karl: Arnstädter Flurzug vor 200 Jahren. In: KS H. 2 (1957), S. 2-6. *Peter Unger*

Franck, Salomo: Konsistorialrat, Kirchenlieddichter, *6. 3. 1659 Weimar, †11. 7. 1725 Weimar, Jurastudium in Jena, Veröffentlichung zahlreicher gelehrter Werke, Rückkehr nach Weimar, war Hofprediger und verwaltete jahrelang die Herzogliche Bibliothek und die Münzsammlung, 1689-97 in Arnstadt als Regierungssekretär, später Oberkonsistorialsekretär in Weimar, Dichter von zahlreichen Kantaten u. Kirchenliedern, in der Nachfolge Erdmann Neumeisters Textdichter für Johann Sebastian Bach in der frühen Schaffenszeit (ca. 20 Kantaten), auf Anordnung des Herzogs vertonte Bach mehrere seiner Kirchenlieder bzw. verwertete sie für seine Johannes- und Matthäuspassion, Einführung des Texttypes für die madrigaleske Choralkantate, als der *Treumeinende* Mitglied der Fruchtbringenden Gesellschaft in Weimar.

W *Salomon Franckens aus Weimar Geistliche Poesie* (Weimar 1695), *Madrigalische Seelenlust über das heilige Leiden unseres Erlösers* (Arnstadt 1697), *Geist-, und weltliche Poesien* (Jena 1711), *Jagdkantate* (1716), *Was mir behagt, ist nur die muntere Jagd*, BWV 208, *Weinen Klagen Sorgen Zagen*, BWV 12, Sammlung, *Andachts-Opffer* (Weimar 1715), Sammlung, *Ev. Sonn- u. Fest-Tage-Andachten* (Weimar Jena 1717), *Kantate* (1724).

L Siegmund-Schulze, Walther: Johann Sebastian Bach. Leipzig 1976, S. 44, 53f. u. 106; Weimar. Lexikon zur Stadtgeschichte. Weimar 1998, S. 122.

Winfried Bollmann

Franke, Wilhelm *Adolf*: Pädagoge, Geologe, Mikropaläontologe, *17. 8. 1860 Ettischleben, †19. 6. 1942 Sondershausen, Sohn des Lehrers und Kantors Carl Franz Loui Franke und dessen Ehefrau Louise, geb. Weise, Eheschließung mit Martha Pauline Elise Marie, geb. Weber, Besuch der Volkschule in Ettischleben, der Realschule und des Landeslehrerseminars in Sondershausen, 1880 Anstellung als Lehrer an der Bürgerschule in Arnstadt, ab 1885 Studium der Naturwissenschaften, Mathematik und Pädagogik in Jena, Abbruch des Studiums aus finanziellen Gründen, danach wieder Schuldienst in Gehren, 1887 Mittelschullehrer- und 1888 Rektoratsprüfung, danach Lehrer in Neusalz a. d. Oder und Luckenwalde, ab 1899 in Dortmund als Lehrer an der Höheren Mädchenschule, ab 1916 am Technischen Lehrerinnenseminar, Ernennung zum Oberlehrer, um 1903 Beginn der Beschäftigung mit Geologie und Paläontologie, angeregt durch Begleitung der Geologen der Preuß. Geolog. Landesanstalt Berlin bei Aufnahme zur Geologische Karte in der Umgebung Dortmunds, wegen des reichlichen Vorkommens von Foraminiferen in den Mergeln der westfälischen Kreide folgten intensive Studien auf diesem Gebiet, Ernennung zum Studienrat, 1914-18 Leiter des Dortmunder Naturkundemuseums, Mitglied des Naturwissenschaftlichen Vereins in Dortmund, 1923 Pensionierung und 1925 Übersiedlung nach Arnstadt, widmete sich weiteren naturwissenschaftlichen Studien, vorwiegend dem Spezialgebiet der Foraminiferenkunde (marine Wurzelfüßer mit meist vielkammerigen Gehäusen, u. a. aus Kalk, wichtiges Leitfossil) sowie der Neuordnung der u. a. auf die Sammlungen von Prof. Hugo →Jung und Lehrer Lorenz zurückgehenden naturwissenschaftlichen Abteilung (geologische Abteilung mit Lehrsammlung für allg. Geologie und Ergeschichte der Heimat, zoologische Abteilung)

Adolf Franke

des →Heimatmuseums, besaß eine umfangreiche in Deutschland einmalige Foraminiferen-Sammlung, die von namhaften in- und ausländischen Forschern (Holland, Amerika, Japan) mehrfach in Arnstadt besichtigt wurde, einer der ersten Mikropaläontologen Deutschlands, Pionier der deutschen Foraminiferenforschung und mikropaläontologischen Präparationsmethodik, entwickelte einen raumsparenden Präparateträger für Mikrofossilien, die sogenannte *Franke-Zelle*, in denen die Objekte ohne Herausnahme mit Lupe oder Mikroskop betrachtet werden können, noch heute ist der standardisierte Präparateträger eines der wichtigsten Hilfsmittel des Mikropaläontologen, 1925 Gründer und Vorsitzender der Ortsgruppe Arnstadt des Thüringischen Geologischen Vereins (später Ehrenmitglied), regelmäßige Durchführung geologischer Wanderungen, 1932 hatte Franke den Vorsitz einer Sonderveranstaltung über Erfolge und Einsatzmöglichkeiten der Mikropaläontologie im Rahmen der ersten Erdöltagung der Deutschen Geologischen Gesellschaft in Hannover, 1938 Verleihung der Eisernen Ehrenmünze der Senckenbergischen Naturforschenden Gesellschaft, im gleichen Jahr ihm zu Ehren Benennung der Os-

tracoden-Gattung Protocythere aus der Unterkreide *Protocythere frankei* durch E. Triebel und 1949 Benennung einer neuen Foraminiferen-Gattung aus dem nordwestdeutschen Dogger *Frankeina* durch E. Brand, 1939 Verleihung der Würde eines Ehrendoktors (Dr. h. c.) der Naturwissenschaften der Universität Jena an den *über Deutschland hinaus anerkannten Sammler, Präparator und Erforscher von Kleinlebewesen der geologischen Vergangenheit, der durch diese Forschungen das Aufsuchen von Erdöllagerstätten erleichtert und ermöglicht hat*, Mitglied der →Museumsgesellschaft, leitete das Orchester *Collegium musicum*, zahlreiche wissenschaftliche Publikationen, wie Monographien über Foraminiferen der Oberkreide (1928) und des Lias (1936), erlangte durch seine Veröffentlichungen den Ruf als bedeutendster deutscher Spezialist für Foraminiferen, 1939/40 erschien eine Fortsetzungsreihe im →*Arnstädter Anzeiger* über *Bau und Werden der Arnstädter Landschaft*, aus Anlaß seines 80. Geburtstages 1940 Errichtung eines *Dr.-Franke-Aussichtsplatzes* mit Bank und Gedenkstein (*Dem Forscher und Naturfreund Dr. Adolf Franke*) auf der →Alteburg am Hang zum →Jonastal, wohnte Stadtilmer Str. 1, Grab →Neuer Friedhof.

W *Geologisches Heimat- und Wanderbuch für Arnstadt und Umgebung* (1925), *Geologisches Heimat- und Wanderbuch für den östlichen Industriebezirk unter besonderer Berücksichtigung der Umgebung von Dortmund.* Dortmund 1925 (zus. mit seinem Sohn Dr. Fritz Franke), *Die naturwissenschaftliche Abteilung des Arnstädter Museums.* In: Alt-Arnstadt 8 (1929), S. 14-20, *Die Landschaftsgestaltung des Gleichengebietes* (Jena 1940).

L Mathé, Gerhard: Adolf Franke - Lehrer und Forscher in Arnstadt und Dortmund, In: Dortmunder Beiträge zur Landeskunde. Naturwiss. Mitt. 26 (1992), S. 31-42 (Porträt).

Andrea Kirchschlager / Manfred Wahl

Frauenhaus: Frauen- oder Hurenhäuser gab es in fast jeder spätmittelalterlichen Stadt, da die Prostitution ein weitverbreitetes Gewerbe war. Sie lagen häufig an Straßen, die Blumennamen trugen, wie in Arnstadt die Rosengasse (heute Rosenstraße), auch als Muhmenhäuser bezeichnet (Muhmengasse). Das erstmals 1412 erwähnte Frauenhaus lag im Erfurter Viertel, vielleicht nahe der Stadtmauer, wo Hans Knorre 1 Gulden von Haus und Garten *by dem Tichgarten boden den Schonfrouwen* (beim Teichgarten in der Umgebung des vor dem Wachsenburger Tor gelegenen Korbteiches? oberhalb der Schönfrauen), wie man die Prostituierten auch nannte, zahlte. Die Lage des Frauenhauses im Bereich Muhmengasse/Rosengasse wäre denkbar. Weitere Erwähnungen in den Stadtrechnungen unter den verschiedensten Ausgabeposten sind seit 1430 nachweisbar. 1435: 15 Schilling *vor schindeln uf d(er) frouwe(n) hüsz* oder 1442: 15 Pfennig *de(m) slosser von dre(n) slusseln/ zcu machen an der frouwen husz*, 4 Schilling C. Gleser *vor iiii (4) fenster/ in der frouwen husz* und Otto Frigisleben 7 ½ Schilling u. a. vor *kacheln vnd erbeit zcu de(n) öfen/ in der frouwen huse.* Ein neues Frauenhaus ließ sich die Kommune 1443 den erheblichen Betrag von 23 Talenten, 4 Schilling und 10 Pfennig kosten. Als Fachwerkbau errichtet, war es mit Schindeln gedeckt, hatte Glasfenster, mit Schlössern versehene Türen, eine Dornitz als beheizbaren Raum und mehrere (nicht beheizbare?) Kammern. In der Stadtrechnung von 1444 erscheint eine seltene, frühe Bezeichnung als *pordell.* Unter den verzeichneten Strafen finden sich auch solche im Zusammenhang mit dem Frauenhaus, wie 1452, als Fenster zu erneuern waren, die ein Angehöriger der Familie von Witzleben *hatte uz geslagen* (Beleg für Nutzung des Frauenhauses auch durch Adlige). 1488 bestrafte man die Bürger Heinrich Breitbach junior, Hans Nail und Petir Ancz mit 1 Schock Groschen *darvmb daz sie daz Frouwinhusz stormetin* (stürmten), 1489 Jorge Klosz mit 8 Groschen wegen Mißhandlung einer Hure oder Lorencze Schonborn 1490 mit 24 Groschen wegen Frevelns im Frauenhaus. Über die Höhe und die Verwendung der Einnahmen aus dem Frauenhaus sind keine Angaben überliefert. Nach Beginn des 16. Jhs. scheint das Interesse des →Rates am Frauenhaus verlorengegangen zu sein.

Q KAA, Bestand Stadt Arnstadt, Sign. 931-20, Stadtrechnungen 1430-90; UB Arnstadt, Nr. 300.

L Unger, Peter: Ein Frauenhaus im spätmittelalterlichen Arnstadt, Ms., Arnstadt 1996, S. 1-10.

Peter Unger

Freihäuser: Die Besitzer dieser Häuser gehörten ursprünglich dem Adel an. In späteren Zeiten gingen sie auch auf bürgerliche Familien über. Diese Häuser waren durch die Herrschaft von jeglichen Steuern und Zinsen befreit, daher Freihäuser. Da die Häuser mit Null Marken (→Brauhöfe) belegt waren, fanden sie auch keinen Eintrag im Rechtzettelbuch, das ansonsten über jedes Haus Auskunft gibt. Freihäuser standen auch nicht unter städtischer Gerichtsbarkeit. Die Zahl der Freihäuser scheint nicht konstant gewesen zu sein. So werden z. B. Mitte des 18. Jhs. 44 Häuser, gegen Ende des 19. Jhs. nur noch 18 Freihäuser genannt. Freihäuser waren u. a.: Haus *Zum Falkenstein* (Kohlgasse 4), die *Engelsburg* (Zimmerstraße 12), Haus Nr. 14 auf dem Pfarrhof, die →Papiermühle sowie die meisten Häuser in der Ritterstraße.

Ulrich Lappe

Friedrichsmühle: Mühlweg 1, ehemalige Walkmühle der Tuchmacher, 1825 war der Architekt Friedrich Maempel Eigentümer dieser Mühle und errichtete eine Öl- und Graupenmühle, späterer Inhaber war Reinhold Maempel, nach dessen Tod am 20. 7. 1879 führte die Witwe Mathilde Maempel die Mühle, 1856 bereits Lieferung feinster Weizen-, Gersten- und Roggenmehle sowie von Weizen- und Maisgrieß, ab 1. 7. 1890 Robert Maempel Inhaber, Verkauf der Erzeugnisse bei H. Heyder in der Rosengasse, am 14. 6. 1905 verstarb Robert Maempel und seine Witwe Emilie Maempel betrieb das Geschäft weiter, im Jahre 1884 Installation von elektrischem Licht in der Mühle durch eine Leipziger Firma. 1906 wurde das Maempel'sche Grundstück durch Eduard →Wagner erworben. Benennung der Friedrichstraße nach dieser Mühle (ca. 1892).

Q ANIB 1868-1905.

Heidrun Fröhlich

Fritsch, *Wilhelm* Heinrich Christian: Gymnasialdirektor, Vorsitzender der →Museumsgesellschaft, *3. 9. 1841 Köslin/Pommern, † 24. 3. 1914 Arnstadt, Sohn des Stadtrats Christian Fritsch und dessen Ehefrau Pauline, geb. Lohaus, Eheschließung mit *Emilie* Rosalie Auguste Sophie Wilhelmine, geb. Jung, Besuch des Gymnasiums in Köslin bis 1859, danach Studium der klassischen Philologie in Berlin und Halle bis 1862, dann vorübergehend als Aushilfe am Gymnasium in Köslin tätig, 1864 Examen in Berlin, 1865 Anstellung als Adjunktus am Königlichen Pädagogium in Putbus/Rügen, 1866 übernahm er am Gymnasium in Greifenberg/Pommern die

1. Kollaboratorstelle und 1869 beförderte man ihn dort in die 3. ordentliche Lehrerstelle, 1870 Anstellung als Oberlehrer am →Gymnasium in Arnstadt, erteilte ab 1872 auch Englischunterricht, 1875 Ernennung zum Professor, 1889 Berufung als Direktor des Gymnasiums und Referent für Schulangelegenheiten im Fürstlichen Ministerium nach Sondershausen, als solcher eine zeitlang Mitglied der Reichsschulkommission, 1898 Berufung zum Direktor des Gymnasiums in Arnstadt als Nachfolger Dr. Johann Samuel →Kroschels, 1909 Versetzung in den Ruhestand unter Verleihung des Titels Geheimer Schulrat, 1902-11 Mitglied des Gemeinderates, 1902-13 Mitglied des Kirchen- und Schulvorstandes, 1901-13 Vorsitzender der Museumsgesellschaft Arnstadt, Mitglied des 1903 gebildeten Ausschusses der Museumsgesellschaft zur Vorbereitung der 1200-Jahrfeier Arnstadts 1904, Verleihung des Fürstl. Schwarzburg. Ehrenkreuzes 2. und 3. Kl., wohnte Schönbrunnstr. 5.
Q KAA, Bestand Stadt Arnstadt, Sign. 311-05-5, AA v. 26. 3. 1914, Nr. 72.
L Unser Arnstädter Gymnasium von 1829-1929. Arnstadt 1931, S. 24 (Porträt); Ehrenmitglieder und Vorstandsmitglieder der Museumsgesellschaft Arnstadt. In: Alt-Arnstadt 12 (1939), S. 120 (Porträt).

Andrea Kirchschlager

Frosch, *Leopold* **Hermann:** Facharzt für Orthopädie, Chefarzt des →Marienstiftes, Landesorthopäde Thüringens, *28. 1. 1890 Berlin, †28. 12. 1958 Arnstadt, Sohn des Geheimen Medizinalrates Prof. Dr. Paul Frosch (Mitarbeiter von Robert Koch) und dessen Ehefrau Elise, geb. Grothe, Eheschließung mit Marianne Edith, geb. Balcke, 1897-1910 Besuch des Gymnasiums in Berlin, 1910-17 Studium der Medizin in Berlin und Zürich, 1914-17 Assistenzarzt in einem Sanitätskorps in Frankreich, 1917 Ärztliche Prüfung in Berlin und Erteilung der Approbation als Arzt, 1918-19 Assistenzarzt im Krankenhaus Friedrichhain und an der Universitätskinderklinik Berlin, 1919-25 Assistent bei Prof. Dr. med. Gocht, dem Leiter der Orthopädischen Universitätsklinik Berlin, der ihn als Chefarzt für die neue Orthopädische Klinik des Marienstifts in Arnstadt vorschlug, 1919 Promotion zum Dr. med. in Berlin, 1923 Anerkennung als Facharzt für Orthopädie durch die Orthopädische Universitätsklinik Berlin, ab 1. 10. 1925 berufener Chefarzt der neuen Klinik für Orthopädie des Marienstifts, ab 1926 Bezirkskrüppelarzt für Westthüringen, 1926 richtete er eine Heilgymnastikschule ein, die 1931 staatlich anerkannt wurde und bis 1952 bestand, Ausbildung von Fachärzten für Orthopädie, 1931 Verleihung der Amtsbezeichnung *Professor* für die Dauer seiner Tätigkeit als Chefarzt durch das Thüringische Ministerium des Innern Weimar, in der NS-Zeit mit Friedrich →Behr Kampf um die Existenz des Marienstifts und der Pfleglinge (Körperbehinderte galten in dieser Zeit als lebensunwertes Leben). Als eine Kommission zur Feststellung von Todeskandidaten in das Marienstift kam, hielt er sie so lange auf, bis Pfarrer Friedrich Behr die gefährdeten Behinderten verstecken konnte, Einstellung der jüdischen Ärztin Dr. Luise Graw am 1. 12. 1941, die damit gerettet wurde, 1939-45 übernahm er neben der Leitung der Orthopädischen Klinik als Oberstabsarzt eine Fachabteilung für Orthopädie des Reservelazaretts im Marienstift, Behandlung vieler Kriegsbeschädigter auch nach dem Krieg, ab 1945 wieder Sprechstunden für Behinderte und Kranke in ganz Thüringen, betreute und behandelte die DDR-Spit-

Leopold Frosch

zensportler, Klinik wurde Spezialklinik für Sportverletzungen der ganzen DDR, Ausbildung von Lehrern im orthopädischen Turnen, ab 1. 8. 1950 Chefarzt der Orthopädischen Ambulanz des Marienstifts, ab 1952 Einzelvertrag als Chefarzt und Ernennung zum Landesorthopäden Thüringens, 1953 Titel *Verdienter Arzt des Volkes*, hatte großen Anteil an den gesetzlichen Schutz-und Hilfsmaßnahmen für Behinderte, verfaßte zahlreiche wissenschaftliche Publikationen auf dem Gebiet der Orthopädie in medizinischen Fachzeitschriften und hielt Fachreferate auf chirurgischen und orthopädischen Kongressen, rastlose Arbeit bis zu seinem Tod, beigesetzt in Heidelberg, 1991 Benennung einer Straße (Prof.-Frosch-Straße). Seine Tochter Prof. Dr. med. Christine Heym setzte die Familientradition fort, sie hatte den ersten Lehrstuhl des Instituts für Anatomie und Zellbiologie an der Universität in Heidelberg inne und war zeitweise Dekanin der Medizinischen Fakultät.

L Jahresberichte des Marienstifts 1926–58; Behr, Heinrich: Väter der Anstalt. In: Marienstift Arnstadt. Berlin 1965, S. 62–66; Behr, Friedemann: „Fahren Sie unbedingt zu Prof. Dr. Frosch nach Arnstadt". In: Der Stift. Unternehmenszeitschrift des Marienstifts, Ausgabe 01 (April 2003).

Heinrich Behr / Andrea Kirchschlager

Frotscher, *Emil* Franz: Buchhändler, Hofbuchdruckereibesitzer, *23. 4. 1840 Fraureuth/Fürstentum Reuß ä. L., †9. 8. 1902 Arnstadt, Sohn des Apothekers Franz Ludwig Frotscher und dessen Ehefrau Christiane Wilhelmine, geb. Hesse, nach Verkauf der väterlichen Apotheke Übersiedlung der Familie nach Leipzig wegen Übernahme eines Drogengeschäftes, Besuch der Volksschule, 1854-58 Lehre bei dem Buch- und Kunsthändler Rocca und Schüler der Buchhändlerschule in Leipzig, danach Übernahme einer Stelle bei dem orthodoxen jüdischen Buchhändler Heß in Ellwangen/Württemberg, 1861 trat er als Gehilfe in der Bein`schen Buchhandlung in Sonderhausen seinen Dienst an, ab 1863 kam er als Geschäftsführer der neugegründeten Bein`schen Buchhandlung nach Arnstadt, 1865 Rücktritt von seiner Geschäftsführertätigkeit wegen Verkaufs des Geschäfts an den Buchhändler Wollfahrt, ging danach nach Halle, um bis 1866 als Gehilfe in der Mühlmann`schen

Buchhandlung zu arbeiten, im Mai 1866 Rückkehr nach Arnstadt, um die Buchhandlung von Wollfahrt für 1.850 Taler zu kaufen, schon im August 1866 Schließung wegen schlechter Geschäftsverhältnisse, die der Vorgänger verursacht hatte, daraufhin Gründung einer Buchhandlung unter eigenem Namen, die im August 1866 im Schierholz`schen Haus am Markt eröffnet wurde, 1867 Eheschließung mit Lyda, geb. Dorl, 1871 erfolgte die Übernahme der Ohlenroth`schen Buchdruckerei, Zimmerstraße/Ecke Schloßgasse nebst Zeitungverlag des →*Arnstädtischen Nachrichts- und Intelligenzblattes* (Eintragung in das HR am 21. 3. 1871), gleichzeitiger Verkauf seiner Buchhandlung, Herstellung zahlreicher Publikationen in seiner Druckerei, u. a. →Adreßbücher von Arnstadt 1871-1921 und *Geschichte der Stadt Arnstadt* von →Bühring anläßlich der 1200-Jahrfeier 1904, am 1. 1. 1899 Übergabe des Geschäftes an Sohn Paul Frotscher (*8. 6. 1870, †27. 6. 1922), war ab 1876 Mitglied des Gemeinderates, ab 1899 dessen Vorsitzender, 1888 Verleihung des Fürstlichen Prädikates *Hofbuchdrucker*, Mitglied des Kirchen- und Schulvorstandes ab 1876, 1897 Verleihung des Titels Hofrat durch den Fürsten, ab 1898 Mitglied des Bezirksausschusses, Vorsitzender der Ortskrankenkasse, Mitglied der →Museumsgesellschaft, für seine Verdienste 1902 Verleihung des Fürstl. Schwarzburgischen Ehrenkreuzes 3. Klasse, Grabmal →Neuer Friedhof.

Q ANIB v. 10. 8. 1902, Nr. 186 (Nachruf u. Todesanzeigen).

L Dem Andenken des am 9. August 1902 verstorbenen Hofrat Emil Frotscher gewidmet. Arnstadt 1902.

Andrea Kirchschlager

Fürstengruft: Die Fürstengruft wurde 1834 auf Anweisung des Erbprinzen und späteren regierenden Fürsten Günther Friedrich Karl II. von Schwarzburg-Sondershausen als Grabstätte von Angehörigen des Fürstenhauses Schwarzburg-Sondershausen auf dem →Alten Friedhof unweit der Gottesackerkirche errichtet. Im Jahre 1833 verstarben seine Ehefrau und sein erstgeborener Sohn, die beide in der Fürstlichen Familiengruft in der →Oberkirche beigesetzt wurden. Am 30. 10. 1834 erfolgte deren Umbettung in die neuerbaute Fürstengruft, *damit sie mitten unter denen, die sie bei Lebzeiten tief verehrten, aber ihnen auch* *im Tode nachgefolgt waren und noch nachfolgen würden, eine sanfte Ruhe genießen möchten.* Hier ruhen seine erste Gemahlin Erbprinzessin Marie Karoline Irene von Schwarzburg-Sondershausen, geb. Prinzessin von Schwarzburg-Rudolstadt (*6. 4. 1809, †29. 3. 1833), sein Sohn Prinz Günther Friedrich Karl Alexander von Schwarzburg-Sondershausen (*18. 2. 1828, †31. 10. 1833), seine Mutter Fürstin Wilhelmine Friederike →Karoline von Schwarzburg-Sondershausen, geb. Prinzessin von Schwarzburg-Rudolstadt (*21. 1. 1774, †11. 1. 1854) und seine zweite Gemahlin Fürstin →Mathilde von Schwarzburg-Sondershausen, geb. Prinzessin von Hohenlohe-Oehringen (*3. 7. 1814, †3. 6. 1888). Die Fürstengruft, die 1895 instandgesetzt werden mußte, zierten vier Werksteineckpfeiler mit dazwischen befindlichem Eisengußgitter, an dem zwei kartuschenartige Tafeln mit den Namen der dort Beigesetzten angebracht waren sowie eine Umpflanzung mit Zypressen. Zu DDR-Zeiten war die Fürstengruft dem Vergessen anheimgefallen und konnte durch eine dichte Umpflanzung vor Zerstörung gerettet werden. 1998-2000 erfolgte auf Initiative der Interessengemeinschaft zur Bewahrung und Erneuerung fürstlich-schwarzburgischer Denkmäler in Thüringen *(monumenta schwarzburgia e. V.)* die Wiederinstandsetzung der Fürstengruft durch die Stadtverwaltung und die Untere Denkmalschutzbehörde. Aus Anlaß des 150. Todestages von Karoline von Schwarzburg-Sondershausen ist die Anbringung einer Gedenktafel 2004 geplant.

L Hatham 1841, S. 112-114; Scheidig, Dieter: Eine Schwarzburger Fürstengruft auf dem alten Friedhof in Arnstadt. In: Sondershäuser Beiträge Püstrich 5 (1999), S. 102-109. *Andrea Kirchschlager*

G

Galerie: Der östliche Abschluß des Marktplatzes, die sogenannte *Galerie,* wurde 1585-88 mit offenem Laubengang im Erdgeschoß errichtet. Achtzehn kräftig profilierte Säulen, u. a. vom Steinmetzen Hans Behle geschaffen, tragen die vorkragenden Obergeschosse. Bei dem Großbrand von 1670 wurde auch die Galerie schwer beschädigt. Unter Einbeziehung erhaltener Teile wurde sie 1673 wiederaufgebaut. Das Fachwerk der Fassade wurde später verschiefert. Im Haus Nr. 12 wurde 1825 die Schriftstellerin Eugenie John →Marlitt geboren. In der →Apotheke unter der Galerie, Haus Nr. 14, war der Märchensammler und -schreiber Ludwig →Bechstein von 1818-24 als Lehrling und Gehilfe tätig. Zwischen der Apotheke und dem Gasthaus *Goldener Adler* war vor dem Brand von 1581 der Eingang zur Reußengasse, die auf die Ledermarktgasse mündete. Zwischen Galerie und Bachkirche stand bis gegen Ende des 19. Jhs. der Beckenborn. 2003 Restaurierung der Säulen.

L Stadtführer durch Arnstadt, S. 6.   *Ulrich Lappe*

Garnison: Das Militärwesen stand unter dem Oberbefehl der Grafen (bzw. Fürsten). Der Vogt und die Stadt hatten im Jahr 1413 Mannschaften, Proviant und Wagen zu stellen. Ab 1600 war Schwarzburg-Sondershausen dem Obersächsischen Kreis zugeteilt. Im Kriegsfall war ein bestimmtes Kontingent zu stellen. Für die Untertanen bestand Wehrpflicht. Bewachung der Stadttore durch im Ausschuß organisierte Bürger. Im Türkenkrieg 1633 und im Krieg Holland gegen Frankreich 1675 war das schwarzburgische Kontingent beteiligt.

1697 Bildung einer ständigen Truppe: Garde zu Fuß (bis 1835) und Garde zu Pferd (1721-98). Ein Teil dieser 200 Mann starken Einheit war in Arnstadt in Garnison. 1703 stellte Schwarzburg mit Reuß Kaiser Leopold I. ein Regiment von 1.000 Mann, welches 1703-14 am Spanischen Erbfolgekrieg teilnahm.

Ab 1723 war in Arnstadt eine Leib- oder Gardekompanie stationiert. Der Kompaniechef war gleichzeitig Stadtkommandant und Stadthauptmann. 1734 Teilnahme eines Teiles der Arnstädter Kompanie am Polnischen Erbfolgekrieg, 1759 Verkleinerung der Kompanie auf 33 Mann, 1795/97 Teilnahme (der wieder verstärkten) Arnstädter Kompanie am ersten Koalitionskrieg, am Spanienkrieg (1808-11) und am Rußlandfeldzug (1812), 1813 Austritt Schwarzburgs aus dem Rheinbund, 1854 Auflösung der Arnstädter Garnison, 1867 Einbeziehung des (Sondershäuser) schwarzburgischen Militärs in das Infanterieregiment 71 (I. Battl.). Außer der

Galerie, um 1900

stehenden Truppe war in Arnstadt seit dem 16. Jahrhundert noch eine Bürgermiliz vorhanden (1813-47 als Landsturm). 1848 Bildung einer Bürgerwehr (7 Miliz- und 1 Jägerkompanie), welche aber bald wieder aufgelöst wurde.

L Müller, Karl: Arnstadt als Garnison. In: Alt-Arnstadt 12 (1939), S. 53-91.   *Hartmut Fuhrmann*

Gartenbau: VEB, Gartenbau, Blumen, Parkweg 30, Verkauf in der Bahnhofstr. 20, 1972 Verstaatlichung des ehemaligen Gärtnereibetriebes →Hartleb, 1981 wurde der Betrieb dem VEB Kombinat Gartenbau Erfurt untergeordnet. 1982 Bau eines 40 Meter hohen Schornsteines, um die Gewächshäuser mit einer Fläche von 1.750 m² beheizen zu können. 1991 reprivatisiert.

Q DV 1974-82.   *Heidrun Fröhlich*

Gärtnerhaus: Befindet sich an der Südseite des →Schloßgartens und besteht aus drei Gebäuden, welche eine nach Norden hin offene Dreiflügelanlage um einen kleinen Hof bilden. Entstand im Zusammenhang mit der Anlage des zum Schloß →Neideck gehörenden Renaissancegartens und stammt in seinen ältesten Teilen aus dem 3. Viertel des 16. Jhs. Nach dem Inventar des Schlosses Neideck von 1583, in dem auch die Gebäude im Schloßgarten mit aufgeführt

wurden, bestand *Adrian des Gerttners hause* wohl nur aus einem großen Raum und dem darunter gelegenen *Bommerantzennkeller* (Keller zur Lagerung der Fruchtbäumchen – z. B. Orangen). Im ältesten Gebäudeteil als Schmuckelement am Balken der Dachtraufe (Südostecke) Vollrosette über Eck und eine weitere am fünften, westlich davon gelegenen Balken.

1665 Ausgaben für umfangreiche Bauarbeiten als Erweiterung des Ostflügels nach Norden und Westen. Vermutlich im 18. Jh. entstand der als Stall genutzte Westflügel. Noch 1877 im Ostteil Südflügel Gewächshaus mit fünf Fenstern in der Süd- und zwei Fenstern in der Nordwand. In städtischen Besitz gelangte es zwischen 1921-24. Bis um 1990 diente es Wohn- und Verwaltungszwecken. Durch Feuer am 26. 9. 1994 Ostflügel stark beschädigt. Beginn der grundhaften Sanierung und Neugestaltung 1995, ab 1999 Fortsetzung durch Stadtverwaltung mit *Verein Schloßruine Neideck zu Arnstadt e. V.* Nutzung durch letzteren nach Eröffnung am 22. 6. 2001 für Ausstellungszwecke: →Stadtmodell Arnstadt um 1740, die Grafen von Käfernburg-Schwarzburg in ihren Beziehungen zu Arnstadt und zur Geschichte und Baugeschichte von Schloß Neideck.

L Donhof, Manfred: Schloßgarten Arnstadt Gärtnerhaus. Dokumentation der Bauuntersuchungen-Bauarchivalien. Arnstadt 1995, S. 1-6.   *Peter Unger*

Gärtnerhaus, um 1900

Gaststätten/Gasthöfe: 1660 existierten 8 Gasthöfe: *Grüner Löwe* auf dem Markt, *Güldene Sonne*, *Güldene Henne*, *Halber Mond*, *Güldener Schwan*, *Wachholderbaum*, *Güldener Greif* und ein Gasthof auf dem Ried (neben dem *Haus zum Großen Christoph*) ohne Namensnennung. 1719 10 Gasthöfe, 1853 14 Gasthöfe innerhalb der Stadt, die goldene Henne u. die goldene Sonne auf dem Ried, der Schwarzburger Hof, der goldene Löwe u. der goldene Adler auf dem Markt, das weiße Roß, der goldene Schwan u. die grüne Tanne auf dem Holzmarkt, der Ritter auf dem Kohlenmarkt, der Wachholderbaum am Längwitzer Tor, der Kranich vor dem Riedtor, der →*Halbe Mond* hinter der Neuen Kirche, der rote Hirsch in der großen Rosengasse und der wilde Mann in der Linsengasse, außerdem *ist im Rathause auf dem Markte eine sehr gute Rathskellerwirtschaft, wo Waizen- und Gerstenbier, wie auch Wein geschenkt wird.* Zu den *Privat-Bierwirtschaften* (mit Braurecht) gehören: Herr Heinemann an der Erfurter Straße, Herr Unbehaun auf dem Holzmarkte, Herr König auf dem Riethe und Herr Umbreit unterm Markte. Außerhalb der Stadt lagen die →*Eremitage*, der →*Schönbrunnen*, der *Hammer* und das →*Rößchen*. Als bedeutendster Gasthof der Stadt galt die →*Goldene Henne* auf dem Ried, wo besonders die hohen Herrschaften, die zu Roß oder mit der Kutsche ankamen, abstiegen. Auch in der →*Goldenen Sonne* kehrten viele Reisende von Stande ein. Zu den vorzüglichsten alten Gaststätten zählte auch der →*Güldene Greif* auf dem Markt, zumal er einen

großen Saal und mehrere Gesellschaftszimmer hatte. Der Gasthof *Zum grünen Löwen* (Markt 6) wurde viel von den Land- und Handelsleuten der Wochen- und Jahrmärkte als Quartier in Anspruch genommen. Dasselbe galt vom *Goldenen Adler*, wo auch die Maurer ihre Zunftversammlungen abhielten. Im Gasthof *Zum Halben Mond* hinter der Neuen Kirche (Bachkirche) war die Herberge der Schlosser und Leineweber. Als besonderen Anziehungspunkt hatte man hier ein Billard für die Fremden aufgestellt und später war der *Halbe Mond* durch seine Varieté-Aufführungen bekannt. Der Gasthof *Weißes Roß* (Holzmarkt 3) war die Herberge der Maurer, Tischler, Handschuhmacher und Müller. Sehr gelobt wurde auch der *Goldene Schwan*, besonders wegen seiner schönen Fremdenzimmer. Von den Fuhr- und Handelsleuten des Thüringer Waldes wurde die *Grüne Tanne* auf dem Holzmarkt (Nr. 17) besucht. Die aus Richtung Marlishausen und Dannheim kommenden Landleute kehrten viel im →*Ritter* und im *Wachholderbaum* ein. Der Gasthof *Zum Wilden Mann* in der Linsengasse 3 wurde von den Getreide- und Gemüsehändlern aus der Erfurter Gegend besucht. Der Treffpunkt der Landleute aus der Gegend der Drei Gleichen war der Gasthof *Zum Roten Hirsch* in der Rosenstraße (Nr. 33). Viel besucht wurde auch der Gasthof *Zum Kranich* vor dem Riedtor, besonders von der Landbevölkerung des Thüringer Waldes. Hier war auch die Herberge der Bäcker, Zimmerleute, Schuhmacher, Schmiede, Sattler, Schneider, Wagner und Böttcher. In diesen Gasthäusern wurde auch das bekannte Arnstädter →Weizenbier ausgeschenkt, welches erstmals 1617 im Brau- und Gasthof *Zur Goldenen Gans* (1867 abgebrochen, jetzt späteres Haus, Rankestr. 1) ge-

Gesellschaftshaus Concordia, Lithographie 19. Jh.

264

braut wurde. In der *Henne* konnte man jedoch auch Bayrisches und in der *Sonne* Coburger Bier erhalten. Der *Wachholderbaum* wurde wegen seines dort gebrauten guten Lagerbieres besonderes gelobt. Eine besondere Erscheinung waren die *Gartengesellschaften*, die seit Anfang des 19. Jhs. in Arnstadt gegründet worden waren. Den gebildeten Fremden, besonders aber den Kurgästen des damaligen →Solbades Arnstadt wurde der Zutritt in diese sonst geschlossenen Gesellschaften erlaubt. Dies waren die seit 1717 bestehende *Schönbrunn-Schützengesellschaft*, die 1808 gegründete *Harmonie-Gesellschaft*, die *Concordia-Gesellschaft* (1815), die *Garten-Gesellschaft* (1822), die *Berg-Gesellschaft* (1823) und die *Erheiterungs-Gesellschaft* (1824). In der Folgezeit stiegen mit der Entwicklung der Industrie und der Ausdehnung der Stadt auch die →Einwohnerzahlen und die Anzahl der Gasthöfe und Gaststätten (Schankwirtschaften) weiter an. Das →Adreßbuch von 1912 nennt 54 Gastwirte. 1937 existierten in Arnstadt 59 Gasthäuser und Schankstätten, 7 Hotels, 6 Kaffee-Häuser und 3 Weinstuben. 1987: 49 Gaststätten und Hotels, 1997: 54 Gaststätten und Restaurants, 7 Hotels und Pensionen mit Ausschank und 7 Cafés.

L Baumberg, Emil: Alt Arnstadt – Eine Wanderung durch die Stadt vor siebzig Jahren, Arnstadt 1894.

Hartmut Fuhrmann

Gaswerk: Laut Vertrag vom 31. 12. 1862 erhielten der Beamte der Continental-Gasgesellschaft Theodor Weigel aus Dessau und der Maurermeister Heinrich Hönickel aus Arnstadt die behördliche Genehmigung zum Bau einer Gasanstalt und zur Benutzung der städtischen Straßen und Plätze zur Rohrverlegung mit einem Privileg für 30 Jahre. Errichtet wurde das Gaswerk in der Gerastraße und nahm mit ihren Gebäuden, Werkstätten und Kohlelagern die Fläche von der Längwitzer Straße bis zur heutigen Friedensstraße ein. Die Gasanstalt ging am 25. 1. 1872 in den Besitz der Thüringer Gasgesellschaft zu Leipzig über. Am 2. 1. 1894 Übergabe der Gasanstalt gegen Zahlung von 166.000 Mark von der Thüringer Gasgesellschaft Leipzig an die Stadtgemeinde Arnstadt, von nun an Städtisches Gaswerk bzw. Betriebsteil der Städtischen Werke Arnstadt, im Herbst 1894 Bau eines zweiten Gasbehälters, das Nebenprodukt Ammoniak-

wasser wurde als Düngemittel an Landwirte und Gärtner verkauft, 1895 Neubau von 3 Öfen mit 1, 2 und 3 Retorten, von 1893-96 Steigerung der Gasproduktion um 57,54 %, 1901 Beginn des Baus der neuen Gasanstalt am Anger, gleichzeitig Herstellung des Anschlusses an die Arnstadt-Ichtershäuser Bahn, am 9. 12. 1901 Inbetriebnahme der neuen Gasanstalt, weitere Nutzung der alten Einrichtung bis zum Frühjahr 1902, dann Verkauf des alten Gaswerkgeländes, z. T. an die Bahn zur Erweiterung des Bahnhofes Arnstadt-Süd, Rohrnetz von 15.701 m Länge mit 4.973 Privatanschlüssen, 172 Heiz- und Kochapparaten und 289 Straßenleuchten, während der Kriegs- und Nachkriegsjahre des 1. Weltkrieges große Probleme, insbesondere durch Kohlenmangel, z. T. Ausgleich durch geringeren Gasverbrauch, Stabilisierung erst um 1920, im Sommer 1925 war die höchste Leistungsfähigkeit des Gaswerkes erreicht, 25-50 Beschäftigte, Verhandlungen zur Versorgung mit Ferngas gab es bereits seit 1924, mit der Einspeisung von Ferngas in das Arnstädter Gasversorgungsnetz 1925 Gründung der Zentral-Gaswerk GmbH Arnstadt und der Thüringer GasversorgungsGmbH Arnstadt, Versorgung der Stadt Arnstadt sowie weiterer 24 Städte und Gemeinden im Kreisgebiet, am 2. 2. 1950 Überführung des Zentralgaswerkes in das Eigentum des Volkes, zunächst unter der Bezeichnung Gasversorgung Erfurt, Betriebsteil Arnstadt, später Energiekombinat Erfurt, VEB Gaswerk Arnstadt, ab 10. 7. 1973 keine Gasproduktion mehr in Arnstadt. Am 6. 6. 1991 wurden mit dem Partner Conti Gas AG München die Gasstadtwerke Arnstadt wieder gegründet, Stadt Arnstadt 51% der Kapitalanteile, die Conti Gas 49%. Mit der Umstellung der Gasversorgung auf Erdgas wurde 1992 begonnen, im Mai 1992 Beschluß der Stadtverwaltung, daß die Gasstadtwerke um die Bereiche Elektroenergie und Fernwärme im Querverbund erweitert werden sollen; wurde 1995 vollendet.

Q KAA, Bestand Kreistag u. Rat des Kreises Arnstadt, Nr. 1165, 1354; ANIB 1885-1918; AA 1929-38; TA v. 13. 6. 91. *Heidrun Fröhlich*

Gedenktafeln: →Alexis, Willibald, Tafel am Haus Lindeneck: *Hier wohnte Alexis von 1854 bis 1871*, Bach-Familie: geschnitzte Holztafel an der →Himmelfahrtskirche von Friedrich →Popp:

Auf diesem Gottesacker ruhen 24 Angehörige der Familie Bach, Bach, Caspar-Tafel am Haus Jakobsgasse 13/15: *Hier wohnte von 1635 bis 1642 der älteste Angehörige der Musikerfamilie Bach in Arnstadt.* Am Haus *Zur Krone,* Ledermarkt 7 befand sich eine Messing-Krone, diese wurde, wie auch eine Schrifttafel, nach dem Krieg entfernt und später wieder angebracht, Text: *In diesem Hause wohnte Johann Sebastian Bach 1703 – 1707. Anläßlich seines 250. Geburtstages am 21. März 1935 gestiftet von der Reichs-Musikkammer,* an der Stützmauer der Bachkirche zur Erfurter Straße, Tafel: *Johann Sebastian Bach wirkte in seiner ersten Organistenstelle von 1703 bis 1707 in diesem Gotteshaus,* an der Südseite der Kirche verzierte Bronzetafel, Inschrift: *Gott zu Ehren wirkte an dieser Kirche Johann Sebastian Bach 1703 – 1707,* am Haus Kohlgasse 7, Tafel: *Hier wohnte von 1687 bis 1693 der Hof- und Stadtmusikus Johann Christoph Bach und bis 1732 sein Sohn, der Organist Johann Ernst Bach. Zum 250. Geburtstag Johann Sebastian Bachs gestiftet von der Neuen Bachgesellschaft,* an der Traukirche Johann Sebastian Bachs in Dornheim, Holztafel: *Zur Erinnerung an Johann Sebastian Bach *21. 3. 1685 in Eisenach, hier getraut am 17. 10. 1707, †28. 7. 1750 in Leipzig,* →Bechstein, Ludwig, Tafel Markt 14, Unter der Galerie: *Der Sagen- und Märchenerzähler Ludwig Bechstein, 1801 – 1860, lebte von 1818 bis 1824 als Apothekerlehrling und Gehilfe in diesem Haus,* →Beck von, Christian Samuel, Gedenktafel Haus Schloßstr. 6: *Vorgängerbau war das Geburtshaus von Christian Samuel Beck, 1768 – 1853. Fortschrittlich wirkender Geheimer Russischer Staatsrat. Zar Alexander I. besuchte hier im Oktober 1813 die Eltern seines Freundes,* →Franke, Adolf, →Hülsemann, Julius, →Jäger, Walther, →Kiesewetter, Benjamin, in der Kiesewetterhütte im Walperholz Bronzetafel vom Thüringerwald-Verein: *Zur Erinnerung an das 50jährige Bestehen des Thüringerwald-Zweigvereins Arnstadt am 13. April 1932 und aus Dankbarkeit für seinen langjährigen Ehrenvorsitzenden Herrn Kommerzienrat Benjamin Kiesewetter – Frisch auf,* Holztafel: *1936 vom Arnstädter Handwerk wieder hergestellt und dem Rat der Stadt Arnstadt zum Nutzen der Naturfreunde und Schutzsuchenden übergeben.* →Knöpfer, Otto, holzgeschnitzte Gedenktafel in Holzhausen, Arnstädter Str. 32:

*Der Maler der Drei-Gleichen-Landschaft Otto Knöpfer, *13. März 1911 in Arnstadt, †22. Mai 1993 in Erfurt, lebte hier in seinem Elternhaus bis 1950,* Liebknecht, Karl Am →Güldenen Greif Markt 11, Tafel: *In diesem Haus sprach am 25. 9. 1905 Karl Liebknecht, der große revolutionäre Vorkämpfer für Frieden, Demokratie und Sozialismus zur Arnstädter Bevölkerung,* Luxemburg, Rosa, am Haus Lindeneck befand sich folgende Tafel: *Rosa Luxemburg, die mutige Kämpferin gegen imperialistischen Krieg, für Frieden und Sozialismus, sprach am 5. Jan. 1912 in diesem Haus,* Luther, Martin, am Evangelischen Gemeindehaus, Pfarrhof geschnitzte Holztafel mit Lutherrose angebracht, Inschrift: *1706 weilte Martin Luther als Mönch hier im damaligen Franziskanerkloster,* auf dem Katzenbuckel am ehemaligen Vinzel-Weinberg steht eine Linde und ein Stein: *Zur Erinnerung an d. 400jähr. Jubiläum Dr. Martin Luther wurde diese Linde am 10. November 1883 von Wilhelm Vinzel gepflanzt* (inzwischen neue Linde gesetzt), an der Hammereckenbrücke steht die Lutherbuche (Naturdenkmal), sie wurde am 31. 10. 1917 gepflanzt, →Marlitt, Eugenie John, am Haus Markt 12, unter der Galerie (Geburtshaus), ovale Tafel: *Eugenie Marlitt 1825 – 1887,* Marx, Karl, in der Grünanlage Kasseler Straße existierte ein Gedenkstein, →Meiland, Ernst, an der Apotheke in Geschwenda, Gedenktafel: *Ernst Meiland, 1890 – 1973, von 1910 bis 1934 Schulleiter, Lehrer und Kantor in Geschwenda. Unser Heimatdichter 'Katharina Anna – eine Geschichte um das Raubschloß'. Mundartgedichte 'Es gebt wull off der weite Welt ka schinner Neast wie Schweng,* →Thiele, Johann Alexander, Haus zum Ritter, Kohlenmarkt 20, Gedenktafel in Eiche: *In diesem Hause lebte von 1728 – 1738 der Landschaftsmaler Johann Alexander Thiele. 1738 ging er als Hofmaler an den Dresdener Hof.* →Weber, Paul, am Geburtshaus Lessingstr. 30, Bronzetafel: *A. Paul Weber – 1. Nov. 1893 - 9. Nov. 1980,* Zar Alexander I., in der Durchfahrt im →Neuen Palais, Erinnerungstafel: *Am 26. Oktober 1813 übernachtete in diesem Haus der russische Zar Alexander I., nachdem er am gleichen Tag in Dornheim bei Arnstadt mit dem preußischen König Friedrich Wilhelm III. und dem österreichischen Kaiser Franz I. nach der Völkerschlacht bei Leipzig zusammen traf. Weitere Tafeln: am*

Wasserwerk, zwei Tafeln, Inschrift: *Wasserwerk der Stadt Arnstadt Erbaut 1899-1900, Erweitert 1929*, an der →Eremitage, Bronzetafel, mit dem Abriß verschwunden: *Dem Andenken der längst Dahingeschiedenen, welche im Jahre 1808 die Eremitage gründeten. Geweiht von einigen Verehrern der romantischen Höhe 1887. Möge die Zukunft erhalten, was die Vergangenheit schuf.* →Günthersmühle: am Wohnhaus zwei Tafeln in Latein und Deutsch: *Die Günthersmühle gehörte 1277 dem Kloster Ichtershausen, wurde vom Jungfrauenkloster zu Arnstadt 1325 an die Grafen von Käfernburg abgetreten, 1572 von Graf Günther dem Streitbaren als Günthersmühle neu erbaut, 1732 durch Fürst Günther XLIII erneuert, 1860 durch H. Woltersdorf erworben, 1872/73 durch Feuer zerstört und wieder aufgebaut. Gesetzt z. 25jähr. Reg. S. D. Fürst Karl-Günthers im Jahre 1905 Vom Besitzer Joh. Woltersdorf*, die ältere Tafel, in Latein, 1732 Heinrich Christoph →Meil, Riedmauer 1 a, im Vorgängerbau befand sich Arnstadts erstes →Krankenhaus, die alte schwarze Tafel wurde wieder angebracht: Psalm CXXVII: WO DER HERRE NICHT DAS HAUS BAWET ERBEITTEN UMBSONST DIE DARAN BAWEN, an der Bachkirche, Ostseite, große Tafel mit lateinischem Text, deutsch: Gott gebe seinen Segen. Dieser Tempel, im Jahre Christi 1444 erweitert und den 7. August 1581 abgebrannt, wird zum Ruhme des Allmächtigen unter der Regierung des durchlauchtigsten Ludwig Günther von Schwarzburg, vornehmlich auf Kosten der durchlauchtigsten Sophia Dorothea, Witwe, im Jahre des Heils 1676 unter Kriegsunruhen wieder hergestellt. An der Südseite des →Rathauses sagt eine Tafel aus, daß 14 Anführer aus dem Bauernkrieg von Arnstadt und Stadtilm hingerichtet wurden, am Westportal lateinische Inschrift, übersetzt: Eben den Bau, den Nebel einst preisgab den Flammen bedachtlos – ward durch sie doch zerstört selbst auch sein eigener Herd – folgend dem frommen Gebot nach Günthers leitenden Winken führten die Väter der Stadt sorglich ihn wiederum auf, am Haus Kohlgasse 10, Tafel: *Hier befand sich von 1920 bis 1933 eine Unfallhilfsstelle der ASB-Kolonne Arnstadt. Aus Anlaß des 70. Jahrestages der Gründung der ASB-Kolonne Arnstadt gewidmet vom DRK-Kreiskomitee Arnstadt 1. 3. 1990* (bei der Renovierung des Hauses Tafel entfernt),

Am Plan 2, ehemaliges →Waisenhaus, Tafel: *1765 Grundsteinlegung – 1766 Einzug der Waisen –1821 – 1859 Irrenarbeitshaus – 1860 – 1915 Realschule – ab 1916 Berufsschule*, an der Brunnenkunst 3 Bronzetafel zur Geschichte des Gebäudes, in der Kleingartenanlage Sonnenblick, Bronzetafel zur Partnerschaft mit Kassel, Kleingartenanlage →Agnes-Winckler-Stiftung (Wiesendiele), ein kleiner Denkstein mit Bronze-Tafel zur Gründung der ersten Schrebergärten in Arnstadt am 26. 4. 1907, Offenborn, Ritterstein- oder Riedquelle, vor dem Grundstück Plauesche Str. 7, Stein mit lateinischer Inschrift von 1708, das Wasser fließt unterirdisch in Rohren zu dem laufenden Brunnen vor dem Hause Nr. 3, dem Offenborn. Er bestand schon im Jahre 1377 und muß sehr bedeutend gewesen sein, denn um ihn herum standen mehrere Steine, die jedoch verschwunden sind, Inschrift der Brunnenfassung wegen starker Verwitterung 1998 erneuert, Text: *AO Chri. 1588 Als M. Conrat Heden. Wendl. Hoffmann. Bürgem. Andreas Schwarze. Sigm. Schul. Kemm. Hans. Horcher. Und. Quirin. Hessl. Bau. Warn. Ist. Dieser. Brunn. Von. Neuen. Gebauet. Wort*, eine ebenfalls stark verwitterte Tafel am Haus Nr. 3 wurde 2001 von der Stadt Arnstadt erneuert und in Form einer Stele aufgestellt, Text: *AN Chri. 15. Als gewesen Christoph Laurentius Fischer Bürgermeister / Benjamin Thal / Stadtschreiber Johann Wedemann / Cämmerer Daniel Martin Tatian / David Zöllner / Bauherr Nicol Dönelt / Johann Georg Axt / Ist dieser Brunnen von Grund aus wieder neu gebauet worden. 42 Psal. Wie der Hirsch schreiet nach frischen Wasser, so schreiet meine Seele Gott zu Dir.*

L Pfeiffer, Gerhard: Denkmale, Gedenksteine, Tafeln und Skulpturen in und um Arnstadt. Arnstadt 2002.

Annelore u. Gerhard Pfeiffer

Geißler & Heinze: Schuhfabrik, gegründet am 15. 1. 1912 als OHG, bereits am 1. 12. 1907 gründete Richard Geißler gemeinsam mit einem Herrn Höfler an der Weiße eine Schuhfabrik unter dem Namen Höfler & Geißler, in der bis zu 60 Arbeitskräfte beschäftigt waren, diese Fa. wurde 1912 im HR gelöscht, die Kaufleute Richard Geißler und Alfred Heinze gründeten eine neue Fa., die die Geschäfte der Vorgänger übernahm, die Fabrikgebäude und Einrichtungen der

Fa. J. Georg →von Rhein in der Lindenallee 4 als neue Produktionsstätte erworben, produziert wurden hauptsächlich Hausschuhe und Turnschuhe, während des 1. Weltkrieges war die Fa. mit Aufträgen der Militärbehörden beschäftigt, danach begann sofort wieder die Produktion von Haus- und Kamelhaarschuhen und Sandalen, der Bruder Richard Geißlers kaufte 1919 die Fa. H. W. Moll in Zeitz, mit der die Arnstädter Fa. eng zusammenarbeitete, beide Firmen zusammen beschäftigten bis zu 500 Arbeiter, 1932 Vergleichsverfahren mit positivem Ausgang, 1933 starb Alfred Heinze, 1934 wurde die Gesellschaft aufgelöst und trat in Liquidation, ab 16. 1. 1936 war Richard Geißler (†2. 2. 1937) alleiniger Inhaber der Fa., die Fabrikräume wurden ab 1937 vermietet, die Fa. am 29. 10. 1939 im HR gelöscht. Unter der Adresse Lindenallee 4 siedelten sich nach dem Krieg weitere Firmen an, u. a. die Arzneimittelfabrik Albert Dederichs, Lagerräume und Büros der Konsumgenossenschaft, im Vordergebäude Kindergarten. Seit 1991 leerstehend, 1993 und 1996 durch Brandstiftung große Teile der Gebäude zerstört, 1999 Abriß. Jetzt befindet sich dort in einem Neubau der Arbeiter-Samariter-Bund. Das ehemalige Wohnhaus seit 1993 im Besitz der →Sparkasse.
Q ANIB 1912-22; AA 1924-39. *Heidrun Fröhlich*

Geographische Lage: Arnstadt liegt unter 10°52'37" östlicher Länge und 50°56'36" nördlicher Breite. Damit etwa auf der gleichen Länge, wie Oslo, Nürnberg, Florenz, Djerba (Tunesien) oder Yaounde (Kamerun). Auf etwa der gleichen Breite wie Arnstadt liegen Brüssel, Köln und Kiew, die Südspitze Kamtschatkas, Vancouver und Winnipeg in Kanada. Die bebaute Ortslage Arnstadts umfaßt den Hang des Alteburg-Plateaus, die Talauen der unteren →Weiße und der Gera, den →Arnsberg sowie die Hänge und Hochflächen östlich der Gera Richtung Kübelberg und Rabenhold. Die Höhe über Meeresspiegel (NN) schwankt je nach Standort von 265 - 388 m NN, die größte Fläche nimmt der Bereich zwischen ca. 270 m - 300 m NN ein (Markt ca. 290 m, Hohe Mauer ca. 300 m, Mündung der Weiße in die Gera 267,5 m NN). Die jungen Stadtrandlagen ziehen bis zu 313 m NN (Kübelberg) und 324 m NN (Rabenhold) hinauf. Das Alteburgplateau (→Alteburg 388 m

NN) wurde bisher nicht bebaut. Klimatisch herrschen Westwindlagen vor, es dominiert ein gemäßigtes Klima, wegen der Nähe zum Thüringer Wald mit teils größerer Niederschlagshäufigkeit. Da sich bei etwa 300 m NN vorrangig im Winter eine Temperaturscheide bzw. Schneegrenze ausbildet, sind oft zwei Witterungslagen im Stadtgebiet anzutreffen. Die Stadt gehört zur zentralen Kernregion Thüringens und schließt diese nach Süden zu ab. Die Städte Gotha, Erfurt, Weimar, Rudolstadt und Ilmenau kennzeichnen mit einer Entfernung zwischen 20-30 km das angrenzende Umfeld. *Eckart Bergmann*

Geologie: Arnstadt liegt im Thüringer Triasgebiet. Im Stadtareal erfolgt der Übergang zwischen den Muschelkalkplatten, die an den Horst des Thüringer Waldes anschließen und den Ausräumungsgebieten des Thüringer Beckens mit dem Arnstädter Becken als randlichen Ausläufer, in dem Sedimente des Keuper, teils überdeckt durch pleistozäne (eiszeitliche) Schotterbildungen und Lößauflagen, dominieren. Dieser Übergang wird tektonisch bestimmt durch die Saalfeld-Arnstadt-Gotha-Eichenberger Störungszone, einem Südost-Nordwest (herzynisch) gerichteten Störungselement überregionaler Bedeutung, das in Verbindung mit anderen Störungszonen ähnlichen Aufbaus das Tafeldeckgebirge Thüringens deutlich strukturiert. Die Erosionsstrukturen der Flußtäler queren diese Störungszone. Insbesondere der breite Plauesche Grund mit der Gera öffnet die Thüringer Beckenlandschaften in Richtung auf den Thüringer Wald. Daher rührt die Bezeichnung Arnstadt - Tor zum Thüringer Wald. Die Störungszone besteht bei Arnstadt aus einem Grabenbruch mit zwei randlichen Störungslinien aus vorwiegend steilgestellten Schichten des Muschelkalkes, zwischen denen eine Senkungsstruktur (Graben) liegt, in der die Schichten der Trias abgesenkt sind. Die Reliefprägung der Landschaft durch Erosion ist anschließend je nach Gesteinshärte erfolgt. Die vorwiegend weichen Schichten des Keupers im Graben wurden ausgeräumt, es entstand so eine langgestreckte Mulde Richtung Wachsenburg. Nur dort verhinderte eine harte Sandsteinplatte (Rhätsandstein) die Ausräumung, so blieb der Wachsenburghügel als Beispiel für die Vorgänge einer Reliefumkehr innerhalb der Grabensenke erhalten. Die Störungslinie des Südrandes der Störungszone markiert im wesentlichen den Abbruch des Gosseler Muschelkalkplateaus (u. a. Alteburg-Plateau) zum Arnstädter Becken. An diese Störungslinie sind starke Quellen gebunden (→Schönbrunn, Fürstenberg), die z. T. auch durch Flußversickerungen (u. a. der Ilm) gespeist werden. Die Störungslinie durchquert Arnstadt etwa auf der Linie Fürstenberg-Hohe Mauer-Marienhöhe. Der Nordrand der Störungszone wird durch eine Hügelreihe gekennzeichnet. Hier ragen die widerstandsfähigeren Muschelkalkgesteine aus den weicheren Gesteinen des Keupers heraus. So entstand der →Arnsberg in der Stadtlage, der Weinberg und Kalkberg Richtung Haarhausen. Während des jüngeren Tertiärs und des Pleistozäns (Eiszeitalters) erfolgte die Überformung unseres Raumes zur heutigen Landschaft. Das betraf den Grabenbruch, die Flußtäler und das Arnstädter Becken gleichermaßen. Umfangreiche Kieslagerstätten bildeten sich im Einzugsbereich der Gera (schneller Fluß) und schotterten die Senken in und nördlich der Stadt auf. Starke Verkarstungen entstanden im Muschelkalk des →Jonastal, die fortgeführte Kalktrübe gab der →Weiße ihren Namen. Der mäandrierende Talverlauf des Jonastals mit seinen typischen Steilhängen (z. B. Prallhang des Jungfernsprunges) deutet auf die Weiße als ursprünglichen Flachlandfluß mit geringem Gefälle hin, der sich im Laufe der Zeit in die Muschelkalktafel eingegraben hat und so seinen ursprünglichen Charakter konservierte. Holozäne (nacheiszeitlich) Sedimente in der Stadt deuten lokal auf Seenbildung (Seekreide, Travertine), Versumpfung und Verlandung in den Niederungen hin. Die Bodenbildungen außerhalb der Altstadt und der holozänen Flußauebildungen zeigen östlich der Gera lehmige bis kiesige Braunerden (zumeist auf den älteren Kiesterrassen), westlich der Gera herrschen Lößböden (teils Schwarzerde) vor.

Die regionalgeologische Position hat in Verbindung mit einer vielschichtigen Tektonik sowie intensiven Erosions- und Sedimentationsprozessen zu einer faszinierenden landschaftlichen Vielfalt geführt, die kennzeichnend für Arnstadt und seine Umgebung ist.

L Hoppe, Walter / Seidel, Günter (Hg.): Geologie in Thüringen. Jena 1974. *Eckart Bergmann*

Gerichtsbarkeit: 1176 urkundliche Nennung eines Vogtes Heinrich von Arnstadt (gräflicher Beamter). Er übte in Vertretung des Grafen die Gerichtsbarkeit aus. Das Vogteiamt in Arnstadt lag in Händen der Grafen von Käfernburg. Deshalb entstanden Streitigkeiten zwischen den Grafen und dem Abt von Hersfeld. Schlichtungsversuch 1273. Bereits 1266 beanspruchten die Hersfelder Äbte das Vogteirecht. Sie selbst setzten den 1182 erwähnten Beringer von Arnstadt als Schultheiß (Verwaltungsbeamter und Richter) ein. Somit unterstand die Bürger- und Einwohnerschaft in den unterschiedlichen Rechtsangelegenheiten jeweils dem Schultheißen oder dem Vogt. Die sogenannte hohe oder Blutgerichtsbarkeit lag für auswärtige Personen in der Hand der Stadt (seit dem späten Mittelalter). Über einen Bürger konnte nur der Vogt oder Amtmann des Grafen oder der Graf selbst, dem die hohe Gerichtsbarkeit zustand, die Todesstrafe aussprechen, doch galt hierbei der Grundsatz, daß ein Bürger nicht zugleich Leib und Gut verlieren darf. Eine wichtige Quelle über die Gerichtsbarkeit der Stadt stellen die →Stadtstatuten von 1543 dar. Wer einem anderen schwere (blutrünstige) Verwundungen beibrachte, mußte die Stadt räumen oder verlor die Hand. Schlug aber ein Fremder einen Bürger zu Tode, verlor er den Hals. Verschiedene Vergehen wie Rauflust (*reuffen*), Wegelagerei, Widerspenstigkeit gegen die Obrigkeit (*Aufflauft in der stadt*) wurden mit Räumen der Stadt bestraft und zwar für eine bestimmte Zeit oder auch lebenslänglich. Oft war diese Strafe gekoppelt mit Geldbußen und der sogenannten Steinbuße, d. h., es waren je nach der Art des Vergehens Steine anzufahren. Sie wurde besonders bei Übertretungen der Marktverordnungen, bei unerlaubten Handelsgeschäften und beim Versetzen von Grenzsteinen angewandt. Die Strafe war möglich, weil der Ackerbau die Hauptbeschäftigung der Bewohner war und der größte Teil Spannvieh besaß. Die Steine wurden zur Ausbesserung der Stadtbefestigung genutzt. Alle Lästerungen, Flüche und Schwüre gegen Gott etc. strafte der →Rat und die Bürgergemeinde mit einem Tag und einer Nacht Gefängnis. Beim zweiten Mal wurde der Gotteslästerer drei Tage bei Brot und Wasser ins Gefängnis gelegt, zum dritten Mal mußte er die Stadt für vier Monate räumen und wurde nicht eher eingelassen, bis er sechzig Fuder Steine dem Rat zur Buße erlegte. Der mit Räumung Bestrafte brauchte sich nicht weit von der Stadt entfernen, durfte allerdings nur bei einem Brand wieder hinein. Zeitweilig war mit dem Räumen das Stäupen (hohe Gerichtsbarkeit), eine Form der Auspeitschung mit Ruten, verbunden. Im 16. Jh. trat an die Stelle der Steinbuße oft Geldstrafe und bei Unvermögen Gefängnis. Die Einnahmen aus den Geldstrafen wurden meist zwischen Graf/Vogt und Stadt geteilt. Tagelöhner, die ihre Schuld nicht begleichen konnten, mußten diese absitzen. *In Arnstadt mangelt es nicht an Gefängnissen, denn die Demnitze, Gitter, Neutorturm, Schlossturm, Marienhäuschen, Längwitzer Torturm und dergleichen mehr können per gradus genugsam bändigen und strafen.* Leichte Gefängnisstrafen wurden im Neutorturm, im Riedturm und im Schloßturm abgesessen. Gegenüber der Turmstrafe bedeutete die Demnitze, 1659 auch als schwarze Stube bezeichnet, eine Verschärfung. In den Statuten von 1543 wird die *temnitze*, in Arnstadt ein Gefängnis im oberen Stock des →Rathauses (sonst ein ebenerdiges oder unter der Erde liegendes Gefängnis) nur in Art. 58 erwähnt, und zwar für solche Bürger, die andere mit Schmähungen und Scheltworten überhäuften, für eine Geldbuße aber zu arm waren. Die Demnitzstrafe wurde oft angewandt (Ratsprotokolle). Zankende Weiber wurden aufgeteilt. Eine kam in die Demnitze, die andere ins Gitter. Das Gitter war ein Raum neben dem Tuchboden, dem heutigen Rathaussaal. Es war besonders für Missetäterinnen bestimmt. Mit Marienhäuschen meint Olearius vermutlich den sogenannten Roten Turm vor dem Erfurter Tor. Vor dem Rathaus auf dem Markt stand zum Zeichen der eigenen Gerichtsbarkeit der Stadt ein langer Steintisch, gewöhnlich der lange Stein genannt, an welchem vor dem 19. Jh. die öffentlichen Gerichte gehegt wurden. Der lange Stein wurde bereits 1825 beseitigt. An der Ostseite des Rathauses war der Pranger und das Halseisen zur Bestrafung der Markt- und Felddiebe angebracht. Es kam gegen Ende des 19. Jhs. in das städtische Museum. Für Garten- und Felddiebe war das Korbspringen vorgesehen, das am sogenannten Korbteich, der späteren Pferdeschwemme vor dem Wachsenburger Tor (heute Gelände zwischen Setze und Pfortenstraße), durchgeführt

wurde. In den an einer Stange hängenden Korb eingesperrt, wurde dieser mehrmals in das Wasser getaucht, bis schließlich der Boden, als Klappe gearbeitet, geöffnet wurde und so der Bestrafte ins Wasser fiel. Ende des 18. Jhs. wurde diese Strafe abgeschafft. Etwas näher zur Bachkirche zu stand das Trillerhäuschen (Drehhäuschen), ein zylinderförmiger Drehkäfig, ein den Schilderhäusern ähnlicher Lattenbau, zum Herumdrehen eingerichtet, in welches Hausdiebe und Einbrecher eingesperrt und nach der Größe ihres Verbrechens zur Belustigung des zahlreich versammelten Publikums und der Schuljugend, von letzterer immerwährend herumgedreht wurden, wodurch sie der Seekrankheit ähnliche Anfälle bekamen. Nicht eher wurden sie aus dieser peinlichen Lage erlöst, bis die festgesetzte Strafzeit verflossen war (Baumberg). Das Trillerhäuschen wurde 1826 beseitigt. Der Längwitzer Torturm, auch als Hexenturm bezeichnet, wies über dem Torbogen fünf Stockwerke auf und diente als herrschaftliches Gefängnis für schwere Verbrecher. Er wurde 1837 abgerissen. Hier wurden auch die Hexen in Gehorsam genommen und in der Folterkammer torquiert oder peinlich verhört. 1696 starb eine als Hexe eingelieferte Frau aus Dannheim an den Folgen der Tortur. 1718 wurde ein Goldmacher auf die Folter gespannt. Selbst Wahnsinnige wurden in Ermangelung einer Irrenanstalt hier untergebracht. Der Hexenturm war durch die Ungezieferplagen sehr gefürchtet. So saß 1765 ein Mann aus Dornheim ein dreiviertel Jahr wegen doppelten Ehebruchs im Hexenturm und starb jämmerlich in elenden Zuständen, da ihn das Ungeziefer zu Tode fraß. Ein anderer erfror hier.

Die schwerste Strafe, die Todesstrafe, wurde durch Decollieren (Enthaupten), Hängen, Verbrennen oder Rädern vollzogen. Genaue Zahlen von Hinrichtungen fehlen noch. Die meisten Delinquenten wurden am →Siechhof gerichtet. Hier wurden auch die an anderen Stellen Hingerichteten beigesetzt. Auch der →Marktplatz diente als Hinrichtungsstätte, wo man das Schafott oder den Galgen errichtete (1811 Giftmörder Taubert aus Dosdorf, letzte Hinrichtung).

Q AA v. 12., 13., 14. u. 16. 7. 1943; Gottfried, Werner: Verfassung und Stadtrecht von Arnstadt. Jena 1954; Baumberg. *Michael Kirchschlager*

Geschichtsvereine: Der erste Arnstädter Geschichtsverein wurde 1894 gegründet. Die →Museumsgesellschaft stellte sich die Erforschung der Geschichte und Natur von Arnstadt und Umgebung zur Aufgabe. Schaffung (1895) und Entwicklung des →Heimatmuseums, Herausgabe von 12 Heften der Schriftenreihe Alt-Arnstadt (1901-39). Sie war Trägerverein des Heimatmuseums und geschichtsforschender Verein (bis 1945). Nach der 1945 erfolgten Auflösung der Museumsgesellschaft war es nur noch im Rahmen des zentralgesteuerten Kulturbundes möglich, innerhalb der Ortsgruppe Natur- und Heimatfreunde (1946 gegründet) weiterhin regionale historische und naturwissenschaftliche Forschungen zu betreiben. Es wurde die zweimonatliche Heftreihe *Arnstädter Kulturbote* bzw. *Kulturspiegel* von 1954-63 herausgegeben. Aus den Natur- und Heimatfreunden entstanden später die Gesellschaft für Heimatgeschichte und Denkmalpflege und die Gesellschaft für Natur und Umwelt des Kulturbundes. 1982-90 wurde eine neue Schriftenreihe *Beiträge zur Heimatgeschichte Stadt und Kreis Arnstadt* (10 Hefte) herausgegeben. Daneben wurden zahlreiche Vorträge, Stadtführungen und Wanderungen (mit Erläuterungen) durchgeführt. Nach der politischen Wende und der Auflösung der Ortsgruppe des Kulturbundes Gründung des *Thüringer Geschichtsvereines Arnstadt e. V.* (8. 12. 1990), Ziel: Forschungen zur Geschichte, Volkskunde, Kulturgeschichte, Denkmalpflege und Kunstgeschichte von Arnstadt und Umgebung und Veröffentlichung durch Publikationen sowie Vorträge und Führungen. Diesem Ziel dient das jährlich erscheinende heimatkundliche Lesebuch *Aus der Vergangenheit von Arnstadt und Umgebung* (bisher 12 Hefte). Außerdem zahlreiche Beiträge in regionalen Tageszeitungen, Fachzeitschriften oder Monografien. 1991-93 Flächengrabung auf dem →Walpurgiskloster durch vier beim Verein angestellte ABM-Kräfte (fachliche Anleitung und Auswertung durch Vereinsmitglieder), seit 1992 jährlich am 1. 5. Walpurgisklosterfest. Seit 1995 Arbeiten am →Altbergbau →Hopfengrund (mit Bergsicherung Ilfeld), am 12. 5. 1994 Wiederaufstellung des Denkmals →Riesenlöffel (mit →Altstadtkreis) u. am 16. 5. 1998 Wiederaufstellung des alten Grenzsteines am Sonnenhang (mit Kultur- und Heimatverein). Heimatkundliche Vorträge werden vor allem gemeinsam mit dem Kultur- und Heimatverein durchgeführt. Langjähriger Vorsitzender (1990-2002) war Diplom-Ethnograph Ernst Stahl.

L Stahl, Ernst: Der Thüringer Geschichtsverein Arnstadt e. V. In: Elbracht, Dieter (Hg.): Arnstadt von 1989 bis 1999. Duisburg 1999, S. 239-242.

Hartmut Fuhrmann

Gewerbeverein: Erste Anregungen zur Gründung gingen von A. H. A. →Hatham aus. Gemeinsam mit Ernst →John Vorbereitung der Gründung. 1836 (8. 3.) Gründung und Wahl der Vorsteher (Regierungsrat →Busch, Hofapotheker →Lucas, Goldschmied →Emmerling, Schriftführer Sprengpfeil u. Prof. Thomas). Der Verein zählte kurz nach seiner Gründung 138 Mitglieder (1886: 186). Ziel war, das hiesige Gewerbe zu fördern und zu vervollkommnen. Regelmäßig wurden belehrende Vorträge, Diskussionen über technische Neuerungen und Ausstellungen durchgeführt, seit 1847 Lesezirkel mit technischen Zeitschriften und Gründung einer Vereinsbibliothek, 1852/53 Einrichtung einer Gewerbehalle (im →Rathaus), 1855 Bildung einer Spar- und Vorschußkasse für Gewerbetreibende und eines Gesellenvereins (zur Weiterbildung). Langjährige Vorsteher waren Kommerzienrat Bernhard →Leupold (1853-59 u. 1862-82) u. Prof. Hugo →Jung (1882-1908). Auflösung am 6. 1. 1934.

Q Gewerbeverein (50jähriges Stiftungsfest). In: ANIB v. 9. 3. 1886.

L Hatham 1853, S. 31f.; Apfelstedt, S. 70f.

Hartmut Fuhrmann

Geyer, *Lothar* August Willy: Pädagoge, Künstlerischer Leiter des Chema-Amateurtheaters, *15. 6. 1928 Sömmerda, †25. 12. 1998 Arnstadt, Staatspreisträger für künstlerisches Volksschaffen der DDR, 1963 Mitbegründer und Leiter des Kreislaientheaters (Träger FDGB-Kreisvorstand Arnstadt, ab 1966 VEB Chema Rudisleben), dessen erste Aufführung am 31. 5 1964 mit *Romeo, Julia und die Finsternis* stattfand, neben einer Erwachsenenabteilung, gab es das Jugendstudio und die Pionierabteilung (Aufführung von Märchen-, Kinder- und Jugendstücken), Aufbau eines Kinder- und Schüleranrechts, 1967 Verleihung des Titels *Arbeiter-theater*, Darbietung von Eigeninszenierungen (u. a. von Hans Sachs-Spielen und Märchen), Gastspieltätigkeit, Lothar Geyer war Mitglied des Theatervereins Arnstadt e. V. und des Amateurtheaterverbandes.

Q TA v. 29. 12. 1998, Nr. 305.

L Stangenberger, Rolf: Die Pfosten sind, die Bretter aufgeschlagen. Vier Jahrzehnte Arnstädter Theatergeschichte 1949 bis 1988. Arnstadt 1998, S. 79-82; Stahl, Ernst: Erinnerungen an das Volkskunstschaffen in Arnstadt in den 50er und 60er Jahren des 20. Jahrhunderts. Arnstadt 2003, S. 63-67 (Porträt).

Andrea Kirchschlager

Gleitsmann, Paul: Musiker, *1667 Weißenfels, †1710 Arnstadt (?), seit kurz vor 1690 Instrumentalist (Laute, Violine, Viola da Gamba) in der Arnstädter →Hofkapelle, gleichzeitig Kammerdiener, nach Adam →Dreses Tod 1701 dessen Nachfolger als Hofkapellmeister, also auch während Joh. Seb. Bachs Arnstädter Zeit. Anläßlich der Bewerbung Johann Ernst Bachs um die Organistenstelle an der Neuen Kirche nach Joh. Seb. Bach stellte ihm Gleitsmann das Zeugnis über sein erfolgreiches Probespiel aus.

L Müller, Karl: Der junge Bach. In: Arnstädter Bachbuch. Arnstadt 1957, S. 74 u. 122f.   *Alwin Friedel*

Glocken: Arnstadt besitzt noch 5 historisch wertvolle Glocken: Uhrglocke auf dem →Rathaus, gegossen um 1300 (evtl. ursprünglich →Jacobskirche), Inschrift: * CRINOS DER SCHOF MICH CLAUS GREENE DER GOS MICH *; Glocke, gegossen von Hans Sinteram 1489, der Arnstädter Klengel, jetzt →Oberkirche, Inschrift * HILF GOT BEROT HILF GOT * ; Glocke auf dem Neideckturm, gegossen 1576 von Eckehart Kucher, Inschrift * ZVN GALATER AM III DEN GOTT HAT ALLES BESCHLOSSEN VN DER DEN GLAVBEN HAT DAS ER SICH ALLER ERBARM * sowie zwei Glocken des Erfurter Gießers Melchior Möhring: die schmuckreiche Große Glocke der →Liebfrauenkirche von 1585 (Schlag-Ton h, Gewicht 4 t), reichhaltige Inschriften mit Nennung des Gußjahres und der Arnstädter Bürger Kirchberger, Heden, Boerner und Richter, Bibelstelle * JOHANN AM III CAP ... *, zwei

Reliefs der Mondsichelmadonna sowie in hebräisch: * 150. Psalm: Lobt ihn mit hellen Zimbeln * und die Rathausglocke von 1586, Inschrift * A+D+M+I+Æ ANNO 1586 DA GOS MICH MELCHIOR MEORINCK IN ERFFURDT *. 1942 wurden die Glocke der →Oberkirche (auch von Melchior Möhring, 1587) und zwei historische Glocken der Liebfrauenkirche zum Einschmelzen im Turm zerschlagen. Die fünf Glocken der Bonifatiuskirche (Bachkirche), darunter die Bierglocke, zerstörte der Stadtbrand 1581. Zur Einsparung von Läuten wurde 1882 die Große Glocke der Liebfrauenkirche durch Carl Collier umgeändert und stark beschädigt, dadurch Klangverlust. Dazu kamen 1958 drei neue Glocken, jedoch aus Eisenhartguß, heute bruchgefährdet. Zahlreiche Spender ermöglichten dem Kuratorium Liebfrauenkirche Arnstadt für das Jahr 2004 die Instandsetzung der Großen Glocke und den Neuguß von drei Bronzeglocken zum Geläut h - e´- fis´- gis´.

L Schüffler, Joachim: Arnstadts Glocken. In: Thüringer Kirchliche Studien II. Berlin 1971, S. 193 -200; Schmidt, Marcus: Gutachten zu den Glocken der Liebfrauenkirche Arnstadt. Eisenach 2001, (Kirchenarchiv); Orban, Hans-Ulrich: Die Geschichte der Glocken der Liebfrauenkirche in Arnstadt. Hg. Kuratorium, Arnstadt 2002.   *Hans-Ulrich Orban*

Gockenbach, Paul: Hoch- und Tiefbau, Wasserleitungsbau, Ichtershäuser Str. 24, ab 1901 erwähnt, in das HR eingetragen am 14. 8. 1902, am Anfang des Jahrhunderts umfangreiche Aufträge beim Bau von Wasserleitungen und Wasserwerken, z. B. in Ilmenau, Gehren, Rückersdorf, Rudolstadt und Schwarzburg, 1903 Bau der Wasserhochdruckleitung in Probstzella, bestehend aus Quellfassung, Hochbehälter, Verrohrung des Ortes und Hausanschlüssen, 1908 Planung einer Einzelhaussiedlung zwischen Setze und Ohrdrufer Straße, zwischen Rehestädter Weg und Ichtershäuser Straße (Nr. 90) wurde 1909 die Errichtung eines Zementwerkes geplant, 1911 bot Gockenbach in der Landhauskolonie Roseggerstraße Ein- und Zweifamilienhäuser zum Verkauf an, 1915 Brückenbau über den Mühlgraben in der Neideckstraße, 1916 entwickelte Gockenbach Betonsteine zur Herstellung zylindrischer Behälter aus Eisenbeton, ab 1919 war Robert Gockenbach Prokurist der Fa. (gleichzeitig auch Test- und Rennfahrer bei der Fa. Rud. →Ley AG), im gleichen Jahr kaufte Gockenbach die →Neumühle an der Hammerecke, am 4. 2. 1926 Gründung der Paul Gockenbach GmbH, welche die Fa. Paul Gockenbach fortsetzte und gleichzeitig die MOMAG (Motorfahrzeuge- und Maschinenhandelsgesellschaft mbH) übernahm, Produktionsumfang: Ausführung von Wasser- und Betonarbeiten jeder Art sowie der Handel mit Röhren und Maschinen, am 23. 4. 1931 Neueintragung der Fa. Paul Gockenbach, Auflösung der GmbH und Liquidation, am 1. 7. 1932 im HR gelöscht, am 20. 4. 1932 wurde Wilhelm Gockenbach alleiniger Inhaber der Fa., am 29. 6. 1951 verstarb Paul Gockenbach, Fa. wurde bis 1952 unter gleichem Namen weiter geführt, ab 1. 10. 1952 Übernahme in die örtliche Industrie und Umwandlung in den VEB →Beton- und Rohrleitungsbau.

Q KAA, Bestand Kreistag u. Rat des Kreises Arnstadt, Nr. 401; ANIB 1901-22; AA 1922-38; DV v. 12. 7. 1951.   *Heidrun Fröhlich*

Goldene Henne: Historisches Gast- und Logierhaus, Ried 14, 1608 erstmals erwähnt (Braugerechtigkeit), der Gebäudekomplex besteht aus einer Dreiflügel-Anlage, seine Bedeutung beruht vor allem auf der Gestalt des Vorderhauses, ein zweistöckiges verputztes Fachwerkgebäude mit symmetrischer Fassade, 13 Fensterachsen und dreistöckigem Mittelrisalit mit Dreiecksgiebel, Krüppelwalmdach mit Dachgaupen, 1865 erfolgte an der Wagnergasse der Anbau des nördlichen zweistöckigen Seitenflügels mit massivem Unter- und Fachwerkoberstock, massivem Ge-

Gast- u. Logierhaus Goldene Henne, Lithographie 19. Jh.

wölbekellerteil und einem Flachkeller, der Stucksaal wurde Ende des 19. Jhs. eingerichtet, die Sanierung begann im zweiten Quartal 2000, der südliche Seitenflügel ist ein zweigeschossiges verputztes Fachwerkgebäude mit Toreinfahrt, im Erdgeschoß massiv, bedeutende Gäste im 19. Jh. (Johann Wolfgang von Goethe, Neidhardt von Gneisenau, Willibald →Alexis, 1850 Fürst Otto von Bismarck), Kurgäste, 1904 fürstliches Festmahl anläßlich der 1200-Jahrfeier, besaß große Bedeutung für das Vereinsleben, 1880 Gründung des Vereins für Geflügelzucht und Vogelschutz für Arnstadt und Umgebung, 1882 des Arnstädter Zweigvereins des Thüringer Wald Vereins, 1897 Gründung des Vereins für fakultative Feuerbestattung zu Arnstadt, von Mai 1918 bis Juni 1919 Reservelazarett, 1922 Kauf durch die Stadt und Schließung des Gaststätten- und Hotelbetriebes, Februar 1923 Einrichtung einer öffentlichen Notstandsküche durch den Arnstädter Hausfrauenverein, später entstanden noch 8 sogenannte Volkswohnungen für alte bedürftige Einwohner, ab 1923 bauliche Veränderungen zur Einrichtung einer Handschuhfabrik (Bros, Steinberger und Lobl), die bis 1927 dort verblieb, in den folgenden Jahren Wohnhaus, Notstandsquartier und Armenhaus, 1946 wohnten hier 120 Personen, weshalb in den 50er Jahren im Stucksaal massive Zwischenwände eingezogen und Schornsteine gebaut wurden, Wohnhaus für sozialschwache Familien bis nach der Wende, 1993 Verkauf des Gebäudes durch die Stadt an Familie Jörg Becker, Einstufung als Einzeldenkmal, obwohl es teilweise abbruchreif war und noch 13 Familien im Haus wohnten, von 1993-2001 Auszug der Mieter und Wiederaufbau (110 Tonnen Mietermüll, ca. 500 Tonnen Bauschutt), 4. 6. 2001 (Pfingsten) Wiedereröffnung als Gastronomie und Hotel.

L Tag des offenen Denkmals im Ilm-Kreis. Arnstadt 2002, S. 12; Goldene Henne – Zeitung zur Unterhaltung und Information (Hoteleigene Zeitung). Hg. v. Familie Jörg Becker. Arnstadt 2003.

Hartmut Fuhrmann

Goldene Sonne: Hotel u. Gaststätte, beherbergt den ältesten Gasthof Arnstadts (erste urkundliche Erwähnung des Hauses Ried Nr. 3 1497), bereits 1562-79 als Gasthof *Zu den nackenden Kindlein* genannt. Wirt war damals Hans Schoner der Mitt-

Hotel u. Gasthof Goldene Sonne auf dem Ried

lere (genannt Wurst). Er wurde 1524 geboren und stammte aus einer alten Nürnberger Kaufmannsfamilie. Als die Familie Berles 1602 den Gasthof erwarb, gab sie ihm den Namen *Zur Sonnen auf dem Riedt*. In seiner wechselvollen Geschichte schätzten auch bedeutende Persönlichkeiten die Gastlichkeit der Sonne. Im 17. und 18. Jh. war sie ein Treffpunkt der Musikerfamilie der Bache für ihre Familientage. *Die Art und Weise, wie sie die Zeit während dieser Zusammenkünfte hinbrachten, war ganz musikalisch. Da die Gesellschaft aus lauter Kantoren, Organisten und Stadtmusikanten bestand, die sämtlich mit der Kirche zu tun hatten wurde, wenn sie versammelt waren, zuerst ein Choral angestimmt. Von diesem andächtigen Anfang gingen sie zu Scherzen über, die häufig sehr gegen denselben abstachen. Sie sangen nämlich nun auch Volkslieder* (Carl Philipp Emanuel Bach). 1743 erwarb ein Brauherr den Gasthof und bis 1850 durfte selbstgebrautes Bier ausgeschenkt werden. Von 1851 bis um 1900 wohnten viele Kurgäste des →Solbades hier. 1901 erwarb Wilhelm Vettrieck den Gasthof und erweiterte ihn zum Hotel. 1909, 1913 und 1924 erfolgten größere Umbauten und Renovierungen. Heute in Familienbesitz.

L AHB (1980), S. 27f.   *Hartmut Fuhrmann*

Greßler, Ottomar: Seit ca. 1893 erwähnt in Marlishausen, im Januar 1902 in das HR eingetragen als Baubetrieb in Marlishausen, Inhaber Baugewerksmeister *Ottomar* Magnus Greßler (*2. 11. 1858 Marlishausen, †23. 10. 1931 Arnstadt, wohnte Kauffbergstr. 12, Grabmahl →Neuer Friedhof), Kiesgruben am Bahnhof Arnstadt und in der Ichtershäuser Straße, zusätzlich Säge- und Hobelwerk, 1903 bot Greßler Wohnungen in der Ichtershäuser Straße zur Vermietung an, im gleichen Jahr erfolgte durch ihn die Bebauung der Sodenstraße, baute erste Häuser am Berggartenweg u. in der Kauffbergstraße, Bauausführung der →Arnsbergschule, Mitwirkung beim Bau der Häuser im →Fasanengarten und einiger Häuser in der Erfurter Straße, 1913 erbaute die Fa. Greßler die jüdische →Synagoge in Arnstadt, ab 1. 4. 1920 Verlegung der Fa. nach Arnstadt, Kauffbergstr. 12, Verkauf von Stufen, Sockelsteinen, Zement, Sparkalk, Graukalk, Fliesen, Pflasterklinker, Tonröhren, Viehtrögen, Gipsdielen, Falz- und Zungenziegel, Backsteinen, 1921 Auftrag zum Bau von fünf Sechsfamilienhäusern in der Rudolstädter Straße, Fa. wurde nach dem Tode Ottomar Greßlers 1931 durch dessen Sohn *Max* Ottomar (*9. 4. 1886 Marlishausen, †10. 10. 1947 Arnstadt, Grabmahl Neuer Friedhof) fortgeführt, 60-100 Beschäftigte, im Winter nur etwa 20, ab 1948 Hans Greßler Inhaber, Fa. bestand bis etwa 1981 als Baustoffhandel und Kiesgrubenbetrieb (8-10 Beschäftigte).

Q KAA, Bestand Stadt Arnstadt, Sign. 008-47; Bestand Kreistag u. Rat des Kreises Arnstadt, Nr. 982, 1328, 1354; ANIB 1893-1921; AA 1924-37; ThV v. 3. 6. 1948.   *Heidrun Fröhlich*

Grosse, Karl Theodor *Bernhard*: Gymnasialprofessor, Geschichtsforscher, Vorsitzender der →Museumsgesellschaft *19. 8. 1854 Fallingbostel, †23. 12. 1938 Arnstadt, Sohn von Dr. med. Bernhard Grosse, 1868-74 Besuch des Gymnasiums an der Lateinischen Hauptschule in Halle, 1874 Abitur, 1874-78 Studium der Philologie und Archäologie in Göttingen, 1879 Staatsexamen, Lehramtsprüfung in Göttingen für die Fächer Griechisch, Latein und Deutsch, Absolvierung des Probejahres am Gymnasium Catharineum in Lübeck 1878/79, dort bis 1880 als wissenschaftlicher Hilfslehrer angestellt, 1880-81 Lehrer an der Lateinischen Hauptschule in Halle, 1881 Promotion zum Dr. phil. in Halle (*De Graecorum Luna*), am 10. Oktober 1881 Übertragung

Bernhard Grosse

der 1. ordentlichen Lehrerstelle am →Gymnasium in Arnstadt, 1883 Oberlehrer, 1885 Ernennung zum Professor, 1898 Verleihung des Fürstlich Schwarzburgischen Ehrenkreuzes III. Klasse, 1915 Studienrat, 1919 Ernennung zum Geheimen Studienrat und Eintritt in den Ruhestand, 1931 Feier seines 50jährigen Doktor-Jubiläums, heiratete die Tochter des Gymnasialdirektors Dr. Johann Samuel →Kroschel, Mitglied des historischen Kneipabends im Burgkeller (Altertumskränzchen), Gründungsmitglied der Museumsgesellschaft, Mitglied des 1903 gebildeten Ausschusses der Museumsgesellschaft zur Vorbereitung der 1200-Jahrfeier Arnstadts 1904, Vorsitzender der Museumsgesellschaft von 1915-30, seit 1930 Ehrenmitglied, 1901-05 ehrenamtlicher Leiter des Fürstl. Regierungsarchivs Arnstadt, 1928 wiederum ehrenamtliche Betreuung des nunmehrigen Thür. Staatsarchivs Arnstadt, Mitarbeiter des Stadtarchivs, 1905 Herstellung eines Kataloges für die Bibliothek des Fürstl. Gymnasiums Arnstadt, 1919 Wahl Grosses in den Verwaltungsausschuß der neuerrichteten →Museumsstiftung, hatte großen Anteil an der Einrichtung des →Heimatmuseums, wohnte Am Häckerstieg 2.

W *Zwei Arnstädter „Heilige-Christ-Komödien".*

In: Gymnasialprogramm Arnstadt 1899, S. 1-19, *Ein Inventar des Gräflichen Schlosses Neideck in Arnstadt vom Jahre 1583.* In: Alt-Arnstadt 4 (1912), S. 1-71, *Zur Hedenurkunde vom 1. Mai 704.* In: Alt-Arnstadt 7 (1927), S. 3-23, *Geschichte der Apotheke unter der Galerie.* In: Alt-Arnstadt 10 (1934), S. 9-90 (zus. mit Paul Thalmann), *Zum Bach`schen Hochzeitsquodlibet von 1707.* In: Jahrbuch der Neuen Bachgesellschaft Leipzig 1935.

Q KAA, Bestand Stadt Arnstadt, Sign. 311-05-6.

L Albrecht, Hans: Nachruf Dr. Bernhard Grosse. In: Alt-Arnstadt 12 (1939), S. 125-127 (Porträt).

Andrea Kirchschlager

Grünewald, Christian: Hoch- und Tiefbau, ehemals Fa. Lotz (→Lotz & Gerhard), bereits ab 19. 9. 1945 Mitinhaber, ab 1954 alleiniger Inhaber, Ichtershäuser Str. 26, Spezialbetrieb für Hochbehälterbau, 28 Beschäftigte, weitere Arbeitskräfte für den auswärtigen Einsatz (Maurer, Zimmerleute, Rohrleitungsmonteure) wurden gesucht, ab 1959 staatliche Beteiligung, per 31. 12. 1961 schied Grünewald aus der Fa. aus, gleichzeitig Liquidation der Fa., ein Teil der Fa. (Behälterbau) wurde dem VEB →Beton- und Rohrleitungsbau zugeordnet, der andere Teil (Betonrohrfertigung) dem VEB →Betonwerk Arnstadt.

Q KAA, Bestand Kreistag u. Rat des Kreises Arnstadt, Nr. 651, 1354; ThVZ v. 23. 12. 1945.

Heidrun Fröhlich

Grunert, *Wilhelm* Julius Ludwig: Kunsterzieher, Maler, Grafiker, *10. 3. 1891 Lehrte b. Hannover, †10. 3. 1963 Hamburg, Sohn des Stationsassistenten *Carl* Friedrich Wilhelm Grunert und dessen Ehefrau Henriette, geb. Mende, Besuch der Volks- und Mittelschule in Lehrte und der Realschule in Sondershausen, 1906-11 Studium am Landeslehrerseminar in Sondershausen, 1911 Aufnahme als Schulamtskandidat und Anstellung an der Schule in Geschwenda, 1913 Aushilfslehrer in Wenigenehrich, 1914-19 Lehrer in Oberwillingen, 1919 kurzzeitig in Clingen, ab Oktober 1919 Lehrer an der Knabenbürgerschule in Arnstadt. Nach Schulabschluß Musikstudium (Hauptfach Klavier) am Konservatorium in Sondershausen, Eheschließung mit Therese Alma *Gertrud*, geb. Schmidt, bis 1945 in Arnstadt ansässig (Kreispropagandaleiter der NSDAP), danach wohnhaft in Hamburg und Tätigkeit als Kunsterzieher in Hamburg-Othmarschen, Studium an der Schule für Kunst und Gewerbe in Hamburg-Altona, Studien u. a. bei Prof. Walter Klemm in Weimar, Mitglied im Verband Bildender Künstler, Ausstellungen u. a. in Arnstadt, München, Istanbul, Molsdorf, Stuttgart, Weimar.

W Ölgemälde (Landschaften), Aquarelle, Graphiken, Exlibris, Familienwappen, Urkundengestaltung, Anzeigen, in den 1930er Jahren Auftragsarbeiten mit Ansichten der Reichsautobahn, Buchillustrationen für *Winter in Thüringen* (Wintersportführer 1925) mit Holzschnitten und Federzeichnungen, *Wanderungen durch das Drei-Gleichen-Gebiet* (1928), *Die Lehmannsbrück* (Paul Sömmering, Arnstadt 1935).

Q KAA, Bestand Stadt Arnstadt, Sign. 311-03-2.

L Vollmer, Hans: Allgemeines Lexikon der Bildenden Künstler des XX. Jahrhunderts. Bd. 2 (E-J), Leipzig (o. J.), S. 325f. *Andrea Kirchschlager*

Güldener Greif: Das Haus 1551 *Zum güldenen Greif* genannt, läßt sich bis um 1470 zurückverfolgen und diente bis ins 19. Jh. als Logierhaus für vornehme Besucher.

Kurz nach 1586 aus einem Komplex mehrerer Gebäude von Caspar Spörl errichtet, u. a. ist der 1566 erwähnte Brauhof *Zum Weinfaß* mit in den Gebäuden aufgegangen. Das Fachwerkobergeschoß nach der Marktseite mit der "Thüringer Leiter" vermutlich 1689 errichtet. Der hintere Teil des Hauses an der Kirchgasse zeigt in der Brüstungszone durchkreuzte Rauten und im massiven Untergeschoß die Jahreszahl 1623. Der Boden des polygonalen Erkers an der Nordostecke des Hauses ist mit reichem Renaissanceornament geschmückt, 1829 Aufbahrung der tödlich getroffenen Frau von →Linsky und später (1867) Handlungsort des bedeutendsten Romans der →Marlitt - *Das Geheimnis der alten Mamsell*, 1840 erhielt das Haus den Namen *Schwarzburger Hof*.

1862 trafen sich hier Jacob Grimm und Fritz Reuter, um 1900 Ankauf durch Brauereibesitzer August →Mergell, am 23. 9. 1905 Versammlung mit Karl Liebknecht unter reger Teilnahme (Gedenktafel v. 1955), 1921 Erwerb durch den Kreislandbund (Haus der Landwirte m. b. H.),

7.-10. 11. 1924 2. Große Thüringer Funkausstellung. 1925/26 Bau eines Nebengebäudes (Westseite) für Geschäftszimmer des Kreislandbundes, der Kreislandwirtschaftskammer u. der Vereinigten Wirtschaftsverbände v. Arnstadt. Der Güldene Greif war u. a. Sängerheim der *Liedertafel*, des *Arnstädter Sängerchores e. V.* u. des *Männer-Gesangvereins Tonhalle*. 1928 wurde die im frühen 18. Jh. verputzte Fassade wieder freigelegt, 1955 Renovierung u. Wiedereröffnung als HO-Gaststätte, Anfang der 60er Jahre geschlossen, 1971 Abbruch des Fachwerkaufbaus des zweiten Obergeschosses und des steilen Daches wegen Bauschäden, Wiederaufbau vorgesehen.

L Thalmann, Paul: Geschichte des Hauses zum Güldenen Greif in Arnstadt. In: AA v. 17. 6. 1928, Nr. 24. *Ulrich Lappe / Hartmut Fuhrmann*

Günther I. von Schwarzburg-Sondershausen: Fürst, *13. 8. 1678 Auleben, †28. 11. 1740 Sondershausen, begr. Trinitatiskirche Sondershausen, Sohn von Graf (ab 1697 Fürst) Christian Wilhelm von Schwarzburg-Sondershausen (1647-1721) und Antonia Sibilla, geb. von Barby (1641-84), Eheschließung am 2. 10. 1712 in Bernburg mit Elisabeth Albertine, geb. von Anhalt-Bernburg (1693-1774), regiere vom 20. 4. 1720 bis 28. 11. 1740, Erziehung durch Dr. Georg Friedrich Meinhard (1651-1718) und Jurist Immanuel Weber (1659-1726), Weber unterrichtete Günther in Philosophie, Jura, Geschichte, Literatur und Theologie. Der junge Prinz mußte sein Wissen in öffentlichen Disputationen beweisen, lernte außerdem Griechisch, Italienisch, Französisch, Latein und Hebräisch. 1699-1701 Bildungsreise durch Europa, u. a. Paris, in Begleitung von Christoph Herwart Baron von Regall (1671-1704), promovierte in Oxford zum Doktor der Rechte, nach Rückkehr immer stärkere Einbeziehung in die Regierungsgeschäfte durch den Vater Christian Wilhelm, Günther I. inszenierte anläßlich des Geburtstages seines Vaters 1702 ein Singspiel (Text: Carl Gustav Heraeus) nach französischer Manier im Riesensaal des Sondershäuser Schlosses, mit Vater und Bruder Heinrich Teilnahme an der Kaiserwahl Karl VI. in Frankfurt 1711, nach Primogeniturregelung gespanntes Verhältnis zum zweitältesten Bruder Heinrich, mit Regierungsübernahme 1720 häufigere Aufenthalte in Arnstadt, Bau des →Neuen Palais in Arnstadt als Witwensitz für seine Gemahlin, Fertigstellung 1734, Neues Palais wurde Ort für Aufstellung der umfangreichen Kunstsammlungen, Förderung der Wissenschaften und der Künste, u. a. 1729 Anstellung des Malers Johann Alexander →Thiele, erste Glanzzeit der Fürstlichen →Hofkapelle unter dem Kapellmeister Johann Balthasar Christian Freislich (1687-1764) mit zahlreichen Aufführungen von Passionen, Kantaten, Serenaden, Singspielen, Günther I. unterhielt enge Beziehungen zu Friedrich August I. Kurfürst von Sachsen und König von Polen (1670-1733), von dem er 1728 den polnischen Weißen Adlerorden verliehen bekam, und zum Fürstenhaus Anhalt-Bernburg. Günther verfügte die Neuordnung des Archivwesens, den Neubau verschiedener Gebäude wie Prinzenpalais in Sondershausen, Jagdschloss Zum Possen, Schulen, Waisenhaus, Kasernen, Umgestaltung der Sondershäuser Schloßkapelle. Er regierte das Fürstentum Schwarzburg-Sondershausen zwanzig Jahre erfolgreich ohne größere innere und äußere Konflikte.

Q Des Weyland Durchlauchtigsten Fürsten und Herrn, Herrn Günthers, Fürsten zu Schwartzburg etc. etc. Kurtzgefaßte Personalia ... 1740; Heydenreich, Lebrecht Wilhelm Heinrich: Supplement Historiae Schwarzburgicae oder der Historie des Gräflichen, nunmehr Fürstl. Hauses Schwartzburg anderer Theil darinnen die Geschichte der Graffen und Fürsten zu Schwartzburg etc. Mit einer Vorrede ... von dem Verfasser (1744). *Christa Hirschler*

Günther XXI.: Graf von Schwarzburg-Blankenburg und deutscher König, Herr zu Arnstadt *1304 Blankenburg, †14. 6. 1349 Frankfurt a. M., Eltern Graf Heinrich VII. von Schwarzburg-Blankenburg und Christina von Gleichen (dänische Vorfahren, Erziehung in Dänemark), vermählt (1331?) mit Elisabeth, Tochter des Grafen Dietrich von Honstein, unter Einfluß des Vaters zusammen mit seinem Bruder Heinrich X. ritterliche Ausbildung, daneben solide Geistesbildung (Hauslehrer namens Frowinus, spätere Freundschaft mit dem Augustiner Heinrich von Frimar, einem der gelehrtesten Männer der Zeit), nach dem Tod des Vaters 1324 gemeinsam mit seinem Bruder Fortsetzung der Politik der Bindung an die Wittelsbacher (zuvor - 1323 - Besuch König

Ludwigs des Bayern in Arnstadt, welcher dort mehrere Urkunden ausstellte), militärisches Engagement vor allem bei der Verteidigung der den Wittelsbachern zugefallenen Mark Brandenburg, 1330 Empfang der Lehen vom Kaiser über seine Territorien, Ernennung zum kaiserlichen Rat und Landeshauptmann der Mark Brandenburg, mehrfach durch den Kaiser mit diplomatischen Missionen betraut (u. a. 1342 Lübeck), zusammen mit seinem Bruder Heinrich X. oder dessen Söhnen Heinrich XII. und Günther XXV. Gebietszuwächse in den dreißiger und vierziger Jahren des 14. Jhs. (1331 Kauf der Burg Windberg auf dem Hausberg über Jena, Erbvertrag mit Graf Otto von Orlamünde, demzufolge Rudolstadt nach dem Tode des kinderlosen Otto 1340 an Schwarzburg fiel, 1332 Erwerb des noch hersfeldischen Teils von Arnstadt, 1333 vertragliche Inbesitznahme der Leuchtenburg mit der Stadt Kahla, 1343/44 Verträge mit den Grafen von Orlamünde, Erwerb der Stadt und Herrschaft Dornburg), Ausdehnung des schwarzburgischen Herrschaftsbereiches auf Nordthüringen (Frankenhausen 1340, Rathsfeld 1341), u. a. dadurch Gefährdung der Territorialpolitik der wettinischen Landgrafen in Thüringen, Thüringer Grafenkrieg 1342-45, 1. 9. 1342 in Arnstadt geschlossenes Kriegsbündnis auf drei Jahre (neben Günther von Schwarzburg die Grafen von Orlamünde und Honstein, die Vögte von Plauen und Gera, weitere Herren Thüringens, unterstützt vom Mainzer Erzbischof), Arnstadt erfolglos durch den Landgrafen und die mit ihm verbündeten Erfurter belagert (1342-45), nach wechselvollen Kämpfen letztlich Übergewicht der Wettiner, Weißenfelser Friedensschluß am 28. 7. 1345, Unterwerfung Günthers XXI. unter die Wettiner unter Territorialverlusten, nach dem Tode Kaiser Ludwigs des Bayern durch die wittelsbachische Partei Günther XXI. als eigenen Nachfolger und in Opposition zu Karl IV. aufgestellt, Antreten des Königtums Günthers XXI. am 30. 1. 1349 mit den Kurstimmen von Mainz, Brandenburg, Sachsen-Lauenburg und der Pfalz, 6. 2. 1349 feierlicher Einzug in die Krönungsstadt Frankfurt a. M., nach dem Abfall wichtiger Verbündeter und schwerer Erkrankung konnte er die im Frühjahr 1349 ausgebrochenen Kämpfe (u.a. im Rheingau) mit Karl IV. nicht fortsetzen, 22. - 26. 5. Friedensvertrag, Verzicht Günthers auf die deutsche Königskrone, auf Anweisung Karls IV. mit königlichen Ehren nach Frankfurt verbracht, dort am 14. 6. 1349 (vermutlich an der Pest) verstorben, Beisetzung im Frankfurter Dom St. Bartholomäus im Beisein der Großen des Reiches, Grabdenkmal aus dem Jahre 1352.

L Müller-Mertens, Eckhard: Karl IV. In: Engel, Eva-maria / Holtz, Eberhard (Hg.): Deutsche Könige und Kaiser des Mittelalters. Leipzig/Jena/Berlin 1989, S. 305-322; Ohl, Manfred: Günther XXI. Graf von Schwarzburg-Blankenburg und deutscher König. In: Ignasiak, Detlef (Hg.): Herrscher und Mäzene. Thüringer Fürsten von Hermenefred bis Georg II. Jena und Rudolstadt 1994, S.111-121; Biedermann, Georg: Graf Günther von Schwarzburg-Blankenburg und ein erledigter deutscher Kaiserstuhl. In: Greifenstein-Bote, Sonderheft Januar 1995, S. 3-7; Herz, Hans: Die Grafen von Schwarzburg von den Anfängen bis zur Bildung der Grafschaft Schwarzburg-Rudolstadt. In: Thüringer Landesmuseum Heidecksburg Rudolstadt (Hg.): Die Grafen von Schwarzburg-Rudolstadt, S. 9-34.

Matthias Klein

Günther XLI. (Bellicosus, der Streitbare): Graf von Schwarzburg, der herausragendste Sproß des Hauses Schwarzburg, *25. 9. 1529 Sondershausen, †15. 5. 1583 Antwerpen, begraben in Arnstadt, →Liebfrauenkirche, dort mehrgeschossiger Spätrenaissance-Doppelepitaph, zweiter, ebenfalls als kostbar angesehener Epitaph in der →Oberkirche in Arnstadt, katholisch, 1541/42 evangelisch-lutherisch, Sohn von Günther XL. Graf von Schwarzburg (1499-1552) u. v. Elisabeth Gräfin von Ysenburg und Büdingen (1507-72), 1525/26-52 regierender Graf, Eheschließung 17. 11. 1560 mit einem der größten höfischen Feste der Zeit im neu errichteten Renaissance-Schloß →Neideck in Arnstadt mit →Katharina Gräfin von Nassau. Die schwarzburgischen Grafen Hans Günther (1532-86), zuletzt regierender Graf in Sondershausen, Wilhelm (1534-97), zuletzt regierender Graf in Frankenhausen, und Albrecht VII. (1537-1605), zuletzt regierender Graf in Rudolstadt, waren Brüder. Wilhelm Graf von Nassau, Prinz von Oranien (1533-84), Gründungsvater der unabhängigen Niederlande, war ein Schwager. 1552-83 regierender Graf mit Hauptresidenz in Arnstadt, gemeinsam - zunächst mit dem Bruder Hans Günther, auch für die unmündigen Brüder

Wilhelm und Albrecht VII. - in allen schwarzburgischen Besitzungen (ab 1564/65 auch in Leutenberg), ab 1571 gemeinsam mit dem Bruder Albrecht VII. in der Oberherrschaft, ab 1574 allein in Arnstadt, Schwarzburg, Blankenburg, Leutenberg und Paulinzella, 28. 8. 1565 Titel Herr zu Leutenberg, 27. 5. 1566 Bestätigung der Vier-Grafen-Würde durch Kaiser Maximilian II. auf dem Reichstag in Augsburg, 31. 10. 1576 erneute Bestätigung des den Voreltern von Kaiser Maximilian I. erneuerten Grafenstands und der Vier-Grafen-Würde auf dem Reichstag in Regensburg und Verleihung von Sitz und Stimme auf den Reichstagen durch Kaiser Rudolf II., was vor allem wegen des Widerspruchs der Wettiner zu Günthers Lebzeiten nicht durchgesetzt werden konnte. Ab 1543 Ausbildung, gemeinsam mit den Brüdern Hans Günther und Wilhelm, in der Schule im ehemaligen Franziskanerkloster in Arnstadt unter Magister Heinrich Schillingstadt, 1544 erste höfische Erziehung durch Bastian von Germar, 1547-49 Studium in Erfurt (Lehrer dort u. a. Johann Konrad →Hedenus), gemeinsam mit den Brüdern Hans Günther und Wilhelm unter der Obhut des Informators Heinrich Müller, 1549-50 weitere höfische Erziehung in Dillenburg am Hof des späteren Schwiegervaters. Oktober 1550 am Hof Kaiser Karls V. in Augsburg, ab 1551 in Innsbruck, Mai 1552 gemeinsam mit Karl V. Flucht vor Moritz von Sachsen von Innsbruck bis Villach, Juli 1552 von dort Reise nach Venedig, September 1552 im Lager Karls V. bei Straßburg, Teilnahme an der Belagerung von Metz. Nach dem Tod des Vaters Rückkehr in die Heimat, Januar 1553 kaiserliche Erlaubnis zum Abzug seiner Truppen aus Lothringen, Ende 1553 in Brüssel, März 1554 erste Bestallung zum Rittmeister über 400 Reisige und Pferde durch die habsburgische Generalstatthalterin in den Niederlanden, Maria Königin von Ungarn, 12. 8. 1554 für Günther erfolgreiche Teilnahme am für die Kaiserlichen insgesamt aber unentschieden ausgehenden Gefecht mit den Franzosen bei Renty in Artois. 21. 12. 1554 mit u. a. Hugo von Schönburg Antritt der Reise an den Hof von Königin Maria I. Tudor und des mit ihr verheirateten späteren spanischen Königs Philipps II. in England, Aufenthalt in London und Hampton Court, Januar 1555 Rückkehr nach Brüssel als Rat Philipps und Oberst der deutschen Garde in dessen burgundischer Hofhaltung. Februar Bestallung als Oberst über 1.000 Reiter, Rückkehr nach Sondershausen und Werbung der Reiter, Juli 1555 mit 2.000 Reitern in den Niederlanden, am 25. 10. 1555 bei der Abdankung Karls V. als Souverain in den Niederlanden offenbar nicht in Brüssel, ab Dezember 1555 aber wieder dort, 16. 1. 1556 in Brüssel bei der Abdankung Karls V. in den spanischen Königreichen und in den italienischen Besitzungen der Habsburger zugunsten Philipps II. Ende August 1556 Zuwendung von 10.000 Gulden rheinischen Goldes aus dem beschlagnahmten Vermögen Sebastian Vogelsbergers durch Karl V. kurz vor dessen Abdankung als Kaiser, Mitte 1557 mit 1.500 Reitern in den Niederlanden, 10. 8. 1557 als Oberst über 1.100 „Schwarzreiter" am habsburgisch-spanischen Sieg über die Franzosen in der Schlacht von Saint-Quentin beteiligt, bis Anfang 1558 in den Niederlanden. März 1558 Teilnahme am Reichstag in Frankfurt am Main, zu dem Wilhelm von Oranien im Auftrag Karls V. Ferdinand I. die Kaiserkrone überbrachte, Mitte 1558 bis Anfang 1559 wieder mit 2.500 Reitern in den Niederlanden und Teilnahme an der Fortsetzung des Krieges gegen Frankreich. 9. 12. 1558-17. 1. 1559 auf Befehl Philipps II. in Brüssel, 29. 12. 1558 dort Teilnahme am *Pompe funèbre* für Karl V., Träger von Karls V. Ordenszeichen des Ordens vom Goldenen Vlies auf schwarzsamtenem Kissen in herausgehobener Position im Trauerzug. Mai/Juni 1559 nach dem Frieden von Cateau-Cambrésis Rückführung der Truppen nach Deutschland, 24. 8. 1559 in Vlissingen bei der Abreise Philipps II. aus den Niederlanden nach Spanien, 1559-63 mit nur kürzeren Unterbrechungen Aufenthalt in der Heimat. 8./12. 12. 1561 einziger gemeinsam mit dem Bruder Hans Günther einberufener gesamtschwarzburgischer Landtag in Sondershausen, heftige wettinische Reaktionen darauf und Versuche, *die Schwarzburger in die Stellung wettinischer Landsassen herabzudrücken* (Fr. Lammert). 25. 11. 1562 Teilnahme an Wahl und Krönung Maximilians II. zum Römischen König, Träger der Königskrone im Krönungszug. April 1563-64 als Oberst über 3.000 Reiter in Diensten Friedrichs II. von Dänemark im dän.-schwed. Krieg, 1565-77 bei nur kürzeren Abwesenheiten in den schwarzb. Herrschaften, ab 1565, auch wegen des nicht nachlassenden Drucks der Wettiner, wieder in engsten Beziehungen zu Maximilian II. August 1565 Teilnahme an den Exequien für Ferdinand I. in Wien, 1. 9. 1565 Rat Maximilians II., 1. 8. 1566 Kaiserlicher Generaloberstleutnant für den Türkenfeldzug, 1566/67 Teilnahme an den Kämpfen in Ungarn, 1567 gemeinsam mit Christoph von Carlowitz und Fabian von Schönaich kaiserlicher Kommissar im Gothaischen Krieg (Vollstreckung der Reichsacht gegen Wilhelm von Grumbach u. a.), ab 1568 verschiedentlich in kaiserlichem Auftrag in den Niederlanden, u. a. 1574 mit Kenntnis des span.-habsb. Generalstatthalters Luis de Requesens gemeinsam mit dem Schwager Wolfgang Graf von Hohenlohe, 1574 Demission aus span.-habsb. Diensten. 1575 mit dem Arnstädter Kanzler Johannes Börner in Breda Moderator in den direkten Verhandlungen zwischen Vertretern Wilhelms von Oranien und Requesens'. 1576 Rat Kaiser Rudolfs II., 23. 3. 1577 Träger der Kaiserkrone im Trauerkondukt für Maximilian II. 1577 bis zum Tod in Begleitung seiner Frau in den Niederlanden, zunächst - meist in Antwerpen - mit Erzherzog Matthias von Österreich, dessen Rat (auch dessen Oberhofmeister?), 18. 1. 1578 Teilnahme am Einzug des inzwischen von den gesamt-niederländischen Staaten eingesetzten Generalstatthalters Erzherzog Matthias und Wilhelm von Oraniens in Brüssel. Lebte die letzten Jahre, von der Gicht geplagt, meist in Antwerpen, 10. 8. 1582 in Gent bei der Vereidigung von François duc d'Alençon als Graf von Flandern, 12. 4. 1583 letztes öffentliches Auftreten bei der Hochzeit Wilhelm von Oraniens mit Louise de Coligny in Antwerpen. 1557-60 Bauherr der Vierflügel-Anlage des Renaissanceschlosses Neideck in Arnstadt (Bestreitung der Baukosten hauptsächlich mit den Günther von Karl V. Ende August 1556 geschenkten 10.000 Gulden rheinischen Goldes, große und bedeutende, später verstreute Sammlung von Gemälden, Büchern, Tapisserien und Kunstkammergegenständen. 1551 Truchseß im Hofstaat Karls V., 1558 einer der *Grands seigneurs* am Hof Philipps II. in den Niederlanden.

L Beger, Jens / Pedruelo Martín, Eduardo / Rodríguez de Diego, José Luis / Emig, Joachim (Bearb.) / Lengemann, Jochen (Bearb. und Koordination): Günther

XLI. Gf. von Schwarzburg in Diensten Karls V. und Philipps II. in den Niederlanden (1550) 1551-1559 (1583). Briefe, Berichte und andere Dokumente aus den Jahren 1550-1583. Edition. (Veröffentlichung des Thüringischen Staatsarchivs Rudolstadt; Veröffentlichungen des Historischen Vereins für Schwarzburg, Gleichen und Hohenlohe in Thüringen 1). Weimar 2003. *Jochen Lengemann*

Günthersmühle: Herrschaftliche Mühle, bereits 1277 wurde eine dem Kloster zu Ichtershausen gehörige Mühle vor dem Riedtor erwähnt, vom Jungfrauenkloster zu Arnstadt 1325 an den Grafen von Käfernburg abgetreten, 1572 vom Grafen →Günther dem Streitbaren als Günthersmühle neu erbaut, 1732 weitere Erneuerung durch Fürst Günther I. 1841 besaß die Mühle 18 verschiedene Mahl- und Schrotgänge, 2 Graupengänge, 1 Stampfwerk und 1 Schneidemühle, im Laufe der Jahre mehrere verschiedene Pächter, am 6. 9. 1859 wurde die Mühle an den Maschinenfabrikbesitzer Hugo →Woltersdorf aus Sudenburg bei Magdeburg zur Pacht übergeben, dieser erwarb sie am 15. 1. 1860 käuflich, sie blieb bis 1972 immer in Privatbesitz. 1870 neue Schneidemühle in Betrieb, am 18. 3. 1872 brannte die Mühle bis auf den Grund ab, Woltersdorf baute sie als Handelsmühle wieder auf, ab 6. 8. 1892 OHG, nachdem der Sohn des bisherigen Eigentümers, Johannes Woltersdorf, als Teilhaber in das Geschäft eingetreten war, am 10. 3. 1901 Gründung der Fa. H. Woltersdorf, Günthersmühle, GmbH am 4. 10. 1904 im HR gelöscht, die Fa. Hugo Woltersdorf, Inhaber Johannes Woltersdorf in das HR eingetragen, Anerkennung der Leistungen von Johannes Woltersdorf durch die Verleihung des Titels Kommerzienrat, am 2. 1. 1932 durch den Eintritt von Werner Woltersdorf in das Geschäft erneut Bildung einer OHG. 1935 entschlossen sich die Inhaber zum Bau eines neuen Getreidespeichers

und einer neuen Mühle nach neuesten Erkenntnissen der Technik des Mühlenbetriebes in der Friedrichstraße, welche am 17. 8. 1936 in Betrieb genommen wurde. Täglich konnten jetzt fast 600 Zentner Weizen gemahlen werden. Das bisherige Grundstück wurde nur noch als Getreidelager genutzt. Zwischen 20-40 Leute wurden beschäftigt, Volkseigentum, Großbrand am 27. 8. 1949 im Lagerhaus der Mühle Woltersdorf, große Mengen an Fertigprodukten wurden vernichtet, betroffen war auch die technische Müllerei, in der Haferschalen (Streumittel) und Kartoffelwalzmehl hergestellt wurden und die Vermahlung von Drogen und Arzneimitteln erfolgte, außerdem die Fa. ADUMA, welche in einem Nebengebäude der alten Günthersmühle Trockenhefe herstellen, ab 1. 10. 1958 staatliche Beteiligung, am 1. 1. 1972 erfolgte die Verstaatlichung zum VEB Mühle Drei Gleichen, zusammen mit der Mühle Henry →Voigt, Arnshall, als Teilbetrieb, 1990 Reprivatisierung, 1996 Abriß der Günthersmühle und Bau von Wohnungen. Q KAA, Bestand Stadt Arnstadt, Sign. 008-33; Bestand Kreistag u. Rat des Kreises Arnstadt, Nr. 131, 592, 683, 689, 1348; ANIB 1870-1921; AA 1924-38. L Curdt, Otto: Geschichte der Günthersmühle in Arnstadt. Arnstadt 1909. *Heidrun Fröhlich*

Gymnasium: Höhere Knabenschule. Bestehen einer Klosterschule, Standort unbekannt, 1286 erste Erwähnung eines Schulrektors (Bertold von Eisenach) in Arnstadt *rectori scolarium de Arnstete*, 1369 Erwähnung eines *schulmeistir mid den schulern*, 1475 führte der Arnstädter *schulmeister* die Kinder und Schüler zur Wallfahrt nach Wilsnack, 1533 Errichtung einer Lateinschule (*schola latina Arnstadiensis*), Schulgebäude Ecke Schulgasse/Markt, nach den Stadtstatuten von 1543 hatten die Räte und die Pröpste die Macht, Schulmeister anzunehmen und zu entlassen, 1581 Vernichtung des Schulgebäudes beim großen

Briefkopf der Fa. H. Woltersdorf Günthersmühle

Gymnasium, Schloßplatz, um 1915

Stadtbrand, erst 1583 wieder Schulbetrieb (1583-1829 Arnstädter Stadt-und Landschule), 1588-1864 Nutzung des →Barfüßerklosters als Schule, 1671-1829 auch Lyzeum genannt (reformatorische Lateinschule beschränkt auf die Fächer Religion, Latein, Griechisch, Hebräisch, dieser Schultyp wahrscheinlich ab 1553 in Arnstadt mit der Reformation eingeführt), bis 1817 war die Stadt-und Landschule die einzige höhere Knabenschule in Arnstadt, ab 1812 Bezeichnung der 3 unteren Klassen (Quinta, Sexta, Septima) als Bürgerschule, da diese Schüler keine Universitätsreife erlangen wollten, 1817 Abtrennung der Bürgerschule vom Lyzeum auch räumlich, Verlegung ins →Waisenhaus am Schulplan, die anderen 4 Klassen (Prima, Sekunda, Tertia, Quarta) ab 1829 Gymnasium (1829-1908 humanistisches Gymnasium), langjährige Rektoren waren u. a. Konrad →Hedenus (1550-62), Erasmus →Hedenus (1583-1607), Georg Meier (1614-30), Andreas Stechan (1633-71), Johann Friedrich →Treiber (1674-1714), Johann Gottlieb →Lindner (1765-1811), Johann Christian Wilhelm →Nicolai (1811-27), 1857 Gründung der Realschule mit Unterrichtsräumen im Bürgerschulgebäude am Schulplan, Verlegung der Realschule 1860 sowie des Gymnasiums 1864 ins Waisenhaus, 1878 Umzug in den →Prinzenhof, 1908 Umwandlung des humanistischen Gymnasiums in ein Reformrealgymnasium (Gymnasium und Realschule unter gemeinsamer Leitung), 1915 Errichtung eines neuen Schulgebäudes (Fürst Günther-Schule), Schloßplatz 2, auf dem Gelände der 1913 abgerissenen Fürstl. Domäne, nach Plänen des Architekten Martin →Schwarz mit Bildhauerarbeiten von Bruno Schäfer (Frankfurt) als dreigeschossiges Hauptgebäude mit Mittelrisalit, verbunden mit einem eingeschossigen Arkadengang mit dazugehöri-

gem Wohnhaus, 1920 Einweihung eines *Ehrenschreins* für die gefallenen Lehrer und Schüler des Gymnasiums, der Realschule und des Realgymnasiums im 1. Weltkrieg (3 Lehrer und 144 Schüler), in Form eines Triptychons (dreiteiliger Klappaltar) aus dunkler Eiche mit Glasgemälde und den Namen der Gefallenen auf einem mit eisernen Kreuzen geschmückten Sockel, der sich in der Vorhalle der Schule befand, 1926 Ausbau der Realschule zur Oberrealschule, Gymnasialdirektoren waren Heinrich →Töpfer (1827-35), Theodor →Pabst (1836-66), Samuel →Kroschel (1866-98), Wilhelm →Fritsch (1898-1909), Karl Schnobel (1909-11), Johannes →Klette (1911-23), Heinrich Gleber (1924-37), 1940-45 Nutzung als Lazarett, 1945 Namensgebung *Theodor-Neubauer-Schule*, bis 1990 Erweiterte Oberschule (EOS), ab 1990 Staatliches Gymnasium I, seit 1995 Neideckgymnasium.

L Klette, Johannes: Beiträge zur Kirchen-und Schulgeschichte Arnstadts. In: Alt-Arnstadt 6 (1923); Unser Gymnasium von 1829-1929. Arnstadt 1931 (Hg. Gymnasiasten-Turn-Verein Arnstadt), S. 9-20.

Andrea Kirchschlager

H

Halber Mond: Haus Zum Halben Mond, ehemals sehr bekanntes Gasthaus (An der Neuen Kirche 8), um 1589 erbaut, 1696 Erwerb der Braugerechtigkeit durch den Glaser Hans Christoph Schmidt von seinem Nachbarn Alexander Krippe, 1820 Kauf der Gastgerechtigkeit *Zum Halben Mond* durch Joh. Wenig von Christian Heinrich Jacobi (Gerechtigkeit *Halber Mond* erst Ried 8, ab 1755 dann auf Haus *Zum schwarzen Raben*/Roßmarkt/Erfurter Straße), ab 1820 Gasthaus und Herberge der Schlosser und Leineweber, 1873 Gasbeleuchtung, 29. 8. 1875 Versammlung des Arnstädter Zweigvereins der Holzarbeitergewerkschaft mit dem Reichstagsabgeordneten Wilhelm Liebknecht, 1890 Besitzer Fritz May, 1891 Besitzer Hermann Freigang, 1898 Ankauf durch Brauereibesitzer August →Mergell und Peter Wald aus Arnstadt, 1909 Übernahme durch Paul Stötzer, 1919 Kauf durch Wilhelm Schulz aus Mühlhausen (Renovierung und Umbau), als besonderer Anziehungspunkt war ein Billiard vorhanden, später waren die täglichen Tanzabende, Varieté-Aufführungen oder Konzerte stark besucht, bis zu Anfang der 1960er Jahre ein Lokal mit für damalige Verhältnisse ausschweifendem Nachtleben, etwa 1965 Schließung, danach Renovierung und Umbau, 6. 3. 1973 Wiedereröffnung als Haus der Dienste des DLK (Dienstleistungskombinat) Arnstadt, nach der Wende Ladennutzung, 18. 10. 2000 China-Restaurant *Hongkong-Garden*.

Q KAA, Bestand Stadt Arnstadt, Sign. 2-203-13-1, II. Bd. (Nachlaß Karl Müller).   *Hartmut Fuhrmann*

Hatham, Andreas Heinrich August: Heimatgeschichtsforscher, Schriftsteller, * 22. 6. 1798 Arnstadt, † 12. 12. 1866 Arnstadt, nach Schulabschluß 1820 Studium der Theologie und Pädagogik in Jena, danach Privatlehrer und Erzieher u. a. in Bayern, 1831 Rückkehr nach Arnstadt, hier gründete er eine Privat-Erziehungs- und Bildungsanstalt, wahrscheinlich in seiner Wohnung in der Erfurter Str. Nr. 22 (Buchdruckerei O. →Böttner). Trotz starken Zuspruchs bestand die Anstalt nur wenige Jahre, sie wurde 1836 geschlossen. Im gleichen Jahr Gründung eines →Gewerbevereins, zusammen mit Ernst →John. Zu dieser Zeit wurde ihm auch die Stelle eines Präceptors (Vorbeters) in den beiden →Hospitälern St. Georg und St. Jacob sowie in der Straf- und Arbeitsanstalt übertragen. Außerdem hatte er den Dienst eines Präcentors (Vorsängers) an der Neuen Kirche übernommen, u. a. Schreiblehrer u. Copist, schuf er sich einen kleinen Nebenverdienst durch schriftstellerische Arbeiten *(Arnstadt nach seinen gegenwärtigen Verhältnissen und unter Beifügung vieler geschichtlicher Notizen, sowie einer kurzen, getreuen Schilderung seiner Umgebung dargestellt. Ein Hand- und Addressbuch für Einheimische und Fremde*, 1841). Hatham war verheiratet mit Albertine Emilie Charlotte, geb. Baum aus Angelroda.

W *Der Thüringer Wald und dessen nächste Umgebung* (o. J., geplant waren 30 Hefte, aber nur 8 Hefte kamen zum Druck), *Schloß und Dorf Elgersburg am Fuße des Thüringer Waldes, mit seiner Wasserheilanstalt und nächsten Umgebung* (Arnstadt 1841), *Die Eremitage bei Arnstadt* (Arnstadt 1843), *Der Türken-Sklave, Hans Nicol*

Fürneisen aus Geschwenda im Fürstenthum Schwarzburg-Sondershausen (Arnstadt 1845), *Treuer Führer zu den Bewohnern Arnstadts* (Arnstadt 1849), *Die Kirche unserer lieben Frauen zu Arnstadt* (Arnstadt 1863).

L Lieken, Wilhelm: Lebens-Scizze eines Thüringischen Schriftstellers, Namens: A. H. A. Hatham. Arnstadt 1850.; Scholze, Roland: A. H. A. Hatham (1798-1866). In: AVAU 8 (1998), S. 178-184.
          Roland Scholze

Hauptwache: Die Hauptwache lag an der Nordseite des Schloßplatzes am Ende der Ritterstraße (vor dem jetzigen →Landratsamt) und war ein einstöckiges Gebäude mit einem Erker, welcher im Halbrelief Siegeszeichen (Waffen, Fahnen usw.) als Verzierung aufwies. Neben dem großen Wachraum war noch ein kleiner (heizbarer) Raum, welcher zeitweise als Aufenthaltsraum für Offiziere und auch als Arrestlokal diente, Keller für Arrestzwecke. Von der Hauptwache aus wurden das Schloß und die Regierungsgebäude (jetzt Landratsamt) mit Wachposten versehen. Die ganze →Garnison bestand aus 21 Mann Gemeinen, 4 Korporalen, 2 Sergeanten, 1 Feldwebel, 1 Fourier und 3 Spielleuten und bildete den Stamm der zweiten Kompanie des Fürstlichen Füsilier-Bataillons (1826). 1854 Auflösung der Garnison, 1856 Abriß des Gebäudes, äußere Ansicht auf einer Schützenscheibe der Schönbrunn-Schützengesellschaft aus dem Jahr 1857 (Schloßmuseum).

L Fuhrmann, Hartmut: Schwarzburger Militär in Arnstadt. In: AVAU 7 (1997), S. 91-105.
          Hartmut Fuhrmann

Hausmann, *Rudolf* Hermann Anton: Mediziner, *14. 7. 1879 Eisleben, †22. 3. 1963 Arnstadt, Sohn eines Kapellmeisters, Eheschließung mit *Hildegard* Gisela Krimhild, geb. Hoy, Besuch des Luthergymnasiums Eisleben, Studium der Medizin in Halle. 1904 Promotion zum Dr. med. in Halle, Assistent an der Augenklinik und der Ohrenklinik der Universität Halle, ließ sich 1910 als Facharzt für Augen,- Hals,- Nasen-und Ohrenkrankheiten in Arnstadt nieder, hatte eine eigene Praxis, Dammweg 1, war gleichzeitig Leiter der Abteilung HNO- und Augenkrankheiten im Krankenhaus, während des 1. Weltkrieges leitender Arzt der HNO-Abteilung des Reservelazaretts in Jena, Medizinalrat, mehrere Publikationen im Archiv für Augenheilkunde und im Archiv für Ohrenheilkunde, spielte jeden Morgen vor Beginn seiner Sprechstunde eine Stunde Orgel in der Bachkirche, 1997 Benennung einer Straße (Dr.-Hausmann-Straße) im Wohngebiet Rabenhold II.

L Herr Dr. Hausmann. In: KS Juli (1959), S. 21f.

Andrea Kirchschlager

Haus Zum großen Christoph: Ried 9, dreigeschossiges Wohnhaus eines Brauhofes, im Kern mittelalterlich, die beiden massiven Untergeschosse mehrfach im 16. Jh. verändert, im Erdgeschoß gotisches Verkaufsgewölbe, Kreuzstabfenster von 1544, ein Vorhangbogenfenster (1558, Steinmetz Hans Behle), nach dem Stadtbrand von 1693 barocker Schweifgiebel u. seitlicher Dreiecksgiebel aufgesetzt, gequaderte Ecklisenen der Fassade nicht mehr vorhanden, barocke Treppenanlage im Innern vermutlich vom Ende des 17. Jhs., markantestes Gebäude des Riedplatzes mit breiter Vorderfront, schönem Tor, Erbauung an Stelle zweier ehemaliger Häuser, Ersterwähnung 1491 als Besitz des Bürgers und Handelsherren Jörge Sydenczail, 1504-1852 mit Unterbrechungen Braugerechtigkeit, Mitte 16. Jh. spätgotisches Eingangstor und Fenstergewände, 1957 freigelegt, erstmals 1562 Haus *Zu dem Christoffel* genannt, 1563 Umbau durch Hans Schoner, dessen Familie aus Nürnberg stammte. Ein großes Wandbild von 1574 zeigt

den heiligen Christopherus, wie er das Christuskind mit der ganzen Sündenlast der Welt über das Wasser trägt, Fresko, später mit Ölfarbe übermalt, Inschrift unter dem Bild: *Picta est Fig. 1574. Renovat 1732, 1770, 1840, 1866, 1874, 1927, 1957. Dies Haus es stehet in Gottes Hand, zum großen Christoph ist es genannt.* Zerstörung des 2. Stockes wohl beim Stadtbrand v. 1581, nach 1644-60 Buchdruckerei des Peter Schmid im Haus, Industriefachwerk des 2. Stockes. Im Zuge der Inflation 1923 Versteigerung des ehemaligen Brauhofes, Erwerbung durch die jüdischen Viehhändler Max Friedmann u. David Ambach, 1938 unter politischem Druck an die Thüringer Zentralviehverwaltung GmbH in Erfurt verkauft, 1954 Abtretung an die Stadt, Restaurierung 1957.

L Stahl, Ernst: Das Haus Zum großen Christoph. In: BHSKA (1960), S. 73-81; Stadtführer durch Arnstadt, S. 22. *Winfried Bollmann*

Haus Zum Palmbaum: Markt 3, dreigeschossiges, traufseitig zum Markt stehendes Bürgerhaus, aus zwei massiven Untergeschossen und einem daraufsitzenden Fachwerkgeschoß bestehend, zwischen 1583-93 als Haus *Zum roten Stern* für

Haus zum großen Christoph

Haus zum Palmbaum

den Rentmeister Christoph Kirchberger über älterem Grundriß erbaut, 1723 gelangte das Haus an Ernst Gottfried Beyer, das mittig angelegte Sitznieschenportal wurde überformt und mit dem Palmbaum, das neue Hauszeichen, und den beiden Allegorien versehen sowie Fassade und Fachwerk verputzt, 1724 erstmals Hausname *Zum Palmbaum* genannt, 1892 Ladeneinbau mit Umrahmung in historisierenden Formen, ab 1979 wurde das Haus als Museum für Stadtgeschichte mit Bachgedenkstätte genutzt.

L Lappe, Ulrich: Aus der Geschichte des Hauses "Zum Palmbaum". In: AVAU 2 (1992), S. 8-10.

Ulrich Lappe

Haus Zum schwarzen Löwen: Unterm Markt 1, traufseitig stehendes Bürgerhaus aus zwei massiven Untergeschossen und einem Fachwerk-Obergeschoß bestehend, Renaissanceportal in Rustikaquaderung mit Giebel, wohl kurz nach 1576 von Johann Förster neu errichtet (Wappen im Schlußstein des Portals zum Hof), gehörte 1570 dem Waidhändler und späteren Bürgermeister Erasmus Kilian, im zweiten Obergeschoß Teile einer Stuckdecke, zwischen 1720-30 durch Hofrat Posner umfassende Veränderungen am Gebäude, wie Verputz der Fassade und barocke Treppenanlage im Innern des Gebäudes, Wiederentdecktes Leinwandbild von etwa 1730, um 1900 Ladeneinbau und Fassadenbemalung des Fachwerkgeschosses in Form von Arabesken, figürlichen und heraldischen Darstellungen, 1966 wieder entfernt, ab 1991 umfassende Bau- und Sanierungsmaßnahmen, seit 1995 als Musikschule genutzt, im Frontispiz statt eines schwarzen Löwen Name des Hauses, heute ein Löwe in Gold nach dem Farbbefund der Fassung aus der 1. Hälfte d. 18. Jhs.

L Stadtführer durch Arnstadt, S. 8; Tag des offenen Denkmals 2003 im Ilm-Kreis, S. 28. *Ulrich Lappe*

Hebeler, Johann Heinrich *Wilhelm*: Heimatgeschichtsforscher, *6. 3. 1913 Geismar/Krs. Fritzlar, †31. 10. 1989 Arnstadt, Sohn des Schreinermeisters und Landwirts Johann Adam Wilhelm Hebeler und dessen Ehefrau Maria Magdalena, geb. Höhmann, Schulbesuch in Geismar und Fritzlar, 1930 Abitur in Marburg, 1931-32 Tätigkeit als Vermessungsgehilfe in Frankenberg/Hessen, 1933-39 Studium der Soziologie und Geschichte in Berlin und Leipzig, zur Finanzierung des Studiums Arbeit in der Landwirtschaft,

1936-39 wissenschaflicher Mitarbeiter an der Universität Leipzig, 1939 Promotion zum Dr. phil. in Leipzig (über die Bevölkerungsentwicklung hessischer Dörfer im Vergleich zu sächsischen Dörfern), 1941 Eheschließung mit Dr. phil. Renate, geb. Wagner aus Arnstadt, 1945 Rückkehr nach Arnstadt, 1945-46 folgten Tätigkeiten in der Landwirtschaft in Molsdorf und Bittstädt sowie 1946-53 in der Metallgießerei Otto Kerst in Arnstadt als Kernmacher und Maschinenformer, später als Buchhalter und Statistiker, 1953 Einstellung als Sachbearbeiter in der Abt. Gesundheits- und Sozialwesen beim Rat des Kreises Arnstadt, betrieb Aufklärungsarbeit für Gesundheitserziehung, Arbeitsschutz und Hygiene durch Vorträge, Publikationen und Ausstellungen, wie z. B. anläßlich der 1250-Jahrfeier über *Das Gesundheitswesen im Stadt- und Landkreis Arnstadt im Wandel der Zeiten* oder *Vorbeugen und Heilen einst und jetzt*, seit 1950 Mitglied des Kulturbundes, Vorstandsmitglied der Kreis-Kommission für Natur- und Heimatfreunde, Mitglied der 1953 in Vorbereitung der 1250-Jahrfeier Arnstadts gebildeten AG für Heimatgeschichte, Mitglied im Redaktionskollegium des Kulturspiegels, legte umfangreiche Sammlungen zur Personen- und Ortsgeschichte und eine Bibliographie aller heimatkundlichen Schriften, als Hilfsmittel für Forschungen an, wohnte Schönbrunnstr. 4, Grab →Neuer Friedhof, Nachlaß im Kreisarchiv Arnstadt.

W *Die Krankenanstalten Arnstadts*. Teil 1: *Die Krankenanstalt im Waisenhaus*. In: AKB H. Juni (1954), S. 9-14 *10 Jahre Aufbau des Gesundheitswesens im Kreis Arnstadt* (1949-1959). In: Beiträge zur Heimatkunde des Kreises Arnstadt 1 (1960), S. 41-61, *Neuere heimatkundliche Veröffentlichungen*. In: KS (14 Fortsetzungen von Jan. 1962-Nov. 1963), *Festschrift zum 75-jährigen Bestehen des Arnstädter Krankenhauses* (Arnstadt 1967 zus. mit Gerhart Jorns und Erich Köhler), *Zur Geschichte der Kindertagesstätten im Kreis Arnstadt*. In: BHSKA 2 (1984), S. 14-26 (Teil I) und 3 (1984), S. 17-36 (Teil II).

L Kästner, Klaus: In memoriam Wilhelm Hebeler. In: BHSKA 9 (1990), S. 101-103 (Porträt).

Andrea Kirchschlager

Hedan der Jüngere: Herzog aus einem fränkischen Herzogsgeschlecht der späteren Merowingerzeit im Maingebiet um Würzburg und in Thüringen, bezeichnete sich als *dux* (Herzog, nie als Herzog von Thüringen o. ä.) und *illuster vir* (farbiger/adliger Herr – abgeleitet von der Kleidung), nach der *Passio Kiliani* folgte auf Hruodi erst Hedan der Ältere, dann Gozbert, schließlich Hedan der Jüngere. Hedan der Ältere scheint schon nach 642/643 an der Wiedereroberung Thüringens für das fränkische Reich mitgewirkt zu haben, 704 unterstützten Hedan der Jüngere und seine Gemahlin Theodrada den Bischof Willibrord von Utrecht (658-739), den Konkurrenten des Bonifatius, mit Schenkungen in Thüringen und versuchten ihn zur Mission bzw. zum Aufbau einer ersten Kirchenorganisation in Thüringen zu veranlassen. Seine Gemahlin könnte einem thüringischen Geschlecht entstammen. Neben seinem Sohn Tiringus erwähnen jüngere Quellen noch eine Tochter namens Imminas. Der tyrannisch regierende Hedan hatte in Thüringen zahlreiche Gegner und soll nach der *Vita Bonifatii* gemeinsam mit dem Herzog Theotbald viele thüringische Adlige getötet haben. Über sein Ende streiten die Quellen.

So sollen er und sein Sohn Tiringus, an der Seite Karl Martells in der Schlacht von Vincy kämpfend, am 21. 3. 717 gefallen sein, doch scheint ein politischer Sturz Hedans zwischen 717-719 eher möglich. Anläßlich der 1200-Jahrfeier 1904 Straßenbenennung (Herzog-Hedan-Straße, zu DDR-Zeiten Umbenennung in Hedanstraße, 1991 Rückbenennung).

L Lindner, Klaus: Untersuchungen zur Frühgeschichte des Bistums Würzburg und des Würzburger Raumes. In: Veröffentlichungen des Max-Planck-Institutes für Geschichte 35 (1972), S. 52-75; Hessen und Thüringen – Von den Anfängen bis zur Reformation (Katalog der Ausstellung). Marburg / Eisenach 1992.

Winfried Bollmann / Michael Kirchschlager

Heden(us) - Familie: Bekannte Familie von Politikern, Publizisten u. a. in Arnstadt. *Heden(us), Konrad(us):* Rektor der Lateinschule, Bürgermeister, *25. 11. 1522 Neustadt an der Werra/ Hessen, †18. 5. 1591 Arnstadt, Begründer der Heden-Linie in Arnstadt, Vater des Erasmus →Heden(us), 1540 Studium in Marburg, 1542 zum Baccalaureus d. Philosophie promoviert, 1543 in Neustadt Berufung zum Rektor der lateinischen Schule, 1545 in Marburg weitere Studien, 1547 Magister, 1548 in Arnstadt Erziehung der 4 Söhne des Grafen Günther d. Ä. von Schwarzburg, empfohlen durch den Leibarzt des Grafen und ehemaligen Professors in Marburg, Dr. Nicolaus Plechter, 1550-58 Begleitung des Studiums der 4 Grafensöhne auf der Universität Erfurt (Tutor), 1550-58 u. 1562-78 Rektor, 1578-91 Bürgermeister in Arnstadt, 1583 berief man seinen Sohn Erasmus Hedenus zum Rektor der Lateinschule, nachdem seine Verlobte, Marie von Witzleben, Tochter des schwarzburgischen Rentmeisters Siegmund von Witzleben plötzlich verstarb, heiratete er noch dreimal: 1. 1556 Margarete Zwuster, die Tochter des späteren schwarzburgischen Kanzlers Johann Zwuster, 2. 1572 Anna Schönheider und 3. Margareta Bastian, die Witwe des Bürgermeisters Konrad Liebe.

Heden(us), Erasmus: Rektor der Lateinschule, *1. 12. 1556 Arnstadt, †22. 5. 1607 Arnstadt, Sohn des Konrad Heden(us), Studium in Leipzig, 1577 Baccalaureus, 1580 Magister, 1583-1607 in Arnstadt als Nachfolger seines Vaters Rektor der Lateinschule, die Stellung der Schule hob sich, Erhöhung des Kollegiums auf 7 Lehrer, 6. 2. 1583 neue, berühmt gewordene Schulordnung, 1586 Heirat mit Margareta Holstein, Tochter des schwarzburgischen Kanzlers Nicolaus Holstein.

W Verfasser eines lateinischen Gedichtes auf den großen Brand zu Arnstadt im Jahre 1581 (Erfurt 1589 gedruckt). In: Olearius, S. 292-304; *Biographia b parentis sui M. Chunradi Hedeni, Rectoris et Consulis Arnstad.*

Heden(us), Hieronymus: Kanzler, *6. 11. 1593 Arnstadt, †26. 12. 1670 Arnstadt, Sohn des Erasmus Heden(us), als Kind bei Justus Elias Evander, Stadtphysikus und Bürgermeister in Arnstadt sowie Leibmedikus in Weimar. Evander hatte die Witwe seines Taufpaten, des Bürgermeisters Hieronymus Richter geheiratet, er studierte in Jena und Leipzig Theologie, 1614 Baccalaureus, 1615 Stipendiat des schwarzburgischen Grafen mit der Bedingung, Jura zu studieren, 1620 Rat in Sondershausen, Dr. jur., 1622 Gräflich Schwarzburgischer gemeinschaftlicher Rat, 1632 Praeses des Konsistoriums in Sondershausen, 1633 Kanzler in Sondershausen, 1643 Kanzler in Arnstadt, ebenso Hof- und Justizrat, war zweimal verheiratet: 1. 1625 mit Barbara Lappe, Tochter des Kanzlers Christoph Lappe in

Sondershausen u. 2. 1642 mit Catharina Beata Fricke, Tochter des schwarzburgischen Amts- und Kassenschreibers in Ebeleben, Andreas Fricke, seine Grabplatte und ein Epitaph aus Sandstein befinden sich in der →Oberkirche in Arnstadt, seine Tochter Clara Theodora heiratete den Kanzler Martin Volckmar →Schulthes.

W Zahlreiche Schriften, u. a. Von den Gaben verschiedener Völker (*De dote variarum gentium*).

L Hesse, Johann Ludwig: Verzeichniß gebohrner Schwarzburger, die sich als Gelehrte oder als Künstler durch Schriften bekannt machten. Rudolstadt 1809, S. 7. *Winfried Bollmann*

Heer, Josef: Landtagsabgeordneter, *9. 4. 1865 Eschwege, †3. 8. 1932 Arnstadt, Sohn des Tuchmachers Conrad Heer und dessen Ehefrau Maria Elisabeth, geb. Klubescheidt, Besuch der Volksschule, Schuhmacherlehre, 1889 Eheschließung mit Caroline *Mathilde* Emilie, geb. Kummer, 1901-19 hauptamtlicher Kontrolleur bzw. Kassierer des Konsumvereins Arnstadt, Gemeinderatsmitglied, 1919-30 besoldeter Stadtrat (Beigeordneter), zunächst Dezernent für das Arbeitsamt und später für das Wohlfahrtsamt, Mitglied der SPD, 1917 der USPD, galt als einer der führenden Vertreter der SPD im Raum Arnstadt, Mitglied der Schuhmachergewerkschaft, Mitglied und Vorsitzender des Arbeiter-und Soldatenrates in Arnstadt 1918/19, Mitglied des Ministeriums des Freistaats Schwarzburg-Sondershausen bzw. der Gebietsregierung Sondershausen 1919-21, des Volksrates von Thüringen als Abgeordneter des Freistaats Schwarzburg-Sondershausen 1919-20 sowie des Schwarzburg-Sondershäuser Landtags bzw. der Gebietsvertretung Sondershausen 1919-23, 1930 Eintritt in den Ruhestand, wohnte Lange Gasse 1.

L Lengemann, S. 180f. (Porträt). *Andrea Kirchschlager*

Heimatmuseum (später Stadtgeschichtsmuseum): Am 3. 3. 1895 Aufruf der 1894 gegründeten →Museumsgesellschaft zur Einlieferung von geeigneten Gegenständen für ein zu gründendes Heimatmuseum. 3. 4. 1895 Eröffnung des Heimatmuseums im →Alten Rektorat (Kohlgasse 17), September 1898 Umzug des Museums in größere Räume des Ostflügels des →Rathauses, 1917 wegen Kriegsmaßnahmen Schließung des Heimatmuseums, Einlagerung des gesamten Inventars im →Prinzenhof, 1919 Umzug des Heimatmuseums in die I. Etage des bisher fürstlichen Schloßgebäudes (→Neues Palais), welches von der neugegründeten →Museumsstiftung wegen der Einrichtung eines Schloßmuseums übernommen worden war, 1919 Wiedereröffnung des Heimatmuseums durch die Museumsgesellschaft (nunmehr zwei Museen in einem Gebäude), 1922 Umzug des Heimatmuseums in die II. Etage und Einrichtung von Ausstellungsräumen zur Urgeschichte, Stadtgeschichte und Naturkunde, 1. 4. 1936 Übergabe des Heimatmuseums von der Museumsgesellschaft an die Museumsstiftung (Museumsgesellschaft existierte als Geschichtsverein weiter), 1940-46 wegen des 2. Weltkrieges Schließung des Heimatmuseums und 1944 Auslagerung der Sammlungen, 1946/47 Rückführung der Sammlungsgegenstände. 13. 8. 1947 Wiedereröffnung des Heimatmuseums, 1949 erstmals hauptamtlicher Leiter, 1953 Einsetzung eines Wissenschaftlers (Kunsthistorikers) als Direktor für beide Museen, 1954 Sonderausstellung zur Stadtgeschichte aus Anlaß 1250-Jahrfeier, 1955 neugestaltete ständige Ausstellung zur Stadtgeschichte, 1958 neue Ausstellungen zur Urgeschichte und Naturkunde, ab 1960 Bezeichnung Museen der Stadt Arnstadt, 1970-73 wegen geplanter Neugestaltung schrittweise Schließung des Heimatmuseums, 1979 aus Anlaß der 1275-Jahrfeier Aufbau einer neuen ständigen Ausstellung zur Stadtgeschichte in dem seit 1. 12. 1978 im Besitz der Stadt befindlichen →*Haus zum Palmbaum* (Markt 3), 15. 10. 1979 Eröffnung der ständigen Ausstellung zur Stadtgeschichte in der I. Etage des Hauses zum Palmbaum (Stadtgeschichtsmuseum), 1980-85 Bauarbeiten im Haus, 1983 Schließung der Stadtgeschichtsausstellung in der I. Etage, bis 1984 Freiziehen der bisherigen Wohnungen und Gewerberäume, 1985-86 Abriß der Hintergebäude, 21. 3. 1985 Eröffnung der →Bachgedenkstätte, 1986 Eröffnung der Ausstellung Ur- und Frühgeschichte im Keller, 1988 Aufbau einer Ausstellung zur Stadtgeschichte 1848-1945 (II. Etage), 1991 Einweihung eines Literatenkabinetts, zahlreiche Sonderausstellungen, 2003 Schließung des Museums.

L Fuhrmann, Hartmut: Vor hundert Jahren Gründung des Heimatmuseums Arnstadt. In: AVAU 5 (1995) S. 50-56. *Hartmut Fuhrmann*

Heimburg, Wilhelmine: Mit bürgerlichem Namen Berta Behrens, Schriftstellerin, *7. 9. 1850 Thale, †9. 9. 1912 Dresden, neben der →Marlitt vielbewunderte Mitarbeiterin der Gartenlaube, ein Teil ihrer Romane wurde in verschiedene europäische Sprachen übersetzt, mehrere Wohnungswechsel, bevor sich ihr Vater nach 1880 als pensionierter Oberstabsarzt in Arnstadt niederließ, hier Bekanntschaft mit der Marlitt, deren nachgelassenen Roman *Das Eulenhaus* sie fortschrieb, Übersiedlung mit den Eltern nach Dresden/Kötzschenbroda, kleinere Städte sind mehrfach Schauplatz ihrer Romane und Erzählungen, so Arnstadt für die 1892 erschienene Erzählung *Auf schwankendem Boden*, 1879-1910 brachte fast jeder Jahrgang der Gartenlaube einen Roman, fast jeder Kalender eine Novelle.

L Die Gartenlaube als Dokument ihrer Zeit. München 1967; Nachruf auf Wilhelmine Heimburg, Gartenlaube 1912, Nr. 39, S. 837-839.

Rolf Stangenberger

Heindorff (Heyndorff), Ernst Dietrich (auch Ernst Dittrich): Lehrer und Kantor, *1651 Wandersleben, †21. 1. 1724 Arnstadt, Studium in Jena (1672), danach Kantor in Tanna, Stift Fulda (oder Tanna im Vogtland ?)1673-81. Ab 8. 3. 1681 Nachfolger seines Bruders Johann Friedrich als Hof- und Stadtkantor in Arnstadt, Heindorff war die einflußreichste Persönlichkeit der Arnstädter Musikszene, Lehrer an der Fürstlichen Provinzialschule, Violinist in der →Hofkapelle, auch Komponist (Kirchenarie 1705). Er stand Pate bei Johann Ernst Bach (1683).

L Quedenfeld, Annelore: Bedeutende Persönlichkeiten des Kreises Arnstadt. 9. Fortsetzung-Musiker. In: KS April (1960) S. 16; Wollny, Peter: Alte Bach-Funde. In: Bach-Jahrbuch. Leipzig 1998, S. 138.

Alwin Friedel

Hellbach von, Johann Christian: Jurist, Historiker, *15. 7. 1757 Arnstadt, †22. 10. 1828 Arnstadt, Besuch des Lyzeums in Arnstadt, 1777-80 Studium der Rechtswissenschaften in Leipzig, bis 1789 als Advokat in Arnstadt tätig, danach lebte er 20 Jahre als Privatier in Wechmar, zog 1809 wieder nach Arnstadt, 1786 Ernennung zum Kommissionssekretär durch den Herzog von Sachsen-Coburg-Meiningen, Fürstlich Schwarzburg-Rudolstädtischer Rat, Fürstlich Schwarzburg-Son- dershäusischer Hofrat, 1819 Erhebung in den Adelsstand, Mitglied der Königlich-Preußischen Akademie der Wissenschaften in Erfurt, korrespondierendes Mitglied der Gesellschaft für Deutschlands ältere Geschichtskunde, Ehrenmitglied mehrerer literarischer Vereine, Verfasser zahlreicher juristischer und historischer Abhandlungen. W *Archiv von und für Schwarzburg* (Hildburghausen 1787), *Ueber eine Broschüre des Herrn Rath Treibers gegen das Archiv von und für Schwarzburg* (Arnstadt 1787), *Grundriß des Schwarzburgischen Privatrechts, besonders die Sondershäußer Oberherrschaft betreffend* (Hildburghausen 1789), *Historische Nachrichten von den thüringischen Bergschlössern Gleichen, Wachsenburg und Mühlberg* (Erfurt 1802), *Wörterbuch des Lehnrechts* (Leipzig 1803), *Handbuch des Rangrechts* (Ansbach 1804), *Archiv für die Geographie, Geschichte und Statistik der Grafschaft Gleichen und ihrer Besitzer* (Altenburg 1805), *M. Johann Gottlieb Lindners kurze Selbstbiographie mit Anmerkungen, einem Nachtrage und einigen Beylagen* (Arnstadt 1812), *Grundriß der zuverlässigern Genealogie des Fürstlichen Hauses Schwarzburg* (Arnstadt 1818 und Rudolstadt 1820), *Handbuch des Schwarzburg-Sondershäusischen besonders neuern Privatrechts in einem Repertorio* (Arnstadt 1820), *Nachricht von der sehr alten Lieben Frauen-Kirche und von dem dabei gestandenen Jungfrauen-Kloster zu Arnstadt* (Arnstadt 1821, Nachtrag 1828), *Adels-Lexikon* (2 Bände, 1825 u. 1826).

L Hesse, Johann Ludwig: Verzeichniß gebohrner Schwarzburger, die sich als Gelehrte oder als Künstler durch Schriften bekannt machten. (Fünftes Stück) Rudolstadt 1809, S. 10; ADB (Bd. 11), S. 694.

Andrea Kirchschlager

Helm, August: Superintendent, *17. 8. 1846 Lich/Hessen, †27. 1. 1902 Silvaplana/Schweiz, Besuch des Gymnasiums in Gießen, nach dem Studium der Theologie für 3 Jahre Erzieher der Söhne des Fürsten Castell-Rüdenhausen, 8 Jahre Verwaltung der Landpfarrei Billingshausen bei Würzburg, danach 8 Jahre Stadtpfarrer und Kreisschulinspektor in Kitzingen, 1888 mit 42 Jahren Berufung zum Oberpfarrer, Superintendenten und Konsistorialrat in Arnstadt, Bezirksschulinspektor, Vorsitzender des Kirchen- und Schulvorstandes, Fürstl. Prüfungskommissar der höheren Schulen,

August Helm

Vorstandsmitglied des Thür. Missionsvereins, der Thür. Konferenz für innere Mission und der Thür. kirchlichen Konferenz, die er teilweise leitete, Oberkonsistorialrat, während seiner Amtszeit Mithilfe bei der Errichtung des neuen Kinderheims und der Wiederherstellung der →Oberkirche, Eheschließung mit Constance, geb. Berlie.
Q AA v. 28. 1. 1902, Nr. 23 u. v. 29. 1. 1902, Nr. 24 (Nachrufe und Todesanzeigen).
L Thüringer Pfarrerbuch, S. 190.

Andrea Kirchschlager

Helmrich (Helmericus), Christoph: Superintendent, *1522 (?) Zittau, †14. 9. 1582 Arnstadt, Studium in Wittenberg und Leipzig, 1547 Magister, 1551 Diakon in Torgau und 1555 Diakon in Jena, 1561 Hofprediger in Sondershausen und 1562 in Weimar, 1570 Pfarrer in Sondershausen, Visitation in der Unterherrschaft, ab 1574 Superintendent in Arnstadt, maßgeblich an Einführung des Konkordienbuches in Schwarzburg (1580) beteiligt, vermutlich Verfasser einer Kirchenordnung (1574), 1581 Arnstädter Brandpredigt, durch M. Bonaventura Albrecht in Reime gesetzt.
L Thüringer Pfarrerbuch, S. 191; Klette, Johannes: Mag. Helmrich. In: Heimatglocken. Arnstadt 11 (1921); Olearius, Johann Christoph: Allererste Brand=Predigt in Arnstadt. Arnstadt 1722.

Hans-Ulrich Orban

Herco, Nicolaus: Superintendent, *1515 in der Zips/Karpaten, †27. 6. 1573 Arnstadt, er nannte sich selbst der *Zipser*, Studium in Wittenberg u. Leipzig, 1737 Baccalaureus, 1539 Magister, 1541 Diakon in der Leipziger Nikolaikirche, 1546 Archidiakon, 1551 zum Dr. theol. promoviert in Leipzig, im gleichen Jahr Pfarrer, 1553 Superintendent in Arnstadt, vor 1572 seines Amtes entsetzt, Bemühung, den geistlichen Stand zu heben, unnachsichtig gegen ungeeignete Pfarrer, gab 1555 für Schwarzburg den ersten Katechismus heraus, ordnete für alle Dorfgemeinden den Mindest-Buchbestand in den Kirchen an, Visitationen 1553 u. 1555, erarbeitete die erste Kirchenordnung der Grafen zu Schwarzburg nach Wittenbergischer Agende, Grabsteininschrift (1701 noch lesbar): *Zwanzig Jahre hat er die Schwarzburger Kirche nach rechter Lehre des Heils regiert, Christo, in deiner Kraft.* (dort als Todestag 28. 5.).
W *Der Kleine Katechismus, für die gemeine Pfarrherrn und Prediger, Dr. Martin Lutheri* (Erfurt 1555).
L Thüringer Pfarrerbuch, S. 195; Klette, Johannes: Die Superintendenten Arnstadts. In: Heimatglocken. Arnstadt 9 (1921).

Hans-Ulrich Orban

Herder, Max *Artur*: Musikpädagoge, Chorleiter, *18. 7. 1886 Erfurt, †3. 6. 1980 Arnstadt, Musik- und Gesangsstudium am Landeskonservatorium und an der Musikschule Meißner in Erfurt, danach Tätigkeit am Theater Erfurt, später freischaffender Lehrer für Solo- und Chorgesang, 1910 übernahm er die Leitung mehrerer Chöre, u. a. *Freie Sänger Arnstadt*, 1920 Anstellung als Gesangslehrer an der →Arnsbergschule, erst mit 75 Jahren, nach Abschluß des Schuljahres 1961/62 schied er aus dem Schuldienst aus.
1918 Wahl zum Bezirksdirigenten von Erfurt und Gaudirigenten für Thüringen, Berufung in den Musikausschuß des Deutschen Arbeiter-Sängerbundes, Organisator großer Sängerfeste (1922 Gausängerfest in Arnstadt, 1925 Gausängertag in Erfurt, wo er auf den Domstufen tausende Sänger, vorwiegend Thüringer Arbeiterchöre, dirigierte, künstlerischer Leiter der *Arnstädter Chorvereinigung* (entstanden nach der 1933 erfolgten Auflösung der Arnstädter Gesangsvereine), Kreisliedermeister.

1946 übernahm er den neugegründeten Arnstädter Volkschor, den späteren *Volkschor des staatlichen und genossenschaftlichen Handels*, im Volksmund *Konsumchor* genannt, Leiter von Schulchören und Instrumentalgruppen, übernahm auch Leitung von Betriebschören, wie den Werkschor des VEB Chema Rudisleben, bemühte sich in den fünfziger Jahren um gesamtdeutsche Veranstaltungen, besonders mit dem Deutschen Allgemeinen Sängerbund in Frankfurt/Main, war an Zustandekommen und Vorbereitung der Wartburgtreffen Deutscher Sänger 1953 und 1956 beteiligt, Leitung der während der →Dahlienschau aufgeführten Chorkonzerte, aus Anlaß des fünfzigjährigen Bestehens der Arbeiter-Sängerbewegung in Arnstadt 1960 Veranstaltung eines Festkonzertes unter seiner Gesamtleitung im Chema-Kulturhaus.

Verleihung des Staatspreises für künstlerisches Volksschaffen der DDR anläßlich seines fünfzigjährigen Dirigentenjubiläums, 2. Vorsitzender des Chorausschusses der DDR, nach seinem Ausscheiden als aktives Mitglied 1963 Ehrenmitglied, Vorsitzender der Bezirksarbeitsgemeinschaft Chor des Bezirkes Erfurt, leitete fast bis zu seinem 90. Geburtstag den Chor der Volkssolidarität, der 1968 von ihm gegründet wurde.

L Stahl, Ernst: Erinnerungen an das Volkskunstschaffen in Arnstadt in den 50er und 60er Jahren des 20. Jahrhunderts. Arnstadt 2003, S. 47-49 (Porträt).

Andrea Kirchschlager

Herthum, Christoph: Organist, *1. 1. 1641 Angelroda, †12. 2. 1710 Arnstadt, Schwiegersohn von Heinrich Bach, zunächst Organist in Ebeleben, ab 1668 Gräflich-Schwarzburgischer Küchenschreiber und Hoforganist in Arnstadt, nach Heinrich Bachs Tod 1692 dessen Nachfolger als Stadtorganist an der →Ober- und →Liebfrauenkirche.

Q KB Geraberg und Arnstadt. *Alwin Friedel*

Himmelfahrtskirche: Die Himmelfahrtskirche war bis 1894, als der 1537 eingerichtete Friedhof schloß, eine evangelische Gottesackerkirche. Hier wurden überwiegend Begräbnisgottesdienste gefeiert. Ein Hauptgottesdienst fand einmal jährlich am Himmelfahrtstag statt, daher auch der Name Himmelfahrtskirche. Die Kirche wurde 1738-43 nach den Plänen des Schwarzburg-Son-

Himmelfahrtskirche

dershäuser Baumeisters J. W. König auf dem Gelände des →Alten Friedhofes errichtet, als Oktogon im Stil des evangelischen Barock. Die Schmuckelemente an den Emporen sind die Originale aus der alten Kirche. Am 29. 7. 1738 erfolgte die Grundsteinlegung. Die Steine zum Bau wurden auf der →Alteburg gebrochen und die Fenster auf Kosten der →Innungen angefertigt, welche dafür ihre Namen in den Fenstern einlassen durften. Der →Rat der Stadt spendete 70 Taler zum Bau des Kirchenhimmels, der mit einem Deckengemälde versehen wurde. Am 23. 5. 1743, am Fest Christi Himmelfahrt, wurde die Kirche eingeweiht. Der Bauinspektor übergab den Schlüssel der Kirche an das Konsistorium und Superintendent →Olearius öffnete die vier Türen, die zum dazugehörigen Friedhof führten. In der Kirche wurden in den nachfolgenden Jahren Mitglieder des Rates und Persönlichkeiten der Stadt begraben. Ihre Grüfte wurden bei neuzeitlichen Umbauarbeiten gefunden. In den Kriegsjahren 1812/13 diente die Kirche als Magazin und Lazarett. Auf Bitten der kleinen katholischen Gemeinde wurde von Seiten des Fürsten der Mitgebrauch der Kirche genehmigt. Am 6. 11. 1842 wurde der erste katholische Gottesdienst vom Erfurter Pfarrer Hucke zelebriert, nicht ahnend, daß diese Kirche einmal in den Besitz der katholischen Gemeinde kommen würde. Der letzte evangelische Gottesdienst fand am 4. 10. 1964 statt. Bei dem Bombenangriff auf Arnstadt am 6. 2. 1945 entstanden schwere Schäden. Sämtliche Fenster wurden durch den Luftdruck hinausgedrückt, das Dach teilweise abgedeckt, alle Türen beschädigt. Die Sakristei fiel zusammen. Erst 1950 konnte sie wieder für Gottesdienste geöffnet werden. Die Stadt war bislang mit drei Kirchen ausgekommen (→Oberkirche, →Liebfrauenkirche und Bachkirche). Die katholische Gemeinde suchte eine größere Kirche. Seit 1945 stellte die evangelische Gemeinde in ökumenischer Gesinnung ihre Kirchen der katholischen Gemeinde für größere Feste und Anlässe bereits zur Verfügung. 1974 verkaufte sie die Himmelfahrtskirche an die katholische Gemeinde. Nach gründlichen Umbauten fand am 10. 5. 1987 die Wiedereinweihung durch Bischof Dr. Joachim Wanke zur katholischen Pfarrkirche Christi Himmelfahrt statt. Insgesamt erhielt sie jedoch eine andere Farbge-

bung durch den Maler Horst Jährling, Weimar. Die barocke Ausmalung stammt von Hofmaler Gottfried Wunderlich. Der Barockaltar stammt ebenfalls aus der alten Kirche. Die Reliquien, im Altar eingelassen, erinnern an die Heiligen Adolar und Eoban, Gefährten des hl. →Bonifatius. Der Tabernakel nimmt die Form des Oktogon auf und wurde von dem Metallgestalter Matthias Kaiser erarbeitet. Der Taufstein wurde 1898 für die St. Elisabethkirche angeschafft und stand dort bis 1971. Das Ostensorium in der Taufnische zeigt Reliquien von der hl. Lioba und des hl. Bonifatius. Die Orgel mit 18 Registern erbaute die Firma Schönefeld, Stadtilm. Die Marienstatue ist eine Kopie einer niederrheinischen Madonna aus dem Paderborner Diözesanmuseum. Das Jesuskind hält eine Weintraube in der Hand. L Dehio, S. 53f.   *Wolfgang Teichert*

Höhere Töchterschule (Lyzeum): Lindenallee 10, 1857 Gründung der ersten höheren Lehranstalt für die weibliche Jugend in Arnstadt, die Errichtung der Fürstlichen Realschule und der höheren Mädchenschule unter einer Leitung wurde von der Fürstlichen Staatsregierung beschlossen und beide Lehranstalten am 9. 11. 1857 von Direktor Heinrich →Hoschke eingeweiht, die Klassenzimmer befanden sich im Bürgerschulgebäude am Schulplan, aus den Schulprogrammen geht hervor, *daß man auch die Eigenart des weiblichen Geschlechts berücksichtigte*, diese Anstalt existierte aber nur wenige Jahre, da die Zahl der Schülerinnen zurückging, bereits 1860 wurde die Aufhebung verfügt, erst fünf Jahre später gründete Bruno Scherzberg, Lehrer an der →Bürgerschule, ein nach ihm benanntes Institut für Töchter aus höheren Kreisen in Verbindung mit der Meyer`

Lyzeum, um 1910

schen Privatschule, 1885 übernahm die Stadt beide vereinigte Privatschulen als städtische höhere Töchterschule, nachdem das →Barfüßerkloster als Schulgebäude eingerichtet worden war, die feierliche Eröffnung fand am 4. 5. 1885 im Rathaussaal statt, die Zahl der Kinder betrug 91 Mädchen und 14 Knaben in 6 Klassen mit 8jährigem Gesamtkurs, Knaben und Mädchen wurden in den unteren Klassen gemeinsam unterrichtet, als 1888 an der Realschule Vorschulklassen eingerichtet wurden, hörte der Besuch von Knaben an der Töchterschule auf, ab 1889 8 Klassen mit 10jährigem Gesamtkurs, 1904 beschloß man den Neubau eines Schulgebäudes für die höhere Töchterschule *auf dem Harmonieplatze gegenüber dem Kurhaus*, der auch Klassenzimmer und Zeichensäle für die kaufmännische Fortbildungsschule, die Gewerbeschule und den Fachunterricht der Innungen enthalten sollte, da die alten Räumlichkeiten nicht mehr ausreichten, mit dem Bauentwurf wurde der in Schulbauten erfahrene Architekt Franz Thyriot in Groß-Lichterfelde beauftragt, das Gebäude sollte einen Abschluß des Platzes vor dem Kurhaus bilden und die Hintergebäude der von Rhein`schen Schuhfabrik verdecken, eine Fläche von 37,5 m Breite und 62 m Tiefe stand an der Lindenalle zur Verfügung, am 15. 10. 1906 Einweihung des neuen Schulbaues der städtischen höheren Töchterschule und Fortbildungsschule, der Bau, der sich in Unterschoß, 3 Hauptgeschosse und Dachgeschoß gliedert, erinnert an Schloßbauten der Renaissance, Baukosten 135.000 Mark, ab 1912 städtisches Lyzeum, 1935 Umbenennung in Hans-Schemm-Lyzeum, ab Schuljahr 1941/42 unter Leitung der Fürst-Günther-Schule (Oberschule für Jungen), 1938 Genehmigung einer dreijährigen Frauenschule (Oberschule für Mädchen), Einführung des Hauswirtschaftlichen Unterrichts und Einzug der Hilfsschule, während des 2. Weltkrieges als Lazarett genutzt, nach 1945 Erweiterte Oberschule, ab 1952 Polytechnische Oberschule (POS IV), 1952 Namengebung *Käthe-Kollwitz-Schule*, ab 1987 Pestalozzi-Hilfsschule, ab 1990 Förderschule für Lernbehinderte und seit 2001 Staatliches Förderzentrum.

Q KAA, Bestand Stadt Arnstadt, Sign. 316-19-11, AA v. 27. 6. 1935, Nr. 147 (50 Jahre Lyzeum Arnstadt) u. v. 15. 10. 1935, Nr. 241.

L Erster Jahresbericht der städtischen höheren Töch-

terschule in Arnstadt 1902, S. 3f., Sechster Jahresbericht (Schulneubau) 1907; Jahresberichte des Lyzeums 1912, 1926, 1936-41. *Andrea Kirchschlager*

Hofkapelle: Anfänge gehen in Arnstadt bis um 1550 zurück, zunächst nur als unterhaltsame Tafelmusik. Die Hofkapelle entstand Anfang des 17. Jhs., erste Blütezeit um 1640, bestand um 1680 aus 22 Musikern. Sie waren fest besoldet und gleichzeitig als Küchenschreiber, Kammerdiener, Kornschreiber oder Lakaien angestellt. Unter der Regierung von Graf →Anton Günther II. führte ab 1683 Adam →Drese als Hofpellmeister die Arnstädter Hofmusik zu neuer Blüte. Unter Hinzuziehung aller einheimischen und auch auswärtiger Musikkräfte war sie das Zentrum der weltlichen Musikpflege (Kammer-, Fest- und Trauermusiken, Opern, Sinfonien, aber auch Kirchenmusik). Pauker und Trompeter genossen eine hochbezahlte Sonderstellung. Nach Dreses Tod 1701 wurde Paul →Gleitsmann Hofkapellmeister bis 1710. Das Fürstentum Schwarzburg-Arnstadt und somit seine Hofkapelle bestand bis 1716.

L Müller, Karl: Der junge Bach. In: Arnstädter Bachbuch. Arnstadt 1957, S. 68-74; Schiffner, Markus: Johann Sebastian Bach in Arnstadt. In: BHSKA 4 (1985), S. 8f. *Alwin Friedel*

Hofmann, Gebr.: Schuhfabrik, ab 1. 2. 1871 produzierte eine Fa. Hofmann & Keil als erste Schuhfabrik in Arnstadt in der Karolinenstr. 4, Carl Hofmann wurde bereits seit 2. 5. 1860 als Schuhmachermeister erwähnt, während Friedrich Keil eine eigene Fa. Am Bahnhof 4 eröffnete, blieb Carl Hofmann an der bisherigen Adresse, später erfolgte der Umzug in die Plauesche Str. 20, um 1881 übernahmen die Söhne des Firmengründers, Hermann und Max Hofmann, das Geschäft, Herstellung von Schuhen und Stiefeln für Damen, Herren und Kinder, 11. 2.-6. 3. 1911 Streik wegen Lohnstreitigkeiten, welcher durch Einigung über neue Lohnsätze beendet wurde, während des 1. Weltkrieges Herstellung von Militärstiefeln.

Dezember 1917 Gründung einer GmbH Gebr. Hofmann, die die Fa. Gebr. Hofmann übernahm, Hermann Hofmann verstarb im August 1924 nach fast 50jähriger Leitung des Betriebes, Max Hofmann war schon einige Jahre vorher verstorben, ab 1925 arbeitete die Fa. mit Verlust, am 4. 12. 1928 Konkurseröffnung aufgrund der Krise in der Schuhindustrie und krimineller u. a. Unregelmäßigkeiten durch die Firmenleitung, 200 Arbeiter wurden arbeitslos, da die Fortführung der Fa. abgelehnt wurde, betroffen von diesen Vorgängen war auch die Fa. Friedrich →Quarg, die von der gleichen Geschäftsführung seit 1927 geleitet wurde, Zusammenschluß der Firmen Gebr. Hofmann und Friedrich Quarg erfolgte aus technischen und finanziellen Gründen. Gerichtsverhandlung 1929, wegen Fälschung von Bilanzen, Schaffung von Vermögensvorteilen, Urkundenfälschung und weiterer Delikte wurden Haftstrafen beantragt, außer für Willi Quarg, dem keine Schuld nachzuweisen war. Das Grundstück der Fa. Gebr. Hofmann wurde versteigert und verkauft. Die Fa. wurde am 11. 4. 1933 im HR gelöscht. Nach dem 2. Weltkrieg zog unter der Adresse Plauesche Str. 20 zunächst die Fa. Bernhard →Enders ein, später wurde eine Ausbildungsstätte vom VEB →Fernmeldewerk eingerichtet.

Q ANIB 1881-1922; AA 1923-33.   *Heidrun Fröhlich*

Hopfengrund: Das Gebiet im Süden Arnstadts, unterhalb der hohen Buchen und des Walpurgisberges gelegen, wurde bereits 1602 als Hopfengrund erwähnt. 1877-80 Bau des Gebäudes und Nutzung als Gaststätte bis 1920, danach Kauf des Hauses durch die Stadtverwaltung, 1922/23 Umbau, Einrichtung eines Erholungsheimes für tuberkulosegefährdete Kinder, 1945-48 Waisenhaus und Kindererholungsstätte, 1949-55 Tbc-Abteilung des →Krankenhauses (45 Betten), seit dem 8. 9. 1955 Berufsschule für Goldschmiedelehrlinge der gesamten DDR (fachtheoretische Ausbildung), vom 1. 9. 1977 an, nach Eröffnung der neuen Kommunalen Berufsschule (Karl-Liebknecht-Str. 27), befand sich im Hopfengrund nur noch das Internat der Goldschmiedelehrlinge, etwa ab 1994 Sitz des Thüringer Instituts für Lehrerfortbildung, Lehrplanentwicklung und Medien, ab 1. 5. 1997 Begegnungsstätte der Volkssolidarität, jetzt Waldpension Hopfengrund (im Besitz der Seniorenresidenz in der Lessingstraße).

L Hebeler, Wilhelm: Zehn Jahre Aufbau des Gesundheitswesens im Kreis Arnstadt. In: Beiträge zur Heimatkunde des Kreises Arnstadt 1 (1960), S. 43.

Hartmut Fuhrmann

Hoschke, Johann Christian Alexander Heinrich: Gymnasiallehrer, Realschuldirektor, Landtagsabgeordneter, *18. 2. 1811 Arnstadt, 20. 5. 1861 Arnstadt, Sohn des Schuhmachermeisters Johann Martin Hoschke und dessen Ehefrau Johanna Ernestine Sophie, geb. Baumgarten, Besuch des →Gymnasiums in Arnstadt bis 1831, danach Studium der Theologie, Philosophie, Geschichte und Pädagogik in Jena, 1834 Kandidat der Theologie und Tätigkeit als Hauslehrer in Liebenstein, wo er den Sohn des Kommissionsrates Ballhausen auf das Gymnasium vorbereitete, 1835 Privatlehrer im Haus des Rittergutsbesitzers Lantz in Doberschau bei Bautzen, 1836 bewarb er sich um eine Kollaboratorstelle am Arnstädter Gymnasium, 1837 ging er nach Dresden, wo er an der polytechnischen Schule und am Blochmann-Vitzthum`schen Gymnasium Erfahrungen sammelte, 1838 besuchte er Vorlesungen in Mathematik, Physik, Chemie und Astronomie in Leipzig, 1839 Anstellung als Kollaborator am Gymnasium und Lehrer der mit dem Gymnasium kombinierten Realklasse in Arnstadt, hauptsächlich als Lehrer der Naturwissenschaften, 1845 Oberlehrer, 1857 Übertragung der Einrichtung und Leitung der neugegründeten Realschule in Arnstadt, 1859 Ernennung zum Professor, 1860 Ernennung zum Realschuldirektor, begründete und redigierte unter dem Pseudonym Bruno Lantz (seine Ehefrau Louise war eine geb. Lantz, Tochter des Rittergutsbesitzers Lantz in Doberschau), die von ihm in Verbindung mit Bechstein, Bube, Hesse, von Knebel, von Oer, von Pansner, Storch u. a. herausgebene *Thuringia, Zeitschrift zur Kunde Thüringens* (Arnstadt 1841 u. 1842), Vorstandsmitglied des 1848 gegründeten Arnstädter Bürgervereins, 1852/53 Abgeordneter des Schwarzburg-Sondershäuser Landtags, 1853 Mitbegründer und korrespondierendes Mitglied des Vereins für deutsche Geschichte und Altertumskunde in Sondershausen, Mitglied des Hennebergischen Altertumsforschenden Vereins, des Vereins für Geschichte und Altertumkunde in Jena, der Gesellschaft für deutsche Sprache in Berlin und 1856 des Naturwissenschaftlichen Vereins für die Provinz Sachsen und Thüringen in Halle.

W *Die höhere Bürgerschule* (Leipzig 1838), *Beiträge zu einer künftigen Geschichte des hiesigen Schulwesens* (enthalten im Bericht über die Einweihungsfeier des neuen Bürgerschulhauses zu Arnstadt 1842), *Urkundliche Nachrichten über die zum Besten unserer Anstalt gestifteten Legate und Stipendien.* In: Gymnasialprogramm Arnstadt 1848, *Systematische Botanik* (Petersburg 1857, ins Russische übersetzt).

Q KAA, Bestand Stadt Arnstadt, Sign. 311-05-3; Gymnasialprogramm Arnstadt 1840, S. 11; Realschulprogramm Arnstadt 1860, S. 11-13; Der Deutsche v. 21. 11. 1861, Nr. 140 (Nachruf).

L Lengemann, S. 194; Unser Arnstädter Gymnasium 1829-1929. Arnstadt 1931, S. 22.

Andrea Kirchschlager

Hosenträger- und Lederwarenfabrik: VEB seit 1952 durch Verstaatlichung der Fa. Alfred Schmidt, Hosenträgerfabrik (Gehrener Str. 12), Produktion von Uhrenarmbändern, Trachtenträgern, Kinderhaltegurten und Rucksäcken, Hauptabnehmer für Uhrenarmbänder war der VEB Uhren- und Maschinenfabrik Ruhla, 94 Beschäftigte, 1956 wurden die Produktionsstätten in die Rosenstr. 19 verlegt, ab 1. 9. 1957 erfolgte die Zusammenlegung der beiden Betriebe VEB →Leder- und Handschuhfabrik und VEB Hosenträger und Lederwarenfabrik, sie blieben aber bis Jahresende noch eigenständig, 1958 war dieser Betrieb nicht mehr vorhanden.

Q KAA, Bestand Kreistag u. Rat des Kreises Arnstadt, Nr. 126, 400, 590, 639. *Heidrun Fröhlich*

Hospitäler: *St. Catharinen Hospital:* Urkundliche Ersterwähnung 1332. Das Haus lag vor dem Riedtor, im sogenannten Katter-Garten (am Kreisel, Ecke Plauesche Straße/Lohmühlenweg), vier päpstliche Priester zwischen 1332 und 1521, in der Reformationszeit um 1533 aufgelöst, um 1700 existierten nur noch ein Garten und ein Stück Mauerwerk der Kapelle. *St. Jacob-Hospital:* Das Hospital lag vor dem Erfurter Tor (Bahnhofstraße, Gelände Forstamt). Neben dem Hospital und der Kirche befanden sich noch der →Siechhof und Richtplatz mit Beerdigungsstätten auf dem Gelände, um 1810 Militärlazarett, später →Kaserne, 1823 zogen die Pfründner in das in der Stadt gelegene Hospital St. Georg, vorerst noch als selbständig verwalteter Teil. Das St. Jacobs-Stift wurde im Volksmund auch das arme Stift, St. Georg das reiche Stift genannt. *Hospital St. Georg / St. Georg- und St. Jacob-Hospital /*

St. Georg- u. St. Elisabeth-Hospital: Urkundliche Ersterwähnung 1379, mittelalterliche, bürgerliche Hospitalstiftung an der Stadtmauer in der Nähe des ehemaligen Erfurter Tores gelegen (Erfurter Str. 39), von der mittelalterlichen Anlage wohl nur die Außenmauern der Gebäude übernommen, zweiflügelige Anlage über winkelförmigem Grundriß, Fassade des Hauptgebäudes zur Erfurter Straße von Pilastern eingefaßt, Erdgeschoß 1924 stark verändert, aus dieser Zeit stammt auch das monumentale Wandgemälde mit einer Darstellung des hl. Georg, das heutige Erscheinungsbild wird durch die Umbauten von 1782 u. 1832 bestimmt, eines der wenigen gut erhaltenen Hospitalgebäude in Thüringen, das schlichte zweigeschossige Fachwerkgebäude im Hof stammt aus dem 17. Jh., 1956 (nicht gültige) Auflösung der Stiftung, 1993 wegen rechtlicher Fehler als bestehend anerkannt. Neben der Sorge für *Pfründner* verwaltete das Hospital Stipendien, Legate, verlieh Gelder, gab Zuschüsse zu Besoldungen u. a. an Bürgermeister und Organisten, 1704 erhielt J. S. Bach einen Großteil seiner Bezüge vom Hospital St. Georg. Erstes →Waisenhaus Arnstadts im Hospital. Um 1823

St. Georgs- u. St. Jacobs-Stift, um 1900

zogen die Pfründner des Jacobs-Stifts im Hospital St. Georg ein. Rechtlich vereinigt mit Statut wurden die Stiftungen 1875. Der künftige Name lautete nun *Vereinigtes St. Georg- und St. Jacobs-Stift*. Die Stiftung besaß zu jeder Zeit umfassenden Grundbesitz. Am 6. 10. 1992 wurde vom Verein zur Sicherung der Interessen des Vereinigten St. Georgs- und St. Jacobs-Stift e. V. Restitutionsantrag über Grundbesitz gestellt, der 1996/97 vom Thür. Landesamt zur Regelung offener Vermögensfragen negativ beschieden wurde. Nach Ablehnung von Prozeßkostenhilfe wurde nicht in Berufung gegangen. Vorsitzender der Stiftung ist nach Satzung von 1928 der →Bürgermeister der Stadt Arnstadt. Mit Vertrag regelt der o. g. Verein die Geschäfte. Die Stiftung besteht heute nur noch aus den Gebäuden mit Hoffläche Erfurter Str. 39. Ziel des Vereins ist die Erhaltung, Bewahrung und schrittweise Nutzung des Hauses. Neben der Nutzung der Erdgeschosse (Läden) durch Händler hat die Gemeinde der ev.-luth. Kirche Altpreußens (Altlutheraner), heute Selbständige ev.-luth. Kirche (SELK), bereits seit 1948 im zweiten Stockwerk Gemeinderäume und Kirchsaal mit Orgel gemietet, 1783 Einweihung des Betsaals mit Orgel, aufgestellt 1794, 1868/69 durch eine neue ersetzt.
L Stadtführer durch Arnstadt, S. 26; Müller, Karl: Vom St. Georgs- und St. Elisabeth-Hospital. Ein Beitrag zur Geschichte des Hospitalwesens und des ältesten Hauses in Arnstadt. In: KS Juli/August (1957), S. 1-7, (Fortsetzung in KS Oktober (1957), S. 3-10; Specht, Reinhard: Das Vereinigte St. Georgs-und St. Jacobs-Stift in Arnstadt. In: AVAU 8 (1998), S. 124-144.   *Reinhard Specht*

Hülsemann, August Friedrich *Wilhelm*: Jurist, Landtagsabgeordneter, hoher Verwaltungs- und Regierungsbeamter, *27. 2. 1812 Arnstadt, †18. 8. 1862 Sondershausen, Sohn von Heinrich Hülsemann, Advokat und Verwalter des Hospitals St. Georg u. Friederike, geb. Ebart, Enkel des Fürstlichen Leibmedicus Friedrich Christian Wilhelm Ebart. 1830-31 Studium der Rechtswissenschaften in Leipzig, 1831-33 in Jena, in Leipzig Burschenschafter (deswegen 1836/37 Untersuchung gegen ihn in Arnstadt). Regierungsadvokat in Arnstadt und Verwalter des Patrimonialgerichts in Plaue, 1840 Kammerassessor in Arnstadt. 1846 Mitarbeiter des Chefs des Geheimratskollegiums Albert von Holleuffer (1803-74) und Hilfsarbeiter in der Kommission zur Ausarbeitung von Vorschlägen zur Regelung der Ablösungsfrage, Januar-März 1848 nach dem Ausscheiden von Holleuffers de facto Chef des Geheimratskollegiums, 1848-49 Vorsitzender der Kommission zur Ausarbeitung von Entwürfen für eine neue Verfassung, ein neues Wahlgesetz und des Zivillistengesetzes, Autor der Behördenneuorganisation für das Fürstentum Schwarzburg-Sondershausen von 1850. 1. 7. 1850 - 18. 8. 1862 Mitglied des Fürstlichen Ministeriums und Vorstand der III. Abteilung (Finanzen), Staatsrat (1854). Geheimer Staatsrat (1862), Fürstliches Ehrenkreuz II. Kl. (1857). 1857-59 Mitglied des Schwarzburg-Sondershäuser Landtags, konservativ). Er war von bestimmendstem Einfluß auf die schließliche Regelung des Verfassungswesens, wie auch sonst für die Gestaltung des innerpolitischen Lebens in Schwarzburg-Sondershausen. 28. 10. 1838 Heirat in Arnstadt mit Mathilde, Tochter von Christian Jacob Maempel, Mühlenpächter und Ökonom, und Johanne Wilhelmine, geb. Gutmann, Julius →Hülsemann war ein Bruder.
L Lengemann, S. 195f., 311, 316 u. 328.
                            Jochen Lengemann

Hülsemann, *Julius* August Heinrich: Rechtsanwalt und Notar, Oberbürgermeister, Landtagsabgeordneter, *18. 10. 1824 Arnstadt, †24. 3. 1888 Arnstadt, Sohn des Regierungsadvokaten, Kammerkonsulenten und Verwalter des St. Georg-Hospitals Johann Heinrich Christian Hülsemann und dessen Ehefrau Christiane Friederike, geb. Ebart, 1850 Eheschließung mit Auguste Hermine Friederike, geb. Falke, nach Privatunterricht 1833-42 Besuch des →Gymnasiums, 1842-45 Studium der Rechtswissenschaft in Jena und Leipzig, 1846 Akzessist, 1848 Zulassung als Rechtsanwalt in Arnstadt, Gerichtshalter in Plaue, Vorstandsmitglied der Aktiengesellschaft →Saline Arnshall und der Aktiengesellschaft Arnstädter Salinenverein, Verwalter →Prinzenhof. Seit 1850 Mitglied des Arnstädter Gemeinderates, zeitweise dessen Vorsitzender, 1871-88 Bürgermeister von Arnstadt, 1872 Ernennung zum Oberbürgermeister, 1875 Verleihung des Titels *Fürstlicher Rat*, Abgeordneter des Landtages von Schwarzburg-Sondershausen 1879-87,

Julius Hülsemann

Landtagssyndikus 1880-88, Ehrenmitglied des →Gewerbevereins, während seiner Amtszeit u. a. Vorarbeiten zum Bau des →Krankenhauses, des →Schlachthofes, der →Mädchenbürgerschule, des →Neuen Friedhofes, Ersetzung der hölzernen Wasserleitungsrohre durch eiserne, Pflasterung der Bürgersteige, für seine Verdienste um die Aufforstung der →Alteburg und Alteburganlagen wurde dort 1895 ein Denkmal eingeweiht (Granitblock in Obeliskform auf Sockel aus Kalksteinstücken mit Porträtmedaillon aus Kupfer und darunter befindlicher Aufschrift *Julius Hülsemann, Fürstl. Rath, Oberbürgermeister der Stadt Arnstadt, 1. Jan. 1872-24. März 1888.*), Kupfermedaillon im 2. Weltkrieg eingeschmolzen, Gipsabdruck im Museum vorhanden, Restaurierung des Denkmals 1998, Anbringung einer Gedenktafel am Wohnhaus Kohlgasse 2 (*Hier wohnte Julius Hülsemann Oberbürgermeister der Stadt Arnstadt. 1872-1888 Zu seinem Gedächtnis am 100. Geburtstag, 18. Oktober 1924.*), Benennung einer Straße (Hülsemannstraße), Grab →Neuer Friedhof (Erbbegräbnis auf Kosten der Stadt).

L Ziegenhardt, Andrea: Ein fast Vergessener - Julius Hülsemann. In: AVAU 2 (1992), S. 38 (Porträt); dies.: Das Hülsemann-Denkmal. ebd. S. 40f.; Lengemann, S. 195 (Porträt). *Andrea Kirchschlager*

Huhn, Friedrich *(Fritz)* Wilhelm: Lehrer, Kantor, Organist, *24. 4. 1892 Buttstädt, †25. 5. 1989 Detmold, Bruder von Hans →Huhn, Schulbesuch in Weimar und Eisenach, Lehrerseminar in Eisenach, 1912 erste Lehrerstelle in Kaltennordheim, ab 1926 Lehrer und später Rektor der Knabenschule in Arnstadt sowie Stadtkantor und Organist an der →Oberkirche, Leiter des Kirchengesangvereins als Nachfolger von Edmund →Köditz, 1928-37 auch Organist an der →Johann-Sebastian-Bach-Kirche, städtischer Musikbeauftragter, Huhn gründete 1934 den →Bachchor Arnstadt und war maßgeblich an der Gestaltung der Bach-Festtage 1935 und der ersten →Bachgedenkstätte beteiligt. Trotz Aufgabe seiner kirchenmusikalischen Tätigkeit 1937 infolge des Nazi-Regimes sind seine Verdienste um die Arnstädter Bachpflege unumstritten. In Arnstadt bis 1945, wirkte er ab 1948 als Rektor einer Erziehungsheim-Schule der Betheler Anstalten in Schweichern bei Herford, dort auch als Organist.

L Dechert, Heinz: Geschichte der Arnstädter Kirchenchöre nach 1925. (1998/99). *Alwin Friedel*

Huhn, Karl *Hans*: Oberbürgermeister, *27. 10. 1896 Weimar, †24. 2. 1971 Münsingen/Württemberg, Sohn des Steueraufsehers und Zollinspektors Richard Christian Huhn und dessen Ehefrau Johanne Friederike, geb. Mund, Bruder von Fritz →Huhn, 1924 Eheschließung mit *Hilda* Frida, geb. Wernicke in Ilmenau, Abitur, ab 1. 1. 1918 als Praktikant Eintritt in die höhere Finanzverwaltungslaufbahn, 1930-34 Finanzamtmann beim Thür. Rentamt Arnstadt, am 1. 1. 1933 Wahl in den Stadtrat als dessen Vorsitzenden, ab 1. 5. 1933 1. Beigeordneter, 29. 5. 1934 Wahl zum Oberbürgermeister als Nachfolger von Rudolf →Peters, Vorstand der Städtischen →Sparkasse, 1939-44 Ortsgruppenleiter der NSDAP, 1939-45 Hauptsturmführer der SA, Entlassung als Oberbürgermeister am Tage seiner Verhaftung (3. 5. 1945) durch die amerikanische Militärregierung, 1945-48 in Haft, am 4. 5. 1948 Verurteilung zu einem Jahr auf Bewährung und einer Geldstrafe von 1.200 RM in einen Wiedergutmachungsfonds, Einstufung als Minderbelasteter durch die Spruchkammer des Internierungslagers Ludwigsburg aufgrund von Zeugenaussagen (menschliche Haltung gegenüber Juden, blieb als einziger beim Zusammenbruch des Nationalsozialismus trotz persönlicher Gefahr auf seinem Posten, versah seinen Dienst auch nach der Besetzung weiter, tat bewußt nichts zur Verteidigung der Stadt), wohnte Lohmühlenweg 29.

Q KAA, Bestand Stadt Arnstadt, Signatur 121-21-1; AA v. 30. 5. 1934, Nr. 123   *Andrea Kirchschlager*

I

Imkerverein Arnstadt und Umgebung e. V.: Vereinsgründung am 25. 11. 1838 in Arnstadt im Gasthaus *Zum Schwan*, einer der ältesten Vereine in Arnstadt, Vorsitzender Lehrer Brehme aus Ettischleben. Der Bienenverein verdankt seine Entstehung *einem der erfahrendsten Bienenväter*, dem Gründungsmitglied Appellationsgerichtspräsident Ferdinand Benjamin →Busch. *Die Tendenz dieses Vereins ist ... die Mitglieder ... kommen zuweilen zusammen, um sich über die naturgemäße Erziehung, Wartung und Pflege der Bienen zu besprechen, über die in den dem Vereine angehörenden Büchern und Journalen aufgestellten Grundsätze, Winke und Anleitungen zu einer bessern Bienenzucht pro und contra zu unterhalten, die alte naturwidrige Behandlung der Bienen zu entfernen, zu erforschen und zu prüfen, welche Zuchtweise in der hiesigen honigarmen Gegend die zweckmäßigste und beste sei*, am 10./11. 9. 1850 Gründung der ersten Wanderversammlung der deutschen Bienenwirte in Arnstadt in der Gaststätte *Concordia* unter Teilnahme von 68 Imkern aus ganz Deutschland.

1911 Errichtung der ersten reinrassigen Königinbelegstelle Deutschlands im Schulgarten von Liebenstein, deren Gründer Lehrer Edmund Möller aus Arnstadt war, seit 1912 befindet sich diese Belegstelle in der Gemarkung Gehlberg, langjährige Mitglieder des Imkervereins waren u. a. E. Möller (40 Jahre Bienenvereinsvorsitzender), Fam. Stoß (seit Gründung Vorstands-

mitglieder, K. Stoß führte 40 Jahre die Belegstelle Gehlberg), W. Hillmann und P. Zahn, Anzahl der Mitglieder je nach wirtschaftlicher Lage zwischen 20-130, 19.-22. 8. 2004 Durchführung des 83. Kongresses deutschsprachiger Imker in Arnstadt.

L Hatham 1841, S. 374f.   *Rainer Günzel*

Innung: Paralleler Quellenbegriff für Zunft, vornehmlich in Mitteldeutschland. Unter Innung versteht man genossenschaftlich-innungsrechtlich organisierte Handwerkerverbände, welche die Angehörigen eines Berufes und Gewerbes im Bereich der gesamten Stadt zusammenschließen. Die Gründung von Zünften setzte im 12. Jh. ein und breitete sich im 13. Jh. aus. Die erste Innung in Arnstadt wurde 1350 erwähnt und gegründet (Fleischhauer). Es folgten 1352 die Schmiede, 1470 die Bäcker und 1487 die Böttcher. Von den in Arnstadt wirkenden →Tuchmachern (Wollenweber), Schuhmachern und Gerbern (Löber) fehlen schriftliche Belege für Innungen bis zum 15. Jh., 1596 Aufstellung der Innungsartikel des Schlosserhandwerks. Im gleichen Jahr wurden wahrscheinlich ebenfalls Ordnungen für Sattler und Riemer erlassen. Im 17. Jh. nahmen die Innungen zu (teilweise neu bestätigt): 17. Jh., 1801 Wagner (1839 Schließung der Innung); 1619 Barchentleineweber u. Schleierweber; 1624 u. 1796 Seiler; 1625 Schneider; 1921 Damenschneider-Zwangsinnung; 1661 Schuhmacher; 1672 Böttcher; 1697 Strumpfwirker; 1698 Degen- und Messerschmiede; 1711 Tuchmacher; 1718 Weißgerber; 1722 Krämer; 1738 Zimmerleute; 1764 Kupferschmiede; 1795 Glaser; 1796 neukonfirmierte Innung des kombinierten Nadler-, Gürtler-, Zinnknopfmacher- und Flaschnerhandwerks; 1796 Tischler; 1797 Beutler; 1797 Perückenmacher; 1796 Seifensieder; 1797 Tüncher; 1798 Maurer- u. Steinmetzen/Steinhauer; 1799 Drechsler; 1799 Knopfmacher; 1799 Sattler; 1800, 1848 Huf- und Waffenschmiede; 1800 Lohgerber; 1801 Schlosser und Büchsenmacher; 1803 Töpfer; 1805 Barbierinnung; 1818 Nagelschmiede; 1820 Buchbinder; 1821 Hutmacher; 1821 Zinngießer. Die Innung bedurfte der Anerkennung des Rates und/oder des Stadtherrn, die ein Eingriffs- und Aufsichtsrecht besaßen und letztlich auch ein Zunftverbot aussprechen konnten.

Vielfach hemmten Stadtobrigkeit und Führungsschicht die Entwicklung des Zunftwesens, billigten ihnen nur ein begrentztes Maß an Rechten zu und kontrollierten sie intensiv. Als eine Art "künstliche Familie" kam die Zunft verschiedenartigen Lebensbedürfnissen entgegen, war eine Lebensgemeinschaft, die als Interessen- und Kampfverband gewerblich Tätiger wirkte, als Regulierungsverband die Freiheiten, Rechte und Vorteile ihrer Mitglieder normierte und sicherte, als Korporation im Dienste des Stadtregiments die Erfüllung der bürgerlichen Pflichten ihrer Mitglieder verbürgte, in begrenzter Selbstverwaltung wirtschaftspolizeiliche Funktionen ausübte und als Bruderschaft freiwillig übernommene religiöse, gesellige und karitative Aufgaben durchführte. Sie erfüllte die Funktion einer frühen Sozialversicherung. Ausdruck der brüderlichen Verbundenheit über den Tod hinaus waren die Ausrichtung eines würdigen Begräbnisses verstorbener Zunftgenossen. Die Teilnahme an Begräbnissen von Zunftmitgliedern und teilweise deren Familienangehörigen war streng obligatorisch und strafsanktioniert. Zunftkassen dienten der finanziellen Sicherung. Alle Handwerker eines Gewerbes unterlagen dem Zunftzwang, dem wirtschaftlichen Kern der Zunft. Zahlreiche persönliche Voraussetzungen mußten erfüllt werden, um in die Innung aufgenommen zu werden (Bürgerrecht, freie Geburt, Ehe, Redlichkeit und Unbescholtenheit). Bestimmte Ausbildungsvoraussetzungen wie die Lehr- und Gesellenzeit, das seit dem 16./17. Jh. weit einsetzende Gesellenwandern, die *Muthzeit* und das Meisterstück waren unumstößliche Zugangsbedingungen. Hinzu kam eine Zunftaufnahmegebühr und oft auch Festessen, die dem Gemeinschaftswesen dienen sollten. Die Innungen und die in ihnen vertretenen Handwerker bildeten neben den Patriziern das wirtschaftliche Rückgrat der Stadt. Dies kann freilich nicht über die tiefen politischen und sozialen Gegensätze hinwegtäuschen, die sich in den schnell heranwachsenden Städten auftaten und zu oft erbitterten Kämpfen führten. Zwischen 1716-25 zählte das Arnstädter Handwerk noch 32 Berufsgruppen, wobei nicht alle Handwerke in Innungen organisiert waren. Bei einer Einwohnerzahl von 5.421 gab es nach →Hathams Adreßbuch von 1841/42 noch 607 Meister und Besitzer, 56 Witwen, etwa 390 Gesellen und etwa 130 Lehrlinge und zwar: 19 Bäckermeister, 14 Beutler- u. Handschuhmachermeister, 15 Böttchermeister, 6 Buchbinder, 4 Chirurgen u. Barbiere, 1 Conditor, 5 Drechslermeister, 2 Färber, 43 Fleischermeister, 1 Friseur, 6 Glasermeister, 5 Gold- u. Silberarbeiter, 3 Gürtlermeister, 7 Hufschmiedemeister, 3 Hutmacher, 3 Klempnermeister, 1 Korbmacher, 4 Knopfmachermeister, 4 Kupferschmiedemeister, 48 Leinweber, 11 Maler, 6 Maurermeister, 1 Modeleur, 6 Müller, 1 Nadlermeister, 2 Nagelschmiedemeister, 6 Posamentierer (Bortenwirker), 1 Regenschirmfabrikant, 42 Rothgerbermeister, 15 Sattlermeister, 2 Scheerenschleifer, 9 Schlossermeister, 34 Schneidermeister, 1 Schornsteinfeger, 119 Schuhmachermeister, 7 Seifensieder, 9 Seilermeister, 2 Siebmacher, 2 Strumpfstrickermeister, 8 Strumpfwirkermeister, 19 Tischlermeister, 5 Töpfermeister, 39 Tuchmachermeister, 2 Tuchscheerermeister, 15 Tünchermeister, 1 Uhrmacher, 20 Weißgerbermeister, 11 Wagnermeister, 7 Zimmermeister, 1 Zinngießermeister, 9 Zeugmachermeister und 2 Zeugschmiedemeister. Ein erste Gewerbeordnung für das Fürstentum Schwarzburg-Sondershausen wurde 1865 erlassen. Im 19. Jh. begann ein allmählicher Verfall des Handwerks, bedingt durch die Industrialisierung. 1897 existierten die Beutler, Nadler, Knopfmacher, Strumpfwirker, Barettmacher, Seifensieder, Zeug- und Raschmacher und Zinngießer in Arnstadt als Innung nicht mehr. Danach bildeten sich freie Innungen, die sich nach 1910 in Zwangsinnungen umwandelten. Anfang 1919 erfolgte die völlige Wiederherstellung der Gewerbefreiheit. 1930 gab es im Arnstädter Handwerk noch 75 größere Handwerksbetriebe (257 Beschäftigte) und 354 Einzelbetriebe (829 Beschäftigte). 1933 bestanden die einst bedeutenden Innungen der Gerber, Töpfer und Tuchmacher nicht mehr. Die Schuhmacherinnung z. B. führte fast nur noch Reparaturen durch und bestand aus 16 Meistern, 6 Gesellen und 8 Lehrlingen. Anfang 1949 wurde eine Schuhmacherhandwerksgenossenschaft für den Kreis Arnstadt gegründet.

Q KAA, Bestand Stadt Arnstadt, Sign. 824-827.

L Kieb, Bruno: Das Handwerk des 18. und 19. Jahrhunderts in Arnstadt. In: AVAU 11 (2001), S. 33-37; Isenmann, S. 304-321.

Michael Kirchschlager / Hartmut Fuhrmann

Irrenanstalt: 1820 wurde begonnen, einen Teil des →Waisenhauses, Am Plan 2, als Irrenanstalt herzurichten. 5 Geisteskranke wurden am 1. 1. eingewiesen. 1856: 24 Kranke, bestand bis etwa 1859. In anderen Thüringer Staaten entstanden Einrichtungen zur Aufnahme und Behandlung von psychisch erkrankten Menschen, so daß eine eigene Einrichtung nicht mehr notwendig wurde. Öffentliche Anstalten bestanden zu dieser Zeit in Jena, Capellendorf, Blankenhain. Eine stationäre psychiatrische Abteilung in den Arnstädter Kreiskrankenanstalten gab es nicht. Am 1. 1. 1949 wurde eine Psychiatrische Beratungsstelle in Arnstadt eingerichtet, heute als Sozialpsychiatrischer Dienst in Trägerschaft des Landkreises.
L Hebeler, Wilhelm: Die Krankenanstalten Arnstadts 1. In: AKB Juni (1954), S. 9-14.   *Reinhard Specht*

J

Jacobi: Fahrzeugbau und Schmiede, Längwitzer Str. 22, gegr. 1826 durch Johann Georg Jacobi, Ersteigerung der 1724 (dieses Jahr wird häufig als Gründungsdatum angegeben) von Johann Nicolaus Reißland gegründeten Hufschmiede, am 27. 5. 1835 Kauf der Torschreiberwohnung am Längwitzer Tor, Abriß dieses Hauses und Neubau zur Vergrößerung des Betriebes, am 1. 1. 1864 übernahm August Wilhelm Jacobi (†18. 1. 1881) den Betrieb des Vaters, nach dessen Tod seine Witwe Pauline Jacobi, geb. Niebergall, ab Januar 1892 führte Georg Jacobi das Geschäft für die Mutter, erwarb es 1890 (Abfindung der Mutter und Geschwister) und wurde alleiniger Inhaber, bis 1881 als Schmiede bekannt, dann auch erfolgreiche Weiterentwicklung des Wagenbaues, 1910 Umbenennung der Fa. in Georg Jacobi, Schmiede und Wagenbau, bisher Wilhelm Jacobi, Schmiedewerkstatt, am 12. 6. 1895 Ernennung Georg Jacobis zum Hofschmiedemeister, bis zum 1. Weltkrieg teilweise bis 38 Schmiede und Stellmacher im Betrieb beschäftigt, als Wagenbaugeschäft bei den Schaustellern bekannt durch beste Ausführung der Arbeit, 1931 Vergleichsverfahren, am 29. 7. 1935 Löschung der Fa. Georg Jacobi, Luxus- und Ge-

schäftswagen im HR, Weiterführung als Handwerksbetrieb, Herstellung von Schwellschienen, Treppengeländern, Schachtdeckeln u. a., Georg Jacobi (*4. 10. 1861, †4. 12. 1936), Inhaber nun Max Jacobi, in den 80er Jahren reparierte Johann Jacobi, der damalige Inhaber des Geschäftes, als aktiver Bergsteiger auch Turmuhren, trotz aller Schwierigkeiten blieb die Fa. auch in den 40 Jahren DDR ein privater Familienbetrieb, Entwicklung zur Vertrags- und Servicewerkstatt für Lastenanhänger, Vertragshändler für Anhänger von 500 kg bis 24 t Nutzlast, Reparaturen, Umbau, Reifenprogramm, Pflegemittel, Schmiede und Kunstschmiede: Herstellung und Reparatur von Fahrzeugfedern aller Art, Metallbauarbeiten: Wetterfahnen, Skulpturen, Portale, Sonnenuhren, Kaminbestecke, Geschenkartikel, Tische, Stühle, Einrichtungsgegenstände, Gartenmöbel, Leuchten, Zäune, Gitter, Tore, Türen, Briefkästen, Grabkreuze, Treppen- u. Balkongeländer u. a., derzeitiger Geschäftsführer: Thomas Jacobi.
Q ANIB 1878-1910; AA 1926-36; TA v. 20. 7. 1990.
Heidrun Fröhlich

Jacobskirche: Ehemalige Pfarrkirche an der Südostseite des Riedplatzes neben dem Riedtor unmittelbar an der mittelalterlichen Stadtbefestigung, erste urkundliche Erwähnung am 6. 1. 1369, Mittelpunkt des kleinsten mittelalterlichen Pfarrsprengels, nach der Ketzergeldliste von 1429 in der Jacobspfarrei 277 zinspflichtige Einwohner, Patronatsherr war das Benediktiner-Jungfrauenkloster an der →Liebfrauenkirche, Kirchenbau einschiffig mit den Altären Corporis Christi, St. Crucis, Petri et Pauli, St. Laurentii und St. Annae, Glockenguß für 1479 oder 1481 nachweisbar, bis 1484 Fertigstellung des steinernen Turmschaftes, in dem sich drei Glocken mit Namen Susanna, Anna und Margaretha befanden, 1492 Bezeichnung als *glocken thorm*, Errichtung des eindrucksvollen, spitzen Turmhelms erst 1495 unter Verwendung von 40 Tannenstämmen, die man saftfrisch verarbeitete, den kupfernen, in Erfurt hergestellten und in Arnstadt vergoldeten Turmknopf setzte man auf einen, in der Gegend um Cottendorf geschlagenen Eichenstamm auf, den Dachschiefer bezog man aus den Brüchen in Lehesten, seit 1489 Orgel nachweisbar, im gleichen Jahr größere Repa-

ratur am *oelberge*, 1502/03 Neubau des Leichenhauses und 1505/06 grundhafte Erneuerung des
Chorgestühls, für 1512/13 größere Baumaßnahme durch Einrichtung einer Steinmetzhütte belegt, ein Jahr später Errichtung von Kirchenem-
pore und Predigtstuhl, 1514/15 Erneuerung der
Orgel, nach den Rechnungen bis 1532 nur nö-
tigste Reparaturen, Blütezeit der Kirche war vo-
rüber, mit Einführung der Reformation 1533
Schließung der Jacobskirche und nach Eintragung im Roten Buch des Rates am 22. 6. 1559
Übergabe durch den Grafen an die Stadt, im Kirchenschiff Einrichtung eines städtischen Brau-
hauses mit der Maßgabe, daß *die dachunge des
Thorms/ sampt dem thorme vnd die Spitzen, In
pesserunge dachen/ vnd fachen, vom Rad erhalten
sol werden. Solchs ist auch/ von Rads wegen also ge-
williget.* Abbruch des ca. 35 m langen und 18 m
breiten Schiffes im Zusammenhang mit Wiederaufbau der Bonifatiuskirche als Neue Kirche zwischen 1676-83, Grund und Boden am Standort
1694 verkauft und bei Ebnungsarbeiten Grundstein aufgefunden, anstelle der Jacobskirche entstand später die Maempelsche Posthalterei. Nach
einer Einschätzung vom Februar 1695 war *der
Thurm am Gemäurich sehr gut und unwandel-
bahr, im Tache auch noch hinlänglich erhalten.*
Der Sturmschaden 1776 führte zur Verkürzung
der Turmspitze um ca. 3 m. Eine weitere Dach-
instandsetzung erfolgte 1830, große Schäden in
der 2. Hälfte d. 20. Jhs., deshalb Abnahme des
Helmes durch Gittermastkran am 9. 10. 1990 und
Sanierung am Fuße des Turmes. Am 30. 5. 1992
feierliche Wiederaufsetzung. Seit 6. 9. 1996 Glockenspiel mit 26 Glocken im Turm auf Initiative
des →Altstadtkreises Arnstadt e. V. errichtet.
Q KAA, Bestand Stadt Arnstadt, Urkunde Nr. 329,
Ketzergeldliste, S. 19-22, Sign. 933-01, Register und
Rechnungen der Altaristen von St. Jacob 1480-1532,
Sign. 032-01, Das Rothe Buch, Bl. 271 b, Sign. 391-
04-1, Jacobsturm; UB Arnstadt, Nr. 168, 114.
L Hannappel, Martin: Das Gebiet des Archidiakona-
tes Beatae Mariae Virginis Erfurt am Ausgang des Mittelalters. Jena 1941, S. 385f.; Olearius, S. 73f.

Peter Unger

Jäger, Walther: Komponist, *23. 10. 1901 Arn-
stadt, †7. 1. 1975 Hennetal/Taunus, Sohn des
Schuhmachers Carl Max Otto Jäger und dessen
Ehefrau Ida, geb. Hoßfeld, absolvierte in Arn-

Walther Jäger

stadt eine Banklehre, als Zwölfjähriger hatte er
seinen ersten Marsch komponiert und so war es
nicht verwunderlich, daß er in Wien Musik, speziell Kompositionslehre, zu studieren begann.
Nach dem Studium verzog er nach Frankfurt/
Main und wurde Mitarbeiter des dortigen Rund-
funks. 1940 wurde er zum Kriegsdienst eingezogen und zur Truppenbetreuung an der Ostfront
eingesetzt. 1945 kam er in sowjetische Gefan-
genschaft, aus der er am 2. 6. 1948 nach Arnstadt
entlasssen wurde. Durch einen Zufall war ihm
die Möglichkeit gegeben worden, in der Gefan-
genschaft seinen musikalischen Interessen nach-
zugehen. Er gründete im Lager eine Theater-
gruppe und ein kleines Orchester. Dort arbeitete
er auch an seiner Operette *Babett*, die er in Arnstadt vollendete. Diese Operette wurde in Magdeburg 25mal aufgeführt, bevor er am 1. 1. 1953
nach Hessen zurückkehrte und dort bis zu seinem Tode in Hennetal bei Bad Schwalbach lebte
und wirkte. Als Mitarbeiter des Senders Frankfurt waren er und seine Frau Mitwirkende in der
damals bekannten Sendung *Frankfurter Wecker.*

Die Arnstädter nannten ihn *Tango-König*, denn von ihm stammen zahlreiche Tangos und volkstümliche Lieder. Er schuf mehr als 1.200 Titel. Der überaus größte Teil seiner Kompositionen trägt volkstümlichen Charakter und sind Evergreens geworden. Am Geburtshaus in der Lindenallee 2 wurde anläßlich seines 100. Geburtstages eine Erinnerungstafel mit folgendem Text angebracht: *In diesem Hause wurde der Komponist Walter Jäger geboren, 23. 10. 1901 bis 7. 1. 1975. Er schrieb zahlreiche Tangos und volkstümliche Lieder u. a. Wenn abends die Heide träumt.*
Q AKB, März 1954; TA v. 23. 10. 2001.
L Niemeyer, Annemarie: Arnstädter Komponisten. In: AKB, März (1954).   *Manfred Wahl*

Johann-Sebastian-Bach-Kirche: Evangelische Predigtkirche auf dem Markt, Vorgängerbau Bonifatiuskirche, gotisch 13. Jh., ersterwähnt 1333, 1444 erweitert, ein 1477 zugefügter Anbau ist im heutigen Bau enthalten, Friedhof 1537 aufgehoben,
1581 mit Hausmannsturm abgebrannt, dabei auch die →Glocken (drei Läuteglocken, zwei Uhrglocken, darunter die *Bierglocke*) zerschmolzen, 1617 zerstörte der Blitz den Turm völlig, 1676-83 Neubau, ermöglicht durch Legat der Gräfin Sophia Dorothea von Schwarzburg, Baumeister Andreas Rudolph (Gotha), geweiht durch Superintendent Tentzel als Trinitatiskirche, jedoch Neue Kirche genannt, Turmneubau unterblieb bis heute aus Kostengründen, 1694 eigene Pfarrstelle außerhalb des *Geistlichen Ministerium*, erster Pfarrer Joh. Christoph →Olearius, zur Zeit Johann Sebastian Bachs Justus Christian Uthe, gotische Fensterformen infolge Werkstein-Wiederverwendung, östlich Barockgiebel und hangseitige Strebepfeiler, Saalbau mit Holz-Tonnendecke auf zweigeschossigen Emporeneinbauten, die z. T. die Fenster nicht zur Wirkung kommen lassen, Kanzel ursprünglich an Südseite, 1703 baute der Orgelbaumeister Johann Friedrich Wender die neue Orgel mit 21 Registern, hierzu diente ein Legat des Ratsbauherrn Johann Wilhelm Magen, 1699 Orgelprüfung durch Johann Sebastian Bach, Orgel umgebaut und erweitert (zuletzt 1913 durch Fa. Steinmeyer/Öttingen) und ursprüngliche Orgelempore beseitigt, Orgel mit über 50 Registern, 1917 Kriegsverlust der Prospektpfeifen, 1923 er-

Bachkirche

neuert, Orgelprospekt sowie 7 Register von 1703 blieben jedoch erhalten, damit war es 1999 möglich, die *Bach-Orgel* original zu rekonstruieren, ausführende Fa. Orgelbau Hoffmann, Ostheim/Rhön, das romantische Orgelwerk wurde wiederhergestellt, jedoch ohne Prospekt, damit hat die Kirche jetzt zwei Orgeln, Spieltisch von 1703 im Museum/Bach-Gedenkstätte, 1776 heutiger Rokoko-Innenraum mit Kanzelaltar und umlaufender verglaster Sakristei an der Ostseite, 1913 Innenrenovierung mit Fensterneuverglasung und Beseitigung der Fenster im Dachbereich, Architekt Martin →Schwarz, 1938 Veränderung der Westemporen, 16. 1. 2000 Wiedereinweihung nach Rekonstruktion der Dachzone und Orgelempore, Orgelrekonstruktion, Fenstererneuerung sowie Wiederherstellung der Farbfassung von 1776, Ausstattung: Grabmale des 18. Jhs., z. T. Bildhauerfamilie →Meil, Kanzel 1776 von Johann Georg Schmidt (Gotha), Glasmalerei Ostfenster von 1913, Orgelprospekt von 1703 und Kreuzigungsgruppe, ursprünglich an der Ostwand, 1694 von Christoph Meil, Altarkreuze und Schnitzfiguren von Friedrich →Popp, ältester Abendmahlskelch 1565, Altargeräte aus Zinn, Taufstein und -schale 18. Jh., Flügelgemälde *Bach in Arnstadt* von Rolf Huber (1978), Neue Kirche war Wirkungsstätte von Johann Sebastian Bach von 1703-07, deshalb 1935 Umbenennung der Kirche.

L Donhof, Manfred: Die Bachkirche zu Arnstadt. Arnstadt 1990; Orban, Hans-Ulrich: Baugeschichte der Johann-Sebastian-Bach-Kirche. In: Festschrift zur Wiedereinweihung. Arnstadt 2000, S. 13-26; Preller, Gottfried: Geschichte der Orgel. In: ebd., Seite 41-62; Dehio, S. 52; Schwarz, Martin: Die Wiederherstellung der Bonifaciuskirche. In: ANIB v. 26. 10. 1913.

Hans-Ulrich Orban

John, Ernst: Kaufmann, Maler, *28. 2. 1793 Arnstadt, †19. 6. 1873 Arnstadt, entstammte einer alten Arnstädter Kaufmannsfamilie, Vater von Eugenie John →Marlitt, trotz hervorragenden Zeichentalents mußte er den Kaufmannsberuf ergreifen, heiratete die Arnstädter Kaufmannstochter Johanne Wilhelmine Böhme, 1923 Eröffnung einer Leihbibliothek, später noch eines Material- und Tabaksgeschäfts, Geschäftsräume und Wohnung befanden sich im Haus Markt 12, 1830 und 1832 Wahl zum Stadtverordneten bzw. Bürgervorsteher, 1834 Bankrotterklärung, Zwangsversteigerung von Geschäft und Haus, nach Eröffnung des Konkursverfahrens empfahl er sich in der Zeitung als Porträtmaler, ab Mitte der 1830er Jahre entstanden die noch im Schloßmuseum vorhandenen Pastelle, er porträtierte neben Familienmitgliedern zahlreiche Freunde und Bekannte aus Arnstadt und Umgebung, 1836 Mitbegründer des Arnstädter →Gewerbevereins (1859-61 Vorsitzender), 1841 Erwähnung als Lithograph und Steindrucker, lebte nach dem Tod seiner Ehefrau mit seinen Kindern zusammen und wurde später in die Familie seines Sohnes, des Realschullehrers Alfred John aufgenommen, die als Schriftstellerin erfolgreiche Tochter Eugenie John-Marlitt bezog 1871 mit ihrem Vater und der Familie

ihres Bruders die neuerbaute Villa Marlitt, Grab →Alter Friedhof.

W 18 Porträtbilder (Pastelle) u. a. Selbstbildnis, Porträt der Ehefrau, Töchter Eugenie und Rosalie, Maximilian von Oer, dessen Gattin, Ferdinand Benjamin Busch sowie lithographierte Stadtansichten, eine Arnstadt-Ansicht im ersten Adreßbuch von Hatham und Ansichten von Elgersburg in Hathams Buch *Schloß und Dorf Elgersburg*, beide 1841 erschienen.

L Scheidt, Helga: Der Vater der Marlitt - der Maler Ernst John. In: AVAU 1 (1991), S. 63f. (Porträt); dies.: Bildnisse Arnstädter Bürger im Bestand des Schloßmuseums Arnstadt (Pastelle von Ernst John). In: AVAU 9 (1999), S. 80-85. *Andrea Kirchschlager*

Jonastal: Das Tal der Wilden →Weiße von Crawinkel nach Arnstadt durchschneidet als Karsttrockental die Ohrdrufer Muschelkalkplatte zwischen dem Gosseler Plateau und der Bittstädter Hochfläche.

Tief hat sich das Wasser in den unteren Wellenkalk eingegraben. Im Quellgebiet bei Friedrichsanfang versickert die Wilde Weiße, so daß im größten Teil des Jahres das Bachbett trocken ist. Unterirdisch fließt das Wasser bis zum Ausgang des Jonastales bei Arnstadt, wo es in den Quellen am →Schönbrunn zu Tage tritt. Nur wenn das Wasserangebot bei Schneeschmelze und nach starken Niederschlägen für die unterirdischen Fließwege zu groß wird, führt das Bachbett Wasser. Die ältere Bezeichnung für das Jonastal lautete *arnethal* (1266), 1493 auch *das Tal*. 1773 wird der Name *Jonastal* erstmalig genannt, scheint aber schon vorher gebräuchlich gewesen sein. Abgeleitet wird der Name von Jansberg, ab dem 17. Jh. *Jonasberg*.

L Weber, Hans: Einführung in die Geologie Thüringens. Berlin 1955. *Manfred Wahl*

Jonastal–S III: Außenkommando des ehemaligen KZ Buchenwald 1944-45. Mit *S* wurden im nationalsozialistischen Sprachgebrauch *Sondervorhaben* bezeichnet, die von den Amtsgruppen D und C durchgeführt wurden und unter besonderer Geheimhaltung standen. Zur Absicherung des Bauvorhabens unterstand S III einem Außenkommando des KZ Buchenwald. Innerhalb kürzester Frist sollten in die Muschelkalkhänge am Bienstein im Jonastal ein verzweigtes unterirdisches Stollensystem getrieben werden. Welchem Zweck das Bauwerk dienen sollte, ist bisher geheimgehalten worden. Die ausgebauten Stollen haben eine Breite von 4,40-4,70 m und sind bis zu 176,5 m lang. 25 Stollen mit einer Gesamtlänge von 2.135,8 m sind mit Querstollen verbunden. Nach Aussagen ehemaliger Funktionsträger im Buchenwaldprozeß sollte im Jonastal in aller Eile ein Führerhauptquartier und Startrampen für V-Waffen gebaut werden. Zu diesem Zweck wurden ca. 25.000 Kriegsgefangene und KZ-Häftlinge in den Raum Ohrdruf-Crawinkel-Espenfeld verschleppt und gezwungen, unter unmenschlichen Bedingungen das Objekt *S III* zu bauen. Die Unterbringung der Menschen erfolgte in vier Teillagern: Nordlager bei Ohrdruf, Südlager bei Ohrdurf, Zeltlager bei Crawinkel und Zeltlager bei Espenfeld. Am 3. 4. 1945 begannen bei Annäherung der amerikanischen Kampfeinheiten die von der SS angeordneten Evakuierungsmärsche (Todesmärsche). Ca. 10.000 Häftlinge wurden von der SS ermordet. Zu Ehren der Opfer des Nationalsozialismus wurde 1945 ein behelfsmäßiges Denkmal in Form einer Holztafel aufgestellt und am 7. 9. 1958 am Kilometerstein 7,0 der Jonastal-Straße ein aus Bruchsteinen gemauerter Obelisk als Ehrenmal eingeweiht (Entwurf Friedrich →Popp). Die dreieckige Bronzetafel trug die Inschrift: *Zu Ehren der 5.000 KZ-Buchenwaldhäftlinge, die hier von den Faschisten 1943-1945 ermordet wurden.* Das Ehrenmal wurde 1979 mit 3 Stelen ergänzt. Nach 1990 wurden die Bronzetafeln mehrfach gestohlen und das Ehrenmal geschändet. Eine Reihe weiterer Grab- und Gedenksteine befinden sich in Arnstadt und den umliegenden Orten.

L Unger, Peter: OdF-Gedenkstätte Jonastal (B). In: Denkmale im Kreis Arnstadt, Veröffentlichung der Museen der Stadt Arnstadt, 12 (1988), S. 4-6; Zeigert, Dieter: Hitlers letztes Refugium? Das Projekt eines Führerhauptquartiers in Thüringen 1944/45. München 2003. *Manfred Wahl*

Jorns, Heinz *Gerhardt*: Mediziner, Ärztlicher Direktor des →Krankenhauses Arnstadt, *9. 9. 1900 Breitenbrunn/Sachsen, †30. 4. 1995 Arnstadt, Sohn des praktischen Arztes Dr. Hermann Gustav Jorns und dessen Ehefrau Johanne Elisabeth, geb. Zorn, 1906-18 Besuch der Lehranstalten in Rosenberg, Deutsch-Eylau und Nordhausen, 1918 Abitur am Gymnasium in Nordhausen, 1919-23 Studium der Medizin in Jena, Königsberg und München, 1921 ärztliche Vorprüfung, 1923 Medizinisches Staatsexamen und Promotion zum Dr. med. in Jena (Dissertation: *Die Typhuserkrankungen in Salza bei Nordhausen in dem Zeitraum 1901-1922*. Jena 1924), danach Medizinpraktikant an der Chirurgischen Klinik Jena und am Knappschaftskrankenhaus Bleicherode, 1924 Erlangung der Approbation als Arzt und Volontär-Assistent am Pathologischen Institut Wiesbaden, 1925-35 Assistenzarzt, später Oberarzt an der Chirurgischen Universitätsklinik Jena, 1932 Habilitation (*Experimentelle Untersuchungen über die Resorptionsvorgänge in den Hirnkammern*) und Zulassung als Privatdozent für Chirurgie in Jena (Antrittsvorlesung über *Aufgaben der Unfallchirurgie*), wo er bis 1944 Vorlesungen hielt, ab 1. 10. 1935 Leiter der Chirurgischen Abteilung im Städtischen Krankenhaus Arnstadt, 1937 Ernennung zum außerordentlichen Professor, daneben 1939-45 leitender Arzt der Schwerverwundetenabteilung des Reservelazaretts Arnstadt und Hauptchirurg für die Leichtverwundetenlazarette Arnstadt, Friedrich-

Gerhardt Jorns

roda, Ilmenau, Oberhof und Ohrdruf, ab 1. 4. 1941 ärztlicher Direktor des Krankenhauses Arnstadt, ab 1945 Chefarzt, während seiner Amtszeit ständige Modernisierungen und Erweiterungen des Krankenhauses, u. a. der Chirurgischen Abteilung (1956 Einführung der Intubationsnarkose), 1947 Einführung von Beratungsstunden für Geschwulstkranke und Leiter der 1952 eröffneten Beratungsstelle. 1954 Ausbau der medizinischen Prophylaxe durch Krebsreihenuntersuchungen, Leiter und Chirurgischer Arzt der 1948 gegründeten Poliklinik bis zu deren Selbstständigkeit 1949, führte chirurgische Sprechstunden in den Landambulatorien des Kreises ein, 1950 Einrichtung und Leitung einer Chirurgischen Ambulanz, 1953 Einrichtung einer Beratungsstelle für Gefäßkranke im Kreiskrankenhaus Arnstadt, 1950 Jahrestagung der Medizinisch-wissenschaftlichen Gesellschaft der Universität Jena im Arnstädter →Rathaus unter seiner Leitung, erhielt 1951 als erster Arzt des Kreises Arnstadt einen Einzelvertrag, auf seine Initiative 1963 Einrichtung einer Bildungsstätte für das Heilpersonal im Krankenhaus, Durchführung von Schwesterntagungen unter seiner Leitung, 1958 Auszeichnung mit dem Titel *Verdienter Arzt des Volkes,* 1961 Medizinalrat, 1963 Obermedizinalrat, forschend tätig, vor allem auf dem Gebiet der Chirurgie, 167 wissenschaftliche Publikationen, auch auf medizinhistorischem Gebiet, schrieb mehrere medizinische Lehrbücher. 1965 Ehrenmitglied der Wissenschaftlichen Gesellschaft für Chirurgie an der Universität Jena, 1961-66 Beiratsmitglied der Deutschen Gesellschaft für Chirurgie, bis 30. 4. 1970 Leiter der Chirurgischen Abteilung und Direktor des Kreiskrankenhauses, ab 1970 Leiter der Onkologischen Sprechstunde, 1978 Eintritt in den Ruhestand, 1997 Benennung einer Straße im Wohngebiet Rabenhold II (Prof.-Jorns-Straße).

W *Nachsorge nach chirurgischen Eingriffen* (Leipzig 1942), *Anzeigen und Aussichten chirurgischer Eingriffe* (Leipzig 1949), *Lehrbuch der Speziellen Chirurgie* (Leipzig 1955, Goldhahn / Jorns), *Festschrift zum 75-jährigen Bestehen des Arnstädter Krankenhauses* (Arnstadt 1967, zus. mit W. Hebeler u. E. Köhler), *August Heinrich Fasch - Professor der Medizin in Jena, ein Arnstädter Kind.* In: BHSKA 7 (1988), S. 77-79.

L Paschold, Kurt: Professor Dr. Gerhart Jorns zum 70. Geburtstag. In: Zentralblatt für Chirurgie H. 50 (1970), S. 1513f. (Porträt); Schwokowski, C. F.: Gerhart Jorns zum Gedenken (1900 bis 1995). In: Ärzteblatt Thüringen 7 (1996) 5, S. 272f. (Porträt).

Andrea Kirchschlager

Jugendherberge: In Arnstadt befand sich bereits eine Jugendherberge im →Alten Rektorat in der Kohlgasse für Mädchen und im Dachgeschoß des →Prinzenhofes für Jungen, die am 1. 6. 1922 eröffnet wurde. Am 16. 10. 1928 eröffnete die neue Jugendherberge mit Jugendheim in den gesamten Räumen des Alten Rektorats. Das Gebäude in der Ichtershäuser Str. 24 wurde 1912 von Ingenieur und Tiefbauunternehmer Paul →Gockenbach gebaut. 1917 erwarb der Fabrikbesitzer Ernst Hermann aus Leipzig das Anwesen. 1919/20 erfolgte der Umbau des Wohnhauses durch Architekt Martin →Schwarz für den Chemiker Dr. Ernst Büschler aus Mainz, der auf dem Grundstück eine Chabeso-Fabrik errichtete. 1934 Kauf des Lindenhofes, *der ja den meisten Arnstädtern immer als eine Art verwunschenes Schlößchen vorkam* durch den Reichsverband Deutscher Jugendherbergen, Gau Thüringen, ab 1935 Jugendherberge *Lindenhof,* 1945 Übergabe in Volkseigentum und Rechtsträgerschaft der Stadt, der hintere Teil des Grundstücks wurde der Genossenschaft *Kunstglas* überlassen, auf dem vorderen Teil baute die Besatzungsmacht Unterkunftsbaracken, im Wohnhaus Einrichtung einer Abteilung des →Krankenhauses, 1945/46 Unterbringung von Umsiedlern, 1947 Nutzung des Gebäudes als Heim für eltern- und heimatlose Jugendliche, 1948 wieder Nutzung als Jugendherberge (Namensgebung *Werner*

Jugendherberge Lindenhof

Gottfeld), 1952-54 zentrale Motorsportschule der Gesellschaft für Sport und Technik (GST)-Zentralverband Halle, nach Verlegung der Motorsportschule nach Bautzen 1954 Wiedereröffnung als Jugendherberge im Eigentum der Stadt, nach 1990 Schließung der Jugendherberge.

Q AA v. 11. 12. 1934, Nr. 289 u. 18. 12. 1934, Nr. 295; KAA, Bestand Stadt Arnstadt, Sign. 458-01 u. 02.

Andrea Kirchschlager

Jung, Moritz Christian *Hugo*: Pädagoge, Naturwissenschaftler, Landtagsabgeordneter, *29. 1. 1844 Arnstadt, †3. 2. 1919 Arnstadt, Sohn des Kauf- und Handelsherrn Carl Friedrich August Jung und dessen Ehefrau Louise Friederike Auguste, geb. Wellendorf, Eheschließung mit Bianca Ernestine Auguste Ferdinande, geb. Schafft, 1854-63 Besuch des →Gymnasiums in Arnstadt, 1863-67 Studium der Naturwissenschaften in Leipzig, Heidelberg und Berlin, 1868 Übertragung der Leitung einer Farbenfabrik in Amberg, 1891 Lehramtsprüfung in Leipzig, 1867 Promotion zum Dr. phil. in Jena mit der Dissertation (*Die Eisen- und Manganerze in der Umgebung Ilmenaus*), gründete 1871 eine Tuschfarben- und Tuschkastenfabrik im Haus seines Vaters, die er bis 1889 betrieb, ab 1880 erteilte er Unterricht in Naturkunde an einer Arnstädter Privatschule, ab 1889 Lehrer für Handelskunde an der Realschule, 1891 Lehramtsprüfung in Leipzig und 1892 Festanstellung als Oberlehrer der Realschule, ab 1892 auch Lehrer am Gymnasium, 1910 Ernennung zum Professor, 1914 Eintritt in den Ruhestand, 6 Jahre Mitglied des Gemeinderates, 1885-91 Landtagsabgeordneter von Schwarzburg-Sondershausen, 1901 Übernahme des Sekretariats bei der Gründung der Handwerkskammer beider schwarburgischen Fürstentümer und zog damit deren Sitz nach Arnstadt, bis 1918 Prüfungskommissar für den handwerklichen Nachwuchs, Mitglied der →Museumsgesellschaft und Mitglied in deren Gewerbeausschuß, 1872-82 und 1898-1902 Vorsitzender des Musikvereins von 1829, 1882-1908 Vorsitzender des →Gewerbevereins, legte umfangreiche naturkundliche Sammlungen an, die nach seinem Tod der Museumsgesellschaft übergeben wurden, 1979 Übergabe der Sammlungen an das Naturkundemuseum Erfurt, wohnte Lohmühlenweg 1, 1992 Benennung einer Straße im Gewerbegebiet

Hugo Jung

Arnstadt-Rudisleben (Prof.-Hugo-Jung-Straße). W *Verzeichnis der in der Umgebung Arnstadts vorkommenden Käfer.* In: Programm der Fürstl. Realschule zu Arnstadt (Teil I 1895, Teil II 1896); *Die Schotterlager in Arnstadts Umgebung.* In: Jahresbericht der Fürstl. Realschule. Arnstadt 1907.

Q KAA, Bestand Stadt Arnstadt, Sign. 311-05-6.

L Thalmann, Paul: Hugo Jung (1844-1919). In: Alt-Arnstadt 8 (1929), S. 48-54 (Porträt); Lengemann, S. 199f. (Porträt).   *Andrea Kirchschlager / Manfred Wahl*

Jungfernsprung: Bis zu 60 m hohe Felswand aus Wellenkalk am Talausgang der Wilden →Weiße im vorderen →Jonastal hinter den letzten Häusern Arnstadts. An dem Prallhang arbeitet seit Jahrtausenden das Wasser der Wilden Weiße. Am Fuße der Felswand unterspülte das Wasser den Hang bis an das brüchige Kalkgestein der Wilden Weiße. Vom Aussichtspunkt oberhalb der Felswand hat man einen wunderschönen Blick in den vorderen Teil des Jonastales.

Die Sage berichtet von einer unschuldigen Jungfrau, die von einem wilden Ritter zu Pferde verfolgt wurde. Das Mädchen floh querfeldein und stand plötzlich am Rande der ins Tal steil abfallenden Felswand. In ihrer Verzweiflung sprang sie in die Tiefe. Das weite bauschige Gewand blähte sich auf und trug die Jungfrau sanft zu Tal. Der Ritter, der plötzlich seine Beute verschwinden sah, gab seinem Pferd die Sporen und setzte hinterher. Roß und Reiter blieben jedoch mit zerschmetterten Gliedern im Bachbett der Wilden Weiße liegen. Die Felswand verdankt ihren Namen dieser Sage seit ca. 1800. Vordem wurde sie Beschorener Stein oder Schornstein benannt. Der Name Schornstein kann von dem keulenförmigen Riß in der Felswand stammen. 1447 erste urkundliche Nennung, 1575 und 1587 wird Weinwachs am *Schornstein im Thale* erwähnt und bei Axt 1701 im Pflanzenverzeichnis *auf den Bergen am Schornstein*. Beschorener Stein bedeutet soviel wie kahler Stein.

L Unger, Peter: Schornstein und Jungfernsprung – Bemerkungen zu zwei Arnstädter Flurnamen. In: AVAU 7 (1997), S. 77-79. *Manfred Wahl*

K

Käfernburg: Ca 2,5 km südöstlich von Arnstadt über Oberndorf liegt auf dem Schloßberg die Käfernburg, eine der Stammburgen des Geschlechts der Grafen von Käfernburg. Die Burg selbst wird erstmals im Jahre 1215 genannt, ein Graf von Käfernburg schon 1141, 1246 wurde die Anlage nach einem Brand teilweise neu errichtet, nach Aussterben der Grafen von Käfernburg 1385 wurde die Burg den Landgrafen von Thüringen zu Lehen gegeben, längere Zeit residierte hier Landgraf Balthasar und stellte bis 1435 Urkunden aus, Balthasars Sohn, Friedrich IV., bestimmte die Burg als Witwensitz für seine Gemahlin Anna von Schwarzburg, 1441 ist ein gräflicher Vogt nachgewiesen, 1447 fiel die Burg als erbliches Lehen an das Haus Schwarzburg zurück, noch bis in das 16. Jh. scheint die Burg bewohnt gewesen zu sein, dann wurde sie dem Verfall preisgegeben, 1661 ist ihr regulärer Abbruch bezeugt, um Steine zur Ausbesserung des Schlosses →Neideck zu gewinnen. Die ca. 90 x 60 m große Hauptburg wird von einem mächtigen, bis zu 7,5 m tiefen Graben mit vorgelagertem Wall geschützt, von der Vorburg an der Südostseite sind nur noch Reste des Wallgrabens sichtbar. Die unterhalb der Käfernburg auf einem Hügelvorsprung über Oberndorf gelegene Pfarrkirche St. Nikolai diente wohl als Burgkapelle.

L Bienert, Thomas: Mittelalterliche Burgen in Thüringen. (2000), S. 120f. *Ulrich Lappe*

Kämpfs Türmchen: Stand oberhalb des Stephanstales (oder Stephansgrundes), durch welches die Flurgrenze zwischen Arnstadt und Siegelbach vom Plaueschen Grund zum Alteburgmassiv hinauf verläuft. Schon auf Siegelbacher Flur hatte sich der Arnstädter Kaufmann Friedrich Heinrich Kämpf (†1810) über dem Stephansgrund einen Stall gebaut, um bei den häufigen Ausritten nach seinen hier gelegenen Äckern sein Pferd einstellen zu können. Der Stall erhielt eine ersteigbare zinnenartige Bekrönung, die dem Ganzen das Aussehen eines Turmes verlieh und ihm den Namen *Kämpfs Turm* eintrug. Über den Fundamenten des verschwundenen Turmes steht jetzt eine Aussichtsbank und dicht dabei ein Vermessungsstein. Der Turm wurde wahrscheinlich durch Blitzschlag zerstört. In Vorbereitung der Errichtung des Aussichtspunktes →Kreuzchen stellten Vertreter des Verschönerungsvereins und der Stadt 1895 bei einer Besichtigung der Örtlichkeiten fest, daß von dem höher gelegenen *Kaempfs-Thürmchen* die Aussicht nicht umfassender ist, als vom Kreuzchen aus. Auch wegen der näheren Lage zur Stadt entschied man sich damals für den Standort Kreuzchen.

L Bühring, Johannes: Die Alteburg bei Arnstadt, eine Wallburg der Vorzeit. In: Programm des Fürstlichen Gymnasiums zu Arnstadt. Arnstadt 1892, S. 18; Unger, Peter: Das Kreuzchen bei Arnstadt. In: BHSKA 9 (1990), S. 8f. *Peter Unger*

Kästner, Klaus: Heimatgeschichtsforscher, Schuldirektor, Direktor der Museen der Stadt Arnstadt, *4. 10. 1930 Arnstadt, †14. 9. 1993 Arnstadt, erstes von drei Kindern des Maschinenschlossers Rudolf Kästner und dessen Ehefrau Lisbet, 1937-45 Volksschule, 1945-48 Mechanikerlehre (bei Siemens Radio Arnstadt), 1949 Bewerbung als Neulehrer für Geschichte und Besuch der Pädagogischen Fachschule Langensalza, 1951 Heirat mit Hildegard Götz, 1959 Staatsexamen im Fach Geschichte, 1973

Diplompädagoge, 1967-79 Direktor der Käthe-Kollwitz-Oberschule in Arnstadt, von 1979-90 Direktor der Museen der Stadt Arnstadt, Autor zahlreicher Beiträge zur Heimatgeschichte, Verantwortlicher für die Redaktion der →Schriftenreihe Beiträge zur Heimatgeschichte – Stadt und Kreis Arnstadt (1982-90), Herausgeber der Veröffentlichungen der Museen der Stadt Arnstadt, nach 1990 Kreistagsabgeordneter der PDS, Gründungsmitglied des Thüringer Geschichtsvereins Arnstadt e. V. und des Fördervereins Schloßmuseum Arnstadt e. V., in beiden Vereinen Vorstandsmitglied.

W *Die Auswirkungen der Inflation auf die Lage der Arbeiterklasse – erläutert an Beispielen aus dem Kreis Arnstadt.* In: BHSK 1 1960, S. 7-40, *Fürstenblut für Ochsenblut – Eine von Friedrich Schiller nacherzählte Anekdote über Katharina von Schwarzburg.* In: BHSKA 7 (1988), S. 68-76, *Zum 100. Geburtstag des Künstlers A. Paul Weber.* In: AVAU 2 (1992), S.45-66, *Zum Streit über den Kreissitz.* In: AVAU 3 (1993), S. 51-66.

L Klein, Matthias: In memoriam Klaus Kästner. In: AVAU 4 (1994), S. 172 (Porträt). *Matthias Klein*

Kammeyer (Kammeier), Friedrich *Wilhelm* Ferdinand: Lehrer, Schriftsteller, *3. 10. 1889 Nienstädt, †23. 5. 1959 Arnstadt, Sohn des Bergschmieds Friedrich Wilhelm Kammeyer und dessen Ehefrau Wilhelmine Juliane, geb. Horstmeier, Eheschließung mit Margarete Charlotte, geb. Bade, 1909-11 Besuch des Lehrerseminars in Bückeburg, 1911-23 (?) Lehrer in Wendthagen, danach wohnhaft in Bad Rehburg und Hannover, freischaffend tätig auf dem Gebiet der Mediävistik, u. a. Forschungen zu mittelalterlichen Urkundenfälschungen, zahlreiche Publikationen, nach Ausbombung in Hannover 1943 Zuzug nach Arnstadt, wohnte Bielfeldstr. 20.

W *Die Fälschung der deutschen Geschichte* (Leipzig 1935, 11. Auflage Viöl 2000), *Die historischen Welträtsel* (Leipzig 1937), *Die Fälschung der Geschichte des Urchristentums* (Leipzig 1940), *Die Wahrheit über die Geschichte des Spätmittelalters* (Wobbenbüll 1979).

Q Adreßbuch Arnstadt 1948. *Manfred Engshuber*

Kammerchor Arnstadt: Gegründet 1967 von Alwin Friedel mit dem Ziel, neben dem →Bachchor Arnstadt einen leistungsstarken Laienchor

für Aufführungen vorwiegend nicht kirchlicher A–cappella-Werke aufzubauen. Der Chor wurde der Arbeitsgemeinschaft für Musik und Bachpflege im Kulturbund der DDR, Kreisleitung Arnstadt, angeschlossen. Mit dem Prädikat *Oberstufe sehr gut* beim Bezirksleistungsvergleich *Gemischte Chöre* 1980 in Arnstadt ausgezeichnet, wurde er zu den Spitzenchören des damaligen Bezirkes Erfurt gezählt. Auszeichnungen: Hervorragendes und Ausgezeichnetes Volkskunstkollektiv der DDR, rege Konzerttätigkeit auf hohem Niveau führte zu Rundfunk- und Fernsehaufnahmen, ein erster Preis beim 1. Landeschorwettbewerb 1993 in Weimar brachte die Delegierung zum 4. Deutschen Chorwettbewerb 1994 in Fulda, 1990 der Arnstädter Kantorei angeschlossen, wird der Chor seit Oktober 1998 von KMD Gottfried Preller geleitet.

Alwin Friedel

Kantorat: Ehemalige Dienstwohnung des Kantors, heute Pfarrhof 5, zweigschossiges Fachwerkgebäude, Doppelgebäude mit Pfarrhof 3, errichtet Mitte des 17. Jhs. auf älteren tiefen Kellergewölben, barocke Innenelemente, Umbauten 19. Jh., Erdgeschoß verputzt, Obergeschoß schlichte Schmuckformen.

L Dehio, S. 58; Kirchenarchiv: Untersuchungsbericht Pfarrhof 3/5, Restaurierungsatelier Nitschke, Arnstadt 1993. *Hans-Ulrich Orban*

Karoline von Schwarzburg-Sondershausen: Wilhelmine Friederike *Karoline*, geb. Prinzessin von Schwarzburg-Rudolstadt, Fürstin, Wohltäterin, *21. 1. 1774 Rudolstadt, †11. 1. 1854 Arnstadt, Tochter des Fürsten Friedrich Karl von Schwarzburg-Rudolstadt, 1799 Eheschließung mit dem Fürsten Günther Friedrich Karl I. von Schwarzburg-Sondershausen, 1800 Geburt der Tochter Emilie Friederike Karoline und 1801 Geburt des Erbprinzen Günther Friedrich Karl, die Mätressenwirtschaft ihres Gatten veranlaßte Karoline zur Trennung von ihrem Ehemann, sie zog 1816 mit ihren beiden Kindern nach Arnstadt, wo sie bis zu ihrem Tod das →Neue Palais bewohnte, wegen ihrer Wohltätigkeit wurde sie *von den Arnstädtern wie eine Mutter geliebt und verehrt*, sie unterstützte u. a. 1830 die Einrichtung einer Kleinkinder-Verwahranstalt für arme Kinder, 1839 einer Näh- und Strickschule (Ka-

Karoline von Schwarzburg-Sondershausen

rolinenschule) für Töchter unbemittelter Eltern und die wiedereingerichtete Suppenanstalt für Arme und Hilfsbedürftige in den vormärzlichen Notjahren bis 1847, nach den revolutionären Tumulten am 26. 3. 1848 konnte sie mit einem Aufruf die Bevölkerung Arnstadts beruhigen, Willibald →Alexis beschrieb Karoline 1851 als eine Person, die *jene Herzengüte und wahre Humanität sich bewahrt hat, die nicht mit der christlichen Gesinnung, als einem fürstlichen Privilegium, prunkt, sondern in der Stille Leiden um ihrer selbst willen mütterlich lindert.* 1853 stiftete sie eine Summe von 1.000 Talern für Arme.

Noch bis 1923 konnten arme Wöchnerinnen und in Not geratene Familien aus dem Karolinen-Legat unterstützt werden, ihre letzte Ruhestätte fand Karoline von Schwarzburg-Sondershausen in der →Fürstengruft auf dem →Alten Friedhof, bereits ein Jahr nach ihrem Tod bildete sich 1855 ein *Comité ... zu dem Zwecke, der Wohlthäterin Arnstadts, der hochseligen Fürstin=Mutter ein Denkmal zu widmen*, als sichtbares Zeichen der Dankbarkeit, ausgeführt wurde das Denkmal vom Maurermeister und Bildhauer Christian Herda jun. in Arnstadt aus Sandstein in Form eines gotischen Obelisken mit der Inschrift: *Seiner edlen Fürstin Caroline das dankbare Arnstadt 1857.*, die feierliche Enthüllung in der Lindenallee fand am 7. 9. 1857 statt, 1951 Entfernung der Inschrift auf

Anordnung der DDR-Behörden, 1984 Umsetzung des Karolinendenkmals im Zuge des Ausbaus des Verkehrsknotens Südkrankenhaus, doch statt Wiederaufstellung kam es zur Lagerung der Sandsteinteile im Hof des Schloßmuseums, 1993 erfolgte deren Abtransport in den Bereich Friedhof/städtischer Bauhof, auf Initiative der von Arnstädter Geschäftsfrauen gegründeten IG Karoline fand am 29. 4. 2000 die Übergabe des auf Spendenbasis restaurierten und wiederaufgestellten Karolinendenkmals gegenüber dem Schloßmuseum statt, 1865 Straßenbenennung (Karolinenstraße).

L Ziegenhardt, Andrea: Zur Geschichte des Karolinendenkmals. In: AVAU 9 (1999), S. 112-121. (Porträts im Schloßmuseum). *Andrea Kirchschlager*

Kaserne: 1823 Einrichtung einer Kaserne im ehemaligen St. Jacobsstift (Bahnhofstr. 21). Das Kasernengebäude (mit Inventar) blieb Eigentum der Stadt, Räume für 60-70 Mann, Benutzung bis 1854. In diesem Jahr starb die Fürstin →Karoline, die im →Neuen Palais ihren Witwensitz hatte, seit dieser Zeit wurden keine Wachen mehr gestellt, Abzug der letzten Soldaten nach Sondershausen, 1855 Verkauf des Inventars der Kaserne, Gebäude anschließend (bis jetzt) als Forstamt und für Wohnzwecke genutzt.

L Fuhrmann, Hartmut: Militär in Arnstadt. In: Das Schwarzburger Militär (1700-1914). Rudolstadt 1994, S. 169-179. *Hartmut Fuhrmann*

Ehem. Kaserne, heute Forstamt

Katharina von Schwarzburg, geb. Gräfin von Nassau: Gräfin, Wohltäterin der Armen, Mäzenatin für die Bildung und die Kirchenbibliothek in Arnstadt, *29. 12. 1543 Dillenburg, †25. 12. 1624 Arnstadt, Tochter von Wilhelm

dem Reichen, Graf von Nassau (1487-1559) und Juliana, Gräfin von Stolberg-Wernigerode, Eheschließung am 17. 11. 1560 in Arnstadt mit →Günther XLI. dem Streitbaren, Grafen von Schwarzburg. Lebte nach der Eheschließung mit Günther XLI. zunächst in Arnstadt, folgte ihm ab 1578 in die Niederlande, zuerst bis zu seinem Tod 1583 nach Antwerpen, danach am Hof ihres Bruders Wilhelm von Oranien, u. a. auch am 10. 7. 1584 in Delft bei dessen Ermordung anwesend. Ende 1584 Rückkehr nach Sondershausen, 1585-1624 Wohnsitz im sogenannten *Gräfin-Hof* (→Prinzenhof) in Arnstadt, große Legate für die Arnstädter Kirchen (u. a. für die Bibliothek der →Oberkirche, 33 Titel aus allen Wissensgebieten), Schulen und Arme (hier weitere 2.000 Gulden als Stiftung für *die armen Witwen*).
L Beger, Jens / Pedruelo Martín, Eduardo / Rodríguez de Diego, José Luis / Emig, Joachim (Bearb.) / Lengemann, Jochen: Günther XLI. Gf. von Schwarzburg in Diensten Karls V. und Philipps II. in den Niederlanden (1550) 1551-1559 (1583). Briefe, Berichte und andere Dokumente aus den Jahren 1550-1583. Edition. (Veröffentlichung des Thüringischen Staatsarchivs Rudolstadt; Veröffentlichungen des Hist. Vereins für Schwarzburg, Gleichen und Hohenlohe in Thüringen 1). Weimar 2003.   *Jochen Lengemann*

Katholische Gemeinde: Nach der Reformation ging das katholische Gemeindeleben zu Ende. 1624 war keine Spur katholischer Religionsausübung mehr vorhanden. Die Fürstin →Auguste Dorothea stellte eine Ausnahme dar. Sie war zum katholischen Glauben übergetreten, Hausgeistliche feierten in der Kapelle der →Augustenburg die heilige Messe, um 1800 findet man wieder einige Katholiken in Arnstadt, von den 4.380 Einwohnern waren 16 katholisch, am 7. 2. 1817 fand nach über 300 Jahren der erste öffentliche Gottesdienst im Haus Markt 14 statt. Die Frau des Apothekers Kühn stammte aus Mainz und war katholisch. Sie stellte einen Raum ihrer Wohnung zur Verfügung, zeitweise wurde die hl. Messe auch im Saal des St. Georg Stiftes gefeiert, 1830 erwarb man das Wohnhaus Wagnergasse 2, in dem eine kleine Kapelle im mittleren Stockwerk eingerichtet wurde, viel zu klein, baute man sie kurz darauf noch einmal um, am 24. 9. 1837 weihte Pfarrer Liebherr aus Erfurt die St. Günther Kapelle dort ein, am 11. 10. 1837 erkannte

Fürst Günther Friedrich Karl II. die katholische Gemeinde als selbstständig an, 1866 zählte die Gemeinde 112 Gläubige, im Kriegsjahr 1870 erhielt die Gemeinde einen eigenen Seelsorger (August Sagel), bislang kamen die Seelsorger aus Erfurt oder Gotha, im gleichen Jahr erwarb die Gemeinde von Rechtsanwalt Wilke ein Grundstück in der Krappgartenstaße u. errichtete dort im Erdgeschoß eine kleine Kapelle sowie eine Lehrerwohnung für die katholische Privatschule (4. 11. 1872 eröffnet u. am 1. 4. 1938 von den Nazis geschlossen). Die Zahl der Mitglieder der katholischen Gemeinde nahm immer mehr zu. Im Zuge der Industrialisierung kamen Handwerker und Arbeiter aus Schlesien, Bayern oder Nordrhein/Westfalen. Am 16. 8. 1877 wurde die St. Elisabeth Kirche eingeweiht, die mit einigen baulichen Veränderungen bis 1987 der Gemeinde als Pfarrkirche diente, bis die →Himmelfahrtskirche übernommen wurde. Am 23. 4. 1930 zogen Schönstätter Marienschwestern in Arnstadt ein und errichteten eine Schwesternstation. 1932 kamen zwei Marienschwestern aus Schönstatt bei Vallendar in die katholische Gemeinde von Arnstadt und unterstützten die Arbeit der Seelsorge, Schwester Gertraud als Lehrerin und Schwester Anastasia als Seelsorgerin, seit dem 5. 12. 1932 leiten Schwestern den katholischen Kindergarten bis auf den heutigen Tag, zeitweise haben sie auch die Arbeiten einer Pfarrsekretärin ausgeübt und waren Organistin, besonders in der Kriegs- und Nachkriegssituation waren es die Schwestern, die für die Flüchtlinge offene Herzen und Hände hatten, derzeit weilen drei Schwestern in der Gemeinde als Kindergärtnerin, als Krankenschwester und Sakristanin, Schwester Maria Luisette Lausberg war über dreißig Jahre in der Gemeinde tätig. Das Säkularinstitut der Schönstätter Marienschwestern wurde 1926 von Pater Josef Kentenich in Schönstatt bei Koblenz gegründet. Dort steht das Mutterhaus von ca. 3.000 Schwestern. Die Schwestern streben danach, Frauen nach dem Vorbild Mariens, der Mutter Jesu zu sein, sie arbeiten in kirchlichen und staatlichen Einrichtungen, leben ehelos, in Treue gegenüber ihrer Gemeinschaft und in persönlicher Armut gemäß der Weisung Jesu. In Friedrichroda haben sie ihr Provinzhaus sowie in Heiligenstadt ein religiöses Zentrum. Immer mehr Katholiken zogen zu Beginn des

20. Jhs. in unser Gebiet ein, am 16. 2. 1936 wurde deshalb in Stadtilm und am 19. 9. 1937 in Gräfenroda eine Kapelle errichtet. 1942 wurde Adolf →Fleischmann Pfarrer der Gemeinde. Die Flüchtlinge, zunächst aus dem Rheinland, später aus den Ostgebieten, ließen die katholische Gemeinde sprunghaft anwachsen, 1949 zählte die Gemeinde 4.800 Katholiken, am 16. 10. 1949 wurde in Ichtershausen die Maria Himmelfahrtskirche eingeweiht und am 8. 5. 1961 die Kapelle Maria Königin in Plaue, 1971 weilte Bischof Konrad Martin aus Paderborn zur Firmung in Arnstadt. Mit dem Erwerb und der Einweihung der Himmelfahrtskirche 1987 begannen unter Leitung von Pfarrer Wolfgang Teichert die Umbauarbeiten des Grundstückes in der Wachsenburgalle 16 zu einem Gemeindezentrum, 2003 zählt die Gemeinde ca. 2.000 Glieder, zusammen mit den evangelischen Christen der Stadt wissen sie sich auf dem Weg durch die Zeiten als wanderndes Gottesvolk, die Wirklichkeit Gottes bezeugend. *Wolfgang Teichert*

Kauffberg von, Christian *Wilhelm* Friedrich Caspar: Jurist, Kanzler in Arnstadt und Chef des Geheimratskollegiums in Sondershausen, *21. 1. 1773 Sondershausen, †4. 1. 1846 Sondershausen, Sohn von Rudolf Wilhelm Caspar von Kauffberg (1744-1823), Hofrat, später Kanzler und Geheimer Rat in Arnstadt und Christiane Wilhelmine Auguste Sigismunde, geb. von Zeutsch (1741-90). Studium der Rechtswissenschaften in Göttingen, 2. 10. 1792 Regierungs- und Konsistorialassessor in Sondershausen, 1805-11 Vizekanzler, 1811-35 Kanzler in Arnstadt, 1815 Geheimer Rat und Regierungs- und Konsistorialpräsident, zunächst in Arnstadt, ab 1835 in Sondershausen, 1835 auch Kammerpräsident, 1841-46 Chef des Geheimratskollegiums in Sondershausen. Hofjunker (1792), Kammerjunker (1794), Vizeoberstallmeister (1797), Oberstallmeister und Funktion des Hofmarschalls (1803). Auslandsaufenthalte u. a. in England, Dänemark, Ungarn und Siebenbürgen, nahm Stelle seines Vaters nach dessen Eintritt in den Ruhestand ein, während seiner Amtszeit war er sehr bemüht um die Verbesserung der Stadt- und Landschulen, der Waisenversorgungs-, Feuerlösch- und Armenanstalten, Förderung des Straßenbaues, Gründung einer

Irrenanstalt, eines Zwangsarbeitshauses sowie einer Kinderbewahranstalt. 26. 6. 1806 1. Heirat in Ettischleben mit Charlotte Henriette Christiane, geb. von Poseck, 12. 7. 1812 2. Heirat in Gebesee mit Louise Sophie Henriette Antoinette Freiin von Oldershausen. 1914 Straßenbenennung (Kauffbergstraße).

L von Hellbach , Johann Christoph: Glückwünsche zur Jubelfest=Feier beim Schlusse des von diesem allgemein verehrten Staatsdiener dem Lande gewidmeten funfzigsten Jahres, mit einer Skizze des Nekrologs der Schwarzburgischen, besonders Arnstädtischen Kanzler, am fünften November dieses Jahres respektvoll dargebracht von der Harmonie und Resource allhier. Arnstadt 1815. (Porträt); Biographischer Ueberblick von dem fünfzigjährigen staatsdienstlichen Wirken und Leben Sr. Excellenz des Fürstlich Schwarzburg-Sondershäusischen Herrn Geheimenraths C. W. F. C. von Kauffberg. Mitgetheilt am Tage der Jubelfeier desselben den 2. Oktober 1842. Sondershausen 1842. Gothaisches Genealogisches Taschenbuch (GGT), Briefadelige Häuser 1907, 371; 1920, 478.

Jochen Lengemann / Andrea Kirchschlager

Keil, Friedrich: Schuhfabrik, ab 1. 2. 1871 produzierte die Fa. Hofmann & Keil als erste Schuhfabrik in Arnstadt, Karolinenstr. 4, Inhaber trennten sich, Keil eröffnete seine eigene Fa. Am Bahnhof 4, Hofmann blieb noch unter der bisherigen Adresse Gebr. Hofmann, am 14. 9. 1874 als Fa. F. A. Keil in das HR eingetragen, Inhaber Friedrich A. Keil (1845–1929), hergestellt wurden Kinder- und Mädchenstiefel sowie Damenstiefeletten, 1896 wurden 150 Personen beschäftigt, moderne Schuhmaschinen der Fa. Ley wurden angeschafft, ab März 1908 trat der Kaufmann Johannes Keil als Prokurist in die Fa. ein, ein Jahr später wurde er persönlich haftender Gesellschafter, mehrfach wurden von der Fa. Patente eingereicht und auch an sie vergeben, Handelsgesellschafter Friedrich und Moritz Keil waren ab 3. 8. 1914 zur Vertretung der Gesellschaft berechtigt, ab September 1926 an die Vereinigten Thüringer Schuhfabriken angeschlossen, Kaufmann Bernhard Kern aus Berlin trat am 5. 10. 1928 als persönlich haftender Gesellschafter in die Fa. ein, Gesellschafter Theodor Riccius aus Erfurt war zum gleichen Zeitpunkt ausgeschieden, 4. 2. 1929 Eröffnung des Konkursverfahrens, 1933 bestätigter Zwangsvergleich, am

7. 6. 1934 war die Fa. erloschen. Die Gartenanlage *Lange Else* wurde durch den Arbeiterverein der Firma Keil gegründet, der Mitinhaber der Firma Keil, Herr Riccius, stiftete dafür 1.000 Mark.

Q ANIB 1873-1922; AA 1922-34; DV v. 15. 7. 1969.

Heidrun Fröhlich

Kemenate: Auch *Kemelette* (lat. caminata - heizbarer Wohnraum), von den einst 6 oder 7 stets als Hintergebäude genannten Kemenaten (u. a. Hofbereiche der Häuser Markt 4, Unterm Markt 1, Marktstr. 21 oder 23, Fleischgasse 25, Rosenstr. 33) hat sich in fast unveränderter Form die Kemenate im Hinterhof Rosenstr. 19-23, die sog. →Nikolauskapelle erhalten. Das Gebäude selbst war fast vollständig in die Handschuhfabrik eingebaut, die fensterlose Südseite wurde erst in den letzten Jahren wieder freigelegt, bis auf den heutigen Zugang und daneben liegendem Fenster, beide vom Ende des 19. Jhs., ist auch die Fassade der Ostseite unverändert geblieben. Der ursprüngliche Eingang lag an der Westseite, eine heute zugemauerte spitzbogige Tür von 1,90 m lichter Höhe; an der Nordseite ist ein zugemauertes Zwillingsfenster mit spitzbogigem Abschluß und Reste eines ehemals gleichen Zwillingsfensters, ebenfalls zugemauert, mit Spuren von Vergrößerung zu einer Tür erhalten, an der Westwand liegt auch die heutige Treppe.

Kemenate, Rosenstraße

Der Raum im Obergeschoß hat außer zwei einfachen, fast viereckigen Fenstern auf der Ostseite und ebenfalls zwei gleich großen Fenstern auf der Nordseite keine weiteren Öffnungen, in der Giebelspitze ist noch ein Vierpaßfenster bemerkenswert, ohne jeden Nachweis einer Heizanlage diente das heute einräumige, zweigeschossige Gebäude wohl mehr wirtschaftlichen als wohnlichen Zwecken. Eine zweite Kemenate, jedoch in stark veränderter Form, ist im sog. Steinhaus, heute Papierwaren MC Paper, Ledermarktgasse 2 zu suchen.

L Lappe, Ulrich: Kemenate (sog. Nicolaikapelle), Rosenstraße 19-25. In: Denkmale im Kreis Arnstadt. Veröffentlichungen der Museen der Stadt Arnstadt. 12 (1988), S. 55-58.

Ulrich Lappe

Ketzergeldliste: Auf Papier geschriebene, 23 Seiten umfassende Geldsammelliste im Schmalfolioformat, entstanden in der Zeit der Hussitenzüge in den mitteldeutschen Raum 1429/30, allerdings ohne zeitgenössische Datierung. Einer Eintragung in der Stadtrechnung von 1429 zufolge hatte man die gleiche Summe *Keczergeild* eingenommen, wie in der Ketzergeldliste verzeichnet, weshalb sie in diesem Jahr entstanden sein könnte. In der gleichen Rechnung sind die ausführlichen Ausgaben des *zcogis wöder/ Die keczere* aufgeführt, woraus die Einnahme des Ketzergeldes für dessen Finanzierung zu erklären wäre. Außerdem war der Ratsmeister, Böttcher und angesehene Bürger Hans von Alch 1431 mit zugegen, als man das Ketzergeld besah und beschrieb. Er erscheint mit einer Abgabe von 10 neuen Groschen, was seine gehobene gesellschaftliche Stellung unterstreicht. In der Ketzergeldliste dürften alle zinspflichtigen Einwohner der Stadt verzeichnet sein. Zuerst nannte man wohl die Haushaltungsvorstände, wenn männlich und verheiratet, dann mit Ehefrauen. Diese jedoch ohne Namen, sondern nur mit dem Zusatz *sin frouwe*. Danach folgten die (erwachsenen?) Kinder und andere, mit im Haushalt lebende Familienmitglieder, aber auch Knechte und Mägde. Im Gegensatz zum *Liber censuum* von 1412 erfolgte die Nennung der Personen nicht nach der weltlich-administrativen Einteilung in die vier →Stadtviertel, sondern nach der kirchlichen Struktur in die drei städtischen Pfarreien: *Bonifacii p*(farrei) (623 Personen), In *vnser liebin frouwen phar* (486 Personen) und In *sende Jacofes phar* (277 Personen). Separat aufgeführt werden 53 Juden mit ihren Kindern, die je 1 Gulden zahlten. Zumeist waren neue Groschen zu geben, und zwar überwiegend einer. Die 5, 10 oder mehr Groschen zahlenden Personen gehörten zur gesellschaftlichen Oberschicht der Stadt. Insgesamt wurden 1.439 zinspflichtige Personen gezählt.

Q KAA, Bestand Stadt Arnstadt, Urkunde Nr. 329, Ketzergeld-Liste 1429; Sign. 931-20, Stadtrechnung 1429. *Peter Unger*

Keyser, Stefanie: Schriftstellerin, *30. 3. 1847 Sondershausen, †30. 1. 1926 Sondershausen, zu ihrer Zeit neben der →Marlitt eine der meistgelesensten Autorinnen, veröffentlichte zwischen 1883-1901 vor allem in der Gartenlaube, ihre Mutter, Friederike, geb. Busch, stammte aus Arnstadt. Die spätere Schriftstellerin verbrachte ihre Jugend in Keula, Ebeleben und Sondershausen, wohin ihr Vater in Schwarzburg-Sondershäuser Diensten berufen wurde, 1852-61 Besuch der höheren Mädchenschule in Sondershausen, erste dichterische Versuche, besondere Interessengebiete: musische Fächer, Geschichte und Naturwissenschaften, Besuch bei ihrem Großvater auf der Wartburg, wo Moritz von Schwind gerade seine Fresken malte, beschäftigte sich über die Schulzeit hinaus auf Reisen durch Deutschland und die Schweiz mit botanischen Studien, erste Pflanzenmärchen. Das Interesse für poetische Themen wuchs ständig, gefördert durch Besuche in Museen und Gemäldegalerien, mit 35 Jahren (1882) erste Veröffentlichung in der *Gartenlaube*, die kulturgeschichtliche Novelle *Der Krieg um die Haube*. In der autobiographischen Skizze *Wie ich Schriftstellerin wurde*, auf Wunsch des Herausgebers der *Gartenlaube* zu deren 50. Ausgabe (1884) geschrieben, begründete sie, wie sie ihren Lebensberuf im Schreiben fand, Gesamtwerk nahezu 50 Novellen, Erzählungen und Romane, darunter die in Arnstadt spielenden Werke *Glockenstimmen*, eine Bürgergeschichte aus dem 17. Jh. (1883 in der *Gartenlaube* veröffentlicht) und der Roman *Sturm im Wasserglas* (Leipzig 1895), die neben einigen kulturgeschichtlichen Erzählungen zu ihren besten schriftstellerischen Leistungen gehören.

Über ihr Privatleben ist kaum etwas bekannt. Sie blieb unverheiratet, aktive Mitarbeit im 1853 gegründeten Sondershäuser Verein für deutsche Geschichts- und Altertumskunde (Ehrenmitglied 1921).

W *Deutsche Art, treu gewahrt* (1888), *Das Loos des Schönen* und *Dunkle Steine* (1891), *Die Lora-Nixe* (1896), 1997 erschien in Sondershausen ein Nachdruck von drei kulturhistorischen Novellen unter dem Titel *Der Rabe vom Kyffhäuser*.

L Hirschler, Christa: Stefanie Keyser. Notizen zu einer Biographie. Sondershausen 1997. *Rolf Stangenberger*

Kiesewetter, Karl Ernst *Benjamin*: Kaufmann, Stadtratsvorsitzender, Landtagsabgeordneter, Ehrenbürger der Stadt Arnstadt, *1. 11. 1853 Arnstadt, †5. 7. 1934 Arnstadt, Besuch der Realschule in Arnstadt, Lehre als Kaufmann, Übernahme des väterlichen Geschäfts (u. a. Weinhandlung) in Arnstadt, Mitglied des Arnstädter Gemeinde- bzw. Stadtrats von 1886-1928, 1898-1902 1. stellv. Vorsitzender und 1902-28 dessen Vorsitzender, Mitglied des Verwaltungsrats der Stadtsparkasse und der Hospitalverwaltungskommission, Bemühungen um Bau des Hallenschwimmbades am →Wollmarkt, Förderer der Kinder- und Jugendzahnpflege (1923 Ortsgesetz zur Errichtung einer Schulzahnklinik mit einem hauptamtlichen Schulzahnarzt), Ar-

Benjamin Kiesewetter

menbezirksvorsteher, Mitglied des Landtags von Schwarzburg-Sondershausen 1899-1919, Mitglied des Bezirksverwaltungsgerichts, der Steuer-Einschätzungs-Kommission und der Einkommensteuer-Berufungs-Kommission, Verleihung des Titels *Kommerzienrat* durch den Fürsten am 24. 5. 1904 anläßlich der 1200-Jahrfeier, Mitglied der →Museumsgesellschaft, Mitglied des Turnvereins von 1849 und dessen Ehrenmitglied, Vorsitzender des Thüringerwald-Zweigvereins Arnstadt und des Verschönerungsvereins, Vorsteher der Concordia-Gesellschaft und Vorstandsmitglied der Eremitage-Gesellschaft, auf Beschluß des Stadtrates vom 10. 8. 1927 Verleihung des Ehrenbürgerrechts der Stadt Arnstadt anläßlich seines 25jährigen Jubiläums als Vorsitzender des Stadtrats am 9. 9. 1927 und am 7. 9. 1927 Benennung einer Straße am →Arnsberg (Benjamin-Kiesewetter-Straße), am 18. 12. 1928 Gewährung eines lebenslangen Ehrensoldes von monatlich 150 Mark in Anerkennung seiner geleisteten Dienste während der 42jährigen Zugehörigkeit zum Stadtrat, 1932 Errichtung der Kiesewetterhütte durch Mitglieder des Thüringerwald-Zweigvereins Arnstadt (Gedenktafel), abgebrannt und 1936 vom Arnstädter Handwerk wiederhergestellt (Gedenktafel), Grab →Neuer Friedhof.
Q AA v. 9. 9. 1927, Nr. 211 u. 10. 9. 1927, Nr. 212.
L Lengemann, S. 207f. (Porträt).

Andrea Kirchschlager

Kinos: 1902 besaß der Arnstädter Schausteller Hans Narten auf dem →Wollmarkt ein Zelt mit ersten Filmvorführungen, es folgten noch Wanderkinos anderer Besitzer, 1908 wurde von dem aus Leipzig zugezogenen Gottfried Seidt unter den Kolonaden (Erfurter Str. 34) das erste ständige Kino mit den Namen *Central-Kinomatograph* und später *Central-Kino-Theater* eröffnet (ca. 90 Plätze), 1910 Einweihung eines weiteren Kinos (*Apollo-Theater*) durch den Gastwirt vom ehemaligen Deutschen Haus (Kohlenmarkt 11, später Autohaus Brey), es besaß 124 Sitzplätze und bestand bis 1920, 1911 Gründung des Kinos *Walhalla-Theater* (Erfurter Str. 11), welches nur ein Vierteljahr existierte, 1911 ein weiteres Kino im Gasthaus Deutscher Michel (Rosenstraße, vorher schon erstes Freilichtkino auf dem Hof), 1926 Schließung des Kinos, 1915 Eröffnung des Deutschen Lichtspielhauses (An

Lichtspielhaus, An der Weiße

der Weiße) mit Rangbalkon, Arnstadt hatte damals ca. 17.000 Einwohner und 5 Kinos, 1919 Schließung des Kinos unter den Kolonaden (Erfurter Straße) und Eröffnung des *Film-Palastes* im Saal der ehemaligen Gaststätte *Weißes Roß* am Holzmarkt Nr. 3 durch den Kinobesitzer Gottfried Seidt. Der Pächter des Lichtspielhauses (An der Weiße), Johannes Mohr, pachtete zusätzlich (in den Spielzeitpausen) das Schloßgartentheater und führte dort (1923-27) Filmvorführungen durch. Der Konkurrenz des *Film-Palastes* (300 Sitzplätze) waren die anderen Kinos nicht gewachsen und schlossen nacheinander. Der Besitzer des Lichtspielhauses, Johannes Mohr, eröffnete im Oktober 1927 neben dem Bahnhofscafé (Bahnhofstr. 32) ein neuerbautes Kino mit 609 Sitzplätzen (*IMA-Lichtspiele*), 1928 Verkauf an die Gesellschaft Merkur (Weimar), ab September 1928 *Merkur-Lichtspiele*, 1930 erster Tonfilm (*Atlantik*), 1945 Beschädigung durch Bombenangriff und vorübergehende Schließung, 1958 Umbau auf Totalvision, nach 1990 Übernahme durch die UFA, ab 19. 3. 1995 geschlossen, *Film-Palast* bereits 1991 geschlossen.
L Stangenberger, Rolf: Vorhang auf! Trotz alledem! Beiträge zur Geschichte des Arnstädter Theaters 1834-1995. Arnstadt 2000, S. 80-87.   *Hartmut Fuhrmann*

Kleinkinder-Verwahranstalt, Kinder-Pflegeanstalt, Kindergarten, Kinderkrippe, Kindertagesstätte, Kinderheim: Am 14. 5. 1830 wurde die Kinderpflegeanstalt als erste ihrer Art im Fürstentum Schwarzburg-Sondershausen in Arnstadt eingeweiht. Initiatoren waren das Fürstenhaus und eine Anzahl gefühlvoller Damen und Frauen aus dem Bürgerstande. Für arme Kinder im Alter von 2-6 Jahren war die Einrichtung (das neuerbaute Haus) An der Liebfrauenkirche Nr. 7, von Mai bis Oktober geöffnet, *wo sie daselbst gereinigt, um-*

gekleidet und gespeiset wurden. Von 1837-40 wurde auch Unterricht erteilt, ab 1841 waren dafür keine Mittel mehr vorhanden. →Hatham schrieb 1842: *Eine Erhebung dieser Kinderverwahranstalt zu einem freundlichen Kindergarten würde für die hiesige heranreifende Jugend von ungemeinem Nutzen sein.* Friedrich Fröbel (begann 1816 in Griesheim mit seiner praktischen Erziehungsarbeit) führte 1840 für die Kleinkindererziehung den Namen Kindergarten ein, den →Hatham 1842 bereits verwendete. Das einstöckige Haus zwischen →Liebfrauenkirche und Pforte besaß unter dem Dach 2 Stuben und mehrere Kammern, einen Spielplatz mit Schaukel vor dem Haus, im Erdgeschoß eine Wohnstube und Kammer für die Pflegemutter, eine Spiel- und Unterhaltungsstube, ein Schlafzimmer mit zwei Reihen Kinderbetten, eine Küche. Der Besuch war unentgeldlich, die Kosten wurden aus der Staatskasse bestritten, später hatten die Eltern einen geringen Beitrag zu den Kosten der Verpflegung zu zahlen, 1832 gründete Hatham ein Privat-Erziehungsinstitut in der Kirchgasse 4 für Kinder von 3–6 Jahren, im April kam eine Kleinkinder-Schule dazu mit vielseitigen Unterrichtsangeboten. Die Kinderzahl der im Durchschnitt anwesenden Kinder stieg um 1890 auf 50-55 in der Kinderbewahranstalt, in dem am 29. 8. 1898 eingeweihten Kinderheim der Karl-Marien-Stiftung waren auch Räumlichkeiten für die Bewahranstalt geschaffen worden, die in die Rosenstr. 50 verlegt wurde. Die Anzahl der Kinder stieg dort auf 150. Ein zusätzlicher Kindergarten für Kinder von 4-7 Jahren wurde am 7. 5. 1866 durch die Kindergärtnerin Fräulein Ida Spannaus eröffnet, Erfurter Str. 28, ab 3. 1. 1867 im 1866 erworbenen Haus Pfarrhof 14, für Kinder ab 3 Jahren, bis 1946 private Einrichtung, danach Übernahme durch die Stadt, 1906 Eröffnung eines Kinderhortes, Unterhaltung durch die Ortsgruppe des evangelischen Frauenbundes, Pfarrhof 4, 1917 zusätzliche Kinderkrippe wieder in der Bewahranstalt und 1920 Kinderstation im →Hopfengrund, diese ab 1921 in der Rosenstraße zum Kinderheim des Frauenvereins. *Diakonissenstation, Waisenhaus, Kinderheim:* Die Räumlichkeiten in der Rosenstraße konnten den Bedarf nicht mehr decken, 1925 wurden für Säuglinge und Kleinkinder Räume im Hinter- und Seitengebäude des →Prinzenhofes eingerichtet: Kinderstation (Säug-

lingsheim): 25 Plätze, Wochenkrippe: 12 Plätze, Tageskrippe: 20 Plätze, ab 1927 Aufnahme auch kranker Kinder, 1929 alle Räume als Säuglingsheim für gesunde und kranke Kinder, 1937 Verlegung der Kinder in den Neubau der Bärwinkelstraße. Die Verwaltung ging vom Frauenverein auf das Krankenhaus über, am 1. 5. 1927 Eröffnung eines weiteren privaten Kindergartens in der Plaueschen Str. 4, 1932 Eröffnung des katholischen Kindergartens in einem Anbau an die St. Günther Kapelle in der Wachsenburger Allee, im April 1947 wurden von der Stadt Geldmittel für zwei Baracken zur Nutzung als Kindergarten bereitgestellt, 15. 11. 1948 Eröffnung des Kinderhauses an der Hammerecke (ca. 160 Kinder), 16. 10. 1950 Eröffnung einer Kinderkrippe im Prinzenhof (Haus Thomas Müntzer), anfangs 60 Tages- und Wochenplätze, 1951: 80 Plätze, am 13. 10. 1952 Eröffnung des Kindergartens in der Schloßstraße, 7. 8. 1955 Übergabe des Betriebskindergartens des VEB →Fernmeldewerkes für 60 Kinder, 6. 9. 1971 Einweihung des Kindergartens in der Ichtershäuser Straße auf dem Gelände der ehemaligen →Jugendherberge, von 1971-89 bestand der Kindergarten des VEB →Wellpappenwerkes Arnstadt (Bierweg-Altgelände). Der Kindergarten in der Karl-Liebknecht-Straße wurde am 17. 4. 1989 eröffnet und besteht noch heute (Finanzierung des Baus: VEB →Eisenwerk Arnstadt), 27. 10. 1956: Eröffnung des Neubaus der Wochenkrippe Auf der Setze. Die Wochenkinder vom Prinzenhof wurden in die neue Wochenkrippe abgegeben, ab 4. 7. 1977 Schaffung einer Dauerheim-Station, 22. 6. 1952-74 Betriebskinderkrippe des VEB Fernmeldewerkes, 23. 3. 1963 Betriebskrippe des VEB Fernmeldewerkes in der Heinrich-Heine-Straße, 1970 Tageskrippe, 16. 12. 1964, Gehrener Str. 11 b: weitere Betriebskrippe des Fernmeldewerkes, 1971 erweitert mit Haus 11 a, 1973 Trennung in zwei selbständige Krippen, 19. 12. 1966 Eröffnung einer Tageskrippe in der Pfortenstr. 20, 19. 10. 1970 Erste Kinderkombination in der Käfernburger Str.: 180 Kindergartenplätze und 80 Krippenplätze, 7. 10. 1973 Eröffnung einer zweiten Kinderkombination in der Rudolstädter Str. 30, dort 1978 Sondergruppe für geschädigte Säuglinge und Kleinkinder, 1993 wurde diese Kinderkombination kostenlos von der Stadt Arnstadt in Eigentum des →Marienstiftes übergeben, nach umfangreichen Baumaßnahmen begann dort die Förderschule mit ihrem Unterricht, im Wohnhaus Sondershäuser Straße wurde am 24. 2. 1975 eine Tageskrippe eröffnet, nach Schließung Übernahme durch Marienstift zur Schaffung von Außenwohnplätzen für behinderte erwachsene Menschen, Mitte Oktober 2000 die ersten 7 Bewohner, offizielle Inbetriebnahme ab 1. 12. 2000, 1. 11. 1976 Eröffnung der Kinderkombi III, zwischen Setze und Pfortenstraße. *Kindertagesstätten nach 1990:* Zum 3. 10. 1990 trat das Kinder- und Jugendhilfegesetz (KJHG) für die neuen Bundesländer in Kraft. Es besteht ein Rechtsanspruch auf einen Kindergartenplatz für Kinder von 2 Jahren und 6 Monaten bis zum Schuleintritt. Für Kinder im Alter von 0–2,5 Jahren gibt es Angebote in Kinderkrippen und altersgemischten Gruppen (0-6 Jahre) in gemeinschaftlichen Tageseinrichtungen. Die Angebote werden fast ausschließlich in gemeinschaftlichen und integrativen Einrichtungen vorgehalten: Kinderkrippen, Kindergarten, Kinderhortgruppen, altersgemischte Gruppen, Kinder, die besonderer Förderung bedürfen, Kinder mit Behinderungen, Gruppen mit ausländischen Kindern oder Aussiedlerkindern. Stand 1995: Krippe Sondershäuser Straße: Stadt Arnstadt, Kapazität 60; Integrative Einrichtung Ritterstraße: Stadt/60; Käfernburger Str.: Stadt/, ab 1. 6. 96 AWO / 225, davon 50 Plätze für behinderte Kinder vorgehalten, integrative Einrichtung; Setze: Stadt / 270; Karl-Liebknecht-Straße: Stadt / 90; Rabenhold: AWO / 150; Mühlweg: AWO / 90geschl. zum 31. 12. 1995; Hainfeld: AWO / 30; Pfarrhof: ev. Kirche / 45; Wachsenburgalle: kath. Kirche / 60.

Als Ergänzung gibt es die Tagespflege, die im Haushalt der Eltern oder im Haushalt der Tagespflegeperson durchgeführt wird. Der Rückgang der Geburten hatte die Schließung von Einrichtungen zur Folge: 1988: 1.427 Geburten im Ilm-Kreis; 1994: 590, die nächsten Jahre wieder ansteigend; 2001: 856; 2002: 731. 2003 bieten die Kindertagesstätten insgesamt 897 Plätze an (Kinder von 2,5-6 Jahren), darin enthalten 40 Krippenplätze und 43 Plätze für behinderte Kinder. Die Betreuung der behinderten Kinder erfolgt mit zusätzlichen Fachkräften, für Kinder mit Behinderungen gibt es in Arnstadt noch folgende Einrichtungen: Vorschulteil Marienstift mit 14 Plätzen und Vorschulteil staatl. Förderschule mit 11 Plätzen. Darüber hinaus besteht die Möglichkeit zur ambulanten oder mobilen Frühförderung, als Fördereinheiten zeitlich begrenzt. Einrichtung / Träger / Kapazität-Stand 2003: Ritterstraße / Stadt / 107; Setze / Stadt / 170; Setze-Krippe /Stadt / 40; Karl-Liebknecht-Str. / Stadt / 100; Käfernburger Str. / AWO / 150; Hainfeld (Angelhausen-Oberndorf) / AWO / 30; Prof.-Frosch-Str. / AWO / 150 ; Pfarrhof / ev. Kirche / 45; Wachsenburger Allee /kath. Kirche /51.

L Hebeler, Wilhelm: *Zehn Jahre Aufbau des Gesundheitswesens im Kreis Arnstadt.* In: BHSKA 1 (1960), S. 41-61; ders.: *Zur Geschichte der Kindertagesstätten im Kreis Arnstadt.* In: BHSKA 2 (1984), S. 14-26; 3 (1984), S. 17-36.   *Reinhard Specht*

Klette, Julius Wilhelm *Johannes*: Gymnasialdirektor, Geschichtsforscher, *7. 6. 1858 Schwiebus, † 29. 4. 1928 Arnstadt, Sohn des Superintendenten und Oberpfarrers Ferdinand Klette, 1887 Eheschließung mit Margarete, geb. Michaelis, 1879 Abitur am Königlichen Friedrich-Wilhelm-Gymnasium in Posen, Studium des Lateins, Deutsch und der neueren Sprachen in Halle, Breslau und Münster, 1883 Promotion zum Dr. phil. in Münster, 1884 Lehramtsprüfung in Münster für Deutsch, Französisch und Englisch, 1884-86 pädagogisches Seminar in Posen, 1885/86 Probejahr am Gymnasium in Posen, 1886/87 wiss. Hilfslehrer und 1887-98 Gymnasiallehrer in Posen, 1892 Befähigung zum Turn-, Fecht- und Schwimmunterricht an der Königlichen Turnlehrer-Bildungsanstalt in Berlin, 1896/97 Sprachstudien in Frankreich, 1898 Berufung als Oberlehrer an die städtische Kaiser-Friedrich-Schule, Reformgymnasium nebst Realschule in Charlottenburg, 1906 Ernennung zum Professor, verfaßte 1907 einen Lehrplan für den Deutschunterricht, 1894-98 nebenamtlich tätig an der Königlichen Luisenschule und Lehrerinnenseminar in Posen.

1902-10 als Direktorialassistent an der Kaiser-Friedrich-Schule und 1907-09 an der Höheren Mädchenschule in Charlottenburg, 1909 Studienreise nach Frankreich, 1910 Berufung nach Arnstadt, ab 1911 Direktor des Arnstädter →Gymnasiums, ab 1921 Studiendirektor, 1923 Eintritt in den Ruhestand, während seiner

Amtszeit 1915 Neubau des Schulgebäudes am Schloßplatz, hatte großen Anteil an der Umandlung des alten humanistischen Gymnasiums in ein Reformrealgymnasium und dessen Vereinigung mit der Realschule, Mitglied der →Museumsgesellschaft, diese widmete ihm Alt-Arnstadt Heft 6 (1923), Mitarbeit im Verband der Turnerschaften an deutschen Hochschulen.

W *Beiträge zur Kirchen- und Schulgeschichte Arnstadts.* In: Alt-Arnstadt 6 (1923), *Die Superintendenten Arnstadts.* In: Heimatglocken 1921.
Q KAA, Bestand Stadt Arnstadt, Sign. 311-05-6.
L Gymnasialprogramm Arnstadt 1911/12, S. 14; Unser Arnstädter Gymnasium 1829-1929. Arnstadt 1931, S. 28 (Porträt). *Andrea Kirchschlager*

Otto Knöpfer

Knöpfer, *Otto* **Artur:** Maler, *13. 3. 1911 Arnstadt, †22. 5. 1993 Erfurt, Sohn des Tünchers und Dekorationsmalers *Otto* Paul Hermann Bernhard Knöpfer und der Näherin Franziska Therese, geb. Koch, geboren im Haus Sodenstr. 19, wuchs in Holzhausen auf, 1917 Besuch der Volksschule in Holzhausen, 1925-29 Lehre als Dekorationsmaler in Arnstadt, 1931-35 Besuch der Kunstgewerbeschule (ab 1933 Städtische Handwerkerschule) in Erfurt, Ausbildung in der Tafel- und Wandmalerei, 1936 freischaffend tätig in Erfurt, 1938 Studium an der Akademie der bildenden Künste Berlin-Charlottenburg, Abbruch des Studiums, 1938-40 wieder freischaffend tätig in Erfurt, 1940 Eheschließung mit Erna, geb. Schneider, 1940-45 Kriegsdienst als Kartenzeichner, 1945-47 freischaffend tätig in Schmiedefeld a. R., 1947-55 Lehrer und Leiter der Abt. Dekorative Malerei an der Fachschule für angewandte Kunst in Erfurt, 1951 Übersiedlung nach Erfurt, seit 1955 freischaffend tätig in Erfurt, 1955 Beteiligung an einer Graphikschau im Cranachhaus Weimar, seit 1960 Leiter des Mal- und Zeichenzirkels des VEB Chema Erfurt-Rudisleben, 1959-67 Vorsitzender des Verbandes Bildender Künstler des Bezirkes Erfurt, Studienaufenthalte in Italien (1937/38), Südfrankreich (1943), Sowjetunion (1958, 1962), Rumänien (1965), Förderer von Kunsterziehern und Malbegeisterten, seine Werke finden sich in vielen Thüringer Museen, u. a. in Arnstadt, Eisenach, Erfurt, Gotha, Hohenfelden, Molsdorf, Mühlhausen und Weimar, Landschaftsmaler (Aquarell, Öl, Graphik), Maler der Drei-Gleichen-Landschaft, 1997 Benennung des Wanderwegs Arnstadt-Haarhausen-Holzhausen (Otto-Knöpfer-Weg), beginnend am →Riesenlöffel über →Weinberg, →Kalkberg und Ziegenberg nach Haarhausen und Holzhausen bis zur Wachsenburg, Gedenktafel am Elternhaus in Holzhausen (Arnstädter Str. 32), im Juni 2002 Gründung eines Freundeskreises zur Erhaltung des Hauses und zum Aufbau eines kleinen Museums.
L Vollmer, Hans: Allgemeines Lexikon der Bildenden Künstler des XX. Jahrhunderts. Bd. 3 (K-P). Leipzig (o. J.), S. 72; Helmboldt, Rüdiger: Trauerrede zum Tode Otto Knöpfers. In: AVAU 3 (1993), S. 116-120; Arlt, Peter: Wanderungen in der Drei-Gleichen-Landschaft mit Otto Knöpfer. Gotha 1997.
Andrea Kirchschlager

Köditz, Christian *Edmund*: Lehrer, Organist und Kantor, Musikdirektor, *8. 3. 1866 Wümbach, †2. 8. 1925 Arnstadt, Sohn des Landwirts Johann Christian Günther Köditz und dessen Ehefrau Johanne Katharine Christiane, geb. Risch, Eheschließung mit Dorothee Karoline Charlotte, geb. Keil, 1882-85 Ausbildung am Lehrerseminar in Sondershausen, bis 1891 Lehrer an der Bürgerschule in Arnstadt, dann 6 Jahre in Gehren, ab 1897 wieder in Arnstadt an der Bürgerschule und als Nachfolger von Karl Ermer Stadtkantor, Chordirektor an den Staatsschulanstalten, 1925 Gründer und Dirigent des Kirchengesangvereins, Leiter der Arnstädter →Kurrende, des Musikvereins (mit gemischtem Chor von

100 Mitgliedern) und des Männerchores (Arnstädter Chorvereinigung, gegr. 1846).

L Friedel, Alwin: Zur Geschichte der Bachpflege in Arnstadt. In: Bach 2000, S. 176.   *Alwin Friedel*

Köhler, *Erich* **Ernst Hermann Werner:** Stadtarchivar, Heimatgeschichtsforscher, *29. 6. 1908 Arnstadt, †15. 3. 1989 Wiesbaden, Sohn des Postassistenten Richard Rudolf Köhler und dessen Ehefrau Elise Meta Helene Martha, geb. Seitelmann, Besuch der Volks- und der Realschule, 1928-31 Lehre bei der Deutschen Bank, 1933-36 Angestellter in der Buchhandlung Hertel, 1936-40 Kayser`sche Buchhandlung in Erfurt, 1945-49 Tätigkeit bei Radio Elektro Dienst, ab 1949 Angestellter bei der Stadtverwaltung Arnstadt, seit 1951 Mitglied im Kulturbund, ab 1953 Tätigkeit im Stadtarchiv, 1954 Mitwirkung bei Publikation zur 1250-Jahrfeier, 1956 Teilnahme am Qualifizierungslehrgang für Stadtarchivare in Weimar, 1960-63 Fachschulfernstudium für Archivare in Potsdam, 1975 Eintritt in den Ruhestand, 1979 Umsiedlung nach Frankfurt a. M.-Höchst. W *Schloß Neideck, die Wiege von „Mon plaisir"* (1956*), Die Entwicklung der Arnstädter Wasserversorgungsanlage* (1957), *Zur Geschichte des Kulturhauses der Chemischen Maschinenbauwerke Rudisleben* (1958), *Das Jahr 1958, 1959, 1960, 1961 im Spiegel der Ortschronik, Die Himmelfahrtskirche zu Arnstadt* (1962), *Die Entwicklung der Straßenbeleuchtung in Arnstadt* (1962), *Die Entwicklung des Elektrizitätswerkes in Arnstadt* (1963) - alle Beiträge im Kulturspiegel, *100 Jahre Freiwillige Feuerwehr der Stadt Arnstadt* (Arnstadt 1964).   *Andrea Kirchschlager*

Köhler, Hermann August *Thilo*: Superintendent, (Titel nach 1919 Oberpfarrer), *27. 12. 1852 Stockhausen b. Sondershausen, †14. 8. 1933 Arnstadt, Studium der Theologie in Jena, Sängerschaft St. Pauli, nach 1. Examen 1875 Lehrer in Arnstadt, 1877 Schulrektor in Greußen, ab 1879 Diakon in Arnstadt, 1890 Archidiakon, 1918 Superintendent und Konsistorialrat, 1926 Ruhestand. Köhler war deutsch-national gesinnt (Predigt 1914 vor Einberufenen), Bewunderer Bismarcks, Mitgestalter der Feiern zum 1200jährigen Jubiläum Arnstadts, volkstümliche Predigtweise, große naturkundliche, mathematische und naturwissenschaftliche Interessen, astrono-

mische Vorträge im Schloßgarten, langjähriger Leiter des Wissenschaftlichen Vereins Arnstadt, Aufbahrung in der →Oberkirche, begraben auf dem →Neuen Friedhof.

L Thüringer Pfarrerbuch, S. 232; Caemmerer, Erich: Nachruf Konsistorialrat Köhler. In: Heimatglocken. 9 (1933).   *Hans-Ulrich Orban*

Kolbe, Ewald: Opernsänger, Chorleiter, Musikpädagoge, *20. 3. 1912 Molsdorf, †28. 4. 1988 Molsdorf, nach dem Besuch der Volksschule in Molsdorf und der Handelsschule in Arnstadt, Gesangsstudium an der Hochschule für Musik in Weimar, danach Mitglied der Kapelle Otto Kermbach als Sänger und Geiger, 1947/48 erster lyrischer Tenor am Landestheater Rudolstadt, später Engagement am Meininger Theater, 1952-77 Musiklehrer an der POS I (Nationale-Front-Oberschule) in der Rosenstraße, 1953/54 übernahm er die Leitung des Werkchores des VEB RFT →Fernmeldewerkes und 1955/56 die Leitung des Chema-Chores als Nachfolger Artur →Herders.

L Wir stellen vor: Ewald Kolbe. In: KS H. 6 (1962), S. 20f.; Stahl, Ernst: Erinnerungen an das Volkskunstschaffen in Arnstadt in den 50er und 60er Jahren des 20. Jahrhunderts. Arnstadt 2003, S. 9.

Andrea Kirchschlager

Kortmann, Chr.: Maschinenfabrik, gegr. 1860 von Friedrich Kortmann, Rosenstr. 12-18, dieser beschäftigte sich bereits seit etwa 1841 mit der Herstellung von Brückenwaagen, mindestens ab 1873 nahm die Fa. an Ausstellungen und Messen teil und erhielt dort für Fleischereimaschinen Auszeichnungen, z. B. auf der Erfurter Gewerbe-Ausstellung 1873 eine Bronzemedaille, auf der Fleisch-, Wurstwaren- und Kochkunst-Ausstellung in Zwickau im März 1881 den 1. Preis für Fleischmühlen, Wurstspritzen und Fettwürfel-Schneidemaschinen, 1886 Goldmedaille auf der Maschinenbauausstellung in Krefeld, 1894 Goldmedaille auf der Erfurter Industrie- und Gewerbeausstellung, Goldmedaille zum Fleischerkongreß in Köln 1895 usw. Fa. Chr. Kortmann wurde am 20. 8. 1885 in das HR eingetragen, Inhaber Maschinenfabrikant Kommissionsrat Johann Christian Andreas Kortmann, Fa. Friedrich Kortmann gleichzeitig gelöscht, am 1. 11. 1887 trat der Ingenieur Claus →Voigt

(Schwiegersohn Kortmanns) als Gesellschafter in die Fa. ein, am 1. 11. 1889 schied Christian Kortmann aus der Fa. aus und Claus Voigt wurde alleiniger Inhaber, 1. 10. 1902 Bildung einer GmbH, Ingenieur Emil Wagner, welcher seine Maschinenfabrik mit Fa. Chr. Kortmann vereinigte und Kaufmann Franke aus Düsseldorf wurden neben Claus Voigt Geschäftsführer, auf dem Fleischerkongreß im Juli 1904 in Nordhausen stellte die Fa. neben Hand- auch Kraftmaschinen für Fleisch- und Wurstfabrikation aus, Exporte nach Rußland, in die Schweiz, Luxemburg, Frankreich, den Niederlanden, Dänemark, Schweden und Nordamerika, am 18. 1. 1905 verstarb Christian Kortmann, am 18. 7. 1907 der Mitinhaber der GmbH Carl Franke, für ihn trat 1908 Walter Voigt in das Geschäft ein (†1916), 1912 erfolgten größere Um- und Neubauten der Gebäude, 1916 verkaufte Claus Voigt die Fa. an den Fabrikanten Emil Wagner und den Kaufmann Paul Wagner, Anzahl der Beschäftigten zu Beginn 6-10, später zeitweise bis zu 100, während des 2. Weltkrieges ca. 80, die auch Munitionsteile produzierten, ab 1946 Reparationsleistungen für die Rote Armee (1946 über 600 Fleschereimaschinen), Betriebsleiter war bis zu seinem Tod 1948 Emil Wagner, ab 1. 7. 1958 staatliche Beteiligung, Öldruckfüller, Motorfleischwölfe, elektrische kombinierte Wurstfüller wurden für Inland und Export in die CSSR, nach Österreich und Frankreich, in die UdSSR, nach Bulgarien und Rumänien sowie für weitere 14 Länder produziert, ab 1. 1. 1972 VEB →Fleischereimaschinen.

Q KAA, Bestand Stadt Arnstadt, Sign. 008-31, 008-33; ANIB 1873-1922; AA 1924-42. *Heidrun Fröhlich*

Krankenhaus: 1835 neu erbaut, hinter dem sog. Schieferhof (Fleischgasse 25), großzügige Zuwendungen des Hauptmannes →Quensel hatten es der Stadt ermöglicht, das Krankenhaus zu bauen, Pflege und ärztliche Betreuung waren für Siechen und Kranke unentgeltlich (1841), 1856 wurden die, die keine Entschädigungsgelder bezahlen konnten im Haus des Totengräbers (ein Freihaus an der Erfurter Mauer gelegen, Karl-Marien-Str. 36) auf Kosten des Hospitals St. Georg verpflegt, 1884 beschloß der Landtag des Fürstentums Schwarzburg-Sondershausen den Bau von Landeskrankenhäusern in Arnstadt und

Sondershausen, am 12. 10. 1885 kam es zu einem Vertrag zwischen der Stadt Arnstadt und der Regierung in Sondershausen (die Stadt errichtete ein Krankenhaus mit 50 Betten, die Staatsregierung gab einen Zuschuß 1889 lagen Baupläne von Stadtbaumeister →Roggenkamp vor, Spatenstich war am 17. 2. 1890, am 2. 1. 1892 wurde das Krankenhaus (Bärwinkelstr. 33) seinem Zweck übergeben (Verlegung v. 24 Kranken in den Neubau), erster Leiter wurde Sanitätsrat Dr. med. Carl →Deahna, 4 Schwestern aus dem Sophienhaus Weimar und ein Kastellan waren das erste Personal, 1903 wurde Dr. Sizzo →Pabst als Facharzt für Chirurgie angestellt, ein Erweiterungsbau wurde 1912 in Benutzung genommen, der eine Belegung bis auf 130 Betten ermöglichte (Operationsraum, dazugehörige Vorbereitungs- und Sterilisationsräume, Licht- und Dampfbäder, neue Krankenzimmer, eine Arztwohnung und Schwesternzimmer), in beiden Weltkriegen befand sich ein Reservelazarett im Krankenhaus, 1921 folgte ein zusätzlicher Erweiterungsbau an der Ostseite (180 Betten), Innere Chefarztstelle (1. 10. 1921, Dr. Buchholz), Erweiterung der Wirtschaftseinrichtungen (Küche, Wäscherei) und weitere Verbesserungen. Die Wirtschaftsverwaltung erhielt einen Verwaltungsinspektor, Personal 1921: eine Oberschwester, 17 Schwestern, eine med.-techn. Assistentin, drei Pfleger, zwei Heizer und 20 Dienstboten. Das Krankenhaus war neben dem Gothaer das größte aller Landeskrankenhäuser Thüringens, 1924/25 weitere bauliche Erweiterungen, Trennung der Chirurgischen und Inneren Abteilung, 1935 weitere Vergrößerung, 1937 Errichtung des Säuglingsheimes (Kinderklinik), 1946/47 ent-

Krankenhaus, Bärwinkelstraße, nach dem Bau

stand am Wollmarkt 10 ein Behelfskrankenhaus mit 50 Betten, 1946 ein Sonderkrankenhaus im Lindenhof (ehem. →Jugendherberge), bis zu 100 Patienten, ab 1948 bildeten Gynäkologie und Geburtshilfe eine selbständige Abteilung mit 47 Betten im Haus Wollmarkt 10, 1949-55 Tbc-Abteilung des Krankenhauses mit 45 Betten im →Hopfengrund, 1952 Abteilung für Augen-Hals-Nasen-und Ohrenerkrankungen im Haus Bärwinkelstr. 7 mit 25 Betten, 1943 kamen Haus 5 und 11 zum Krankenhaus, 1953 erfolgte die Übernahme des Hauses Längwitzer Str. 26 (ehem. →Finanzamt), wurde Innere Abteilung (Südkrankenhaus) und Infektionsabteilung mit 140 Betten, ab 1. 7. 1954 dort auch Fachabteilung Röntgen- und Strahlenheilkunde, noch 1952 im Erdgeschoß Wollmarkt 10: Abteilung für chronisch Kranke mit 30 Betten, nach 1953 zog die Gynäkologisch-Geburtshilfliche Abteilung in das Haupthaus Bärwinkelstr. 33, vom 1. 7. 1949 bis Ende 1952 leitete und verwaltete das Krankenhaus die neu geschaffene Einrichtung Poliklinik, die am 1. 4. 1948 Sprechstundentätigkeit im Haus Bärwinkelstr. 11 aufgenommen hatte, 1952 wurde die gesamte Poliklinik in das Gebäude Holzmarkt 20 verlegt, ab 1952 Kreiskrankenhaus, ab 1961 Kreiskrankenanstalten, zahlreiche Verbesserungen der medizinischen Versorgung der Bevölkerung, 1990 wurde das Kreiskrankenhaus Versorgungskrankenhaus mit 8 med. Fachrichtungen, abgesehen von hochspezialisierten Fachzweigen, die vorwiegend an bestimmten Zentren etabliert sind, wurde am Arnstädter Krankenhaus nahezu das breite Spektrum der med. Versorgung abgedeckt, eine Abteilung für Psychiatrie/Neurologie hat es wegen der Spezialisierung in Thüringen in der 110jährigen Geschichte des Arnstädter Krankenhauses nicht gegeben, seit Oktober 1990 gibt es drei gleichrangige Funktionsbereiche als Krankenhausleitung: Verwaltungsdirektor Herbert Sauerbrey 1968-94, Marina Heinz seit 1994, leitender Chefarzt Dr. sc. med. Jürgen Wolff seit 1990 und Pflegedienstleiterin Uta Kessel seit 1990, 1991 wurde für das Haupthaus Bärwinkelstraße ein Sanierungs- und Modernisierungskonzept erstellt.
Grundsteinlegung für den Neubau am 3. 3. 1995, Richtfest am 6. 6. 1996, Ende Dezember 1998 Inbetriebnahme des 1. Bauabschnittes,

2000 weitere Sanierung des Altbaus und des Gebäudes der Kinderheilkunde und Jugendmedizin, 2001 Übergabe, nach der Sanierung der ehemaligen Chirurgischen Abteilung konnte die gesamte Innere Abteilung und Radiologie vom Standort Längwitzer Straße (Südkrankenhaus) in die Bärwinkelstraße umgelagert werden, bereits zum 1. 1. 1999 erfolgte die Übernahme der Leistungen des ehemaligen Kreiskrankenhauses Großbreitenbach, dort befindet sich jetzt eine Fachabteilung spezialisierte Suchtbehandlung, ab 2003 Beginn der Sanierungsarbeiten am Ostflügel, Abteilung Frauenheilkunde und Geburtshilfe, Organisation einer Tagung anläßlich des 100jährigen Bestehens durch die Chirurgische Abteilung. Die Leitung hatten Prof. Dr. H. Schröder, Jena und Medizinalrat Dr. Dieter Rose, Arnstadt. Träger des Krankenhauses ist der Ilm-Kreis, geführt als Eigenbetrieb des Landkreises unter Landrat Dr. Lutz-Rainer Senglaub. Leitung des Krankenhauses von 1892-1990: 1. 1. 1892-1903 Dr. Carl Deahna, 1. 3. 1903 – 30. 9. 1935 Dr. Sizzo Pabst (seit 1912 Prof.), 1935-41 Dr. med. Hermann Buchholz, 1941- 30. 4. 1970 ärztl. Direktor Prof. Dr. Gerhardt →Jorns, 1. 5. 1970-86 ärztl. Direktor Prof. Dr. Kurt Paschold, 1. 9. 1986-90 ärztl. Direktor Dr. Dieter Rose.
L Hebeler, Wilhelm: 10 Jahre Aufbau des Gesundheitswesens im Kreis Arnstadt (1949-1959) In: BHKA 1 (1960), S. 41-61; Informationsschrift Kreiskrankenhaus Arnstadt, Hg. v. Kreiskrankenhaus, Arnstadt 2003.   *Reinhard Specht*

Kranz, Johann Heinrich: Zeichner, Lithograph und Steindruckereibesitzer, *28. 12. 1815 Arnstadt, †13. 7. 1902 Arnstadt.
W Plan von Arnstadt (1857), Plan von Arnstadt (Kopie 1869, nach Honigmann / Jahn), Arnstadt-Lithographien: Album von Arnstadt und Umgebung in 16 (?) Blättern, davon 15 vorhanden (1859), →Fischtor (um 1870), →Augustenburg (um 1880), Rekonstruktion des Schlosses →Neideck (1880), →Solbad Arnstadt (1891, Zeichnung für lithographische Anstalt) - Schloßmuseum Arnstadt.   *Helga Scheidt*

Krebs, A. & Co.: Kleider- und Wäschefabrik, OHG, begonnen am 1. 1. 1920, Inhaber waren die Kaufleute Alfred Krebs und Albert Ernst, Gothaer Str. 8, 1928 Am Bahnhof 4, ab 1939

Blumenthalstr. 20/22 (später Karl-Liebknecht-Str. 20/22), am 5. 12. 1921 wurde die OHG in eine AG, jetzt mechanische Kleider- und Schürzenfabrik, umgewandelt, am 24. 5. 1929 wurde die AG im HR gelöscht, Fa. produzierte jedoch weiter, wurde aber erst am 12. 4. 1935 unter Firma E. Krebs & Co., Mechanische Wäsche- und Schürzenfabrik, Inhaberin Emma Krebs, neu eingetragen, während des 2. Weltkrieges Herstellung von Uniformen und Militärwäsche, ab 1. 1. 1943 KG, Belegschaftsstärke zwischen 40-200, davon rund 50% Heimarbeiterinnen, ab 1945 wurden neben Arbeitskleidung auch Faßdichtungen produziert, die Inhaber wurden 1948 durch die Entnazifizierungskommission aus dem Betrieb entfernt, die Fa. unter der Bezeichnung VVB Textil/Leder Thür., Kleider- und Wäschefabrik Arnstadt mit 60 Beschäftigten weitergeführt, 1952-62 Werk III bzw. IV des Thüringer Bekleidungskombinates Erfurt, danach als Betrieb in Arnstadt verschwunden, in den Produktionsstätten wurde der Fertigungsbereich III des VEB →Fernmeldewerkes Arnstadt eingerichtet.

Q KAA, Bestand Stadt Arnstadt, Sign. 008-31, 008-33, 008-47; ANIB 1920-24; AA 1922-40.

Heidrun Fröhlich

Kreiskulturorchester: 1919 Neugründung der Stadtkapelle Arnstadt mit 10 Musikern als städtisch subventionierte Teilungskapelle, 1931 Streichung der Subventionen und Auflösung der Kapelle, 1932 gründeten die Musiker eine Spielgemeinschaft Arnstädter Berufsmusiker, welche nicht lange bestand, am 2. 1. 1948 Neugründung der Kapelle als Städtisches Orchester Arnstadt mit 24 Musikern, im August 1948 Umbildung des Städtischen Orchesters in das Stadt- und Kreistheater-Orchester mit 32 Musikern, nach Auflösung des Arnstädter →Theaters 1949 wurde das Orchester ein subventioniertes Stadt- und Kreisorchester, ab 1. 1. 1951 feste Besoldung und Ernennung zum Kreiskulturorchester, 1953 Durchführung von wöchentlichen Wandelkonzerten im Stadtpark und monatlichen Serenadenkonzerten im Hof des Rates des Kreises, schon 1959/60 war eine Umbildung des Kreiskulturorchesters in ein Staatliches Unterhaltungsorchester des Bezirkes geplant, 1962 Unterschriftensammlung gegen die Auflösung des Kreiskulturorchesters, auf Grund eines Beschlus-

ses des Präsidiums des Ministerrats über die Veränderung im Theater- und Orchesterwesen der DDR wurde das Kreiskulturorchester Arnstadt mit Ablauf der Spielzeit 1962/63 zum 31. 8. 1963 aufgelöst, ca. 200 Konzerte jährlich in Stadt, Land, Schulen und Betrieben mit ca. 60.000 Besuchern, Orchesterleiter waren die Kapellmeister Hermann Risch, Werner Sonntag (1954-59) und Herbert Hildebrandt (1959-63), nach der Auflösung übernahmen das Sinfonieorchester Gotha und das Lohorchester Rudolstadt die Anrechtskonzerte im Theater.

Q KAA, Bestand Kreistag und Rat des Kreises Arnstadt, Nr. 197.

L Rogge, Heinz: Von der Teilungskapelle zum Kreis-Kultur-Orchester. In: AKB H. Mai (1955), S. 19-21.

Andrea Kirchschlager

Kreuzchen: Aussichtspunkt westlich über dem Geratal auf der Muschelkalkhochfläche der →Alteburg, markiert den Standort eines ehemals in der Umgebung befindlichen mittelalterlichen →Steinkreuzes, um 1580 verlangten die Siegelbacher und Espenfelder die Flurgrenze der Stadt bis ans Stephansthal zurückzuschieben, wo ein Stein, in dem Schwerter ausgehauen waren, die Flurmarke sein sollte, Ende des 19. Jhs. bemühte sich der Verschönerungs-Verein um die Errichtung eines Aussichtspunktes an dieser exponierten, einen weiten Blick in das Geratal gewährenden Stelle.

Bitte des Vereins am 5. 10. 1895 an die Stadt, am sog. Kreuzchen auf der Alteburg, auf dem vorspringenden Kopf über dem Stephansthale eine Schutzhütte mit kleinem Aussichtsturm errichten zu dürfen, Schutzhütte und Turm wurden vollständig aus Bruchsteinen erbaut. Der innere Raum der Hütte erhielt eine Bank und einen Tisch von Stein, nach gemeinsamer Besichtigung der Örtlichkeit Festlegung, diesen Platz und nicht den südlich gelegenen, früheren Standort von →Kämpfs Türmchen zu nutzen, Entwurf und Bauausführung von Maurermeister Constant Hoy (Arnstadt), Juli 1896 Fertigstellung in der heute bekannten Form. Es sollte auf der Alteburg an eine Burg mit Wachtturm erinnern, am 3. 10. 1989 Sprengung des Aussichtspunktes, vielleicht durch Angehörige der Sowjetarmee. Wiedereinweihung des Neubaus nach historischer Vorlage am 14. 7. 1991.

Q KAA, Bestand Stadt Arnstadt, Sammlungen, Sign. 2-259-01-1,Verschönerungsverein Arnstadt.
L Einert, Emil: Die Zeiten des großen Brandes, ein Bild aus Arnstadts Vergangenheit. Jena 1885, S. 17. Unger, Peter: Das Kreuzchen bei Arnstadt. In: BHSKA 9 (1990), S. 8f.   *Peter Unger*

Krieger, Eduard *Edmund*: Kammerguts- und Mühlenpächter, Landtagsabgeordneter, *20. 2. 1807 Göttingen, †28. 10. 1887 Arnstadt, Sohn von Friedrich Krieger und von Mary, geb. Heyne, 1804-32 Pächter des Fürstlichen Kammerguts in Arnstadt und der Domäne Dornheim, Amtmann (1806), später Kommissionsrat (1807), schließlich Fürstlicher Landkammerrat. 1833-76 Pächter des Fürstlichen Kammerguts in Arnstadt, dann auch der herrschaftlichen →Günthersmühle und Architekt, bis 1848 auch Rittergutsbesitzer auf Uelleben und Boilstedt. Vorstandsmitglied der AG Arnstädter Salinenverein (bis 1884). Kammerrat, Geheimer Kammerrat (7. 8. 1880), Fürstliches Ehrenkreuz III. Kl. (1863). 1857-59 Mitglied des Schwarzburg-Sondershäuser Landtags (konservativ), 1859 Landtagsvizepräsident. 11. 10. 1836 Heirat in Arnstadt mit Agnes Friederike Dorothea, geb. Maempel, Tochter von Friedrich Daniel Maempel, Ökonom, Pächter der herrschaftlichen Günthersmühle und Architekt in Arnstadt, und von Wilhelmine Christiane, geb. Hülsemann. Grab →Neuer Friedhof.
L Lengemann, S. 216f.; Stammbaum Krieger. Ms. 1920, S. 6, 47, 49.   *Jochen Lengemann*

Krieger, Ferdinand Emil *Thilo*: Domänenpächter, Landtagsabgeordneter, *25. 2. 1843 Arnstadt, †9. 12. 1910 Arnstadt, Sohn von Edmund →Krieger u. Agnes, geb. Maempel. →Bürgerschule und →Gymnasium in Arnstadt, einige Semester Studium an der Universität Halle, 1876-94 Pächter der schon seit mehreren Generationen von der Familie gepachteten Domäne in Arnstadt, ab 1894 Privatier in Arnstadt. Gründer und Mitglied der Jagdgesellschaft zu Arnstadt und des Thüringer Jagdschutzvereins, Mitglied der →Museumsgesellschaft Arnstadt, Amtmann (1877), Oberamtmann (1887), Ökonomierat (1894), Fürstliches Ehrenkreuz III. Kl. (1904). 1878-1910 Mitglied des Gemeinderats der Stadt Arnstadt, 1887-1904 Mitglied des Be-

zirksausschusses Arnstadt, 1899-1904 Mitglied des Schwarzburg-Sondershäuser Landtags (konservativ).
31. 3. 1873 Heirat in Arnstadt mit Lina, geb. Schierholz, Grab →Neuer Friedhof.
L Lengemann, S. 217f.; Stammbaum Krieger. Ms. 1920, S. 47f.   *Jochen Lengemann*

Krieghoff, Heinrich: Zeichenlehrer, Porzellanmaler, *17. 5. 1812 Arnstadt, †8. 2. 1870 Arnstadt, Besuch des →Gymnasiums in Arnstadt, nach fünfjährigem Studium unter Anleitung eines *durchgebildeten* Zeichners und Malers, Rückkehr nach Arnstadt, besondere Neigung zu naturwissenschaftlichen Studien und zum Sammeln von Naturalien, kolorierte *das große Pöppig`sche Werk* mit 1.100 Abbildungen und ergänzte es mit über 200 nach der Natur gezeichneten Exemplaren, lieferte für Ärzte, Botaniker und Naturforscher nicht nur Abbildungen ganzer Figuren, sondern auch anatomische und mikroskopische Bilder einzelner Teile und deren Präparate, 1845 übertrug man ihm den Unterricht im freien Handzeichnen, später auch das linear- und architektonische Zeichnen an der Fortbildungsschule für junge Handwerker.
Zeichenlehrer an der neugegründeten Realschule, übernahm später den naturhistorischen Unterricht, den er durch von ihm entworfene Zeichnungen veranschaulichte, gab Privatunterricht im Zeichnen und Malen für Gymnasiasten und Realschüler, als Hausmaler für die Schierholz'sche Manufaktur in Dornheim tätig, akribisch und gekonnt ausgeführte Stadtansichten von Arnstadt auf Porzellan und Leinwand, entwarf 1848 die Fahne der Bürgerwehr.
L Programm der Fürstlichen Realschule. Arnstadt 1860, S. 16.   *Andrea Kirchschlager / Helga Scheidt*

Kristall: VEB ab 1. 1. 1972, ehemals Heinrich →Arlt KG, Vor dem Riedtor 11, Heinrich Arlt technischer Leiter, bekannter Artikel der Fa. war das Kristall-Sextett *Berlin*, ein Ensemble von fünf verschieden großen, zylindrischen Vasen und einem Ascher, Material blauer Bleikristallüberfang (Bleioxidgehalt von 24%), dekorative Veredelung durch kunstvollen Handschliff, Goldmedaille auf der Leipziger Messe 1974, kunstvolle Schalen, Vasen, Dosen, aber auch Wirtschaftsglas für den Haushaltsbedarf: Trinkgläser,

Becher, Schwenker, Likörgläser, Biertulpen, viele Artikel gingen in den Export, am 1. 1. 1976 Zusammenschluß mit dem VEB →Edelglas und dem VEB →Kunstglas zum VEB →Bleikristall. Q DV 1972-77. *Heidrun Fröhlich*

Kroschel, Johann *Samuel*: Gymnasialdirektor, Philologe, Geschichtsforscher, *16. 7. 1826 Skampe b. Züllichau i. d. Neumark, †6. 1. 1904 Arnstadt, Sohn des Landwirts Samuel Kroschel und dessen Ehefrau Dorothea Elisabeth, geb. Häuseler, 1858 Eheschließung mit Wilhelmine, geb. Herrmann, ab 1841 Gymnasialausbildung auf dem Königlichen Pädagogium in Züllichau, 1848 Abitur, danach Studium der klassischen Philologie in Berlin und Bonn, 1851 Staatsexamen in Berlin mit der Lehrbefähigung für Latein, Griechisch und Deutsch, 1851/52 Probejahr am Progymnasium in Charlottenburg und am Friedrich-Werderschen Gymnasium in Berlin, bis 1853 dort Hilfslehrer, 1853-57 Lehrer an der Klosterschule Roßleben, 1855 Promotion zum Dr. phil. in Leipzig (*De Platonis Protagora*), 1857-64 Lehrer am Königlichen Gymnasium in Erfurt, aufgrund weiterer wissenschaftlicher Studien über Platos *Protagoras* übertrug man ihm 1863 die Neubearbeitung der lateinischen Protagorasausgabe von Stallbaum, die 1865 in Leipzig erschien und die seinen Ruf als Platoniker begründete und 1882 in neuer Auflage erschien, 1864-66 Oberlehrer am Königlichen und Gröning`schen Gymnasium in Stargard/Pommern, 1866 Ernennung zum Direktor des Arnstädter →Gymnasiums als Nachfolger von Dr. Karl Theodor →Pabst, während Kroschels Amtszeit 1878 Umzug des Gymnasiums aus dem ehemaligen →Waisenhaus in den →Prinzenhof, 1881 Prädikat Schulrat, 1884-86 Führung der Direktorialgeschäfte der Fürstlichen Realschule in Arnstadt, ein von Prof. Max Thedy (Weimar) in Öl gemaltes Porträt Kroschels wurde 1891 anläßlich seines 25jährigen Jubiläums als Gymnasialdirektor von Lehrern und Schülern für das Gymnasium gestiftet, 1894 Ernennung zum Geheimen Schulrat, 1898 Eintritt in den Ruhestand, Verleihung des Schwarzburgischen Ehrenkreuzes I. (1873), II. (1890) u. III. Klasse (1898), Mitglied der →Museumsgesellschaft, zahlreiche Veröffentlichungen, u. a. zur Arnstädter Schulgeschichte.

Samuel Kroschel

W *Die Seelgeräthsbriefe des Grafen Heinrich XVII. von Schwarzburg vom 6. und 7. Januar 1369* (Gymnasialprogramm Arnstadt 1872), *Bemerkungen über die frühere Gedächtnisfeier der Gräfin Catharina von Schwarzburg* (Gymnasialprogramm 1877), *Die Gräfin Catharina von Schwarzburg als Begründerin des Gräfin- oder späteren Prinzenhofes zu Arnstadt* (Vortrag gehalten am 25. 11. 1878 zur *Gedächtnißfeier der Wohlthäter des Fürstlichen Gymnasiums,* Arnstadt 1878), *Beiträge zur Geschichte des neuen Gymnasialgebäudes und Bericht über die Einweihungsfeierlichkeiten* (Gymnasialprogramm Arnstadt 1879), *Über das vom Kaiserlich Russischen Archivdirektor von Beck in St. Petersburg gestiftete Legat* (Gymnasialprogramm Arnstadt 1880), *Die Arnstädter lateinische Schule zur Zeit der Reformation* (Gymnasialprogramm Arnstadt 1885), *Die Gräfliche Erziehungsanstalt im Barfüßerkloster zu Arnstadt und Arnstädter Abiturienten des 16. und 17. Jahrhunderts* (Gymnasialprogramm Arnstadt 1890), *Beiträge zur Geschichte des Arnstädter Schulwesens und Verzeichnis der Primaner von 1765 bis 1890* (Gymnasialprogramm Arnstadt 1891), *Beitrag zur Geschichte des Programms nebst einem*

Verzeichnis der seit 1839 in den Programmen des Arnstädter Gymnasiums erschienenen Abhandlungen (Gymnasialprogramm Arnstadt 1895).
Q AA v. 10. 7. 1926, Nr. 159 (Dem Gedächtnis Samuel Kroschels! - Zum 100. Geburtstag).
L Kroschel, Theodor: Dr. Johann Samuel Kroschel 1826-1904. Ein Lebensbild. Jena 1914 (Porträts); Unser Arnstädter Gymnasium von 1829-1929. Arnstadt 1931, S. 24 (Porträt). *Andrea Kirchschlager*

Krumhoffsmühle: An der Eremitage 3, ab etwa 1864, Schwerspatmühle (Gips und Düngegips), Ölmühle, Lohmühle und Spinnerei, Inhaber war Friedrich Krumhoff, am 2. 6. 1894 wurde die Fa. Krumhoff im HR gelöscht, eingetragen wurde die Fa. Fr. Krumhoff's Nachfl. A. Ruge, Inhaber Albert Wilhelm Hugo Ruge, diese Fa. wurde am 8. 8. 1908 gelöscht, Ruge hatte zum 1. 11. 1906 eine Pinselfabrik errichtet, die jedoch nur bis 1910/11 produzierte, ab 1. 8. 1908 übernahm die Arnstädter Mineralmühlen GmbH, Inhaber Kaufleute Otto Weiß und Alexander Weiß junior, aus Haiger (Dillkreis) sowie Friedrich Wilhelm Weiß in Mühlheim (Ruhr) die Mühle. Zusätzlich wurde eine Holzwollefabrikation aufgenommen. Die geplante Errichtung einer Leimfabrik auf diesem Grundstück scheiterte über Jahre an den Einsprüchen der Anwohner, die Geruchsbelästigungen und Luftverschmutzungen befürchteten. Ein letzter Antrag wurde im Juni 1933 durch die Nachfolgefirma gestellt und ebenfalls abgelehnt, 1914 Konkurs und Löschung der GmbH, Alexander Weiß übernahm Mühle und Holzwollefabrik käuflich, im Dezember 1927 brannten Arbeits- und Maschinenraum durch Brandstiftung völlig aus, ab Mai 1930 wurde Otto Weiß Inhaber, 1931 Konkursverfahren auch für diese Firma, Holzwollefabrik wurde jedoch bis etwa 1937 weiter betrieben, zu Beginn der 40er Jahre übernahm Hans →Lehnard das Grundstück der ehemaligen Krumhoffsmühle.
Q ANIB 1869-1920; AA 1926-33. *Heidrun Fröhlich*

Kürsten, Chr.: Brauerei, Ried 15, am 2. 10. 1894 in das HR eingetragen, Inhaber Johann Friedrich *Christian* Sebastian Kürsten am Ried 15 (*9. 3. 1827 Arnstadt, †22. 11. 1896 Arnstadt, Grab →Neuer Friedhof, Sohn des Postillons Johann Friedemann Kürsten und dessen Ehefrau Johanna Maria, geb. Schonert, Eheschließung mit Christiane, geb. Möller), bereits 1871 wurde der Braumeister Kürsten mit einer Brauerei erwähnt, am 17. 10. 1894 erfolgte der Eintrag, daß Bierbrauereibesitzer Christian Kürsten, Braumeister Siegmund Kürsten und Kaufmann Wilhelm Kürsten Inhaber der Fa. wurden, Sohn *Siegmund* Friedrich Kürsten (*19. 1. 1860 Arnstadt, †2. 12. 1933 Arnstadt, Grabmal Neuer Friedhof von Martin →Schwarz) half schon frühzeitig im väterlichen Betrieb mit und besuchte die Brauerschule in Worms, nach dem Tod des Brauereigründers Christian Kürsten trat seine Witwe Christiane Kürsten als Mitinhaberin bis 1898 in die Fa. ein, ab 1900 wurde auf dem erworbenen Grundstück an der Stadtilmer Straße ein neues Brauereigebäude errichtet, welches jedoch erst 1907 den kompletten Betrieb aufnahm, bereits 1899 Verlegung einer Telefonleitung vom Ried zum neuen Grundstück, im 1. Weltkrieg mußte die Brauerei aus wirtschaftlichen Gründen zeitweise stillgelegt werden, 1917 Siegmund Kürsten alleiniger Inhaber, schied jedoch 1923 aus der Fa. aus, 1922 Gründung der Brauerei Kürsten GmbH, wurde zum 31. 12. 1934 gelöscht, nachdem 1933 die Brauerei Riebeck-Kürsten GmbH in Arnstadt, deren Fortsetzung übernommen hatte, Wilhelm Kürsten, Mitbegründer der Kürsten GmbH, verstarb am 10. 7. 1939, ab 1954 wurde diese Brauerei VEB Brauhaus Arnstadt, im Juni 1955 erfolgte die Zusammenlegung mit dem VEB Brauhaus →Felsenkeller, von diesem Zeitpunkt an wurde nur noch dort Arnstädter Bier gebraut, das Gebäude der früheren Brauerei Kürsten wurde von der im Aufbau befindlichen Konsum-Großfleischerei genutzt, später VEB →Fleischkombinat.
Q ANIB 1883-1918. *Heidrun Fröhlich*

Kummer, Ernst *Gotthelf* Paul: Pfarrer, *28. 9. 1877 Geschwenda, †15. 5. 1945 Arnstadt, Studium der Theologie in Leipzig, Greifswald und Erlangen, 1903 Lehrer in Großbreitenbach, 1904 ordiniert und Pfarrer in Oelze, Feldgeistlicher, 1918 Pfarrer (Diakon) in Arnstadt, Herausgeber und Schriftleiter der Evangelischen Monatszeitung *Heimatglocken*, 1927 geschäftsführender Pfarrer (1. Geistlicher) und Marienstift-Vorstand, Vorstand städtischer Wohlfahrtsausschuß, 1931 Mitglied in der Deutschen Nationalen Volkspartei, trotz Kirchenausschluß getaufter Juden segnete er 1933 das Ehepaar Hirschmann zur Goldenen Hochzeit kirchlich, als geradliniger und konsequenter Vertreter der Lutherischen Bekenntnisgemeinschaft 1939 amtsenthoben, nach mehrmonatiger Gefängnishaft kommissarischer Pfarrer in Heubach, dann Wallendorf, organisierte aber noch in Arnstadt den Übertritt der Bekenntnischristen zur (schutzbietenden) altlutherischen Gemeinde, er sollte Mai 1945 Superintendent in Arnstadt werden.

L Kahlert, Christian: Gotthelf Kummer. In: AVAU 5 (1995), S. 104-116. *Hans-Ulrich Orban*

Kunstglas: VEB, 1946 Gründung einer Genossenschaft zur Glasveredelung auf Initiative von fünf Kollegen aus der CSR (Böhmen), um eine neue Existenz aufzubauen, Werkstätten entstanden in dem ehemaligen Gesellschaftshaus *Concordia*, Hohlglaserzeugung und –veredelung, 50 Umsiedler aus der CSR beteiligten sich an dieser Genossenschaft, die 1948 offiziell als GmbH weitergeführt wurde. Inzwischen erfolgte der Umzug des Betriebes in den Lindenhof (später →Jugendherberge), da die bisherigen Produktionsräume nicht mehr ausreichten, bereits 100 Beschäftigte arbeiteten zu diesem Zeitpunkt im Betrieb, am 24. 11. 1948 beschlossen die Genossenschafter, den Betrieb in volkseigene Verwaltung zu übergeben, im Lindenhof standen zur Verfügung: drei Räume für Malerei mit gleichzeitigem Einbau eines elektrischen Brennofens, eine Graveurabteilung, eine Abteilung für Boden-, Ecken- und Absturzschleiferei, eine Abteilung für Kuglerei und Tiefschliff, eine Abteilung zum Versilbern, ferner Maschinenräume, Gürtlereien und Montageräume für Glaslüster und Beleuchtungsabteilung, Räume für die Schlosserei und Tischlerei, Manipulations-, Ausstellungs- und Büroräume, 1949 Gründung des VEB Kunstglas mit Betriebsteilen in Zella-Mehlis, Ilmenau und Stützerbach, Betrieb wurde der VVB Glas/Keramik angeschlossen, 150 Mitarbeiter, erster Betriebsleiter wurde abgelöst, konnte anstehende Probleme bei der Beschaffung von Rohglas und beim Absatz nicht lösen, 30 Leute mußten bereits entlassen werden, zur Herbstmesse 1950 wurden Vertragsabschlüsse von ca. 450.000 DM getätigt, Jahresumsatz im gleichen Jahr fast zwei Millionen Mark, 1953 Umzug in die neu errichteten Produktionsstätten am Rehestädter Weg, gleichzeitig Bildung einer Abteilung Leuchtenbau, Produktion 1954: Oberflächenbearbeitung von Glas, Hohlglasveredelung, Wirtschaftsglas (mundgeblasen), Schwarzglaserzeugnisse, Likörsätze sowie kostbares Bleikristall und Glasleuchten, ständige Entwicklung neuer Dekore förderten den Absatz, Exporte u. a. nach BRD und in die UdSSR, ab 1963 auch England, besonders von Schwarzglaserzeugnissen mit Goldmalerei, ab 1964 Österreich mit besonderem Interesse für geschliffene Bleigläser, 1969 waren Nordamerika, Brasilien und Japan weitere Kunden für Bleiglaserzeugnisse, 1974 Neuentwicklung modern gestalteter Sekt-, Wein- und Kognakgläser sowie Whiskybecher, alle mit gleichem Dekor, für die Olympiade 1976 wurden Teller, Schalen, Dosen und Vasen aus Bleikristall mit dem olympischen Motiv der verschlungenen Ringe und der Aufschrift *Montreal 1976* entwickelt, diese fanden den Beifall des kanadischen Kunden, am 1. 1. 1976 Zusammenschluß mit dem VEB →Edelglas und dem VEB →Kristall zum VEB →Bleikristall.

Q KAA, Bestand Kreistag u. Rat des Kreises Arnstadt, Nr. 400, 770, 1336; DV 1948-76. *Heidrun Fröhlich*

Kunze & Co.: KG, vormals →Thüringer Braunstein- und Mineralmahlwerke GmbH, Mühlenwerk, Friedrichstr. 22-24, gegr. am 6. 8. 1938, gleichzeitig Inhaber einer Porzellanfabrik (ehemals Mardorf & Bandorf), welche aber in den Folgejahren einging, zwischen 13-33, in den Jahren 1943 über 55 und 1949 sogar 83 Beschäftigte, ab 1. 1. 1959 staatliche Beteiligung, Manganerze, aus denen Braunstein gewonnen wurde, kamen aus der Sowjetunion, aus Marokko und Indien, verarbeitet wurde der gemahlene Braunstein in Batterie- und Elemente-Fabriken zur Herstellung von Taschenlampenbatterien, in chemischen Fabriken, als Katalysator bei der Herstellung von Hydrochinon (Filmentwickler), in Glaswerken zum Färben von Glas, nach dem Verwendungszweck richtete sich die Mahlfeinheit, in der DDR bestanden nur noch drei Betriebe dieser Art, ab 1. 1. 1972 VEB Braunsteinwerke bis 1976/77, 1979 wurde der VEB →Fleischereimaschinen in die umgebauten Gebäude verlagert.

Q KAA, Bestand Kreistag u. Rat des Kreises Arnstadt, Nr. 224, 400, 463, 572, 689, 1346, 1354; AA 1938-43; DV v. 16. 4. 1971. *Heidrun Fröhlich*

Kurrende: Arnstadts Knabenchortradition reicht bis in die Reformationszeit, vielleicht bis in die Zeit der Klosterschule zurück. Es gab zwei gemischtstimmig besetzte →Chöre, so auch während Joh. Seb. Bachs Arnstädter Zeit: den *Choro Musico* oder *Choro Symphoniaco* (später das große oder das Hauptsingechor genannt) und die Kurrende. Beide bestanden aus Schülern, für deren gesanglich-musikalische Ausbildung der Stadtkantor zuständig war und teilten sich gegen Entgelt in folgende Aufgaben: Singen vor den Häusern (mit Kurrendemänteln, Barett und Sammelbüchse), bei Taufen, Hochzeiten und Beerdigungen. Der Chor sang auch zu kirchlichen Festen, als Instrumentalisten wirkten Adjuvanten (Laienmusiker) und Schüler, Hof- oder Stadtmusikanten mit, 1919 wurden beide Chöre unter der Bezeichnung *Kurrende* vereinigt. Die Sopran- und Altstimmen unterstützten auch die mittlerweile entstandenen Gesangvereine, bis die Kurrendetradition und damit die Verbindung von Kirche und Schule im 2. Weltkrieg endete. Um den Neuaufbau kirchlicher Kinderchorarbeit hat sich ab 1947 besonders der Kantor und Katechet Max Prey verdient gemacht, bis heute besteht eine Kinder- und Jugendkantorei.

L Friedel, Alwin: Musik in der Neuen Kirche zu Arnstadt. In: Festschrift zur Wiedereinweihung der Johann-Sebastian-Bach-Kirche zu Arnstadt - Kuratorium Bachkirche. Arnstadt 2000, S. 74-76.

Alwin Friedel

Kurrende an der Oberkirche

L

Lärmkanonen: Auch Alarmkanonen genannt, dienten zur Alarmierung der Bevölkerung und später auch der Feuerwehr bei Bränden, 1646 kam der schwedische Feldherr Karl Gustav Wrangel nach Arnstadt und wurde auf Schloß →Neideck mit einem Gastmahl bewirtet, wahrscheinlich ließ er drei Geschütze zurück, diese dienten bis 1886 als Lärmkanonen bei Feuergefahr sowie als Böllergeschütze bei vaterländischen Feiern, bei Wollmarktsbeginn und zum Jahreswechsel, Standplatz der Kanonen in der Neideck, ab 1823 befanden sich die Kanonen in einem Schuppen am Hang der →Alteburg oberhalb des Neutorturmes, weil sie von hier aus besser zu hören waren; da der Feuerwächter bei einem Brand die Wache informieren mußte, oblag ihm auch der Abschuß der Kanonen. Nach § 35 der Feuerordnung von 1808 zeigte ein Schuß eine entfernte Feuersbrunst auf dem Lande, zwei Schuß eine in näherer Umgebung und drei und mehr Schuß eine innerhalb der Stadt an, nachdem die Geschütze im Laufe der Zeit defekt wurden, bemühte man sich beim Kriegsministerium in Berlin um den Austausch der Geschütze, das Kriegsministerium bestätigte den Umtausch der drei Wrangel-Geschütze gegen drei französische 8 cm Gebirgsgeschütze mit hölzernen Laffeten, zwei der Geschütze wurden an das Königliche Zeughaus in Berlin und ein Geschütz an die Fürstliche Waffenkammer nach Sigmaringen geliefert, als Lärmkanonen wurden die französischen Geschütze wahrscheinlich bis 1910 benutzt, zur Begrüßung des neuen Jahres und zur Eröffnung des Wollmarktes nach mündlichen Aussagen sogar bis 1945, danach fielen sie wahrscheinlich der Entmilitarisierung zum Opfer.

Q KAA. Bestand Stadt Arnstadt, Sign. 250-06.

L Bühring, Johannes: Geschichte der Stadt Arnstadt 704-1904. Arnstadt 1904, S. 159f. *Lothar Schmidt*

Landratsamt: Ritterstr. 14, Gebäudekomplex auf dem Gelände der ehemaligen Vorburg von Schloß →Neideck, Anlage war von Wassergräben umgeben, die auf zwei Seiten noch erhalten sind, Außenmauern überwiegend mittelalterlich, der Stumpf eines dicken Turmes an der Nordwestecke noch sichtbar, die aus dem 16. und 17. Jh. stammenden Bauten (Verwaltungs- und Wirtschaftseinrichtungen) wurden 1907-09 durch einen Neubau zu einer harmonischen nach Osten offenen Dreiflügelanlage ergänzt, Nord- und Südflügel bewahren im Kern Teile von Vorgängerbauten. *Südflügel:* Im Erdgeschoß (16. Jh.) befand sich der Pferdestall (Marstall) sowie Wagenremisen im östlichen Teil, ein daneben liegendes Kreuzgewölbe wurde als Wildbretkammer, später als →Archiv genutzt, unter dem Südflügel Kelleranlage (Tonnengewölbe) aus dem 16. Jh., Nutzung des Kellergewölbes zu Arrestzwecken, vor dem Südflügel an der östlichen Torfahrt befand sich die →Hauptwache, im Zuge des Behörden-Neubaus teilweise Umgestaltung des Südflügels, u. a. Umbau des Erdgeschosses und Anlage eines Treppenhauses mit Portal zum Hof, anstelle des Marstalls und der Remisen entstanden Räume für Grundbuchamt und Zollamt. Fachwerkobergeschoß aus dem 17. Jh., hier befanden sich Amtsräume der Herrschaftlichen Behörden, wie Fürstliche Regierung, Justizamt, Kammerverwaltung, Nutzung der Bodenräume als Zinsboden. *Nordflügel*: Bestand bis zu Umbauten 1909 und 1923 aus mehreren ein- und zweigeschossigen Gebäuden, über dem Torweg zum Schloßgarten erhob sich ein zweigeschossiges Torhaus mit Satteldach, Dachreiter und Glocke, daneben Wohnung, Schlachthaus und Bäckerei, Ausbau der beiden Letzteren zu Gefängnissen. *Westflügel:* Hier befanden sich Kelterei, Böttcherei und Schmiede, Abbruch der Vorgängerbauten, Einbeziehung von Teilen der Fronveste (Gefängnis) in den Bau, der Neubau (Behördenbau) entstand zwischen 1907-09, leitender Baubeamter war Fürstlicher Baurat Wentrup aus Sondershausen, ein auf Schloß Neideck bezugnehmender historisierender (Neorenaissance) Baustil, verziert mit dreiachsigem Mittelrisalit mit Volutengiebel und Dachreiter, Bleiglasfenster im Treppenhaus, in der Mittelachse des Innenhofs befand sich ein Brunnen mit eisernem Brunnenstock, flankiert von zwei Ulmen, aufwendige Ausstattung des Sitzungssaales im Obergeschoß (nach Plänen des Landrats Curt von →Bloedau), über der bedachten Türbekleidung Bemalung der Wand mit einem Adler, darunter in einer Kartusche *Sitzungssaal*, von der ehemaligen Ausstattung des Saales mit Glasmalerei, Paneelen und Intarsien sowie repräsentativem Mobiliar ist nur noch die profilierte Holzbalken-

decke erhalten. Bis zum Neubau des Gebäudes der →Sparkasse befand sich die Kreissparkasse in den Räumlichkeiten des Landratsamtes. Gebäudekomplex beherbergte u. a. bis 1918 Fürstliches Landratsamt, 1922-52 Kreisrat des Landkreises Arnstadt, 1952-90 Rat des Kreises Arnstadt, 1990-94 Kreisverwaltung Arnstadt, seit 1994 Landratsamt des Ilm-Kreises, bis 2002 Amtsgericht Arnstadt, seit 1995 schrittweise Sanierung der Fassade und im Inneren, 2003 im Erdgeschoß des Südflügels (Marstall) Freilegung von Eichenholzsäulen, Holzbalkendecke, Unterzügen, Malereien und Farbfassungen bei Sanierungsarbeiten, Instandsetzung der Neptungrotte, die u. a. durch die Wurzeln der im Frühjahr 2003 gefällten Sophore (seltener japanischer Schnurbaum) beschädigt wurde. Landräte: Friedrich Wilhelm Rapp, Otto →Drechsler, Max →Schwing, Curt von →Bloedau. Kreisdirektoren bzw. Landräte: Kaspar →Stang, Kurt Pabst, 1934-45 Alfred Crimann, Juli-Oktober 1945 Wilhelm Bärwinkel, 1946-48 Max Urich, 1949-51 Joachim Kühn. Vorsitzende des Rates des Kreises: 1952-56 Rudolf Herrmann, 1956-63 Erich Kummer, 1963-79 August Deiseroth, 1979-89 Helmut Saalfeld, seit 1990 Landrat Dr. Lutz-Rainer Senglaub.

L Stadtführer durch Arnstadt, S. 28; Donhof, Manfred: Denkmalpflegerische Zielstellung 1994; Dehio, S. 56f.; Tag des offenen Denkmals im Ilm-Kreis 2003, S. 15. *Andrea Kirchschlager*

Lappe, Friedrich Wilhelm: Maler und Grafiker, Heimatgeschichtsforscher, *16. 19. 1891 Wermelskirchen, †16. 10. 1979 Arnstadt (beigesetzt in Wermelskirchen), Sohn des Apothekers und Plüschfabrikanten Ernst Lappe, die Mutter entstammte der Alt-Arnstädter Familie Wilhelm Schuchards, 1905 (nach dem Tod des Vaters) Umzug der Familie nach Arnstadt, ab 1908 Besuch der Malschule Hans Borgmanns, 1911-15 Besuch der Großherzoglich Sächsischen Hochschule für bildende Kunst in Weimar und 1915-18 der Hochschule für bildende Kunst in München, Versuch, in Arnstadt eine eigene Malschule zu betreiben, 1921-24 Mal- und Zeichenlehrer am Technikum in Danzig und Zoppot, Rückkehr nach Arnstadt, Ende 20er und Anfang 30er Jahre u. a. Briefmarkenhändler, Firmenvertreter, Mitinhaber der Likörfabrik zum Fürstenberg, 1938

Friedrich Wilhelm Lappe

1606, ordiniert in Weimar 1610, dort Pestprediger 1611 und aktiver Helfer bei der *Thüringer Sündflut* von 1613, 1615 Pfarrer in Tann/Rhön, eine Berufung als Professor für Hebräische Geschichte nach Coburg lehnte er ab, 1619 Pfarrer, dann Archidiakon in Arnstadt, gewaltiger Kanzelredner, mußte im Arnstädter Pestjahr 1625 zeitweise alleine amtieren und wirkte furchtlos und im Gottvertrauen, 1629 amtierender, ab 1635 berufener Superintendent in Arnstadt, wohnte seit 1624 im Haus Zimmerstr. 6, treuer Seelsorger in der Zeit des Dreißigjährigen Krieges, neben anderen großen Verdiensten für die Stadt rettete er Arnstadt 1632 vor der Zerstörung durch den Kaiserlichen Obristen von Benninghausen. Schrifttum und Streitreden sind umfangreich u. z. T. gedruckt. Durch aufopfernde Seelsorge geschwächt, erlitt er seit 1660 mehrmals Schlaganfälle, auch auf der Kanzel, Beisetzung in der →Oberkirche neben Oberst Leo Pacmor, die Leichenpredigt des Magister L. Weber ist gedruckt erhalten, ebenso ein lebensgroßes Bildnis in der Oberkirche.

Q Weber, Laurentius: Leichenpredigt für Nic. Lappe †1663. *Hans-Ulrich Orban*

Heirat (aus der Ehe gingen zwei Söhne hervor), ab 1934 Kirchenbuchführer am evangelischen Pfarramt in Arnstadt, seitdem Forschungen auf heraldischem, familienkundlichem und lokalhistorischem Gebiet, bis in die 60er Jahre Erteilung von Privatunterricht im Zeichnen und Malen, hinterließ über 800 Ölgemälde, Aquarelle und Federzeichnungen, Landschaften und Porträts, vorzugsweise mit regionalem Bezug, 1928 Illustrationen zu Hermann Levins *Arnstadt, die älteste Stadt Thüringens*, Beteiligung an Restaurierungsarbeiten denkmalgeschützter Fassaden in Arnstadt (z. B. 1957 →Haus *Zum großen Christophorus*), wählte als Künstler die Signaturen *FWL* oder *Friedrich Wilhelm Lappé*.

L Kästner, Klaus: Maler – Kirchenbuchführer – Forscher. Friedrich Wilhelm Lappe wurde vor 100 Jahren geboren. In: AVAU 1 (1991), S. 52-55. *Matthias Klein*

Lappe (Lappius), Nicodemus: Superintendent, *20. 10. 1582 Remda, †8. 11. 1663 Arnstadt, Bruder des Schwarzburg-Sondershäusischen Kanzlers Dr. Christoph Lappe, 1594 Studium der Philosophie und Theologie in Jena, Magister

Leber, *Wolfgang* Max Karl: Diplomhistoriker, Museumsdirektor, *9. 9. 1930 Pohlitz b. Gera, †31. 8. 1982 Gera, Sohn von Max Leber und dessen Ehefrau Antonie, geb. Henning, Studium der Geschichte in Jena, Tätigkeit in der Universitätsbibliothek, Leiter des Museums der Leuchtenburg, 1959-77 Direktor der Museen der Stadt Arnstadt, Aufbau der →Bachgedenkstätte, 1965-69 Übernahme der Wachsenburgsammlungen, Mithilfe beim Aufbau der Bauernkriegsgedenkstätte in Mühlhausen, Stadtverordneter, Mitglied des Kulturbundes, 1978 Wegzug nach Gera.

W *Die Puppenstadt Mon plaisir* (Leipzig 1965), *Die Wachsenburg* (Arnstadt 1974), *Rolf Huber, Grafiken – Aquarelle - Ölgemälde* (Arnstadt 1977), Veröffentlichungen der Museen der Stadt Arnstadt, H. 1-3.

L Stadtverordneter Wolfgang Leber, Arnstadt. In: KS Sept. (1961), S. 6. *Hartmut Fuhrmann*

Lederwaren- und Handschuhfabrik: VEB, Rosenstr. 19-23, gegr. 1956 durch die Verstaatlichung der Handschuhfabrik von →Liebmann

& Kiesewetter, 1958 wurde der VEB →Hosen-träger- und Lederwarenfabrik in diesen Betrieb eingegliedert und führte dessen Produktion fort, Produktionsprogramm 1960: Handschuhleder, Lederhandschuhe, Krimmerhandschuhe, Uhren-armbänder, Kleinlederwaren, Reparatur von Handschuhen, im Zuge der Kombinatsbildung in den 70er Jahren wurde der Betrieb zeitweise als Werk IX. des VEB Lederhandschuhe Freiberg geführt, 1. 1. 1977 Vereinigung mit dem VEB →Modehandschuh und VEB →Bekleidungs-und Lederhandschuhfabrik zum VEB →Arn-städter Handschuhfabrik.
Q KAA, Bestand Kreistag u. Rat des Kreises Arnstadt, Nr. 689; DV 1960-77. *Heidrun Fröhlich*

Lederwerk und Wäscherei: VEB, ab 1. 1. 1972 durch Übernahme der Friedr. →Umbreit Söhne KG, An der Weiße 36 und Kleine Klausgasse, während dieser Zeit 46 Arbeitskräfte, Wäscherei lieferte Naß- und Fertigwäsche, 1980 wurde die Wä-scherei eingestellt (größere Schäden durch Blitz-schlag, außerdem schlechte Bausubstanz, Schlie-ßung stand bereits bevor), nur noch Annahme und Auslieferung der Wäsche, Wäscherei usw. erfolgten außerhalb, Schornstein des Heizwerkes des Leder-werkes war über viele Jahre großer Umweltver-schmutzer, erst Ende 1990 erfolgte die Umstel-lung auf Ölheizung, 1991 Probelauf, versorgt wurden und werden damit Wohnungen An der Weiße und in der Karl-Marien-Straße, Eintrag in das HR: Lederwerk und Wäscherei GmbH Arnstadt, An der Weiße, seit 30. 6. 1991 im Auf-bau befindlich, Herstellung von Bodenleder, Wä-scherei und Textilreinigung, Mietservice für Textilerzeugnisse, Eröffnung am 26. 6. 1992.
Q KAA, Bestand Kreistag u. Rat des Kreises Arnstadt, Nr. 1072; DV 1974-83; TA 1990/91.
Heidrun Fröhlich

Lefler, *Kurt* Otto Max: Musiker, Ensembleleiter, *2. 7. 1914 Gräfenroda, †6. 6. 1987 Arnstadt, Lehre als Handlungsgehilfe in der Porzellan-fabrik Voigt in Gräfenroda, Selbststudium und Privatunterricht u. a. im Fach Mandoline, Geige und Tenorhorn, Mitglied im Mandolinen-Club Gräfenroda, Mandolinenlehrer, Bildung einer Mandolinen-Kindergruppe, ab 1949 Leiter der Gräfenrodaer Lautengilde, seit 1954 Kulturrefe-rent und künstlerischer Ensembleleiter (beste-hend aus Lautengilde als Orchester, Chor, Volks-tanzgruppe und Laienspielgruppe) des Volks-kunstensembles des VEB RFT →Fernmeldewer-kes Arnstadt, Fachmethodiker und kommissari-scher Leiter des Bezirkshauses für Volkskunst in Erfurt, Mitglied im Volksmusikausschuß der DDR, 1951 und 1952 wurde sein Orchester 1. DDR-Sieger im Wettbewerb der Deutschen Volkskunst (Titel *Bestes Volksinstrumentenorches-ter der DDR*), 1952-61 zahlreiche Konzerte und Freundschaftstreffen im Rahmen der gesamt-deutschen Arbeit, z. B. 1954 Teilnahme am Bun-desmusikfest des Deutschen Allgemeinen Man-dolinistenbundes in Hannover, Dortmund und Hamburg, 1957 Auftritte zum Internationalen Frauentag in Saarbrücken sowie Pfingsten in Seligenstadt/Hessen, freundschaftliche Bezie-hungen zum Mandolinenorchester Kopenhagen.
L Stahl, Ernst: Erinnerungen an das Volkskunstschaffen in Arnstadt in den 50er und 60er Jahren des 20. Jahr-hunderts. Arnstadt 2003, S. 14-23.
Andrea Kirchschlager

Lehnard, Hans: Hebezeugbau, 1933 in Köln ge-gründet, später durch Kriegseinwirkungen zer-stört, 1945 Verlegung des Betriebes nach Arn-stadt, →Krumhoffsmühle, ein Betriebsteil be-fand sich bis 1962 in der Gehrener Str. 12 (Elek-tro-Schweißerei), Werkzeug- und Hebezeugbau, besonders der Hebezeugbau wurde durch Hans Lehnard ständig weiterentwickelt, mehr als 40 Patente wurden durch ihn erworben, Anzahl der Arbeitskräfte differierte zwischen 40-90, ab 1. 1. 1959 staatliche Beteiligung, Produkte in hoher Qualität wurden auf Messen vorgestellt und exportiert, ab 1. 1. 1972 VEB Hebezeug-bau, Hans Lehnard ging im gleichen Jahr in den Ruhestand (†1974), am 1. 1. 1977 Vereinigung mit VEB →Anhängerbau und ab 1. 10. 1981 zum Kombinat Maschinenbau Arnstadt, 1990 reprivatisiert: Hans Lehnard Hebezeugbau GmbH, Erweiterung des Betriebes, 1991 Übernahme der Gebietsvertretung für CAR BENCH, als Werk-stattausstatter präsentierte sich die Fa. mit guter Resonanz auf der *Autotechnica* im Oktober 1991 in Berlin mit eigenem Stand, seit 1999 auch Be-triebsteil in der Ichtershäuser Straße 7, Verkauf von Fahrzeuganhängern.
Q KAA, Bestand Stadt Arnstadt, Sign. 008-24, 008-33. *Heidrun Fröhlich*

Leid, Fa.: Bekannte Gärtnereibesitzerfamilie in Arnstadt. *Leid, Arthur:* Gärtnerei, gegr. 1912 (bis dahin Mitgesellschafter in der Gärtnerei Wilhelm →Leid) in der Karl-Liebknecht-Straße, Ladengeschäft Feldstr. 1, von ihm gezüchtete Nelken fanden Anerkennung in der ganzen Welt. Arthur Leid verstarb am 20. 5. 1954. Unter der Fa. wurde noch 1990 das Geschäft in der Feldstraße betrieben. Heute befindet sich dort ein Lebensmittelgeschäft. *Leid, Hermann:* Samenhandlung u. Blumenbinderei, Eichfelder Weg 16 u. Markt 15 (Blumenhalle *Nizza*, eröffnet am 2. 1. 1912), in das HR eingetragen am 20. 2. 1912, bis dahin Mitgesellschafter in der Gärtnerei Wilhelm Leid, spezialisiert auf Nelkenzucht, 1914 Gebrauchsmusterschutz auf ein Gerät zum Zählen von Samenkörnern eingetragen, nach dem Tod von Hermann Leid wurden ab 20. 11. 1921 Witwe Elisabeth und Tochter Elfriede Leid Inhaberinnen, am 4. 3. 1933 an die Erfurter Samenzucht- und Samenhandlungsgesellschaft mbH veräußert und am gleichen Tag als Firma Arnstädter Nelkenkulturen Hermann Leid GmbH mit dem Sitz nach Arnstadt verlegt, Gesellschaft wurde am 25. 4. 1946 aufgelöst, am 7. 6. 1946 Neueintragung in das HR unter Fa. Hermann Leid, Arnstädter Nelkenkulturen, Alleininhaberin Elisabeth Leid, geb. Schäddrich, um 1960 geschlossen, Elisabeth Leid verstarb 1965. *Leid, Walter & Co.:* Gärtnerei u. Samenhandel, Ohrdrufer Straße, Verkauf Schillerstraße, gegr. 1. 10. 1912, bis dahin Mitgesellschafter in der Gärtnerei Wilhelm Leid, in das HR eingetragen am 1. 2. 1913, Inhaber waren Walter u. Arthur Leid, 1920 Arthur Leid ausgeschieden und OHG aufgelöst, alleiniger Inhaber Walter Leid, bis 1983 wurde noch ein Geschäft in der Erfurter Str. 34 unter gleichem Namen betrieben, Walter Leid verstarb 1968. *Leid, Wilhelm:* Gärtnerei u. Samenhandlung, Jonastal 23, Verkaufsgeschäft Ledermarkt, gegr. 1. 5. 1878, Wilhelm Leid war bis dahin viele Jahre in der Gärtnerei C. G. →Möhring als leitender Mitarbeiter beschäftigt, pachtete den Krospe'schen Garten an der Riedmauer, richtete Geschäftsräume in seiner Wohnung in der Kleinen Johannisgasse ein, pachtete 1980 ein großes Garten- und Landgrundstück an der Schönbrunnstraße und verlegte seine Gärtnerei dorthin, Spezialität war und blieb die Zucht von Nelken (Nelkenkönig)

und Stiefmütterchen, aber auch Gemüse (Gurken erhielten mehrfach Auszeichnungen), Ehrendiplome und Medaillen auf Ausstellungen in der ganzen Welt, der Versandhandel mit Sämereien wurde ständig erweitert, 10. 11. 1902 Bildung einer OHG, Wilhelm, Cäsar und Max Leid waren gemeinsam Inhaber, nach dem Tod des Gründers am 26. 12. 1907 blieben Max und Cäsar Leid weiter Inhaber. Am 29. 7. 1912 wurde die OHG aufgelöst, Cäsar Leid alleiniger Inhaber u. Eigentümer der Gärtnerei, errichtete eine neue Gärtnerei im →Jonastal und schuf dort große Gewächshäuser, Anlagen und Blumenfelder. Ab 29. 7. 1912 wurde nach dem Tode von Cäsar Leid seine Witwe Frieda Leid Inhaberin, ab 19. 3. 1919 ungeteilte Erbengemeinschaft (sieben Erben), nur drei waren vertretungsberechtigt, 1922 Errichtung eines neuen Wohnhauses im Jonastal, Gärtnerei in der Schönbrunnstraße wurde aufgelöst, in den 30er Jahren übernahm die dritte Generation der Fam. Wilhelm Leid die Gärtnerei, ab 1. 1. 1943 OHG, ehemalige Erbengemeinschaft aufgelöst. Im Mai 1947 wurden Kurt Leid (als Inhaber der Gärtnerei) zu einer Strafe von 1 Jahr und 6 Monaten Gefängnis und 10.000 RM Geldstrafe sowie Ehefrau Leid zu 6 Monate Gefängnis wegen Verheimlichung ablieferungspflichtiger landwirtschaftlicher Produkte verurteilt.
Am 1. 4. 1958 übernahm die →LPG Arnstadt die Gärtnerei Leid im Jonastal sowie das Verkaufsgeschäft in der Ledermarktstr. 2.
Q KAA, Bestand Stadt Arnstadt, Sign. 008-33; ANIB 1878-1922; AA 1922-45; ThV v. 22. 6. 1946 u. 22. 10. 1947; DV v. 16. 5. 1952 u. 1. 2. 1959. *Heidrun Fröhlich*

Leimbach, Anton Ludwig *Gotthelf*: Direktor der Fürstlichen Realschule, Naturwissenschaftler, *4. 1. 1848 Treysa b. Kassel, †15. 6. 1902 Arnstadt, Sohn des Oberlehrers Johann Heinrich Leimbach und dessen Ehefrau Karoline, geb. Wahl, Eheschließung mit Elise, geb. Jans, 1857-66 Besuch des Gymnasiums in Marburg, 1866-69 Studium der Mathematik und Naturwissenschaften in Marburg, 1869 Examen rigorosum und 1870 Promotion zum Dr. phil. (*Über die permische Formation bei Frankenberg in Kurhessen*) und Examen pro facultate docendi, danach Lehrertätigkeiten an der Realschule Elberfeld 1870, an der Königlichen Gewerbeschule Krefeld 1871 und an der

Gotthelf Leimbach

betreffen, b) *Die älteste Flora von Arnstadt*. In: Programm der Fürstl. Realschule zu Arnstadt (1893), *Florula Arnstadiensis. Die älteste Flora von Arnstadt. Von Lic. Joh. Conr. Axt, Stadtphysikus und Konsul zu Arnstadt, 1701*. Herausgegeben und mit Anmerkungen versehen. In: Programm der Fürstl. Realschule zu Arnstadt (1894), *Katalog der Bibliothek der Fürstlichen Realschule zu Arnstadt*. (I. Teil 1898, II. Teil 1899, III. Teil 1900).

L Jahresbericht der Fürstlichen Realschule zu Arnstadt 1902/03, S. 4; Thalmann, Paul: Gotthelf Leimbach. In: Alt-Arnstadt 8 (1929), S. 44-48 (Porträt).

Andrea Kirchschlager / Manfred Wahl

Lerz, Hans-*Günter* Max Karl Bruno: Musikpädagoge, Kapellmeister, *4. 4. 1917 Weimar, †21. 12. 2001 Arnstadt, Studium an der Hochschule für Musik in Weimar, 1947 Anstellung als Repetitor und Kapellmeister am Landestheater Rudolstadt, 1948/49 gleiche Tätigkeit am Stadt- und Kreistheater Arnstadt, nach Schließung des →Theaters 1949 auf Tournee mit einer Künstlergemeinschaft, danach Gründung eines Kunsttanzstudios in Arnstadt zusammen mit seiner Frau, der Ballettmeisterin Ethel Pielert-Lerz, 1950-82 Musiklehrer an der Erweiterten Oberschule Arnstadt, nach dem Unterricht Aufbau von Chor, Kammerchor und Orchester, Kreisfachberater für Musik, 1960 Gründung des *Collegium musicum Arnstadt* unter seiner Leitung, welches 25 Jahre bestand, Durchführung von beispielgebenden Jugendkonzerten für Stadt und Kreis Arnstadt, Leiter des Volkskunstensembles des VEB →Chema Rudisleben und des Blasorchesters, Betreuung des Chores des VEB Gelenkwellenwerks Stadtilm.

L Stahl, Ernst: Erinnerungen an das Volkskunstschaffen in Arnstadt in den 50er und 60er Jahren des 20. Jahrhunderts. Arnstadt 2003, S. 29-31 (Porträt).

Andrea Kirchschlager

höheren Bürgerschule Wattenscheid 1874, dort ab 1878 kommissarischer Rektor, 1880 Ernennung zum Professor und Berufung an das Gymnasium in Sondershausen, 1886 Übernahme der Leitung der Realschule in Arnstadt bis zu seinem Tod, naturwissenschaftliche Forschungen auf dem Gebiet der Botanik und Entomologie, insbesondere der Orchideen und Käfer, seine Interesse galt auch den Mollusken (Schneckenhäuser), Vorsitzender des Botanischen Vereins *Irmischia* in Sondershausen und später in Arnstadt, Herausgeber der botanischen Zeitschriften *Irmischia* (Mitteilungsblatt des Botanischen Vereins in Sondershausen 1881-86) und *Deutsche Botanische Monatsschrift* (1883-1902), Mitglied der →Museumsgesellschaft, Erbbegräbnis in Krefeld. W *Zur 200jährigen Gedenkfeier für Heinrich Bernhard Rupp, den Verfasser der ältesten Thüringischen Flora*. Beiträge zur Geschichte der Botanik in Hessen aus dem 16., 17. und Anfang des 18. Jahrhunderts. In: Programm der Fürstlichen Realschule zu Arnstadt (1888), Beiträge zur Geschichte der Botanik in Thüringen: a) *Über die ältesten Nachrichten, welche Thüringer Pflanzen*

Leuchtenbau: VEB, gegr. 17. 11. 1952 als VEB Elektrogeräte- und Leuchtenbau, Friedrichstr. 22 (gemietete Räume der Fa. →Kunze & Co.), ehemals Fa. Hans Ellrich, Herstellung von Arbeitsplatzleuchten, Keramikleuchten (Wand- und Tischleuchten), Zeichentischleuchten, Scheren-, Wand- und Gelenkleuchten, der Bereich Elektrobau stellte elektrische Geräte (Kochplatten, Kleinstmotoren u. a.) her und übernahm Installationen und Reparaturen, beschäftigt wurden 63 Personen (davon 19 im Leuchtenbau), bereits 1954 Forderung nach Veränderung der Struktur des Betriebes, ab 1. 1. 1955 Trennung des Betriebes in VEB Leuchtenbau und VEB Elektrobau (Verlagerung des Betriebes zunächst in den Weg zur Fasanerie 3, dann zum Parkweg 2), 1957 erstmals Export von Zweckleuchten, z. B. in den Iran, 1961 wurden 23 Arten von Zweck- und Arbeitsplatzleuchten produziert, z. B. Schreibtischlampen, Fotoleuchten, Bett- und Leselampen für Krankenhäuser, Studentenheime usw., Arbeitskräftezahl stieg auf 95, Produktion in den 60er Jahren war geprägt von Materialschwierigkeiten, Abteilungen des Betriebes: Scherenabteilung, Hülsenabteilung, Presserei, Schlosserei, Galvanik, Spritzerei, Putzerei, Vor- und Endmontage, Stanzerei und Rohrmontage, 1962 Umzug in die Ichtershäuser Str. 15 (ehemalige Möbelfabrik Seyring), Neuentwicklung und Herstellung von Backofenleuchten (einziger Betrieb in der DDR), 1962 Neubau eines Produktionsgebäudes am Rehestädter Weg, ab 1963 auch Exporte in die Sowjetunion, ab 1964 Umstellung der Produktion auf die Herstellung von Allzweckleuchten (Neonleuchten), bisher im VEB Metallwarenwerk Mühlhausen produziert, viele Metallteile dieser Lampen wurden im Laufe der Zeit durch Plaste ersetzt (preisgünstiger), ab 1969 Vollplastleuchten, alle Plasteteile wurden im Betrieb selbst hergestellt, Aufbau eines zweiten Stockwerkes auf das Produktionsgebäude Rehestädter Weg, Schaffung aller Voraussetzungen zur Herstellung von Glimmstartern für den Betrieb von Leuchtstofflampen.

Am 1. 1. 1974 Umbenennung des Betriebes in VEB NARVA Glimmstarterwerk Arnstadt, Betriebsteil des VEB NARVA *Rosa Luxemburg*, Leuchten- und Leuchtstofflampenwerk Brand-Erbisdorf, einziger Hersteller in der DDR von Glimmstartern für Neonleuchten, 155 Werktätige, 80 davon seit 1972 in Schichten, 1990 Schließung des Betriebes. In das Gebäude am Rehestädter Weg zogen die Bildungsstätten der Berufsakademie Arnstadt ein, seit 29. 8. 1997 befindet sich dort das Freizeit- u. Informationszentrum FRIZ.

Q KAA, Bestand Kreistag u. Rat des Kreises Arnstadt, Nr. 126, 577, 682, 685, 689; DV 1960-82; TA v. 17. 12. 1991. *Heidrun Fröhlich*

Leupold, *Adolf* **Carl Theodor:** Chemiker, Fabrikant, Geheimer Kommerzienrat, *1. 9. 1852 Arnstadt, †28. 12. 1931 Arnstadt, Sohn von *Bernhard* Wilhelm →Leupold und dessen Ehefrau Johanna Christiane Therese, geb. Wellendorf, Eheschließung mit Lina Emilie *Martha*, geb. Liebmann, Besuch des Arnstädter →Gymnasiums, 1870-72 Studium der Chemie in Leipzig, Berlin und Dresden, Übernahme der väterlichen Farbenfabrik (keramische Farben, vor allem Porzellangold) in Arnstadt, später Hauptteilhaber der Arnstädter Zellulose-Papierfabrik, ab 1895 Gemeinderatsmitglied, Mitglied des Bauausschusses, erster ehrenamtlicher Stadtrat (bis 1921), zuständig für die Dezernate Schlachthaus und Feuerwehrwesen, Mitglied des Kirchenvorstandes und später Kirchenmeister der evangelisch-lutherischen Gemeinde, einer der politischen Führer der Nationalliberalen Partei im Fürstentum Schwarzburg-Sondershausen, stellvertretender Vorsitzender des Aufsichtsrates der Gothaer Feuerversicherungsbank, Vorstandsmitglied des →Marienstiftes, Vorsitzender des →Gewerbevereins, Ehrenförderer, Vorstandsmitglied und Mitglied im Gewerbeausschuß der →Museumsgesellschaft, Mitbegründer der Freimaurerloge *Zu den drei Gleichen*, überbrachte dem Arnstädter →Ehrenbürger Fürst Bismarck auf dem Bahnhof die Glückwünsche der Bürgerschaft, wohnte Zimmerstr. 6, Grab →Neuer Friedhof.

Q AA v. 29. 12. 1931, Nr. 303 (Nachruf und Todesanzeige).

L Unser Arnstädter Gymnasium von 1829-1929. Arnstadt 1931, S. 60. *Andrea Kirchschlager*

Leupold, *Bernhard* **Wilhelm:** Chemiker, Landtagsabgeordneter, *18. 12. 1820 Scheibenberg/Erzgebirge, †14. 9. 1887 Arnstadt, Sohn des Sekretärs der Königlichen Sächsischen Korrektions- und Strafanstalt Schloß Waldheim Wilhelm Christian Leupold, 1. Eheschließung 1848 mit Jo-hanna Christiane Therese, geb. Wellendorf (†1858), 2. Eheschließung 1860 mit Caroline Wilhelmine, geb. Wellendorf (Cousine der 1. Ehefrau), Besitzer einer Farbenfabrik in Arnstadt, erhielt 1865 den 1. Preis der Merseburger Gewerbe- und Industrie-Ausstellung für ausgezeichnete Schmelzfarben, langjähriges Gemeinderatsmitglied, 1865-67 Schwarzburg-Sondershäusischer Landtagsabgeordneter, 1871 Ernennung zum

Kommissionsrat, Mitglied der →Loge *Zu den drei Gleichen* und 1882-84 deren Meister vom Stuhl, langjähriger Vorsteher (1853-59 u. 1862-82) und Ehrenmitglied des →Gewerbevereins, Mitbegründer des Spar- und Vorschußvereins, 1880 Verleihung der Fürstlichen Medaille für gewerbliche Verdienste.

Q ANIB v. 15. 9. 1887, Nr. 216 (Nachruf).

L Lengemann, S. 221f.   *Andrea Kirchschlager*

Ley - Familie: Bekannte Unternehmer und Ingenieure in Arnstadt. *Ley,* Emil Eduard *Rudolf:* *13. 10. 1839 Freiburg/Schlesien, †13. 7. 1901 Arnstadt, Sohn des Stadtmusikus Johann Rudolf Ley und dessen Ehefrau Ernestine Friederike, geb. von Kalkreuth, Mechaniker und Erfinder der Schuhnagelmaschine sowie weiterer Maschinen zur industriellen Schuhherstellung, Gründer der →Ley, Rud. Schuhmaschinenfabrik, kam 1859, nachdem er bereits während seiner Wanderschaft in der Stadt war, endgültig nach Arnstadt, fand Beschäftigung in einer Mechanikerwerkstatt in der Fleischgasse 10, übernahm nach nochmaliger kurzer Abwesenheit am 1. 1. 1868 die Werkstatt seines Meisters, Eheschließung am 25. 4. 1869 mit Minna, geb. Rochser aus Arnstadt, Umzug von der Marktstraße (bei Schirach) in die Fleischgasse 10, 1871 in die Fleischgasse 19, zwischen 1871-81 wurden sieben Kinder geboren, vier Söhne (Alfred, Hermann, Hugo u. Robert) und drei Töchter, viele Auszeichnungen und Medaillen für konstruierte und weiterentwickelte Schuhmaschinen, ab 1892 Vorstandsmitglied des neugegründeten Arnstädter Bürgervereins, ab 1897 Vorstandsmitglied im Gartenbauverein *Flora. - Wir betrauern in ihm einen überaus humanen Arbeitgeber, der zu allen Zeiten mit warm empfindenden Herzen den regsten Antheil am Wohl eines Jeden von uns genommen hat. Er schuf uns eine angenehme, sowie lohnende Arbeitsstätte und wir werden ihm stets ein dankbares Andenken bewahren* (Traueranzeige des Arbeiterpersonals). Tochter Clara (1877-1949) heiratete den Schuhfabrikanten Alfred →Heinze, Tochter Louise (1881-1964) den Lederfabrikanten Hermann →Umbreit. *Ley, Alfred:* *11. 4. 1873, †7. 12. 1945 bei Frankfurt/O., Begründer des →Ley, Rud. Elektrizitätswerkes und der →Ley, Rud. Automobilfabrik, nach Schulbesuch und Gesellenprüfung (Gesellenstück war die 100. Holzna-

gelmaschine, die von seinem Vater entwickelt worden war) Studium des Maschinenbaus und der Elektrotechnik, 1893 Eintritt in die Fa. des Vaters, 1. Ehe am 10. 12. 1899 mit Klara, geb. Wagner, um 1900 von der Fleischgasse 19 zur Riedmauer 10 verzogen, 1903 in den Neubau Joh.-Seb.-Bach-Str. 5 und 1921 in die neu erbaute Villa am Wollmarkt 10, 2. Ehe am 25. 9. 1929 mit Margarethe, geb. Thülemeier, 1906-09 Mitglied des Arnstädter Gewerbegerichts, 1913 Kommerzienrat, 1913-18 Mitglied des Gemeinderates, ab 1918 Mitglied des Bauausschusses, wurde im September 1945 aus Arnstadt verschleppt (am 31. 12. 1948 für tot erklärt), verstarb während des Transports in die Sowjetunion, Angehörige erfuhren erst 50 Jahre danach vom Schicksal und der Rehabilitation durch die Generalstaatsanwaltschaft der Russischen Förderation. 1992 Straßenbenennung (Alfred-Ley-Straße) im Gewerbegebiet Arnstadt-Rudisleben. Die Ley-Villa (1919/20 nach Plänen des Architekten Martin →Schwarz erbaut) am →Wollmarkt mit sämtlichem Inventar wurde nach dem Krieg entschädigungslos enteignet, zunächst als Unterkunft für amerikanische, später für sowjetische Offiziere und zu DDR-Zeiten als Krankenhaus genutzt. Nach der Wende kam die Villa in den Besitz der Nachfahren Alfred Ley's, die sie 2001 an die BKK Villingen-Schwenningen veräußerten, durch die neuen Eigentümer Umbau des Gebäudes nach ursprünglichen Bauplänen und Nutzung als Geschäftsstelle für Thüringen. Geplant ist hier eine Erinnerungsstätte an das Wirken der Familie Ley. Die Ley-Villa ist ein zweigeschossiger, repräsentativer Massivbau mit symmetrischer Fassade, risalitartiger Mittelbetonung mit Pilaster und Zwerchhaus mit Rundgiebel, Gewänden um mehrfach unterteilte Fenster, Walmdach mit Gaupen, Garten, Garage und Einfriedung, im Gebäudeinneren großzügige Räume mit aufwendiger Gestaltung, die trotz Fremdnutzung weitgegend erhalten blieb. *Ley, Hermann:* *1. 4. 1880, †27. 3. 1956, Besuch der Bürgerschule, Ausbildung zum Kaufmann, heiratete am 30. 7. 1904 Elsbeth, geb. Teschner, ab 1908 wohnhaft in der Wagnergasse 17, 1909 trat er, bevor die Fa. in eine AG umgewandelt wurde, aus der Firma Rud. Ley aus, zog in den Raum Görlitz, betrieb dort eine Kristallschleiferei, kam kurz vor Ende des 2. Weltkrieges zurück nach

Arnstadt. *Ley, Hugo:* *21. 5. 1874, †14. 12. 1948, heiratete am 18. 8. 1901 Marie, geb. Voigt, wohnte ab etwa 1907 an der Riedmauer 6, 1910 Geschworener beim Amtsgericht, ab 1911 Vertrieb von Ley-Automobilen und Fahrzeugen der Marke Benz und später anderen, zunächst unter der Wohnadresse, ab 1912 in der Gerastr. 10, 1913 zog Hugo Ley nach Erfurt, wo er seit 1910 am Löberring 7-9 den *Automobilpalast* und später auch eine Fahrschule betrieb. *Ley, Robert:* *6. 10. 1875, †24. 2. 1931, Besuch des →Gymnasiums, Studium als Maschinenbauingenieur, heiratete am 10. 11. 1902 Olga, geb. Thalemann, 1910 Geschworener für das Amtsgericht, im gleichen Jahr Umzug von der Fleischgasse 19 in die Gerastr. 10 (gekauft im September 1909), blieb immer die Privatadresse, 1912 gründete er eine eigene Automobilvertriebsfirma (Ley und Opel) und errichtete eine Tankstelle, zunächst unter der Wohnadresse, später in der Lindenallee 4, dort auch Vulkanisieranstalt und Filiale der Fa. AUDI Zwickau, 1924/25 Verlegung des Geschäftes in die Bahnhofstr. 21, dort erfolgte auch die Eröffnung seiner staatlich konzessionierten Kraftfahrschule, 1924 wurde das erste Radio-Empfangsgerät der Stadt bei Robert Ley aufgestellt, übernahm auch den Vertrieb von Radio-Geräten der Fa. →Siemens & Halske, seine Tankstelle, Opel-Vertretung und Fahrschule kaufte Erich Stock, der diese bis Ende des 2. Weltkrieges fortführte.

Q Ley-Archiv Joachim Althaus, Filderstadt-Bonlanden; ANIB 1873-1918; AA 1919-40.

L Sauer, Rolf: Geschichte der Betriebe Fa. Rud. Ley AG, VEB Schuhmaschinenbau, VEB Metallbau. 1988; Tag des offenen Denkmals im Ilm-Kreis 2003, S. 12.   *Heidrun Fröhlich*

Ley, Rud. Automobilfabrik: Wagnergasse 18 (später Werk in St.-Georg-Straße, Nähe Ichtershäuser Straße), Abteilung der Rud. Ley Maschinenfabrik OHG, ab 1. 7. 1909 AG. Alfred Ley begann schon ca. 1902, sich mit der Konstruktion von Automobilen zu beschäftigen. Intensiviert wurde diese Arbeit nach dem Verkauf des →Elektrizitätswerkes an die Stadt 1903 und dem dadurch möglichen Fabrikneubau in der Wagnergasse, 1905 konnte das erste Fahrzeug, ein Prototyp mit Vierzylinder-Motor und einer Leistung von 10 PS der Öffentlichkeit vor-

geführt werden: solide Bauart, relativ geringes Gewicht, hohe Leistungsfähigkeit in Schnelligkeit und bei Bergfahrten, damit erlangte die Fa. Ley bereits im gleichen Jahr einen ersten Preis bei der Sachsen-Rundfahrt, ab 1908 Bau auch von Sechszylinder-Fahrzeugen als eine der ersten Automobilfabriken in Deutschland, neu war auch das mit dem Motor verblockte Getriebe, inzwischen produzierte die Fa. vier verschiedene Fahrzeugtypen unter dem Namen *Loreley* (ab 1909 patentrechtlich geschützt - 1910 Benennung der Loreleystraße, jetzt Einfahrt Polizei), wobei der Familienname werbewirksam mit der rheinischen Sagengestalt in Verbindung gebracht wurde, aufgrund des geschäftlichen Erfolges am 25. 6. 1910 Beschlußfassung zum Neubau einer Autofabrik an der Ichtershäuser Straße, Baubeginn am 1. 10. 1910, Ausrüstung mit modernsten Maschinen und Elektromotoren, eigener Gleisanschluß, eigene Stromversorgung, Heizhaus, Bau einer biologischen Kläranlage, Beginn der Produktion im Mai 1911, durch übervolle Auftragsbücher schon im gleichen Jahr Erweiterungsbauten, 1912 größter Arbeitgeber der Stadt mit 1.200 Beschäftigten, Erweiterung der Produktionspalette an Automobilen auf über 30 verschiedene Modelle, darunter auch Lieferfahrzeuge, zusätzlich mögliche Sonderaufbauten und Farbgebungen nach Kundenwunsch, ab 1910 nicht mehr wechselgesteuerte sondern seitengesteuerte Motoren, gutes Abschneiden bei den verschiedensten Autorennen führten zu günstigem Absatz, rund 70% der gefertigten Fahrzeuge gingen in den Export nach Rußland, Argentinien, Brasilien, Siam, Japan, China, Australien, Marokko, Südafrika, Indien, auch in nordische Länder, Verkaufszentrale von Anfang an in Berlin, zunächst in der Kurfürstenstr. 91, ab 1910 Kurfürstendamm 69, dort wurden alle Korrespondenzen bearbeitet und Aufträge abgewickelt, weitere Vertretungen in Dresden, Erfurt (Hugo Ley), München, Düsseldorf, Frankfurt/Main sowie eine Verkaufsniederlassung in London, im 1. Weltkrieg wurden nur wenige zivile Fahrzeuge gebaut, dafür Minenwerfer und Sanitätsautos, 1916 stellte die Fa. Ley 32.000 m² Ackerland für Schrebergärten für die Arbeiterschaft zur Verfügung, ab 1918 trotz Neuentwicklungen immer schwieriger werdender Absatz von PKW, jetzt unter dem Namen Ley, ca. 1921 begann die Ent-

Ley-Automobil, um 1905

wicklung des M 8 Viersitzers mit vier Zylindern und 38 PS, nur rund 200 Fahrzeuge dieses Typs sollen 1924-27 gebaut worden sein (eines von 1925 wurde 1997-99 für die Eigentümerin Stadt Arnstadt restauriert). Etwa im gleichen Zeitraum wurden Fahrzeuge der Typen T 6, Vierzylinder, 6/20 PS, mit vier Sitzen und U 12, Vierzylinder, zunächst mit 32 PS, später mit 45 PS, mit sechs Sitzen produziert, auf dem Fahrgestell des Typ T 6 realisierte 1922/23 der österreichische Luftschiff- und Flugzeugkonstrukteur Paul Jaray mit einer Limousine und einem Rennwagen seine ersten Stromlinienfahrzeuge (Versuche auch in anderen Automobilfabriken), jedoch nur das Rennwagenmodell konnte einige Erfolge erringen, z. B. den 2. Platz beim Bergrennen 1923 bei Kassel, die Produktionskosten waren jedoch viel zu hoch, um mehrere Fahrzeuge dieser Art herzustellen, auf der Basis des U 12 wurden 1925 die ersten Nutzfahrzeuge mit verschiedenen Aufbauten für gewerbliche Zwecke (1,5–2,5 t) produziert, 1928 kamen Sechszylinder-Motoren zum Einsatz mit bis zu 60 PS (Pritschenwagen, Möbeltransportwagen mit Kastenaufbau, Omnibusse und Aussichtswagen mit 18-22 Plätzen), vom speziellen Lastwagentyp V 12 mit 50 PS wurden nur 10 Fahrzeuge gefertigt, zum Teil länger anhaltende Streiks der Arbeiterschaft für höhere

Löhne und Mitbestimmungsrechte, Schwierigkeiten bei der Materialbeschaffung und mit Zulieferbetrieben und die starke in- und ausländische Konkurrenz waren Ursache für die Einstellung der PKW-Produktion 1928 und der LKW-Herstellung 1933. Die Automobilfabrik wurde 1935 an die Magdeburger Firma →Polte verkauft und alle geschäftlichen Aktivitäten im Betrieb Wagnergasse konzentriert, dort produzierte man neben Schuhmaschinen, Motoren und Dynamomaschinen noch bis 1945 Ersatzteile für Automobile. Die Beschäftigtenzahlen gingen nach dem 1. Weltkrieg mehr und mehr zurück, 1939 waren es nur noch 250, während des 2. Weltkrieges wurden zusätzlich zur normalen Produktion auch Luftvorholer für die Artillerie hergestellt, nach dem Krieg erfolgten Enteignung und Demontage. Nationale und internationale Erfolge von Ley-Fahrzeugen (Auswahl): 1905 Rundfahrt durch Sachsen des DMV (Deutscher 1. Preis für Bergfahrt und Motorsportverband), Zuverlässigkeitsfahrt, 1906 Internationale Tourenfahrt Gotha–Lüneburg–Köln (Goldmedaille), 1907 Semmering–Rennen (3. Preis), Rennen der Kaiserlich Russischen Jagdgesellschaft (Diplom für hervorragende und Sportkompanie Leistungen), 1908 Wettfahrt Petersburg–Moskau IV. Kategorie (Diplom der Russischen Automobil-

Gesellschaft - Moskauer Abteilung), Bergrennen Annaberg-Jöhstadt (1. u. 2. Preis), 1910 Kaiser–Nikolaus– Tourenfahrt (II. Kategorie 1. Preis), (kleine Wagen) über 3.000 km, Zuverlässigkeitsfahrt Moskau–Nischny (Silberne Plakette), Internationale Kleinwagenfahrt (Goldmedaille), 1912 Kaiser– Nikolaus–Tourenfahrt (IV. Kategorie 1. Preis), Russische Kaiserpreisfahrt (1. Preis, gestiftet von seiner Majestät, dem Zaren von Rußland), Vogesenfahrt (2. Preis), 1913 A.D.A.C. Wagenfahrt (Goldene Plakette), Bergprüfungsfahrt auf dem Gabelbach (2. Preis), Fernfahrt Düsseldorf– Frankfurt über 254 km (1. Platz mit einem 4-Zy-linder Loreley, 1. Platz mit einem 6-Zylinder Loreley), 1914 2.–5. 7.: Internationale Zuverlässigkeitsfahrt des Königlich-Dänischen Automobilklubs über 1.800 km (1. Platz: Herr Christensen mit 4-Zylinder u. 4. Platz: Herr Nellemann mit 6–Zylinder), 1.800 km, Fahrt um den Ehrenpreis der Stadt Aarhus (1. Preis des Königlich–Dänischen Automobilclubs, Continentalpreis), 1922 Reichsfahrt (1. Preis Fahrer Bierbaum; 2. Preis Fahrer Kaufmann; 3. Preis Fahrer Schiel), 1923 Bergrennen Wilhelmshöhe bei Kassel (2. Preis durch Fahrer Gockenbach auf einem Stromlinienwagen). Von 1905-24 wurden 53 1. - 3. Plätze, Plaketten, Pokale und Ehrenpreise bei verschiedenen Rennen errungen. Derzeit sind neun restaurierte bzw. in Restaurierung befindliche Ley-Fahrzeuge bekannt: sechs Loreley unterschiedlicher Baujahre, davon fünf in Privatbesitz (u. a. in der Schweiz), im EFA-Museum, Amerang (Leihgabe des Deutschen Museums München), jeweils ein Ley T 6 und U 12 in Norwegen (privat) und der Arnstädter M 8.

Q Ley-Archiv Joachim Althaus, Filderstadt-Bonlanden; ANIB 1868-1918, AA 1919-40.

L Sauer, Rolf: Geschichte der Betriebe Fa. Rud. Ley AG, VEB Schuhmaschinenbau, VEB Metallbau. 1988; Busch, Andreas: Die Geschichte des Thüringer Automobilbaus 1894–1945, S. 36–50.

Heidrun Fröhlich

Ley, Rud. Elektrizitätswerk: Elektrische Zentrale und elektrotechnische Fabrik, Fleischgasse 19/ Riedmauer 1, nach dem Studium als Elektroingenieur trat Alfred →Ley 1893 in die Fa. des Vaters ein und begann, den Zeichen der Zeit folgend, den Betrieb mit Elektroenergie zu versor-

gen, bis 1895 baute er in der Fleischgasse eine elektrische Zentrale auf, zwei Kessel mit je 100 m² Heizfläche trieben zwei Dampfmaschinen und diese wiederum drei Dynamomaschinen an, Akkumulatoren speisten die Leitungen, wenn die Dynamomaschinen nicht in Betrieb waren, fast alle Maschinen und Apparate dazu wurden bei Ley selbst hergestellt. Es konnte mehr Strom produziert werden, als die väterliche Fa. benötigte. Geschäftsleute und Privatiers hatten Interesse an Stromlieferungen, im Juni und erneut im August 1895 wurde an die Stadt der Antrag auf Stromlieferungen gestellt, am 12. 5. 1896 erhielt die Fa. Ley zunächst die Genehmigung zur Verlegung von Leitungen über Straßen und Plätze, zu diesem Zeitpunkt bestanden bereits sieben Anschlüsse über größere Entfernungen (erstmals in Arnstadt), u. a. bei Hoftapezierer E. W. Franke und im neuen Geschäft für Manufaktur- und Modewaren der Gebr. Bauer in der Rosenstraße, für jeden Hausanschluß mußten 10 Mark gezahlt werden, im Juni 1896 Fertigstellung des Fabrikschornsteins von 45 Metern Höhe mit einer Bogenlampe bei 35 Metern, Ende 1901 waren 150 Anschlüsse hergestellt, davon 50-60 für Motoren, Vertrag mit der Stadt lief Ende 1901 aus, Ley wollte die Zentrale erneuern und erweitern, brauchte dazu Sicherheit zur Stromlieferung auf mindestens 10 Jahre, Stadt gab diese nicht, sah Probleme für das neue Gaswerk und hatte eigene Interessen für die Versorgung mit Elektroenergie (*Wasser, Gas und Strom gehören in städtische Hand*), lediglich eine Kündigungsfrist von einem Jahr wurde der Fa. Ley zugebilligt, Installationen und Neueinrichtung von kompletten Anlagen wurden ausgeführt, u. a. bei Brauereibesitzer Heinrich Strobel in Gräfenroda. Die Fa. Ley schenkte der →Liebfrauenkirche die erste elektrische Beleuchtungsanlage und sicherte Stromlieferungen zum Selbstkostenpreis zu, zum Weihnachtsgottesdienst 1902 wurde die Anlage eingeweiht, im Februar 1903 verhandelte die Eisenbahnverwaltung mit der Fa. Wilh. →Renger über Stromlieferungen, die Stadt schaltete sich ein und sah die Chance, Strom gewinnbringend zu erzeugen, 21. 7. 1903 Beschluß des Gemeinderates zum Kauf der Ley'schen elektrischen Zentrale für 210.000 Mark (Ley verlangte ursprünglich 230.000 Mark), gleichzeitig mußte sich Ley verpflichten, für fünf Jahre mindestens 25.000 kWh

Strom pro Jahr zu verbrauchen bzw. zu bezahlen, die Übergabe erfolgte zum 1. 10. 1903, nachdem der 12-Jahresvertrag der Stadt mit der Königlichen Eisenbahndirektion Erfurt über die Lieferung von Strom (40.000 kWh pro Jahr) im September abgeschlossen worden war, die elektrotechnische Abteilung der Fa. Ley wurde bis zum Ende des 2. Weltkrieges erfolgreich fortgeführt mit dem Bau von Elektromotoren und Dynamos, Reparaturen an solchen, auch von anderen Herstellern, Installation kompletter Anlagen, auch Blitzableiteranlagen.

Q Ley-Archiv Joachim Althaus, Filderstadt-Bonlanden. L Sauer, Rolf: Geschichte der Betriebe Fa. Rud. Ley AG, VEB Schuhmaschinenbau, VEB Metallbau. 1988. *Heidrun Fröhlich*

Ley, Rud. Schuhmaschinenfabrik: Gründungsjahr 1856 entspricht dem des Beginns der Fa. Eduard Schmidt, mechanische Werkstatt in der Fleischgasse 10, diese übernahm Rudolf →Ley am 1. 1. 1868 käuflich, neben Nähmaschinen wurden erste Schuhmaschinen hergestellt, außerdem wurden Reparaturen ausgeführt und Handel mit Fahrrädern, Nähmaschinen anderer Marken und Haushaltgeräten betrieben, 1871 Kauf des Hauses Fleischgasse 19 und Erweiterung des Betriebes (drei Gesellen und zwei Lehrlinge wurden beschäftigt), die Nähmaschinenproduktion wurde bald eingestellt, da die ausländische Konkurrenz zu groß war, 1879 wurde eine Plissee-Maschine (festes Einbügeln von haltbaren Falten u. a. für Röcke entsprechend der damaligen Mode) aufgestellt, 1881 Entwicklung einer Maschine zur Bearbeitung von Holzabsätzen, diese erforderte eine größere Werkstatt, die im Garten des Hauses Fleischgasse 19 errichtet wurde, gleichzeitig Aufstellung einer kleinen Kraftanlage (Dampflokomobile), eine bedeutende Erfindung von Rudolf Ley im Jahre 1885 war die Schuhnagelmaschine, unter *Thuringia* patentiert, ersetzte die Arbeit von 10-12 geübten Handnaglern, in den Folgejahren mehrere, ebenfalls patentierte Verbesserungen an der Maschine, Anzahl der Arbeitskräfte stieg auf 30, bis 1891 auf 75, Produktionsräume mußten wiederum erweitert werden, nach dem Tode Rudolf Leys Leitung der Fa. durch Witwe Minna Ley, am 1. 5. 1902 übernahmen die vier Söhne Alfred, Hugo, Robert und Hermann den Betrieb und führten

ihn als OHG fort, weitere Neuerungen und Verbesserungen an Schuhmaschinen folgten, von 1904-30 allein 29 Gebrauchsmuster auf dem Gebiet der Lederbearbeitung und Schuhherstellung, 1903 nach Abriß von zwei Wohnhäusern in der Wagnergasse, Bau eines neuen Betriebsgebäudes, finanzielle Mittel standen durch den Verkauf der elektrischen Zentrale an die Stadt zur Verfügung, 1904 Einweihung des Neubaues, die Schuhmaschinenfabrikation wurde bis zum Ende des 2. Weltkrieges aufrechterhalten, prämierte Beteiligung an vielen Ausstellungen im In- und Ausland, z. B. 1890 Nordwestdeutsche Gewerbe- und Industrieausstellung zu Bremen (Bronzemedaille), 1893 Gewerbeausstellung in Erfurt (silberne Ausstellungsmedaille), 1895 Deutsch–Nordische Handels- und Industrieausstellung in Lübeck (Bronzemedaille), 1898 Kraft- und Arbeitsmaschinen–Ausstellung in München (Staatsmedaille = höchste Auszeichnung), 1903 Schuhmacher–Fachausstellung in Waalwijk, Holland (Goldmedaille = höchste Auszeichnung für hervorragende Leistungen auf Schuhnagelmaschinen), 1908 Ausstellung der Schuh- und Lederindustrie in Wien (Goldmedaille für eine Schuhpflockmaschine), 1910 auf der Fachausstellung für das Schuhgewerke in Plauen i. V. (eine Goldmedaille für die Gesamtheit der ausgestellten Produkte). 1914 Deutsche Jubiläums–Schuhfach–Messe in Döbeln (Sachsen–Altenburger Staatsmedaille in Silber) und viele andere für ausgestellte und im Betrieb vorgeführte Schuhnagelmaschinen. In den beiden Weltkriegen zählten Ley-Schuhmaschinen zur wichtigen Kriegsproduktion. Zum 1. 7. 1909 Umwandlung der Rud. Ley Maschinenfabrik in eine AG, Gründer und gleichzeitig Inhaber aller Aktien im Wert von 812.000 Mark waren Maschinen- und Elektroingenieur Alfred Ley, Maschinenbauingenieur Hugo Ley, Maschinenbauingenieur Robert Ley, Bankdirektor Oskar von Külmer und Fabrikbesitzer Heinrich Boll jun., Vorstand war Alfred Ley, zum Aufsichtsrat gehörten Hugo Ley, Robert Ley, Oskar von Külmer und Justizrat Alfred Janicke, Hermann Ley war bereits am 8. 5. 1909 aus der OHG ausgeschieden.

Zur AG gehörten alle drei Abteilungen des Betriebes: Schuhmaschinenbau, Elektrotechnische Abteilung und Automobilbau.

Q Ley-Archiv Joachim Althaus, Filderstadt-Bonlanden; ANIB 1873-1918; AA 1919-35.
L Sauer, Rolf: Geschichte der Betriebe Fa. Rud. Ley AG, VEB Schuhmaschinenbau, VEB Metallbau. 1988. *Heidrun Fröhlich*

Liebermann, Ernst: Grafiker, Illustrator, Maler, *9. 5. 1869 Langemüß b. Sonneberg, †11. 2. 1960 Beuerberg/Starnberger See, Kindheit im Schloß Reinhardsbrunn (Vater Schloßverwalter) und Besuch der Realschule in Gotha (Bildnis des Direktors Dr. E. Zschaeck, 1899 Privatbesitz), ab 1886 Besuch der Nürnberger Kunstgewerbeschule, anschließend Ausbildung an der Königlichen Kunstschule und am Königlichen Kunstgewerbemuseum in Berlin, 1890-93 Studium an der Berliner Kunstakademie, 1894 Studienreise über München nach Paris, Nordfrankreich, Italien, 1895-1942 (ausgebombt) in München lebend, danach bis 1960 im 1914 erworbenen Bauernhaus in Beuerberg, September 1894-Februar 1895 Aufenthalt im Schloß Molsdorf, Kontakte nach Arnstadt: →Litterarische Vereinigung, Kunstrat derselben, Titelblätter der Selbstschriften 1894 und 1895, Vorträge und Durchführung einer Gemäldeausstellung im Saal der Concordia Ende 1894 mit Werken von Arnstädter, Gothaer, Weimarer und Münchner Künstlern, auch eigenen Werken, 1898 Aufenthalt in Arnstadt, Ausmalung des Himmels der Kirche zu Kirchheim, 7. 8. 1898 Eheschließung mit der Arnstädterin Karoline Eugenie, geb. Ruge, 1907 Ernennung zum Professor durch Prinzregent Luitpold von Bayern, Mitglied und Ehrenmitglied deutscher Künstlervereine, während des Faschismus Ausstellungsbeteiligungen und Aufträge für Nazigrößen, deshalb nach 1945 umstritten, erst in den 1950er Jahren wieder Ausstellungen, Bekanntheit in Thüringen durch Illustrationen zu: Paul Lehfeldt, *Bau- und Kunstdenkmäler Thüringens* (ab 1893), *Thüringer Kalender* (1902-1908, 1915, 1916 und 1925), Friedrich Lienhard *Thüringer Tagebuch* (1903), Fritz Lehmensick *Thüringer Sagen* (1912), auf Bitten des Arnstädter Oberbürgermeisters Dr. Harald →Bielfeld Illustrationen zu Prof. Johannes →Bührings *Geschichte der Stadt Arnstadt 1904* (Originalzeichnungen im Schloßmuseum Arnstadt), Verwendung dieser Arnstadt-Ansichten in anderen Publikationen, anhaltende Kontakte nach Thüringen, zwischen 1894-1920 auf Ausstellungen in Arnstadt, Gotha, Weimar und Jena vertreten, Zusammenarbeit und Freundschaft mit dem Neudietendorfer Schriftsteller, Wissenschaftler, Politiker und Kunstsammler Herman Anders Krüger (1871-1945), illustrierte dessen literarisches Werk, Porträts des Schriftstellers (Heimatmuseum Ingersleben), 1908 Wandbild im Neubau der Universität Jena: *Der Astronom Weigel auf dem Dach seines Hauses* (Entwurf und Wandbild in der Universität Jena), zwei Porträts junger Frauen in Pastell im Schloßmuseum Arnstadt. Sonderausstellung Ernst Liebermann und Thüringen. Jugendstilgrafik – Buchgestaltung - Malerei vom 10. 12. 1991 - 19. 4. 1992 im Schloßmuseum Arnstadt. *Helga Scheidt*

Liebfrauenkirche: Architektonisch wertvollste Kirche Arnstadts, bedeutender Kirchenbau der romanisch-gotischen Übergangszeit in Thüringen, Standort entspricht vielleicht der Örtlichkeit in der Schenkungsurkunde von 704, vom Vorgängerbau keine Baudetails (nur fundamentale Reste) bekannt, Ende 12. Jh. dreischiffige romanische Basilika, Westwerk mit zwei Türmen begonnen, um 1250 frühgotisch eingewölbt (Maulbronner Bauhütte), dabei Gliederung der Fenster und Arkaden zur heutigen Gestalt, nach 1275 Bau eines Querschiffes anstelle des romanischen Chores, Anbau des hochgotischen Hallenchores und gotische Fertigstellung der Türme, 1307 Verlegung des Walpurgis-Klosters neben die Kirche, Einbau einer Nonnen-Empore (1883 abgebrochen), Kirche um 1330 fertiggestellt. Besonderheiten: Rheinische Steinemporen, Mittelturm über Langhaus, äußerer Chorumgang durch Strebepfeiler, große Rosettenfenster, zahlreiche figürliche Darstellungen bei den Steinmetzarbeiten, auch Drollerien. Zu erwähnen ein plastisches Weinlaubtympanon im Chor, 1475 Bauarbeiten, vorwiegend an Gräflich-Schwarzburger Grabkapelle. Die Kirche wurde nach der Reformation wenig genutzt und 1813 geschlossen, dadurch zunehmender Verfall, 1843 Erneuerung der Dächer,
Restaurierungsarbeiten ab 1880 (Baumeister Hubert Stier: Neubau Chorfenster mit Ziergiebel, Erneuerung Südwand Querschiff mit Sakristei, Ausbau Nonnenempore, Umgestaltung Westfassade, völlige Veränderung des Glocken-

turmes, historisierende Innenausmalung), 1912 (Architekt Martin →Schwarz: Abtragung und genaue Neuaufmauerung der Westtürme) und ab 1958 Rückbau des Glockenturmes (heutiger Innenraum bei Entfernung der Wandbemalung von 1884). Die Wirkung der Kirche im Stadtbild wurde durch die wechselnde Gestaltung des Glockenturmes bestimmt, ziegelgedeckte Turmspitze von 1489 (auf einem Taufbaldachin des 16. Jhs. gemalt) wurde 1751 durch Barockhaube ersetzt, 1881 neugotischer Turm mit schwerer Steinspitze, der 1958 zur Entlastung der Fundamente auf heutige Form zurückgebaut werden mußte, seit 1995 wieder Bauarbeiten zur Beseitigung statischer Schäden (Strebepfeiler, Westtürme und Gewölbe). Arnstadts Bürger haben sich stets für die Erhaltung der Kirche eingesetzt, 1842 Aufruf zu einer Spendenaktion, 1855 Gründung des Vereins zur Wiederherstellung der Liebfrauenkirche, 1928 der Vereinigung der Freunde der Liebfrauenkirche und 2000 des Kuratoriums zur Erhaltung der Liebfrauenkirche Arnstadt. Die heutige Orgel, gebaut 1978 von A. Schuke/Potsdam, steht aus klanglichen Gründen im Querschiff, dadurch Blick auf Westfront frei. Das Geläute der Kirche wurde immer durch die historische Glocke von 1585 im Schlagton h bestimmt. →Glocken: Zwei Bronzeglocken 1942 Kriegsverlust, 1958 Ersatz durch Eisenhartgußglocken, heute bruchgefährdet. 2004 soll wieder ein vierstimmiges Geläut aus Bronzeglocken installiert sein. Die Kirche hatte bereits im 14. Jh. farbige Fenster, Reste davon sind in den Seitenschiffen zu sehen: zwei Apostelfiguren und ein Passionszyklus. Ein Teil der farbenprächtigen Glasmalerei des großen Fensters in der Grabkapelle (1475) ist ebenfalls erhalten, heute im Stadtgeschichtsmuseum. Die heutigen Farbfenster stammen von 1884, 1960 im Chorbereich entfernt.

Ausstattung: Aus gotischer Zeit ist ein doppelflügliger Schnitzaltar mit Darstellung der Marienkrönung und Tafelbildern auf den Passionsseiten erhalten, Erfurter Reglerwerkstatt, datiert 1498. Dieser Altar stand zunächst in der →Oberkirche, er wurde mit der Darstellung Arnstädter Kirchenheiliger direkt für Arnstadt angefertigt. Die Renaissancekanzel von 1589 mit Mosesfigur aus Stein stammt ebenfalls aus der Oberkirche. Besonders ausdrucksvoll ist die

Schöne Madonna, eine Marienstatue, Lindenholz 1415. Mittelalterlich drei Altartafeln aus der Soester Schule und die bebilderte Sakristeitür. Schnitz-Figurengruppe Taufe Jesu von Joh. Friedrich →Böhler, 1750. In der Grabkapelle ist die dem Kunstkreis der Parler-Schule zugeordnete Tumba (Graf Günther XXV †1368 und Frau) sowie das Prunkepitaph für Graf Günther XLI (†1583) und Gräfin Katharina (†1624) bedeutend. Aus dem umfangreichen Bestand an Grabmalen sind besonders bemerkenswert: vier Steine des 16. Jhs. in der Grabkapelle, der Stein für Dietrich v. Witzleben (†1376) und ein Marienbild des 15. Jhs.

L Stier, Hubert: Die Liebfrauenkirche zu Arnstadt. Arnstadt 1882; Stier, Wolfgang: Die Liebfrauenkirche. In: Denkmale in Thüringen, Weimar 1974; Haubold, Helmut: So werden die Steine rufen. Manuskript 1972 (Kirchenarchiv); Hellbach, Joh. Christian von: Nachricht von der sehr alten Lieben Frauen=Kirche. Arnstadt 1821; Tittelbach-Helmrich, Wolfgang: Der Franziskaner-Altar. In: AVAU 8 (1998), S. 7-24; Lappe, Ulrich: Alte Grabsteine in der Liebfrauenkirche. In: AVAU 5 (1995), S. 129-143; Möbius, Helga: Arnstadt, Liebfrauenkirche. Kunstführer Nr. 1997, Regensburg 1992.   *Hans-Ulrich Orban*

Liebmann & Kiesewetter: Große Handschuhfabrik, Rosenstr. 19-23, Reinhold Liebmann aus Oberweißbach und Ernst Kiesewetter aus Arnstadt erhielten am 18. 2. 1848 die fürstliche Erlaubnis, in Arnstadt eine Fabrik zu erbauen, am 3. 11. 1848 begann die Produktion. Beide hatten in Altenburg die Herstellung von Handschuhen nach neuester industrieller Technik studiert. Zur Fa. gehörten auch eine Gerberei und eine Lederfärberei – vom rohen Fell bis zum fertigen Handschuh – alles unter einem Dach, die Gründer der Fa. hatten sich in der Karolinenstraße vis-a-vis spiegelgleiche Villen gebaut (Kiesewetter Nr. 6 und Liebmann Nr. 7), heute auf den ersten Blick nicht mehr erkennbar, bis 1870 Deutschland und England Absatzgebiete, danach Afrika, Australien, Ostindien, Süd- und Nordamerika, Fa. war inzwischen eine OHG. *Ernst* Benjamin Kiesewetter (*14. 9. 1821 Arnstadt, †13. 2. 1886 Arnstadt, 1859 Ernennung zum Kommerzienrat, 1869-86 Mitglied des Schwarzburg-Sondershäuser Landtages), Friedrich *Reinhold* Liebmann (*31. 5. 1820 Oberweißbach, †30. 4. 1898 Arnstadt, Sohn des Kaufmanns Johann Nicolaus Liebmann und dessen Ehefrau Anna Margaretha, geb. Liebmann, Kommerzienrat, Eheschließung mit Ida, geb. Kiesewetter, Grabmal →Neuer Friedhof), 1886 trat Sohn Ernst Kiesewetter als Teilhaber ein, um 1888 etwa 1.000 Arbeiter und Arbeiterinnen, jährliche Produktion bis 50.000 Dutzend Handschuhe (600.000), 1895: alleinige Inhaber waren jetzt Moritz →Liebmann und Ernst Kiesewetter II. (1915 vom Fürsten zu Kommerzienräten ernannt), Mitbegründer Reinhold Liebmann (aus Altersgründen) und weitere Erben waren aus der Fa. ausgeschieden, 1898 waren rund 600 Personen beschäftigt, 1900 Kauf des Grundstücks Rosenstraße 23 für Erweiterung des Betriebes, 1908 Kauf des Steger'schen Grundstücks in der Klausstraße, angrenzend an die Gebäude der Fa. Liebmann & Kiesewetter und Nutzung für den Betrieb, 1909 wurde dem Kaufmann Walter Liebmann (3. Generation) Prokura erteilt, 1918 trat er als Gesellschafter in die Fa. ein, 1920, zum 80. Geburtstag Bismarcks, wurden als Geschenk Handschuhe Größe 80 aus feinstem weißem Glacéleder in der Fa. gefertigt, 80 cm lang u. 38 cm breit, mit eingestickter *80* und eingesticktem Firmennamen, Moritz Liebmann verstarb 1920, am 4. 4. 1927 trat Ernst Kiesewetter jr. als Gesellschafter ein, Ernst Kiesewetter II. verstarb am 3. 1. 1928, die OHG wurde 1928 in eine KG umgewandelt, Kaufmann Walter Liebmann und Kaufmann Ernst Kiesewetter jr. waren Gesellschafter, ab 1929 Einschränkungen in der Produktion durch ungünstige Geschäftslage, Arbeitskräfte mußten entlassen werden, Gerberei stillgelegt, erst gegen Ende der dreißiger Jahre vorübergehend Aufschwung, während des Krieges mußten die meisten Fabrikationsräume der Rüstungsindustrie zur Verfügung gestellt werden, sonst nur Produktion von Handschuhen für das Militär, im Juni 1945 waren in Weißgerberei, Lederfärberei, Lederhandschuhproduktion ca. 100 Leute beschäftigt, Übernahme von Reparationsleistungen, 1949 gehörte der Betrieb zum Verbund Thüringer Konfektionsfabriken eGmbH Erfurt, 1952 wurde die KG aufgelöst und Walter Liebmann blieb alleiniger Inhaber, Produktion 1954: Handschuhleder, Bekleidungsleder, Lederhandschuhe, Arbeitsschutzhandschuhe, 1955 Urteilsspruch nach der Gerichtsverhandlung gegen Walter Liebmann und andere wegen Steuerhinterziehung und Verstoßes gegen die Preisstrafrechtsordnung – vier Jahre Zuchthaus und entschädigungslose Einziehung des Vermögens zugunsten der DDR, in Treuhand-Verwaltung, 1956 verstaatlicht als VEB →Lederwaren- und Handschuhfabrik. Die 1955 ausgesprochene Enteignung wurde rechtskräftig am →13. 8. 1991 aufgehoben.

Q KAA, Bestand Stadt Arnstadt, Sign. 008-31, 008-47; Bestand Kreistag u. Rat des Kreises Arnstadt, Nr. 590, 1018, 1165, 1344, 1354; ANIB 1868-1921; AA 1902-42; DV 1950-52.

L Unger, Peter: 140 Jahre Arnstädter Handschuhfabrik. In: Marktfest-Echo Nr. 4 (1988), Lengemann, S. 208f. *Heidrun Fröhlich*

Liebmann, Ernst *Moritz*: Handschuhfabrikant, *4. 2. 1858 Arnstadt, †1. 12. 1920 Arnstadt, langjähriger Mitinhaber der Fa. →Liebmann & Kiesewetter, Gemeinderatsmitglied, Mitglied des Finanzausschusses von 1904-15, danach bis 1918 Stadtrat und Inhaber öffentlicher Ämter, u. a. Mitglied der Handelskammer und Vorstandsmitglied des Schwimmbad–Vereins, 1915 Kommerzienrat, in naturwissenschaftlichen Kreisen geachtet, ab 1880 entomologische Studien, er stellte in Thüringen 800 Arten Großschmetterlinge und 500 Arten Kleinschmetterlinge fest, Verfasser mehrerer Publikationen in der Entomologischen Zeitschrift, seine Sammlung von 30.000 Großschmetterlingen und Tagebuchaufzeichnungen über gesammelte und gezüchtete Thüringer Arten gingen nach Holland, züchtete exotische, farbenprächtige Schmetterlinge, sein Sohn Walter Liebmann, seit 1956 in Oberkochem wohnhaft, beschäftigte sich mit einheimischen Käfern. 1955 erschien sein Werk *Käferfunde aus Mitteleuropa einschl. der österreichischen Alpen* (2.990 Arten). Seine Sammlung wurde der Humboldt-Universität Berlin übereignet. Zusammen mit seinem Vater Studienreisen ins Ausland. Sieben verschiedene Käferarten sind nach ihm benannt.

Q ANIB v. 3. 12. 1920. *Manfred Wahl / Heidrun Fröhlich*

Lindeneck: Haus Alexisweg 2. Der Schriftsteller Georg Wilhelm Heinrich Häring (Willibald →Alexis), Badegast in Arnstadt seit 1851, ließ sich ein Sommerhaus in zeitgenössisch modernem schweizerischen Stil erbauen und zog 1858 nach Arnstadt, 1854 Fertigstellung der *Villa Alexis*, 1881-92 W. Otto, Berliner Bankier, erwarb das Haus von den Häring-Erben, Nutzung als Comptoir, 1892-1907 Friedrich Spittel, Arnstädter Kunst- und Hofgärtner, verwandelte das Anwesen in ein florierendes Kur- und Gasthaus mit großstädtischem Gepräge, weitgefächertes Angebot von "Kultur im Flair von Militarismus, Deutschtum und Vereinsleben", Umbauten 1892, 1897, 1900, 1893 Votivtafel zum Gedenken an Willibald Alexis, 1897 Alexiszimmer, Verkauf 1907 an W. Tresselt, 1908 an S. Lunze, Ersteigerung 1909 durch die Brauereibesitzerin H. Bahlsen, 1912 Stätte politischer Versammlungen, u. a. Rede von Rosa Luxemburg, 1913 an Erbengemeinschaft Bahlsen, 1915 Lazarett, Verkauf 1918 an R. Hohbein, 1920 Erwerb durch Ehepaar Rackwitz, 1928 Brand, Verkauf an Brüder Schulz, Umbau, 1958 Kauf durch VEB →Fernmeldewerk Arnstadt als Kulturhaus, 1954-99 Gedenktafel für Rosa Luxemburg, 1967-68 Umbau, Umwandlung in RFT-Kulturhaus, 1990 Übernahme durch die Treuhand, kam an den Landkreis Arnstadt und anschließend an die Kreisverwaltung, 1991 Bürgerhaus Lindeneck, Betrieb über GmbH, 1997 Übernahme durch Stadt Arnstadt, 1998 Übernahme durch die Gastronomen Koch und Kahl, 2000 Koch alleiniger Eigentümer, 2001 Eröffnung des Restaurants *Lustiges Kartoffel- und Nudelhaus*.

L Pahl, Reinhard / Stelzig, Volker: Zur Geschichte eines Arnstädter Hauses, Villa Willibald Alexis, Kurhaus, Kulturhaus, Bürgerhaus Lindeneck. Arnstadt 2002. *Winfried Bollmann*

Lindner, M. Johann Gottlieb: Direktor der Arnstädter Stadt- und Landschule (Lyzeum), Geschichtsforscher, *17. 3. 1726 Bärenstein b. Altenberg, †18. 12. 1811 Arnstadt, Sohn eines Bergsteigers und Zinnschmelzers, nach dem Besuch der Dresdner Kreuzschule ab 1748 Studium der Philosophie, Theologie, Literaturgeschichte und des Hebräischen in Leipzig, 1751 Konrektor in der Langensalzaer Stadtschule, 1765 Rektor in Arnstadt und Verleihung der Magisterwürde durch die Philosophische Fakultät in Erfurt, 1794 Ernennung zum Direktor des Lyzeums und Beisitzer des Fürstlich Schwarbur-

gischen Konsistoriums in Schulsachen, 1801 Feier seines 50jährigen Amtsjubiläums im Gasthof *Zum →Güldenen Greif*, wohnte Pfarrhof 4, Verfasser zahlreicher Publikationen wie Lehrbücher und Schulprogramme in Deutsch und Lateinisch sowie Abhandlungen zur schwarzburgischen Geschichte und zu Superintendenten, Kanzlern und Schuldirektoren.

W *Das Leben des ehemaligen Rektors M. Andreas Stechan* (Schulprogramm 1772), *Von Schwarzburgischen Münzen* (Fortsetzungen in Schulprogrammen 1772-80), *Chronologischer Grundriß der allgemeinen Welt-Historie nebst einem Anhange der Geschichte des ehemals Gräflichen und nunmehr Fürstlichen Hauses Schwarz*burg (Arnstadt 1777), *De Pseudo-Henricis Schwarzburgicis* (Über die Verwendung des Vornamens Heinrich bei den Schwarzburgern, Schulprogramm 1781), *Nachlese zur Schwarzburgischen Geschichte* (11 Fortsetzungen in Schulprogrammen 1783-92), *Analectorum Paulino-Cellensium* (Urkunden des Klosters Paulinzella in 21 Fortsetzungen in Schulprogrammen 1789-1804), *Von dem Gregoriusfeste überhaupt und dem Arnstädtischen insonderheit* (Schulprogramm 1811).

L Hellbach, J. C.: M. Johann Gottlieb Lindners kurze Selbstbiographie mit Anmerkungen, einem Nachtrage und einigen Beylagen. Arnstadt 1812; Hesse, Ludwig Friedrich: Verzeichniß Schwarzburgischer Gelehrten und Künstler aus dem Auslande. (Sechstes Stück). Rudolstadt 1836, S. 16-19. *Andrea Kirchschlager*

Linn-Konservengläser: Inhaber Wilhelm Linn (aus Kaiserslautern), Sohn Willy war zunächst Prokurist, Kasseler Str. 24, gegr. 1924, in das HR eingetragen am 13. 7. 1925, Herstellung und Verkauf von Konservengläsern, später kam der Verkauf weiterer Haushaltsartikel dazu, beide Inhaber waren bereits 1933 Mitglieder der NSDAP, kritisierten diese jedoch später stark und wurden ausgeschlossen, von 1936-41 erfolgte die Vergrößerung des Betriebes von 8.000 m² auf 12.000 m² Lagerhallen, zwei eigene Eisenbahnanschlüsse bestanden direkt zum Hauptbahnhof, ab 1. 4. 1939 OHG, Willy Linn trat als persönlich haftender Gesellschafter ein, 1943/44 Sondergerichtsverhandlung gegen Linn sen. und jun. wegen Warenhortung und Steuerhinterziehung, Verurteilung zu je fünf Jahren Zuchthaus und 100.000 RM Geldstrafe, drei Jahre Aber-

Briefkopf der Fa. Linn-Konservengläser

kennung der Ehrenrechte und fünf Jahre Verbot der Betätigung als Großhändler, nach Kriegsende wurde das Urteil aufgehoben, das Unternehmen war wirtschaftlich zerstört, wurde aber sehr schnell wiedereröffnet mit zunächst 10 Mitarbeitern, 1946 waren es bereits 48, am 8. 9. 1945 wurde ein Sozialwerk in der Fa. eingerichtet, welches sämtliche Betriebsangehörige am Geschäftsgewinn beteiligte, alle Arbeiter wurden in Angestelltenverhältnisse übernommen, sechswöchige Lohnfortzahlung im Krankheitsfall für alle Betriebsangehörigen, jetzt auch Herstellung von Waschbrettern, Versorgung von Geschäften und Einrichtungen weit über Thüringen hinaus mit Kochtöpfen, Eimern, Schüsseln, Bestecken u. a., im Juli 1946 wurde die Firma wegen nicht gleichmäßiger Verteilung gewerblicher Mangelwaren und wegen Abgabe gewerblicher Mangelwaren fast ausschließlich gegen Austauschwaren und teilweise gegen Lebensmittel bestraft, im gleichen Jahr wurden Linn jun. u. sen. durch Beschluß der Entnazifizierungskommission aus dem Betrieb entfernt, welcher in Treuhandverwaltung überging und später Großhandelskontor für Haus- u. Küchengeräte, Glas-, Porzellan- und Keramikwaren, Konservengläser und Spielwaren wurde, Erhöhung der Beschäftigtenzahl auf über 130.

Im August 1958 waren durch Brandstiftung große Teile des Großhandelskontors abgebrannt, ab 1980/81 Außenstelle des VEB Robotron Vertrieb Erfurt, bis 1990 unter dieser Adresse, danach Möbel SB Aktionshalle und LIDL.

Q KAA, Bestand Stadt Arnstadt, Sign. 008-33; 157-02-1, 157-03-1; AA 1924-44; ThVZ v. 25. 3. 1946.

Heidrun Fröhlich

Linsky von (geb. Möller), Emilie Christine: Schaustellerin, *1806 Kopenhagen, †8. 11. 1829 Arnstadt, Tochter des Doktors und Kommerzienrates Möller in Kopenhagen, Ehefrau des Professors der Physik und Magie Louis von Linsky aus Warschau, ihr Ehemann gab mehrere Vorstellungen in Magie, Physik und Kunst im Saal des Arnstädter →Rathauses, so die letzte am 7. 11. 1829, wobei Emilie von Linsky als kugelfeste Frau auftrat, auf welche mehrere Soldaten Schüsse abgeben mußten, hierbei ereignete sich aber ein Unglücksfall, sie wurde durch einen Flintenschuß in den Unterleib schwer verletzt, an welchem sie am Tag darauf starb, weil der Fürstliche Liniensoldat Schlammann aus Niederwillingen versehentlich die scharfe Munition nicht entfernte; der sich danach in Arrest und Untersuchung befindliche Schlamann wurde auf ausdrücklichen Wunsch Louis von Linskys und seiner sterbenden Frau durch den Fürsten freigesprochen, dieses tragische Ereigniss verarbeitete die Schriftstellerin Eugenie John →Marlitt in ihrem Roman *Das Geheimnis der alten Mamsell*, ihr Grab, welches einen nach der Legende dornenlosen Rosenstrauch trägt, befindet sich noch heute auf dem ehemaligen →Alten Friedhof, neben der →Himmelfahrtskirche (Grabinschrift: *Hier ruhet Frau von Linsky geb. Möller geb. 1806 zu Copenhagen getötet durch einen Flintenschuss am 8. 11. 1829 zu Arnstadt*), tragischerweise war der jüngste Sohn der Familie von Linsky kurz zuvor am 2. 11. 1829 im Alter von zwei Jahren in Arnstadt verstorben.

Q ARIB v. 7. 11., Nr. 45 u. 21. 11. 1829, Nr. 47, AA v. 24. 6. 1937, Nr. 11 (Beilage Unsere Heimat). L Baumberg, S. 22f.

Andrea Kirchschlager

Litterarische Vereinigung Arnstadt: Eine Gesellschaft von Männern, die der Pflege des Guten und Schönen dienen wollte, welche diese Aufgabe am besten lösen zu können glaubte, indem sie sich der Literatur widmete, gegr. am 26. 1. 1894 von Arthur →Rehbein mit sechs anderen Arnstädter Bürgern (Bauer, Balke, Boese, Reineck, Rothardt und Toelle). Wichtigste Aufgaben der regelmäßigen Vereinsarbeit waren eine rege Vortragstätigkeit und die Kontaktaufnahme zu gleichgesinnten Dichtergemeinden wie Gabelbach (Ilmenau), Waldhaus (Greiz), Hainbund (Zittau), Drei Lilien (Harburg) und dem Verein der Literaturfreunde (Erfurt), Höhepunkt im Gründungsjahr war die am 2. 11. 1894 im Kurhaussaal durchgeführte Festveranstaltung zur 400. Wiederkehr des Geburtstages von Hans Sachs mit der Festansprache Arthur Rehbeins und der Aufführung des Burchardtschen Festspiels *Hans Sachs,* dieser Veranstaltung wurde ein glänzender Verlauf bescheinigt, zum 2. Höhepunkt im erfolgreichen ersten Vereinsjahr wurde die am 26. 11. 1894 im Saal der Concordia eröffnete 1. Arnstädter Gemäldeausstellung (rund 200 Bilder), zu weiteren herausragenden Ereignissen wurden am 2. 2. 1895 die Feier zum einjährigen Bestehen der Litterarischen Vereinigung im Künstlerheim →Schönbrunn, am 2. 4. 1896 die Bismarck-Ehrung und am 8. 9. 1896 ein Unterhaltungs- und Ballabend in der Concordia. Mit dem Weggang Arthur Rehbeins nach Berlin kam die Vereinsarbeit allmählich zum Erliegen, Auflösung der Litterarischen Vereinigung am 27. 5. 1936, 1937 Übergabe der Bücherei, der Bilder und des Inventars an die →Museumsgesellschaft.

W Arthur Rehbein: *Klänge vom Schönbrunn* (1894), *Neues vom Schönbrunn* (1895) und *Vor hundert Jahren und heute* (1896).

L Czerny, Josef: Arthur Rehbein und die Litterarische Vereinigung Arnstadt. In: AVAU 5 (1995), S. 73-76.

Rolf Stangenberger

Logen: In Arnstadt gab es die St. Johannis-Freimaurerloge *Zu den drei Gleichen* (Tochterloge der 1796 gegründeten Großen National-Mutterloge *Zu den drei Weltkugeln*). Das Konstitutionspatent der Arnstädter Loge datiert vom 1. 12. 1881 (Stiftung 26. 3. 1882). Zweck: Beförderung der Religiosität, Sittlichkeit und Humanität unter Ausschluß politischer und kirchlicher Angele-

genheiten. Deren Meister vom Stuhl waren u. a. die Landtagsabgeordneten Bernhard →Leupold (1882-84), Fritz Maempel (1884-86), Wilhelm Lattermann (1886-1903), Rudolf →Rieck (1903-13). Das Logenhaus befand sich zuerst in der Karolinenstr. 5, später erwarb die Freimaurerloge das Gebäude Gerastr. 4. Die Nationalsozialisten verfolgten die Freimaurer aus weltanschaulichen und politischen Gründen und forderten die Auflösung der Freimaurerlogen, im Januar 1935 übereignete die Loge das Gebäude nebst Grundstück der Stadt Arnstadt, die Arnstädter Freimaurerloge erlosch zum 15. 7. 1935 (Selbstauflösung unter politischem Druck), 1946 fand die Übergabe des ehemaligen Logengebäudes als Haus der Jugend (ab 1951 Pionierhaus) statt, 1994 erfolgte die Rückübertragung des Gebäudes an die Große National-Mutterloge *Zu den drei Weltkugeln* in Berlin.

Weitere Logen in Arnstadt: 1897 Gründung der Allgemeinen Bürgerloge (10 Mitglieder, Logenabende im *Schwarzburger Hof*), 1902 umbenannt in Loge Matthäus *Zum Doppeladler* (Logenabende im Gasthof *Zum weißen Roß* und später im Haus An der Neuen Kirche 4, 1908 Symbolische Großloge des Schottischen Ritus in Deutschland, Loge zum Doppeladler, 1921 nicht mehr erwähnt, 1902 Gründung der Arnstädter Ritterschaft (38 Mitglieder, Burg im Hotel →*Goldene Sonne*), 1906 Umbenennung in Arnstädter Rit-

Logengebäude, Gerastraße

terschaft auf Burg →Neideck (Burg im Restaurant *Ritterstein*), 1904 Gründung des Ritterbundes *Die Gaugrafen von Thüringen zu Arnstadt* (10 Mitglieder, Ordensburg im Hotel *Goldene Sonne*), Zweck: gesellige Unterhaltung und *die wahre und echte Freundschaft unter Männern zu pflegen* sowie Geldspenden für Arme, 1921 noch erwähnt, danach Ritterloge im Verband des Allgemeinen Deutschen Ritterordens. Gaugrafen für Thüringen zu Arnstadt, 1931/32 noch erwähnt, 1906 Gründung des Stammtisches *Ritterschaft Neideck* zu gesellige Abenden (19 Mitglieder, Vereinslokal Cafe *Henniger*), Loge des Guttempler-Ordens ab 1912 erwähnt, ab 1921 Vereinigte Guttempler-Logen des Internationalen Guttempler-Ordens, 1924/25 nicht mehr erwähnt, Schottenloge *Zu den drei Türmen* nur 1921 erwähnt, desweiteren 1852 Gründung eines Freimaurer-Kränzchens zu Arnstadt, um Religiosität, Sittlichkeit und Humanität zu fördern sowie zur geselligen Unterhaltung, 1869 Gründung eines freireligiösen Vereins unter Vorsitz von Alexander →Winckler, 1907 Gründung des Freidenker-Vereins zu Arnstadt.
Q KAA, Bestand Stadt Arnstadt, Sign. 222-07-1 bis 7, 222-08-8 u. 9.
L Adreßbücher 1884-1937. *Andrea Kirchschlager*

Lotz & Gerhardt: Am 1. 4. 1922 als OHG in das HR eingetragen, Inhaber Bauingenieur Fritz Lotz und Architekt Richard Gerhardt, Gehrener Str. 16, Büro in der Ritterstr. 11, Zementwarenfabrik, Beton- und Eisenbetonbau, Produktionsprogramm: Fabrik- und Hallenbauten, Siloanlagen, massive und hohle Eisenbetondecken, Zementrohre, Brunnenringe, Schächte, Betonbausteine, Garteneinfassungen, Zaunpfähle, Treppenstufen, Zementdielen, 1926 Bau des →Wasserturmes auf dem →Arnsberg, 1925 mit Eisenbeton- und Kunststeinarbeiten am Neubau der Orthopädischen Klinik des →Marienstifts beteiligt, 1932 Auflösung der Gesellschaft und Gründung zweier eigenständiger Geschäfte: 1932 Fa. Richard Gerhardt, Inhaberin Berta Gerhardt, Betonwerksteine, Betonwaren, Beton- und Eisenbetonbau, Gehrener Str. 16, ab 1937 Mühlweg 1d, etwa 15 Beschäftigte, ab etwa 1954 Übernahme des Betriebes durch Heinz Hoßfeld, ab 1979 durch Joachim Hoßfeld, Betrieb blieb auch in den 40 Jahren DDR immer

Privatbetrieb, Familienbetrieb (drei Familienangehörige) und weitere 6 Mitarbeiter im Jahre 1990, Betonsteine, Terrazzoplatten, zusätzlich Fliesenmarkt. Im Juni 1932 Fa. Fritz Lotz, Eisenbeton, Zementwaren, Kläranlagenbau, Ichtershäuser Str. 26, 8-15 Beschäftigte, ab 1945 Mitinhaber Christian →Grünewald, der die Fa. ab etwa 1954 allein weiterführte.
Q KAA, Bestand Kreistag u. Rat des Kreises Arnstadt, Nr. 982, 1057, 1354; AA 1923-37; DV v. 6. 8. 1960; TA v. 15. 8. 1990. *Heidrun Fröhlich*

LPG Arnstadt: Gründungsversammlung am 3. 10. 1952, auf der sich 10 bäuerliche Betriebe zur Landwirtschaftlichen Produktionsgenossenschaft (LPG) Arnstadt zusammenschlossen (Name: XIX. Parteitag der KPdSU), Typ III mit gemeinsamer Bodenbearbeitung u. genossenschaftlicher Viehhaltung, 88,06 ha landwirtschaftliche Nutzfläche (LNF), 5 Pferde, 3 Ochsen, 33 Rinder, davon 14 Kühe, und 5 Sauen. Ende 1952 zählte die LPG 12 bäuerliche Betriebe und 21 Mitglieder mit 123,50 ha LNF. Am 21. 12. 1952 wurde hier die erste elektrische Melkmaschine in der DDR in Betrieb genommen, Frühjahr 1953 Errichtung einer Hühnerfarm hinter dem →Schönbrunn, im August 1953 erstmals Einsatz des Mähdreschers Stalinez 4, Erwähnung der LPG Arnstadt auf dem IV. Parteitag der SED 1954 im Rechenschaftsbericht von Walter Ulbricht. Bei der Einstellung der Kühe in den genossenschaftlichen Stall wurde täglich nur eine Gesamtmilchmenge von 42 Kilogramm Milch ermolken, die sich bereits nach 10 Tagen verdoppelte und sich sodann auf 340 Kilogramm als ständigen Durchschnitt steigerte, so daß es der Genossenschaft möglich wurde, bis zum 31. 10. 1953 dem freien Aufkauf 50.000 Kilogramm Milch zur Verfügung zu stellen. Der Schafbestand erhöhte sich auf das Fünffache und der Schweinebestand auf mehr als das Dreifache, geerntet wurden 30 Doppelzentner Wintergerste je Hektar und 200 Doppelzentner Kartoffeln, 1954 bewirtschaftete die LPG mit 42 Mitgliedern 374 ha LNF, 1. 4. 1958 Übernahme der Gärtnerei OHG Wilhelm →Leid, im April 1960 gehörten 21 Bauernwirtschaften zur LPG. Die Stadt Arnstadt war damit vollgenossenschaftlich, alle Bauern waren der LPG beigetreten, am 1. 6. 1960 Übernahme sämtlicher Maschinen und Geräte der damaligen Maschinen-Traktoren-Station (MTS) Ichtershausen zur kostenlosen Nutzung durch die LPG. Das Inventar selbst blieb Volkseigentum bis zur Bezahlung im Jahre 1966, im Dezember 1961 wurden innerhalb von zehn Tagen zwei Brände in der LPG gelegt. Die Mitgliederzahl der LPG Arnstadt erhöhte sich in den Jahren 1953-62 von 51 auf 112, die LNF auf 750 ha, seit dem 12. 10. 1962 LPG *Banner des Friedens*. Zur effektiveren Feldbewirtschaftung schloß sie sich mit den LPG Dornheim und Marlishausen sowie dem Volksgut Arnstadt am 1. 1. 1969 zu einer Kooperativen Abteilung Pflanzenproduktion (KAP) zusammen, die wegen Streitigkeiten nach kurzem wieder aufgelöst wurde, trotzdem entstanden ab 1. 1. 1973 wieder KAP. Die LPG gab ca. 708 ha LNF an die KAP Thörey, Rudisleben, Wipfra und Crawinkel zur Bewirtschaftung ab, die in den KAP arbeitenden oder dahin delegierten Mitglieder der LPG gingen zusammen mit den LNF ab 1. 1. 1978 an diese KAP über, diese waren juristisch selbständige Betriebe geworden und nannten sich fortan LPG (Pflanzenproduktion), am 30. 11. 1978 Einstellung der Produktion in der Gärtnerei und Verpachtung, die seit Ende der 1950er Jahre bestehende Obstanlage in der Angelhäuser Flur wurde ab 1. 1. 1979 dem Volkseigenen Gut (VEG) Erfurt, Obstbau, angegliedert, von besonderer Bedeutung war die Pferdezucht, die LPG wurde 1969 Betrieb mit staatlich anerkannter Pferdezucht, 1977 hatte sie 50 Pferde, darunter 16 Zuchtstuten und einige Reitpferde, womit die Grundlage für das heutige Gestüt →Käfernburg geschaffen war, durch Beschluß der Vollversammlung am 4. 1. 1980 Zusammenlegung der Produktionsbereiche Angelhausen-Oberndorf mit der LPG (T) Marlishausen sowie des Produktionsbereiches Rehestädterweg mit der LPG (T) Rudisleben und damit die Auflösung der LPG Arnstadt.

L Lemme, Werner: Entwicklung der LPG Typ III Arnstadt von 1952 bis 1979. Ms., Arnstadt 1985, S. 1-6.

Peter Unger

Lucas, Jacob Heinrich: Apotheker, Naturwissenschaftler, *10. 10. 1792 Erfurt, †12. 11. 1879 Arnstadt, Sohn des Mohrenapothekers in der Erfurter Schlösserstraße Friedrich Ernst Lucas und dessen Ehefrau Sophie, geb. Trommsdorf, Eheschließung mit Louise Seraphine, geb. Müller,

übernahm 1820 von seinem Onkel in Arnstadt die Engelapotheke (Holzmarkt 4), mußte 1856 die Apotheke wegen Geschäftsrückganges für 8.400 Taler an Hofapotheker Friedrich Oßwald und Apotheker Carl Wilhelm Brockmann verkaufen, besuchte 1811-12 das Institut des Erfurter Apothekers und Professors Johann Bartholomäus Trommsdorff, der ihn als fleißigen Übersetzer französischer Abhandlungen über Chemie und Pharmazie für sein Journal würdigte, er betätigte sich als Botaniker und erstellte das erste Moosverzeichnis der Umgebung von Arnstadt, Lucas stellte über Jahrzehnte regelmäßige meteorologische Beobachtungen an, er übernahm 1825 nach dem Tod von Christian Friedrich Ernst Lucas dessen Unterlagen über die von diesem seit 1815 in Erfurt durchgeführten meteorologischen Beobachtungen und veröffentlichte 1835 eine Zusammenfassung in den von Berghaus herausgegebenen Annalen der Erd-, Völker- und Staatenkunde, analysierte für den Solbadeverein 1851 die chemische Zusammensetzung der in der →Saline Arnshall geförderten Sole.

Jacob Heinrich Lucas

W *Resultate meteorologischer Beobachtungen, angestellt zu Arnstadt in den Jahren 1823 bis 1847 von Heinrich Lucas, Apotheker* (Arnstadt 1849), *Verzeichnis der in der Umgegend von Arnstadt und einiger in weiterer Entfernung gesammelten Laub- und Leber-Moose* (Arnstadt 1870).

L Krahmer, Bernhard: Heinrich Jakob Lucas und das erste Moosverzeichnis unserer engeren Heimat. In: Alt-Arnstadt 8 (1929), S. 21-27 (Porträt); Deutsch, Matthias: Zu den Anfängen meteorologischer Beobachtungen in Erfurt (1500-1848). In: Stadt und Geschichte. Zeitschrift für Erfurt. Nr. 11 (Mai 2001), S. 13.

Andrea Kirchschlager

M

Mädchenbürgerschule: 1583 Errichtung einer Mägdleinschule in Arnstadt in der Schulgasse, bis ins 19. Jh. Nutzung des Gebäudes Pfarrhof 1 als Mädchenschule, Erbauung der neuen Mädchen-

schule auf dem Gartengrundstück des Oberbürgermeisters Julius →Hülsemann in der Rosenstraße, welches 1887 von der Stadt käuflich erworben wurde, Grundsteinlegung am 6. 5. 1891, Entwurf von Stadtbaumeister Johannes →Roggenkamp, Bauleitung und Ausführung des Rohbaus durch Baugewerksmeister Karl Hoy, moderner Schulbau mit großen hellen Räumen, 21 Klassenräumen und Turnsaal, moderner Heiz- und Badeeinrichtung, Schulgarten und großem Schulhof, bestehend aus dem Hauptgebäude und zwei Seitenflügeln, verfügt über drei Etagen, vollständig massiv aus gebrannten Backsteinen gebaut, Hauptgebäude mit Eck- und Mittelrisalit, Einweihung am 11. 10. 1892, Baukosten incl. Grundstück und Einrichtung ca. 294.000 Mark, 1905 Bau einer Turnhalle, 1940-45 Nutzung als Reservelazarett und 1945/46 als sowjetisches Militärlazarett, 1947-49 sowjetische Militärkommandantur, 1950 Rückgabe der Schule an die Stadt und Namensgebung *Schule der Nationalen Front* (POS I), da die Nationale Front die Mittel für die Beschaffung der 1939 entfernten Innen-

Mädchenbürgerschule im Bau 1891/92

einrichtung der Schule zur Verfügung stellte, 1986 Umbenennung der Schule in *Prof. Dr. Dr. Erich-Correns-Oberschule* aus Anlaß des 90. Geburtstages des ersten Präsidenten des Nationalrates der Nationalen Front, ab 1991 Schulteil des Staatlichen Gymnasiums I (Klassenstufen 5-9), seit 1995 Neideck-Gymnasium.

Q ANIB v. 6. 5. 1891, Nr. 105, 11. 10., Nr. 239 u. 12. 10. 1892, Nr. 240.

L 100 Jahre Schule Rosenstraße. Arnstadt 1992.

Andrea Kirchschlager

Maempel, Caesar: Spedition, Großhandel für Baumaterialien und Kohlen, gegründet 1867 von Caesar Maempel am Ried 16, eigentlich Landwirt, übernahm er mehrfach Transporte für Mitbürger, bis er sich mit eigener Firma etablierte, war viele Jahre Hauptmann der hiesigen Freiwilligen Turner-Feuerwehr, verstarb am 26. 8. 1888, Witwe Amalie Maempel und Sohn Hugo Maempel führten die Firma als OHG im gleichen Umfang weiter, Fa. wurde 1891 Mitglied im Internationalen Möbeltransport-Verband (Transporte von Haus zu Haus), 1899 trat Amalie Maempel aus der Fa. aus und Sohn Richard dafür ein, wichtige Transporte für die Arnstädter Geschäftsleute, z. B. große Lagerfässer aus der Werkstelle des Böttchermeisters Aug. Schellhorn zur Bahn, Dampfkesseltransporte vom Bahnhof bis zur Brauerei →Bahlsen, zur Fa. →Liebmann & Kiesewetter u. a., 1922 traten Otto Maempel aus Arnstadt, Landwirt Fritz Maempel aus Lehesten und Anna Elise Maempel aus Althagen (Mecklenburg) in die OHG ein, am 1. 1. 1929 Gründung einer GmbH, welche den Betrieb der bisherigen OHG fortsetzte, Geschäftsführer waren die Gesellschafter Richard und Otto Maempel, ab 28. 8. 1937 (auf Grund des Reichsgesetzes über die Umwandlung von Kapitalgesellschaften) wieder OHG, persönlich haftende Gesellschafter waren Otto Maempel und Fritz Maempel, zwischen 20-30 Beschäftigte, ab 1959 staatliche Beteiligung, am 16. 4. 1972 dem VEB Verkehrskombinat Erfurt angegliedert, 1990 forderte Friedrich Maempel das Grundstück zurück, sein Sohn Caesar Maempel gründete am 1. 7. 1990 die Spedition neu, Fa. verlegte das Geschäft in den Rehestädter Weg. Im ehemaligen Firmengebäude am Ried befindet sich jetzt eine Schlecker-Drogerie.

Q KAA, Bestand Kreistag u. Rat des Kreises Arnstadt, Nr. 592, 1342; ANIB 1888-1922; AA 1902-05 u. 1924-37. *Heidrun Fröhlich*

Märkte: Ihren Namen erhielten die Märkte nach den Erzeugnissen oder Waren, die auf ihnen verhandelt bzw. verkauft wurden. Große Märkte und Jahrmärkte fanden auf dem →Marktplatz statt. Der *Dielenmarkt* lag am nördlichen Ende des Riedplatzes vor dem Brauhof *Zum schwarzen Bären* und dem Nachbarhaus, im Bereich der Einmündung der Marktstraße, ab 1704 findet sich mehrfach die Bezeichnung *Thielen margkt*. *Fleischmarkt:* Fleischverkauf durfte nur in den Fleischbänken auf dem Markt erfolgen, auf dem heutigen Ledermarkt, dem alten Fleischmarkt, 1551 *an den alten Fleischbenken*, hier standen ursprünglich feste überdachte Verkaufsstände, gegen eine Abgabe stellte die Stadt diese Stände den Fleischern zur Verfügung, 1676 wurde diese Gegend noch *am alten Fleischmarkt* bezeichnet. *Holzmarkt:* Durch seine Lage vor dem Thüringer Wald wurde Arnstadt zu einem bedeutenden Holzumschlagplatz. Auf der platzartig verbreiterten Straße Holzmarkt (1543 *Holzmargt*), wurde in früheren Zeiten Holzhandel in größerem Umfange betrieben. Der *Hopfenmarkt* (1428 *uff dem Hopphen marckte*) lag an der Erfurter Straße unterhalb der Bachkirche, Standort des Hopfenbrunnens. *Kohlenmarkt:* Bis um die Wende vom 16. zum 17. Jh. lag der Kohlenmarkt am westlichen Ende des Marktes unterhalb der Kohlgasse, hier stand bis 1891 auch der Kohlbrunnen. Verkehrsbedingt wurde der Markt bzw. die Stände

Jahrmarkt 1936

der Holzkohlenverkäufer dann an den platzartig erweiterten Teil der Fleischgasse verlegt, später dehnte sich dieser Markt bis auf den heutigen Kohlenmarkt aus. *Ledermarkt:* Der heutige Ledermarkt, 1748 erstmals so genannt, war einst der alte Fleischmarkt, nach seiner Verlegung an den Brunnen am Eingang der Schulgasse wurden nun auf dem Ledermarkt durch die Lohgerber (Rotgerber) an den Markttagen Sohlenleder feil geboten. *Neumarkt:* Vor dem Brand 1581 soll hier zwischen →Rathaus und Bachkirche eine bisher archäologisch nicht nachgewiesene Häuserzeile gestanden haben, 1603 Neumarkt, hier boten Töpfer, Gemüse- und Fischhändler ihre Waren an, ab 1648 auch als *Schweinsmarkt* bezeichnet. *Ried:* 1325 *ufne ritte* genannt, gehörte der Riedplatz vor der Stadtgründung ursprünglich mit der →Jacobskirche zu einer Siedlung vor dem Riedtor und wurde durch die Stadtmauer in das befestigte Weichbild der Stadt einbezogen. Der größte Platz der Innenstadt diente in der Vergangenheit an Markttagen für Holz- und Strohhandel. Fast jedes hier befindliche Bürgerhaus war Brau- und Ausspannhof für auswärtige Fuhrleute, nördlicher Teil des Riedplatzes ab 1704 öfters als *Dielenmarkt* bezeichnet. *Roßmarkt:* Die platzartige Erweiterung der Straße An der Weiße an der Einmündung der Muhmengasse wurde schon seit 1412 der Roßmarkt genannt. *Salzmarkt:* Der schon 1347 erwähnte *salzmarkt* lag oberhalb der Kirchgasse östlich des Brunnens auf dem Barfüßer Kirchhof. *Schuhmarkt:* Wohl nur kurzlebig war der 1584 und 1602 genannte Schuhmarkt am westlichen Ende unterhalb des eigentlichen Marktplatzes. *Schweinsmarkt:* Ab 1648 wird der Platz zwischen Rathaus und Bachkirche neben der Bezeichnung Neumarkt, öfters auch Schweinsmarkt genannt. *Töpfermarkt:* Erste urkundliche Erwähnung 1412 als *foro ollarum*, 1539 als *auff den tuppfenmarckte hinder dem Rathause*. Die Lage des Marktes blieb nicht konstant, er verlagerte sich von seinem alten Platz hinter dem Rathaus in östlicher Richtung zur Bachkirche hin, ab 1672 lag der Töpfermarkt nördlich der Bachkirche zwischen Erfurter Straße und dem Friedhof. Der Name Töpfermarkt dürfte in den dreißiger Jahren des 19. Jhs. außer Gebrauch gekommen sein, denn 1842 heißt die Gegend der Sperlingsberg, ab 1891 wurde die Bezeichnung An der Neuen Kirche eingeführt.

Q KAA, Rechtzettelbücher 1470-1828, Sign. 953-03.
L Elbracht, Karl / Elbracht, Dieter: Straßen- und Flurnamen Arnstadts. Arnstadt Teil 1 (Duisburg 1999) u. Teil 2 (Duisburg 2002). *Ulrich Lappe*

Mager, Bartholomäus: Mediziner, *13. 12. 1883 Eichstätt, †11. 8. 1936 Arnstadt, Dr. med., prakt. Arzt, Anfang der 1920er Jahre Zuzug nach Arnstadt, Mitglied der SPD, großes Engagement für die medizinische Betreuung der Arbeiter und ihrer Familien, tätig als Kolonnenarzt des Arbeiter-Samariter-Bundes Arnstadt, betrieb Aufklärungstätigkeit zu drängenden Fragen der Sexualhygiene, der Säuglingspflege, des Mutterschutzes, der Schwangerenfürsorge u. a., trotz einer Unterschriftensammlung in Arnstadt und Umgebung 1933 Verurteilung zu einer Gefängnisstrafe und Aberkennung der Approbation als Arzt, Straßenbenennung (Dr.-Mager-Straße) im Neubaugebiet Ost.
Q Wer war Dr. Bartolomäus Mager? In: DV v. 10. 8. 1978; Über 100 Jahre Arbeiter-Samariter-Bewegung (II). Arnstädter Kolonne gegründet. In: DV v. 21. 1. 1989, Nr. 18. *Andrea Kirchschlager*

Mahler, August Emil Johannes *Erich*: Forstmeister, *27. 6. 1897 Meiningen, †22. 3. 1967 Arnstadt, Sohn des Kammermusikers Heinrich Mahler und dessen Ehefrau Bertha, geb. Schütz, Eheschließung mit Eva Elisabeth Bertha, geb. Thränhardt, 1903-07 Besuch der Volksschule, 1907-16 des Realgymnasiums in Meiningen, danach ein Semester Studium der Geschichte in Jena, 1918 praktische Vorlehre in der Oberförsterei Helba, bis 1920 Studium der Forstwissenschaft in Tübingen, Leipzig und München, ab 1921 Vorbereitungsdienst als Forstreferendar in verschiedenen Forstdienststellen, 1924 Staatsprüfung in Weimar und Tätigkeit als Forstassessor in der thüringischen Staatsforstverwaltung, 1929 Anstellung als Oberförster in Lauscha, 1930 Versetzung nach Cursdorf, 1937 Forstamtsleiter in Römhild, 1940-45 kriegsbedingt Forstmeister beim Reichsforstdienst in Schlesien, 1945-49 Forstmeister in Vacha und Geisa, ab Oktober 1949 als technischer Forstmeister an das Kreisforstamt Arnstadt versetzt, Naturschutzbeauftragter des Kreises Arnstadt, November-Dezember 1951 Einsatz im Ministerium für Land- und Forstwirtschaft des Landes Thüringen in Erfurt mit

einem Sonderauftrag zur Erarbeitung von Richtlinien für die Aufforstung von Ödland und Januar-März 1952 im Referat Landschaftsgestaltung des Ministeriums, Februar 1953 Einstellung als Oberreferent in der Abt. Land- und Forstwirtschaft beim Rat des Bezirkes Erfurt, Mai 1953 Versetzung nach Arnstadt als Hauptsachbearbeiter für Forstwesen beim Rat des Kreises sowie als Kreisforstamtsleiter, weiterhin Bezirksinstrukteur für Landschaftsgestaltung, 1956 Bestellung zum ehrenamtlichen Naturschutzbeauftragten für den Bezirk Erfurt, auf Vorschlag des Instituts für Landesforschung und Naturschutz in Halle, Zweigstelle Jena, 1960 Eintritt in den Ruhestand, Studienreisen nach Finnland (1928), in die Schweiz (1929) und Italien (1932), maßgeblich beteiligt an der Beseitigung der großen Waldschäden im Thüringer Wald, verursacht durch Kriegseinwirkungen, Windbruch und Borkenkäferbefall (1947/48), Beschäftigung mit Fragen der Landschaftspflege und des Naturschutzes, u. a. Erhaltung und Unterschutzstellung von Naturdenkmalen wie Landschaftsschutzgebiet Drei-Gleichen, Waldschutzgebiete Gottesholz bei Espenfeld, der Hain bei Oberndorf, der Hain an der Wachsenburg, die Große Luppe bei Siegelbach, die Willinger Berge, das Kleine Holz bei Wüllersleben, auf seine Anregung Anlegung eines Naturlehrpfades, der später nach ihm benannt wurde (Naturlehrpfad J. E. Mahler).
Zahlreiche Publikationen u. a. im *Forstarchiv* und im *Kulturspiegel* über Forstwissenschaft und Naturschutz, Vortragstätigkeit, Mitglied im Kulturbund, Fachgruppe Natur-und Heimatfreunde.

W *Naturkatastrophen im Thüringer Wald - ihre Ursachen und ihre Überwindung.* In: Naturschutz und Landeskultur (1955), S. 49-58, *Naturschutzaufgaben unserer Schule.* In: Lehrplan für Heimatkunde, Kreis Arnstadt, 4. Schuljahr 1956/57, S. 36-38, *Linden unter Naturschutz im Kreis Arnstadt.* KS H. Mai (1956), S. 2-4, *Betrachtungen über den Stadtpark.* ebd. H. Sept. (1957), S. 2-4, *Das Gebiet der Drei Gleichen als Landschaftsschutzgebiet.* In: ThH 1 (1957), S. 36-44.
L Zum Andenken an Johannes Erich Mahler. In: Landschaftspflege und Naturschutz in Thüringen 1 (1968); Hebeler, Renate: Wir stellen vor: Johannes Erich Mahler. In: KS H. Juni (1962), S. 7f. (Porträt).
Manfred Wahl / Andrea Kirschlager

MAKO: Mako und Vacuumtrockner GmbH für industrielle Chemie und Technik, Geschäftsführer Max Kotzan (nutzte eigenen Namen für die Firmenbezeichnung) und Elisabeth Kotzan, geb. Winkler, gegründet am 29./30. 7. 1932, Produktionsprofil: Bau und Vertrieb von Vakuum-Trockenanlagen, Umluft-Trockenanlagen, Vakuum- und Druck-Verdampfanlagen, Kristallisier-Anlagen, Kühlwalzen-Granulieranlagen, Hochvakuum-, Trocken- und Tränkanlagen für Kabel, Drähte, Anker, Spulen, Transformatoren, Kondensatoren (Radiokondensatoren und Elektrolyt-Kondensatoren u. a., Beschlüsse der Gesellschafterversammlungen vom 6. 1. 1941 u. 10. 6. 1941 zur Umbenennung der Fa. in Mako-Werke Maschinenfabriken und Apparatebauanstalten GmbH, Verlegung des Sitzes der Gesellschaft von Erfurt nach Rudisleben. In Erfurt besaß Max Kotzan ein Konstruktionsbüro, von dort aus leitete er seine Geschäfte, 1919-20 betrieb er in Gotha eine kleine weitere Maschinenfabrik, Apparate für die Lagerung von chemischen Produkten und Flüssigkeiten ließ er in zwei kleinen Handwerksbetrieben in Weißenfels fertigen, 1932 erwarb Kotzan aus der Konkursmasse der Fa. Vakuumtrockner GmbH Erfurt (Herstellung der von Ingenieur Emil Paßburg im Jahre 1882 entwickelten Vakuum-Trockenapparate und weiterer Anlagen) Patente, Konstruktionen und Technologien. 2001 Straßenbenennung (Emil-Paßburg-Straße) im Gewerbe- und Industriegebiet Arnstadt-Rudisleben. 1940 Hauptverwaltung in Erfurt, Hochheimer Str. 12, Werke in Rudisleben, Weißenfels/Saale, Selb (Bayern), Neu-Isenburg b. Frankfurt/Main und Erndtebrück (Westfalen), ab 1938 Errichtung des Werkes in Rudisleben auf den Grundstücken der ehemaligen Firmen Wilhelm Höpken, Getreidemühle, Ernst →Minner, Mineralmühle, und der →Chemischen Fabrik Rudisleben, bereits 1939 Umstellung auf Kriegsproduktion, dabei Unterstützung durch Hermann Göring, Erweiterung der Produktionsanlagen in Rudisleben, vier große Hallen wurden gebaut: Halle I als Produktionsstätte, Halle II für die Montage der Sauerstoff-Umfüllgeräte (anfangs behelfsmäßig im Freien durchgeführt), Halle III für die Fertigung von Apparaten für die chemische Industrie, Halle IV zum Bau der Sauerstofftanks für die V-Waffe, durch Erweiterungsbauten entstand aus der ehemaligen Schwerspatmühle das Holzwerk, in welchem Abwurfbehälter für die Luftwaffe fertig gestellt wurden, auf dem Gelände der Höpkens-Mühle wurde das sogenannte Flaschenwerk zur Regenerierung bzw. Herrichtung von Sauerstofflaschen geschaffen, ab 1940 Errichtung einer Wohnsiedlung mit 16 Häusern (116 Wohnungen, Ernst-Udet-Siedlung), Kriegsproduktion: Luft-Vakuum-Ölpumpen, Abwurfbehälter, CO_2-Lagertanks, transportable Umfüllanlagen, Milchlagertanks, Zahl der Arbeitskräfte stieg in kurzer Zeit auf 900, der überwiegende Anteil davon wurde durch Kriegsgefangene, Verschleppte und Zwangsarbeiter aus den okkupierten Gebieten abgedeckt (Sowjetunion, Frankreich, Belgien, Polen, Serbien), die in verschiedenen Lagern untergebracht waren, bewacht durch fünf SS-Kommandos. Noch vor dem Einmarsch der amerikanischen Truppen in Arnstadt verschwand Max Kotzan im Thüringer Wald, kehrte aber zurück. Sein Werk war inzwischen nahezu stillgelegt. Die ausländischen Arbeitskräfte kehrten in ihre Heimat zurück. Einige deutsche Arbeiter begannen mit Aufräumungsarbeiten, von unmittelbaren Kriegseinwirkungen blieb das Werk verschont, im Juni 1945 wurde im Holzwerk die Produktion wieder aufgenommen und Krautfässer, Holzbottiche, Möbel, Ammoniakbehälter und Lastwagenaufsätze produziert, auch im Pumpenbau begann die Herstellung von Pumpen aller Art, am 1. 7. 1945 wurde Thüringen der Sowjetischen Besatzungszone angegliedert, eine Demontage wie in anderen Betrieben Arnstadts erfolgte im MAKO-Werk nicht, wurde jedoch in sowjetische Regie übernommen, nach kurzer Zeit wurden wieder 300 Arbeiter beschäftigt, im Sommer 1946 verließ Max Kotzan den Betrieb und auch Thüringen, ab August 1946 wurde der Betrieb sowjetisches Staatseigentum (staatliche Aktiengesellschaft - SAG-Betrieb). Reparationsaufträge, durch die damalige Landesregierung Thüringen an den Betrieb erteilt, wurden zunächst ausgeführt: Apparate für die Nahrungsmittelindustrie (Milchtanks, Rahmreifer und Butterfertiger verschiedener Größen), Apparate für die chemische Industrie und Anlagen für die Milchindustrie, Zahl der Arbeitskräfte stieg auf 800, bis 1953 auf 1.200, Reparationsaufträge wurden 1953 eingestellt, dafür kamen Exportaufträge, bereits 1951 begann die Entwicklung von Sauerstoff-Gewin-

nungsanlagen, Ungarn, Rumänien, Polen, die CSSR, die Sowjetunion und China zeigten Interesse an solchen und weiteren Anlagen, Exportanteil teilweise bis zu 80%, Erweiterung der Produktionsanlagen, Straßenbau zur Transporterleichterung, Schaffung moderner technischer Anlagen, am 31. 12. 1953 kostenlose Übergabe des Werkes durch die SMA in das Eigentum des deutschen Volkes, ab 1. 1. 1954 VEB →Chemische Maschinenbau-Werke Rudisleben, am 7. 11. 1949 Eröffnung eines Kulturhauses auf dem Firmengelände gegenüber (wurde später sowjetische Garnison), Bau neuer Werkhallen, 62 verschiedene Maschinen, 16 innerbetriebliche Transportmittel, 21 Fahrzeuge aller Art wurden seit Kriegsende angeschafft, bis 1953 entstanden eine Berufsschule, eine Lehrwerkstatt, ein Ambulatorium, Wasch- und Umkleideräume in den Hallen II und IV, 115 Werkwohnungen, ein Sportstadion, ein Ledigenheim und ein Schwimmbad.

Q KAA, Bestand Stadt Arnstadt, Sign. 008-17, 008-23; Bestand Kreistag u. Rat des Kreises Arnstadt, Nr. 1311; AA 1939-43; DV 1951-53; TA v. 15. 12. 2000.
L Chemische Maschinenbauwerke Rudisleben – Unser Werk (1945-53). Rudisleben 1963. *Heidrun Fröhlich*

Malzfabrik: 1872 Gründung des Betriebes durch Finanzrat Heinrich Adolf Mendius aus Gotha und Karl Röthcher aus Erfurt unter dem Namen Thüringer Malzfabrik von H. Mendius & Co. auf dem Gelände Ichtershäuser Str. 4, 1873 wurde die Fa. als Arnstädter Malzfabrik, KG, in das HR eingetragen (am 2. 6. 1875 wieder gelöscht), am 3. 2. 1875 erfolgte der Eintrag der Fa. H. A. Mendius, Thüringer Malzfabrik mit den Inhabern Finanzrat H. A. Mendius und dessen Sohn, Kaufmann Ernst Mendius, 1876 begannen Erweiterungsarbeiten, bereits nach vierjähriger Zusammenarbeit schied Röthcher aus und Mendius wurde alleiniger Firmeninhaber, nach dessen Tod im Jahre 1882 führte seine Witwe Josephine, geb. Stammler, das Geschäft weiter, am 22. 2. 1887 beantragte der Kaufmann Hermann Windesheim aus Erfurt das Konkursverfahren über die Thüringer Malzfabrik, ein Prokurist hatte Wechsel gefälscht, Geschäftsbücher unrichtig geführt und so zu erheblichen Verlusten für die Firma beigetragen und sich abgesetzt, Antrag zum Konkurs wurde zurückgezogen, Fa. befand sich jedoch in Liquidation und wurde 1887 durch Jo-

Malzfabrik, um. 1947

bes brachte eine Steigerung der Produktion und Festigung des guten Ansehens des Unternehmens und seiner Erzeugnisse, ebenso hatte hier die Erste Interessenvereinigung deutscher Malzfabriken G.m.b.H ihren Sitz, der Name *Arnstadt-Malz* war ein Begriff und als qualitätvolles Markenerzeugnis bekannt und die Nachfrage der bedeutendsten Brauereien des In- und Auslandes war groß, die Arnstädter Malzfabrik zählte zu den leistungsfähigsten Mälzereien Deutschlands, 1910/11 Neubau von zwei Mälzereigebäuden am Rehestädter Weg (Grundstück der Fa.), ab 19. 5. 1927 Umwandlung der Fa. in eine KG (am 18. 8. 1932 im HR gelöscht), vor 1945 wurde hier auch der bewährte *Kardinal-Malzkaffee* hergestellt, umfangreiche Erweiterungen der Werkanlagen machten sich notwendig, hinsichtlich der Wärme- und Kältetechnik stand die Fabrik mit an erster Stelle, neben der pneumatischen Mälzerei betrieb die Malzfabrik Tennenmälzung im großen Umfang, durch Aufstellung einer vollpneumatischen Förderanlage, Einbau einer werkseigenen Kraftanlage und Einsatz einer Kältemaschine mit einem über alle Malztennen verzweigten Kühlröhrensystem sowie Errichtung eines modernen Getreidespeichers konnte die jährliche Verarbeitung an Gerste auf rund 300.000 Zentner gesteigert werden, außer auf das Pilsener Spezial-Malz war der Betrieb auf die Herstellung der verschiedenen Malztypen aller Abdarrungsgrade und Farben eingestellt und fertigte auch feinste Farb- und Karamelmalze, ein modernes Betriebslaboratorium überwachte laufend die Qualität, günstig auf die Entwicklung wirkte sich die günstige Lage Arnstadts inmitten der Anbaugebiete bester Thüringer- und Saalegersten sowie die verkehrsmäßig gute Lage der Fabrik an der Hauptstraße nach Erfurt und den Thüringer Wald sowie die unmittelbare Nähe des Arnstädter Güterbahnhofs, mit dem sie durch zwei Anschlußgleise verbunden war, aus, die Weltwirtschaftskrise brachte auch die Arnstädter Malzfabrik H. & S. Windesheim 1930/31 in eine finanzielle Notlage, so daß sich die Besitzer genötigt sahen, den Betrieb 1931 unter Ausschluß einer Liquidation stillzulegen, erst nach und nach erholte sich das Unternehmen unter Beteiligung eines Bankkonsortiums und 1932 konnte die Fabrikation wieder aufgenommen werden, ab 1. 5. 1933 wurde die bishe-

sephine Mendius an Hermann und Sally Windesheim aus Erfurt verkauft, Kommerzienrat Windesheim war im Getreidegroßhandel tätig und eine in Fachkreisen geschätzte Persönlichkeit (war Ehrenförderer der →Museumsgesellschaft), unter der Firma Malzfabrik H. & S. Windesheim begann die stete Aufwärtsentwicklung der Malzfabrik, 1893 durfte die Fa. Windesheim kein Wasser mehr aus der städtischen Wasserleitung entnehmen. An einer weiter entfernten Stelle nahe des Ichtershäuser Bahnhofes wurde ein Brunnen gebohrt und mittels einer 600 m langen Rohrleitung sowie Elektromotor und Pumpe das Wasser zum Betrieb geleitet. Die Bedienung der Anlage erfolgte mittels Schaltern von der Fa. aus, 1898 waren umfangreiche Baumaßnahmen beendet, am 22. 12. 1898 wurde eine OHG durch Hermann und Max Windesheim gegründet, 1902 übergab Hermann Windesheim den Betrieb an seine Söhne Max und Hugo, von denen der Letztere das Brauereifach und die Malzherstellung gelernt hatte und wie sein Bruder Max, Kaufmann war, Max und Hugo Windesheims Tätigkeit war auf verschiedenen Gebieten bahnbrechend, besonders auf dem Gebiet der Kastenmälzerei, sie erstellten eine Anlage von 4 Saladinkästen mit einem Füllungsvermögen von je 1.000 Zentnern Gerste, so wurde die Arnstädter Malzfabrik eine der größten Kastenmälzereien in Europa, Pionierarbeit leisteten sie durch den Einbau der ersten in einer Malzfabrik aufgestellten Vertikal-Darre und trugen damit richtungsweisend zur weiteren technischen Vervollkommnung dieser Systeme bei, ihr Streben nach technischer Vollendung des Betrie-

rige Firma in Arnstädter Malzfabrik G.m.b.H geändert, Geschäftsführer blieb Hugo Windesheim, der jedoch unter dem Druck der politischen Verhältnisse 1935 aus dem Unternehmen scheiden mußte, Gesellschafter waren Nina u. Hugo Windesheim, Fortsetzung der früheren KG Arnstädter Malzfabrik, zwischen 35-70 Beschäftigte, während der Sommermonate wesentlich mehr, der langjährige Malzmeister Christof Holler entwickelte das Verfahren zur Herstellung des 1934 durch Warenzeichen geschützten *Arnstädter Neun-Tage-Malz*, daß bald Eingang in moderne Brauereien fand, kurz vor Beginn des 2. Weltkrieges ging der Betrieb in die Hände einer finanzkräftigen Interessengruppe über, im April 1945 wurde ein in den Fabrikräumen befindliches Lebensmittellager der Bevölkerung freigegeben, die Gebäude der Malzfabrik blieben im Krieg durch Bombeneinwirkung und Artilleriebeschuß nicht unbeschädigt, 1947 wurde die Arnstädter Malzfabrik im Zuge der Bereinigung der Wirtschaft von Kriegsverbrechern und Nazis unter Sequester und treuhänderische Verwaltung gestellt, anhaltende Einschränkung der Malzerzeugung und Produktionsausfall in der Kriegs- und Nachkriegszeit, dadurch Fertigung artverwandter Produkte, durch den Einbau einer Schälmühle wurde die Herstellung von Nahrungsmitteln wie Gerstengrütze möglich (auch um den Betrieb am Leben zu halten), April 1949 VVB Nahrung/Genuß Thüringen, Erfurter Malzwerke, Betrieb Arnstadt, Dezember 1949 VVB der Brau- und Malzindustrie, Betrieb Arnstädter Malzfabrik, Arnstadt, ab 1952 VEB Malzfabrik, in den 60er Jahren umfangreiche Maßnahmen zur Verbesserung der Technologie und Erleichterung der Arbeit, 80-82 Arbeitskräfte, Malzfabriken des Bezirkes Erfurt wurden mit Wirkung vom 1. 1. 1964 zum Betrieb VEB Malzwerke Erfurt zusammengeschlossen, Arnstädter Malzfabrik verlor damit ihre Selbständigkeit, Malzversand der Fabrik Arnstadt in die Bezirke Potsdam, Gera, Suhl, Leipzig, Berlin und Erfurt, bisherige Mischfutterherstellung in der Malzfabrik wurde nach Nordhausen verlegt, 1991 Einstellung der Produktion, 1993 hatte Arthur Janot das Grundstück der Malzfabrik von der Treuhand erhalten, 26 Gebäude mußten abgerissen werden, am 23. 2. 1994 Sprengung des 34 m hohen Gebäudes der Arnstädter Malzfabrik, im gleichen Jahr erster Spa-

tenstich für den Bau des Autohauses Mercedes-Benz Russ & Janot. Die feierliche Eröffnung war ein Jahr später. Erhalten blieb ein Fachwerkhaus (Wachhäuschen), in dem eine *Malzstube*, ein kleines Museum zur Arnstädter Malzgeschichte, eingerichtet wurde.
Q KAA, Bestand Stadt Arnstadt, Sign. 008-15-3; Bestand Kreistag u. Rat des Kreises Arnstadt, Nr. 226, 400, 685, 689, 1329. TA v. 24. 2. 1994, Nr. 46.
L 75 Jahre nach wie vor Arnstadtmalz ein Begriff. 1872-1947 Arnstädter Malzfabrik Arnstadt/Thür. Arnstadt 1947; Elbracht, Dieter: Die Freigabe des Lebensmittel-Versorgungslagers in der Arnstädter Malzfabrik im April 1945. In: AVAU 9 (1999), S. 127-132.
Andrea Kirchschlager / Heidrun Fröhlich

Marienhöhe: Gaststätte, 1874 als Gaststätte (mit Saal und Kegelbahn) erbaut, 1881 Lorenz Vulter Gastwirt, 1890-1914 Friedrich Kürsten Gastwirt, seit 1. Weltkrieg Gaststätte geschlossen, 1936 Eröffnung einer NSKK-Schule der Staffel I/M43 (NS-Kraftfahrkorps), 1940 Ledigenheim der Firma →Siemens & Halske (vorwiegend dienstverpflichtete Österreicherinnen), 1945/46 Quarantänelager für die ankommenden Umsiedler, ab 1947 Einrichtung eines städtischen →Altersheimes und Zusammenschluß mit Feierabendheim →Jonastal, Anfang August 1948 Eröffnung eines Erholungslagers für Kinder und Jugendliche, 1954 Ausbau des Dachgeschosses, um 1960 Medizinische Fachschule, 1974 lebten in den Feierabendheimen Jonastal u. Marienhöhe 112 Bewohner, 18. 7. 1990 Übertragung der Marienhöhe an die Gesellschaft für Sozialdienste Wuppertal, etwa 1995 geschlossen, danach Leerstand und Abriß der Gebäude bis 2003.
L Hebeler, Wilhelm: 10 Jahre Aufbau des Gesundheitswesens im Kreis Arnstadt (1949-1959). In: Beiträge zur Heimatkunde des Kreises Arnstadt 1 (1960), S. 53f.
Hartmut Fuhrmann

Marienhöhe, um 1900

Marienstift: Beginn der Arbeit des Marienstifts als *Heil-, Pflege- und Erziehungsanstalt für bildungsfähige Krüppel* am 4. 4. 1905, Gründer waren Konsistorialrat Dr. Emil →Petri und Fürstin Marie von Schwarzburg-Sondershausen, Ziel der Gründung war die Schul- und Berufsausbildung für behinderte Kinder und Jugendliche. Das erste Gebäude, das alte Haus, wurde am 6. 2. 1945 durch Bomben zerstört. Zu weiteren wichtigen Gebäuden zählte das Handwerkerhaus (1914), das Haus 14a (gekauft 1919), der Neubau Orthopädische Klinik (1925), das Werkstättenhaus (1927) und das Hausgrundstück 12a (gekauft 1928). Leiter des Marienstifts: Dr. Emil Petri (1905–28), Kirchenrat Friedrich →Behr (1929–58), Kirchenrat Heinrich Behr (1958–91) u. ab 1991 Kirchenrat Jürgen Friedrich. Chefärzte der Klinik: Professor Dr. med. Leopold →Frosch bis 1958, Dr. med. Ernst-Wilhelm Abeßer (1959–88) u. ab 1988 Dr. med. habil. Ulrich Irlenbusch. Den Pflegedienst ab 1905 übernahmen Diakonissen und Kindergärtnerinnen des Diakonissenmutterhauses in Eisenach. Oberschwestern: Gertrud Ranft (1905–45), Elisabeth Lorenz (1945–72) u. ab 1973 Adelheid Gutheil. Die Lehrer wurden vom Schulamt bereitgestellt, ab 1934 Bedrohung der Einrichtung durch den NS-Staat, Friedrich Behr wandte sich gegen die Euthanasie und konnte die gefährdeten Pfleglinge vor dem Zugriff der "Mordkommission" bewahren, in der Zeit des Bestehens der DDR trotz vieler Schwierigkeiten als kirchliche Einrichtung Erweiterung und Konsolidierung fast aller Arbeitszweige. Die Klinik wurde baulich erweitert und rekonstruiert, das Hausgrundstück Karolinenstr. 11 1962 erworben, die Geschützte Werkstatt für angepaßte Arbeit wurde als erste Werkstatt für Behinderte in der DDR eingerichtet, am 28. 1. 1972 wurde ein neues Kinderheim als Ersatzbau für das im Krieg zerstörte eingeweiht. Die finanziellen Mittel kamen aus dem Diakonischen Werk Deutschlands. Die Sonderschule am Marienstift konnte sich erweitern, Schulleiter Studienrat Horst Bitzmann 1962–2001. Die Gottesdienste, Amtshandlungen und Feiern fanden in einem neuen Kirchensaal statt. Die politische Wende 1989 eröffnete für das Marienstift neue Wege und Möglichkei-

Altes Marienstiftgebäude vor der Zerstörung

ten. Es galt aber auch, neue Herausforderungen anzunehmen. Eine der wichtigsten Fragen war in dieser Zeit: Wie kann das Marienstift sein diakonisches Profil unter marktwirtschaftlichen Bedingungen nicht nur erhalten, sondern weiter ausgestalten? Generalsanierungen, Neubauten, Ersatzbauten und Erweiterungen wurden geplant und realisiert. Die schulische Arbeit, die seit Anbeginn der Stiftung eine wichtige Säule der Arbeit war, wurde stetig ausgebaut. Ein von der Stadt zur Verfügung gestellter Kindergarten entwickelte sich durch Umbauten und teilweise Neubauten zu einem modernen Förderzentrum, in dem weit über 400 Schülerinnen und Schüler unterrichtet werden. Auf dem Gebiet der Arbeitsbeschaffung und -vermittlung für Menschen mit Behinderung war das Marienstift schon seit 1962 tätig, 1996 konnte auf dem Gelände am Kesselbrunn eine neu erbaute Werkstatt für behinderte Menschen in Betrieb genommen werden, parallel zu den Arbeitsbedingungen mußte auch die Wohnsituation für Menschen mit Behinderung entscheidend verbessert werden, 1998 wurde die neu erbaute Wohnstätte im Jonastal in Betrieb genommen (48 Bewohner), größtes Bauvorhaben bisher war der Neubau der Orthopädischen Klinik des Marienstifts, von 2000–03 entstand das neue Krankenhaus unter modernsten Gesichtspunkten, mit entsprechenden Operationssälen, Funktionsräumen und den Stationen. In der Rehabilitation für Kinder und Jugendliche werden ständig neue Arbeitsformen umgesetzt, Assistenzmodelle mit einer größtmöglichen Selbstbestimmung und Selbständigkeit des einzelnen Menschen werden gefördert, neue Konzepte sind in der Umsetzungsphase, kleine Wohnbereiche werden gebildet, in familienähnlicher Organisation. Abgestufte Wohnprogramme, bis hin zu betreutem Wohnen und völlig selbständigem Leben sind sowohl Weg als auch Ziel. Die Nachwendezeit brachte für das Marienstift auch die Möglichkeit, in der Kinder- und Jugendhilfe tätig zu sein. So wird im Kinder- und Jugendwohnhaus des Marienstifts Hilfe zur Erziehung geleistet und das Angebot einer vorübergehenden Inobhutnahme gemacht. Umfangreiche und kompetente Beratungsdienste (sowohl in Arnstadt wie auch in Ilmenau) runden die Angebotspalette der Stiftung ab. Sie reichen von den allgemeinen Erziehungsberatungsdiensten über Schwan-

gerenberatung bis hin zur Suchtberatung und allgemeinen Lebensberatung. Die Kreisdiakoniestellen in Arnstadt und Ilmenau werden ebenfalls vom Marienstift getragen und arbeiten an der Nahtstelle zwischen Kirche und Gesellschaft. Kurz vor dem 100. Geburtstag der Stiftung kann festgestellt werden, daß das Marienstift seine Kompetenz für Menschen getreu seinem Leitbild weiter wahrnehmen wird: Im Mittelpunkt unserer Arbeit steht der Mensch als Ebenbild und Geschöpf Gottes. Wir gehen davon aus, daß jeder Mensch von Gott gewollt und geliebt ist. Das verpflichtet uns, die Würde und die Bedürfnisse des anderen zu achten.

L Jahresberichte des Marienstifts, Jährlicher Arbeitsbericht für Mitarbeiter und Freunde des Marienstifts. Marienstift Arnstadt. Behr, Heinrich (Hg.): Berichtsbände aus der Arbeit des Marienstiftes. Berlin 1965, 1971, 1975, 1980 u. 1986.

Heinrich Behr / Jürgen Friedrich

Marienstift-Stiftung: Die Stiftung wurde am 7. 10. 1904 errichtet, nach § 80 Satz 1 BGB entstand so eine rechtsfähige Stiftung des privaten Rechts, am 28. 10. 1904 genehmigte das Fürstlich Schwarzburgische Ministerium die Stiftung, Errichter der Stiftung war ein provisorischer Ausschuß ab März 1903, der Ortsausschuß für Körperbehindertenfürsorge zu Arnstadt: Dr. Emil →Petri, Superintendent und später 1. Verwalter des Marienstiftes, Dr. Harald →Bielfeld (Oberbürgermeister), Dr. Osswald (Apotheker), Siegmund Hirschmann (Bankier, stellvertretender Stadtrat, Mitglied des Verwaltungsrates des Marienstiftes und Mitbegründer der Stiftung, am 17. 3. 1943 deportiert nach Buchenwald, dort ermordet), Benjamin →Kiesewetter (Gemeinderatsvorsteher), Rudolf →Rieck (Kaufmann), Johannes →Roggenkamp (Stadtbaumeister), Voigt (Maschinenfabrikant), Unterzeichner der Stiftungsurkunde. Im Vorfeld der Errichtung wurde ein Sammelvermögen von 66.150 M gebildet, das dem Stiftungsakt zur Verfügung stand, in dieser Summe war ein Betrag von 10.000 M Spende der Stadt Arnstadt anläßlich der 1200-Jahrfeier enthalten, Zweck der Stiftung: die Errichtung, Einrichtung und dauernde Verwaltung einer für die Pflege, Erziehung und Ausbildung bildungsfähiger Körperbehinderter geeigneten Anstalt in Arnstadt,

Kauf des ehemaligen Krappgartens, Ausbau des vorhandenen Hauses, Wachsenburg Allee 12, Einweihung am 4. 4. 1905 unter Teilnahme von Fürstin Marie von Schwarzburg-Sondershausen (Namensgeberin der Stiftung), die auch das Protektorat (Schutz) übernommen hatte, gleichzusetzen mit Unterstützung und Förderung durch die damalige Fürstliche Regierung in Sondershausen. Nach mehreren Verfassungsänderungen wurde besonders nach der Wende der Stiftungszweck wesentlich erweitert.

L Specht, Reinhard: 90 Jahre Stiftung Marienstift in Arnstadt. In: AVAU 4 (1994), S. 70-76.

Reinhard Specht

Marktplatz: Den Mittelpunkt der Altstadt bildet der erhöht liegende dreieckige Marktplatz, der als einer der ältesten Besiedlungspunkte der Stadt angesehen wird. Eine repräsentative Bebauung des Platzes ist schon vor dem Stadtbrand von 1581 anzunehmen, wurde aber bei diesem weitestgehend zerstört, seine heutige Gestalt erhielt der Marktplatz wohl erst beim Wiederaufbau der Stadt nach diesem Brand, eine zwischen →Rathaus und →Johann-Sebastian-Bach-Kirche gelegene, archäologisch bisher nicht nachgewiesene Häuserzeile wurde abgetragen und so der Markt nach Nordosten hin erweitert, die den Markt im Osten begrenzende Häuserzeile der →Galerie wurde im Erdgeschoß um Hausbreite zurückverlegt und das Obergeschoß auf Säulen gesetzt. Beherrscht wird der Markt von dem 1582-86 unter Christoph Junghans Leitung neuerbauten Rathaus. Die um den Platz stehenden Bürgerhäuser besitzen ein bis zwei massive Untergeschosse sowie ein bis zwei Fachwerkobergeschosse. Das Schaufachwerk wurde im 18. Jh. durchweg verputzt, bei der Galerie aber verschiefert, die den westlichen abfallenden Markt begrenzenden Häuser wurden 1985 abgerissen, vor dem Rathaus stand als Zeichen der eigenen →Gerichtsbarkeit der Stadt, der sogenannte *Lange Stein*, an dem in mittelalterlicher Zeit öffentliche Gerichte abgehalten wurden. An der Westseite des Marktes stand bis 1899 ein →Brunnen, der *Colborn*, an der Ostseite der 1942 entfernte →Bismarckbrunnen. Das →Bachdenkmal wurde 1985 eingeweiht.

L Elbracht, Karl / Elbracht, Dieter: Straßen- und Flurnamen Arnstadts. Arnstadt Teil 1 (Duisburg 1999) u. Teil 2 (Duisburg 2002). *Ulrich Lappe*

Marktrecht: Das Marktrecht erhielt Arnstadt vermutlich schon am ausgehenden 12. Jh., wobei es ausdrücklich 1273 genannt wird (*Marketrecht*). Zu der Zeit gehörte es zum Hersfelder Stift, es umfaßt den Inbegriff der Freiheiten und Rechte, die den Marktbesuchern eines Ortes und diesem selbst als Markt vom Marktherrn (dem Hersfelder Stift) gewährt wurden, es wird oft als Vorläufer des Stadtrechtes angesehen, mit dem Marktrecht war stets Zoll und Münze verbunden. Das Marktrecht zwang die Landleute, ihre Erzeugnisse nur in der Stadt abzusetzen und verschaffte damit der Stadt einen wirtschaftlichen Vorteil. Der Marktmeister überwachte die polizeilichen und fiskalischen Interessen (Steuern, Hygiene, Marktfrieden, Preise etc.) der Stadt.

Vermutlich nahm im hohen Mittelalter der Schultheiß des Hersfelder Klosters und später der Vogt der Käfernburger und Schwarzburger diese Aufgaben wahr, da kein Markmeister erwähnt wird. Zu den ältesten →Märkten zählt der 1347 urkundlich genannte *salzmarkt*. In den →Stadtstatuten von 1543 erhielten die Räte die Macht, Marktmeister einzusetzen, der die Anordnung auf dem Markt mit Ständen der Krämer, Wagen und Karren ordnen und überwachen sollte. Ihm wurde einer aus den Räten zugeordnet, um bei den Fisch- und Honigverkäufern die Aufschläge zu kontrollieren und zu besehen, ob es tüchtiges Kaufmannsgut sei. Er ordnete auf *dem marckte alle stende oder stete, als kramer, schmide, schuster, kurszner, obesser, kreuter, denn frauen marckt, holtzs und kohlenmarckt, fleischs, brot und sonst alles anders*, was zu Markt gebracht wurde. Er forderte darüberhinaus das *stedte gelt* der Wochenmärkte von Rats wegen ein. Ein Knecht stand ihm zur Seite.

Geregelt wurden u. a. der freie Wochenmarkt am Mittwoch, wo alles verkauft werden durfte, außer fremden Getränken, der freie Jahrmarkt am Sonntag nach Severi (nach dem 22. 10., vier Tage, ab Sonntag), die beiden Ablaßmärkte am Sonntag Jubilate (3. Sonntag nach Ostern) und am Sonntag nach Nativitatis Marie virginis (Sonntag nach dem 8. 9.), niemand hatte das Recht, die Stadt daran zu hindern. Die auch an Märkten angebotenen Küchenspeisen taxierte preislich der Rat, zahlreiche auswärtige Waren durften aus Konkurrenzschutz nicht verkauft werden bzw. der Verkauf wurde reguliert, damit konnte man ein Überangebot verhindern und Engpässe beseitigen.

Q KAA, Bestand Stadt Arnstadt, Urkunden, Nr. 299.

Michael Kirchschlager

Marlitt: Pseudonym, mit bürgerlichem Namen Friederike Henriette Christiane *Eugenie* John, Schiftstellerin, *5. 12. 1825 Arnstadt, †22. 6. 1887 Arnstadt, Tochter von Ernst →John, Schulbesuch bis 1841, danach Förderung durch Fürstin →Mathilde von Schwarzburg-Sondershausen, bis 1844 an deren Hof, dann Ausbildung zur Sängerin in Wien, 1846 Ernennung zur Fürstlich Schwarzburg-Sondershäusischen Kammersängerin, 1847 erster Auftritt im Opernhaus Leipzig, Gastspiele in Arnstadt, Lemberg, Graz, Krakau, Linz, Olmütz, verstärkte gesundheitliche Beschwerden (Schwerhörigkeit), 1853 Ende der Laufbahn als Sängerin, Rückkehr nach Arnstadt, im gleichen Jahr folgte sie Fürstin Mathilde nach Oehringen und München als Sekretärin, viele Reisen, 1863 Beendigung dieser Tätigkeit, Rückkehr nach Arnstadt, erste Versuche als Autorin, 1865 Kontaktaufnahme zur Zeitschrift *Die Gartenlaube* in Leipzig und deren Verleger Ernst Keil, der ihr anbot, weitere Arbeiten zu schicken, Eugenie John wählte das Pseudonym: *Meine Arnstädter LITTeratur* (Marlitt), sie schrieb ausschließlich für dieses Wochenblatt, welches ihre Arbeiten auch in Buchform herausgab, weltweite Verbreitung mit großem Erfolg, übersetzt in alle Kultursprachen, bis in die Gegenwart ständige Neuauflagen, meist in gekürzter Form, wesentlicher Anteil an Steigerung der Abonnentenanzahl von 100.000 auf ca. 400.000 während ihrer Autorenzeit, schrieb im Zeitraum von 22 Jahren 10 Romane und drei Erzählungen, die letzte durch ihren Tod 1887 unvollendet und von Wilhelmine →Heimburg abgeschlossen, nach dem Erscheinen des Romans *Reichsgräfin Gisela* 1869 überließ ihr der Verleger Ernst Keil den Reingewinn der gleichnamigen Buchausgabe, sie kaufte 1870 Bauland, 1871 Einzug in die darauf erbaute Villa (Marlittstr. 9), schweres Gichtleiden zwang sie in den Rollstuhl, Lob und Kritik ihrer Arbeiten hielten sich die Waage, heute Anerkennung der Marlitt als erste Bestsellerautorin der Welt, in ihren Werken soziales Engagement, Grab auf dem →Alten Friedhof, 1889 Umbenennung der Hohen Bleiche in Marlittstraße (1906 Teilung

Eugenie John - Marlitt

der Straße am Neutor in Hohe Bleiche und Marlittstraße, 1950 kurzzeitige Umbenennung in Ricarda-Huch-Straße), am 5. 10. 1913 Einweihung des Marlitt-Denkmals auf dem Alten Friedhof an der Bahnhofsstraße unter Teilnahme internationaler Gäste (Entwurf des Bronzereliefs am Denkmal von Paul Bandorf nach einer Fotografie von Christian →Beitz), 1925 Anbringung einer Gedenktafel am Geburtshaus Markt 12 anläßlich ihres 100. Geburtstages, ab 1945 Boykott ihrer Literatur und Ächtung der Autorin, im Februar 1951 Abriß des Marlitt-Denkmals auf Betreiben des Volksbildungsamtes, Übergabe des Bronzereliefs an das Museum für das Marlitt-Zimmer, 1990 Gründung der IG Marlitt innerhalb des Kultur- und Heimatvereins, Ziele: Wiederherstellung des Rufes der Schriftstellerin, Erforschung ihres Lebens und Werkes, Lesungen und Vorträge, Einrichtung eines Literatenkabinettes im Stadtgeschichtsmuseum, Sanierung aller mit Marlitt in Bezug stehenden Grabstellen, Wiederaufbau des Marlitt-Denkmals (Einweihung am 5. 12. 1992) und Herausgabe einer Gedenkmünze, Verbreitung ihrer Arbeiten, Auftritt einer Marlittfigur bei öffentlichen Veranstaltungen, Hilfeleistungen für in- und ausländische Wissenschaftler, die sich mit dem Thema Marlitt beschäftigen,

Herausgabe eines Jahrbuches der IG Marlitt (1997, 2000, 2001), seit 1998 IG Marlitt e. V., anläßlich ihres 115. Todestages am 22. 6. 2002 Durchführung eines internationalen Symposiums zum Thema Marlitt im Spiegel des 19.-21. Jhs. (Konferenzband), fast alle Arbeiten der Autorin verfilmt für Kino und Fernsehen, bereits in der Stummfilmzeit, auch Bearbeitungen fürs Theater, nach einem in Coburg aufgefundenen Regiebuch *Das Geheimnis der alten Mamsell* Bearbeitung des Romans für das Arnstädter →Theater durch Günter →Merbach, 1989 Aufführung durch die Chema-Theatergruppe, ebenfalls Umarbeitung der Erzählung *Schulmeisters Marie*, 2002 Inszenierung durch das Ensemble der Volkshochschule.

W *Schulmeisters Marie* (1865), *Die zwölf Apostel* (1865), *Goldelse* (1866), *Blaubart* (1866), *Das Geheimnis der alten Mamsell* (1867), *Reichsgräfin Gisela* (1869), *Das Heideprinzeßchen* (1871), *Die zweite Frau* (1874), *Im Hause des Kommerzienrates* (1876), *Im Schillingshof* (1879), *Amtmanns Magd* (1881), *Die Frau mit den Karfunkelsteinen* (1884), *Das Eulenhaus* (1886, 1888 durch Wilhelmine Heimburg vollendet), *Maienblütenhauch – Gedichte der Marlitt* (Rudolstadt 1993), *Briefe der Marlitt* (Wandersleben 1997, hg. v. Cornelia Hobohm).

L Merbach, Günter: E. Marlitt. Das Leben einer großen Schriftstellerin. Hamburg 1992; Ziegenhardt, Andrea: Wie das Marlitt-Denkmal verschwand. In: AVAU 2 (1992), S. 13f.   *Günter Merbach*

Mathilde von Schwarzburg-Sondershausen (Friederike Alexandrine Wilhelmine Catharine Charlotte Eugenie Louise): Fürstin, geb. Prinzessin von Hohenlohe-Oehringen, *3. 7. 1814 Oehringen, †3. 6. 1888 Salzburg, begraben in Arnstadt, →Fürstengruft, Tochter von Friedrich August Karl Fürst zu Hohenlohe-Oehringen und von Friederike Sophie Dorothee Marie Luise, geb. Herzogin von Württemberg, *eine Prinzeß von vielem Verstande und einem einnehmenden Äußeren*, Eheschließung am 29. 5. 1835 in Oehringen mit Erbprinz Günther Friedrich Carl von Schwarzburg-Sondershausen, zwei gemeinsame Kinder: Prinzessin Marie (* 1837) und Prinz Hugo (*1839), Scheidungsdekret vom 5. 5. 1852, aufgewachsen in Schloß Friedrichsruh (Oehringen), Stuttgart und Schloß Carlsruhe in Schlesien

(Aufenthaltsort der Großeltern Eugen I., Herzog von Württemberg und Luise von Württemberg, verwitwete Herzogin von Sachsen-Meiningen), Einflüsse des Großelternhauses auf die Ausbildung ihrer musischen Anlagen, enge Beziehungen zum Württemberger Königshaus insbesondere zu Königin Pauline, Cousine ihrer Mutter, nach Heirat gemeinsame Tage mit dem Württemberger Königspaar in und um Stuttgart, am 8. 6. 1835 Einzug der Vermählten in Arnstadt unter großer Anteilnahme der Bürgerschaft. Mit der Heirat wurde Mathilde Stiefmutter der drei Kinder ihres Gemahls, zu denen sie ein liebevolles Verhältnis aufbaute, nach der Übernahme der Regierung im Fürstentum Schwarzburg-Sondershausen durch Günther Friedrich Carl II. im September 1835 wurde Schloß Sondershausen Wohnsitz, Mathilde irritierte die Sondershäuser Hofbeamtenschaft mit vielen selbstbewußten Aktivitäten, Auftritten als Sängerin, Einbringen eigener Kompositionen in Konzerte der Fürstlichen Hofkapelle unter Pseudonym M, organisierte Wohltätigkeitskonzerte, veranstaltete Lese-, Vortrags- und Diskussionsabende sowie Vorstellungen im Liebhabertheater, unterstützte den Frauenverein, gründete 1839 die Mathildenpflege (Mädchenschule) und 1843 eine Kleinkinderbewahranstalt, die nach Fröbels Erziehungssystem arbeiteten, förderte die Gesangsausbildung von Eugenie John →Marlitt und deren Anstellung als Schwarzburg-Sondershäuser Kammersängerin, initiierte maßgeblich die Wiedereröffnung des Fürstlichen Hoftheaters in Sondershausen am 20. 8. 1841, verfaßte Gedichte, später auch Stücke, nahm Einfluß auf Umbau- und Modernisierungspläne für das Schloß Sondershausen unter Baurat Carl Scheppig, auf die Ausstattung der Schloßräume und auf die Gestaltung des Schloßparkes, wegen schlechtem Gesundheitszustand Kuren und Badeaufenthalte im Ausland, immer kompliziertere Verhältnisse zwischen den Ehepartnern korrespondierten mit langen Abwesenheiten Mathildes vom Sondershäuser Hof, 1847 Separationsvertrag zwischen den Ehepartnern, Mathilde verließ mit den Kindern Marie und Hugo am 15. 5. 1847 Sondershausen, zog nach Oehringen ins Schloß ihres Bruders Fürst Hugo von Hohenlohe-Oehringen, auf Wunsch ihres Gemahls kehrte sie nach Sondershausen in den Unruhen von 1848 zurück, Mathilde lebte auf dem Jagdschloß Zum Possen bei Sondershausen, erkämpfte Änderungen im neuen Separationsvertrag von 1849, trotz ihres Widerstandes, trotz Unterschriftensammlung der Sondershäuser Bürger trat am 5. 5. 1852 die vom Fürsten gewünschte Scheidung in Kraft, Mathilde verließ mit Tochter Marie Sondershausen, führte ein über zwanzigjähriges Wanderleben, mehr als 10 Jahre begleitet von Eugenie John, 1874 Übersiedlung mit Tochter Marie nach Salzburg, lebte fortan zurückgezogen im gemieteten Schloß Mirabell bis zum Tod 1888.

Q von Wurmb, Theodor: Lebenserinnerungen des Fürstlich Schwarzburg-Sondershäuser Oberhofmarschalls Theodor von Wurmb 1800 bis 1875, bearbeitet von seinem Großenkel Konrad Bärwinkel. Maschinenmanuskript 1994.

L Hirschler, Christa: Aus der Werkstatt. Erste Notizen zu einem Lebensbild der Fürstin Mathilde von Schwarzburg-Sondershausen (1814-1888). In: Sondershäuser Beiträge. 4 (1998), S. 89-123. *Christa Hirschler*

Mechanische Räderuhren: Etwa ab 1300 Ausbreitung der mechanischen Räderuhr in den Städten Europas. Ein sehr seltener schriftlicher Nachweis über die Anschaffung einer mechanischen Räderuhr (Turmuhr) durch den Stadtrat ist für Arnstadt aus dem Jahre 1433 überliefert. Am Uhrwerk hatte man 2 Jahre gearbeitet, um es im Rathausturm unterzubringen, der dann mit Schiefer neu gedeckt wurde, eine 4 Zentner 4 Pfund schwere Glocke verkündete fortan, was die Stunde geschlagen hatte. Wo die Herstellung der Uhr erfolgte, ist nicht überliefert, Arnstadt kommt wohl nicht in Frage, da man das defekte Uhrwerk 1447 zur Reparatur nach Erfurt bringen mußte, kleinere Reparaturen nahm der Seigerwärter, ab 1449 wahrscheinlich städtischer Bediensteter, vor, nach dem Brand von 1581 erhielt das beschädigte →Rathaus eine neue, prächtige Kunstuhr, zu deren heute noch sichtbaren Teilen am Ostgiebel neben dem Zifferblatt ein Adler, Wilder Mann und Wilde Frau sowie eine Lune (Mondphasenanzeiger) gehören, für die Anfertigung des Uhrwerks erhielt am 18. 3. 1586 *Hanß Friese Burger Vndt Vhrmacher In Erffurdt 70 Gulden*, dieses Uhrwerk wurde 1937 durch ein elektrisches abgelöst, neben der Rathausuhr 1539 Erwähnung einer weiteren Uhr an der →Oberkirche, über deren Verkauf es in der Stadtrech-

nung von 1574 heißt: *An 8 f (Gulden) von der gemeine zu Dornheim ein genohmenn für den seiger, so vf der Barfüsser Kirchen gestanden.* Beim Umbau der →Neideck zum Renaissance-Wasserschloß installierte man auch eine mechanische Räderuhr im Turm, nach der Baurechnung 1553/54 bekam Philipp Horn, Seigermacher aus Leipzig, für das neue Schlagseigerwerk 50 Gulden, 2 Gulden kostete der Transport nach Arnstadt und 5 Gulden 7 Pfennig 1 Heller die Herstellung des Zifferblattes, 1907 erhielt der Neideckturm das noch heute vorhandene Uhrwerk, 1574 leistete sich die Stadt eine zweite mechanische Räderuhr am Riedtor. Das Uhrwerk fertigte der Seigermacher Meister Merten Seifferdt in Erfurt.

Q KAA, Bestand Stadt Arnstadt, Sign. 931-20, Stadtrechnungen 1433, 1447, 1449, 1539, 1574, 1586.

L Unger, Peter / Hebeler, Wilhelm: 555 Jahre mechanische Großuhren in Arnstadt. In: Marktfest-Echo 4 (1988). *Peter Unger*

Medaillen: Seit dem 15. Jh. wurden Medaillen als münzähnliche Erinnerungsstücke meist aus Metall, mit bildlichen Darstellungen und anlaßbedingten Aufschriften hergestellt. Dazu gehören auch die in Arnstadt erstmals in den Jahren 1640-69 geprägten Sterbe- und Begräbnismünzen und die beiden Schautaler auf →Anton Günther II. v. 1710 u. 1711, die zwar als Gedenkmünzen herausgegeben wurden, aber kaum in Umlauf kamen. Medaillen sind meist kreisrund oder oval, vier- oder mehreckige Stücke werden als Plaketten bezeichnet, da sie auch als Ehren- und Verdienstauszeichnungen dienten, ist eine umfassende Erfassung für Arnstadt sehr schwierig, bekannt wurden u. a. eine Plakette aus Silber zur 1200-Jahrfeier 1904 sowie eine Medaille zum Anhängen anläßlich der 50-Jahrfeier der Fürstlichen Realschule Arnstadt am 10. 11. 1907 (z. T. versilbert bzw. vergoldet), nach dem 2. Weltkrieg wurden zu bestimmten Anlässen Medaillen und Plaketten aus verschiedenen Werkstoffen (Pappe, Aluminium, Leder, Porzellan und Böttger-Steinzeug) hergestellt, so zur 1250-Jahrfeier 1954, zum II. Kreis- Turn- und Sportfest, zu →Dahlienschauen, zum 100-jährigen Bestehen der Freiwilligen Feuerwehr, zu DDR-Jubiläen, zum 60-jährigen Jubiläum des →Marienstifts, für das Mahnmal →Jonastal und eine Erinnerungs-Medaille aus Böttger-Steinzeug für Arn-

stadt-Besucher, 1979 gab es anläßlich des 1275-jährigen Stadtjubiläums lediglich einen runden Anstecker aus Plaste, herausgegeben vom Kulturbund der DDR, FG Numismatik Erfurt, eine Kupfermedaille und eine klippenförmige Medaille aus Tombak, wobei der eigentliche Anlaß dazu die 1. Jugend-Bezirksmünzausstellung in Arnstadt war. Seit 1991 werden zum jährlichen Stadtfest Medaillen aus Silber und Gold herausgegeben, die auf der Vorderseite jeweils auf ein bedeutendes Bauwerk der Stadt oder ein besonderes Jubiläum (z. B. 725 Jahre Stadtrecht) hinweisen und auf der Rückseite das älteste →Stadtsiegel zeigen, sie gelten mittlerweile als *Stadttaler*, desweiteren wurden drei Silbermedaillen mit den Motiven →Rathaus (Umschrift: *725 Jahre Stadtrechte 1266-1991*) sowie →Liebfrauenkirche und anläßlich der Wiedereinweihung des Marlitt-Denkmals am 5. 12. 1992 ausgegeben, die Raiffeisenbank Arnstadt e. G. ließ anläßlich ihrer Eröffnung am 29. 2. 1992 eine Medaille prägen, vom Thüringer Geschichtsverein Arnstadt e. V. wurde 1996 in Verbindung mit der →Sparkasse Arnstadt-Ilmenau eine Silbermedaille anläßlich *800 Jahre Walpurgiskloster* herausgebracht.
L Scholze, Roland: 10 Jahre Arnstädter Stadttaler. In: AVAU 11 (2001), S. 199.   *Roland Scholze*

Meil - Familie: Bekanntes Künstlergeschlecht in Arnstadt. *Meil, Christoph:* Hofbildhauer, *1659 Helfta (?), †20. 4. 1726 Arnstadt, Sohn des Steinmetzen Martin Meil, erlernte vermutlich bei seinem Vater das Steinmetzhandwerk, war 1683 in Saalfeld tätig, heiratete am 10. 7. 1687 Anna Justina Möller, erwarb am 3. 12. 1691 Arnstädter Bürgerrecht, besaß Braugerechtigkeit und lebte in einem Haus am Töpfermarkt, nach dem Tod seiner Frau 1694 heiratete er am 21. 10. 1695 die einundzwanzigjährige Maria Magdalena, geb. Heißchen, mit der er sechs Kinder zeugte, Stammvater eines Künstlergeschlechts, die Zwillinge Heinrich Christoph und Johann Christoph sowie der jüngere Sohn Christian Thomas wurden ebenfalls Bildhauer und arbeiteten in der Werkstatt des Vaters, die Heinrich Christoph nach dem Tod des Vaters übernahm. Die Söhne und Enkel Meils (hier besonders der Sohn Heinrich Christoph Meils Johann Ludwig) waren ebenfalls vielseitig tätig, u. a. als Maler, Bildhauer, Kupferstecher und Rek-

tor. Die für den fürstlichen Hof geschaffenen Bildhauerarbeiten Christoph Meils sind nicht erhalten, jedoch zahlreiche Grabmäler, Epitaphien und Kirchenausstattungen, letzteres bildete sein Hauptbetätigungsfeld, Bestallungsurkunde vom 2. 4. 1684 an den Hof →Anton Günthers II. bis 1695, mit Meil begann die Blütezeit der Bildhauerkunst in Arnstadt, 1685 erstes Grabmal, 1687 erster Altar, 1689 erstes Epitaph, 1695-97 war er wahrscheinlich am Umbau der Schloßkapelle in der →Neideck beteiligt, ebenso an den Bildhauerleistungen der 1765 abgebrochenen →Augustenburg, für den →Rat der Stadt Arnstadt schuf er u. a. 1719 einen Neptun für den Brunnen an der →Oberkirche, 1721 eine Statue für den Riedbrunnen und ein Kruzifix über dem Tor des Gottesackers, fertigte für Fürst →Günther I. 1722 ein Bett in Sondershausen, seine Werke wurden von Manfred →Donhof erschlossen, kennzeichnend für Meil sind die Verwendung des Akanthuslaubs, die er im Verlauf seines bildhauerischen Schaffens in einer charakteristischen Form mit voluminösen Einrollungen der Blattenden darstellte sowie seine flügellosen Kinderengel.

Detail des von Christoph Meil geschaffenen Orgel-Prospektes in der Bachkirche

W 1686/87 Altar in der Kirche von Witzleben, 1694 eine hölzerne Kreuzigungsgruppe (Bachkirche), der plastische Schmuck (Orgelprospekt) an der 1703 fertiggestellten Wender-Orgel in der Bachkirche, an der J. S. Bach spielte, 1712 Grabmahl des Quirinus Hedenus (Schloßmuseum Arnstadt), 1715/16 Umbau der Kanzel in der Oberkirche, aus seiner Werkstatt 1724 der Kanzelaltar der Dornheimer Bartholomäus-Kirche, das einzige mit C. Meil signierte Grabmahl von 1688 konnte in Sondershausen lokalisiert werden.

Meil, Christian Thomas: Bildhauer, *17. 7. 1706 Arnstadt, †2. 8. 1728 Arnstadt, Sohn des Hofbildhauers Christoph Meil, seine Ausbildung erhielt er wahrscheinlich in der Werkstatt seines Vaters, selbständige Werke sind nicht bekannt, verstarb unvermählt und sehr jung.

Meil, Heinrich Christoph: Hofbildhauer, *8. 2. 1701 Arnstadt, †22. 6. 1738, Sohn des Hofbildhauers Christoph Meil, seine Ausbildung erhielt er neben seinen Brüdern in der Werkstatt des Vaters, am 20. 11. 1724 Eheschließung mit Maria Sophia, geb. Futterkärker, die ihm außer zwei Töchtern einen Sohn Johann Ludwig (*8. 4. 1729) gebar, dieser wirkte später als Bildhauer und Zeichenmeister am Gymnasium zu Ilfeld, nach dem Tod des Vaters erbte er das elterliche Wohnhaus und konnte somit Bürger werden, nach dem frühen Tod des Künstlers erhielt die Witwe, der er drei Kinder hinterließ, eine Almosenzahlung aus der Fürstlichen Rentkasse.

W Neben verschiedenen Grabmalen aus Sandstein u. a. Sophia Elisabeth Tenzel (†1721), Joh. Nicol. Sommer (†1726), Johann Georg Axt (†1731), Anna Elisabeth Reichart (†1733) schuf er u. a. den Kanzelaltar und das Orgelprospekt der Kirche in Heyda (beides um 1725, Holz, geschnitzt, gefaßt), das Allianzwappen (um 1732, Holz, geschnitzt, gefaßt, nur in Kopie erhalten), die Allegorie der Fruchtbarkeit (um 1732, Holz geschnitzt), das Interieur des Porzellankabinettes (um 1736, Holz, geschnitzt, gefaßt), den sandsteinernen Flußgott (1736, zur Neptun-Grotte gehörig) und das Meerweib (1737, Brunnenfigur, Sandstein An der Neuen Kirche).

Meil, Johann Christoph: Bildhauer, *8. 2. 1701 Arnstadt, †1734 Altenburg, Sohn des Hofbildhauers Christoph Meil, seine Ausbildung erhielt er neben seinen Brüdern in der Werkstatt des Vaters, verließ Arnstadt und wirkte in Gotha, hier

wurde 1729 sein Sohn Johann Heinrich Meil geboren, 1723 schuf er für den Arnstädter Rat den Löwen auf dem Ständer für den Brunnen am Holzmarkt, dieses Werk blieb nicht erhalten.

W Grabmal des Johann Georg von Zehmen in der Kirche zu Windischleuba, Landkreis Altenburg (1728).

Meil, Johann, Ludwig: Bildhauer u. Zeichenmeister, *8. 4. 1729 Arnstadt, †16. 6. 1772 Ilfeld, Sohn des Hofbildhauers Heinrich Christoph Meil, seine Ausbildung ist unbekannt, Hochzeit mit Auguste Dorothea, geb. Wöllner, am 6. 2. 1750 in Arnstadt, Bewerbung als herzoglich-gothaischer Hofbildhauer, trat aber die Stelle aus unbekannten Gründen nicht an, zwischen 1750-55 übernahm er die Stelle als Zeichenmeister am Gymnasium von Ilfeld bei Nordhausen, 1768 vermachte er das Gemälde *Moses und seine Erziehung durch die Tochter des Pharaos* als Schenkung an das →Waisenhaus in Arnstadt (Öl auf Leinwand, heute im Bestand des Schloßmuseums), über sein Leben ist nicht viel bekannt, *er war ein sehr geschickter Künstler, und bey seinen Fehlern dennoch sehr gutherzig.*

W Epitaph Johann Wilhelm Wöllner (†1749), Holz, geschnitzt, ehemals Arnstadt, Himmelfahrtskirche, Verbleib unbekannt), Brunnenfiguren *Leda, Laokoon* u. *Triton* (alle 1755, Sandstein, Nordhausen, Meyenburg-Museum), zwei Medaillons mit Fürsten-Bildnis (beide 1765, Perlmutt, geschnitten, eins mit unbekanntem Verbleib, das andere Staatliche Museen Berlin) und neben dem o. g. Ölgemälde noch das Altargemälde die *Anbetung der Hirten* (1772, Öl auf Leinwand, Kirche in Niederwillingen).

L Donhof, Manfred / Scheidt, Helga: Arnstadt. Bildende Kunst in der Bachzeit 1685-1750. Arnstadt 1985, S. 39; Scheidt, Helga: Künstler und Werke der bildenden Kunst und des Kunsthandwerks in Arnstadt und am Hofe Anton Günthers II. In: Bach 2000, S. 89-114.   *Michael Kirchschlager*

Meiland, *Ernst* **Bernhard Günther:** Pädagoge, Heimatgeschichtsforscher, Mundartdichter, *11. 5. 1890 Arnstadt, †10. 11. 1973 Arnstadt, Sohn des Lageristen Günther Meiland und dessen Ehefrau Luise, 1896-99 Besuch der Knabenbürgerschule, 1899-1906 der Realschule in Arnstadt, 1906-10 Absolvierung des Landeslehrerseminars in Sondershausen, 1910-34 Tätigkeit als Schulleiter, Lehrer und Kantor in Geschwenda, Verfasser zahlreicher heimatgeschichtlicher Beiträge zur Orts-und Familiengeschichte von Geschwenda und Gräfenroda sowie von Gedichten in Geschwendaer Mundart, veröffentlicht in den *Heimatglocken für Gräfenroda und Umgegend* und im →*Arnstädter Anzeiger*, 1934-45 Lehrer an der Knabenbürgerschule Arnstadt, widmete sich heimatgeschichtlichen Forschungen und der Pflege der *Arnschter* Mundart, es entstanden zahlreiche Mundartgedichte und *Schnärzchen*, bis 1957 Tätigkeit an der Pestalozzischule, Aufgabe des Lehrerberufs aus gesundheitlichen Gründen, ab Juli 1957 mit 67 Jahren fast bis zum seinem Tod ehrenamtliche Tätigkeit als Museumsführer im Schloßmuseum Arnstadt, Bearbeitung der Bestände der Museumsbibliothek, seit 1956 Kreisbeauftragter für Denkmalpflege, erstellte erstmals eine Kartei über die denkmalgeschützten Objekte im Arnstädter Kreisgebiet, ab 1951 ehrenamtliches Mitglied des Volkskunstkabinetts Arnstadt und Leiter der Fachkommission Volkskunstforschung, Bearbeitung der von der Universität Jena herausgegebenen Fragebogen zur Thüringer Mundartforschung für Geschwenda und Arnstadt, zahlreiche heimatgeschichtliche Veröffentlichungen, Mitglied des Thüringer Lehrerbundes, Mitglied der →Museumsgesellschaft, Mitglied des Kulturbundes (Kommission für Natur und Heimat), sehr heimatverbunden, schätzte *Thüringer Rostbratwurst und gutes Arnstädter Bier*, der größte Teil seines schriftlichen Nachlasses in Privatbesitz, Gedenktafel in Geschwenda.

W *Die Scheiben und Kleinode der Schönbrunn-Schützengesellschaft von 1717*. In: Alt-Arnstadt 11(1936), S. 65-84; *Arnstadt in Lied und Sang*. In: Alt-Arnstadt 12 (1939), S. 92-102; *Die Denkmale der Stadt Arnstadt*. In: KS H. Jan. (1956), S. 6-8; *Die Denkmale des Landkreises Arnstadt*. In: KS H. Juni (1956), S. 2-7; *Bedeutende Persönlichkeiten des Kreises Arnstadt (Geschichtswissenschaftler und Heimatforscher)*. In: KS H. Dez. (1958) und H. Febr.-März u. Juni-Juli (1959); *Bedeutende Persönlichkeiten des Kreises Arnstadt (Wissenschaftler, Dichter und Schriftsteller)*. ebd. H. Okt. u. Dez. (1960) und (1961) H. Jan.-Mai u. Juli (1961); *Steinkreuze im Kreise Arnstadt*. In: Beiträge zur Heimatkunde des Kreises Arnstadt 1 (1960), S. 69-72; Mundartgedichte: *Dahlchnfäst, Wollmarkt, Schiddchen,*

Ernst Meiland

Mohnekuchn, Offn Bummel en der Aerforder Schtraße, Karpfn, Schleddenfahrn, Friher of dr Schtraße, Quätschenmus, Arnscht, Hanifn, De Grebbe, Off dr Eisbahn, Offn Arnschter Schwinnemarkt, Arnscht-Sied, In dr Weihnachtszeit, Driewe Daache, Ärdäpfel, Ewche Gesätze, Novemberdaache. In: BHSKA 9 (1990) u. AVAU 1 (1991) u. 5-8 (1995-98).

L Unger, Peter: Ernst Meiland (1890-1973). In: BHSKA 9 (1990), S. 99f. (Porträt).

Andrea Kirchschlager

Meinhardt, Christian August *Ferdinand*: Buchhändler, Verleger, *12. 4. 1809 Tambuchshof/Wölfis, †26. 2. 1881 Seehausen/Altmark, Sohn des Ratsziegelhüttenbesitzers Christian Friedrich Ernst Meinhardt und dessen Ehefrau Catharina Margarethe, geb. Schneider, 1839 Eheschließung in Arnstadt mit Johanne Elisabethe Amalie, geb. Silber, 1837 Kauf der Buchhandlung von Buchhändler Gustav David Kluge und Erteilung des Fürstlichen Privilegs, Verleger der Zeitschrift *Unterhaltende und belehrende Blätter für den Handelsstand* (1846-48) und Herausgeber, Verleger und Redakteur der →*Thüringer Zeitung* (1847/48), 1849 zweimalige Verurteilung wegen *Preßvergehen* in seiner Zeitung *Thüringer Reform* zu einer zweimonatigen Gefängnisstrafe (Beleidigung der Nationalversammlung in Frankfurt a./M., bezeichnete deren Mitglieder als *politische Nachtwächter* und Abdruck eines Artikels *Offener erster Brief an Seine Majestät den deutschen Michel*, da von *blutigen Gräuelthaten* der Könige von Preußen, Sachsen und der anderen Staatsoberhäupter an ihren Untertanen die Rede war, sollte die Anklage auf Majestätsbeleidigung ausgeweitet werden, wozu es aber nicht kam, da der Fürst von Schwarzburg-Sondershausen *solche Maaßlosigkeiten der Presse* verzieh und das Ganze *nicht erst noch mit dem Glanze des Märtyrerthums umgeben werden* sollte),

Mitglied des Bürgervereins der Stadt Arnstadt und des Volksvereins der Oberherrschaft Schwarzburg-Sondershausen 1848, unterhielt eine Buchhandlung und Lesebibliothek im Gasthaus *Schwan* auf dem Holzmarkt, die er nach dem Tod seines 1854 verstorbenen Bruders Theodor Meinhardt ab 1857 als Geschäftsführer leitete und die erst 1862 in sein Eigentum überging, da die Fürstlichen Regierung ihm wegen seiner Vergehen in den Jahren 1848/49 noch immer mißtraute, obwohl *Meinhardt der allgemeinen Stimme nach bei den Untersuchungen von 1848 und 1849 von Anderen vorgeschoben wurde und so gutmüthig war, für Andere zu büßen*, 1881 Rentier und Geschäftsübergabe an Sohn Hermann Meinhardt. In seinem Verlag erschienen u. a.: *Deutsches Schimpfwörterbuch oder die Schimpfwörter der Deutschen.* (1839), J. C. von →Hellbach: *Nachricht von der sehr alten Liebfrauenkirche und dem dabei gestandenen Jungfrauenkloster zu Arnstadt.* 2. Aufl. (1839), A. H. A. →Hatham: *Der Thüringer Wald und seine Umgebung, Vertheidigung in der wider den Buchhändler Herrmann Alexander von Berlepsch zu Erfurt eingeleitete Criminal-Untersuchung* (1847), W. →Alexis: Arnstadt. *Ein Bild aus Thüringen.* (1851).

Q KB Arnstadt, Trauregister Nr. 6/1839, Seelenregister II d, ThStAR, Minist. Sonders. Abt. Inneres, Nr. 3098, Der Deutsche v. 3. 2. 1863, Nr. 15.

L Hatham 1841, S. 350f.; Ziegenhardt, Andrea: Vor 150 Jahren - Arnstadt in der Revolution von 1848/49. In: AVAU 8 (1998), S. 64 u. 85f.

Andrea Kirchschlager

Meinhardt, Christian Heinrich: Bürgermeister, *1774, †1852 Arnstadt, 1810 u. 1812-38 zweiter Bürgermeister, Auditeur und Regierungsadvokat, ab 1818 Rat, 1839-48 erster Bürgermeister, ab 1844 Justizrat, am 16. 6. 1848 Entlassung aus dem Amt des Bürgermeisters auf

eigenen Wunsch durch den Fürsten, Meinhardt hatte schon seit längerem die Absicht wegen seines hohen Alters (74 Jahre) aus dem Amt zu scheiden.

W *Bericht des Bürgermeisters Meinhardt über die Arnstädter Unruhen im Jahre 1848.* In: Alt-Arnstadt 5 (1917), S. 103-108.

Q KAA, Bestand Stadt Arnstadt, Sign. 030-01 (Verzeichnis der Arnstädter Bürgermeister 1282 ff.).

L Ziegenhardt, Andrea: Vor 150 Jahren: Arnstadt in der Revolution von 1848/49. In: AVAU 8 (1998), S. 67 u. 75. *Andrea Kirchschlager*

Meisterernst (geb. Schöny), Maria Gertrud Klara *Ursula*: Oberbürgermeisterin während der amerikanischen Besatzungzeit, Dr. phil., *15. 4. 1920 Potsdam, Tochter des Regierungsrats Stephan Joseph Otto Schöny und dessen Ehefrau Maria Josepha Aloysia, geb. Arzt, wohnte in Heidelberg, 1945 Eheschließung in Arnstadt mit *Walter* Wilhelm Hans Meisterernst, am 12. 4. 1945 wegen der Besetzung durch amerikanische Truppen als Dolmetscherin bei der Stadtverwaltung eingestellt, ab 1. 5. 1945 auf Anweisung des Kommandanten der amerikanischen Regierung mit den Vollmachten des Oberbürgermeisters eingesetzt, wohnte während dieser Zeit Fuhrmannsweg 6 bei Dr. Karl Keil, 22. 6. 1945 Absetzung von ihrem Posten als *Vermittler* des Oberbürgermeisters, vor dem 29. 6. 1945 von Arnstadt nach Kassel verzogen.

Q KAA, Bestand Stadt Arnstadt, Sign. 121-21-2.

Andrea Kirchschlager

Meizner, Johann Wilhelm: Landwegeinspektor, Geometer, Zeichner, *25. 5. 1729 Wipfra, †24. 4. 1804 Arnstadt, schuf zwischen 1766 (→Augustenburg) und 1802 (Possen und Sondershausen) Federzeichnungen, meist koloriert, als Landkarten oder Ansichten von Orten und Bauten des Schwarzburger Landes: Arnstadt von Osten, Mühlburg, Plaue, Paulinzella, Rothenburg/Kyffhäuser u. a. Rosenburg soll nach einer Zeichnung von Meizner (nach Abb. auf einem Stein im Stall des Vorwerks Käfernburg) einen Kupferstich der →Käfernburg gefertigt haben. Zwei Landkarten mit Ortsansichten von 1783: das Fürstentum Schwarzburg-Sondershausen, das Fürstentum Schwarzburg-Arnstadt (Schloßmuseum Sondershausen). Ansichten veröffentlicht in Bach 2000, Abb. S. 57 (Augustenburg, 1766) und Thiele 2003, Abb. S. 64 (Arnstadt, 1783, Ausschnitt). *Helga Scheidt*

Melissantes: Pseudonym für Gregorii, Johann Gottfried, Pfarrer, Schriftsteller, *17. 2. 1685 Toba, †4. 8. 1770 Dornheim, nach dem frühen Tod der Eltern wuchs er bei seinen erwachsenen Geschwistern auf, Studium der Theologie, danach mehrjähriger Aufenthalt in Arnstadt, 1715 Magister, bis 1720 Tätigkeit als Hauslehrer, neben theologischen Studien beschäftigte sich Melissantes, der seine Werke mit Pseudonym als auch mit bürgerlichem Namen autorisierte, mit Geographie, Geschichte und Altertumskunde, aber auch mit Problemen der Psychologie und Pädagogik, ab Oktober 1720 Pfarrer in Siegelbach und Dosdorf und ab Oktober 1733 in Dornheim.
W *Wohl eingerichtete Welt- Land- und Städtebeschreibung* (Erfurt 1708), *Das jetzt florirende Thüringen* (Erfurt 1711), *Curieuser Affecten-Spiegel* (Arnstadt 1715), *Orographia derer berühmtesten Berge In Europa Asia Africa und America* (Erfurt 1715), *Neu=eröffnete Schatz=Kammer Römischer Antiquitäten* (Arnstadt 1715), *Traurige Schaubühne* (Arnstadt 1716), *Römische Haußhaltungs- Kriegs- und Calender-Kunst* (Arnstadt 1716), *Neu-eröffnte Schatzkammer Griechischer Antiquitäten* (Arnstadt 1717), *Genealogische Beschreibung einiger Fürstlicher Häuser und Gräfflicher Familien des Heil. römischen Reichs* (Arnstadt 1719), *Berg=Schlösser In Teutschland* (Frankfurt/Leipzig 1721).
L Unger, Peter: Johann Gottfried Gregorii „Melissantes" (1685-1770). In: Dornheimer Geschichte und Geschichten. Dornheim 2001, S. 25-30. *Peter Unger*

Merbach, *Günter* Alfred Walter: Marlittforscher, *4. 9. 1928 Elbing/Polen, †16. 7. 2003 Arnstadt, verbrachte einen Teil der Kindheit in Konstanz, wohin seine Familie von Ostpreußen gezogen war, 1958 Übersiedlung von Butzbach/Hessen in die DDR, lebte in Halle und später in Leipzig, Mitglied im Zirkel schreibender Arbeiter, seit 1976 in Arnstadt, große Verdienste um das Andenken der →Marlitt, 1990 Mitbegründer und Vorsitzender der Interessengemeinschaft Marlitt (seit 1998 e. V.), Mitinitiator des 1991 eröffneten Literaturkabinetts im Stadtgeschichtsmuseum, der Wiedererrichtung des 1951 entfernten Mar-

litt-Denkmals, hielt zahlreiche Lesungen und Vorträge über Leben und Werk der Marlitt, knüpfte Kontakte zu Wissenschaftlern aus Europa und den USA, das Internationale Symposium anläßlich des 115. Todestages der Marlitt am 22. 6. 2002 in Arnstadt ging ebenfalls auf seine Initiative zurück, Mitglied der Literaturhistorischen Gesellschaft Thüringens, wohnte seit 2001 in der Marlitt-Villa.
W *E. Marlitt-Das Leben einer großen Schriftstellerin* (Hamburg 1992).
Q TA v. 22. 7. 2002 (Nachruf).
L Merbach, Günter: Das Ziel der IG Marlitt. In: AHB 26 (1991), S. 18-24. *Andrea Kirchschlager*

Mergell, August: Brauerei, Am Häckerstieg bzw. Am Fürstenberg 1, in das HR eingetragen am 19. 5. 1876 mit dem Gründungsdatum vom 5. 4. 1876 durch den Bierbrauer August Mergell (*19. 6. 1828 Bleiwäsche/Kreis Büren, †14. 9. 1899 Arnstadt, Sohn des Försters Wilhelm Mergell und dessen Ehefrau Margarethe, geb. Hirscher, Eheschließung mit Franziska Elisabeth, geb. Kloke, Mitglied der →Museumsgesellschaft, Grab →Neuer Friedhof), 1887 wurde durch Mergell eine bei der Pollmann'schen Ölmühle befindliche Quelle gefaßt und zur Brauerei geleitet, durch die Fa. Elektrotechnik- und Maschinenbau Bernburg wurde die Brauerei 1889 mit elektrischer Beleuchtung ausgestattet, dazu gehörten 1 Dynamomaschine, 2 Bogen- und 70 Glühlampen, 1898 wurde die Fa. in eine OHG umgewandelt, deren Vertreter August Mergell, dessen Sohn August und Schwiegersohn Peter Wald wurden, nach dem Tod von August Mergell führten Sohn und Schwiegersohn die Gesellschaft unter Änderung des Namens in *Felsenkeller-Brauerei A. Mergell* fort, August Mergell jun. führte ab 1919 die Fa. allein weiter, am 30. 4. 1921 Gründung einer GmbH Mergell-Bahlsen aus wirtschaftlichen Gründen, beide Betriebe behielten jedoch ihre Selbständigkeit, gemeinsamer Vertrieb der Produkte, 30. 9. 1930 Gründung der Brauerei Mergell, AG mit dem Sitz in Arnstadt, führte die bisherige Felsenkeller-Brauerei A. Mergell (13. 2. 1932 im HR gelöscht) sowie die GmbH Mergell-Bahlsen fort, Gründer der Gesellschaft waren Brauereibesitzer August Mergell, die Firma Brauerei Mergell-Bahlsen, GmbH, der Steuersyndikus Otto

Burgsmüller, der Kaufmann Fritz Hüttner und der Kaufmann Otto Rößiger, alle aus Arnstadt, sie besaßen gleichzeitig alle Aktien, zum Vorstand gehörten August Mergell (schied 1932 aus, †1937) und Fritz Hüttner (ab 1932 alleiniger Vorstand), 1937 Niederlassungen in Erfurt, Ilmenau, Gotha, Ohrdruf, Schmalkalden und Suhl, während des Krieges Einschränkungen durch Rohstoffmangel, teilweise Einstellung der Produktion, die Fa. überstand diese Zeit relativ unbeschadet. Die Felsenkeller-Brauerei wurde nach dem Krieg in Treuhandverwaltung übernommen und 1955 zum VEB →Brauhaus Felsenkeller umbenannt.

Q KAA, Bestand Kreistag u. Rat des Kreises Arnstadt, Nr. 1340, 1354; ANIB 1876-1919; AA 1929-42.

Heidrun Fröhlich

Metallbau: VEB, Wagnergasse 18, gegründet am 1. 1. 1969 durch Zusammenschluß des VEB →Schuhmaschinenbau mit dem VEB →Stanzmesserfabrik, Zulieferbetrieb für die Schuhindustrie, insbesondere für die Schuhfabrik Paul Schäfer Erfurt, hergestellt wurden Stanzmesser, Formen für die Schuhindustrie und für andere Industriezweige, wie für die Landmaschinenindustrie, Autoindustrie (Scheinwerfer, Blinkleuchten) sowie Transportanlagen (Fließbänder), auch für die Textil- und Lederwarenindustrie, in geringem Maße auch noch Schuhmaschinen, zwischen 1970-74 war zusätzlich der VEB Holzleistenfabrik Möbiusburg angegliedert, 1976 Inbetriebnahme einer neuen Produktionshalle in der Quenselstraße, 390 Beschäftigte, davon 308 Produktionsarbeiter, ab 1. 1. 1981 neue Betriebsbezeichnung: VEB Zentraler Forschungs- und Rationalisierungsbetrieb Weißenfels, Betrieb des VEB Kombinat Schuhe, Werk II, VEB Metallbau, am 1. 1. 1988 wurde der VEB Schuh – Design, ein sozialistischer Großbetrieb, mit 2.600 Werktätigen im VEB Kombinat Schuhe gegründet, Ziel: einheitliche Leitung von der Forschung und Entwicklung bis zur Produktion, diesem gehörten an: das Zentrum für Forschung und Rationalisierungsmittelbau in Weißenfels mit den Bereichen Forschung, Projektierung und Rationalisierungsmittelbau *Compart*, der Formen- und Musterbau in Weißenfels, das Werk Metallbau Arnstadt (Stanzmesser, Formen, TUL-Anlagen), das Lederfaserwerk in Siebenlehn, die

Brandsohlenfabrik Böhlitz–Ehrenberg, das Werk Schuhchemie in Erfurt, das Werk Schuhchemie in Leipzig-Mölkau, 1990 zerfiel dieser Großbetrieb, der VEB Metallbau wurde ab 1. 3. 1990 wieder juristisch selbständig und in Metallbau Arnstadt GmbH umgewandelt, zwischen 1990-91 sank die Zahl der Beschäftigten bereits von 464 auf 345, auch diese GmbH zerfiel, bis 1993 bestand die Metallbau GmbH nur noch aus dem Heizhaus, welches die städtischen Bereiche wie Rankestraße, einige Gebäude auf dem Markt und dem Holzmarkt mit Wärme versorgte, am Standort Wagnergasse 18 zog die Fa. WTT Fördertechnik ein, die Förderanlagen für den innerbetrieblichen Transport herstellt.

L Sauer, Rolf: Geschichte der Betriebe Fa. Rud. Ley AG, VEB Schuhmaschinenbau, VEB Metallbau. 1988. *Heidrun Fröhlich*

Metges-Mühle: Handelsmühle, Mühlweg 4, eingetragen in das HR am 26. 6. 1880, Inhaber Ernst Metge, ab 1. 1. 1919 OHG, 1927 Eröffnung einer Stadtniederlage (Speicher) in der Längwitzer Str. 13 (Wacholderbaum), 1931 als Thüringer Vitalin-Werke Arnstadt bezeichnet, da hier vitaminreiches Mehl durch ultraviolette Bestrahlung (Vitalin) hergestellt wurde, 15-20 Beschäftigte, saisonbedingt über 100, produziert wurden Getreide, Futter und Düngemittel, am 14. 2. 1955 brannte die Mühle komplett ab.

Q KAA, Bestand Stadt Arnstadt, Sign. 008-25; Bestand Kreistag u. Rat des Kreises Arnstadt, Nr. 1165, 1323; ANIB 1880-1920; AA 1923-40.

Heidrun Fröhlich

Milchhof: GmbH, Quenselstr. 16, Gründung der Genossenschaft Milchhof mit Unterstützung der Kreislandwirtschaftskammer Arnstadt am 23. 2. 1928, Baubeginn im Juli 1928, Entwurf Architekt Martin →Schwarz, Hauptfront des Gebäudes liegt nach der Quenselstr., Das ganze Gebäude wurde massiv errichtet, sämtliche Wände aus Ziegelstein, Decken-, Treppen- und Dachkonstruktion aus Eisenbeton, für die Betriebsräume wurden durchweg eiserne Fenster und Türen gewählt, Außentüren und ein großer Teil der Innentüren wurden als Schiebetüren ausgebildet, für die Kaltwasserversorgung wurde im rückwärtigen Hof ein eigener Brunnen gebaut, bei der Gestaltung des Äußeren wollte man

Milchhof Arnstadt, 1959

Absatz der Produkte in ganz Thüringen, mehrere Auszeichnungen der Milchprodukte für allerbeste Qualität, zu Beginn 18 Beschäftigte, später bis zu 48, bald hatten sich weitere Milchproduzenten zu einer „Milchzentrale" GmbH zusammengeschlossen, Produktionsstätte Krappgartenstraße, Ziel: Erzeugung und Verwertung von Milch und Milchprodukten, die Erzeugung und der Vertrieb von Kunst- und Speiseeis, im Juni 1934 erfolgte in „freundschaftlicher Vereinbarung" der Zusammenschluß beider Betriebe (ministerielle Verfügung), ehemalige Produktionsgebäude der Milchzentrale wurden zum Verkauf angeboten, 1936 modernster milchwirtschaftlicher Großbetrieb mit Dauererhitzung und Tiefkühlanlage, Herstellung Deutscher Markenbutter, 1937 verließen den Betrieb: 3½ Millionen Liter Milch, 14.000 Liter Schlagsahne, 7.000 Liter Saure Sahne, 308.045 kg Butter, 40.376 Liter Vollmilch wurden alljährlich auf Flaschen gefüllt, davon 8.500 Liter als Schokotrunk, 1938 tägliche Anlieferung von 32.000-35.000 Liter Milch aus rund 60 Orten des Kreises, im Frühjahr 1945 Artilleriebeschuß und Plünderungen, kurzzeitige Einstellung des Betriebes, nur noch ¾ der Vorkriegsmenge an Milch wurde angeliefert, neue Bezeichnung 1949: Genossenschaft Milchhof Arnstadt, Raiffeisen eGmbH mit 1.800 Mitgliedern, 1961 Bildung des Milchkombinates mit den Betrieben Arnstadt (Trinkmilch, Butter und Speisequark), Großliebringen (Camembert-Produktion) und Dienstedt (Entrahmungsstation), neuer Name: VdgB Molkereikombinat Arnstadt, 22. 11. 1967 Gründung eines Kooperationsverbandes Milch mit 25 Mitgliedern: 19 LPG, 1 VEG, Tierzuchtinspektion, Kreisbetrieb für Landtechnik, HO-Kreisbetrieb, Konsum-Kreisverband, Molkereikombinat (zur Produktionssteigerung) rund 600 Abnehmer der Milchprodukte, deren Palette erweitert wurde durch Quark mit verschiedenen Zusätzen (täglich 25.000 Becher).
Größere Investitionsmaßnahmen erfolgten 1961/62 und 1976/77, im April 1990 Gründung der Westthüringer Milchwerke GmbH als Nachfolger des Kombinates Milchwirtschaft, beteiligt waren die Milchhöfe in Erfurt und Leinefelde sowie die Molkereigenossenschaften Weißensee, Weimar, Bad Langensalza und Arnstadt, 40% der Arbeitskräfte wurden ent-

einen einfachen, gediegenen Bau schaffen, der dem Zweckbedürfnis diente und dieses auch architektonisch zum Ausdruck brachte, die Außenfronten sind durchweg mit Bucaklinkern verkleidet, deren warmer, lebendiger Farbton eine ausgezeichnete Flächenwirkung ergab. Die umlaufende Eisenbetonrampe verlieh dem Bau ein besonderes Gepräge. Als Schmuck diente lediglich eine Firmeninschrift in großen Antiqua-Metallbuchstaben, über den Fenstern des Obergeschosses der Hauptfront an der Quenselstraße: MILCHHOF ARNSTADT, es beeindruckt die ausgewogene, neusachliche Baukörperkomposition, die von kunststeinernen Gesimsen und zu Reliefs gefügten Klinkerschichten zusammengehalten wird, zum Antrieb der Anlage diente eine Dampfmaschine mit Diffusor-Steuerung, die Einrichtung des Betriebes erfolgte durch die weitbekannte Spezialfirma Ed. Ahlborn A.G. in Hildesheim, Gesamtbauzeit von kaum fünf Monaten, eröffnet am 4. 12. 1928, günstige Lage an der Ecke Quenselstraße/Mühlweg für den An- und Abtransport, auch Möglichkeit eines Gleisanschlusses zur Ichtershäuser Bahn war gegeben, Betrieb entsprach allen technischen, wissenschaftlichen und modernen Anforderungen, bereits 450 Mitglieder bei der Gründung, Herstellung von dauererhitzter, keimfreier Frischmilch, Schlagsahne, Speisequark, Tafelbutter und verschiedene Käsesorten, u. a. ein kleiner Frühstückskäse mit dem Namen *Marlitt*, Produkte erschienen mit der Aufschrift Dampfmolkerei Arnstadt eGmbH,

lassen, bereits im Juli 1990 zeichnete sich die Schließung des Arnstädter Betriebes als Produzent ab, lediglich als Auslieferungslager sollte der Betrieb noch dienen, die im September 1990 gegründete Fa. Lang GmbH, Milchtransporte, nutzte die Lagerhalle und dazu einige Büroräume des ehemaligen Arnstädter Milchhofes in der Quenselstraße, die Fa. beschäftigte 1991 20 Mitarbeiter, 10 stammten aus dem ehemaligen Milchhof, Gebäude heute in vernachlässigtem Zustand.
Q KAA, Bestand Stadt Arnstadt, Sign. 008-47; AA v. 2. 12. 1928, Nr. 284; AA 1928-41; DV 1946-78; TA 1990/91.
L Architekturführer Thüringen. Vom Bauhaus bis zum Jahr 2000. Weimar 2000, S. 300.

Heidrun Fröhlich

Minner, Ernst: Mineralmühle (Schwerspat) sowie Spinnerei und Weberei, Mühlweg 7, gegr. 1865 von Ernst Minner, ab ca. 1879 auch Herstellung und Verkauf von Schwemmsteinen in verschiedenen Größen, ab 1885 waren Heinrich Minner und ab 1891 Otto →Minner Prokuristen, die ab 1. 12. 1892 gemeinsam mit Ernst Minner eine OHG gründeten, letzterer schied am 1. 4. 1893 aus der Gesellschaft aus, angeboten wurde um diese Zeit u. a. weißer Quarzsand zur Herstellung von Gartenzwergen, ab 1. 7. 1898 schied Otto Minner aus der Fa. aus, Heinrich Minner betrieb die Fa. unter bisherigem Namen weiter, 1919 trat Alfred Minner als Prokurist in die Fa. ein, am 21. 12. 1920 Gründung der Ernst Minner GmbH, Geschäftsführer Alfred und Heinrich Minner, Übernahme der Geschäfte der bisherigen Fa. Ernst Minner, 1929 Konkursverfahren über das Vermögen der Fa. Ernst Minner GmbH, Mühle lag mehrere Jahre still, wurde 1940 durch Max Kotzan erworben und für die Errichtung seiner Fabrik →MAKO genutzt, 2001 Straßenbenennung (Ernst-Minner-Straße) im Gewerbegebiet Arnstadt-Rudisleben.
Q ANIB 1869-1920; AA 1923-29. *Heidrun Fröhlich*

Minner, Otto: Mineralmühle, Friedrichstr. 24, am 30. 6. 1898 in das HR eingetragen, diese Fa. lieferte u. a. Düngegips und Düngekalk, am 20. 8. 1901 umgewandelt in eine OHG mit dem Namen Otto Minner & Co., am 18. 6. 1908 wurde Konkurs angemeldet, der Kauf der Schwerspatgrube Mathilde bei Rothenburg/Fulda und die ungünstige Wirtschaftslage hatten die Situa-

tion ausgelöst, das Geschäft Otto Minner & Co. wurde an die Otto Minner & Co. GmbH veräußert, welche am 7. 9. 1908 gegründet wurde, Inhaber waren Otto Minner und der Gastwirt Hermann Müller, Gegenstand des Unternehmens war wie bisher die Vermahlung von Braunstein und anderen Mineralien sowie der Handel mit Mineralien, der Antrag auf Legung eines zweiten Gleisanschlusses zur Porzellanfabrik (Friedrichstr. 22, Mardorf & Bandorf) wurde 1910 genehmigt, erneutes Konkursverfahren 1913 wegen Überschuldung, Otto Minner war inzwischen alleiniger Gesellschafter (Müller 1909 ausgeschieden), GmbH wurde an die →Thüringer Braunstein- und Mineralmahlwerke GmbH in Arnstadt verkauft.
Q ANIB 1898-1916. *Heidrun Fröhlich*

Minner, Wilhelm: Kaufmann, Unternehmer, *3. 12. 1848 Tübingen, †24. 3. 1937 Arnstadt, Sohn des Stadtrates Christian Heinrich Minner und dessen Ehefrau Louise Dorothee, geb. Haarer, Eheschließung mit Auguste Bertha *Elise*, geb. Minner, kam 1876 nach Arnstadt, gründete am 8. 1. 1877 die Fa. Wilhelm Minner, Bergbauprodukte (Mineralmühle), in der Ritterstr. 1 zeitweilig Faßbau für die hergestellten Produkte, ab 1. 1. 1912 OHG, Walter und Hermann Minner waren Mitgesellschafter, schied zum 1. 1. 1928 aus der Firma, seine Söhne Walter (bis 1948 im Betrieb, nicht entnazifiziert) und Hermann führten die Firma bis ca. 1954 fort, stellte 1901 als *Stiftung eines Ungenannten* 25.000 Mark zur Verfügung, von denen 5.000 Mark als Grundstock zur Errichtung des →Bismarckbrunnens und 20.000 Mark für Arme verwendet werden sollten, mit dem Wunsch erst nach seinem Tod als Stifter genannt zu werden, wenige Jahre später ließ er diesem Betrag weitere 25.000 Mark für gleiche Zwecke folgen, war 12 Jahre Mitglied des Gemeinderates, dem Schwimmsport verbunden, wohnte Lohmühlenweg 2, das Wohnhaus, ein repräsentativer zweigeschossiger Bau im Neoklassizismus mit Garten und Pavillon, wurde 1909/10 nach Entwürfen des Malers und Architekten Paul Schultze-Naumburg, Weimar gebaut, Grabmal →Neuer Friedhof.
Q KAA, Bestand Stadt Arnstadt, Sign. 157-03-1, AA v. 25. 3. 1937, Nr. 71 (Nachruf und Todesanzeige).
L Tag des offenen Denkmals im Ilm-Kreis 2003, S. 20.

Andrea Kirchschlager / Heidrun Fröhlich

Möbelwerk: VEB, gegründet am 1. 1. 1972 mit der Übernahme der Fa. BSB Fr. Hermann →Zetzsche, Holz- und Metallwarenfabrik in Volkseigentum, einige technische Neuerungen: Fließbandfertigung, Einbau eines Lastenaufzuges, fertig beschichtete Platten wurden durch das Möbelkombinat Erfurt geliefert, Spezialisierung auf Jugendmöbel und Wohnzimmerschrankwände, am 1. 1. 1979 Zusammenschluß der VEB Möbelwerke Arnstadt und Gräfenroda sowie des VEB Büromöbelwerkes Arnstadt (ab 1972, vordem Möbelfabrik von Hans Egger, Schwarzburger Str. 7, gegr. 1. 12. 1933), zum VEB Möbelkombinat Erfurt gehörig, 1. 1. 1981: durch wissenschaftlich-organisatorische Maßnahmen Umwandlung in VEB Möbel und Plast Arnstadt im VEB Thüringer Möbelkombinat Suhl, 1990 Auflösung des Kombinates, Umwandlung des Arnstädter Möbelwerkes in eine GmbH, 1991 von der Treuhandgesellschaft an den Inhaber der CEKA-Büromöbelwerke im hessischen Alsfeld, Ernst-Walter Krause, übergeben, Namensänderung: Arnstädter Büromöbel GmbH & Co. KG, eigenständige und unabhängige Produktion von Büromöbeln wie Schreib- und Computertische, Stühle, Schränke, Regale, Gebäude aus den 20er Jahren wurden saniert und restauriert, Geräte- und Maschinenpark modernisiert, rund 70 Mitarbeiter entsprechend geschult, Arnstädter Büromöbel stehen in vielen Büros in Deutschland, England und Frankreich, z. B. im Erfurter Amtsgericht, in der Fa. Aerospace in Hamburg, im Landratsamt Eisenberg, in polnischen Zollämtern oder im Thüringer Wissenschaftsministerium, ab 1996 wurden auch Objektmöbel für Pflegeheime hergestellt, 1997 Abriß des alten Wohnhauses zur Schaffung von Platz für die Logistikstrecke, 2001 115 Mitarbeiter, davon 15 Lehrlinge, 10jähriges Bestehen, August 2003 Schließung des Betriebes unter Protest der Arbeitnehmer (Spruchbänder u. a. *2001 10 Jahre Bestehen gefeiert – 2003 Alle gefeuert*).
Q ThVZ v. 3. 12. 1945; FW v. 30. 11. 1993; TA v. 9. 3. 1998. *Heidrun Fröhlich*

Modehandschuh: VEB, Lederhandschuhfabrik, Riedmauer 10, entstand am 1. 1. 1972 durch die Verstaatlichung der Handschuhfabrik von O. & P. →Enders, ausgesprochener Frauenbetrieb mit rund 60 Beschäftigten (davon 11 Heimarbeiterinnen), ab 1. 1. 1977 Zusammenschluß von VEB →Bekleidungs- und Handschuhfabrik, VEB →Lederbekleidung und Lederhandschuhe und VEB Modehandschuh zum VEB →Arnstädter Handschuhfabrik, Produktion wurde systematisch in die Rosenstraße verlegt, später VEB Industrievertrieb für Rundfunk und Fernsehen Erfurt im ehemaligen Produktionsgebäude.
Q DV 1973-77. *Heidrun Fröhlich*

Modetreff: VEB, Gehrener Str. 11, gegründet am 1. 1. 1972 durch Zusammenschluß der Fa. →Ohrenschall & Andreß und eines Bekleidungsbetriebes in Gräfenroda (146 Beschäftigte), Produktpalette: Ein- und Zweireiher-Sakkos, z. T. im Norfolkstil, Blazer, Kanadische Holzfällerjacken, Damenmäntel aus Großrundstrick (Präsent 20), Mohair-Kapuzenmäntel (*midi*), Synthetische Webpelzmäntel für Damen und Herren, auch im Partnerlook mit dem Namen *Eskimo*, *Polar* und *Norwegen*, Exporte in die UdSSR, nach Dänemark, Schweden, in die BRD, nach Frankreich und in die Niederlande, Messen in Leipzig, Göteborg und Köln wurden beschickt, 1. 1. 1981 Modetreff und VEB →Sportbekleidung wurden dem VEB Thüringer Kleiderwerke Gotha, Betrieb des VEB Kombinat Oberbekleidung Erfurt, angegliedert, VEB Kleiderwerke Gotha übernahm alle Rechte und Pflichten der beiden Arnstädter Betriebe (Modetreff - Werk V, Sportbekleidung - Werk IV), bereits am 1. 1. 1982 erneute Änderung in der Zuordnung der genannten Betriebe: VEB Thüringer Kleiderwerke Gotha wurde umbenannt in VEB Modetreff Thüringen mit dem Sitz in Arnstadt, Ichtershäuser Str. 6-8, 1990 Zerfall der bisherigen Strukturen, Antrag auf Reprivatisierung des VEB Modetreff, viele Beschäftigte mußten entlassen werden, da zunächst Aufträge ausblieben, Mitte 1990 Umwandlung in Modetreff GmbH, später in classique mode GmbH Arnstadt, jedoch noch immer abhängig von der Erfurter Mutterfirma (inzwischen Midek-Holding), Auflösung der Midek-Holding Erfurt wurde am 21. 12. 1991 beschlossen, am 27. 3. 1992 Beschluß zur Auflösung der classique mode GmbH Arnstadt, ehemalige Betriebsstätten in der Ichtershäuser Str. 6-8 (jetzt Expert Wendl, Küchenstudio Wendl und Zoohandlung) und der Gehrener Str. 11 (jetzt Wohnhaus) wurden im August 1992 zum Verkauf angeboten.
Q DV 1973-82 *Heidrun Fröhlich*

Möhring, C. G.: Gärtnerei, Lindenallee, Verkaufsgeschäft Holzmarkt 3, 1858 erstmals erwähnt, *Hoflieferant Sr. Durchlaucht des Fürsten von Schwarzburg-Sondershausen*, Inhaber Hugo Möhring, erhielt auf der Schlesischen Gartenbau-Ausstellung zu Liegnitz vom 5. 8.-10. 9. 1883 für ein reichhaltiges Sortiment Topfnelken eine Silbermedaille, verpachtete vom 1. 5. 1888-1. 5. 1900 die Gärtnerei an Max →Rudloff, neue Firmenbezeichnung C. G. Möhring, Inhaber Max Rudloff, im Angebot: Blatt- und blühende Pflanzen, Bindereien aller Art, Sämereien, Blumenzwiebeln, Dekorationen, Fa. wurde am 3. 7. 1900 im HR gelöscht.
Q ANIB 1878-1900.   *Heidrun Fröhlich*

Möller, Julius: Handschuhfabrik, 11. 7. 1864 auf dem Stoß'schen Grundstück an der Weiße von Julius Möller gegründet, zwei Handschuhmacher, drei Lehrlinge und einige Näherinnen stellten Glace- und Waschleder-Handschuhe her, 1866 wurden größere Produktionsräume in der Erfurter Str. 15 (später Kaufhaus Pommer bzw. Schwager) bezogen, 1871 Umzug zum Pfarrhof 1, am 28. 4. 1880 in das HR eingetragen, 1884 Konkursverfahren, durch angenommenen Zwangsvergleich aufgehoben, November 1901 bis Februar 1902 Streik der Handschuhmacher bei Möller um höhere Löhne, wurde durch gegenseitiges Einvernehmen beendet, fast alle wurden wieder eingestellt, 1903-05 auf dem Grundstück des *steinernen Hauses* Erweiterung des Betriebes durch Neubau, 1905 wieder Lohnkämpfe der Handschuhmacher, 1905 gab Julius Möller die Fa. an seine Söhne weiter, ab 1. 10. 1906 OHG Arnstädter Handschuhfabrik Julius Möller, Inhaber waren die Brüder Carl, Max und Paul Möller, Max Möller schied nach einigen Jahren aus, Firmengründer Julius Möller starb am 2. 11. 1910, Produkte der Fa. genossen ein großes Ansehen, z. B. bestellte die deutsche Kaiserin im Jahre 1911 Reithandschuhe sowie Lederhandschuhe für die Kronprinzessin und den Kronprinzen, 1913 weitere Lohnkämpfe, 1914 wurden rund 600 Leute, unter ihnen auch viele Heimarbeiterinnen beschäftigt, im Juli 1914 übergaben Karl und Paul Möller anläßlich des 50. Jahrestages der Firmengründung eine Stiftung in Höhe von 12.000 Mark an die Stadt (5.000 M davon zur Errichtung eines Brunnens vor dem neuen Staatsschulgebäude, 5.000 M zur Herrichtung des Sport- und Spielplatzes *Kaiser-Wilhelm-Rasen* und 2.000 M zur Verschönerung des →Rathauses). Am 1. 8. 1918 wurde die Arnstädter Handschuhfabrik Julius Möller AG errichtet, dieser wurde die Fa. Arnstädter Handschuhfabrik Julius Möller übereignet, Verkauf der Produkte in ganz Europa, selbst in Frankreich, dem Mutterland der Lederhandschuhe und in Amerika, bereits wenige Jahre nach Gründung des Betriebes Besuch der Leipziger Messen und Knüpfen von Handelsbeziehungen, Carl Möller, Mitbegründer und Vorstandsmitglied der AG, seit 1918 Kommerzienrat, verstarb am 14. 4. 1929, die Witwe Elly Möller wurde Vorstandsmitglied bis 1938, während des Krieges Großaufträge für die Wehrmacht (Marine, Heer, Luftwaffe), außerdem Aufträge für die Rüstungsindustrie (Flugzeugwerke, Schwerindustrie, Werften usw.) und andere Behörden wie Polizei, Reichsbahn, Reichspost.1945 kam die Produktion fast zum Erliegen, am 18. 10. 1946 verstarb Paul Möller, neues Vorstandsmitglied wurde dafür Carl-Heinz Cramer (Urenkel des Firmengründers), Herstellung von Arbeitskleidung und –handschuhen aus Mangel an Leder für die Handschuhproduktion, 1954 wurden hergestellt: Lederhandschuhe, Berufsbekleidung, Arbeitshandschuhe, Kofferhüllen, Diplomatentaschen aus Leder, Auflösung der AG, ab 1. 7. 1958 staatliche Beteiligung - Julius Möller KG, Handschuhfabrik und Bekleidungswerk, 185 Beschäftigte, 1962 mußte ein Teil der Produktion (Arbeitsschutzhandschuhe) einschließlich Maschinen und Arbeitskräften von der Fa. →Brehme & Siegel übernommen werden, 1963 Neuentwicklung von Ski-Fausthandschuhen, Cramer blieb bis zur Verstaatlichung zum VEB →Bekleidungs- u. Lederhandschuhfabrik 1972 Betriebsleiter.
Q KAA, Bestand Kreistag u. Rat des Kreises Arnstadt, Nr. 126, 257, 463, 651, 653; ANIB 1868-1921; AA 1922-44; AE v. 8. 7. 1964; DV 1967-71.
                                      Heidrun Fröhlich

Mollner (Molitor), Ludwig: Auch Ludwig von Arnstadt, Lebensdaten unbekannt, *um 1350, †um 1430, Studium in Prag, dort am 11. 12. 1368 *baccalaurius artium*, danach zog er nach Frankreich und studierte an der Universität Montpellier, als *magister artium montis Pessulani* Rückkehr nach Prag, wo er am 31. 5. 1373 als solcher in der philosophischen Fakultät Aufnahme fand, kurz davor, nach Dezember 1372, ließ er sich auch in der juristischen Fakultät eintragen. 1382 wurde Mollner *baccalaurius in decretis*, dann wohl Rückkehr nach Erfurt, gemeinsam mit Heinrich von Angern und dem Kustos Heinrich von Jechaburg Wahl zum Schiedsrichter beim großen Streit zwischen den Kapiteln Beatae Mariae Virginis und St. Severi am 15. 5. 1387. Deren Urteilsspruch wollten sich beide widerspruchslos unterwerfen. Mollner gehörte wohl keinem der beiden großen Erfurter Stifter an, was ihm vielleicht in den Augen der Universität und der Stadt eine gewisse Unabhängigkeit verlieh. Auf der anderen Seite war er ein einflußreicher Mann, denn er dürfte identisch sein mit dem Generalvikar des Propstes von St. Marien, Letzterer war der Kardinal Franziskus Moricotti, Bischof von Präneste, Vizekanzler der Römischen Kirche, als Generalvikar dieses einflußreichen Kirchenfürsten amtierte er in Erfurt, was ihm in der Stadt und im Archidiakonat von St. Marien Ansehen und Einfluß bis zur römischen Kurie hin verlieh, zugleich rangältester Magister der philosophischen Fakultät, in der Woche nach dem 2. Sonntag nach Ostern, zwischen dem 29. 4.-4. 5. 1392, als erster Rektor der Universität Erfurt gewählt, blieb zwei Jahre im Amt, galt als angesehener Jurist und erschien 1396 als Licentiat des kanonischen Rechts, spätestens 1397 muß er zum *decretorum doctor* promoviert worden sein, 1398 Mitarbeit an der Fertigstellung der älteren Statuten der juristischen Fakultät mit Konrad von Dryburg und Johannes Ryman, die er 1408 mit umarbeitete, im Wintersemester, am 18. 10. 1410, wurde Mollner zum zweiten Mal zum Rektor der Universität Erfurt gewählt, im gleichen Jahr stiftete er einen Altar im Leichenhaus der Bonifatiuskirche, der dem *heiligen cruczis* geweiht war und für den am 23. 11. 1426 ein Zins festgelgt wurde, den *Ludewigen Muller lerer geistlichs rechten* zu zahlen hatte, über den weiteren Lebensweg ist nichts bekannt. Q UB Arnstadt, Nr. 398, S. 238. Kleineidam, Erich: Universitas Studii Erfordensis. Teil 1, Leipzig 1985.

Peter Unger

Mon plaisir (Historische Puppensammlung): Bestandteil der Kunst- und Wunderkammer der Fürstin →Auguste Dorothea von Schwarzburg-Arnstadt, somit reines Anschauungsobjekt und nicht zum (Kinder-) Spiel bestimmt, 391 Figuren, 2.670 einzelne zeitgenössische (Miniatur-) Gegenstände in 82 verschiedenen Szenen (originale zeitgenössische Schaukästen), innerhalb des Genres der Puppenhäuser des 16.-19. Jhs. weltweit bedeutendste und quantitativ umfassendste Sammlung ihrer Art, vom Umfang und der Geschlossenheit der Sammlung weit über die Zielstellung vergleichbarer Puppenhäuser in Nürnberg, Amsterdam, Frankfurt/M. oder London hinausgehend, obwohl ein erster archivalischer Hinweis aus dem Jahre 1697 bereits die Anschaffung von Zubehör für eine Puppensammlung (damals noch für das Residenzschloß →Neideck) erwähnt, ist das Mon plaisir im wesentlichen in den zwanziger und dreißiger Jahren des 18. Jhs. auf dem Lustschloß der Fürstin Auguste Dorothea, der →Augustenburg, entstanden, für diese (wie für weitere) Sammlungen Entwicklung eines beträchtlichen Schuldenwesens, neben mehreren Nachweisen der Verschuldung 1707 Verleihe von 600 Reichstalern durch das Erfurter Ursulinenkloster, welches als Anhaltspunkt für die Gestaltung mehrerer Klosterszenen in der Mon plaisir-Sammlung gelten kann, jüngsthin Nachweis darüber, daß diese das Umfeld der Ursulinen tangierenden Szenen ihren Ursprung im Erfurter Ursulinenkloster haben oder über das Erfurter Ursulinenkloster nach Arnstadt vermittelt wurden, bis hin zur Tatsache, daß die Figuren im Mon plaisir bezüglich ihrer Machart mit zeitgenössischen Krippenfiguren identisch sind, des weiteren deutliche Hinweise auf das Ergänzen der Sammlung (ganz im Sinne einer Kunst- und Wunderkammer) durch Exponate, die lokal fernerer Provenienz entstammen (zeitgenössische holländische Puppen u. a.), Porzellane en miniature etwa zwischen 1670-1710 in China hergestellt, etliche keramische Erzeugnisse entstammen der Fayencemanufaktur Dorotheenthal bei Arnstadt, desweiteren sind verschiedene Miniaturgefäße und Geschirre →Arnstädter Fayencen, bis hin zu einer Vielzahl weiterer Miniaturgegenstände, die wohl Auftragswerke für Arnstädter Handwerker waren oder ganz einfach dahingehend ausgewählt wurden, ob sie nach inhaltlichen und vor allem dem Format der Puppenstuben entsprechenden Aspekten brauchbar waren (Tapeten, Stoffe, Schnitzereien, Kupferstiche usw., deren Provenienz bis heute im Detail nicht feststeht), hinsichtlich des Interieurs insbesondere der höfischen Szenen entspricht die Ornamentik der damals modernen Raumgestaltung der Régence (Laub- und Bandelwerkstil), des weiteren bürgerliches Interieur, Handwerkerszenen, auch Szenen unter freiem Himmel u. a., ursprünglich so aufgebaut, daß ein erstes Inventar von 1751 17 Positionen mit 15 Puppenhäusern aufführt und auch Szenen außerhalb der einzelnen Häuser erwähnt, nach dem 1765 erfolgten Abbruch der Augustenburg bis 1881 Bestandteil eines Raritätenkabinetts im Arnstädter →Waisenhaus, dann bis 1892 im →Neuen Palais zu Arnstadt, von 1892-1930 in Schloß Gehren, 1930/31 Aufbau der Sammlung im Arnstädter Schloßmuseum, seitdem dort Bestandteil der kunsthandwerklichen Sammlungen, als wohl bekanntester Sammlungsteil des genannten Museums bietet das Mon plaisir somit ein detailgetreues Abbild einer kleinen deutschen Residenzstadt der ersten Hälfte des 18. Jhs.

L Leber, Wolfgang: Die Puppenstadt Mon Plaisir. Veröffentlichungen der Museen der Stadt Arnstadt, H. 1 (1984); Klein, Matthias / Müller, Carola: Die Puppenstadt im Schloßmuseum zu Arnstadt. Königstein 1994; Klein, Matthias: Die Sammlung Mon plaisir im Schloßmuseum Arnstadt – Neuere Hinweise zur Herkunft der Puppen. In: AVAU 9 (1999), S. 7-17.
Matthias Klein

Morell, Andreas: Zeichner, Numismatiker, *1646 Bern, †1703 Arnstadt, Sohn des Salzverwalters Hans Jacob Morell (†1663), Ausbildung in St. Gallen und Zürich, 1673 Begegnung mit dem berühmten Arzt und Numismatiker Charles Patin (*1633, †1693) in Basel, der von Morells Zeichenkunst beeindruckt war und ihn nach Paris an das Königliche Münzkabinett empfahl, 1680 Paris, Anstellung als Zeichner am Königlichen Münzkabinett, Auseinandersetzung mit dem Leiter des Münzkabinetts wegen Lohnforderungen, deshalb 1688/89 Einsitzen in der Bastille, wo er auch weiterhin Münzen zu zeichnen hatte, bis der Rat der Stadt Bern an König Ludwig XIV. appellierte, 1692 Berufung an das Münzkabinett in Arnstadt als dessen Leiter.

W *Specimen universae rei numariae antiquae* (Paris 1683), *Epistola ad J. Perizonium de numis consularibus* (Arnstadt 1701).

L Berghaus, Peter: Das münzsichtige Arnstadt. In: BACH 2000, S. 121-135 (Porträt). *Peter Berghaus*

Mörlin, Joachim: Superintendent, *6. 4. 1514 Wittenberg, †23. o. 29. 5. 1571 Königsberg, Studium in Marburg und Wittenberg, 1536 Magister und 1540 Doctor der Theologie, 1539 Luthers Kaplan in Wittenberg, 1540 von Luther als l. Superintendent nach Arnstadt gesandt. Konsequente Handhabung der Kirchenzucht, seine Predigten und sein Eintreten für die Armen machten großen Eindruck, schafften aber auch Widerstände, mit seinem Bestreben und Eifer, der evangelischen Lehre in Arnstadt rasch allgemeine Geltung zu verschaffen, scheiterte er in Arnstadt. Parteienbildung in Anhänger (Mörlins schwarze Rotte) und Gegner, die seinen Fortzug betrieben - (sie stellten ihm ein Paar Schuhe vor die Haustür mit der Aufforderung: Stehe auf und wandle!), 1543 Amtsniederlegung auf Rat Luthers, nach mehreren Pfarrstellen 1553 Superintendent in Braunschweig und 1568 Bischof von Samland.

Joachim Mörlin

W *Postilla oder Summarische Erinnerung* (Erfurt 1587), *Predigten und Außlegungen über die Psalmen* (3 Teile, Erfurt 1580).

L Prautzsch, Hans: Joachim Mörlin. Berlin 1961; Thüringer Pfarrerbuch, S. 278; Diestelmann, Jürgen: Joachim Mörlin. Luthers Kaplan – "Papst der Lutheraner". Neuendettelsau 2003; Klette, Johannes: Dr. Mörlin. In: Heimatglocken Arnstadt 2 (1921).

Hans-Ulrich Orban

Mosche, Gabriel Christoph Benjamin: Superintendent, *28. 3. 1723 Großenehrich, †8. 2. 1791 Frankfurt/Main, Studium in Jena, 1744 Pfarrer in Sondershausen bzw. Greußen, 1749 Diakon der Predigerkirche in Erfurt, 1759 Superintendent in Arnstadt, Kirchenrat und Konsistorialrat, 1773 Dr. theol. h. c. (Universität Göttingen) und Geistlicher Senior Frankfurt/M., gab 1762 ein neues Arnstädtisches Gesangbuch heraus (1789 neues Gesangbuch Frankfurt/Main), Direktor des Arnstädter →Waisenhauses, betrieb 1766 dessen Neubau und gründete die Waisenhausdruckerei.

L *Thüringer Pfarrerbuch*, S. 281; Jahresberichte *zur Beförderung des Waysenhauses*, Arnstadt ab 1763.

Hans-Ulrich Orban

Mühlen: →Friedrichsmühle, →Günthersmühle, →Metges-Mühle →Neumühle, →Pollmann, Carl-Oelmühle.

Müller, *Heinrich* **Ludwig:** Bürgermeister, Landtagsabgeordneter, *7. 11. 1811 Arnstadt, †24. 6. 1881 Berlin, Sohn des Korporals im Fürstlich Schwarzburg-Sondershäuser Rheinbundkontingent Johann Christian Müller und dessen Ehefrau Margarethe Elisabeth, geb. Genschel, Eheschließung 1844 mit Rosalie Pauline, geb. Möller, verw. Rauch, Königlich preußischer Oberlandesgerichts-Referendar, tätig als Rechtsaktuar, am 26. 10. 1848 Wahl zum Bürgermeister von Arnstadt als Nachfolger von Christian Heinrich →Meinhardt, Vorstandsmitglied des im April 1848 gegründeten Bürgervereins, schied am 31. 8. 1856 aus dem Amt und verzog, verbrachte seinen Lebensabend in Berlin, Mitglied des Schwarzburg-Sondershäuser Landtags von 1851-55.

Q ARIB v. 6. 9. 1856, Nr. 36.

L Lengemann, S. 231. *Andrea Kirchschlager*

Gabriel Christoph Benjamin Mosche

Heinrich Müller

Müller, Friedrich Traugott *Karl*: Pädagoge, Stadt-archivar, Heimatgeschichtsforscher, *28. 2. 1882 Sondershausen, †9. 1. 1967 Erfurt, Sohn des Schriftsetzers Günther Müller und dessen Ehe-frau Minna, geb. Döring, Besuch der Karl-Günther-Schule in Sondershausen, 1897-1901 Landeslehrerseminar in Sondershausen, 1901 Anstellung als Volksschullehrer in Oelze, 1912 Hauptlehrer, Dirigent des Lehrermusikvereins und Chorleiter, Kantoren- und Organisten-dienst, 1919 Versetzung an die Knabenbürger-schule in Arnstadt, dort bis 1945 tätig als Ober-lehrer und stellv. Rektor, bearbeitete von 1940-45 die Museumsbibliothek, ab 1950 Tätigkeit im Stadtarchiv Arnstadt, Einrichtung der Archivbi-bliothek und systematischer Aufbau des Archivs zusammen mit Archivleiter Fritz →Wiegand, dessen Nachfolger er 1951 wurde, aufgrund sei-ner herausragenden Leistungen 1961 Zuerken-nung der Berufsbezeichnung *Staatlich geprüfter Archivar* (ohne Prüfung), trotz hohen Alters noch stundenweise im Archiv tätig, 1964 Ein-tritt in den Ruhestand, Mitglied der →Muse-umsgesellschaft, als Bachforscher Mitglied des Bachausschusses zur Vorbereitung und Durch-führung der Feier des Bachjahres 1950, Mitglied der Kommission zur Bearbeitung der Bestands-verzeichnisse der Stadtarchive im Bezirk Erfurt, Mitglied des Kulturbundes (Fachgruppe Hei-matgeschichte), Verfasser zahlreicher heimatge-schichtlicher Publikationen u. a. im →Arnstädter Anzeiger, Arnstädter Kulturboten und Kultur-spiegel, verzog 1965 nach Erfurt, Nachlaß im Kreisarchiv Arnstadt.

W *Arnstadt als Garnison.* In: Alt-Arnstadt 12 (1939), S. 53-91, *Die tausenjährige Feste Wach-senburg* (Gotha 1941), *Vom Stadtarchiv Arnstadt. Ein Beitrag zur Geschichte des Stadtarchivs und ein Überblick über seine Bestände* (Arnstadt 1953), *Der junge Bach.* In: Johann Sebastian Bach und seine Verwandten in Arnstadt. Arnstadt 1950, S. 52-123 (dass. im Arnstädter Bachbuch 1957, 2. Aufl., S. 58-130), *Ein Gang durch Arnstadt* (S. 42-57), *Arnstadt als Bachstadt* (S. 58-67) und *Spaziergänge in die Umgebung* (S. 79-86). In: Das 1250jährige Arnstadt. Ein Führer durch die Stadt, ihre Geschichte und Kultur. Arnstadt 1954.

L Ziegenhardt, Andrea: Zum 110. Geburtstag des Stadt-archivars Karl Müller. In: TA v. 8. 2. 1992, Nr. 33; Wir stellen vor: Stadtarchivar Karl Müller 80 Jahre. In: KS H. Febr. (1962), S. 7f. (Porträt).

Andrea Kirchschlager

Münzen: In Arnstadt wurden Münzen vom 11.-Anfang des 18. Jhs. geprägt. Die ältesten Prä-gungen, sog. Denare, wurden nachweislich unter Kaiser Heinrich III. (1046–56) hergestellt, auf ihrer Rückseite ist als Umschrift ARNISTATD zu erkennen. Vermutlich war die Arnstädter Münz-prägestätte zu dieser Zeit bereits im Besitz der

Karl Müller (vorn) im Stadtarchiv im Schloß

Schwarzburger Taler (16. Jh.) aus der Münzstätte Arnstadt

Abtei Hersfeld, was nicht ausschloß, daß hier kaiserliche Münzen geprägt wurden, denn dem Kaiser als obersten Inhaber des Münzrechts standen alle Prägestätten seines Landes zur Verfügung. Unter den Äbten von Hersfeld wurden später im wesentlichen Brakteaten (einseitig geprägte dünne Silbermünzen, lat. dünnes Blech) geprägt, die ältesten bekannten unter Abt Siegfried (1180–1200), die jüngsten unter Abt Heinrich von Swinrode (1278–1300). Nach einer vertraglichen Regelung vom 1. 2. 1273 zwischen der Abtei Hersfeld und den regierenden Grafen von →Käfernburg wurde den Grafen u. a. das Schloß Arnstadt und die Hälfte des Ertrags der Arnstädter Münze zugestanden, dafür mußten die Grafen auf das →Marktrecht verzichten und ihre auswärtigen Münzstätten bis auf die zu Ilmene (Stadtilm) einstellen. Von dieser Zeit an war die Arnstädter Prägestätte gemeinschaftlicher Besitz der Abtei Hersfeld und der Grafen von Käfernburg. Nachdem 1306 die Grafen von Schwarzburg in den Besitz der Käfernburger Hälfte Arnstadts kamen und 1332 auch die der Abtei Hersfeld durch Kauf erworben hatten, wurden in Arnstadts Prägestätte bis 1335 nur noch Schwarzburger Münzen, vorwiegend Brakteaten, geprägt. Danach wurden, nach dem allgemeinen Übergang zur Groschenwährung, auch in Arnstadt Groschen, Halbgroschen und Hohlpfennige geschlagen. Um 1550 drohte der schwarzburgischen Prägestätte in Arnstadt Gefahr für ihre Weiterexistenz, daher protestierten die Schwarzburger Grafen beim obersächsischen Kreis entschieden gegen den Beschluß, die Arnstädter Münze einzuziehen, in dem sie auf das Alter und die Bedeutung dieser Prägestätte hinwiesen. Danach erfolgte die Ausprägung Schwarzburger Münzen in Arnstadt bis März 1572, wobei im letzten Jahr nur noch Reichstaler geprägt wurden, ab 1622, nach der Zeit der Kipper und Wipper, einer Zeit allgemeiner Münzverschlechterung, wurden in Arnstadt Münzen für die Sondershäuser Linie des Hauses Schwarzburg geprägt und zwar ½ Taler, Groschen und Silberdreier; dazu kamen ab 1640 die ersten Gedenkmünzen in Form von Sterbe- und Begräbnismünzen, als letzte Prägungen gelten die Taler des Fürsten →Anton Günthers II. von Schwarzburg-Arnstadt, die er 1710 und 1711 ohne Wertbezeichnung (als Schaumünzen) prägen ließ. Hier sei auch auf die umfangreiche Münzsammlung des Fürsten verwiesen, die er 1712 für 100.000 Taler an Herzog Friedrich II. von Sachsen-Gotha-Altenburg veräußerte. Über das weitere Schicksal der Münzprägestätte Arnstadt, vor allem über ihren Standort (1566 Neue Münze im Pfarrhof erwähnt) gibt es keine Hinweise.

L Röblitz.   *Roland Scholze*

Museumsgesellschaft: Die von 1894-1945 bestehende Museumsgesellschaft Arnstadt erwarb sich große Verdienste bei der Erforschung der Geschichte und Natur von Arnstadt und Umgebung, bei der Gründung (1895) und Entwicklung des →Heimatmuseums und der Herausgabe von 12 Heften der Schriftenreihe *Alt-Arnstadt - Beiträge zur Heimatkunde von Arnstadt und Umgebung* (1901-39), war Trägerverein des Heimatmuseums und geschichtsforschende Gesellschaft, Anfang der 1890er Jahre trafen sich die Altertumsfreunde Dr. med. Franz →Ahrendts, Prof. Dr. Johannes →Bühring, Emil →Baumberg, Edmund Döring, Adolf Muhle, Carl →Reineck, Rektor Hermann →Schmidt, Dr. med. Seyffert, Dr. Mohrmann und Prof. Dr. →Grosse regelmäßig zum historischen Kneipabend, auch Altertumskränzchen genannt, in der Gaststätte *Burgkeller*, sie wurden später die Gründer der Museumsgesellschaft. Am 29. 8. 1894 erfolgte die Gründung im Ratskeller des →Rathauses mit 27 Mitgliedern, 1894 Vertrag mit dem Magistrat wegen Überlassung einiger Räume im Alten

Altertumskränzchen im Burgkeller

→Rektorat (Kohlgasse 17), 1895 feierliche Eröffnung des Heimatmuseums mit Ansprache des Vorsitzenden der Museumsgesellschaft Prof. Dr. Johannes Bühring und des Oberbürgermeisters Dr. Harald →Bielfeld, im September 1898 erfolgte der Umzug des Heimatmuseums in den Ostflügel des Rathauses, 1901 Veröffentlichung des ersten Alt-Arnstadt Heftes mit Beiträgen über die →Wachstafeln von 1457, Mitgliederbestand 107, am 30. 11. 1903 bildete sich ein Ausschuß zur Vorbereitung der 1200-Jahfeier, 1904 Herausgabe der *Geschichte der Stadt Arnstadt 704-1904* von Johannes Bühring, 1917 mußte das Heimatmuseum wegen Kriegsmaßnahmen geschlossen werden, die Einlagerung des Inventars erfolgte im →Prinzenhof, 1919 Umzug des Heimatmuseums in das Schloßgebäude, während der Zeit der Inflation 1923 betrug der Jahresbeitrag 500 Mark, die Gesellschaft hatte nur noch 40 Mitglieder, 1926 Mitgliederbestand wieder 110, 1931/32 erfolgte wegen Auflösung des Wissenschaftlichen Vereins (1861 gegründet) die Übernahme des Vermögens und Inventars durch die Museumsgesellschaft, 1936 wurde das Heimatmuseum an die Stadtverwaltung übergeben (→Museumsstiftung), am 11. 3. 1937 Übernahme des Inventars der 1936 aufgelösten →Litterarischen Vereinigung, 1940 Schließung des Heimatmuseums, 1944 50 Jahre Museumsgesellschaft Arnstadt (Beitrag im →Arnstädter Anzeiger v. 26. 8. 1944), eine Feier fand nicht statt, 1945 Verbot und Auflösung der Museumsgesellschaft.
L Boese, Franz: Wie ich zur Museumsgesellschaft kam und wie sie wurde (Geschichte der Museumsgesellschaft Arnstadt 1894-1938). In: Alt-Arnstadt 12 (1939), S. 103-120; Fuhrmann, Hartmut: 1894-1994 Vor hundert Jahren Gründung der Museumsgesellschaft Arnstadt. In: AVAU 4 (1994), S. 40-46.
Hartmut Fuhrmann

Museumsstiftung: Auf Beschluß des Landtages des Freistaates Schwarzburg-Sondershausen am 22. 4. 1919 mit dem Zweck gegründet, in Arnstadt *das ehemalige dortige Fürstliche Schloß dauernd als Museum und für etwaige öffentliche Ausstellungen, bei denen ein höheres Interesse der Kunst, der Wissenschaft oder des Gewerbes obwaltet, zu erhalten*, als Grundstock der Sammlungen fungierten die zum Zeitpunkt der Errichtung der Stiftung im →Neuen Palais vorhandenen fürstli-

chen Kunstsammlungen sowie diverse Bestände des Schlosses zu Gehren (z. B. Brüsseler Bildteppiche des 16. Jhs. sowie die Puppensammlung →Mon plaisir). Laut Gesetz Bildung eines Vorstandes, der sich aus dem jeweiligen ersten →Bürgermeister der Stadt Arnstadt (Vorsitz im Stiftungsvorstand), dem jeweiligen ersten Baubeamten, je zwei vom Gemeinderat und der Arnstädter →Museumsgesellschaft auf die Dauer von je vier Jahren zu wählenden Mitgliedern und einer von der Gemeindeaufsichtsbehörde zu ernennenden Person zusammensetzte. Im ersten Vorstand namentlich Oberbürgermeister Dr. →Bielfeld, Stadtbaumeister →Acker, Kürschner Kaspar →Stang, Kaufmann Hermann →Minner, Studienrat Dr. →Grosse, Architekt →Schwarz und Regierungsrat →von Bloedau, 1923 Bestätigung der Stiftung durch das Land Thüringen, museale Gestaltung der Kunstsammlungen erst ab 1930/31 (vorher, 1919 Einzug des Heimatmuseums in das Neue Palais). 1931 Eröffnung der Puppensammlung Mon plaisir sowie Aufbau der kunsthandwerklichen Sammlungen durch Dr. Kunze, Direktor der Erfurter Museen, 1936 Überantwortung der Bestände des Heimatmuseums sowie der Museumsbücherei an die Museumsstiftung, spätestens ab 1940 Schließung des Museums, 1944 Auslagerung der Bestände, 1947 Wiedereröffnung des Heimatmuseums sowie der Puppensammlung, 1948 Änderung der Zusammensetzung des Stiftungsvorstandes, ab 1953 Neugestaltung der Kunstsammlung durch den Arnstädter Museumsdirektor Dr. Christof Roselt, 1954 Selbstauflösungsbeschluß des Stiftungsvorstandes, mit Wirkung vom 1. 4. 1959 durch den Rat des Bezirkes Erfurt Rechtsträgernachweis der Museumsstiftung an den Rat der Stadt Arnstadt, faktische Auflösung der Stiftung ab 1. 1. 1960.
L Klein, Matthias: 75 Jahre Museumsstiftung Arnstadt. In: AVAU 4 (1994), S. 26-30. *Matthias Klein*

N

Naturräumliche Situation: Das alte Siedlungszentrum der Stadt liegt auf geringwertigen Böden und zumeist in Hanglage, eine natürliche Barrierefunktion nach außen üben die beiden früher stark versumpften Talauen der unteren →Weiße und der Gera aus, eine weitere derartige Barriere bildete die Hochfläche der →Alteburg als Teil des zum Thüringer Wald ziehenden und relativ unzugänglichen Gosseler Muschelkalkplateaus. Die hochwertigen Böden auf Keuperuntergrund (u. a. Schwarzerden) lagen außerhalb der alten Siedlungsfläche, waren aber durch die flache Talaue der unteren Weiße gut zu erreichen. Die Altstadt liegt in einem Zwickel zwischen den beiden Flüssen Weiße und Gera hauptsächlich auf einem vom Alteburgplateau her absinkenden Sporn, der unter das Geratal abtaucht und aus geologischen Gründen (Störungseinfluß, Hangschuttlagen) primär einzelne Verebnungsflächen aufweist, so u. a. an den Lokationen der Hohen Mauer, des Marktes und der Burgruine →Neideck. Dieser Sporn hat in Verbindung mit dem Grabenbruch der Störungszone und der unteren Weiße im Bereich der historischen Ortslage eine kleine Beckenkonfiguration geschaffen, die eine günstige Siedlungskammer beinhaltet. Die Weiße hat durch Seitenerosion teils Steilufer ausgebildet, womit der historische Ortskern oberhalb der Weiße lag. Die Stadtentwicklung hat zur Überprägung des primären Naturraumes geführt. So wurde Muschelkalkgestein teils in der Stadt direkt gewonnen. Die Talaue der unteren Weiße war hochwassergefährdet und neigte zur Versumpfung. Die Weiße ist ein Karstfluß (Muschelkalkkarst), der aus dem →Jonastal kommend, den Südast der Störungszone beim →Schönbrunn (hier starke Quellen) durchbricht und in die Störungsmulde weiter zur Gera fließt. Das Geratal, südlich von Arnstadt Plauescher Grund genannt, durchbricht die Störungszone zwischen Ritterstein und Fürstenberg (hier ebenfalls starke Quellen). Die regelmäßig Wasser führende Gera bildet ab Eintritt in die Störungsmulde und dann weiter Richtung Rudisleben eine Aufschotterungsebene. Die häufige Hochwasserführung der Gera verhinderte lange Zeit eine Ausdehnung der Altstadt in den Kernbereich der Talaue. Gleichlaufend mit Regulierungsarbeiten an den Gewässern dehnte sich die Stadt erst im 19. u. 20. Jh. über die Talauen aus. Das erfolgte nach Norden hin Richtung Rudisleben beidseitig der Chaussee nach Erfurt auf Terassen aus Flußschotter (vorwiegend Gewerbe), in Richtung auf den Bahnhof über den nördlichen Störungsast (Arnsberggebiet) hinweg. Im 20. Jh. erfolgte zudem die Besiedlung der Störungsmulde westlich der Weiße und die Einbeziehung von Flächen östlich der Gera bis auf das Hochplateau (Rabenhold, Kübelberg, Sonnenhang) hinauf.

L Regel, Fritz: Thüringen. Ein geographisches Handbuch. Jena (3 Teile ab 1893); Kaiser, Ernst: Landeskunde von Thüringen. Erfurt 1933. *Eckart Bergmann*

Neideck: Schloß, urkundlich als Burg der Äbte von Hersfeld 1273 erstmals erwähnt, war sie Bestandteil der nordöstlichen Stadtbefestigung, am 1. Februar dieses Jahres überließ Abt Heinrich von Hersfeld den Brüdern Günther VII. und Günther VIII., Grafen von →Käfernburg, seine Burg (*castrum*) in Arnstadt zu ewigem Besitz. Diese Burg dürfte wohl an Stelle der heutigen Neideck gelegen haben, 1306 gelangte die Burg durch Erbe bzw. Kauf an die Grafen von Schwarzburg, 1323 hielt sich König Ludwig der Bayer in Arnstadt auf, wahrscheinlich auch auf der Burg, von 1553-65 erfolgte unter Graf →Günther XLI. von Schwarzburg, dem Streitbaren, der Umbau zu einem Renaissance-Wasserschloß das zu den prächtigsten seiner Zeit in Thüringen zählte, von der mittelalterlichen Anlage blieb dabei nur der Bergfried im unteren Teil des heutigen Schloßturmes sichtbar erhalten. Der Baumeister, der Niederländer Erhard van Mere schuf eine fast quadratische Vierflügelanlage, eine der frühesten in Thüringen. Das Schloß, das sich in drei Stockwerken erhob, umfaßte einen gepflasterten ca. 800 m² großen Hof. In den vier Ecken standen Treppentürmchen, von denen sich das in der Süd-Westecke neben dem Schloßturm in Resten erhalten hat. In einem 1583 aufgestelltem Inventar werden 113 Räume aufgeführt, die nach dem Schloßherren oder nach Personen, die kurzzeitig auf der Neideck Wohnung genommen hatten, benannt wurden, andere Räume, wie die Amtsstube, die Apotheke oder Silberkammer, wurden nach ihrer Bestimmung benannt, der die Gebäude umgebende bis 19 m breite Graben wurde von der Stadtweiße gefüllt und zum Mühlgraben hin entwässert, in den letzten Jahren wurde er auf eine Tiefe von ca. 6 m wieder freigelegt, der Schloßneubau soll die 10.000 Goldgulden gekostet haben, die Graf Günther für seine Kriegsdienste von Kaiser Karl V. erhalten hatte, zwischen 1620-33 wohnte Caspar Bach d. Ä. als Hausmann (Türmer) und Musiker mit seiner Familie auf dem Schloßturm, 1631 und 1632 war König Gustav II. Adolf von Schweden Gast auf Schloß Neideck. Der Raum, den er während dieser Zeit bewohnte, hieß später das Königsgemach.

Da die Um- und Anbauten des 16. Jhs. z. T. sehr mangelhaft ausgeführt wurden, zeigten sich bereits 1638 größere Schäden, als sich 1660 das Schloß auch noch an verschiedenen Stellen getrennt hatte, entschloß man sich, um Steine zur Ausbesserung zu gewinnen, die Käfernburg abzubrechen. Ihre letzte Glanzzeit erlebte die Neideck unter Fürst →Anton Günther II. von Schwarzburg-Arnstadt, einem prunkliebenden und repräsentationsfreudigen Barockfürsten, mit seinem 120 Personen umfassenden großen Hofstaat nahm er hier von 1684-1716 seine Residenz, berühmt war u. a. die etwa 20.000 Stücke umfassende Münzsammlung Anton Günthers II., die er sich 1685 in einem Gewölbe am Schloßturm anlegte, hier im Schloß dürften auch die Anfänge der berühmten Puppensammlung →Mon Plaisir der Fürstin →Auguste Dorothea gelegen haben, Bauarbeiten und Reparaturen gegen Ende des 17. Jhs. beschränkten sich auf Innenräume.

1700 wurde eine neue Kapelle geweiht, nach dem Tode Anton Günther II., der 1716 kinderlos starb, blieb das Schloß unbewohnt und man ließ es verfallen, die fürstliche Residenz wurde nach Sondershausen verlegt. Nachdem auch noch das Schieferdach abgenommen wurde, war das Schicksal des Schlosses endgültig besiegelt, 1748 stürzten an verschiedenen Stellen schon die Decken und 1772 dann größere Teile des Schlosses ein, 1773 wurde der Schloßturm nochmals verputzt, 1811 wurden wertvolle Architekturteile zur Anlage einer künstlichen Ruine in den Park des →Prinzenhof gebracht, seit etwa 1820 wurde das Gelände der Ruine als Gärtnerei, zur Imkerei und als Wäschebleiche genutzt, nachdem man ständig Steine für andere Baulichkeiten abgefahren hatte, wurden 1856 die Bewohner der

Stadt auch noch berechtigt, Bau- und anderen Schutt in den Schloßgraben abzuladen, 1893 und 1907 umfassende bauliche Erhaltungsarbeiten am Turm und anderen Ruinenteilen, 1950 Wiederaufbau des durch Bombeneinwirkung 1945 teilweise eingestürzten Treppenturmes, 1966-72 kleinere archäologische Untersuchungen im Gelände der Ruine, 1991 erste Sicherungsmaßnahmen am Mauerwerk des Ostflügels, Beräumung der zugänglichen Keller von Bauschutt durch den Bergsicherungsbetrieb Ilfeld, dringende Erhaltungsmaßnahmen (Schwammbefall) am Oktogon des Turmes machte 1998/99 eine Abnahme der gesamten Turmhaube erforderlich, unter Regie des Neideck-Vereins (→Verein Schloßruine Neideck zu Arnstadt e. V.), der sich 1992 gründete, begannen 1993 Sicherungs-, Sanierungs- und Rekonstruktionsarbeiten im gesamten Ruinengelände mit dem Ziel die letzten Reste des Schlosses zu sichern und perspektivisch sinnvoll zu nutzen.

Westlich der Ruine des Schlosses liegt durch den ehemaligen Wassergraben getrennt, die einstige Vorburg, eine Dreiflügelanlage, heute vom Landratsamt des Ilm-Kreises genutzt, die aus dem 16./17. Jh. stammenden ehemaligen Wirtschaftsgebäude wurden besonders im 19. Jh. baulich stark verändert, u. a. Aufstockung der vorwiegend eingeschossigen Bauten, im ältesten Teil der Anlage, dem Südflügel mit Säulengang, befanden sich im 19. Jh. im Erdgeschoß u. a. der Marstall, darüber die von der fürstlichen Landesbehörde genutzten Räume. Der Westflügel im Stile der Neorenaissance ist ein Neubau von 1907/08, seit 1995 schrittweise Sanierung und Modernisierung der Gebäude, durch ein Tor im Nordflügel erreicht man den nach Norden sich anschließenden →Schloßgarten mit dem →Theater und dem historischen →Gärtnerhäuschen. Am Schloßplatz, dem →Neuen Palais gegenüber standen bis 1912 die Wohn- und Wirtschaftsgebäude der fürstlichen Domäne, hier befanden sich u. a. auch die Stallungen und Schüttböden für Getreide des auch herrschaftliches Vorwerk genannten Objektes. Nach Abriß der Domäne wurde an seiner Stelle 1915 die Fürst-Günther-Schule, das heutige Neideck-Gymnasium eingeweiht.

L Lappe, Ulrich: Ruine Neideck in Arnstadt. In: Alt-Thüringen 15 (1978), S. 114-158.   *Ulrich Lappe*

Neubeck, Valerius Wilhelm: Arzt, Verfasser medizinischer Schriften, Lyriker, Übersetzer, *21. 1. 1765 Arnstadt, †20. 9. 1850 in Altwasser/Schlesien, Sohn des Hofapothekers Wilhelm Friedrich Neubeck, sein Geburtshaus ist die ehemalige Engel-Apotheke, Holzmarkt 4, Besuch des Lyzeums in Arnstadt, ab 1783 Gymnasium und Ritterakademie in Liegnitz/Schlesien, ab 1785 Medizinstudium in Göttingen, ab 1787 in Jena, hier 1788 Promotion (Dissertation über kalte Waschungen und Bäder als Hauptschutzmittel der Gesundheit), als praktischer Arzt bis 1789 in Arnstadt tätig, dann in Liegnitz, ab 1793 Kreisphysikus in Steinau/Oder, trat 1823 wegen seines Augenleidens in den Ruhestand, verlor 1834 durch den Steinauer Großbrand Haus und Besitz, zog daraufhin zu seinem Schwiegersohn nach Waldenburg und Altwasser, 1815 Verleihung des roten Adlerordens, 1821 Ernennung zum Hofrat. Neubeck hat sich in seinen Gedichten wiederholt zu seiner Vaterstadt und zu einem *zärtlichen Verhältniß mit einer Tochter Arnstadts* bekannt. Warum diese Jugendliebe zu Lina Wagner, seit 1804 verehelichte Lina →Reinhardt, keine Erfüllung fand, ist nicht bekannt. Ein Gedenkstein mit der Aufschrift *Dem Dichter der Gesundbrunnen Valer. Wilh. Neubeck 1765-1850* wurde am 20. 9. 1867 nahe dem Eingang zum Arnstädter Tierpark gesetzt.

W *Die Gesundbrunnen* (Breslau 1795), *Vier Gesänge zur Geschichte und zum Nutzen von Heil- und Mineralquellen* (von August Wilhelm Schlegel 1797 als medizinisches Lehrgedicht gefeiert), *Gedichte* (Liegnitz 1792) sowie medizinische Aufsätze zur Pockenimpfung und Geburtshilfe.

L Schmidt, Hermann: Der Dichter Valerius Wilhelm Neubeck - hauptsächlich in seinen Beziehungen zu Arnstadt. In: Alt-Arnstadt 3 (1906), S. 1-21.

Rolf Stangenberger

Neuer Friedhof: 1882 erste Anregungen zur Errichtung eines neuen Friedhofs u. a. wegen gestiegener Bevölkerungszahl und Hygienebefindlichkeit, als Begräbnisstätte diente bis dahin der →Alte Friedhof, als besonders geeignet befand man die am ehemaligen Elxlebener Weg befindlichen Grundstücke, mit der Anlage des Friedhofs und der Errichtung der Leichenhalle wurde der städtische Architekt und Zeichenlehrer an der Gewerbeschule Paul Kuberka betraut, am 16. 8. 1884 Einweihung des Neuen Friedhofes und der neuen Leichenhalle und mit gleichzeitiger Beisetzung des Architekten Heinrich Rudolf *Paul* Kuberka (*9. 1. 1854 Spandau, †13. 8. 1884 Arnstadt) schicksalhafterweise als erste Bestattung (kleiner, schlichter Grabstein), das Friedhofswesen unterstand dem Kirchen- und Schulvorstand, während die Stadt das Grundstück zur Verfügung stellte, der Friedhof umfaßte 16 Morgen, es gab Erbbegräbnisstätten, Reihengräber für Erwachsene, für Kinder bis 6 Jahre und für Kinder von 7-14 Jahren, der Neue Friedhof erfuhr im Laufe der Jahrzehnte mehrere Vergrößerungen, 1908 Einrichtung eines Wirtschaftshofes, 1909 Neubau eines Friedhofsgärtnerwohnhauses, 1910 Neubau einer Schutzhalle, am 15. 3. 1918 wurde die Friedhofskapelle durch einen Brand vernichtet, Wiederaufbau im gleichen Jahr, 1918 Gesuch des 1897 gegründeten Vereins für fakultative Feuerbestattung wegen Errichtung einer Feuerbestattungsanlage, unter ästhetischen und gesundheitlichen Gesichtspunkten ein Fortschritt, der Verein zählte 250 Mitglieder und 273 Personen hinterlegten dort ihre letztwillige Verfügung wegen einer Feuerbestattung, eine Einäscherung war nur auswärts möglich, Städte wie Gotha, Eisenach und Weimar besaßen bereits solche Anlagen, 1923 ging der Friedhof aus der Verwaltung der Kirche in den Besitz der Stadt über, in einem Vergleich

Friedhofskapelle auf dem Neuen Friedhof vor dem Brand

überließ die Kirche der Stadt die Friedhofsverwaltung und verzichtete auf ihr Aufsichtsrecht über das Begräbniswesen, 1924 Anbau an der Friedhofskapelle zum Einbau einer Feuerbestattungsanlage (Krematorium) und Anschaffung eines Einäscherungsofens von der Firma Topf & Söhne, Erfurt, gleichzeitig Ausstattung der Trauerhalle mit einer hydraulischen Sargversenkungsvorrichtung sowie zeitgemäße Erneuerung der Friedhofskapelle im Innern und Wiedereinrichtung der Leichenwärter- und Heizerwohnung, wegen häufiger Überfüllung der Friedhofskapelle 1933/34 Erweiterungbau nach dem Entwurf von Architekt Martin →Schwarz, auf dem Friedhofsgelände u. a. Ehrenfriedhof für die Opfer des 1. Weltkrieges (Urnenhain), Märzgefallenendenkmal, seit 1921 Jüdischer Friedhof, Ausländerfriedhof, Ehrenhain für die Verfolgten des Naziregimes, zahlreiche kunstvolle Grabdenkmäler von Persönlichkeiten, in den letzten Jahren Instandsetzungs- und Verschönerungsarbeiten auf dem Friedhofgelände.

Q KAA, Bestand Stadt Arnstadt, Sign. 561-02-5, ANIB v. 15. 8. 1884, Nr. 191 u. 19. 8. 1884, Nr. 194, ANIB v. 23. 11. 1924, Nr. 276, AA v. 8. 9. 1934 (Fünfzig Jahre Neuer Friedhof. In: Beilage Unsere Heimat Nr. 18).

L Scheidig, Dieter: Friedhöfe in Thüringen. Erfurt 1997, S. 30f. *Andrea Kirchschlager*

Neues Palais: Auch Fürstliches Palais genannt, Bauherr Fürst →Günther I. von Schwarzburg-Sondershausen (1678-1720-1740), als Wittumspalais für dessen Gemahlin Elisabeth-Albertine (1693-1774), geb. Prinzessin von Anhalt-Bernburg, erbaut, um gleichzeitig allen Erfordernissen an eine Nebenresidenz gerecht zu werden, 25. 5. 1729 Grundsteinlegung, 10. 11. 1734 Einweihungsfeier, als Baumeister ist der sachsen-anhaltische Landbaumeister Johann Heinrich Hoffmann anzusprechen, wobei eine starke Anteilnahme des Bauherren an der Planung, Ausführung und Ausstattung des Baus vorausgesetzt wird, früh zum Rationalismus tendierender Palaisbau (klassizistische Barockbaukunst), Dreiflügelanlage, deren offener Teil nach Westen durch einen Marstall (1735 fertiggestellt) abgeschlossen wird, 1736 Errichtung einer Grotte gegenüber dem Hauptportal (Neptungrotte, Plastiken durch Hofbildhauer Heinrich Christoph

→Meil, heutiger Standort vor dem →Landratsamt), Lustgarten mit 1737 fertiggestellter Orangerie (1988 abgebrochen, im Rahmen gartenplanerischer Maßnahmen des Jahres 2000 andeutungsweise an Stelle der alten Fundamente als Rankgitter-Konstruktion mit Memorialfunktion gestaltet), Hauptgebäude mit zweigeschossigem, relativ breit gelagertem, dem Schloßplatz zugewendeten Corps de logis, Seitenflügel mit Zwischengeschossen versehen, Eingangshalle mit 12 römischen Kaiserbüsten (bronzierte Tonbüsten, Gothaischer Hofbildhauer Paolo Antonio Grasso), mehrere erhaltene historische Raumfassungen vorzugsweise in der Beletage (erwähnenswert u. a. barockes Porzellankabinett, Schnitzereien Hofbildhauer Heinrich Christoph Meil zugeschrieben, Großer Speisesaal, 1881 unter Verwendung vorhandener Ausstattung neobarock umgestaltet, Herstellung einer Analogfassung des barocken Bilderkabinetts im Jahre 2004 geplant), Stukkaturen durch Werkstatt des Tobias Müller (Rudolstadt), typisches Laub- und Bandelwerk der Régence, 1816-54 erneute ständige Bewohnung des Neuen Palais durch die Fürstin Wilhelmine Friederike →Karoline von Schwarzburg-Sondershausen, Anpassung der Ausstattungen an die Wohnlichkeit der Empire- und Biedermeierzeit unter Verzicht einer klassizistischen Durchbildung der Raumfassungen, 1919 Gründung einer →Museumsstiftung, seither museale sowie diverse Fremdnutzungen u. a. Stadt- und Kreisbibliothek bis 1994 u. Stadt- und Kreisarchiv bis September 2003, seit 1991 umfangreiche Bau- und Sanierungsmaßnahmen (1992 Fertigstellung des Marstalls – Lapidarium mit Grabmalen des 18. Jhs. und Bauspolien des Schlosses →Neideck, 16. Jh., 1994 Eröffnung einer Ausstellung historischer Feuerlöschtechnik, insbesondere Handdruckspritzen, vorzugsweise 19. Jh., 2000 Wiedereröffnung der Meißner und ostasiatischen Porzellansammlung), seit 2003 ausschließlich museale Nutzung.

L Donhof, Manfred: Das Neue Palais zu Arnstadt. Seemann Baudenkmale 66, Leipzig 1988; Bärnighausen, Hendrik: Das Fürstliche Palais zu Arnstadt. Zur Baugeschichte eines régencezeitlichen Wohnpalais' von der Erbauungszeit bis um 1830. Diplomarbeit am Kunsthistorischen Institut der Martin Luther Universität Halle/Wittenberg 1993; Scheidt, Helga: Das Neue Palais zu Arnstadt und das Porzellankabinett. In:

Scheidt, Helga / Holter, Andreas: Ostasiatisches Porzellan. Das Porzellankabinett im Schloßmuseum Arnstadt, Arnstadt 2002, S. 6-36.   *Matthias Klein*

Neumühle: Getreide- und Handelsmühle, Hammerecke 2, lag innerhalb der Schloßgartenmauer, im 16. Jh. schon bestanden (auf dem Gemälde *Arnstadt vor dem großen Brand 1581* zu sehen), ging 1850 aus fürstlichem Besitz an 10 Bäckermeister über, um die Jahrhundertwende wurde die Bäcker-Mühlen-Vereinigung als Eigentümer genannt, im Volksmund Bäckermühle, 1919 kaufte der Ingenieur Paul →Gockenbach die Mühle und führte verschiedene Instandsetzungen durch, am 14. 4. 1921 wurde die Neumühle in das HR eingetragen, Inhaber Robert Gockenbach, 1923 Umbau des Wasserbetriebswerkes, Einbau von zwei neuen Turbinen und Erhöhung der Stauhöhe um 55 cm, am 13. 6. 1923 Gründung der Neumühle AG, Handels- und Lohnmüllerei, Getreide- und Futtermittelhandel, Übernahme aller Geschäfte der bisherigen Neumühle, 1925 Geschäftsaufsicht zur Abwendung des Konkurses der AG, Zwangsversteigerung im Juli 1926, Mühlendirektor Robert Gockenbach, früherer Eigentümer, gab das Höchstgebot ab, am 13. 7. 1926 Gründung einer Neumühle GmbH, Gockenbach war zunächst Geschäftsführer bis November 1927, dann Kaufmann Josef Jacobs aus Berlin, GmbH wurde am 5. 9. 1929 im HR gelöscht, Neumühle stand dann einige Jahre still, ab 1. 12. 1934 führte der Müllermeister Otto Neumann die Mühle, welche er käuflich erworben hatte, Wiederzulassung der Mühle nach einer 1 Jahr dauernden Klage gegen die wirtschaftliche Vereinigung der Roggen- und Weizenmühle, 1936 Wiedereröffnung, 1945 Einbau einer Schälanlage, Schaffung eines Getreidelagers, Überholung des Mahlwerkes, dadurch Freiwerdung von $^3/_4$ des Mühlengebäudes als Lagerhaus, Getreideannahme pro Stunde 10 Tonnen, zeitweise waren über 100 Leute beschäftigt und 1949 ging die erste pneumatische Mahlmühle Thüringens in Betrieb.
Jährlich wurden 1.000 Tonnen Weizen zu 750 Tonnen Mehl und 245 Tonnen Nebenprodukte wie Kleie verarbeitet, 1978 übernahm Hermann Neumann die Mühle von seinem Vater, gearbeitet wurde in der Mühle bis zu Beginn der 90er Jahre.

Q KAA, Bestand Stadt Arnstadt, Sign. 008-25; ANIB 1898-1922; AA 1923-37.
L Neumann, Otto: Die Mühle dient dem Volke! Neumühle Arnstadt – Thür. Arnstadt 1950 (Mitteilungs- u. Werbeblatt).   *Heidrun Fröhlich*

Nicolai, *Ernst* **August:** Mediziner, Naturwissenschaftler, *2. 12. 1800 Arnstadt, †2. 10. 1874 Arnstadt, Sohn von Johann Christian Wilhelm →Nicolai, bis 1819 Besuch des Lyzeums, 1819-22 Studium der Medizin in Halle, mit besonderem Interesse für Naturwissenschaften, speziell Botanik und Insektenkunde, 1822 Promotion zum *Doctor der inneren und äußeren Heilkunde sowie der Entbindungskunst* mit einer Arbeit über die Arten der Käfer in der Gegend von Halle, weitere Ausbildung an der Universität Würzburg, danach Niederlassung als Arzt in Arnstadt, Eheschließung mit Marie Jakobine, geb. Kieser, 1833 Verleihung des Prädikats Rat und des Titels Medizinalrat, 1845 Ernennung zum *Fürstlichen Leibmedicus*, widmete sich neben seiner ärztlichen Tätigkeit, der Erforschung der Pflanzen, Insekten und Gesteine, führte die umfangreichen Sammlungen seines Vaters fort, von denen Einzelstücke in das Germanische Nationalmuseum in Nürnberg gelangten, 1860 Ernennung zum wirklichen Mitglied des *Naturwissenschaftlichen Vereins für die Provinz Sachsen und Thürin-*

Ernst Nicolai

gen in Halle und zum ordentlichen Mitglied der *Großherzoglich Sächsischen Gesellschaft für Mineralogie, Geologie und Petrefaktologie* in Jena, 1869 Ernennung zum Mitglied des *Entomologischen Vereins* in Berlin, Freimaurer, ab 1852 Mitglied der Loge *Ernst zum Compaß* in Gotha, befreundet mit Willibald →Alexis, wohnte Unterm Markt 4.

W *Verzeichniss der Pflanzen, die in der Umgebung von Arnstadt wildwachsen, nebst Angabe ihres Standortes und der Blüthezeit* (Arnstadt 1836, 2. Auflage unter dem Titel *Verzeichniss der in der Umgegend von Arnstadt wildwachsenden und wichtigeren kultivirten Pflanzen.* Arnstadt 1872), *Verzeichnis der in der Umgebung Arnstadts vorkommenden Käfer.* In: Zeitschrift für Naturwissenschaften. Halle 1860.

L Nicolai, Helmut: Ernst Nicolai (1800-1874). In: Alt-Arnstadt 8 (1929), S. 38f. (Porträt).

Andrea Kirchschlager / Manfred Wahl

Nicolai, M. Johann Christian *Wilhelm:* Gymnasialdirektor, Pädagoge, Theologe, Naturwissenschaftler, *14. 1. 1757 Arnstadt, †5. 4. 1828 Arnstadt, Sohn des Hofjägers Wolfgang Wendel Nicolai und dessen Ehefrau Elisabeth Barbara, geb. Wuckel, Besuch des Lyzeums bis 1780, danach Studium der Theologie, Mathematik und Physik in Halle, erste Predigt 1782 in der Neuen Kirche, 1783 Anstellung als Waisenhauslehrer und erster Waisenhauspräzeptor in Halle, 1783-89 Lehrer für Latein, Religion, Mathematik, Physik und Botanik am Königlichen Pädagogium in Halle, erhielt 1784 die Aufsicht über den Botanischen Garten in Halle, 1789 Konrektor des Arnstädter Lyzeums, 1793 Eheschließung mit Johanna Margarethe, geb. Emmerling, wurde 1794 vom Blitz getroffen und blieb unversehrt, erteilte ab 1795/96 den Physikunterricht am Arnstädter Lyzeum, ab 1803 Rektor und 1812 Nachfolger von Johann Gottlieb →Lindner, ab 1819 Direktor, unter seiner Leitung Verbesserung und Erweiterung des Schulsystems (Einrichtung einer Bürgerschule, eines Progymnasiums und eines Seminars für Volksschullehrer), Mitglied der *Naturforschenden Gesellschaft zu Halle*, der *Botanischen Gesellschaft zu Altenburg*, der *Mineralogischen Gesellschaft zu Jena*, des *Thüringisch-Sächsischen Vereins zur Erforschung des vaterländischen Alterthums zu Halle* und des *Vereins für Al-*

Johann Christian Wilhelm Nicolai

terthumskunde zu Naumburg, verfaßte über 70 vorwiegend naturwissenschaftliche und pädagogische, auch einige historische Publikationen u. a. in den Schulprogrammen sowie Lehrbücher.

W *Biographie des Rats Johann Wilhelm Treiber* (1795), *Ueber Blitzableiter* (1796), *Die Fata Morgana oder das Luftgebilde* (1804), *Ueber die Wünschelruthe und Schwefelkiespendel* (1808), *Ueber die neue Sprengmethode* (1812), *Ueber Meteorologie und meteorologische Werkzeuge* (1821*), Die um Arnstadt wild wachsenden Pflanzen in alphabetischer Ordnung* (10 Fortsetzungen 1815-28), *Sammlung einiger sich hier befindenden Inschriften* (7 Fortsetzungen 1819-26).

L Nicolai, Helmut: Wilhelm Nicolai. In: Alt-Arnstadt 8 (1929), S. 31-38 (Porträt).

Andrea Kirchschlager / Manfred Wahl

Niebergall, *Carl* Gottfried Matthäus August: Dr. med., *1811 Arnstadt, †19. 1. 1889 Arnstadt, Sanitätsrat, Gründer und Leiter der Solbadeanstalt Lohmühlenweg 1, Mitglied des Direktoriums des Solbadevereins, Fürstlich Schwarzburg-Sondershäusischer Rat.

W *Arnstadt. Soolbad am Thüringer Wald, seine heilkräftigen Wirkungen und seine günstigen Lokalverhältnisse.* (Arnstadt 1852), *Klima und Oertlichkeit, allgemeine Cureinflüsse von Arnstadt.* (Leipzig 1864), *2. Curbericht. Ein Blatt an die praktischen Aerzte aus der Curanstalt.* (Erfurt 1866), *Balneotherapeutische Mitteilungen aus dem Kur-und Badeorte Arnstadt.* (Leipzig 1877), *Soolbad Arnstadt, 30jähriger Bericht über die Heilresultate seiner Curmittel.* (Arnstadt 1883), *Soolbad Arnstadt und Saline Arnshall.* (Arnstadt 1883). *Andrea Kirchschlager*

Niemeyer, *Annemarie* **Louise Hildegard:** Musikpädagogin, Konzertpianistin, Musikwissenschaftlerin, Bachforscherin, *13. 12. 1893 Kiel, †9. 12. 1977 Potsdam-Luisenhof, Tochter des Juristen Prof. Dr. Dr. h. c. Theodor Niemeyer (1914 Gründer des Institutes für Internationales Recht an der Universität Kiel) und dessen Ehefrau Johanna, geb. Schulz, Schwester des Malers Otto Niemeyer-Holstein, 1900-03 Privatunterricht, 1903-10 Besuch der Höheren Töchterschule in Kiel, 1914 Vorbereitung auf die Meisterklasse an der Hochschule für Musik in Berlin, 1915-18 Studium der Musik (Klavier) in Berlin,

Annemarie Niemeyer

1919 Tätigkeit am Institut ihres Vaters, 1920 externes Abitur an der Oberrealschule in Kiel, bis 1927 Studium der Musik- und Sozialwissenschaften in Freiburg, München und Kiel, 1927 Promotion zum Dr. sc. pol., 1928 Dolmetscherin in Vorbereitung des Internationalen Sozialkongresses in Paris, 1929-33 Leiterin der Forschungsabteilung der Deutschen Akademie für soziale und pädagogische Frauenarbeit unter Dr. Alice Salomon, 1936 Staatsexamen für Privatmusikerzieher (Hauptfach Klavier) an der Staatlichen Hochschule für Musik in Berlin, freischaffend tätig als Musikpädagogin und Konzertpianistin in Berlin, 1944 Umzug nach Arnstadt (in Berlin ausgebombt), tätig als freischaffende Pianistin, Musikerzieherin und Musikwissenschaftlerin, prägte das Musikleben in Arnstadt in den 1950er und 60er Jahren, Organisation zahlreicher Konzerte und Mitwirkung als Pianistin und Cembalistin, 1948-61 Dozentin für Musikgeschichte und Harmonielehre an der Kreisvolkshochschule Arnstadt, Vorsitzende des 1953 gegründeten Ständigen Ausschusses für Musikpflege beim Rat des Kreises Arnstadt, rief die Veranstaltungsreihe *Stunde der Musik* ins Leben, Leiterin der 1955 von ihr gegründeten →Arbeitsgemeinschaft für Bachpflege im Kulturbund Arnstadt, seit 1961 freie wissenschaftliche Mitarbeiterin am Institut für Volksmusikforschung der Franz-Liszt-Hochschule Weimar, seit 1964 Pädagogin am Pionierhaus Arnstadt, Mitglied des Arnstädter Musikaktivs, der Gesellschaft für Musikforschung, der Neuen Bachgesellschaft und der Händel-Gesellschaft, wohnte Vor dem Riedtor 7, 1977 nach Potsdam verzogen.

W *Arnstädter Komponisten - Ein Vorwort.* In: AKB H. März (1954), S. 17f., *Bach-Pflege in Arnstadt.* ebd. H. Juni (1954), S. 23f., *Ein Rundgang durch das alte Arnstadt in Gedenken an die Arnstädter Bache.* In: KS H. Juni (1957), S. 15-17, *Bedeutende Persönlichkeiten des Kreises Arnstadt.* 7. Fortsetzung-Musiker (Arnstädter Bache). ebd. H. Dez. (1959), S. 15-18. 8. Fortsetzung-Musiker. ebd. H. März (1960), S. 7f.; *Mitteilungen der AG für Bachpflege: Franz Liszt in Arnstadt.* ebd. H. Okt. u. Nov. (1961), S. 16-19 u. 17f., H. Febr., April u. Dez. (1962), S. 20f., 22f. u. 27f., *265 Jahre Arnstädter Bach-Orgel.* (Ein Beitrag zum 39. Deutschen Bachfest der Neuen Bachgesellschaft in Weimar 1964), *Theodor Niemeyer.*

Erinnerungen und Betrachtungen aus drei Menschenaltern. Aus dem Nachlaß herausgegeben von seiner Tochter Dr. Annemarie Niemeyer. Kiel 1964.

L Musikschaffende in Thüringen. (20 Jahre Verband Deutscher Komponisten und Musikwissenschaftler) Kurzbiografien und Werkverzeichnisse. Weimar 1970, S. 69 (Porträt).   *Andrea Kirchschlager*

Nikolauskapelle: Neben den vier Stadtkirchen gab es bis zum Anfang des 15. Jhs. eine weitere Kirche, die als St. Nikolauskirche, als Nikolauskapelle oder einfach als St. Nicol Erwähnung findet, früheste Erwähnung 1376 als *capelln sancti Nycolai by dem Wazzenburger thore czu Arnstete*, in einer weiteren Urkunde von 1430 wird sie wieder als beim Wachsenburger Tor liegend genannt, danach fehlen jegliche Nachrichten, wie lange die Nikolauskirche bestand, ist nicht bekannt, Eintragungen in den Stadtrechnungen von 1441 und 1443, wonach Steine von St. Nicol abgefahren wurden, deuten möglicherweise schon auf einen Abbruch der Kapelle bzw. Kirche hin, 1599 findet sich noch die Bezeichnung *Niclas Kirchoff*, bei den großflächigen Ausschachtungen 1987 in der Klausstraße, deuteten menschliche Skelettreste auf einen unbekannten Friedhof. An dieser Stelle, Klausstraße/Ecke Karl-Marien-Straße, knapp an der ehemaligen Stadtmauer war von einem Friedhof bisher nichts bekannt, es konnte demnach nur der Kirchhof der Nikolauskapelle sein, spätestens 1524 stand an Stelle der Kirche, oder zumindest einem Teil von ihr, ein Haus mit einem Garten, das schon Ende der 1970er Jahre abgerissen wurde.

Diesem Haus nach, lag die Kirche, aus der Flucht der Klausstraße etwas eingerückt, im Hof des heutigen Hauses Klausstr. 22, wie die →Liebfrauenkirche und die →Jacobskirche fast unmittelbar an der ehemaligen Stadtmauer, sie war sicher auch maßgeblich an der Mauerführung beteiligt. Die Kirche stand schon, als die Stadtmauer errichtet wurde, die in großem Bogen von West nach Nord diese in den Stadtkern mit einbezog. Das *Dorf Arnstadt*, zu dem die Nikolauskapelle die Pfarrkirche gewesen sein soll, konnte archäologisch bisher nicht nachgewiesen werden.

L Lappe, Ulrich: Die Nikolauskapelle in Arnstadt. In: AVAU 2 (1992), S. 1-7.   *Ulrich Lappe*

Notgeld: Als Zahlungsmittel in Notzeiten (Geldersatz) in Arnstadt erstmalig 1917 ausgegeben, zunächst 50-Pfennig-Scheine und 1918 5- und 10-Pfennig-Münzen aus Eisen als sog. Kleingeldersatzmarken. Schon 1920 wurden die bisherigen Scheine und Münzen durch eine Geldscheinserie im Wert von 10, 25 und 50 Pfennig ersetzt. Der Entwurf stammte von Eliza Bielfeld, der Tochter des damaligen Oberbürgermeisters, bereits 1921 gab die Stadt Arnstadt nach dem Vorbild anderer Städte und Gemeinden eine künstlerisch gestaltete Kleingeldserie mit je 6 Scheinen zu 10, 25 und 50 Pfennig heraus, die Motive zur Stadtgeschichte, zu Persönlichkeiten und markanten Gebäuden sowie Karikaturen zu den Nöten der Zeit zeigte, alle Entwürfe wurden von dem Graphiker A. Paul →Weber geschaffen, diese Serien wurden zu beliebten Sammlerobjekten und kamen kaum in Umlauf, mit der zunehmenden inflationären Entwicklung in den Jahren 1922/23 und dem raschen Verfall der Währung mußten, um der Zahlungsmittelknappheit zu entgehen, verstärkt Länder, Provinzen, Städte, Gemeinden, Betriebe, Vereine, Kirchen u. a. Notgeld herausgeben, so auch die Stadt Arnstadt: 7. 2. 1923: Scheine zu 1.000, 5.000 und 10.000 Mark, 7. 8. 1923: Scheine zu 500.000 Mark, 10. 10. 1923: Aufwertung der Scheine zu 5.000 und 10.000 Mark vom 7. 2. 1923 durch (roten) Aufdruck: 50 und 100 Millionen Mark, 25. 10. 1923: Scheine zu 5, 10, 50 und 100 Milliarden Mark. Damit war der Höhepunkt bei der Herausgabe städtischen Notgeldes in Arnstadt erreicht, im Dezember 1923 erfolgte der Aufruf der letzten noch im Umlauf befindlichen 50- und 100-Milliarden-Mark-Scheine zur Einlösung per 5. 1. 1924, ab August 1923 gaben auch Arnstädter Betriebe und Institutionen eigenes Notgeld heraus, dazu gehörten: →Liebmann & Kiesewetter, Handschuhfabrik, E. →Wagner, Blaudruck-Fabrik, R. →Ley, Maschinenfabrik A.G., Metallwerk Hermann Engelhardt A.G., Mützenfabrik H. W. →Bachmanns Witwe, →Thüringer Braunstein- und Mineralmahlwerke GmbH Arnstadt, Kreissparkasse Arnstadt, Gewerbe- und Landwirtschaftsbank Arnstadt-Ichtershausen E.GmbH. Ab Oktober 1923 wurde auch Notgeld des Landkreises in Umlauf gebracht.

L Scholze, Roland: Das Notgeld der Stadt Arnstadt. In: BHSKA 7(1988), S. 20-29.   *Roland Scholze*

O

Oberkirche: Ehemalige Franziskaner-Klosterkirche, heutiger Name durch Lage im Stadtbild, Bauzeit 1245 bis Mitte 14. Jh. Die Franziskaner, ein Bettelorden (Sparsamkeitsgelübde) kamen nach 1242 von Gotha, schlichte chorlose gotische Saalkirche (60 x 11 m), kein Lettner, (Franziskaner waren gemeindebezogen), nur ein gotischer Kruzifix, heute noch erhalten, markierte den Bereich der Mönche in der Kirche, 1461 Bau des Turmes, 1538 evangelisch, nachdem die Mönche die evangelische Lehre abgelehnt hatten und wegzogen, seit 1581 Hauptkirche der Stadt und Predigtstätte des Superintendenten, 1640 neue Schwarzburger Grablege, 1725 Einbau eines Holz-Tonnengewölbes (hervorragende Akustik), 1746 neue Turmhaube, gotischer Flügelaltar von 1498 sowie Kanzel von 1589 heute in der →Liebfrauenkirche, Einbauten und Ausstattungen der Renaissance und des Frühbarock: Emporenmalerei 16. Jh., Flügelgemälde von Frans Floris 1554, Kirchenstand Gräfin →Katharina Ende 16. Jh., Kanzel mit Treppe, Taufe mit einem von vier Säulen getragenem Baldachin und Altar (8 Bildwerke zur Heilsgeschichte und über 30 Figuren) sowie ein lebensgroßer Kruzifix sind Werke von Burchard Röhl (†1643), bemerkenswertes Steinepitaph Georg Fischer (†1505), Orgel Sauer 1902, Kriegsverlust der Glocke von 1587, gegossen von Melchior Möhring (Erfurt), nach Kriegsschäden und Ausbau von Emporen 1947 Wiedereinweihung durch Landesbischof Moritz Mitzenheim, Aufführung von Oratorien bis 1962, wegen Dachschäden 1978 geschlossen, Instandsetzung mit viel Eigenleistung der Kirchgemeinde bis 1990, gegenwärtig weitere Sanierungsarbeiten. Bibliothek der Kirche: 1583 begründet durch Legat des Obristen Leo von Packmor, ab 1588 Kauf von Büchern auf der Frankfurter Messe. Der Bestand wurde durch Geld- und Buchspenden, so von Gräfin Katharina und Bürgermeister Niclas Fischer, bald größer und diente Pfarr- und Schulzwecken. Der Buchbestand des 15. - 19. Jhs. umfaßt 2200 Signatur-Nummern, gültiges Verzeichnis von 1908, besonders wertvoll sind u. a. 4 Handschriften (Walkenrieder Bibel), 53 Wiegendrucke, eine Sammlung von Leichenpredigten, Erstdrucke M. Luther, Wittenberg. Bilderbibeln, Ge-

Oberkirche, Foto von 1978

brauchsbibel des Fürsten →Anton Günther II., Gesangbuchsammlung.

L Prautzsch, Hans: Die Oberkirche in Arnstadt. Jena 1962; Scheerer, Felix: Kirchen und Klöster der Franziskaner und Dominikaner in Thüringen. Jena 1910, S. 84-89; Olearius, Joh. Christian: Kurtze Nachricht von der öffentlichen Kirchen=Bibliothek in Arnstadt. Arnstadt 1746; Weise, Emil: Neues Verzeichnis der Kirchen= Bibliothek. Arnstadt 1908; Dehio, S. 52f.

Hans-Ulrich Orban

Ober- und Unterkloster: Untergasse 1/3. Die Bezeichnung Ober- und Unterkloster für diesen, an der Ecke von Mittel- und Untergasse stehenden Gebäudekomplex stammt erst aus dem 19. Jh. Auf dem Gelände des ehem. Benediktiner-Nonnenklosters südlich der →Liebfrauenkirche, ließ sich der Patrizier Erasmus Kilian 1564 (Wappen im Schlußstein des Portals) den massiven Südflügel (Oberkloster) unter Verwendung älterer Bauteile errichten. Der Nordflügel, ein Fachwerkbau über massivem Untergeschoß (den Giebel zieren Fußstreben mit Rosetten und Andreaskreuzen) wurde etwas später als der Südflügel errichtet. Das Oberkloster wird als ehem. Konventhaus, das Unterkloster als ehem. Wohnung der Priorin angesehen, unter den Gebäuden erstrecken sich mehrere große tonnengewölbte Keller, die durch Rundbogenportale miteinander verbunden sind. Im Unterkloster wurde 1822 ein Arbeitshaus und eine Besserungsanstalt eingerichtet, ab etwa 1860 bis um 1990 Mietwohnungen der Stadt in beiden Häusern, danach leerstehend.

L Stadtführer durch Arnstadt, S. 14.   *Ulrich Lappe*

Ohrenschall & Andreß: Schürzen- und Wäschefabrik, gegründet 1906 durch Karl Andreß in der Kirchgasse 10, ab 1. 2. 1920 OHG Ohrenschall & Andreß, Inhaber waren Kaufmann Paul Ohrenschall und Wäschefabrikant Karl Andreß, im Dezember 1920 schied P. Ohrenschall aus und die OHG wurde aufgelöst, K. Andreß führte die Fa. unter dem bisherigen Namen allein fort, um 1924 in der Pfortenstraße, ab 1933/34 in der Schönbrunnstr. 16 (Gebäude der Handschuhfabrik →Bondy gemietet), im Februar 1932 übernahm die Ehefrau Frieda Andreß die Fa., 1937 rund 120 Beschäftigte, davon 50 Heimarbeiterinnen, bereits um diese Zeit wurden Uniformen und Uniformteile hergestellt, Inhaberin ab 1945 Frau Lieselotte Schreiber, nach dem Krieg nur noch 20-30 Beschäftigte, die Lohnarbeiten für die Bevölkerung ausführten (Änderungen und Neuanfertigung von Bekleidung), bis 1952 wieder über 100 Mitarbeiter, produziert wurde nun Herrenbekleidung, Damenjacken und -mäntel, 1957 erstmals Exportaufträge von über 120.000 Mark in die Sowjetunion, später auch Exporte nach Westdeutschland, Holland, Schweden, Belgien, Frankreich, 16. 6. 1958 Antrag auf staatliche Beteiligung, ab 1. 1. 1959 halbstaatlich, 1965 Umzug in die Gehrener Str. 11 (ehemalige Räume der Zigarrenfabrik Hammonia bzw. Berufsschule des →Fernmeldewerkes), ab 1. 1. 1972 VEB →Modetreff.

Q KAA, Bestand Stadt Arnstadt, Sign. 008-31; ANIB 1920-42.   *Heidrun Fröhlich*

Olearius - Familie: Bekannte Theologen- und Gelehrtenfamilie in Arnstadt. Die mitteldeut-

sche Dynastie der Familie eröffnet Dr. Johann Olearius (1546-1623), der den lateinischen Namen Olearius annahm (Vater war von Beruf Ölschläger). Zahlreiche Glieder der Familie wirkten als Theologen und Gelehrte in Mitteldeutschland.

Olearius, Johann Christian: Archidiakon, Bibliothekar und Staatsphilosoph, *4. 6. 1699 Arnstadt, †19. 9. 1776 Arnstadt, Sohn des Johann Christoph Olearius, 1717 Studium in Jena, 1720 Magister, ab 1724 Pfarrer in Arnstadt, 1755 Archidiakon, verwaltete ab 1736 die Bibliothek der →Oberkirche und gab 1746 den ersten gedruckten Katalog heraus. Ein Exemplar mit Blättern handschriftl. Bearbeitungsvermerke ist in der Bibliothek erhalten. Die Ergänzung von 1771 enthält bereits die Lutherschriften.

W *Kurtze Nachricht von der öffentlichen Kirchen= Bibliothek in Arnstadt nebst dem Verzeichnis der Bücher* (Arnstadt 1746).

Olearius, Johann Christoph: Superintendent, Numismatiker, Historiker und Hymnologe, *17. 9. 1668 Halle, †31. 3. 1747 Arnstadt, Sohn des Johann Gottfried Olearius, 1698 Eheschließung mit Sophia Elisabeth, geb. Krieger, und 1716 mit Eleonora Sabina, geb. Lilien, seine sechs Kinder stammen aus erster Ehe, Sohn Johann Christian wurde Pfarrer in Arnstadt, 1687-91 Studium in Jena, neben Theologie auch Geschichte und Numismatik, wohnte dort im Haus des Historikers Caspar Sagittarius, 1691 Magister, 1693 Gräflicher Bibliothekar und Numismatiker in Arnstadt, Advent 1694 erster Pfarrer an der Neuen Kirche, 1695 Subdiakon, 1712 Archidiakon, 1736 Superintendent in Arnstadt, Verfasser zahlreicher theologischer sowie historischer Schriften, Münzsammlung, heute Münzkabinett Dresden, Sammler von Raritäten (Curiositäten= und Naturalien=Cabinet, Inventar von seinem Enkel Johann Gottfried Müller 1750 publiziert, 370 Positionen, einige Hundert Kupferstiche, 1.500 Gelehrtenbildnisse), 1714 Mitglied der Preußischen Societät der Wissenschaften, 1727 Kirchenrat in Sachsen-Weißenfels, sammelte über 1.000 Lutherschriften in Erstdrucken (heute in der Bibliothek der Oberkirche), Leichenpredigt von 1747 in der Forschungsbibliothek Gotha.

W *Historia Arnstadiensis. Historie der alt=beruehmten Schwartzburgischen Residentz Arnstadt*

(1701), *Clericatus Schwarzburgicus* (1701*), Mausoleum in Museo i. e. Heydnische Begräbniß= Toepfe Oder Urnae Sepulcrales* (Beschreibung seiner archäologischen Sammlung von Graburnen, Jena 1701), *Rerum Thuringicarum Syntagma, Allerhand denckwürdige Thueringische Historien Und Chroniken* (1704), 17 numismatische Veröffentlichungen wie z. B. *Curiose Müntz= Wissen=Schaft* (1701).

Olearius, Johann Gottfried: Superintendent, Botaniker und Choraldichter, *25. 9. 1635 Halle, †23. 5. 1711 Arnstadt, Sohn von Gottfried Olearius (*1604, †1685, Verfasser der bekannten Chronik der Stadt Halle), vier Eheschließungen, 18 Kinder (von denen viele starben), in Arnstadt ließen sich Johann Christian und Johann Gottfried nieder, Studium der Theologie von 1653-58 in Leipzig und Jena, 1657 Magister in Leipzig, Diakon in Halle, 1679 edierte er die Chronik vom Salzborn in Halle von Ernst Brotuff, 1685 Inspektor und Schulaufsicht des Saalkreises, 1689 Superintendent in Arnstadt (Antrittspredigt 1688), Schwarzburgischer Konsistorialrat und Kirchenrat, führte 1694 die Pfarrstelle in der →Neuen Kirche ein, Verfasser theologischer und wissenschaftlicher Schriften, besonders der Botanik, legte als erster Wissenschaftler einen botanischen Garten an, 1668 Beschreibung von 930 Pflanzen *im Gärtchen von M.J.G.O.*, Münzsammler, als Choraldichter fand er einen Schwerpunkt seines Wirkens, 1664 erschien *Poetische Erstlinge,* 1697 wurden 73 Lieder veröffentlicht, Kirchenmusik war für ihn wichtig, wird z. B. in der Leichenpredigt von Heinrich Bach (†1692) deutlich, Dienstherr und Förderer von Johann Sebastian Bach 1703-07, begraben in der Oberkirche. Porträtgemälde in der Oberkirche und im Stadtgeschichtsmuseum.

L Tittelbach-Helmrich, Wolfgang: Die Oleariuspastoren als Geistliche der Bachkantoren in Arnstadt. In: Bach 2000, S. 143-163; Thüringer Pfarrerbuch, S. 297.

Hans-Ulrich Orban

Originale: Zumeist eigenartige, auch kauzige Menschen, die durch körperliche oder geistige Anomalien bzw. durch besondere Verhaltensweisen, Bekleidung oder mitgeführte Gegenstände auffallen. Sie tragen oftmals davon abgeleitete, charakterisierende Spitznamen und werden häufig nicht beim bürgerlichen Namen genannt.

Auch in Arnstadt zahlreiche Originale, wie z. B. *Apels Erich, Gänse-Albert, Jacöbchen* oder die *Sandrolle.*

Erich Apel wohnte Wagnergasse 4 und war bekannt für seine überdurchschnittlichen Körperkräfte und einen ebensolchen Appetit. Als Gelegenheitsarbeiter verrichtete er alle schweren Tätigkeiten, schaffte Kohlen in die Keller, baute auf dem →Wollmarkt die Karussells mit auf und schob hier auch die sog. Krinoline, ein gemütliches Karussell, wie es hieß, dessen Fahrgestell auf einer Mittelsäule stand und in drehender Schaukelbewegung bewegt wurde. Nachdem Apels Erich einmal bei einem Bäcker Kohlen geschaufelt hatte, bekam er ein Vierpfundbrot, holte sich beim Fleischer Bube in der Erfurter Straße einen Eimer Wurstsuppe, setzte sich bei Thams & Garfs ebendort ins Schaufenster, brockte sich das Brot in die Suppe und aß den Eimer mit einer Schöpfkelle leer. Während der Nazizeit kam Apels Erich ins KZ, weil er auf dem Markt gerufen haben soll *Kauft Heringe, so fett wie Göringe.*

Gänse-Albert stammte aus Stutzhaus/Schwarzwald (Luisenthal), er hieß eigentlich Albert Sichert, betätigte sich in Apfelstädt als Gänsehirte und ließ hier einen Gansert ertrinken. Das brachte ihm, einem gemütlichen Menschen mit einer, durch Unfall breitgedrückten Nase, seinen Spitznamen ein. Half danach in Holzhausen in der Landwirtschaft, war in Arnstadt bekannt und auf Tanzböden gern gesehen, wo er gegen einen Obulus nach eigenen Einfällen tanzte.

Jacöbchen hieß Jacob Zeigerer und wohnte Obergasse 3. Seinen Unterhalt verdiente er sich als Hausierer. Jacöbchen war klein, seine Hose meist zu lang und die Jacke zu weit. Kleidungsstücke bekam er geschenkt. In einem alten Köfferchen hatte er seine Waren: Schuhwichse, Wachs und Schwefelhölzchen. Jacöbchen zog von Haus zu Haus, auch durch die Gastwirtschaften, wo er die leeren Zündholzbehälter wieder auffüllte, und bot seine Waren mit den Worten *Wigde, Wagde, Wewelwölzchen* an. Dafür bekam er ein Glas Bier oder etwas zu essen.

Johann Heinrich *August* Holung, genannt die Sandrolle, lebte vom Handel mit Altstoffen aller Art. Er wohnte im Haus Gräfingasse 6. Über den Schultern hatte er immer einen Sack hängen. Sein Hauptarbeitsgebiet waren die Kiesgruben, wo er nach Gegenständen aller Art suchte, um diese zu verkaufen. Einmal fand er im betrunkenen Zustand ein schweres Sandsieb und schleppte es durch die Straßen. Eine Schar Kinder lief hinter ihm her und rief *Sandrolle, Sandrolle.* Holung ging von Haus zu Haus und fragte nach abgelegten Kleidungsstücken. Er hatte die Eigenart, die einzelnen Stoffarten aufzuzählen. Waren sie alle genannt, kam die letzte Frage: *Und Gingan ist auch nicht vorhanden?* Gingan war ein Baumwollgewebe. Trotz struppigen, ungepflegten Bartes und grimmigen Blickes war die Sandrolle ein friedlicher Mensch, aber bettelarm. Brachte er alte Knochen mit nach Hause, an denen noch Knorpel waren, freute sich seine Mutter, denn dann gab es noch eine Suppe. Holung starb am 6. 3. 1902 im Alter von 64 Jahren.

Weitere Originale waren u. a. Laternenanzünder Emil Bose, der Hampelmann Wachtmeister Eckardt, de Bettschter (Bittstädter) Käsejule oder die Vogelmiele.

L Arnstädter Originale. In: Marktfest-Echo 2, Arnstadt 1986; Köhler, Erich: Jacöbchen. In: AE, 6. 10. 1964, Nr. 41; ders.: Die Sandrolle. In: AE, 3. 3. 1965, Nr. 9; Pfeiffer, Gerhard: Erinnerungen eines alten Arnstädters. Arnstadt 2000, S. 47f. *Peter Unger*

P

Pabst, Gotthilf Robert *Sizzo*: Mediziner, *23. 6. 1870 Friedersdorf, †27. 10. 1951 Arnstadt, Ärztlicher Direktor des →Krankenhauses, Sohn des Weberwarenfabrikanten Johann Nikolaus Pabst und dessen Ehefrau Johanne Dorothea Ottilie, geb. Schönheit, 1898 Ablegung des medizinischen Staatsexamens und Promotion, danach chirurgisch-gynäkologische Ausbildung am Krankenhaus in Aachen, 1. 3. 1903 Anstellung als Chefarzt der Chirurgischen Abteilung im Arnstädter Krankenhaus, daneben eigene Praxis,

Jacob Zeigerer - Jacöbchen

August Holung - die Sandrolle

1905 Eheschließung mit Anna Julie, geb. Deahna, Tochter seines Amtsvorgängers Dr. Carl →Deahna, während seiner Amtsführung zahlreiche Modernisierungen, u. a. Umbau des Operationsraumes nach aseptischen Anforderungen, Einrichtung einer Dampfwäscherei und eines Isolierhauses für Infektionskranke, der Grundstock der späteren Inneren Abteilung, 1911/12 Erweiterungsbau mit neuem, großen Operationssaal, Vorbereitungs- und Sterilisationsräume, ein Röntgenzimmer, ein Laboratorium sowie Licht- und Dampfbäder, Krankenzimmer zur Erhöhung der Bettenkapazität, eine Arztwohnung und Wohnräume für Schwestern, 1912 Ernennung zum Professor, 1914-18 Einrichtung eines Reservelazaretts im Krankenhaus, 1921 Erweiterungsbau zur Schaffung einer Inneren Abteilung, 1924 durch nochmalige Erweiterung räumliche Trennung von Chirurgischer und Innerer Abteilung, weitere bauliche Erweiterungen, wie der Bau des Säuglingsheimes (heutige Kinderklinik), Verlängerung des Wirtschaftsgebäudes, Einbau einer neuen Heizung, wohnte Holzmarkt 10, 1991 Benennung einer Straße (Prof.-Pabst-Straße).
L Festschrift zum 75-jährigen Bestehen des Arnstädter Krankenhauses. Arnstadt 1967, S. 12-16 (Porträt).

Andrea Kirchschlager

Pabst, Karl *Theodor*: Gymnasialdirektor, *4. 3. 1802 Oschatz, †6. 1. 1866 Arnstadt, Besuch der Stadtschule in Oschatz, 1815-21 Ausbildung in Schulpforta, bis 1824 Studium der Theologie, Philologie und Pädagogik in Leipzig, Promotion zum Dr. phil., 1824 Examen vor dem Konsistorium in Dresden und Tätigkeit in der Blochmann`schen Erziehungsanstalt Dresden, nach Vereinigung derselben mit dem Gräflich Vitzthum`schen Gymnasium 1829 Lehrer für alte Sprachen und Erzieher, 1836 Nachfolger von Dr. Conrad Heinrich →Töpfer im Amt des Direktors.
Direktor des →Gymnasiums von 1836-66, 1858 Ernennung zum Schulrat und Mitglied des Fürstlichen Konsistoriums Sondershausen, 1861 Feier seines 25jähriges Dienstjubiläums als Direktor des Gymnasiums und Verleihung des Fürstlich Schwarzburgischen Ehrenkreuzes III. Klasse, Vorstandsmitglied des 1848 gegründeten Bürgervereins und Vaterlandsvereins, Mitglied

Theodor Pabst

der historisch-theologischen Gesellschaft zu Leipzig.
W *Über eine im Jahre 1705 zu Arnstadt aufgeführte Operette.* (Die Klugheit der Obrigkeit in Anordnung des Bierbrauens-Arnstädtische Bieroper). *Gymnasialprogramm* (Arnstadt 1846), verfaßte mehrere Schriften und Abhandlungen über Tacitus, Literatur, Pädagogik und fertigte Übersetzungen ins Deutsche, wie Merle d` Aubigne`s Leben Oliver Cromwells oder Dureau de Lamalles Über den Geist und die Grundsätze der römischen Staatsverfassung unter den Kaisern.
L Der Deutsche. Sondershäuser Zeitung v. 13. 1. 1866, Nr. 6 (Nachruf); Unser Arnstädter Gymnasium von 1829-1929. Arnstadt 1931, S. 22 (Porträt).

Andrea Kirchschlager

Pansner von, Johann Heinrich Lorenz: Kaiserlich Russischer Staatsrat, Naturwissenschaftler, *3. 5. 1777 Arnstadt, †22. 3. 1851 Arnstadt, Besuch des Lyzeums, ab 1797 Studium in Jena und Promotion zum Dr. phil., hielt dort Privatvorlesungen, ging nach Rußland, wo er zu hohem Ansehen gelangte, man übertrug ihm dort die Grenzausmessung an der russisch-chinesischen Grenze, 1803-16 Anstellung am Landkarten-Depot in St. Petersburg, ab 1816 ordentlicher Professor der Mineralogie am Pädagogischen Institut in St. Petersburg und Studieninspektor, 1827-34 Leiter der St. Petersburger Handelsschule, der Gothaer Maler Paul Emil Jacobs, der sich 1833/35 in St. Petersburg aufhielt und Mitglied der dortigen Akademie war, malte ein Porträt von ihm, betrieb naturwissenschaftliche Studien, Erfinder des Pyrotelegraphen, 1836 Rückkehr nach Arnstadt, eine von ihm begonnene trigonometrische Aufnahme von Arnstadt und Umgebung blieb unvollendet, schenkte dem Arnstädter →Gymnasium 1845 seine Bibliothek mit über 3.500 Bänden wertvoller naturwissenschaftlicher Werke nebst einer umfangreichen Sammlung geographischer Karten, weiterhin Schenkung einer Sammlung physikalischer und astronomischer Instrumente sowie einer mineralogischen Sammlung.

L Hesse, Ludwig Friedrich: Verzeichniß geborner Schwarzburger, die sich als Gelehrte oder Künstler durch Schriften bekannt machten. Zwölftes Stück. Rudolstadt 1821, S. 9f.; Gymnasialprogramm Arnstadt 1851, S. 24f. (Nachruf); Klose, Hans-Joachim: Leben und Werk berühmter Arnstädter Bürger in Rußland. In: AVAU 2 (1992), S. 71f, (Porträts von Pansner und seiner Ehefrau Eleonore im Schloßmuseum) *Andrea Kirchschlager*

Papiermühle: Nördlich der →Liebfrauenkirche steht das Wohnhaus der ehemaligen Papiermühle. Die eigentliche Papiermühle lag in den westlich an das Wohnhaus anschließenden Hintergebäuden, an ihrer Stelle stand eine von der Stadtweiße betriebene, dem ehemaligen Benediktinerinnenkloster gehörige Mahlmühle, 1325 erstmals urkundlich erwähnt, 1585 zu einer Papiermühle umgebaut, betrieben bis 1859, die baufällig gewordenen Werkstätten wurden dann abgerissen und im Neubau eine Wollspinnerei eingerichtet, 1882 wurde in dem von der alten Mühle noch stehenden Seitenflügel eine Dampfwäscherei und Badeanstalt eingerichtet. Das für den Papiermacher Joachim Keyßner 1633 errichtete Wohnhaus ist ein schmaler Kopfbau mit repräsentativem Fachwerk zwischen zwei Straßenzügen. Die Giebelwand ist die Schauseite des Gebäudes, auf einem aus Bruchsteinen massiv aufgemauerten Erdgeschoß sitzen zwei leicht vorkragende Obergeschosse, es folgt ein zweigeschossiges Satteldach mit Spitzboden, durch kräftig profiliertes Schmuckfachwerk werden die

Papiermühle, um 1900

drei freistehenden Hausfassaden, aus denen an der Nordseite ein Erker vorkragt, gegliedert. Die Brüstungsbereiche aller Geschosse zeigen das Motiv der "Thüringer Leiter", um 1730 erfolgte eine aufwendige ornamentale Ausmalung der Gefache. Das Portal zeigt Rokokoformen und stammt wohl erst aus der Zeit gegen Ende des 18. Jhs., ab 1995 umfangreiche Sanierungen und Umbau zur Nutzung für Wohnungen und Gewerberäume.

L Donhof, Manfred: Papiermühle. In: Denkmale im Kreis Arnstadt (1988), S. 25. *Ulrich Lappe*

Papier- und Briefumschlagfabrik: Gebr. Woge kauften die Papierfabrik von →Liebmann & Kiesewetter, die die von Friedrich Stoß (→Papiermühle) Mitte des 19. Jhs. gebaute Fabrik am Mühlweg übernommen hatten (Stoß, Liebmann und Kiesewetter waren verschwägert), in das HR eingetragen am 9. 7. 1886, Inhaber: Chemiker Dr. Willy Woge und Kaufmann Karl Woge in Arnstadt, Mühlweg 3, 80-100 Beschäftigte, Papierherstellung um diese Zeit noch zum Teil aus Lumpen, sonst aus zerfasertem Holz (Zellulose), bereits vor 1894 wurde in dieser Fa. elektrischer Strom für Licht und Kraft genutzt, 1899 Gründung einer Arnstädter Papier- und Briefumschlagfabrik GmbH, übernahm die bisher von den Gebr. Woge geführte Fa., Gesellschafter: Kommerzienrat →Leupold, Arnstadt, Fabrikant

Moritz →Liebmann, Arnstadt und Kommerzien-
rat Eichel, Gotha, im Februar 1907 trat diese
Gesellschaft in Liquidation, am 20. 11 1908 im
HR gelöscht.
Q ANIB 1878-94. *Heidrun Fröhlich*

Partnerstädte: Seit den 1960er Jahren Haubourdin (Frankreich), nach der Wende Städtepartnerschaft nicht neu belebt, 1989 Kassel (Vereinbarung über die Städtepartnerschaft zwischen den
Städten Arnstadt/DDR und Kassel/BRD, para-
phiert am 27. 5. 1989 in Arnstadt und ratifiziert
am 26. 6. 1989 in Kassel, durch Beschluß der
Stadtverordnetenversammlung Arnstadt vom
17. 12. 1992 Neuvereinbarung über die Partnerschaft zwischen den Städten Kassel und Arnstadt, 1994 Le Bouscat (Frankreich), 1997/98
Dubi (Tschechien) und Gurk (Österreich).
Q Amtsblatt Stadt v. 28. 1. 1993 (Nr. 1), v. 30. 6. 1994
(Nr. 5) und v. 29. 11. 1997 (Nr. 14).
L Ziegenhardt, Andrea: Annäherung - Abschluß eines
Städtepartnerschaftvertrages zwischen Arnstadt/DDR
und Kassel/BRD 1989. In: Arnstadt von 1989 bis
1999 - Die ersten zehn Jahre nach der Wende - Eine
Dokumentation. (Hg. v. Elbracht, Dieter), Duisburg
1999, S. 34-43. *Andrea Kirchschlager*

Peters, *Rudolf* **Benedetto:** Rechtsanwalt und
Notar, Oberbürgermeister, *25. 12. 1888 Char-
lottenburg, †4. 4. 1979 Stuttgart, Sohn des
Königlichen Regierungsbaumeisters Paul Daniel
Peters und dessen Ehefrau Johanna Rosina, geb.
Bolzani, 1900 Umzug der Familie nach Erfurt,
Besuch des Realgymnasiums in Erfurt, Studium
der Rechtswissenschaften, Geschichte und
Kunstgeschichte in Freiburg i. Br. und Halle, Re-
ferendarexamen am Oberlandesgericht in
Naumburg, 1923 nach Ablegung der Juristi-
schen Prüfung in Berlin, Promotion, Ernennung
zum Gerichtsassessor, danach Tätigkeit am
Amtsgericht Erfurt und bei der Stadtverwaltung
Erfurt, Eheschließung mit Käthe, geb. Wiesen-
müller, 1. 7. 1924 Dienstantritt als 2. Bürgermeister, ab 1. 4. 1928 Oberbürgermeister als
Nachfolger Dr. →Bielfelds, ab 1. 4. 1934 Ruhestand, danach Rechtsanwalt, am 1. 6. 1945 Wie-
dereintritt in den Dienst und am 22. 6. 1945
Einsetzung in das Amt des Oberbürgermeisters
als Nachfolger von Dr. Ursula →Meisterernst,
am 17. 9. 1945 als Oberbürgermeister ausge-

Rudolf Peters

schieden, danach wieder als Rechtsanwalt tätig,
u. a. von 1928-34 Vorstandsvorsitzender der
→Sparkasse, Mitglied der →Museumsgesell-
schaft, wohnte Lindenallee 6, 1960 Wegzug nach
Stuttgart.
Q KAA, Bestand Stadt Arnstadt, Sign. 030-01.
Andrea Kirchschlager

Petersen, Christian Ludwig *Hermann*: Ehrenbürger der Stadt Arnstadt, Jurist, Staatsminister
im Fürstentum Schwarzburg-Sondershausen,
*5. 10. 1844 Oldenburg (Holstein), †1. 5. 1917
Hamburg, Besuch des Gymnasiums in Glück-
stadt, Studium der Rechtswissenschaften in Kiel
ab 1862, dann in Leipzig, 1867 Staatsexamen,
Tätigkeiten als Gerichtsassessor in Kiel, als Richter in Neumünster, Blankenese und Ahrensburg,
1872 Richter am Amtsgericht Altona, 1873 dort
Amtsrichter, 1881-86 Amtsrichter in der Freien
und Hansestadt Hamburg, 1887 stimmführendes Mitglied des Ministeriums im Fürstentum
Schwarzburg-Sondershausen und als Oberregie-
rungsrat Vorstand der Ministerialabteilungen IV
(Kirchen- und Schulsachen) und V (Justiz) des
Ministeriums, 1888 Vorstand der Abt. II (Inneres)
sowie Staatsrat, 1889 Übertragung der Leitung

Hermann Petersen

Petri, *Emil* **Georg Christian:** Konsistorialrat, *4. 9. 1850 Linden/Hannover, †18. 6. 1929 Arnstadt, Studium der Theologie in Leipzig und Göttingen, 1908 Dr. theol. h. c in Göttingen, 1875 Pfarrer in Wollershausen, 1881 Geistlicher des Luisenstiftes bei Dresden und des Evangelischen Vereins der Inneren Mission in Hannover, Herausgeber des Evangelischen Sonntagsblattes, Gründung des Anna-Stiftes in Hannover, 1891 Superintendent und Schulinspektor in Zellerfeld, 1897 Visitation der Deutsch-Lutherischen Gemeinden in Südafrika, 1902-17 Superintendent in Arnstadt, Geheimer Konsistorialrat, stand mit innerster Überzeugung im Glauben der lutherischen Lehre, mit liebevoller Unterstützung der Fürstin Marie von Schwarzburg-Sondershausen gründete und baute er 1905 die Arnstädter Anstalt der Inneren Mission für *bildungsfähige Krüppel,* das →Marienstift, das er bis zu seinem Tod als Pfarrer und Direktor im Geist der Inneren Mission leitete, es war sein zweites Lebenswerk, dessen 25jähriges Bestehen er nicht mehr erleben durfte, er erkannte die Bedeutung der Schul- und Berufsausbildung für Behinderte, reiche schriftstellerische und Vortragstätigkeit, Mitglied des Fürstlichen Kirchenrates und der Thüringer Kirchlichen Konferenz, Eheschließung mit Anna Marie Friederike, geb. Bach.
W *Predigten zur Wiedereinweihung der Liebfrauenkirche und der Bonifaciuskirche* (Arnstadt 1913), *Biographie Pastor Dr. Ludwig Petri.*
L Kummer, Gotthelf: Nachruf Dr. Petri. In: Heimatglocken 7 (1929); Thüringer Pfarrerbuch, S. 303; Behr, Heinrich: Väter der Anstalt. In: Marienstift Arnstadt. Berlin 1965, S. 53-80.   *Hans-Ulrich Orban*

der Ministerialangelegenheiten und der Geschäfte des Vorstandes der I. und III. Abt. (Fürstliches Haus u. Auswärtiges bzw. Finanzen), 1889-1909 Staatsminister, 1892 Exzellenz und Wirklicher Geheimrat, anläßlich der 1200-Jahrfeier im Mai 1904 Verleihung des Ehrenbürgerrechts der Stadt Arnstadt an Petersen *als ein Zeichen des Dankes für die langjährige Förderung ihres Gemeinwesens und der Wohlfahrt ihrer Bürgerschaft,* 1909 auf eigenen Antrag unter Belassung seines Ranges und seiner Titel in den Ruhestand versetzt und Rückkehr nach Hamburg, Ehrenmitglied des Arnstädter →Gewerbevereins, 1911 nebenamtlicher Dienst als Vorsitzender des Vereins für Innere Mission in Hamburg, Förderer des Kalibergbaus in Sondershausen (eine bis heute erhaltene Demonstrationsschachtanlage sowie eine Straße *Am Petersenschacht* tragen seinen Namen), 1889-1909 Mitglied des Bundesrates als Bevollmächtigter des Fürstentums Schwarzburg-Sondershausen.
Q KAA, Bestand Stadt Arnstadt, Verleihung des Ehrenbürgerrechts an Staatsminister Petersen, Sign. 070-02-4. L Lengemann, S. 105 (Porträt); Thüringer Biographisches Lexikon. Lebenswege in Thüringen. Zweite Sammlung. Weimar 2002, S. 156f.
          Andrea Kirchschlager

Pfarramt: Auftrag und Dienststellung eines Geistlichen, nach Einführung der Reformation (1533) und Zerstörung der Bonifatiuskirche wurde in Arnstadt das Parochialsystem, die Zuordnung von eigenständigen Gemeinden zu den Kirchen, aufgehoben, für die Gesamt-Stadtgemeinde gab es bis 1919 vier Geistliche, in der Hierarchie: Superintendent, Archidiakon, Diakon und Subdiakon, dazu ab 1694 der Prediger der Neuen Kirche. Die Diensträume befanden sich in den Gebäuden des ehem. →Barfüßerklosters auf dem Pfarrhof. Trotz Bildung von Seelsorge-Sprengeln 1920 blieb die Evangelische Gesamtgemeinde bestehen.   *Hans-Ulrich Orban*

Planer, Louis *Hermann*: Gymnasiallehrer, Geschichtsforscher, *17. 4. 1862 Ruttersdorf/b. Altenburg, †22. 12. 1914 Arnstadt, Besuch des Herzoglichen Christian-Gymnasiums in Eisenberg, 1882 Abitur, Studium der klassischen Philologie, Geschichte und Germanistik in Jena, 1886 Promotion zum Dr. phil. in Jena, 1887 Lehramtsprüfung pro facultate docendi in Latein, Griechisch, Geschichte, Geographie und Deutsch, 1891 noch Religion und Französisch, Absolvierung des Probejahres 1887/88 am Gymnasium in Jena, 1888-90 Beschäftigung am Gymnasium in Eisenach, 1890-1903 Lehrtätigkeit an der Pfeiffer`schen Realschule in Jena, 1903 Berufung als Oberlehrer an das →Gymnasium in Arnstadt, 1906 Ernennung zum Professor, ab 1907 ehrenamtliche Leitung des Fürstlichen Regierungsarchivs in Arnstadt, 1913 Verleihung des Fürstlich Schwarzburgischen Ehrenkreuzes III. Klasse, ab 1905 Betreuung der Bibliothek der →Museumsgesellschaft, ab 1908 Vorstandsmitglied und 1913-14 Vorsitzender der Museumsgesellschaft Arnstadt.

W *Kurze Geschichte des höheren Schulwesens im Großherzogtum Sachsen-Weimar. Festschrift zum 60jährigen Jubiläum des Pfeifferschen Instituts zu Jena (1893); Aus der Geschichte des Fürstentums Schwarzburg-Sondershausen im 17. bis 19. Jahrhundert.* In: Gymnasialprogramm Arnstadt 1909 (1. Teil) und 1910 (2. Teil*); Bittschrift des Pfarrers Johann Christian Köhler zu Plaue an das Hochfürstliche Konsistorium zu Arnstadt und Vermittlung eines Schadenersatzes von seiten der Gemeinde für den Verlust, den er gelegentlich der Einquartierungen im Herbste des Jahres 1813 erlitten hatte.* In: Alt-Arnstadt 4 (1912), S. 73-79.

Q KAA, Bestand Stadt Arnstadt, Sign. 311-05-6.

L Unser Arnstädter Gymnasium von 1829-1929. Arnstadt 1931, S. 26, Boese, Franz: Wie ich zur Museumsgesellschaft kam, und wie sie wurde. In: Alt-Arnstadt 12 (1939), S.108f.; Ehrenmitglieder und Vorstandsmitglieder der Museumsgesellschaft Arnstadt. ebd. S. 120 (Porträt). *Andrea Kirchschlager*

Pötschke, Harry: Gärtnerei, Samenzucht und -verkauf, Am Bahnhof 4, gegründet 1912 in Mörsdorf von Harry Pötschke, eingetragen in Arnstadt 1. 1. 1936 als OHG, Inhaber waren Harry, Gerhard und Werner Pötschke, auf dem Grundstück der ehem. Schuhfabrik F. A. Keil,

Am Bahnhof 4, welches bereits 1934 käuflich erworben worden war, wurde die Gärtnerei eingerichtet, ab 21. 8. 1938 Sitz in Arnstadt, zeitweise über 200 Saisonbeschäftigte, meistens Frauen, Stammbelegschaft bei 15 Leuten, aufsehenerregende Felder von Tulpen und Hyazinthen lockten Besucher an, Gärtnerei wurde durch Bombenangriff am 6. 2. 1945 vollständig zerstört, mehrere Betriebsangehörige kamen ums Leben, Einrichtungen und Warenvorräte wurden vernichtet, neue Räumlichkeiten wurden gesucht, Neuaufbau der früheren Produktionsstätte wurde aufgenommen und Anfang 1949 fertig gestellt, Verkaufsladen an der Bachkirche, 1945 Auflösung der OHG, ab 3. 10. 1946 laut HR-Eintrag war Harry Pötschke alleiniger Inhaber, die Fa. wurde umbenannt in Gärtner Pötschke, Samenzucht und -handlung Arnstadt, 1952 Übersiedlung nach Büttgen-Vorst in der Nähe von Kaarst, Neuanfang und ständige Erweiterungen, Neuzüchtungen und erfolgreicher Handel mit Sämereien und Pflanzen über Versandkataloge ließen Gärtner Pötschke zu einem international bekannten Unternehmen werden, Harry Pötschke verstarb 1970, Fa. von den Nachfahren fortgeführt.

Q KAA, Bestand Kreistag u. Rat des Kreises Arnstadt, Nr. 982, 1341, 1354; AA 1938-45; ThV 1946-49.

L Schmidt, Rolf: Ein Leben für den Gartenfreund. In: AHB 35 (1996). *Heidrun Fröhlich*

Pollmann, Carl – Ölmühle: Lohmühlenweg 18, erste urkundliche Erwähnung 1462 als *Oelmul* vor dem Riedtor, auch Bonifatius-Mühle genannt, 1712 kaufte das Arnstädter Weißgerber-Handwerk die mit einer Walkmühle verbundene Ölmühle, am 7. 11. 1827 kauften Johann Wilhelm Pollmann und dessen Ehefrau die bereits von ihnen gepachtete Öl- und Lohmühle, sowie Sichelhammer- und Schleifwerksgerechtigkeit mit dem dazugehörigen Wohnhaus, Stallungen und Scheune, 1828 Umbau der Mühle und Einbau von Stampf- und Walzwerken, Carl Pollmann (*14. 5. 1810 Arnstadt, †17. 9. 1889 Arnstadt) wurde 1851 nach dem Tode seines Vaters Inhaber des Geschäftes, 1860 ließ er die Mühle im Stil des an der Straße liegenden Wohnhauses umbauen, Stampfwerk und Preßeinrichtungen wurden auf den neuesten Stand gebracht, zusätzlich wurde eine Schrotmühle betrieben, am 11. 9. 1884

Briefkopf der Fa. Öl-Mühle Carl Pollmann

übernahm Heinrich Pollmann (*18. 7. 1855 Arnstadt, †14. 6. 1908 Arnstadt) die Ölmühle, nach dessen Tod wurde der Betrieb in eine OHG umgewandelt, Kundenkreis um 1900: das Eichsfeld, die Umgebung von Mühlhausen, Gotha, Rudolstadt und das Gebiet um Arnstadt, vorwiegend Lein- und Rüböl, 1906 Bau eines Speichers und Lagers für Ölsaaten, 1910 Modernisierung der Mühle, durch Überbauung der ehemaligen Badeanlage und Einbeziehung der früheren Walkmühle konnte ein größeres Fabrikgebäude errichtet werden, zwei Wasserräder wurden durch zwei leistungsfähigere Francisturbinen und der Kollergang durch Walzenstühle ersetzt, Ölkuchen (Rückstand nach dem Auspressen des Öles) wurden zu Mehl oder Schrot (beliebtes Kraftfuttermittel) verarbeitet, während des 1. Weltkrieges wurden Bucheckern, Raps, Lein und Mohn zur Verarbeitung angenommen, beschäftigt wurden 8-15 Arbeiter, Produktion 1954: Pflanzenöle, Ölkuchen (in Form von Feinschrot oder -mehl, Senfschrot oder -mehl), Ölmühle wurde bis 1963 von Fam. Pollmann bewirtschaftet, 1971 zog die PGH des Blindenhandwerks in die Gebäude ein, ab 1998/99 wurde die ehemalige Pollmann'sche Ölmühle zu einem Wohnhaus umgebaut. Eine von Pollmann an der Stadtweiße betriebene Ölmühle (An der Weiße 48, Klostermühle) wurde 1912 abgerissen.

Q KAA, Bestand Kreistag u. Rat des Kreises Arnstadt, Nr. 126, 592, 1327.

L 100 Jahre Pollmannsche Oelmühle Arnstadt 1827-1927. Arnstadt 1927.

Heidrun Fröhlich / Manfred Wahl

Polte-Meta-Werk: Tochterbetrieb der Polte-Werke Magdeburg, in das HR eingetragen am 29. 3. 1935 als GmbH unter der Firma Meta Metallwerk Arnstadt mit dem Sitz in Arnstadt,

Geschäftsführer Fabrikdirektor Otto Gerhardt aus Magdeburg, das Meta-Werk befand sich auf dem Gelände der Automobilfabrik der →Ley, Rud. AG an der Ichtershäuser Straße, welches käuflich erworben wurde, am 16. 10. 1939 wurde die Polte Laborierstelle Arnstadt als Zweigniederlassung der in Magdeburg unter der Firma Polte betriebenen Hauptniederlassung (OHG seit 14. 8. 1917) in das HR eingetragen, Gesellschafter waren nur Magdeburger Nachfahren der Firmengründer, mit Eintrag vom gleichen Tag wurde auch die bisherige GmbH Polte Metawerk Arnstadt von genannter OHG übernommen, die Polte Laborierstelle befand sich in Rudisleben, Produktion während des Krieges: Patronenhülsen, Geschoßhülsen, Drehteile für Zünder, Patronenhülsen, Leuchtspurhülsen, Dreh- und Preßteile für Gewehrsprenggranaten, von den bis zu 2.400 (1943 sogar über 2.700) Beschäftigten waren während des Krieges $^2/_3$ ausländische Zwangsarbeiter: Russen, Kroaten, Jugoslawen, Franzosen, Lothringer, Rumänen und Polen, rund 725 Fremdarbeiter waren in von Polte eingerichteten Lagern untergebracht, ihre Versorgung wurde im Verlauf des Krieges immer schlechter, Plünderungen im Werk nach Beendigung des Krieges, jedoch keine Schäden an Maschinen und Versorgungsanlagen, Arbeitskräfte waren zum größten Teil entlassen worden, Produktion wurde zunächst eingestellt, nach erfolgten Aufräumungsarbeiten wurde ab Juli 1945 wieder gearbeitet, erste Friedensproduktion: Feuerzeuge, Lockenwickler, Haarspangen, Zieh-, Stanz- und Meßwerkzeuge, Ende Juli 1945 waren 62 Leute beschäftigt, eine Abteilung zur Reparatur von Eisenbahnwaggons sowie landwirtschaftlicher Geräte wurde eingerichtet, Mutterbetrieb in Magdeburg wurde beschlagnahmt, als Rüstungsunternehmen (finanziell von der deutschen Marine gestützt, war auch Eigentümer des Grundstücks) eingestuft, wurde der Arnstädter Betrieb aufgrund des Gesetzes über die Enteignung von Nazivermögen vom 9. 10. 1945 beschlagnahmt, unterlag damit auch den Potsdamer Beschlüssen zur Demontage, Bevollmächtigter war Wilhelm Leibknecht mit dem Auftrag, die neu angelaufene Produktion aufrecht zu erhalten, Anfang 1946 waren 185 Leute beschäftigt, für die vorgesehene Produktion waren jedoch 450 erforderlich, August 1946 Demontage, bisher war der gesamte Maschinenpark einschließlich Einrichtungen, Leitungen, Material entfernt worden, nur die Reparaturwerkstatt und die Tischlerei blieben erhalten, inzwischen erfolgte auch die Demontage der Gebäude und Baulichkeiten, alle demontierten Materialien standen der SMA zu, ab 1946 war Ingenieur Paul Zapfe Bevollmächtigter für den Betrieb, konnte aber trotz aller Initiativen nicht verhindern, daß der Betrieb völlig demontiert wurde, 1947 war die Demontage in beiden Zweigbetrieben beendet, letzte Maschinen und Geräte wurden abtransportiert, am 22. 10. 1948 erfolgte die Löschung im HR. In einem Gebäude waren während der Demontage Habseligkeiten der ehemaligen Fremdarbeiter untergebracht, die sich auf ihre Heimkehr bzw. Umsiedlung vorbereiteten. Dieses Gebäude blieb von der Demontage verschont und wurde in den Folgejahren vom VPKA genutzt.

Q KAA, Bestand Stadt Arnstadt, Sign. 008-24, 008-31, 008-38, 157-01-6, 807-16-1/2; AA 1935-42; ThVZ v. 15. 10. 1945. *Heidrun Fröhlich*

Polytechnisches Institut: 15. 10. 1903 Gründung des Instituts (Gewerbeakademie) auf Anraten des Ingenieurs Pohlitz aus Hildburghausen mit Beteiligung des Diplom-Ingenieurs für Elektrotechnik Tobias Glatz aus Woringen in Oberbayern. Ihre Notwendigkeit wurde in einer 1903 erschienenen Denkschrift damit begründet, daß der sich neu herausbildende Mittelstand junge Menschen benötigt, die nach der 10. Klasse ein bis zwei Jahre praktisch arbeiten, mit 18 Jahren eine dreijährige ingenieurtechnische Ausbildung aufnehmen, um mit 21 Jahren in eine selbständige Lebensstellung zu gelangen. Der Weg über das Abitur und die Technische Hochschule bzw. Universität führte erst im Alter von 24-27 Jah-

Polytechnikum, ca. 1917

ren, allerdings ohne praktische Ausbildung zum Ziel. Das Geld, welches durch ein um etwa 3 Jahre verkürztes Studium eingespart wurde, konnte der Studierende benutzen, um sich selbständig zu machen oder sich am Unternehmen zu beteiligen. Ausgebildet wurden in sechs Semestern Ingenieure (ab dem 17. Lebensjahr) auf den Gebieten Maschinenbau, Elektrotechnik, Gas- und Wassertechnik, Chemie, Elektrochemie und Keramik, Direktor war Dipl.-Ing. Tobias Glatz. Die Unterbringung der Akademie erfolgte im Haus Kirchgasse 10. Die Zahl der Studenten stieg kontinuierlich von 48 im Wintersemester 1905/06 auf 105 im Wintersemester 1907/08, seit 1908 *Polytechnisches Institut zu Arnstadt in Thür.*, durch solide Ausbildung und Umsetzung fortschrittlicher Gedanken wurde die Einrichtung weit bekannt, 1907 ließ man Damen als ordentliche Studierende zu, 1913 legte man fest, daß für Ausländer und Damen die gleichen Aufnahmebedingungen gelten, wie für deutsche Männer, zur sozialen Absicherung hatte man eine Institutskrankenkasse sowie eine Unfallversicherung eingerichtet, Studierende konnten mit Genehmigung der Direktion Vereine und Verbindungen gründen und solchen beitreten, 1913 bestanden mehrere wissenschaftliche Vereine und zwei farbentragende Studentenverbindungen. Durch die Zunahme der Studenten erfolgte 1915 in der heutigen Kasseler Str. 10 die Einweihung eines Neubaus, Ostern 1927 Schließung des Instituts, Glatz hatte ab 1927 mit den Technika in Bad Sulza und Ilmenau zu tun. Das Technikum Bad Sulza wurde 1934 geschlossen und eine Übernahme der Stadt Arnstadt angeboten, was man einstimmig ablehnte.

Das Gebäude Kasseler Str. 10 beherbergte bis 1941 ein Büro von Glatz, obwohl es um 1938 an den Arnstädter Wilhelm Heimbürge verkauft worden war, bis 1961 hier Handschuhfabrik →Brehme und Siegel, ab 1962 Polytechnische Oberschule VI. (heute Robert-Bosch-Regelschule).

L Dani, Klaus: Gründung der Arnstädter Gewerbeakademie vor 90 Jahren am 15. Okt. 1903 - Ein Rückblick. Ms., Arnstadt 1993/96, S. 1-8. *Peter Unger*

Popp, Friedrich: Bildhauer, Krankengymnast, *23. 1. 1905 Bamberg, †29. 7. 1998 Ebersdorf, 1913 Umzug der Familie nach Lemnitzhammer bei Lobenstein, Berufsausbildung als Krankengymnast an der Universitätsklinik Jena, 1930-68 im →Marienstift Arnstadt, Leiter der Abteilung Krankengymnastik/Physiotherapie in der Orthopädischen Klinik, Verfasser des Fachbuches *Orthopädische Krankengymnastik* (mit eigenen Zeichnungen, Jena 1958), 1953 Gesellenprüfung als Holzbildhauer, 1954 Meisterprüfung, nach 1968 wieder in Ebersdorf, tätig als Bildhauer bis zu seinem Tod, 1952 Einweihung der Notkirche im Marienstift mit Altar von Friedrich Popp, Sandsteinrelief mit Darstellung des Guten Hirten mit dem Schaf, Altar in der Kirche in Lobenstein 1976, Zeugnisse seiner Kunst: Altäre, Kruzifixe, Reliefs, Krippenfiguren, Batiken mit christlichen Motiven u. a. in der →Johann-Sebastian-Bach-Kirche, in Saalburg, Ebersdorf, Möschlitz bei Schleiz, Weimar, Plauen, Rekonstruktion der Brunnenfigur des Holzmarktbrunnens, Bär- und Luchsdarstellungen am Eingang des Arnstädter Tierparks, Standortwahl und Entwurf zum Mahnmal im →Jonastal. Ausstellungen in Arnstadt: 1975 anläßlich des 70. Geburtstages im Marienstift, 1992 im →Haus zum Palmbaum, 1995 in der Reinsberger Stube in Kleinbreitenbach.

L Popp, Friedrich: Aus meiner Bildhauerwerkstatt. In: Marienstift Arnstadt, 2. Berichtsband, Berlin 1971, S. 165-194. *Reinhard Specht*

Post: Im Mittelalter Kurier- und Botendienste der unterschiedlichsten Art, deren Träger die Einrichtungen waren, die einen Nachrichtenaustausch erforderten, z. B. Kanzleiboten, Stadtboten, Gemeindeboten, Kirchenboten, ab 1616 Nutzung eines echten Postdienstes über Erfurt mit Anschluß an den Sächsischen Postkurs der Kaiserlichen Reichspost von Leipzig nach Frankfurt/M. möglich, 1631/32 berührte erstmals ein Postkurs als Kurierpostlinie unter schwedischer Aufsicht von Erfurt nach Süddeutschland die Stadt, 1702 erste Postanstalt als Gräflich Schwarzburgisches Postamt (Kursächsische Post), ab 1703 Dienstpostkurs der Schwarzburgischen Regierung als Küchenwagen von Arnstadt-Sondershausen, der bis 1837 bestand (Sendungen für die Hofküche, Akten u. a. Fahrpostgegenstände), 1704 richtete die Kaiserliche Reichspost in Arnstadt eine Postanstalt für den Kurs Regensburg-Braunschweig ein, 1806 erlöschten die Privilegien der vom Haus Thurn & Taxis betriebenen Kaiserlichen Reichspost, seit 1807 in Arnstadt unter schwarzburgischer Verwaltung, ab 8. 6. 1812 in die Verantwortung der Thurn & Taxis Lehenspost anfangs nur für den Briefpostverkehr übertragen, vom 1. 7.-31. 12. 1867 wirkte kurzfristig die Preußische Post in Arnstadt, ab 1. 1. 1868 gehörte Arnstadt zum Norddeutschen Postbezirk, der ab Mai 1871 in die Deutsche Reichspost einging (eigene Briefmarken erst ab 1872), 1888 Installation von Postbriefkästen zur Einlieferung von Sendungen, Vereinfachung der Postzustellung durch Einführung straßenbezogener Hausnummern 1890, Postaufkommen der Stadt erreichte im letzten vollständigen Erfassungsjahr 1913 einen Umfang von ca. 5,5 Mio. Briefsendungen im Ein- und Ausgang sowie ca. 310.000 Pakete, bis zum 10. 4. 1945 lief der Postbetrieb nach den im Deutschen Reich geltenden Grundsätzen, nach der Besetzung Arnstadts durch US-Truppen am 10. 4. 1945 ruhte der Postbetrieb bis 15. 5. und wurde anschließend zeitweise und in beschränkter Form wieder aufgenommen, ab 19. 7. Wiederinbetriebnahme der Post unter russischer Aufsicht (dezentrale Verwaltung auf der Ebene von Oberpostdirektionen/ OPD), Arnstadt gehörte zur OPD-Erfurt. Nach Normalisierung der Postverhältnisse in der Sowjetischen Besatzungszone (SBZ) und Gründung der DDR wurden 1952 die OPD abgeschafft und 1953 Bezirksdirektionen (BD) gebildet. Die BD Erfurt zeichnete für die Post in Arnstadt bis zur Wende 1990 verantwortlich. Die Eingliederung der Deutschen Post der DDR in die Deutsche Bundespost wurde von der BD Erfurt bis zu deren Auflösung 1999 gesteuert. Das Postkonzept *Brief 2000* mit

Briefzentren und einer neuen, stark gestrafften Betriebsstruktur führten zu Konzentrationsvorgängen und Ämterschließungen auch in Arnstadt, aber auch zu kürzeren Laufzeiten der Postsendungen. Mit der Zulassung von privaten Beförderungsanstalten in den letzten Jahren entstand auch der Post in Arnstadt Konkurrenz im nichtmonopolisierten Sektor des Briefdienstes.

Postgebäude und Postämter: Führten im Laufe der Geschichte verschiedene Bezeichnungen, wie Botenmeisterei, Botenstation, Poststation, Postexpedition, Postamt oder Postfiliale. Daneben erforderte das Postfuhrwesen, neben der Unterhaltung der Postpferde und Postwagen, die Einrichtung von Posthaltereien, die sich im Zeitalter des Automobils zum Postfuhrpark entwickelten. Als Abfertigungsräume dienten anfangs Botenstuben, aus denen die späteren Poststuben entstanden. Diese befanden sich entsprechend dem Wohnsitz der von der Post beliehenen Postmeister in Gasthäusern oder anderen Privatgebäuden. Schalterräume zur Abwicklung eines Massenpostverkehrs in Arnstadt erst mit der Inbetriebnahme des ersten speziellen Postgebäudes am Markt 1 ab 1882 vorhanden (vorher Fleischgasse 10), davor wechselte der Standort der Postexpedition in Arnstadt häufig, nachzuweisen sind im 19. Jh. u. a. Ritterstr. 7, das Maempelsche Haus (Ried 16), Fleischgasse 10 oder das Habenthalsche Haus auf dem Kohlmarkt, Posthaltereien befanden sich u. a. in der Marktstr. 23, in der Schloßstraße, im Deutschen Haus auf dem Kohlenmarkt, in der Erfurter Straße (bis 1912) und anschließend bis zur Auflösung nach 1926 in der Rankestraße gegenüber dem Postamt. Mit der Einführung der Landverkraftung 1928 er-

Letzte Postkutsche 1926

hielt das Postamt Arnstadt 1 in der Ritterstr. 8 einen Kraftfahrzeug-Fuhrpark. Als Postmeister, teils auch als Postverwalter oder Posthalter sind im 18. Jh. u. a. genannt Johann Georg Jacobi, Johann Nicolaus Kraft, Chr. Magdalena Kraft, Heinrich Kraft und Johann Matthias Beck, im 19. Jh. Carl Friedrich Beck, Herr von Weise, August Mämpel, Postmeister Möller und Postsekretär Böhm, später die Postdirektoren Lattermann und Hentschen. 1904 erhielt das Postamt auf dem Markt die Bezeichnung Arnstadt 1, 1913 Umzug vom Markt in ein größeres Postgebäude in der Ritterstr. 8, das Amt fungierte in den folgenden Jahrzehnten organisatorisch teils als Hauptpostamt oder Leitpostamt, ab 28. 5. 1998 wurde das Postamt Arnstadt 1 von der Ritterstr. 8 in die Rosenstr. 16 verlegt und im Zuge der Postreform neu strukturiert und wesentlich verkleinert. Weitere Postämter des 20. Jhs. waren: Arnstadt 2 im Hauptbahnhof (1904 bis um 1972), Arnstadt 2 neu Am Rabenhold (1985-93), Arnstadt 3 in der Goethestraße 6 (1981-98), Arnstadt 3 neu durch Umbenennung der Postagentur von Rudisleben nach Eingemeindung (ab 2002), Arnstadt 4 in der Dr. Mager-Straße 3 (1989-92).

Postkurse: Verbindung zwischen den stationären Posteinrichtungen (Postämter) stellen Postkurse her, Straßenpostkurse, auf denen ursprünglich die Briefpost und die mit Wagen zu befördernde *schwere* oder *wertvolle* Fahrpost häufig als eigenständige Kurse auftraten. Erst die Einführung der Bahnposten ab 1847 in unserem Raum führte zu einem radikalen Wandel, um dann nach 1990 wieder voll auf Straßenpostkurse umgestellt zu werden. Die Ausbildung des Kursnetzes richtete sich nach den Übermittlungsbedürfnissen und dem vorhandenen Wegenetz. Das zeichnete Arnstadt als ein Nord-Süd und Ost-West ausgerichtetes Wegekreuz aus. Die Hauptrouten über Arnstadt liefen auf der Relation Erfurt-Nürnberg und Stadtilm-Gotha, wobei die Wegeführung, insbesondere über den Thüringer Wald, wechselte. Der Nürnberger Bote von Nürnberg Richtung Hamburg tangierte Arnstadt vorwiegend auf der Nürnberger Geleitstraße. Dieser mehrere Jahrhunderte bestehende Fernkurs wurde durch Fußboten, reitende Boten und z. T. durch umgebaute Fuhrwerke (Kutschen) bedient. Kanzleiboten zwischen Rudolstadt-Arnstadt-Sondershausen verbanden im 17. Jh. die schwarzburgischen Residenzen, wobei der Bote aus Arnstadt die Teilstrecke Stadtilm-Arnstadt-Gotha bediente. Die Meviusschen Zeitungsboten aus Gotha waren etwa ab 1700 auch in Arnstadt tätig. Die Straßenpostkurse vor Einführung des Kraftfahrzeugs unterschieden sich von den Botenkursen vorwiegend durch das Stafettenprinzip mit Pferdewechsel und einem festen Fahrplan, 1698 erste Pferdewechselstation, erste Poststation folgte 1702. Die auf Erfurt bzw. Coburg gerichteten Nord-Süd verlaufenden Postkurse wurden nun für Arnstadt bestimmend, daneben die Richtungen auf Gotha und auf Stadtilm. Mit dem Chausseebau konnten die Postkurse beschleunigt werden und Eilposten nach preußischem Vorbild verkehren. Die Post nutzte die Chaussee von Erfurt über Arnstadt nach Ilmenau (B4), die Chaussee nach Stadtilm-Rudolstadt und die Poststraße nach Gotha über Haarhausen-Apfelstädt. Mit dem Aufkommen der Eisenbahnen fanden die Fernkurse auf der Straße je nach Streckeneröffnung ihr Ende, die Nahkurse folgten dieser Entwicklung in Arnstadt bis 1895. Die zur Bedienung des Umlandes seit 1860 zunehmend eingerichteten Landpostkurse wurden nach einem ersten Versuch 1908 im Jahre 1928 neu strukturiert und auf Kraftpost-Bedienung umgestellt, nach 1960 Ausweitung des Einsatzes von Kraftfahrzeugen (Kraftgüterposten), obwohl der Bahnpostverkehr auf dem Kurs Erfurt-Meiningen nach wie vor für Arnstadt bestimmend war. Seit Einstellung des Bahnpostverkehrs bis 1995 und Inbetriebnahme des Briefzentrums 99 in Erfurt-Büßleben sowie des Frachtzentrums 99 in Nohra erfolgt die Zuführung und Ableitung der Postsendungen Arnstadts über diese Knoten.

Bahnpost: Mit Aufnahme des Bahnbetriebes auf der Thüringer Eisenbahn bis Erfurt am 1. 4. 1847 und am 10. 5. 1947 bis Gotha erhielt Arnstadt durch einen Straßenpostkurs nach Dietendorf bzw. Erfurt je nach Zug Anschluß an das Eisenbahntransportnetz mit den ab 1949 eingerichteten Bahnposten (fahrende Postämter) des Kurses Halle-Eisenach. Mit dem direkten Eisenbahnanschluß Arnstadts am 16. 5. 1867 ab Dietendorf ging der Postumschlag nun direkt über die Bahnstation Arnstadt. Mit Verlängerung der Bahnstrecke nach Ilmenau am 6. 8. 1879 wurde Arnstadt auf dem Kurs Neudietendorf-Ilmenau erstmals durch begleitete Bahnposten bedient. Mit

Streckeneröffnung Richtung Meiningen bzw. Bayern am 1. 8. 1884 und Einrichtung des Kurses Neudietendorf-Ritschenhausen, erhielt Arnstadt Anschluß an einen Hauptkurs. Die Inbetriebnahme der Eisenbahnstrecke nach Saalfeld 1895 komplettierte das Bahnpostnetz über Arnstadt. Lokale Bedeutung hatte die Bahnpost auf der Lokalstrecke nach Ichtershausen ab 1885. Die direkte Streckeneinführung in Neudietendorf führte zum Wegfall der Umladearbeiten und zu durchgehenden Bahnpostkursen von Erfurt nach Ilmenau bzw. Themar und Erfurt-Ritschenhausen ab 1904. Dieser Hauptkurs hielt sich mit der Linienführung Erfurt-Meiningen nach 1945 bis zur Einstellung des Bahnpostverkehrs. Auch der Kurs Berlin-Würzburg bzw. Stuttgart lief vor 1945 auf dieser Strecke über Arnstadt. Der Postaustausch zwischen Bahnpostwagen und Ortspostanstalt Arnstadt erfolgte auf dem Hauptbahnhof bis zum Ende der Bahnpostzeit.

Poststempel: Hierunter versteht man in erster Linie die normalen Postaufgabestempel (Tagesstempel) für Postsendungen, daneben ein breites Spektrum weiterer Stempel (u. a. Postsonderstempel). Die Funktion des Postaufgabestempels beinhaltet im Zeitraum einer staatlichen Postverwaltung die offizielle Kennzeichnung einer Sendung nach Aufgabeort (Aufgabeamt) und Aufgabezeit. Nach Einführung der Postwertzeichen hat das auch deren Entwertung betroffen, nachdem sich der zusätzliche Gebrauch eines Ringnummernstempels, für Arnstadt die Nr. 281, allein zur Entwertung als zu aufwendig herausgestellt hatte. Der erste Aufgabestempel kam 1802 in Arnstadt, anfangs nur für Post nach Frankreich gedacht, zum Einsatz. Erst durch die Einführung von Kreisstempeln mit verstellbarem Räderwerk nach Schweizer Muster (Radgangstempel), in Arnstadt seit 1895, fand man die bis heute zeitgemäße Stempelform. Seit der Postprivatisierung 1995 besitzt der Tagesstempel keinen offiziellen Charakter mehr.

Telegraphendienst: Am 15. 8. 1862 erhielt Arnstadt einen Telegraphenanschluß und konnte am Telegrammverkehr teilnehmen. Das Telegraphenamt in der Ritterstraße wurde am 1. 10. 1875 mit dem Postamt verwaltungsseitig vereinigt. Die gemeinsame Verwaltung von Post und Telegraphie wurde unter unterschiedlichen Bezeichnungen (Fernmeldewesen, Telekommunikation) bis zur Postprivatisierung nach 1990 beibehalten und in die Postgebäude integriert. Der Fernsprechdienst begann am 5. 10. 1893 in der Stadt.

Briefmarken: Seit dem 1. 1. 1852 gab es auf der Post in Arnstadt Postwertzeichen (PWZ), landläufig als Briefmarken bezeichnet, zu kaufen. Das waren bis 1867 Briefmarken des Thurn & Taxis Postbezirkes in Groschenwährung, für das 2. Halbjahr 1867 PWZ von Preußen, ab 1868 Briefmarken des Norddeutschen Postbezirkes und ab 1872 die Marken der Deutschen Reichspost. Nach Kriegsende 1945 folgten nach einer markenlosen Übergangszeit die Ausgaben der OPD Thüringen (Erfurt), dann der Deutschen Post, später der Deutschen Post in der SBZ, der Post der DDR und ab 3. 10. 1990 die Ausgaben der Deutschen Bundespost, die nach der Postprivatisierung 1995 nunmehr für die Deutsche Post AG durch das Bundesfinanzministerium veranlaßt werden. Eigene Briefmarken für Arnstadt gab es 1948 für wenige Tage. Im Postamt erfolgte im Zuge der Währungsreform die Aufwertung bisheriger allgemeiner PWZ mit Bezirkshandstempeln von Arnstadt, die vom 24. 6.-10. 7. gültig waren. Von 1987-88 ist ein Markenheftchen aus Arnstadt bezogen. Das Postamt Arnstadt stellte unter Verwendung von Zuschlagsmarken und alter Schmuckblätter für Telegramme eine Aushilfsausgabe an Markenheftchen her. Postkarten bzw. Briefumschläge mit Wertzeicheneindruck (Ganzsachen) für Arnstadt existieren in verschiedener Form (Bildpostkarten v. 1936-39 mit Arnstadt-Ansichten, Sonderganzsachen zur 1200-Jahrfeier 1904 u. zur 1250-Jahrfeier 1954). PWZ mit einem direkten inhaltlichen Bezug zu Arnstadt sind selten anzutreffen. Erste Sonderbriefmarken mit Motiv aus Arnstadt am 10. 9. 1974 als Serie von 6 Werten der Post der DDR zur historischen Puppensammlung →Mon Plaisir im Schloßmuseum, am 11. 3. 1993 PWZ zum 100. Geburtstag von A. Paul →Weber, zur 1300-Jahrfeier wird ein weiteres PWZ am 5. 2. 2004 erscheinen und in Arnstadt übergeben (es zeigt typische Gebäudegruppen der Stadt), bereits am 24. 2. 1970 erschien eine Marke zur Leiziger Messe mit Abbildung der Koordinatenschalterzentrale ATZ 65. Entwicklung und Bau dieser Telefonzentrale ist mit Arnstadt verbunden. PWZ mit einem indirekten Bezug zu Arnstadt, so zu Persönlichkeiten, die in Arnstadt gewirkt haben oder mit Arnstadt verbunden sind, wie Joh. Seb. Bach, trifft man häufiger.

Postsonderstempel: Neben den für den Postbetrieb unverzichtbaren Tagesstempeln setzt die Post im eigenen oder fremden Auftrag auch Stempel ein, die auf besondere Ereignisse hinweisen (ereignisbezogene Sonderstempel) oder rein werbenden Charakter haben (Werbestempel). Diese Stempel haben neben den postalischen Standardangaben zusätzlich Text- bzw. Bildhinweise. Die Einsatzdauer kann von einem Tag bis zu Monaten oder Jahren bei Werbestempeln reichen. Erster Sonderstempel Arnstadts zum Tag der Briefmarke am 12. 1. 1941. Das erste Motiv aus Arnstadt (Stadtmauer und Neutorturm) zeigte ein Stempel vom 25. 10. 1942. Der erste Werbestempel lief von 1948-51 zum Thema *Arnstadt - die Stadt der Lederhandschuhe*, im Bachjahr 1950 warb ein Stempelbild für Arnstadt als Bachstadt, inzwischen gibt es in Arnstadt 31 Postsonderstempel.

Postleitzahlen: Zur Vereinfachung des Sortiergeschäftes im Postablauf auch ohne tiefgründige postgeographische Kenntnisse wurden während des 2. Weltkrieges Postleitzahlen (PLZ) eingeführt. Für Arnstadt galt seit 1944 im Postverkehr die Postleitgebietszahl 15, die später zu 15 a für Westthüringen verändert wurde, 1950 fielen die PLZ weg. Erst mit dem neuen System ab 1965 erhielt Arnstadt mit 521 eine ortsspezifische PLZ, die später auf die vierstellige PLZ 5210 ausgeweitet wurde. Nach Zusammenschluß der Post in Ost und West bestanden in Deutschland zwei verschiedene Leitsysteme, was zu Nummerndopplungen und Fehlleitungen führte. Das neue deutschlandweit einheitliche PLZ System ab 1. 7. 1993 sieht für Arnstadt die Nummer 99310 vor. Besondere Zustellbereiche, wie Postfächer, besitzen eigene Nummern.

Philatelie: Von Arnstadt sind bedeutende Impulse für die organisierte Philatelie in der Stadt, in Thüringen sowie deutschlandweit ausgegangen. Von 1912-45 wirkte der Verein für Briefmarkenkunde Arnstadt, Vorsitzender Tobias Glatz war Initiator des Zusammenschlusses des Thüringer Briefmarkensammlerbundes 1923 und an der Bildung des Landesverbandes Thüringen im Reichsbund Deutscher Philatelisten wesentlich beteiligt, von 1949-90 wurde Philatelie in Arnstadt unter dem Dach des Kulturbundes betrieben (Arbeitsgemeinschaft Philatelie Arnstadt,

Betriebsarbeitsgemeinschaften: Chema u. RFT), 1990 erfolgte die Wiedergründung des Vereins für Briefmarkenkunde Arnstadt, auch der neugebildete Landesverband Thüringen im Bund Deutscher Philatelisten beruht vorrangig auf dem Engagement Arnstädter Philatelisten, mehrere große Briefmarken-Ausstellungen in Arnstadt, u. a. 1936, 1942, 1954, 1978, 1985, 1988 und vorgesehen 2004.

L Bergmann, Eckart: Interessante Aspekte zum alten Postwesen in Arnstadt. In: AVAU 4 (1994), S. 114-131. *Eckart Bergmann*

Prautzsch, Hans: Superintendent, *7. 12. 1901, †13. 5. 1980 Eisenach, ordiniert 1924, kam 1949 als Pfarrer nach Arnstadt, 1956 Superintendent, leitete in seiner Amtszeit die umfangreichen Rekonstruktionsarbeiten an der →Liebfrauenkirche, lokale kirchengeschichtliche Forschungen und Veröffentlichungen, Ruhestand 1970.

W *Die Oberkirche in Arnstadt* (Jena 1962*), Joachim Mörlin, mit 26 Jahren erster Superintendent in Arnstadt* (Berlin 1961), *Christus ist mein Leben*, ein Gedenkbuch für Friedrich Behr (Berlin 1962). *Hans-Ulrich Orban*

Prinzenhof: An der Liebfrauenkirche 2, unregelmäßige Dreiflügelanlage aus unterschiedlichen Bauperioden, östlich des Prinzenhofs am unteren Ende der Berggasse (bis 1952 Gräfingasse), stand ein Eckhaus mit Front zur Gasse, das 1566 *Zur roten Rose* genannt wurde und im Besitz des Gräflich Schwarzburgischen Oberhauptmanns Christoph von Enzenberg war.

In diesem Haus nahm die Gräfinwitwe →Katharina von Nassau, die nach dem Tod ihres Gemahls →Günther des Streitbaren von Schwarzburg 1583 das Schloß →Neideck verließ, einen kurzzeitigen Wohnsitz. Auf dem Gelände des Propsteigebäudes des ehemaligen Benediktinerinnenklosters, das neben dem Enzenberg'schen Hause lag, ließ sie sich ihren Witwensitz, den heutigen Prinzenhof, errichten, den sie bis zu ihrem Tod 1624 bewohnte. Ein großer tonnengewölbter Keller im Westflügel stammt wohl noch aus dem späten 16. Jh., 1670-85 wurde der Gräfinhof, wie das Gebäude nun genannt wurde, abermals Witwensitz, nunmehr für die Gräfin Sophie Dorothea von Mörsburg und Befford, Witwe des Grafen Christian

Günther II. von Schwarzburg, zu Anfang des 18. Jhs. war der Gräfinhof wieder unbewohnt, 1723 bezog Prinz Wilhelm von Schwarzburg die Gebäude und ließ diese als Prinzenhof im wesentlichen umgestalten, dabei wurde auch das oben genannte Eckhaus, das Haus *Zur roten Rose* an der Berggasse abgerissen.

Nach dem Tod des Prinzen 1762 blieb das Haus eine zeitlang unbewohnt, 1803 übernahm Prinz Carl von Schwarzburg-Sondershausen das Anwesen und ließ es mit hohem Kostenaufwand umbauen.

Durch Ankauf von sechs Hof- bzw. Brandstätten 1809 an der Untergasse wurde der Garten des Prinzenhofes nach Süden hin beträchtlich erweitert, aus Architekturteilen des Schlosses Neideck ließ sich Prinz Carl an der Ostseite des Gartens eine künstliche Ruine errichten, die in jüngster Zeit jedoch völlig zerstört wurde, 1834 verließ Carl wieder den Prinzenhof, 1878 erfolgte der Ausbau zum →Gymnasium, das sich darin bis 1915 befand. In diese Zeit fiel auch der Bau des Südflügels mit der Turnhalle, danach wurden die Gebäude zu verschiedenen schulischen Zwecken genutzt, ab 1990 grundlegende Sanierungen zur Nutzung als Stadt- und Kreis-Bibliothek.

L Kroschel, Samuel: Beiträge zur Geschichte des neuen Gymnasialgebäudes: In: Gymnasialprogramm Arnstadt 1879. *Ulrich Lappe*

Puhlmann, Gottfried: Bau GmbH & Co., Hoch- und Tiefbau, Steinmetzgeschäft gegründet 1888 in Zehlendorf durch Gottfried Puhlmann, danach Sitz in Erfurt, durch Beschluß vom 27. 3. 1950 nach Arnstadt verlegt, Gothaer Str. 22, staatliche Beteiligung ab 1959, Durchführung von Pflasterarbeiten in der Mittelgasse und anderen Straßen der Stadt, 1972 Verstaatlichung zum VEB Baureparaturen, Verwaltung Lindenallee 6, 1990 Reprivatisierung und Neugründung der Fa. Gottfried Puhlmann, Baugesellschaft mbH Arnstadt, Ichtershäuser Str. 86, Neueintrag in das HR per 15. 5. 1991, Pflasterarbeiten, Verlegung von Wasserleitungen oder Dacharbeiten, 23 Beschäftigte, 1996 Büro in der Schulgasse 1.

Q KAA, Bestand Kreistag u. Rat des Kreises Arnstadt, Nr. 400; DV v. 20. 5. 1950; TA v. 17. 6. 1991 u. 23. 9.1991. *Heidrun Fröhlich*

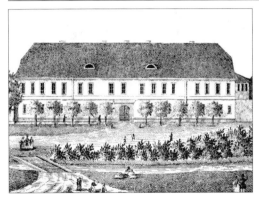

Prinzenhof, Stich 19. Jh.

Q

Quellen: Natürlich fließende Austritte des unterirdischen Wassers an die Erdoberfläche. Im Stadtgebiet Arnstadts sind die teilweise stark schüttenden Austrittsstellen an das Verkarstungsgebiet des Muschelkalkes gebunden, wo auch versunkenes Flußwasser wieder auftaucht.
Die *Schönbrunn-Quellen* (Mämpel- und Herrschaftsquellen) sind Karstspaltenquellen im Unteren Muschelkalk mit einer starken Schüttung von ca. 5.000 Kubikmeter täglich. Mit einer Gesamthärte von durchschnittlich 21 Grad dH, davon Karbonathärte ca. 15 Grad dH, weist das Wasser typische Werte für muschelkalkbeeinflußtes Wasser auf.
Riedquelle oder Offenborn: eine Karstspaltenquelle mit einer Schüttung von ca. 300 Kubikmeter täglich, die das Ried- und Längwitzer Viertel mit gutem Wasser versorgte. Da die Quelle "allen offen stand" wurde sie Offenborn genannt, 1377 erstmals urkundlich belegt.
Fürstenberg-Quelle: eine Spaltenquelle, die das Wasser aus dem Ilm-Wipfra-Einzugsgebiet erhält. *Kesselbrunn-Quelle:* eine Spaltenquelle am östlichen Fuße des Arnstädter →Weinberges mit

einer durchschnittlichen Schüttung von 50 Kubikmeter täglich. Die Quelle ist gefaßt und war bis ca. 1977 für die Stadt ein Trinkwasserreservoir.
Die Schönbrunn-Quellen und der Offenborn lieferten bis in die Neuzeit das Wasser für die laufenden Brunnen im Stadtzentrum.
L Krause, Reinhard: Geschützte und schützenswerte Quellen im Bezirk Erfurt. In: Veröffentlichungen Naturkundemuseum Erfurt (1987), S. 52-63.
Manfred Wahl

Quensel, Johann David: Kaufmann, Begründer des →Krankenhauses in Arnstadt, *24. 7. 1756 Heyda, †3. 1. 1845 Ilmenau, Pfarrerssohn, Kaufmann in Erfurt, wohnte in Arnstadt und Ilmenau, 1807 Aufnahme als Bürger in Arnstadt, unter dem Namen *Quensel`sche Stiftung* vermachte er 1831 (Nachträge 1834 u. 1839) der Stadt Arnstadt insgesamt 8.160 Taler zur Errichtung eines Krankenhauses (die sogenannte Quensel`sche Heilanstalt im Schieferhof, Ecke Fleischgasse/Riedmauer.
Umbau bis Oktober 1835 und Einweihung am 1. 7. 1836), einer Leichenhalle (1841) und einer Gewerbeschule (1844/45), 1906 Benennung einer Straße (Quenselstraße), stiftete auch der Stadt Ilmenau 1842 ein Legat für Arme und für die Fortbildungsschule.
Q KAA, Bestand Stadt Arnstadt, Sign. 522-01/09 und 315-01-1; StadtA Ilmenau, Sign. 200289, Evang.-Luther. Pfarramt Ilmenau, Sterberegister 1845.
L Gymnasialprogramm. Arnstadt 1848, S. 33 (Quensel`sche Stiftung); Ziegenhardt, Andrea: Wirtschaftlicher Wandel und soziale Krisen. Arnstadt im Vormärz. Arnstadt 1999 (ungedruckte Magisterarbeit), S. 19f u. 63f. Porträt (Gemälde) im Kreiskrankenhaus Arnstadt.
Andrea Kirchschlager

R

Ramann, *Emil* Otto Paul Bruno: Naturwissenschaftler, Universitätsprofessor, *30. 4. 1851 Dorotheental bei Arnstadt, †19. 1. 1926 München, Sohn von *Gustav* Heinrich Wilhelm →Ramann und dessen Ehefrau Therese Mathilde, geb. Löffler, Apothekerlehre in Arnstadt, nach vorzeitigem Abschluß der Lehre wurde er nach Hamburg geschickt, um sich Kenntnisse in der chemischen Analyse anzueignen, nach dem Tod des Vaters Rückkehr ins Dorotheental, um den Nachlaß zu ordnen und dessen Werk über die Schmetterlinge zu vollenden, ab 1876 Studium der Naturwissenschaften in Berlin, 1878 Berufung als Assistent an das Chemische Institut der Forstakademie Eberswalde, 1881 Promotion in Rostock (Dissertation: *Untersuchungen über die Passivität des Eisens*), 1885 Habilitation als Privatdozent, 1890 Ernennung zum Professor, entwickelte die Bodenkunde zu einer selbständigen Wissenschaft, erhielt 1895 neugeschaffene Professur für Bodenkunde, 1900 Lehrstuhl für Bodenkunde und Agrikulturchemie in München, zahlreiche Studienreisen in fast alle europäischen Länder, besonders nach Rußland zur Beobachtung und Erforschung des Zusammenhangs von Klima und Bodenbildung, gab über 105 wissenschaftliche Publikationen über botanische, chemischphysikalische, geologische und mineralogische Probleme der forstlichen sowie der allgemeinen Bodenkunde heraus, seine Werke heute noch Grundlage der modernen Bodenkunde, 1903 Ernennung zum Mitglied der russischen Akademie der Wissenschaften und 1925 der ungarischen Akademie der Wissenschaften, 1923 Verleihung der Ehrendoktorwürde durch die Forsthochschule Eberswalde als *Begründer und Altmeister der neuzeitlichen Bodenkunde und Schöpfer einer wissenschaftlichen forstlichen Standortslehre*, durch Forstmeister Müller 1926 Benennung des Ramannsgrundes im Forstort Hain bei Arnstadt, der unmittelbar ans Dorotheental anschließt, Grab in München.

W *Forstliche Bodenkunde und Standortslehre.* (Berlin 1893)-International anerkanntes Lehrbuch.

L Mahler, Johannes Erich: Ein Gedenkblatt für Gustav und Emil Ramann. In: AKB H. Juni (1954), S. 21f.

Manfred Wahl / Andrea Kirchschlager

Ramann, *Gustav* **Heinrich Wilhelm:** Gärtnereibesitzer und Samenhändler, Naturwissenschaftler, *18. 2. 1805 Wandersleben, †20. 1. 1875 Arnstadt, Sohn des Pfarrers Sylvester Jacob Ramann, Besuch des Gymnasiums in Erfurt, Studium der Theologie und Naturwissenschaften an verschiedenen Universitäten, 1830 1. Eheschlie-

Gustav Ramann

ßung mit Auguste, geb. Möhring aus Arnstadt, 2. Eheschließung mit Therese Mathilde, geb. Löffler, neben einer Torfstecherei betrieb er mit seinem Schwager Gustav Möhring eine Großgärtnerei und Samenkultur im Gleichental, Mitte der 1850er Jahre Verlegung des Betriebes nach Arnstadt (Standort heutige Johann-Sebastian-Bach-Straße und anliegende Grundstücke). 1855/56 Trennung von Möhring und Verlegung seines Betriebes ins Dorotheental, dort Errichtung einer Kartonagenfabrik, fertigte die von ihm erfundenen Kaleidoskope und verkaufte diese an Institute und Schulen, verfügte über bedeutende Sammlungen von Schmetterlingen, Insekten und Mineralien als Schau- und Lehrobjekte, stand 1848 auf der Seite der Demokraten, versteckte Hermann Alexander Berlepsch im Dorotheental und verhalf ihm zur Flucht, Anfang der 1860er Jahre richtete er im Lohmühlenweg 24, 26 und 26a ein Kurhaus für Solbadegäste mit Pensions- und Gesellschaftshaus, Liege- und Badehalle ein, gab mehrere naturwissenschaftliche Publikationen heraus, wohnte zuletzt Schönbrunnstr. 18.

W *Populaire Mineralogie. Ein Leitfaden.* (Berlin 1868), *Das Herbarium* (1871), *Der Schmetterlingssammler* (1873); *Die Schmetterlinge Deutschlands und der angrenzenden Länder* (1872-75, in 26 Lieferungen), *Naturbilder und Fabeln, ein*

Kinderbuch. (Dorotheenthal b. Arnstadt o. J.).
L Thalmann, Paul: Gustav Ramann (1805-1875). In: Alt-Arnstadt 8 (1929), S. 40-44 (Porträt).

Manfred Wahl / Andrea Kirchschlager

Rat, Ratsherren: Neben dem Stadtherrn übte der Rat (*consilium*) in der Stadt die Herrschaft aus. Er war das oberste Organ der Bürgerschaft zur Selbstverwaltung, kontrollierte den Frieden in der Stadt, übte die niedere und auch hohe Gerichtsbarkeit aus, überwachte die Satzungen und Statuten, war Vertreter der Stadt nach außen und bestallte die städtischen Angestellten, wie den Marktmeister, den →Stadtschreiber, die Stadtdiener, Bettelvögte usw. Den Vorsitz im Rat führte meist einer der →Bürgermeister. Das städtische Parlament bildeten die Ratsmannen, Ratsleute oder Ratskumpanen, im 13. Jh. Adlige und Bürger mit großem Grundbesitz. Urkundliche Ersterwähnung eines Rates und der Bürgerschaft am 6. 1. 1283 (*consules* - Ratsherren). Ab 1307 sind Henricus Ulrici und Ulricus Strabo, *magistri consulum* (Ratsmeister). Daneben werden neun Ratsherren genannt, ab 1322 wechselt die Bezeichnung zu *ratismeystere*, seit 1372/75 zwei Ratsmeister, zwei Kämmerer und acht Ratsleute (*ratislute*). In den folgenden Jahrzehnten Verringerung des Rates auf neun und acht Personen. In dieser um 1500 herausgebildeten Form blieb der Rat bis zum Beginn des 19. Jhs. bestehen. Der Rat wurde jährlich durch die Bürgerschaft gewählt (mit Wissen und Verwilligung des hersfeldischen Amtverwesers). Im Laufe der Zeit bildeten sich drei sogenannte „Ratsmittel" (Rat in seiner Gesamtheit), die sich in einem regelmäßigen Turnus ablösten, so daß in jedem vierten Jahr die gleichen Personen wieder an der Spitze der Stadt standen, soweit nicht Todesfälle u. a. Rücksichten die Aufnahme eines neuen Ratsmitgliedes verursachten. Hinsichtlich der beiden Ratsmeister bildete dies die Regel. Die Reihenfolge der Kämmerer kam auch umgekehrt vor. Damit wurde das Wahlrecht der Bürger hinfällig. Zwischen 1463-75 Verschiebung des Ratswechsels von Lichtweih (2. 2.) auf Michaelis (29. 9. - Beginn des Rechnungsjahres). Im 17. und 18. Jh. Auseinandersetzungen zwischen dem Rat (Stadt) und den Herren von Schwarzburg-Sondershausen als Stadtherren (Staat). Streitpunkte waren niedere Gerichtsbarkeit (Blutrunst), Privatrechts-

sachen und Streitigkeiten um Abzugsgeld, Meß- und Wegegeld, Tranksteuer, Innungswesen und Angelegenheiten der örtlichen Polizei, ab 1716 Mitspracherecht des Fürsten bei der Ratswahl und Klärung der Zuständigkeiten. Daraufhin wurden 1732 die drei Ratsmittel um eins vermindert, 1812 entscheidende Umwandlung der Ratsverfassung. Außer der Anzahl der Ratsmittel wurde auch die Besetzung auf je zwei Bürgermeister und Kämmerer herabgesetzt, während die Stellen der Bau- und Ratsherren wegfielen, deren Funktionen von den Kämmerern übernommen wurden. Da der Rat immer mehr den Charakter einer fürstlichen Behörde annahm, kam es um 1830 zu Auseinandersetzungen zwischen Rat und Bürgerschaft. In der Folge durften 40 Stadtverordnete gewählt werden. Auf Drängen des Rates trat am 1. 4. 1832 eine neue Stadtordnung in Kraft. Ein weiterer Schritt zur unabhängigen, kommunalen Selbstverwaltung stellte die Gemeindeordnung von 1850 und die Städteordnung von 1857 dar. Hierin wurde die strikte Durchführung des Grundsatzes der ausschließlichen kommunalen Selbstverwaltung der Stadtgemeinden, die diese unter der Oberaufsicht des Staates durchführten festgeschrieben. Die Rechte des fürstlichen Stadtherrn konnten eingedämmt werden. 1850 wurde auch die Frage der →Gerichtsbarkeit endgültig geklärt. Am 1. 7. 1850 ging die Ausübung der Rechtspflege mit Ausnahme der Geschworenen- und Militärgerichte vollkommen auf die neugeschaffenen Justizämter, Kreisgerichte und das Appellations- und Oberappellationsgericht über. Arnstadt erhielt ein Justizamt, das mit einem Justizamtmann und mindestens einem Aktuar besetzt wurde.

L Gottfried, Werner: Verfassung und Stadtrecht von Arnstadt. Jena 1954. (Diss.); Bühring, Johannes: Über den Termin des Arnstädter Ratswechsels. In: Alt-Arnstadt 3 (1906), S. 47-54. *Michael Kirchschlager*

Rathaus: Der ursprüngliche Rathausbau 1347 als *rat hus* erstmals erwähnt, wurde 1459 durch Brand zerstört. Der Neubau von 1501, der dem heutigen Rathaus schon sehr ähnlich sah, wurde im Stadtbrand von 1581 schwer beschädigt. Unter Einbeziehung wesentlicher Teile des zerstörten Hauses wurde von 1582-86 unter Leitung des Baumeisters Christoph Junghans das Rathaus wieder aufgebaut. Über einem winkelförmigen

Rathaus, um 1920

Grundriß erhebt sich an der Marktseite ein dreigeschossiger Südflügel, nach der →Joh.-Seb.-Bach-Kirche hin ein zweigeschossiger Ostflügel. Die zum Markt stehende Stirnseite des Ostflügels zeigt einen hohen Schaugiebel, ein ihm entsprechender Giebel erhebt sich als Pendant an der westlichen Seite des Südflügels. Beide Giebel von Voluten und Beschlagwerkformen geziert. Das Hauptportal von 1585 an der Westseite des Südflügels wird von zwei kannelierten ionischen Säulen auf Sockeln flankiert, die ein fein profiliertes Gebälk tragen. In den Zwickeln des ädikulaartigen Aufbaues Reliefs mit der Darstellung der Justitia (Gerechtigkeit) und der Fortitudo (Tapferkeit). Als Bekrönung über dem Gebälk eine Tafel mit dem Arnstädter →Stadtwappen, dem Adler sowie den 6 Wappen Arnstädter Ratsherren, gerahmt von den allegorischen Figuren Fides (Glaube) und Caritas (Liebe), die als Karyatiden ein abschließendes Gebälk tragen. 1711/12 wurde die Fassade farbig neu gestaltet, nach dem Markt zu mit den Bildnissen römischer Kaiser, nach der Bachkirche zu mit den vier großen Sinnbildern, der Gerechtigkeit, der gemeinen Wohlfahrt, der Weisheit und des Gewissens bemalt. Die ursprünglich an der Stirnseite des Ostflügels vom Markt zum Ratssaal führende Freitreppe wurde 1753 abgebrochen und durch einen Altan ersetzt. Über diesem stehen in rundbogigen Nischen, die beiden Schutzheiligen der Stadt: Maria und Bonifatius, thüringische Holzfiguren der Zeit um 1370/80. In der Mitte des Giebels die von einem Wilden Mann und einer Wilden Frau flankierte große Kunstuhr von 1585. 1826/28 wurden der Rathaussaal und nördlich anschließende Räume im Obergeschoß des Ostflügels neu gestaltet und ausgebaut, die hohen Rundbogenfenster der Ostfassade denen der Südfassade angeglichen, 1867 erfolgte der Ladeneinbau in den ehemaligen Brodbänken an der Südostecke des Rathauses, 1877-78 Ausbau des Erdgeschosses im nördlichen Ostflügels zum Feuerwehr- und Spritzenhaus, 1985 wieder zurückgebaut, 1912-25 Umbaumaßnahmen, u. a. Umgestaltung der Fassade des Ostflügels und Neugestaltung des historisierenden Ostportals. Zur Zeit größere Sanierungs- und Umbaumaßnahmen am Gebäude.

L Donhof, Manfred: Denkmale im Kreis Arnstadt. Veröffentlichungen der Museen der Stadt Arnstadt. Arnstadt 1988, S.46f. *Ulrich Lappe*

Rattenkönig: Im Haus Unterm Markt 7 wurde am 26. 11. 1759 ein aus sechs an den Schwänzen zusammengewachsenen Ratten bestehender Rattenkönig gefunden. 1824 befand sich ein Ölbild

Diese Sechs aneinander hangende Ratten Mäuße, sind den 21 November 1759 allhier zu Arnstadt, bey den Zinn gießer, Georg heinrich Schenherr unden am Marckte Zum Hügel genand gefunden Worden.

Rattenkönig, Umzeichnung des Ölgemäldes

auf Holz mit folgender Inschrift noch in diesem Haus: *Diese Sechs aneinander hangende Ratten Mäuße sind den 21. November 1759 allhier zu Arnstadt, bey den Zinn Gießer, Georg Heinrich Schenherr unden am Marckte zum Hügel genand gefunden Worden.* Die Naturwissenschaft definiert einen Rattenkönig als eine Gruppe von Ratten, deren Schwänze so miteinander verknotet sind, daß sich die Tiere nicht mehr selbständig aus ihrem Verband lösen können, 1895 schenkte Fürst Karl Günther und Fürstin Marie von Schwarzburg-Sondershausen das Ölgemälde dem Arnstädter Museum.

Q ANIB v. 14. 4. 1895, Nr. 88 (Liste der dem Arnstädter Museum eingelieferten Gegenstände).
L Baumberg, S. 84.

Andrea u. Michael Kirchschlager

Rehbein, Arthur: Pseudonym Atz vom Rhyn nach seinem Beinamen in der Elgersburger Ritterschaft, der er bis 1901 angehörte, Journalist, Schriftsteller, Hofrat, *26. 10. 1867 Remscheid, †29. 2. 1952 Berlin. Begann bereits mit 12 Jahren für Zeitungen zu schreiben. Studium der Kunstgeschichte und Naturwissenschaften in Bonn, Straßburg und Halle, begann am 1. 1. 1894 als

Zeitunger (Redakteur) beim →Arnstädter Tageblatt und gründete am 26.1.1894 im →Schönbrunn mit sechs Mitstreitern die →Litterarische Vereinigung Arnstadt, deren Vorsitzender er wurde. Wechselte 1897/98 als Schriftleiter nach Sangerhausen, wurde dort aber wegen eines Duellvergehens zu einmonatiger Haftstrafe in Magdeburg verurteilt. Der Besitzer des Arnstädter Tageblatts holte ihn 1898/99 nach Arnstadt zurück. 1899/1900 Hauptschriftleiter beim Krefelder General-Anzeiger, dann in Köln, 1906-1909 Chefredakteur der *Württemberger Zeitung* in Stuttgart, anschließend journalistische Tätigkeit in Berlin (Norddeutsche Allgemeine Zeitung und Kladderadatsch), fortan als freier Schriftsteller tätig. Viele Reisen: Deutschland, Österreich, Schweiz, Ungarn, Holland, England, Norwegen, Island, Spitzbergen, Frankreich, Spanien, Italien, auf den Balkan, nach Palästina, Afrika, Amerika. Unternahm ab 1904 Freiballonfahrten, ab 1909 Zeppelinfahrten (z. B. nach Brasilien), nahm an Unterseebootfahrten 1913 und Segelflügen bis zu seinem 70. Lebensjahr teil. Wiederholte Besuche in Arnstadt, setzte sich für die Bach-Pflege (Wender-Orgel) und den Alteburgturm ein, seit 1925 Burgpoet der

Arthur Rehbein

Wachsenburg. Politisches Engagement: Präsident des deutschen Schriftstellerverbandes, Ehrenmitglied des Landesverbandes Mittelrhein des deutschen Schriftsteller-Vereins, Mitbegründer und Ehrensenator des Reichsverbandes Deutscher Schriftsteller, Mitglied des Reichsverbandes der Deutschen Presse und der Literarischen Gesellschaft. Seine Unternehmungen fanden ihren Niederschlag in zahlreichen Wander- und Reisebüchern.

W *Vom Kyffhäuser zur Wartburg* (1900), *Rheinische Schlendertage* (1907), *Grün-Weiß, Fahrten und Flüge, Sommer- und Winterwanderungen zwischen Main und Saale* (1911/22), *Wunder im Sande. Märkische Wanderungen* (1918), *Vom Polarstrande zum Wüstenrande* (1927), *Mensch in Wolken* (über seine Luftfahrten, 1935), *Lloydselige Polarfahrt: Reisebilder aus Island, Spitzbergen und Norwegen* (1929), *Bilder aus Thüringen* (1906). Seit 1894 erschienen wiederholt Arnstädter Gedichte von ihm, z. B. der *Rostbratwurst-Hymnus-Arnstädter Weizenbier, Arnstädter Uhrenkrieg, Der alte Gottesacker in Arnstadt, Bismarck im Sachsenwalde* (1925), *Für Deutschland in den Tod, Leben und Sterben Albert Leo Schlageters* (1928), *Die Steinsburg, größte deutsche Keltenfestung und Römhild*, Autobiographische Schriften: *Kaleidoskop meiner Zeit,* 1. u. 2. Teil (Remscheid 1978 u. 1979), *Gedichte* (1894), *Neue*

Gedichte (1897), Mitarbeit an Drehbüchern.
L Hofrat Arthur Rehbein (Atz vom Rhyn) 75 Jahre. In: AA v. 24. 10. 1942, Nr. 250; Atz vom Rhyn, Ein deutscher Dichter und Wandersmann. Berlin-Zehlendorf 1952. *Rolf Stangenberger*

Reichardt, Louis: Handschuhfabrik, Eröffnung eines Handschuh- und Galanteriewaren-Geschäfts mit eigenen Fabrikaten am 4. 6. 1870 in der Poststr. 8, ein gleichzeitig betriebenes Bandagengeschäft wurde 1873 von der Erfurter Str. 30 in die Poststr. 21 verlegt, Herstellung von Glacé-, Wildleder-, Pelz-, Buckskin- und gefütterten Atlas-Zwirn-Handschuhen, 8. 10. 1875 wurde die Fa. in das HR eingetragen, als Inhaber Handschuhfabrikant Louis Reichardt, 1876 Erweiterung der Handschuhproduktion, dafür Aufgabe des Ladengeschäfts (wurde von Carl Pfeuffer käuflich übernommen), Fa. befand sich zwischenzeitlich in der Ritterstr. 7, wurde 1881 verlegt (An der Neuen Kirche 5), 1886 in die Neue Gasse, 1897 Eröffnung des Konkursverfahrens, Konkursmasse wurde versteigert, mehr als 200 Beschäftigte der Fa. wurden arbeitslos, viele davon gingen nach auswärts, am 14. 6. 1897 wurde die Fa. im HR gelöscht. Louis Reichardt wurde Prokurist bei der Fa. Hugo →Bondy.
Q ANIB 1870-97. *Heidrun Fröhlich*

Reimer, Hans: Fabrik für Mützen, Leder- und Sportbekleidung, am 18. 6. 1927 in das HR eingetragen, Ichtershäuser Str. 6, später 6-8, spezialisiert zunächst auf Wetterbekleidung, während des Krieges wurden auch Uniformteile hergestellt, beschäftigt waren 50-60 Arbeitskräfte, ab 1. 1. 1959 Betrieb mit staatlicher Beteiligung, Geschäftsführer: Hans Reimer, unterstellt war dieser Betrieb dem VEB Leder- und Sportbekleidung Freiberg (Leitbetrieb), auch Exporte der Fa. Reimer KG wurden über diesen Betrieb abgewickelt, 1961 vier Abteilungen: 1. Leder- und Kunstlederbekleidung, 2. Leder- und Lodenbekleidung, 3. Wasserdichte Stoffbekleidung und 4. Arbeitsschutzbekleidung, 1962 über 100 Beschäftigte, 1965 Umstellung der Produktion von Kunstleder auf Dederon, 50.000-70.000 Dederonanoraks pro Jahr, ab 1. 1. 1972 VEB →Sportbekleidung. Hans Reimer verstarb 1979.
Q KAA, Bestand Stadt Arnstadt, Sign. 008-31, 008-47.
Heidrun Fröhlich

Reineck, *Eduard* Hermann Benjamin *Martin:* Schriftsteller, Botaniker, *12. 12. 1869 Arnstadt, †24. 9. 1930 Weimar, Sohn von Karl →Reineck und dessen Ehefrau Emma, geb. Maempel, Gärtnerlehre, unternahm mehrere sich auf Jahre erstreckende Forschungsreisen, u. a. nach Brasilien, er bestimmte dort Pflanzen, die bis dahin unbestimmt waren und nach ihm benannt wurden, war einige Jahre Redakteur des →Arnstädter Tageblattes, übernahm nach Gotthelf →Leimbachs Tod 1902 die Leitung der Deutschen Botanischen Zeitschrift, 1904 Aufgabe der Zeitschrift und Wegzug von Arnstadt, später in Weimar wohnhaft, wo er ein botanisches Geschäft gründete und botanische Gärten belieferte, Eheschließung mit Gertrud Karoline, geb. Hofmann aus Weimar.

W *Glück und Scheiden. Ein Liederzyklus.* In: Klänge vom Schönbrunn. 2. Heft, 1894, *Dem Andenken eines Forschers. Ein Gedenkblatt auf das Grab des verstorbenen Herrn Realschuldirektor Professor Dr. Gotthelf Leimbach.* In: AT v. 18. 6. 1902, Nr. 140.
Q AA v. 27. 9. 1930, Nr. 227 (Todesanzeige und Nachruf).
L Meiland, Ernst: Bedeutende Persönlichkeiten des Kreises Arnstadt-Eduard Martin Reineck. In: KS H. Mai (1961), S. 15. *Andrea Kirchschlager*

Reineck, Karl: Kaufmann, Geschichtsforscher, *22. 5. 1840 Weimar, †25. 2. 1916 Arnstadt, Sohn des Posamentieres Eduard Reineck, 1904-16 Verwalter des Vereinigten St. Georgs- und St. Jacobsstifts, Mitinhaber der Handschuhfabrik Reineck & Günther, 1891-1908 Mitglied des Gewerbeschul-Ausschusses, Teilnehmer des historischen Kneipabends im Burgkeller (Altertumskränzchen) und Gründungsmitglied der →Museumsgesellschaft, 1903-13 Schriftführer der Museumsgesellschaft und deren Bibliothekar, Mitglied des 1903 gebildeten Ausschusses der Museumsgesellschaft zur Vorbereitung der 1200-Jahrfeier Arnstadts 1904, hielt Vorträge im Wissenschaftlichen Verein und schrieb Beiträge im →Arnstädtischen Nachrichts- und Intelligenzblatt zu historischen Themen, wohnte Längwitzerstr. 18.

W *Die Sage von der Doppelehe eines Grafen von Gleichen mit Bezugnahme auf die Geschichte der Burg und Grafschaft Gleichen* (Hamburg 1891), *Erfurt und das tolle Jahr. Ein Geschichtsbild* (Hamburg 1893), *Drei Pflegestätten deutscher Gartenbaukunst. Arnstadt, Molsdorf, Weimar.* (Hamburg 1895*), Fleischerinteressen und Fleischernot in alter Zeit.* In: Alt-Arnstadt 3 (1906) S. 55-63, *Die Eremitage. Ein Gedächtnisblatt zu ihrer hundertjährigen Jubel-Feier 1908.* (Arnstadt 1908).
Q AA u. ANIB v. 27. 2. 1916, Nr. 49 (Nachruf u. Todesanzeige).
L Boese, Franz: Wie ich zur Museumsgesellschaft kam, und wie sie wurde. In: Alt-Arnstadt 12 (1939), S. 103, 107 u. 109; Ehrenmitglieder und Vorstandsmitglieder der Museumsgesellschaft Arnstadt. ebd. S. 120, Thalmann, S. 47. *Andrea Kirchschlager*

Reinhardt (geb. Wagner), Johanne Friederike Karoline: Schriftstellerin, *30. 4. 1770 Arnstadt (Geburtshaus Pfarrhof 12), †11. 11. 1843 Jena, unerfüllte Jugendliebe zu Valerius Wilhelm →Neubeck, wie er zeitweise Hospitant im Verein der Litteraturfreunde zu Arnstadt.
Heiratete 1804 den Pfarrer und späteren Kirchenrat Reinhardt, dessen Pfarrstelle zunächst Großbreitenbach, ab 1813/14 Oberndorf war, kurzzeitig Gesellschafterin bei einer reichen Familie in Aachen. Durch Vermittlung erhielt ihr Mann eine Anstellung als evangelischer Pfarrer auf den Besitzungen des russischen Fürsten Bariatinsky 200 km hinter Moskau.
Auf der Hinreise durch Diebstahl Verlust ihres gesamten Vermögens, in Rußland mancherlei Anregungen für ihre schriftstellerische Arbeit, z. B. eine Skizze über das Volksleben in Südrußland, Bekanntschaft auch mit dem russi-schen Zarenpaar, nach 7jährigem Aufenthalt (Tod ihres Mannes) floh sie aus Rußland, vier Jahre Erzieherin in Würzburg, dann längerer Aufenthalt in Frankreich, anschließend zwei Rußlandreisen (1831 u. 1836), verbrachte ihren Lebensabend bei ihrer Nichte in Jena.

W Veröffentlichte Erzählungen, Novellen, Schilderungen für Zeitschriften wie *Abendzeitung, Gesellschafter, Taschenbuch der Liebe und Freundschaft, Thuringia* (Zeitschrift zur Kunde des Vaterlandes, verlegt bei Ferdinand →Meinhardt, Arnstadt), darin ihre Balladen *Das vierte Gebot* (1841, Nr. 25) u. *Die Walpurgisnacht auf der Eremitage bei Arnstadt* (1841, Nr. 16).
L AA v. 10. 11. 1943, Nr. 264. *Rolf Stangenberger*

Rektorat: Ehem. Dienstwohnung des Schuldirektors im Schulgebäude, heute Pfarrhof 4, →Barfüßerkloster, 1589 Arnstädter Stadt- und Landschule, 1671 Lyzeum und seit 1829 humanistisches →Gymnasium, 1864 Verlegung des Gymnasiums, für diese Zeit 16 Rektoren, gleichzeitig als Lehrer der Prima, bekannt.

L Gleber, Helmut: Geschichte des Gymnasiums. In: Unser Arnstädter Gymnasium. Arnstadt 1931, S. 9-14.

Hans-Ulrich Orban

Renger, Wilh. & Co. Fahrzeug- und Anhängerbau: Ichtershäuser Str. 2, eingetragen im HR per 15. 10. 1880 unter diesem Namen, hervorgegangen aus der Fa. Rud. Barth & Co., Geldschrankfabrik, Mitinhaber *Wilhelm* Philipp Renger (*26. 2. 1845 Burgsalach/Bayern, †21. 4. 1911 Arnstadt, Grab →Neuer Friedhof, Sohn des Pfarrers Gustav Ludwig Wilhelm Renger u. dessen Ehefrau Friederika Margareta Christiana, geb. Kleindienst, Eheschließung mit Fanny Ida Helene, geb. Mendius), ab 1. 8. 1871 alleiniger Inhaber, (deshalb Gründungsjahr 1871), außer Geld- und Dokumentenschränken wurden zunächst auch Gartenmöbel hergestellt, später begann die Fa. mit der Produktion von eisernen Schiebekarren und anderen Transportgeräten, Aschebehältern, Brückenkonstruktionen, ab 1899 Einrichtung einer Gießerei und Stellmacherei, am 27. 9. 1905 trat Kaufmann Arthur Renger als Prokurist in die Fa. ein, produzierte Transportgeräte wurden größer (das 50.000. Fahrzeug 1906 war eine fahrbare Viehladerampe, die exportiert wurde), 1911 Kommerzienrat Wilhelm Renger verstorben.

Witwe Fanny Renger und Sohn Arthur Renger führten die Fa. als OHG fort, am 10. 11. 1922 Umwandlung der Fa. in eine AG, zunächst mit Sitz in Frankenberg, ab 5. 11. 1923 nach Arnstadt verlegt.

Sohn Dr. jur. Richard Anton *Wilhelm* Renger (*31. 7. 1876 Arnstadt, †27. 2. 1960 Greußen) war 1921-23 Mitglied der Gebietsvertretung Sondershausen (früherer Landtag), Amtsgerichtsrat am Amtsgericht Arnstadt, Mitglied des Stadtrates, Vorsitzender des Sportvereins Arnstadt, Mitglied des Aufsichtsrates der Wilhelm Renger & Co. AG, 1925 wurde ein elektrisches Hubfahrzeug für innerbetriebliche Transportaufgaben entwickelt und gebaut,

22. 2. 1932 Eröffnung des Konkursverfahrens der Wilh. Renger & Cie. AG, bereits seit 1931 zeitweilige Stillegungen der Produktion, Ende 1932 endgültige Stillegung, 1. 1. 1933 Gründung der OHG Joh. Renger & Co., Gesellschafter waren Johanna Renger, geb. Grimm und Arthur Renger.

Ab 7. 12. 1933 war Johanna Renger alleinige Inhaberin, Produkterweiterung Normal-, Sattel- und Kippanhänger, Langmaterialläufer, luftbereifte Pferdezugwagen sowie Karren und Fahrgeräte aller Art.

Am 2. 4. 1942 wurde die Fa. in Fahrzeugwerke Renger KG umgewandelt, während des Krieges teilweise Auslagerung der Produktion nach Metz (Frankreich), Beschäftigungszahlen zwischen 100-250, erster Betrieb in Arnstadt, der nach dem Krieg am 22. 5. 1945 nach Aufräumungsarbeiten die Produktion wieder aufnahm, hergestellt wurden zunächst zwei- und vierrädrige Karren, später Gespannwagen und Niederplattformanhänger, außerdem Reparationsleistungen für die Rote Armee (Aufbauten auf LKW, komplette LKW-Anhänger mit Aufbauten), erster Betrieb in Arnstadt, der am 1. 1. 1957 staatliche Beteiligung aufnahm.

Leipziger Frühjahrsmesse 1968 – Ausstellung von Multicars als Kipper und Pritschenwagen durch die Fa. Renger KG.

Ab 1. 1. 1972 VEB →Anhängerbau, Rolf Renger blieb als Planungsleiter und Kalkulator im Betrieb, schied 1980 aus.

Ab 1. 10. 1981 Leitbetrieb des VEB Kombinat Maschinenbau Arnstadt, ab 1983 neue Produktionsstätten Am alten Gericht, laufend Neuentwicklungen und Verbesserungen von Fahrzeuganhängern, Beteiligung an Messen, Export u. a. nach Rumänien, Lybien, Ägypten, dem Sudan, 1990 reprivatisiert und Umwandlung in die Kapitalgesellschaft AFA Arnstädter Fahrzeugbau GmbH & Co., 1998 Konkursanmeldung und Vollstreckung, Familie Renger hatte den Produktionsstandort Ichtershäuser Straße 2 bereits 1994 veräußert, ab 2. 1. 1997 begannen die Abrißarbeiten der alten Produktionsgebäude der Fa. Renger in der Ichtershäuser Straße/Rehestädter Weg (heute REWE-Markt).

In der ehemaligen, umgebauten Spritzerei der Fa. Renger eröffnete Jörg Renger am 8. 7. 1991 einen Getränke-Abholmarkt.

Briefkopf der Fa. Wilhelm Renger & Co., 1883.

Q KAA, Bestand Kreistag u. Rat des Kreises Arnstadt, Nr. 131, 400, 572; ANIB 1878-1918, AA 1919-45; DV 1950-67.

L Lengemann, S. 236f. *Heidrun Fröhlich*

Rettungsverein bei Feuers-Gefahr: 1829 gegründet, Ziel: bei ausgebrochenem Feuer den Mitbürgern zu Hilfe zu eilen, hilfsbedürftige Personen aus dem Gefahrenbereich zu bringen, Mobilien zu bergen und zu bewachen, 1841 Reorganisation des Vereins und Erneuerung der Statuten (Art. 1. §1 des Statuts: *Der Rettungs=Verein bildet zwar einen Teil der öffentlichen Feuer=-Löschanstalten und ist als solcher der Direktion der Lösch=Anstalten im Allgemeinen untergeordnet; in seinen Funktionen aber ist der Verein ein für sich bestehendes, unabhängiges Institut.*), bestand zu dieser Zeit aus 100-150 Bürgern.

1864 war der Rettungsverein noch aktiv, im September 1864 wurde das Steigercorps aus dem Rettungsverein ausgegliedert und der Turner-Feuerwehr angeschlossen, zwischen 1864-67 Auflösung des freiwilligen Rettungsvereins.

L Hatham 1841, S. 375f. *Lothar Schmidt*

RFT SEL: Nachrichtenelektronik GmbH, Bierweg, ab 1. 7. 1990, Übernahme des Fernmeldewerkes durch Standard Elektronik Lorenz AG, Sitz Stuttgart. Der Arnstädter Betrieb gehörte zum Unternehmensbereich Nachrichtenelektro-

nik/Vermittlungssysteme, Forschung, Vertrieb sowie Produktionsprofil sollten beibehalten werden, von den Beschäftigten wurde Bereitschaft zur Umschulung bzw. Weiterbildung erwartet. Belegschaft (3.000 Beschäftigte) wurde komplett übernommen, im Laufe der folgenden Monate auf 2.400 reduziert, bis Juni 1991 auf 1.500, insbesondere durch bessere Technologien, vorerst keine neuen Lehrlinge, weiter Fertigung von automatischen Telefonzentralen sowie mechanische Teilefertigung.

Pumpen- und Lüftungstechnik GmbH am 1. 1. 1991 gegründet in der ehemaligen Betriebsunterhaltung des RFT (8 Mitarbeiter), 23. 7. 1992 neues Mechanikzentrum mit modernsten Maschinen im RFT SEL eingeweiht, nur noch 1.000 Beschäftigte, 1998 Übernahme durch den französischen Konzern Alcatel SEL AG, Herstellung von Vermittlungstechnik wurde nach 40 Jahren eingestellt, nur noch Produktion von Signal- und Sicherungstechnik für die Deutsche Bahn AG,

Beschäftigtenzahl auf 550 zurückgegangen, bis 2002 mehrere Demonstrationen gegen Betriebsverkäufe, Entlassungen und für höhere Löhne, Mechanikzentrum der Alcatel SEL AG Arnstadt wurde am 17. 4. 2003 an Podratz & Partner GmbH aus Horb-Mühringen verkauft, alle 130 Beschäftigten wurden übernommen.

Q TA 1990-92, 2000-03. *Heidrun Fröhlich*

Rhein, J. Georg von: Schuhfabrik, gegründet im März 1869 unter dem Namen Georg v. Rhein und Sprengpfeil in der Bahnhofstr. 4, vorher bereits als Schuhmachermeister (1857 Meisterprüfung abgelegt) tätig, hergestellt wurden Herren-, Damen- und Kinderstiefel, ab 1883 Verkaufsgeschäft am Ried/Ecke Marktstraße, 1887 Wohnhausbau in der Lindenallee 4, dort 1888 ebenfalls Errichtung neuer Fabrikräume, am 6. 9. 1889 wurde die Fa. unter dem Namen J. Georg v. Rhein in das HR eingetragen, Schuhfabrikant J. Georg von Rhein verstarb 1904, seine Söhne, die Kaufleute Cäsar Wilhelm und Louis von Rhein führten das Geschäft als OHG fort, ersterer schied im April 1910 aus, um 1912 Einstellung der Produktion, erst am 7. 3. 1922 Löschung im HR, Wohngebäude, Hofraum und Garten blieben bis 1932 im Besitz der Familie von Rhein und wurden dann versteigert, Übernahme der Fabrikgebäude durch die Fa. Geißler & Heinze.

Q ANIB 1868-1922.   *Heidrun Fröhlich*

Richtstätten: Flurlage und Straßenname *Am alten Gericht* nördlich Arnstadts zeugen von der Stelle, wo sich ehemals das Hochgericht der Stadt Arnstadt befand. Dicht bei der Flurgrenze mit Rehestädt und Haarhausen lag unmittelbar an der Straße nach Erfurt die alte Richtstätte. Hier standen Galgen und Rad zur weithin sichtbaren Abschreckung. Mitte des 17. Jhs. wurde die Richtstätte an den Elxlebener Weg, der alten Straße nach Weimar, verlegt. In der Flurlage zwischen Elxlebener Weg und Dornheimer Berg erinnern die Flurnamen Am Gericht, *uffm Loh beim Schnellgalgen* oder *vfm Dornheimer Berge am Schnellgalgen* an die bis zur Abschaffung der Galgenstrafe Ende des 18. Jhs. an die sich dort befundene Richtstätte. An Galgenstätten erinnern auch die Flurnamen *Galgenberg* an der Flurgrenze Rudisleben-Kirchheim und *Galgenrain* an der alten Straße nach Erfurt in der Flur Rudisleben. Kurzzeitig wurden Galgen auch auf dem Arnstädter Marktplatz errichtet. Hinrichtungen mit dem Schwert wurden bis zum Ende des 17. Jhs. gewöhnlich beim →Siechhof oder vor dem Längwitzer Tor vollzogen. Im 18. Jh. fanden dann die Hinrichtungen, die Letzte 1811, auf dem →Marktplatz statt. Vor der sogenannten Blauen Apotheke, etwa in der Mitte des Marktes befand sich der Richtplatz, der vor einer Hinrichtung mit mehreren Wagen Sand überschüttet wurde. Im 17. Jh. war der Anger, ein Rasenplatz bei der alten Walkmühle, Richtplatz für die Vollstreckung der Todesurteile an Hexen. Hier am Südufer der Gera, etwa das Gelände am heutigen Alexisweg, standen als Gerichtszeichen die Hexensäulen, wo die Hexen mit dem Schwert gerichtet oder lebendig verbrannt wurden. Etwa 200 Hexenprozesse fanden im Laufe des 17. Jhs. in Arnstadt statt, der Letzte 1696. Am Ende des Angers, an der heutigen Karolinenstraße stand bis ins 19. Jh. die Meisterei, das Haus des Schinders und Feldmeisters (Abdecker), der gleichzeitig auch Henker war. Unterhalb der ehemaligen →Eremitage an der Siegelbacher Flurgrenze stand neben der Gera im Flurteil *Die Fiedel* ein Fischgalgen, an den Fischdiebe gehängt wurden. Ein zweiter Fischgalgen stand in der Nähe von Rudisleben. Sein Standort hat sich noch als Flurname erhalten.

L Elbracht, Karl / Elbracht, Dieter: Straßen- und Flurnamen Arnstadts. (Teil1) Duisburg 1999 u. (Teil 2) Duisburg 2002.   *Ulrich Lappe*

Rieck, *Rudolf* Hermann: Kaufmann, Wirtschaftsführer, Kommunal- und Landespolitiker, *12. 8. 1846 Greiz, †15. 7. 1924 Arnstadt, Sohn von Franz Ludwig Rieck, Juwelier und Goldarbeiter in Greiz, und Seraphine Ottilie, geb. Sachsenröder. Kaufmännische Lehre, Reisender für die Fa. C. B. Maempel, Arnstadt, nach der Heirat mit der Tochter des Inhabers der Fa. zunächst Mitinhaber der Firma, später alleiniger Inhaber. 1895/96 ehrenamtliches Mitglied des Vorstands der Schwarzburgischen Hypothekenbank, 1896-1924 Mitglied des Aufsichtsrats der Schwarzburgischen Landesbank zu Sondershausen, Mitglied des Aufsichtsrats der Gothaer Feuerversicherungsbank auf Gegenseitigkeit, Mitglied und Vorsitzender des Aufsichtsrats der Thüringischen Nadel- und Stahlwarenfabrik Wolff, Kippenberg & Co. AG in Ichtershausen (ab deren Gründung), Mitglied des Aufsichtsrats der Rheinischen Nadelfabriken AG in Aachen (nach deren Übernahme der Ichtershäuser Nadelfabrik), Mitglied des Aufsichtsrats der Gewerkschaft Glückauf in Sondershausen, gewähltes Mitglied der Handelskammer für das Fürstentum bzw. den Freistaat Schwarzburg-

Sondershausen, 1899-1923 deren Vorsitzender. Mitglied der →Museumsgesellschaft Arnstadt, Mitgründer des Kriegerbundes in Arnstadt, dessen langjähriger Vorsitzender, Mitglied und Vorstand des Schwimmbad-Vereins Arnstadt, Mitglied der Loge Zu den drei Gleichen in Arnstadt, 1903-13 deren Meister vom Stuhl. Kommerzienrat (1900), Fürstliches Ehrenkreuz III. Kl. (1894), II. Kl. (1913). Führender Anhänger der freisinnigen, linksliberalen Parteien in Arnstadt, 1919 Mitglied der DDP. 1891-1903 Mitglied des Gemeinderats der Stadt Arnstadt, 1892-1919 Mitglied des Schwarzburg-Sondershäuser Landtags. 1899-1919 vom Fürsten auf Lebenszeit ernannter Abgeordneter. 1873 Heirat in Arnstadt mit Minna Louise, geb. Maempel (1851-1911), Tochter von Fritz Maempel. Grab →Neuer Friedhof.

Q Stammbaum der Familie Maempel 1894, S. 5f.

L Lengemann 1998, S. 238f., 328 (Porträt).

Jochen Lengemann

Riesenlöffel: Vorreformatorischer Bildstock aus Seeberger Sandstein am nordwestlichen Ortsrand von Arnstadt am Kesselborn, wo die alte Haarhäuser Str. und ein heute nicht mehr vorhandener Weg nach Rehestädt zusammentrafen (Meßtischblatt 5131 Arnstadt H 35 120 R 24 750). Hier wahrscheinlich durch sowjetische Militärfahrzeuge 1971 umgefahren. In drei Teile zerbrochen kam er ins Schloßmuseum und wurde im Garten am 15. 10. 1982 zusammengesetzt und aufgestellt. Wegen Bauarbeiten Wegnahme nach 1990, dabei wieder in die drei Teile zerlegt, Wiederaufstellung am alten Standort am 12. 5. 1994, mächtiger, derb-rustikaler, 2,15 m hoher Bildstock. Den im Boden eingelassenen Fuß (in Erdhöhe verbreitert) von 0,80 m hinzugerechnet, hat er eine Gesamthöhe 2,95 m, auf vierseitigen Schaft mit abgefasten Kanten (Breite Schaft: 0,41 m; Stärke Schaft: 0,33 m) spitzbogige Nische (0,41 x 0,72 m) auf der Nordostseite. In der Blende oben, unten, rechts und links je ein fast quadratisches Dübelloch (Breite Nischenteil: 0,60 m; Stärke Nischenteil 0,43 m). Unter dieser Nische, bereits im Schaft, kleinere, nahezu spitzbogige Nische (0,20 m x 0,32 m). Hier rechts und links ebenfalls Dübellöcher, so daß davon ausgegangen werden kann, daß beide Nischen, die der Aufnahme von Lämpchen oder Reliquien

dienten, durch Gitter (?) verschlossen waren. Die spitzbogige Form entstand im 14./15. Jh., 1652 Erwähnung des *Kesselbrunn bey dem Langen steine*. Wegen der Lageangabe Kesselbrunn kann im langen Steine der Riesenlöffel vermutet werden. Der Name entstand wohl in der Zeit der Romantik, in der 1. H. d. 19. Jhs., erstmals Nennung des Riesenlöffels 1821, wonach er keine Monstranznische, sondern der in das Feld beim Eingang in den Hohlweg hinter dem Kesselbrunnen gesteckte Eßlöffel der Riesen war. Straßenbezeichnung *Am Riesenlöffel* für ein Teilstück der ehemaligen Panzerstraße seit 3. 2. 1994.

Q KAA, Bestand Stadt Arnstadt, Sign. 953-03, Rechtszettelbuch 1652, Bl. 43 b.

L Unger, Peter: Der Riesenlöffel in Arnstadt. In: Urgeschichte und Heimatforschung, 21. Jg., Weimar 1984, S. 35f. *Peter Unger*

Ritter: Ehemals bedeutende Gaststätte *Zum Ritter* und Hotel (Kohlenmarkt 20), jetziges Haus 1672 erwähnt, 1675 Braugerechtigkeit *Zum roten Hirsch*, besaß 1704 Erbgastgerechtigkeit, 1696 Kauf des Hauses durch Joh. Dönicke, dessen Schwiegersohn Johann Alexander →Thiele war, der dessen Tochter heiratete und zwischen 1728-38 hier wohnte und wirkte, seine Frau erbte 1724 das Haus, der Familie gehörte es noch bis 1738 (Gedenktafel am Haus), 3. 3. 1827 Neueröffnung einer Gaststätte durch Joh. Carl Wilhelm Schmidt mit dem Namen *Zum Ritter*, aus Richtung Marlishausen und Dannheim kommende Landleute kehrten viel hier ein, bis 1896 blieb das Gasthaus im Besitz der Familie Schmidt, im selben Jahr Kauf durch Gastwirt Wilhelm Umbreit, nach dessen Tod (1911) übernahm seine Witwe bis 1920 den Gasthof, im gleichen Jahr übergab sie die Gaststätte an den Sohn Georg Umbreit und den Schwiegersohn Otto

Gasthaus Zum Ritter, ca. 1930

Beck, es folgten Umbauten, 1921 Erwähnung einer Kegelbahn und eines Billiards, Vereinslokal des Krieger- und Landwehrvereins, 1928 *Turnerheim* des Turnvereins von 1849 zu Arnstadt, nach 1945 Gaststätte und Hotel, Sitz der Handwerkskammer des Kreises Arnstadt und des Friseursalons *Möhring*, 1994 Schließung, 1997/98 Übernahme und Sanierung des Hauses durch die hiesige Bauhandwerksinnung und anschließende Nutzung als Geschäftshaus mit Versammlungs- und Büroräumen, Sitz des Allgemeinen Anzeigers, der Innungskrankenkasse und des Kreisverbandes der Gartenfreunde.

L Hundert Jahre Gasthaus „Zum Ritter". In: AA v. 1. 3. 1997 (2. Beilage); AHB November (1998), S. 28; Unger, Peter / Prätor, Günther: Stadtbilder aus Arnstadt. Leipzig 1993, S. 18.   *Hartmut Fuhrmann*

Röbling, H. A., Hornwarenfabrik: Um 1865 in der Ritterstr. 12 gegründet durch Hermann *Adolf* Röbling (*28. 3. 1835 Eschwege, †19. 6. 1908 Arnstadt, Sohn des Buchdruckereibesitzers Christian Gottfried Röbling, Eheschließung mit Friederike Emilie Mathilde, geb. Falke, wohnte Bahnhofstr. 1, Grab →Neuer Friedhof), bis 1879 zusätzlich Tapeten- und Bordürengeschäft in der Rosenstraße, am 28. 4. 1880 in das HR eingetragen, 1894 Herstellung von Schalen, Waagen, unterschiedlich geformten Löffeln, medizinischen Instrumenten, Haushaltsgeräten wie Gabeln, Dosen und Siebe, mehrere Auszeichnungen auf Gewerbeausstellungen und Messen, 1901/02 Neubau eines Wohn- und Fabrikgebäudes in der Karl-Liebknecht-Str. 9a, Fabrikgebäude Ritterstr. 12 ging 1905 käuflich in den Besitz des Maschinenfabrikanten Herbart Merten aus Dornheim über, nach dem Tod von Adolf Röbling betrieb sein Sohn Oskar die Fa. weiter, beschäftigt waren 5-10 Arbeitskräfte, hauptsächlich Handarbeit, 1931 Vergleichsverfahren (1932 aufgehoben), mehrjährige Einschränkung der Produktion, später zeitweise Stillegung des Betriebes, 1959 Ablehnung eines Antrages des Betriebes auf staatlichen Kredit (keine politische und ökonomische Notwendigkeit zur Erweiterung des Betriebes), 43 Beschäftigte, Inhaber seit 1952 war Karl Röbling (wurde inhaftiert, †20. 8. 1977), ab 1961 kam der Betrieb in Treuhandverwaltung, Sohn Günter Röbling war Techniker im Betrieb, Herstellung von Apotheken- und Laborartikeln, Hornknöpfen, Kamm-

und Frauenschmuckartikeln, Pfeifenspitzen, Zigaretten- und Zigarrenspritzen, Rasierpinselgriffen, Stockteilen, Hornabfälle wurden zu Hornmehl (Horndünger) verarbeitet, auch Einsatz von Decelith (Zelluloid), Exporte über die Deutsche Export- und Importgesellschaft Feinmechanik/Optik, ab 1972 VEB Hornwarenfabrik, Verarbeitung von Horn ging zurück, Umprofilierung des Betriebes, ab März 1977 Herstellung von Puppenkleidung für die Puppenfabrik Ernstroda, 1979 Einstellung der Hornwarenproduktion (Einsatz von PVC war bedeutend günstiger), Herstellung von Lampenschirmen für den VEB Wohnraumleuchten Stadtilm, ehemalige Hornwarenfabrik wurde Betriebsteil dieses VEB in Arnstadt, 16 Mitarbeiter stellten sich auf neue Produktion um, produziert wurde bis 1990.

Q KAA, Bestand Kreistag u. Rat des Kreises Arnstadt, Nr. 199, 257, 592; ANIB 1868-1911; AA v. 20. 6. 1908, Nr. 143 (Nachruf u. Todesanzeige) u. 1923-34; DV v. 2. 1. 1962, 2. 6. 1977, 15. 9. 1977, 16. 8. 1980.

Heidrun Fröhlich

Rösschen: Ehemals bedeutende Ausflugsgaststätte (Dorotheental/Arnstadt-Oberndorf), Entstehung durch die Erbauerin der →Augustenburg Fürstin →Auguste Dorothea von Schwarzburg-Arnstadt, gehörte mit zu der von ihr gegründeten Fayencemanufaktur (1715), den Namen erhielt das Gasthaus nach dem springenden Sachsenroß, einem Bestandteil des Braunschweigischen Wappens, der Heimat der Fürstin, 1710 Bau des Gebäudes, 1713 Erwähnung als Gasthaus, 1724 Verkauf des Gasthauses *Zum weißen Roß*, 1749 Braurecht durch fürstliches Privileg. *Die unteren, beim Teiche stehenden Gebäulichkeiten, nebst einer bedeckten Kegelbahn, werden theils*

Gasthaus Zum Rösschen, 1907

zur Gastwirtschaft, theils zur Bierbrauerei, theils zur Betreibung der Oeconomie (Landwirtschaft) benutzt. Ein ziemlich großer Hofraum, einige Gärten und die weitläufig angelegten Gebäulichkeiten geben dem Ganzen ein sehr freundliches Ansehen. Langjähriger Gastwirt war Louis Helm aus Arnstadt (1905-18), am 28. 2. 1989 geschlossen.

L Hatham 1841/42, S. 393; Donhof, Manfred: Unbekannte Quellen zur Geschichte der Fayencemanufaktur Dorotheental, ihrer Arbeiter und Produkte. In: AVAU 7 (1997), S. 123.   *Hartmut Fuhrmann*

Roggenkamp, *Johannes* **Christian Karl:** Stadtbaumeister, *22. 1. 1850 Anker (Krs. Lauenburg), †24. 11. 1919 Arnstadt, Sohn des Windmühlenbesitzers Johann Georg Friedrich Roggenkamp und dessen Ehefrau Christiane Henriette Elisabeth, geb. Frank, Eheschließung mit Helene, geb. Dölle, in den 1870er Jahren Architekt in Holzminden, 1894-1904 Branddirektor der Städtischen Feuerwehr, Grab →Neuer Friedhof. W Entwurf →Krankenhaus (1892), →Mädchenbürgerschule (1892) und Hallenschwimmbad (1895).   *Andrea Kirchschlager*

Rose, Arthur: Thüringer Maler und Grafiker, *8. 7. 1891 Neudietendorf, †23. 1. 1974 Erfurt, Sohn eines Zugführers der preußischen Staatseisenbahn, 1897 Bürgerschule in Coburg, 1898-1905 Volksschulbesuch in Rodach bei Coburg, 1905-09 Ausbildung im Atelier für Theatermalerei bei Prof. Lütkemeyer in Coburg, 1908 Versetzung des Vaters nach Arnstadt.
1910 körperliche Behinderung nach Erkrankung an Kinderlähmung, 1912 erste Ausstellungen im Kunstverein Coburg, danach in Bamberg, Seßlach, Gotha, bis 1917 Wohnung bei den Eltern in der Arnstädter Moltkestraße, später in der Wachsenburgallee, 1917 Umzug nach Erfurt, 1918 Heirat mit Olga, geb. Oxfort, aus der Ehe gingen zwei Töchter hervor, seit 1918 freischaffend in Neudietendorf, 1918 Ausstellung im Arnstädter Schwan (zusammen mit Borkmann, →Lappe, Mund), 1919 Teilnahme an der Weihnachtsausstellung Erfurter Künstler im Angermuseum, 1922-24 Studium an der Kunsthochschule Weimar bei Prof. Klemm, Ausstellungen: 1924 und 1927 Schloßmuseum Arnstadt, 1941 Kunstverein Gotha (aus Anlaß des 50. Geburtstages des Künstlers), 1944 *Der*

Kreis Weißensee, 1972/73 Schloßmuseum Arnstadt (*Arthur Rose – der Maler des alten Arnstadt*), 1991 in Neudietendorf (aus Anlaß des 100. Geburtstages), 2001 Schloßmuseum Arnstadt, oft als Heimatmaler bezeichnet war er *...gleichzeitig ein bedeutsamer Chronist, der mit seinen Zeichnungen und Radierungen der Thüringer Landschaft, von Orts- und Städtebildern, historischen Gebäuden und Kirchen zum Teil viele bereits verlorengegangene Natur- und Baudenkmale auf seinen Bildern festhalten und für die Nachwelt dokumentieren konnte.*

L Benneckenstein, Horst: Arthur Rose – Thüringer Maler und Chronist. Begleitbuch zur Sonderausstellung 2001 im Schloßmuseum Arnstadt. Arnstadt 2001 (Porträt).   *Matthias Klein*

Rose, Werner: Superintendent, *4. 3. 1897 Neudietendorf, †17. 7. 1963 Bad Godesberg, ordiniert 1925, 1933-56 Pfarrer in Angelhausen-Oberndorf, Bekenntnispfarrer in der Zeit des Nationalsozialismus gemeinsam mit Pfarrer Gotthelf →Kummer und Friedrich →Behr, Mai 1945 erster Ev.-Luth. Superintendent, leitete die Behebung der Kriegsschäden an Arnstädter Kirchen, Ruhestand 1956.   *Hans-Ulrich Orban*

Rosenburg, Christian Wilhelm: Ratsbauherr, Hof-Commissär, Maler, Kupferstecher, *14. 6. 1775 Arnstadt, †27. 9. 1859 Arnstadt, wohnte *Auf dem Riethe 81* im *Haus Zum Bären*, 1817 Titelkupfer zu J. Ch. →Hellbach *Annalen der Arnstaedtischen Schuetzengesellschaft* (Arnstadt 1817, Schönbrunn-Schützengesellschaft), hier als Maler der letzten 17 Schützenscheiben genannt, heute noch die Scheiben von 1810, 1816, 1817, 1820 im Schloßmuseum Arnstadt, 1817 Kopie des Käfernburger Gemäldes für die fürstliche Bibliothek zu Rudolstadt (Öl auf Leinwand, Schloßmuseum Sondershausen) sowie Titelkupfer dieses Gemäldes für J. Ch. Hellbach *Grundriß der zuverlaessigern Genealogie des Fürstlichen Hauses Schwarzburg.* (Rudolstadt 1820), um 1820 Kupferstich der →Käfernburg von der Nordseite, angeblich nach einer Zeichnung von →Meizner, Illustrationen zu J. Ch. Hellbach *Nachricht von der sehr alten Lieben Frauen-Kirche* (Arnstadt 1821 und 1828 Nachtrag), 1821 Grundriß, Ansicht der Kirche von Norden, 1828 Kenotaph Günther XXV. mit Gemahlin, Epitaph →Günther der Streitbare mit Gemahlin →Katharina und Nord-Portal mit Wilhelmus Episcopus. Arnstadt-Ansicht Erinnerung an Arnstadt von 1828 mit Gesamtansicht von Südosten, Fürstl. Palais, Prinzenpalais, →Schönbrunn, →Eremitage (Privatbesitz), im Schloßmuseum Arnstadt: Einzelansichten des Blattes von 1828 - Gesamtansicht und Schönbrunn, →Liebfrauenkirche von Norden, 1821, Liebfrauenkirche von Nordwesten, Ruine →Neideck, Arnstadt von Osten, alles um 1840, Arnstadt (von Norden) vor 300 Jahren.

Porträtstiche: J. W. F. Leis (1768-1808), cand. Theologie, M. Joh. Gottl. →Lindner, Direktor des Lyzeums zu Arnstadt, Joh. Michael Kähler, Gründer der Eremitage (1777-1833). Privatbesitz: Friedr. Methfessel, in A. H. A. →Hatham *Arnstadt. Ein Hand- und Adressbuch für Einheimische und Fremde* (Arnstadt 1841), ein Stahlstich Fürst Günther Friedrich Karl II. von Schwarzburg-Sondershausen (1801-1880), seit 1819 Fertigung von Kupferstichen für die Schierholz'sche Porzellanmanufaktur in Plaue und Dornheim, die als Vorlagen für die Malerei, später für das Kupferumdruckverfahren Verwendung fanden.

L Schönbrunn Schützengesellschaft von 1717 zu Arnstadt. Arnstadt 1997. (Katalogteil). *Helga Scheidt*

Rosenhof von, Pius Rösel: Kammerdiener, Zeichner und Kupferstecher, *um 1660/70 Nürnberg, †11. 3. 1722 Oberndorf, Sohn des Tier- und Landschaftsmalers Franz Rösel von Rosenhof, Heirat mit Ursula Katharina 1699 in Nürnberg, der dritte Sohn dieser Ehe, August Johann von Rosenhof, wurde am 30. 3. 1705 auf der →Augustenburg geboren, Paten des Kindes waren Fürstin →Auguste Dorothea und Gräfin Johanna Elisabeth von Schwarzburg, August Johann wurde nach Besuch der Nürnberger Malerakademie ein berühmter Aquarell- und Miniaturmaler und Kupferstecher (bekannt u. a. durch die naturwissenschaftliche Studie *Insektenbelustigungen*), Pius` Bruder Wilhelm arbeitete als Tier- und Freskomaler 1705 in Arnstadt, Pius Rösel fertigte wahrscheinlich zahlreiche Zeichnungen, Miniaturen und Kupferstiche für die Puppensammlung →Mon plaisir, ab 25. 6. 1703 Verwalter der Augustenburg, seit 1706 Kammerdiener bei →Anton Günther II., wohnte 1706/7 im Matzoldschen Hause in der Kirchgasse, ab 1710

Bergwerksinspektor in Goldisthal, schwere Auseinandersetzungen mit „einem falschen Fuchs" namens Hartmann, ob er als Fayencenmaler nach 1715 tätig war, bleibt fraglich, arbeitete vielleicht in seinen letzten Lebensjahren an kleineren Aufträgen für die Fürstin, verstarb in ärmlichen Verhältnissen. Ein Porträt ist nicht bekannt.

W Zwischen 1704-10 Schaffung seines bedeutendsten Werkes, der zeichnerischen Dokumentation der Münzsammlung Anton Günthers II., die sich heute im Bestand der Forschungsbibliothek Gotha befindet, 1708 Kupferstich der Augustenburg mit der Ansicht der Gartenseite des Schlosses von Südosten (Schloßmuseum), signiert mit *Pius Resel delinavit et sculpsit*. Arnstadt, nach 1701 und vor 1712 Kupferstich von Arnstadt vor dem Brand, einer Vorlage von 1579 (Wolf Kelner?) folgend, originale Kupferplatte im Schloßmuseum, 1709 Kupferstich des Wappens von Anton Günther II. (nicht erhalten).

L Scheidt, Helga: Künstler und Werke der bildenden Kunst und des Kunsthandwerks in Arnstadt und am Hofe Anton Günthers II. In: Bach 2000, S. 103-106.

Michael Kirchschlager

Rost, Georg Heinrich August: Ingenieurleutnant, Salinenunternehmer, Gründer der →Saline Arnshall und des →Solbades, *1802, †nach 1857, Sohn des Königl. Landrentmeisters in Erfurt, Georg Christian Rost und dessen Ehefrau Maria Charlotte, geb. Streithorst, verbrachte seine Kindheit und Jugend in Erfurt, 1842 Eheschließung in Erfurt mit Maria Anna, geb. Fischer, Tätigkeit als Ingenieurleutnant in der preuß. Armee, vor allem im Festungbau, Quittierung des Dienstes, um sich seiner Lebensaufgabe, der Erschließung von Bodenschätzen *zum Wohle der Menschen* zu widmen, besonders Grundwasser und Steinsalz,

1839 Ehrenmitglied des Erfurter Gewerbevereins, 1840 verfaßte er die Schrift *Neue Quellen der Industrie für Erfurt*, Vorarbeiten für die Entstehung des Erfurter Steinsalzbergwerkes (1856-1916), 1842/43 Salinendirektor einer königl.-polnischen Saline in Ciechocinek, gründete 1845 eine *Actien-Gesellschaft für die bei Arnstadt zu errichtenden Salzwerke und Soda-Fabriken*, Mitglied des Komitees der Aktiengesellschaft, 1845-49 fanden Bohrungen statt, 1846 Schrift *Arnstädter Steinsalzgruben und So-*

dafabriken, 1848 Schrift *Das Salzmonopol muß aufgehoben werden*, herausgegeben in Arnstadt, Mitglied des 1849 gewählten Salinenrates des Arnstädter Salinen-Vereins, 1851 Inbetriebnahme der Saline *Arnshall* bei Rudisleben (Förderung von 25%iger Sole und Siedesalz) und Gründung des Solbadevereins (Landkammerat C. G. →Schierholz und Rost hatten die Nutzung der Sole für Badezwecke und die Entstehung eines Solbades angeregt), 1848 Mitglied des Präsidiums des 3. Thüringer Volkstages auf der →Käfernburg, wo er auch als Redner auftrat, 1857 wohnhaft in Zwickau als leitender Techniker des Sächsischen Bergbohrvereins, 1992 Straßenbenennung (August-Rost-Straße) im Gewerbe- u. Industriegebiet Arnstadt-Rudisleben.

Q Stadtarchiv Erfurt, Traubuch (Abschr.) St. Lorenzgemeinde Erfurt 1842; Stadtarchiv Zwickau, Adreßbuch 1857.

L Peinhardt, Helmut: Das Steinsalzbergwerk im Johannesfeld - Ein Stück vergangener Erfurter Industrie. In: Aus d. Vergangenheit der Stadt Erfurt 1 (1955), S. 1-11; Schubert, Joachim: Zur Erschließung des ehemaligen Steinsalzbergwerks bei Erfurt (1). In: Veröffentl. d. Naturkundemuseums Erfurt (1982), S. 35-42; Dittrich, Janny: Der Salinenverein und das Solbad Arnstadt 1845-1890. In: AVAU 11 (2001), S. 67-78.

Hartmut Fuhrmann / Andrea Kirchschlager

Rothe (Rhodius), Friedrich: Superintendent, *um 1548 Eisleben, †20. 8. 1598 Witzleben, Studium in Jena 1569, Magister, 1573 Diakon und Pfarrer in Eisleben, 1589 Superintendent in Arnstadt, hielt 1589 die erste Arnstädter Brandpredigt nach dem Legat des Rentmeisters Kirchberger, gedruckt Erfurt 1594, 1589 Weihe der Kanzel in der →Oberkirche jetzt →Liebfrauenkirche, leitete die Ersteinrichtung der Bibliothek in der Oberkirche, begraben 1598 in Arnstadt.

L Thüringer Pfarrerbuch, S. 323; Prautzsch, Hans: Die Oberkirche in Arnstadt. Jena 1962.

Hans-Ulrich Orban

Rudnick, Otto: Kantor, Organist, Kirchenmusikdirektor, *5. 6. 1887 Landsberg a. d. Warthe, †17. 7. 1973 Koblenz, Sohn des Kirchenmusikers und Komponisten Wilhelm Rudnick, nach dem Studium in Berlin Kantor in Striegau 1913-19, dann Nachfolger seines Vaters an der Peter-und-Paul-Kirche in Liegnitz, Kreisobmann der dortigen Kirchenchöre und Landesobmann der Kirchenmusiker Schlesiens, Lehrer für Orgelspiel und Mitleiter der Kirchenmusikschule Breslau, nach Evakuierung im Februar 1945 zunächst in Zella-Mehlis, wurde Rudnick am 15. 11. 1945 in die neu eingerichtete hauptamtliche Stelle als Kantor und Organist an die →Johann-Sebastian-Bach-Kirche in Arnstadt berufen und siedelte im Januar 1946 nach hier über. Es ist sein Verdienst, die Chorarbeit nach dem Krieg neu aufgebaut und zu beachtlichen Höhepunkten geführt zu haben, wobei die Pflege Bachscher Werke mit dem →Bachchor Arnstadt im Mittelpunkt stand, sich um das Wiedererstehen der Kinderchorarbeit bemüht und um die kirchenmusikalische Fachberatung in der →Superintendentur erstmals ausgeübt zu haben. Rudnick wirkte in Arnstadt bis 1960, 1962 Übersiedlung nach Rübenbach bei Koblenz.

L Pilz, Hilde: Kirchenmusikdirektor Otto Rudnick. In: KS H. 7/8 (1962), S. 7f. (Porträt). *Alwin Friedel*

Ruhe, M. Christian Friedrich: Archivar, Historiker, Numismatiker, *25. 6. 1674 Arnstadt, †9. 5. 1733 Arnstadt, 1694-98 Studium an der Universität Jena und Erlangung der Magisterwürde, dort einige Jahre Erzieher des Sohnes des Hofrates Büttner, lebte danach in Halle, erwarb sich gründliche Kentnisse in der Geschichte und Münzwissenschaft, 16. 8. 1710 Anstellung als gemeinschaftlicher Archivar für das gesamte Haus Schwarzburg unter den Grafen Albrecht Anton und Ludwig Friedrich, Ernennung zum Gemeinschaftlichen Rat, sammelte und sichtete die Schwarzburgischen Archivalien, insbesondere des Arnstädter Regierungsarchivs, hinterließ im Manuskript ein Werk über Numismatik und mehrerer Abhandlungen über Schwarzburgische Geschichte, u. a. *Topologium Schwarzburgicum, Genealog. Deduktion über Lustre des Hauses Schw. - Erläuterung des F. Schw. Stammbaums-Verzeichnis der Schw. Münzen.*

W *Mutuelle Verwandtschaft des meiß. und schwarzb. Löwen* (Arnstadt 1720), *Zum Namen Neideck* (aus Topologium Schwarzburgicum-Abschrift von Archivrat Hermann Schmidt). In: Alt-Arnstadt 1 (1901), S. 21f.

Q ThStAR, Geheimes Ratskollegium Rudolstadt, Sign. C XXIV 6 b Nr. 4 (Bestallung und Todesmitteilung).

L Hesse, Ludwig Friedrich: Verzeichniß geborner Schwarzburger, die sich als Gelehrte oder als Künstler durch Schriften bekannt machten. Dreizehntes Stück, Rudolstadt 1822, S. 18.   *Andrea Kirchschlager*

S

Sagen: Sie sind in Arnstadt und Umgebung zahlreich überliefert und als Einzelbelege oder in Sagensammlungen seit dem 19. Jh. erfaßt und publiziert. Zu den populärsten Sagen gehören die von den Böhlersmännchen im →Jonastal, vom →Jungfernsprung, von der →Liebfrauenkirche (*Der Baumeister und sein Geselle, Der Traum des Küsters, Die Geistermette, Die zwölf silbernen Apostel*), vom Kindertanz, von Bürgermeister Hans Nebel, von der →Günthersmühle, vom Schmiedeberg, Kesselborn oder Bieresel, vom →Walpurgiskloster und von der →Käferburg, →Olearius hielt 1701 einzelne sagenhafte Überlieferungen (Kindertanz, Spuk in der Liebfrauenkirche) fest. Eine erste geschlossene Darstellung der Sagen und Überlieferungen zur Liebfrauenkirche lieferte J. C. von →Hellbach 1821, es folgten die Sagensammlungen von L. →Bechstein (1837), A. Witzschel (1866/1871) und H. Wettig (1888), danach fanden sich die mittlerweile bekanntesten Sagen immer wieder in den einschlägigen Veröffentlichungen, so bei A. Richter-Heimbach (1922) oder P. Quensel (1926). Unter dem Titel *Gelb blüht die Wunderblume* erschien 1987 erstmals eine Zusammenfassung der in der mittlerweile vergriffenen Literatur verstreuten Sagenbelege und mündlichen Überlieferungen für den Altkreis Arnstadt, darunter auch für →Steinkreuze, deren drei unveränderte Auflagen mit einer Gesamtzahl von 12.000 Exemplaren das große Interesse an diesem Thema widerspiegeln.

L Bechstein, Ludwig: Der Sagenschatz und die Sagenkreise des Thüringer Landes. Meiningen und Hildburghausen 1837; Czerny, Josef / Unger, Peter: Gelb blüht die Wunderblume (Sagen und Überlieferungen aus dem Arnstädter Gebiet). In: BHSKA 7 (1987); v. Hellbach, Johann Christian: Nachricht von der sehr alten Lieben Frauen=Kirche und dem dabei gestandenen Jungfrauen=Kloster zu Arnstadt. Arnstadt 1821, S. 117f.; Richter-Heimbach, Arthur: Thüringens Sagenschatz. 3. Band. Quedlinburg 1922; Olearius, Johann Christoph: Historia Arnstadiensis. Arnstadt 1701, S. 245f. u. S. 325; Quensel, Paul: Thüringer Sagen. Jena 1926; Witzschel, August: Sitten und Gebräuche aus Thüringen. Teil 1 und 2, Wien 1866 und 1878; Wettig, Hermann: Der Sagenschatz von Arnstadt und seiner Umgebung. Gotha 1888. *Peter Unger*

Saline: Bereits im Jahre 1845 begann man bei Rudisleben nördlich von Arnstadt mit Bohrarbeiten nach Steinsalz. Dies ging auf eine Initiative des Erfurter Ingenieurleutnants August →Rost zurück, der mit einem Schurfschein vom 1. 3. des Jahres die Rechte erworben hatte, *im Bezirk der Fürstlichen Regierung zu Arnstadt Steinsalz und Soolquellen, in gleichen fossiles Brennmaterial, besonders Torf, aufzusuchen und sodann ein Salzwerk und eine Sodafabrik zu errichten.* Im gleichen Jahr gründete er, zur Beschaffung der erforderlichen Geldmittel, eine AG, wobei an einen Verkauf von 1.000 Aktien zu je 10 Taler gedacht war. Alle erforderlichen Geschäfte und Verhandlungen wurden zunächst von einem am 10. 5. 1845 gewählten Komitee vorgenommen, am 12. 8. 1845 wurde in Sondershausen das Statut der AG ausgestellt, das den Vertrieb der Aktien, die Rechte der Aktionäre, die Aufgaben der Generalversammlung und die Ablösung des Komitees durch ein Direktorium vorsah, wenn Salz gefunden werden sollte. Um mit den Bohrarbeiten beginnen zu dürfen, mußten 500 Aktien verteilt sein, bis zum 22. 9. 1845 waren 651 Aktien in Umlauf, allein 332 Aktien wurden von 113 Arnstädter Bürgern erworben, von 1845-49 Bohrarbeiten in der *Arnshall* genannten Saline (bis in eine Tiefe von 916 Fuß), am 11. 5. 1849 wurde eine Steinsalzschicht von ca. 60 Fuß Mächtigkeit erreicht (*35 Fuß Steinsalz mit Salzthon, Kalkmergel und Gyps gemengt und außerdem 24 Fuß reines Steinsalz*), Wahl eines Salinenrates als Repräsentanten des Salinenvereins, der die Angelegenheiten des Vereins leitete und überwachte. Dem aus 15 Herren bestehenden Salinenrat standen A. Kehl, Goldarbeiter Emmerling und Kaufmann Koch als Direktorium vor, die übrigen 12 bildeten den Verwaltungsrat, eine der ersten dringlichen Aufgaben galt der Beschaffung einer Solpumpe, erste Versuche scheiterten, so daß es nicht gelang, das Vorhaben wie geplant auszuführen und man führte den gewöhnlichen

Salinebetrieb wie bisher durch. Im Oktober 1851 wurde im *Arnstädtischen Regierungs- und Intelligenz-Blatt* mitgeteilt, daß *die Einrichtungen auf der Saline Arnshall* soweit vollendet sind, daß in wenigen Tagen mit dem Salzsieden begonnen werden kann, ein Antrag des Salinenvereins an die Stadt vom 25. 7. 1852, ein zweites Bohrloch ansetzen zu dürfen, wurde genehmigt, gewonnene Sole sollte auch für Badezwecke (→Solbad) genutzt werden, Gründung eines Solbadevereins im Januar 1851, Untersuchungen der Sole auf ihre nutzbringende Wirkung ergaben, daß sie tatsächlich für Heilzwecke verwendbar war, z. B. zur Linderung und Heilung von Hautkrankheiten, Erkrankungen der Sinnesorgane, aber auch rheumatischer und Nervenleiden, Rückgang, vor allem durch das Versiegen der Salzquellen, Ende der 90er Jahre des 19. Jhs. wurden die beiden Bohrtürme der Saline *Arnshall* abgetragen.

L Dittrich, Janny: Der Salinenverein und das Solbad Arnstadt 1845-1890. In: AVAU 11 (2001), S. 67-78.

Roland Scholze

Schaaf, *Hans-Joachim* **Wolfgang:** Dipl.-Jurist, Kreistagspräsident, Gründer und Präsident der Europäischen Akademie Arnstadt e. V., *16. 8. 1929 Arnstadt, †5. 5. 2003 Arnstadt, Abitur, Studium der Rechtswissenschaften in Jena, 1955 Diplom mit der Befähigung zum Richter, Staatsanwalt, Notar und Rechtsanwalt, Tätigkeit als Arbeits-, Zivil- und Familienrichter, Ausscheiden aus politischen Gründen und Wechsel in die Industrie, 1968-90 Justiar im VEB RFT →Fernmeldewerk Arnstadt, als Mitglied des Kreistages des Kreises Arnstadt 1990-94 Kreistagspräsident, Mitglied der SPD-Fraktion, Vorsitzender des Ältestenrates, Mitglied im Kreisausschuß, Vertreter des Ilm-Kreises in der Landkreisversammlung des Thüringischen Landtags, Mitglied der Neuordnungskommission Arnstadt, als Mitglied des Kreistages des Ilm-Kreises 1994-99 Kreistagsvorsitzender, Mitglied im Ältestenrat, 1994-99 Stadtratsmitglied (SPD), Beigeordneter, 1993 Gründer und Präsident der Europäischen Akademie Arnstadt e. V.

Vortragstätigkeit im In- und Ausland zu europäischen Themen, Europäische Akademie Arnstadt wurde Mitglied der FIME (Vereinigung der Europahäuser), war um Europäischen Schülerwettbewerb bemüht und konzipierte

dessen höchste Auszeichnung (Rose de l`Europe), die Auszeichnung der Stadt Arnstadt mit der Verleihung des Europa-Diploms in Straßburg 2003 ist ihm zu verdanken, Gründer der UNICEF-Aktionsgruppe für Arnstadt und Ilmenau (Auszeichnung mit der Silbernen Ehrennadel der UNICEF), Ausstellungen im Europahaus (Karolinenstr. 1) zum Thema Armut und zur Belebung der Spendentätigkeit, Würdigung der jüdischen Geschichte Arnstadts.

Q TA v. 7. 5. 2003 u. 10. 5. 2003.

L Profile aus dem Ilmkreis. Bd. IV. Wümbach 2003, S. 373 (Porträt). *Andrea Kirchschlager*

Schaedel, Albin: Glasgestalter (lampengeblasenes Glas), →Ehrenbürger der Stadt Arnstadt, *14. 9. 1905 Igelshieb, †18. 11. 1999 Neuhaus/Rennweg (dort befindet sich auch sein Grab), 1912-20 Volksschule in Neuhaus, danach Glasperlenmacher in der väterlichen Werkstatt, 1924 Lehre, seit 1927 Geselle bei Edmund Müller in Neuhaus, 1934 selbständiger Kunstglasbläser, 1934-38 Hospitationen bei Prof. Staudinger in Sonneberg, Gestaltung figürlichen Glases, 1937 erstmalige Beteiligung an der Kunsthandwerksmesse in Leipzig, 1939 Eintragung in die Handwerksrolle ohne Meisterprüfung, 1940-45 Soldat, 1949 Persönliches Gütezeichen des Kunsthandwerks, Berufung als Mitglied der Prüfungskommission für Kunstglasbläsermeister, 1952 Meisterprüfung, Aufnahme in den Verband Bildender Künstler, 1954 Übersiedlung nach Arnstadt (Wohnhaus und Werkstatt Plauesche Str. 15A), Beginn der Beschäftigung mit Gefäßgestaltung, 1955 Erwerb des Titels *Anerkannter Kunstschaffender des Handwerks*, 1959 erste internationale Anerkennung auf der internationalen Glasausstellung *Glass 1959* im Corning Museum of Glass (New York), 1964 Verleihung des goldenen Ehrenzeichens des Handwerks, 1966 Anerkennung in der Ausstellung Internationales Kunsthandwerk in Stuttgart, 1974 Hauptpreis der I. Quadriennale des Kunsthandwerks Sozialistischer Länder in Erfurt, Kunstpreis der DDR, 1977 Ehrenpreis der Ausstellung *Coburger Glaspreis 1977,* ständige Kabinettausstellung im Schloßmuseum Arnstadt (bis 2000), 1978 Nationalpreis der DDR für Kunst und Literatur, 1980 aus gesundheitlichen Gründen Einstellung der Arbeit vor der Glasflamme,

Albin Schaedel

1982 Ehrenteilnehmer auf der Weltausstellung *World Glass Now '82* im Hokkaido Museum of Modern Art (Sapporo, Japan), 1993 Ehrenbürger der Städte Arnstadt und Neuhaus, 1997 Verleihung des Verdienstkreuzes am Bande der Bundesrepublik Deutschland.

L Kämpfer, Fritz: Albin Schaedel, Glaskunst. Institut für angewandte Kunst Berlin. Berlin 1957; Schönemann, Herbert: Albin Schaedel. Veröffentlichungen der Museen der Stadt Arnstadt. H. 5 Arnstadt 1979; Wirth, Petra / Schaedel, Albin: Albin Schaedel. Ausstellungskatalog Museen der Stadt Erfurt. Angermuseum. Erfurt 1985; Baas, Karl-Friedrich / Ruhlig, Dagmar / Steinbiß, M.+M.: Albin Schaedel – ein Glasbläser aus Thüringen. Ausstellungskatalog Glasmuseum Immenhausen. Immenhausen 1991 (Porträt).

Matthias Klein

Schellhorns Wein- und Bierstube: 1676 erwarb der Böttcher Lorenz Schellhorn aus Kleinliebringen das Bürgerrecht der Stadt Arnstadt. Er wurde Ratsböttcher und Weinmeister, die Söhne führten die Böttcherei weiter und die Kellergewölbe wurden als Obstweinkelterei genutzt, 1883 brannte das einstöckige Vorderhaus ab und

wurde im heutigen Aussehen wieder aufgebaut, älteste, noch erhaltene Teile sind die Tordurchfahrt und der östliche Gebäudeteil (Nr. 5), 1901, zum 225. Firmenjubiläum, baute Franz Schellhorn mit seinen Gesellen ein großes 20.000-Liter-Faß, das vermutlich größte noch erhaltene Thüringens, durch den 1. Weltkrieg und die folgende Inflation kam die Böttcherei zum Erliegen, Franz Schellhorn stellte sich auf Weinhandlung und Gastronomie um und verlegte die Obstweinkellerei 1924 in den Mühlweg, Wiedereröffnung 1991 als *Schellhorns Wein- und Bierstube*. Die Grotte (1901 geschaffen) zeigt vier große Wand- und Deckengemälde zur Sage von Kaiser Barbarossa und ist durch Stuckarbeiten der Höhle im Kyffhäusergebirge nachgebildet. Im Hof erinnern Ausschankfenster und Ladeluke an den Weinverkauf. Daneben ist Böttcherwerkzeug ausgestellt, u. a. der 5,40 m lange Hobel mit dem das große Weinfass gebaut wurde, alte Kronkorkenmaschinen und Filter für die Obstvermostung.

L Kästner, Klaus: Böttcherei – Kelterei - Weinhandlung. In: AVAU 1 (1991), S. 8-12.

Hartmut Fuhrmann

Schenke, Max: Maler und Grafiker, *21. 8. 1891 Arnstadt, †14. 10. 1969 Essen, ab 1910 Studium an der Kunstakademie Dresden (u. a. 1912, 1914 bei Carl Bantzer), anschließend wohnhaft in Dresden, 1920 Beteiligung an Ausstellung Weimarer und Arnstädter Künstler im Schloßmuseum Arnstadt, Ankauf von Radierungen für Museum, Exlibris für Arnstädter Bürger u. a., Exlibris in zahlreichen Museen und Sammlungen, von Nov. 1945 - Juni 1947 wieder in Arnstadt, Beteiligung an Kulturbundausstellung 1946 mit Gemälden, letzte Lebens- und Schaffensjahre in Essen, 2001 Schenkung von 14 Grafiken durch seinen Stiefbruder Werner an das Schloßmuseum Arnstadt.

W Bildnisse im Schloßmuseum Arnstadt: Fürst Anton Günther II., Fürst Günther I. (beide Kopien 18. Jh./1909), Kanzler von Kauffberg (Kopie 1815/1909), Oberbürgermeister Bielfeld (1925), Benjamin Kiesewetter (1928), Studien zu Bach-Porträt (1947), J. S. Bach/Kopie (?), Kanzler J. G. Zang (?). Radierungen und Exlibris aus altem Bestand.

L Scheidt, Helga: Jubiläumsjahr der besonderen Art. In: TA, AA v. 21. 8. 2001. *Helga Scheidt*

Schlachthof: 1893 Bau des Schlachthofes im Interesse der Arnstädter Fleischerinnung am Dammweg, Gleisanschluß vorhanden, Errichtung von Wohnungen für Angestellte, Stallungen für Pferde, Rinder, Kälber, Hammel und Schweine, Schlachthalle für Großvieh (Rinder, Kälber und Hammel), Schweineschlachthaus, Pferdeschlachthaus und Notschlachthaus für kranke Tiere, Kühlhaus mit Drahtzellen für die einzelnen Metzger, Kläranlage, Maschinen- und Kesselhaus sowie alle Möglichkeiten zur Stromversorgung, alle Räumlichkeiten waren mit elektrischer Beleuchtung versehen, Bau einer Wasserleitung vom →Schönbrunn sowie eigener Brunnen für die Wasserversorgung, Eröffnung des städtischen Schlachthauses am 3. 1. 1894, durchschnittlich 80 Mitarbeiter, nach dem 2. Weltkrieg zunächst dem KWU (Kommunales Wirtschaftsunternehmen der Stadt) unterstellt, am 1. 1. 1952 verstaatlicht zum VEB Schlachthof, 1960 42 Arbeitskräfte, ab 1. 7. 1960 erfolgte die Übernahme der Fleisch- und Wurstproduktion der HO, 1962 Beginn der Konservenproduktion von Fleisch- und Wurstwaren, Anschluß der Wurstabteilung des Schlachthofes in der Rosenstraße (ehemals Herda) an die Konsum-Großfleischerei, 1967 VEB Fleischkombinat Erfurt mit den Betrieben Erfurt, Weimar, Gotha, Apolda, Greußen und Arnstadt (früher Schlachthof, Dammweg), infolge von Umstrukturierungen wurde der Betriebsteil Arnstadt im VEB Fleischkombinat Erfurt 1974 umbenannt in VEB Schlachtbetrieb Arnstadt im VEB Fleischkombinat Erfurt, 1992 Einstellung des Schlachtbetriebes.

Q KAA, Bestand Kreistag u. Rat des Kreises Arnstadt, Nr. 400, 401, 576, 685; ANIB 1893-1913.

Heidrun Fröhlich

Schlegel, Christian: Historiker, Numismatiker, *30. 1. 1667 Saalfeld, †17. 10. 1722 Gotha, Schulausbildung in Coburg, 1688 Student der Theologie, später der Geschichte in Jena unter Caspar Sagittarius, wohnte dort zusammen mit Johann Christoph →Olearius bei Caspar Sagittarius, 1700 Berufung an das Münzkabinett Arnstadt als *Antiquarius et Bibliothecarius*, ließ die Münzen des Kabinetts, insbesondere die Brakteaten, von Pius Rösel von →Rosenhof gegen ein Honorar von 1 Gulden und 4 Pfennige pro Brakteat zeichnen, 1700 (?) Besuch des Museums Wildeanum in Amsterdam, wie das *Bezoekerboek* des Jacob de Wilde ausweist, folgte mit dem Übergang des Arnstädter Kabinetts 1712 nach Gotha dem Ruf dorthin, wo er das Münzkabinett bis zu seinem Tod verwaltete.

W *Epistola de nummis Altenburgensibus, cruce manuque signatis* (Jena 1695, Dresden 1696), *Schediasma de nummis antiquis Salfeldensibus, Arnstadiensibus et Jenensibus necnon de Salfeldensi Benedictini Ordinis Abbatia* (Dresden 1697), *Ad virum Jo. Andream Schmidium de nummo Comitis Blanckenbergensis epistola* (Jena 1701), *Tractatus de numis antiquis Gothanis, Cygneis, Coburgensibus, Vinariensibus et Merseburgensibus* (Arnstadt 1701, 2. Auflage Erfurt 1715, 3. Auflage Frankfurt/Leipzig 1717, 4. Auflage Frankfurt/Leipzig 1725), *Exercitatio de numis antiquis Isenacensibus, Mulhusinis, Northusinis et Weissenseeensibus* (Jena 1703), *Apotelesma de numis Abbatum Hersfeldensium* (Gotha 1703, 2. Auflage Gotha 1724), *Christian Schlegels weitere Ausführung, daß die Müntze Heinrichs, Grafen von Blanckenberg mehr dem Grafen dieses Nahmens in Thüringen als dem am Hartze zu zuschreiben sey* (Gotha 1720).

L Berghaus, Peter: Das münzsichtige Arnstadt. In: Bach 2000, S. 121-135 (Porträt). *Peter Berghaus*

Schleichardt, Heinrich Georg: Superintendent, *16. 4. 1785 Sondershausen, †3. 1. 1858 Arnstadt, 1808 ordiniert als Diakon in Sondershausen, 1818 Konsistorialrat, 1823 Superintendent in Arnstadt, 1830 Kirchenrat, 1847 Oberkonsistorialrat.

Er führte 1842 Feier des Totensonntages ein, veranlaßte nach 1840 Sicherungsarbeiten an der →Liebfrauenkirche und gründete 1856 den Verein zur Wiederherstellung der Liebfrauenkirche, vielfältige Aktivitäten zur Geldwerbung, setzte z. B. 1855 fürstliche Landeskollekte durch (Ertrag 525 Taler), der Brief an alle Deutschen Staaten für diesen Zweck blieb allerdings ohne Erfolg.

W *Predigt zur 300-Jahr-Feier der Augsburgischen Konfession* (Arnstadt 1855).

Q Kirchenarchiv, Akte A IV 1d betr. Verein zur Wiederherstellung der Liebfrauenkirche.

L Thüringer Pfarrerbuch, S. 345. *Hans-Ulrich Orban*

Schloßgarten: Gleichzeitig mit dem Neubau des Schlosses →Neideck wurde der wohl zu Anfang des 16. Jhs. entstandene Schloßgarten unter Beteilung niederländischer Gärtner (u. a. Adrian Becker) neu gestaltet. Von der ursprünglichen Konzeption des Gartens, der im 16. Jh. zu den größten derartigen Anlagen gehörte, kaum noch etwas erkennbar. Auf der Stadtansicht von 1579 läßt sich ein Zier-Schaugarten, hervorgehoben durch Laubengänge und ornamental angelegte Teppichbeete, ein Nutzgarten im Westteil des Schloßgartens und ein Landschaftsgarten mit Reitbahn an Stelle des heutigen →Theaters erkennen. Das gesamte Schloßgartenareal war von einer Mauer umgeben, heute größtenteils in Teilstücken erhalten, die durch einige Tore, u. a. das →Fischtor, unterbrochen wurde. Letzteres bildete die östliche Zufahrt in den Schloßgarten, 1658 nannte Andreas Toppius den Schloßgarten *einen kostbaren Lustgarten*, von den Sehenswürdigkeiten erwähnte er neben der Grotte mit ihren Wasserspielen noch das Schießhaus mit den Bildern der alten Schwarzburger Grafen, die Reitbahn und die Galerie, letztere wurde als ein langer Schwibbogen aus Holz bezeichnet, an dem alle bekannten Tiere abgebildet und mit Namen versehen waren, auch eine Eisgrube hatte man schon im Garten, damit man zur Sommerzeit das *Getränk erfrischen und kühlen könne*. In der Wildbahn gab es Hirsche und Rehe, durch den Garten führten Lustgänge mit zahlreichen Lauben, auch ein Irrgarten und ein Rosengarten fehlten nicht, Inventare des 17. Jhs. verzeichnen die Vielzahl der Gewächse, u. a. Nelken, Astern, Rittersporn, die im Schloßgarten gepflanzt bzw. kultiviert werden, gegen Kälte empfindliche hielt man zur Winterszeit im Keller, sicher auch in dem des →Gärtnerhauses, zu Zeiten →Anton Günther II. war der Obstgarten mit besonders feinen Apfel-, Birnen-, Pflaumen- oder Kirschsorten aus Frankreich und Weinreben, Orangen und anderen Südfrüchten aus Italien besetzt, dagegen wurden Blumen und Früchte, auch Pfropfreiser von Birnen und Rosen aus dem Arnstädter Schloßgarten an andere fürstliche Höfe gesandt, bis zum Ende des 17. Jhs. wurde der Garten noch gepflegt, dann verfiel er zusehends, bei der folgenden Neugestaltung prägte der englische Gartenstil den Schloßgarten, Anfang des 18. Jhs. Teile des Schloßgartens mit Obstbäumen bepflanzt, teils landwirtschaftlich genutzt, 1842 Umbau der alten Reitbahn zum Theater, 1875 Gestaltung des bis dahin landwirtschaftlich genutzten Schloßgartens wieder als Park (zahlreiche Gehölze mußten altersbedingt gefällt werden), 1878/79 gravierender Einschnitt in den Park durch den Bau der Eisenbahn, zwei Bahndämme durchschnitten nun den Schloßgarten und trennten so den nördlichen Teil ab, wo einst die →Seigerhütte, der Messinghammer, die herrschaftliche Ziegelhütte und ein Gasthaus standen. Mit Übergang des Schloßgartens 1919 in städtisches Eigentum kam es zu zahlreichen Neuanpflanzungen und Einrichtung einer Baumschule, während und kurz nach dem 2. Weltkrieg wurde der Schloßgarten wieder landwirtschaftlich genutzt, nach dem Krieg Bemühungen zur Neugestaltung des Schloßgartens, 1954 Errichtung eines Musikpavillons (Konzertmuschel) und 1955 Schaffung einer neuen Terassenanlage am Hang zum Theater, 1971 Eröffnung eines Stadtpark-Cafes, später wieder abgerissen, 1995 wurde mit Erarbeitung eines Parkpflegewerkes zur Rekonstruktion des Schloßgartens begonnen.

L Lappe, Ulrich: Der Schloßgarten zu Arnstadt. In: Geschichte des Gartenbaus und der Gartenkunst 1, Erfurt 1994, S. 105-112. *Ulrich Lappe*

Schloßmuseum: →Neues Palais.

Schmidt, Christian Theodor Ludwig *Hermann*: Gymnasiallehrer, Rektor, Geschichtsforscher, Archivrat, *2. 11. 1828 Arnstadt, †30. 10. 1900 Jena, Sohn des Gastgebers Johann Carl Wilhelm Christoph Schmidt und dessen Ehefrau Johanna Sophie Dorothee, geb. Axt, unverheiratet, 1837-46 Besuch des →Gymnasiums in Arnstadt, danach Studium der Theologie in Jena und Leipzig, 1849 Examen und Übernahme einer Hauslehrerstelle in Bern bei der Familie von Bonstetten, 1852 Rückkehr nach Arnstadt und Reise nach Frankreich, Oberitalien und Österreich, 1852/53 Anstellung als Hilfslehrer am Arnstädter Gymnasium, 1859 Berufung als Konrektor nach Greußen, 1861 Ernennung zum Rektor, 1872 Eintritt in den Ruhestand und Wohnsitznahme in Arnstadt, 1881 zusammen mit Emil →Einert Beauftragung mit der Durchsicht der im →Rathaus vorhandenen Archivalien durch Oberbürgermeister Julius →Hülsemann, wegen Erstellung eines Urkundenbuches der Stadt Arnstadt durch Archivrat Dr. Burkhardt in Weimar, später erfolgte durch beide eine Ord-

Hermann Schmidt

S. 363-367, *Das städtische Archiv zu Arnstadt.* In: Alt-Arnstadt 1 (1901), S. 18-20, *Die Arnstädter Wachstafeln* (zusammen mit J. Bühring), ebd. S. 36-73, *Namensverzeichnis der Wachstafeln* (zusammen mit J. Bühring), ebd. S. 74-81, *Der Dichter Valerius Wilhelm Neubeck.* In: Alt-Arnstadt 3 (1906), S. 1-21, *Über Arnstädter Flurnamen.* In: Alt-Arnstadt 12 (1939), S. 19-38, *Die Häusernamen Arnstadts* (Arnstadt 1927, mit Ergänzungen v. P. Thalmann).
L Ziegenhardt, Andrea: Zum 100. Todestag des Heimathistorikers und Archivrates Hermann Schmidt. In: AVAU 10 (2000), S. 151-154 (Porträt und Publikationsverzeichnis). *Andrea Kirschlager*

Schmidt, Wilhelm: Karton-Schmidt, im Juli 1925 übernahm Schmidt käuflich die von Theodor Schneider in der Ritterstr. 8 betriebene Kartonagenfabrik und führte diese unter seinem Namen weiter, 1927 nach Neubau in den Eichsfelder Weg 8 verlegt, 1936 in die Krappgartenstr. 27, später dann in die Hülsemannstr. 8, serienweise Fertigung von Stanzartikeln, Spezialverpackungen und Kartonagen, beschäftigt wurden zwischen 10-25 Arbeitskräfte, eingetragen im HR am 22. 5. 1939 unter Karton-Schmidt, Inhaber Wilhelm Schmidt, in den 60er Jahren Lieferung von Verpackungsmaterialien an verschiedene große u. kleine Betriebe in der näheren u. weiteren Umgebung, Verpachtung mit Wirkung vom 1. 1. 1965 an den Schwiegersohn Ernst-Georg Herrmann aus Ichtershausen, 1972 Übernahme als Abt. Spezialkartonagen in den VEB →Wellpappenwerk Arnstadt, 27. 3. 1973 Löschung des Privatbetriebes Karton–Schmidt im HR.
Q KAA, Bestand Kreistag u. Rat des Kreises Arnstadt, Nr. 199, 581, 689, 1319; Bestand Stadt Arnstadt, Sign. 13-104; AA 1925-39. *Heidrun Fröhlich*

Schmidt, Wilhelm *Ernst*: Pädagoge, Naturwissenschaftler, *28. 10. 1884 Leipzig (Neureuditz), †25. 1. 1962 Arnstadt, Sohn des Buchbindermeisters Ernst Schmidt und dessen Ehefrau Luise, geb. Henzler, Eheschließung mit Klara, geb. Sommer, 1891 Umzug der Familie nach Frankenhausen am Kyffhäuser, dort Besuch des Realgymnasiums bis 1901, Besuch des Landeslehrerseminars in Sondershausen, 1905 Lehramtskandidat, erhielt 1907 seine erste Lehrerstelle in Möhrenbach, 1913 Lehrer in Geor-

nung des Aktenmaterials, hatte großen Anteil an der Gründung des Stadtarchivs 1893/94, Teilnehmer des historischen Kneipabends im Burgkeller und Mitbegründer der →Museumsgesellschaft, 1894-1900 deren Schriftführer, 1892-1900 Schriftführer des Wissenschaftlichen Vereins, wo er zahlreiche Vorträge zu historischen Themen hielt, ab 1897 Beteiligung an der Neuordnung des Arnstädter Regierungsarchivs, 1898 Ernennung zum Fürstlichen Archivrat, war Hauptpfleger der sondershäusischen Oberherrschaft bei der Thüringischen Historischen Kommission, Verfasser zahlreicher Publikationen in der Zeitschrift des Vereins für Thüringische Geschichte und Altertumskunde, in der Schriftenreihe Alt-Arnstadt sowie im →Arnstädter Tageblatt, Prof. Dr. Johannes →Bühring konnte in seiner *Geschichte der Stadt Arnstadt 704-1904* auf umfangreiche Vorarbeiten Schmidts zurückgreifen, Büchersammlung und handschriftlicher Nachlaß (Schmidtiana) wurden dem Museum übereignet.
W *Verzeichnis des Geschützes auf der Burg zu Arnstadt.* In: ZVTGA 17 (1893/95), S. 680*, E. Einert, Ein Gedächtniswort.* In: ZVTGA 18 (1897),

genzell (Rhön), 1919 in Großbreitenbach und ab 1920 Lehrer an der Mädchenschule in Arnstadt, 1946-50 Lehrer in Hausen, ab 1950 wieder in Arnstadt an der Geschwister-Scholl-Schule tätig, Oberlehrer, 1953 Eintritt in den Ruhestand, Kenner auf dem Gebiet der Entomologie und der Kryptogamen, ehrenamtlicher Mitarbeiter der Museen der Stadt Arnstadt und Gotha, betreute dort die entomologischen Sammlungen, umfangreiche private Sammlungen von Moosen, Flechten, Zikaden und Wanzen aus Mitteldeutschland, speziell Thüringen mit dazugehörigen Verzeichnissen, erarbeitete eine Blättersammlung zur Bestimmung von Insektenfraßspuren, die 1958 in der Sonderausstellung *Nützliche und schädliche Insekten der Heimat* gezeigt wurde, betätigte sich auch als Imker, wurde von den Arnstädtern liebevoll *Wanzenschmidt* genannt, seine Sammlungen gingen nach seinem Tod in den Besitz des Arnstädter Museums über, 1979 kamen sie in das Erfurter und Gothaer Naturkundemuseum, 1997 Benennung einer Straße im Wohngebiet Rabenhold II (Ernst-Schmidt-Straße).

W *Die Halbflügler Thüringens unter besonderer Berücksichtigung der faunistisch-ökologischen Geographie auf Grund der Literatur und Beobachtungen.* (Hg. Otto Rapp. In: Die Natur der mitteldeutschen Landschaft Thüringen. Schriften des Museums für Naturkunde. Erfurt 1944.), *Die Insektensammlung des Heimatmuseums.* In: AKB. H. Juli/Aug. (1955), S. 6-9, *Die Herbst- oder Erntegrasmilbe.* In: KS H. Sept, (1957), S. 21f., *Zikaden aus Arnstadts Umgebung,* ebd. H. Sept. (1958), S. 7f.

L Leber, Wolfgang: Ernst Schmidt †. In: KS H. März (1962), S. 22f. (Porträt).

Manfred Wahl / Andrea Kirchschlager

Schneckchen: Aussichtspunkt auf dem Plateau der →Alteburg, westlich oberhalb des Geratales. Erbaut um 1850 am oberen Rand des Hülsemannberges, gewährt das schneckenförmige Türmchen aus Kalkbruchsteinen mit kleiner Aussichtsplattform einen eindrucksvollen Blick in den Plaueschen Grund. *Peter Unger*

Schönbrunn: Ältester und ehemals bedeutendster Ausflugsort der Arnstädter (mit Bewirtung) und Sitz der *Schönbrunn-Schützengesellschaft* von 1717. Seinen Namen erhielt das Gelände von dem schönen (guten) Wasser eines hier befindlichen Quellwasserbrunnens, 1526 wurde der Brunnen in Stein gefaßt, 1688 renoviert und überwölbt. Im südlichen Teil des Geländes erfolgte 1688 durch den Bürgermeister Martin Feldhaus der Bau des ersten Hauses (1826 abgerissen), 1827 Bau des Gebäudes der Schönbrunnwirtschaft mit Tanzsaal, Vereinszimmern, Kegelbahn und Bäckerladen, 1828 Bau einer Garküche, anfänglich städtisches Eigentum, später Privateigentum, 1924 Restaurant u. Café *Alter Schönbrunn* (Inh. Melchior Scheidt), 1935 Jonastal (Besitzer Chr. Bührich), nach 1950 geschlossen. Das nördliche Gelände mit altem und neuem Schießhaus (1819), Schützensalon (Tanzsaal, 1803) und Musikhalle befand sich im Besitz der Schützengesellschaft, das alte Schießhaus wurde 1837 Gaststätte, später Conditorei und Café *Schützenhaus Schönbrunn* (Besitzer Oswald Schmoock), 1838 Bau der Musikhalle, jetzt Gaststätte *Zum Jungfernsprung.* Der Schönbrunn bot *wegen des dort von der Schützengesellschaft regelmäßig abgehaltenen Scheibenschießens einen Erholungsort für die Stadtbevölkerung die sich dort immer sehr zahlreich zusammenfand, um eine Rostbratwurst in der Garküche zu verzehren.* Ein weiteres Hauptvergnügen bot das vor dem Schönbrunn abgehaltene Vogelschießen.

L Apfelstedt, S. 62f; Baumberg, S. 43f.

Hartmut Fuhrmann

Schörnig, *Fritz* **Ernst:** Kommunist, Heimatgeschichtsforscher, *24. 3. 1909 Arnstadt, †1. 11. 1998 Berlin-Hellersdorf, Sohn des Kammachers Adolf Karl Schörnig und dessen Ehefrau Emmy Lidia Louise, geb. König, Schuhmacherlehre, Tätigkeit in verschiedenen Betrieben in Arnstadt, Eintritt in die KPD mit 18 Jahren, Mitglied u. a. in der Roten Hilfe, Kampfbund gegen Faschismus, Proletarischer Freidenkerverband, u. a. 1929-31 politischer Leiter des KJVD (Kommunistischer Jugendverband), Ortsgruppe Arnstadt, 1930 Besuch der Schule der Kommunistischen Jugendinternationale in Moskau, 1933 politischer Leiter der KPD, Unterbezirk Arnstadt, 1933-45 Haft wegen Vorbereitung zum Hochverrat, 1945 politischer Leiter der KPD, Kreis Arnstadt, 1946 Landesleiter der OdF (Opfer des Faschismus) für Thüringen, 1945/46 Redakteur beim *Thüringer Volk* Arnstadt, 1946/47 1. Kreissekretär der SED-Kreisleitung Arnstadt, 1953-67 Offizier der NVA, 1966 Mitglied des Kreiskomitees der Antifaschistischen Widerstandkämpfer der DDR, 1967 Vorsitzender der Kommission zur Erforschung der Geschichte der örtlichen Arbeiterbewegung Arnstadt, 1967 Ruhestand, beschäftigte sich mit der Erforschung der Geschichte der Arbeiterbewegung und deren Organisationen, 1997 Wegzug nach Berlin.

W *Gelesen-erzählt-erlebt. Aus der Geschichte der sozialen Kämpfe und der Arbeiterbewegung der Kreise Arnstadt und Ilmenau.* Teil I, II u. III, (o. O.), 1961-69.   *Manfred Wahl*

Schriftenreihen: Die 1894 gegründete und bis 1945 existierende →Museumsgesellschaft gab ab 1901 die Schriftenreihe *Alt-Arnstadt - Beiträge zur Heimatkunde von Arnstadt und Umgebung* heraus. Im Vorwort des ersten Heftes heißt es: *Unser Ziel ist einfach: Bausteine zu einer künftigen Arnstädter Geschichte zu sammeln.* Es erschienen in unterschiedlichen Zeitabständen insgesamt 12 Hefte mit wissenschaftlichen Beiträgen (1901-39). Nach der 1945 erfolgten Auflösung der Museumsgesellschaft war es nur noch im Rahmen des Kulturbundes (Ortsgruppe Kultur- und Heimatfreunde) möglich, regionale historische und naturwissenschaftliche Forschungen zu betreiben. Es konnte von 1954-63 die zweimonatliche Heftreihe *Arnstädter Kulturbote*, später *Kulturspiegel* (ab 1956) herausgegeben werden. Von 1982-90 gelang es, eine neue Schriftenreihe *Beiträge zur Heimatgeschichte – Stadt und Kreis Arnstadt* (10 Hefte) zu veröffentlichen. Nach der politischen Wende und der Auflösung der Ortsgruppe des Kulturbundes erfolgte die Gründung des Thüringer Geschichtsvereins Arnstadt e. V. mit dem Ziel Forschungen zur Geschichte, Volkskunde, Kulturgeschichte, Denkmalpflege und Kunstgeschichte von Arnstadt und Umgebung zu betreiben und zu veröffentlichen. Diesem Ziel dient das jährlich erscheinende heimatkundliche Lesebuch *Aus der Vergangenheit von Arnstadt und Umgebung* (seit 1991 erschienen 12 Hefte).

L Bibliographie aller herausgegebenen periodischen Schriften zur Geschichte von Arnstadt und Umgebung von 1901 bis 2000. (Hg. v. Thüringischen Geschichtsverein Arnstadt e. V.) Arnstadt 2002.
                    Hartmut Fuhrmann

Schuckel (Schuccelius), Johannes: Superintendent, *28. 3. 1567 Arnstadt, †22. 8. 1629 Arnstadt, Studium in Jena, 1592 Magister, 1591 Konrektor der Schule in Arnstadt, 1602 Pfarrer und Archidiakon, 1617 Superintendent in Arnstadt, Weihepredigten der Kanzeln auf dem Gottesacker (1623) und in der Barfüßer-Kirche (1625), Verdienst um die rasche Bestandserweiterung der Kirchenbibliothek.

W *Orat. de. Vita Frid. Rhodii* (Mühlhausen 1603), *Bedenken wegen der Visitation* (1615).

L Thüringer Pfarrerbuch, S. 358; Olearius, Joh. Christian: Kurtze Nachricht von der öffentlichen Kirchenbibliothek in Arnstadt. Arnstadt 1746.
                    Hans-Ulrich Orban

Schützengesellschaften: 1426 erstmals Erwähnung von Ausgaben für Pfeil- und Armbrustschützen in den Stadtrechnungen, 1472 Erbauung des ersten Schießhauses auf dem Anger, 1475 erstmals eine Schützengesellschaft in Arnstadt erwähnt (Schützengilde), Bestätigung von Schützenordnungen 1546, 1576, 1588, 1602, bis 1656 Übungen der Schützengilde auf dem Anger, 1657-1716 Übungen vor dem Längwitzer Tor gegenüber dem Gasthof Wachholderbaum, 1667 Bestätigung der Schützenordnung, 1717 Gründung der *Schönbrunn-Schützengesellschaft* und Einweihung eines neuen Schießhauses am →Schönbrunn.

1815 Bildung der Eremitagenschützengesellschaft, 1827 Einweihung des neuerbauten Teiles der Schönbrunnwirtschaftsgebäude, 5.-8. 7. 1863 erstes thüringisches Schützenfest auf dem Wollmarkt (396 Schützen), 1865 Gründung des Gera-Schützenvereins, 1874 Bildung der Schützengesellschaft *Germania*, 1885 Auflösung der Eremitagenschützengesellschaft, 1910 XVII. Thüringer Bezirksschießen in Arnstadt, um 1928 Gründung des Kleinkaliberschützenvereins *Republik* (1933 aufgelöst), 1945 Verbot und Auflösung aller noch bestehenden Arnstädter Schützenvereine, 1990 Versammlung zur Wiedergründung der Schönbrunn-Schützengesellschaft (seit 24. 1. 1991 e. V.), 1994-96 Bau der vereinseigenen Schießanlage Auf dem Finkenberg am östlichen Stadtrand von Arnstadt (Gemarkung Dannheim).

L Schönbrunn Schützengesellschaft von 1717 zu Arnstadt. Arnstadt 1997.   *Hartmut Fuhrmann*

Schuhmaschinenbau: VEB, Wagnergasse 18, gegründet 1948, ehemals Rud. →Ley Maschinenfabrik AG, nach dem Krieg als Rüstungsbetrieb eingestuft, im November 1945 unter Zwangsverwaltung gestellt, nach der Demontage Anfang 1946 zunächst als landeseigener Betrieb geführt, Anfang 1947 erfolgte eine zweite Demontage, diverse Maschinen- und Ersatzteile im Wert von 50.000 Mark wurden von Mitarbeitern des Betriebes in Sicherheit gebracht, am 28. 2. 1947 Genehmigung durch SMA (Sowjetische Militäradministration) zur Wiederaufnahme der Produktion, Neubeginn mit der von Rudolf Ley entwickelten Schuhnagelmaschine, deren Produktion auch in den Kriegsjahren nicht eingestellt worden war, Betrieb war verschiedenen übergeordneten Organen unterstellt: 1948 - 31. 1. 1951 zu VVB Maschinen und Elektrogeräte Ost Apolda, 1951-53 VVB Textima Chemnitz, 1953-55 Hauptverwaltung Leichtmaschinen Halle, bis 1965 dann wieder VVB Textima, ab 1. 1. 1966 VVB Schuhe, 1. 1. 1969 Zusammenschluß mit dem VEB →Stanzmesserfabrik Arnstadt zum VEB →Metallbau Arnstadt, Erweiterung der Produktpalette im Laufe der Jahre auf Gliederbandförderer, Blindöseneinsetzmaschinen, Sackzunähmaschinen, Normalöseneinsetzmaschinen, Kleindopplermaschinen u. Ausputzmaschinen für das Handwerk, Mehrzwecköseneinsetzmaschinen, Futterabschneidemaschinen u. a.
L Sauer, Rolf: Geschichte der Betriebe Fa. Rud. Ley AG, VEB Schuhmaschinenbau, VEB Metallbau. 1988. *Heidrun Fröhlich*

Schulthes, Martin Volkmar: Jurist, Kanzler in Arnstadt, *12. 1. 1629 (Groß) Beringen, †19. 5. 1705 Arnstadt, Sohn von Caspar Schultheß, Amtsschösser. Immatrikuliert zum Studium der Rechtswissenschaften 1647 in Erfurt, 1653 in Wittenberg, 1647 Beginn von Diensten als Rat von Hause aus für das Haus Stolberg. 1665 hohenlohescher Rat, 1671 Kanzler in Ohrdruf. 1676 zugleich Hof-, Justiz- und Konsistorialrat in Arnstadt, 1695-1705 Kanzler und Konsistorialpräsident in Arnstadt, zugleich Obersteuereinnehmer in Gotha. 15. 11. 1660 in Arnstadt 1. Heirat mit Clara Theodora, geb. Hedenus (1642-76), Tochter von Hieronymus →Hedenus; 9. 11. 1680 in Arnstadt 2. Heirat mit Magdalene Sibylle, geb. Pfretzschner (ca. 1650–85); 23. 8.

1686 in Arnstadt 3. Heirat mit Sophie Elisabeth, geb. Tentzel (1654-90); 4. 1. 1691 in Arnstadt 4. Ehe mit Susanna Catharina, geb. Ziegler (†1698); 2. 11. 1701 5. Heirat mit Maria Rebecca, geb. Regler (get. 1655-1737). Porträt Schloßmuseum.
L Rohrbach, Peter P.: Hofpfalzgrafen-Register Fürsten von Schwarzburg-Sondershausen 1691-1806. In: Hofpfalzgrafen-Register, hg. v. HEROLD. Bd. II. Neustadt an der Aisch 1971, S. 215f.
Jochen Lengemann

Schwarz, Heinrich *Martin*: Diplom-Ingenieur, Architekt, *18. 10. 1885 Frankfurt/a. M., †27. 9. 1945 Erfurt, renommiertester ortsansässiger Privatarchitekt im ersten Drittel des 20. Jhs., schuf zahlreiche Entwürfe für Bauten bzw. Umbauten von bedeutenden Gebäuden in Arnstadt, entsprechend der örtlichen Bedingungen und seiner Herkunft aus der wilhelminischen Ära, unterlagen seine architektonischen Äußerungen allgemeinen Moden und Stilvorlieben, er nahm häufig zu aktuellen Fragen des Denkmalschutzes in der Arnstädter Lokalpresse kritisch Stellung. 1910 Zuzug nach Arnstadt, verzog 1938 nach Erfurt, Mitglied der →Museumsgesellschaft, Mitglied des Verwaltungsausschusses der →Museumsstiftung, beeidigter öffentlich angestellter Sachverständiger von der Mittelthüringischen Industrie- und Handelskammer Weimar, Mitglied im Bund Deutscher Architekten (B. D. A.). W Nach seinen Plänen entstanden u. a.: Synagoge, Krappgartenstr. 47 (erbaut 1912/13), Wohn- und Geschäftshäuser Erfurter Str. 18, 20/22 u. 24 (1912/13), Anbauten an der Nordseite der Bachkirche (1912/13), Handwerkerhaus des Marienstiftes, Krappgartenstr. 14 (1913), Sitzungssaal des Rathauses (1913), Umbau des mittelalterlichen Schalenturms zum Wohnhaus, Riedmauer 14 (1913), Wohnhausgruppe Ecke Neideckstr. 4/Wollmarkt 8 (1914), Grabmal der Familie R. Trautmann (1914), Fürst Günther-Schule (Realgymnasium) Schloßplatz 2 (1914/15), Umbau/Erweiterung des Schlosses der Familie von Schierholz in Plaue (1916), Umbau des Wohnhauses von Fabrikdirektor Dr. Ernst Büschler (ab 1935 Jugendherberge *Lindenhof*), Ichtershäuser Str. 24 (1919/20), Villa des Kommerzienrates Alfred Ley, Wollmarkt 10 (1920), Grabmale der Fabrikantenfamilien M. Liebmann, S. Kürsten, E. Winter, A. Ley (1920) in Künstlergemeinschaft mit dem Bildhauer Bruno Schäfer (Frankfurt/a. M.) auf dem Neuen Friedhof, Milchhof Arnstadt, Quenselstr. 16 (1928), Erweiterung der Friedhofskapelle auf dem Neuen Friedhof (1933/34).

Q KAA, Bestand Stadt Arnstadt, Melderegister Sch 1901-1910, Sign. 223-70; Einwohnerverzeichnis der Stadt Erfurt 1938.

L Ausgeführte Arbeiten und Entwürfe von Diplom-Ingenieur, Architekt B.D.A. Martin Schwarz Arnstadt (Thüringen). Berlin (o. J.); Architekturführer Thüringen. Vom Bauhaus bis zum Jahr 2000. Weimar 2000, S. 30. *Andrea Kirchschlager*

Schwimmvereine: 1902 Aufruf des Bademeisters der 1895 erbauten Schwimmhalle zur Gründung eines Schwimmer-Clubes, 13. 2. 1902 Gründung des Vereins Arnstädter Schwimmclub (später Arnstädter Schwimmverein von 1902), 1903 Gründung einer Zöglingsabteilung, 1904 Beitritt zum Deutschen Schwimmverband, Januar 1905 Ausrichtung eines nationalen Schwimmfestes (Teilnehmer 10 Schwimmvereine aus Mittel- und Süddeutschland), 1909 Bildung einer Damenabteilung (Reigenschwimmen), bereits vor 1914 anerkannte Wasserballmannschaft, 1926 Bau des lange geforderten Freibades, 1923 Gründung einer Schwimmabteilung des Arnstädter Turnvereins und einer Schwimmabteilung des Arbeiter-Turn- und Sportvereines sowie eines Vereins Wasserfreunde (Anfang 1928), 1933 Gleichschaltung aller Schwimmvereine und Neugliederung nach dem „Führerprinzip". Nach Verbot der alten bürgerlichen Sportvereine 1945 trafen sich die Arnstädter Schwimmer in der Sektion Schwimmen der 1949 neugegründeten BSG Motor Arnstadt und in einer Sektion Schwimmen der BSG Medizin Arnstadt, zahlreiche Erfolge, bei den Erfurter Sportwochen besiegte 1946 Heinz Gleichmar auf der 100 m-Rücken-Strecke den Europameister Schwarz aus Magdeburg, Kurt Zentgraf siegte 1952 bei den Ostzonenmeisterschaften in Erfurt im 100 und 1.500-Meter-Freistil und schwamm als erster DDR-Schwimmer 1952 die 100-Meter-Kraul-Strecke unter einer Minute, 1955 schafften die Arnstädter Wasserballer den Aufstieg in die DDR-Oberliga, Sabine Recknagel, geb. Kahle, wurde bei den Weltmeisterschaften 1972 in Cali

(Kolumbien) über 400 m-Freistil vierte und zweifache Vize-Europameisterin (200 m- und 400 m-Lagen), sie gehörte in den 1970er Jahren zur Weltspitze (auch Starts bei Olympischen Spielen), 1967 wurde Michael Zentgraf Junioren-Europameisterschaftsdritter und mehrfacher Deutscher Meister, Wolfgang Schwarz war mehrfacher DDR-Junioren- und Studentenmeister und Europäischer Studentenmeister, Vergabe des 5. Verbandsfestes des DSSV der DDR im Schwimmen, Wasserball und Kunstspringen (520 Aktive) 1979, 1984 Kornelia Uslar, geb. Greßler, Junioren-Europameisterin (100 m Schmetterling), 1985 gewann sie den Europameistertitel der Erwachsenen und 1986 wurde sie Weltmeisterin, nach 1991 Austritt der Sektion Schwimmen aus der BSG Motor und Neugründung des Schwimmverein Arnstadt 1902 e. V., Anfang der 90er Jahre Beitritt vieler Mitglieder der ehemaligen Sektion Schwimmen der BSG Medizin Arnstadt, 1991 Gründung einer Abteilung Triathlon, als Master-Teilnehmer errang Kurt Zentgraf in seiner Altersklasse 1997 den Titel Deutscher Meister und in den Folgejahren den Europameistertitel, 2002 Hundertjahrfeier des Schwimmverein Arnstadt 1902 e. V. (jetzt ca. 330 Mitglieder).

L 100 Jahre Schwimmverein Arnstadt 02 e. V., TA v. 13. 2. 2002 (Sonderbeilage). *Hartmut Fuhrmann*

Schwing, Julius Bertram *Max*: Jurist, Landrat in Sondershausen und dann in Arnstadt, Landtagsabgeordneter, Landtagspräsident, Mitglied des Fürstlichen Ministeriums in Sondershausen, *12. 11. 1857 Carnitz/Rügen, †17. 5. 1909 Sondershausen, Sohn von Hermann Gottfried Schwing, Gutsbesitzer und Ludowika Hermine von Warin. Gymnasium in Stralsund, ab 1875 Studium der Rechtswissenschaften in Jena, München und Berlin, 1878 1. juristische Staatsprüfung in Berlin, 1884 dort auch 2. juristisches Staatsexamen, 1884-85 als Gerichtsassessor, Hilfsarbeiter der Staatsanwaltschaft in Erfurt. 1885 unter Beurlaubung aus preußischem Dienst kommissarisch Hilfsarbeiter im Fürstlichen Ministerium in Sondershausen, 1885 mit der Wahrnehmung der Vertretung von Otto →Drechsler als Landrat in Arnstadt beauftragt, noch 1885 unter Übertritt in den Schwarzburgischen Staatsdienst Regierungsassessor im Minis-

terium in Sondershausen, 1886 Hilfsarbeiter und Stellvertreter beim Landrat in Arnstadt, Herbst 1886 kommissarische Verwaltung des Landratsamts in Sondershausen, 1887-89 Landrat in Sondershausen, 1889-1902 Landrat in Arnstadt, von 1902-09 stimmführendes Mitglied des Fürstlichen Ministeriums in Sondershausen, 7. 8. 1902 Vorstand der III. Abteilung (Finanzen). Mitglied der →Museumsgesellschaft Arnstadt, Vorsitzender des Landesausschusses für das Fürstentum Schwarzburg-Sondershausen des Deutschen Flotten-Vereins. Geheimer Regierungsrat (1899), Staatsrat (1902), Geheimer Staatsrat (1908), Fürstliches Ehrenkreuz III. Kl. (1893), II. Kl. (1901), I. Kl. (1904). 1888-91 und 1896-1902 Mitglied des Schwarzburg-Sondershäuser Landtags, 1899-1902 Landtagspräsident. 1890 Heirat in Woltersdorf bei Königsborn, Reg.-Bez. Magdeburg, mit Käthe, geb. Brandt (1869-1947).
L Lengemann 1998, S. 113, 246f.   *Jochen Lengemann*

Seifensieder: Erstmals werden die Seifensieder 1624 in Arnstadt in einem Brief an den Bürgermeister, in dem sie sich über den Hausierhandel fremder Personen mit Seife und Lichte beschwerten und ihn um ein Verbot dieses Handels baten, erwähnt. Am 4. 1. 1675 bestätigte Graf Ludwig Günther von Schwarzburg-Sondershausen eine Innung, darin wird u. a. das Meisterstück beschrieben, die Qualität der Seife und Kerzen bestimmt, fremder Handel verboten, mittels einer Lichttaxe die Menge der herzustellenden Kerzen festgelegt und den Arnstädter Seifensiedern auf den Märkten der Vorrang vor fremden Meistern gewährt. Es wird weiterhin vorgeschrieben, daß sie keine Ware von fremden Meistern verkaufen dürfen und ihre Seife und Kerzen durch einen eingedrückten Stempel zu kennzeichnen haben. Bei Strafe werden sie verpflichtet, die Ware zu wiegen und auch die richtigen Gewichte zu haben, Erneuerung der Innung 1796, seit Beginn des 18. Jhs. Auseinandersetzungen mit den Fleischern bezüglich der Qualität und der Preise des Unschlitts (Fett), welches zur Seifenherstellung benötigt wurde, daraus entwickelten sich zeitweilig Probleme bei der Preisgestaltung der Seife. Bei der Herstellung von Seife wurde Fett geschmolzen, mit Seifenstein versetzt und etwa 24 Stunden gekocht, für Kernseife setzte man in grö-

ßeren Mengen Kochsalz zu und trennte die Unterlauge vom Seifenleim ab, dieser wurde anschließend gekocht, nachdem das Wasser verdampft war (gesiedet), konnte man den erkalteten Seifenleim in Stücke schneiden, bei Weglassen des Kochsalzes erhielt man ein pastetenartiges Produkt (Schmierseife), das vornehmlich bei der Reinigung von Holz- und Steinfußböden verwendet wurde, 1717 wurden erstmalig Meister Hanß Georg Reibstein und Hanß Christoph Flenßberg zu Obermeistern verpflichtet. Die letzten Obermeister, die ebenfalls einen Eid schwören mußte, waren Franz Weisenborn und Wilhelm Nicolai (21. 9. 1832). Die letzte Seifensiederei in Arnstadt wurde 1837 im Vordergebäude des Kerst`schen Hauses am heutigen Ledermarkt 2 von August Ludwig Wellendorf erbaut, 1841 gab es noch 7 Seifensiedermeister in Arnstadt, mit der aufkommenden chemischen Industrie in der Mitte des 19. Jhs. ging die Seifensiederei des Handwerks zurück. Zahlreiche Meister gingen zum Handel mit Seife über.
L Kieb, Bruno: Die Seifensieder in Arnstadt. In: AVAU 10 (2000), S. 83-91.   *Michael Kirchschlager*

Seifferd, Alexander: Glasschneider, Ratsherr und Ratsbauherr, *23. 5. 1660 Lübeck, †29. 5. 1714 Arnstadt, sein Vater diente sechs Jahre am Hof Karls X. Gustav von Schweden in Stockholm und war anschließend kaiserlich privilegierter Glas-, Konterfei- und Edelsteinschneider in Lübeck, die Mutter stand in Stockholm fünf Jahre als Kammerfrau der königlichen Witwe Maria Eleonora zur Verfügung, der begabte Junge wurde nach Arnstadt zur Ausbildung gebracht, mehrere Verwandte der Familie Seifferd in Arnstadt nachweisbar, Lehrzeit u. a. in Lübeck, wo er wahrscheinlich wie sein Vater das kaiserliche Privileg als Glas-, Bildnis- und Edelsteinschneider erhielt, ließ sich 1684 in Erfurt als Glasschneider nieder, am 13. 8. 1685 als Bürger von Arnstadt aufgenommen, am 30. 8. 1685 Hochzeit mit Cordula Judith, geb. Ziegler, der Witwe von Johann Barthol Ronnenberger, einem kunsterfahrenen privilegierten Schwarz- und Schönfärber und Mandler aus Arnstadt, er zog am 2. 9. 1685 nach Arnstadt, ab 17. 3. 1686 ist er im Hause an der *Weissen ufm Roßmarkt*, die Mangel genannt, nachweisbar, fungierte 1695/96 und 1699 als Ratsherr, 1701 Ratsbauherr, wirkte drei Jahrzehnte als Glasschneider in Arnstadt und verfaß-

te selbst einen Lebenslauf von sich.
W 1705 Huldigungspokal auf Anton Günther II., heute in der Kunstsammlung des Schloßmuseums Arnstadt, Gravur auf dem Boden des Kelches: ALEXANDER SEIFFERD D 28 SEP 1705 AETAT 45. Dieser meisterhaft geschnittene Pokal symbolisiert den Beginn der Glasschnittkunst in Arnstadt.
L Scheidt, Helga: Künstler und Werke der bildenden Kunst und des Kunsthandwerks in Arnstadt und am Hofe Anton Günthers II. In: Bach 2000, S. 101f.
Michael Kirchschlager

Seigerhütten: Urkundlich wird erstmals eine Hütte 1471 erwähnt. Die Arnstädter Hütte war eine Seigerhütte, in der aus dem Rohkupfer das in ihm enthaltene Silber ebenfalls durch Schmelzen herausgezogen, geseigert wurde, mindestens seit 1520 existierten zwei Hütten, die oberste Hütte unterm Ritterstein und die neue Hütte auf dem Kupferrasen. Das Rohkupfer wurde aus dem mansfeldischen Raum bezogen, Voraussetzung zur Anlage einer Seigerhütte waren Holz und Wasser. Die Entfernung zum mansfeldischen Gebiet und dem holzreichen Thüringen spielte nur eine untergeordnete Rolle, da der Transport von Rohkupfer billiger war, als von Holz. Die Auswertung der Erfindung, die seit der Mitte des 15. Jhs. technisch umgesetzt wurde, erforderte größeres Kapital. Die Geldgeber, Nürnberger Kaufleute, stellten den Hüttenmeistern Kapital zur Verfügung, es bildete sich ein sogenanntes Verlagssystem, bei dem der Kupferhandel (die Kaufleute) Geldgeber waren, die Schuldner verpflichteten sich, dem Verlag ihre gesamte Kupferproduktion gegen einen bestimmten Preis abzuliefern. Der Gedanke in Arnstadt eine Handelsgesellschaft großen Stils zu gründen, ging von dem Juristen und Hüttenmeister Dr. Drachstedt in Eisleben aus. Im Verein mit Nürnberger Kaufleuten gründete er die Gesellschaft des Seigerhandels der Hütte zu Arnstadt (Gesellschaftervertrag von 1502). 1525 wurden 7.500 Zentner und 1527. 10.000 Zentner geseigert, es müßten 11 oder 12 Schmelzöfen, 14 Seigeröfen, 4 Herde, 4 Treibherde und 3 Dörröfen in Gebrauch gewesen sein. Die Hütten verschmutzten die Umwelt und machten die Äcker unbrauchbar (Artikel 21 der Forderungen des Rates im Bauernkrieg), 1536 erfolgte der Zusammenschluß aller Thüringer

Hütten auf Anregung des Arnstädters Christof Fürer senior, transportiert wurde das Kupfer auf den oft genannten Kupferstraßen. Der bedeutendste Transportweg führte von Mansfeld über Querfurt, Karsdorf an der Unstrut in fast durchweg südlicher Richtung nach Rudolstadt und weiter über Saalfeld, Gräfenthal, Koburg nach Nürnberg. Hier wurde viel Kupfer verarbeitet und als Fertigware zu den großen Handelsplätzen befördert. Die nach Arnstadt fahrenden Wagen benutzten die Straße über Buttelstedt, Ollendorf, Kerspleben bis Erfurt, wo Geleit entrichtet wurde, von hier führte die kürzeste Verbindung über Waltersleben, Eischleben, Ichtershausen nach Arnstadt. In der Mitte des 16. Jhs. erfolgte der schnelle Niedergang des mansfeldischen Bergbaus und Hüttenwesens, begleitet von Ausschreitungen und Arbeitsniederlegungen der schlecht bezahlten Bergleute. Es kam zu einem Riesenkonkurs, der die Wirtschaft in Mittel- und Süddeutschland in die Tiefe zog. Die Hütten in Arnstadt waren bis etwa 1560/70 in Betrieb, sie bildeten die ersten frühkapitalistischen Unternehmen, 1927 Straßenbenennung (Am Kupferrasen).
L Müller, Karl: Arnstadts Industrie im 15. und 16. Jahrhundert. In: KS Nov. (1958), S. 18-22 u. Dez. (1958), S. 15-18. *Michael Kirchschlager*

Siechhof: An Stelle des heutigen Forstamtes Arnstadt befand sich im Mittelalter der Siechhof oder das Leprosenhaus, 1412 wird eine Flurlage *hinter den Siechen* genannt. Hier vor dem Erfurter Tor außerhalb der Stadtmauer lag von einer Mauer eingeschlossen, eine Gebäudegruppe mit einer kleinen Kapelle, hier lebten die Siechen (Aussätzige) als →Randgruppe, desweiteren wurden hier zum Tode verurteilte hingerichtet und bestattet. Durch eine Stiftung wohlhabender Bürger wurde im 17. Jh. der Siechhof, ab Mitte des 17. Jhs. auch Lazarett genannt, in ein Altersheim für Arme umgewandelt, unter der Bezeichnung St. Jacob Hospital unterstand das Objekt zuerst dem Stadtrat, seit 1668 hatte auch die geistliche Behörde Mitspracherecht. Fremde, die in der Stadt keinen Einlaß fanden, weil die Tore geschlossen waren, auch Bettler wurden hier für eine Nacht beherbergt, 1719 Neubau des Hospitals, nach Verlegung der im Hospital wohnenden 10-15 Pfründer in das St. Georg Hospital, wurde das

Gebäude 1823 zur →Kaserne für das Fürstlich Schwarzburgische Militär umgebaut, nach Verkauf der Kaserneneinrichtung zog 1855 die Oberförsterei, das heutige Thüringische Forstamt Arnstadt, in das Gebäude ein. Innerhalb der Stadt in der Karl-Marien-Straße lag das dem Hospital St. Georg gehörende Leprosenhaus, Anfang der achtziger Jahre des 19. Jhs. wurde das auch *Sondersiechenhaus* genannte Gebäude abgebrochen und an seiner Stelle ein Wohnhaus, Karl-Marien-Str. 28, errichtet.

L Müller, Karl: Sankt Jakob vor dem Tore. In: DV v. 27. 11. 1952, Nr. 284.   *Ulrich Lappe*

Siemens & Halske AG: 1937 begannen Verhandlungen über die Einrichtung eines Zweigbetriebes der Fa. Siemens & Halske AG, Hauptbetrieb Berlin, in Arnstadt, im Oktober Beschlußfassung, offiziell Hilfe für ein Notstandsgebiet (sehr hohe Arbeitslosigkeit im Raum Arnstadt), bereits geheime strategische Maßnahmen in Vorbereitung des Krieges, Bau von 3 Brücken für die Erschließung des Baugeländes am Bierweg, Baubeginn für das Werk im Januar 1938, gleichzeitig Anlernung von etwa 900 Einwohnern Arnstadts für die zukünftige Produktion, ab 1. 7. 1938 Produktionsbeginn im sogenannten *Wernerwerk*, Fertigung von Rundfunkgeräten, Rundfunkbauelementen (Widerstände, Transformatoren, Lautsprecher usw.) und Kleinfabrikate (Lötkolben, Schweißgeräte. Elektrische Pförtner, Heimfernsprecher).

Laut Geheimschreiben sollten im Kriegsfall 100.000 Satz elektrische Teile für Bombenzünder je Monat und Nachrichtentechnik produziert werden, vor dem Krieg 1.800 Beschäftigte, während des Krieges 3.200, 1944/45 wurden immer mehr Zwangsarbeiter bis zu 75 Stunden pro Woche beschäftigt, vor allem Polen (86) und Russen (440), hauptsächlich Frauen, waren bei notdürftiger Unterkunft in Baracken und karger Verpflegung im *Siemenslager* untergebracht, am 4. 4. 1945, schon vor Übergabe der Stadt Arnstadt an die amerikanischen Truppen, Einstellung der Produktion, vier Wochen später Genehmigung zu Aufräumarbeiten mit 400 Personen, teilweise Zerstörung von Produktionsanlagen durch ehemalige Fremdarbeiter.

Beschluß zur Demontage des Betriebes entsprechend des Potsdamer Abkommens, gleichzeitig aber auch Anordnung der Produktion von 4.500 Radiogeräten, 12. 4. 1945 Tod von sechs Betriebsangehörigen der Fa. Siemens & Halske AG, die in der Siemenssiedlung wohnten. Am Abend dieses Tages kam es zu einem Tumult in dieser Siedlung. Alkoholisierte Fremdarbeiter, Russen und Polen, suchten eine ehemalige brutale Barackenaufseherin und wollten sie zur Rechenschaft ziehen. Mehrere Siedlungsbewohner, Ingenieure des Werkes, versuchten, die Aufgebrachten zu beruhigen, konnten jedoch zum Aufenthalt der gesuchten Person keine Angaben machen. Einer der Russen verschwand, kam kurz darauf mit zwei Soldaten in amerikanischer Uniform zurück. Ohne weitere Befragungen schossen die Soldaten, vier der Deutschen waren sofort tot, zwei schwer und einer leicht verletzt, die Schwerverletzten starben später.

Werte von 2 Mill. RM wurden mit dem Abzug der Amerikaner im Juli 1945 abtransportiert, dazu 53 leitende Angestellte, Ingenieure und Techniker sowie eine Menge technischer Unterlagen, Verhandlungen mit der sowjetischen Besatzungsmacht führten dazu, daß die Demontagearbeiten eingestellt und die Produktion in größerem Umfang wieder aufgenommen wurde, Hauptgrund dafür war die hohe Arbeitslosigkeit, ein weiterer die Entwicklung von Fernsehgeräten in diesem Betrieb, die im Februar 1946 von Tannwald (CSR) durch die sowjetischen Truppen nach Arnstadt verlegt wurde. Nachdem die ersten rund 1.000 Geräte von den 200 Beschäftigten dieser Abteilung produziert waren (geheime Produktion, laut Beschluß der Alliierten war die Beschäftigung mit Fernsehtechnik auf deutschem Gebiet verboten), wurde die Herstellung von Fernsehgeräten ab April 1948 nach Leningrad verlegt.

Zunächst fast ausschließliche Erfüllung von Reparationsaufträgen (mittlere und große Rundfunkgeräte), ein kleines Gerät sollte für den zivilen Bereich produziert werden, verbliebene Materialien der Kriegsproduktion verarbeitete der Betrieb zu Haushaltsgegenständen wie Siebe und Behelfsöfen, auch Teilbetriebe in Großbreitenbach und Stadtilm konnten Produktion wieder aufnehmen, bereits wieder 950 Beschäftigte dann bis 1.500, 1945/46 Anfertigung einer Großlautsprecheranlage für die Stadt Arnstadt, 1945 als „herrenloser Betrieb" bezeichnet, da keinerlei Verbindung mehr zum Stammbetrieb in Berlin bestand, Umbenennung des Werkes in *Siemens-Radio*, 1946 in Sowjetisch-Staatliche-Aktien-Gesellschaft (SAG) *Isolator* Arnstadt, am 1. 10. 1948 wurde der Betrieb von der sowjetischen Regierung an die VVB Radio- und Fernmeldetechnik Leipzig (RFT) übergeben - Betrieb *Siemens-Radio* Stadt Arnstadt, ab 1948 erste Maßnahmen zur Umstellung der Produktion auf Fernmeldetechnik, am 9. 4. 1951 Eintrag in das HR als VEB RFT →Fernmeldewerk Arnstadt.

Q KAA, Bestand Stadt Arnstadt, Sign. 008-25, 008-31, 008-48; ThVZ v. 24. 11. 1945; DV v. 14. 4. 1951; TA v. 27. 1. 1990. *Heidrun Fröhlich*

Soden von, Freiherr *Franz* **Ludwig Karl Julius:** Oberstleutnant, Geschichtsforscher, *12. 8. 1790 Kitzingen, †17. 10. 1869 Vorra b. Nürnberg, Sohn des Obristleutnants Johann Karl August Freiherr von Soden und dessen Ehefrau Sophie Charlotte Marie Anne, geb. von Drechsel auf Deufstetten, sein Taufpate war der als Sozialreformer bekannt gewordene Fürstbischof Franz Ludwig von Erthal, 1804-08 Besuch der Gymnasien in Nürnberg, Ansbach und Würzburg, nach einjährigem Studium der Medizin an der Universität Altdorf, 1811 Eintritt in Fürstlich Schwarzburg-Sonderhäusischen Militärdienst (insgesamt 14 Jahre lang), stand in →Garnison in Sondershausen und Arnstadt, 1812-15 Teilnahme an den Feldzügen nach Rußland, in die Niederlande und nach Frankreich, 1812 Ritter der französischen Ehrenlegion (als erster schwarzburg-sondershäusischer Offizier Aufnahme in den Orden), 1813 Ernennung zum Premierlieutenant, 1815 Beförderung zum Hauptmann und Patent als Fürstlichen Schwarzburgischer Kammerjunker, lebte von 1816-25 in Arnstadt, unternahm 1820 eine Reise in die Schweiz und nach Italien größtenteils zu Fuß, 1823 Kuraufenthalt in Karlsbad, Rückreise über Prag, München und Wien nach Thüringen, verlor am 9. 2. 1825 in einem Duell mit Lieutenant Wilhelm von Posseck in Greußen die linke Hand, die abgehauene Hand ließ Fürst Günther Friedrich Karl II. von Schwarzburg-Sondershausen in Spiritus legen und übergab sie dem Naturalienkabinet in Sondershausen, nach der durch das Duell beendigten Karriere Übersiedlung nach Nürnberg, die fehlende Hand ließ er von einem Mechanikus

durch eine künstliche aus Lindenholz ersetzen, deren Finger mit Gliedern versehen waren, 1828 Eheschließung mit Caroline, geb. von Scheurl, 1835 Reise nach Arnstadt, Verleihung des Majorpatents und des Prädikats Freiherr, 1863 Reise nach Sondershausen, Ernennung zum Oberstlieutenant und Fürstlich Schwarzburgischen Kammerherr, betrieb intensive Archivstudien zur Geschichte der Stadt Nürnberg, hinterließ der Stadt Arnstadt ein Legat von 2.000 Talern zur Unterstützung unbemittelter Studenten aus der Oberherrschaft des Fürstentums Schwarzburg-Sondershausen, insbesondere für Arnstädter Bürgersöhne unter dem Namen *Soden-Stipendium* (1870), 1903 Straßenbenennung (Sodenstraße), Grabstätte auf dem Johannisfriedhof in Nürnberg.

W *Beyträge zur Geschichte des Krieges in den Jahren 1812 und 1813, inbesonders in Bezug des 6ten Regiments der damahligen Fürsten-Division des Rheinbundes* (Arnstadt 1821*), Leben und Schicksale des fürstlich Schwarzburgischen Kammerherrn und Oberstlieutenants Freiherrn Franz von Soden. Von ihm selbst beschrieben und als Manuscript gedruckt* (Nördlingen 1871).

Q Der Deutsche. Sondershäuser Zeitung v. 10. 3. 1870, Nr. 30.

L ADB 34, S. 531f; Freiherr von Ow, Meinrad: Schwarzburg-Sondershausen in den Erinnerungen von Franz Freiherr von Soden. In: Schwarzburg-Sondershausen im 19. Jahrhundert. Aufzeichnungen und Briefe. Weimar 2003 (Veröffentlichungen des Historischen Vereins für Schwarzburg, Gleichen und Hohenlohe in Thüringen Nr. 2). *Andrea Kirchschlager*

Solbad: Bei den Bohrungen nach Steinsalz in der →Saline *Arnshall* stieß man auch auf eine heilbringende Sole, durch August →Rost und C. G. →Schierholz, der seit 1845 Präsident des Komitees der AG und ab 1849 Mitglied des Salinenrates war, wurde angeregt, die Sole für Badezwecke zu nutzen und in Arnstadt ein Solbad einzurichten, Januar 1851 Gründung eines Solbadevereins. Im gleichen Jahr wurden von Apotheker H. →Lucas erste Analysen der Sole in mehreren Versuchsreihen durchgeführt, in denen der Gehalt an Chlorverbindungen, Brom, Eisenoxyden, Jod und schwefelsaurem Kalk nachgewiesen und somit die Eignung für Heilzwecke bestätigt wurde. Schon bald richteten daraufhin mehrere Hausbesitzer in ihren Häusern Badestuben ein, Landkammerrat C. G. Schierholz stellte sein Gartenhaus für die Kurgäste zur Verfügung. Vom Salinenrat wurde dem Solbadeverein vertraglich die Abgabe einer stark gesättigten Sole (Salzgehalt von ca. 25 %) zu einem günstigen Preis zugesichert, ihr Abtransport in die Stadt erfolgte in Fässern. Die Ausstattung der Badestuben betreffend, gab es strenge Vorschriften: *Die Wannen reinlich ... sind entweder von Holz oder von Zink und fassen 180 bis 240 preußische Quatratmeter. Mit einigen Badekabineten sind kleine Warte- und Ankleidezimmer verbunden. In jedem findet man, außer einigen Stühlen, eine Bürste zum Reinigen der Wannen, einen Schellenzug, einen Spiegel, ein Thermometer, einen Soolmesser, einen Waschtisch mit Zubehör, ein Nachtgeschirr und ein reines Handtuch.* Auch die Preise waren geregelt, so kostete ein warmes reines Wasserbad 5 Silbergroschen, ein 1-3 grädiges Solbad 8. Für Zusätze, wie Schwefel oder Fichtennadelextrakt, wurden gesondert Gebühren erhoben, zum Trinken war sie nicht geeignet, da sie viel Brom und Jod enthielt, für Trinkkuren wurde das schwache Salzwasser aus der Riedquelle bei Plaue empfohlen. Zum Erfolg des Solbades trugen, neben den Mitgliedern des Solbadevereins, vor allem die Ärzte Dr. →Niebergall, Dr. Hartmann und Dr. →Oßwald bei, die selbst in ihren Wohnhäusern Bademöglichkeiten schufen. In den 50er Jahren des 19. Jhs. Drängen des Solbadevereins auf eine Erweiterung des Bade- und Kurbetriebes u. Forderung nach einem Bade- und einem Kurhaus, aus Geldmangel konnte der Bau jedoch nicht begonnen werden, auch seitens der Fürstlichen Regierung gab es keinerlei Unterstützung, so daß der Kurbetrieb durch private Badeeinrichtungen aufrecht erhalten werden mußte (1859 Eröffnung des Badehauses von Friedrich Henneberg). Schwierigkeiten hatte bis dahin auch das Bemühen um einen Kursaal bereitet, schließlich kam aber 1859 ein Vertrag des Solbadevereins mit der Harmoniegesellschaft zustande, Verhandlungen auch mit der Concordiagesellschaft, um deren Gesellschaftsräume und den Garten den Kurgästen zur Verfügung zu stellen. Neben den kleinen und größeren Badestuben gab es schon Freibäder, für deren Bau und Betrieb, sich ebenfalls der Solbadeverein einsetze, ein Damenbad an der Lohmühle, Herrenbäder an der Lohmühle und an der Pollmannschen Ölmühle. Trotz allem Enga-

gements des Solbadevereins und beste äußere Voraussetzungen zur Entwicklung zu einer Kurstadt, fehlte das Interesse der Stadtbewohner und die Unterstützung der Gemeinde, um die Entwicklung voranzutreiben. Den Kurgästen fehlte es oft an ansprechenden Unterkünften, einer abwechslungsreichen Unterhaltung und einem lockenden Warenangebot in den Geschäften, betroffene Kurgäste rieten mitunter von einem Besuch des Solbades Arnstadt ab, zudem wurde deutlich, daß der Erfolg des Kurbades mit dem Ableben der engagierten Badeärzte stark nachließ. In den 90er Jahren des 19. Jhs. kam der Badebetrieb durch das Versiegen der Solequellen endgültig zum Erliegen.

L Dittrich, Janny: Der Salinenverein und das Solbad Arnstadt 1845-1890. In: AVAU 11 (2001), S. 67-78.
Roland Scholze

Sorge, *Ernst* **Friedrich Wilhelm:** Geograph, Alpinist, Polarforscher, *25. 2. 1899 Vieselbach, †28. 4. 1946 Arnstadt, Besuch des Realgymnasiums Berlin-Schmargendorf bis 1917, 1917/18 Kriegsteilnehmer, 1919-23 Studium der Mathematik, Physik u. Philosophie in Berlin, 1925 Verlust des rechten Auges nach Skiunfall, bis 1926 Studium der Erdkunde in Berlin, 1927 Ernennung zum Studienrat und erste Forschungsreise nach Island (Askja-Vulkan), 1929 Promotion zum Dr. phil. bei Prof. Dr. Albrecht Penck (Diss. *Die Trockengrenze Südamerikas*), weitere Expeditionen nach Grönland (1929 u. 1930/31 mit Alfred Wegener, 1932 wiss. Beirat der Deutschen Universal-Dr.-Fanck-Filmexpedition unter Beteiligung von Ernst Udet u. Leni Riefenstahl), 1930/31 Überwinterung in der bis 20 m tiefen Firnhöhle *Eismitte* gemeinsam mit Fritz Loewe u. Johannes Georgi, dabei erste seismische Eisdickenmessungen, Gletscher-Forschungen u. am 12. 5. 1931 die Bergung des tödlich verunglückten Expeditionsleiters Alfred Wegener, 1932 Messungen am Umiamako- u. Rink-Gletscher, Filmaufnahmen kalbender Gletscher, Auslotung des Kangerdluk-Fjords vom Faltboot aus u. Kartierung der Hochgebirgsumrandung Westgrönlands bis 2.000 m Höhe, 1935 privat finanzierte Expedition zusammen mit seiner Frau Gerda Elisabeth, geb. Ulke (Heirat 1930 in Berlin) u. dem Alpinisten Oskar Lutz nach Spitzbergen, über die Ergebnisse der Expeditionen Veröffentlichung zahlreicher Bücher u. Unterrichtsfilme sowie Vorträge u. a. in Berlin, London, Edinburgh, Kopenhagen, Oslo, Lund, Stockholm, Prag, Warschau u. 1946 auch in den *Merkur-Licht-spielen* Arnstadt (Gerda Sorge hielt 1952 mehrere Vorträge über Grönland u. Spitzbergen im Auftrag des Kulturbundes), Mitglied der Geographischen Vereinigungen in Berlin u. Dresden sowie korr. Mitglied der Königlichen Dänischen Geographischen Gesellschaft, Lehrer am Mädchengymnasium Berlin-Lichtenberg, ab 1940 Oberstudienrat, 1939-45 Kriegsdienst, Entlassung aus britischer Kriegsgefangenschaft am 6. 8. 1945, Übersiedlung zu seiner Familie (4 Kinder) zuerst nach Langewiesen, Frau bis 1943 in Berlin dann Umzug nach Arnstadt, wurde „vorläufig" ab 1. 10. 45 als Studienrat an der Theodor-Neubauer-Schule u. Dozent der VHS Arnstadt angestellt, wegen früherer Mitgliedschaft in NSDAP, NSV u. NSLB aber am 27. 12. 1945 wieder entlassen.

Während seiner Bemühungen um Wiedereinstellung nach kurzer Krankheit am 28. 4. 1946 in Arnstadt verstorben, Witwe Gerda Scholz-Sorge lebt noch heute in Berlin, bleibende Verdienste in der internationalen Gletscher- u. Polarforschung, Nestor der Eisdickenmessung in Grönland, Ausgabe eines Ersttagsbriefes mit Sonderstempel vom 10.-15. 10. 1983 durch die AG Arnstadt des Philatelistenverbandes im Kulturbund der DDR.

W *Glaziologische Untersuchungen in Station Eismitte*. In: Zeitschrift für die Geschichte der Erdkunde. Berlin 1932 (3/4), S. 131-141, *Mit Flugzeug, Faltboot und Filmkamera in den Eisfjorden Grönlands. Ein Bericht über die Universal-Dr.-Franck-Grönlandexpedition*. (Berlin o. J). L Hahne, H. H.: Dr. Ernst Sorge †. In: Polarforschung (II) 16 (1946), S. 120f.   *Gunter Braniek*

Spenlin (Spenlein), Georg: Superintendent, *um 1486 Basel, †6. 3. 1563 Wüllersleben, 1512 Studium in Wittenberg, Augustiner in Memmingen bis 1520, dann Universität Erfurt. Mit Luther seit 1516 als Ordensbruder befreundet, 1529 Pfarrer in Creuzburg, nach *Creuzburger Streit* 1544 Pfarrer an St. Bonifacius und Superintendent in Arnstadt, 1553 Pfarrer in Wüllersleben. Er verstand es nicht, die durch →Mörlin entstandene Unruhe in der Gemeinde zu been-

den, wozu sein eigenes unversöhnliches Wesen beitrug. Streit gab es mit den Freunden Mörlins, vor allem mit dem Rektor Kaspar →Brusch und Magister Jacob Frobenius, 1544 gab Luther Spenlin in einem Brief Ratschläge zur Herstellung des Friedens, Spenlin bemühte sich um das sittliche Leben in der Gemeinde. In einem Schreiben aus dem Jahr 1547 an Graf Günther bittet er um Einschreiten gegen das Übermaß an Essen und Trinken, auch um Errichtung einer staatlichen Schule.

L Thüringer Pfarrerbuch, S. 370; Klette, Johannes: Die Superintendenten Arnstadts. In: Heimatglocken. Arnstadt 3 (1921).   *Hans-Ulrich Orban*

Spielkartenfabrik: Am 15. 9. 1803 kaufte Johann Conrad Wiegel, Fürstlich Schwarzburgscher priviligierter Kartenfabrikant, das Haus Neutorgasse 4, gleich neben dem Neuen Tor und richtete dort eine Spielkartenfabrik ein, 1829 übernahm der Sohn, Johann Gottlieb Wiegel, ebenfalls Schwarzburgisch priviligierter Kartenfabrikant, die Fabrik, bis 1853 bestand die Karten- und Apotheken-Schachteln-Fabrik.

Q KAA, Bestand Stadt Arnstadt, Rechtzettelbuch 1800-28, Sign. 953-03; Adreßbücher Arnstadt 1842-53.   *Ulrich Lappe*

Spittel, Friedrich: Kunst- und Handelsgärtnerei, Samenzucht- u. versand, Karl-Marien-Str. 14 u. Stadtilmer Str., bestand bereits 1870, 1879 vom Großherzog von Mecklenburg zum Hoflieferanten ernannt, am 28. 4. 1880 ins HR eingetragen, auf der großen Blumenausstellung in Hamburg 1881 erste und zweite Preise für Astern-, Georginen- und Gladiolensortimente, 1885 auf der Berliner Gartenbau-Ausstellung trotz großer Konkurrenz ansehnliche Erfolge, auf Sämereien die Große Königlich Preußische Staatsmedaille, auf eine neu gezüchtete Buschbohne eine Silbermedaille, auf Gloxinien und Astern eine Bronzemedaille, 1887 Eröffnung eines Blumengeschäftes in Rankestr. 10, Gärten und Treibhäuser befanden sich an der früheren Marlishäuser Chaussee, jetzt Stadtilmer Str. 37, zwischen beiden Standorten wurde eine Telefonverbindung installiert, 1890 weiterer Blumenladen Am neuen Friedhof, 1895 wurde Friedrich Spittel zum Gartenbaudirektor ernannt, 1896 bei der Gartenbauausstellung zu Dresden weitere Auszeichnungen: große Silbermedaille für Stiefmütter-chen in Töpfen, Silbermedaille für abgeschnittene Stiefmütterchen und Silbermedaille für Kaiser–Levkoyen, im April 1900 Übernahme des Blumenladens Holzmarkt.

1901 käufliche Übernahme der Gärtnerei und Samenhandlung Stadtilmer Straße durch Johannes Freund (1902 mit dem Titel Hoflieferant geehrt) aus Schkölen, Fa. wurde umbenannt in *Fr. Spittel, Nachfolger Johannes Freund*, 1902 wurden Bäume und Sträucher für eine große Parkanlage nach Rußland geliefert, 1905 Eröffnung des Konkursverfahrens über die Fa. und das Privatvermögen von Johannes Freund (hatte sich nach Berlin abgesetzt), Betrieb wurde fortgesetzt unter Leitung des Konkursverwalters Kilian, am 25. 5. 1907 Gründung einer OHG F. u. O. Spittel, welche den bisherigen Betrieb fortsetzte, die von Johannes Freund geführte Fa. wurde am 14. 6. 1907 gelöscht, am 16. 8. 1911 Auflösung der OHG durch Ausscheiden von Friedrich Spittel, Otto Spittel führte den Betrieb allein fort, im Dezember 1919 übernahm Wilhelm Herweg die Gärtnerei und führte diese bis nach dem Krieg fort. Die Gärtnerei am neuen Friedhof und der Blumenladen Poststr. 10 verblieben bei der Fam. Spittel und wurden durch Clara Spittel betrieben. 1904 übernahm Obergärtner Clodwig Göring aus Hochheim bei Erfurt diese beiden Objekte. Im HR wurde am 21. 12. 1904 die neue Fa. *Clara Spittels Nachf. Inhaber Cl. Göring* eingetragen. Einen Namen machte sich Friedrich Spittel auch mit der Neugestaltung der von ihm erworbenen Alexisvilla an der Gera. Mit Um- und Erweiterungsbauten entstand 1893 eine Kuranlage mit modernster Einrichtung, elektrischem Licht, zentraler Heizungsanlage, Aufzug bis in die oberen Stockwerke u. a.
Q KAA, Bestand Stadt Arnstadt, Nr. 157-01-6, ANIB 1878-1919; AA 1930-45.   *Heidrun Fröhlich*

Sportbekleidung: VEB, ehemalige Fa. Hans →Reimer KG wurde am 1. 1. 1972 verstaatlicht; Betriebsleiter war zunächst Hans Reimer, 150 Beschäftigte stellten weiterhin Anoraks und andere Sportjacken her, am 1. 1. 1981 wurden VEB →Modetreff und VEB Sportbekleidung dem VEB Thüringer Kleiderwerke Gotha zugeordnet.
Q DV 1973-82.   *Heidrun Fröhlich*

Stade, Heinrich Bernhard: Musiklehrer, Organist, Kantor, *2. 5. 1816 Ettischleben, †29. 5. 1882 Arnstadt, Vater von Bernhard Wilhelm Stade, Schüler und Nachfolger von Johann Christoph Gottlob →Stade, seit 1837 Lehrer in Arnstadt und Organist an der Neuen Kirche, 1855-76 Gesanglehrer am →Gymnasium, 1859-64 Leiter des Musikvereins, ab 1865 auch Stadtkantor, Fürstlicher Musikdirektor, als berühmter Orgelvirtuose durch Konzertreisen über Arnstadt hinaus bekannt, auch Komponist (Werke sind nicht erhalten). 1860 veröffentlichte er einen Aufruf an Deutschlands Herrscher, Tonkünstler und Kunstverehrer zwecks Rettung der desolaten Orgel in der Neuen Kirche (→Johann-Sebastian-Bach-Kirche). Durch das Spendenergebnis konnten umfangreiche Umbauarbeiten an der Wender-Orgel eingeleitet werden.
L Tittelbach-Helmrich, Wolfgang: Vier Kirchenleute namens Stade aus der Region Arnstadt. In: AVAU 6 (1996), S. 60-72; Friedel, Alwin: Zur Geschichte der Bachpflege in Arnstadt. In: Bach 2000, S. 174f.   *Alwin Friedel*

Stade, Johann Christian Gottlob: Lehrer und Kantor, *13. 7. 1778 Siegelbach, †29. 5. 1865 Arnstadt, ab 1805 Unterstufenlehrer am Lyzeum und an der →Bürgerschule in Arnstadt, 1829 Gründer des Musikvereins, 1833 auch Mitbegründer und Leiter des Gesangvereins Liedertafel. 1830 verfaßte er das Choralbuch zum *Arnstaedter Gesangbuche* von Schwarzburg-Sondershausen für Orgel- und Klavierspieler, das er im Selbstverlag herausgab. 1855 Beendigung des Schuldienstes als Oberlehrer, Stadtkantor 1860-65. Sein Nachfolger in beiden Ämtern, auch als Leiter des Musikvereins, wurde Heinrich Bernhard →Stade.   *Alwin Friedel*

Stadtansichten: Arnstadts früheste Stadtansicht zeigt ein Ölgemälde von Wolf Kelner aus dem Jahre 1579. Das Gemälde, betitelt *Arnstadt und das Schloß der Garten beneben seiner Zugehör darinnen*, zeigt die Ansicht der Stadt von Osten aus der Vogelperspektive.
Am bekanntesten ist die Ansicht der Stadt Arnstadt von Merian. Der Kupferstich, der die Stadt von Norden zeigt, wurde in Matthäus Merians *Topographia Super. Saxoniae* 1650 veröf-

fentlicht. Nach Wolf Kelners Gemälde schuf Pius Rösel von →Rosenhof um 1705 einen Kupferstich, der die Ansicht von Arnstadt um 1580 zeigt. Ein anonymer Holzschnitt zeigt Arnstadt von Süden um 1700. Ein Kupferstich, um 1780 von J. V. F. nach Wendel gestochen, zeigt eine Gesamtansich der Stadt von Norden. Durch Veränderung des schmückenden Beiwerkes ist die Ansicht in fünf Varianten bekannt. In dem Band *Zittauisches Tagebuch* erschien 1796 ein Kupferstich mit der Ansicht Arnstadts von Norden, den ein anonymer Stecher nach dem Vorbild des Merian-Stichs schuf. Zu Beginn der Mitte des 19. Jhs. stieg die Zahl der Arnstadt-Ansichten sprunghaft an. 1828 gab der Verlag von Gustav Kluge ein großes koloriertes Blatt heraus, das mit *Erinnerung an Arnstadt* betitelt ist.

Eine Hauptansicht, die Stadt, wird von vier kleineren Ansichten umgeben, nach der Natur gezeichnet und gestochen von →Rosenburg. In ähnlicher Art erschien um 1840 im Verlag von Chr. Vogelsberger ein großes lithographiertes Blatt *Arnstadt und Umgebung*. Ein Mittelbild, die südöstliche Ansicht von Arnstadt, ist von acht kleineren Ansichten umgeben. Leicht variiert wurde das Blatt auch farbig koloriert. Um 1840 datiert eine Lithographie, auch farbig getönt, von Th. Busch in Zittau, die die Stadt Arnstadt von Süden zeigt. Etwa aus gleicher Zeit stammt eine Lithographie von Ed. Pietzsch aus Dresden. Umgeben von reichlich Baum- und Buschwerk wird die Stadt von Süden dargestellt. Aus den 50er Jahren des 19. Jhs. dürfte eine Lithographie *Arnstadt und Umgebung* stammen. Das von einem anonymen Künstler geschaffene Blatt zeigt im Mittelpunkt die Stadt von Süden gesehen, umgeben von acht kleineren Ansichten, u. a. Fürstenberg, →Eremitage, →Schönbrunn u. →Liebfrauenkirche. Im Verlag G. Lange, Darmstadt, erschien ein Stahlstich mit der Gesamtansich Arnstadts von der →Alteburg, von J. Pozzi/Fr. Hablitscheck um 1880 gestochen. Ein großes dekoratives Blatt mit dem Titel *Soolbad Arnstadt* gezeichnet 1891 von Heinrich →Kranz, erschien in der Lithogr. Kunstanstalt von Julius Klinkhardt in Leipzig.

L Scheidt, Helga: Das Stadtbild Arnstadts um 1700 und die Augustenburg. In: Bach 2000, S. 49-61.

Ulrich Lappe

Stadtarchiv: →Archiv.

Stadtbefestigung: Allgemein wird angenommen, daß mit der Errichtung einer Befestigung schon gegen Ende des 12. Jhs. begonnen wurde. Auf dem ältesten →Stadtsiegel von 1283 wird u. a. eine zinnenbekränzte Stadtmauer mit einem Stadttor dargestellt. Den Verlauf der Mauer bestimmten vier Bauwerke, die unmittelbar in ihrer nächsten Nähe standen: im Nordosten die alte Hersfelder Burg (→Neideck), im Süden die →Jacobskirche, im Westen die →Liebfrauenkirche und im Nordwesten die nicht mehr existierende Nikolauskirche. Der Mauerring mit einer Gesamtlänge von 2.292 m umschloß bei einer Nord-Süd Ausdehnung von ungefähr 550 m und einer Ost-West Ausdehnung von etwa 650 m eine Fläche von knapp 37 Hektar. Durch die Gefahr der Hussiteneinfälle wurde ab 1430 der einfache Mauerring durch Errichtung einer Zwingermauer, die zwischen 3-5 m vor der älteren Stadtmauer lag, verstärkt. In großen Teilen ist die Stadtmauer heute noch im Bereich der Hohen Mauer am Neutor, im →Schloßgarten zwischen Erfurter Straße und Ruine Neideck und an der Längwitzer Mauer (zwischen Kohlenmarkt und Neideckstraße) erhalten. Ihre Höhe dürfte am Neutor etwa 12 m, im Schloßgarten etwa 8 m gewesen sein. Arnstadt zählt zum Typ der sogenannten Viertorstädte. Die aus den vier Himmelrichtungen ankommenden Straßen trafen sich in der Mitte der Stadt, auf dem Markt. Die Toranlagen waren alle nach dem gleichen Prinzip gebaut.

Dem eigentlichen Torturm war ein Zwinger mit begrenzenden Mauern und einem äußeren Tor vorgelagert, der über den Graben vor der Mauer führte. Durch diese Tore führten die Fernstraßen und die nächsten Orte gaben dann dem Tor einen Namen. So wurde das nach Norden führende Tor Erfurter Tor (1369 *Erforter Tor*, abgebrochen 1816) genannt. Nach Osten führte das Längwitzer- oder Lengister Tor (1347 *Langenstein Tor*, 1837 abgebrochen), als Gefängnis dienend auch als Hexenturm bekannt. Für das Riedtor (1369 *Ritertor*), das nach Süden in Richtung Plaue-Ilmenau führt, wird ein sumpfiges, feuchtes Gebiet (Ried) angenommen, das namensgebend gewesen sein könnte. In Richtung Westen führte das Wachsenburger Tor (1350

Wassinburger Tor, 1816 abgebrochen). Das Neutor (1418 *vor dem nuwen thore*), in die bestehende Stadtmauer eingefügt, wurde erforderlich, als ein neuer Fernweg der über die →Alteburg in Richtung Thüringer Wald führte, zu Anfang des 15. Jhs. eröffnet wurde. Zu den Toren gab es noch 6 Mauertürme, von denen sich fast unverändert der Pulverturm an der Jakobsgasse, der Spittelturm an der Mauer im Schloßgarten und der als Wohnhaus umgebaute Turm an der kleinen Rosengasse erhalten haben. Von den Halbschalentürmen der Zwingermauer blieb einer an der Längwitzer Mauer erhalten. Auch der in späterer Zeit als Wohnturm umgebaute sogenannten Weberturm an der Hohen Mauer war ein Halbschalenturm der Zwingermauer. Zwischen der →Brunnenkunst und dem ehemaligen Wachsenburger Tor lag die sog. Pforte, ein Mauertor ohne weitere Verstärkung. Zu Beginn des 19. Jhs. wurden im Zuge der Stadterweiterung Stadtmauern und Tore abgerissen und die Gräben zugeschüttet.

L Lappe, Ulrich: Die Arnstädter Stadtmauer. In: AVAU 12 (2002), S. 7-12.   *Ulrich Lappe*

Stadtkernforschung: Aus archäologischen Untersuchungen im Gelände der Ruine →Neideck liegen nur wenige frühmittelalterliche Gefäßscherben des 7.-10. Jh. vor, die bisher Einzigen aus dem gesamten Stadtgebiet. Von Bedeutung sind neben Mauerresten des Renaissanceschlosses und seiner Vorgänger im Untergrund, Keramik des 13.-15. Jhs. und eine Kloake mit den Hinterlassenschaften der Schloßbewohner zur Sachkultur der Renaissance und frühen Neuzeit. Ein Schnitt zum Fundament des Schloßturmes erbrachte Funde, die aber nicht vor dem 13. Jh. liegen. Beobachtungen von Aufschlüssen im Umfeld Prinzenhof-Papiermühle-Liebfrauenkirche erbrachten wenige archäologische Funde, die sicher erst ab dem Ende des 12. Jhs. datieren. Dagegen fanden sich Reste vorromanischer Bauten im Inneren der →Liebfrauenkirche. Bei Untersuchungen und Beobachtungen der Baugruben im Hanggebiet zwischen →Rathaus und An der Weiße wurden neben Kellerverfüllungen, Kloaken- und Brunnenresten in der Mehrzahl nur Einzelfunde geborgen, bedeutend ist hier ein Brunnen mit Glas- und Keramikfunden des 13./14. Jhs. Bei den großflächigen Schachtungen

zur Neubebauung Klausstraße/Karl-Marien-Straße wurden u. a. ein langovaler Backofen mit reichem Scherbenmaterial des 13./14. Jhs. u. Reste von Brunnen und Abfallgruben mit Töpfereiabfall des 17. Jhs. geborgen. Von Bedeutung war das Aufdecken eines bisher unbekannten mittelalterlichen Bestattungsplatzes, des Friedhofs zur →Nikolauskapelle an der Ecke Klausstraße/Karl-Marien-Straße. Weder der im Jahre 704 erwähnte Hof über der Weiße noch das hier angenommene Dorf Arnstadt im Gebiet zwischen ehemaliger nördlicher Stadtmauer und dem Rathaus konnten archäologisch nachgewiesen werden. Auf der Kieterasse hinter der Bachkirche ließ sich eine Besiedlung in der Laténe-Zeit (500 v. u. Z.-Zeitenwende), eine zweite Besiedlung erst ab dem 13. Jh. nachweisen.

L Lappe, Ulrich: Stadtkernforschung in Arnstadt. In: BHSKA 10 (1988), S. 28-38; ders.: Archäologische Untersuchungen in der Liebfrauenkirche in Arnstadt. In: Mosaiksteine IV (1981), S. 151-153.

Ulrich Lappe

Stadtmodell Arnstadt um 1740: Befindet sich im →Gärtnerhaus im →Schloßgarten und entstand 1998-2001 auf Initiative des →Vereins Schloßruine Neideck zu Arnstadt e. V. nach einer Idee des Vorsitzenden Heinz Walther. Gibt ein getreues Abbild der Stadt innerhalb des mittelalterlichen Stadtmauerringes. Neben öffentlichen Gebäuden, wie →Rathaus, Stadttoren oder Kirchen, sieht man 732 Wohnhäuser mit 816 Nebengebäuden, gefertigt aus dem Kunststoff Simocel, auf einer 4, 30 m x 3, 20 m großen Grundplatte. Die Zeit um 1740 wurde gewählt, um beide Schlösser darzustellen. Schloß →Neideck, die Alte Residenz, existierte noch und das →Neue Palais, heute die weltberühmte, zwischen 1697-1751 entstandene Puppenstadt →Mon plaisir beherbergend, hatte man 1738 eingeweiht. Vermittelt *Mon plaisir* sehr lebendig das Treiben in einer kleinen Residenzstadt in der ersten Hälfte des 18. Jhs., so erhält man am Stadtmodell einen ebensolchen Eindruck vom Aussehen Arnstadts in jener Zeit. Das Ergebnis der thermofotografischen Dokumentation zahlreicher Gebäude fand seinen Niederschlag in der farblichen Gestaltung des Modells. Arnstadt war in der Übergangszeit zwischen Spätbarock und Rokokko eine Fachwerkstadt.

L Hartmann, Joachim / Stahl, Ernst: Bau eines Modells der Stadt Arnstadt innerhalb der Grenzen der Stadtmauer um 1740. In: Arnstadt von 1989 bis 1999. Hg. Elbracht, Dieter. Duisburg 1999, S. 248-251; Unger, Peter: Stadtmodell „Arnstadt um 1740" im Gärtnerhaus im Arnstädter Schloßgarten. Arnstadt 2001. *Peter Unger*

Stadtmusik: Nach Rückgang der Stadtpfeiferzunft im 18. Jh. (→Stadtpfeifer) 1769 Gründung eines *Collegium musicum*, auch Musikalische Gesellschaft genannt, durch Arnstädter Musikliebhaber, 1792 wieder aufgelöst. Noch für Anfang und Mitte des 19. Jhs. ist für Arnstadt das Wirken eines Stadtmusikus bezeugt, für die 2. Hälfte des 19. Jhs. das Bestehen eines Stadtorchesters unter Leitung eines Musikdirektors, Neugründung der Stadtkapelle 1919 als städtisch subventionierte Teilungskapelle mit zunächst nur 10 Musikern, 1931 nach Wegfall der Subvention Auflösung der Kapelle, 1932 Spielgemeinschaft Arnstädter Berufsmusiker, in der NS-Zeit Umwandlung in eine Marschkapelle (Standartenkapelle 371 Arnstadt), nach dem Kriegsausbruch wiederum Auflösung, Neugründung 1948 als Städtisches Orchester Arnstadt und Umbildung in das Stadt- und Kreistheater-Orchester mit 32 Musikern, nach Liquidierung des Arnstädter →Theaters subventioniertes Stadt- und Kreisorchester, 1951 →Kreiskulturorchester mit fester Besoldung, 1963 endgültige Auflösung.
L Rogge, Heinz: Von der Teilungskapelle zum Kreis-Kultur-Orchester. In: AKB Mai (1955), S. 19-21. *Alwin Friedel*

Stadtname: Arnestati (704), Armistadi (726), Arnestat (954), Arnstete (1208), Arnisthede (1266), Arnstete (1306), Arnstede (1423), Arnstat (1443), Arnstadt (1478), Arnstete (1493). Die Ableitung des Stadtnamens erfolgt unterschiedlich: 1. Bezeichnung als Siedlungsstätte eines Arn (Personenname), 2. Adlerstadt (Arn-althochdeutsch Aar/Adler), seit dem 13. Jh. Verwendung des Adlers im →Stadtwappen.
L Fischer, Rudolf: Ortsnamen der Kreise Arnstadt und Ilmenau. Halle 1956, S. 15f. *Andrea Kirchschlager*

Stadtpfeifer: Im 17. Jh. gelangte das Stadtpfeifertum zu hoher Blüte. Die Stadtpfeifer hatten sich in Ratsmusikkompanien im Dienst der Städte zusammengeschlossen, sie spielten auf bei städtischen Feiern, Ratsempfängen und bürgerlichen Festen, bestritten auch die Musik in den umliegenden Dörfern und wirkten bei Kirchenmusiken mit, bildeten Lehrlinge aus und hielten Gesellen, so in Arnstadt Caspar Bach, Christoph Bach, dessen Sohn Johann Christoph Bach und Jacobus →Weise. Erst im 18. Jh. ging ihr Gewerbe zurück, u. a. durch den Einfluß der Liebhaberkonzerte und den neuen Instrumentalstil. *Alwin Friedel*

Stadtrecht: Seit dem 13. Jh. tritt uns Arnstadt in der urkundlichen Überlieferung als Stadtgemeinde (*oppidum*) entgegen. Die Stadt, in der Herrschaft der Abtei Hersfeld und in der Grafschaft →Käfernburg gelegen, erhielt in einer Bewidmungsurkunde vom 21. 4. 1266 ihr Stadtrechtsprivilegium von der Abtei Hersfeld. Vermutlich wurden Arnstadt auch gewisse Statuarrechte verliehen. Konkret genannte Rechte werden den nicht genannt. Das sehr gut erhaltene Original befindet sich im Thüringischen Staatsarchiv Rudolstadt. Das Pergamentblatt hat eine Größe von 25 x 28 cm. Die beiden an grün-rot-weißen Schnüren anhängenden spitzovalen braunen Siegel, des Abtes Heinrich und des Klosters Hersfeld, sind ebenfalls sehr gut erhalten. Die Rückseite der Urkunde trägt die Aufschrift: *wie etwa der abtt zu Hirsfeld der Stadt Arnstat iura confirmirt.* Das Stadtrecht umfaßt die Summe der innerhalb einer Stadt geltenden Rechtsnormen, sowie der rechtlichen Beziehungen zwischen Bürgern und dem Stadtherrn. Erste Statuarrechte, die durchgehend Gewohnheitsrecht beinhalten, stammen von 1415. Umfassendes Stadtrecht (Statuten) von 1543.
Q KAA, Bestand Stadt Arnstadt, Stadtstatuten von 1543, Sign. 299; ThStAR, A. C. Nr. 8.
L Michelsen, S. 1-100. *Michael Kirchschlager*

Stadtschreiber: Die mit dem Umfang der Regierungs- und Verwaltungstätigkeit des Stadtrates wachsenden Schreibarbeiten führten im Spätmittelalter ständige vereidigte Rats-oder Stadtschreiber aus. Teilweise bis ins 15. Jh. waren diese bepfründete Geistliche, wie der erste urkundlich belegte Stadtschreiber von Arnstadt *Albrecht unse scribere, pherherre zu Blankinburg* (1322) oder der Priester Johann von Jena, der ca. 1411-60

Stadtschreiber (*notarius civitatis*) war. Das Stadt-schreiberamt wurde seit dem 13. Jh. für den Aus-bau der Schreibstube (Kanzlei) zur zentralen Insti-tution, in der Kanzlei wurden die Ratsbeschlüsse und alles was dem Rat der Aufzeichnung notwen-dig und würdig erschien, in dafür bestimmten spe-ziellen Büchern registriert. Der Stadtschreiber be-saß eine Vertrauensstellung, er prägte den Geschäfts-stil der Ratskorrespondenz und das Registratur- und Bücherwesen. Das Stadtschreiberamt gehörte zu den am besten bezahlten Dienstämtern. Da einige die Rechte studiert hatten, waren sie oft gleichzeitig Gerichtsschreiber, Syndikus, auch Rechtsberater der Stadt. Langjährige Stadt-schreiber in Arnstadt waren u. a. 1567-81 Caspar Baumgartt, 1584-1604 Georg Sidelman, 1614-38 Quirinus Heßling, 1641-85 Johannes Wede-mann, 1686-1712 Georg Christoph Melchior de Zuanna, 1712-23 Johann Christoph Völcker, 1730-46 Thomas Friedrich Eberwein, 1746-85 Günther Georg Treiber (Bruder von Johann Wil-helm →Treiber).

Q UB Arnstadt, Nr. 87, S. 52.

L Bühring, Johannes: Das Stadtrechnungsbuch Johanns von Jena (1440-1460) und sein Quellenwert. In: Alt-Arnstadt 3 (1906), S. 37-42; Isenmann, S.143f.

Andrea Kirchschlager

Stadtsiegel: Das älteste Stadtsiegel *(sigillum)* vom 6. 6. 1283 (Vertrag Graf Günthers VIII. von →Käfernburg und der Stadt Arnstadt mit Erfurt) zeigt zwischen zwei hohen dreispitzigen gotischen Türmen über einem Stadttor den ein-köpfigen Arnstädter Adler. Jeder Turm ist flan-kiert von zwei niedrigen Türmen, je einem am Stadttor und einem am Siegelrand, auch die Stadtmauer ist gegliedert und der leere Raum zu den Seiten des Adlerkopfes mit je einem Stern über dem Flügel ausgefüllt. Die Umschrift lautet: SIGILLVM ARINSTETENSIS. Das Siegel hatte einen Durchmesser von 7 cm und war bis zum großen Stadtbrand 1581 in Ge-brauch. Ab 1386 gab es daneben ein kleineres Stadtsiegel (Durchmesser 4,7 cm). Ein Geistli-cher im bischöflichen Ornat sitzt zwischen zwei Türmen, in der Rechten hält er einen Krumm-stab, in der linken Hand ein aufgeschlagenes Buch. Mit großer Wahrscheinlichkeit war der hl. Boni-fatius dargestellt. Ab 1475 wurde ein anderes kleines Stadtsiegel (Durchmesser 5 cm) häufig

Stadtsiegel von 1283, Umzeichnung (1701)

verwendet. Ein Bischof thront unter einem Bal-dachin und ein Teppich führt auf Stufen hinauf.

L Bühring, Johannes: Geschichte der Stadt Arnstadt 704-1904, Arnstadt 1904, S. 69f. (3 Abb. nach S. 72)

Hartmut Fuhrmann

Stadtstatuten: Neben dem Stadtrecht (1266) erste vom Landes- und Stadtherrn (von Schwarz-burg) gegebene und bestätigte Privilegien, Geset-ze und Ordnungen wahrscheinlich von 1415 (→Jovius). Insgesamt haben sich zwei Statuten aus dem 15. Jh. (Michelsen) erhalten. Sie enthal-ten vornehmlich Artikel zum Gewohnheitsrecht. Umfassende Stadtrechte in den Statuten von 1543, die im 19. Jh. noch Rechtsgültigkeit besa-ßen. Das Original befindet sich im Stadt- und Kreisarchiv Arnstadt. 40 Pergamentblätter in Folio (mit Schluß des Umschlages), die Statuten selbst bestehen aus 38 Blättern, deren letztes nicht beschrieben ist, durchheftet mit rotem Band an dem das Siegel Graf Günthers II. hängt (Unterschrift zum Teil ausgebrochen) aus rotem Wachs in einer blechernen Kapsel. Die Stadt-rechte von 1543 enthalten 168 Artikel. Der erste und bei weitem größte Teil enthält strafrechtli-che, polizeirechtliche und auf die Verfassung und Verwaltung des städtischen Gemeinwesens be-zügliche Satzungen (Mord, Totschlag, blutrüns-tig Schlagen/Blutrunst, Wegelagerung, Zeterge-schrei ohne Ursache, Diebstahl, Auflauf in der Stadt, Klagen, Handwerksordnungen, Gewichte, Märkte, Weinschenken, Mälzen, Spielverbot, Gesellschaftsgründungsverbot, Häuserordnung, Straßenreinigung, Schuldgefängnis, Verkündi-gung des neuen Rates, Vorlesung der Statuten, Einsetzung der Pfarrer, Schulmeister und Kirch-ner). In einigen Artikeln kommt die sogenannte

Steinbuße als Strafe vor. Sie beinhaltet die Lieferung einer gewissen Zahl Fuder Steine (zwischen 2-60 Fuder) z. B. in Art. 54 *Item wer mutwilliglich oder frehventlich marckstaine auszreist, umbhackt oder ausehret, es geschee bei tage oder nacht, und so er desselben überkomen, der sol dem rathe sechtzig fuder steine zue busz* (zur Buße) geben. Die Steine wurden z. B. für die Reparatur der Stadtmauer verwendet. Der frühere Vogt und Schultheiß kommt als Amtmann und Richter noch darin vor. Die Zivilgerichtsbarkeit ging auf den Stadtrat über. Der zweite Teil wird von landesherrlichen Verordnungen gebildet (kein autonomischer Charakter der Statuten mehr). Er beginnt mit Art. 162, der Zwieträchtigkeiten im Stadtrat betrifft, sowie Art. 163, der dem →Rat alle seine Freiheiten, Gerechtigkeiten und Herkömmlichkeiten bestätigt (erstmals wieder nach dem Bauernkrieg). Darauf folgen in Art. 164 und 165 zwei in das →Stadtrecht aufgenommene landesherrliche Verordnungen, die sich auf das Eherecht beziehen. Art. 166 regelt die Erbfälle (sehr wichtiges Landesgesetz). Hierauf folgt der 3. Teil mit Art. 167 (umfangreiches Prozessrecht), das die Bestimmungen von den Gerichtsverläufen umfaßt. Der letzte Artikel (168) enthält den Vorbehalt künftiger Änderung und Verbesserung der Statuten. Die Initiative dazu wird dem Stadtrat überlassen. Den Schluß bildet die landesherrliche Sanktion der Statuten vom 29. 9. (Michaelis) 1543, mit Wiederholung der Vorschrift, daß die Statuten jährlich einmal der Bürgerschaft öffentlich vorgelesen werden sollen. Die Statuten der Stadt Plaue gehen auf diese Statuten zurück.
Q KAA, Bestand Stadtarchiv, Urkunden, Nr. 299.
L Michelsen, S. 1-100.   *Michael Kirchschlager*

Stadtviertel: Wohl zum Zweck der Geschoßerhebung wurde die Stadt im ältesten Zinsregister von 1412 in vier, nach den Stadttoren benannte

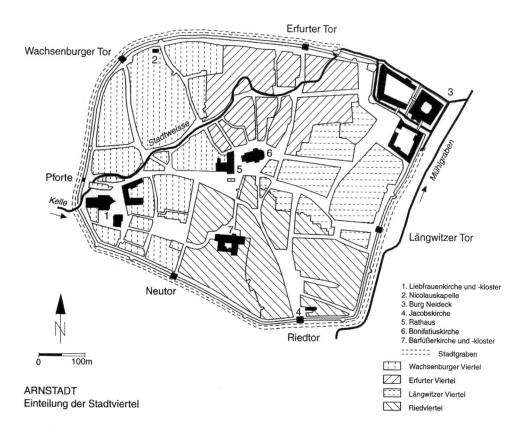

Graphische Darstellung der Stadtviertel aus der Zeit um 1500

Viertel eingeteilt. Diese Einteilung hat sich später in den →Adreßbüchern bis gegen Ende des 19. Jhs. erhalten. Sämtliche Viertel begannen und endeten in der Nähe des →Rathauses und der →Bachkirche. Das Riedviertel (*Quartale carecti*) begann am alten Fleischmarkt, heute Ledermarkt und erstreckte sich in südöstlicher Richtung bis hin zum Riedtor. Dabei schloß es u. a. die →Galerie und Südseite des Marktes ein. Die Mitte der Kohlgasse bis hin zum Neuen Tor war Grenze mit dem Wachsenburger Viertel. Östlich dieser Grenze bilden Pfarrhof und Marktstraße, das Ried mit angrenzenden Straßen und Gassen, Rankestraße und Fleischgasse bis zum ehemaligen Schieferhof am Ende der Fleischgasse das Riedviertel. An der Einmündung Rankestraße-Holzmarkt und Fleischmarkt-Kohlenmarkt kommt es zur Berührung mit dem Längwitzer Viertel. Das Längwitzer Viertel (*Quartale Langestegense*) erstreckte sich in östlicher Richtung zum Längwitzer Tor, grenzte an der Bachkirche und Nordwestecke der Zimmerstraße mit dem Erfurter Viertel, schloß Zimmer- und Schloßstraße, Holz- und Kohlenmarkt bis zum Längwitzer Tor ein, und berührte im Schloßbereich am Ende der Ritterstraße wieder das Erfurter Viertel. Das Wachsenburger Viertel (*Quartale Waszinburgense*) begann am Rathaus und schloß das ganze Gebiet westlich des Marktes und des Schulplanes bis zur ehemaligen Stadtmauer ein, dazu kam nordwestlich noch die Rosenstraße und Klausstraße bis hin zum Wachsenburger Tor. Das Erfurter Viertel (*Quartale Erffurdense*) begann hinter dem Rathaus und erstreckte sich die Töpfengasse abwärts bis zur Stadtmauer. In östlicher Richtung schloß es das Gebiet der ehemaligen Gassen zur →Weiße hinter der Neuen Kirche bis zur Ostseite der Erfurter Straße und diese entlang bis zum Erfurter Tor hin ein. Bei der ersten durchgeführten Nummerierung der Häuser 1808 wurden im Riedviertel 170, im Längwitzer Viertel 145, im Erfurter Viertel 134 und im Wachsenburger Viertel 276 also insgesamt 725 Häuser verzeichnet.

L Bühring, Johannes: Geschichte der Stadt Arnstadt. Arnstadt 1904, S. 96f.   *Ulrich Lappe*

Stadtwappen: Der Arnstädter Adler erscheint schon um 1200 auf hersfeldischen Münzen, die in Arnstadt geprägt wurden. Das älteste Stadt-

Stadtwappen am Rathausportal, 1585

siegel vom 6. 1. 1283 zeigt einen Adler zwischen zwei hohen gotischen Türmen über einem Stadttor. In der Fürstenstandsurkunde →Anton Günthers II. von Schwarzburg-Arnstadt ist das Wappen Arnstadts angegeben: Auf gelbem oder goldfarbigem Feld (Schild) ein einfacher schwarzer Adler mit ausgespreizten Füßen, aufgehobenen Flügeln, aufgesperrtem Schnabel und rot vorgeschlagener Zunge. Der schwarze Adler im Wappen von Arnstadt ist eine redende Wappenfigur (Arnstadt-Adlerstadt). Steinerne Wappendarstellungen befinden sich am Hopfenbrunnen in der Erfurter Straße (1573), am →Rathaus (Portal des ehemaligen Ratskellers, jetzt Einwohnermeldestelle/1585), an der Außenseite des Riedtorturmes (1904) und am ehemaligen Lyzeum in der Lindenallee (jetzt Förderschule/1906).

L Ulle, Hartmut: Thüringer Wappenbuch. Erfurt 1994, S. 73.   *Hartmut Fuhrmann*

Stang, Caspar (Kaspar): Kürschnermeister, Landtagsabgeordneter, Landtagspräsident, Kreisdirektor (Landrat), *5. 10. 1871 Niederaula (Krs. Hersfeld), †11. 6. 1937 Arnstadt, Sohn von Caspar Stang, Mützenmacher und Elisabeth, geb. Eigendrodt. Volksschule, Kürschnerlehre, Wanderschaft, dabei u. a. Station in Arnstadt, Kürschner, bis 1921 als Kürschnermeister in Arnstadt tätig, 1921-24 Kreisdirektor (Landrat) in Arnstadt, bis 1933 im Wartestand, dann aus dem thüringischen Staatsdienst entlassen, Privatmann in Arnstadt. 1918/19 Mitglied des Arbeiter- und Soldatenrats in Arnstadt, Mitglied des Stadtrats von Arnstadt (SPD), zeitweise (1932) dessen Vorsitzender, 1919-20 stellvertretendes Mitglied des Volksrats von Thüringen als Abgeordneter des Freistaats Schwarzburg-Sondershausen (USPD),

1919-23 Mitglied des Schwarzburg-Sondershäuser Landtags bzw. der Gebietsvertretung Sondershausen (USPD), 1919-23 (letzter) Landtagspräsident bzw. Präsident der Gebietsvertretung. 1897 in Arnstadt Heirat mit Frieda Marie Alma, geb. Henning (1874-1954), Handschuhmacherin.
L Lengemann, S. 131, 234-137, 248f. (Porträt).

Jochen Lengemann

Stanzmesserfabrik: VEB, Friedrichstr. 4, ehemals Hugo →Barth, Schuhleisten- und Stanzmesserfabrik Arnstadt, Produktionsaufnahme schon kurz nach dem Krieg am 22. 5. 1945 mit 8 Beschäftigten, landeseigener Betrieb, Herstellung von rund 5.000 Paar Holzsohlen und etwa 1.000 Schuhleisten monatlich, VEB am 1. 12. 1952 gegründet,
1949-52 zur VVB Holz Halle gehörig als Werk II der Thüringer Schuhleisten- und Stanzmesserfabrik Möbiusburg, 1964 zur VVB Schuhe Weißenfels, mit der Herstellung von Stanzmessern zum Stanzen fast aller Teile für Schuhe, wichtiger Zulieferbetrieb für die Schuh- und Lederindustrie, Schuhmaschinennadel-Produktion nach 1957 in das Nadelwerk Ichtershausen ausgelagert, 1946 bereits 38, um 1960 bis zu 80 Beschäftigte, Zusammenschluß mit dem VEB →Schuhmaschinenbau zum VEB →Metallbau.
Q KAA, Bestand Stadt Arnstadt, Sign. 157-01-6, 008-24.

Heidrun Fröhlich

Stapelfaserfabrik: Die erste Stapelfaserfabrik für Volksbekleidung AG in Eisenach mietete 1919 sämtliche Räume der früheren Schlauchfabrik in der Stadtilmer Str. 39, um darin eine Spinnerei mit Weberei usw. einzurichten, Umstellung der Produktion auf kunstseidenartige Gespinste führte per Beschluß vom 30. 4. 1921 zur Umbenennung in Viskose AG Eisenach, Sitz der Gesellschaft 1922 von Eisenach nach Arnstadt verlegt, finanzielle Probleme führten fast zur Stilllegung des Betriebes, über 100 Arbeitsplätze waren bedroht, Jahresabschluß 1926 mit Verlusten, zahlreiche Aufträge sorgten wieder für Aufschwung. Herstellung von Kunstseide unterlag starker Konkurrenz und wurde aufgegeben, Fabrikation künstlichen Roßhaares bereits ab 1928, bis 1930 gute Auftragslage, dann starker Rückgang an Aufträgen, führte letztendlich zur Stilllegung und Entlassung aller Arbeiter, es folg-

ten das Konkursverfahren (1931), eine erste gerichtliche Versteigerung der Grundstücke und Gebäude der Viskose AG (1932) und am 31. 10. 1940 die Löschung der Fa. im HR. Gebäude der ehemaligen Viskose AG wurden ab 1934 als Luftschutzschule genutzt, 1936 begann dort die Fa. →Daimon Schmidt & Co. mit der Produktion.
Q ANIB 1919-22; AA 1922-40. *Heidrun Fröhlich*

Stegner, Hermann: Stahl- und Maschinenbau, Aufzugbau, Längwitzer Str. 10, am 1. 10. 1942 Übernahme der Fa. Gebrüder Bernhard und Hermann Zange, beide 1913 zu Hofschlossermeistern ernannt (Schlosserei des Hofschlossermeisters Fritz Zange bestand bereits 1865), Herstellung verschiedener Stahlkonstruktionen, u. a. für Brücken (1960 Brücke am Schwimmbad Arnstadt), 1971 Verlegung des Aufzugbaues und Services durch Klaus Stegner in den Weg zur Fasanerie 4, nach dem Tod Klaus Stegners Fortführung des Geschäftes durch dessen Witwe Hildegard, geb. Bertels, Fa. Stegner Aufzüge, Anlagen und Förderanlagen besteht noch immer unter gleicher Adresse, im Angebot Neubau und Umbau, Service, Behindertenaufzüge aller Art. Nach 1973 Schließung des Betriebes in der Längwitzer Straße, ab 1978 befand sich dort der VEB →Rationalisierungsmittelbau.
Q ANIB v. 3. 10. 1913; AA v. 17. 1. 1926 u. 1. 10. 1942; DV 1960-81. *Heidrun Fröhlich*

Steinkreuze: Innerhalb der städtischen Flur existieren heute noch drei Steinkreuze, die an mittelalterliche Rechtsbräuche erinnern.
1. Steinkreuz Haarhäuser Straße: Hinter dem →Riesenlöffel in Richtung Haarhausen, etwa 80 m nach dem Wegeknick an der Böschung nördlich zum Feld hin steht ein lateinisches Steinkreuz aus Sandstein (Meßtischblatt Arnstadt 5131; H 35 500, R 24 610), Höhe: 110 cm, Breite: 87 cm, Stärke: 25 cm, auf dem Scheitel des nordwestlichen Armes linear eingeritztes, gleichschenkliges Kreuz (7 cm x 7 cm), daneben eine Rille, weitere Rillen auf dem Scheitel des Kopfes, 1575 urkundlich belegt. Über die Entstehung des Kreuzes gibt es mehrere mündliche Überlieferungen (Mord, Unglück).
2. Steinkreuz Alteburg/Schwedenschanze: Unmittelbar südwestlich des Walles der Schwedenschanze, 200 m südöstlich des Fahrweges Arnstadt-Espen-

feld (Meßtischblatt Arnstadt 5131; H 32 440, R 25 360), Höhe: 90 cm, Breite: 90 cm, Stärke: 25 cm. Bis 1972 stand dieses lateinische Steinkreuz aus Kalkstein auf dem Eichfeld an einem Wegekreuz, 400 m westsüdwestlich des ehemaligen Vorwerkes am südlichen Rand des Weges Arnstadt-Bittstädt. Hier am Schaft und ein Seitenarm abgebrochen. Im August 1975 am Vorwerk wieder aufgestellt und Seitenarm angefügt. Der noch im Boden steckende Teil des Schaftes nicht mehr auffindbar. Durch Abriß des Vorwerkes seit 1977 erneute Gefährdung und Umsetzung am 26. 10. 1978 an den jetzigen Standort. Auf dem Eichfeld stand das Kreuz nahe der gleichnamigen Ortswüstung *Eychenveld* (1273), *1618 am Pfennigsberg ufm Eichfeld über den Kreuzern gelegen*. Der Sage nach soll hier ein Schäfer vom Blitz erschlagen worden sein.

3. Steinkreuz Alteburg/oberer Fahrweg nach Espenfeld: In der Nähe der Hochbehälter für die Ohra-Wasserleitung im Schnittpunkt der Gemarkungsgrenzen Arnstadt, Espenfeld und Siegelbach verwittertes Steinkreuz aus Muschelkalk in ursprünglich wohl lateinischer Form (Meßtischblatt Arnstadt 5131; H 31 640, R 24 080), Höhe: 60 cm, Breite: 57 cm, Stärke: 17 cm, Kopf fehlt, Schaft nach unten verbreitert. Bernhardt Anemuller erklärte 1580, das er noch selbst erlebt habe, daß nach begangenem Totschlag ein heute verschwundenes Steinkreuz in der Nähe des →Siechhofes (Bahnhofstr. 21) gesetzt wurde.

Q KAA, Bestand Stadt Arnstadt, Sig. 712-04-3, Flurstreit Arnstadt-Espenfeld-Siegelbach 1580.

L Störzner, Frank: Steinkreuze in Thüringen (Katalog Bezirk Erfurt). Weimar 1984, S. 18; Unger, Peter: Das Steinkreuz an der Haarhäuser Straße. In: AVAU 1 (1991), S. 37.   *Peter Unger*

Stoffdruckerei: VEB, Beteiligung von 95% durch die Fa. Pavel & Co. an der Ed. Wagner KG, seit dem Jahre 1959 verstaatlicht, mit gepachteten Grundmitteln der Fa. Eduard →Wagner KG, Betrieb erfüllte 1946 Reparationsaufträge mit der Lieferung von Bespannstoff für Rundfunkgeräte, im Betrieb wurden 1959 täglich 15.000 m Stoff veredelt, im Jahr 1961 waren es bereits 26.000 m, Produktion von Arbeitshemden-, Nachtwäsche- und Schürzenstoffen, Bettwäsche und Puppenstoffen, 40-50 Mitarbeiter, nur Lohnveredelung, Auftraggeber VEB Nortex Blei-

cherode, VEB Spinnerei und Weberei Ebersbach, Rüdiger & Söhne in Mittweida, Bergner & Geist in Salza, August Herold in Dürrhennersdorf, 1963 wurden täglich ca. 27.500 m² Rohware verarbeitet, 1964 Aufträge mit neuen Designs durch VVB Baumwolle für Konfektionsbetriebe und das Deutsche Modeinstitut, 1967 Neuanlage einer Betriebswasserversorgung, VEB Stoffdruckerei war der einzige Betrieb der DDR, der Stoffe für Arbeitsbekleidung druckte, außerdem Sporthemden, Freizeithemden, für die Puppenindustrie sowie Wirkwaren für Schaumstoffaufleger, rohe Gewebe wurden aus Brasilien, China und Pakistan bezogen, 1977 neue Rotationssiebdruckanlage aus der CSSR in Betrieb, ermöglichte in einem Druckverfahren gleichzeitig acht Farben herzustellen, Fa. wurde 1977 als Betriebsteil dem VEB Cottana Mühlhausen zugeordnet, 1989 waren 180 Mitarbeiter beschäftigt, 1990 Entlassungen und Kurzarbeit bis zur Betriebsschließung.

Q KAA, Bestand Kreistag u. Rat des Kreises Arnstadt, Nr. 400, 592, 685, 689, 951; DV 1946-89.

Heidrun Fröhlich

Straßenbeleuchtung: 1835 aus Anlaß der Vermählung des Erbprinzen Günther Friedrich Karl von Schwarzburg-Sondershausen mit seiner zweiten Gemahlin, der Prinzessin →Mathilde von Hohenlohe-Oehringen, Bildung eines Ausschusses zur Einrichtung einer ständigen Straßenbeleuchtung zur bleibenden Erinnerung an diese Hochzeit, am 29. 5. 1835 Aufruf an die Einwohner zu einer Geldsammlung, auch in Erwägung des vorteilhaften Einflusses, den die Beleuchtung auf die Sittlichkeit, auf die Verhinderung von verbrecherischen Absichten und auf schnelle Hilfeleistung bei entstehendem Unglück mit sich bringt, 440 Taler wurden gesammelt, wovon 23 Öllaternen angeschafft werden konnten. An Stelle des zunächst verwendeten Öles nahm man später Petroleum. Die letzte Petroleumlampe wurde erst 1906 beseitigt, obwohl es bereits seit 1863 66 Gaslaternen in Arnstadt gab. Nach Übernahme des →Gaswerkes durch die Stadt 1894/95 Verbesserungen der Laternen durch neuartiges Auersches Glühlicht (größere Helligkeit bei geringerem Gasverbrauch), 1895 Beschluß zur Umrüstung aller Gaslaternen der Stadt, Arnstadt wurde als eine der ersten Städte

in Deutschland vollständig mit Auer-Gasglühlicht beleuchtet. Obwohl es weiterhin Gaslaternen gab, verdrängte in den nächsten Jahrzehnten die Elektrizität allmählich das Gas für Beleuchtungszwecke, 1895 hatte die Firma →Ley das erste elektrische Licht in Arnstadt erzeugt (Bogenleuchte am 42m hohen Fabrikschornstein der Fa. Wagner in der Fleischgasse). Nach Übernahme des 1896 fertiggestellten →Elektrizitätswerkes durch die Stadt im Jahre 1903 begann die allmähliche Elektrifizierung der Straßenbeleuchtung, 1962 gab es in der Stadt 553 elektrische Leuchten, aber auch noch 87 Gaslaternen, etwa bis 1970 wurden die letzten Gaslaternen entfernt.
L Bielfeld, Harald: Die Verwaltung der Stadt Arnstadt 1891-1925 (6 Bde.). Arnstadt 1895-1925; Fuhrmann, Hartmut: Die Straßenbeleuchtung. In: Stadtwerke Arnstadt GmbH 1895-1995 Geschichte-Daten-Zahlen. Arnstadt 1995.   *Hartmut Fuhrmann*

Straßennamen: Einschließlich Ortsteile Angelhausen-Oberndorf (A/O) und Rudisleben (Ru). Die Ortsteile Dosdorf, Espenfeld und Siegelbach haben keine Straßennamen. Aufgeführt sind historische und aktuelle Straßennamen in alphabetischer Folge sowie Be- (ben.), Um- (umben.) bzw. Rückbenennungen (rückben.) sowie Erwähnungen (erw.) in Klammern, waren nicht in jedem Fall zu ermitteln. Namensgeber der Straßen waren überwiegend →Flur-, Gewerbe-, Orts- und Persönlichkeitnamen, wie →Ehrenbürger, Wohltäter der Stadt sowie topographische Gegebenheiten u. a. Neben den ältesten, spätmittelalterlichen Erwähnungen gab es zahlreiche Um- und Rückbenennungen von Straßen, die Zeugen ihrer Zeit sind. Neue Straßennamen mit Bezug auf den Krieg 1870/71 ehrten besonders Kaiserreich und Militarismus, während der NS-Zeit ebenfalls mehrere Umbenennungen, 1945 sowie 1990/91 zahlreiche Um- bzw. Rückbenennungen.
Adolf-Hitler-Allee (23. 3. 1933 Umbenennung angeregt, zur Erinnerung an die Verleihung der Ehrenbürgerschaft, umben. auf Antrag der NSDAP, 1945 rückben. in Lindenallee), *Alexander-→Winckler-Straße* (ben. Dez. 1969), *→Alexisweg* (1891 erw.), *Alfred-Garscha-Platz* (12. 8. 1933 ben., Mai 1945 umben. in Kurhausplatz), *Alfred-→Ley-Straße* (26. 11. 1992 ben.), *Alteburg* (1891 erw., 1884 An der Alteburg), *Alte Feld-*

straße (9. 10. 2001 ben., vorher Feldstraße), *Am alten Gericht* (8. 3. 1921 ben.), *Am Arnsberg* (6. 5. 1963 umben., vorher Dr.-Robert-Koch-Str.), *Am Bahnhof* (1891 erw., 1884 Beim Bahnhofe), *Am Bahnhof* (OT Ru, 5. 9. 2001 umben. in Zur Voigtsmühle), *Am Dornheimer Berg* (22. 8. 1936 ben.), *Am Dornheimer Hölzchen* (OT A/O, 6. 9. 1999 ben.), *Am Friedhof* (1891 erw., Am Neuen Friedhof, bis 1999 Teil der Ilmenauer Straße), *Am Fuchsbau* (OT A/O, 6. 9. 1999 ben.), *Am Fürstenberg* (im 18 Jh. Fürstlicher Berggarten, 1891 erw., 4. 10. 1950 umben. in Goerderdamm, 23. 4. 1990 rückben.), *Am Grabfeld* (1937 erw.), *Am Großen Wehr*, *Am Häckerstieg* (18. 7. 1911 ben., vorher Felsenkellerweg), *Am Himmelreich* (22. 3. 1910 ben.), *Am Kesselbrunn* (Mai 1946 umben., vorher Langemarckstraße), *Am Kreisamt* (4. 10. 1950 umben., vorher Schloßbezirk), *Am Kupferrasen* (14. 6. 1927 ben.), *Am Lützer Feld* (OT Ru, 5. 9. 2001 umben., vorher Teil der Lindenallee), *Am Mispelgütchen* (18. 7. 1911 ben.), *Am Obertunk* (1937 erw.), *Am Pfennigsberg* (25. 3. 1999 ben., vorher Panzerstraße), *Am Plan* (9. 10. 2001 umben., vorher Schulplan), *Am Rabenhold* (1881 erw., vorher Längwitzer Vorstadt), *Am Riesenlöffel (3. 2. 1994 ben.)*, *Am Rößchen* (OT A/O, 7. 9. 1927 ben.), *Am Schalander* (2. 11. 1995 umben., vorher Am Häckerstieg), *Am Sperlingsberg* (1906 erw., vorher Teil An der neuen Kirche), *Am Veitberg*, *Am Vogelsberg* (23. 6. 1964 ben.), *Am Vorwerk* (OT A/O, 7. 9. 1927 ben.), *An den Langen Elsen* (11. 11. 1999 ben.), *An der Bachschleife* (1937 erw.), *An der Baumschule* (1. 11. 1921 ben.), *An der →Brunnenkunst* (1906 ben.), *An der →Eremitage* (1891 erw., 1884 Vor dem Riedthor), *An der Lehmgrube* (31. 1. 1935 ben.), *An der →Liebfrauenkirche* (1414 *circa beate virginis*), *An der →Marienhöhe* (28. 1. 1957 ben.), *An der Neuen Kirche* (1599 *ufm Bonifacius Kirchoff*, bis 1891 Sperlingsberg), *An der Sternwarte* (26. 11. 1998 ben.), *An der Weiße* (1386 *An der Wyssa*), *Angelhäuser Gasse* (21. 1. 1947 umben. in Floraweg), *Angelhäuser Straße* (OT A/O, 13. 9. 1927 umben., vorher Hauptstraße), *A.-Paul →Weber-Straße* (17. 1. 1991 umben., vorher Heinrich-Rau-Straße), *Arskerbe* (1524 *in der arßkerben*, 1632 *in der quürrichgaßen unterm Marckte*= Kleine Johannisgasse), *Arnsbergstraße* (1891 erw., 1884 Vor dem Erfurterthore, am 13. 2. 1900 Teilung in 2 Teile,

Bahnhofszufahrtsweg bis Feldstraße blieb Arnsbergstraße und Feldstraße bis Gothaerstraße in Bärwinkelstraße ben.), *Arnstädter Straße* (OT Ru), *Auf dem Anger* (19. 12. 1916 ben.), *Auf dem Kübelberg, Auf dem Rasen* (OT Ru), *Auf der Setze* (1369 *in der Setze*, 1884 erw.), *August-Bebel-Straße* (Mai 1946 umben., 17. 1. 1991 rückben. in Schloßstraße), *August-→Broemel-Straße* (26. 11. 1992 ben.), *August-→Rost-Straße* (26. 11. 1992 ben.), *Bachs Garten* (9. 10. 2001 ben.), *Badergasse* (1602 *vnder Badergaße*, 1632 *uff der Unterbadergaßen*), *→Bärwinkelstraße* (13. 2. 1900 ben., durch Teilung der Arnsbergstraße), *Bahnhofstraße* (1936-45 Horst-Wessel-Straße, Mai 1945 rückben. in Bahnhofstraße), *→Baumannstraße* (13. 12. 1904 ben.), *→Bechsteinstraße* (1. 10. 1912 ben.), *Beethovenstraße* (1936-45 General-Litzmann-Straße, Sept. 1945 umben.), *Benjamin-→Kiesewetter-Straße* (9. 9. 1927 ben. in Kiesewetterstraße, ab 28. 9. 1927 Benjamin-Kiesewetter-Straße), *Berggartenweg* (7. 4. 1908 ben.), Berggasse (vorher Gräfingasse, 4. 10. 1950 umben.), *Bertolt-Brecht-Straße* (26. 3. 1959 ben.), *→Bielfeldstraße* (1. 4. 1928 umben., vorher Käfernburger Allee), *Bierweg* (19. 12. 1916 ben., schon vorher als Bierweg bezeichnet), *Bismarckstraße* (30. 1. 1901 ben., Sept. 1945 umben. in Karl-Marx-Straße), *Blumenthalstraße* (30. 1. 1901 ben., 1945 umben. in Karl-Liebknecht-Straße), *Bratspießgasse* (1608 *kleinen gäßlein*, 1623 *in der Bratspiesgassen*, bis 1884 Bratspießgasse), *Brauhausstraße* (5. 12. 1996 ben., vorher Am Häckerstieg), *Burggasse* (OT A/O, 7. 9. 1927 ben.), *Clara-Zetkin-Straße* (16. 9. 1960 ben., 17. 1. 1991 umben. in Mühlberger Straße), *Damaschkestraße* (1931 erw.), *Dammweg* (1891 erw.), *Dannheimer Chaussee* (später Gehrener Straße), *Dietrich-Eckart-Straße* (29. 7. 1936 ben., Sept. 1945 umben. in Straße der Demokratie), *Diesterwegstraße* (4. 6. 1964 ben.), *Dornheimer Weg* (OT A/O, 7. 9. 1927 ben.), *Dorotheenthal* (OT A/O), *Dr. Arno-→Bergmann-Straße* (24. 4. 2001 ben.), *Dr.-→Bäseler-Straße* (17. 1. 1991 umben., vorher Werner-Gottfeld-Straße), *Dr.-Bonnet-Weg* (13. 3. 2001 ben.), *Dr.-→Hausmann-Straße* (25. 9. 1997 ben.), *Dr.-→Mager-Straße, Dr.-Robert-Koch-Straße* (9. 9. 1931 ben., vorher Hülsemannstraße), *Dr.-Werner-Straße* (25. 9. 1997 ben.), *Drei-Gleichen-Straße* (17. 1. 1991 umben., vorher Friedrich-Engels-Straße),

Drosselweg, Eichfelder Weg (1884 erw.), *Elxlebener Weg* (1928 erw.), *Emil-Paßburg-Straße* (31. 1. 2001 ben.), *Epinaystraße* (13. 6. 1911 ben., 1945-91 Reichpietschstraße, 1991 umben. in Sondershäuser Straße), *Erfurter Mauer* (seit 1894 Karl-Marien-Straße), *Erfurter Straße* (1412 *Erfforder strase*, 1539 *Am Hohwege ader Erff. strasse*), *Ernst-→Minner-Straße* (31. 1. 2001 ben.), *Ernst-→Schmidt-Straße* (25. 9. 1997 ben.), *Ernst-Thälmann-Straße* (16. 7. 1945 ben., 17. 1. 1991 rückben. in Willibrordstraße), *→Fasanengarten* (1924 erw.), *Feldstraße* (9. 10. 2001 umben. in Alte Feldstraße), *Feldstraße* (OT Ru), Finkenweg (25. 3. 1999 ben.), *Fleischgasse* (1412 *Fleischgasze*), *Floraweg* (21. 1. 1947 ben., vorher Angelhäusergasse), *Franz-Liszt-Straße* (25. 2. 1999 ben.), *Franz-Schubert-Straße* (Sept. 1945 umben., 1911-45 Wörthstraße), *Friedensstraße* (Sept. 1945 umben., 1929-45 Hindenburgstraße, vorher Gartenstraße), *Friedhof* (1474 *uff dem frithofe*, 1551 *aufm friedthoffe*), *Friedhofsallee* (29. 11. 1910, Krappgartenstraße bis Wachsenburgerallee, ab 1929 Turnvater-Jahn-Straße), *Friedhofsgasse* (bis 1998 Friedhof), *Friedrich-Ebert-Platz* (4. 12. 1929 ben., 21. 3. 1933 umben. in Willibrordplatz, 16. 7. 1945 rückben. in Friedrich-Ebert-Platz), *Friedrich-Engels-Straße* (Sept. 1945 umben., 1937-45 Oberst von Edelsheimstraße, 17. 1. 1991 umben. in Drei-Gleichen-Straße), *Friedrich-Fröbel-Straße* (vor 1965 ben.), *Friedrichstraße* (1892 erw., ben. nach Friedrichsmühle), Fuhrmannsweg (1924 erw.), *Gartenstraße* (1891 erw., 4. 12. 1929 umben. in Hindenburgstraße), *Gartenweg, Gehrener Straße* (1891 erw., vorher Dannheimer Chaussee), *General-Litzmann-Straße* (21. 6. 1936 ben., 1945 umben. in Beethovenstraße), *Gerapromenade* (22. 12. 1948 ben., Fußweg), *Gerastraße* (Teil Schumpelbrücke bis Felsenkeller am 14. 6. 1927 ben. in Am Kupferrasen), *Glockengasse* (OT A/O, 13. 9. 1927 umben., vorher Kirchgasse), *Gördelerdamm* (4. 10. 1950 umbenannt, vorher Am Fürstenberg, 1962 umben. in Weg zur Fasanerie), *Goethestraße* (16. 6. 1937 ben.), *Gothaer Straße* (1891 erw.), *Gräfingasse* (1539 *uff der newen gasse*, 1660 *Gräfin gaße*, 4. 10. 1950 umben. in Berggasse), *Güntherstraße* (1891 erw.), *Gustav-Freytag-Straße* (5. 3. 1929 ben.), *Gustloffstraße* (25. 7. 1936 ben., vorher Poststraße, ab 1867 Hinter der Gans, 1945 umben.

in Rankestraße), *Haarhäuser Straße* (bis 1994 Haarhäuser Chaussee), *Hainfeld* (OT A/O, 29. 6. 1926 ben.), *Hammerecke* (1891 erw.), *Haseneck* (OT A/O, 6. 9. 1999 ben.), *Hauptstraße* (OT A/O, 7. 9. 1927 ben., bereits am 13. 9. 1927 umben. in Angelhäuserstraße), *Hauptstraße* (OT Ru), *Heimstättenstraße* (29. 6. 1926 ben., 1937 umben. in Schillerstraße), *Heinrich-Heine-Straße* (24. 4. 1958 ben.), *Heinrich-Rau-Straße* (nach 1965 ben., 17. 1. 1991 umben. in A.-Paul-Weber-Straße), *Hermann-Matern-Straße* (nach 1965 ben., ab 17. 1. 1991 Willibald-Alexis-Straße), *Hersfelder Straße* (17. 5. 1904 ben., anläßlich der 1200-Jahrfeier), *Herzog-→Hedan-Straße* (17. 5. 1904 ben., anläßlich der 1200-Jahrfeier, 4. 10. 1950 kurzzeitig umben. in Lieselotte-Hermann-Straße, bis 1991 Hedanstraße, 17. 1. 1991 rückben. in Herzog-Hedan-Straße), *Hindenburgstraße* (4. 12. 1929 ben., 1945 umben. in Friedensstraße), *Hinter den Gärten* (OT A/O, 8. 1. 2001 ben.), *Hinter der Gans* (28. 6. 1860 umben. in Poststraße), *Hirtengasse* (1884 erw., längs des Lohmühlenweges), *Hohe Bleiche* (1884 erw., Teil 1906 umben. in Marlittstraße), *Hohe Mauer* (1680 *Hohe Mauer*), *Holzmarkt* (1543 *Holzmargt*, 1551 *aufm Holtzmarckte*), *Hopfengrund, Horst-Wessel-Straße* (9. 11. 1936 umben., vorher Bahnhofstraße, 1945 rückben. in Bahnhofstraße), *→Hülsemannstraße* (1898 erw., 6. 5. 1963 Umbenennung in Am Arnsberg, vorher Dr.-Robert-Koch-Straße), *Ichtershäuser Straße* (1891 erw.), Ichtershäuser Straße (OT Ru, 5. 9. 2001 umben. in Ichtershäuser Weg), *Ilmenauer Straße* (17. 1. 1991 umben., vorher Parkweg), *Isaac-Newton-Weg* (26. 11. 1998 ben.), *Jakobsgasse* (1412 *platea st. Jacoby*, 1539 *in der Jacoffsgassen*), *Jan-Sverma-Platz* (4. 10. 1950 umben., vorher Schloßplatz, 17. 1. 1991 rückben. in Schloßplatz), *Johannes-Kepler-Weg* (26. 11. 1998 ben.), *Johannes-König-Straße* (nach 1965 ben., 17. 1. 1991 umben. in Käfernburger Straße), *Johannisgasse* (1632 *Johannisgaße*), *Johann-Sebastian-Bach-Straße* (30. 1. 1901 ben.), *Jonastal* (1891 erw.), *Käfernburger-Allee* (17. 5. 1904 ben., 27. 3. 1928 umben. in Bielfeldstraße), *Käfernburger Straße* (17. 1. 1991 umben., vorher Johannes-König-Straße), *Karl-Liebknecht-Straße* (Sept. 1945 umben., 1901-45 Blumenthalstraße), *Karl-Marien-Straße* (1551 *an der mhauren bey der roten thür*, 1640 *an der mauern beim wachsenburger thore*, Wachsenburger Mauer,

1891 Erfurter Mauer, 28. 8. 1894 umben.), *Karl-Marx-Straße* (Sept. 1945 umben., 1901-45 Bismarckstraße, 17. 1. 1991 umben. in Kasseler Straße), *→Karolinenstraße* (21. 4. 1865 ben., 1891 von Vor dem Riedtor abgetrennt, 1950 kurzzeitig umben. in Mitschurinstraße), *Kasseler Straße* (17. 1. 1991 umben., 1901-45 Bismarckstraße, 1945-91 Karl-Marx-Straße), *Katharinenstraße* (1891 erw.), *Kavilleroiweg* (von der Stadtilmer Straße bis zum →Neuen Friedhof, Kaviller=Abdecker, in der Nähe befand sich die Abdeckerei, 29. 11. 1910 umben. in Parkweg,), *Kickerlingsgasse* (1347 *Kickerlingegasse*), *Kirchgasse* (1412 *vicus ante fratres minores*, 1542 *barfüsser gassen*, 1575 *in der Kirchgassen*), *Kirchgasse* (OT A/O, 7. 9. 1927 ben., bereits am 13. 9. 1927 umben. in Glockengasse), *Kirchheimer Straße* (OT Ru), *Kirschallee* (1904 erw.), *Kitzkäfergasse* (1908 erw., Weg von Hohe Bleiche/Berggartenweg zum Fuhrmannsweg am Kinderheim), *Klausstraße* (1412 *in vico sancti Nicolai*, 1539 *in der clausgassen*), *Kleine Angelhäuser Straße* (OT A/O, 6. 9. 1999 umben., vorher Neue Straße), *Kleine Gehrener Straße* (bis 1999 Teil der Gehrener Straße), *Kleine Johannisgasse* (1632 *Kleine Johannesgaße*), *Kleine Klausgasse* (1780 *in der Clausgasse im kleinen Gäßgen*), *Kleine Marlittstraße* (bis 1999 Teil der Marlittstraße), *Kleine Rosengasse* (1428 *wenigen rosengasse*, 1475 *wenigen Rosingasse*, 1539 *in der clein rosengasse*), *Kleiner Bierweg* (19. 11. 1946 ben., von der *Siemens-Siedlung* zur Gera-Promenade führende kleine Straße und 3. 9. 1948 Benennung der als Gerapromenade bezeichneten Häuser Nr. 3, 25 u. 27), *Kleiner Eichfelder Weg, Kohlenmarkt* (1595 *uf dem Kohlmarckt*, 1620 *Kohlmarkt*), *Kohlgasse* (1333 *Colgasse*), *Krahl-Alembik-Weg* (31. 1. 2001 ben.), *Krappgartenstraße* (1871 erw., vorher Krappgarten, 1884 Krappgarten-Allee), *Kurhausplatz* (1933-45 Alfred-Garscha-Platz, Mai 1945 umben.), *Lange Gasse* (1891 erw.), *Langemarckstraße* (23. 9. 1937 ben., Sept. 1945 kurzzeitig umben. in August-Bebel-Straße, Mai 1946 umben. in Am Kesselbrunnen), *Längwitzer Mauer* (1414 *ante faluam lengister*, 1546 *an der mauren*, 1648 *an der Lengwitzer Mauer*), *Längwitzer Straße* (1546 *vor dem Lengster thor*), *Ledermarkt* (1748 *Ledermarkt*), *Ledermarktgasse* (1575 *in der kurtzen gassen gegen dem steinhause*, 1704 *hinter der Galerie*, 1842 erw. *Im Gäßchen*), *Ler-*

chenweg (8. 8. 1996 ben.), *Lessingstraße* (Mai 1945 umben., bis 1938 Uferstraße, 1938-45 Viktor-Lutze-Straße), *Lieselotte-Hermann-Straße* (4. 10. 1950 kurzzeitig benannt, vorher Hedanstraße), *Lindenallee* (1891 erw., vorher Harmonie-Allee, 1933-45 Adolf-Hitler-Allee, Mai 1945 rückben. in Lindenallee), *Lindenallee* (OT Ru, 5. 9. 2001 umben., Teil in Lindenplatz und Am Lützer Feld), *Lindenhof* (OT A/O, 1. 4. 2003 ben.), *Lindenplatz* (OT Ru, 5. 9. 2001, vorher Teil der Lindenallee), *Linsengasse* (1620 *linßengaße*, 1623 *uff der Mittelbader oder Linsengasse* und *uff der Linsen auch Krummen gaße*), Lohmühlenweg (1891 erw.), *Loreleystraße* (29. 11. 1910 ben., verlängerte Sodenstraße, neue Straße zum Fabrikgrundstück von R. Ley an der Ichtershäuser Straße), *Markt* (1347 *marckt*, 1369 *uff deme margte*, bis 21. 8. 1906 Marktplatz), *Marktstraße* (1539 *unter dem berge*, 17. 8. 1861 ben., vom Ried zum Markt führende Straße in Marktstraße, außer Nr. 58-62, welche am Berge blieb und Nr. 53-57, welche das Gäßchen bildete, bis 1891 Unter dem Berge, 21. 8. 1906 ein Teil in Untere Marktstraße umben.), →*Marlittstraße* (26. 2. 1889 umben., vorher Hohe Bleiche, 21. 8. 1906 beim Neutor geteilt in Hohe Bleiche und Marlittstraße, 4. 10. 1950 kurzzeitig umben. in Ricarda-Huch-Straße), *Mitschurinstraße* (4. 10. 1950 kurzzeitig umben., vorher Karolinenstraße), *Mittelgasse* (1575 *Mittelgasse*, 1632 *uffm pfarhoff in der mittelgaßen*), *Moltkestraße* (30. 1. 1901 ben., 1945 umben. in Mozartstraße), *Mozartstraße* (Sept. 1945 umben., 1901-45 Moltkestraße), *Mühlberger Straße* (17. 1. 1991 umben., vorher Clara-Zetkin-Straße), *Mühlweg* (1891 erw.), *Muhmengasse* (1602 *in der Muhmen gaßen*), Nachtigallenweg (OT A/O, 6. 9. 1999 ben.), *Neideckstraße* (14. 1. 1913 ben.), *Neue Gasse* (1582 *Newe gasse am Ried*), *Neue Straße* (OT A/O, 6. 9. 1999 umben. in Kleine Angelhäuser Straße), *Neue Straße* (OT Ru), *Neutorgasse* (1676 *uf der newe thor gaßen*), *Nikolaus-Kopernikus-Weg* (26. 11. 1998 ben.), *Nordstraße* (30. 1. 1900 ben.), *Oberbaurat-*→*Acker-Straße* (19. 11. 1946 umben., vorher Katharinenstraße), *Obere Weiße* (1632 *an der kleinen weißen,* 1891 oberer Teil von An der Weiße abgetrennt), *Oberer Sonnenhang* (25. 1. 1996 ben.), *Obergasse* (1575 *Obergasse*, 1602 *auff dem Pfarhoeff in der Oberngaßen*), Oberst von

Edelsheimstraße (15. 10. 1937 ben., Sept. 1945 umben. in Friedrich-Engels-Straße), *Ohrdrufer Straße* (1891 erw.), *Oststraße* (OT A/O, 6. 9. 1999 ben.), *Otto-Grotewohl-Straße* (nach 1965 ben., 17. 1. 1991 umben. in Prof.-Pabst-Straße), *Otto-Knöpfer-Weg* (17. 5. 1997 ben., Wanderweg vom →Riesenlöffel bis zur Wachsenburg*), Otto-Ludwig-Straße* (9. 9. 1931 ben.), *Parkweg* (29. 11. 1910 ben., nach den Parkanlagen entlang der Gera, vorher Kavilleroiweg, 17. 1. 1991 umben. in Ilmenauer Straße), *Paulinzellaer Straße* (17. 1. 1991 umben., vorher Willy-Zeitsch-Straße), *Pfarrhof* (1704 *am Kirchplan*), *Pfortenstraße* (benannt nach der einst in der Stadtmauer nahe Wachsenburger Tor befindlichen Pforte), *Plan* (1891 umben. in Schulplan), *Platz der Deutsch-Sowjetischen-Freundschaft* (Wohngebiet West, 9. 7. 1992 Benennung aufgehoben), *Platz der Opfer des Faschismus* (29. 3. 1946 ben., Platz vor der →Arnsbergschule), *Plauesche Straße* (1884 erw., bis 1891 Vor dem Riedthor, 21. 8. 1906 ein Teil wieder umben. in Vor dem Riedtor), *Poppesmühle* (OT Ru), *Poststraße* (1640 *Hinder der güldenen Ganß*, 1660 *Hinter der gans*, 1664 *hinder der Güldenen* Ganß, Hinter der Gans, 28. 6. 1860 ben., 1936-45 Gustloffstraße, 1945 umben. in Rankestraße), *Prof.-*→*Frosch-Straße* (17. 1. 1991 umben., vorher Wilhelm-Pieck-Straße), *Prof.-Hugo-*→*Jung-Straße* (26. 11. 1992 ben.), *Prof.-*→*Jorns-Straße* (25. 9. 1997 ben.), *Prof.-*→*Pabst-Straße* (17. 1. 1991 ben., vorher Otto-Grotewohl-Straße), →*Quenselstraße* (21. 8. 1906 ben.), *Querstraße* (29. 11. 1910, Durchbruch von der Stadtweiße/Pollmann´sche Ölmühle bis zur Krappgartenstraße, 5. 3. 1929 umben. in Turnvater-Jahn-Straße), *Rankestraße* (Mai 1945 umben., vorher Hinter der Gans, 1860 Poststraße, 1936-45 Gustloffstraße), *Rehestädter Weg* (1889 erw.), *Reichpietschstraße* (Sept. 1945 umben., 1911-45 Epinaystraße, 17. 1. 1991 umben. in Sondershäuser Straße), *Reußengasse* (1412 *de domo sua circa sutores inferiores*-von seinem Haus bei den Flickschustern), 1539 *Reussengasse,* führte vom Markt beim heutigen Gasthaus *Goldener Adler* auf die Ledermarktgasse, nach dem Brand 1581 nicht wieder aufgebaut), *Ricarda-Huch-Straße* (4. 10. 1950 kurzzeitig umben., vorher Marlittstraße), *Richard-Wagner-Straße* (Sept. 1945 umben., 1901-45 Sedanstraße), *Ried* (1325 *ufme ritte*, 1393 *auf* dem Ryt, 1562 *vff dem riethe*, bis 21. 8. 1906 Riedplatz), *Riedmauer* (1780 *an der Rieth Mauer*), Ritterstraße (1414 *platea milites*, 1445 *Rittergasse*, 14. 3. 1950 umben. in Straße der Jungen Pioniere, 17. 1. 1991 rückben. in Ritterstraße), *Roonstraße* (30. 1. 1901 ben., 1945 umben. in Thomas-Mann-Straße), Roseggerstraße (22. 3. 1910 ben.), *Rosenstraße* (1412 *vico rosarum*, 1539 *große rosengasse*), *Rotehüttenweg*, *Rudislebener Allee* (OT Ru), Rudislebener Rasen (1928 erw.), *Rudolstädter Straße* (14. 11. 1911 ben., verlängerte Schwarzburgerstraße), *Saalfelder Straße* (23. 6. 1964 ben.), Schillerstraße (16. 6. 1937 umben., vorher Heimstättenstraße), *Schloßbergweg* (OT A/O, 2. 10. 2000 ben.), *Schloßbezirk* (4. 10. 1950 umben. in Am Kreisamt), *Schloßgarten* (27. 4. 1951 umben. in Stadtpark, 17. 1. 1991 rückben. in Schloßgarten), *Schloßplatz* (1414 *ante castrum*, 1539 *vorm Schlos*, 28. 9. 1915 ben., 4. 10. 1950 umben. in Jan-Sverma-Platz, 17. 1. 1991 rückben. in Schloßplatz), Schloßstraße (1632 *in der Schloßgassen*, 1946-91 August-Bebel-Straße, 17. 1. 1991 rückben. in Schloßstraße), *Schönbrunn* (1891 erw., 1881 *Vor dem Schönbrunnen*, davor *An und vor der Pforte*, 29. 7. 1936 Straßenstück Kleiner Eichfelder Weg bis Langegasse 1 ben.), *Schönbrunnstraße* (1891 erw., 1881 *Große Brunnengasse*), Schulgasse (1602 *Ober Badergaße*, 1632 *Oberbadergaße*, 1680 *Schulgasse*, 1696 *auf der oberbader oder Schulgaßen*), *Schulplan* (1623 *uffn pharrhoffe an der Greffin Hinder thore*, 1891 vor dem Pfarrhof, vorher Plan, 9. 10. 2001 umben. in Am Plan), *Schulplan* (OT Ru), *Schwarzburger Straße* (1891 erw.), Sedanstraße (30. 1. 1901 ben., Sept. 1945 umben. in Richard-Wagner-Straße), *Siedlung* (OT Ru), →*Sodenstraße* (15. 9. 1903 ben.), Sondershäuser Straße (17. 1. 1991 umben., 1911-45 Epinaystraße, 1945-91 Reichpietschstraße), *St. Georgstraße* (29. 11. 1910 ben.,) *Stadtilmer Straße* (1891 erw., vorher Längwitzer Chaussee), *Stadtpark* (27. 4. 1951 umben., vorher Schloßgarten, 17. 1. 1991 rückben. in Schloßgarten), *Steinweg* (1347 *obir den Markt den steynweg hinunder*, Name galt für die Fahrwege vom Markt zur Erfurter Straße, zum Holzmarkt und zum Ried), *Straße der Demokratie* (Sept. 1945 umben., 1936-45 Dietrich-Eckart-Straße), *Straße der Jungen Pioniere* (14. 3. 1950 ben., vorher Ritterstraße, 17. 1. 1991 rückben. in Ritterstra-

ße), *Tambuchstraße* (12. 1. 1909 ben.), *Thomas-Mann-Straße* (Sept. 1945 umben., 1901-45 Roonstraße), *Thöreyer Straße* (25. 3. 1999 ben.), *Töpfengasse* (1542 *uff der topffen gasse*), *Töpfermarkt* (1412 *foro ollarum*, 1539 *auf dem topffenmarckt hinder dem Rathauß*), *Triftweg* (zwischen Jonastal u. Fuhrmannsweg), *Triniusstraße* (24. 10. 1911 ben., verlängerte Hersfelder Straße), *Turnvater-Jahn-Straße* (5. 3. 1929 umben. Querstraße u. Friedhofsallee), *Uferstraße* (1891 erw., 1938 umben. in Viktor-Lutze-Straße, 1946 umben. in Lessingstraße), *Unter der Gallerie* (1660 *an der Gallerie*, 1680 *unter der Gallerie*), *Unter dem Berge* (bereits 1861 Bitte der Anwohner um Umbennung in Marktstraße, ab 1891 Marktstraße), *Untere Marktstraße* (21. 8. 1906 von Marktstraße getrennt), *Unterer Sonnenhang* (25. 1. 1996 ben.), *Untergasse* (1602 *uffn Pfarhoeff in der Undergaßen*), *Unterm Dorf* (OT Ru), *Unterm Markt* (1551 *underm marckte*, bis 1891 *An der Gräfingasse*), *Viktor-Lutze-Straße* (vorher Uferstraße, 27. 11. 1938 umben., Mai 1945 umben. in Lessingstraße), *Vogelweide* (21. 3. 2002 ben.), *Vor dem Riedtor* (1891 aufgeteilt in Plauesche Straße und Karolinenstraße, 1906 wieder geteilt in Vor dem Riedtor und Plauesche Straße), *Wachsenburgallee* (1881 erw.), *Wachsenburger Mauer* (1412 *am Waszinburger thore*, 1602 *an der Mauren beim waßenburger thore*), *Wachsenburgstraße* (1676 *an der Wachsenburger Mauer*, 21. 4. 1865 ben., hieß bis 1891 zusammen mit Erfurter Mauer - jetzige Karl-Marien-Straße - Wachsenburger Mauer, 1891 geteilt in Wachsenburgstraße und Erfurter Mauer), *Wagnergasse* (1393 *Weynergasse auf dem Ryt*, 1587 *Wagnergasse*, 1602 *Strumpfgassen*, da sie bis 1890 Sackgasse war), *Weg der Deutsch-Polnischen Freundschaft* (4. 10. 1951 ben., Hauptweg durch Stadtpark von Bahnhofstraße zum →Fischtor), *Weg der Deutsch-Sowjetischen Freundschaft* (4. 10. 1951 ben., Hauptweg durch Stadtpark von Bahnhofstraße bis →Theater, Bezeichnung entfiel ab 17. 1. 1991), *Weg zur Fasanerie* (1962 ben., vorher Gördelerdamm, davor Am Fürstenberg), *Weg zur Krummhoffsmühle*, *Weg zur Triglismühle*, *Werner-Gottfeld-Straße* (17. 1. 1991 umben. in Dr.-Bäseler-Straße), *Wiesenweg* (OT A/O, 7. 9. 1927 ben.), *Wilhelm-Höpken-Straße* (31. 1. 2001 ben.), *Wilhelm-Pieck-Straße* (nach 1965 ben., 17. 1. 1991 umben. in Prof.-Frosch-Straße), *Willibald-→Alexis-*

Straße (17. 1. 1991 ben., vorher Hermann-Matern-Straße), →*Willibrordplatz* (21. 3. 1933 umben., 1929-33 Friedrich-Ebert-Platz, seit 1945 wieder Friedrich-Ebert-Platz), *Willibrordstraße* (17. 5. 1904 ben., 16. 7. 1945-91 Ernst-Thälmann-Straße, 17. 1. 1991 rückben. in Willibrordstraße), *Willy-Zeitsch-Straße* (12. 8. 1970 ben., 17. 1. 1991 umben. in Paulinzellaer Straße), *Wörthstraße* (28. 12. 1911 ben., 1945 umben. in Franz-Schubert-Straße), *Wollmarkt* (1884 erw., 1891 Wollmarktsplatz), *Zimmerstraße* (1412 *Tzymmergasze*, 1696 *Zimmergaße oder Herrenstraaße*), *Zum Loh* (OT A/O, 1998/99 ben.), *Zum Lokschuppen* (25. 3. 1999 ben.), *Zum Schloßbergblick* (OT A/O, 6. 9. 1999 ben.), *Zur A 71* (25. 3. 1999 ben.), *Zur Voigtsmühle* (OT Ru, 5. 9. 2001 ben., vorher Am Bahnhof).

Q UB Arnstadt; KAA, Bestand Stadt Arnstadt, Erbbücher des Amtes Arnstadt 1414-32, Sign. 954-01 u. 02, Erbbücher des Rates 1460-1650, Sign. 954-02, Rechtszettelbücher 1510-1828, Sign. 953-02 u. 03, Niederschriften Sitzungen Gemeindevertretung 1871-1950, Sign. 025-02, Niederschriften Sitzungen Hauptausschuß 1922-54, Sign. 026-02-1 bis 7, Straßenumbenennungen in A/O 1927, Sign. 060-06-4, Straßenbenennungen, Sign. 643-01 bis 08, Ratsbeschlüsse 1945-90 (Stadt u. Kreis); Amtsblatt Stadt v. 27. 4. 2002, Nr. 5 (Straßenverzeichnis der Stadt Arnstadt sowie aller Ortsteile), Adreßbücher 1841-1948.

L Elbracht, Karl / Elbracht, Dieter: Straßen- und Flurnamen Arnstadts. Teil 1: Die Straßennamen der historischen Altstadt Arnstadts. Duisburg 1999.

Andrea Kirchschlager / Ulrich Lappe

Superintendentur: Dienstwohnung und Amtssitz des Superintendenten, heute Pfarrhof 10, ehem. Gebäude des →Barfüßerklosters, Wohnung des Guardians, hohes massives Erdgeschoß, 16. Jh., Fachwerk Obergeschoß 1689 verändert, sehr hohe Dachkonstruktion, nach Brand von 1991 ausgebaut, große Gewölbekeller, Grundstück im Süden begrenzt durch originale Klostermauer. Der Superintendent ist seit der Reformation höchster evangelischer Geistlicher in Arnstadt, war Assessor des Konsistoriums und hatte oberste Schulaufsicht, Predigtkirche ist die →Oberkirche, Dienstaufsicht im Kirchenkreis, bis 1920 nur Orte des Fürstentums Schwarzburg-Sondershausen.

L Dehio, S. 57.   *Hans-Ulrich Orban*

Synagoge: 1423 Erwähnung einer *synagoga der Juden in der czymergaße*, 1884 Gründung einer Synagogengemeinde in Arnstadt, ein als Betsaal genutzter größerer Raum im Haus des Kaufmanns Julius Jonas, Ritterstr. 7 wurde seit 1876 zu Andachten genutzt, Notwendigkeit des Baus einer Synagoge durch steigende Zahl der Gemeindemitglieder, 1912 Erwerb eines Grundstücks von 600 m² in der Krappgartenstr. 47 gegenüber dem →Alten Friedhof für 3.000 Mark, Entwurf des Neubaus von Martin →Schwarz, kuppelgekrönter Bau in einfachen Formen, verputzter Ziegelsteinbau mit biberschwanzgedecktem Ziegeldach, im Innern in hebräischer Schrift *Liebe deinen Nächsten wie dich selbst !*, vorzügliche Akustik, im Gebäudeinneren ein im 1. Stock des Vorbaus gelegener Versammlungsraum, in hellen Farben gehaltener Betsaal, viel Lichteinfall, Malerei an Wänden und Decke, dunkles Gestühl, Altarraum an der Ostseite mit lila und gold ausgeschlagen, ein halbrundes Fenster mit prächtigen Glasmalereien, Maurerarbeiten durch Fa. O. →Greßler, elektrische Lichtanlage von Fa. Rud. →Ley A. G., Einweihung der Synagoge am 26. 9. 1913 in Anwesenheit von Vertretern der Regierung, der Stadt und des Landesrabbi Fränkel, Meiningen, symbolische Übergabe des Schlüssels an Oberbürgermeister →Bielfeld, mit der Bitte das Gotteshaus in den Schutz der Stadt zu übernehmen, Niederbrennung der Synagoge durch Nationalsozialisten in der Reichspogromnacht vom 9./10. 11. 1938, die am Brandort befindliche Feuerwehr durfte nicht löschen, Abbruch- und Aufräumungsarbeiten (einschließlich der Fundamente) der Brandstätte durch die

Synagoge

Technische Nothilfe Arnstadt, die Kosten von 2.500 Reichsmark wurden der Synagogengemeinde in Rechnung gestellt. *Das Grundstück ist heute* (April 1939) *ein Garten und erinnert nicht mehr an den früheren Verwendungzweck.* Einweihung eines Gedenksteins am 26. 10. 1988 in der Nähe des Standorts der abgebrannten Synagoge, Thorarollen wurden gerettet, im Schloßmuseum wiederentdeckt und der Jüdischen Landesgemeinde in Erfurt übergeben.

Q ANIB v. 27. 9. 1913, Nr. 227 u. 28. 9. 1913, Nr. 228; AA v. 28. 9. 1913, Nr. 228.

L Unger, Peter / Ziegenhardt, Andrea: Kleine Chronik zur Geschichte der jüdischen Bevölkerung in Arnstadt (1273-1944). In: BHSKA 10 (1988), S. 11-27.

Andrea Kirchschlager

T

Thalmann, Karl Bernhard *Paul*: Gymnasiallehrer, Geschichtsforscher, *11. 3. 1886 Gera-Untermhaus, †11. 6. 1932 Arnstadt, Sohn des Fabrikbesitzers Christian Hermann Paul Thalmann und dessen Ehefrau Selma, geb. Rothe, Besuch des Gymnasiums in Gera, 1904 Abitur, danach Studium der klassischen Philologie, Philosophie und Geschichte in Freiburg i. B. und Jena, 1911 Prüfung für das höhere Lehramt, 1912 Absolvierung des Probejahres am Gymnasium in Eisenach und des Seminarjahres in Jena, 1914 Berufung als Hilfslehrer am →Gymnasium in Arnstadt, 1915 Oberlehrer, 1921 Studienrat, Thalmann hatte großen Anteil an der Ausarbeitung der Thüringer Lehrpläne für die alten Sprachen und Geschichte, Mitglied der →Museumsgesellschaft Arnstadt, deren Schriftführer 1923-32 und seit 1917 deren Bibliothekar, betreute außerdem das Stadtarchiv von 1920-30, Vorstandsmitglied der 1928 gegründeten *Vereinigung der Freunde der Liebfrauenkirche*, seit 1929 Vorstandsmitglied der →Museumsstiftung, 1929 Ernennung zum Mitglied der Akademie gemeinnütziger Wissenschaften in Erfurt, Ehrenmitglied des Zweigvereins Arnstadt des Thüringerwald-Vereins, Mitglied des Thüringer Verkehrsverbandes, Verfasser zahlreicher heimatgeschichtlicher Publikationen im →Arnstädter Anzeiger u. a.

Wanderbilder aus Arnstadts näherer und fernerer Umgebung, Geschichte des Hauses zum Güldenen Greif in Arnstadt, Aus der Geschichte der alten Papiermühle an der Liebfrauenkirche zu Arnstadt. W *Chronik der Stadt Arnstadt* (Arnstadt 1929), *Die Häusernamen Arnstadts* (Arnstadt 1927, Vortrag von Hermann Schmidt), *Geschichte der Apotheke unter der Galerie.* In: Alt-Arnstadt 10 (1934), S. 9-90 (zusammen mit B. Grosse).

L Gleber, Heinrich: Studienrat Paul Thalmann (Nachruf). In: Alt-Arnstadt 9 (1932), S. 3f.; Wiegand, Fritz: Verzeichnis der Veröffentlichungen des Studienrates Paul Thalmann. ebd. S. 5-8; Kirchschlager, Andrea: Zum 70. Todestag des Stadtarchivars und Bibliothekars Studienrat Paul Thalmann. In: AVAU 12 (2002), S. 201-203.

Andrea Kirchschlager

Theater: Theateraufführungen sind in Arnstadt seit 1612 nachweisbar. Spielstätten waren an kirchlichen Feiertagen oder zu Schulfesten zuerst der →Marktplatz, im Laufe der folgenden zwei Jahrhunderte vorwiegend der Tuchboden des →Rathauses und seit etwa 1820 Säle in verschiedenen Arnstädter Gaststätten, z. B. im →Güldenen Greif oder im *Schwan*. Die Darsteller waren in erster Linie Gymnasiasten unter der Anleitung ihrer Rektoren, ab 1800 Auftritte von Schauspielergesellschaften, die auch Opern zur Aufführung brachten. Die Anordnung Fürst Günther Friedrich Karls II. von Schwarzburg-Sondershausen vom 22. 5. 1842, die Fürstliche Reitbahn, in der bereits seit Jahren Theatervorstellungen von Schauspielertruppen stattfanden, zu einem Fürstlichen Hoftheater umzubauen, gilt als Geburtsurkunde des Arnstädter Theaters. Bereits im Juli 1842 gastierten Hofschauspielergesellschaft und Fürstliche Hofkapelle aus Sondershausen erstmalig im neuen Theatergebäude mit Schauspiel und Oper. In den folgenden Jahren weitere Gastspiele. Mai-Juli 1842 Umbau der Fürstlichen Reitbahn zum Fürstlichen Hoftheater, ab August 1842 Winterfestmachung des Gebäudes und Anbauten, 1903 erste umfassende Rekonstruktion des Theaters, u. a. Einbau einer Zentralheizung, neuem Gestühl und neuer Beleuchtungsanlage, 1920/21 dringend notwendige Reparaturen und Malerarbeiten, 1925/26 zweite Generalüberholung des Hauses, u. a. Neugestaltung der Bühnenverhältnisse und Erweiterung des Orchestraums sowie

Theater, um 1910

Renovierungsarbeiten und Beleuchtung des Zuschauerraums und Ranges, Ausstattung mit Klappstühlen, 1937 mit der Bildung des Theaterzweckverbandes Rudolstadt-Arnstadt Ausführung dringend notwendiger Instandsetzungsarbeiten, 1940/41 dritter Umbau des Schloßgartentheaters, Heizung und Beleuchtung sowie Umbau des Zuschauerraums, wobei der Mittelgang durch zwei Seitenzugänge ersetzt wurde, bei Wiedereröffnung des Theaters nach dem 2. Weltkrieg am 15. 10. 1945 abermals Instandsetzungsarbeiten, vordringlich an der Heizung, vierter Umbau 1948 mit der Gründung des Stadt- und Kreistheaters Arnstadt, u. a. Veränderung des Haupteinganges, in den 50er Jahren auf Grund der Gastspiele durch die Städtischen Bühnen Erfurt weitere Baumaßnahmen, z. B. erhielten alle Stühle Polstersitze, zu den 15. Arbeiterfestspielen der DDR 1974 nochmals umfassende Rekonstruktion. Nach monatelangen Schließungen in den folgenden Jahren erfolgte am 1. 8. 1988 die endgültige Schließung des Hauses (vernachlässigte Wartungs- und Werterhaltungsmaßnahmen), 1989-95 umfassender Umbau des Theaters (Richtfest am 13. 8. 1993), Anbau des Theatercafés und des verglasten Seitenfoyers, umfassende Erneuerung der Heizungs- und Lüftungsanlage, moderne technische Ausstattung, neue Bestuhlung, Stellplätze für Rollstuhlfahrer (Gesamtkosten 10,5 Millionen DM), Eröffnung des Theaters im Schloßgarten am 1. 9. 1995 mit 317 Besucherplätzen. Die Bespielung des Fürstlichen Hoftheaters erfolgte nach 1848 vordringlich von Schauspielertruppen mit Sprechtheater und Oper, seit 1874 auch Kindervorstellungen, ab 1879-1919 Fürstliches Theater unter geschäftstüchtigen und künstlerisch erfahrenen Direktoren, z. B. Adolph de Nolte (1879-1903). Auf den Spielplänen erschienen zeitgenössische Autoren wie Gerhart Hauptmann, Sudermann oder Halbe, Klassikerinszenierungen, z. B. Schiller oder Shakespeare, im musikalischen Theater u. a. Opern von Wagner, Verdi, Mozart oder Operetten von Millöcker, Lehár oder Fall (seit 1910/11). 1919 ging mit der Fürstenabdankung das Theater in den Besitz der Stadt Arnstadt über und hieß fortan Schloßgartentheater. Im April 1922 Gründung der Arnstädter Theatergemeinde, unermüdliches Ringen um den Fortbestand des Arnstädter Theaters, gleichzeitig aber großartige Inszenierungen (*Meistersinger von Nürnberg* oder *Aida*), erfolgreiche Fremdenanrechtsvorstellungen, 1933 Auflösung der Arnstädter Theatergemeinde. Arnstadt wurde Gastspielort des Landestheaters Gotha-Sondershausen, nazistisch geprägte Spielplangestaltung, 1937-44 Theaterfusion mit Rudolstadt, die nach Ende des 2. Weltkrieges zunächst fortgesetzt wurde, 1948/49 einjährige Spielzeit des selbständigen Dreispartentheaters Stadt- und Kreistheater Arnstadt, 1950/51 Interludium mit dem Landestheater Gotha, ab 1951-57/58 gastierten die Städtischen Bühnen Erfurt im Haus Arnstadt, ab Spielzeit 1958/59 wurde das Theater Rudolstadt (neben Erfurt) Mitbewerber um das Schloßgartentheater als Spielstätte. Das Staatliche Sinfonieorchester Thüringen, Sitz Gotha, übernahm ab Spielzeit 1963/64 die Sinfoniekonzerte im Theater, in den 70er Jahren vordringlich Bespielung durch das Theater Rudolstadt neben vereinzelten Gastspielen durch das Deutsche Nationaltheater Weimar, in den 80er Jahren Zeit des Niedergangs bis zur endgültigen Schließung 1988, umfassender Umbau von 1989-95. Seit der am 1. 9. 1995 erfolgten feierlichen Wiedereröffnung des Theaters ist das Arnstädter Theater im Schloßgarten von nun an Gastspielbühne, jedoch mit einem eigenen jungen (Laien-) Musical-Ensemble unter der Leitung des künstlerischen Leiters des Theaters.

L Stangenberger, Rolf: Einblicke in die Geschichte des Arnstädter Theaters und seines Publikums 1842-1949. Arnstadt 1997; ders.: Die Pfosten sind, die Bretter aufgeschlagen. Vier Jahrzehnte Arnstädter Theatergeschichte 1949-1988. Arnstadt 1998; ders: Vorhang auf! Trotz alledem! Beiträge zur Geschichte des Arnstädter Theaters. Arnstadt 2000. *Rolf Stangenberger*

Thiele, Johann Alexander: Landschaftsmaler, Zeichner, *26. 3. 1685 Erfurt, †22. 5. 1752 Dresden, neben Dokumenten gibt ein von ihm selbstverfaßter Lebenslauf von 1747 Auskunft über sein Leben, nach Buchdruckerlehre anfangs Autodidakt im Malen und Zeichnen, 1709 Wanderschaft über Leipzig u. Dresden nach Norddeutschland, in Lüneburg Eintritt in den Militärdienst und Zeichenunterricht bei Ingenieuren, zeichnete und malte Miniaturen, unterrichtete selbst und bestritt damit seinen Lebensunterhalt, 1712 Rückkehr nach Erfurt, erwarb mit seiner Miniaturmalerei Anerkennung an den Höfen in Weimar und Gotha, in Weimar lernte er die Maler Ismael Mengs und Joh. Georg Dietrich kennen, 1713 Leipzig, befreundet mit den Malern David Hoyer, Ismael Mengs und Zusammenarbeit mit Franz de Paula Ferg, lernte bei ihm Figurenstaffage, ab Januar 1714 in Dresden, gab Miniaturmalerei auf und konzentrierte sich auf Landschaftsmalerei in Öl, 1716 erster Auftrag für August den Starken, 1718 Bekanntschaft mit Clara Benigna Dönicke in Arnstadt, am 3. 11. 1718 Trauung in der →Oberkirche, im Trauregister schon als wohlbestallter Hof- und Landschaftsmaler Augusts des Starken bezeichnet, Rückkehr nach Dresden, Ostern 1720 - Anfang 1722 wieder in Arnstadt, Kontakte zu Friedrich II. von Sachsen-Gotha-Altenburg, schrieb über diese Zeit *lebete in den geliebten Arnstadt mit meiner Herzliebsten höchst vergnügt*, 1726 starb seine Tochter kurz nach Geburt, Reise nach Arnstadt und sechswöchiger Aufenthalt, kaufte von der Schwiegermutter Haus *Zum Roten Hirsch* am Kohlenmarkt Nr. 20 und zahlte die acht Geschwister seiner Frau aus, nach dem Tod der Schwiegermutter 1727 zog die Familie nach Arnstadt, 1729 Grundsteinlegung für das →Neue Palais und am 12. 11. Entwurf der Bestallungsurkunde für Thiele, Betreuer der Gemäldesammlung des Schwarzburg-Sondershäuser Fürstenpaares und Berater bei Ankäufen, 23. 1. 1730 Geburt der Tochter Augusta Albertina, Taufpaten waren das regierende Fürstenpaar →Günther I. und Gemahlin Elisabeth Albertine und die Fürstinwitwe →Auguste Dorothea, um 1730 malte Joh. Christian Fiedler Thiele im Habit eines Malers (Staatl. Museen Kassel), 1730/31 arbeitete er in seinem Haus am Monumentalgemälde vom Zeithainer Lager und lieferte es nach Ostern 1731 in Dresden bei August dem Starken ab, 1732-38 betreute er im →Neuen Palais die Gemäldesammlung und malte Landschaften (die schönsten Ansichten des Schwarzburger Landes als große Prospekte für Supraporten und kleine Kabinettstücke für das Bilderkabinett), dabei Unterstützung von seinem Schüler Christian Wilhelm Ernst Dietrich, der Gemälde in Gousto, d. h. in der Manier anderer Künstler, lieferte, während der Arnstädter Zeit auch Arbeiten für Auguste Dorothea (Gemälde A. D. als Ruth), den Rudolstädter, Gothaer, Kasseler u. Braunschweiger Hof, 1733 Studienreisen, u. a. nach Frankfurt a. M., Mainz, Worms, Mannheim, Heidelberg und Speyer, zahlreiche Zeichnungen und Gemälde entstehen, 1736 porträtierte ihn Adam von Manyoki (Bildnis verschollen), 1738 wurde er zum sächsischen Hofmaler des Königs Friedrich August III. mit jährlicher Pension ernannt, 9. 6. 1741 Clara Benigna starb in Dresden, 1743 in Arnstadt Eheschließung mit der Witwe Dorothea Sophia Axt, geb. Schumann, der Tochter des Schwarzburgischen Rates, Bürgermeisters, Stadtphysikus und Leibarzt der Auguste Dorothea, Dr. med. Caspar Samuel Schumann, in Dresden zwei Töchter und 1747 der Sohn Joh. Friedrich Alexander geboren, der ebenfalls Maler wurde, 1744 porträtierte Ismael Mengs Dorothea Sophia in Pastell (Dresden, Gemäldegalerie Alte Meister), 1749 Reise nach Schwerin, Vertrag mit Herzog Christian Ludwig II. über die Lieferung von Prospekten, Zeichnungen mit Mecklenburger Ansichten. Durch seinen Tod konnte er diesen Auftrag nicht mehr zu Ende führen.

L "Wie über die Natur die Kunst des Pinsels steigt" Johann Alexander Thiele (1685-1752). Thüringer Prospekte und Landschafts-Inventionen. Hg. v. Schloßmuseum Sondershausen. Weimar/Jena 2003.

Helga Scheidt

Thielemann, Johann Michael: Hofmaler, Ratsbaumeister, *1669 Holzhausen, †30. 9. 1735 Arnstadt, Sohn des Holzhäuser Pfarrers Johann David Thielemann, erwarb am 25. 1. 1696 als

Kunstmaler von Holzhausen Arnstädter Bürgerrecht, Eheschließung am 11. 2. 1696 in Holzhausen mit Maria Magdalena, Witwe des Arnstädter Hof- und Kunstdrechslers Joh. Nicol. Meyer, arbeitete für verschiedene Angehörige des Schwarzburg-Arnstädter und Schwarzburg-Sondershäuser Herrscherhauses, staffierte 1695/96 die vom Hofbildhauer Christoph →Meil geschaffene Kanzel und den Taufengel in der Schernberger Kirche aus.

1701/02 Malerarbeiten in Kirchen und an →Brunnen in Arnstadt, malte zwischen 1702-08 in den drei Arnstädter Kirchen Altäre, Kanzeln, Taufsteine und Epitaphien, 1709 Titel eines Hofmalers, bemalte be-reits 1705 für →Anton Günther II. eine Kutsche, fertigte wahrscheinlich für Räume in der →Augustenburg *japanische* und *indianische* Tapeten, 1712 Großauftrag durch den →Rat der Stadt Arnstadt, der die Bemalung der Süd- und Ostseite des →Rathauses zum Gegenstand hatte (auf der Südseite des Rathauses unter den Fenstern in Medaillons zwölf Köpfe römischer Kaiser, auf der Ostseite zwischen den Fenstern je eine Figur, nicht mehr erhalten), 1714/15 Bemalung des Altars in Alkersleben, dekorierte die Stadtbrunnen, 1721 Statue auf dem Riedbrunnen, 1726 Brunnen in der Zimmerstraße, war 1724 an der malerischen Ausgestaltung des →Prinzenhofes beteiligt, verdingte sich zwischen 1730-35 im →Neuen Palais, malte zahlreiche Gemälde (wahrscheinlich nur noch ein Porträt erhalten), bekleidete 1730/31 und 1732/33 das Amt des Ratsbaumeisters.

W Brustbild eines jungen Mannes (Museum).

L Scheidt, Helga: Künstler und Werke der bildenden Kunst und des Kunsthandwerks in Arnstadt und am Hofe Anton Günthers II. In: BACH 2000, S. 94f.

Michael Kirchschlager

Thüringer Braunstein- und Mineralmahlwerke: GmbH, Friedrichstr. 24, gegr. am 27. 3. 1913, Geschäftsführer Otto →Minner, Gegenstand war das Vermahlen von Braunstein, Mineralien und Farbstoffen, der Handel damit sowie die Herstellung und der Vertrieb chemischer Erzeugnisse, im November 1913 legte Minner sein Amt als Geschäftsführer nieder, neuer Geschäftsführer Paul Kunze. Am 30. 10. 1919 wurden die Thüringer Braunstein- und Mineralmahlwerke

GmbH Gesellschafter der Porzellanfabrik Mardorf & Bandorf KG, zum gleichen Zeitpunkt wurde Direktor Paul Kunze aus Neudietendorf persönlich haftender Gesellschafter bei der Fa. Mardorf & Bandorf KG, am 7. 12. 1937 schied die GmbH als Gesellschafter aus. Durch Gesellschafterbeschluß vom 28. 12. 1937 ging die GmbH auf die alleinige Gesellschafterin, Fa. Porzellanfabrik Arnstadt Mardorf & Bandorf KG über, welche im März 1938 umbenannt wurde in Kunze & Co. KG Arnstadt. Am 6. 8. 1938 wurde die Fa. →Kunze & Co. KG Arnstadt, vormals Thüringer Braunstein- und Mineralmahlwerke GmbH in das HR eingetragen.

Q ANIB 1920-22; AA 1927-38.   *Heidrun Fröhlich*

Thüringer Zeitung: Die Probenummer der *Thüringer Zeitung* erschien am 19. 9. 1847 im Verlag von Ferdinand →Meinhardt in Arnstadt, gedruckt bei Friedrich Ohlenroth, ebenfalls Arnstadt als *Gesammt-Organ für Anzeigen und Bekanntmachungen des gewerblichen Thüringens.* Erscheinungsweise wöchentlich dreimal, Mittwoch, Freitag und Sonntag, *Die Thüringer Zeitung ... macht es sich zu ihrer Hauptaufgabe, alle vaterländischen Interessen mit Freimuth ... zu besprechen ... Die Thüringer Zeitung wird nicht selten wagen, den edlen Fürsten Thüringens ein wahres und lebenstreues Bild von den Zuständen derjenigen Volksklassen zu entwerfen, denen heut zu Tage eine besondere Berücksichtigung Noth thut.* Die erste Ausgabe der *Thüringer Zeitung* erschien am 1. 10. 1847 unter der Redaktion des Demokraten Hermann Alexander von Berlepsch, Erfurter Buchhändler und Redakteur des Erfurter Stadt- und Landboten. Ab 9. 2. 1848 trat Meinhardt an seine Stelle als Redakteur der *Thüringer Zeitung*, aufgrund einer Verfügung der Fürstlichen Regierung in Sondershausen. Durch den Wechsel in der Redaktion wurde *indeß die Richtung und Haltung des Blattes nicht im Mindesten geändert.* Von Berlepsch blieb aber weiterhin Mitarbeiter. 9. 8. - 6. 10. 1848 Änderung des Titels in *Thüringer Volks-Halle, sonst Thüringer Zeitung,* ab 8. 10. 1848 wieder *Thüringer Zeitung,* die letzte Ausgabe erschien am 22. 11. 1848. Die *Thüringer Zeitung* begleitete die revolutionären Ereignisse publizistisch, u. a. auch die Ereignisse in Arnstadt und Umgebung, wie den 3. Thüringer Volkstag auf der →Käfernburg, kritische Berichterstattung, die zum Verbot der Zeitung am 28. 11. 1848 auf Anordnung des General-Lieutenants und ersten Kommandanten von Voss in Erfurt führte, als Nachfolgerin der *Thüringer Zeitung* erschien von Dezember 1848 bis August 1849 die *Thüringer Reform*. Die *Thüringer Zeitung* fand Verbreitung in ganz Thüringen, in über 200 Dörfern und über 50 Städten und wurde *von mehr als zehntausend Thüringern* gelesen.

Q Thüringer Zeitung, Jg. 1847/48.

L Illustrierte Geschichte der deutschen Revolution 1848/49. Berlin 1973, S. 250; Ziegenhardt, Andrea: Vor 150 Jahren: Arnstadt in der Revolution von 1848/49. In: AVAU 8 (1998), S. 62-93.

Andrea Kirchschlager

Timroth, Johann Heinrich d. J.: Dr. med., *Practicus*, Pflanzenzeichner, *1699 Erfurt, †13. 1. 1768 Arnstadt, 21. 9. 1761 Bürgeraufnahme. Im Naturhistorischen Museum des Thür. Landesmuseums Heidecksburg in Rudolstadt befinden sich sieben Sammelbände mit mindestens sieben Manuskripten, drei Briefen u. ca. 1.000 Blättern mit Aquarellen (Deckfarbenmalerei) von Blütenpflanzen u. Pilzen (1734–58), sie zeugen von seinem künstlerischen Vermögen, guter Beobachtungsgabe und botanischen Kenntnissen, zahlreiche Blätter in Arnstadt nach Originalpflanzen gezeichnet, z. T. mit genauer Ortsangabe bzw. erläuterndem Text, alle Blätter 1772 aus dem Naturalienkabinett des Jenaer Universitätsprofessors K. F. Kaltschmied für fürstliche Sammlung in Rudolstadt erworben, fertigte die Aquarelle als Nebenverdienst für verschiedene Abnehmer u. a. A. von Haller (Göttingen), G. E. Stahl (Berlin), C. J. Trew (Nürnberg) und Interessenten in London und St. Petersburg, wohnte An der Weiße.

Q KAA, Bestand Stadt Arnstadt, Bürgerbuch 1753-97, Sign. 011-01-4.

L Mey, Eberhard: Das Fürstliche Naturalienkabinett zu Schwarzburg-Rudolstadt im Spiegel der Zeit. In: Museumskunde 61 (1) 1996, S. 20-25.

Helga Scheidt

Tittelbach-Helmrich, *Wolfgang* **Friedrich:** Superintendent, *7. 3. 1931 Arnstadt, †10. 12. 2000 Arnstadt, Studium der Theologie u. a. in Jena und Lund/Schweden, 1957 Pfarrer in Casekirchen, dann Finsterbergen, 1971-92 Superinten-

dent in Arnstadt, verheiratet mit der Theologin Ingrid, geb. Bratfisch, Seniorenbetreuerin, Ehe- und Familienberaterin in Arnstadt, 10 Kinder, 1991 Kirchenrat, Ruhestand wegen Erkrankung, 1993 →Ehrenbürger der Stadt Arnstadt, engagierter Prediger (nannte selbst die Predigt als die liebste seiner vielen Aufgaben) und Seelsorger, Leitung der Arbeiten zur baulichen Rettung der →Oberkirche, Planung eines Gemeindezentrums Arnstadt-Ost und der teilweisen Sanierung der →Joh.-Seb-Bach-Kirche im Gedenkjahr 1985, Verfechter der Ökumene in Arnstadt, 1974 Übergabe der →Himmelfahrtskirche an die katholische Gemeinde. Demokrat, Helfer für Bedrängte und Demonstranten im Sozialismus und zur Wendezeit.

Begründete das Wort zur Wochenwende, lokale kirchengeschichtliche Arbeiten und thematische Gestaltung von Ausstellungen in Arnstädter Museen (z. B. zu Luther oder Kirchenbibliothek), umfangreiche Forschung über die Schicksale Arnstädter jüdischer Bürger, gewürdigt mit Pflanzung eines Ehrenbaumes in Jerusalem, 1988 Initiator des Synagogendenkmals im →Alten Friedhof.

W *Arnstadts Jüdische Mitbürger* (Arnstadt 1995), *Arnstädter Predigten im Sozialismus* (Arnstadt 1991), *Der Franziskaner-Altar in der Liebfrauenkirche zu Arnstadt.* In: AVAU 8 (1998) S. 7-24, *Die Oleariuspastoren als Geistliche der Bachkantoren in Arnstadt.* In: Bach 2000. S. 143-163. Referat (o. T.) über Pfarrer G. Kummer. In: Sekretariat des Nationalrates der DDR. „Ihr Erbe ist uns Verpflichtung". Brandenburg 1980.

L Bechmann, Heike: Wolfgang Tittelbach-Helmrich. In: Profile aus dem Ilm-Kreis, Bd. I, Wümbach 2000, S. 393; Friedrich, Jürgen: Laudatio zur Ehrenbürgerverleihung 1993. In: AVAU 4 (1994), S. 163-168; Jäger, Bernhard: Engagierter Prediger (Nachruf). In: Glaube und Heimat. Dez. 2000. *Hans-Ulrich Orban*

Toelle & Siegel: KG, Karl-Liebknecht-Str. 21, am 1. 1. 1963 wurden auf Beschluß des Rates des Kreises die Firmen →Busch & Toelle KG und →Brehme & Siegel KG zusammengeschlossen und unter Fa. Toelle & Siegel KG Arnstadt weitergeführt, produzierten im gleichen Gebäude für das →Fernmeldewerk, VEB Fernmeldewerk Arnstadt als staatlicher Gesellschafter, Günter und Erika Heimbürge, Treuhänder, Kommanditisten Hedwig Toelle, Arnstadt und Eigentum des Volkes, Rechtsträger VEB Fernmeldewerk. Gesamte Kapazität dieses neuen Betriebes wurde durch den VEB Fernmeldewerk voll ausgenutzt (Druckerei wurde jedoch weiter betrieben), bis 1964 mit der Herstellung von Kabelbäumen, danach Relaisfertigung und Ankerwickelei, ab 1971 VEB Fernmeldewerk, Abteilung Kabelformerei, Karl-Liebknecht-Str. 21.

Q KAA, Bestand Kreistag u. Rat des Kreises Arnstadt, Nr. 537, 539, 689. *Heidrun Fröhlich*

Toelle, Max: Mitbegründer der Fa. →Busch & Toelle, *11. 5. 1860, †1946, vordem viele Jahre Prokurist bei Fa. →Liebmann & Kiesewetter, aktive Rolle im Vereinsleben, u. a. als *lebenslänglicher Schultheiß der Wachsenburg–Gemeinde*, gehörte zu den führenden Persönlichkeiten der Loge *Zu den drei Gleichen*, Vorstandsmitglied des Verbandes Thüringer Berg-, Burg- und Waldgemeinden.

Setzte sich stets für Heimatschutz und Heimatliebe ein. Besondere Liebe gehörte der dramatischen Kunst, dem →Theater, wollte selbst Schauspieler werden, gehörte zum Dramatischen Lesekränzchen, nahm an allen Wohltätigkeitsaufführungen teil. Als der Fortbestand des Theaters stark gefährdet war, stand er an der Spitze der Theatergemeinde im Kampf zum Erhalt des Kulturgutes, das Marlittdenkmal wurde durch seine Initiative geschaffen, Veröffentlichungen und Schriften über die Wachsenburg stammten aus seiner Feder, ebenso wie zwei Hefte über die 100jährige Arnstädter Theatergeschichte, dem Gemeinderat gehörte er mehrere Jahre an, zugleich war er auch Mitglied der Handelskammer Schwarzburg-Sondershausen, zuletzt Vizepräsident, gehörte auch der Mittelthüringer Handelskammer in Weimar an.

Q ANIB 1918-40. *Heidrun Fröhlich*

Trautvetter, *Georg* **Christian:** Jurist, Oberbürgermeister, Landtagsabgeordneter, *1. 6. 1859 Bad Liebenstein, †1. 12. 1923 Meiningen, Sohn des Lehrers Ernst Christoph Trautvetter und dessen Ehefrau Caroline Margarethe, geb. Fröber, 1889 Eheschließung mit Eleonore Louise Christophine, geb. Ludwig, Besuch der Schule in Bad Liebenstein sowie Privatunterricht, 1869-78 Besuch des Gymnasiums in Meiningen, danach

Georg Trautvetter

Studium der Rechtswissenschaften in Jena, Leipzig, München und Berlin, 1882 juristische Prüfung beim Kammergericht in Berlin und Vorbereitungsdienst beim Königlichen Amtsgericht in Zossen, 1882 Erwerb des juristischen Doktortitels an der Universität in Jena, danach Tätigkeiten im Amtsgericht I in Berlin, 1883 Austritt aus dem preußischen Staatsdienst und Rückkehr ins Herzogtum Sachsen-Meiningen, 1887 zweite Staatsprüfung nach vierjähriger Vorbereitungszeit, danach Gerichtsassessor bei der Staatsanwaltschaft des Landgerichts in Meiningen, 1888 Bewerbung um die Bürgermeisterstelle in Arnstadt, 5. 1. 1889 - 30. 9. 1893 Bürgermeister in Arnstadt als Nachfolger von Julius →Hülsemann, ab 7. 8. 1889 Oberbürgermeister, während seiner Amtszeit 1892 Eröffnung des →Krankenhauses und der →Mädchenbürgerschule, 1893-97 Landrat in Gehren, 1897-1906 Direktor der Schwarzburgischen Hypothekenbank in Sondershausen, 1906 krankheitsbedingtes Ausscheiden aus dem Vorstand, 1906-21 Mitglied des Aufsichtsrates, danach verschiedene Wohnsitze in Jena, Salzungen und Meiningen, 1906 Geheimer Finanzrat, 1896 Verleihung des Fürstlichen Ehrenkreuzes III. Klasse, Mitglied des Gemeinderates in Sondershausen 1902-06, 1904 zweiter stellvertretender Vorsitzender, 1904-06 erster stellvertretender Vorsitzender, 1892 Mitglied des Bezirksausschusses Arnstadt, Mitglied des Schwarzburg-Sondershäuser Landtags 1895-97, publizistisch tätig auf dem Gebiet des Handelsrechtes und der Handelswissenschaft.

Q KAA, Bestand Stadt Arnstadt, Sign. 030-04.
L Lengemann, S. 254f. (Porträt). *Andrea Kirchschlager*

Treiber, M. Johann Friedrich: Rektor der Arnstädter Stadt- und Landschule (Lyzeum), Geschichtsforscher, *21. 8. 1642 Osthausen, †17. 4. 1719 Arnstadt, Pfarrerssohn, Privatunterricht durch den Vater, 1650-57 Besuch der Arnstädter Stadt- und Landschule, 1657 Wechsel an das Gymnasium in Coburg, im Alter von 19 Jahren verließ er Coburg, um in Jena Theologie, klassische und orientalische Sprachen, Mathematik und Geschichte zu studieren, erhielt die Magisterwürde und wurde Adjunktus an der Philosophischen Fakultät. 1669 Berufung als Rektor an das Rutheneum in Schleiz, 1674 Berufung als Rektor der Arnstädter Stadt- und Landschule, der er 40 Jahre vorstand, verfügte über herausragende pädagogische Fähigkeiten, besaß gründliche Kenntnis der klassischen und orientalischen Sprachen, der Geschichte, Naturwissenschaft, Geographie, Philosophie, Astronomie, Mathematik, Musik, Methodik und Theologie, 1714 Versetzung in den Ruhestand, Verfasser zahlreicher Schulprogramme, Leitfäden und Schulbücher, in Treiber vermutet man den Verfasser der Arnstädtischen →Bieroper von 1705.

W *Geschlechts- und Landes-Beschreibung des Durchlauchtigsten Hauses Schwarzburg, Sondershäusischer und Rudolstädtischer Linien* (Arnstadt 1756, erstmals erschienen unter dem Titel *Genealogia et Chorographia Schwartzburgica, Das ist des Durchlauchtigsten Hauses Schwartzburg Stamm- und Land-Register.* Leipzig und Arnstadt 1718).
L Gymnasialprogramm Arnstadt 1853, S. 11-21; Gymnasialprogramm Arnstadt 1861, S. 3-15.
Andrea Kirchschlager

Treiber, Johann Wilhelm: Jurist, Geschichtsforscher, *9. 6. 1711 Arnstadt, †2. 6. 1792 Arnstadt, Sohn von Johann Elias Treiber und Enkel des Rektors Johann Friedrich →Treiber, ab 1715 Besuch der Arnstädter Stadt- und Landschule, 1731-33 Studium der Rechtswissenschaft in Jena, danach Rückkehr nach Arnstadt und Tätig-

keit als Advokat, 1737 Reise nach Göttingen, dort nahm er die Hofmeisterstelle bei Kommandant und Brigadier Herrn von Truchtleben an, ab 1738 nochmals Studium der Rechtswissenschaft in Göttingen.

1741 Rückkehr nach Arnstadt und Zulassung als Regierungsadvokat, 1745 Notar und 1749 Hofadvokat, 1760 Ernennung zum Fürstlich Schwarzburgischen Wittumsrat mit Sitz und Stimme beim Hofamt durch Fürstin Elisabeth Albertine von Schwarzburg-Sondershausen, 1776 Reise nach Frankfurt, dort Forschungen zur Goldenen Bulle, ließ das Grabmal König →Günthers von Schwarzburg im Frankfurter Dom abzeichnen, 1783 Ernennung zum Pfalzgrafen durch Fürst Ludwig Günther von Schwarzburg-Rudolstadt, stiftete 1.200 Taler für das Lyzeum (Treiber'sche Stiftung 1790), welche zur Anschaffung von Utensilien für den Unterricht in der Naturlehre, besonders der Physik verwendet wurden, welcher 1795 eingeführt wurde.

W *Ueber den Ursprung der alten Grafen von Kefernburg und jezigen Fürsten von Schwarzburg* (Jena 1787, Rechtfertigung seiner Schrift, Jena 1790), *Unrichtigkeiten und Mängel in des Herrn Regier. Advoc. und Commiß. Sekret. Hellbachs Archive von und für Schwarzburg* (Arnstadt 1787), *Beschreibung der güldenen Bulle, besonders der Frankfurter Urschrift, nebst einem Anhange von dem Königstuhle bei Rense* (Hildburghausen 1792).
L Hesse, Ludwig Friedrich: Verzeichniß geborner Schwarzburger, die sich als Gelehrte oder als Künstler durch Schriften bekannt machten. Achtzehntes Stück. Rudolstadt 1827, S. 4-6; Nicolai, J. C. W.: Biographie des Weyland Wohlgebohrnen Herrn Johann Wilhelm Treiber. Arnstadt 1795; Gymnasialprogramm Arnstadt 1848, S. 30f.
Andrea Kirchschlager

Tschinkel, *Egon* Oskar Paul: Zoologischer Präparator und Konservator, *15. 6. 1878 Lovosice (Lobositz/CS), †20. 2. 1958 Arnstadt, nach Ausbildung als Tierpräparator Tätigkeit als erster Präparator bei den Werkstätten Otto Bock (Berlin), 1905 (bis zur Umsiedlung 1945) betrieb er eine Spezialwerkstätte für alle Tierpräparationen und anatomischen Präparate für Hochschulen, Institute, Museen und wissenschaftliche Sammlungen, war Dermoplastiker für Großtiere und verstand es seine künstlerisch gestalteten Tierkörper gekonnt in ihrer natürlichen Umgebung einzeln und in Gruppen aufzustellen. 1946 kam er nach Arnstadt und eröffnete im Parterre des nördlichen Seitenflügels des Schlosses in Arnstadt eine Werkstatt. Seine Präparate stehen noch heute in vielen naturwissenschaftlichen Museen Thüringens, wohnte Lindenallee 4, später Kohlenmarkt 3, betreute gemeinsam mit seiner Mitarbeiterin Frau Kriesche mehrere Jahre eine Arbeitsgemeinschaft Junger Präparatoren am Haus der Jungen Pioniere in Arnstadt.

W *Die zoologische Abteilung des Heimatkundemuseums.* In: AKB H. Juli/Aug. (1955), S. 9f.

Q KAA, Nachlaß Egon Tschinkel. *Manfred Wahl*

Tuchmacher: Das *gewant sniten* (Gewandschneiden) wird urkundlich 1369 erstmals in Arnstadt in einem Seelgerätsbrief der Grafen von Schwarzburg erwähnt. Am 30. 1. 1399 belehnten die Grafen von Schwarzburg das Handwerk der nun Wollenweber genannten Tuchmacher mit den beiden Walkmühlen, die hintereinander an der Gera lagen. Im Liber censuum von 1412 werden sie vorrangig genannt, am 9. 7. 1487 gab Graf Heinrich von Schwarzburg den Wollenwebern die Freiheit, daß sie allein inländisches Tuch nach der Elle verkaufen dürfen, 1572 Bau einer neuen Walkmühle, 1624 erste Erwähnung einer Tuchmacher-Innung. Eine bedeutende Tuchmacherfamilie waren von 1632-1885 die Wedemanns, 1632 wurden für die Tuchmacherinnung 59 Meister und 6 Witwen genannt, 1750 Bau einer neuen Walkmühle, an der jeder Meister einen finanziellen Anteil hatte. Im 19. Jh. mit der einsetzenden Industrialisierung ging das Tuchmacherhandwerk immer mehr zurück, 1865 wurde bestimmt, daß die derzeitigen Innungen in gewerblichen Genossenschaften weiterbestehen sollten, 15 Meister reichten daraufhin am 1. 3. 1866 ihre Statuten ein. Da die Walkmühle (und mit ihr die Wasserkraft) inzwischen an die Familie Mämpel verkauft worden war und diese sie für andere Zwecke nutzte, kam es zwischen den Tuchmachern und den neuen Besitzern zu einem lang anhaltenden Streit. Zwar kam es zu einem Vergleich, doch schrieb 1884 der damalige Obermeister Emil Falke an den Magistrat von Arnstadt: *Wir haben dieses Walkrecht nach Einführung der Gewerbeordnung von*

1865 mit großen Mühen und bedeutenden Geldopfern erkaufen müssen und ist wohl selten ein Prozeß mit solcher Bitterkeit geführt worden als gerade der der Tuchmacher-Innung gegen R. Mämpel. Zu diesem Zeitpunkt bestand die Tuchmacher-Innung nur noch aus 4 Meistern, bereits 1870 bat die Innung um Überlassung von städtischem Areal zur Aufstellung von Tuchrahmen, was aber abgelehnt wurde, am 11. 6. 1884 erhielt die Tuchmacher-Genossenschaft eine Abfindung von den Besitzern der →Friedrichs-Mühle. Die drei verbliebenen Tuchmachermeister lösten am 26. 5. 1885 die Tuchmacher-Innung auf, doch bereits am 19. 7. beschlossen sie, daß die Innung noch bis zum Aussterben zusammen bleiben wolle. Das letzte schriftliche Zeugnis der drei Tuchmachermeister datiert vom 2. 4. 1888. Damit ging eine 500jährige Handwerkstradition in Arnstadt zu Ende.

Q UB Arnstadt, Nr. 169 u. 810.

L Kieb, Bruno: Die Tuchmacher-Innung Arnstadts und ihre Walkmühlen. In: AVAU 9 (1999), S. 21-31.

Michael Kirchschlager

U

Umbreit, Friedrich & Söhne: Lederfabrik, An der Weiße 36-40, 1830 Gründung einer Gerberei durch Lohgerbermeister Johann *Friedrich* Christian Umbreit, erst am 23. 6. 1879 in das HR eingetragen, am 12. 9. 1879 bereits wieder gelöscht, dafür wurde eingetragen die OHG Fa. Friedrich Umbreit Söhne zu Arnstadt mit Gründungsdatum 21. 8. 1879 mit den Inhabern Gerbermeister Karl u. Elvir Umbreit, Verarbeitung von Tierhäuten zu Leder hauptsächlich für die Schuhindustrie (Sohlenleder und Unterleder) und Handel mit Leder, ab 1856 wurde auch eine Leimfabrik betrieben (Tischlerleim), am 28. 3. 1908 traten Fabrikant Hermann Umbreit und Kaufmann Paul Umbreit als persönlich haftende Gesellschafter in das Geschäft ein, nach dem Tode von Elvir Umbreit am 31. 3. 1916 trat dessen Witwe Marie Umbreit, geb. Bauer, als Gesellschafterin in die Fa. ein, in der Lederfabrik zwischen 20-40 Leute Beschäftigte. Neben der Lederwarenfabrik wurde auch in großem Umfang Landwirtschaft betrieben, angeboten wurde z. B. Kindermilch und Vorzugsmilch, erstklassige, hygienisch einwandfreie, rohe Trinkmilch von angenehmem Geschmack, kontrolliert, tuberkulose- und krankheitskeimfrei, beschäftigt wurden hier 12-15 Frauen, insbesondere in der Erntezeit. Im Oktober 1919 traten der Lederfabrikant Otto Umbreit und der Kaufmann Friedrich Umbreit als persönlich haftende Gesellschafter in das Geschäft ein, am 3. 8. 1920 verstarb Karl Umbreit (*31. 12. 1849 Arnstadt, Sohn von Friedrich Umbreit, Eheschließung mit Ernestine Wilhelmine Emilie, geb. Schuchardt, Grab →Neuer Friedhof. 1898-1919 Gemeinderatsmitglied, in den letzten Jahren war er dessen Altersvorsitzender, Armenbezirksvorsteher), im gleichen Jahr trat Paul Umbreit in die Fa. ein, in den 20er Jahren besaß die Fa. eine Vertretung in Berlin bei Ernst Levi, Potsdamer Str. 83c, Eröffnung eines Vergleichsverfahrens am 3. 7. 1930, diverse Grundstücke der Fa. wurden zum Verkauf angeboten, starke Einschränkungen in der Produktion bis 1936, nur noch 5 Arbeitskräfte, darüber hinaus gab es auch danach und vor allem während des Krieges große Probleme bei der Zuteilung von Fellen und Rohhäuten, das setzte sich auch nach Kriegsende fort, da es an Schlachtvieh fehlte, nur 29 Arbeiter waren beschäftigt, Hermann Umbreit verstarb am 22. 2. 1949, auch Otto Umbreit war verstorben, dafür traten 1949 die Witwen Louise Umbreit, geb. Ley und Martha Umbreit, geb. Löber, als neue Gesellschafter ein, ab 1. 4. 1958 staatliche Beteiligung, Übernahme der Wäscherei Keiner in der Klaußstraße, ab 1959 Fortführung und Erweiterung derselben, Fa. wurde umbenannt in Fr. Umbreit Söhne KG Arnstadt, Lederfabrik und Wäscherei, 1961 trat Paul Umbreit als geschäftsführender Komplementär der Fa. zurück, 1962 auch Berta Umbreit, neuer Komplementär wurde per 1. 10. 1962 die Schuhfabrik *Paul Schäfer* Erfurt, Fa. war innerhalb der Erzeugnisgruppe Leder Leitbetrieb, 1. 1. 1972 verstaatlicht zum VEB →Lederwerk und Wäscherei. Der langjährige Chef der Firma, Paul Umbreit, verstarb am 17. 2. 1962 und am 1. 4. 1964 die Mitinhaberin des Betriebes Louise Umbreit.

Q KAA, Bestand Stadt Arnstadt, Sign. 008-24, 008-31; Bestand Kreistag u. Rat des Kreises Arnstadt, Nr. 400, 463, 592, 651, 689, 1023, 1072; ANIB 1878-1922; AA 1923-39; DV 1952-77. *Heidrun Fröhlich*

Ur- und Frühgeschichte: Durch den geologischen Aufbau seiner Landschaft und seine günstige zentrale Lage war Arnstadt mit seiner Umgebung schon seit frühesten Zeiten ein ausgezeichnetes Siedlungsgebiet und zählt somit zu den fundreichsten Gebieten nördlich des Thüringer Waldes. Mit der Annäherung an das Waldgebiet lassen die Funde auffallend nach. Deutliche Hinweise für eine Besiedlung finden sich ab der Jungsteinzeit (ca. 4.600 v. u. Z.). Nach Artefakten ist eine ältere Besiedlung zu vermuten, aber nicht zu beweisen. Besonders bevorzugt wurde die →Alteburg südlich Arnstadts. Zahlreiche Oberflächenfunde bezeugen eine Besiedlung vom Neolithikum (Jungsteinzeit) bis etwa um die Zeitenwende. Ein weiterer Besiedlungspunkt ist das Gebiet nördlich der Stadt, wo besonders in den ehemaligen Kiesgruben zwischen Arnstadt und Ichtershausen z. T. bedeutende Funde gemacht wurden. Bandkeramik (4.600-3.300 v. u. Z.): Nennenswert sind ein Gräberfeld mit Körper- und Brandbestattungen im Kiesgrubengelände nördlich Arnstadts, Siedlungen am unteren Dornheimer Holz und auf dem Petersberg bei Ichtershausen sowie ein Spondylusmuschelarmring aus einem Hockergrab vom Obertunk. Der Walternienburg-Bernburger Kultur (2.800-2.300 v. u. Z.) zugehörig ist ein Grabhaus oder Totenhütte mit 15 Bestattungen, die am ehemaligen Egelsee nördlich von Arnstadt ausgegraben wurde. Aus der Zeit der Glockenbecherkultur (2.200-1.700 v. u. Z.) stammen zahlreiche Körpergräber aus den Kiesgruben nördlich von Arnstadt, die mit Beigaben wie Becher und Armschutzplatten ausgestattet waren. Eine dichte Besiedlung der Aunjetitzer Kultur (1.800-1.500 v. u. Z.) ist durch zahlreiche Grab- und Siedlungsfunde wiederum im Kiesgrubengelände entlang der Gera nördlich Arnstadts belegt. Reiche Bronzebeigaben wie Platten- und Scheibenkopfnadeln, Hakenspiralen und Armringe barg man aus zerstörten Gräbern der Hügelgräberkultur (1.600-1.200 v. u. Z.) ebenfalls aus den Kiegruben. Im Hain bei Arnstadt-Oberndorf liegt ein Gräberfeld mit ca. 30 Grabhügeln aus der Spätbronzezeit (1.200-700 v. u. Z.). Aus der Hallstattzeit (700-500/450 v. u. Z.) stammt ein reicher Hals-Armring-Schmuck bestehend aus einem echten Wendelring und 14 Steigbügelarmringen, aus einem Steinplattengrab bei Holzhausen. Am Kübelberg wurde ein frühlatenezeitliches Flachgrab mit Bronzefibel und Knotenarmringen ausgegraben. Im Stadtgebiet zwischen →Weiße und →Arnsberg, fand sich ein späteisenzeitliches Gräberfeld (500 v. u. Z. - Beginn unserer Zeit). Aus der Zeit um die Zeitenwende fanden sich im Stadtgebiet verstreut Siedlungsgruben oder Gräber. Ein Brandgräberfeld im Lützelfeld nördlich vor Arnstadt sowie einzelne Grabfunde nördlich des →Neuen Friedhofs sind für die Römische Kaiserzeit (1.-4. Jh.) belegt.

Überregionale Bedeutung hat ein Töpferzentrum bei Haarhausen ebenfalls aus römischer Zeit. Im allgemeinen erscheint Arnstadt mit nächster Umgebung in dieser Zeit nur schwach besiedelt. Einzelne Grabfunde im Stadtgebiet Arnstadts und einige Reihengräber am südlichen Ortsrand von Ichtershausen stammen aus der Völkerwanderungszeit (4. Jh.-700). Bis zur ersten Erwähnung Arnstadts 704 zeugen auffallend geringe Funde von einer nur spärlichen Besiedlung der näheren Umgebung Arnstadts.

L Caemmerer, Erich: Vor- und Frühgeschichte Arnstadts und seiner weiteren Umgebung bis zur Mitte des 10. Jahrhunderts. Jena 1956; Lappe, Ulrich: Ur- und Frühgeschichte in Arnstadt und Umgebung. Arnstadt 1986. *Ulrich Lappe*

V

Vereinigte Hanfschlauch- und Gummiwaren-Fabriken AG: Zweigniederlassung Arnstadt, 13. 12. 1888 Zusammenschluß der Hanfschlauchfabriken der Gebr. Burbach & Co. in Gotha, →Lange & Pöhler in Arnstadt, Heinr. Wilhelm Warmuth und G. F. Simon Nachfolger in Dresden-Löbtau, Vertreter der AG waren Kommerzienrat Eduard Lange aus Gotha, Kaufmann Otto Pöhler aus Arnstadt, Kaufmann Heinrich Wilhelm Warmuth und Kaufmann Carl Louis Wolf aus Löbtau, Otto Pöhler blieb Betriebsleiter und Kaufmann Johann Georg Gerlach Prokurist im Arnstädter Betrieb, wie schon bei Lange & Pöhler, Herstellung von Schläuchen aus Hanf oder Gummi, Gummiplatten, Asbestplatten mit und ohne Einlage, Gummiringen, Klappen, Schnüren, Flaschenverschlüssen, Walzenbezü-

gen, Pneumatik-Reifen, alle technischen Gummiwaren, 1894 im Arnstädter Betrieb 153 Beschäftigte, um diese Zeit wurde hier bereits elektrischer Strom erzeugt und genutzt, Exporte in alle Erdteile, 1896 Beginn der Errichtung von Neubauten zur Erweiterung des Betriebes in Arnstadt, u. a. ein Gebäude von 40 m Länge und etwa 13 m Breite, mit 32 Tür- und Fensteröffnungen in der Südfront, am 1. 1. 1900 wurde Georg Gerlach stellvertretender Vorstandsvorsitzender der AG, verantwortlich für den Arnstädter Betrieb, da Otto Pöhler (†1907) sich aus der Fa. zurückzog,

Aufnahme der Pneumatik–Fabrikation für Fahrräder und Automobile (Reifen und Schläuche) in der 2. Hälfte 1904, bis 1911 stetiger Produktionsanstieg, ab 1912 traten erste Probleme auf, Kommerzienrat Eduard Lange, Generaldirektor der Vereinigten Hanfschlauch- und Gummiwarenfabriken AG zu Gotha und Mitbegründer der Fa. Lange & Pöhler, verstarb am 5. 3. 1913, ab 1914 Produktionseinschränkungen in der gesamten AG, Herbst 1917 Stillegung des Zweigbetriebes in Arnstadt, Maschinen wurden in das Zweigwerk Niederrad/Frankfurt gebracht, Produktionsgebäude in Arnstadt wurden zum Verkauf angeboten, 26. 4. 1919 Abänderung von Vereinigte Hanfschlauch- und Gummiwarenfabrik zu Gotha, AG in Vereinigte Gothania–Werke AG, Zweigniederlassung Arnstadt wurde am 24. 10. 1921 im HR gelöscht.

Q ANIB 1890-1921. *Heidrun Fröhlich*

Vereinigte Thüringer Schuhfabriken: KG auf Aktien mit Sitz in Berlin, seit 1. 12. 1922, Gründer der Gesellschaft waren die Fabrikanten Johannes Keil und Theodor Riccius aus Arnstadt, Direktor Bernhard Korn aus Berlin, Dr. jur. Fritz Kraußer aus Charlottenburg und Fa. Aktiefelskabet aus Kopenhagen, hatten gleichzeitig alle Aktien übernommen, Johannes Keil, Theodor Riccius, Bernhard Korn und Fritz Kraußer persönlich haftende Gesellschafter, Kasseler Str. 4, zur Gesellschaft gehörten die Firmen F. A. →Keil, →Hüllemann & Geck und L. Jacobius & Söhne Nachfolger, Konkurs 1929, am ehemaligen Produktionsgebäude (durch die Fa. Hüllemann & Geck 1901 errichtet) noch Firmeninschrift zu sehen.

Q AA 1922-29. *Heidrun Fröhlich*

Verein Schloßruine Neideck zu Arnstadt e. V.: Gegründet am 4. 12. 1992, seit 1993 durch Vereinsmitglieder Sicherungs- und Ausgrabungsarbeiten an den Mauerresten, um Schloßgrundriß zu zeigen und das Ruinengelände für die Öffentlichkeit erlebbar zu machen, Erforschung der Geschichte und Baugeschichte der Anlage, daneben Bau von Modellen historischer Bauwerke, insbesondere Schloß Neideck, hervorzuheben das →Stadtmodell "Arnstadt um 1740" im →Gärtnerhaus im →Schloßgarten. Vereinsvorsitzender seit der Gründung Horst Walter.

Peter Unger

Vogel, Max: Neue Arnstädter Schuhfabrik, gegr. am 19. 1. 1935, Inhaber Kaufmann Max Vogel, hatte sich bereits im März 1934 in der ehemaligen Handschuhfabrik →Bondy, Schönbrunnstr. 16 angesiedelt.
Produktion von Qualitäts-, Berufs-, Sport- und Straßenschuhen, Spezialität: Maßschuhe für kranke und gesunde Füße, übernahm 1937 die Erfurter Absatzfabrik J. Schmieder und gliederte diese dem Arnstädter Betrieb an, am 1. 11. 1938 trat Max Vogel jun. aus Oberilm in die Fa. ein, beschäftigt wurden zwischen 30-57 Arbeitskräfte, hergestellt wurden ab 1938/39 ausschließlich Militärstiefel, Kontingentierung der Lederzuteilung beeinträchtigte den Betrieb, Entlassung von 20 Mitarbeitern, ab 1945 Fertigung von Arbeits- u. Sportschuhen für Männer und Frauen sowie von Kinderschuhen, Reparationsleistungen ab 1946: Männer-Schnürhalbschuhe aus Leder, Fa. existierte um diese Zeit noch als einzige Schuhfabrik in Arnstadt, Max Vogel sen. verstarb 1948, Fortführung der Fa. durch seine Erben, Mai 1952 Eröffnung des Konkursverfahrens, 1953 existierte auch diese letzte Schuhfabrik in Arnstadt nicht mehr.
Q KAA, Bestand Stadt Arnstadt, Sign. 008-31, 008-33, 008-47; Bestand Kreistag u. Rat des Kreises Arnstadt, Nr. 982, 1052, 1354; ThV 1947/48; DV 1952.

Heidrun Fröhlich

Volkmann, Johann Friedrich Ludwig: Advokat, Lyriker, *22. 1. 1758 Arnstadt (Geburtshaus Schloßstr. 8), †15. 10. 1815 Arnstadt, Besuch des Arnstädter Lyzeums bis 1777, Studium der Theologie, später der Rechtswissenschaft in Leipzig, intensive Beschäftigung mit neuen Sprachen (Französisch, Englisch, Italienisch, zusätzlich Spanisch und Holländisch), kam 1780 nach Vollendung der Studien nach Arnstadt zurück, hier Amts-, später Regierungs- und schließlich Hofadvokat, 1794 Gründer der *Gesellschaft der Litteraturfreunde in Arnstadt*, Gründungsschrift: *Wodurch schwang sich der gebildete Mensch so weit über den Naturmenschen und was erhob ihn wie einen Gott über seine Mitthiere?* In Verbindung mit dieser Gesellschaft sind auch Volkmanns Gelegenheitsgedichte zu sehen, 1804 Schloßverwalter mit dem Titel Sekretär, Heirat, seine Frau starb am 6. 12. 1805 kurz nach der Geburt seines Zwillingstöchterpaares. Die letzten zehn Lebensjahre waren geprägt von Amtspflichten, der Sorge um seine beiden Kinder und von der Beschäftigung mit mathematischer Geographie und Astronomie.
W *Auguste oder über die Würde des weiblichen Geschlechts, eine pädagogische Rhapsodie* (Erfurt 1795, Teil 2 erschien 1800 in Hamburg und Mainz, weitere Manuskripte davon gingen verloren), *Der Bauer bei der Theaterwuth der Städter, Gedicht im Thüringer Volksdialekt* (1796, vertont von Friedrich Methfessel).
Q ANIB v. 29. 4. 1894, Nr. 99.
L Boese, Franz: Die Arnstädtische Gesellschaft der Litteraturfreunde vom Jahre 1794 und ihr Gründer Johann Friedrich Ludwig Volkmann. In: Vor hundert Jahren und heute, Localhistorische Forschungen. Arnstadt 1896.

Rolf Stangenberger

Vorstädte: Seit dem späten Mittelalter gab es Vorstädte in Arnstadt. Sie befanden sich unmittelbar vor den vier Haupttoren des Stadtmauerringes und erhielten nach ihnen ihre Bezeichnung: Riedvorstadt, Längwitzer Vorstadt, Wachsenburger Vorstadt und Erfurter Vorstadt. Vorstädte waren im Rechtssinn keine Städte, sondern unterschiedlich große Ansiedlungen, die dörflichen, kirchlichen, kaufmännischen, gewerblichen oder gemischten Charakter haben konnten. In Arnstadt waren sie gemischt (gewerbliche bzw. gemeinnützige Dominanz). Die Unterstellung einzelner Einrichtungen und Gebäude oblag teils dem geistlichen (Abtei Hersfeld), teils dem weltlichen (Grafen von Käfernburg-Schwarzburg) Stadtherrn, zum anderen unmittelbar der Stadtgemeinde. Das Katharinen-Hospital vor dem

Riedtor wird erstmals am 27. 5. 1332 erwähnt, der erste Beleg für bürgerlichen Haus- und Grundbesitz vor dem Riedtor stammt vom 30. 4. 1372, dagegen sind gewerbliche Anlagen, besonders in der mit Abstand größten Riedvorstadt, schon für das späte 13. Jh. nachweisbar (1277 eine Mühle), möglicherweise war sie der Vorgänger der 1572 unter Graf →Günther den Streitbaren erbauten und folglich als →Günthersmühle bezeichneten Anlage, mit gräflichen Privilegien war eine 1399 erbaute Tuchmacherwalkmühle vor dem Riedtor ausgestattet, wobei die am Ort befindlichen Weiden zur Besserung der Wehre und Dämme (des damals schon existierenden Mühlgrabens?) genutzt werden konnten, nach Erbauung der Günthersmühle verlegte man diese Tuchmacherwalkmühle vor das Erfurter Tor. Neben diesen Produktionsstätten gab es noch die Ölmühlen, von denen sich eine vor dem Riedtor, eine an der Weiße und eine weitere, seit 1695, vor dem Erfurter Tor befand. Das in Arnstadt, neben den →Tuchmachern, stark verbreitete Weißgerberhandwerk unterhielt spätestens seit 1700 zwei Walkmühlen, wovon sich eine in der Ölmühle vor dem Riedtor befand, die andere lag bei der Meisterei. Da neben den Weißgerbern die Loh- und Rotgerber eine mindestens ebenso bedeutende ökonomische Stellung einnahmen, verwundert die Anlage von drei Lohmühlen nicht. Eine solche befand sich um 1700 als selbständige Produktionsanlage vor dem Riedtor, eine weitere innerhalb der vorgenannten Weißgerberwalkmühle bei der Meisterei und eine dritte an der Weiße in der Stadt. Die Existenz eines Sichelhammers vor dem Riedtor scheint zumindest fraglich, da auch Olearius 1701 hier eher den seit 1470 vorhandenen Kupferhammer in der Gegend der heutigen Felsenkellerbrauerei vor Augen hatte. Ein herrschaftlicher Messing- und Sichelhammer befand sich am nordöstlichen Rand des →Schloßgartens (Hammerecke), ebenfalls in der Riedvorstadt lag die Ratsziegelhütte, die regelmäßig verpachtet wurde und den Ziegelbedarf Arnstadts zu decken hatte, Töpfereien werden 1348 erstmals urkundlich genannt, später befanden sie sich dann auch vor dem Wachsenburger u. vor dem Erfurter Tor (geringere Zahl vor dem Längwitzer Tor), ihre Anwesenheit vor den Toren resultierte wohl aus Gründen der Feuersicherheit und nicht aus ihrem sozialen Status heraus. Als

weiteres Gewerbe vor dem Riedtor befand sich die Meisterei (Abdeckerei), in welcher der Abdecker oder Schinder seine, meist von üblen Gerüchen begleitete Arbeit verrichtete. Zu dieser Meisterei dürfte die Schindersgasse geführt haben. Die Hirtengasse erinnert an ein hier befindliches Hirtenhaus, eine Badegasse vor dem Riedtor erlaubt den Schluß, daß hier einst auch eine Badestube vorhanden gewesen sein muß. 1553 betrieb *Claus Völckel eine Kynrauchhutten ... hinder der alten Walckmuhlen*, eine Backstube in der Riedvorstadt ist ebenfalls belegt. Wesentlich kleiner war die Längwitzer Vorstadt, hier befanden sich zwischen dem 14.-18. Jh. an gewerblichen Anlagen u. a. eine 1348 erwähnte Mittelmühle, eine (Waid)Färberei, ein Sichelhammer und, nach 1715, die Massenmühle der Fayencefabrik Dorotheenthal. Für 1648 läßt sich die Berufsstruktur in der Längwitzer Vorstadt rekonstruieren, bei 10 von insgesamt 12 genannten Personen sind die Berufe überliefert. Mit Abstand dominieren hier, wohl wegen des vorhandenen Mühlgrabenwassers, die Loh- und Weißgerber, sie hießen Toffel Zange, Lorenz Schmidt, Jacob Böhl, Michael Wiltmeister und Nickel Eckolt. Die Erfurter Vorstadt beherbergte spätestens seit 1572 eine Mühle (Erfurter Mühle), ansonsten lebten hier meist Handwerker, 1634 waren drei von sieben genannten Personen Töpfer. Über keine größere Gewerbeanlage verfügte die Wachsenburger Vorstadt, zahlenmäßig die kleinste Ansiedlung, wohnten hier Handwerker und Tagelöhner. Zu erwähnen wären noch drei „gemeinnützige" Einrichtungen in den Vorstädten. In der Riedvorstadt befand sich das 1332 erwähnte Catharinenhospital (Grundstück Lohmühlenweg 3). Inspektion und Administration desselben oblagen nach 1369 dem Stadtrat. Das Ende dieses Hospitals bleibt ungewiß, jedenfalls existierte es noch 1428. Von der Hospitalskapelle war 1701 nur *noch ein Stücke Mauerwerk zu sehen*. Die Flurbezeichnung Cattergarten für obiges Grundstück lebte bis ins 19. Jh. fort. Vor dem Erfurter Tor lag das Aussätzigen- oder Leprosenhaus (→Siechhof, später Hospital St. Jacob bzw. Lazarett, heute Bahnhofstr. 21), 1537 eröffnete man in der Erfurter Vorstadt einen Gottesacker, der von nun an sämtliche Verstorbene aufzunehmen hatte. Ihre Beisetzung erfolgte bis dahin an den drei Arnstädter Pfarrkirchen, die über eigene

Friedhöfe verfügten. Ebenso unterschiedlich wie die Verteilung gewerblicher Anlagen oder gemeinnütziger Einrichtungen war auch die steuerpflichtige Bevölkerungsanzahl in den *extra muros* gelegenen Vorstädten.

1551 verteilten sich 80,9 % der steuerpflichtigen Vorstadtbevölkerung auf die Ried- bzw. Erfurter Vorstadt (Zusammenhang zwischen Anzahl der Bevölkerung und Häufung von Gewerbeanlagen). Niedergang der Vorstädte infolge des 30jährigen Krieges, deshalb Umsiedlung innerhalb des Mauerringes, eine Maßnahme, die trotz anfänglichen Widerstandes besonders in der Riedvorstadt konsequent durchgeführt wurde, wo sich häufig durchziehende Soldaten illegal einquartierten. Noch vereinzelt vorhandene Töpferhütten der Blautöpfer vor dem Riedtor verschwanden. Ihre Neuansiedlung einschließlich der Arbeitsstätten erfolgte nunmehr im Bereich (Schul) Plan–Obergasse (Neue Sorge) bzw. Rosenstraße–Karl-Marien-Straße, also unmittelbar an der Stadtmauer. In den Vorstädten verblieben lediglich einige größere Gewerbeanlagen und gemeinnützige Einrichtungen. Als einzige Vorstadt überdauerte diejenige vor dem Längwitzer Tor die Jahrhunderte. Erst im 19. Jh. begann man im Zuge der wachsenden ökonomischen Entwicklung verstärkt außerhalb des mittelalterlichen Mauerringes zu bauen. Im Bereich der ehemaligen Riedvorstadt entstanden so ab Mitte des 19. Jh. große Teile des damals sehr attraktiven Solbadviertels, während vor dem mittlerweile niedergelegten Wachsenburger, Erfurter und Längwitzer Tor neue Straßenzüge und Industriebetriebe entstanden.

L Unger, Peter: Auch vor den Toren wohnten Bürger – Arnstadt und seine Vorstädte. In: AVAU 1 (1991), S. 28f.   *Peter Unger*

W

Wachstafeln: Hölzerne Brettchen, die an den Rändern mit dünnen Leisten eingefaßt, dann mit Schreibwachs ausgefüllt u. als Beschreibmaterial (neben Pergament u. Papier), allerdings nur für zeitlich beschränkte Benutzung, verwendet wurden. Mittels eines Schreibgriffels konn-

ten dann Abrechnungen, Briefe u. a. dort eingeritzt, aber auch wieder mit der scharfkantigen Seite des Schreibgriffelsschaftes geglättet und so zum erneuten Gebrauch verwendet werden. Die Arnstädter Wachstafeln stammen von 1457, dem Jahr ihres letzten Gebrauches. Sie zählen zur Gattung polyptycha, 11 Buchenbretter von 19 cm Breite, 46 cm Höhe u. annähernd 1 cm Dicke. 1894 wurde dem weiteren Verfall der Tafeln, die vorher mittels hineingebohrter Löcher und durchgezogener starker Fäden aneinandergeheftet und in einen Schaf- oder Schweinslederrücken geleimt waren, durch angebrachte Scharniere vorgebeugt. Das letzte Brett dient als Schutzdeckel, während von dem ersten schon die Innenseite, von den übrigen neun Platten beide Seiten benutzt sind (19 beschriebene Seiten). Die Wachstafeln dokumentierte eine Steuerliste mit Namen aller steuerzahlenden Bürger, der Höhe der jeweiligen Steuer und dem Hinweis, ob säumig oder nicht. Die Wachstafeln geben für 1457 610 Bürger ohne die 64 weiblichen Haushaltungen und ohne den Adel in der Stadt an. Das Liber censuum von 1412 nennt deutlich weniger Namen. Die Arnstädter Wachstafeln wurden 1901 von Johannes →Bühring ediert und kommentiert. Sie befinden sich im Schloßmuseum.

L Schmidt, Hermann / Bühring, Johannes: Die Arnstädter Wachstafeln. In: Alt-Arnstadt 1 (1901), S. 36-74; dies.: Namenverzeichnis der Wachstafeln, ebda. S. 74-82; Bühring, Johannes: Die Bedeutung der Wachstafeln, ebda. S. 82-90.   *Michael Kirchschlager*

Wagner, Eduard: Blaudruckfabrik, gegr. 7. 2. 1863, Pfarrhof 12 durch Übernahme und Weiterentwicklung der Hoffmann'schen Färberei, Wagner war bereits 1860 nach Arnstadt gekommen und betrieb ein Schnittwarengeschäft, seit etwa 1894 Nutzung von elektrischem Strom, 1. 1. 1898 Gründung einer OHG durch Fabrikbesitzer Eduard Wagner und seinen Sohn, Kaufmann Richard Wagner (seit 1893 im väterlichen Betrieb angestellt), Wagner hatte das alte Städtische Brauhaus an der Pforte zunächst in Pacht, kaufte es 1898, riß das alte Gebäude ab und baute neues Gebäude für geschäftliche Zwecke, 1906 Kauf der ehemaligen Friedrichsmühle am Mühlweg 1 und Bau einer neuen Fabrik auf diesem und angrenzenden Grundstück, ca. 5.000 m², das zur Mühle gehörige Wohnhaus blieb erhalten, alle anderen Gebäude wurden abgerissen, 1907 Inbetriebnahme der neuen Fa., 1909 schied Eduard Wagner (1838-1914) aus der Fa. aus, Richard Wagner führte diese als alleiniger Inhaber fort, Kommerzienrat, während des 1. Weltkrieges zeitweise Stillegung des Betriebes, 1922 wurde der Enkel des Firmengründers, Gerhard Wagner, Mitgesellschafter. Errichtung eines neuen Wohnhauses am Anger, durchschnittlich 100 Beschäftigte, 1936 Umwandlung in eine KG, Chemiker Eduard Wagner und Kaufmann Gerhard Wagner (schied 1937 aus) waren persönlich haftende Gesellschafter (beides Söhne von Richard Wagner), Betriebsleiter Dr. phil. Hermann Stuhl wurde Prokurist, während des 2. Weltkrieges ging die Beschäftigtenzahl um die Hälfte zurück, Eduard Wagner blieb auch nach dem Krieg Betriebsleiter, die Fa. wurde 1959 verstaatlicht zum VEB →Stoffdruckerei.

Q ANIB 1876-1922; AA 1923-42.   *Heidrun Fröhlich*

Waid: Arnstadt gehörte im Mittelalter neben Erfurt, Gotha, Langensalza und Tennstedt zu den fünf bedeutenden Waidstädten in Thüringen. Eine Waidmühle stand vor dem Erfurter Tor, 1489 sind kleinere Ausgaben für die Mühle verzeichnet und 1491-98 wurden Einnahmen, wohl der gleichen Mühle, getätigt, Bemühungen in das Waidgeschäft einzusteigen gab es bereits seit 1434. Die Bereitung von Waidfarbe/Pulver erreichte ihren Höchststand 1578 mit 982 Kübeln und nochmals 1621 mit 1.058 (958) Kübeln. Wenn Kübel mit Maß gleichzusetzen sind, faßte ein Kübel 146,564 Liter. Unterschiedliche Kübelzahlen in den einzelnen Jahren lassen Schwankungen der Ernte und des Handels erkennen. Durch die Einfuhr des preisgünstigeren Indigofarbstoffes erwuchs dem Waid eine starke Konkurrenz. Durch den Dreißigjährigen Krieg kamen Waidanbau und Fernhandel zum Erliegen, Versuche die Waidproduktion nochmals neu zu beleben, wurden erfolglos 1662 wieder eingestellt, Arnstädter Waidfarbe fand u. a. in Görlitz, Frankfurt/M. und Nürnberg ihre Abnehmer. Zwischen 1499-1627 gab es in Arnstadt etwa 50 Waidhändler, sie gehörten zu den reichsten und angesehensten, oft hohe Ämter bekleidenden Bürgern der Stadt, Waidhäuser und ansehnliche Profanbauten der Waidjunker in Arnstadt legen Zeugnis von dem Reichtum ab, der mit Hilfe der

Waidpflanze erzielt werden konnte. Von den fünf ehemaligen Waidhäusern hat sich heute nur das Waidhaus An der Weiße 3, das einstige Hinterhaus vom Haus *Zum schwarzen Löwen* Unterm Markt 1, erhalten. Bis um 1920 stand daneben ein zweites Waidhaus, das zum Grundstück des →Hauses *Zum Palmbaum* auf dem Markt gehörte. Auch das später mehrfach, schließlich zum Wohnhaus umgebaute Haus *Zur weißen Gans auf dreien Rosen*, Kirchgasse 1 war ein altes Waidhaus. Bis um 1982 stand ein ebenfalls zum Wohnhaus umgebautes Waidhaus in der Ledermarktgasse 9 (heute Freifläche). Ein in der Wagnergasse genanntes Waidhaus ließ sich bisher nicht lokalisieren.

Q KAA, Bestand Stadt Arnstadt, Rechtzettelbücher 1551-1828, Sign. 953-03.

L Bühring, S.148; Hebeler, Wilhelm / Müllerott, Hans-Jürgen: Anbau und Verarbeitung von Waid im Arnstädter Gebiet. In: Beiträge von der Waidtagung am 19. Sept. 1987 in Pferdingsleben. Gotha 1988, S.14-20.   *Ulrich Lappe*

Waisenhaus: Von 1731-43 wurden in einem Nebengebäude des Hospitals St. Georg die Waisen verpflegt. Die Kosten bestritt man aus Stiftungen und Spenden, ab 1743 erfolgte keine Aufnahme mehr, Gründung eines Waisenhausfonds (Kollekten, Spenden), Zweck war die Gründung einer Waisenanstalt, 1764 wurde wieder die Waisenanstalt im Hospital St. Georg eröffnet, 5 Jungen und 5 Mädchen bis 1766 die ersten Pfleglinge, 1765/66 Neubau als *Hochfürstl. Schwarzb. Weisenhaus* an Stelle eines ehemaligen Gräflich Gleichen`schen Freihauses, unter Einbeziehung älterer Bauteile (Am Plan 2), Einweihung am 24. 11. 1766 mit 17 Knaben und 13 Mädchen. Im Nebengebäude des Waisenhauses befanden sich Wohnungen für Witwen der Geistlichen und Lehrer der →Stiftung der Gräfin Johanne Elisabeth v. Gleichen´schen Hause, 1766-1881 →Mon plaisir im Betsaal untergebracht, nach 1766 Anbau eines Seitenflügels an der Neutorgasse u. Bau eines südlichen Quergebäudes in Fachwerkbauweise, 1765-82 Waisenhausdruckerei, 1808-14 Soldatenquartier u. Lazarett, 1816 Ausbau des Dachgeschosses für Witwenwohnungen, 1822 Auszug der Waisen, Knabenbürgerschule, Wohnungen im Obergeschoß, bereits 1820 hatte man begonnen, einen Teil des Waisenhauses zu einer →Irrenanstalt herzurichten, 1842 Auszug der Knabenbürgerschule, 1860-1912 Realschule im Erdgeschoß, 1864-78 →Gymnasium im Obergeschoß, Wohnung des Direktors, 1890-95 Neubau des Seitenflügels u. der Turnhalle, 1914-16 Umbauten zur Gewerblichen Fortbildungsschule, 1925-45 Vermietung an verschiedene Einrichtungen, 1930 Obdachlosenasyl im Erdgeschoß, 1940-45 städtische Handelsschule u. zwei Volksschulen, 1945-53 Beseitigung von Kriegsschäden, Renovierungsarbeiten, wieder Gewerbliche Berufsschule, um 1970 zunehmender Verfall der Bausubstanz, Gutachten zum Abbruch, 1982 Ensemble unter Denkmalschutz gestellt, 2000-03 Sanierung/Restaurierung, 2003 Einzug von Behörden.

Am 10. 6. 1894 entstand die Karl-Marien-Stiftung, die u. a. auch bedürftige Waisen betreute, öffentlich-rechtliche Stiftung, Sitz in Sondershausen, 1897 erwarb die Stiftung die ehemalige Schäferei, Rosenstr. 50, darauf wurde als Neubau ein Kinderheim errichtet, das am 29. 8. 1898 eingeweiht wurde. Im Haus befanden sich Kinderkrippe, Waisenhaus und Diakonissenstation. 1925 wurde der Stadtkreis Eigentümer mit der Belastung im Grundbuch, daß der jeweilige Eigentümer das Grundstück als Mittelpunkt für die Erziehung und Pflege kleiner Kinder zu benutzen hat. Am 15. 7. 1947 erfolgte die Übergabe des Jugendheimes Werner Gottfeld für elternlose Jugendliche durch den Oberbürgermeister Hermann →Steudner. Ein weiteres Kinderheim wurde am 15. 11. 1948 mit ca. 100 Plätzen an der Hammerecke eröffnet. Von 1945-48 befand sich ein Waisenhaus im Hopfengrund. Am 6. 2. 1992 feierte das Kinder- und Jugendwohnheim Hanno Günther, Hohe Bleiche 7, seit 1996 in Trägerschaft des →Marienstiftes, sein 40jähriges Bestehen, gegründet 1952, 1977 war das Haus mit 40 Mädchen und Jungen belegt. Das Friedrich-Fröbel-Haus in der Pfortenstr. 20, Trägerschaft DRK Kreisverband Arnstadt, kämpft derzeit um sein Fortbestehen. Beide letztgenannten Einrichtungen leisten Hilfe zur Erziehung, sind auch für verwaiste Minderjährige offen. Die Betreuung von Waisenkindern erfolgt heute verstärkt in Pflegefamilien und Verwandtschaftspflege.

L Hebeler, Wilhelm: Die Krankenanstalten Arnstadts 1. In: AKB, Juni (1954) S. 9-14; Specht, Reinhard: Stiftungen und stiftungsähnliche Vermögensmassen im Landkreis Arnstadt-Ilmenau. In: AVAU 4 (1994). S. 59f.   *Reinhard Specht*

Walpurgiskloster: Benediktinerinnenkloster, 2 km südlich der Stadt in Spornlage auf dem Plateau des nach West, Nord und Ost durch Steilhänge, nach Süd durch Wall und Graben begrenzten Walpurgisberges, dem nördlichen Ausläufer der Wasserleite, in ca. 400 m Höhe über NN gelegen (Meßtischblatt Arnstadt 5131 H 31 640, R 25 940). Hier vorgeschichtliche Besiedlungsspuren der späten Bronze-/frühen Eisenzeit, vereinzelt Keramik, die in das späte 10. oder frühe 11. Jh. datiert, am 17. 10. 1196 erstmals urkundlich erwähnt (*Gebehardus prepositus de monte sancte Walburge*) als Eigenkloster der Reichsabtei Hersfeld, die um Arnstadt seit dem 8. Jh. reichen Grundbesitz hatte, wurde vermutlich im 11. Jh. gegründet, unterstand der Erzdiözese Mainz (Archidiakonat Beatae Mariae Virginis Erfurt), Rechtsform Propstei (Priorat), Klosterkirche war Maria geweiht, der Berg sicher schon früh nach hl. →Walpurgis benannt, möglicherweise wegen vermuteter, älterer Walpurgiskapelle.

Im Verlauf der Zeit Berg-Patrozinium der hl. Walpurgis als Kirchen-Conpatrozinium neben das Kirchenpatrozinium der hl. Maria gestellt (Umschrift auf Konventsiegel von 1294: SIGILLVM S. MARIE IN MONTE S. WALPULGE VIRGINIS). Nach Verlegung vom Berg an die →Liebfrauenkirche verschwand Walpurgispatrozinium. An der Spitze des Konvents Priorin, Seelsorge und Verwaltung besorgte Propst, der nach Urkundenlage eigentlicher Vorsteher war (1273 Bezeichnung als Propstei auf dem Walpurgisberg), Auswahl und Einsatz des Propstes durch den Abt von Hersfeld, bis Ende des 13. Jhs. schien das Walpurgiskloster in gutem Zustand und reichlich ausgestattet zu sein, danach Krise, die sich in Differenzen zwischen Abt Heinrich von Hersfeld und dem Konvent bei der Wahl des Propstes Hermann, genannt der Reiche, 1296 widerspiegelte. In jener Zeit hatte die Abtei Hersfeld durch die lang anhaltenden Auseinandersetzungen mit ihren Arnstädter Vögten, den Grafen von Käfernburg-Schwarzburg, Einfluß verloren, 1309 Verlegung des Walpurgisklosters vom Berg nach Arnstadt an die Liebfrauenkirche, die nun neben der Funktion als Pfarrkirche auch die der

Klosterkirche innehatte (Nonnenempore im südlichen Seitenschiff des Chores bis Ende 19. Jh.), Abbruch der Gebäude auf dem Walpurgisberg, Kirche hier diente Wallfahrtszwecken, Kloster in Arnstadt mit guten Beziehungen zu den Grafen von Schwarzburg, die es 1325 in ihren Schutz nahmen. Bei Verkauf ihrer noch verbliebenen Rechte an Arnstadt 1332 an die Grafen von Schwarzburg wurden Rechte am Nonnenkloster durch die Abtei Hersfeld ausdrücklich ausgenommen, um die Mitte des 15. Jhs. machte eine erneute Krise Reformen nötig, die zum Anschluß an die Bursfelder Kongregation führten. Das Kloster war Patron der drei Arnstädter Pfarrkirchen Bonifatius, Marien (Liebfrauen), Jacobus und besaß eine Vikarie in Gebesee, Propst führte Aufsicht über die Geistlichen in der Stadt, Grundbesitz, Rechte und Einkünfte umfangreich, vor allem in Arnstadt und näherer Umgebung, selten weiter entfernt, Erbzinse im 15./16. Jh. aus Arnstadt und 53 Orten, bedeutende Einnahmen an Zinsgetreide. Zum Klosterkomplex gehörten neben der Liebfrauenkirche die heute noch erhaltenen, allerdings umgebauten Häuser Untergasse 1 (Unterkloster, die *Eptey*, Wohnhaus der Priorin?), Untergasse 3 (→Oberkloster, Konventshaus?), Mittelgasse 14, An der Brunnenkunst 3 (→Brunnenkunst, zu Klosterzeiten Abortanlage) und An der Liebfrauenkirche 2 (→Prinzenhof, vorher Propsteigebäude?), 1533 Auflösung mit Einführung der Reformation, 1528 gehörten zum Konvent ca. 20 Nonnen, 1533/34 noch 8. Die letzte Nonne, Magdalena von Heßberg, starb 1566 und wurde in der Liebfrauenkirche begraben. Von der Klosteranlage auf dem Walpurgisberg zeugen im Südteil, der Wohn- und Wirtschaftsbauten umfaßte, mehrere Steinwälle, die den Verlauf klösterlicher Gebäudemauern markieren. Hier erstmals gesicherter Mauerwerksbefund durch Grabung 1976, von 1988-Juli 1991 Anlage weiterer Suchschnitte im Süd-, aber auch im Nordteil, ab 1. 8. 1991 - 31. 7. 1993 Flächengrabung im Nordteil, von West nach Ost, nach Genehmigung des Thüringischen Landesamtes für Archäologische Denkmalpflege, Freilegung und Sicherung von Fundamentresten der Klosterkirche und zweier weiterer, westlich von ihr gelegener Gebäude.

1. Klosterkirche: West-Ost orientiert. Drei Bauphasen feststellbar: a. Saalkirche. Langhaus innen 9, 40 m x 5, 30 m mit eingezogener, halbrunder Apsis im Osten, von der lediglich die Apsisschenkel im Ansatz erhalten waren. b. Saalkirche. Verlängerung des Langhauses nach Westen (Turm?). c. Saalkirche mit quergeteiltem Langhaus (33 m lang), Querhaus, Nord-Süd liegend (innen 14, 80 m lang, 5, 00 m breit), mit je einer geosteten, halbrunden Nebenapsis im Nord- und Südteil, im Fundament derselben *opus spicatum* (Fischgratmuster als Ausgleichschicht bei flachliegendem Steinmaterial), Krypta (6, 50 m lang u. 3, 00 m breit, Nord-Süd liegend, Zugang wahrscheinlich von Norden) und verlängertem Chor mit gestelzter, halbrunder (Haupt)Apsis. Hier und an der Nord-Außenmauer Querhaus ebenfalls *opus spicatum*. An der Südseite der Klosterkirche fanden sich Mauerreste, die auf einen Kreuzgang hindeuten könnten. Hier fanden sich die Gräber 1-8.

2. Westlich der Kirche lag ein gemauerter, überdachter Rundbau mit Filterzisterne (8, 50 m Innendurchmesser, im Zentrum eine 12 m tiefe Brunnenröhre von ca. 1 m Durchmesser).

3. Westlich davon Nord-Süd gelegener Steinbau, mindestens 33 m lang und 6, 80 m breit. Reste von Kalkestrich-Fußböden fanden sich hier wie auch im Innenraum der Kirche. Die Gebäude 1, 2 und 3 im Norden und Süden teilweise durch Mauern verbunden. Der reichlich vorgefundene Dachziegelschutt läßt auf Ziegeldeckung aller drei Gebäude schließen. Von den 15 angeschnittenen oder ausgegrabenen Gräbern lagen neun im Bereich Süd-Außenmauer Klosterkirche (vermuteter Kreuzgang), eine an der Ostseite der Zisterne, eine im Ostteil Langhaus vor der Apsisstufe (Stiftergrab?), vier im Nordteil Querhaus und eine im Südteil Querhaus. Eine wissenschaftliche Analyse der Bestattungen steht noch aus. Die aufgefundene Keramik datiert mit wenigen Stücken in das 10./ 11. Jh., zumeist jedoch 12.-16. Jh. und markiert mit letzterer Zeit den Abbruch der Klosterkirche nach der Einführung der Reformation 1533 und der ackerbaulichen Nutzung des Klostergeländes danach.

L Heinemeyer, Karl / Schaedel, Antje: Thüringisches Klosterbuch: Arnstadt Walpurgiskloster/Nonnenkloster. Erfurt 1998, S. 1-13.; Unger, Peter / Lappe, Ulrich: Ausgrabungen auf dem Gelände des ehemaligen Walpurgisklosters bei Arnstadt. In: Ausgrabungen und Funde 38 (1993), Heft 5, S. 244-253. dies.: Das Walpurgiskloster bei Arnstadt. In: Thüringen im Mittelalter. Die Schwarzburger. Rudolstadt 1995, S. 217-226.

Peter Unger

Wasserturm: In den zwanziger Jahren des vorigen Jhs. war ein immens gestiegener Wasserverbrauch in der Stadt, besonders in den Sommermonaten zu verzeichnen. Der Bau eines Wasserturms zur besseren Wasserversorgung machte sich notwendig. 1925 beschloß der Stadtrat den Bau eines Wasserturms auf dem →Arnsberg und bewilligte Baukosten in Höhe von 130.000 RM. Im Dezember 1926 wurde der von der Firma →Lotz & Gerhard errichtete Wasserturm in Betrieb genommen. Der schmiedeeiserne Wasserbehälter wurde von der Firma F. Neumann in Eschweiler hergestellt. Der Turm hat eine Gesamthöhe von 27,5 m und einen maximalen Durchmesser von 17 m. Ringförmig angeordnete vorspringende Dreikantpfeiler, Deckenebenen und der Turmkopf aus Stahlbeton bilden die Tragkonstruktion, die von einer Putzhaut umhüllt ist. Im Turmknopf befindet sich ein 1.000 m³ Wasser fassender Behälter, der als Vorrats- und gleichzeitig als Ausgleichsbehälter der Wasserversorgung diente. Der Boden des Wasserbehälters ist vom Bodenniveau des Arnsberges aus 13,2 m

Wasserturm, um 1930.

und der maximale Wasserspiegel 19,8 m hoch. Eine innere Wendeltreppe führt zur Aussichtsebene, Nutzung als Aussichtsturm möglich. Sein gefaltet anmutender Schaft macht den Wasserturm als dominanten Blickfang in eigentümlicher Gestalt zu einem Zeugnis für die Übertragung expressionistischer Formgedanken auf technische Bauwerke. 1972 Sanierung des Turmes, Beseitigung der Beschußschäden aus dem 2. Weltkrieg, Überzug der Kuppel mit Aluminiumfolie und Anbringung eines roten Plasteanstriches.

L Ziegenhardt, Andrea: Vor 70 Jahren - Bau des Wasserturmes auf dem Arnsberg. In: AVAU 6 (1996), S. 45f., Architekturführer Thüringen - Vom Bauhaus bis zum Jahr 2000. Weimar 2000, S. 299.

Manfred Wahl

Wasserwerk: 1895/96 Fassung der Quelle am Fürstenberg zur Versorgung der östlichen Längwitz (Gera-, Stadtilmer- und Gehrener Straße), um 1898 waren von 1.182 Häusern der Stadt 724 ohne eigene Wasserversorgung, nur etwa $1/3$ der Brunnen lieferte einwandfreies Wasser, nach mehr als achtjährigen Verhandlungen wurde am 11. 4. 1899 der Bau einer Hochdruckwasserleitung vom Stadtrat beschlossen, eine Anleihe von 450.000 Mark mußte aufgenommen werden, als Betriebskraft für das Wasserwerk wurde Gas vorgesehen, eine Fläche von 370 m² mußte auf der →Alteburg gerodet werden, um dort einen Hochbehälter (für 750 m³) zu bauen, begonnen wurde mit den Arbeiten am 2. 8. 1899, ab 4. 9. 1899 Verlegung neuer Rohrleitungen, im ehemaligen Spittelgarten entstand das Maschinenhaus für das Wasserwerk u. ein Beamtenwohnhaus, Überbauung des Quellgebietes der Schönbrunnquellen, Einweihung der Hochdruckwasserleitung am 15. 8. 1900, Betrieb in der →Brunnenkunst 1906 eingestellt, bis dahin wurden von dort noch die Brunnen an der →Oberkirche und der Neuen Kirche versorgt, 1903/04 Zusammenschluß der Gas-, Elektrizitäts- und Wasserwerke zu den Stadtwerken Arnstadt, ab 9. 3. 1912 Versorgung von Ichtershausen durch das Arnstädter Wasserwerk, 1940 hatte das Wasserleitungsnetz einen Umfang von 51.271 m, die Anzahl der Hausanschlüsse war in 40 Jahren von 1.135 auf 2.400 gestiegen, teilweise wurden mehr als 100 Leute beschäftigt, nach dem Krieg zunächst zum

Kommunalen Wirtschaftsunternehmen (KWU) der Stadt Arnstadt gehörig, ab 1. 1. 1952 VEB Wasserwerk Arnstadt, 1990 wurde aus dem VEB Wasser- und Abwasserbehandlung die Nordthüringer Wasserversorgung und Abwasserbehandlung GmbH.

Q KAA, Bestand Kreistag u. Rat des Kreises Arnstadt, Nr. 227; ANIB 1883-1906; AA 1925-49; FW v. 26. 5. 1993. *Heidrun Fröhlich*

Weber, A.(ndreas) Paul: Grafiker und Maler, *1. 10. 1893 Arnstadt, †9. 10. 1980 Schretstaken, zählt zu den bekanntesten satirischen Zeichnern des 20. Jhs. in Deutschland, Sohn des Eisenbahnassistenten Robert Wilhelm Heinrich Weber und dessen Ehefrau Marie Margarethe Pauline, geb. Kortmann, Kindheit und Jugend in Arnstadt, von 1908-14 Mitglied der Wandervogelbewegung, nach der Realschulzeit von 1912-14 Studium an der Kunstgewerbeschule in Erfurt, im 1. Weltkrieg Kriegsdienst als Eisenbahnpionier an der Ostfront, ab 1916 Zeichner und Karikaturist bei der Zeitschrift der 10. Armee, 1920 Heirat mit Toni, geb. Klander, fünf Kinder, Schwager von Dr. Theodor Neubauer, erste Arbeiten in der Technik der Lithographie, frühe Buchillustrationen, u. a. zu Hans Sachs, Entwürfe zum Arnstädter →Notgeld 1921, nach mehreren Umzügen 1936 mit seiner Familie in Großschretstaken/Kreis Herzogtum Lauenburg ansässig, wo er bis zu seinem Tode lebte und arbeitete, von 1931-36 neben Ernst Niekisch, dessen Widerstandskreis er sich 1928 anschloß, Mitherausgeber der Zeitschrift *Widerstand*, Buchausstattungen, Signet sowie politisch-satirische Illustrationen für den gleichnamigen Verlag, früher Mahner gegen den aufkommenden Nationalsozialismus, 1937 Verhaftung und Gefangennahme im KZ Hamburg-Fuhlsbüttel, in Berlin und Nürnberg, 1939-41 Zyklus zur Imperialismuskritik *Reichtum aus Tränen* (Britische Bilder), nach Kriegsende in kritischen Grafiken, vorzugsweise Lithographien, Aufzeigen von Mißständen in Politik, Kirche, Justiz, Wirtschaft und anderen Bereichen des öffentlichen Lebens, weitsichtige und sehr frühe Annahme der Proble-

Rückgrat raus!, 1960, Graphik von A. Paul Weber

matik des Umweltschutzes, ab 1959 Herausgabe des, zwischenzeitlich im nach seiner Ehefrau Toni Klander Clan Presse benannten Eigenverlag, ersten Kritischen Kalenders, dem bis 1981 noch 22 weitere Jahrgänge folgten und die in ihrer Kopplung von Grafik und aktuellen Texten einmalige Zeugnisse ihrer Zeit sind, zahlreiche Ausstellungen, auch über die Landesgrenzen hinaus, Mitarbeit an der Zeitschrift *Simplicissimus*, 1955 Kunstpreis des Landes Schleswig-Holstein, 1963 Hans-Thoma-Medaille, zunehmende Anerkennung, 1971 Ernennung zum Professor, Großes Bundesverdienstkreuz, 1973 noch zu Lebzeiten, Eröffnung des A. Paul Weber-Hauses in Ratzeburg, 1974 Gründung der A. Paul Weber-Gesellschaft, bis zu seinem Tode über 3.000 Lithographien, Hunderte von Holzschnitten, über 200 Ölbilder sowie eine unübersehbare Zahl von Handzeichnungen, Skizzen und vor allem gebrauchsgrafische Arbeiten.

L Schumacher, Helmut / Dorsch, Klaus J.: A. Paul Weber. Leben und Werk in Texten und Bildern, Hamburg, Berlin, Bonn 2003 (Porträt).　　*Matthias Klein*

Weber, Laurentius: Superintendent, *14. 6. 1622 Arnstadt, †7. 4. 1670 Arnstadt, Studium der Philosophie und Theologie in Helmstedt und Jena, 1644 Magister, theologische Vorlesungen in Erfurt ab 1645, 1647 Konrektor der Schule in Arnstadt, ab 1651 Pfarrer in Wandersleben, 1661 nach Arnstadt berufen als Archidiakon und 1666 (bereits krank) als Superintendent. In Druck erschienen Reden und Schriften, brandgeschädigt 1670, begraben in der →Oberkirche.

W *Einweihungspredigt der neuerbauten Schloßkirche in Gehren* (1667), *Christianus exemplaris, an den Grafen Christian Günther von Schwarzburg* (1667), *Man kiese, was man will, das Wetter hat sein Spiel - Leichenpredigt für Regina Kiesewetter* (1669), *Leichenpredigt für Graf Johann Günther zu Schwarzburg, †Student in Tübingen* (1669).

L Thüringer Pfarrerbuch, S. 406; Lappé, Friedrich Wilhelm: Was unsere Kirchenbücher erzählen. In: Heimatglocken. Arnstadt 11 (1935).

Hans-Ulrich Orban

Wedemann, Carl, Saitenfabrik: Gegr. durch Witwe Babethe Wedemann mit der Errichtung einer Darmzubereitungsanlage 1896 in der früheren Roßschlächterei, Sohn Carl Wedemann (†26. 2. 1943) betrieb ab 8. 10. 1899 in der Rosenstr. 24 eine Seilerei, 1906 Seilerei und Saitenfabrik Carl Wedemann in der Karl-Liebknecht-Str. 77/79 durch gleichzeitige Übernahme des Geschäftes der Mutter, Herstellung von Tennis-, Maschinen- und Musiksaiten sowie Tennisschlägern, erst 1926 in das HR eingetragen, in den 30er Jahren genossen Wedemanns Tennissaiten und -schläger bei prominenten Sportlern besondere Beachtung, ab 1. 1. 1936 OHG durch Eintritt des Sohnes Heinz Wedemann in das Geschäft, bis 20 Beschäftigte, in den 50er Jahren Saiten für Federball- und Tennisschläger, Schichtenskier, Produkte wurden unter der Schutzmarke *CWA* vertrieben, staatliche Beteiligung ab 1959, Export von Sportgeräten aus Kunststoff und Plaste auch nach Westdeutschland, 1964 Herstellung von Sportgeräten (10%), technischen Holzwaren für den VEB →Fernmeldewerk (85%) und Möbelteilen für den VEB Möbelwerk Gräfenroda (5%) durch 14 Beschäftigte, 1972 VEB Holzverpackung bis 1990.

Q KAA, Bestand Kreistag u. Rat des Kreises Arnstadt, Nr. 126, 362, 529, 620, 689; ANIB 1896-1912; AA 1923-42.　　*Heidrun Fröhlich*

Weise, Jacobus: Musiker, Stadtpfeifer, *November 1658 Goldlauter, †29. 4. 1739 Arnstadt, nach dem Tod von Johann Christoph Bach 1693 dessen Nachfolger als Hof- und Stadtmusikus in Arnstadt. Wie dieser bildete er Lehrlinge und Gesellen aus und wohnte im Haus Kohlgasse 7, ab 1732 gemeinsam mit der Familie Johann Ernst Bachs Auf dem Friedhof.

L Lappe, Friedrich Wilhelm: Bedeutende Persönlichkeiten des Kreises Arnstadt. In: KS Juli (1961).

Alwin Friedel

Weiße: Die *Wilde Weiße* entspringt oberhalb Crawinkel in der Nähe von Friedrichanfang, versickert aber schon im Quellgebiet im stark zerklüfteten Muschelkalk und tritt erst am Ausgang des →Jonastales durch eine Verwerfung zutage und speist die →Quellen des →Schönbrunns. Nur bei Schneeschmelze, starken Gewittergüssen und langanhaltenden Niederschlägen fließt die Weiße oberirdisch und trägt ihren Namen *Wilde Weiße* zu Recht. Nach der Wasserentnahme durch das Städtische →Wasserwerk im Schönbrunn floß das Wasser in einer offenen Rinne durch die Stadt und mündete in der Nähe der Hammerecke in die Gera. Nach Aufnahme des Mühlgrabens an der →Neumühle speist sie noch den Mühlgraben im ehemaligen Arnstädter Industriegebiet.

Stadtweiße: Erhielt das Wasser aus dem Überlauf der Quellen im Schönbrunn. In einer Holzrinne überquerte der Wasserlauf die Wilde Weiße in der Nähe des Wasserwerkes und zog sich als *Kelle* in einem offenen Graben am Abhang der →Alteburg hinter den Grundstücken in der Schönbrunnstraße bis zur →Brunnenkunst hin. Ein oberschlächtiges Wasserrad hob das Wasser in einen Behälter, von dem aus die →Brunnen oberhalb des Marktplatzes gespeist wurden. Das restliche Wasser trieb die →Papiermühle und lief als Stadtweiße in einem offen Graben am alten städtischen Brauhaus vorbei, durch die Straßen *Obere Weiße* u. *An der Weiße.* Von der Umbreit`schen Gerberei aus floß die Stadtweiße hinter den Grundstücken entlang bis zur heutigen Turnvater-Jahn-Straße, wo das Wasser das Rad der Pollmannschen Oelmühle antrieb, überquerte anschließend die Erfurter Straße, um zwischen den Gärten der Ritterstraße und der Stadtmauer zum Burggraben der →Neideck zu fließen und schließlich nach Unterführung der Schloßgartenallee in den Mühlgraben zu münden. 1933 wurde die endgültige Kanalisierung der Stadtweiße von der Brunnenkunst bis zur Ruine Neideck durchgeführt. Heute ist der Stadtweiße-Kanal trockengefallen.

L Kaiser, Ernst: Das Thüringer Becken. Gotha 1954, S. 28-32; Zur Geschichte der Stadtweiße. In: AA v. 8. 7. 1933, Nr. 27. *Manfred Wahl*

Weizenbier: Erstmalig von Bürgermeister Nicol Fischer 1617 gebraut. Fischer war bereits 1595 Bürgermeister u. löste den verstorbenen Adam Asmus ab. Er hatte zwischen 1598-1625 dieses Amt mehrfach inne, war schon vor 1585 Bürger der Stadt u. erlebte aller Wahrscheinlichkeit nach als junger Mann den großen Stadtbrand 1581. Fischer war der reichste Bürger der Stadt, lebte im Riedviertel und zahlte die beträchtliche Summe von über 29 Gulden im Jahre 1617 an Steuern (die Mehrheit der Bürger zahlte zwischen 1-2 Gulden). Der bedeutende Arnstädter Bürgermeister, Kaufmann und Bierbrauer starb 1626. Die Erfindung des Weizenbieres muß vor dem 29. September 1617 stattgefunden haben.

Weitzenbier ist ein Bier, das aus Weitzen und Gerstenmalz mit Hopfen gebrauet wird und entweder eine ins Weiße fallende oder braungelbe Farbe hat. Das vorzüglichste Weitzenbier, welches in derselben Güte noch an keinem andern Orte hat nachgebrauet werden können, wurde zu Arnstadt, im Fürstenthum Schwarzburg-Sondershausen, im Jahr 1617 von dem Bürgermeister Niclas Fischer erfunden und zuerst gebrauet. Dieses Bier ist braun von Farbe, angenehm von Geschmack, und berauscht leicht, übrigens ist es sehr nahrhaft und besonders für Alle, die sich des Tags durch Handarbeit ermüden, sehr stärkend. Man will auch den Umstand, daß in Arnstadt nicht leicht eine Ruhrepidemie überhand nehmen kann, von dem Trinken des Weitzenbiers herleiten, weil es eine sehr erwärmende Kraft hat. Man theilt diese Arnstädter Weitzenbiere wieder in Lagerbiere, welche die vorzüglichsten sind und den ganzen Sommer hindurch dauern, und in Hefenbiere, die nach Michaelis (29. 9.) ihren Anfang nehmen und den Winter hindurch zu haben sind. Die starken Weizenbiere wurden anfänglich in den großen Brauhäusern der Stadt gebraut (über 90 Eimer). Der Stadtschreiber Quirinus Heßling verfaßte zum Ruhme des Weizenbieres und seines Erfinders sogar Verse. *Solche Art Bier kan nirgends so gut nach gemachet werden/ ist sehr kräfftig und nahrhaft; allein es schadet auch der Mißbrauch* (Olearius).

L Busch, Gabriel Christian Benjamin: Handbuch der Erfindungen. Zwölfter und letzter Theil, Eisenach 1822, S. 353f.; Olearius, S. 136f. *Michael Kirchschlager*

Wellpappenwerk: VEB, Mühlweg 2, ehemals →Kartonagen AG, ab 1948 als Kartonfabrik Arnstadt zur VVB Papier/Chemie Thüringen gehörig, 1954 Wellpappen- und Kartonagenwerk Arnstadt, VVB Papierverarbeitung, dann zunächst VEB Kartonagenwerk und ab 1964 VEB Wellpappenwerk, 1964 Errichtung einer neuen 430 m² großen Lagerhalle, außerdem Rekonstruktion des Gleisanschlußes, 1967 Produktion von Wellpappe 2-, 3- und 5-lagig, Wellpapprollen, Faltschachteln und Inneneinrichtungen sowie Durchzugschachteln, 1971 Umbenennung in VEB Vereinigte Wellpappenwerke Leipzig, Werk 4 Arnstadt, 1972 Übernahme des Privatbetriebes Wilhelm →Schmidt als Abt. Spezialkartonagen, auf der IGA-Ausstellung in Erfurt 1972

Goldmedaille für eine Obststiege, bei der Holz eingespart werden konnte und die für bessere Ausnutzung des Transportraumes diente, 7. 10. 1974: Grundsteinlegung für neues Wellpappenwerk mit voll- und teilautomatisierten Produktionsanlagen am Bierweg, im Herbst 1975 waren Werkstatt und Garagen für das neue Werk fertig gestellt, ab 17. 8. 1976 Probebetrieb in der neuen Produktionsstätte, ab 2. 1. 1977 Dauerbetrieb, 290 Beschäftigte, das Angebot reichte von kleiner Faltschachtel bis zum Pappcontainer in Schrankgröße, im Zuge der Kombinatsbildung gehörte der Betrieb ab 1983 zum VEB Kombinat Verpackung Leipzig, Aufbau einer Eigenwasserversorgungsanlage, Anfang 1990 380 Beschäftigte, 1990 Umwandlung in die GmbH Arnstadt Verpackung, 19. 7. 1990 Kauf der GmbH durch Verpackung + Display Stabernack jr. und Partner GmbH + Co. in Fulda von der Treuhandgesellschaft, rund 280 Beschäftigte des früheren Betriebes wurden übernommen, Arnstadt Verpackung GmbH sollte selbständige Gesellschaft bleiben, 1991 220 Beschäftigte.
Q KAA, Bestand Kreistag u. Rat des Kreises Arnstadt, Nr. 126; DV 1953-83.   *Heidrun Fröhlich*

Wentzing, Heinrich Richard: Hofmaler, Kapellmusiker, *um 1650, †um 1720, verheiratet mit Friedelina Elisabetha, zwischen 1683-91 Geburt von acht Kindern, 1680 wurde der Kammerdiener bereits als Mitglied der Hofkapelle genannt, von 1681 an Aufbau einer Gemäldesammlung für den Fürsten (Verfassung eines Inventars), seit 1682 Hofmaler für Fürst →Anton Günther II., Erwerb des Arnstädter Bürgerrechts am 6. 9. 1688, Besitzer des Schieferhofs in der Fleischgasse/Ecke Riedmauer, 1688/90 als Violinist in der →Hofkapelle genannt, erhielt für seine Tätigkeit ein hohes Gehalt (Besoldung zwischen 1682-95). Ansonsten ist die Quellenüberlieferung für sein Leben spärlich. Wahrscheinlich zog er 1696 aus Arnstadt weg. Über seine Malerarbeiten ist ebenfalls nicht viel bekannt. Um 1690 bemalte er im Auftrag der Stadt den Brunnen in der Zimmerstraße. Von seinen Werken hat sich keines erhalten.
L Scheidt, Helga: Künstler und Werke der bildenden Kunst und des Kunsthandwerks in Arnstadt und am Hof Anton Günthers II. In: BACH 2000, S. 89-94.
                    Michael Kirchschlager

Wiegand, *Fritz* **Max Martin:** Museumsdirektor, Stadtarchivar, Geschichtsforscher, Vorsitzender der Museumsgesellschaft, *11. 4. 1895 Stützerbach, †17. 10. 1982 Erfurt, Besuch der Volksschule in Stützerbach und der Oberrealschule in Ilmenau, ab 1913 Volontär bei der Stadtverwaltung in Arnstadt, ab 1918 Tätigkeiten als Leiter verschiedener Abteilungen, 1919 Magistratsassistent, 1922 Magistratssekretär, 1923 Obersekretär, 1927 Inspektor, 1931 Oberamtmann und ab 1933 Stadtamtsrat, 1920-23 Studium der Wirtschaftswissenschaften in Jena auf Veranlassung des Oberbürgermeisters →Bielfeld, 1930/31 und 1935/36 nebenamtlich als Lehrer an der Thüringischen Verwaltungsschule tätig, 1931 Übertragung der Direktion des Schloßmuseums und 1932 der stellvertretenden Leitung des Stadtarchivs, Beschäftigung mit dem Neuaufbau des →Heimatmuseums und als Bodendenkmalpfleger, Mitglied der Freimaurerloge, Mitglied der →Museumgesellschaft, 1932-33 deren Schriftführer und 1933-45 deren Vorsitzender, Vorstandsmitglied der →Museumsstiftung, Herausgeber der Alt-Arnstadt-Hefte 9-12 (1932-39), 1948 Mitarbeit an der organisatorischen Neugestaltung der städtischen Verwaltung, 1949 Übernahme der Leitung und Wiederaufbau des Stadtarchivs, 1949 Abberufung als Verwaltungsdirektor,
1951 Kündigung bei der Stadtverwaltung Arnstadt und Wegzug nach Erfurt zur Übernahme der Leitung des Stadtarchivs Erfurt, zahlreiche ehrenamtliche Tätigkeiten u. a. Herausgeber der Schriftenreihen *Aus der Vergangenheit der Stadt Erfurt* u. *Beiträge zur Geschichte der Stadt Erfurt*, Mitglied der Redaktionskommission der *Beiträge zur Geschichte der Universität Erfurt (1392-1816)*, bis 1967 Vorsitzender der Arbeitsgemeinschaft der Stadtarchivare des Bezirks Erfurt, Mitglied der Deutschen Historiker-Gesellschaft, Mitarbeiter der Arbeitsgruppe Landesgeschichte des Instituts für Geschichte der Deutschen Akademie der Wissenschaften, 1865 Titel als Direktor des Stadtarchivs, 1975 Ehrenmitglied der Wissenschaftlich-Medizinischen Gesellschaft an der Medizinischen Akademie Erfurt, trotz altersbedingter Versetzung in den Ruhestand im Jahre 1970 noch bis 1975 wissenschaftlicher Mitarbeiter, stellvertretender Direktor oder Direktor im Stadtarchiv Erfurt, letzte Ruhestätte

in Stützerbach, Verfasser zahlreicher heimatgeschichtlicher Veröffentlichungen.

W *Arnstädter Ortsrecht* (Arnstadt 1928 u. 1949), *Mon Plaisir.* In: Alt-Arnstadt 9 (1932), S. 34-44, *Die Arnstädter Stadtrechtsurkunde von 1266.* ebd. 11 (1936), S. 3-6, *Arnstadt von 1763-1792* (Tagebuch des Johann Gottlieb Bachstein), ebd. S. 22-64, *Vorgeschichtliche Funde von 1933 bis 1938.* ebd. 12 (1939), S. 3-13, *Zur Geschichte der Augustenburg.* ebd. S. 46-50, *Nachrufe auf Dr. Johannes Bühring,* ebd. S. 121-124 und *Franz Boese.* ebd. S. 124-125, *Beitrag über Arnstadt im Deutschen Städtebuch.* Bd. II. Mitteldeutschland. Stuttgart-Berlin 1941, S. 269-272 (zus. mit Hermann Krebs), 1950 Herausgeber des Arnstädter Bachbuches (2. Aufl. 1957 zus. mit Karl Müller), *Aus Arnstadts Geschichte.* In: Das 1250jährige Arnstadt. Arnstadt 1954, S. 7-41.

L Ziegenhardt, Andrea: Zum 100. Geburtstag des Archivars Fritz Wiegand. In: AVAU (5) 1995, S. 190-192 (Porträt); Benl, Rudolf: Fritz Wiegand (1895-1982) Leiter der Stadtarchive Arnstadt 1949-1950 und Erfurt 1951-1970/74. In: Lebensbilder Thüringer Archivare. Rudolstadt 2001, S. 270-277 (Porträt).

Andrea Kirchschlager

Winckler, *Alexander* **Carl:** Kaufmann, Lackfabrikant, einer der ersten aktiven Sozialdemokraten in Arnstadt, Freidenker, *3. 10. 1839 Sondershausen, †9. 12. 1917 Arnstadt, Sohn des Fürstlichen Musikdirektors Bernhard Winckler und dessen Ehefrau Kathinka, geb. Rudolph, kaufmännische Lehre ab 1856 in Sondershausen, Umzug nach Arnstadt, 1864 Gründung der Lack- & Firnißfabrik Winckler & Herda im Dorotheenthal, wahrscheinlich dort Verbindung mit dem bekannten *1848er* Gustav →Ramann, ab 1. 1. 1866 Alleinbetreibung der Fabrik in Hintergebäuden Ritterstr. 7, 1873 Verlegung der Lackfabrik auf das Grundstück Marlittstr. 19 (nur zwei Beschäftigte) und Errichtung eines Wohnhauses, in welchem er bis zu seinem Tode lebte, danach Bildung einer OHG durch Sohn Paul und Tochter Helene, Umbenennung der Fa. in *Alexander Winckler, Lack- und Firnißfabriken, Leimgroßhandlung,* Entwicklung von Putz- und Poliermitteln für dauernden Hochglanz bei Glas, Kristall und Holz (Reichspatent) durch Paul Winckler, 1924 Entwickler und alleiniger Hersteller eines geruchlosen Pflanzenschutzmittels

(OBOLIN) für Obstbäume, nach Konkursverfahren 1926 Löschung der Fa. im HR, jedoch als Handelsgeschäft bis etwa 1937 durch Helene Winckler weitergeführt, von 1912-36 betrieb Sohn Otto Winckler (ab 1934 Irmgard Winckler Inhaberin) ebenfalls eine chemische Fabrik (Herstellung chemischer Beizmittel) in der Gehrener Str. 15, Verkaufsgeschäft 1952 noch in der Ritterstr. 7. Eheschließung mit Agnes, geb. Hochherz, spätestens seit 1868 war Winckler Mitglied im hiesigen Freireligiösen Verein, ab 1869 wurde der aus Amerika zurückgekehrte Winckler Führer einer sehr aktiven freireligiösen Strömung, deren Inhalte auf den Magdeburger Pfarrer Uhlich zurückgingen, Bekanntschaft mit dem Freidenker und Sozialdemokraten Wilhelm Liebknecht, zählte zu den frühen Anhängern der 1869 in Eisenach gegründeten Sozialdemokratischen Arbeiterpartei (SDAP), 1873 Kandidatur für die Stadtverordneten-Ergänzungswahlen und damit erster politischer Repräsentant der Arnstädter Sozialdemokratie, große Beliebtheit bei Arbeitern.

1874 *Candidat der Arbeiter unseres Landes* (des Fürstentums Schwarzburg-Sondershausen) zur Reichstagswahl, enge Verbindung zum sozialdemokratischen Reichstags-Abgeordneten Wilhelm Bock, ab 1885 mit geringfügigen Unterbrechungen bis zu seinem Tode sozialdemokratischer Stadtrat, übte dabei maßgeblichen Einfluß aus im Bau-Ausschuß, 1907 errichtete er die →Agnes-Winckler-Stiftung für Arbeitergärten am Weg zur →Krumhoffsmühle, die erste Kleingartenanlage Arnstadts, 1914 Errichtung einer weiteren Stiftung für bedürftige Eheleute, langjähriges Vorstandsmitglied des Kaufmännischen Vereins und eifriger Förderer der Fortbildungsschulen, Verbindungen zu Karl Liebknecht, Rosa Luxemburg und Franz Mehring, 1915 finanzielle Unterstützung der *Gruppe Internationale* bei der Herausgabe von Material, 1917 Tod und Verbrennung des Leichnams auf dem Friedhof V Gotha, wo 1878 das erste Krematorium in Deutschland eröffnete, Urnenbeisetzung in der nach 1900 errichteten Winckler´schen Anlage, einer Gedenkhalle für Beisetzungen der Familienmitglieder, unterhalb des Aussichtspunktes →Schneckchen (Gedenkstätte wurde in den 1980er Jahren durch Brandstiftung zur Ruine, Umsetzung der Urnen auf den Arnstädter Friedhof), 19/0

Wohn- und Fabrikgebäude der Winckler'schen Lackfabrik, Marlittstraße/Plauesche Straße, um 1900

Straßenbenennung (Alexander-Winckler-Straße) im Wohngebiet Arnstadt-Ost.

Q KAA, Bestand Kreistag u. Rat des Kreises Arnstadt, Nr. 1175; DV v. 29. 3. 1952 u. 13. 12. 1977.

L Unger, Peter: Zum 160. Geburtstag von Alexander Winckler (1839-1917). In: AVAU 9 (1999), S. 172-183.

Peter Unger / Heidrun Fröhlich

Winter, Fritz: Eisengießerei, Bierweg, gegr. am 7. 10. 1932, Inhaber Ingenieur Fritz Winter, Übernahme der Eisengießerei der ehemaligen Fa. →Winter & Co. GmbH, Produktionsprofil 1932: Maschinenguß nach Zeichnung, Modell und Schablone, Bau-, Kanal- und Wasserleitungsguß, Transmissionsguß, Massenartikel, hergestellt auf modernsten Formmaschinen, Spezialitäten: Bremsklötze, Roststäbe–Achsbuchsen für die Eisenbahn (Modellanfertigungen in Holz und Metall), Bearbeitung von Gußteilen in eigener Maschinenbauanstalt, eigenes chemisch-metallographisch-physikalisches Laboratorium, Fa. besaß eigenen Gleisanschluß, als Rüstungsbetrieb eingestuft, was für den Betrieb selbst keine Konsequenzen hatte, Inhaber war geflohen, am 17. 8. 1946 Übergabe des Betriebes in die Verwaltung des Landes, ab April 1949 VEB →GUS Eisenwerk.

Q AA 1932-43. *Heidrun Fröhlich*

Wittich, M. Johann: Mediziner, *1. 5. 1537 Weimar, †23. 9. 1596 Arnstadt, Sohn des kurfürstlichen Hof- und Stadtapothekers Johann Wittich, Besuch des Gymnasiums 1546 in Erfurt und 1548 in Zwickau, ab 1553 Studium der Medizin in Jena und ab 1559 in Wien, Promotion zum Magister, 1561 Berufung an den Hof Augusts von Sachsen nach Torgau, in seinem Auftrag Herstellung eines *Vivum Herbarium*, einer Sammlung und Beschreibung in- und ausländischer Pflanzen, die anschließend von Künstlern gemalt wurden.

1562 Eheschließung mit Magdalena, geb. Spieß, 1563 Stadtarzt in Sangerhausen, 1564 Stadtarzt und Leibarzt der Grafen von Mansfeld in Eisleben und Eröffnung einer Apotheke, 1578 Anstellung als Stadt- und Leibarzt in Arnstadt durch Graf →Günther den Streitbaren, vor allem Leibarzt seines Bruders Graf Albrecht VII. von Schwarzburg-Rudolstadt, 1587 Ende seines Vertrages als Stadt- und Leibarzt, erhielt das Haus *Zum Schlendorn* zum Geschenk, verfaßte zahlreiche medizinische Abhandlungen.

W *Kurtzer Begriff de peste, als der Autor in die Grafschaft Schwartzburg gezogen* (Eisleben 1578), *Tax Tefflein der Gräflichen Schwartzburgischen Apothecken zu Arnstadt* (Erfurt 1583), *Bericht von der Praeservation und Curation der Pestilenz*

(Leipzig 1585), *Tröstlicher Unterricht für Schwangere und geberende Weiber ... Vorbereitung zum Geberen damit ihnen ihre Geburt nicht schwer und sauer ankomme* (Leipzig 1591), *Sterbekunstbüchlein* (Leipzig 1594), *Artzneybuch für alle Menschen sonderlich aber für arme und dürfftige Leute denen bißweilen die Sonne ehe ins Haus kömmet dann das liebe Brod* (Leipzig 1596).
L Hafemann, Klaus: Magister Johann Wittich (1537-1596). (Diss.) Würzburg 1956 (Porträt).

Andrea Kirchschlager

Wolfgang, Carl *Alexander* Cornelius: Maler und Grafiker, *13. 3. 1894 Arnstadt, †14. 3. 1970 Gera, Sohn des Kaufmanns Alexander Wolfgang und seiner Ehefrau Luise, Familie bewohnte das Haus Schulgasse 1 in Arnstadt, wo sie ein Materialwaren- und Delikatessengeschäft betrieb, 1905 Wegzug der Familie nach Stützerbach, wobei der Sohn Alexander die Gymnasialzeit noch bei seinem Onkel in Arnstadt (Wagnergasse 6) verbrachte, 1908 folgte er der Familie nach Gera, 1909 kaufmännische Lehre, bis 1912 Buchhalter in Gera, 1913 Rekrut, seit Ausbruch des 1. Weltkrieges Soldat, bekam als sogenannte Hindenburgspende einen Malkasten geschenkt, erste Malversuche, 1919 Rückkehr ins Elternhaus und zum Kaufmannsberuf, ernsthafte autodidaktische Beschäftigung mit der Malerei, 1920 Angestellter beim Finanzamt Gera, 1930 Aufgabe des Kaufmannsberufs, freiberuflicher Maler, 17. 11. 1939 Heirat mit Hedwig, geb. Dix, der jüngsten Schwester von Otto Dix, zog 1940 ins Haus der Familie Dix in Gera-Untermhaus, 1942-45 Kriegsdienst, neben mehreren Ausstellungsbeteiligungen Personalausstellung im Angermuseum Erfurt 1964 und im Antiquariat Becker in Weimar 1967, 1994 anläßlich seines 100. Geburtstages große Retrospektivausstellung in den Kunstsammlungen Gera, danach, bis Februar 1995, Würdigung durch eine Sonderausstellung in Arnstadt, oft als Vertreter des Expressionismus der zweiten Generation bezeichnet, ist seine Malerei einzuordnen *in die oszillierenden Verhältnisse zwischen Postimpressionismus und Neuidealismus, Expressionismus und Neue Sachlichkeit. Diesseits von Avantgarde und jenseits von Heimatkunst.*
L Frommhold, Erhard: Alexander Wolfgang. Reihe Maler und Werk. Dresden 1975; Frommhold, Erhard / Lang, Lothar / Schwarzentrub, Wolfgang: Alexander

Wolfgang 1894-1970. Ausstellungskatalog Kunstsammlung Gera 1994 (mehrere Porträts). *Matthias Klein*

Wollmarkt: Entstehung des Wollmarktes ging auf Idee des Kaufmanns und Bürgervorstehers Christian Heinrich Wellendorf zurück, Schafzucht damals weit verbreitet, so daß Wolleverkauf in Arnstadt noch effektiv war. Erster Wollmarkt am 17. 6. 1850 aus rein ökonomischen Erwägungen, Wollhändler aus 51 Orten der näheren und weiteren Umgebung, schon ein Jahr später zwei Karussells und die Einschätzung der Veranstalter, daß der Wollmarkt bereits zwei Jahre nach seiner Eröffnung Volksfestcharakter angenommen hatte, obwohl der Handel mit Wolle immer noch im Vordergrund stand, ab 1865 Wollmarkt Volksfest mit Wollhandel bis zum 1. Weltkrieg, wobei ab 1895 ein kontinuierliches Absinken der Wollzufuhr und des Wollverkaufs wegen der Einfuhr überseeischer Wolle zu verzeichnen war. Grund für den Rückgang der einheimischen Schafzucht waren die infolge der Separation entfallenden Weideplätze, immer mehr Fahr- und Schaugeschäfte, letztmalige Wollanfuhr 1929, seit diesem Jahr Einbeziehung der benachbarten Hammerwiese in das Festgeschehen, ab 1930 Verkleinerung des Festplatzes im Süden durch Neubau des →Finanzamtes (heute Amtsgericht), auf und ab während Kriegs- und Krisenzeiten, doch niemals Ende desselben, während des 1. Weltkrieges 1915-17 sowie 1919 kein Wollmarkt, während des 2. Weltkrieges demontierte man Anfang 1943 das Kraft- und Lichtstromnetz, so daß 1943-45 keine Wollmärkte stattfanden, erster Nachkriegswollmarkt 1946, der nicht nur für Freude und Belustigung sorgte, sondern eine ganz praktische Bedeutung hatte, es wurden auch Haushaltgeräte und Kleidungsstücke verkauft, 1951 bereits 20 Fahr-, 13 Spiel-, fünf Eis- und vier Schaugeschäfte sowie 19 sonstige Geschäfte auf dem Wollmarkt, bis 1989 dominierten auf dem Wollmarkt die Raupe, die Spinne, die Seesturmbahn, Krinoline, Hofmanns Autokarussell, Otto Viol's Autoscooter, Nuckelpinne, Walzerfahrt, Schmetterlingsbahn, Kettenflieger oder Bodenmühlen, dazu kamen Schaubuden mit Magiern, Hypnotiseuren, Tauchern und Steilwandfahrern sowie Vergnügungsgeschäfte mit rollenden Tonnen, Wackeltreppen und Zerrspiegeln und Malfertheiners Honolulu, außerdem Autobahn Sachsenring, Air Twister, Kosmosrotator und Großglocknerbahn, nach 1990 sahen sich die hiesigen Schausteller zunächst einer übermächtigen Konkurrenz westlicher Kollegen, ausgestattet mit den modernsten Geschäften, gegenüber, doch meisterten sie diese Situation durch mutige Neuinvestitionen und konnten sich weiter auf den Volksfesten behaupten.

L Festschrift zum 150. Arnstädter Wollmarkt 1850-1999. Arnstadt 1999, S. 13-125. *Peter Unger*

Woltersdorf, *Hugo* **Ernst Christian:** Besitzer der Günthersmühle von 1860-1901, *11. 6. 1825 Merseburg, †12. 1. 1901 Arnstadt, Sohn des Apothekers Ernst Woltersdorf und dessen Ehefrau Auguste, geb. Schrader, Eheschließung mit Rosa Sophie, geb. Horwitz, Besuch des Köllnischen Realgymnasiums in Berlin, Übersiedlung der Familie nach Marienwerder, Schlosserlehre als Vorbereitung auf das Maschinenfach, als Geselle Besuch der Königlichen Provinzial-Gewerbeschule in Graudenz, 1845-48 Ausbildung am Königlichen Gewerbeinstitut in Berlin, erhielt dort für seine Leistungen in der angewandten Mathematik den 1. Preis und die große silberne Medaille, danach Tätigkeiten in der Lokomotivwerkstatt von Richard Hartmann in Chemnitz und später im technischen Büro der Buckauer Maschinenfabrik, dort lernte er den Werkführer Klusemann kennen, mit welchem er 1852 in Sudenburg bei Magdeburg eine Maschinenfabrik und Eisengießerei unter der Firma *Klusemann und Woltersdorf* gründete, die sich hauptsächlich mit der Einrichtung von Zuckerfabriken beschäftigte, Woltersdorf leitete das technische Büro (Entwürfe, Zeichnungen), 1859 Austritt aus der Firma, danach Kauf der →Günthersmühle in Arnstadt, 1. 1. 1860 Übernahme der Mühle, ein Schicksalsschlag war der verheerende Brand 1872, danach wurde sie als Neubau mit modernster Mühlentechnik wiedererrichtet, ab 1871 Vorsitzender des Thüringer Zweigverbandes Erfurt und ab 1875 Vorsitzender des Ausschusses des Verbandes deutscher Müller bis 1892, Ernennung zum Ehrenmitglied des Verbandes deutscher Müller, 1885 Verleihung des Titels Kommerzienrat für seine Bemühungen um die Wiederherstellung der →Liebfrauenkirche und Verleihung des Schwarzburgischen Ehrenkreuzes III. Klasse bei der Einweihung der Kirche 1888,

1894 Geheimer Kommerzienrat, Sohn Hugo *Johannes* Woltersdorf (*21. 1. 1863 Arnstadt, †30. 3. 1947 Arnstadt) wurde sein Nachfolger, wohnte Plauesche Str. 2, Grabmal →Neuer Friedhof.

Q ANIB v. 13. 1. 1901, Nr. 11 (Nachruf u. Todesanzeige).

L Curdt, Otto: Geschichte der Günthersmühle in Arnstadt. Arnstadt 1909 (Porträt).

Andrea Kirchschlager

Wüstungen: Urkundliche Nachrichten fehlen oft und nicht selten ist der auf einer Flurkarte als Flurname eingetragene Wüstungsort der einzige Hinweis auf eine ehemalige (wüste) Dorfstelle. *Braunsroda:* Der Ort lag etwa 3 km südöstlich von Arnstadt, ca. 600 m links der Straße Arnstadt-Dannheim, hinter dem Hain. Urkundliche Nachrichten fehlen. Der Flurname *In Braunsroda* deutet auf einen abgegangenen Ort, der durch archäologische Funde für das 13. bis Anfang 15. Jh. bestätigt ist. *Eichfeld:* Etwa 2,5 km westlich von Arnstadt lag das Dorf, von dem sich Flurnamen wie Kirchweg, Kirchhof und Eichfeld erhalten haben. Die erste urkundliche Nachricht vor 815 ist unsicher, dagegen ist die von vor 1290, da Hersfeld in *Eichenveld* stark begütert war, zweifelsfrei. Der Mitte des 15. Jhs. vermutlich aus Wassermangel verlassene Ort mit Kirche und Kirchhof wird 1411 schon als wüst bezeichnet. Archäologische Funde, die die ehemalige Ortslage genauer lokalisieren könnten, liegen bisher nicht vor. *Mattstedt:* Die ehemalige Siedlung Mattstedt lag an der unteren Bachschleife zwischen Arnstadt und Rudisleben. 1414 werden Acker im Mattstedter Feld genannt. Wenn auch der Ort als solcher urkundlich nicht belegt ist, ist seine Lage doch gut bekannt. Bei Bauarbeiten mehrfach den Friedhof der ehemaligen Siedlung angeschnitten. Keramikfunde datieren in die Zeit des 12.-14. Jhs. Der Ort, 1414 als wüst bezeichnet, scheint demnach spätestens Ende des 14. Jhs. aus unbekannten Gründen aufgegeben worden zu sein. *Sickersdorf:* Der Ort soll südlich der Straße Arnstadt-Dannheim im sogenannten Fürstengrund, gegenüber dem Dorotheental gelegen haben. 1409 werden Weinberge des Klosters Arnstadt in Sickersdorf, 1595 eine Wiese *zu Sicherßdorff unnder dem Haine* genannt. Die genaue Lage des ehemaligen Ortes mit Sicherheit noch nicht festgestellt, da das Gelände unter Wiese liegt. Ein mittelalterlicher (?) Brunnen im hängigen Gelände des Fürstengrundes soll die Stelle von Sickersdorf anzeigen, das wohl um die Mitte des 15. Jh. aufgegeben wurde. Archäologische Funde liegen nicht vor. *Wohlleben:* Etwa 1,5 km südöstlich von Arnstadt, links der Straße Arnstadt-Dannheim deutet der Flurname Im Wohlleben auf einen untergegangenen Ort. Urkundliche Nachrichten fehlen gänzlich. Die ehemalige Ortslage ist durch archäologische Funde des frühen Mittelalters, 7./8. Jh. - Anfang 15. Jh. in etwa bestimmt.

L Lappe, Ulrich: Wüstungen im Kreis Arnstadt. In: AVAU 4 (1994), S. 77-85. *Ulrich Lappe*

Wüst, Günther Oskar *Paul*: Kaufmann, Filmvorführer -u. verleiher, Maler, *20. 5. 1899 Arnstadt, †11. 7. 1980 Arnstadt, Sohn des Schneidermeisters Eduard Wüst und dessen Ehefrau Klara Ida Anna Hermine Auguste, geb. Glaser, Eheschließung mit *Ingeborg* Margot Ida, geb. Goebel, seit 1915 Tätigkeit als Filmvorführer- u. verleiher, besaß u. a. ein Filmvorführgerät aus dem Jahre 1910, betrieb seit 1920 einen Wefa-Film-Verleih, drehte selbst Filme u. a. den Werbefilm *Eine Fahrt von Arnstadt in das Schwarzatal* und lieferte Beiträge für die Wochenschau, 1935 Ausschluß aus dem Gesamtverband der Filmherstellung und Filmverwertung e. V. durch die Reichsfilmkammer und Verbot der Betätigung im Filmgewerbe, da er einen Film mit *nichtarischen* Hauptdarstellern verliehen hatte, Nachlaß im Filmmuseum Potsdam-Babelsberg, malte Ölbilder mit Landschaftsdarstellungen und Alt-Arnstadt-Motiven, Federzeichnungen, Kinoplakate, Entwurf von Briefpapier mit Arnstadt-Motiven für den Kulturbund.

Q NBI 8 (1979). *Andrea Kirchschlager*

Wunderlich, Christian Gottfried: Hof- und Kunstmaler, *1721 Erfurt, †6. 5. 1765 Arnstadt, Sohn des Kunstmalers Gottfried Wunderlich (1689-1749), trat die Nachfolge des Vaters an, zu seiner Eheschließung mit Johanna Maria, geb. Schill, 1754 als *Fürstl. Hof- und Kunstmahler allhier* bezeichnet, 1759 zweite Eheschließung nach dem Tod seiner Frau mit Christiana Benedikta, geb. Kiel, Tochter des Gold- und Silberschmiedes Heinrich Jacob Kiel, nach 1735 malerische

Fertigstellung des →Neuen Palais bis 1738, zwischen 1740-43 verschiedene Malerarbeiten in und an Arnstädter Kirchen, 1743 Ausmalung der neuerbauten Gottesackerkirche (→Himmelfahrtskirche), Anmalung von →Brunnen (Marktbrunnen, Brunnen in der Zimmerstraße), Ausmalungen in der Osthäuser und Geschwendaer Kirche, nur noch wenige Gemälde aus seiner Arnstädter Zeit erhalten.

W Bildnis Martin Luther (1726, Öl auf Leinwand, Trinitatiskirche Ohrdruf), Bildnis Quirinus Hedenus (nach 1737, Öl auf Leinwand, Oberkirche Arnstadt), Bildnis Christian Hedenus (nach 1737, Öl auf Leinwand, Oberkirche Arnstadt), Bildnis Martin Luther (nach 1737, Öl auf Leinwand, evangelische Kirche Dornheim) u. Porträt eines Geistlichen (nach 1737, Öl auf Leinwand, Schloßmuseum Arnstadt).

L Donhof, Manfred / Scheidt, Helga: Arnstadt. Bildende Kunst der Bachzeit 1685-1750. Veröffentlichungen der Museen der Stadt Arnstadt. H. 11 (1985), S. 47-49 u. 61. *Michael Kirchschlager*

Wurffbain, *Hermann* Theodor Reinhard: Königlich Preußischer Geheimer Regierungs- und Baurat, →Ehrenbürger der Stadt Arnstadt, *30. 6. 1804 Breslau, †24. 10. 1889 Arnstadt, Sohn von Dr. med. Ernst Wurffbain und dessen Ehefrau Ferdinande, geb. Riedel, Eheschließung mit Auguste Wilhelmine, geb. Lippehn, Experte in Wasserbaufragen, war als leitender Ingenieur zuständig u. a. für die Regulierung der Unstrut und die Projektierung von Brücken und Schleusen, lebte seit Anfang der 1860er Jahre in Arnstadt, Ratgeber der Stadt u. a. bei Anlegung der Stauwerke in der Gera, Verleihung des Ehrenbürgerrechtes anläßlich seines 50jährigen Dienstjubiläums und *als Dankbarkeitsbezeugung wegen der mannigfachen Verdienste desselben um die Gemeindeangelegenheiten* am 4. 5. 1877, wohnte Längwitzer Str. 11, Grabmal →Neuer Friedhof.

Q KAA, Arnstadt, Bestand Stadt Arnstadt, Sign. 070-02-1; ANIB v. 9. 5. 1877, Nr. 107 u. 26. 10. 1889, Nr. 252. *Andrea Kirchschlager*

Z

Zahnwetzer, Conrad & Sohn: Zigarrenfabrik, Handwerksbetrieb C. Zahnwetzer bereits seit 27. 4. 1887, am 1. 4. 1921 in das HR eingetragen als Fa. Eltze & Zahnwetzer (Mitinhaber Fritz Eltze aus Kassel scheidet wenig später wieder aus), ab 10. 1. 1923 C. Zahnwetzer & Sohn in der Herzog-Hedan-Str. 2, Fertigung von Zigarren und Zigarillos, ab 3. 2. 1932 Betrieb geschlossen, Fa. ging nach Nesselröden bei Duderstadt, nur noch Sortiererei, Kistenmacherei und Verwaltung in Arnstadt, ab 1937 in der Gehrener Str. 11b, 20-100 Beschäftigte, Filiale in Unterschönau, 1946 an Ernst Schreiber aus Steinbach-Hallenberg verpachtet, in Treuhandverwaltung, ab 7. 9. 1950 VEB Hammonia Zigarrenfabrik Arnstadt mit Produktionsbetrieben in Unterschönau, Oberschönau, Neustadt, Großbreitenbach, Biberau, Stadtilm und Plaue, 80% Inlands- und 20% Auslandstabak verarbeitet, 1960 62% Auslands- und 38% Inlandstabak, Übergang zur Zweischichtarbeit, 1962/63 wurde der Arnstädter Betrieb geschlossen. Nach Umbauarbeiten eröffnete 1964 in einem Teil des ehemaligen Betriebsgebäudes der Kindergarten des →Fernmeldewerkes, 1999 Sanierung zum Wohnhaus.

Q KAA, Bestand Stadt Arnstadt, Sign. 008-24, 157-01- 6; Bestand Kreistag u. Rat des Kreises Arnstadt, Nr. 1334; ANIB 1921-22; AA 1923-42; DV v. 19. 10. 1946, 17. 11. 1960 u. 13. 12. 1977. *Heidrun Fröhlich*

Zeitungen: Die erste Arnstädter Zeitung erschien am 15. 10. 1768 unter dem Titel *Arnstädtische wöchentliche Anzeigen und Nachrichten*. Ab 1823 *Arnstädtisches Regierungs- und Intelligenzblatt*, ab 1836 *Privilegirtes Arnstädtisches Regierungs- und Intelligenzblatt*, ab 1860 *Privilegirtes Nachrichts- und Intelligenzblatt*, ab 1873 →*Arnstädtisches Nachrichts- und Intelligenzblatt*, ab 1919 *Arnstädter Nachrichten*, 1922 Erscheinen eingestellt; daneben gab es seit 1795 die *Gnädigst privilegirte Arnstädtische Zeitung*, ab 1828 *Der →Beobachter*; 1846-48 *Unterhaltende und belehrende Blätter für den Handelsstand* und 1847-48 die →*Thüringer* Zeitung, 1872-1910 erschien das →*Arnstädter Tageblatt*; von November 1891-April 1945 gab es den →*Arnstädter Anzeiger*, neben diesen Tageszeitungen existierten noch Parteizeitungen, wie die *Volkszeitung* als Organ der Vereinigten Sozialdemokratischen Partei im Stadt- und Landkreis Arnstadt etwa ab 1915-33 und die *Thüringer Gauzeitung* (Ausgabe Arnstadt) als amtliches Organ der Gauleitung Thüringen der NSDAP und der Thüringischen Staatsregierung von 1936-45, von Anfang April-Juli 1945 erschien keine Tageszeitung in Arnstadt, Ende Juli 1945 - 5. 4. 1946 erschien die *Thüringer Volkszeitung* als Organ der KPD, nach der Vereinigung von KPD und SPD zur SED wurde das Erscheinen von Thüringer Volkszeitung und Tribüne eingestellt, ab 9. 4. 1946 *Thüringer Volk* (Ausgabe Arnstadt) als Thüringer Landeszeitung der SED, ab 6. 4. 1950 als *Das Volk* (Ausgabe Arnstadt), die letzte Ausgabe der Zeitung *Das Volk* erschien am 15. 1. 1990, daneben gab es noch seit 1. 12. 1960 das *Arnstädter Land Echo*, Organ der Kreisleitung der SED und des Kreisausschusses der Nationalen Front Arnstadt, eine Kreiszeitung, die einmal wöchentlich erschien, ab 31. 8. 1961 umbenannt in *Arnstädter Kreis Echo* und ab 1. 11. 1962 in *Arnstädter Echo* als Zeitung für Stadt und Land, die ihr Erscheinen am 28. 3. 1967 einstellen mußte, aufgrund eines zentralen Beschlusses zur Einstellung aller Kreiszeitungen, im Zuge der Ereignisse der Wende 1989/90 fand eine Urabstimmung der Mitarbeiter der Zeitung *Das Volk* für eine unabhängige Zeitung statt, die den Titel *Thüringer Allgemeine* tragen sollte, ab 16. 1. 1990 erschien die erste Ausgabe der *Thüringer Allgemeine* als unabhängige Tageszeitung für Politik, Wirtschaft, Kultur und Sport, seit 28. 11. 1990 erschien noch die *Arnstädter Tagespost*, als Zeitung für den Kreis Arnstadt, welche schon am 23./24. 11. 1991 ihr Erscheinen einstellte sowie seit 10. 9. 1994 die unabhängige Thüringer Tageszeitung *Freies Wort* (Arnstädter Nachrichten), welche ebenfalls ihr Erscheinen am 30. 9. 1999 einstellte (ab 1. 10. 1999 Ausgabe für den ganzen Ilm-Kreis), Wochenzeitungen: seit 2. 5. 1991 *AA (Allgemeiner Anzeiger) Arnstadt* (ab 11. 11. 1998 *AA Ilmkreis*), *Wochenspiegel Arnstädter Anzeiger* (ab 18. 11. 1998 *Wochenspiegel Ilm-Kreis*), eingestellt am 24. 10. 2001, seit 16. 8. 1998 *AA (Allgemeiner Anzeiger) Am Sonntag Arnstadt/Ilmenau* (ab 16. 4. 2000 *AA Ilmkreis*). Betriebszeitungen: *Der Fortschritt* 1953-54, *Der Kristallisator* 1954-58, *Chema-Echo* ab Februar 1958 (VEB Chemieanlagenbau Rudisleben), *Der Kontakt* 1953-60, *Der Fernmelde-werker* ab 1961 (VEB Fernmeldewerk Arnstadt). Seit dem 26. 5. 2000 erscheint das *Arnstädter Stadt-Echo* als Monatszeitschrift für Heimatgeschichte, Vereinsleben, Politik, Wirtschaft, Kultur, Soziales und Sport. Die Zeitungsbestände werden seit 1995 aus konservatorischen Gründen mikroverfilmt und können im Kreisarchiv Arnstadt mit Hilfe von Lesegeräten benutzt werden. Kopien der Zeitungen werden mit einem Readerprinter angefertigt, um die wertvollen Originale zu schonen und für die Nachwelt zu erhalten.

L Ziegenhardt, Andrea: Das Arnstädter Zeitungswesen in Vergangenheit und Gegenwart. In: AVAU 7 (1997), S. 155-167. *Andrea Kirchschlager*

Zetzsche, Fr. Hermann: Schuhleisten- und Stanzmesserfabrik, gegr. 1874, als Fa. Trutschel & Zetzsche, Schuhleistenfabrik, am 23. 9. 1874 in das HR eingetragen, Fa. befand sich in der Jacobsgasse 16, um 1884 in der Ritterstr. 12, bevor sie in die Stadtilmer Str. 13 und nach der Jahrhundertwende in die Stadtilmer Str. 27 verlegt wurde, 24. 8. 1876 Löschung der Fa. Trutschel & Zetzsche und Neueintragung der Fa. Fr. Hermann Zetzsche in das HR, ab 1893 neben Schuhleisten auch Stanzmesserherstellung (Erfindung von Heinrich →Fahdt), Teilnahme an vielen Ausstellungen, auch Auszeichnungen, Absatz der Schuhleisten, Stiefelblöcke und Stanzmesser auch im Ausland, Friedrich Hermann Zetzsche verstarb am 16. 8. 1904, Fa. wurde durch die Erben, Witwe Dorothea Zetzsche, geb. Trutschel, die Söhne Paul und Louis Zetzsche, beide Kaufleute und die zwei Töchter Elisabeth und Margarethe, fortgesetzt, am 1. 10. 1905 übernahmen Paul und Louis Zetzsche die alleinige Leitung und bildeten eine OHG, neben vielen anderen Neuerungen, insbesondere für die eigene Produktion, erlangte die Fa. 1930 Gebrauchsmusterschutz auf eine Schneekette, *Paul* Otto Hermann Zetzsche verstarb am 30. 9. 1938 (*13. 12. 1869 Arnstadt, Grab →Neuer Friedhof), Louis Zetzsche führte die Fa. allein weiter, ab 1. 4. 1940 traten Hermann und Gerhard Zetzsche als persönlich haftende Gesellschafter in die Fa. ein, die umbenannt wurde in Holz- und Metallwarenfabrik F. Hermann Zetzsche, bereits 1937 begann man in der Fa. mit der Herstellung von Haushaltsmöbeln, 120-150 Be-

schäftigte, während des 2. Weltkrieges wurden Transportkisten aus Metall und Holz für Munition produziert, Beschäftigtenzahl ging auf 80 zurück, am 3. 4. 1945 Stillegung des Betriebes, bereits am 6. 5. 1945 mit 12 Arbeitern wieder eröffnet mit der Herstellung von Geschirrschränken, im Dezember 1948 schied Hermann Zetzsche (†1996) aus der Fa. aus, Juniorchef Gerhard Zetzsche verstarb am 22. 4. 1950, Louis Zetzsche am 8. 4. 1951, ab 1958 staatliche Beteiligung, Produktion von Wohnraum- und Jugendzimmermöbeln, Herstellung von Nähmaschinenschränken für VEB Nähmaschinenwerk Wittenberge, zu Beginn des Jahres 1964 begann man mit der Produktion von Büromöbeln (Gehäuse für Fakturiermaschinen und Spezial-Einbaumöbel für Datenverarbeitung), 1. 1. 1972 Übernahme als VEB →Möbelwerk.

Q ANIB 1873-1918; AA 1919-44; ThVZ v. 3. 12. 1945 *Heidrun Fröhlich*

Zündholzfabriken: 1832 erste Schwefelhölzchen in England (entzündeten sich beim Durchziehen zwischen Schmirgelpapier), 1833 Erfindung der Phosphor-Zündhölzer, die keine besondere Reibfläche brauchten, wurden noch lange Zeit den seit 1848 angefertigten Sicherheitszündhölzern vorgezogen, letztere besaßen Köpfchen aus rotem, nicht giftigem Phosphor, erst 1858 gelangte dem Schweden Lundström damit der Durchbruch. In Arnstadt schon 1853 zwei Zündhölzchenfabriken: Weber, Kleine Rosengasse 20 und Wellendorff, Plauesche Str. 12, später vier Zündholzfabriken: Weber, Wagner, Kähler und Lange, 1865 verwendeten die Zündholzfabriken Schwefelphosphor anstatt reinen Phosphors sowie zur Luftreinigung bei geschlossenen Fenstern (vor allem im Winter) Ammoniakräucherungen, später auch Räucherungen mit Salmiakspiritus. Der Gesundheitszustand der Beschäftigten wurde jährlich überprüft und Arbeitern mit schlechten Zähnen Arbeitsverbot ausgesprochen. Die Fabriken beschäftigten jeweils ein - vier Personen, 1870 schrieb die Gewerbeordnung des Norddeutschen Bundes die Anwendung von Terpentienöl als Gegengift zum Phosphordampf vor. Die Arbeiter trugen hierzu kleine offene Blechfläschchen mit Terpentienöl gefüllt an sich.

Q KAA, Bestand Stadt Arnstadt, Sign. 237-02, Revision technischer Gewerbestätten. *Peter Unger*

QUELLEN- UND LITERATURVERZEICHNIS

Die hier genannten Quellen- und Literaturangaben beziehen sich vornehmlich auf den Abschnitt der Zeittafel vom beginnenden 19. Jahrhundert an.

Quellen

Herz, Andrea (Hg.) Der 17. Juni 1953 in Thüringen. In: Quellen zur Geschichte Thüringens. Erfurt 2003.

KAA, Bestand Stadt Arnstadt, Sig. 165-01, Industrie-Statistik 1877.

KAA, Präsenzbibliothek, Sig. 4-325-05, Chronik Thalmann / Müller (bis 1957).

KAA, Präsenzbibliothek, Sig. 2-200-01, Chronik- Zeittafel- der Stadt Arnstadt 1930-1959.

KAA, Präsenzbibliothek, Sig. 2-200-02, Chronik von Arnstadt 1936-1944, 1952-1953, 1959.

KAA, Präsenzbibliothek, Sig. 2-200-03, Chronik von Arnstadt 1941.

KAA, Präsenzbibliothek, Stadtchronik 26. 9. 1938-1940.

KAA, Präsenzbibliothek, Chronik der Stadt Arnstadt, Bd. 1: 1945-1954; Bd. 2: 1955-1963; Bd. 3: 1965-1972.

KAA, Präsenzbibliothek: Reinhold, Klaus: Chronik Arnstadt 704-2000. T. I (Zeittabelle).

Unger, Peter / Ziegenhardt, Andrea / Scholze, Roland: Chronik der Stadt Arnstadt. Handschriftliche Materialsammlung. Arnstadt 1999.

Weitere Quellenangaben, insbesondere zum Zeitraum ab 1945, befinden sich in Unger, Peter: Zeittafel zur Geschichte der Stadt Arnstadt 704-1977 (Veröffentlichungen der Museen der Stadt Arnstadt 4). Arnstadt 1979, S. 105f.

Literatur

Aus alter und neuer Zeit. Proben eines Arnstädter Geschichtskalenders. Arnstadt 1898.

Aus der Geschichte der Feuerwehr Arnstadt. Arnstadt 1999.

Biester, Manfred: *Stadt-Echo Chronik 2000.* In: Arnstädter Stadt-Echo, 2. Jg., 01/ 2001.

Elbracht, Dieter: *Die Freigabe des Lebensmittel-Versorgungslagers in der Arnstädter Malzfabrik im April 1945.* In: AVAU 9 (1999), S. 127-132.

Festschrift zur 50-Jahr-Feier der Geschwister-Scholl-Oberschule Arnstadt 1911-1961. Arnstadt 1961.

Fuhrmann, Hartmut: *Vor hundert Jahren Gründung des Heimatmuseums Arnstadt.* In: AVAU 5 (1995), S. 50-56.

Grimm, Jacob: *Briefe an Hirzel vom 19. August und 6. September 1862.* In: Zeitschrift für deutsche Philologie. Bd. 50 (1923), S. 269 (Mitteilung Volker Stelzig, Arnstadt).

Hebeler, Wilhelm: *Zehn Jahre Aufbau des Gesundheitswesens im Kreise Arnstadt.* In: Beiträge zur Heimatkunde des Kreises Arnstadt 1 (1960), S. 41-61.

Kästner, Klaus: *Die Auswirkungen der Inflation auf die Lage der Arbeiterklasse - erläutert an Beispielen aus dem Kreis Arnstadt.* In: Beiträge zur Heimatkunde des Kreises Arnstadt 1 (1960), S. 7-40.

Kästner, Klaus: *Zum 40. Jahrestag der Novemberrevolution.* In: KS 11 (1958), S. 4-9.

Köhler, Erich: *Die Entwicklung des Feuerlöschwesens in Arnstadt.* In: 100 Jahre Freiwillige Feuerwehr der Stadt Arnstadt 1864-1964. Arnstadt 1964, S. 4-11.

König, Hans-Joachim: *Arnstadt '99. Chronik eines Jahres.* Arnstadt 2000.

Köhler, Erich: *Die Tätigkeit des Arbeiter- und Soldatenrates in Arnstadt.* In: KS 11 (1958), S. 15-17.

Pahl, Reinhard / Stelzig, Volker: *Zur Geschichte eines Arnstädter Hauses (Lindeneck).* Arnstadt 2002.

Schörnig, Fritz: *Gelesen-erzählt-erlebt.* Teil II. Arnstadt/Ilmenau, o. J. (um 1970).

Scholze, Roland: *Arnstädter historischer Kalender (Januar-Juli).* In AVAU 1 (1991), S. 78-86.

Scholze, Roland: *Arnstädter historischer Kalender (August-Dezember).* In: AVAU 2 (1992), S. 105-112.

Stadtwerke Arnstadt GmbH 1895/1995. Geschichte-Daten-Zahlen. Arnstadt 1995.

125 Jahre Dr.-Wilhelm-Külz-Oberschule Arnstadt, Am Schulplan 1842-1967. Arnstadt 1967.

Unger, Peter: *Aus der 140jährigen Geschichte der Arnstädter Handschuhfabrik.* In: Marktfest=Echo Nr. 4. Arnstadt 1988.

Unger, Peter / Ziegenhardt, Andrea: *175 Jahre Sparkasse in Arnstadt.* Ilmenau 2000.

Unger, Peter / Ziegenhardt, Andrea: *Kleine Chronik zur Geschichte der jüdischen Bevölkerung in Arnstadt.* In: BHSKA 10 (1988), S. 11-27.

Zeigert, Dieter: *Hitlers letztes Refugium?* München 2003.

Ziegenhardt, Andrea: *Zur Geschichte des Feuerlöschwesens und der Feuerwehr in Arnstadt.* In: 125 Jahre Freiwillige Feuerwehr Arnstadt 1864-1989. Arnstadt 1989.

Ziegenhardt, Andrea: *Das Arnstädter Zeitungswesen in Vergangenheit und Gegenwart.* In: AVAU 7 (1997), S. 155-167.

Ziegenhardt, Andrea: *Vor 150 Jahren - Arnstadt in der Revolution von 1848/49.* In: AVAU 8 (1998), S. 62-93.

Benutzt wurden außerdem alle seit 1768 erschienen Zeitungen, soweit sie überliefert und für eine Auswertung greifbar waren. Für vertiefende Studien zur Stadtgeschichte sei auch auf die *Bibliographie aller herausgegebenen periodischen Schriften zur Geschichte von Arnstadt und Umgebung von 1901 bis 2000* hingewiesen, die vom *Thüringer Geschichtsverein Arnstadt e. V.* 2002 herausgegeben wurde.

SIGLEN- UND ABKÜRZUNGSVERZEICHNIS

Gebräuchliche Abkürzungen wie u. oder u. a. wurden nicht berücksichtigt.

AA	Arnstädter Anzeiger		**get.**	getauft
A. C.	Bestand Archivum Commune		**GmbH**	Gesellschaft mit beschränkter Haftung
AG	Aktiengesellschaft		**Hg.**	Herausgeber
AE	Arnstädter Echo		**HR**	Handelsregister
AHB	Arnschter Heimatbrief		**KAA**	Kreisarchiv Arnstadt
AKB	Arnstädter Kulturbote		**KB**	Kirchenbuch
ANIB	Arnstädtisches Nachrichts- u. Intelligenzblatt		**KG**	Kommanditgesellschaft
			KMD	Kirchenmusikdirektor
ARIB	Arnstädtisches Regierungs- u. Intelligenzblatt		**KS**	Kulturspiegel
			M.	Magister
AT	Arnstädter Tageblatt		**NVA**	Nationale Volksarmee
AVAU	Aus der Vergangenheit von Arnstadt und Umgebung		**OHG**	Offene Handelsgesellschaft
			PGH	Produktionsgenossenschaft des Handwerks
BHSKA	Beiträge zur Heimatgeschichte – Stadt und Kreis Arnstadt		**RdK**	Rat des Kreises
begr.	begraben		**S. U.**	Bestand Sondershäuser Urkunden
DV	Das Volk		**TA**	Thüringer Allgemeine
Fa.	Firma		**ThStAG**	Thüringisches Staatsarchiv Gotha
FW	Freies Wort		**ThStAR**	Thüringisches Staatsarchiv Rudolstadt
Gebr.	Gebrüder		**ThV**	Thüringer Volk
gegr.	gegründet		**ThVZ**	Thüringer Volkszeitung

VERZEICHNIS DER ABGEKÜRZT ZITIERTEN QUELLEN UND LITERATUR

Gedruckte und ungedruckte Quellen

Binhard: Binhard, Johann: *Newe Vollkommene Thüringische Chronica.* Leipzig 1613.

Dob. Berichtigungen: Dobenecker, Otto: *Berichtigungen und Zusätze zu C. A. H. Burkhardt, Urkundenbuch der Stadt Arnstadt.* In: ZVTGA. NF 5. Jena 1886.

Dob. I: Regesta Diplomatica necnon Epistolaria Historiae Thuringiae. Hg. v. Dobenecker, Otto, 1. Band (c. 500-1152). Jena 1896.

Rothe: *Düringische Chronik des Johann Rothe.* Hg. v. Liliencron von, Rochus . In: Thüringische Geschichtsquellen. Bd. 3. Jena 1859.

Hatham 1842: Hatham, Andreas Heinrich August: Arnstadt (...). *Ein Hand- und Addressbuch.* Sondershausen, o. J. (1842).

Michelsen: Michelsen, A. L. J.: *Stadtrechte von Arnstadt* (Neue Statuten vom Jahre 1543). In: Rechtsdenkmale aus Thüringen, Jena 1852.

Olearius: Olearius, Johann Christoph: *Historia Arnstadiensis.* Arnstadt 1701.

Stolle: Memoriale. *Die thüringisch – erfurtische Chronik des Konrad Stolle.* Hg. v. Thiele, R. In: Geschichtsquellen der Provinz Sachsen. Bd. 39, Halle 1900.

Thuringia Sacra I.: Rein, Wilhelm: *Thuringia Sacra I., Kloster Ichtershausen. Urkundenbuch, Geschichte und bauliche Beschreibung.* Weimar 1863.

Thuringia Sacra. II.: Rein, Wilhelm: *Thuringia Sacra II., Ettersburg, Heusdorf und Heyda. Urkundenbuch, Geschichte und bauliche Beschreibung.* Weimar 1863.

ThStAR, 822: Thüringisches Staatsarchiv Rudolstadt, Bestand Kammerverwaltung Arnstadt, Sig. 822, *Die bei Abnahme des Schloßthurmknopfes in demselben gefundenen Urkunden (1554) 1840-1844.*

UB Arnstadt: C. A. H. Burkhardt: Urkundenbuch der Stadt Arnstadt 704-1495. Jena 1883.

Literatur

Apfelstedt: Apfelstedt, H. F. Th.: *Heimathskunde des Fürstenthums Schwarzburg-Sondershausen, II. Heft.* Sondershausen 1856.

Bach 2000: *Johann Sebastian Bach und seine Zeit in Arnstadt.* Hg. v. Schloßmuseum Arnstadt u. Stadtgeschichtsmuseum Arnstadt. Rudolstadt u. Jena 2000.

Baumberg: Baumberg, Emil: *Arnstädter Leben vor siebzig Jahren.* Arnstadt 1897.

Bühring 1904: Bühring, Johannes: *Geschichte der Stadt Arnstadt 704-1904.* Arnstadt 1904.

Dehio: Dehio, Georg: Handbuch der deutschen Kunstdenkmäler. Thüringen. München 1998.

Donhof 1988: Donhof, Manfred: *Arnstadt Rathaus.* In: Denkmale im Kreis Arnstadt (Veröffentlichungen der Museen der Stadt Arnstadt 12). Arnstadt 1988.

Donhof, Bachkirche: Donhof, Manfred: *Die Bachkirche zu Arnstadt.* Arnstadt 1990.

Donhof / Scheidt, Bachzeit: Donhof, Manfred / Scheidt, Helga: *Arnstadt Bildende Kunst der Bachzeit 1685-1750* (Veröffentlichungen der Museen der Stadt Arnstadt 11). Arnstadt 1985.

Einert, 30jähr. Krieg 1: *Arnstadt in den Zeiten des dreissigjährigen Krieges (I. Heft).* Jena 1887.

Einert, 30jähr. Krieg 2: *Arnstadt in den Zeiten des dreissigjährigen Krieges (II. Heft).* Jena 1889.

Einert, 30jähr. Krieg 3: *Arnstadt in den Zeiten des dreissigjährigen Krieges (III. Heft).* Jena 1889.

Einert, Großer Brand 1885: Einert, Emil: *Die Zeiten des großen Brandes, ein Bild aus Arnstadts Vergangenheit.* Jena, 1885.

Einicke 1904: Einicke, Guido: *Zwanzig Jahre Schwarzburgische Reformationsgeschichte 1521-1541 (1. Teil).* Nordhausen 1904.

Einicke 1909: Einicke, Guido: *Zwanzig Jahre Schwarzburgische Reformationsgeschichte 1521-1541 (2. Teil).* o. O. (Immenrode) 1909.

Elbracht 1960: Elbracht, Karl: *Die Einwohnerzahl Arnstadts vom ausgehenden Mittelalter bis zum Ende des Dreißigjährigen Krieges.* In: Beiträge zur Heimatkunde des Kreises Arnstadt 1 (1960).

Hebeler, R: Hebeler, Renate: *Die erwerbstätige Bevölkerung einer mitteldeutschen Kleinstadt nach Beruf und Herkunft 1750-1900.* Diss. Phil., Leipzig 1942.

Hesse: Hesse, Ludwig Friedrich: *Arnstadt's Vorzeit und Gegenwart.* 2. Heft, Arnstadt 1843.

Isenmann: Isenmann, Eberhard: *Die deutsche Stadt im Spätmittelalter.* Stuttgart 1988.

John / Jonscher: John, Jürgen / Jonscher, Reinhard / Stelzner, Axel: *Geschichte in Daten - Thüringen.* München/ Berlin, 1995.

Lengemann: Lengemann, Jochen: *Landtag und Gebietsvertretung von Schwarzburg-Sondershausen 1843-1923.* Biographisches Handbuch. Jena 1998.

Müller 1938: Müller, Karl: *Wie die Juden erstmals in Arnstadts Geschichte auftreten.* In: Thüringer Gauzeitung, Ausgabe Arnstadt v. 11. 12. 1938.

Müller, Seigerhütten: Müller, Karl: *Arnstadts Industrie im 15. und 16. Jahrhundert. I. Von den Arnstädter Seigerhütten.* In: KS 11 (1958).

Nicolai 1822: Nicolai, Johann Christian Wilhelm: *Sammlung einiger sich hier befindenden Inschriften.* 4. Slg. In: Schulprogramme (des Lyzeums), Arnstadt 1822, S. 5.

Patze 1989: Patze, Hans: *Thüringen* (Handbuch der historischen Stätten Deutschlands 9). Stuttgart 1989.

Plötz, Deutsche Geschichte: Ploetz: *Deutsche Geschichte.* Freiburg/Würzburg, 1996.

Röblitz: Röblitz, Günther: *Abriß der Münzgeschichte Arnstadts.* In: BHSKA 6 (1986).

Stadtführer durch Arnstadt: Donhof, Manfred: *Stadtführer durch Arnstadt.* Arnstadt 1990.

Starkloff: Starkloff, Johann Gotthold: *Cronica über Arnstadt.* Hdschr., Arnstadt 1829.

Stille: Stille, Wilhelm: *Arnstadt zur Zeit des Siebenjährigen Krieges.* In: Fürstliche Realschule Arnstadt, Jahresbericht 1904/05. Arnstadt 1905.

Thalmann: Thalmann, Paul: *Chronik der Stadt Arnstadt.* Arnstadt 1929.

Thüringer Pfarrerbuch: Möller, Bernhard: *Thüringer Pfarrerbuch.* Bd. 2, Neustadt/Aisch 1997.

Unger 1979: Unger, Peter: *Zeittafel zur Geschichte der Stadt Arnstadt 704-1977* (Veröffentlichungen der Museen der Stadt Arnstadt 4). Arnstadt 1979.

Wiegand / Krebs 1941: Wiegand, Fritz / Krebs, Hermann: *Arnstadt.* In: Deutsches Städtebuch. II. Band, Stuttgart/ Berlin 1941.

Wiegand 1936: Wiegand, Fritz: *Arnstadt von 1763-1792. Tagebuch von Johann Gottlieb Bachstein.* In: Alt-Arnstadt 11 (1936).

ABBILDUNGSNACHWEIS

Andreas Abendroth S. 139, Arndt R. Jorns S. 302, Evelyn Huber S. 289.

Forschungs-und Landesbibliothek Gotha S. 161.

Kreisarchiv Arnstadt S. 27, 34, 48, 50, 68, 100, 101, 104, 107, 112, 115, 122, 128, 173, 174, 188, 207, 213, 225, 230, 232, 241, 249, 251, 252, 254, 263, 264, 280, 281, 283, 290, 293, 303, 307, 311, 312, 317, 324, 326, 333, 340, 344, 349, 354, 359, 370, 375, 379, 381, 386, 387, 390, 391, 400, 442, 444, 459, 465.

Ulrich Lappe S. 16, 23, 27, 66, 144, 170, 171, 176, 217, 223, 264, 273, 283, 310, 345, 371, 397.

Marienstift S. 202, 351.

Olearius S. 432.

Peter Unger S. 112, 181, 246, 341, 393.

Schloßmuseum S. 166, 307, 414, (81, 88, 165, 166, 167, 168, 169, 173, 357 Foto Marschall, Weimar), 163 (Foto Streitberger, Saalfeld), 164 (Foto Stolle, Weißensee), (165, 170 Foto Horn, Arnstadt, Foto Schmook, Arnstadt), 168 (Foto Mihm, Kassel), 175 (Foto Pambor, Erfurt).

Stadtgeschichtsmuseum S. 34, 118, 172 (Foto Stolle, Weißensee), 179, 182, 197, 203, 205, 209, 211, 221, 237, 239, 243, 258, 260, 275, 288, 295, 299, 300, 304, 315, 321, 329, 343, 368, 369, 377, 378, 384, 385, 388, 398, 402, 417, 448.

Steffen Grosser, Leipzig (Umzeichnungen) S. 15, 18, 401.

Thüringisches Staatsarchiv Rudolstadt S. 162.

SUBSKRIPTIONSLISTE

Alkersleben
Urbanczyk, Jens

Arnstadt
Abraham, Elke
Adolf, Hanna
Apel, Waltraud
Arnold, Ekkehard
Bader, Rita, Dr.
Balzer-Gramann, Ulrike
Barthel - Druck, Firma
Bartholomäus, Karl-Heinz
Bauer, Birgit, Dr.
Baumgarten, Günter
Baumgarten, Hans-Gunther
Bechstein, Hartmut
Becker, Eva u. Ewert
Becker, Heike u. Thomas
Behr, Familie
Beier, Klaus-Peter
Boldhaus, Karl-Richard
Boldhaus, Brigitta
Bommersbach, Carola
Bottke, Olaf
Brandner, Karin
Brandner, Torsten
Brandner, Mario
Brandt, Jutta
Bräutigam, Elke
Brömel, Monika
Brünnert, Hildegard
Busch, Paula
Bussemer, Wieland
Cazin, Hans-Ullrich
Damaschke, Peter, Dr.
Dani, Klaus
Dietzsch, Petra u. Andreas
Dill, Brigitte
Dill, Oskar
Dittrich, Wolf-Peter
Eckhard, Frau
Ehrsam, Mathias
Ehrsam, Günter
Engelmann, Jörg
Eppelin, Helmut
Erdmann, Gerhard
Erdmann, Käte
Esche, Klaus
Esche, Gudrun
Esche, Michael

Fahrenberger, Klaus
Feldmann, Jörg
Förderverein Hochsprung mit
Musik Arnstadt e. V.
Förderverein der Geschwister-
Scholl-Schule Arnstadt e.V.
Foerster, Petra
Franke, Klaus
Franzen, Herr
Freier, Werner
Friedel, Familie
Frieß, Eva
Funk, Mathias
Gebhardt, Rainer
Gensch, Heidemarie
Gerstenhauer, Frau
Gölitz, Helgard
Götz, Heinrich
Grabe, Herr
Horst, Herr
Graichen, Ruth u.Georg
Grilletz, Christian
Günsche, Susanne
Günther, Hartmut
Häfner, Gerd
Hamouda, Faycal
Hartmann, Peter
Hartmann, Joachim
Häßner, Heidemarie
Haupt, Familie
Heckert, K.-Heinz
Heerlein, Wilma
Heerlein, Bernd
Heger, Irmtraud u. Eckhard
Heger, Klaus-Dieter
Heimbürge, Bertold
Heinz, Monika
Heinz, Ullrich
Hellriegel, Regina
Helmich, Ingrid
Henneberg, Eckard
Henning, Herr
Henning, Klaus
Herda, Reinhild
Herda, Helmut
Herrmann, Gerd
Hildebrand, Peter
Hillmann, Gerhard
Hillmann, Wolfgang
Hofmann, Antje

Hofmann, Gabriele
Hofmann, Bernd
Hoppe, Siegfried
Hoppe, Steffen
Horn, Manfred
Hortgemeinschaft der GS
"Ludwig Bechstein"
Huhn, Eva
Igel, Jens-Uwe
Jorns, Arndt R.
Joseph, Tamara
Jump, Wolfgang
Kanz, Marie-Luise
Karnahl, Holger
Kasper, Eva
Kaufmann, Horst
Kessel, Uta
Kiel, Thilo
Kiesling, Christel
Kirchschlager, Andrea
Kirchschlager, Gabriele u. Bernd
Kirsten, Günher
Kleffel, Helmut
Klinghammer, Gerhard
Köhler, Reinhard
König, Frau
Köpke, Carla
Köppke, Carola
Kohlmann, Gerhard
Konrad, Gerhard
Kramer, Wolfgang
Krebs, Arthur
Krehwisch, Inge
Krümling, Herr
Kubat, Arno Max Adam
Kuschel, Frank
Lacina, Franz
Lammert, Klaus
Langer, Marlies
Leffler, Thomas
Leibnitz, Wilfried
Lindig, Marco
Lippold, Frau
Löchner, Inge
Lybbeke, Hartwig
Maier, Lieselotte
Markert, Bernd, Familie
Maßwig, Karin
Meinhardt, Herr
Mencke, B., Frau

Michalski, Falk
Mitschke, Petra
Mobildiscothek Licht u. Ton
Mogdan, Gundula
Monhard, Juliane
Monhard, Beatrise
Müller, Albrecht
Müller, Christiane
Müller, Horst
Müller, Herr
Müller, Lieselotte
Muth, Ria
Neuburger, Peter
Niedner, Klaus
Opel-Autohaus
Ortlepp, Ingrid
Oschmann, Lothar
Ostermann, Gerhard H.
Ostheimer, Familie
Otte, Tino
Palme, Anna
Pape, Monika
Pass, Franz-Eduard
Pedde, Magdalene
Peyker, Walter
Pietruska, Hans
Pilz, Uta
Plönnings, Ulla
Pommer, Brita
Rathmann, Franz
Reiche, Ines
Reitober, Siegfried
Rögner, Inge
Rohloff, Maria
Rohm, Franz
Rose, Familie
Roseburg, Ruth
Rosenbaum, Karola, Dr.
Rosetzky, Silke
Roßbach, Jürgen
Roth, Bernhard
Rücker, Erika
Ruge, J. A., Herr
Sauer, Siegbert
Sauerländer, Günter
Schamberg, Bernd
Scheidt, Helga
Schiller, Hannelore
Schimunek, Regina
Schlegel, Hardy
Schmidt, Lothar
Schmuckert, Ruth

Schneeberger, Friedrich
Scholz, Frau
Schröder, Annemarie
Schüffler, Jürgen, Dr.
Seifert, Uwe
Selinka, Sonja
Seyring, Heinz
Siebert, Manfred
Simon, Klaus
Stahl, Ernst
Stadtverwaltung Arnstadt
Stange, Dieter
Stangenberger, Rolf
Steinbach, Renate
Stolz, Andreas
Streubert, Renate
Sturm, Frau
Traut, Familie
Trommler, Jörg
Ullrich, Ursula
Unger, Peter
Vogt, Edmund
Voigt, Peter
Wagner, Richard
Wallendorf, Hannelore
Walther, Gerd
Wandelt, Norbert
Weise, Marina
Wenderoth, Bettina,
Tierarztpraxis
Wichmann, Renate u. Frank
Wiedemann, Günter, Dr.
Wittig, Magarete
Witzel, Edgar
Wuckel, Harry
Zentgraf, Heidelore
Zitzmann, Vroni

Bad Kissingen
Zimny, Wolfgang P.

Bad Lippspringe
Krüger, Klaus

Bad Mergentheim
Kühnast, Helmut

Baunatal
Rebhau, Heinz

Berlin
Leich, Hartmut

Stück, Oskar

Bielefeld
Schimansky, Familie

Casekow
Frick, Gerda

Darmstadt
Herschlein, Jutta
Rollberg, Herda

Dillenburg
Walther, Rolf u. Rosmarie

Dornheim
Frey, Jürgen, Dr.
Schrötter, Udo
Seever, Hermann
Seever, Christoph

Dorsten
Scheulen, Hans Dieter

Erfurt
Fiedler, Jörg

Espenfeld
Max, Brigitte

Essen
Puhl, Joachim

Frankfurt/Main
Kürsten, Horst

Garching bei München
Köhler, Heiko

Gehren
Ramisch, Erich

Göppingen
Mayer, Eva

Gossel
Krizsmanek, Gerd, Dr. u.
Rosemarie

Gräfelfing   :
Hitzler, Rudolf, Dr. Jur. u.
Marga

Großbreitenbach
Pelikan, Gerd, Dr.
Elle, Christa u. Hartmut

Halle
Hagena, Georg, Dr.

Hattersheim
Unger, Jutta u. Klaus

Ichtershausen
Ballenthin, Familie

Ilmenau
Möckel, Karin, Dr.

Kaufbeuren
Seeber, Bernd

Kirchlindach (Schweiz)
Hörning, Bernd

Königstein/Taunus
Rose, Rolf, Familie

Ludwigsburg
Fröhlich, Albrecht

Mannheim
Demel, Johanna

Maxdorf
Arnstadt, Hans-Siegfried

Mühlheim-Kärlich
Völker, Ilse

Neu Wulmstorf
Noa, Klaus-Dieter

Niederwern
Frickel, Kurt

Nürnberg
Kiesewetter, Ernst

Osthausen-Wülfershausen
Huber, Rolf u. Evelyn

Plaue
Noack, Ellentraud

Ranis
Dietzel, Sabine

Rottenburg-Bieringen
Hofmann, Sven
Mildner, Karina

Rudisleben
Wagner, Andreas

Sankt Augustin
Tamm, Herbert

Seeheim-Malchen
Hofmann, Gerd, Dr.

Siegelbach
Rath, Frau

Singhofen
Noack, Claus

Spardorf
Meyer, Ingrid

Stadtilm
Esefeld, Annerose
Pfotenhauer, Herbert
Steinmetz, Werner

Stuttgart
Strassburg, Horst

Vaihingen-Enz
Albrecht, Wilhelm

Viernheim
Prechtl, Reinhardt

Weißensee
Büro für Archäologie, Denkmal-
pflege und Bauforschung,
Thomas Stolle

Wipfratal
Bäsecke, Waltraud
Bäsecke, Horst
Brabec, Selma

An dieser Stelle danken wir den Kolleginnen des Stadtmarketing Arnstadt GmbH für die freundliche Zusammenstellung der Subskriptionsliste.

MICHAEL KIRCHSCHLAGER / LOTHAR BECHLER

DAS THÜRINGISCHE

OBSCURUM

Erschreckliche, scheuderliche & greuliche
Geschichten sowie allerlei andere
Merkwürdigkeiten aus alten Chroniken

heinrich hetzbold verlag **H** weissensee in thüringen

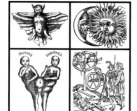

MICHAEL KIRCHSCHLAGER / LOTHAR BECHLER

DAS SÄCHSISCHE

OBSCURUM

Erschreckliche, scheuderliche & greuliche
Geschichten sowie allerlei andere
Merkwürdigkeiten aus alten Chroniken

KIRCHSCHLAGER

MICHAEL KIRCHSCHLAGER / LOTHAR BECHLER

DAS SÄCHSISCH-ANHALTISCHE

OBSCURUM

Erschreckliche, scheuderliche & greuliche
Geschichten sowie allerlei andere
Merkwürdigkeiten aus alten Chroniken

KIRCHSCHLAGER

Liebe Leserin, lieber Leser!

Dies ist das aktuelle Buchangebot des Verlages Kirchschlager, einem Familienbetrieb, der in Thüringen, Sachsen, Sachsen-Anhalt und Brandenburg agiert. Unser Themenspektrum umfaßt vornehmlich historische Kriminalfälle /Historische "X-Akten" (DAS MITTELDEUTSCHE OBSCURUM), Bücher zum deutschen Aberglauben (Der spukende Sarg - Gespenstergeschichten) und kulturhistorische, bibliophile Ausgaben zur Rechtssprechung vergangener Jahrhunderte (MÖRDER / RÄUBER / MENSCHENFRESSER - BIBLIOTHEK DES GRAUENS). Alle Bücher und Texte wurden bearbeitet und für den heutigen Leser zugänglich gemacht. Dadurch erhalten wir Ihnen die Sprachgewalt der alten Autoren. Nehmen Sie sich die Ruhe, Zeitzeuge bei den größten Kriminalfällen der mitteldeutschen und ostdeutschen Geschichte zu werden. Tauchen Sie mit uns ein in die Zeit der Blutgerichtsbarkeit und des Aberglaubens. Seien Sie aber gewarnt: Unsere Bücher sind nur für Leser und Leserinnen mit festem Weltbild geeignet !
Alle Bücher sind mit zahlreichen Kupferstichen ausgestattet, kommentiert, fadengebunden, sehr gut verarbeitet, und können direkt über den VERLAG KIRCHSCHLAGER, Siechstalstraße 31, 39439 Güsten, Tel/Fax: 039262/60259, im Buchhandel oder im Internet: www.KIRCHSCHLAGER.NET problemlos bestellt werden.

Mit freundlichen Grüßen

Ihr Michael Kirchschlager
(Autor und Verleger)

DAS MITTELDEUTSCHE OBSCURUM

(in drei Bänden) - Erschreckliche, scheuderliche und greuliche Geschichten sowie allerlei andere Merkwürdigkeiten aus alten Chroniken
Herausgegeben von Lothar Bechler und Michael Kirchschlager

Band 1 : DAS THÜRINGISCHE OBSCURUM (ISBN 3-934277-01-2)
Band 2 : DAS SÄCHSISCHE OBSCURUM (ISBN 3-934277-02-0)
Band 3 : DAS SÄCHSISCH-ANHALTISCHE OBSCURUM (ISBN 3-934277-06-3)

Jeder Band enthält auf 228 Seiten (Sachsen / Anhalt 240 Seiten) ca. 170 Geschichten von Wundergeburten, grausamen Räubern und Mördern, schmatzenden Toten, Hexen, Werwölfen, kopflosen Reitern, Wechselbälgern, Teufels- und Geistererscheinungen sowie Taten der Trunksucht und Wollust.
Tatsächlich sind die Geschichten nicht für zartbesaitete Leser geeignet. Hier findet man eine Fülle historischer "X - Akten". Der Reiz dieser Geschichten besteht jedoch darin, daß an ihrem Wahrheitsgehalt nicht zu zweifeln ist ... Schenkt man den Chronisten Glauben, so wurde mancher Jungfrau der Teufel ausgetrieben, manches Dorf von Vampiren und Werwölfen heimgesucht oder jahrelang die Gäste eines Wirtshauses von einem Kobold geärgert. Wahr sind allerdings die zahlreichen scheußlichen Mordtaten und das oft grausame Ende der Mörder.

Zahlreiche zeitgenössische Kupferstiche illustrieren anschaulich diese wohl einmalige Edition zur Kriminalgeschichte und zum Aberglauben Mittel-und Ostdeutschlands. **Band I und II kosten 17.40 Euro, Band III kostet 18.80 EURO.**
Jeder Band ist selbstverständlich auch als Einzelexemplar lieferbar.

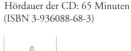

IMPRESSUM

1. Auflage 2003
© 2003 Verlag Kirchschlager, Arnstadt
Redaktionsschluß: 30. 5. 2003
ISBN 3–934277–07-1
ISSN 1611-9215
(Veröffentlichungen des Historischen Vereins für Schwarzburg,
Gleichen und Hohenlohe in Thüringen 3)
Umschlag/Gestaltung: Lothar Freund, Erfurt
Umschlagbild: Stadtwappen von Arnstadt
Redaktion: Andrea und Michael Kirchschlager
Lektorat: Frank Bublitz, Einbeck
Gesamtherstellung: Studio für Text- und Bildbearbeitung,
Barbara Bremen, Erfurt
Schrift: Adobe Garamond
Printed in Germany